1992년 기독교대한감리회
종교재판 백서 I

1992년 기독교대한감리회 종교재판 백서 I
— 전3권

2023년 8월 15일 처음 찍음

기 획 | 변선환아키브
엮은이 | 역사와종교아카데미 기초자료연구팀
펴낸이 | 김영호
펴낸곳 | 도서출판 동연
등 록 | 제1-1383호(1992년 6월 12일)
주 소 | 서울시 마포구 월드컵로 163-3
전 화 | (02) 335-2630
팩 스 | (02) 335-2640
이메일 | yh4321@gmail.com
S N S | https://www.instagram.com/dongyeon_press

ISBN 978-89-6447-941-4 94060
ISBN 978-89-6447-940-7 (종교재판 백서)

종교재판 백서

1992년 기독교대한감리회 종교재판 백서 I

변선환아키브 기획

역사와종교아카데미 기초자료연구팀 엮음

동연

머 리 말

종교재판 30년 백서를 출간하며

아직도 30년 전 종교재판(1992년)에 대한 기억이 선명하다. 교리 수호라는 이름으로 종교적 광기를 교계와 세상에 힘껏 표출한 사건이었다. 격식 갖춘 신학 토론회 한번 없이 종교다원주의, 포스트모더니즘 등의 신학 사조를 가르쳤던 동료이자 스승이었던 교수를 여론몰이 희생자로 만들었다. 근대 이후 서구 기독교 문화권에서조차 없었던 사건이 한국 땅 감리교단에서 발생했으니 기상천외한 일이 되고 말았다. 서구 기독교 신학자들 수십 명이 종교재판의 부당함을 알리는 서한을 보냈던 것도 이런 연유에서였을 것이다.

1

주지하듯 모든 신학은 시대와 호흡하며 시대정신을 반영하는 법이다. 시대가 달라지면 신학도 달라질 수 있다는 것을 2천 년 서구 기독교 역사가 여실히 보여주었다. 중세 가톨릭 신학과 근대 개신교 신학의 차이를 가늠해 봐도 좋겠다. 서구 신학이 서로 다른 5~6개의 패러다임(세계관) 속에서 전개되었음을 밝힌 학자(H. Kueng)도 있었다. 새로운 패러다임으로 등장한 이들 현대 신학 사조는 논쟁과 토론 거리가 될지언정 정죄될 사안은 결코 아니었다. 그리스도 복음이 진리라면 신학은 도전받을수록 사실 적합한 체계로 발전될 수 있다. 감리교 창시자 웨슬리 역시 당대를 지배하던 '예정론' 신학에 이의를 제기했고, 자유의지의 소중함을 가르치지 않았던가? 이로써 누구든 예수 그리스도를 사랑하는 사람이라면 교리로 정죄할 수 없다는 것이 감리교 신학의 정체성이 되었다. 교리가 화석화되면 욥기의 친구들이 그랬듯이 사람을 죽일 수 있는 무기가 됨을 알았던 까닭이다.

2

그렇다면 도대체 왜 당시 부흥사 집단과 일부 종교 권력이 합세하여 역사에 부끄러운 종교재판을 강행했을까? 더구나 온전한 정당한 신학 토론 한번 없이 평신도를 동원한 여론몰이 방식으로 말이다. 물론 감리교단 전체 분위기가 그러했던 것은 아니다. 목사님들 중에서 자기 신분을 드러내고 종교재판을 공식적으로 반대하는 분들도 상당수 계셨다. 이분들을 중심으로 대책위가 꾸려졌고, 그 힘으로 '교리수호대책위'(회장 김홍도 목사)를 비롯한 교단 여론에 맞설 수 있었다. 신분을 감춘 채로 대책위 활동을 물질적, 정신적으로 후원했던 현직 감독님들을 비롯한 성직자들, 평신도들 숫자도 적지 않았음을 이제서야 밝힌다. 그럼에도 "불교에도 구원이 있다", "부활은 없다"는 등 자극적 언어로 평신도를 선동한 '교리수호대책위'는 우리의 스승들을 서울연회에 고발했고, 급기야 금란교회에서 열린 종교재판을 통해 두 분 교수를 출교했다. 당시 서울연회 나원용 감독이 최종 역할을 했다. 학창 시절 故 변선환 학장과 한 기숙사에서 호형호제하던 사이였지만 감리교를 지키는 마음에서 그리했다는 문서를 남겼다. 금란교회 단상에 좌정했던 종교재판관들 역시도 같은 이유로 판결했겠으나 그것이 전리(全理)일 수 없다. 기독교 역사 속에서 교리 문제는 예외 없이 정치적 사안과 결부되었던 탓이다.

3

감리교 역사상 치욕적인 종교재판이 있은 지도 벌써 30년이 지났다. 이제는 당시를 회고하며 그 시절 그 사건을 신학적 판단을 담은 객관적 시각에서 재조명할 때가 되었다고 생각한다. 변선환 학장 사후 유족들과 제자들의 힘으로 변선환아키브가 만들어졌고, 이곳에서 의미 있는 신학적 활동이 지속되었다.

그 내용을 간략하게 소개하면 다음과 같다.

해천(海天) 윤성범 학장님 전집(전 6권)과 일아(一雅) 변선환 학장의 전집(전 7권)을 출간했으며, 『인생은 살만한가?』라는 변선환 설교집을 비롯하여 그의 신학 사상을 조명하는 연구서 몇 권을 세상에 내놓았다. 그중 한 권 『올꾼이 선생님』은 문광부 우수학술도서로 선정되었다. 미국 UMC 감독인 정희수 목사는 미국 드류(Drew)대학에서 종교 간 대화를 주제로 변선환 학장의 사상을 토론할 수 있는 국제적 장(場)을 만들어 주었고 변선환아키브에서는 감사의 뜻으로 장학금을 전달했다. 종교재판 30년을 기억하는 심포지엄이 2022년 10월 말 종교개혁 날에 <프레스센터>에서 성황리에 개최되었다. 당시 발표된 자료를 토대로 2023년 5월 『그때도, 지금도 그가 옳다』는 제목으로 종교재판 30년 역사를 회고, 분석하는 책자가 출판되었다. 감리교는 물론 기독교 안팎에서 활동하는 학자들, 목회자들 40여 분의 글이 실렸다. 그의 탄생 100주년(2027)을 염두에 두고 다소 긴 일정으로 변선환 평전을 준비 중이다. 최근 몇 년은 예외지만 선생님 사후 제자들은 해를 거르지 않고 기일(8월 8일)을 맞아 유족들과 용인 묘소를 찾았다. 올해도 그리할 것이다. 특별히 이번에는 새롭게 편집된 『종교재판 30년 백서』를 선생님 묘소에 바치고자 한다. 종교재판 이후 그분이 당했던 수모와 절망 그리고 끝까지 간직했던 기독교(감리교)에 대한 애정을 기억하면서 말이다. 이하 글에서는 이번 백서가 탄생한 일련의 과정을 언급하며 수고한 이들에게 감사하고 백서에 대한 소견과 함께 변선환아키브의 입장을 서술할 생각이다.

4

종교재판 30년 행사를 1년 앞두고 제자들이 수차 모였다. 여러 계획 중에서 종교재판 "백서" 출판을 무게 있게 논의했다. 사방에 걸쳐 흩어진 자료들을 모았고, 당시를 기억하는 분들을 찾았다. 윤병상 목사님과 한인철 교수가 많은 자료를 보관하고 있었고, 이정배 교수 역시 핵심 자료를 제출했다. 그 와중에 감리교단 차원에서 종교재판 20주년에 맞춰 보고서를 자료집 형태로 낸 사실을 알게 되었다. 다행스럽게 여겨 자료를 살핀 결과 발표 시점이 많이 늦은 것도 문제였으나 자료의 불충분함은 물론 담긴 내용의 편향성에 경악하지 않을 수 없었다. 당시 '교리수호대책위'의 입장에 맞춰 의도된 결론을 도출한 듯 보였다. 몇몇 감리교 역사학자들도 이런 우리의 판단에 동의했고, 새로운 '백서'가 출간되길 함께 소망했다. 이렇듯 의견의 일치 하에서 아키브 소속 제자들은 백서 출간을 2022년 5월 감리교 역사학자로 활동 중인 하희정 교수와 그 연구팀에게 부탁했다. 이후 1년 남짓한 시간에 걸쳐 교단 측 보고서에 없는 뭇 자료를 발굴해서 복사했으며 색인을 만들어 900쪽에 이르는 엄청난 양의 백서를 만들어냈다. 발로 뛰고 손으로 작업하며 백서 출판을 위해 긴 시간 노력해 준 하희정 교수 연구팀에게 갚을 수 없는 빚을 졌다. 후일 이 자료를 갖고 종교재판 역사를 공부하는 연구자들마다 이들의 공헌을 거듭 느끼며 감사할 것이다. 이 자료를 통해 감리교의 지난 역사가 옳게 평가될 수 있기를 바랄 뿐이다.

5

처음 이야기를 시작할 때는 "백서"를 출간하기로 했으나 최종 전달된 자료집에는 "보고서"라 쓰여 있었다. "백서"가 "보고서"로 바뀐 타당한 이유가 없지 않았으나 최종 단계에 이르는 과정에서 충분한 대화가 부족한 탓이 컸다. "백서"에 대한 상호 이해와 기대치가 달라서였겠으나 감리교단에 소속된 현직 학자, 목회자들인 까닭에 평가하는 일 자체가 쉽지 않을 수도 있었을 법하다. 30년 세월이 지났음에도 교단 분위기는 아직도, 여전히 혹은 더욱더 보수화되고 있기에 자료 모으고 평가하는 일에 어려움이 있었을 것이다. 보고서 앞쪽에 10여 페이지에 걸쳐 "감리교 교리적 선언"의 생성 및 변화 역사를 서술했던바, 그로써 감리교의 정체성을 적시했고 종교재판에 대한 신학적 판단을 우회적으로 드러냈다고 본다. 이런 연유로 아키브에서는 자료집으로 제출된 것을 "백서"로 고쳐 부르기로 했다. 하여 몇몇 중요한 자료를 찾아 첨가했고, 당시 종교재판이 무리하게 이뤄진 배경에 대해서 보충하는 글을 써야만 했다. 아키브 소속 교수들 대다수가 당시 종교재판을 경험했기에 자료를 뛰어넘어 직접 듣고 봤던 경험상의 지식을 덧붙이기로 한 것이다. 이하 글에서 종교재판이 여론몰이 식 광풍에 휩싸여 진행된 이유를 아키브 측 관점에서 밝히고자 한다. 당시 교계 및 학내에 회자 되던 이야기에 근거한 것으로서 객관적 사실로 확증하기보다 합리적 의심 차원에서 서술하는 것이니만큼 논쟁 여지가 있을 수 있겠다.

6

"백서"팀도 밝혔듯이 종교재판은 광의의 차원에서 보면 신학과 목회, 두 영역 간의 갈등에서 비롯했다. 본디 "목회적으로 아무리 정당해도 신학적으로 오류가 있을 수 있고, 신학적으로 정당해도 목회적으로 당장 수용키 어려운" 부분이 있다. 상호 간의 차이점을 성급하게 무화(無化), 폐지 시키는 과정에서 갈등이 불거질 수 있다. 상대 영역을 존중하며 점차적 수렴 과정을 겪을 때 신학도, 교회도 건강할 수 있는 법이다. 하지만 30년 전 종교재판(1992년)에 앞서 윤성범, 유동식 등 선배 토착화신학자들이 목회자들에 의해 '종교혼합주의자'로 매도된 적이 누차 있었다. 교회 모임에 불려 가 자신의 신학을 변호하는 일도 반복되었다. 최초 신학자이자 정동교회 목회자인 최병헌이 유교와 기독교의 연속성을 강조했음에도 말이다. 그래도 당시는 교회가 신학의 권위를 존중하던 때였다. 하지만 1970년대 이후 교회 성장으로 부흥사들이 실세가 된 현실에서 신학대학은 일개 교회보다 적은 예산을 지닌 '작은 곳'이 되고 말았다. 신학대학 역시 교회에 손 벌리는 일을 버릇처럼 해오다가 급기야 교회 권력의 하부구조로 전락하는 수모를 겪었다. 부흥사들이 신학대학 학장이 되려고 넘보는 일도 생겨났다. 교수들 역시도 교회 권력의 눈치를 보는 일에 능숙했다. 급기야 초대형 교회들이 생겼고, 그들 입김이 신학 교육을 좌지우지하는 일이 벌어진 것이다. 그들은 신학, 특히 이론신학 영역을 무용지물로 여겼다. 종교다원주의, 포스트모더니즘 그리고 페미니즘 등을 교회 성장에 있어서 백해무익하다 본 것이다. 광의로 볼 때 당시 종교재판은 이런 분위기 속에서 강행되었다. 물론 교회 성장을 이룬 부흥사들의 권력 요구도 이에 덧붙여졌다. 교회를 키운 이들이 신학교마저 자신들 권력 구조 속에 편입시키고자 한 것이다. 당시 다수의 부흥사 그리고 대형교회 목사들이 보수 장로교 신학교(아세아연합신학대학교)에서 박사학위를 받은 일이 비일비재했다. 예정론을 주제로 논문을 썼던 이들도 상당수였다. 대형 교회 목사들이 취득한 박사학위, 그 내용이 신학 정체성을 달리한 것이었기에 신학대학을 흔드는 변수가 되었을 것으로 추정한다.

7

여기에 감리교 내의 정치적 파벌도 크게 한 역할 했다. 당시까지 감리교신학대학은 이북에서 내려온 성화(聖化)파 소속 학자들로 주 교수진이 구성되었다. 이들은 미국 십자군 장학금을 받고 대물려 유학을 다녀와서 교수로 재직했다. 당시로선 의도된 것은 결코 아니었다. 북쪽에서 신학을 접했던 우수 인재들이 대거 남으로 내려왔던 결과였다. 상당 기간 이런 경향성이 농후했으나 강화된 분단체제로 인해 북의 인맥이 감소하다가 마침내 끊겼고, 대신 경기, 충청도 지역의 기독교인들이 양산되었다. 상대적으로 성화파 세력이 약화 되었고, 세를 얻은 소위 호헌(護憲)파로 불리는 정치집단이 교단을 지배하게 되었다. 부흥사들 또한 이 지역을 연고로 대거 배출되었던 바 신학 문제를 쟁점화시켜 신학대학 이사진을 물갈이하여 학교 경영을 책임지려 했던 것으로 생각한다. 따라서 교단의 현실 정치, 곧 교회 권력이 주인 없는 무주공산 상태의 신학대학에 영향력을 행사하여 대학 구조 자체를 바꾸려 했던 점도 종교재판의 한 이유가 되었다. 물론 이 역시 일리(一理)일 뿐 전리(全理)일 수는 없을 것이다. 이런 상황에서 평소 보수 성직자들 눈 밖에 났던 진보적 성향의 변선환 학장이 유동식, 윤성범 선생에 이어 결정적인 희생타가 된 것이다.

8

또 다른 변수도 있었다. 조심스럽게 말할 대목이지만 당시 종교재판 찬반 논의 과정에서 공개적으로 회자 되던 내용이다. 교회가 대형화되고 부흥 목사들에게 힘이 집중되는 현실에서, 이곳저곳에서 교회 재정 비리를 비롯한 목회자들 일탈 소식이 연이어 생겨났다. "절대 권력은 절대 타락한다"는 말이 있듯이 교회에 돈과 힘이 집중되자 성직자들의 윤리 의식은 흐릿해졌고, 그로써 기독(감리)교 몰락의 길을 자초했다. 당시 최소한 몇몇 부흥사들에게 교회 안에서 제기된 이런 비판을 무마할 구실이 필요했을 것이다. 교회 성장의 주역이었으나 정작 그 반대급부로 인한 비난에 직면하자 이들은 자신들을 향한 윤리적 성찰 대신 밖의 적(?)을 만들어 면피하고자 했다. 교계의 관심을 신학 비판 및 신학자 출교로 돌린 경우라 할 것이다. 가진 돈으로 세를 불렸고, 여러 인맥을 동원하여 여론몰이를 시도했다. 종교다원주의, 포스트모던 사조를 정죄하며 종교재판을 통해 감리 교단과 신학교를 구한다는 명분을 앞세웠다. 하지만 세계 곳곳에서 이런 신학 사조들의 논의, 연구되는 상황에서 이렇듯 광기 어린 종교재판은 상식 밖의 일이었다. 거듭 토론하며 이해를 구하는 지난한 과정이 요청되었음에도 이들은 신학을 의도적으로 곡해했고 과장하여 교우들을 자극했다. 이들 재력을 지닌 소수의 부흥 목사들에게 있어 답은 이미 정해졌던 탓이다. 물론 신학을 모르는 순수한 평신도들의 경우 걱정과 염려가 적지 않았을 것이다. 이들이 전한 말만 듣고 판단했기에 안타까운 일이었다. 평신도들에게도 신학 공부가 필요함을 여실히 깨닫게 한 계기가 되었다.

9

종교재판이 있은 지 30년 세월이 지났다. 이제는 누군가가 당시 상황을 정직하게 고백할 시점이 되었다. '교리수호대책위'를 이끌었던 분들, 당시 법정(금란교회)에서 재판석에 섰던 분들 거의 모두가 세상을 떠났다. 그래도 당시를 기억하는 분들의 입에서 진실이 말해질 때가 올 것이다. 하느님이 숨겨놓은 남은 자가 있을 것인바, 그날, 그 사람의 증언을 기대한다. 이 글 속에서 사실을 말하고자 했으나 일정 부분 들었던 이야기에 근거한 추측도 담겼다. 어느 순간 추정이 벗겨지고 온전히 사실이 밝혀져야만 비로소 회개가 가능할 것이며 미래를 기대할 수 있을 것이다. 종교재판을 통해 이단(?) 신학 타도하면 교단과 대학이 더 부흥할 것처럼 선전했으나 현실은 그 반대가 되었다. 성직자들의 윤리적 타락이 기독교를 망가뜨리는 이단의 괴수임이 드러난 것이다. 돈의 욕망에 굴복한 성직자들, 거룩하게 포장된 성직 매매(세습) 등으로 기독교에 대한 세인의 호감도가 일제 강점기 이후 자신을 '학문'으로 규정한 '유교'보다도 못한 상태가 되었다. 이렇듯 변선환 학장 종교재판 이후 감리교신학대학의 학문성은 날로 쇠퇴했고, 마치 목사 양성 기술학교처럼 변하고 있다. 신학이 죽으면 교회도 같은 운명을 겪는 법이다. 신학은 교회를 달리 만들 책임이 있다. 신학자들 역시 더 큰 책임을 느끼며 수행자의 삶을 살아야 할 것이다.

10

종교재판 당시를 회억하며 그때 변선환 학장님과 나누고 봤던 이야기를 끄집어내 본다. 변선환 학장을 아끼던 동료 목회자들이 무수히 그분을 찾았다. 그를 종교재판의 법정에 세우지 않고자 타협안을 제시한 분도 있었다. 혹자는 변선환, 홍정수 두 분을 별개의 경우로 다루자는 의견도 냈다. 교계의 불순한 의도를 간파한 소장 목사들 몇몇은 세상 법정에 호소할 것을 간곡히 요청했다. 하지만 변선환 학장은 타협도 분리도 거부했고, 세상 법정에도 서지 않았다. 키에르케고어를 생각하며 그는 자신을 순교자로서 역사 앞에 내맡겼다. 그의 제자 중 한 사람이었던 이현주 목사의 말 "선생님, 그냥 죽으시라"는 말에 힘을 얻었다는 설(說)도 있다. 여하튼 변선환 사후 그의 제자들은 교계에서 큰 멍에를 지고 살아야 했다. 하지만 누구도 그것을 짐이라 여기지 않았고 명예라 생각했다. 그렇기에 우리는 스승이 걸었던 길을 피하지 않고 30년 세월을 살아왔던 것이다. 이제라도 감리교단은 정도를 걸어야 한다. 과거의 오류를 정직하게 인정하고 웨슬리 정신을 따라 누구도 교리로 정죄하는 일을 그쳐야 미래를 얻을 수 있다. 하지만 지금도 여전히 종교재판의 망령을 벗지 못한 채 젊은 목회자를 힘겹게 하는바 걱정이 크다. 누구누구를 정죄하려는가? 종교의 이름으로 행했던 지난 과오(차별)에 용서를 구해도 부족할 터인데 말이다.

의논 끝에 본 "백서"를 전자책으로 만들자고 했다. 누구든지 자유롭게 값없이 연구할 수 있도록 도울 목적에서였다. 그렇지만 20권 정도 자료집 형태로 "백서"를 만드는 일도 결정했다. 국회 도서관, 감리교단, 서울연회, 감리교신학대학 등 주요 대학 도서관에 비치하기 위해서이다. 이 자료를 갖고서 종교 간 대화의 선구자이며, 종교해방 신학을 말했고, 누구보다 존 웨슬리를 잘 해석했던 신학자 변선환을 더 많이 연구했으면 좋겠다. 종교 권력과 금력이 결탁한 종교재판의 광기가 더 이상 한국 기독교 내에 재현되지 않기를 바라는 소망도 담겼다. 다시 한번 "백서"를 편집해준 하희정 교수팀에게 감사하며, 전자책 출판에 선뜻 동의한 도서출판 동연 김영호 장로에게도 고마움을 전한다. 무엇보다 30여 년 세월 동안 '스승 없이 스승과 함께' 살아왔던 동료 교수들에게 깊이 머리 숙이며 이 글을 함께 쓴다.

2023년 8월 첫날에

김정숙, 송순재, 이은선, 이정배, 장왕식, 한인철 함께 씀

차 례

종교재판 백서 II, III권 차례

II권 차례

III권 차례

'1992년 기독교대한감리회 종교재판'의 역사적 의미와 과제

:『1992년 기독교대한감리회 종교재판 사료집』 발간에 즈음하여

1. 여는 글

1992년은 한국 감리교회에서 중세 교회의 화석화된 언어쯤으로 치부해 왔던 '종교재판'이라는 이름의 광기가 재현된 비상하고도 역사적인 해였다. 세계교회사의 흐름 속에서도 '92년'은 남다른 쓰린 기억과 의미가 깃든 해이다.

500년 전인 1492년에는 스페인의 종교재판에서 유대인을 비롯한 이교도들을 잡아들여 종교재판을 시행했으며, 개종하지 않는 이들을 거주지로부터 추방하는 일들이 자행되었다. 공교롭게도 같은 해 콜럼버스는 신대륙을 발견해 기독교 이외의 문화와 종교 전통에 대해 악마시하고 배타적 개종 선교를 전개하는 제국주의 시대의 물꼬를 텄다.

종교개혁과 대항해 시대를 맞아 세계선교를 단행한 예수회 선교사들은 극동의 일본에까지 가톨릭을 전교했으며, 이들이 일본에 전한 것은 그리스도교뿐 아니라 제국주의 강권과 폭력의 상징인 총이었다. 그러한 선교의 결과는 400년 전인 1592년 임진왜란으로 이어져, 소총으로 무장한 왜군은 수많은 조선인을 학살했으며, 이러한 전란 와중에 예수회 신부 세스페데스가 조선에 상륙함으로써, 조선과 가톨릭의 첫 만남은 타자에 대한 혐오와 배타의 태도로 점철된 임진왜란의 비극 속에서 이루어졌다.

1992년으로부터 300년 전인 1692년에는 영국의 북미 식민지 뉴잉글랜드 세일럼(Salem Village)에서 광기의 종교재판이 거행되었다. 연초부터 시작된 마녀재판은 연중 지속되었으며, 반지성적 집단광기와 공포 속에서 결국 여자 13명, 남자 6명이 교수형에 처했고, 남자 한 명은 압살 되는 비극으로 끝났다. 이러한 역사적 참사의 원인으로 "서로 다름에 대한 불관용, 신앙 공동체 이상과 현실과의 갈등, 집단과 집단 간의 갈등, 여성에 대한 편견에서 비롯된 마녀 미신"[1]이 복합적으로 작용했으며, 300년 전의 집단광기와 공포, 혐오에 기반한 마녀사냥은 현대 냉전과 전쟁의 역사 속에서도 비슷한 양상을 띠며 수많은 비극을 양산해 왔다. 이러한

1 양정호, "1692년 세일럼 마녀재판을 통해서 본 17세기 뉴잉글랜드의 종교문화", 「젠더와 문화」, 제8권 제2호, 2015, 27-28.

17세기 세일럼 사건의 20세기 말 재현 중 하나가 바로 한국 감리교회에서 1992년 벌어지고 말았던 것이다.

1992년에 벌어진 기독교대한감리회 종교재판은 이후의 한국교회와 신학계에 지대한 영향을 미쳤다. 지난 30여 년 동안 한국의 신학계는 신학 주제에 대한 다양성과 연구의 자율성을 스스로 제한하고 감리교의 개방적이고 관용적인 신앙 전통을 무색케 했다. 경직된 신학과 교회와의 관계는 장기간의 침체기를 열었다고 평가받는다.[2]

이 사료집은 30여 년 전 촉발된 감리회의 비극적 종교재판 사건에 대한 보다 객관적이고 엄정한 학술적 연구와 분석을 모색하기 위해, 그 당시의 종교재판 전개 과정과 상황, 관련 인물의 면면과 주요 반응과 대응 등에 대해 보다 실재적으로 접근하기 위한 사료 수집과 사료집 제작을 시도했다. 그 결과물이 바로 이 사료집이다.

2. 1992년의 시대적 상황과 감리회 종교재판의 배경

1992년은 기성세대의 권위주의와 보수적, 냉전적 사고에 저항하는 새로운 도전이 사회의 다방면에서 펼쳐진 해였다. 1991년 소련이 붕괴되며 냉전 시대의 종식을 고했으며, 남북한이 UN에 동시 가입했다. 1992년에는 '서태지와 아이들'이 등장해 이른바 X세대의 등장을 알리며 기성세대에 대한 저항과 자유를 추구하는 사회적 욕구가 분출하던 때였다. 뉴에이지 운동으로 대변되는 새로운 대중문화의 출현에 대해서 한국의 개신교회는 강한 거부감과 경계[3]를 드러내며 「낮은울타리」와 같은 근본주의적 문화선교 언론단체가 출현(1990년 창간)했으며, 같은 해 사단법인 인가를 받은 한국창조과학회 같은 단체들의 보다 적극적이고 공격적인 활동이 전개되며 근본주의에 입각한 보수기독교의 적극적 결집과 목소리가 부상하던 때였다. 아울러 기독교계 신흥종교들의 활동도 활발한 가운데, 이장림이 이끄는 다미선교회가 1992년 10월 28일에 예수 재림과 휴거가 일어날 것으로 예언하는 시한부종말론[4]이 한국사회와 교회에 큰 내홍과 소란을 일으켰다.

1990년대 초부터 이주 노동자들의 급증에 따른 희년선교회 등 많은 선교단체의 활동이 전개되었으며, NCCK에서는 '한국교회외국인노동자선교위원회'를 1992년 설립했다. 이 조직은

---

2 이러한 평가는 이후에 소개하는 주요 한국교회사 통사서에서 일반적으로 나타나는 분석이다.

3 「낮은울타리」 대표 신상언의 책 표지에는 서태지와 아이들이 장식되어 있었다. 새로운 대중문화는 교회의 선교와 존립을 위협하는 사탄의 음모로 해석되었다. 신상언, 『사탄은 마침내 대중문화를 선택했습니다』, 낮은울타리, 1992; 최광신, 『(대중음악에 나타난) 사탄의 영』, 두돌비, 1992.

4 이장림, 『다가올 미래를 대비하라 : 우리 시대를 위한 충격적인 하늘의 메시지』, 다미선교회출판부, 1988.

이후 '한국교회외국인노동자선교협의회'로 확대(1993)되어 기독교 단체와 교회들이 이주노동자 문제에 대처하는 데 영향을 미쳤다.[5] 아울러 1990년대에 이르러 가속화된 농촌인구의 급감[6]으로 농촌교회의 존립이 위기에 처했으며, 우루과이라운드 농업협상은 이러한 농촌교회의 어려움에 더 큰 충격이 아닐 수 없었다. 1993년 12월 9일, 기독교 대한감리회를 비롯한 11개 교단[7]이 공동으로 대책위원회(쌀 및 기초농산물 수입개방 문제 해결 기독교대책 추진위원회)를 구성하여 "쌀 및 기초농산물 수입 개방 반대 대책 예배"[8]를 드렸고, 기독교대한감리회는 1993년 12월에 우루과이라운드 협상이 대한민국 농업과 농촌에 끼칠 치명적인 위기에 대해 우려와 비판의 내용을 담은 성명을 발표하기도 했다.[9]

1988년 "민족의 통일과 평화에 대한 한국기독교회 선언"(88선언)이 NCCK 총회에서 만장일치로 채택되고, 같은 해 11월에는 제2차 글리온회의로 남북기독교 대표자들이 만났으며, 이들은 1995년을 희년으로 선포하고 평화적 통일에 앞장설 것을 결의했다.[10] 또 1989년 3월에는 문익환 목사가 방북하여 김일성과 남북의 통일방안에 대해 의견을 나눴다. 이러한 과정을 통해 마침내 1992년 1월에 NCCK 권호경 총무와 남한교회 대표들이 조선기독교도련맹의 초청으로 방북하여 김일성을 면담[11]하고, 1993년에는 NCCK 주최로 "8.15남북인간띠잇기대회"를 개최하기도 했다.[12] 남북민간교류도 활성화 되어 사랑의 쌀 나누기 운동(1990)과 사랑의 의약품 보내기 운동(1991)이 전개되었으며, 1993년 4월에는 '평화와 통일을 위한 남북나눔운동'이 정동제일교회에서 창립 대회를 갖고, 교계가 북한돕기운동에 적극 나섰다.[13] 이렇게 1990년대 초반의 활발한 남북 교회의 민간교류와 통일논의는 남북대화의 새로운 전기를 마련하고 정신적 토대를 제공하는 전환기적 사건이 아닐 수 없었다.

---

5 한국기독교역사학회, 『한국기독교의 역사 III: 해방이후 20세기 말까지』, 한국기독교역사연구소, 2009, 255.

6 농촌사회의 고령화로 인한 공동화 현상을 통해 농촌교회의 선교 현실은 점점 열악해져 갔다. 미래목회포럼에서 주요 교파의 농어촌교회를 분석한 2012년 자료에 의하면 전국 8,162개 교회 중 36.6%인 2,988개 교회가 농촌교회이고 그중 966개가 미자립교회로 나타났다. 또 목회자의 상당수가 5년 이내에 교회가 자립할 가능성이 없다는 부정적 인식을 지니고 있었으며, 농촌교회의 54%는 교역자의 최저 생계비에 못 미치는 처우에 머물고 있었다. 김동훈, 「21세기 농촌교회 활성화 방안과 선교 : 영주지역교회를 중심으로」, 총신대학교 선교대학원, 2014, 14.

7 예장통합, 기장, 구세군, 성공회, 복음교회, 대신, 고신, 개혁, 합동, 성결교, 침례교

8 "쌀 및 기초농산물 수입개방 반대 대책 예배", 「기독교세계」, 1994년 1월호.

9 "성명서 – 쌀 및 기초농산물 수입개방 확정에 대한 우리의 입장", 「기독교세계」, 1994년 1월호.

10 이유나, "1980년대 방북자들과 기독교 남북대화", 「기독교사상」, 2020년 7월호, 26.

11 한국기독교역사학회, 『한국기독교의 역사 III』, 253.

12 이 행사는 서울 독립문에서 임진각으로 이어지는 통일로에서 22개 교파, 890개 교회와 55개 사회단체에서 6만 5천여 명의 시민인 참여한 가운데, 실시되었으며, 평화통일에 대한 대중의 열망을 보여주는 행사이자 민중을 통일의 주체로 내세운 기독교 통일운동의 상징적 행사였다. 한국기독교역사학회, 『한국기독교의 역사 III』, 253; 정병준, "한국기독교와 민주화운동", 김홍수·서정민 편, 『한국기독교사탐구』, 대한기독교서회, 2011, 272-273.

13 한국기독교역사학회, 『한국기독교의 역사 III: 해방이후 20세기 말까지』, 256.

하지만 이러한 90년대에 접어들어 가속화된 다종교적 상황과 더욱 심화하는 다문화 사회, 신자유주의 국제질서와 경제체제로의 전환, 남북교류와 탈냉전적 한반도 정세 속에서, 그동안 반공이데올로기와 배타적 선교신학을 내재화해 온 한국의 극단적 보수기독교 일각에서는 이러한 시대 분위기에 대한 공포와 경계, 부정적 반응이 구체적으로 나타나기에 이르렀다. NCCK의 "88선언" 이후 반공주의와 보수신학 노선의 성향을 띤 교단과 교회 지도자들이 중심이 되어 1989년 한경직 목사를 준비위원장으로 한 '한국기독교총연합회(한기총)'가 설립되었다. 한기총은 "그동안 한국교회가 한편으로는 '지나치리만큼' 정치에 참여하고, 또 한편으로는 '부패한 정권과 야합'하는 등 '교회 본연의 궤도에서 좌우로 이탈하였던 것'을 자성"해야 한다는 창립취지문을 채택했으며,[14] 이리하여 1990년대에 접어들면서 한국교회는 기존의 전통적 연합기구인 '한국기독교교회협의회(NCCK)' 외에 새롭게 결집한 '한국기독교총연합회(한기총)'으로 양분되었다.[15] 이 즈음, 기독교대한감리회는 1989년 총회에서 결의된 "7천교회2백만신도운동"[16]의 지속적인 전개와 1990년 "기독교대한감리회 자치 60주년"[17]을 통해 감리교회의 교세 확장과 정체성 강화에 대한 정책적 노력과 의지가 정점에 이른 때이기도 했다.

이러한 교회연합운동 기구의 분열, 감리교회의 양적 팽창에 대한 제도적, 정책적 지원은 그동안 감리회 내에서 반공주의와 근본주의적 보수신학으로 무장하여 양적, 물적 성장을 이루며 교단 내 하나의 세력으로 부상하게 된 감리회 부흥단이 존재감과 힘을 과시할 수 있는 결집의 기회가 되었다. 당시 신학대에서 논의되고 있던 대안적 신학 작업과 새로운 담론이야말로 교회 성장과 전도 사업의 가장 큰 걸림돌이 된다고 규정하고, 강력한 행동과 대응을 하기에 이르렀다. 그 결과, 감신대의 두 학자 변선환과 홍정수가 학문적으로 천착하고 있던 '종교다원주의 신학'과 '포스트모던신학'이 공격의 대상이 되었고, 결국 종교재판으로 이어지게 된 것이다.

3. '1992년 기독교대한감리회 종교재판'에 대한 역사적 서술과 평가들

1992년 이후 한국교회사 혹은 역사신학 문헌에서 기독교대한감리회 종교재판에 대해 어떻게 서술하고 평가해왔는지 살펴보는 것은 향후 1992년 종교재판에 대한 역사적인 연구를 수행함에 있어 기초작업이 될 것이다. 따라서 이 사료집의 해제를 겸하여 그동안 1992년 종교재판에

14 당시 NCCK 회원교단 가운데 한기총 창립총회에 참석한 교단은 예장통합 측뿐이었다.

15 한국기독교역사학회, 『한국기독교의 역사 III: 해방이후 20세기 말까지』, 174.

16 「7천교회2백만신도운동사업계획안」, 기독교대한감리회 본부선교국, 1991, 17-22.

17 「자치60주년 기념대회 및 성회」, 기독교대한감리회 자치60주년기념사업위원회, 1990년 10월 29일, 4-7.

대한 역사적 평가가 어떻게 이루어졌는지 개관해 보고자 한다.

1) 유동식의 『한국감리교회의 역사 II: 1884-1992』(1994)

한국교회사 역사서 혹은 교회사 논문 중에서 1992년 종교재판 사건에 대해 처음으로 목차에 다룬 책은 유동식의 『한국감리교회의 역사 II: 1884-1992』(1994)였다. 유동식은 한국감리교회의 역사를 두 권의 통사로 저술하면서, 1992년의 종교재판 사건을 책의 가장 마지막 순서에 배치했다. 2권 “Ⅲ. 감리교회의 과제와 전망”에서 제1장으로 “1. 이단시비와 감리교 신학 정립의 과제”를 배치해 종교재판 사건을 한국감리교회사의 주요 사건으로 서술했다. 하지만 전체적인 내용이 종교재판의 전개 과정에 대한 사실들을 시간순으로 나열하며 중간중간에 관련된 주요 판결문과 성명서 등의 원자료들만을 배치하고 있으며, 사건에 대한 저자 개인의 개인적 분석이나 역사적 평가는 구체적으로 드러내지 않았다.[18] 다만 책 후미의 “Ⅳ. 각종 문서 자료”에서 종교재판과 관련한 주요 문서 5건을 소개함으로써, 후대에 이 사건에 대한 평가와 판단을 맡기는 형식을 띠고 있다. 이는 감리회에서 공식적으로 간행하는 역사서인 만큼 어느 한 편에 치우치지 않은 역사 서술과 편집 방향을 설정했던 것으로 미루어 짐작된다.

2) 감신대 제10대 양대학원학생회의 『감리교회와 감리교신학대학의 어제와 오늘』(1995)

이러한 교단 본부에서의 공식적인 역사서와 대비되는 역사 정리 작업이 1995년 감리교신학대학교 대학원학생회를 통해 착수되었다. 임용웅, 황기수, 하희정, 윤상호, 강종식(이상 5인)이 공동 집필한 『감리교회와 감리교신학대학의 어제와 오늘: 감리교회와 감신정체성 회복을 위하여』(1995)는 감신대에서 최근 수년간 겪은 교권 세력과 신학교 간의 갈등과 충돌과정 속에서 훼손된 감리교회와 감신대의 신앙 전통과 신학 유산을 새롭게 돌아봄으로써 역사적 정체성을 새롭게 세워나가고자 하는 동기에서 작성되었다.

> 계속되는 감신 사태를 겪으면서 비로소 우리는 우리를 낳아 준 감리교회와 감신의 학문성에 구체적인 관심을 가지게 되었다. 오늘날 우리들이 공통적으로 느끼는 위기는 다름 아닌 감리교회와 감리교신학대학의 정체성의 위기다. … 우리는 역사와 신학을 찾아가는 작업을 통해 우리가 안고 있는 문제에 보다 근본적으로 접근하고자 한다.[19]

18 유동식, 『한국감리교회사 II: 1884-1992』, 기독교대한감리회, 1994, 995-1010.

19 임용웅 · 황기수 · 하희정 · 윤상호 · 강종식, 『감리교회와 감리교신학대학의 어제와 오늘 : 감리교회와 감신정체성 회복을

이 책은 1부에서는 '감신의 역사와 신학'을 여섯 시기로 나누어 서술하고, 2부에서는 '교단정치와 학교'라는 주제로 여섯 시기로 구분해 서술하고 있다. 1부에서는 "3) 감리교의 이단시비"와 "4) 변홍교수 사건"이라는 두 챕터가 배치되어 있으며, 2부에서는 "2. 교단의 움직임 — 1) 부흥사들의 정치적 부상"에서 92년 종교재판의 주요한 동인이 되었던 부흥단 세력에 대해 서술하고 있다. 이 책에서는 1992년 종교재판 사건을 두 가지의 성격으로 정의했다. 첫째 이 사건은 교회의 양적 성장만을 추구해온 부흥사들의 신학적 한계를 드러내 준 사건이며, 둘째 한국감리교회의 신학을 이끌어 온 감리교신학대학의 신학이 교회와 유리되어 발전했다는 점을 여실히 보여준 사건이라는 것이다.[20]

제2부에서는 감리회 교단 정치의 흐름을 소개하면서 1990년대 교회의 성장과 부흥운동의 영향으로 성장한 부흥사들이 중심이 되어 교리사수운동을 전개하게 된 과정을 서술하며, 다음과 같이 결론을 내리고 있다.

> 냉천동과 이 땅 한반도에 뿌리고 일구어진 우리 선배들의 이야기 속에는 너무도 좋은 씨와 열매들이 가득 차 있다. 그곳에는 특히 "개방과 포용, 화해와 일치"라는 정신이 때로는 씨앗으로 때로는 열매로 일구어지고 있었다. 이 정신은 속 좁은 어린아이의 정신이 아니라 한 세기가 넘는 성숙한 전통이었다. 그러나 애석하게도 이 작업을 통해서 우리는 현재 감리교단과 감신의 모습이 이러한 성숙한 정신에서 상당히 멀어지고 있음을 볼 수 있었다. 더불어 지금 겪고 있는 감신의 아픔이 결코 우연이 아닌 역사의 산물임도 알게 되었다.[21]

이 책은 비매품으로 제작되었으나 배포되지 못했다.[22] 공식 출판에 이르지는 못했지만, 대학원생들의 입장에서 현재의 난맥상을 역사적으로 더듬어 보고자 한 열정과 순수함이 깃든 소중한 역사 정리 작업이 아닐 수 없다. 이 책도 후미에 감신대와 감리교회에 대한 주요 자료들을 27건 수록하고 있는데, 1992년 종교재판 자료를 비롯해 1995년까지 전개된 학교의 각종 사태 관련 기록들이 수록되어 사료적 가치도 지닌다.

위하여』, 감리교신학대학교제10대양대학원학생회, 1995, 8.

20 『감리교회와 감리교신학대학의 어제와 오늘』, 1995, 38.

21 『감리교회와 감리교신학대학의 어제와 오늘』, 1995, 87.

22 감리교신학대학교 당국의 방해로 배포가 무산되었으며, 전량 폐기되었다. 다행히 그중 일부가 헌책방으로 유입되었고, 개인이 소장한 몇 권을 '역사와종교아카데미'에서 입수하였다.

3) 이덕주의 『한국 토착교회 형성사 연구』(2001, 수정판)

이덕주가 자신의 감신대 박사학위 논문을 정리해 발간한 단행본 『한국 토착교회 형성사 연구: '한국적 기독교'의 뿌리를 찾아서』(2001, 수정판)는 감리교신학대학의 신학 전통인 '토착화신학'을 한국교회사 연구에 접목한 본격적인 시도의 결과였다. 그는 이 책에서 그동안 '선교사관', '민족교회사관', '민중교회사관' 등에 의해 서술된 한국교회사 서술의 한계를 극복하고, 한국교회사는 서구교회가 한국이라는 선교 현장에서 토착화하는 과정이라는 인식하에 '토착교회사관'을 주창하며, 이 사관에 입각한 한국교회사 서술의 가능성을 모색하고자 했다.

그는 자신이 이 책을 쓰게 된 결정적인 이유에 대해 "뒤늦게 학위 공부를 하도록 동기를 부여해" 준 사건이 1992년 감리회 종교재판이었음을 고백하며, "(변선환) 선생은 교회로부터 거듭 노선 변경을, 노선 변경이 안되면 침묵을, 침묵이 안 되면 언어 순화라도 하도록 요구받았으나, 어느 누구도 그분의 고집스런 외침을 막을 수 없었다. 어쩌면 선생은 스스로 종교재판이란 문을 통해 '교회 밖으로' 나가는 길을 택하셨는지도 모른다. … 요즘 감리교회 일각에서 선생의 복권과 명예 회복을 위한 서명 움직임이 있으나 나는 큰 의미가 없다고 본다. '쫓겨난 것'으로 그분은 한국 감리교회에 큰 공을 세웠기 때문이다. 기독교 역사에 교회 밖으로 쫓겨난 선각자가 어디 하나 둘인가?"라고 말했다.[23]

이덕주는 자신의 연구가 "1980년대 중반 이후부터 변선환 교수가 주창한 '종교해방론'과 '타종교의 신학'을 한국교회사에 접목을 시도한 것"이라고 말한다.[24] 이는 자칫 사변적 담론으로 전개될 수 있는 종교신학과 토착화신학의 학문적 접근을 보다 실재적인 역사적 콘텐츠와 콘텍스트에 투영하고 탐색함으로써 그 학문적 한계를 극복하고, 역사적 전거들을 통해 변선환 교수의 학문작업에 설득력을 부여하려 했던 것으로 보인다.

4) 김효성의 『현대교회문제 자료집』 (2004)

계약신학대학원 교수이자 합정동교회 목사인 김효성은 『자유주의 신학의 이단성』(2008), 『에큐메니칼운동 비평』(2012), 『천주교회비평』(2019)과 같은 근본주의적 관점에서의 책들을 꾸준히 간행해 오고 있다. 1992년 감리회 종교재판을 다루고 있는 『현대교회문제 자료집』의 간행목적도 머리말에 다음과 같이 나타나고 있다.

기독교의 바른길은 자유주의신학과 에큐메니칼 운동, 즉 교회연합운동과 윤리적 부패와 은사운동,

---

23 이덕주, 『한국 토착교회 형성사 연구』, 한국기독교역사연구소, 2001(수정판), 406-407.

24 이덕주, 『한국 토착교회 형성사 연구』, 406.

신복음주의를 배격하고, 성경 말씀 곧 하나님의 말씀의 순수한 교훈을 그대로 믿고 지키고 경건하고 거룩하고 의롭고 선한 삶을 실천하는 것이다. 하나님의 신실한 종들과 성도들은 바른 생각을 가지고 일어나 이 시대의 잘못된 풍조들을 분별하고 배격하고 좌우로 치우침 없이 신앙의 바르고 선한 옛 길을 추구해야 한다.[25]

그는 "홍정수 교수의 이단사상들"에서 그의 부활 신학을 간단히 소개한 후 "이것은 성경이 증거하는 예수님에 대한 기본적 사실을 부정하는 명백한 이단"이라고 규정하고 있으며,[26] "변선환 학장의 종교다원주의"에서는 "[변선환의] 사상은 비평할 가치조차 없는 명백한 이단"[27]이라는 더욱 강도 높은 비판을 가하며 학문적인 대화와 논쟁을 포기하고 있다.

5) 서울연회 재판위원회의 『교리사건 재판자료: 정리·서술집』 (2005)

1992년 종교재판이 종료된 지 6년 후인 1998년에 최홍석이 정리한 『교리사건 재판자료 정리·서술집 : 변선환·홍정수의 교리사건』이라는 제목의 자료집이 서울연회 재판위원회 명의로 발행되었다.[28] 이 책을 다시 월간 「온세상 위하여」에서 재편집하여 CD와 함께 2005년 재발간[29]함으로써 보다 널리 배포될 수 있었다.

이 책은 하나의 역사서라기 보다는 1992년 종교재판의 전개 과정을 당시 재판을 주관했던 서울연회 재판위원회의 관점에서 사료를 재구성, 재배열, 정리함으로써 이 역사적 사건에 대한 당위성과 명분을 획득하고, 후대에 교훈으로 삼고자 하는 주관적 의도가 반영된 측면이 강했다. 당시 서울연회 고재영 재판장은 편찬사에서 본인이 2001년 심장질환으로 수술을 받게 되었을 때 마취상태에서 천국을 경험하게 되었으며, 그곳에서 "여기에는 포스트모던 신학이나 다원주의 신학이나 세상 어떤 신학 사상이나 어떤 교리적 선언을 가지고는 여기에 올 수 없다. 오직 여기 올 수 있는 사람은 하나님의 자녀들로 예수 그리스도를 믿고 구원받은 사람만이 여기 오는 것이다"라는 음성을 들었고, 은퇴를 앞두고 "이 사명 때문에 주님이 나를 보내셨구나 깨달음을 얻었"으며, "(종교재판 이후) 13년이 지난 요즘 출교된 그들을 영웅시하고 기념하며 복권운동을 전개하려 한다는 풍문이 돌고 있어", "이때에 13년 전 교리신학 논쟁과 교리재판

---

25 김효성, 『현대교회문제 자료집』, 옛신앙, 2004, 3.

26 김효성, 『현대교회문제 자료집』, 옛신앙, 2004, 67.

27 김효성, 『현대교회문제 자료집』, 옛신앙, 2004, 85.

28 최홍석, 『교리사건 재판자료 정리·서술집 : 변선환·홍정수의 교리사건』, 서울연회재판위원회, 1998.

29 기독교대한감리회 서울연회 재판위원회, 『교리사건 재판자료 정리·서술집 : 변선환·홍정수의 교리사건』, 月刊온세상위하여, 2005.

전 과정의 찬반 여론을 모두 모아서 정리하여 책으로 펴냄으로써 교리 문제에 대해 좋은 자료가 될 것으로 기대"한다는 입장을 게재했다.[30]

당시 기독교교리수호대책위원회 회장 김홍도 목사도 "출교된 저들의 신학 사상을 추종하는 사람들이 작금에 이르기까지 수그러들지 않고 오히려 기승한다는 소식을 접하여 당혹하던 차에 교리재판 자료 서술집을 펴내게 되어 다행"이라면서, "이 사명을 믿는 자라면 누구나 정신을 차려서 지켜야 하고 바르게 가르치려는 신학자, 특히 바른 목회자라면 이단사상을 부단히 경계하며 사명의 본분을 충심으로 수행해야"한다며, 자료집 간행의 목적과 의미를 밝혔다.[31]

본 자료집은 1992년 종교재판 이후, 이 사건에 대해 재판위원회가 수집하고 보관하던 주요 자료들을 공식적으로 재구성, 편집하여 종교재판에 대한 찬성과 반대 양측의 입장을 비교적 균등하게 배치, 구성하였다. 이 책은 1992년 종교재판을 "교리사건"이라고 명명함으로써 기독교의 정통교리를 수호하기 위한 역사적 소명과 당위를 사건의 명명과 책 제목에서부터 부각하고자 한 의도가 엿보인다.

"제1장 교리사건 발단의 경위"에서는 협성대 이동주 교수의 변선환 비판논문에서부터 변선환, 박아론, 김행식, 홍정수 등의 주요 논쟁 글을 '종교다원주의'와 '포스트모더니즘' 두 절로 나누어 배치했다. "제2장 총회와 연회의 결의"에서는 이 사건에 대한 기독교대한감리회 총회와 연회의 관련 기록과 성명서, 결의문 등을 배치했다. "제3장 소송사건으로 비화"에서는 서울연회에서의 전개된 소송과 심의, 기소 등의 과정과 문서들을 소개하고 있다. "제4장 각계의 찬반여론"에서는 이 사건에 대한 "자유주의 진영과 복음주의 진영"의 주요 찬반 글과 여러 단체들의 성명서들을 소개했다. 또 사건과 관련해 출간된 소책자들(6권)과 신문 기사들(45건)도 소개했다. "제5장 재판위원회의 공판"에서는 실제적인 재판과정에서의 주요 쟁점과 논쟁글, 선고공판 기록과 증거자료, 판결문 등이 수록되었다. "제6장 출교 선고 이후 동향"에서는 판결이후의 행정절차들, 판결에 대한 비판적 반응들(기고, 성명, 칼럼 등), 이에 대한 해명과 답변 등이 수록되었다.

이 자료집은 재판을 수행한 재판위원회가 원활한 재판의 진행을 위해 수집하고 정리한 자료들을 수년이 지난 후에 백서의 형태로 작성한 것이다. 비교적 시간 순서대로 사건의 흐름을 따라가며 추이를 살펴볼 수 있도록 체계적으로 정리되어 있어 사료적 가치가 높다. 다만, 애초의 편집과 간행 목적이 재판위원회의 결정과 정당성을 변증하고자 하는 의도를 반영하여 작성된 것이므로 편집 과정 속에서 의도적인 편집이나 누락 되거나 배제된 자료들은 없는지, 교차검증과 사료 비평이 함께 수반되어야 할 것이다. 더불어 제한된 시간과 인력으로 인해 누락된 자료들의

30 고재영, "편찬사", 『교리사건 재판자료 정리·서술집 : 변선환·홍정수의 교리사건』, 2005, 2.

31 김홍도, "교리수호의 사명을 위하여", 『교리사건 재판자료 정리·서술집 : 변선환·홍정수의 교리사건』, 2005, 4.

추가적인 수집과 비평이 후속 과제로 남았음도 주지의 사실이다.

6) 민경배의 『한국기독교회사: 한국 민족교회 형성 과정사』 (2007)

대한예수교장로회 통합 측의 대표적인 원로 교회사학자 민경배 교수는 그의 대표 저작인 『한국기독교회사: 한국 민족교회 형성 과정사』(2007)에서 한국현대교회사 부분을 보강하면서 "23.3. 한국적 신학형성의 모색"을 서술했다. 그는 이 챕터에서 1960년대 이후 한국 현대신학사를 개관하면서도 1992년 감리회 종교재판에 대한 언급은 누락함으로써, 본 사건에 대한 평가와 서술을 회피[32]했다. 다만 그는 2002년에 「기독공보」에 "변선환 교수의 종교다원주의"라는 글을 기고함으로써 1992년 종교재판에 대한 개인적 입장을 다음과 같이 표명했다.

> 1991년 10월 감리교 특별총회에서 두 교수에 대한 심사를 시작하고, 그것이 6개월 계속되다가 마침내 1992년 5월, 이들의 출교와 목사직 면직을 판결한다. 그리고 그 판결이 서울연회에 하달된 것이다. 하지만 두 교수는 그 기소 이유를 강력하게 부인하였다. 이 재판 과정에서 감리교 신학대학생들의 격렬한 항의가 있었다. 그것이 중세 종교재판을 방불하게 한다는 주장이었다. 또 안병무 박사를 비롯한 전국의 신학대학 교수들 45명이 그 판결의 철회를 요구하는 공개 질의서를 냈다. 학문의 자유가 유린된다는 것이었다.
>
> 그[변선환]는 1990년 3월에 감리교신학대학 학장직에 이르고 있었다. 하지만 이 판결 후 곧 1992년에 그 자리를 떠난다. 그리고 2년 반 후, 1995년 8월에 타계(他界)한다. 그 어간의 심신의 아픔이 컸기 때문이었을 것이다. 변선환 교수가 종합대의 종교학 교수였다면 문제가 전혀 없었을 것이다. 하지만 교단 목사 양성의 신학대학 학장이었다는 데에 문제가 있었을 것이다.
>
> 그는 부드럽고 이해심이 깊은 조직신학자였다. 그는 가톨릭과 동방정교회의 화해, 그리고 이슬람과 기독교와의 화해, 이런 역사적 과제의 시대가 다가오고 있는 것을 알고 있었다. 여러 종교의 전통을 가지고 있는 한국사회 안에서의 교회의 역할은 더욱 그러하리라는 것을 절감(切感)하고 있었다. 하지만 공존의 논리에 그리스도의 구원론이 병행 못할 이유는 없었다.[33]

변선환과 홍정수 교수가 모색한 신학적 도전과 시도에 대해 당시 교회가 "가톨릭과 동방정교회의 화해", "이슬람과 기독교와의 화해"라는 역사적 과제의 시대 앞에서 "여러 종교의 전통을 갖고 있는 한국교회 사회에 안에서… [그러한] 공존의 논리에 그리스도의 구원론이 병행 못할

---

32 민경배, 『한국기독교회사 : 한국 민족교회 형성 과정사』, 연세대학교출판부, 2007, 595-605.

33 민경배, "변선환 교수의 종교다원주의", 「기독공보」, 2002년 1월 5일. ; 민경배, "이야기교회사(85) 변선환 교수의 종교다원주의" http://pckworld.com/article.php?aid=12569858

이유는 없었다"라는 진술이 눈에 띈다. 이는 훗날 1992년 종교재판 사건이 역사적으로 재평가 될 수 있는 여지가 있음을 보여주는 전향적인 서술이기에 주목된다.

7) 김주덕의 "한국교회 분쟁의 요인 분석 : 1992년 감리교회의 '종교재판'을 중심으로" (2007)

1992년 종교재판 이후 15년 만에, 이 사건에 대한 공개적인 학술행사에서 연구주제가 처음으로 발표되었다. 목원대학교에서 교회사 강사로 활동하는 김주덕은 2006년 9월 2일 제246회 한국기독교역사학회 학술발표회에서 "한국교회의 분쟁 : 1992년 감리교회의 종교재판을 중심으로"라는 제목으로 연구논문을 발표했다.[34] 그의 발표는 1992년 종교재판에 대한 역사학계에서의 첫 연구발표이자 1992년 종교재판이 비로소 역사적 연구와 평가대상으로 상정되는 공식적인 자리이기도 했다. 그는 학회 발표논문을 1년 후인 2007년에 한국기독교역사연구소에서 간행하는 학술지 「한국기독교와 역사」(제27호)에 게재했다.[35]

김주덕의 연구는 역사적인 방법과 신학적인 방법을 병행하여 사건에 대한 분석과 평가를 시도했다고 주장한다. 그러나 소논문에서 두 방법을 구사하여 이 큰 규모의 사건을 종합적으로 분석, 평가한다는 것은 다소 무리한 시도처럼 보이기도 했다. 하지만 리스크가 큰 주제를 천착하여 한 편의 연구논문을 작성한 것은 그 시도만으로도 역사적 의미가 있다.

본 연구에서 가장 먼저 주목되는 지점은 이 사건의 성격 규정에 있어 "분쟁"이라는 용어를 사용했다는 점이다. 김주덕은 이 사건을 두 세력 간의 갈등과 분쟁으로 접근했다. 즉 "신학교와 교회 현장", "진보세력과 보수세력", "자유주의 신학과 복음주의 신학" 등 상호 대립적인 구도를 설정하고 "양자 간의 분쟁"이라는 개념으로 서술하는 경향을 보인다. 이는 사건의 성격과 윤곽을 선명하게 파악하는 데 도움이 될 수 있다. 하지만, 다른 한편으로는 일방적 강권과 힘의 논리로 전개된 사건의 본질을 왜곡하거나 오도하는 우를 범하고, 역사적 사실과 괴리되는 결과를 낳는다.

김주덕은 1992년 이후 축적된 여러 자료들을 인용하며 "사건의 발생과 개요"를 정리했다. 특히 그는 종교재판 사건의 원인을 1980년 감신대에서 발생했던 양창식, 이규철 사건에서부터 찾으며, 통일교와의 관련설에 대해 초점을 맞춰 사건의 발단을 풀어나간다.[36] 1992년 종교재판 사건에서 논란과 시비의 여지가 많은 "통일교 학생 비호설"을 통해 이 사건의 이야기를 풀어내는

34 김주덕, "한국교회의 분쟁: 1992년 감리교회의 종교재판을 중심으로" 「한국기독교역사연구소소식」, 제76호, (2006. 10.)

35 김주덕, "한국교회 분쟁의 요인 분석: 1992년 감리교회의 '종교재판'을 중심으로", 「한국기독교와 역사」, 제27호, 2007.

36 김주덕, "한국교회 분쟁의 요인 분석", 「한국기독교와 역사」, 제27호, 2007, 226.

것은, 사건 전체에 대한 이해가 부족하거나 특정 이슈에 대한 개인적 관심이 강하게 반영된 것으로 보인다. 아울러 본 개요의 말미에서 1992년 종교재판이 한국교회와 신학계에 미친 영향력과 결과를 분석하고 있다.

> 이로써 보수적인 신앙 형태의 교회가 자유주의 신학을 정죄하는 형국이 다시 한번 재현되게 되었다. 이 재판은 감리교회뿐만이 아니라 한국 교계 및 신학자들에게 이루 말할 수 없는 큰 충격으로 다가왔으며, 이로 인하여 종교다원주의와 포스트모던 신학을 하기 위한 학문적 연구는 이제 더 이상 한국 개신교에서 공개적으로 연구하기를 꺼리게 되는 결과를 낳게 되었다.[37]

이 논문에서 특별히 아쉬운 지점은 "3. 분석과 평가"에서 이 사건의 성격을 "보수주의적 신앙과 자유주의 신학의 대립"이라고 규정한 것이다. 사실 '보수'의 대립적 용어는 '진보'이다. 그리고 '보수'와 '진보'라는 용어는 시대와 역사적 상황에 따라 그 성격이 "보수에서 진보로" 또는 "진보에서 보수로" 변이하는 유동적 용어이다. 그러므로 '보수주의적 신앙'이라는 실체가 명확하지 않은 표현보다는 보다 구체적인 집합이나 조직(예를 들어 '부흥단', '기독교교리수호대책위원회' 등) 혹은 특정 신학사조(근본주의, 복음주의 등)로 개념 규정하는 것이 적절해 보인다.

아울러 이 사건의 피고 측 신학 정체성을 '자유주의 신학'이라고 규정한 점도 논란의 여지가 많다. 변선환과 홍정수의 신학을 '자유주의 신학'이라고 규정하는 것은 지극히 몰역사적이고 반역사적이다. 19세기에 발흥했으며, 한국교회에서는 제대로 수용된 바 없는 유럽의 자유주의 신학이 20세기말 한국의 신학 강단에서 횡행했다는 주장을 하기 위해서는, 변선환과 홍정수의 신학이 '자유주의 신학'과 어떠한 역사적 연결고리와 실체적 정체성을 지니는지에 대한 논증이 수반되었어야 한다. 1930년대 이후 한국의 반지성적 장로교 교권주의자들은 당대 신정통주의적 신신학의 시도와 모색을 모두 자유주의 신학으로 매도하는 촌극을 벌인 바 있다. 한국교회는 아직까지도 이러한 1930년대 교권주의자들의 신학적 맹신과 반지성적 태도에 안주하고 있으며, 이 논문에서 그러한 몰역사적 관점을 그대로 투영하여 1992년 종교재판 사건을 바라보는 프레임으로 활용하고 있다는 점은 크게 아쉬운 지점이 아닐 수 없다.

그는 결론에서 "신학자들은 연구의 취지와 목적에 더 신중하여야 하고, 일선 선교 현장에 겪는 문제들을 해결하기 위한 진지한 노력"이 요청된다고 말하며, "교회 현장도 당장의 교회의 수적 성장과 부흥에만 천착하지 말고, 신학자들의 신학 연구의 자유를 최대한 보장해 주어야 할 것"이라는 신학교와 교회 현장 양자의 바람직한 역할론을 제시한다. 그리고 "이처럼 교회와

37 김주덕, "한국교회 분쟁의 요인 분석", 2007, 231.

신학이 모두 상호 인정되고 신뢰하며 협력하게 될 때 한국교회는 건강한 교회와 한국적 신학을 세울 수 있을 것"[38]이라는 결론에 도달한다. 저자는 최대한 균형감 있게 객관적 태도를 견지하며 본 연구를 수행하고자 노력한 흔적이 엿보인다. 다만 이러한 결론에 도달하기 전에 사건의 실체적 진실과 상황에 대한 보다 충실한 사료 수집과 객관적 분석이 수반되어야 한다. 김주덕의 연구는, 이후에 보다 객관적이고 치밀한 사료 구사와 비평, 엄정한 역사적 검토와 성찰이 필요함을 보여준다.

8) 한국기독교역사학회의 『한국기독교의 역사 III: 해방 이후 20세기 말까지』(2009)

한국기독교역사학회에서 간행한 통사 시리즈의 마지막 권인 『한국기독교의 역사 III: 해방이후 20세기 말까지』(2009)에서는 "제16장 새로운 신학의 모색"에서 토착화신학을 소개하면서 "변선환은 종교 간 대화를 강조하는 과정에서 타종교의 구원 가능성을 인정함으로써 보수적인 교단 지도부에 의해 희생되는 아픔을 겪었다. 그는 1992년 종교다원주의를 용납했다는 이유로 교수직과 목사직을 동시에 박탈당했다. 이후 한국 신학계에서 종교다원주의를 정죄하는 분위기가 지배하게 되면서 토착화신학을 위한 기반은 더욱 협소하게 되었다"고 평가했다.[39] 비교적 간명하고 객관적으로 1992년 종교재판에 대해 서술하고 있다. 하지만, 이 사건을 통해 변선환 학장만이 출교당한 것으로 서술된 점은 이후 보완할 지점이다.

9) 이덕주·서영석·김흥수의 『한국 감리교회 역사』(2017)

2017년 이덕주, 서영석, 김흥수 교수가 공동 집필한 『한국 감리교회 역사』(2017)에서는 해방이후 현대사 부분은 김흥수가 집필했으며, 제3부 14장의 "2. 신학의 갈등"에서 1980년 이후부터 촉발된 감리회 내부의 주요 신학적 갈등과 이단시비 문제에 대해 서술하고 있다.

이 챕터에서는 1992년 종교재판에 대해 5쪽에 걸쳐 할애하고 있는데, 비교적 사실 관계에 입각해 전체적인 흐름을 시간순으로 서술하며 후미에서 간단한 결론을 도출하고 있다. 눈에 띄는 대목은 1992년 종교재판의 두 교수 출교 처분 이후 4년째 되는 해에 "이들의 출교를 주도했던 금란교회 김홍도 목사를 감독회장으로 선출함으로써 감리교 총회의 면직 권고안과 서울연회 재판위원회의 출교 판결을 인정하는 모습을 보여주었다"고 평가함으로써 이 사안의 정치적 해석 가능성을 열어 보여주었다.[40] 아울러 "한 세기 동안 이어져 온 감리교회의 종교신학적

---

38 김주덕, "한국교회 분쟁의 요인 분석", 2007, 245.

39 한국기독교역사학회, 『한국기독교의 역사 III: 해방이후 20세기 말까지』, 한국기독교역사연구소, 2009, 204.

진술과 토착화신학이 감리회 내에서 첫 종교재판의 대상이 된 점"의 역사적 의미를 주목하면서, "이 재판이, 비판자들의 눈에는 한국 감리교회 내 근본주의 성향을 가진 교역자들의 신학적 다양성의 파괴행위로 보였지만, 지지자들은 감리교회의 교리 수호로 이해하였다"고 분석하고 있다. 이는 현재까지 진행 중인 감리회 내의 진보와 보수의 평행적 입장을 반영한 것이라고 볼 수 있다.

10) 박용규의 『한국기독교회사 III: 1960-2010』(2018)

총신대에서 한국교회사를 가르치는 박용규는 2018년에 『한국기독교회사 III: 1960-2010』을 출간하면서 "제21장 한국교회의 신학사상 논쟁"에서 "3. 종교다원주의와 포스트모더니즘 논쟁" 절을 10쪽에 걸쳐 서술하면서 주요한 관심을 보이고 있다. 그는 "변선환 교수와 홍정수 교수가 출교당한 후 감리회는 물론 여타 다른 개신교 교파 안에서도 종교다원주의와 포스트모더니즘 신학을 공개적으로 옹호하는 분위기가 현격하게 줄어들었다. 유동식도 한층 더 조심스런 행동을 보였고, 감리교 안에는 종교다원주의를 노골적으로 지지하는 학자들은 없었다. 그런 사상을 가진 이들이 없어진 것이 아니라 조심하기 시작했다는 표현이 정확할 것"이라고 분석했다.[41] 박용규의 연구에서도 1992년 종교재판 사건은 이후 30년 동안의 한국기독교 신학계의 아젠더 설정과 연구의 자율성에 심대한 영향을 미쳤다고 평가하고 있음을 알 수 있다.

11) 1992년 종교재판 이후 변선환 교수 관련 주요 연구와 출판물

1992년 출교 직후, 변선환 학장은 같은 해 10월 15일 감리교신학대학에서 은퇴식을 가졌다. 그로부터 1995년 별세 전까지 꾸준한 학문적 활동과 기고를 통해 자신의 사상적 노력을 기울였다. 그의 출교 이후의 집필 경향을 살펴보면, 종교다원주의에 대한 지속적인 관심 이외에 탁사 최병헌 목사, 지구윤리, 어머니, 불교적 그리스도론, 과학기술과 기독교윤리, 유교와 기독교 등의 주제에 대해 관심을 경주한 것으로 보인다.

40 이덕주·서영석·김흥수, 『한국 감리교회 역사』, kmc, 2017, 399-400.

41 박용규, 『한국기독교회사 Ⅲ : 1960-2010』, 한국기독교사연구소, 2018, 958.

[표-1] 출교 이후 변선환의 기고문 목록

분류	기고문(논문) 제목과 저널명
잡지	"신학적 다원주의의 여명," 「기독교사상」, 1992년 4월호. "종교다원주의와 한국적 신학," 「기독교사상」, 1993년 1월호. "탁사 최병헌 목사의 토착화 사상," 「기독교사상」, 1993년 6월호. "탁사 최병헌 목사의 토착화 사상(2)," 「기독교사상」, 1993년 7월호. "만국 종교 대회와 지구 윤리," 「기독교사상」, 1993년 11월호. "[우리 어머니] 평범하고 고귀한 진리 일깨워 주신 분," 「새가정」, 1993년 12월호.
학술지	변선환, 길희성, 정병조, 김승혜. "예수, 보살, 자비의 하느님: 불교적 관점에서 본 그리스도론," 「종교 · 신학 연구」, 제6호, 1993년 12월. "민중해방을 지향하는 민중불교와 민중신학: 미륵신앙을 중심하여서," 「한국사상사학회」, 제6권, 1994. "한일 양국의 근대화와 종교," 「한국종교」, 제12호, 1995. "과학기술과 기독교윤리," 「과학사상」, 1995년 12월호. 변선환, 줄리아 칭, "유교와 기독교," 「세계의 신학」, 제29호, 1995년 12월.

1995년 별세 이후에는 변선환 학장과 관련한 책과 연구가 다수 출판, 발표되었다. 그 현황을 보면 다음과 같다.

([표-2] 출교 이후 변선환 학장 관련 연구서와 출판물)

분류	서적
추모 및 논문집	변선환학장은퇴기념논문집출판위원회 편, 『종교다원주의와 한국적 신학』, 한국신학연구소, 1992. 고일아변선환학장20주기추모학술문화제준비위원회, 『선생님, 그리운 변선환 선생님』, 신앙과지성사, 2015.
전집	변선환, 『변선환 전집 1: 종교간 대화와 아시아 신학』, 한국신학연구소, 1997. 변선환, 『변선환 전집 2: 불교와 기독교의 만남』, 한국신학연구소, 1997. 변선환, 『변선환 전집 3: 한국적 신학의 모색』, 한국신학연구소, 1997. 변선환, 『변선환 전집 4: 요한 웨슬리 신학과 선교』, 한국신학연구소, 1998. 변선환, 『변선환 전집 5: 그리스도론과 신론』, 한국신학연구소, 1998. 변선환, 『변선환 전집 6: 현대 신학과 문학』, 한국신학연구소, 1999. 변선환, 『변선환 전집 7: 현대 문명과 기독교 신앙』, 한국신학연구소, 1999.
번역서	변선환 역, 줄리아 칭 저, 『유교와 기독교』, 분도출판사, 1994. 변선환 역, 아베 마사오 저, 『선과 현대철학』, 대원정사, 1996. 변선환 역, 아베 마사오 저, 『선과 종교신학』, 대원정사, 1996. 변선환 역, 아베 마사오 저, 『선과 종교철학』, 대원정사, 1996.
개인저작	변선환, 『종교간 대화와 아시아신학』, 한국신학연구소, 1996. 변선환, 『인생은 살만한가: 변선환 박사 설교 모음집』, 한들출판사, 2002.
변선환 연구서	변선환아키브, 『변선환 종교신학』, 한국신학연구소, 1996. 변선환아키브, 동서신학연구소 편, 『변선환 신학 새로보기』, 대한기독교서회, 2005. 박성용 · 신익상 · 최대광 · 박일준, 『(올곧이 선생님) 변선환: 그의 삶과 신학을 중심하여』, 신앙과지성사, 2010. 신익상, 『변선환 신학 연구: 불이적 종교해방신학을 향하여』, 모시는사람들, 2012.

변선환 교수의 사후에 나름의 학문적 성과는 위 표에 열거된바 다수의 출판물이 확인된다. 다만 변선환의 신학과 사상에 대한 연구가 주를 이루며, 인간 변선환의 생애와 1992년 종교재판에

대한 역사적 검토와 접근은 상대적으로 취약하다. 향후 인물 연구로서의 변선환에 대한 조명과 사료 수집이 주요 과제로 상정될 필요가 있겠다.

아울러 변선환 교수 별세 이후 추모글과 그의 신학에 대한 주요 기고와 연구논문들도 다음과 같이 확인된다.

[표-3] 별세 이후 변선환 학장에 대한 추모글과 연구논문

분류	제목
추모 글	안병무, "아음 변선환 박사," 「기독교사상」」, 1995년 9월호. 유동식, "앞서간 변선환 목사를 그리며," 「기독교사상」, 1995년 9월호.
각종 기고	이지수, "[이 책을 말한다] 변선환의 『불교와 기독교의 만남』," 「오늘의 동양사상」, 제1호(창간호), 1998년 11월. 정희수, "변선환 선생님의 목양적 삶과 신학적 열정: 우주적 치유와 해방을 위한 종교간의 대화(1)," 「기독교사상」, 2005년 11월호. 정희수, "변선환 선생님의 목양적 삶과 신학적 열정: 우주적 치유와 해방을 위한 종교간의 대화(2)," 「기독교사상」, 2005년 12월호.
연구논문	최준규, 「변선환 토착화신학의 해석학적 고찰」, 가톨릭대 석사논문, 1993. 정동욱, 「변선환 신학사상에 대한 비판적 연구」, 장신대 석사논문, 1997. 박도현, 「변선환의 대화 신학 연구: '종교간의 대화'를 중심으로」, 서강대 석사논문, 1997. 박용남, 「변선환 종교신학의 형성과 다원적 기독론 이해」, 감신대 석사논문, 1999. 김종일, 「변선환의 종교신학에 대한 비평적 고찰」, 아세아연합신대 석사논문, 1999. 이기백, 「변선환의 종교신학에 대한 비판적 고찰」, 한신대 석사논문, 2000. 한숭홍, "변선환의 신학사상," 「장신논단」, 제19호, 2003. 전현식, "조화와 모색 1: 생태신학과 여성신학 ; 변선환의 종교 신학 안에 나타난 생태여성학적 영성 및 비전," 「한국조직신학논총」, 제13호, 2005년 9월. 심광섭, "일아 변선환 신학사상의 체계," 「한국문화신학회 논문집」, 제4호, 2006. 김훈, 「변선화 신학을 통해서 본 선교」, 호남신대 석사논문, 2006. 이한영, "토착화 신학의 흐름과 재고: 윤성범, 변선환, 이정배를 중심으로," 「신학사상」, 제12호, 2009. 전종배, 「한국적 기독론 모색: 일아 변선환을 중심으로」, 감신대 대학원 석사논문, 2009. 김진희, "제3세대의 토착화 신학에 있어서의 종교간 대화의 과제와 전망: 변선환의 종교간 대화를 중심으로," 「신학사상」, 제150호, 2010. 최태관, "변선환의 신중심적 비규범적 그리스도론 연구," 「한국조직신학논총」, 제12호, 2010. 신익상, 「실존론적 사유와 대승불교의 불이적(advaya) 사유를 통한 변선환 신학 연구」, 감신대 박사논문, 2012. 박일준, "Liberation Theology of Religion as a gesture of resistance —Rereading of Byun, Sun-Hwan's Theology in the Age of Global Market-Based Capitalism," 「한국기독교신학논총」, 제89호, 2013년 9월. 안수강, "변선환의 '타종교와 신학' 소고," 「신학과 복음」, 제2호, 2016. 김광현, "변선환 신학의 세 가지 특징과 그 의의: 그의 '신론'을 중심으로," 「신학과 학문」, 제4호, 2018.

12) 1992년 종교재판 이후 홍정수 교수 관련 주요 연구와 출판물

홍정수 교수는 1992년 당시 40대 중반의 소장학자였다. 1992년 종교재판과 출교사건은 그가 제자와 후학을 충분히 양성할 수 있는 기회를 박탈했다. 이에 그는 학문연구와 신학교육의 길을 개인적 차원에서 모색해야 했다. 1994년 도미한 그는 한인교회에서의 목회와 갈릴리신학원의 설립과 운영을 통해 꾸준한 학문적 활동과 기고를 이어갔다.

[표-4] 출교 이후 홍정수 교수의 기고문 목록

분류	기고문(논문) 제목 및 저널명
「세계의 신학」	"감리교 신학의 바른 이해", 제14호, 1992년 3월. "포스트 통일 신학: 6.25와 오순절을 기억하며", 제15호, 1992년 6월. "근본주의 복음주의 신학은 무엇을 '수호'하는가", 제16호, 1992년 9월. "'부활'은 무엇에 답하는가", 제18호, 1993년 3월. "문자주의란 문자적으로 무엇을 뜻하는가", 제19호, 1993년 6월. "'영적 해석'이란 이름의 폭력?", 제20호, 1993년 9월. "'복' 받아도 좋을까요", 제21호, 1993년 12월. "한글 '사도신경'(1)", 제22호, 1994년 3월. "한글 '사도신경' 제2강좌", 제23호, 1994년 6월. "한글 '사도신경'", 제24호, 1994년 9월. "처음 교회의 신앙 이야기", 제27호, 1995년 6월. "하느님 나라의 계절 설교(2)", 제28호, 1995년 9월. "하느님 나라의 계절 설교(2)", 제29호, 1995년 12월. "예수 찾기 제3운동 속의 '부활'", 제30호, 1996년 3월. "하느님의 위로와 신앙의 힘", 제30호, 1996년 3월. "인생의 고난과 신앙의 길", 제31호, 1996년 6월. "예수와 우리 시대의 신학과 목회", 제31호, 1996년 6월. "영성을 위한 작은 모임 대회 보고", 제32호, 1996년 9월. "2중예정론의 허와 실", 제32호, 1996년 9월. "안병무 선생님을 추모하면서", 제33호, 1996년 12월. "소그룹을 통한 교회 활성화 방안(1)", 제34호, 1997년 2월. "하느님이 계시냐고요", 제34호, 1997년 2월. "부활 신앙의 비밀(1)", 제35호, 1997년 5월. "부활 신앙의 비밀(2)", 제36호, 1997년 8월. "98년 목회 구상: 삶의 탄력, 존엄성, 공신력", 제37호, 1997년 11월. "기도하게 하소서",, 제38호, 1998년 3월. "너희가 청하는 게 무엇인지나 아느냐?", 제39호, 1998년 6월. "왜 선을 행하려 애쓰는가", 제40호, 1998년 12월. "옥에 갇힌 자의 감사",, 제41호, 1998년 12월. "다음 세기 기독교 신학의 한 실천적 과제: '하나님'의 무게와 예수", 제43호, 1999년 6월. "'온 믿음'의 시대를 연다: 다시 생각해 보는 나의 유민 목회 5년", 제44호, 1999년 9월.
기타 저널	홍정수, "다종교 상황에서의 예수의 유일성," 「종교신학연구」, 제5호, 1992. 윤영해, 길희성, 김승혜, 김탁, 정양모, 홍정수, 차옥숭, 심종혁, "「한국 신종교에서 보는 그리스도교」에 대하여," 「종교신학연구」, 제6호, 1993. 홍정수 "포스트모던 신학과 한국 기독교," 「기독교사상」, 1994년 7월호.

그의 출교 이후 기고와 집필활동을 살펴보면 종교재판 직후에는 자신의 신학적 입장을 변증하고 학문적 관심을 심화하는 경향을 보였으며, 도미 이후 목회 활동을 병행하는 과정에서 목회적 성격의 글들도 다수 작성하고 있음을 알 수 있다. 1992년 이후 홍정수 교수가 추가로 저술한 서적의 출판 현황을 보면 다음과 같다.

[표-5] 출교 이후 홍정수 교수의 저술 목록

분류	제목
신학 저술	홍정수, 『포스트모던 예수: 감리교회 종교재판의 진상』, 조명문화사, 1992. 홍정수, 『읽을거리: 포스트모던 신학』, 조명문화사, 1993. 홍정수, 『다원종교 시대와 예수』, 조명문화사, 1994. 홍정수, 『베짜는 하느님: 풀어쓴 기독교 신학』, 한국기독교연구소, 2002. 홍정수, 『개벽과 부활』, 한국기독교연구소, 2013.
설 교 집	홍정수, 『사도신경 살아내기』, 한국기독교연구소, 2009.

홍정수의 경우, 변선환 교수가 1995년에 별세한 것과 달리 현재까지 생존해 있으며, 국내에서의 활동이나 추가적인 학술적 연구성과가 제한적이기에 홍정수 개인에 대한 기념논문집을 비롯한 그의 신학사상을 정리한 홍정수에 대한 관련 학계에서의 후속 연구작업은 크게 눈에 띄지 않는다. 다만 종교재판 직후 자신의 종교재판에 대한 변증서인 『포스트모던 예수』(1992)와 『읽을거리: 포스트모던 신학』(1993), 『다원종교 시대와 예수』(1994)를 간행한 바 있으며, 종교재판 10년을 맞아 1992년 당시 논란이 되었던 저작 『베짜는 하나님』(1991)[42]의 개정판 『베짜는 하느님』(2002)을 재출간했다.[43] 그로부터 10여 년 후에 자신의 부활신학을 새롭게 정리한 『개벽과 부활』(2013)도 간행했다. 아울러 2009년에는 그동안 목회를 하며 집필한 설교문들을 모아 『사도신경 살아내기』라는 제목의 설교집을 간행하기도 했다. 이 모든 저술활동은 1992년 종교재판에 대한 응답 차원의 성격이 적지 않아 보인다.

홍정수 교수는 저술 활동보다는 각종 세미나와 강연회에서 국내의 목회자, 신자들과 소통하고 있으며, 2004년부터는 한국기독교연구소에서 주관하는 <예수목회세미나>를 매년 개최해서 강연자로 참여하고 있다. 지난 2023년 2월 13-15일까지 제17회 예수목회세미나가 마리스타교육수사회 교육관에서 "대전환시대 함께 여는 예수목회"라는 주제로 개최된 바 있다.[44]

42 홍정수, 『(이단자를 위한 한국신학) 베짜는 하나님』, 조명문화사, 1991.

43 홍정수, 『베짜는 하느님 : 풀어쓴 기독교 신학』, 한국기독교연구소, 2002.

44 "예수목회세미나 '대전환시대 함께 여는 예수목회' 주제로 열려: 발제와 토론 방식으로 심도 있게 한국교회의 미래적 대안 논의", 「당당뉴스」, 2023년 2월 18일. http://www.dangdangnews.com/news/articleView.html?idxno=38998

4. 본 사건의 '명명'(命名)에 대해

1992년 기독교대한감리회에서 일어난 종교재판사건은 아직 역사학계에서 구체적인 명명 작업이 이루어지지 못했다. 따라서 "1992년 변·홍 교수사건", "1992년 감리교 교리사건", "1992년 감리교 종교재판" 등 다양한 용어로 불리고 있다.

"1992년 변·홍 교수사건"은 이 사건이 단순히 변선환과 홍정수라는 두 신학자의 신학적, 학문적 일탈 사건으로 보는 측면이 강하며, "1992년 교리사건"은 원고(原告) 측의 관점이 강하게 반영된 측면이 있어 보인다. 아마도 "정통교리를 수호"하고자 했던 자신들의 활동과 정체성을 부각시키고자 한 의도가 엿보이는 명칭이다. "1992년 감리교 종교재판"은 특정 인물이나 관점에 국한되지 않고 비교적 중립적, 객관적인 입장에서 널리 쓰이는 표현이다. 따라서 본 자료집에서는 『1992년 기독교대한감리회 종교재판 사료집』이라는 제목을 사용하기로 한다. 본 사건이 일어난 시기인 "1992년"을 맨 앞에 두고, 사건의 무대이자 공간이 된 "기독교대한감리회"를, 사건의 성격을 명확히 규정하는 "종교재판"이라는 명칭을 조합해 "1992년 기독교대한감리회 종교재판"으로 부르도록 하겠다.

5. 한국감리교회사 진보·보수 갈등의 정점 :「교리」를 둘러싼 역사의 퇴행인가, 본질의 회복인가?

본 연구팀은 1992년 종교재판을 일회적 사건으로만이 아니라 감리교회의 역사와 정체성 형성 과정 속에서 겪은 유기적이고 복합적인 통사적(通史的) 관점으로 바라보며 사료에 접근하고 검토하고자 했다.

한국감리교회는 1930년 기독교조선감리회의 출범 단계에서부터 개방적이고 관용적인 신학 전통을 수립하고,「교리적 선언」과「사회신경」에 이러한 정체성과 신앙 전통을 담아냈다.[45]

그러나 이러한 초기의 감리회 전통에 대한 감리교회 내 보수적 이견 또한 존재했으며, 특히 1930년대 중반을 거치면서 감리회의 신학 전통에 대한 장로교회의 부정적 입장은 노골화(여권논쟁, 모세의 창세기저작 부인논쟁[1934][46], 아빙돈단권성경주석사건[1935]) 되었다. 문제는

45 1930년 출범한 '기독교조선감리회'의 캐치프레이즈는 "진정한 기독교회, 진정한 감리교회, 진정한 조선적교회"였다. 이는 한국감리교회가 지향해야 할 목표이자 방향이었으며,「교리적 선언」의 근본 토대였다. 이덕주는 초기 한국감리교회의 정체성을 '사회구원의 복음', '진보적 에큐메니즘', '토착화신학과 교회'라고 보았다. 이덕주, "한국 감리교회 신앙과 신학 원리에 대하여",「신학과 세계」, 제44집, 2002년 6월, 111.

46 1934년 조선예수교장로회 총회에서 논란이 된 여권논쟁의 당사자인 김춘배 목사와 남대문교회 김영주 목사는 두 사람

이러한 장로교회의 감리교회에 대한 몰이해와 비판적 관점이 적잖은 기간 동안 감리회 내 일부 보수적 목회자와 신학자들에게도 수용, 내재화되었고, 감리교회 신앙 전통에 대한 오해와 몰이해로 인해 감리회 신앙 전통에 대한 의심과 부정으로까지 나아가게 된 것으로 보인다.

이러한 감리회 내의 「교리적 선언」에 대한 비판적(혹은 부정적) 입장은 1930년 12월 기독교조선감리회 총회 둘째 날인 12월 3일부터 다음 날까지 격렬한 토론이 전개되었던 사실[47]에서부터 기인했다. 이러한 내홍을 관통해 선포된 한국 감리교회의 「교리적 선언」은 이후 한국 감리교회의 진보적이고 실천적인 선교의 신앙적 근간이자 명분을 제공해 주었다. 아울러 미국감리교회에서도 반향을 일으켜, 미국교회 예식서나 찬송가 뒤에도 부록으로 실려 예배에서 사용되었으며, 뉴욕시 인근의 뉴로셸감리교회에서는 예배당의 스테인드글라스에 한국감리교의 「교리적 선언」을 창 하나에 한 조항씩 새겨 넣어 영구토록 기념[48]하고자 했다.

그러나 「교리적 선언」에 대한 부정적 견해와 시비는 1950년대 감리회 내에서도 존재했다. 1954년 제5회 중부·동부연합연회에서 「교리적 선언」에 대한 시비가 청취되자, 유형기 감독은 "감독의 보고와 제의"에서 다음과 같이 「교리적 선언」의 가치를 변증했다.

> 미국 모교회들의 합동은 1939년 곧 우리보다 9년이 늦게 실현되었습니다. 그리고 우리보다 22년을 뒤져 지난 1952년 총회에서 비로소 "우리 감리교인들은 무엇을 믿는가"라는 감리교회의 신조를 감독회의 "메시지" 중에 발표했습니다.
>
> "선지자가 제 고향과 집 밖에서는 존경을 받지 아님이 없느니라" 하신 주님의 말씀대로 우리 대한감리회의 <교리적선언>을 미국 모교회에서는 <한국교회의신경>이라 하여 <사도신경>, <니케아신경>과 함께 『예배서』에 편입시켰으며, 그것을 읽는 교회도 많습니다.
>
> 그런데 우리나라에서는 그 교리가 선언되는 때부터 일부 신도들 특히 타교파의 사람들이 이것을 "인본주의적"이니 "현세적"이니 하며 비난하여 왔습니다.
>
> 그러나 1952년에 선언한 (미국) 모교회의 교리신경도 우리 것과 흡사한데, 여러분이 놀라실 것입니다. 그 전문을 소개할 수는 없으나 그 대지(大旨)는 다음 열두 조목입니다.

모두 장로교 목사이나, 일본의 남감리교 계통 미션스쿨인 관서학원 신학부에서 신학 과정을 이수한 학력을 가지고 있었다. 1935년 촉발된 아빙돈단권성경주석 사건도 감리교의 유형기 목사가 장로교의 김재준, 채필근, 한경직 등을 공동 역자로 위촉하여 장로교 내에서 신학적 시비가 된 것이다. 이러한 일련의 과정을 거치면서 장로교 내에서는 감리교 신학에 대한 비판적 기조가 지배적으로 형성되었다.

47 신홍식 목사는 「교리적 선언」에 "(그리스도의) 성신(聖神)의 잉태와 십자가의 유혈속죄(流血贖罪)와 부활 승천(昇天)과 최후심판이라"는 내용으로 1조를 더 첨가하자 제안하고, 이후 다음날까지 찬반 토론이 격렬히 진행되었다. 墨峯, "기독교조선감리회 창립총회 참관기", 「종교교육」, 2권 4호, 1931년 1월, 37.

48 홍현설, "기독교대한감리회의 교리적 선언과 한국교회", 「기독교사상」, 1981년 1월, 20.

1. 우리는 하나님을 믿는다. / 2. 우리는 예수 그리스도를 믿는다. / 3. 우리는 성신을 믿는다. / 4. 우리는 성경을 믿는다. / 5. 우리는 사람을 믿는다. / 6. 우리는 죄에서 구원함을 믿는다. / 7. 우리는 그리스도인의 경험을 믿는다. / 8. 우리는 그리스도인의 완성을 믿는다. / 9. 우리는 교회를 믿는다. / 10. 우리는 하나님의 나라를 믿는다. / 11. 우리는 하나님의 심판을 믿는다. / 12. 우리는 영생을 믿는다.

위의 제10은 우리 교회의 제7 곧 "우리는 하나님의 뜻이 실현된 인류사회가 천국임을 믿으며"에 해당한 것입니다. 우리 교리 여덟 가지 가운데 이 조문이 제일 비평을 많이 받는 듯합니다. 우리 제7과 비교해 보시기 위해 미국 감리교회의 제10을 초역합니다.

"10. 우리는 천국을 믿는다. 이것은 인간 사회의 모든 부문을 하나님께서 다스리시는 것이니, 모든 개인, 국가, 단체가 신적 가치 표준에 준하는 것이다. 기독적 완성이 개인 생활의 목적인 것 같이 인간사회의 목적은 천국인 것이다. 이 천국의 창조는 하나님과 사람의 협력을 요한다. 구원 얻은 사회의 구감(構瞰)은 하나님의 생각(thought)이다. 천국의 성취는 하나님의 신이 인간의 마음속에 넣어 주신 정신적 협력으로 될 것이다. 그 최후의 완성은 새로운 신적 질서를 창조하여 그 뜻이 하늘에서 이룬 것같이 땅에서도 이루어지기 위한 하나님과 인간의 밀접한 공동노력으로 서서히 실현될 것이다."

우리 <교리적선언>을 예배당마다 한 달에 한 번 이상 읽자고 제2차 총회에서 결의했습니다.[49]

이후로도 「교리적 선언」에 대한 우호적, 긍정적 입장들은 감리회의 여러 공식 문헌에서 확인되고 있다.[50] 그러나 1982년 즈음부터는 「교리적 선언」에 대한 재검토 논의가 다시 불거지기 시작했다.[51] 1986년부터는 「교리적 선언」을 비롯한 감리회 교리교육에 대한 강화 정책이 모색되었다.[52] 1988년 제18회 총회에서는 "각종 이단 종파에 대한 규제 조치 건의안"이 올라오기에 이르는데, 이때에 김기동의 베뢰아 귀신론, 통일교 등 사이비 종파들에 대한 언급과 더불어 신학교의 신학교육이 함께 도마에 오르고 있다.

"특히 이를 묵과하는 신학교, 이는 감리교 신학교육의 부재와 소산인 것으로 막대한 선교에 지장을

49 "감독의 보고와 제의", 『기독교대한감리회 제5회 중부·동부연합연회 회록』, 1954, 118-119.

50 "기독교대한감리회 선교에 대한 우리의 천명서", 『기독교대한감리회 제13회 총회록』, 별지, 1978.

51 『기독교대한감리회 제15회 총회록』, 1982, 90.

52 "교리적 선언 교육 강화", 『기독교대한감리회 제17회 총회록』, 1986, 123. ; "여름성경학교 교재를 교리적 선언과 감리교 교리를 주제로", 『기독교대한감리회 제18회 총회록』, 1988, 195.

주고 있는 실정입니다. 감독회장님! 우리 교단의 앞날이 심히 염려됩니다. 우리교단의 바른 신학, 교리 정립이 되어야 되겠습니다. 우선 각 신학교마다 철저 조사하고, 차제에 이단사이비 종교 종파에 대한 교단적인 차원의 대책을 강구해 줄 것을 건의합니다."[53]

위 건의안의 내용에서 1988년 즈음부터 당시 신학대학의 신학교육과 그 내용에 대한 경계와 시비가 시작되고 있었음을 알 수 있다. 1990년에는 "교리적 선언 연구위원회"가 조직(위원장 김우영, 서기 김익수) 되어 연구에 착수했다. 그 결과로 「교리적 선언」 제5항 "하나님의 말씀이 신앙과 실행의 충분한 표준이 됨"이라는 대목에서 "'충분한'이라는 단어가 석연치 않다"는 의견이 제출되었다. 이는 성서의 무오류나 축자영감설에 보다 무게중심을 싣는 근본주의 신학에 입각한 수정주의적 인식이었다.[54] 이때까지 근본주의 신학은 한국 장로교의 주류신학으로 받아들여지고 있었다. 따라서 "교리적 선언 연구위원회"의 보고서는 감리교회가 한국장로교회의 근본주의적 분위기에 적극적으로 편승한 결과였다. 이와 더불어 1990년 19회 총회에서는 "『교리와 장정』에 나오는 서문의 역사 편과 교리적 선언 및 사회신경을 오늘의 현실에 맞는 것으로 새로 제정하는 모임을 몇 차례 개최하여, 금년 총회에 상정되도록 연구 검토 작업을 하였"다는 선교국의 보고도 있었다.[55]

결국 이러한 분위기 속에서 1992년 김홍도 목사를 필두로 "기독교교리수호대책위원회가"가 "교리의 수호"를 전면에 내걸고 감리교회의 종교재판을 촉발시켰으며, 이들의 영향력 하에 기독교대한감리회 본부(곽전태 감독회장)와 서울연회(나원용 감독)가 제휴하여 초유의 종교재판 사건이 전개될 수 있었다. 이러한 맥락에서 살펴보았을 때, 1992년 종교재판은 단순히 감리교신학대학교의 두 교수를 출교시키는 것에만 초점이 맞춰진 사건이 아니었다.

1992년 종교재판 직후 기감웨슬리복음주의협회에서 개최한 제12회 신학강좌에서 연사로 나선 김문희 목사(대신교회)는 "웨슬리 전통이 자유주의 신학으로 변질되어 그것이 마치 감리교 신학인 것처럼 대변되는 것은 큰 오류"라며, "비웨슬리적인 내용으로 가득찬 감리교 교리를 개정, 복음주의로 되돌아 갈 것"을 주장했다.[56] 이들 '기감웨슬리복음주의협회' 멤버들은 그해 10월에 "21세기를 향한 기독교대한감리회의 명백한 교리적 표명을 건의함"이라는 제목의 건의안을 총회에 제출했다.[57] 그리고 1993년 기독교대한감리회 특별총회에서 보수적인 관점이 적극

53 당시 건의안을 올린 건의자는 강병진, 박원찬, 박진원, 이내강, 배선극, 김영웅 6명이었다. "<건의안 제12호 : 각종 이단 종파에 대한 규제조치 건의안", 『기독교대한감리회 제18회 총회록』, 1988, 338.

54 "제1분과 헌법과 본 교회와 관계되는 문제 연구위원 보고", 『기독교대한감리회 제19회 총회록』, 1990, 513.

55 "국내선교부 사업보고", 『기독교대한감리회 제19회 총회록』, 1990, 296.

56 "복음주의식 교리개정 움직임: 기감웨슬리복음주의협 제12회 신학강좌", 「복음신문」, 1992년 9월 6일.

57 "건의안 제10호 — 21세기를 향한 기독교대한감리회의 명백한 교리적 표명을 건의함(1992. 10. 28.)", 『기독교대한감리회

반영된 「교리적 선언」의 개정안이 상정되었다.

“교리적 선언과 사회신경은 지금까지 감리교의 신앙노선을 표명한 것이서 이것의 개정을 놓고 파란이 예상된다. 교리적 선언 개정 초안은 총 6항으로 기존 교리적 선언 제1항 하나님을 한 하나님으로 바꾸었으며, 제2항 예수 그리스도에 대해서는 기존의 스승과 모범의 어구를 빼고 부활을 강조했다. 또한 개정 초안은 기존의 성신을 성령으로 변침했으며, 성서, 교회, 하나님 나라와 영생을 강조했다. 특히 개정 초안은 기존의 교리적 선언 제8항 중 ‘의의 최후 승리’를 삭제했으며, 제7항 중 ‘하나님의 뜻이 실현된 인류사회가 천국임을 믿으며’를 ‘하나님 나라의 도래’로 개정함으로써 상당히 보수적인 측면을 띠었다. 이번 초안은 목원대 박봉배 학장이 작성한 것으로 알려졌다.[58]

이러한 「교리적 선언」의 개정작업은 1992년 종교재판의 최종적 목적지이며, 하나의 패키지로서 연동된 측면이 있다. 1997년 제22회 기독교대한감리회 입법총회는 그동안 논의된 보수적 입장이 충실하게 반영된 「감리회 신앙고백」을 공식적으로 채택, 가결하였다.[59] 이때 감독회장은 김홍도 목사였으며, 그는 1992년 종교재판 당시 ‘기독교교리수호대책위원회’ 공동회장이었다.

이를 통해 1992년의 종교재판은 1997년에 그 대단원의 막을 내렸다고 역사적으로 평가할 수 있을 것이다. 이러한 공식적이고 입법적인 결론은 한국 감리교회가 신학적으로는 보다 경직되고 교회의 교권과 선교 현장의 보수화를 촉진하는 결과를 낳았다.[60]

감리교신학대학교에서는 더 이상 토착화신학이나 종교신학 등 새로운 신학적 담론이 논구되거나 토론되는 것이 쉽지 않아졌으며, 1907년 평양대부흥 100주년을 맞아 그동안의 감신 신학교육을 반성하고 복음으로 회귀하자는 운동이 전개되기도 했다.[61]

영성회복을 강조한 김외식 총장의 일성은 수십 년간 이어온 감신대의 자유주의적 학풍을 성경중심의 복음주의로 바꾸는 신호탄이었다. 2007년 1월 첫 주 수요일 아침, 감신대 교수들의 기도모임이 시작됐고, 지금도 10명 이상의 교수들이 동참하고 있다.[62]

제20회 총회록』, 1992.

58 “감리교 교리선언 보수회귀? : 오는 10월 25일 특별총회에서 최종 결정”, 「복음신문」, 1993년 8월 15일; “교단 특별총회, 「새 교리적 선언」 제정심의 예정: 자유주의적 신학사조 수정한 복음주의적 교리 강좌” 「감신대학보」, 1993년 10월 14일.

59 『기독교대한감리회 제22회 입법총회 회록』, 1997년 10월 27일.

60 앞서 소개한 1992년 이후 간행된 다수의 한국교회사 통사서와 연구서에서 1992년 종교재판의 교회사적 영향과 역사적 평가에서 이러한 언급은 일반적으로 드러난다.

61 “신학을 ‘성경중심’으로 재정향하자: 성경을 통한 재정향 대회 진행”, 「목회와 신학」, 2008년 5월 29일.

62 “감신대 대변화 : 자유·진보 전당에서 복음주의로 회귀중”, 「국민일보」, 2008년 6월 13일.

6. 사료집 간행의 취지와 의미

지난 2022년은 "1992년 기독교대한감리회 종교재판"의 30년을 맞는 역사적인 시기였다. 한 세대가 지나는 동안 한국의 신학계는 경직되어 급변하는 시대의 다양한 이슈와 아젠다에 충분히 응답하거나 신학적 대응을 하지 못한 측면이 있다. 이는 지난 1992년의 교권세력에 의한 신학교에 대한 철퇴와 폭력이 낳은 역사적 퇴행이자 비극이 아닐수 없다. 이제 한 세대가 지난 시점이지만, 1992년 종교재판에 대한 객관적이고 냉정한 역사적, 학문적 평가를 시도하기 위해서라도, 사건과 관련한 체계적인 사료수집과 연구환경을 조성하는 것이 필요한 시점이다.

이에 <변선환아키브>에서는 2022년 <역사와 종교 아카데미>에 종교재판 자료의 수집과 사료집 간행에 대한 일체의 작업을 요청하였으며, <역사와 종교 아카데미>에서는 "1992년 기독교대한감리회 종교재판 사료집 편찬"을 위한 기초자료연구팀을 구성했다. 연구팀은 1992년 종교재판 당시 관련된 원로목회자들과 현직 목회자, 신학자 등을 접촉하여 종교재판 관련 문서와 자료들의 기증을 요청했다. 이에 한국기독교연구소와 변선환아키브에서 소장하고 있는 종교재판 관련 자료들에 더하여 강종식, 김영명, 윤병상, 윤형순, 조이제, 한인철 목사가 소장하고 있던 개인자료들이 <역사와 종교 아카데미> 연구소에 답지하였다. 아울러 종교재판과 관련된 생존 관련자 중에서 홍정수 교수, 이면주, 정영구 목사, 곽노흥 장로 네 명에 대한 인터뷰를 2022년 11월부터 2023년 2월까지 진행했다.

연구팀은 감리회의 주요 정기간행물(「기독교세계」, 「감리회 총회록」, 「감리회 연회록」, 「감리회 지방회록」, 「장로연감」, 교계 신문과 잡지들)에서 종교재판 관련 보도와 주요 기록들을 리서치하였으며, 종교재판 당시의 주요 자료들을 문서, 서적, 사진, 영상, 음원, 유품 등의 자료들을 중심으로 광범위한 조사에 착수했다. 아울러 기증된 문서철과 파일들을 엑셀 파일로 분류하여 약 1,300여 건의 문서목록으로 정리하여 데이터 베이스화를 완료했다.[63]

본 사료 수집과 리서치 과정을 통해 확인된 몇 가지 차별성과 특징은 다음과 같다.

첫째, 본 사료 수집을 통해 기독교대한감리회의 교리와 신앙 정체성의 특징을 통시적, 거시적 관점에서 재조명하고자 했다. 그리고 이러한 관점을 통해 1992년 종교재판 사건이 단순한 일회적 해프닝이나 이벤트가 아니라 한국 감리교회의 유구한 역사와 신앙 전통 속에서 복잡다단하게 전개된 갈등과 분쟁의 요소가 1992년에 폭발한 것임을 확인할 수 있었다. 또한 이후로도 1992년의 후속적인 역사적 노정이 전개되었음을 확인할 수 있다.

둘째, 종교재판의 촉발 시점부터 관여했던 다양한 인물들의 면면을 조사하여 그들의 인적

---

63 수증 자료들은 각 기증자별 파일을 별도로 목록화하고, 자료의 유형에 따라 파일 번호를 설정했으며, 전체 파일을 종합적으로 검색할 수 있도록 엑셀에 입력하는 과정을 거쳤다.

사항을 정리했다. 이들의 출신과 경력, 신앙 배경 등을 구체적으로 살펴봄으로써, 종교재판을 기획하고 수행한 이들에 대한 보다 구체적인 역사적 분석과 평가가 가능할 수 있게 되었다.

셋째, 종교재판과 관련해 방만하게 흩어져 있던 자료들을 한곳에 모아 자료의 성격별로 재배열, 데이터베이스화했다. 이러한 아카이빙(archiving) 작업을 통해 향후 본 주제와 관련된 연구의 접근성과 효율성, 수월성 등을 담보하고 후학들이 다양한 방식과 관점으로 본 주제에 대해 역사적, 신학적으로 탐구할 수 있는 토대를 구축했다.

넷째, 종교재판과 관련한 당사자나 관련자들을 직접 찾아 인터뷰를 수행했으며, 귀중한 녹취파일을 확보했다. 문서 자료뿐 아니라 증언과 구술자료의 확보를 통해 향후 연구에 있어 미시사적 접근도 시도할 수 있게 되었다.

다섯째, 본 사료집 제작을 통해 종교재판에 대한 다양한 관점과 입장들에 접근할 수 있고 종교재판 주역들의 동기와 목적에 대해 보다 구체적으로 파악할 수 있는 근거들이 마련됐다.

7. 사료집의 목차와 구성

본 사료집은 총 3권의 분량으로 편집되었으며, 그 목차와 구성은 다음과 같다.

제1권 목차

분류	내용
1. 1992년 종교재판 판결문	본 사건의 피고인 변선환과 홍정수의 최종 판결문
2. 종교재판의 전개 과정과 일지	그동안 수집된 자료들을 토대로 1992년 종교재판의 전개과정을 일지의 형식으로 정리. 종교재판 사건의 흐름을 한눈에 파악할 수 있다.
3. 감리회 교리 관련 문서들	감리회의 교리 형성과 신앙 정체성을 살펴볼 수 있도록 선교 초기부터의 교리관련 문헌들을 선별해 정리했다.
4. 1992년 종교재판 이전 주요 논쟁들	1970년대부터 촉발되어 1990년대 초반까지 전개되었던 종교다원주의와 포스트모던신학 관련 지상논쟁 글들을 시간대별로 정리해 수록했다.
5. 1992년 종교재판 관련 주요 인물들	종교재판에 관련된 인물들의 약력과 인적사항을 정리했다. 출교판정을 받은 변선환과 홍정수 외에 서울연회 재판위원 15명, 교리수호대책위원회 관련자 13명, 최초의 문제제기를 송파지방의 4인, 변-홍 교수의 신학에 논쟁을 주도한 이동주 교수, 변-홍 교수의 신학을 비판한 감독 7인이 수록되었다.
6. 1992년 종교재판 관련 주요 사건 및 공판 심사 자료	종교재판 과정에서 제출되거나 생산된 공판 관련 문서들

제1권은 1992년 종교재판이 전개되는 과정을 전체적으로 조망할 수 있도록 판결문과 일지, 한국 감리교회의 교리사, 재판 이전의 논쟁들, 재판관련자들, 공판자료 등을 정리하였다.

제2권 목차

분류	내용
1992년 종교재판 관련 언론 보도 및 성명서 모음 (1990-1993)	종교재판의 전개 과정 속에서 관련된 내용으로 발표된 주요 언론보도와 찬성과 반대 양측의 주요 관련 단체들의 성명서들을 시간 순서 대로 정리 배열하였다.

제2권은 1992년 종교재판이 전개되는 과정에서 논란이 야기된 1990년경부터 사건이 외형상 종료되는 1993년까지의 언론 보도들을 시간순으로 정리했다. 다만 수집된 모든 언론보도를 모두 수록할 경우 사료집의 분량이 크게 비대해질 수밖에 없어 연구팀의 검토를 거쳐 주로 사건 당사자나 관련자들의 입장이나 주장이 반영된 보도를 중심으로 선별해 배열했다. 언론보도의 배열과 더불어 찬반 양측의 주요 단체들이 사건의 전개 과정 속에서 대응하며 발표한 주요 성명서들도 함께 배치했다.

본 자료를 통해 종교재판이 전개되는 과정 속에서 교계와 일반 언론에서 이 사건을 어떻게 주목하고 평가했으며, 주요 관련자들은 언론을 통해 어떠한 입장들을 개진하고 이후 사건의 양상이 어떻게 전개되어 갔는지 시간순으로 파악할 수 있게 편집했다.

제3권 목차

분류	내용
"감리교를 염려하는 모임" 등 각 단체 주요 대응	1992년 종교재판이 전개되는 과정 속에서 조직된 "감리교를 염려하는 모임"을 비롯한 주요 단체들의 성격을 파악할 수 있도록 종교재판에 대한 각 단체가 생산한 문서와 관련 자료들을 정리했다.
2. 변선환 학장	종교재판 당시와 그 이후의 변선환 학장 관련된 문서와 자료들. 종교재판이 변선환 학장에게 미친 영향과 후속 조치 등에 대해 파악할 수 있는 자료들이다.
3. 홍정수 교수	종교재판 당시와 그 이후의 홍성수 교수 관련한 문서와 자료들. 종교재판이 홍정수 교수에게 미친 영향과 후속 조치 등에 대해 파악할 수 있는 자료들이다.
4. 새로운 감리회 신앙고백의 채택	1992년 종교재판 전후 기독교대한감리회 내에서의 교리 문제에 대한 정책적 대응과 흐름을 엿 볼 수 있는 자료들이다. 「교리적 선언」을 비롯한 「사회신경」과 『교리와 장정』에 대한 개정작업

	과정을 알수 있으며, 1997년 감리회 신앙고백의 채택까지 흐름을 파악할 수 있다.
5. 사료 목록	1992년 종교재판 관련 수집 사료들의 데이터 리스트

제3권에서는 1992년 종교재판의 과정 중에 조직되거나 발생한 주요 단체들("감리교를 염려하는 모임" 등)의 대응 차원에서 생산된 문서들과 자료들을 정리 소개했다. 본 자료들을 통해 당시 종교재판을 둘러싼 찬반 양측의 주요 입장과 조직의 성격 등을 파악하는 데 도움이 될 것이다. 아울러 종교재판 과정과 출교 이후에 변선환과 홍정수 두 개인과 관련한 주요 후속 조치와 활동 관련 문서들을 개별적으로 정리해 배치했다. 이는 종교재판 노정 속에서의 개인 변선환과 개인 홍정수의 입장과 이후 행보를 파악하는 데 도움이 되는 정보들이다.

끝으로 1992년 종교재판 이후 가속화된 「교리적 선언」의 개정작업과 그 과정을 엿볼 수 있는 자료들을 정리했다. 1992년 이후 신학적 시비의 대상이 되었던 「교리적 선언」이 보수화 관점이 반영된 「감리회 신앙고백」(1997)으로 채택되는 과정을 살펴볼 수 있다.

이외에 사료집에는 수록하지 못했지만 그동안 자료수집 작업과 동시에 병행한 주요 인사들의 인터뷰 녹취파일을 보유하고 있으며, 언젠가는 녹취파일을 정리한 추가 사료집 발간도 구상해 볼 수 있을 것으로 기대된다.

[표-6] 1992년 종교재판 관련 녹음파일과 인터뷰 목록

녹음 일시	내용
1992년 2월 24일	변선환 재판 녹음자료 / 홍정수 재판 녹음자료
1992년 4월 29일	판결문(변선환) / 판결문(홍정수)
1992년 10월 22일	제3차 공동설명회 대학원 보고서: 통일교 관련설에 대해서 (양창식에 대한 방석종, 이기춘 증언)
1992년 10월 25일	홍정수 교수 징계 철회에 대한 비대위와 총학생회의 입장
2022년 11월 23일	이면주 목사 인터뷰
2022년 12월 1일	정영구 목사 인터뷰
2023년 2월 12일	홍정수 교수 인터뷰
2023년 2월 20일	곽노흥 장로 인터뷰

8. 닫는 글

4세기 교부 락탄티우스(Lactantius)는 다음과 같이 말했다.

종교 안에서만은 자유는 참다운 진리를 갖는다. 우리는 그리스도교를 지키지 않으면 안 된다. 타인을 죽임으로써가 아닌, 우리 자신이 죽음으로써. 만약 당신들이 피와 고문과 못된 짓으로 그리스도교를 지키고 있다고 생각한다면 그것은 이미 그리스도교를 지키는 것이 아니라 그것을 더럽히고 해치는 것이다.[64]

한국 감리교회는 "진정한 기독교회, 진정한 감리교회, 진정한 조선적교회"라는 모토 아래, 기독교의 균형감 있고 건강한 신앙 정체성의 기반 위에 사회적 실천을 통한 성화와 한국과 아시의 선교 현장에서의 토착화를 통한 유연하고 개방적인 선교신학을 창출해온 전통이 있다. 그러나 분단과 냉전, 교회의 성장과 교권의 논리에 함몰되어 이전의 생동감과 다양성, 유연성과 개방성의 에큐메니컬 정신은 점점 침체되어 온 것 또한 사실이다. 이러한 한국감리교회의 전통과 정체성이 훼손되고 비극적 결말을 맞이한 정점의 사건에 1992년 종교재판이 있다.

우리는 오늘 교회의 위기를 맞고 있다. 두 신학자를 종교재판이라는 중세적 도구를 활용해 공개적으로 제거했으나, 한국교회의 사회적 신뢰는 더욱 꾸준히 추락하고 있다. 감리교회의 신자 수는 급감하고 있으며, 신학교는 더 이상 변화하는 시대 앞에 충실한 응답과 대안을 제시하지 못하고 있다. 이러한 위기를 극복하기 위해서는 우선 어디서부터 잘못된 것인지를 복기하고 굴절되고 왜곡된 길을 바로잡는 일부터 시작해야 한다.

우리가 1992년 종교재판 30년을 맞아 그동안 흩어져 있던 자료들을 모아 과거의 비극적 역사를 다시 꺼내 보는 이유가 바로 여기에 있다. 어디서부터 잘못된 것인지 이제는 냉정하고 엄정한 시선으로 역사의 평가를 모색해 보아야 할 때이다. 그러한 열린 마음과 겸손히 배우고 성찰하려는 태도야말로 늘 생동감 있게 변화하는 시대에 대응하는 에큐메니컬 정신을 강조한 존 웨슬리의 유산을 계승하는 길이 될 것이다.

"나는 이른바 감리교인라는 사람들이 사라지는 것을 염려하지 않는다. 오히려 그들이 아무런 능력이 없는 종교의 형식 곧 죽은 분파로 존재하지 않을까 염려한다.

---

64 모리시바 쓰네오, 『마녀사냥: 중세 유럽을 강타한 인류 사회의 치욕의 문화사』, 현민시스템, 2000, 24; 森島恒雄(1970), 魔女狩り , 東京: 岩波書店.

그들이 처음에 가졌던 정신과 훈련을 지키지 않는다면 감리교는 틀림없이 죽은 종교로 전락할 것이다."[65]

2023년 5월 25일

역사와종교아카데미 나무와숲

기초자료연구팀

---

65 Luke Tyerman, *The Life and Time of the Reverend John Wesly III* (New York: Harper and Brothers, 1870), 519.

I.

1992년 종교재판 판결문

교리사건 판결문

피고 : 홍 정 수(1948년 7월 21일생)

피고는 1977년 기독교 대한 감리회 중부연회에서 교리와 장정이 정한 법에 따라 목사로서 안수를 받고, 본 교단의 대표적인 교역자 양성기관인 감리교신학대학의 교수로 재임하면서 기독교의 근본교의와 감리교 교리장정에 상치되는 주장을 자행함으로써 1991년 10월 총회에서 "목사직 면직을 결의"하게 되는 상황에 이르게 하였으며, 통일교 이단집단의 거물급 인사를 본 교단 신학대학에서 5년 동안 수학하고 졸업하도록 비호하였음으로 서울연회 심사위원회가 피고를 1992년 2월 24일자로 기소함으로써 적법한 절차에 따라 본 재판위원회는 이를 접수하고, 그간 5차에 걸친 소위원회의 모임과 2차에 시행한 재판의 결과에 따라 아래와 같이 판결한다.

1. 피고는 기독교 신앙의 근본이 되는 살아계신 하나님의 존재를 부인하여 말하기를 "만일 신은 계신가하고 누군가 묻는다면 신은 없다고 잘라 말할 수 있다"(베짜는 하나님, p.56)고 하는 등 무신론적 의사 표현을 단언하여 말함으로써, 본 교단의 하나님에 대한 신앙적 입장을 정면으로 거부하였다.

2. 피고는 기독교 신앙의 핵심이 되는 예수의 부활사건을 부정하여 "나는 단연코 육체의 부활을 부정한다"(우먼센스, 1991, 12)고 하였고, "부활신앙은 이교도들의 어리석은 욕망에 불과하다"(크리스챤 신문, 1991, 3. 30)라고 하고, "예수의 부활사건을 빈 무덤이 아니다"라고 주장하여 기독교 본래의 부활신앙을 부정하였다. 또한 "기독교의 부활 메시지가 아무 소용도 없을 수도 있음을 극명하게 말해준다"(베짜는 하나님, p.185)고 말함으로써 사도시대 이후 오늘에 이르기까지 전하여 내려온 선교 메시지를 거부하였다.

3. 피고는 골고다 산상에서 예수 십자가의 대속의 죽음과 광주 망월동 민주항쟁으로 죽은 많은 민주인사들의 죽음을 동일시하였다. 또한 피고가 예수 그리스도의 부활사건을 믿는 자를 위한 "부활의 첫 열매"로 보지 않고 정의를 외치다 한을 품고 죽은 이들의 정신적 공헌과 같이 간주하려는 것은 예수 그리스도의 육체의 부활을 부인하는 반성서적인 주장이다.

4. 피고는 기독교신앙의 중심이 되는 예수 그리스도의 대속의 사건을 부정하여 예수의 십자가는 "신의 아들의 죽음이 아니다"라고 하였고 예수의 죽음이 우리를 속량한 것이 아니라 "그의 삶이 우리를 속량하는 것"(상동, p.17)이라고 주장했다. 그리고 피고는 예수의 십자가의 피흘림에 대하여 이르기를 "그의 피가 동물들이 흘리는 피보다는 월등하게 효과가 있다는 이야기가 아니다"(상동, p.18)라고 말함으로써 예수 그리스도의 피의 대속을 불신하는 주장을 하였다. 이같은 피고의 주장은 기독교 신앙의 교의와 본 교단의 신앙을 적대하는 반그리스도적 이단사상이다.

5. 피고는 본 교단의 감리교 신학대학에 재직하면서 통일교의 요직 현직 인사인 양창식이 감신에 재학 중에 있을 때(1986.3.~1989.8.), 동 대학의 재학생인 이규철의 제보로 양창식

- 8 -

1992. 5. 7. 변선환 홍정수 판결문 교리사건 재판자료

의 본색이 드러났음에도 불구하고 그를 척결하는 일을 주선하기 보다는 오히려 비호한 점을 부정할 수 없다. 피고는 본 교단 신학대학의 체모를 손상시켰고, 기독교 교의를 바르게 가르쳐야 하는 본직을 거절, 내지는 유기한 점이 인정된다.

6. 피고는 공공 출판물에 기도한 논문들과 강연, 강의들의 내용에 기독교 신앙의 본질을 위와 같이 파기하였고, 웨슬리 목사의 "복음적 신앙"을 유산으로 받은 기독교 대한감리회의 교리와 장정에 위배되는 사상을 주장해 왔다.

피고는 기독교 대한 감리회의 발전에 크나 큰 저해 요인이 되어 개 교회와 범 교단적으로 끼친 타격은 통계적 숫자로 입증되지 않더라도 너무도 컸음은 주지의 사실로, 특히 본 교단의 교인뿐 아니라 타교단에서도 익히 잘 아는 바이다. 바로 이와 같은 사실이 복음 선교의 역행임은 물론이다. 그럼에도 불구하고 피고는 도의적, 신앙적 반성없이 이 일을 자행하여 왔으며 개정의 정이 없다.

그러므로 이 후에 계속 피고와 이 같은 주장에 동조, 지지, 옹호 및 선전하는 자는 기독교 대한 감리회 내에서 동일한 범법자로 간주되어야 한다.

본 재판위원회는 이상에 열거한 내용과 같이 피고의 이단적 주장을 묵과할 수 없으므로 본 교단이 하나님의 말씀으로 믿는 성경과 교리와 장정 제10단 제2조, 제11단 제3조, 제35단 2항, 제192단 제1조, 1항, 7항, 8항, 제195단 제4조 1항, 제199단 제8조에 의거하고, 장정 제231단 제40조 1항 다를 적용하여 피고 홍정수에게 기독교 대한 감리회에서 출교를 선고한다.

1992. 5. 7

피고 : 변 선 환(1927년 2월 29일생)

피고는 기독교 대한 감리회의 교리와 장정에 정한 법에 의하여 동부연회(1955년)에서 목사로 안수를 받고, 본 교단의 대표적인 교역자 양성기관인 감리교신학대학의 운영을 총책임진 학장으로 재임하면서 기독교의 근본 교의와 감리교 교리와 상치되는 주장을 자행함으로써 1991년 10월 29일~31일에 모인 총회에서 "목사직 면직을 결의"하게 되는 상황에 이르게 하였으며, 통일교 인사를 입학시켜 그의 수학을 비호하였고, 본 교단 신학대학의 이름으로 그를 졸업시키기까지 한 일로 고소되었다. 이에 따라 피고의 소속연회인 서울연회 심사위원회가 그 일을 심사하였다. 이에 동 심사위원회는 피고를 1992년 2월 24일자로 기소함으로써 적법한 절차를 따라 본 재판위원회는 이를 접수하고, 그간 5차에 걸친 소위원회의 모임과 2차 시행한 재판의 결과에 따라 아래와 같이 판결한다.

- 9 -

1. 피고는 기독교 신앙의 주제가 되는 예수 그리스도에 대하여 "우주적 그리스도는 마리아의 아들 예수와 동일시할 때 거침돌이 된다"(기독교사상 299호, p.156)고 함으로써 마리아의 아들 예수를 우주적 그리스도로 믿는 전통적 기독교 신앙을 거부하였고, "그리스도만이 보편적으로 유일한 구속자이신 것이 아니라"(상동 p.155)고 함으로써 기독교적인 신앙고백을 떠나서, 기독교 신앙의 특성인 유일한 구속주이신 예수 그리스도를 부정하는 비기독교적 주장을 자행하였다.

2. 피고는 예수 그리스도의 십자가로 말미암아 구속되는 유일한 구원의 길을 부정하여, 구원의 다원주의를 주장하여 "저들의 종교들, 그들 스스로의 구원의 길을 알고 있다"(상동, p.155)고 함으로써, 기독교 신앙의 본질을 무시 내지는 타종교의 것과 동일시하는 주장을 했고, 예수 그리스도의 십자가의 사건을 믿음으로 말미암아 얻는 '구원'을 간과하는 과오를 범하고 있다.

3. 피고는 기독교 신앙의 코페르니쿠스적 전환을 주장하면서, "종교의 우주적인 기독교도 다른 종교도 아니고 신을 중심하여서 돌고 있다는 것을 기독교는 인정해야 할 것"과 "예수를 절대화, 우상화시키며, 다른 종교적 인물을 능가하는 일종의 제의의 인물로 보려는 기독교 도그마에서 벗어나 신중심주의로 전환되어야 할 것"(크리스챤 신문, 1990년 12월 8일자 6면)이라 함으로써 삼위일체 하나님을 부정하고, 모든 종교의 신을 동격시하며, 예수 그리스도의 인성과 신성을 동시에 믿는 기독교 신앙을 떠나 버렸다. 피고는 이와 같이 한때 바알과 하나님을 동일시한 옛 유대인들의 죄와도 비교되는 우를 범하였다.

4. 피고는 기독교 선교를 목적으로 감리회 교역자들을 양성하는 대표적 기관의 장으로 있으면서, "교회가 말하지 않아도 이미 선행하여서 그리스도를 섬기고 있으며, 기독교 선교사가 하나님 나라를 비기독교 세계에 가지고 오지 않아도 이미 하나님 나라는 거기 역사하고 있다"고 주장하였고, "교회 밖에도 구원이 있다"(현대사조 2, 1978, pp.78~91)고 함으로서, 기독교 복음을 포교하는 교역자를 양성하는 일과, 예수를 믿고 구원받는 개종사역을 거부함으로써, 피고는 그 본직을 배반하였다.

5. 피고는 통일교 차세대 지도자로 부상한 양창식의 입학과정에서 입학원서의 구비서류에 신앙배경을 입증하는 교회의 추천서에 하자가 있고, 또한 그가 통일교내의 당시 직책이 경상남도 교구 책임자이며, 통일교의 지도훈련을 담당하는 원리연구회 사무처장이라는 것이, 당시 감신 재학생 이규철에 의하여 폭로되었음에도 불구하고 이를 도외시했고 척결은 커녕, 그의 포섭활동과 수학을 동조내지는 방관하여 1989년 가을에 그를 졸업시켰다. 이와 같이 피고는 본 교단의 가장 전통 깊고 대표적인 신학대학을 책임진 학장으로서 교단의 체모와 교의를 넘어선 월권 및 직무유기를 자행한 과오가 인정된다.

6. 피고는 공공 출판물에 논문들의 기고와 강연들, 강의실과 사석에서 기독교 대한감리회가 교리적 선언 서두에 명시한 요한 선생의 "복음적 신앙은 우리의 기업이요, 영광스러운 소유"로 천명한 복음을 파괴하는 일을 계속하여 왔다. 이는 기독교 대한감리회의 발전에 크나큰 저해요인이 되어 개 교회와 범교단적으로 끼친 타격은 통계적 숫자로 입증되지 않더라도 너무도 컸음은 주지의 사실로, 본 교단의 교인뿐 아니라 타교단에서도 익히 잘 아는 바

- 10 -

이다. 바로 이 같은 사실이 복음 선교의 역행임은 물론이다. 그럼에도 불구하고 피고는 도의적, 신앙적 반성없이 이 일을 자행하여 왔으며 개정의 정이 없었다.

그러므로 이 후 계속 피고와 이 같은 주장에 동조, 지지, 옹호 및 선전하려는 자는 기독교 대한 감리회 내에서 동일한 범법자로 간주되어야 한다.

피고는 이 상에 열거한 내용과 같이 반 기독적이고 이단적인 주장을 하고 있음으로 본 기독교 대한 감리회의 일원으로 있어서는 안 될 것이 자명하여졌다. 그러므로 본 재판위원회는 본 교단이 하나님의 말씀으로 믿는 신·구약 성경과 사도신경의 고백, 그리고 본 교단의 '교리와 장정' 제35단 서문, 1항, 2항, 제39단 제3조, 제192단 제1조 8항, 제195단 4조 1항, 제199단 제8조에 의거하고, 장정 제231단 제40조 1항 다를 적용하여 피고 변선환에게 기독교 대한 감리회에서 출교를 선고한다.

1992년 5월 7일

- 11 -

II.

1992년 종교재판의 전개 과정과 일지

1992년 기독교대한감리회 종교재판 일지

연월일	내용	출처
1930. 11.	YMCA 〈청년〉지에 기독교조선감리회 교리에 대한 이해 기고하다.	<청년> YMCA
1930.12.02	남북 감리교회가 합동하며 제1회 기독교조선감리회 총회에서 신앙적 정체성을 담은 〈감리회 교리적 선언〉 선택하다. 교리 제정시 '성신 잉태, 십자가 유혈, 속죄, 부활승천, 최후승리' 교리 삽입 부결되다. 서문에서 "우리 교회의 회원이 되어 우리와 단합하고자 하는 사람들에게 아무 교리적 시험을 강요하지 않는다"선언하다.	기독교조선감리회 총회 회의록
1954.03.13	해방후 제3회 감리교 총회에서 교리적선언에 대한 일부의 인본주의 현세적이라는 비난에도 불구하고 모교회의 정신에 따라 한달에 한번 이상 예배에서 고백하자고 결의하자고 제안하다.	
1963.07.15-1964.12.25	홍현설 박사 감리교 기관지인 〈감리교생활〉에 27회에 걸쳐 〈감리교 교리적 선언〉 해설하다.	감리교생활
1977.07.10	변선환, 박아론 교수 서신 글 월간 목회에 실리다. 변선환 교수, "교회밖에도 구원이 있다" 박아론 교수 "교회밖에도 구원이 없다", "기독교외에도 구원이 있다니 그럴 수가…"	월간목회 77년 7-10월호
1982.06.26	현대사회 연구소가 주최한 불교와 기독교의 대화를 주제로한 세미나에서 변선환 교수 "불교인이 본 기독교와 기독교인이 본 불교"를 주제로 강연하다.	
1982.07.12	감리교 부흥단에서 변 교수가 사도신경을 부인하고 기독교대한감리회 교리적 선언도 부인한다는 요지의 성명서 발표하다.	
1982.07.18	변선환 교수 교회연합신보에 "한국선교와 타종교와의 대화" 글을 통해 해명글 발표하다.	
1982. 09.28	변선환 교수 신앙고백서를 발표하고 윤춘병감독, 오경린 감독회장, 홍현설 이사장, 박봉배 학장 등이 모여 변선환 교수 사건 종결성명을 발표하다.	
1982.10.01	한준석 기독교세계 편집위원이 2회에 걸쳐 "감리교 교리적 선언"의 초안자에 관한 글 기고하다.(10월 11월)	
1984.12.01-1991.05.01	홍정수 교수 기독교세계에 감리교 교리에 대한 글 발표하다. "감리교 교리의 표준 자료와 그 역사성(84년 12월), 감리교회의 독특한 교리1(85년 1월), 감리교회의 독특한 교리2((85년2월), 감리교 교리연구(85년 3,4월), 감리교 신학의 4대규범(85년 9월), 감리교 신학 교리의 개정수칙(91년 5월)"	
1990.08.01	홍정수 교수 〈감리교 교리와 현대신학〉 출간하다.	
1990.10.29-30	제19회 감리교 총회에서 곽전태 감독회장 부흥사로서 최초로 감리교 감독으로 피선되다.	감리교 총회록
1990.11.24	변선환 학장 개신교 불교 천주교 대화모임에서 〈불타와 그리스도〉라는 제목의 주제 발표하다. 크리스찬 신문(90.12.08)에 관련 글 요약 게재하다.	
1991.03.30.	홍정수 교수 부활절 특집기사 부활의 메시지를 다시 조명하는 글 "부활은 하나님의 정의로운 심판의 시작" 크리스챤 신문에 기고하다	크리스챤신문
1991.03.18-20	서울 남연회에서 박기창, 이성국, 김순태, 정동관 목사 등 4명의 목회자 명의로 〈크리스챤 신문〉에 실린 변선환 학장의 글에 문제를 제기하는 건의안을 상정하다. 본 회의는 "교단 산하에 신학심의회를 두고 감리교 신학에 대한 심의를 할 것"을 총회 실행위에 건의하기로 결정하다.	
1991.04.12	감독회의(감독회장 곽전태, 서울연회 나원용, 중부연회 김수연, 경기연회 조명호, 동부연회 박성로, 남부연회 김규태, 삼남연회 김종수)에서 크리스찬 신문에 실린 홍정수 교수의 기사가 교리에 위배되는 부분이 있다고 결정하고 이를 심사해 줄 것을 서울연회에 송부하다	감독회장

1991.04.28	이동주 교수, 변선환 교수의 종교다원주의에 대한 신학적 비판 글 "다원주의 신학은 반 기독교적" 글 기독교연합신문에 기고하다.	
1991.06.01	이동주 교수 홍정수 교수의 부활신학에 대한 신학적 비판 글 "십자가와 부활 통한 구원의 길 막는 범죄" 글 크리스챤 신문에 기고하다	크리스챤 신문
1991.06.05	서울 남연회 송파 지방 실행위원회에서 〈크리스챤 신문〉에 "변선환 홍정수 이원규 교수에 대한 성명서 및 공개질의서"를 게제하고 질의에 대한 답변이 없을시 120만 감리교도를 상대로 서명작업을 벌여 교수직과 목사직을 박탈시키겠다고 하다.	
1991.06.08	홍정수 교수 이동주 교수의 글에 대한 답글로 "신학은 낱말 맞추기 놀이가 아니다" 글 크리스챤 신문에 기고하다	크리스챤 신문
1991.06.08	서울연회는 내자호텔에서 비공개적으로 자격심사 상임위 소위원회(나원용, 김기동, 한상섭, 홍형표, 박성원 목사)를 열어 자격심사위 전체회의를 열기로 결정, 자격 심사위에는 홍정수 교수 목사직에 대해, 이사회에는 교수 자격에 대해 심의해 줄 것을 요청하기로 결정하다.	
1991.06.15	이동주 교수 "홍정수 그는 감리교인인가?" 크리스챤 신문에 기고하다	
1991.06.18	〈목회와 신학〉에 서울남연회 목원동문회에 배포한 글 "변선환 교수의 주장에 대한 반론" 글이 실리다.	목회와신학
1991.06.18-21	서울연회 자격심사 상임위(위원장 김기동)가 심사를 위해 첫 소환하다. 홍정수 교수는 "소환장 발부가 사건의 확대를 위함인지 해결을 위함인지 알 수 없다"며 이에 불응하다.	서울연회 자격상임위원회
1991.07.03	홍정수 교수가 "기독교대한감리회 감독님들께" "성서와 감리교 신학의 바른 이해"란 제목으로 감독과 한국의 1천만 기독교도들과 120만 감리교도들에게 호소문을 보내다.	홍정수
1991.08.21-25	91 감리교 선교사 세계대회(광림교회)에 참가한 이들이 선언문 발표(교리수호의 관점에서)하다.	감리교세계선교사 참가자 일동
1991.08.23	기독교대한감리회 원로목사회와 원로 장로회 특별위원 이름으로 "감리교신학대학 홍정수 교수가 예수 그리스도의 부활부인 사건과의 관계되는 3대 사건에 대한 건의서" 제출하다.	서울연회자료집
1991.09.10	서울남연회 송파지방 감리사 박기창 목사의 "교리사수 서명운동"을 시작하다.	박기창
1991.09.20	서울연회 자격심사 상임위원회(위원장 김기동 목사)는 홍 교수를 소환하여 자격심사하다.	
1991.10월	김지길 감독 외 28인의 교계원로의 대화의 장을 요청하는 글 "존경하는 총회원 그리고 동역자 여러분" 감신대학보사에 발표하다.	감신대학보사
1991.10.12	홍정수 교수 서울연회 자격심사위원회 질문서 포함 성서의 부활은 신앙인들만 경험한 실제사건이라는 내용의 글 "기독교 부활신앙을 재천명한다" 발표하다.	홍정수
1991.10.15	기독교대한감리회 원로목사회 원로 장로회 3 교수 관계사건 10월 총회전 해결촉구 건의서 발표하다.	기독교대한감리회 원로목사회 원로 장로회 특별위원
1991.10.15	서울연회 자격심사상임위원회에서 홍정수 교수의 신앙고백서를 발표한 후에 나타나는 반응을 보아 이후 일정을 마무리하기로 결정하다.	서울연회 자격심사 상임위원회
1991.10.29-31	제19회 특별총회에서 송파 지방 감리사 박기창 목사 외 4명이 "변선환 학장의 종교다원주의와 홍정수 교수의 포스트 모던 신학을 교단에서 받아들일지의 여부를 결정해 달라"는 건의안을 제출하였고 김홍도 목사는 "홍정수는 예수 피는 개피와 다름없다고 말했다"는 허위사실로 총대원을 선동, 건의안 제2호 "종교다원주의와 포스트모던 신학은 이단이다"를 채택, 대학 이사회에 교수직 면직을 권고하고 목사직에 대해 서울연회 심사위에 회부하기로 결의하다.(찬성 299명, 반대 2명)	기독교대한감리회 총회
1991.10.30	홍정수 교수의 종교재판의 또다른 근거를 제공하는 통일교관련설에 대한 허위정보가 만들어지는 "대학위위원회"(참석자 구덕관, 선한용, 김득중, 염필형, 박창건, 이기춘, 김재은, 방석종 교수)모이다.	감리교신학대학
1991.10.31	감리교신학대학 교수들은 긴급 회의를 갖고 "변선환 학장, 홍정수 교수 파면	감리교신학대학 총

	권고 결의안을 재고해 달라"는 청원서를 본 회의에 제출했으나 논의조차 되지 않다. 감리교신학대학 총학생회에서 "총대님들에게 드리는 호소문" 발표하다.	학생회
1991년	김홍도 목사 〈감리교회를 새롭게〉 소책자 발간하다	김홍도
1991.11.11	안병무외 44인의 신학자 "기독교대한감리회 제19차 입법총회의 결의에 부쳐" 성명서 발표하다.	안병무외 44명 신학자
1991.11.20	서울 연회 심사 제1반 운영에 대한 경과를 서울연회 이현덕 목사 보고하다.	
1991.11.19	감독회장이 서울연회 심사위원회에 변선환, 홍정수 교수에 대한 연회심사위원회 회부처리 요청 공문보내다.	감독회장
1991.11.21	장로회 전국연합,감리교 원로목사회 등 5개 단체가 힐튼호텔에서 〈기독교 대한감리회 교리수호대책위원회〉를 결정(공동대표 김홍도 목사와, 유상열 장로)하고 결의문을 발표하다.	교리수호대책위원회
1991.11.21	8개교단, 10개 신학교의 신학자 45명(대표 이재정/성공회신학대학장, 서광선/이화여대, 김경재/한신대) 기자회견을 갖고 신학의 자유를 옹호하는 성명서 "기독교대한감리회 제19차 입법총회와 결의에 부처" 발표하다.	신학자 45명
1991.11.23	홍정수 교수, 감리교는 신학적 특성상 교리문제로 재판할 수 없음을 그리고 열린 공개토론의 장을 제안하는 120만 감리교도들에게 드리는 홍정수 교수의 공개 탄원서 "성서적으로 믿자는 것이 죄가 되는가" 글 크리스챤신문에 기고하다	크리스챤신문
1991.11.26	전국 감리사 및 선교부 총무 교회개척 추진협의회 등이 감신대 두 교수 파면을 요구하는 결의문 발표하다. 감리교신학대학 교수회 20명이 총회의 결정을 재고하여 주기를 바라는 "기독교대한 감리회 총회실행위원회에 요청하는 글" 발표하다. 감리교 신학대학 학생 동문 감리교신학대학에서 "총회에 두 교수 목사직 및 교수직 박탈 권고 결의안 무효와 선언대회" 개최하다.	전국 감리사 및선교부총무 교회개척추진협의회등
1991.12.01	우먼센스에 '징계건의' 당한 신학자 변선환, 홍정수 교수의 신앙고백 공개인터뷰 글 실리다.	우먼센스
1991.12월	기독교 대한감리회 수원 남지방에서 학문과 신학의 자유에 대한 도전을 즉각 중단하라는 성명서 발표하다.	수원남지방 일동
1991.12.02	교리수호대책위원회 김홍도 유상열 공동대표가 "이단사상을 교수하고 통일교 거물급 인사를 5년 동안 비호 졸업시켰다"며 변선환 학장과 홍정수 교수를 서울연회에 정식으로 고발하고 두 교수를 척결하라는 성명서 발표하다. 같은 날 19차 총회의 정당성을 신학자들에게 설명하는 글 "신학의 자유를 옹호하는 신학자 성명에 서명한 학자들에게 묻습니다" 발표하다.	
1991.12.09	변선환 홍정수 교수 서울연회 심사위원회 참석 1차공문 발송하다	서울연회재판위원회 심사위원장
1991.12.11	변선환 홍정수 교수 서울연회 심사위원회 참석 2차공문 발송하다	서울연회재판위원회 심사위원장
1991.12.12	동문회(청목회)에서 "종교다원주의와 포스트 모더니즘 신학의 목회적 적용에 대한 우리의 입장" 성명서 발표하다	청목회
1991.12.15	교회개척추진협의회, 교리수호대책위원회, 장로회전국연합회에서 "변선환 교수 홍정수 교수를 감리교단 총회 결의대로 면직하라" 성명서 발표하다	교회개척추진협의회, 교리수호대책위원회, 장로회 전국연합회
1991.12.16	홍정수 교수 "신학자가 드리는 목회 서신(1)" 띄우다.	홍정수 교수
1991.12.17	웨슬리 복음주의 협의회(회장 김선도 목사, 정영관 김문희, 고수철, 임준택, 안행래 최홍석 박정수 윤주봉 서형선 전채옥 김영권 목사 교수)는 교단총회 결의를 촉구하는 "감리교 복음주의 신앙과 신학의 전통성을 지키기 위한 우리의 주장" 성명서를 발표하다	기독교대한감리회 웨슬리 복음주의 협의회 전국 420명 회원을 대표한 임원들
1991.12.19	홍정수 교수와 14명 교수는 교수회의 후에 "대학원위원회 보고서"로 알려진 회의하다.	감리교신학대학 교수

1991.12.20	서울연회 심사위원회에서 변선환 목사 홍정수 목사 심사하였으나 두 교수의 통일교 관련 협의점 찾지 못한 채 결렬되다.	서울연회 제2반 심사위원회
1991.12.23	Donald E. Messer(아이리프 신학대학) 교수가 종교재판을 우려하며 곽전태 감독에게 서신 보내다	Donald E. Messer(아이리프 신학대학)
1991.12.26	서울연회 제1반 심사위원회(위원장 김광덕 목사)에서 1) 교리문제를 심사할 만한 신학적 소양이 부족하다 2) 통일교 문제에 변선환과 홍정수는 관계없다는 심사경위 보고서 제출하고 심사위원이 사퇴하다.	서울연회 제1반 심사위원회
1991.12.31	서울연회 제2반 심사위원 임명하다.	
1992.01.06	John B. Cobb,Jr 교수가 종교재판을 우려하며 곽전태 감독에게 서신 보내다.	John B. Cobb,Jr
1992.01.15	클레어몬트 신학교 오그덴 교수와 김찬희, 김신행, 박승호 목사가 곽전태 감독에게 서신 보내다	슈버트 오그덴
1992.01.16	슈버트 오그덴 교수가 개방적이고 자유로운 토론의 장을 보장하는게 마땅하다는 취지의 서신을 곽전태 감독회장과 서울연회 나원용 감독께 보내다.	Schubert M. Ogden (미남감리교대학)
1992.01.17	Charies M. Wood 교수가 종교재판을 우려하며 곽전태 감독께 서신을 보내다.	Charies M. Wood
1992.01.19	기독교대한 감리회 교리수호대책위 전국 조직 결성(공동대표 김홍도 목사, 유상열 장로)하고 감리교신학대학 교수회에서는 신학백서(성서의 재해석문제, 에큐메니칼 선교, 종교간의 대화 등의 문제포함)를 발간하다.	복음신문
1992.01.24	서울연회 제2반 심사위원회(위원장 홍사본 목사) 역시 신학적으로 쉽게 단정지을 수 없음을 발견하고 심사위원 사퇴하다.	서울연회 제2반 심사위원회
1992.01.25	서울연회 제3반 심사위원 임명하다.	
1992.01.30	연회실행위원회에서 심사위 재조직 및 보선하다.	
1992.01.30	보스톤 신학대학 Robert C.Neville 교수가 곽전태 감독과 나원용 서울연회 감독에게 서신을 보내다.	Robert C. Neville
1992.02.03	Wesley Ariarajah 교수가 곽전태 감독에게 서신을 보내다.	Wesley Ariarajah
1992.02.05	Allen J. Moore 교수가 곽전태 감독에게 서신을 보내다	Allen J. Moore
1992.02.06	John B. Cobb,Jr 교수가 홍정수 교수를 과정신학센터 (1992.3-1993.3)교환 교수로 초빙하다.	John B. Cobb,Jr
1992.02.06	서울연회 심사위원회 참석하라는 3차공문 발송하다.	서울연회재판위원회 심사위원장
1992.02.11	변선환 홍정수 두 교수가 총회사건과 관련해 사과문을 발표하고 감리교신학대학 교수단에서 두 교수가 통일교와 관련이 없음을 밝히고 교단을 위한 신학교로 발돋움할 것을 천명하는 성명서 "한국감리교회에 드리는 글" 발표하다	감리교신학대학 교수단
1992.02.12	홍정수 교수가 곽전태 감독회장을 직권남용으로 김홍도 목사를 명예훼손으로 서울연회와 교단 본부에 고소하다. 김홍도 목사는 2반 심사위원회(위원장 이은식 목사)에 심사 진행됐으나 곽전태 감독회장에 대한 고소는 그 관련부서를 찾지 못해 반송되다.	홍정수
1992.02.14	서울연회 제3반심사위원회에서 홍정수 교수가 신청한 심사위원 이철, 고재영 목사 기피신청을 받아들이다	서울연회 제3반심사위원회
1992.02.15	감리교신학대학 교수들이 변선환 홍정수 교수에게 관용을 요구하는 "한국감리교회에 드리는 글" 크리스챤 신문에 기고하다	크리스챤신문
1992.02.17	서울연회 심사위원회에 참석하라는 4차공문 발송하다.	서울연회재판위원회 심사위원장
1992.02.21	홍정수 교수의 심사위원장 나정희와 위원 조창식에 대해 고발자인 교리수호대책위 지도위원임을 들어 신청한 기피신청서가 기각되다	서울연회재판위원회 심사위원장
1992.02.24	서울연회 심사위원회(위원장 나정희 목사)에서 변선환 홍정수 교수를 기소하다. 교리수호대책위원회 임원회 및 변선환 홍정수 교수에 대한 이단척결 촉구대회개최하다.	기독교교리수호대책위원회

1992.02.26	홍정수 교수가 고소인(교리수호대책위)이 심사를 하고 있는 현실에 대해 서울연회 규칙해석 위원장에게 〈규칙해석 의뢰서〉 보내다. 기각되다.	홍정수
1992.02.29	한국기독교단체총협의회에서 "한국교회 일천만 평신도들은 감신대 변선환 홍정수 교수의 이단 사상을 규탄한다"는 내용의 성명서 발표하다.	교회연합신문
1992.03.04	서울연회 나원용 감독 2월 24일에 결정된 두 교수 재판위 기소를 승인하다.(신임 제1반 심사위원 나정희 목사, 조창식 목사, 이동우 장로)	문화일보
1992.03.05	변선환 홍정수 교수에게 서울연회에서 고소장 통지하다.	서울연회 심사위원회
1992.03.06	변선환 홍정수 교수 직임정지 통보하다. 감리교신학대학 10대 총학생회에서 공정한 재판을 요구하는 "변선환 학장, 홍정수 교수 재판위 회부에 즈음한 우리의 요구" 성명서 발표하다.	제10대 총학생회
1992.03.09	금란교회에서 "감리교 기독교교리수호 대책위원회 임원회 및 변선환 교수 홍정수 교수에 대한 이단척결촉구대회" 열리다.	기독교교리수호대책위원회
1992.03.12	장로회 전국연합회 및 하계 수련회에 참석한 장로 1200명 일동으로 "감리교회전통보수 신앙 수호를 위하여" 성명서 발표하다.	국민일보
1992.03.16	재미 감리교 교역자 136인 공개서한 "존경하는 감독님께 드리는 글"이라는 서한을 통해 적법한 신학적 분석, 토론 및 합의과정 없이 서둘러 판단내려서는 안된다고 주장하다. 같은 날 미국 연합감리교회 한인목회자 성명서 "해도 너무하지 않습니까?" 발표하다.	미감리교 교역자 136인
1992.03.20	월서 연합감리교회 이창순 목사가 나원용 감독에게 서신을 보내다.	이창순 목사
1992.03.21	감리교청년 전국연합회에서 "'여론재판' 중단 촉구"하는 성명서 발표하다.	새누리신문
1992.03.23	1차 재판 열렸으나 소송 절차 및 기소 근거자료 불충분으로 결렬되다.	
1992.03.25	서울연회 공천위 보고에서 신임 재판위 공천결과에 대해 정명기 목사 등이 불공정성 등을 이유로 개의 표명하였으나 재공천 결의되다. 재공천자(위원장 고재영, 목회자: 고재영, 홍형순, 최홍석, 민선규, 임홍빈, 금성호,심원보, 장로: 김재국, 이강모, 확노홍, 김재민, 박은희, 박완혁)	
1992.03.26	홍정수 교수가 교리수호대책위원에 속한 재판위원(고재영, 홍형순, 최홍석, 민선규, 임홍빈, 금성호, 심원보, 김재국, 이강모, 곽노홍, 김재민, 박을희, 박완혁)을 기피신청하다.	홍정수
1992.03.30	홍정수 교수가 김홍도 목사를 상대로 낸 고소건 서울연회 나원용 감독 불기소처리 통보하다.	서울연회 감독 나원용
1992.3월	감리교신학대학 제10대 총학생회에서 "무지는 죄가 아니다 정말?" 자료집 발간하다.	감리교신학대학 제10대 총학생회
1992.04.06	변선환 홍정수 교수 재판위원회 출석요구서 통지하다.	서울연회재판위원회 재판위원장
1992.04.13	홍정수 교수 재판위원이 교리수호대책위원임을 이유로 재차 기피신청하다. 기각되다.	홍정수
1992.04.22	변선환 교수가 제출한 해명서 "기소장에 대한 해명의 글" 발표하다.	변선환 교수
1992.04.23	서울연회 재판위원회에서 변선환 학장만이 참석한 가운데 재판 실시 변선환 학장, 홍정수 교수에 출교구형하다. 당일 재판위원회의 출교 구형에 대한 감리교신학대학 교수 성명서 "기독교대한감리회 서울연회 재판위원회가 변선환 학장과 홍정수 교수에게 내린 출교구형에 대한 우리의 입장" 발표하다. 감리교신학대학교 이사회는 두 교수에 대한 징계위원회를 꾸리기로 결정하다.	감리교 신학대학 교수 일동
1992.4.24	감신대 이사회, 두 교수에 대한 징계위원회를 열기로 결정하다.	
1992.04.29	서울 연회 재판위원회 교회본부에서 선고공판 열렸으나 학생들의 저지로 5월 7일로 연기하다.	
1992.04.30	감신대 동문들이 종교재판에 대한 부당함에 저항하며 총동문회에 알리는 글 "감리교신학대학 총동문회에 드리는 글" 발표하다.	감리교신학대학을 사랑하는동문모임
1992.05.06	양창식의 변선환 학장, 홍정수 교수의 통일교 연루설에 대한 사실 무근 증언	양창식

	"손바닥으로 하늘을 가릴 수는 없습니다" 글 발표하다.	
1992.05.07	금란교회에서 열린 서울연회 재판위원회(위원장 고재영 위원 홍형순, 김재국, 박민수, 박완혁, 최덕관, 이강모, 최홍석, 곽노흥, 민선규, 금성호, 임흥빈, 심원보) 선거공판에서 두 교수에게 출교를 선고하다. 당일 감리교신학대학 제7대 총학생회에서 이규철의 증언이 신빙성이 없음을 주장하는 "두 교수의 통일교 관련설을 유포한 이규철을 폭로한다" 발표하다.	서울연회 재판위원회
1992.05.09	재판위원인 최홍석 목사와 홍정수 교수의 견해를 담은 "괘씸죄냐 교리 위반이냐" 기사 교회연합신문에 실리다. 종교재판 양측 주장 "십자가 통한 구원, 부활 부정 명백한 이단"(고재영/홍정수) 기사 경향 신문에 실리다.	교회연합신문
1992.05.10	교리수호대책위에서 "(감신대) 변선환, 홍정수 두 교수는 감리교에서 출교되었습니다" 광고문 일간지에 게재하다.	조선일보
1992.05.12	진보적 신학이 선교를 어렵게 한다는 허위유포된 소문에 대한 반론 삼남연회 75인 목회자 성명서 "전국 감리교회와 성도들에게 성명합니다" 발표하다.	삼남연회 75인 목회자 일동
1992.05.15	"종교재판 방청기 — 이 재판에는 인간의 얼굴이 없다" 감리회보에 실리다	감리회보
1992.05.16	마녀사냥식의 종교재판에 대한 신문사설 "변홍 교수 재판을 보고" 종교재판 현장 취재글 "종교재판의 현장"(크리스챤신문), 법률적 상식도 지켜지지 않는 재판에 대한 "변홍 교수 재판을 보고"(새누리신문)등의 기사 기독교주간지에 실리다.	크리스챤 신문
1992.05.18	종교재판에 대한 감리교회를 염려하는 모임의 입장문 "감리교회의 화해를 위하여" 발표하다. 같은 날 감리교신학대학 선교대학원생 성명서 "변선환 학장, 홍정수 교수의 서울연회 재판위원회 선고에 대한 우리의 입장" 발표하다.	감리교회를 염려하는 모임
1992.05.20	감리교목회자 협의회추진위, 감리교신학대학교 교수, 총학생회, 대학원대책위의 재판의 정당성은 인정될 수 없으며 무효임을 선언하는 공동 결의문 발표하다.	감리교목회자협의회 추진위, 감리교신학대학 교수, 총학생회, 대학원대책위
1992.05.24	서울연회 도봉지방에서 두 교수에 대한 변론과 김홍도 곽전태 나원용 감독에 대한 비판 성명서를 발표하다.	도봉지방 교역자 일동
1992.05.25	감리교를 염려하는 모임에서 감리교신학대화모임 추진 - 예배 및 강연 토론회 열린 후 재판 무효와 이 위기를 타개하기 위한 범 교단 기구 구성을 제안하는 입장문 발표하다.	감리교신학대화모임
1992.05.26	전국감리교목회자협의회건설추진위원회 변홍 교수출교사태 대책위원회에서 나원용 서울연회감독께 공개질의서 보내다.	전국감리교목회자협의회건설추진위원회 변홍 교수출교사태 대책위원회
1992.05.27	홍정수 교수 총회 재판위에 상고하며 상고장과 상고이유서를 제출하다. 같은 날 감리교 신학대학 교수단 성명서 "기독교대한감리회 서울연회 재판위원회가 변선환 학장과 홍정수 교수에게 내린 출교선고에 대한 우리의 입장" 발표하다.	감리교신학대학교 교수단
1992.05.28	아현교회에서 감리교단을 염려하는 기도모임(공동의장단: 박대선 감독, 김지길 감독 장기천 감독 김규태 감독 유동식 교수 김현제 박사, 회장: 윤병상 교수, 총무: 조영민 목사)을 결성하고 감리교 일부 임의 단체의 힘이 교단위에 군림하며 재판한 종교재판을 비판하는 기도모임 참석자들의 공동성명서 "감리교단을 염려하는 기도모임 발족에 즈음하여" 발표하다. 변선환 학장이 감리교신학대학을 사랑하는 분들에게 드리는 편지 "입장을 밝힙니다" 발표하다. 홍정수 교수의 서울연회 재판위원장 및 감리교회를 염려하는 기도모임에 보내는 〈공개상소문〉 발표하다. 감리교 신학대학 대학원대책위원회에서 "나원용 감독의 죄를 논함!" 성명서 발표하다. 전국감리교목회자 협의회건설추진위원회에서 변홍 교수 출교사태 대책위원회에서 낸 성명서 "변선화학장 홍정수 교수 종교재판 왜 불법인가" 발표하다. 서울연회 도봉지방 교역자회의에서 신학적 토론이나 변론의 기회없이 이루어진 졸속재판에 대한 성명서 발표하다. 감리교회를 염려하는 삼남연회 75인 담임목회자 성명서 발표하다.	기도모임 참가자 일동

1992.6.8-10.19	감리교단을 염려하는 기도모임에서 전국 해외를 순회하며 기도회를 열다. 남부연회 기도회(6.8), 경기연회 기도회(6.15), 삼남연회 기도회(6.16), 동부연회 기도회(6.16), 서울연회 기도회(6.18),중부연회 기도회(6.22), 동부연회기도회(6.22), 서울남연회 기도회(6.29), 경남 부산지역 기도회(7.10),미국LA감신동문회 기도회(7.21), 뉴욕 평신도 및 교역자 기도회(7.28), LA감신동문기도회(7.30), 20회 총회를 위한 기도회(10.19)	
1992.06.11	감리교신학대학 10대학생회가 단식농성에 돌입하면서 감독회장 및 나원용 감독께 보내는 요구서 "우리의 요구" 발표하다.	감리교 신학대학 10대 총학생회
1992.06.15	감리교 신학대학 총학생회에서 재판위원 매수, 감독 매수, 일간지 광고비 등에 대해 "김홍도 목사님과 교리수호대책위에 보내는 공개해명 요구서" 보내다.	감리교 신학대학 총학생회
1992.06.16	감리교신학대학 총학생회에서 감리교인에게 보내는 서신 "감신대 일천 예언자들이 130만 감리교 성도들에게 보내는 긴급서신" 발표하다.	감신대 총학생회
1992.06.17	감리교회 수호를 위한 대학원 비상대책회의에서 공정한 재판위원회 구성을 촉구하는 글 "재판위원 여러분께 드리는 글" 과 "감리교 교리수호의 대변자 이동주 그녀는 누구인가?"와 교리수호 재정규모, 재판비용, 두 교수의 위로금 등에 대해 질의하는 성명서 "돈으로 수호되는 감리교 교리" 등을 발표하다. 총회공정재판을 요구하는 범감리교인 결의대회 참가자들이 재판위 교체와 더불어 사실심리, 증인채택, 신학공청회등의 민주적 재판 보장을 요구하는 성명서 "공동결의문" 발표하다. 감리교단을 염려하는 기도모임에서 "공정 재판에 대한 의견서" 발표하다.	감리교회 수호를 위한 대학원 비상대책회의
1992.06.18	감리교단을 바로 세우는 정책협의회 모임을 갖고 감리교단을 염려하는 기도모임 경과보고를 하다. 이계준 교수 "감리교 신학과 선교정책", 박원기 교수 "감리교 윤리의 정체성 확립", 유동식 교수 "한국감리교회 전통과 다원주의" 세미나를 갖다.	감리교단을 염려하는 기도모임
1992.06.22	인천 부천 지역 감리교를 염려하는 기도모임 성명서 "변홍 교수 출교 선고 과정을 깊게 우려하며" 발표하다.	인천부천지역 감리교를 염려하는 기도모임
1992.06.25	홍정수 교수가 총회재판위원장 앞으로 종교재판에 대한 "이의신청서" 보내다.	홍정수
1992.06.28	교리수호대책위원회에서 변선환 홍정수 사상은 이단 사상임을 밝히는 광고 "변선환 홍정수 교수가 출교된 이유와 결과보고" 일간신문에 게제하다.	동아일보
1992.07.05	기독교대한감리회 장로회 전국연합회 92 하계수련회 참석 장로 1,200명 일동 "결의문" 발표하다.	국민일보
1992.07.06	홍정수 교수 서초지방 유상열 장로 서울연회에 고소하다.	홍정수
1992.07.07	서울연회 재판위원회에서 재판과정이 적법하게 진행되었음을 해명하는 해명서를 발표하다.	서울연회 재판위원회
1992.07.09	감리교단을 염려하여 기도하는 모임을 갖다. 기독교대한 감리회 웨슬리 복음주의협의회 회원 509명을 대표하는 임원들의 기각 촉구 성명서 "감리회의 신앙과 신학의 정화를 위한 성명서" 발표하다.	감리교단을 염려하는 기도모임
1992.07.10	홍정수 교수 종교재판의 진상을 알리는 책 『포스트모던 예수』 발간하다.	홍정수/조명사
1992.07.12	예장 총회 전도부 박종순 목사 홍정수 교수 명예훼손을 이유로 유상렬 장로 고소	예장(통합)총회 전도부 박종순 목사
1992.07.21	기독교대한감리회 웨슬리복음주의협의회 주관 기도회 "감리교 문제의 바른 이해와 감리교 신학과 신앙의 올바른 확립을 위한 기도" 개최하다.	기독교대한감리회 웨슬리복음주의협의회
1992.08.02	감리교 신학원에서 홍정수 교수 휴직발령 공문 보내다.	감리교신학대학
1992.08.15	홍정수 교수 교단 총회를 앞두고 "전국 감리교인들께 드리는 글" 발표하다.	홍정수
1992.08.24	홍정수 교수 김홍도 목사 유상열 장로 서울지방검찰청에 고소(허위사실 유포, 명예훼손)하는 고소장 제출하다.	홍정수
1992.09.02	홍정수 교수 휴직발령되다.	감리교신학대학
1992.09.10	신임 구덕관 학장 취임사 및 인터뷰로 홍정수 교수 학교 떠나는 것이 바람직하고 변선환 학장 퇴임식 계획없음을 내용으로 하는 "낙후된 감신재건 당면과제" 감신대	감신대학보

	학보 게재하다. 홍정수 교수가 전국감리교인들에게 보내는 글 발표하다.	
1992.09.24	감리교단을 염려하는 기도모임에서 총회 재판위원회에 신속한재판을 요청하는 글 "신속한 재판의 진행을 요청합니다" 발표하다.	감리교단을 염려하는 기도모임
1992.10.02	이규철이 감리교단을 염려하는 기도모임 대표 윤병상 목사를 상대로 고소하다.	서울연회
1992.10.12	감리교단을 염려하는 기도모임에서 두분의 교수가 이단이 아니고 통일교와관련이 없고 감리교는 교리적 시험을 강요하지 않는다는 내용의 성명서 "120만 감리교인에게 알립니다" 발표하다.	기독교신문, 복음신문
1992.10.15	감리교신학대학에서 변선환 박사 이임 송별 예배드리다.	감리교신학대학
1992.10.16	홍정수 교수 고소건에 대해 신속한 수사를 촉구하는 글 발표하다.	홍정수
1992.10.19	변선환박사 은퇴기념논문집 출판감사예배 및 증정식 열다. 홍정수 교수가 김홍도 목사, 유상열 장로에 대한 "명예훼손" 고소사건 경위를 담은 글 발표하다.	홍정수
1992.10.23	이규철이 서울연회에 고소한 윤병상 목사 심사결과 통보 불기소처리되다.	서울연회 감독 나원용
1992.10.24	총회 재판위원회는 "상고비용 미예치"를 이유로 상고장을 서울연회로 반송하고 서울연회는 이를 기각으로 처리하여 출교판결을 확정하다.	서울연회 재판위원회
1992.10.24-25	홍정수 교수와 김홍도 목사간에 서신이 오가다.	홍정수
1992.10.26	서울연회 나원용 감독 "서류 반송이 기각에 해당하느냐?"를 묻는 규칙해석의뢰서를 총회에 제출 후 출교판결을 공고하다. 교리수호대책위와 장로회 전국연합회에서 "기독교대한감리회 변선환 홍정수 사건의 종결에 즈음한 성명서"를 일간지에 게재하다.	서울 연회 재판위원회
1992.10.28	웨슬리복음주의 협의회에서 교리수호를 위한 특별조치법 재정 건의안을 총회에 상정하다.	제20회 총회
1992.11.03	홍정수 교수가 기독교대한감리회 감독회장 표용은 감독께 진정서를 보내다.	홍정수
1992.11.24	서초경찰서에서 김홍도 목사 고소건에 대해 불구속 기소의견 결과통지하다.	서초경찰서장
1992.11.27	감리교를 염려하는 기도모임에서 사회법정과 감신대 징계위를 앞두고 진정서를 내다.	감리교를 염려하는 기도모임
1992.12.04	92년 10월 종교재판 결과에 따라 감리교 신학원에서 홍정수 교수 직위해제하다.	학교법인 감리교신학원
1992.12.21	감신대 100주년 기념관 건립안(총장 구덕관)을 이사회에서 통과하다.	
1992년	홍정수 목사가 감리교회를 염려하는 기도모임에 김홍도 목사로부터 받은 돈에 대한 이해와 해명의 편지글 "감리교회를 염려하는 기도모임께 삼가보고 드립니다" 발표하다.	홍정수
1993.01.04	서울지방검찰청 이충호 검사의 피의자 김홍도와 유상열에 대한 고소고발사건처분 결과(출판물에 의한 명예훼손 죄)통지하다.	서울지방검찰청 검사 이충호
1993.01.11	감리교신학원 나원용 이사장 출교를 이유로 교수 징계위원회에서 홍정수 교수 파면 결의하다.	
1993.02.12	감리교신학원 나원용 이사장 절차상의 하자로 인하여 교원징계위원회를 통해 파면결의 취소하고 절차상 직위해제하다.	감리교신학원
1993.02.14	홍정수 교수 진정서 제출하다.	홍정수
1993.02.25	교원징계위원회를 열어 기피신청을 기각하고 전원만장일치로 파면을 결의하다. (위원: 박성로 이내강 김득연 염필형 이기춘 김외식 방석종)	교원징계위
1993.3월	감리교신학대학교 총장 구덕관 "감리교신학대학교를 위한 호소"를 감리교 연회에 보내 100주년 기념관 건축헌금을 모금하다.	감리교신학대학교 총장 구덕관
1993.03.05	교원징계위원회에 의해 절차상 하자의 이유로 파면처분취소하다.	홍정수
1993.04.13	감리교 전국 임원협의회에서 감리교신학대학 구덕관총장이 "감리교신학대학교보고" 문서로 보고하다.	구덕관총장
1993.05.03	홍정수 교수 나원용 감독께 "존경하옵는 이사장나원용 감독님께"(제출되지 않는	홍정수

	고소문포함) 서신보내다.	
1993.05.07	교원징계위원회에서 기피신청을 기각하고 종교재판과 관련이 없는 징계사유(품위손상, 본분위배, 직무태만)를 들어 파면 결의하다. (위원: 박성로 염필형 이기춘 이내강 김득연 방석종 김외식)	교원징계위
1993.05.08	홍정수 교수가 감신대 구덕관 총장과 이사회가 대학 기관으로서 파행적 행정을 계속하고 있음을 고발하는 진정서 "교육부 장관님께 드리는 진정서"를 교육부에 제출하다.	홍정수
1993.05.12	감리교신학대학 교수 학생들이 "감리교회와 신학의 거듭남을 위한 제안"이란 제목으로 공청회를 열다.	홍정수
1993.05.18	홍정수 교수 교육부에 재심을 청구하다.	
1993.06.01	홍정수 교수가 비밀리에 허위문서를 작성한 구덕관 총장, 염필형, 방석종, 이기춘, 나원용 이사장의 처벌을 요구하는 탄원서를 김영삼 대통령과 교육부 장관앞으로 보내다.	홍정수
1993.06.03	홍정수 교수에 대한 공의로운 판결을 바라며 감리교신학대학교 일천 재학생의 탄원서(704명 서명) 교육부에 진정하다. 감신대 정화와 명예회복을 위한 동문모임에서 "구덕관 총장과 허위문서 관련자들은 퇴진하라" 성명서 발표하다.	감신대 제11대 총학생회
1993.06.09	종교재판에 영향을 주었던 〈대학원위원회 보고서〉가 공개되면서 홍정수 교수가 이 문서의 허위성을 알리는 진상조사 위원회 구성을 촉구하는 "구덕관 총장님께 드리는 공개서한"을 발표하다.	홍정수
1993.06.15	홍정수 교수가 방석종(감신대 통일교 문제 조사위원회 서기) 교수를 명예훼손과 허위사실 유포로 고소하다.	홍정수
1993.07.06	대학원 원우회에서 홍정수 교수 출교와 파면처분에 대해 교육부에 민원을 넣다.	교육부
1993.07.24	김홍도, 유상열, 홍정수 합의각서를 작성하고 고소를 취하하다.	김홍도, 유상열, 홍정수
1993.07.27	감리교신학대학 대학원 조사위원(염필형, 김득중, 이기춘, 방석종) 대학원 보고서에 대해 해명하는 글을 발표하다.	감리교신학대학 대학원 조사위원(염필형, 김득중, 이기춘, 방석종)
1993.07.29	감신대 구덕관 총장이 교원징계의 정당성을 주장하는 서신을 교육부 재심위원장앞으로 보내다.	감리교 신학대학교 총장구덕관
1993.08.09	서대문 경찰서에서 방석종 교수 민사사건 불기소 처리결과통지하다.	서대문경찰서
1993.08.18	교육부교원징계재심위원회에서 파면처분 취소 결정하다.	교육부교원징계재심위원회
1993.08.26	김홍도 목사가 "홍정수 고소취하와 금품살포, 유지재단 재산 등에 대한 개인 해명서" 글을 발표하다.	김홍도
1993.09.17	홍정수 교수 서울민사지방법원에 감리교 총회와 서울연회 출교판결 무효 민사소송하다.	서울민사지방법원
1993.10.13	김준우 교수 "종교재판의 결정적인 위증문서 대학원위원회보고서의 음해조작 과정" 글 발표하다.	김준우
1993.10.15	홍정수 교수가 김홍도 유상렬 합의 각서의 진실을 밝히는 "조직신학 교수 홍정수가 드리는 목회서신 2"를 발표하다.	홍정수
1993.10.19	양창식(통일교관련)이 직접 친필로 쓴 논문심사과정에서 홍정수 교수와 관련이 없었음을 확인하는 편지 "염필형 대학원장님께"를 쓰다.	양창식
1993.10.28	홍정수 교수 징계와 학내 사태와 대학원 보고서가 날조되었다는 것에 대한 교수단 성명서 발표하다.	감리교신학대학 교수단
1993.11월	감리교신학대학 학부 대학원 비상대책위에서 〈감신백서 감리교 신학대학교의 거듭남을 위하여〉 백서를 발간하다.	비상대책위원회 및 제7대 대학원학생회
1993.11.16	감리교 신학대학 교수단의 변홍종교재판, 100주년 기념관, 정관개정에 대한 "진상은 이렇습니다" 성명서 발표하다.	교리사건 재판자료: 정리 서술집 서울연회

1993.11.18	감리교신학대학 교수단의 구덕관 총장에 대한 변호의 글 "현 학원 사태에 대한 우리의 입장" 성명서 발표하다.	감신대 교수단
1993.11.22	감리교 신학원 이사회에서 장종철, 박익수, 왕대일 사표에 따라 이후정, 박충구, 서창원 교수 교원징계위원 임명 통지하다.	감리교신학원 이사장
1993.11.24	감리교신학대학 교수단 〈진통하는 감신대의 학문성: 보수화인가, 거듭나기인가?〉 자료집 발간하다.	감리교신학대학 교수단
1993.11.25	감리교 신학대학 학생들의 물리적 힘 행사 및 점거 규탄에 대한 감리교신학대학 교수단 성명서 발표하다.	감리교신학대학 교수단
1993.11.29	교원징계위원회 회의에서 홍정수 교수의 기피신청건을 모두 기각하고 해임안을 통과하다.(위원: 정영관 이원규 최세웅 이영덕 이후정 박충구 서창원)	교원징계위
1993.11.30	감신대를 염려하는 동문모임에서 "감리교회와 감신대를 아끼는 목사님들에게 알립니다" 성명서 발표하다. 학교정상화를 요구하는 감리교 신학대학 교수단 성명서 발표하다. 총장 규탄과 제2캠퍼스 반대에 대한 학부 대학원 비대위 성명서 "더이상 우리는 물러 날 수 없습니다" 발표하다.	감신대를 염려하는 동문 모임
1993.12.01	홍정수 교수 교원징계 재심 청구하다.	홍정수
1994.02.28	교육부 교원징계재심위원회에서 재심 청구 기각 결정하다.	교육부교원징계재심위원회
1994.4월	홍정수 교수가 재심위원회를 상대로 재심기각결정취소청구소송제기하다.	서울고등법원
1994.05.09	감리교신학대학 학생회에서 김종일 교수 임용을 반대하는 성명서 "교권을 업은 김종일 목사 결코 교수로 받아들일수 없다" 발표하다.	8대 대학원학생회,12대 총학생회
1994.06.10	감리교신학대학 비상총학생회에서 김종일 교수 부당채용에 대한 성명서 발표하다.	비상총학생회
1994.09.07	홍정수 교수가 낸 출교판결무효확인등 민사소송 각하되다.	서울민사지방법원
1995.03.08	감리교 신학대학 교수회에서 이종수 총장 용퇴, 이사진 사퇴를 요구하는 성명서 "이제는 감신대에 평화를 주십시오" 발표하다.	감신대 교수협의회
1995.05.04	감리교 신학대학 교수단 성명서 "감리교신학대학교의 위기에 대한 교수협의회의 입장" 발표하다.	교수협의회
1995.05.11	보직 교수사퇴, 관선이사 거부, 학문의 자율성보장을 담은 감신대 교수단 성명서 "이제는 더 이상 침묵할 수 없습니다" 발표하다.	감리교신학대학교 교수들
1995.5월	변선환 홍정수 목사직 복권을 위한 모임(고달삼, 김규태 김성렬 김지길 김진춘 박대선 유동식 윤병상 이춘직 장기천 정영문 최상봉)에서 김선도 감독회장에게 한국기독교가 정한 희년의 해이자 UN이 정한 관용의 해인 올해 변선환 박사와 홍정수 박사의 목사직 복권을 건의하는 건의문을 보내다. 그러나 회신이 없었다.	
1995.08.08	변선환 교수 소천하다.	
1995.10.13	변홍 교수 복권운동을 규탄하며 기독교성경진리수호운동본부에서 "전국감리교회 135만성도와 교역자님 장로님께 드리는 호소문" 발표하다.	기독교성경진리수호운동본부
1996.03.25	변선환 아키브 개관하다(서울시 종로구 홍파동 13-4 흔솔빌딩 4층)	
1997.10.27~30	제26차 감리교 특별 총회에서 1930년 기독교조선감리회가 탄생하면서 부결했던 교리를 담은 감리회신앙고백 채택하다.	감리회 총회

III.

감리회 교리 관련 문서들

청년잡지사 (YMCA

南北監理合同全權委員及特選委員諸氏感想談

左記와 如한 問目에 對하야 本誌社는 南北監理聯合 全權委員及特選委員諸氏에게 意見을 무럿든바, 아래와가튼 回答이 잇섯다。

一、南北監理聯合에 對한 感想如何?

二、南北監理聯合後의 敎理、信條는 如何히 할이 됴흘가?

三、南北監理聯合後의 治理方法(監督制或其他)은 如何히 하이 됴흘가?

四、長老敎會와 監理敎會의 聯合은 可能性이 有한가?

五、全朝鮮內에 散在한 基督敎의 總聯合은 不可能인가?

南北監理監督 웰 취

貴社에서 보내신 南北監理聯合에 關하야 무르신 편지는 感謝히 바덧습니다。聯合에 關한 모든 計劃이 現在 試驗的 狀態에 잇는 形便上 只今 本人으로서는 發表 하는것이 됴치 안을줄로아나이다。

南監理牧師 梁柱三

農夫가봄에穀식을심으고夏節에 除草하여노으면 秋節에는 自然히 結實되여秋收하게되는法이다 今日朝鮮에서南北監理敎會가 合同하게되는것은 그와갓지自然히되는것인줄로밋는다. 一千八百八十五年에美監理宣敎師가 처음으로 朝鮮에왓고 十一年後에南監理宣敎師가朝鮮에와서 各各自己敎派事業을爲하야 힘쓰는同時에두敎派가合同된基礎를 隱然中에세워노앗다 그는卽男女神學校를協成하여노코 朝鮮敎會將來를左右할男女敎役者들을갓치養成한것이다 至今全權委員들이將來朝鮮監理敎會를爲하야 章程規則을準備하는中인則 그것이나오면알녀니와朝鮮監理敎會는 組織으로나制度로나前日보다 簡單하게된것은確實하며時代에適應되도록 한것도所望이다 그리하면朝鮮監理敎會는進步的이며 時代的이되여今日朝鮮人에精神的과信仰的要求를萬分之一이라도需應하게될줄밋는다 朝鮮監理敎會를組織하는中에包含된問題는大端히複雜하다고하겟스나이러한運動은사람의힘으로된다는것보다하나님의攝理로되는것인則여러問題는잘解決되겟고將來의結果는滿足이될줄밋는다 朝鮮信者들은이일을爲하야만히기도하여주기를바라며特別히監理敎人들은前日보다十分더忠誠되기를빌고바라는바이다。

北監理牧師 金永燮

一、四十年間이나 자라온 監理敎會는 自己살님 自己가 하게 되엿다。두집이 모히서 함께 산다면 어려운일도 잇겟스나 強한 힘이 날줄로 안다。

1930. 11. "남북감리합동전권위원과 특별위원제씨감상담" 「청년」, YMCA

二、過去의것은 치는것은 안이나 朝鮮사람生命을 살니더 朝鮮사람生活에 새生命을 숨만한 基礎下에 그리스도의 理想을實現케하는 敎理와 信條가 되어야 하겟다。다시말하면 歐米의 洋服을 그대로 갓다입으면 맛지 안이하는것갓치 우리體格에 맛게 맨드러서 입어야 되너와。이와갓치 우리生活에맛치서 그리스도의 理想을實現시켜야되겟다。

三、監督이라는 名稱은 變更함이 됴코 治理方法은 좀더民本主義로 함이 됴켓타。

四、長監이 合하기 어려운것은 政治가 다르다는 點에 큰原因이 잇슴줄 아나、監督制를쓰지안는다하면 敎理信條가 다。름이 업는 以上에 合同한可能性이 充分히 잇다고 본다

五、聯合은 可能性도 잇고 또그리되기를 바라나、合同은 不可能한줄로안다。敎理가 多少다른點이라든가 또는 其他諸般을 보아서。

南監理牧師 吳華英

一、感想은깃븜보다 憂慮가만흠 (1)內部軋轢이업슬가 (2)靈力을失치안을가 (3)過重負擔을지지안을가 (4)長老派와遠離치안을가

二、敎理信條는 (1)舊를背棄하고新을簡單히하되迷信에近한것을除廢한것 (2)웨슬네를너무祖上拜하지말것

三、監督制를廢한것

四、잘못하면遠離키쉬울것

五、諸敎總聯合은長久한時日後이라고生覺함

北監理 申興雨

南北監理兩敎會가 朝鮮에서쌀지안니한歷史를가지고잇다가 이제 統合하야 하나를 일우는데에는 두가지意味가 잇서 慶賀한것이라하겟슴니다。한가지意味는 오날世界的으로 또는 朝鮮社會에서도 分離의精神이濃厚하야 事業에 進步가 遲緩하고 組織的勢力을貧弱케하는 어려운路程에서두敎會의人物들과 그들의團合力을 合致케한것이 一般에게 조흔影響이 된줄노 밋어서 敎會와社會를 爲하야 慶賀하기를 마지아니합니다 또 한가지意味는 두敎會가 統合하는데에서 生하는能率은 各立하여서 生하든能率의和보다 더한줄노 밋는것이니 卽 酸素와水素를 合할때에 酸素水素두氣體가 그대로 잇는것이아니요 液體인 물이됨과갓겟슴니다 敎理나信條이던지 組織과治理方法이 모다 새롭게 또는 時代的 科學文明과 合致되여서 그리스도를 一般에게 紹介하는데에 障碍가 업도록될것이고 또는 두團體가統合되는데에서 새로운勇氣로 아즉發見치못한 思想과事業에、探險性을發揮식혀 그리스도의 革

1930. 11. "남북감리합동전권위원과 특별위원제씨감상담" 「청년」, YMCA

新의精神이 그대로 變化向上하는 原動力이 된줄노 생각하고 더욱慶賀할이다 다만바라기는 組織은 아모조록單純하야 우리의人力과財力에 適宜하도록되고 信條는 아모조록簡易하야 우리歷史와文明에調和되도록하고 治理는 아모조록 個性의最善을 綜合하는同時에行動이 統一되도록하기를。

南監理牧師 洪秉璇

一、感想이라면 이生覺 저生覺남니다 世上萬事가다돈가지고합니다 敎會를合하는것만은조습니다 合하면多少時代的要求에應한만한新組織을 맨들수도잇겟지만은 今日갓치經濟難이甚한때에 數人으로 新組織을爲하야 過重한負擔을 식힐수도업고 相當한수도업슬것인다 何如된지在來南北監理數人 負擔해오든能力을잇지만기를바라는것인다 그런故로모든 機關組織이우리가짐미지고갈수잇게맨들것입다、

二、信條와敎理는더만히 맨들지말고 그리스도敎의精神과行爲를表示한만하면可할듯하다

三、監督이되든지總理師가되든지會長이되든지 形式的專制主義는使用치안이하겟지만은 金錢를지안는方法을取한것일다

四、長監兩敎會가急히언제合同이되겟다고는말한수업고 理想으로는合하는것이조흘듯하나實際로는되기어려운일일다

五、長監理이먼저合한然後에他敎派를말한수잇슬것일다。

北監理牧師 邊成玉

그리스도敎는原則上으로하나가된지니 이는그리스도가오직한분이신救主가되시는까닭이다 各種敎派의分離는 各派의分立의理由如何를不關하고 그리스도의本志가아님은聖經의敎訓으로보아서確實無疑한것이라 예수께서信者가하나이되게하이주시옵소서 祈禱하셧다 今日에分離되여對立한各敎派는그리스도의이祈禱를엇더게生覺하겟는가

그리스도敎가朝鮮에드리온때에 그리스도의瑕疵업는福音의眞理가泰西諸國人의互相軋轢과偏見으로因하야생긴敎派的染色에물드려가지고드러온밧게업는거는事勢에如何히할수업는것이다 우리朝鮮信者로잇섯서는 우리의先祖가씨처준何等의敎派心理의遺傳性도업슬거시고또한西洋人의敎派的感情을盲目的으로感受하여가지고 이거슬朝鮮人互相間에應用한것도아님은賢明한信者들이公認한바이다 그때서南北監理敎會의統合은今日其結實을엇게된거시니 우리는이로써朝鮮의天國建設에一新紀元을짓는다고밋고깃비하는바이다

이제統合은決定的事實이다統合된監理敎會의第一回總會는本年十二月二日을期하야 開하게되엿스니敎派의統合을熱心으로所願하던우리信者들의깃븜은限量업슬거시고하나님께서紛爭하던子女

1930. 11. "남북감리합동전권위원과 특별위원제씨감상담" 「청년」, YMCA

들이和睦하야 다시完全히 兄弟間友愛的關係를매즐거슬보시고또한크게깃비하시리라고밋는바이다

吾人은 統合된新敎會에對하야同時에밋가지企待가잇슴을말하고저한다。

一、形式的統合에쏫치지말고精神的統合이잇기를바란다 精神이統合되지안은團體는 비록今日에一團이되여서도明日에分散될수잇다 基督의聖潔、犧牲、社會奉仕의精神下에서完全히團合되기를바라는것시다。

二、制度儀式의宗敎에서나아와實質的宗敎가되기를바라는거시다宗敎團體로서制度와儀式을업게할수도잇는거시어니와그러나이거스로서宗敎의全體의目標를삼음은舍本求末의格일다基督의聖潔奉仕犧牲의主義를實踐하야動的基督敎가되기를바라는거시다

三、基督化한新敎會를만들기를바란다 이말이좀異常하게들닐거시다그러나敎派化한基督敎或은西洋化한基督敎라는말과對照하면異常할것도업슬것이다 吾人은朝鮮化한基督敎도不願한다。다만基督의主義와理想을朝鮮과世界에實現하는基督化한新敎會의出現을企待하는거시다。

四、忠實한敎役者를要求한다過去에兩派敎役者中에聖役에獻身하야自家自身의幸福과利益을犧牲하고 오직우리救主를爲하야勇士的奮鬪를繼續한이가한두분이아님을우리는넉히알고感謝를하나님씌드리고또한致賀하야말지안는바이다 그러나世態에變함을싸라敎役者中에利慾과僞善에싸진다는世評도업지아니한즉新敎會에敎役者여러분은各其自發한바잇서서 基督의精兵이되기를힘쓸거시고 그러치안으면칠하리물너가서聖敎會에損害를넙히지말기를바라는바이다。

五、時代에順應하는敎會가되기를바란다 人類의文化와知識은固定的이아니다싸라서各種思想도變遷되고人類의要求도달나진다 基督敎는산宗敎일다 산거슨變化하기를굿치지아니한다基督의主義와理想을가지고當該時代의文化와知識과思想과要求에順應함이生活한基督敎일다。

以上이余의新敎會를맛데는對한感想과企待일다。

北監理牧師 吳基善

一、南北監理會聯合에對한感想如何?

에는別感想이업슴니다數年前브터南北監理會가合同되는것이됴흔쥴알고運動하야오던바至今에야그宿望을實現식히게되여스니한갓感謝한生覺뿐입니다兩敎派가合同한後로는더욱힘을아울너서此大事業을一層더有力히進行히기를圖합니다。

二、聯合後에敎理信條는如何히하면됴흘가?

함에對하야는우리의目的 兩敎派를合同하야한機關을만들고일을 더有力히하자함에잇슨즉敎理信條에對하야 別改革이업슬쥴암니다大槪敎理信

1930. 11. "남북감리합동전권위원과 특별위원제씨감상담" 「청년」, YMCA

條가一定한바가잇다하더래도敎人各自의主意信念을따라解釋만이各々달은點이잇지안을것입니다그런즉多少間參考는하겟거니와別달은敎理信條를만들냐고는아니합니다本人은本是브러約翰福音三〇十六節노單純한信條를삼고잇니다

三、聯合後治理方法(監督制或其他)은如何히함이됴흘가?함에對하야는監督制를그대로쓸가或名稱만은變한가或委員制한가或會長制로할가하야其論議가不一한것을本人도듯엇슴니다然이나이것이다其名稱만달을것이요其實際에서는마찬가집니다도로히復雜또는弱點이잇지안을가합니다本人의生覺으로는同名稱은무엇이라하던지今後로其組織制度는더욱圓滿이하야全敎會를總括케하고敎中行事를統一的으로進行할管理者를두어야된줄암니다。

四、長老會와監理會의聯合은可能性이有한가?와

五、全朝鮮內에散在한基督敎의總聯合은不可能인가?함에는長老한말을아니합니다基督敎人이다基督의心만잇다면能치못한것이업겟소이다。

南監理 李萬珪

一問 豫測하고밋엇던것이므로尋常하게느씨어집니다

二問 一、宇宙를創造하신 人類의아비지인 神을밋음
二、神이오 人이오 人類의救主인 聖子를밋음
三、神과人을 한데매는힘인聖神을밋음
四、聖書는 信仰生活惟一한標準임
五、洗禮와聖餐은 救主가親行親執한惟一한聖禮임
六、敎會는 國家와人種을超越한地上天國을實現하는惟一한團體임

三問 一、聖品職은 牧師만두고(監督、長老、執事廢止)牧師와平信徒들로만敎會를組織함
二、政治는立憲議會制로部署의大小事務職任은適材適任으로함(牧師、平信徒別、老少別、人種別、性別은撤廢)

四問 잇고도남습니다

五問 不可能은업습니다 에時間이좀걸니겟지요。

北監理 金保麟

南北監理聯合問題에對하야敎會內에서쁜아니라敎會밧社會에서까지一大興味를가지고잇고쪄다이聯合이將次朝鮮敎界에如何한效果와影響을줄가하고만흔期待와希望을가지고잇다

오래동안 우리는米國母敎會의指導를밧어왓고精神上으로나物質上援助를만히닙어왓다그러나今日에잇서서우리의게는自立自治할期間가도라오고야말엇다 已往에는他人의扶助를밧어야만되엿드니至今은우리가우리의事業을스사로處理할수잇스며 우리의職務를擔當하여나가아갈수잇게되엿단말이다 다시말하면已往에는父母께依托하고한집에서갓치산엇미니至今은살림을配設하고自治하게되엿스니이에서더한깃붐이잇스며따라서 南北監理가合同하야한朝鮮監理敎를組織하는데對하야만흔希望을가지고잇는것은두힘을서로協同하는中에더큰事業을하며多數한民衆을敎會안으

1930. 11. "남북감리합동전권위원과 특별위원제씨감상담" 「청년」, YMCA

로더만히引發한機會가되엿슴은因함이다。
그러면어데로잇서서나남의勢力밋헤서管轄을밧어왓고自立的生活의經驗을해보지못한우리로昨明間새 敎會를組織管理하게됨을따라처음當하는일인만큼우리엇개의짐은무겁고周圍의生活은複雜하다새로組織되는敎會에監督은두어야하느냐！안두어야하느냐？學校와의聯關을두어야조흐냐？獨立的이되어야조흐냐？하는等問題도大端히精神이어지럽다 나는밧겻社會와한사람의게이더한말을드럿다「조선사람으로서의監督이生起기를바람니다」고회안에서나밧게서나이問題에對하야各種意見과議論이紛紛한줄안다 我도重大한問題이다이敎會는엇더한組織體로成立이되야社會的인同時에靈的이되어朝鮮靑年의要求를順應하기에適當할가함이다이組織에對해서나關係에對해서는내가말하며는問題도아니고方今全權委員들이이모든問題에對하야研究하는中에잇스며種種그들의意見을新聞紙上에發表한것을비엇슬줄안다

이처럼自治란말만드러도神經이興奮하고精神의利潤을밧는우리로現下自治敎會를맛날때大端한興奮과希望을가지고잇다 지난九月年會時에南北監理年會會員이聯合하야貞洞第一禮拜堂에모혓슬때監督以下이더名士의兩敎會聯合에對한祝辭가잇섯다그때엇더한분은이러한말을하엿다「우리는서로한마음을가지자」이것은果然意味깁흔말이엇다우리가무삼事業을할때에야심이나權勢로生覺한다면그事業은반시失敗할事業이다맛찬가지로우리가이聯合에對해서도基督으로監督을세우고 사랑,忍耐,寬容,理解,讓步公正으로써事業을對하게되야우리要求하는監理敎에根本目的을일우리라生覺한다거긔에는自由도잇고成功도잇슬것이다。

나는一九一六年과一九二七年間朝鮮人基督敎人數를備考하여노흔統計表를보앗다前年에는二七九,五八六名이오後年에는二五九,〇七六名이엿다그러니一九一六年에比하여서는二〇,五一〇名이減少되엿고全人口一八,六六一,四九四名에서不信者一八,四〇二四一八名의最多數를내이고잇다 그럼이라全人口八割은無識階級에잇다 靈界에잇서서나知識界에잇서서나經濟界에잇서서貧窮한百姓이다배곱하운며치워서운며 깁히우니이問題를엇더케解決하랴이제우리는하자！猛進하자！지들의敎會를組織하자마지막으로그리스도를주자이긔에서諸般問題가다解決되리라밋는다

海外消息

歐羅巴學生思想傾向

○去六月五日 敎會聯合會主催로和蘭의許年指導者요 世界學生基督敎靑年會聯合會幹事인 루-르트博士歡迎午餐會를開하엿난데 氏는 現代歐羅巴靑年의思想傾向이十年前과는 大端히 다르다는것을 말하엿다。 年來로純全한「自由」라는것을 망히 떠듬이온것은事實이나 只今은 「熱心」과「忠誠」을다한만한一種의權威를 要求케된다고 氏는말하엿다。

十年前의 獨逸이나其他歐羅巴諸國靑年運動의要點은 一種의權力을反抗하는自由發現主義엿다。 今日생각잇는歐羅巴靑年들은「自由」라는것이 目標를삼고向하어나가고지하는때에 너무否定的地位에잇는것을께닷는故로 그들은自己의生活을 貢獻할만한一種의積極的이요 權威잇는理想을 찻는가운데잇다。 一方에는國家主義 一方에는共產主義ㅣ이것이다그들의信仰하는理想인同時에 곳셈힘을준다。 敎會는 오직좁며 靑年의忠義心을明確히하도록 힘쓰고에쓰자는 理想을支持하고잇슴에不過하다루-르트博士는 現在의歐羅巴新敎主義와亞米利加新敎主義가如此히相違하매 彼此의圓滿한理解를保하야 特別한努力이잇기를要한다고하엿다。

米國人의慈善事業

○一九二九年中 米國人이各種慈善事業을爲하야個人이寄附한總額은四十九億百四十四萬圓에達한다는데此를細別하면如左함

宗敎事業에	十九億九千二百六十萬圓
敎育事業에	九億三千五 萬圓
個人慈善事業에	五億五千九百五十二萬圓
團體慈善事業에	五億五千七百四十二萬圓
衛生事業에	四億四千三百二萬圓
外國救濟事業에	二億六千四百萬圓
美術獎勵事業에	八千萬圓
娛樂保養事業에	四千百八十萬圓
感化事業及其他	二千八百八萬圓
合計	四十九億百四十四萬圓

— 38 —

1930. 11. "남북감리합동전권위원과 특별위원제씨감상담" 「청년」, YMCA

說하다

一、쎄커監督이昇席하사會務를處理할새鮮文及英文兩會錄檢閱委員의報告를受하다

一、尹致昊氏가合同全權委員會에서討議한各部案件에對하야난可及的誠心과勞力을다하야作成한것이니本會에서도某條록母敎會와彼此間傷心치아니하난範圍에서處理케하자난說明이有하다

一、休息할時間이됨으로十五分間休息하다

一、十五分間休息한後찬숑가第二百七章을合唱하고事務를處理하다

一、各分科委員中에서二三科에兼任된委員이多하니此를銓衡委員의게回付하야訂正한後報告케하자난奇怡富氏動議의可決되다

一、十二月七日은總會主日로守하되場所난貞洞第一禮拜堂으로司會난越就監督으로說敎난쎄커監督으로하자난金仁泳氏動議에可決되다

一、各部報告에對하야난修正委員六人을擇하고그의게委任하여서語句만은不拘하고言文一致하게하도록하자난金智煥氏動議에可決하고該委員은銓衡委員의게委任하야選擇報告케하기로可決하다

一、第一部歷史的宣言에對한案件을金智煥氏가代表로報告할새英國監理敎會와美國監理敎會에對하야난그대로接受하고朝鮮監理敎會에對하야난朗讀討議하야밧자고洪秉璇氏動議에可決되다

一、第一部報告를朗讀하난中朝鮮監理敎會에對한題目中에姜女史를姜夫人으로一九三〇年을一九三〇年十二月二日로世界를精神的으로征服식힌다난것을世界를天國化하자난것으로文句를修正하야밧자난洪淳倬氏動議에可決되다

一、第一部報告中敎理的宣言에對하야난逐條討議하다가時間이다함으로停止되다

一、本會에送達한蔚珍碑石里韓士淵김셩女宣敎會、金城敎會、金城主日學校、金城엡웟靑年會以上에서送達한祝電과李東應、沈明燮諸氏의게서送達한祝賀文을會中에朗讀하다

1930. 12. 05. 기독교조선감리회 제1회 총회록
"성신 잉태 십자가 유혈 속죄 부활 승천 최후승리 부결"

一、暫時廣告가有한後쎄커監督의祝禱로停會하니零時三十五分이러라

△同日下午七時三十分에本總會音樂會를貞洞第一禮拜堂에서開催할새金得洙氏의同會로찬숑가第八章을合唱하고方其淳氏가祈禱한後順序를따라滋味스럽고愉快한音樂이有하엿고最後로培材高普樂隊의奏樂으로閉會하다

第四日【十二月五日金曜】

十二月五日上午九時에協成神學校講堂에서소우博士의引導로찬숑가第六章을合唱하고魯普乙、玄錫七兩氏가祈禱한後찬숑가第一百六十一章을또合唱하고聖經使徒行傳一章六節로十四節과二章六節로十四節外지朗讀한後初代敎會에根源이라하난問題로講說하다

一、나굴손監督이昇席하야事務를處理할새昨日未決案인敎理的宣言에對하야聖神의孕胎와十字架의流血贖罪와復活昇天과最後審判이라하난一條件을더揷入하자고長時間討議가有하엿시나否決되고第八條에모든사람以下난附錄으로한것이라난全權委員越就監督의說明과印刷上責任이自己의게有하다난柳瀅基氏의說明이잇슨後討議를停止하고原案대로밧자난洪秉璇氏動議에可決되다

一、來主日市內各敎會에說敎할牧師를派送하난委員二人을選定하야派送說敎케하자난金約瑟氏動議에可決되고委員은梁柱三、金鍾宇兩氏가被選되다

一、休息할時間이됨으로十五分間休息하다

一、十五分間休息한後에찬숑가第二百二十三章을合唱하고事務를處理할새先次總理師制의對한報告를밧자고邊成玉氏動議에可決되여停止하다

一、總理師制에對하야委員代表로金仁泳氏가報告할새逐條朗讀하난中約二時間餘에亘하난長時間에討議가有하엿시나未決되엿고時間이다하엿심으로午後에分科委員會난停止하고此案件을繼續討議하자난

基督敎朝鮮監理會第一回總會會錄　二九

1930. 12. 05. 기독교조선감리회 제1회 총회록
“성신 잉태 십자가 유혈 속죄 부활 승천 최후승리 부결”

基督敎朝鮮監理會敎理

(1) 우리는 萬物의 創造者시요 攝理者시며 人類의 아버지시요 모든 善과 義와 愛와 眞理의 根源되시는 오직 하나이신 하나님을 믿으며。

(2) 우리는 하나님이 肉身으로 나타나사 우리의 스승이 되시고 模範이 되시며 代贖者가 되시고 救世主가 되시는 예수 그리스도를 믿으며。

(3) 우리는 하나님이 우리와 같이 계시사 우리의 指導와 慰安과 힘이되시는 聖神을 믿으며。

(4) 우리는 사랑과 祈禱의 生活을 믿으며 罪를 容恕하심과 모든 要求에 넉넉하신 恩惠를 믿으며。

(5) 우리는 舊約과 新約에잇는 하나님의 말씀이 信仰과 實行에 充分한 標準이 됨을믿으며

(6) 우리는 살아계신 主안에서 하나이된 모든사람들이 禮拜와 奉仕를 目的하여 團結한 敎會를 믿으며。

(7) 우리는 하나님의뜻이 實現된 人類社會가 天國임을 믿으며 하늘 아버지 압헤 모든 사람이 兄弟됨을 믿으며。

(8) 우리는 義의 最後勝利와 永生을 믿노라 아멘。

모든 사람에게 生命과 自由와 歡喜와 能力이되는 이 福音을 宣傳함이 우리의 神聖한 天職인줄알고 獻身함。

1930. 12. 5. "기독교조선감리회 교리" 조선감리회 제1회 총회록

一、우리의 교리적선언

미국모교회들의 합동은 一九三九년 곧 우리보다 九년이 늦게 실현되었읍니다 그러고 우리보다 二十유二년을 뒤저 지난 一九五二년 총회에서 비로소 「우리 감리교인들은 무엇을 믿나」 하는 감리교회의 신조를 감독회의 「멧세지」 중에 발표했읍니다

『선지자가 제고향과 집밖에서는 존경을 받지 아님이 없나니라』하신 주님의 말슴대로 우리 대한감리교회의 교리적선언을 미국모교회에서는 「한국교회의 신경」이라하여 사도신경、나이신(니카야)신경과함께 예배서에 편입시켰으며 그것을 읽는 교회도 많읍니다

그런데 우리 나라에서는 그교리가 선언되든때부터 一부신도들 특히 타교파의 사람들이 이것을 인본주의적이니 현세적이니하며 비난하여 왔읍니다

그러나 一九五二년에 선언한 모교회의 교리신경도 우리것과 흡사한데 여러분이 놀라실것입니다

그 전문을 소개할수는 없으나 그 대지는 다음 열두 조목입니다

一、우리는 하나님을 믿는다
二、우리는 예수 그리스도를 믿는다
三、우리는 성신을 믿는다
四、우리는 성경을 믿는다
五、우리는 사람을 믿는다
六、우리는 죄에서 구원함을 믿는다
七、우리는 그리스도인의 경험을 믿는다
八、우리는 그리스도인의 완성을 믿는다
九、우리는 교회를 믿는다
一〇、우리는 하나님의 나라를 믿는다

1954년 제5회 기독교대한감리회 중부 · 동부 연합연회 회록 "감독의 보고와 제의" 중에서

一一、우리는 하나님의 심판을 믿는다

一二、우리는 영생을 믿는다

위의 제十은 우리 교회의 제七 곧「우리는 하나님의 뜻이 실현된 인류사회가 천국임을 믿으며」에 해당한 것입니다

우리 교리 여들가지 가운데 이 조문이 제일 비평을 많이 받는듯합니다

우리 제七과 비교해 보시기위해 미국 감리교회의 제十을 초역합니다

一〇、우리는 천국을 믿는다 이것은 인간사회의 모든 부문을 하나님께서 다스리시는것이니、모든 개인、국가、단체가 신적가치표준에 준하는것이다 기독적 완성이 개인생활의 목적인것같이 인간사회의 목적은 천국인것이다 이 천국의 창조는 하나님과 사람의 협력을 요한다 구원얻은 사회의 구감은 하나님의 생각(thought)이다 천국의 성취는 하나님의신이 인간의 마음속에 넣주신 정신적 협력으로 될것이다 그 최후의 완성은 새로운 신적질서를 창조하여 그뜻이 하늘에서 이룬것같이 따에서도 이루어지기 위한 신인간의 밀접한 공동노력으로 서서히실현될것이다

우리 교리적선언을 예배당마다 한달에 한번이상 읽자고 제二총회에서 결의했읍니다

二、총회기간과 일자

미국 모교회에서는 총회를 四년에 한번씩 四、五월중에 열기로 되어 있읍니다

우리 총회는 제一회를 十二월에 모였고 제二회、三회는 十월에 모였든것입니다

그러나 제四회 총회부터 일정말년의 후난기중에서 제대로 총회를 못해오다가 一九四九년 합동총회에서 총회는 二년에 한번씩 四월 셋재 수요일에 모이기로 작정하였읍니다

여기 대해서는 여러분께서도 여러가지 의견이 계시리라고 생각합니다마는 교제의 의견에는 년회는 해마다 봄에하고 총회는 四년마다 가을에 하는것이 다음 몇가지 점에서 편리할듯합니다

一、첫재는 년회와 총회사이에 간격을 두어 대표들에게 준비할 시간의 여유를 주는것이 좋을듯

보 고 一一九

1954년 제5회 기독교대한감리회 중부·동부 연합연회 회록 "감독의 보고와 제의" 중에서

기독교 대한 감리회

교리적 선언 해설 (1)

홍 현 설

1930년 12월 1일 서울 감리교 신학교에서 회집되었던 제1회 총회에서 제정 발표된 교리적 선언 8개조에 대해서 간단히 그 유래를 말하고자 한다.

원래 감리교회의 종교강령 25개조는 감리교회의 모체인 영국교회의 39개조의 종교 강령을 간추려서 만든 것이었다. 그런데 이 25개조의 종교강령은 크게 두가지로 구분할 수 있다.

1. 모든 교파에 공통되는 기독교의 기본적인 교리, 즉 삼위 일체 예수 그리스도의 사업과 죽으심과 부활 그리고 성서의 권위등으로 되어 있다.
2. 제16세기의 개혁자들이 로마캐톨릭 교회와 싸운 주요한 교리들과 신앙의 요소들로 되어 있다.

그러나 감리교회가 특별히 고조하는 점은 회심과 성화와 성령의 증거에 의한 구원의 확신등이다.

1930년 12월 한국에서 선교하던 남북 감리회가 합동하여 기독교 조선 감리회를 조직하고 제1회 총회를 모일 때 당시의 미국 교회의 전권위원 중의 한 사람이었던 헐벗 웰취 감독이 한국교회의 신학자의 협조를 얻어서 만든 것이 지금 우리가 가지고 있는 교리적 선언이다. 이 교리적 선언은 지금 미국 감리교회의 예배서 중에 "신앙의 확언"이라는 조항 아래, 세번째로 편입되어 있다.

여기서 우리는 잠깐 교리라든가, 신조라든가 하는 말의 사용범위와 그 본래의 의미에 대해서 몇마디 하려고 한다.

첫째로 교리란 것은 그리스도의 교회가 가르치는 내용의 것들이다.

신학이란 것은 이런 교리를 훈련받은 전문가들이 하나의 계통으로서 조화시키고 통일시키며 공식화하려는 것을 목적으로 한 교훈들에 대한 기술적인 연구이다.

제12권 518

그런데 어떤 때는 교리를 "교의"(敎義)라고도 하는데 이 교의란 것은 여러 종류의 교회들이 각각 그 회원들에게 수락하기를 간구하는 기독교 신앙에 대한 명백하고, 권위적이며, 공식적인 정의(定義)라고 할 수 있다. 대체로 이런 교의는 그 수효가 극히 적은 것이 보통이지만 어떤 사람들은 이런 적은 수효의 교의들까지라도 마치 그것들이 기독교 신앙의 전체를 포함하는 것같은 인상을 준다고 불평하는 이도 있다.

예를 들면 중요한 교의 중에는 그리스도는 동일한 인격 중에 인성과 신성의 두가지 품성을 가지셨다는 것, 또는 삼위 일체 신관 같은 것이 있다. 그러나 사실에 있어서는 가장 중대한 기독교 교리나 신앙의 대부분은 우리 신교도(新敎徒)들로 인하여 권위적으로 정의된 일은 없었다. 또한 기독교의 교리가 전체로서 요약된 강요(綱要)는 없다. 이 까닭에 많은 사람들은 이것이 공중예배에서 사용하는 일에 대하여 의문을 가지는 사람들도 있다. 차라리 이런 교리들을 노래로서 불렀으면 더 가치가 있겠다고 생각하기도 하는데 그 이유는 찬송가는 종교적 진리의 절대무오(絶對無誤)적인 정의로는 생각지 않는 까닭이다.

둘째로 신조 혹은 신앙고백이라고 불리우는 것은 원래 기독교적인 교훈에 반대되거나 혹은 전체 기독교 종교를 훼손하려고 위협한다고 생각되어지는 (예, 노스틱주의의 경우) 견해들을 반박하거나 또는 거부하려는 목적으로 교회회의에서 만들어진 기독교적 교훈에 대한 공식적인 선언문이다. 이런 신조가 서방교회의 공중예배에서 처음으로 사용된 것은 대략 기원후 900년경에 로마에서 크리쓰마스 전야의 저녁예배에서였다고 전해지고 있다.

그런데 **이 신조란 것은 그 근본 의미가 개인적인 신앙의 확언보다는 도리어 집단적인 신앙고백의 뜻이 있다.** 그 증거로는 니케야 신경 (기원후 325년 니케야 총회에서 만든 것)은 그 희랍원문이 "나는 믿는다"로 시작하지 아니하고 "우리는 믿는다"로 시작한 것을 보아서도 알 수 있다. 다시 말해서 신조는 어떤 개인이 오랜 세월 동안 생각하고 연구한 결과로 어떤 원숙한 신학적인 확신을 말하는 것이 아니고 교회가 전체로서 그 신앙을 말하고 선언하는 것이다.

다음으로 우리는 "내가 믿는다"의 고백의 중요성에 대해서 잠깐 생각해 보련다. "나는 ………을 믿는다"하고 신앙고백을 할 때에 우리는 우리의 인생에 있어서 위대한 모험의 생활을 향하여 우리의 첫발걸음을 떼어 놓는 것이다. 이처럼 신앙을 가진 자의 앞길에는 중대한 책임감과 동시에 찬란한 승리가 기다리고 있는 것이다. 우리 주위에 있는 우리를 둘러싼 모든 원수들에게 포위와 눌림을 당할지라도 결단코 위축하지 아니하는 그런 힘이 이 신앙고백에서 생겨나는 것이다.

초대교회의 교부 중의 한 사람이었던 그리스틴 마터는 "나는 알기 위해서 믿는다"고 하였고, 초대 기독교 변증론자 중의 한 사람인 터틀리안은 "나는 불합리한 고로 믿는다"고 하였다. 두 사람 다 위대한 신앙의 소유자였었다. 그러므로 그들은 순교의 죽음도 무서워하지 않았다. 그들은 참 신앙을 소유하는 것이 세계 전체를 소유하는 것 이상으로 생각하였었다.

우리는 이런 위대한 교회의 지도자들에게서 우리의 신앙을 계승하였다. 그러므로 우리가 신앙고백을 할 때마다 그 신조나 신경 속에 포함된 희생과 헌신과 충성과 복종의 신앙을 되새겨 보아야 한다. (계속)

등 대 수

내가 잘못되었다는 사실을 인정하는 것은 내가 부족하다는 사실을 시인하는 것보다는 쉬운 일이다.

1963. 7. 15. "교리적선언 해설" 홍현설, 「기독교세계」

1963년 8월 1일 감리교생활 — 3 —

홍현설박사의

교리적 선언 해설 (제 2회)

제1조의 일부

"우리는 만물의 창조자시요 섭리자이신 하나님을 믿는다"

모든 그리스도인은 그가 살고 있는 세계의 성격에 대하여 확실한 신념을 가져야 한다. 따라서 그는 하나님은 죽은 자의 하나님이 아니요 산 자의 하나님이심을 믿어야 한다. 철학자들의 하나님은 산 하나님이 아니다. 그리스도교의 신관은 어디까지나 하나님을 인격적인 신으로 보는데 그 특색이 있다. 물론 여기서 "인격"이라는 관념도 하나님의 본성의 전부를 유감없이 다 나타내는 말이라고는 볼 수 없으나 그러나 그는 인격 이하는 아니시다. 하나님을 인격이라고 할 때에 거기에 포함된 의미는 그는 우리처럼 사랑하시며 돌보시며 동정하시며 우리를 친밀하게 아시고 우리를 찾아오신다는 뜻이 포함되어 있다. 불교에는 이런 신관이 없다. 거기에는 차디찬 비 인격적인 "업"(業—Karma)이라는 인과의 연쇄가 있을 뿐이다. 회회교(回回敎)의 알라신은 창조자요 동시에 심판자이나 그 신은 너무도 엄격하여 인간들은 그 앞에서 두려움으로 떨 뿐이며 그들의 불가피적인 운명을 맞이하기 위하여 그 앞에 머리를 숙여 복종할 뿐이다.

희랍의 여러 신들은 아름답기는 하지마는 그들은 창조주가 아니요 맹목적 운명의 신인 모이라(Moira)가 모든 인간 뒤에 서 있다. 이런 희랍의 신들은 우주 안에서 아무런 능력이 없는 무능한 존재들이다. 아무런 신도 그들의 총애를 받는 인간을 죽음에서 구원할 수 없고 다만 그들이 할 수 있는 것은 인간들의 생명을 약간 연장시킬 수 있는 정도이다.

사도신경에서 **"전능하사 천지를 만드신 하나님"**이라고 할 때에 이 **"전능하시다"**는 말은 만물을 그에게 복종케 하시는 전능하신 통치자를 의미한다. 이 전능하신 하나님은 악에서 선을 만들어낼 수 있으며 인간의 분노(憤怒)로써도 그를 섬기게 할 수 있으며 인간의 모든 계획과 목적을 주관하시며 역사의 모든 과정을 지도하시는 분이시다.

창세기 제1장 제1절에 **"태초에 하나님이 천지를 창조하시다"**라는 위대한 선언의 의미는 우주의 창조가 그로 인하여 된 것이며 그의 목적이 세상 만물을 다스리신다는 의미이다. 즉 이 우주의 운명은 그의 손에 있으며 모든 인류와 모든 민족의 운명도 그의 섭리의 손에 달려있다는 뜻이다. 하나님은 이 세상에 자기의 형상대로 지음을 받은 인간들을 살게 하셨다. 그의 자녀들이 땅 위에서 행복되고 선한 생활을 하게 하시려는 것이 그의 본래의 목적이시었다.

즉 그리스도교가 믿는 하나님은 이 운행하는 대 우주의 통치자만이 아니라 인간들의 사건의 진행에 가장 깊은 관심을 가지시는 섭리자이시다. 이러한 우주관을 가질 때에 우리는 하나님과 인간과의 관계를 초점 삼아서 그밖의 모든 일을 해석하는 그런 그리스도교적인 인생관 내지 세계관을 가질 수 있게 된다.

신학자 칼 발트는 **"전적인 타자로서의 하나님"**, 즉 인간의 지식으로 전혀 알 수 없는 그런 하나님을 말하였다. 그는 종교개혁자 루터의 신관의 일부분인 "숨어계신 하나님"만을 가르쳤다. 그러나 루터의 신관의 다른 일면은 "그리스도에게서 계시되신 하나님"이시다.

우리는 이 계시된 하나님의 은총에 대하여 신뢰하고 칭송하는 것이다. 하나님은 그 자신을 인간에게 계시하신다는 것이 성경에 일관한 사상이다.

우리는 하나님을 종교적인 탐색이나 사색으로나 혹은 우연에 의하여 찾게 되는 것이 아니다.

하나님은 대개 세가지 방법으로 그 자신을 계시하신다.

첫째는 자연(自然)을 통해서 계시하신다. 구약의 시인들이 노래한 말들을 보면 알 수 있다. 어떤 시인은 "자연은 하나님의 의상(衣裳)이라"고 하였다. 하나님은 이 자연계를 통해서 그가 만드신 만물을 보호하시며 지지(支持)하시는 그의 역사를 나타내신다.

둘째로 하나님은 역사(歷史)를 통해서 그 자신을 계시하신다.

이것은 특히 그의 선민 이스라엘 민족의 역사를 통해서 잘 나타났다.

셋째로 하나님은 인간의 생활을 통해서 자기 자신을 나타내신다. 특히 성도와 신앙의 영웅들과 경건한 남녀들이 하나님의 음성을 듣고 그 음성에 복종하여 그의 성지를 준행하는 가운데 그와 더불어 사귀는 생활에서 만족과 평화와 행복을 발견하는 그런 사람들의 인격을 통해서 나타내신다.

"섭리자"라는 말이 영문에는 "통치권자"로 되어 있다. 원래 **"섭리"**(Providence)라는 말은 성서적인 용어는 아니었고 스토익적인 영향에서 온 술어이다. 그러나 성경에서 **"섭리"**라고 할 때에는 하나님의 아버지다운 사랑과 보호를 뜻하는 것으로 이 세계 안에서 생기는 모든 일을 우리 인간들에게 유익하게 지배하신다는 뜻이 있다. 마태복음 (5 : 45; 6 : 25—34; 10 : 29—31)에서 예수께서 애용하신 말씀 중에 나타난 사상은 자연계의 법칙은 하나님의 자녀들에게 언제든지 실패하지 않는 하늘 아버지의 사랑의 목적이 하늘과 땅에 있는 모든 만물을 섭리적으로 주관하시는 사실을 우리에게 계시한다는 뜻으로 해석할 수 있다. (계속)

제12권 535

1963. 8. 1. "교리적선언 해설 2" 홍현설, 「기독교세계」

(1956년 4월 28일 제3종 우편물 인가) 감 리 교 생 활 3 1 6 호 — 3 —

교리적 선언 해설 (제 3 회)

제1조 "우리는 만물의 창조자시요 섭리자시며 온 인류의 아버지시요, 모든 선과 미와 애와 진의 근원의 되시는 오직 하나이신 하나님을 믿으며"

홍 현 설 박 사

"온 인류의 아버지시요"

자기 자신은 일생 동안 가정을 안 가지셨던 예수께서 그의 교훈 중에 나오는 모든 인물들과 상징(象徵)들을 통해서 가정 중심의 종교를 가르치신 것은 주목할만한 사실이다. 하나님은 아버지시요 사람은 그의 자녀이며 하나님과 사람과의 교통의 친밀성은 부자간의 관계로 가르치셨다.

따라서 범죄한 자의 자기 견책감은 다름 아닌 고향(가정)을 사모하는 마음이었고 회개한 자의 첫 번 발언은 "내가 일어나 아버지께로 돌아가리라"(눅 15 : 18)였었다.

이처럼 예수의 교훈은 본질적으로 가정적이었고 그의 신학은 양친적(兩親的)이었으며 그의 사회학은 형제주의적인 것이었다. 즉 인간 생활의 전체 경험이 그의 마음속에 있었으며 가족 관계로 구성되어 있었다. 예수의 제자들에게 있어서 이 세계는 아버지의 사랑이 사회적 안정성의 보증이 되고 자녀다운 복종이 영적인 평화의 조건이 되어 있었다.

여기에 그리스도교 윤리의 기초가 놓여진 것이다. 우리들이 아무리 우리의 사회생활의 보다 더 큰 범위에서 보다 더 큰 기회와 의무를 만나게 된다고 할지라도 그것들은 모두 다 가정의 개념으로서 해석되어져야 할 것이다. 모든 그리스도인들이 날마다 기도하는 하나님의 나라는 자발적이며 인격적 사랑의 세계로 확장된 가족이라고 볼 수 있다.

그런데 그리스도교 역사를 보면 이런 가정중심의 사랑은 얼마 안가서 잘못된 해석으로 인하여 그리스도교 사회에서 다른 사랑에 종속되게 되었다. 즉 캐톨릭적인 수도원주의에서는 보다 고상한 신앙생활은 독신주의로서만 달성된다고 생각하였다. 따라서 가정은 인간의 육체의 연약함에 대한 양보의 결과로서 보게 되었다. 자녀를 낳아 기르는 남편과 아내는 아무리 그들이 헌신적이며 애정적이라고 할지라도 이런 견지에서 본다면 그리스도를 섬기기 위하여 가정의 책임을 내어 버린 수도사나 수녀들에 비하여 덜 가치있는 일을 하는 자로서 인정받았던 것이다.

성서에 의하면 사람은 하나님의 현상대로 지음을 받은 하나님의 자녀이다. 하나님은 인간을 이 땅 위에서 그와 더불어 사귐을 맺는 동시에 하나님의 가족 안에 있는 그의 형제들과 더불어 친교를 맺고 살도록 계획을 하신 것이다. 그러나 하나님이 사람에게 주신 자유의 신비 안에서 인간은 다른 길을 걷기를 선택하였고 다른 목적을 추구하기를 선택한 것이다. 그는 하나님의 뜻을 무시하고 반항하였다. 그는 자기 자신이 법이 되기를 원하였다. 이것이 인간 생활에 있어서의 모든 악과 불행의 가장 깊은 원인이 된 것이다. 하나님에게서 소외(疎外)된 인간은 구원을 찾을 수 없는데서 구원을 찾게 되었다. 그러나 스스로 자기를 구원할 수 없는 인간은 항상 회개와 용서와 신생의 필요성 중에 서지 않으면 안되게 되었다.

고대 교회에서는 하나님의 장엄성을 나타 내기 위하여 하나님은 사람처럼 고통을 하거나 느낌을 가질 수 없는 무감동(無感動)하고 수난(受難)할 수 없는 절대자라고 가르쳤다. 그러나 이런 이방종교의 사색에서 생겨난 이런 사상은 그리스도교적인 사랑의 하나님 관념과는 양립할 수 없는 사상이다. 인간의 슬픔을 같이 나누시고 마침내 십자가 위에서 고난을 받으신 예수 그리스도가 하나님의 형상이시라면 하나님이 아무런 감정도 느끼실 수 없다는 주장은 성립될 수 없다. 그리스도는 과연 하나님의 중심을 계시하신 자시요 우리는 그의 생애와 죽으심과 부활의 사실 중에서 하나님의 아버지로서의 거룩한 사랑과 능력을 보게 되는 것이다.

시인 하이네는 "하나님은 용서하실 것이다. 이것은 그의 할 일이다"라고 말했다. 그러나 그리스도께서 가라쳐 주신 하나님은 현대의 많은 가정에서 볼 수 있는 자녀들에게 지나치게 관대한 그런 하나님이 아니었다.

그는 그의 자녀들인 인간들의 안일보다도 그들의 인격에 더 관심을 가지시는 하늘 아버지시다. 사랑의 하나님은 동시에 거룩하신 하나님으로서 그의 이 거룩한 사랑은 우리 인간들에게 신뢰의 의식만 영감시키시는 것이 아니라 외경(畏敬)의 의식도 불러 내신다. 그러므로 우리는 하나님의 사랑을 그의 거룩하심과 전능하심에서 따로 분리시켜서 생각해서는 안된다. 우리가 믿는 하나님은 비록 사랑의 아버지시라고 할지라도 어린아이들이 생각하는 싼타클로스 할아버지 같은 그런 하나님은 아니시다.

우리는 이 "온 인류의 아버지"이신 하나님을 믿지 않으면 각 사람의 가치를 인정하는 인간의 형제주의도 믿을 수 없다. 즉 인간에게서 그들이 하나님의 자녀들이라는 신념을 없애 버리면 그 때부터 우리는 전제주의 압제 정치의 길을 준비하는 것이 된다.

이것은 어떤 개인의 의견이 아니라 과거 인류의 역사가 증명해 주었다. 그러므로 우리가 인간의 생명을 헐값으로 넘기려는 위험한 사상을 막는 유일한 길은 하나님께서 각 사람을 만드시고 그를 하나님의 아들로 삼았다는 신앙 뿐이다. 그러므로 하나님이 만민의 아버지되심과 인간들이 그 같은 아버지이신 하나님 아래서 피차 형제가 된다는 것은 뗄 수 없는 그리스도교 신앙의 두가지 근본 원칙이다. <계속>

<감리교 신학교 교역자 하기신학 광경>

제 12 권 551

1963. 8. 15. "교리적선언 해설 3" 홍현설, 「기독교세계」

교리적 선언 해설 (제 4회)

"모든 선과 미와 애와 진의 근원이 되시는 오직 하나이신 하나님을 믿으며"

홍 현 설 박사

우리는 먼저"하나님의 선하심에 대해서 생각해 보기로 하자. 하나님의 선하심은 그의 본성에 대해서 말하는 것이다. 하나님의 선하심은 그의 능력이시요 동시에 그의 능력은 그의 선하심에 있다. 하나님의 선하심은 그의 세상 창조와 그의 율법과 그의 심판과 그의 구속과 그의 나라 (하나님 나라) 등에 나타나 있다. 제 14세기의 무명의 성도가 기록한 "디올로기아 게루마니카" (Theologia Germanica) 라는 책의 저자는 "우리가 하나님이라고 부르는 "완전하신 선은 그의 선하심의 절대성을 나타내는 것이라"고 하였다. 나타나시우스도 "하나님은 모든 선함의 원천이시다"라고 하였다.

구약의 신명기 기자는 "그 공덕이 완전하다" (영역 : "하나님의 선하심은 그의 하시는 일의 완전함에 있다") (신명기 32 : 4)라 하였고 시편 기자는 "하나님의 도는 완전하다"(시편 18 : 30)고 하였으며 또한 그의 율법이 완전하다(시편 19 : 7)고 하였다. 신약 성서에서는 "하나님의 온전하신 뜻"(로마12 : 2)이라고도 표현하였다. 우선 하나님의 완전하신 선은 그의 창조적인 능력에 있다. 즉 하나님의 세계창조의 동기는 다름아닌 그의 선하심에서였다. 이 하나님의 창조적인 선에 비교하면 다른 모든 유한한 선은 상대적인 선에 불과하다. 그러므로 시편 기자는 "주 밖에는 나의 선이 없다 하였나이다" (시편 16 : 2)고 고백하였다.. 예수 그리스도께서도 자기를 선하다고 부르는 어떤 관원에게 "하나님 한 분 외에는 선한 이가 없나니라" (누가 18 : 19)고 단정하셨다.

물론 예수 그리스도의 인격에서 나타난 하나님의 선하심이란 계시의 신념을 떠나서도 선을 믿고 따라가는 이들이 아주 없는 것은 아니었다.

그러나 희랍의 플라토(Plato)같은 이도 선은 홀로 하나님께만 돌려야 한다고 하였었다. 과거의 철학자들이 하나님의 선하심에 대해서 여러가지로 논증을 시도하였다. 그러나 하나님은 인격이시요 선하신 존재이시라는 것을 첫째로 신앙하지 않는 모든 유신론(有神論)적 논증들은 하나님의 성품에 대해서는 무의미하다.

하나님의 선하심은 그 아들 예수 그리스도의 성육신(成肉身—Incarnation)에서 최고 절정에 도달한 것이다. 구약에서 예언자들을 통하여 "이는 여호와의 말씀이니라"고 하시던 것이 신약에 와서 예수께서 "나는 너희에게 이르노니" ("내가 진실로 진실로 네게 이르노니")로 변하였다. 이 성육신이 되신 하나님의 선하심은 그것을 가지고 모든 사회적인 과정의 상대성을 판단하며 모든 도덕적 진보를 헤아리는 척도이다. 여기에 의해서 누구보다도 우리들 자신이 먼저 심판을 받아야만 하는 것이다.

위에서도 말한 바와 같이 하나님의 선하심과 능력은 둘 다 예수 그리스도에게서 우리에게 계시되었다.

바울은 "그리스도는 하나님의 능력이요 지혜니라" (고린도전 1 : 24) 고 하였다.

이 세계를 창조하신 하나님의 말씀은 동시에 이 세계를 구속하실 하나님의 말씀이시다.

이 심원한 통일성에서만 그의 선하심이 우리에게 완전히 이해될 수 있다.

다음으로 **하나님의 아름다움**도 그의 본성 중의 하나이다. 우리는 종교를 미(美)와 완전 동일시할 수는 없으나 그러나 참된 종교는 미와 조화로써 그 자체를 표현하는 법이다.

위대하고 심원한 종교적 감정은 품위있는 시가(詩歌)나 마음을 흔드는 극적인 형식으로써 그 자체를 나타내는 경향이 있다. 이 사실은 무엇보다도 히브리 민족의 문학을 보면 알 수 있다.

서양의 미술과 건축과 음악은 이런 히브리적 종교문학에서 위대한 영감을 받은 것은 식자라면 누구나가 인정하는 사실이다.

수 많은 남녀 신도들이 날마다 그들의 마음을 이런 미의 양식으로 먹었으며 그들의 생활을 이 미와 매력에 의해서 쌓아 올린 것이다. 우리는 거룩하고도 아름다운 분위기 속에서 하나님을 더 잘 예배할 수가 있다.

다음으로 **하나님은 진(眞)의 근원**이시라는 점을 잠깐 생각해 보자. 기독교 신앙에 의하면 진리는 예수 그리스도의 생활과 죽으심과 부활에 있어서 인격화된 진리인 것이다. 희랍 사상에 있어서의 로고스는 인간이 자연계에서 발견하는 이성적인 질서(秩序)를 의미하는 것으로 이것은 어디까지나 비인격적이다.

스토익 철학에서 말하는 로고스도 역시 "세계이성"이라고 하여 자연의 동적(動的)인 질서를 의미하는 것이었다. 다만 히브리적 그리스도교적인 로고스만이 살아계신 하나님의 인격적인 말씀을 의미하는 것이다.

우리는 이 그리스도교의 진리를 그 통일성과 전체성에서 볼 필요가 있다. 그리스도교적 진리는 언제나 보편적인 것은 그것이 각 개인의 요구에 대하여 하나님의 주시는 은총으로써 응답되기 때문이다. 그러므로 그리스도교 진리는 언제든지 개인으로부터 출발해야 한다. 그렇다고 해서 성경의 어떤 특수한 부분을 복음의 전체인 것처럼 또는 자기의 특수한 경험을 모든 사람을 위한 규범적(規範的)인 것으로 취급하는 태도는 교회에 비극적인 분렬을 가져오게 된다.

진, 선, 미, 애는 모두 다 떨어질 수 없는 관계로써 서로 얽혀 있는 것이다. **진, 선, 미, 자체가 하나님이 아니고, 하나님은 진, 선, 미, 애의 근원자이시다.** (계속)

잠 언

미련한 자는 교만하여 입으로 매를 자청하고 지혜로운 자는 입술로 스스로 보전하느니라.

소가 없으면 구유는 깨끗하려니와 소의 힘으로 얻는 것이 많으니라.

— 14··3~4 —

1963. 9. 1. "교리적선언 해설 4" 홍현설, 「기독교세계」

교리적 선언 해설 (제 5회)

제 2 조 "우리는 하나님이 육신으로 나타나사 우리의 스승이 되시고 모범이 되시며 대속자가 되시고 구세주가 되시는 예수 그리스도를 믿으며"

홍 현 설 박사

"우리는 하나님이 육신으로 나타나사" 하나님의 영원하신 말씀(로고스)이 인간의 육체를 쓰고 나타났다는 사실은 이 세상 다른 종교에서는 찾아볼 수 없는 그리스도교만이 가질 수 있는 위대한 선언이다. 회회교(回回教)에 있어서는 하나님의 말씀은 고란경이란 책이요. 모하멧은 이 책을 가져온 그의 예언자이다.

그러나 우리 그리스도인에게 있어서 하나님의 말씀은 책이 아니고 사람이다. 즉 예수 그리스도이시다.

회회교에서는 사람이 책을 가리키나 그리스도교에서는 책이 사람을 가리킨다. (성경이 예수를 위해 증거하는 사실을 의미함)

우리가 누구에게 대하여 읽는 것은 중요하기는 하나 그러나 이것은 그 사람을 정말로 아는 길은 아니다. 또한 어떤 사람에게 대한 소식을 듣는 것도 좋으나 그러나 그와 더불어 우정(友情)을 맺는 것은 이것과 비교할 수 없으리만치 더 귀중한 일이다. 그러므로 하나님의 계시(啓示)는 단순히 책에 기록된 것만으로는 부족하고 언제나 언격과의 만남이 있어야 하는 것이다. 이런 의미에서 하나님의 아들 예수 그리스도는 사람을 하나님과 더불어 얼굴과 얼굴을 대하여 만나게 하셨다. 그는 하나님께 대한 어떤 사신(使信)을 우리에게 전달하시려고 오신 것도 아니고 또는 하나님으로부터의 사신을 가지고 오신 분도 아니고 그 자신이 곧 하나님의 말씀이시었다.

즉 예수 그리스도 안에서 하나님 자신이 인간을 만나러 오신 것이다. 인간 예수를 통하여 하나님의 존재와 성품과 본성이 우리에게 확실하게 나타나신 것이다.

우리는 제 1 조의 하나님께 대한 신앙에서 우리가 믿는 하나님은 인격이시라고 하였는데 만일에 하나님이 인격이시라면 우리는 책이나 교리로써는 그를 충분히 알 수가 없고 우리와 같은 살과 피를 가진 인격을 통해서만 그를 완전히 알 수 있는 것은 당연한 이치이다.

성 어거스틴은 말하기를 "내가 플라토의 철학 중에 그리스도교적인 요소가 다 있음을 볼 수 있으나 단 한가지 없는 것을 발견하였는데 그것은 곧 성육신(成肉身)의 사실이라"고 하였다.

그러나 불행하게도 초대 교회에는 예수 그리스도께서 육신으로 오신 것을 부인하는 이단(異端) 사상이 교회를 어지럽게한 일이 있었다. 요한복음은 특히 노스틱주의(Gnosticism—主智主義)를 논박하여 그리스도의 성육신을 역설하기 위해 기록한 복음서이다. 또한 같은 저자가 기록한 요한서신은 소위 "환영설" (幻影說—Docetism)이라는 이 사상이 신자들을 미혹케 하는 것을 방비하기 위해 기록한 서신들이다. 그는 "예수 그리스도께서 육체로 오신 것을 시인하는 영마다 하나님께 속한 것이요 예수를 시인하지 아니하는 영마다 하나님께 속한 것이 아니니"(요한 1서 4 : 2—3)라고 단언하였다. 동시에 요한은 강한 어조로 "태초부터 있는 생명의 말씀에 관하여는 우리가 들은 바요 눈으로 본 바요 주목하고 우리 손으로 만진 바라 이 생명이 나타내신 바 된지라 이 영원한 생명을 우리가 보았고 증거하여 너희에게 전한다"(요한 1서 1 : 1—2)고 하였다.

그리스도의 교회는 그 오랜 사상의 코오쓰와 경험을 통하여 우리가 믿는 구세주는 참 하나님이시요 동시에 참 사람이시라는 신앙고백을 채택하고 확인하였다.

물론 이것은 하나의 역설적(逆說的—Paradoxical)인 선언이다. 그러나 이 파라독스의 세가지 요소 중의 어느 하나라도 무시하거나 부인하는 그리스도론은 용납될 수 없다. 그런데 여기서 우리가 한가지 유의할 것은 그리스도는 참 하나님이시요 동시에 참 인간이시라는 사실을 인정하는 것과 그리스도의 두가지 속성(神性, 人性)의 교리를 수납하는 것과는 다른 사실이다. 즉 하나는 우리의 신앙이요 다른 하나는 신학이다.

그리스도교 역사상 네번째로 모였던 세계교회회의인 칼케돈 회의(The Council of Chalcedon—451년 A.D.)에서는 그리스도에게는 두가지 의지(意志)가 있는데 하나는 신적인 것이요 다른 하나는 인간적인 것이라고 정의하였었다. 그러나 이런 양의설(兩意說)은 우리가 아는 인격의 개념에는 모순된다. 또한 복음서 중에도 우리 주님이 지상에 계실 때 이처럼 두가지 의지를 가지고 번갈아 사용하셨다는 증거는 찾아볼 수 없다.

고대 정통주의를 옹호하던 현대의 신학자 중의 한 사람인 워필드 박사(Dr. Warfield)는 "두 가지 속성이 없으면 성육신이 없고 성육신이 없으면 현저한 의미에서의 그리스도교는 없다"고 주장하였다. 이 말은 물론 예수의 성육신을 강력히 주장하려는 의도에서 한 말이기는 하나 위에서도 말한 바와 같이 우리는 성육신을 믿는 신앙을 가지면서 예수의 두가지 속성의 교리에 대한 설명은 별달리 취급할 수도 있는 것이다. 우리는 하나님이 그리스도 안에 내재(內在)하시다고만 말하는 것은 부족하다. 우리는 예수 안에 있는 하나님의 내재의 독특성(獨特性)을 주장해야 한다. 즉 그 안에서만 하나님의 거룩하신 사랑이 완전히 계시되고 작용하시는 것이다. 즉 "하나님의 절대적인 내재"라는 표현이 타당할 것이다.

토마시우스(Thomasius)는 성육신이 되신 그리스도의 진정한 인간성을 표현하기 위하여 "겸허설"(謙虛說—Kenosis Theory)이란 말을 처음으로 사용하였다.

이 학설은 빌립보서 제2장에 나타난 바울의 그리스도론에 근거한 것이다. 우리는 다시금 복음서에 돌아가서 예수 그리스도를 만남으로써 하나님은 어떤 분이시며 사람은 어떤 존재인지를 배워야 할 것이다. (계속)

1963. 9. 15. "교리적선언 해설 5" 홍현설, 「기독교세계」

(제 3종 우편물 인가)

감 리 교 생 활

319호 — 3 —

홍 현설 박사의 교리적 선언 해설 (제 6 호)

제 2 조 우리의 스승이 되시고

하나님을 스승으로 보는 관념은 완전히 성서적인 것으로서 의심할 여지가 없다. 서편기자는 말하기를 주의 길을 내게 가르치소서 주의 진리로 나를 지도하시고 교훈하소서 (24 : 4—5) 하였고 제 1 이사야는 그가 도로 우리에게 가르치실 것이다 (이사야 2 : 3) 고 하였으며 제2 이사야는 네 모든 자녀는 여호와의 교훈을 받을 것이니 (이사야 54 : 13)라고 하였다. 복음서에서 예수께서는 선지자의 글을 인용하여 선지자의 글에 저희가 다 하나님의 가르치심을 받으리라 기록되었은 즉 아버지께 듣고 배운 사람마다 네게로 오느니라 (요한복음 6 : 45)고 하셨다. 또한 사도 바울은 데살로니가 교우들의 기억에 호소하는 글에 너희가 친히 하나님의 가르치심을 받아서 서로 사랑함이라 (데살로니가 전 4 : 9)고 하였다.

우리 주님 자신이 세상에 계실 때 흔히 "선생" 이라고 불리우시기도 하였다. 마르다가 마리아를 불러서 일러주기를"선생님이 오셔서 너를 부르신다" (요한복음 11 : 28)고 하였고 예수의 제자들이 한번은 예수께 간구하기를 주여 요한이 자기 제자들에게 기도를 가르친 것과 같이 우리에게도 가르쳐 주옵소서 (누가복음 11 : 1)하였다.

또한 여러번 예수께서는 성전에서와 또는 성전에 올라가시는 도중에 발걸음을 멈추시고 "입을 열어 가르치셨다." (마태복음 5 : 2)

또한 예수는 가르치는 직능을 성령에게 돌리시기도 하셨다.

"마땅히 할 말을 성령이 곧 그때에 너희에게 가르치시리라" (누가복음 12 : 12)

우리가 하나님의 계시를 믿는것은 곧 그를 우리의 스승으로서 받아들이는 일과 같다. 즉 우리는 무지하고 몽매한 인간이기 때문에 하늘로부터 오는 빛과 온전함을 요구하는 존재이다.

그리하여 우리가 하나님의 의로우심을 앙망할 때에 우리는 이 두가지를 다 얻게 된다. 이처럼 기독교 사상은 언제나 하나님께 대하여 스승이라는 칭호를 쓰기를 좋아한다. 최근에 모였던 기독교의 세계적인 대회에서 주제 (主題)를 "우리의 스승이신 예수 그리스도"라고 한 일도 있었다. 유명한 케이커교의 창설자 죠오지 폭쓰(George Fox)가 베벌리 시에 있는 유명한 교회당을 방문했을 때에 그 광경에 큰 감동을 받고 사람들을 향하여 스승이신 예수 그리스도께로 돌아오라고 말하였다고 한다. 신학자 킬케고오르는 그의 저서 "철학적인 단편" 중에서 쏘크라테스적인 사고방법과 기독교적인 사고 방법을 대조한 극히 자극적인 설명을 한 것이 있다. 즉 쏘크라테스는 인간은 그 자신의 자기지식에서부터 시작하여 마침내 하나님께 대한 지식에 도달할 수 있다고 가르쳤다. 그러나 기독교 신앙은 인간은 하나님의 진리에서 시작하여야만 마침내 진정으로 자기 자신도 이해할 수 있다는 입장을 취한 것이다. 과연 하나님은 우리로 하여금 먼저 우리의 그릇됨을 알게 하시는것과 동시에 우리에게 이해의 조건을 주시는 자이시다.

그러므로 시편 기자는 "대개 생명의 근원이 주께 있사오니 주의 밑에서 우리가 빛을 보겠나이다" (시 36 : 9)고 고백하였다. 결단코 인간의 이성(理性)의 빛으로 우리의 생명의 근원이신 하나님을 찾을 수 있다고는 보지 않았다. 예수 그리스도는 자신을 가리켜 "나는 세상의 빛"이라고 하셨다. 빛이란 언제나 어두움과 무지(無智)를 쫓아내고 광명과 지식을 맞아들이는 것이다. 어떤 신학자는 종교는 배울 수 있는 것이 아니고 붙잡아야 하는 것이라는 극단의 태도를 취하기도 하였다. 그러나 우리가 생명의 진리를 이해하는데 있어서 이처럼 교육적인 방법이나 과정을 부인하는 것은 기독교의 진리를 잘못 이해한 것이요 따라서 지금까지의 그리스도의 교회가 하고 있는 기독교 교육은 무의미한 도로(徒勞)에 돌아가고 말 것이다.

스승이신 예수께 대한 사람들의 반응은 두가지였었다. 즉 어떤 사람들은 예수의 말씀과 행동에서 종교적 교훈에 있어서의 새로운 특징을 보았고 반면에 어떤 사람들은 그의 교훈의 근본적이며 과격한 요구에 대하여 반발 (反撥) 하는 자들도 있었다.

여하간 스승으로서의 예수 그리스도는 이 세상의 보통 도덕 군자나 교사와 같지 않은 그 무엇이 있음을 깨달은 군중들은 "그 가르치시는 것이 권세있는 자와 같고 저희 서기관들과 같지 아니함일러라"(마태 7 : 29)고 갈파하였었다.

예수의 교훈의 중심은 언제나 하나님의 통치(하나님의 나라)에 있었다. 이 심원한 하나님 나라의 진상(眞相)을 사람들에게 알려 주시기 위하여 그는 언제나 사람들의 일상 생활의 주변에서 흔히 찾아볼 수 있는 비유와 설명적인 이야기를 사용하셨다. 이러한 비유들은 사람들의 생각을 자극시키며 사고(思考)와 반성(反省)을 촉구(促求)하는 목적으로 사용하셨다. 이 하나님 나라에 대한 주님의 교훈은 복음서 중에 반복해서 나타난다. 그런데 예수의 교훈의 중심은 언제나 하나님의 사랑과 그의 용서에 대한 것이었으나 그렇다고 그의 교훈 중에 감상주의(感傷主義)가 있는 것은 아니었다. 그는 어디까지나 하나님의 말씀에 대한 무비판적인 복종을 요구하셨다.

또 한가지 예수의 교훈은 언제나 그의 사명과 그의 전도와 더불어 직접으로 연결되어 있다는 사실이다. 즉 예수 그리스도는 그의 교훈과 그의 행위로써 하나님께서 보내신 그의 목적을 이루려 하셨던 것이다. 예수 그리스도를 위대한 전도자나 교사로만 보는 것은 피상적인 견해이다. 이 전도와 교훈은 그가 특수한 창조적인 과업으로서 필생의 목표를 삼았던 하나님 나라라는 공동체의 실현을 위한 방편들이었다. 그의 최대의 관심은 언제나 생명에 있었고 또한 그 생명은 공동체를 중심한 생명이었다. 이 땅 위에 있는 모든 사물 중에서 인간의 인격은 최대의 가치를 가진 것이었다.

산다는 것은 곧 함께 산다는 것을 의미하는 것이었다. 그러므로 예수의 윤리는 "공동체의 윤리"라고 이름지어도 좋다. 그의 적은 수효의 제자들이 그가 장차 이루시려는 구속받은 자들의 공동체 즉 "새 이스라엘"의 핵심(核心)이 되어야 할 것을 가르치신 것만으로도 예수는 인류의 가장 위대한 교사가 되실 인격을 갖추셨다고 할 수 있다.

예수는 "세상의 빛"이라고 하신데 대하여 불타(佛陀)는 "아시아의 빛"이라고 불리워진다.

(계 속)

1963. 10. 1. "교리적선언 해설 6" 홍현설, 「기독교세계」

교리적 선언 해설 (제 7 회)

"모범이 되시며"

<홍 현 설>

예수 그리스도를 우리의 모범으로 삼는 문제에 대해서는 약간의 논의가 있다. 아이뎀 (Eidem)대주교는 바울에게 있어서 그리스도를 모방한다는 사상은 그렇게 탁월한 위치를 가지고 있지 않다고 하였으며 미하엘리스(Michaelis)는 그리스도를 모방하라는 요구는 바울의 서신들 중에서 이를 뒷바침하는 곳이 없다고 하였다. 빌립보 2:5 이하에서 바울이 한 말은 예수께서 땅 위에서 행하신 일들이 중요한 것이 아니고 오히려 그가 인류의 구속을 위해서 그 자신을 온전히 주신 사실에서 나타난 그의 태도와 정신이 더 중요하다고 학자들은 생각한다. 우리는 예수의 이 사랑과 겸손한 봉사의 정신은 모방할 수 있으나 그가 하신 일은 결단코 모방할 수 없으며 또한 그가 가지셨던 지위(위치)도 우리는 결코 따라갈 수가 없다.

바울의 서신중에는 두 곳에서만 예수께 대하여 "본 받으라"는 문구를 사용하였다. 그것은 즉 고린도 전 11:1과 데살로니가 전 1:1이다. 그러나 이 두 곳에서도 예수 그리스도가 직접 우리의 모방의 대상이 되지 않고 사도 그 자신을 우리의 모방을 위한 직접적인 모형으로 기록하였다. 즉 바울은 이 모방을 우리에게 전수(傳授)하며 말하기를"내가 그리스도를 본 받은 것 같이 너희는 나를 본 받으라"고 하였다. 이 같이 함으로 그들은 마게도냐와 아가야에 있는 다른 교회들의 모범이 되었고 또한 그들은 유대에 있는 하나님의 교회들을 본 받은 자가 되었다.(데살로니가 전 1:7;2:14) 기독자의 생활에 있어서 그리스도를 표준으로 삼는 일은 그리스도를 모방한다든가 또는 그리스도를 따라 간다는 식의 표현은 그리 적당치가 않다. 그 안에 그리스도가 살고 있는 자는 아무도 모방할 수 없다.(주님까지를 포함해서) 그는 다만 그리스도로 말미아마 창조된 그 자신의 새로운 생명의 성질이 결정지어 주는대로 되어질 것 뿐이다. 그러므로 그리스도는 우리가 따라갈 모범이시라는 것보다는 우리에게 새 생명과 능력을 주시는 근원이시다.또한 예수께서 사시던 팔레스틴과 다른 세계와의 사이에는 환경적인 차이가 있기 때문에 그런 모방이 실지로 불가능한 것이다. 그리스도는 우리의 주님이시고 우리는 전적으로 그에게 종속되어 있는 종이다. 그러므로 위에서도 말한 바와 같이 우리는 바울은 모방할 수 있으나 그리스도는 모방할 수 없다. 따라서 그리스도를 우리의 표준으로 삼는다는 것은 어떤 외부적인 의미나 혹은 주님을 복사(復寫)한다는 뜻은 아니다. 오히려 그것은 주님의 본질적인 정신과 생각과 마음을 의미하는 것으로 보아야 할 것이다.

위에서 인용한 빌립보 2:5 이하에서도 바울은 단순히 예수를 모방하라는 것보다는 빌립보 교우들로 하여금 그들 각자가 그리스도와 더불어 내면적인 교통을 하는 같은 종류의 교제를 그들 상호간에서 실천하라고 권면한데 불과한 것이다. 바울이 예수를 기독자의 위대한 모범으로서 제시한 성경귀절은 수개 처 밖에 없다. 그런데 이 몇 곳의 귀절들도 복음서 중에 제시된 전통적인 재료에서 취한 것이 아니고 천상적(天上的)인 그리스도의 태도와 행동에서 취한 것이다. 즉 죄인들을 위한 십자가의 죽으심에서 그 사랑을 나타내시고, 종이 되신 것으로서 그의 겸비를 나타내시고, 죄인들을 자기 자신의 권속으로 받으시는데서 그의 긍휼을 나타내신 것이다. 그러므로 그의 이 사랑과 겸비와 비이기적인 봉사의 표현으로써 그리스도는 그에게 속한 모든 자에게 위대한 모범이 되신 것이다.

에베소 5:2에서는 예수는 "사랑 가운데서 행하는 일"의 위대한 모범이 되신 것으로 제시하였다. 여기서 "사랑 가운데서 행한다"는 것은 형제를 사랑하는 것을 의미한다. 즉 예수께서 진실과 실재로서 그들을 사랑하신 것이 그들이 다른 사람을 사랑하는 일의 표준이 된다는 말이다. 그러므로 신자의 행동의 어느 하나 하나의 격리(隔離)된 행동이 아니라 그들의 전체생활이 그리스도가 가지셨던 태도를 본 받으라는 뜻이 된다. 바울은 또한 로마서 15:3에서는 "강한 자가 약한 자의 약점을 담당하는 일"에 있어서 그리스도를 본 받으라는 권고를 하였다. 예수 그리스도의 전생애는 자기 자신을 기쁘게 하기 위한 생애가 아니었고 다른 사람을 위한 봉사에 자기 자신을 바치고 또한 그런 봉사를 자신의 안락이나 편리함보다 위에다 두었었다. 그러므로 자기 자신을 기쁘게 하는 것은 그리스도의 정신에 반대되는 것이다.

그것은 싸움과 분렬과 다툼으로 끝난다. 그리스도의 인격에 대한 교리를 형성하는데 크게 영향을 끼친 빌립보 2:5 이하의 말씀도 엄밀한 의미에서 윤리적인 내용을 가진 귀절로서 그의 독자들 중에 겸비와 연합과 자비의 태도를 가지도록 하려는 의도에서 말한 것이다. 즉 남을 자기보다 낫게 여기며 자기의 이해문제보다 먼저 다른 사람의 이해문제를 살피며 모든 다툼과 분렬을 없이 하라는 권면이다.

사실상 기독자는 다른 사람을 모방할 수 없다. 그렇게 하는 것은 어떤 다른 사람으로 하여금 자기를 대신하여 자기가 취할 행동이나 행위를 결정케 하려는 안이(安易)한 길을 취하려는 태도이기 때문이다. 그러나 기독자의 생활의 문제는 이런 식으로 손쉽게 해결되지는 않는다. 바울은 우리에게 권고하기를 우리가 만일에 크리스챤이 되려면 "그리스도 안에" 있어야 하고 그리고는 우리가 다른 사람과의 교제에 있어서 그리스도 자신이 우리와 관계하신 것과 같은 모양으로 나타내야 한다. 여기서"그리스도와 같아진다"는 것은 우리의 이상이요 이것은 우리의 모방으로 달성될 것이 아니라 새로운 생활에 들어감으로써 이루어질 수 있다. 이 새 생활은 그리스도 안에 있는 생활로서 반드시 그리스도 자신이 가지셨던 태도와 성격을 소유하여야 한다.

(계속)

1963. 11. 1. "교리적선언 해설 7" 홍현설, 「기독교세계」

교리적 선언 해설 (제 18 회)

—홍 현 설—

제 2 조 "대속자가 되시고 구세주가 되시는 예수 그리스도를 믿으며"

"대속자"란 이름은 "Redeemer"로 표시되고 "구세주"란 이름은 "Saviour"로 표시한다. 실상은 이 두가지 이름이 특별히 판이한 의미를 나타내는 것이라고는 볼 수 없다. 우리는 창조주로서의 하나님을 믿는 동시에 구속자로서의 하나님을 믿는다. 창조의 하나님은 동시에 심판과 구속의 하나님이시다. 예수 그리스도는 우리의 대제사장이신 동시에 우리 인류를 위해서 하나님께 바쳐진 희생의 제물이시었다. 하나님은 이 유월절 잔치를 마련하신 자시요 동시에 그 자신이 잔치가 되신 것이다. 루터는 그의 신학을 **"십자가의 신학"**이라고 하였고 복음주의의 신학은 "십자가의 신학"이라고 일컬어진다. 예수 그리스도를 통하여 속죄는 이루어졌고 하나님과의 교제는 회복되었으며 인류의 지위는 종에서부터 양자로 변하게 되었다. 예수 그리스도는 새 인류의 머리가 되신 것이다. 이제부터는 죄와 사망이 우리를 주장하지 못하게 되었다. 그리스도는 악마라는 압제자에게 대하여 승리를 하심으로써 우리를 죄에서부터 의로, 율법에서부터 은총으로, 사망에서부터 생명으로의 변화를 가져오신 것이다.

원래 **"대속한다"**는 말은 "속량(贖良)한다", "다시 사온다"는 뜻을 가진 글자이다. 하나님과 사단이 인간의 영혼을 가운데 두고 매매거래를 하는 것으로 비유해서 말한 것이다. 하나님은 인간의 영혼을 사단의 손에서 구해 내시기 위하여 그 자신을 사단의 권세 아래 일시적으로 굴복하시지 않으면 안되었었다. 예수 그리스도가 십자가의 고통을 참으시고 승리의 부활을 하심으로써 지옥의 결박을 깨뜨리신 것이다. 사단은 죄악된 인간 대신에 죄없는 그리스도를 배상금으로 받기를 선택한 이유로 그는 자기의 권리를 상실하고 말았다. 그러나 사단은 이 흥정에서 속임을 당한 것이다. 그 이유는 하나님은 그리스도를 석방하시고 그리스도는 인류를 석방하신 까닭이다. 이처럼 과거의 기독교회가 그리스도의 속죄의 과업을 설명하는 비유들이 너무도 조잡(粗雜)한 것이 많았다. 예를 들면 예수의 십자가는 사단을 낚기 위한 미끼로서 사용되었다는 것과 같은 사상이다. 그리스도라는 낚시에 걸린 미끼를 사단이 통으로 삼킴으로써 드디어 하나님께 잡히고 말았다는 것이다.

우리는 예수의 십자가가 이처럼 우리의 죄를 위해 지불하신 보석금(保釋金)도 되지마는 동시에 예수의 십자가는 우리를 위한 희생이시었다. "피흘림이 없이는 죄사함이 없다"는 (히브리 9:22) 사상은 성경 전체를 통해서 일관된 신앙이다. 중세기의 성 안셀름(Anselm)과 같은 이는 그리스도의 속죄의 교리를 하나님의 손상되었던 정의감을 만족시킨다든가 또는 용감한 기사(騎士)가 약하고 힘없는 그리고 저주 받은 자를 위해서 그의 싸움을 대신 싸워주는 비유로서 설명하기도 하였다.

다음으로 그리스도의 십자가는 우리를 위한 **화해(和解)의 재물** 이시었다. "하나님께서 그리스도 안에 계시사 세상을 자기와 화목하게 하셨다" (고린도 후 5:18) 하나님과 사람 사이에는 인간 편에서는 넘을 수 없는 장벽이 가로 막혀 있었다. 다만 하나님이 그의 자비로써 이 장벽을 허신다. 즉 하나님은 그의 사죄(赦罪)를 통해서 우리에게 평화를 주신다. 인간은 하나님의 심판의 보좌 앞에서 정죄 받은 자로 서야 하나 하나님의 공로 없이 주시는 용서가 우리를 방면(放免)하신다. 인간은 그 죄로 인하여 하나님의 자녀의 지위를 잃었으나 십자가의 은총이 다시 우리를 양자로 삼으신다. 인간은 원래 죄의 노예였으나 하나님의 자유롭고 주권적(主權的)인 은총이 십자가를 통해서 인간을 놓아주시고 해방시켜 주셨다. 이처럼 십자가 위에서 행해진 화해만이 인간의 난경(難境)의 비극을 극복하실 수가 있었다.

또 한가지 십자가가 의미하는 것은 위에서 말한 세가지를 다 종합할 수 있는 그리스도의 부활에서 나타난 승리이다. 그리스도는 우리의 대속자, 희생, 화해자만 되실 뿐 아니라 십자가에 못박히신 주님은 동시에 승리의 정복자이시다. 복음서에 나타난 그리스도는 우리에게 하나님의 뜻을 계시만 하시는 자가 아니시라 하나님의 인류구원의 목적을 마지막의 열매있는 완성에까지 이끌고 가시는 승리자이시다. 진정한 의미에서 **"구속"이란 "무엇에서부터"의 구속만이 아니고 "무엇을 위한" 구속이어야 하는 것이다.**

그러므로 우리 전도자는 그리스도의 승리를 선포만 하는 자가 아니요 그리스도의 부활의 능력이 개인의 경험에서도 역시 승리가 되도록 각개인의 생활중에 이 부활의 능력을 물려 주는 자(Channels)가 되어야 한다. 이처럼 그리스도는 살아계신 실재자로서 우리의 사죄자이시며 새 생명의 능력이시요 죽음에 대한 승리자이시다. 개혁자 칼빈은 그리스도의 직무를 **예언자, 제사장,** 그리고 **왕**의 세가지로서 분류하였다. 루터는 말하기를, "십자가에서 죽으신 대제사장이신 그리스도는 흑암의 권세를 승리적으로 정복한 승리자이시라"고 하였다. 그러므로 루터는 우리에게 "왜 정복 당한 자를 정복자처럼 무서워할 필요가 어디 있느냐?"고 하였다. 과연 그리스도는 지금도 우리를 위해서 중재(仲裁)의 기도를 드리시는 우리의 대 제사장이시다.

우리가 이렇게 생각할 때 초대교회의 교부 아이레니우스가 "교회 밖에는 구원이 없다"고 한 말을 실상은 "그리스도를 떠나서는 구원이 없다"는 뜻으로 해석할 수 있다. 그러므로 찰스 램(Charles Lamb)은 "만일에 쉑스피어가 이방에 들어오면 우리는 다 일어나서 그를 맞을 것이다. 그러나 만일에 예수님이 이 방에 들어오신다면 우리는 다 그 앞에 엎드려 그의 옷자락에 입을 맞출 것이다"고 하였다. (계속)

제 12 권 647

1963. 11. 15. "교리적선언 해설 8" 홍현설, 「기독교세계」

교리적 선언 해설 (제 9 회)

제 3 조 "우리는 하나님이 우리와 같이 계시사 우리의 지도와 위안과 힘이 되시는 성신을 믿으며"

홍 현 설

신학자 에드윈 호스킨스(Edwin Hoskyns)는 말하기를 "기독교의 또 하나의 최종적인 술어 중의 하나는 너무도 위험성을 가진 글자로서 오해될 염려가 많기 때문에 우리들의 어휘에서부터 없어지기를 바라고 싶은 유혹을 받는 글자가 있다. 그것은 즉 '성신'이라는 글자이다"고 하였다. 이처럼 성신이란 개념을 이해하기 곤난한 이유는 인간의 사용하는 언어와 개념 중에 성신의 본성과 그 활동을 설명하는데 도움을 주는 비유라든가, 증거라든가, 혹은 도표와 같은 것이 전혀 없는 것은 아니나 그러나 "성신"과 동일시할 만한 개념은 엄밀한 의미에서 없기 때문이다. 그러나 우리는 이러한 "성신"에 대한 비유나 증거나 도표나 표적들이 비록 그 상대성에 있어서라도 순수하고 본질적으로 하나님께 관련될 때에는 그의 영광의 현현이 될 수 있다는 신념에서 이 성신론을 출발하지 않을 수 없다. 한 마디로 말해서 성신은 인간경험 안에 있는 어떤 것과도 같지 않은 하나님의 신이시지마는 우리가 보통으로 "정신", 혹은 "영"이라고 언급하는 것과 어딘지 같은 데가 있다고 할 수 있다. (Spirit 대 spirit)

첫째로 성신은 곧 하나님이시다(사도행전 5—4; 마태복음 12 : 32; 28 : 19등을 보면 알 수 있다) 그러므로 성신을 무슨 "영적인 힘" 인 것처럼 생각해서는 안된다. 성신은 무슨 영적이라든가, 활력(活力)이라든가 감화력 같은 것이 아니다. 또한 막연한 의미에서의 종교적인 영감(靈感)같은 것도 아니다. 성신은 하나님이시다. 그는 인격적인 신이시다. 우리가 성신을 무슨 비인격적인 존재로 생각하여 그런 의미에서 영, 빛, 힘, 진리 등으로 부르는 경우에는 우리는 아지 못하는 동안에 성경의 진리를 희랍적이며 관념주의적인 것으로 의곡(歪曲)시키고 있는 것이 된다. 이처럼 성신은 일체의 다른 신과는 판이한 신이시다. 그는 우리 인간의 영,도 아니다. 그는 우리 인간의 영도 아니고 모든 시대의 영도 아니며 세계의 영과도 동일시할 수 없는 신이시다. 그는 모든 피조물의 영과는 달라서 "창조자의 영" 이시다. 그는 주(主)되신 영이시다. 그러므로 우리가 성신의 지배 아래 있는 것이요, 성신이 우리 인간의 지배 아래 있는 것이 아니다. 즉 우리는 성신을 우리의 마음대로 처리할 수 없다는 말이다. 그러므로 성신은 인간들의 조작(造作)에 의하여 홍분상태를 만들어 내고 군중심리적인 작용을 이용하는 열광적인 분위기를 만들어서 그것으로써 성신을 받았다고 생각하는 것은 크다란 종교적인 착각이라고 아니할 수 없다. 성신은 하나님이신고로 우리 인간들이 자유자재로 구사할 수는 없는 것이다. 물론 성신이 우리의 감각이나 감정에 영향을 주지 않는 것은 아니지만 그렇다고 해서 우리가 종교적 열정이나 홍분이나 영적 열광, 황홀상태등을 곧 성신의 감림이라고 속단하는 것은 큰 잘못이다. 성신은 **감각의 대상이 아니고 어디까지나 신앙의 대상이시다.** 성신을 인격적인 하나님 자신으로 믿는 우리는 성신에 대한 주관적이며 감각적인 이해는 매우 경계해야 할 태도이다. 즉 우리의 주관성과 영감과를 직접으로 연결시키는 것은 극히 위험한 일이다.

다음으로 성신은 **그리스도의** 영이시다. (로마 8 : 9, 갈라디아 4 : 6; 베드로전 1 : 11 등을 보면 알 수 있다) 그는 그리스도께서 주시는 신이시요 그리스도를 증거하시는 자이시며 우리를 그리스도께로 인도하시는 영이시다. 그러므로 그리스도와 성신과는 떨어질 수 없는 관계를 가지고 있다. (요한복음 15 : 26) 개혁자 칼빈은 말하기를 "성신은 우리를 그리스도 그 자체와 유효하게 연합시키시는 유대(紐帶)라" 고 하였다. 웨스트민스터 소교리 문답서에는 "효과적인 부르심은 하나님의 신의 역사로서 우리들의 죄와 비참을 알게 하시며 우리들의 마음을 그리스도의 지식으로써 조명시켜 주시고 우리들의 의지를 새롭게 하셔서 우리로 하여금 복음에서 우리에게 자유롭게 제공하시는 예수 그리스도를 포용하도록 우리를 설복하시며 가능케 하시는 자„ 라고 하였다. 신학자 부룬너는 "우리 안에 있는 하나님의 말씀으로서의 우리 마음 속에 있는 그리스도의 말씀의 반향(反響)은 곧 성신이시다"고 하였다. 구약성서에서는 성신을 메시야 사상에 결부시켜 말한 것이 극히 희미하고 박약하지마는 신약성서에서는 하나님의 신에 대한 교훈을 메시야이신 예수 그리스도의 생애와 사업에 직접 관련시켜서 말하지 않은 곳은 거의 없다. 예수 그리스도의 십자가에서 그의 최후적인 영광과 승리를 보는 자만이 그의 영을 받을 수 가 있다. 그의 죽으심과 부활에 있어서 그와 연합하는 것은 그의 메시야적인 공동체의 일원이 되어서 누구든지 그를 믿는 자들에게 부어주실 성신의 은사를 받는 것을 의미한다. 즉 메시야적인 공동체는 그리스도의 고난만 분담할 뿐 아니라 그의 영도 분유(分有)하는 것이다. 오순절에 메시야는 그의 공동체의 회원들에게 그의 영을 부어주셨다. 그리하여 이제부터 그들은 이 세상에서 그리스도의 메시야적인 일을 계속하기 위하여 같은 성신의 능력을 받아 가지고 세상을 향해서 나아갈 수 있게 되었다.

성신의 교리는 우리 기독교 신앙에 있어서 본질적인 교리이다. **만일에 성신의 교리가 무시되면 그 즉시로 창조의 교리는 단순한 하나의 장인(匠人)의 이야기에 지나지 않는 것이 된다.** 즉 물질적인 재료를 두들겨서 하나의 세계를 만들고서는 저 혼자

<12 면에 계속>

제 12 권 663

1963. 12. 1. "교리적선언 해설 9" 홍현설, 「기독교세계」

<3면에서>
돌아가도록 내버려 두는 어떤 장인의 이야기에서 더 지나지 않는 것이 될 것이다. 따라서 성육신(成肉身)의 교리도 신현설(神現說—Theophany)에 지나지 않을 것이다. 즉 성신의 영감과 내주(內住)와 관계 없는 성육신은 무의미할 뿐만 아니라 (성신으로 잉태하셨다는 신조) 그리스도를 해석하고 모방하는 가능성은 불합리한 것이 될 것이다. 속죄도 하나의 마술(魔術)로 전락할 것은 우리 중에서 역사하시는 성신의 활동을 통해서만 우리는 그리스도의 마음과 하나가 될 수 있으며 그때에야 비로소 속죄라는 말이 현실적인 의미를 가질 수 있게 되기 때문이다.

1963. 12. 1. "교리적선언 해설 9" 홍현설, 「기독교세계」

교리적 선언 해설 (제10회)

제3조 우리는 하나님이 우리와 같이 계시사 우리의 지도와 위안과 힘이 되시는 성신을 믿으며

홍 현 설

다음으로 성신은 우리 안에 계신 신이시다. 하나님은 우리 인간 위에 계신 하나님, 우리를 향하신 하나님이실 뿐만 아니라 성신에 있어서 우리 가운데 내주(內住—indwelling) 하시는 하나님이시다. 그러나 여기서 우리가 성신을 "내재의 신"이시라고 하여도 그는 어디까지나 신이신데는 변함이 없으시다. 즉 성신과 우리와의 거리는 하나님과 인간과의 거리인 것이다. 다시 말하면 창조주와 피조물과의 거리라는 말이다. 이 거리란 것은 언제나 엄연히 존재하는 것이다.

성신은 확실히 현실적으로 우리 인간들중에서 역사하신다. 그렇다고 해서 성신과 자기를 혼동을 한다든가 분간할 수 없을 지경으로 뒤섞어 버리는 일은 용납될 수 없다. 구약성서에서는 처음서부터 마지막까지 성신을 "인간 생활 안에서 활동하시는 하나님"(God in Action in Human Life)으로서 나타냈다. 그 대부분의 경우에 있어서 성신은 사람 안에 들어오신다든가, 사람 위에 머물으신다든가, 사람에게 오신다든가, 혹은 사람을 처받드신다든가 하는 표현으로 기록되어 있다. 어떤 경우를 물론하고 성신께 대하여 말할 때는 인간사(人間事)에 침입해서 들어오시는 하나님의 행위라는 사상이 그 주도적인 역할을 하고 있다.

그러므로 캐논 퀵((Canon Quick)은 말하기를 하나님께 관련하여 "영" 이라는 말을 쓸 때에는 언제나 그의 내재성(內在性—Immanencc)보다는 세력적인 행위를 암시한다"고 말했다. 즉 이 말은 성신의 활동의 "삼투성(滲透性—Pervasiveness) 보다는 "침입성" (侵入性—Invasiveness)을 의미하는 것이라고 볼 수 있다.

부라잇만(E.S. Brightman) 교수는 "영이란 것은 우리의 의식적인 경험을 의미하는 것이다"고 하였다. 대체적으로 우리가 영이라, "영적"이라고 할 때에는 그것은 어디까지나 의식적인 인격적 생활을 의미하는 것이다. 극도로 물질문명에 중독이 된 서양문화가 "영적인 사물"이라고 하면 덮어놓고 비실재(非實在)적인 무엇으로 생각하는 습관은 개탄할 만한 일이라고 아니 할 수 없다. 그러므로 우리는 "영"이라는 것을 단순히 "물질"의 댓구(對句—antithesis)로만 생각할 것이 아니라 실제에 있어서 물질을 초월하는 것으로 보아야 할 것이다. 그러나 우리 인간경험의 입장에서 말한다면 "영"은 그 활동과 자기 교통(자기전달)에 있어서 물질적인 방편을 사용한다고 말할 수 있다. 우리의 실지 경험으로 보면 "영"은 우리의 이상, 비젼 (Vision) 희망 등을 붙잡는 힘으로서 어떤 때에는 그의 직접적인 경험을 초월하기도 하며 모순되기도 하는 경우가 있다. 위에서 말한 영에 의한 의식적인 경험은 강력하고도 용감한 성질의 경험으로서 전체로서 인간생활을 창건하는데로 지향(志向)하며 고상한 이상 아래 인간의 자유를 조정하는 방향으로 표현되기도 하고 마침내 참된 인격적인 생활로 인도하는 그런 경험으로서 나타난다. 그러므로 우리가 "새로운 영"이라고 할 때에는 그것은 우리들의 생활의 새로운 방향, 새로운 열심, 새로운 원동력, 새로운 비젼(Vision) 등을 의미한다.

다만 우리가 여기서 한가지 조심할 것은 우리는 성신을 인간자신의 정신의 어떤 앙양(昻揚)된 상태와 동일시하지 말것과 또한 인간들끼리의 단순한 사회적인 모딤을 성신의 교제라고 억측하지 말 것이다. 또한 우리는 인간적인 애정을 성신의 사랑으로 속단하지도 말아야 할 것이다. 그러나 동시에 우리가 주의할 것은 성신은 우리가 보통으로 사용하는 의미에서의 "정신" 이라든가 "영"이란 것과는 아무 관계가 없다는 분리되고 초연한 태도를 가지는 것도 매우 위험한 사상이라는 것이다. 우리가 하나님의 객관적인 계시를 인정하기 위해서는 인간의 주관 편에서의 인식력(認識力)이 없어서는 안된다. 그러므로 우리가 하나님의 말씀을 듣고 하나님의 계시를 받을 수 있다는 것은 비유하면 두가지의 중심을 가진 타원형(楕圓形)과 같은 것이다. 즉 한 쪽의 중심은 하나님의 계시이고 다른 쪽의 중심은 인간의 청각기능(聽覺機能) 즉 인간의 수용 능력(受容能力)이다. 이리하여 하나님의 계시에 대한 인간의 신인식(神認識)의 가능성 즉 신앙의 가능성이 그 고유한 자리를 차지하게 되는 것이다.

제 12 권 684

다음으로 성신은 **하나님의 말씀의 "내적 증명"**이다. 이것은 루터와 칼빈과 같은 종교 개혁자들의 공통된 신앙이었다. 아무리 하나님의 객관적인 말씀이 있어도 성신이 그 말씀이 참인 것을 우리의 양심에 대하여 증거해 주시지 않으면 그 말씀은 진정한 권위있는 말씀이 되지 못한다. 그러나 이것을 뒤집어서 말하면 성신을 성신으로서 보증하는 것은 하나님의 말씀 이외에는 없다. 좀 더 구체적으로 말하면 우리는 그리스도께 대한 증언으로서의 성경이외의 장소에서는 성신을 기대할 수가 없다는 말이다. 즉 말씀이 없이는 성신은 헛되이 떠도는 주관(主觀)에 떨어지기 쉽다. 동시에 성신이 없이는 말씀은 잠잠하고 말하지 않는 벙어리와 같다. 그러므로 한편에는 성신과 무관계한 성경이 있고 다른 한편에는 성경과 분리된 성신이 계시다는 일은 있을 수 없는 것이다. 이 양자는 서로 떠날 수 없는 필연적인 관련성을 가지고 있다. 이런 상호관계가 깨질 때 한편에서는 주관적 성신론이 일어나고 다른 한편에서는 고정적(固定的)인 성서주의가 발생하게 된다. 어느 것이나 불건전한 사상이다.

그밖에도 성신은 "진리의 신"이라고도 하였다. (요한복음 14:17; 15:26; 16:13; 요한.1 서 4:6 참조)

성경의 진리를 우리에게 확증하고 믿게 하며 이해케 하시는 이는 성신이시다. 성신은 죄와 의와 심판에 대하여 우리들의 눈을 열어 주신다. (요한 16:8 이하)

성신은 또한 "권능의 신"이라고 하였다. (사도행전1:8) 성신은 믿는 자에게 능력을 주시고 전도에로 촉진시키며 교회의 참된 원동력이 되신다. 또한 성신은 일치(一致)의 신으로서(에베소 4:3—4); 또는 "기도의 신"으로서 (로마 8:26) 우리들중에서 역사하신다. 또한 신앙에 의한 모든 선한 일의 일체의 원천(源泉)이 되신다. (갈라디아5:23; 로마 8:23) (계속)

1963. 12. 15. "교리적선언 해설 10" 홍현설, 「기독교세계」

교리적 선언 해설 (제 11 회)

제 3 조 우리는 하나님이 우리와 같이 계시사 우리의 지도와 위안과 힘이 되시는 성신을 믿으며

홍 현 설

다음으로 성신은 교회의 신이시다. 우리는 성신과 교회를 따로 떼어서 생각할 수 없다. 성신은 단지 개개의 신자들과의 관계에서만 생각할 것이 아니라 그보다 앞서 교회와의 관계에서 생각하여야 한다. 역사적으로 본다고 할지라도 약속의 성신이 강림하신 오순절은 즉시로 그리스도의 교회의 시작이 되었다.

사도신경이 "성신을 믿사오며"의 직후에 "거룩한 공회와 성도의 교통을 믿는다"는 신앙고백을 넣은 것도 의미있는 일이다.

즉 지금은 하늘 위에 계신 그리스도가 그 지상(地上)의 몸인 교회 안에서 그의 살아계신 말씀을 통해서 성신이 역사하고 있는 것이다. L. S. Thornton 박사는 말하기를 "갈보리는 오순절의 빛에서 해석되었었다. 이 두가지 사건은 궁극에 있어서 서로 의존되어 있다. 성신을 받았을 때에 제자들의 마음은 그리스도 안에 있는 하나님의 사랑의 완전한 진리로써 조명(照明)되었었다. 그러므로 오순절은 갈보리를 전제로 하는 것이며 갈보리가 없이는 아무런 독특한 의미도 가질 수가 없었다. 동시에 갈보리의 의미는 오순절에 성신을 물붓듯 부어주심을 통해서만 그 의의를 이해할 수가 있었다."고 하였다. 과연 오순절의 제자들의 마음은 물배인 동산과 같았다. 성신이 강림하시는 물줄기를 따라서 하나님의 사랑의 계시도 온 것이다. 바울은 확신하기를 그리스도를 죽은 가운데서부터 살리시던 그 동일한 하나님의 능력이 교회 안에서 모든 믿는 자들에게 그들의 원수인 죄와 죽음과, 악마를 대항하여 승리케 하시는 능력이 바로 이 성신의 능력이라고 믿었던 것이다. 바울은 그가 기록한 모든 서신들 중에서 성신에 대한 신앙을 그의 모든 교훈의 중심에다 두었다. 그가 어떤 웅대한 사건을 기록하든지 혹은 일상생활의 사소한 일들을 기록할 때에도 언제나 그는 성신에 대한 말로 돌아오곤 하였다. 마치 과학의 교과서가 언제나 인과(因果)의 원칙에서 떠나지 못하는 것처럼 바울은 기독자의 모든 생활을 성신의 역사에다 관계시켰다.

요한복음 14장에서 예수는 성신을 "보혜사"(保惠師—Comforter)라고 부르셨다. ("이는 진리의 신이라"고 덧붙이셨다.) 그런데 신약학자 Eynest F. Scott 박사에 의하면 이 "보혜사"라는 말은 3세기 전에 성경이 영어로 번역될 때에 그 의미가 변하였다고 주장한다. 즉 지금은 이 "보혜사"라는 말이 "위로하는 자"를 의미하나 라틴어의 "Confortare"는 위로보다는 "강하게 한다"는 뜻이 있다는 것이다. 즉 성신은 우리를 강하게 하시는 능력으로서 우리가 약할 때에 붙들어 주시고 우리에게 용기와 힘을 주어서 우리의 힘으로 미치지 못할 것으로 생각되는 일을 할 수 있도록 도와주신다는 뜻이다.

그러므로 어떤 때는 이 "보혜사"라는 말을 "도움을 주는 자"라고도 번역한다. 현대의 신학부흥의 한가지 희망적인 경향은 이 성신의 역사에 강조점을 두려는 태도이다. 과거에는 성신의 교리에는 중점을 두었으나 실지로 성신의 효과있는 역사에 대해서는 극히 소극적인 태도를 가진 신학자들이 많았었다. 그러나 성경은 분명히 성신이 그리스도를 따르는 자들을 모든 진리에로 인도하실 것을 가르쳤다. 성신은 성경의 페이지들을 통해서 우리를 조명하실 수도 있고 교회 역사의 기록을 통해서도 그리고 신학의 저서들을 통해서 또는 기독교 신앙을 우리 시대에 적절하게 표현하고 해석하려는 여러가지 종류의 현대적인 노력을 통해서 우리를 지도하시고 영감시키시는 것이다. 성신은 우리의 마음을 사로잡는 방향으로가 아니라 도리어 우리를 놓아주고 자유케 하는 방향으로 우리를 인도하실 것이다. 그리하여 우리의 눈에서 비늘 같은 것이 떨어져(사도행전 9 : 18) 우리가 기대하는 것 이상의 것을 볼 수 있게 하신다.

또한 성신은 "보증의 신"이라고도 기록하였다. 고린도 후서 1 : 22에서는 "표"라고 하였으며 에베소 1 : 14에서는 "기업의 표"라고 하였다. 여기서 "표"라 혹은 "보증"이라고 하는 것은 일종의 착수금(着手金)을 의미함이다. 우리가 성신 안에서 믿음으로 인하여 소망 중에 사는 생활은 아직까지 전액을 다 받은 생활은 아니다. 다만 착수금을 받은 것에 불과하다.

그러나 이 착수금은 전액 지불의 성실성과 확실성을 보증하는 것이다. 이미 전액을 다 받았다고 교만하지도 아니하고 동시에 반드시 전액을 다 받으리라는 것을 추호도 의심하지도 않고 현재는 착수금으로 만족하고 감사한 마음으로 걸어가는 생활이 현재의 우리 기독자의 생활이다. 즉 마지막 날의 완성의 약속을 바라보면서 지금은 땅 위의 보류(保留)의 생활에서 겸허하게 그러나 열의를 가지고 사는 자, 이런 사람이 과연 성신에 의해서 사는 진정한 기독자의 모습이다. 로마 8 : 16 에는 "성신이 친히 우리의 신으로 더불어 우리가 하나님의 자녀된 것을 증거한다" 고 하였고 동 26절에는 "성신이 말할 수 없는 탄식으로 우리를 위하여 친히 기도하신다"고 하였다. 즉 성신이 우리의 연약한 인간성을 잘 아셔서 우리 성도들의 마지막 구원을 위해서 그가 친히 중보의 기도를 하신다고 하였다. 우리는 여기서 그리스도의 계속적인 구속의 성업을 성신의 역사에서 알게 되는 것이다. (계속)

제 13 권 49

1964. 2. 1. "교리적선언 해설 11" 홍현설, 「기독교세계」

교리적 선언 해설 (12회)

제3조 우리는 하나님이 우리와 같이 계시사 우리의 지도와 위안과 힘이 되시는 성신을 믿으며

홍 현 설

인간을 다른 동물과 구별하는 것으로서 여러가지의 요소들을 들 수 있다. 그의 이성(理性)이라든가 그의 사용하는 언어라든가 그의 도구(道具)를 만들 수 있는 기능이라든가 또는 그의 사회적 집단을 조직할 수 있는 능력 등이다.

그러나 인간 이외의 다른 동물들도 비록 초야(粗野)하기는 하지만 이런 일들을 할 수 있으며 또한 야만인들의 사회에서는 위에서 열거한 요소들을 쉽게 찾아 보기 어려운 경우도 있다.

그러므로 우리는 이러한 요소들 외에 인간에게는 자기보다 높은 세계와의 접촉이 가능하다는 별개의 차원 (次元)으로 옮겨가지 않으면 안된다. 즉 인간은 다른 동물에게 없는 예배하는 능력이 있으며 하나님의 신에게서 오는 멧세지를 받을 수 있다는데 인간의 독특성이 있는 것이다.

본 강의의 첫 부분에서 말한 바와 같이 인간의 영은 하나님의 영과 유사성(類似性)을 가지고 있다. 만일에 인간에게 그런 유사성이 없다면 우리는 하나님의 신에게 대답할 수 없는 것이다.

하나님의 신은 인간의 참된 본성을 각성시키신다. 성신은 결코 마술(魔術)로서 역사하시지는 않는다. 인간 안에 보다 새롭고 보다 나은 것을 형성하고 발전시킬 수 있는 그 무엇을 소재(素材)로 삼아 가지고 일하시는 것이다. 존 밀톤은 그의 대작인 "실락원" (失樂園)을 쓸 때에 하나님의 신의 도움을 구하였었다.

그러나 만일 그가 시인으로서의 천재적 소질을 소유하지 못했더라면 그는 크게 성공하지 못했을 것이다. 요한 웨슬레도 그의 성공을 성신의 역사라고 하였으나 우리는 그가 나면서부터 지도자의 소질을 가졌던 것을 기억해야 할 것이다. 성신은 그가 다른 사람들보다 그가 큰 그릇 되기에 가장 적합했었던 고로 그를 쓰셨던 것이다. 그러므로 우리가 분명히 말할 수 있는 것은 성신은 이미 우리가 가지고 있는 것을 (은사) 더 잘 사용하도록 도와 주신다는 것이다.

또한 성신은 우리에게 새로운 비젼(Vision)의 능력을 주신다. 이것은 마치 근시안(近視眼)이나 난시(亂視) 를 가진 사람이 잘 조절한 안경을 끼는 것과 같다.

바울은 신령한 자만이 모든 사물을 바로 판단한다고 하였다.

또한 바울은 "성신이 친히 우리의 신으로 더불어 우리가 하나님의 자녀된 것을 증거하신다" (로마8:16) 고 하였다. 즉 우리에게 하나님께로부터 멧세지가 올 때에 우리는 그 사신(使信)의 내용이 우리 안에 있는 최선의 것들과 조화되고 일치됨을 발견하게 되는 것이다. 그러므로 초대 교부 아이레니우스는 "성신은 우리들 하나님께 대하여 조정(調整)하신다"고 하였다. 신학자 F.W.Dillistone은 성신의 활동의 결과로서 생명, 능력, 질서, 영광의 네가지를 들었다. 성신은 우리에게 능력을 주셔서 강하게 하시며 우리의 마음을 진리로써 조명(照明)하시고 우리를 성결케 하시며 우리의 전망(展望)을 열어 주시는 분이시다.

그러면 이제 남은 문제는 우리는 어떻게 하면 성신을 받을 수가 있을까? 의 문제이다. 지금까지 사람들은 성신이 강림하는 여러가지의 방법을 시험해 보았다.

어떤 때는 사람들을 모아서 군중 심리적인 흥분을 격동시키는 일도 하였었다. 또 어떤 때는 사람들을 평화와 사적인 수양을 가질 수있는 조용한 장소로 은퇴를 시켜서 거기서 금식과 묵상을 함으로써 성신으로 하여금 설복(說服)을 시켜 오시게 하는 그런 방법도 써 보았다. 우리는 이런 방법들이 다 무익하다고는 말할 수 없다. 우리는 언제나 성신을 위해서 길을 준비해야 한다. 그러나 우리가 기억해야 할 것은 이것들은 다만 "준비"에 지나지 않는다는 것이다. 성신은 언제나 자발적으로 오시는 것이다. 즉 성신의 오심은 인간이 강제할 수 없다는 말이다.

그러나 여기에 우리가 성신을 받을 수 있는 한가지 확실한 길이 있다. 그것은 그리스도와 성신은 하나가 되셨고 또한 그리스도를 통해서 성신은 그의 제자들에게 주신 것이다. 그러므로 우리가 예수 그리스도를 믿고 그의 계명을 지키면 우리는 성신을 받을 수가 있는 것이다. 또한 신약성서는 믿음과 성신을 하나로 합쳤기 때문에 인간이 그리스도께 대한 그의 신앙을 선언하는 세례라는 의식은 성신의 은사를 동반하는 것으로 나타나 있다. 그러나 바울은 언제나 세례에 있어서 중요한 것은 믿음이요 외부적인 의식은 우리들이 그리스도께 굴복하는 행동을 표하는 인침으로 생각하였다. 이 믿음과 복종이 우리로 하여금 성신을 받게 하는 것이다. 그러나 이 세례는 우리가 그리스도께 대한 신앙의 시각에 불과하다. 성신을 받는다는 것은 단일(單一)한 행동이기보다는 일생을 두고 이루어져야 할 일이다. 우리가 그리스도를 주로 받아들이면 우리는 그를 따라가야 할 것이다. 우리의 인격은 그의 인격을 따라 형성해야 할 것이다. 그러므로 이 그리스도께 대한 복종의 생활을 통해서 우리는 성신을 받게 되는 것이다. 마치 식물(植物)이 땅 속에서 생명의 진액을 흡수하듯이 우리는 그리스도께로부터 성신을 받는 것이다. 이처럼 성신은 우리가 그리스도인의 생활을 사는 중에 아지 못하는 동안에 받는 것이 물론 때로는 어떤 단일한 사건을 통해서 우리가 높이 들리움을 받는 그런 경험도 있으나 대개는 우리가 그리스도의 뜻을 충성되게 실행하려 하며 매일 매일의 의무를 믿음으로써 감당해 나갈 때에 성신은 조용히 우리에게 오시는 것이다. 성신이 항상 계속적으로 임하시기 때문에 우리가 그를 깨닫지 못하는 때도 있다. <계속>

<6면에서 계속>

우리 감리교회의 30만 교도는 일제히 일어서서 이 일을 위하여 기도해 주시고 한분도 빠짐 없이 적으나 많으나를 가리지 말고 정성을 묶어 도와 주시어 우리의 숙원(宿願)을 하루 빨리 성취하도록 하시기를 바랍니다.

우리 정동을 지키고 있는 주의 자녀들은 최선의 노력을 아끼지 않고 묶어 바쳐서 주님의 뜻을 받들어 드리고 동시에 온 교회의 기대에 어긋남이 없이 진충갈력(盡忠竭力)할 것을 맹세하는 바입니다. <정동교회 목사>

1964. 2. 15. "교리적선언 해설 12" 홍현설, 「기독교세계」

홍현설 박사의 교리적 선언 해설(제 13회)

제13조 "우리는 사랑과 기도의 생활을 믿으며 죄를 용서하심과 모든 요구에 넉넉하신 은혜를 믿으며"

먼저 사랑의 생활에 대해서 생각해 보자. 우리는 오늘날과 같은 생존경쟁이 극도에 달한 시대에 여전히 예수께서 가르쳐 주신 "친구를 위하여 목숨을 버리면 이에서 더 큰 사랑이 없다"고 하신 말씀을 따라 인간생활에 있어서 사랑이 제일 되는 원리임을 믿고 있는가?

고린도 전서 제 13장에 나타난 바울의 위대한 사랑의 찬가를 읽고 영감을 받은 핸리 드러먼드는 사랑을 가리켜 "세계 최대의 사실"이라고 하였다. 사랑은 과연 이 세계의 슬픔과 고통의 와중(渦中)에서 우리의 영혼을 비춰 주는 빛이다. 그러므로 시인 라벗 부라우닝은 말하기를 "사랑은 모든 결점을 보수하며 모든 잘못을 고쳐 주고 슬픔을 어루만져 주며 이 세상을 부모들과 형제들과 친구들과 어린이들로서 배상(賠償) 해 준다"고 하였다. 철학자 파스칼은 "인간의 마음은 이성(理性)이 알지 못하는 그 자체의 이성을 가졌는데 사람은 이것으로써 모든 사물을 느끼며 하나님을 경험한다"고 하였다. 여기서 그가 말하는 "마음의 이성"이란 다름아닌 사랑을 의미하는 말이다.

성경에 나타난 사상에 의하면 우리가 믿는 하나님은 "선하신"하나님으로 나타났다. 풀레이토 같은 이도 "선함이란 다만 홀로 하나님께만 속하는 속성(屬性)이다"고 하였다. 하나님은 이 선하심으로 이 세상을 창조하셨다. 이 하나님의 절대적인 선하심에 인간 세계의 모든 상대적인 선한 것이 달려 있는 것이다.

이처럼 기독교 신앙은 인간의 모든 제한된 선함이 하나님의 뜻의 절대적인 선함에 종속(從屬)되어 있고 동시에 상대적인 것으로 보는 것이다. 인간의 선함이란 언제나 자기추구로 인하여 어느 정도 제한을 받고 있다. 그러므로 인간의 선함은 언제나 에로스(Eros)를 내포하고 있다. 그러나 하나님의 선하심은 무제약(無制約)적이다. 그것은 즉 "자기를 주는" 아가페의 사랑이다.

우리의 사랑은 조건적이요 하나님의 사랑은 무조건적이다. 우리의 사랑은 파생적(派生的)이요 하나님의 사랑은 독립적이며 근원적인 사랑이다. 우리의 사랑은 피조물의 사랑이요 하나님의 사랑은 조물주의 사랑이다. 이처럼 하나님의 선하심 즉 그의 사랑은 인간 정신에 대하여 가장 깊은 관심을 가지신다. 우리의 연약함을 돌보시는 사랑(Caring Love)이다. 하나님의 성품을 가장 잘 나타내는 성구는 "하나님은 곧 사랑이시라" (요한 1서 4 : 9)는 귀절이다. 기독교에서 말하는 신앙은 하나님의 사랑이 그를 믿는 자의 마음 속으로 흘러 들어오는 통로(通路)를 의미함인데 십자가가 그 상징이다.

하나님의 사랑은 인간을 회개로 인도하고 그와의 깨어졌던 교제를 다시 회복시킬 뿐만 아니라 믿는 자의 마음을 변화시키는 힘이 있다. 즉 하나님의 사랑은 우리를 죄의 무거운 짐과 그 세력에서부터 자유하게 하신다. 그러므로 하나님의 사랑은 재생적(再生的—Regenerative) 이다. 즉 하나님의 사랑은 인간 실존의 내면적인 핵심을 변케 한다는 말이다. 우리의 생활이 내가 원하는 것으로부터 하나님께서 원하시는 방향으로 그 중심이 옮겨지기 때문에 우리는 겟세마네 동산에서의 주님의 기도처럼 "내 뜻대로 마옵시고 오직 아버지의 뜻대로 하옵소서"하고 기도할 수 있게 된다.

우리의 마음 속에 이러한 사랑을 가질 때 우리는 하나님의 말씀에 복종하는 능력을 얻게 된다. 사도 요한은 이 사실을 설명해서 말하기를 "하나님을 사랑하는 것은 이것이니 우리가 그 계명들을 지키는 것이라. 그의 계명들은 무거운 짐이 아니로다" (요한 1서 5 : 3)고 하였다. 신학자 나이그렌(Anders Nygren)은 그의 명저 "아가페와 에로스" 중에서 희랍어에 나타난 에로스와 성서에 나타난 아가페와의 의미의 날카로운 대조를 우리에게 감명깊게 보여 주었다. 또한 여기에 근거하여 라인홀드 니이버(Reinhold Niebuhr)는 그의 저서 "인간의 본성과 운명" 중에서 종래의 전형적인 인간관과 기독교적인 인간관과의 대조를 보여주었다. 나이그렌에게 있어서 인간의 에로스적인 사랑은 마치 율법이 은총을 전제로 하듯이 에로스는 아가페의 사랑을 전제로 하지 않고서는 충분히 설명할 수 없다고 주장하였다.

하나님의 무조건적인 사랑은 모든 동물적인 피조물의 세계에 있어서의 사랑과는 너무도 현저히 다른 성질의 사랑이기 때문에 인간은 이 사랑에 응답하기 위해서는 신앙을 전제로 하지 않으면 안된다고 하였다. "너희 원수를 사랑하며 너희를 핍박하는 자를 위하여 기도하라" (마태복음 5 : 44)고 하신 예수의 사랑의 정신을 배운 사람들 사이에 다음과 같은 인물이 있다. 전 에티오피아 제국의 황제였던 하일레 셀라시에(Haile Selassie)가 한번 (이탈리에게 나라를 빼앗긴 후에) 루덴의 씨티템플에서 연설하기를 "나는 나의 왕국을 잃었고 내 백성들은 그들의 나라를 잃었다. 그리고 우리 온 국민은 큰 고통을 당하였다. 그러나 나는 내 마음 속에 조금도 원망하는 마음을 찾을 수가 없다"고 하였다. 사랑이나 선의는 외관상으로 드러내어 보이는 일을 하지 않는다. 또한 거칠거나 이기적인 행동도 하지 않는다.

사랑은 끝까지 참는다. 사랑은 언제나 인간 중에서 그 최선의 것을 발견하려고 노력한다.

사랑은 언제나 친절하다. 그러므로 개인이나 사회 생활에 있어서 선한 생활은 이런 사랑의 정신을 소유함으로써만 성취될 수 있다. "사랑은 다른 사람의 잘못을 기뻐하지 않는다"고 하였으니 이 세상에 모든 사회 생활의 법규중에서 이보다 더 우월한 원리가 어디 있는가? 이 사랑의 정신이야말로 마침내 정의와 자비와 평화를 가져올 근본원리인 것이다. 우리는 이 사랑의 원리를 믿는 신도들이다. (계속)

잠 언

Ⅰ. 유순한 대답은 분노를 쉬게 하여도 과격한 말은 노를 격동하느니라.

~15 : 1~

Ⅱ. 마음의 즐거움은 얼굴을 빛나게 하여도 마음의 근심은 심령을 상하게 하느니라.

~15 : 13~

제13권 81

1964. 3. 1. "교리적선언 해설 3" 홍현설, 「기독교세계」

홍 현설 박사의 교리적 선언 해설 (제14회)

제 4조 "우리는 사랑과 기도의 생활을 믿으며 죄를 용서하심과 모든 요구에 넉넉하신 은혜를 믿으며"

다음으로는 기도의 생활에 대해서 생각해 보자. 기도는 기독자의 생활의 열쇠이다. 그 이유는 기도 생활의 진수는 하나님과의 산 관계이며 기도는 이런 관계를 유지하기 위하여 설정된 은혜 받는 방법인 것이다. 그러므로 요한 웨슬레는 말하기를 "기도는 하나님께 가까이 나아가는 위대한 방법이며 그밖의 모든 것은 그것들이 기도로서 섞이거나 혹은 우리를 기도하도록 준비시키는 한에서만 우리에게 유익하다"고 하였다. 그러므로 기도에 실패하는 것은 "광야와 같은 상황"을 만들어 내는 가장 절실한 이유가 되며 따라서 이 기도 생활의 부족은 다른 어떤 종교의 양식으로도 보충할 수 없는 것이라고 웨슬레는 생각하였다.

또한 기도는 결코 단순한 일이 아닌 것은 우리가 하나님께 대한 관계는 우리의 전체 생활의 관계를 포함하는 것이므로 우리의 기도도 우리 생활의 전체 분야를 표현하지 않으면 안된다. 즉 우리의 죄를 인식하는 것과(嘆願) 우리 안에 하나님의 약속이 이루어지기를 구하는 것과(訴願) 다른 사람의 필요를 요구하는 것과(仲裁) 하나님의 모든 선하심과 인자하심에 대한 감사(感謝) 등을 포함하여야 한다.

또한 우리의 개인적인 생활을 대표하는 사적(私的)인 기도와 기본적인 사회적 집단에 참여하는 가족 기도와 다수한 회중의 회원으로서 참여하는 공중기도 등의 여러 종류가 있다. 그러나 이 모든 것은 계속적인 연단의 생활이 있어야 우리의 기도가 우리 일상 생활의 계속적인 기초가 될 수 있다.

제 3세기의 성자 알렉산드리아의 클레멘트는 모든 기독자의 이상적인 전형의 인물로서 쳐다 볼 만한 사람이었다. 그는 기도에 대해서 말하기를 "기도는 하나님과 인간과의 상호적이며 호혜적(互惠的)인 통신이라"고 하였다. 기도는 양면적(兩面的)인 활동으로서 하나는 우리 위에서 우리를 끄는 힘이며 다른 하나는 자기 안에서 돌아오는 경향으로 일하는 것이라고 하였다.

과연 기도는 그 기도하는 행동자체 안에 본질적인 증거를 가진 생명 창조의 방법이라고 할 수 있다. 심리학자 윌리암 제임스는 "기도는 활동하는 종교로서 기도만이 진정한 종교라"고 하였다. 그는 이 과학적인 계몽의 시대에 있어서도 기도의 유효성을 굳게 믿고 언제나 거기의 학생들에게 역설하였다고 한다. 그는 인간의 정신적인 본성이 우리가 예측할 수 없는 방향으로 변하지 않는 한 인간은 이 세상 끝날까지 기도를 그치지 않을 것이라고 단언하였다.

우리는 우리가 하는 일과 우리의 가정과 우리의 사회와 그리고 우리가 살고 있는 이 우주와 더불어 조화를 이루고 밀접한 관계를 맺기를 원한다. 또한 우리는 우리의 생활에 대한 부족감의 의식에서 보다 높이 올라 가려고 하면 우리는 영적인 능력의 내면적인 자원(資源)을 풀어 놓을 필요가 있다. 오늘날 우리는 많은 사람들이 많은 비용을 써가며 정신병학자를 찾아가서 어떤 정신 생활의 정당한 조정(調整)을 받기를 원하고 있음을 본다. 그러나 대개의 경우에는 찾아가기 이전과 동일한 결과를 얻든가 그렇지 않으면 모든 책중의 책인 성경 말씀에 나타난 용서와 조정의 기록을 읽으라는 권고를 받는 것을 본다.

"이 곤고한 자가 부르짖으며 여호와께서 들으시고 그 모든 환난에서 구원하셨도다" (시 34 : 6) 또한 시편기자는 말하기를 "저희를 기억하심이여 가난한 자의 부르짖음을 잊지 아니하셨도다" (시 9 : 12)고 하였고 "의인이 외치매 여호와께서 들으시고 저희의 모든 환난에서 건지셨도다" (34 : 17)고 하였다.

그러므로 이 여러 말씀을 종합해 볼 때 하나님의 지존하신 비밀한 성소에 들어가는 자에게는 그들의 생활에 반드시 어떤 변화가 생기는 것을 알 수 있다. 우리의 고백과 기도는 해방과 조절에로 우리를 인도한다. 기도하는 사람은 그들 자신의 문제들을 극복하고 이 세계와 더불어 조화있게 사는 것을 우리는 본다. 우리가 어떤 실패를 경험했을 때 자기가 믿고 의지하는 친한 친구에게 우리의 영혼을 털어 놓고 그의 권고와 조언을 받을 때 우리는 그 상처의 고침과 해방된 심리를 경험한다.

이와 같이 성경에 나타난 인물들은 이와 같은 고침과 갱신(更新)의 경험을 영원자의 현전에서 찾았던 사람들이다.

중세기의 가톨릭 교회의 이색적인 성자 로오렌스(Brother Lawrence)는 말하기를 "산 믿음으로 삼투(滲透)되어 있는 영혼에게 하나님께서는 그의 은총과 사랑을 풍족하게 부어 넣어 주신다. 이것은 마치 어떤 방해물로 인하여 얼마 동안 갇혀 있던 급류가 그 뚫고 나갈 길을 얻어서 일시에 쏟아져 나오는 것과 같다"고 하였다. 과연 기도하는 사람의 영혼은 "물 쟁인 동산"이 되는 것이다.

그런데 기도에는 두가지 위험이 있다. 하나는 기도를 공리주의적(功利主義的)으로 사용하는 것이요 다른 하나는 기도의 결과를 합리화시켜서 우리들의 신앙을 낮은 가능성의 레벨로 떨어뜨리는 태도이다.

요한 웨슬레는 우리의 사적 기도는 언제나 성경과 긴밀한 연결을 가짐으로써 우리의 기도가 언제나 진실로 예수의 이름으로 하는 것인지에 대한 자기 반성을 해야 한다고 하였다. 하나님의 계시하신 뜻의 빛 아래서 자기 검사를 함으로써 언제나 우리의 기도가 바르게 구하고 있는가?를 시험해 보아야 한다고 하였다.

다음으로 기도의 첫째 요건은 **진실함**이다. 기도는 우리의 마음을 하나님께로 향하는 것이므로 모든 기도하는 말에 진실함이 없으면 그것은 위선이 되고 만다. 그러므로 우리는 기도할 때 우리의 모든 일시적인 견해나 칭찬이나 상금을 받기를 원하는 마음을 물리쳐 버리고 다만 기도의 중심 목적은 우리의 눈을 우리들의 생활에 대한 하나님의 목적에 두고 우리의 소원을 충족케 하실 하나님에게 계속적으로 의지하는 느낌을 가지도록 하여야 할 것이다. 제 13 권 97

기도의 목적은 계속하여 그리스도의 친구가 되기를 배우는데 있는 것이다.

(계속)

1964. 3. 15. "교리적선언 해설 14" 홍현설, 「기독교세계」

홍 현설 박사의 교리적 선언 해설 (제15회)

제 4조 "우리는 사랑과 기도의 생활을 믿으며 죄를 용서하심과 모든 요구에 넉넉하신 은혜를 믿으며"

다음은 **"죄를 용서하심"**에 대해서 생각해 보자.

기독교는 속죄의 종교이다. 주님 자신이 그가 세상에 오신 목적에 대해서 말씀하실 때 "대개 인자가 온 것은 섬김을 받으려 함이 아니라 섬기려 하고 무리를 위하여 목숨을 버려 속죄하여 주려 함이니라"(마가복음 10 : 45)고 하셨다. 또한 예수께서 간음하다가 잡혀온 어떤 여인에게 하신 말씀에 "나도 또 죄를 주지 아니하노니 가서 다시 죄를 범치 말라"(요한복음 8 : 11) 고 하셨다. 예수 그리스도는 그가 인간들의 죄를 사하여 주심 같이 인간들도 피차 죄를 용서하여 줄 것을 명령하셨다. "주여 형제가 내게 죄를 지으면 몇번이나 용서하여 주리이까? 일곱번까지 하오리까?" 하고 묻는 베드로에게 "내가 네게 이르노니 일곱번 뿐 아니라 오직 일흔번씩 일곱번이라도 할지니라"(마태복음 18 : 21—22)고 분명히 말씀하셨다. 또한 주님은 "너희가 남의 죄를 면하여 주면 너희 천부께서 너희 죄도 사하여 주시려니와 너희가 남의 죄를 면하여 주지 않으면 너희 아버지도 너희 죄를 사하여 주지 아니 하시리라"(마태복음 6 : 14—15)고 잘라 말씀하셨다. 그러므로 주께서 가르쳐 주신 기도문 중에는 "우라가 우리에게 죄지은 자를 사하여 준 것 같이 우리 죄를 사하여 주옵시고" 하는 말로 기도하게 하셨다. 기독교에서는 예수의 속죄를 직접 그의 십자가와 연관시켜서 생각하는 것이 보통이다. 그렇다면 그리스도께서 세상에 오셔서 십자가에서 죽으시기 이전의 하나님은 용서하시는 하나님이 아닌가? 하는 문제가 생긴다. 그러나 우리가 분명히 알기는 구약에 나타난 하나님도 용서하시는 하나님이시라는 증거가 얼마든지 있다.

예수 그리스도의 십자가의 구속적인 행위에서 계시된 하나님은 하나님이 용서하시는 기질(氣質)만 가지신 하나님이 아니라 그 자신이 실제로 인간과 역사 중에 용서하시는 능력으로서 들어오셔서 그의 사죄를 효과적으로 만드셨다는 중요한 사실이다. 예수 그리스도는 우리에게 용서를 약속만 하신 것이 아니라 "이제" 와 "여기" 에서 죄가 우리와 하나님과의 관계를 단절(斷絕)시켰던 것을 실지로 회복하신 것이다. 예수께서 반신불수 병자에게 "소자야 내가 네 죄를 사하였다"고 선언하실 때 옆에 있던 서기관들은 이 말씀을 참람하다고 생각하고 "오직 하나님 한 분외에는 누가 능히 죄를 사하겠느냐?"고 (마가복음 2 : 5 이하)의문을 일으키기까지 하였었다. 왕년의 극작가 뻐나아드 쇼오(Bernard Shaw)옹은 "사죄는 거지의 피난처이다. 우리는 반드시 우리의 빚을 갚아야 한다"고 큰 소리를 했으나 그러나 실상은 그는 자기자신이 거지인 것을 고백했고 따라서 그는 하나님께 진 빚을 갚을 수가 없음을 고백한 것이다. 프랑스의 무신론자 볼테어(Voltaire)도 "죄를 용서하는 것은 하나님의 할 일이다. 우리에게는 책임이 없다"는 난폭한 말을 한 일도 있었다. 그는 임종하는 순간까지 자기에게 최후 고회(告悔)를 받으려 온 로마교 신부에게 "도대체 당신은 누구의 권위로 누가 보내서 여기 왔소? 신임장을 내놓으시오"하고 독설을 퍼부었다는 이야기가 있다. 과연 우리는 하나님의 사죄를 받아들인다는 것이 얼마나 어려운 일임을 잘 안다.

그 이유는 이런 태도는 우리가 우리의 잘못을 시인하고 하나님의 용서를 받아야 할 필요가 있음을 솔직하게 인정하는 태도이기 때문이다.

하나님의 새 언약에 의하여 부름받은 교회의 성도들은 그들이 무슨 보다 더 선해지고 보다 더 종교적이 되는 새로운 기술을 창도(唱道)하기 위하여 존재한 자들이 아니라 오히려 사람들로 하여금 하나님의 죄사하심에 대한 새로운 광명과 능력, 사랑과 겸손의 태도 중에서 살도록 도와 주는데 그 존재이유가 있는 것이다. 개혁자 루터는 그리스도인을 가리켜 "용서받은 죄인"이라고 불렀다. 기독교에서 가르치는 사죄, 구원, 속죄, 화해 등의 사상은 모두가 인격적인 의미의 술어들로서 우리가 이런 은사를 소유코자 하면 우리는 하나님과의 새로운 관계에 들어가야 한다.

지금까지 기독교역사상에는 예수의 십자가의 죽으심을 해석하는 여러가지의 학설(예, 만족설, 대신희생설, 배상설, 도덕적 감화설 등)들이 있었다. 그러나 그중에 하나도 만족한 것은 없다. 우리는 책을 읽거나 학설을 받아들임으로써 죄 사함을 받을 수는 없는 것이다. 우리는 하나님께 용서를 받고 그의 사죄를 받아들여야 한다.

아무든지 화해에 대한 말만 들음으로써 화해될 수 없고 그 자신이 하나님과 화해를 해야 한다. 아무든지 의학서를 읽고 올바른 치료법을 알기만 하는 것으로는 병을 고칠 수 없다. 누구든지 어떻게 하면 싸움을 끝장 낼 수 있을가를 알기만 하는 것으로 자기 친구와의 싸움을 개선할 수는 없다.

자기 편에서 친구에게로 가서 화해를 요청함으로써 그의 반응을 얻든지 그렇지 않으면 그 친구 편에서 자기에게로 찾아와서 자기가 그에게 반응하든지 하지 않으면 안된다. 그러므로 속죄라는 것은 사람이 자기의 개인적인 경험을 통해서 스스로 그 진리를 찾아야 하는 어디까지나 개인적인 사실이다. 그러므로 루터는 "그리스도는 세상의 구주시라"는 말과 **"그리스도는 나의 구주시라"**는 말과의 사이에는 천양의 차가 있다고 하였다. 요한 웨슬레도 그가 올더스게잇에서 신생의 경험을 할 때에 "그가 나같은 죄인의 죄까지도 사하여 주셨다"는 확신을 얻은 순간 지금까지의 그의 어두운 심령의 불안은 사라지고 형용할 수 없는 큰 기쁨을 얻게 되었던 것이다.

그리스도의 속죄가 성경에 가르친 바와 같이 "하나님께서 이 무질서하고 반역적인 세계를 예수 그리스도 안에서 자기와 더불어 화목케 하셨다"(고린도 후 5 : 19)고 하면 이것이야말로 위대한 하나님의 신비에 속하는 사실로서 우리가 그 의미를 전적으로 다 이해하기는 기대할 수 없다. 그러므로 신학자 홀트(Hort)는 말하기를 "속죄의 양식에 대하여는 그것은 우리가 섬광(閃光)만을 볼 수 있는 영역에 속하는 사실로서 아래 세계에서 이것을 설명하기 위해서 사용하는 모든 비유는 부득이 그 부분적이며 불완전한 의미 밖에는 나타내지 못하는 제한성을 가지고 있다"고 하였다. 우리는 이 속죄의 문제를 언제나 하나님의 입장에서 보아야 하고 결코 인간의 입장에서 보아서는 안되는 것이다. 하나님의 창발적(創發的)인 사랑에서 죄사함을 받은 인간은 성령의 능력 안에서 이 세상에서 그리스도의 화목의 사신(使臣)이 되어야 하는 사실을 잊지 말아야 한다.

사죄는 우리의 특권이 아니라 우리의 책임이요 세상을 향한 우리의 사명(Mission)인 것이다. (계속)

1964. 4. 15. "교리적선언 해설 15" 홍현설, 「기독교세계」

——홍 현설 목사——

교리적 선언 해설 (제16회)

> 제 4조 "우리는 사랑과 기도의 생활을 믿으며 죄를 용서하심과 모든 요구에 넉넉하신 은혜를 믿으며"

제4조의 일부

"모든 요구에 넉넉하신 은혜를 믿으며"

우리 기독교에서 사용하는 많은 어휘 중에서 가장 곡해되기 쉬운 말이 몇가지가 있다. 성신, 은혜, 신령하다, 성신을 받는다 등의 술어들이다. 우리가 목사의 설교를 듣고 난·뒤에 "은혜받았다"고 하는 것은 그 설교가 자미있었다든가 혹은 그 설교가 웅변학적으로 잘 되었다는 뜻이 아니다.

오히려 은혜받은 설교란 우리가 그 설교를 듣고 난·뒤에 무엇인가 마음에 결심하는 바가 있어서 이제부터 내가 그리스도와 그의 나라를 위해서 무엇을 해보리라는 새로운 결의를 가지는 그런 경우를 의미하는 것이다. 지금까지 우리들의 은혜관은 너무 물질주의적이요 일종의 상행위(商行爲)로 생각하는 경향이 많은 것은 사실이다.

이런 태도는 신교의 신앙보다는 은혜를 눈에 보이는 유형적인 것으로 생각하는 가톨릭교회의 은혜관에 더 가까운 것이다. 신약성서에 나타난 은혜관은 하나님의 사랑의 자유하는 성격을 표시하는 의미로 씌어져 있다. 즉 은혜는 인간의 능력이 도달할 수도 없고 또 우리의 힘으로 얻거나 우리가 그것을 받을 아무런 자격도 없는 하나님의 지극히 위대하심과 풍성하심 중에서 나타난다. 그러므로 바울은 이 은혜를 가리켜 "너희에게서 난 것이 아니요 하나님의 선물이라"(에베소 2:8)고 하였다. 이것은 "모든 사람의 지각에 뛰어나는 것이며 그 넓이와 깊이와 높이와 길이를 측량할 수 없는 것이다. 성찬식의 예문 중에 "주님의 많고 크신 자비하심을 힘입어 나아왔사오니 우리는 주님의 상 아래 떨어지는 부스러기도 집기를 감당치 못하옵나이다"라는 귀절이 이 사상을 잘 표현하였다. 죄악된 인간에게 대한 하나님의 사랑은 그자체를 은혜로써 나타내신다.

위에서도 말한 바와 같이 하나님의 사랑의 자유로우심은 피조물편의 어떤 공덕(功德)에 의하여 좌우되는 것이 아니라 다만 그것을 이해하는 자에게 자발적으로 임하는 것이다. 이 하나님의 자유하시는 사랑 혹은 은혜는 죄인들을 위한 그리스도의 생활과 죽으심에서 그 지상(至上)의 표현을 볼 수 있다. 개혁자 칼빈에게 있어서는 은혜는 하나님의 독단적인 선택과 동의어(同意語)로 사용되어 있다. 악한 자들의 상실(喪失)은 그들의 죄 때문에 정죄를 받은 것이요 반대로 의로운 자들의 구원은 하나님의 비밀하신 계획과 그의 기뻐하시는 뜻 이외에 다른 이유가 없다고 주장하였다.

그러나 웨슬레는 그리스도의 구원하시는 은혜와 인간이 그 은혜를 자기의 것으로 충당 (Appropriation)하는 행위의 두가지 면을 말하였다. 웨슬레에 의하면 그리스도의 구속하시는 일은 그가 "선행적 은총"(先行的恩寵—Prevenient Grace, 혹은 豫防的 은총)이라고 부르는 인간 영혼 안에서의 은혜의 첫 서광(曙光)으로부터 시작된다고 하였다. 인간은 그 자신으로는 하나님께로 향하여 움직일 능력이 없고 전적으로 하나님의 가능케 하시는 은혜에 의뢰해야 한다. 그러나 동시에 인간은 하나님의 은혜를 받아들이든지 거절하든지 하는데 있어서 자유한 "각각 제 구원을 이루어야 할"책임적인 존재이다.

웨슬레는 이 두가지 요소를 펠라기우스주의(Pelagianism)에 의뢰함이 없이 잘 종합하였다. 그러므로 웨슬레는 인간의 "원죄"(原罪)와 "선행적인 은총"의 두가지 교리를 종합한 학자이다. 루터는 "믿음으로써 의롭다 하심"의 교리를 강조하였고 칼빈은 하나님의 예정을 강조했으나 실지에 있어서 두 사람의 실질(實質)은 동일한 것이다. 어느 경우를 막론하고 교회적인 중보(仲保)의 필요성은 부정되었으며 종교의 본질은 개개의 영혼과 하나님과의 사이의 직접적인 관계에서 찾을 수 있다고 주장한 것이다.

종교개혁자들은 "신앙칭의"(信仰稱義)의 교리를 그 주축(主軸)으로 하였으나 웨슬레는 여기에다가 "성화"(聖化, 혹 成聖—Sanctification)의 교리를 추가하여 개혁자들의 사상을 완성시켰다고 볼 수 있다.

"칭의"란 것은 무엇인가?

그리스도의 속죄적인 사랑을 믿음으로 받아들임으로써 죄에 대해서는 죽고 그리스도에게 용납되는 사실을 의미하는 것이다. 그러나 "성화"란 것은 우리가 죄에 대하여 죽는 그 순간부터 죄의 뿌리와 그 세력에서부터 해방되어 점차적으로 하나님의 은혜 가운데서 자라나서 마침내 우리 안에 잃어 버렸던 하나님의 형상을 회복하게 되는 것을 의미한다. 그런데 이런 "성화"(성성)의 상태는 언제 오는가?에 대한 웨슬레의 대답은 죽기 직전에 올 수도 있고 그보다 더 일찌기 올 수도 있다고 하였다.

그리스도인의 전체의 생활은 이 성화의 과정을 밟아가는 생활이다. 그리하여 전적인 성화에 이른 자를 "기독자의 완전"(Christian Perfection)에 도달한 지라고 하였다. 그런데 이 전적 성화의 상태인 "기독자의 완전"은 무슨 우리의 도덕적 품성이 완전에 도달했다는 뜻은 결코 아니다. 오히려 여기서 "완전"이라 함은 순수한 사랑에 있어서 완전을 의미하는 것이다. 즉 사랑이 우리 마음 속에서 죄를 내어쫓고 우리의 마음과 생활을 지배하게 되는 상태를 의미하는 것이다. 우리의 동기(動機)와 의지의 지향(志向)에 있어서 우리의 의지를 전적으로 하나님의 의지에 위양(委讓)하는 태도를 의미한다.

하나님께서 주시는 제일 좋은 은혜는 우리가 죄로 타락한 뒤에 구출하시는 은혜보다는 처음부터 타락하지 않고 신앙의 순결을 지키게 해 주시는 은혜이다. 유명한 부흥목사 집시 스미드(Gypsey Smith)씨는 자기의 일생을 이런 모양으로 간증하였다.

끝으로 "모든 요구에 넉넉하신 은혜"란 무슨 뜻인가?

영불해협에서 증기선을 운전하던 풀렌 선장 (Captain Pullen)은 언제든지 그가 배를 발동시킬 때는 전 증기력을 한꺼번에 다 발동시키지 않고 20파운드 내지 30파운드만 증기를 올렸다고 한다. 그 이유는 만일에 처음에 최고점까지 증기를 올리면 기판은 폭발되어 배는 산산조각이 나게되는 까닭이었다. 그 대신 배에다 석탄을 많이 가지고 가면서 점차로 증기를 올려서 배의 속력을 내게 하였다고 한다. 이처럼 하나님께서는 우리 인생의 첫 출발부터 우리의 전체 생애에 필요한 은혜를 한꺼번에 다 주시지 않는다. 그 이유는 우리가 그것을 감당할 수가 없기 때문이다. 이스라엘 백성이 광야에서 만나를 매일 매일 받는 것처럼 하나님은 우리에게 그날 그날에 넉넉한 은총을 내려 주신다. 다만 우리가 이 나날의 은총을 받을 수 있도록 믿음으로 우리의 마음의 문을 열고 있는가가 문제이다. (계속)

제 13 권 145

1964. 5. 1. "교리적선언 해설 16" 홍현설, 「기독교세계」

교리적 선언 해설 (제17회)

—홍 현 설—

영문에는 "충분한 규준" (Sufficient Rule)이라고 되어 있다. 이 조항은 우리가 기독자로서 어디에다가 우리의 신앙과 생활의 표준을 두어야 하느냐? 의 문제를 다룬 것이다. 우선 기독자에게 권위적으로 제정되고 기술된 기독교적 생활이 따로 있느냐? 하는 것이 문제가 되어야 한다.

여기에 대한 바울의 태도는 그의 서신에 나타난 사상을 종합해 보면 그는 현저한 기독교적 생활의 존재를 인정하나 그러나 그는 자기 자신까지도 포함해서 이 세상에 누구든지 다른 사람을 위해서 그의 생활이 어떠해야 하리라는 것을 결정해 줄 권위를 가진 자는 아무도 없다고 부인하였다. 즉 다른 사람을 구속(拘束)하는 윤리의 법전(法典)이라든가 붙들어매는 계명이라든가 다른 사람의 모방이란 것은 있을 수가 없다는 말이다.

만일에 그렇다면 개개인의 크리스챤은 그의 어떤 행위가 크리스챤으로 인정될 수 있을는지? 의 문제가 생기게 된다. 바울의 견해에 의하면 하나님은 언제나 크리스챤에게 현존하시고 활동하시기 때문에 어떤 고정적(固定的)인 제도란 있을 수 없다고 생각하였다.

하나님께서는 기독자가 직면하여 해결치 않으면 안될 새로운 문제들과 새로운 상황(狀況)을 계속적으로 창조하신다. 아무도 이런 새로운 상황에서 어떻게 행동할 것이며 또 행동하여야 한다는 것을 미리 예언하거나 결정할 수 없는 것은 살아계신 하나님이 우리 안에서 그의 기쁘신 뜻대로 우리가 따라 행하도록 일하시고 계시기 때문이다. 기독자가 어떤 법전을 따르거나 다른 사람을 모방할 수 없는 것은 그는 직접 하나님께로부터 그를 섬기며 또한 그의 동료인간을 섬기도록 부르심을 받은 까닭이다. 그러므로 바울이 하나님을 인격적으로 또는 활동적으로 보는 사상은 우리 크리스챤의 생활을 어떤 법전화하거나 율법주의적인 제도 중에 가두어 두려는 모든 시도(試圖)를 반대한다.

그러나 대부분의 기독자들을 위해서 그들의 신앙과 행위의 지침이 될 만한 어떤 근거는 있어야 한다. 기독교적인 생활의 양식(樣式)을 전달해 주는 것으로 간주되는 세 가지의 요인이 있다. 즉 **복음과 성령과 기독교 형제주의**이다. 복음은 하나님께서 그리스도 안에서 우리를 구속하시며 우리를 용서하시는 하나님의 사랑과 은총의 멧세지이며 성령은 복음을 전파함으로써 사람을 그와 더불어 교통하게 하시는 현재에도 살아서 역사하시는 살아계신 하나님이시요 살아계신 주님이시다. 기독교 형제주의는 하나님께서 그 안에서 일하시고 다스리시고 그의 뜻을 사람들에게 알게 하시는 하나님의 교회를 의미한다.

그러므로 기독자에게 있어서 궁극적인 권위는 이 복음과 성령과 형제주의의 세가지 요소의 산 통일에서 찾아 볼 수 있다. (The word, The Spirit, and the Church) 그런데 우리가 하나님의 말씀인 성경을 **율법적인** 법전으로 볼 수 없는 것은 하나님은 살아계신 주로서 현재에도 우리 각자에게 새로운 과업과 봉사를 위한 기회를 주시는 방향으로 일하시는 까닭이다.

또한 우리가 성령의 임재만으로 넉넉하다고 할 수 없는 것은 우리 안에 계신 성령은 과거에도 그의 구속받은 백성들의 역사 안에서 그의 뜻과 목적을 계시해 오신 하

> 제 5조. "우리는 구약과 신약에 있는 하나님의 말씀이 신앙과 실행에 충분한 표준이 됨을 믿으며"

나님의 신이시기 때문이다. 또한 우리가 배타적으로 교회에만 의뢰할 수 없는 것 (교회의 권위를 주장하는 태도)은 기독자는 "그리스도 안에"있으며 하나님은 그의 자녀들과 더불어 개인적으로도 관계하시기 때문이다.

한 마디로 말해서 모든 사람에게 어디서나 어느 때나 적용될 보편적인 기독교적인 표준이란 없는 것이다. 또한 그런 것이 있을 필요도 없다.

이런 표준은 곧 율법이 되고 마는 것이다. "율법"이란 말은 하나님의 새 언약을 떠난 즉 복음과 새 생활을 떠난 세계에 속한 말이다.

율법 아래 있는 자는 바울의 말대로 어린아이처럼 몽학선생과 보호자 밑에 있는 것이다. 그러나 모든 크리스챤은 "예수 그리스도의 장성한 분량에까지" 자라나는 성인(成人)이 되어야 한다. 따라서 그리스도 안에 있는 자는 모든 외부적인 권위에서 독립하고 자유하는 자이다.

우리가 이 조항에서 신구약에 포함된 하나님의 말씀을 우리의 신앙과 생활에 충분한 표준이 됨을 믿는다는 고백은 신교의 원리적 근거한 것이다. 즉 신교에서 처음부터 성경은 "개인을 위한 진리의 표준"이라고 주장해 왔다. 이런 사상은 인류로 하여금 성경 중에 비장(秘藏)되신 그리스도의 이메지 (Image)를 회복케 하는데 큰 도움이 되었었다. 즉 신교에 있어서는 성경이 하나님의 계시의 매개물(媒介物)로서 구교의 "교회"를 대치하였다.

이것은 모든 개혁자들에게 있어서 공통하다. 우리가 이처럼 성경을 궁극적인 권위로 삼은 것은 그것이 예수 그리스도의 복음을 담고있기 때문이다. 그러나 복음은 "새 율법"이 아니고 예수 그리스도는 "새 모세"가 아니다. 예수는 우리의 주시며 그의 권위는 율법주의적인 것이 아니고 인격적이고 종교적인 것이다. 예수는 교사(敎師)가 아니시고 살아계신 주님이시다. 따라서 그의 말씀은 "새 율법"이 아니었고 하나님의 은총의 복음이었다.

우리는 어떤 때 "하나님의 뜻"을 표준으로 삼기도 한다. 그러나 바울은 그런 사용법을 주저하였다. 그 이유는 하나님의 뜻이 어떤 서술(敍述—statement)로 표시되자마자 그것은 하나님의 인격적인 활동과는 쉽게 분리된 외부적인 율법으로 화하게 되기 때문이다. 거기에는 크리스챤의 생활이 율법 아래 다시 노예가 되기 쉬운 위험이 있다. 이런 이유에서 바울은 하나님의 뜻을 "표준"으로 말하는 경우는 극히 드물었고 모든 기독자 각자가 스스로 하나님의 뜻을 알게 되기 위하여 기도하였다. 하나님의 뜻을 행하며 그를 본받는 일은 "우리 안에 계신 신"이라는 관념에 강하게 의존되어 있기 때문에 바울은 하나님의 뜻을 신자들 안에 역사하시는 하나님으로부터 분리된 어떤 표준으로서 볼 수가 없었던 것이다. 인간은 정의를 행하기만 할 뿐 아니라 그 자신이 의로와져야 한다(be right). 예수께서 "누구든지 형제를 미워하면 살인한 자"라 하실 때에 그는 율법의 제도를 깨뜨리시고 그 대신 사람과 사람사이의 인격적인 관계로 대치하신 것이다. 그러므로 우리는 이 조항에서 성경이 우리의 신앙과 실행의 표준이란 말을 절대로 율법주의적으로 해석하지 말아야 할 것이다. 나로서는 이 조항을 "충분한 표준"이란 문구 대신에 "유일한 근거" (Sole Ground)라고 했으면 훨씬 더 타당하리라고 생각한다. (차항 계속)

제13권 161

1964. 5. 15. "교리적선언 해설 17" 홍현설, 「기독교세계」

교리적 선언 해설 (18)

홍 현 설

> 제 5 조 "우리는 구약과 신약에 있는 하나님의 말씀이 신앙과 실행에 충분한 표준이 됨을 믿으며"

1. 성경은 어떤 책인가?

첫째로 성경은 교회의 책이다. 그 이유는 성경은 교회의 경험 안에서만 정당하게 이해될 수 있기 때문이다. 성경은 살아있는 기독교 전통의 중심이 되는 책으로 그 안에는 예배식서(禮拜式書)와 기도와 교리적인 서술들과 성도들의 생활의 기록등이 포함되어 있다. 이런 의미에서 성경은 성문학(聖文學)이라고 부를 수 있다. 따라서 성경의 친정한 가치는 신앙과 윤리에 있고 생물학이나 지리학이나 인류학에 있지 않다. 예를 들면 창세기의 이야기는 영적인 진리를 담아가지고 있는 종교적인 이야기요 인간의 기원(起源)을 보여주는 과학적인 논문이 아니다. 성경은 하나님이 택한 백성(그들의 영적인 능력 때문에)의 종교적인 경험을 통해서 자신을 나타내신 진보적인 게시의 기록이다. 동시에 성경은 하나님의 계시에 대한 응답의 기록이다. 그러므로 성경의 최상의 가치는 예수를 구주로 고백하는 모든 크리스챤들로 하여금 그들도 그들 자신의 충분한 반응을 하게 하는데 있다. 성경은 처음서부터 마지막까지 죄악된 인간에 대한 하나님의 하시는 일을 기록한 책이다.

하나님의 마지막 말씀은 심판이 아니고 구속이다. 우리는 유클리드(Euclid)가 없이는 사람들에게 기하학(幾何學)을 가르쳐줄 수가 없고 뉴우톤(Newton)이 없이는 물리학을 가르쳐 줄 수 없는 것처럼 성경이 없이는 기독교를 사람들에게 가르쳐줄 수 없다. 성경은 인간의 생활과 그 경험을 그 가장 심원한 관계 즉 하나님과의 관계에서 묘사(描寫)한 책이다. 성경이 언제나 인간생활에 타당하고 불멸성(不滅性)을 가진 것은 이 까닭이다. 성경은 놀랄 만하게 인간의 영혼을 비춰주는 맑은 거울이다. 그러므로 정확하게 말하면 우리가 성경을 읽는 것이 아니라 성경이 우리를 읽는 것이다.

우리는 성경이 인간의 약함이나 감정에 접촉되지 아니한 하늘로부터 뚝 떨어진 책이 아니고 우리들의 투쟁과 희망과 시련과 하나님을 찾는 인간 영혼의 승리를 통해서 전해진 책임을 오히려 감사히 생각해야 할 것이다. 여기에 성경이 성경으로서의 거대한 가치가 있는 것이다. 성경이 하나의 마술(魔術)의 책이 되지 아니하고 건전한 신앙을 길러 주는 책이 된 이유도 여기에 있다.

2. 성경은 어떤 의미에서 하나님의 말씀인가?

개혁자 루터는 대담하게 말하기를 "성경은 그 전부가 하나님의 말씀이 아니고 하나님의 말씀을 담아가지고 있다"고 하였다. 그래서 루터는 성경을 말구유에 비하기도 하고 보화가 감춰진 밭에 비하기도 하였다. 성경은 하나님이 우리에게 말씀하시는 유일한 통로(通路)는 아니다. 하나님은 성경과 예배와 살아계신 그리스도를 체험한 사람들의 생활을 통해서 말씀하신다. 어떤 때는 자연을 통해서도 말씀하신다.

그러나 우리가 성경을 그리스도께 대한 전적인 위임(委任)과 신앙의 응답으로서 읽을 때 성경은 인간에 대한 하나님의 말씀이 되는 것이다. 성육(成肉)하신 그리스도가 성경의 중심이며 성경의 남은 부분을 테스트하는 표준이 되는 것이다. 예수 자신이 "이 성경이 나를 위하여 증거하는 것이라"(요한복음 5 : 39)고 하셨다. 구약성서는 예수의 오실 것을 예시(豫示)하며 계시하는 책이다. 복음서는 그의 생활과 사업과 죽으심과 부활하심을 묘사한 기록들이다. 그밖의 서신들과 신약성서의 다른 책들은 초대교회에 있어서의 그리스도의 살아계신 임재(臨在)를 반영하는 책들이다. 특히 이 복음에서 나타난 우리 주님의 말씀과 행동과 죽으심과 부활하심에 대한 증거가 성경으로 하여금 하나님의 말씀이 되게 하는 가장 명확한 증거이다. 이 말은 결코 복음서에 기록된 말씀 전부를 문자적으로 취한다는 말은 아니다. 성경의 다른 부분과 마찬가지로 이 4복음서도 그 말씀들이 기록될 때의 주위환경을 반영하기 때문이다. 즉 복음서들은 어떤 말씀이나 사건들에 대한 속기술(速記術)적인 기록이라기보다는 그리스도의 제자들의 기억과 초대교회 지도자들의 통찰(洞察)을 우리에게 전달해 주는것이라고 봄이 타당하다. 아무리 성경이 인간적인 잘못될 수 있는 요소들을 가졌고 또한 그 기록되던 시대와 성경기자들의 기질(氣質)이 반영되었다고 할지라도 성경이 인간에 대한 하나님의 말씀임에는 변함이 없다.

말씀이 육신이 되신 확증과 요한복음 3 : 16에 기록된 하나님의 무제한한 사랑에 대한 선언은 성경의 모든 남은 부분 위에 하나님의 말씀으로서의 빛을 비춰준다. 성경은 "토기에 담겨있는 하늘의 보배"(고린도후 5 : 7)의 보관자(Custodian)이다. 거기에는 인간의 오류에 빠지기 쉬운 여러가지의 표적들을 가지고 있으나 그러나 성경이 "말씀"(the Word)을 증거하는 까닭에 우리가 성경을 하나님의 말씀이라고 부르는 것은 정당하다. 성경은 인간의 손으로 씌어졌기 때문에 그 기자들의 과학적인 지식이나 기타 여러가지 면에 있어서 많은 제한성을 반영하고 있다. 예를 들면 성경 중에는 마귀의 말도 기록되어 있다. 그것은 물론 하나님의 말씀은 아니다. 또한 성경은 마귀는 처음서부터 거짓말을 하는 거라고 기록하였다. 또한 성경중에는 남을 속이고 손해를 주기 위하여 거짓말을 한 나쁜 인간들의 말도 기록되었다. 그것도 물론 하나님의 말씀은 아니다. 또한 성경 중에는 선량한 사람들의 말도 기록되어 있으나 그러나 그들 중의 더러는 매우 미숙한 종교적 발전의 시대에 살던 사람들도 있다. 그들은 자기들이 본대로 거울 속으로 보는 것처럼 어둡고 희미하게 보고 기록하기도 하였다. 우리는 신적(神的)인 진리의 하늘의 보화를 토기에 담아가지고 있는데 때로는 이 진리가 그것을 담아가지고 있는 그릇의 모양과 색갈과 냄새를 취하는 경우가 있다. 그러므로 "나는 성경의 뚜껑으로부터 뚜껑까지 매 글자 매 음절(音節)을 하나님의 무오(無誤)한 말씀으로 믿는다"고 하는 것은 "내가 곧 진리라"고 하신 분에게 거스리는 것이 되는 방법과 입장을 취하는 것이라고 할 수 있다. 지각이 있는 사람이라면 성경 중에서 단순한 지방적인 것을 보편적인 것에서 갈라내며 일시적인 것을 영원성을 가진 것에서 갈라내고 단순히 우연적(偶然的)인 것을 본질적인 것에서 갈라내는 신앙의 통찰력을 가져야 할 것이다. 이렇게 함으로 그는 진리의 말씀을 정당하게 갈라 놓을 수 가 있다. 성경이 우리의 표준이 된다고 하는 것은 성경이 하나님의 목적과 본성에 대한 새로운 통찰력을 우리에게 주며 기독교적인 교제와 공동체가 시작되던 근원기(根源期)에 있어서의 생활에 대한 기록을 우리에게 줌으로써 후에 오는 모든 기독교적 생활과 교리를 시험하는 표준을 우리에게 제공한다고 할 수 있다. (계속)

제 13 권 193

1964. 6. 15. "교리적선언 해설 18" 홍현설, 「기독교세계」

교리적 선언 해설 (19)

홍 현 설

제5조 "우리는 구약과 신약에 있는 하나님의 말씀이 신앙과 실행에 충분한 표준이 됨을 믿으며"

1. 신교에 있어서 성서의 위치

신교는 성서와 신조와 성예전을 하나님의 진리를 선언하기 위해 하나님으로 인해 지정된 세가지의 방법으로서 받아들인다. 그러나 이 세가지는 사람들에게 예수 그리스도를 제시함으로써 그들이 그리스도를 이해하고 그를 구주로서 기쁘게 받아들이게 되는 기능(機能)을 함으로써만 그 참된 사명을 완수하는 것으로 생각한다. 그러므로 신교에서는 성서를 통하여서만 우리가 역사적인 예수에게 가장 직접적으로 접근할 수 있다고 주장한다. 그러나 이 성서를 해석함에 있어서 가톨릭 교회와 같이 어떤 교권에 의거하는 것이 아니라 어디까지나 개인이 그 자신 하나님의 계시의 근원에 돌아갈 수 있는 권리를 가지는것과 그가 성령의 지도 아래서 자기자신의 양심의 빛에서 찾은 것을 해석하는 자유를 인정하는것은 구교의 입장과 엄연히 구별된다. 즉 이 점에 있어서 신교는 그 원리에 있어서 모든 교회주의를 깨뜨렸으며 교회의 진정한 연합의 띠로서 맹목적인 굴종 대신에 자기의 이지적인 신념으로 대신하였다. 그러므로 신교가 그 종교적인 권위로서 교회 대신에 성서를 대치(代置)한 것은 결코 또 하나의 외부적인 표준(성서)으로서 다른 외부적인 표준을 대치한 것으로 이해해서는 안될 것이다. 다시 말해서 신교의 종교적인 권위는 성서만이 아니라 성령으로 말미암아 영감을 받은 개인에 의하여 해석된 성경이란 점을 잊지 말아야 한다. 그러나 이것은 결코 교회원리를 부정하는 의미의 말이 아니고 오히려 더 밀접한 관계를 의미하는 것이다. 신교의 원리인 성서의 유일한 권위라는 것도 실상은 하나의 신조적인 명제로서 이런 점에서 그것은 교회적인 원리의 승인이라고 볼 수 있다.

역사적으로 보아 모든 기독교세계에서 성서, 교회, 이성(理性)의 삼층표준을 어떤 형식으로든지 수락한 것만은 사실이다. 다만 신교와 구교 사이에 차이가 있다면 성서의 해석의 성격의 차이가 있을 뿐이다. 즉 구교에서는 성서의 해석을 교회회의의 결정과 관례(慣例—Precedent)에 의해서 할 때에 신교는 성령에 비취운 개인의 양심의 자유로써 했던것이다.

초기의 신교는 성서를 하나의 완전한 교리와 도덕의 제도를 포함한 책이라고 생각하여 오고 오는 모든 세대에 있어서 아무런 비판이나 조전(挑戰) 없이 그대로 받아들여야 한다고 주장하였다. 그러나 후기의 신교에서는이런 극단의 주장이 다소간 완화되어 성서는 우리에게 원칙을 주는 책으로서 교회는 그리스도의 신의 계속적인 영감 아래서 그 자체의 진리에 대한 개념과 의무의 개념을 진보적으로 발전시킬 수 있다고 생각하게 되었다. 즉 신교는 하나님의 계시의 매재물(媒介物)로서 교회 대신에 성서를 삼았다. 그런데 하나님은 이 성서의 매 페이지를 통해서 개인들에게 직접으로 말씀하시며 이것을 읽는 그리스도인들이 살아계신 그리스도가 주시는 새로운 충동에 의하여 그들의 사상과 경험에서 그리스도를 점차적으로 충당(充當)하는 사실에 비추어 계시의 계속적인 진보의 가능성이 전제되는 것이다.

2. 성서의 영감(靈感)의 의의

성서를 하나님의 계시의 기록이란 종교적인 중요성과는 달리 이것에 하나의 표준으로 삼으려는 교회적인 목적이 있었다. 이런 표준을 만들려는 욕망이 발단이 되어 오늘의 성서가 수집되게 된 것이다. 그리하여 성서의 이 규범적(規範的)인 권위는 그동안 여러가지 모양으로 논의되고 변호되어 왔으나 이 문제는 지금도 변함 없이 그리스도의 교회의 모든 대교파들 중에서 그대로 인정되고 있다. 이 성서의 직능이 성서영감설이란 교리로서 표현되었다. 가톨릭교회는 성서의 영감의 증거를 성서가 편성되던 비상한 방법에서 찾으려고 하였고 교회의 증거에 의해서 성서의 정경(正經—Canon)의 증거에 의뢰하려 한다. 그러나 신교는 이와 반대로 성서의 내재적인 본질에 대한 신앙에서 찾으려고 한다. 그리하여 성서의 명료성과 그 효력과 그 충족성 등을 강조하며 성서의 영감의 충분한 증거를 개개의 신자의 마음과 양심에 주시는 성령의 증거에서 찾으려고 한다. (감리교의 창설자 요한 웨슬레의 경우도 이것이다.) 그러므로 성서를 교회의 권위로서 받아진 전통적인 원리의 여러가지 형식들 중의 하나로서 취급하는 가톨릭 교회 보다는 신교가 얼마나 더 성서에 근본적인 위치를 주는 것을 알 수 있다.

그러나 신교도 언제나 성서의 영적 권위만을 고수하지는 못했다. 즉 성서의 영감의 증거를 내면적인 증거에 의뢰하려던 신교는 그 권위문제에 있어서 공허감을 느끼고 소위 성서의 무오설(無誤說—Inerrancy Theory)이란 것을 만들어 내었다. 이 성서의 무오설은 성서의 권위를 그 안에 포함된 모든 사물에 확장시켰다. 즉 종교적인 것과 동양으로 역사적, 과학적인 사실들에 있어서도 하나님의 영감은 그 모든 서술의 절대 정확성 중에 나타나 있다는 주장이다. 그리하여 성서학자 John Lightfoot과 같은 이는 (영국 켐부리지대학 부총장) 하나님의 세계창조가 기원전 4,004년 10월 29일 오전 9시에 창조하셨다는 정확한 날자와 시간 까지를 계산하여 발표한 일이 있다. 또한 1675년에 Helvetic Con-Sensus Formula 중에는 성서를 하나님의 직접적인 구수(口授—Dictation)의 결과라고 주장하고 히브리어의 모음까지도 영감되었다고 하였다. 그러나 이런 극단의 영감설보다 다소 온건한 주장은 형식과 내용과의 차이를 인정하고 성서기자들의 문체와 표현의 특이성을 인정하였다.

이제 우리가 성서가 기독교에 있어서 영구적인 중요성을 가지는 두가지의 특질을 말하면 다음과 같다.

(가) 성서는 역사적인 그리스도께 대한 가장 오래고 직접적이며 신빙할 만한 지식의 자원(資源)이라는 것.

(나) 동시에 성서는 현재의 기독교인들의 생활을 각성사키며 자극시키고 영감시키는 가장 유효한 길이란 것이다.

우리는 성서를 통해서 직정으로 그리스도를 만난다. 구약성서에서는 그리스도의 내적 생명이 영향을 받던 영적인 양식과 그 자신이 성취키 위하여 부름받던 하나님의 계시를 우리는 만나게 된다. 복음서에서는 그의 생활과 그의 교훈의 근본적인 형식을 보게 되며 서신들과 계시록에서는 그리스도에게 가까이 있던 사람들에게 주신 성령의 감화와 역사를 읽게 된다. 한 마디로 말해서 예수 그리스도의 인격이 성서 전체를 통해서 그 중심이 되어 있으며 그가 성서(신구약)의 여러 다른 부분들을 하나로 통일하는 띠가 되어 있다. (차항 계속)

1964. 7. 1. "교리적선언 해설 19" 홍현설, 「기독교세계」

(제 3종 우편물 인가) The Methodist Life 338호 — 5 —

교리적 선언 해설 (20회)

제5조 "우리는 구약과 신약에 있는 하나님의 말씀이 신앙과 실행에 충분한 표준이 됨을 믿으며"

우리는 지난 번의 강의에서 성서는 영감으로 된 책임을 말했다. 이 말의 참 뜻은 성서를 기록한 사람들이 영감을 받았다는 뜻이다. 즉 그들의 인격과 하나님께 대한 봉헌(奉獻) 때문에 하나님의 선은 그들의 사고(思考)와 글 쓰는 일에 영감을 주신 것이다. 또한 인간정신은 성서 편찬에 있어서 어떤 텍스트들은 많은 사료(史料) 중에서 선택하는 일에 있어서도 영감을 받았다고 할 수 있다. 그리하여 기독교회에서는 완전 영감성(Plenary Inspiration), 문서 무오설(Documentary Inerrancy) 또는 축자 무오성(Verbal Infallibility) 등에 등장하게 되었다.

그러나 성서의 모든 부분이 그 본질에 있어서 꼭 같이 동등하다고는 볼 수 없다. 다른 모든 역사책들과 마찬가지로 성서의 초기의 부분들은 후기의 부분의 빛에 의해서 읽어야 하며 동시에 그 본질적인 멧세지를 지방적이며 일시적인 장면에서 구별하여 읽지 않으면 안된다. 성서는 우리가 거기서 되는대로 증거본문(Proof-text)을 인용할 수 있는 율법서가 아니고 그리스도를 중심으로 한 영적인 체험의 기록으로서 그리스도로써만 음미되어져야 한다. 그러나 우리가 여기서 한가지 주의할 것은 그렇다고 해서 자기가 원하는 부분만을 선택하여 부분적으로만 하나님을 복종하는 자유를 가지는 일은 허용되지 않는다. 개혁자 칼빈은 말하기를 "우리는 율법과 예언서에 포함된 전부를 그대로 받아야 한다. 성서 전체가 하나님의 존엄성을 나타내는 것으로 그 전부가 우리에게 유익한 것이라"고 하였다. 바울도 우리에게 권고하기를 우리는 우리의 기호(嗜好)에 맞는 부분만을 끄집어 내어 그것을 성서라고 부르지 말고 전체를 예외 없이 받아야 한다고 하였다.

성서의 진정한 권위는 어디에 있는가? 성서의 참된 권위는 성서가 만들어 내는 신앙에 있다. 또한 성서가 증거하는 신앙 특히 최종적인 그리스도 중심적인 신앙에서 꽃피는데 있다. 성서가 하나님께 대하여 증거하며 예수 그리스도께 대하여 증거한다는 사실이 진정으로 성서를 권위있게 해 주는 요소이다. 신교의 개혁 운동은 예수 그리스도를 중심으로 한 하나님의 말씀의 재발견에 있었는데 루터교는 그 창설자 루터의 획기적인 통찰력에서부터 급속하게 떠나갔고 칼빈주의도 같은 경향을 따라갔다. 종교적인 진리는 역사적인 진리나 과학적인 진리와 같지 않다. 따라서 그것은 같은 방법으로 증명될 수 없다.

하나님의 말씀의 권위는 수학의 대수표(對數表)와 같은 성질의 것이 아니다. 신앙은 구두서술(口頭叙述)에 대한 단순한 피동적인 수락이 아니다. 만일에 그렇게 된다면 그런 신앙은 인간의 영혼을 매는 족쇄(足鎖)가 되고 말 것이다. 신앙은 사슬이 아니고 날개이다. 이것은 매지 않고 푸는 것이다. 그러므로 우리가 성서에 대한 신앙이 단순한 책에 대한 신앙이라면 그것은 우리를 풀어 주지 못하고 도리어 매는 것이 될 것이다. 그러므로 "성서에 대한 신앙"이란 표현은 사실에 있어서 퍽 불쾌한 문구이며 가장 불행한 태도를 지시하는 표현이다. 이런 신앙이야말로 사람을 "대심문관"(大審問官—도스토에브스키의 소설에 나오는 Grand Inquisitors)을 만들며 비상상격(非想像的)인 독단론자를 만들고 도둑할 수 없는 보화를 지키는 스스로 임명한 관리자를 만들며 아무런 자물쇠에도 맞지 않는 열쇠를 욕심스럽게 소유하는 자를 만들게 된다. 성서는 두가지의 중요한 요소를 지니고 있다. 첫째로 성서는 하나의 책이다. 하나님께 대한 증거를 가진 책이다. 그러므로 그 증거가 중요하다. 이 증거가 확실하여야 한다. 둘째로 이 증거에 대한 신앙의 반응이다. 하나의 책으로서의 성서는 복잡한 역사적, 사회적, 문학적인 과정의 산물로서 우리가 그 과정에 대해서 더 알면 알수록 이 과정에 대해서 통일성과 그 이유를 제공한 전체에 흐르고 있는 실재의 내면적인 핵심의 지속적인 생명력에 대해서 감탄을 하지 않을 수 없게 된다.

그러므로 이처럼 한 편에서는 하나님의 계시에 대하여 말하고 다른 한 편에서는 신앙의 응답을 말하는 것이 이 성서 형성 과정의 중심에 뚜렷하게 나타나 있다. 이런 중심적이며 결정적인 실재가 없이는 성서는 단순한 하나의 책, 기록의 모음, 고대의 문서의 도서관에 불과할 것이다. 그러나 이런 문고(文庫)는 그 안에 흐르는 내면적인 원리에서 시종 일관성(始終一貫性)을 가지는 것이 아니라 다만 그 책을 매는 사람이 두 개의 표지(表紙) 사이에 넣었다는 의미에서 지나지 않을 것이다.

성서는 그것을 읽는 자의 전망(展望—Perspective)의 법칙에 의존된다. 우리가 무엇을 보느냐? 하는 것은 우리가 어디에 서느냐?에 달려 있다. 그러므로 성서를 읽는 자는 그의 계속적인 중심이 그 최후적인 명확성과 실현에 도달하여 마침내 하나님이 원하시는 위치에 우리가 설 수 있게 되는 때에라야만 우리는 성서를 바르게 읽을 수가 있다. 그 때에야 비로소 우리의 긴 과정의 의의가 분명하게 될 것이다. John Hutton은 말하기를 "신약성서는 우리 영혼의 가장 작은 활자(活字)까지라도 읽을 수 있는 강렬한 빛을 발산한다"고 하였다. 그러므로 우리가 단순히 성서를 "그 책, 그 전체의 책, 다만 그 책"이라는 식의 순로간을 내걸면 여기에서 "성서 우상론"(聖書偶像論—Bibliotry)이 발생하게 되는 것이다. 이것은 가톨릭교회의 교권적인 무오성에 대하여 성서적인 무오성을 대립시키는 결과가 될 것이다. 구(舊)성서주의는 하나님의 계시를 차고 채웠으나 신(新)성서주의는 자유케 한다. 구성서주의는 성서를 있는 그대로 취했으나 신성서주의는 비판적이며 식별적(識別的)이요 두려워하지 않는다. 구성서주의는 정적(靜的)인 권위주의로 기울어졌으나 신성서주의는 동적(動的)인 영적 자유의 창조를 약속한다. 내면성, 확실성, 강압성…… 이런 것들이 하나님의 말씀의 진실성을 증명하는 부대성(附帶性)들이다. 또한 하나님의 말씀은 그 주요한 자기 전달자로서 성령과 떠날 수 없다. 즉 하나님의 말씀의 계속적인 이해, 갱신, 선언, 적용에 있어서 성령과 하나님의 말씀은 떠날 수 없는 것이다.

결론적으로 말해서 성서는 그 자체가 계시인 동시에 또한 계시에 대한 기록이다. 성서는 역사적인 그리스도께 대하여 증거함으로써 언제나 그리스도의 교회가 그 독특한 멧세지를 받을 근원에 돌아가는 것이며 따라서 오고 오는 세대에 그리스도인의 생활의 순결성과 순수성을 시험하는 테스트를 제공하는 것이다. 또한 현재에 사는 인간들의 요구와 동경(憧憬)에 대한 산 멧세지를 통해서 성서는 역사적인 예수와의 교통과 그를 보내신 살아계신 하나님께 대한 신앙으로써 인간들을 높여 준다.

이 두가지 요소의 연합이 성서로 하여금 모든 다른 기록들과 구별되게 하는 동시에 교회로 말미암아 성서가 영감의 책이며 권위의 책이라는 독특한 지위를 지정받은 이유가 정당화되는 것이다.

제 13 권 229

1964. 7. 15. "교리적선언 해설 20" 홍현설, 「기독교세계」

홍현설 박사의

교리적 선언 해설 (21)

> 제 6조 "우리는 살아계신 주 안에서 하나가 된 모든 사람들이 예배와 봉사를 목적하여 단결한 교회를 믿으며".

제 6조는 감리교회의 교회관이다. 사도신경에는 "거룩한 공회와 성도가 서로 교통하는 것"을 믿는다고 하였다. 그리스도의 교회는 그의 나심과 죽으심과 또한 부활하신 그리스도와 그의 제자들 사이의 계속되는 교제의 결과로써 탄생한 것이다. 예수께서 실지로 교회를 창설하셨는가? 를 가끔 묻는 일이 있다. 우리는 그가 명백하게 교회라는 제도를 설립하셨는지? 에 대해서는 단언할 수 없으나 인간들에게 끼치신 그의 생활의 영향으로 인하여 그리스도인들이라는 새로운 사회가 그리스도로 말미암아 탄생하게 된 것은 의심할 수 없는 사실이다. 또한 살아계신 그리스도와 그가 보내신 성령의 역사와 능력을 통해서 이 교회가 지금까지 지속되어 오는 것도 사실이다. 그러므로 교회는 그리스도의 복음의 한 부분이다. 그가 육체로 계시던 때와 마찬가지로 지금 우리는 이 교회 안에서 그의 사업의 계속을 볼 수 있으며 그의 임재(臨在)를 경험할 수가 있다. 교회는 그리스드를 머리로 하고 신자들은 그의 지체가 되는 하나의 유기적(有機的)인 공동체로서 성경에 나타나 있다.

그러므로 교회는 참된 공동체를 대표하는 성예전(聖禮典—Sacrament)이다. 즉 교회는 인간들의 요구에 대한 하나님의 선물이며 예수 그리스도 안에서 하나님의 계시가 시간과 공간 중에서 연장(延長)되신 것이다. 이 교회생활을 통해서 하나님은 우리에게 은혜의 방법과 영광의 소망을 보증하신다.

이처럼 교회는 예수 그리스도의 지상적(地上的)인 사업의 확장, 내지 계속이며 (성공회에서는 교회를 예수의 成肉身의 연장이라고 주장한다) 그 모든 회원들은 사도들이다. 그들이 단순히 교회에 속하였다는 의미에서가 아니고 예배와 봉사에로 부름받았기 때문이다. 그들은 하나님의 백성으로서 하나님의 심판과 자비를 통해서 하나님 나라가 올 것을 선언하며 하나님의 왕권적(王權的)인 지배의 실현을 준비하기 위하여 세상으로 보냄을 받은 자들이다.

그러나 그리스도의 교회는 이 지상(地上)에 국한되지 않는다. 교회는 모든 구원받은 자, 그리스도의 생명을 분유(分有)한 모든 자, 그와 더불어 연합한 모든 자들 (지금이 땅 위에서 살고 있거나, 이미 죽음을 통해서 영광으로 변화된 자들)을 포함한다. 이 까닭에 초대교회가 그 신앙고백 중에서 "성도가 서로 교통하는 것을 믿는다"는 문구를 넣었었다. 즉 하늘이나 땅에 있는 모든 구속받은 자들이 살아계신 그리스도의 한 생명 안에서 하나의 교제(Fellowship)로써 연결되었다는 뜻이다.

교회는 오랜 단체이기도 하고 동시에 새 단체이기도 하다. 즉 교회가 하나님의 백성인 이스라엘의 생활의 계속이라는 의미에서는 오랜 단체이고 하나님이 인류를 위한 그의 마지막 목적이신 예수 그리스도를 통한 계시 위에서 창설되었다는 의미에서는 새 단체이다. 예수 그리스도는 교회를 순전히 하나의 보이지 않는 영적인 단체 (The Invisible Church) 로서의 새 언약 (The New Covenant)으로만 세우시지 않으셨다. 아무리 비천하게 보일지라도 인간들의 진정한 공동체로서 (그 공동체의 헌법은 예수 그리스도의 피의 새 언약)교회를 세우신 것이다. (가견적 교회——The Visible Church)

제 13 권 252

그러므로 교회는 예수 그리스도를 그 머리로 인정하는 여러가지 종류의 교회들(Communions)로써 조직된 신적(神的)이며 동시에 인간적인 사회이다. 교회가 신적인 사회란 것은 그것이 예수의 나심과 죽으심과 부활에 있어서의 하나님의 역사로써 시작되었다는 뜻에서만이 아니라 회원들이 그리스도로 말미암아 그 교제에로 선택받았다는 사실을 그들 자신이 인정함으로써이다.

또한 교회가 인간적인 사회란 것은 교회는 죄를 지으며 잘못될 수 있는 유한한 인간들로써 구성되었다는 뜻에서이다. 교회의 진정한 표적은 그리스도인의 생활에 있어서와 마찬가지로 그리스도의 신을 소유하는 것이다.

우리가 지나간 2,000년 가까운 교회의 역사를 돌아다 볼 때 여러가지 슬프고 수치스러운 사실들을 많이 발견할 수 있다. 그럼에도 불구하고 우리는 그리스도의 교회는 아직도 인간 역사가 보여줄 수 있는 가장 중요하고 단일(單一)한 현상임을 말할 수 있다. 즉 그리스도의 교회는 세기(世紀)와 대륙을 넘어서 또는 피와 흙의 고대적인 차이도 넘어서, 언어와 문화의 장벽도 넘어서 온 세계에 널려 있는 그리스도인들을 하나로 연결시킨다. 교회는 너무도 여러번 실패하고 너머지기도 하였으나 신앙의 힘으로 다시 일어나고 세상 나라들을 굴복시키며 정의를 위해서 일하고 있다.

그리스도의 교회가 증거하는 생활의 본질과 또한 교회가 창조하고 지속하려는 새로운 생활양식은 이 세계가 그 자체의 결함을 판단하려고 사용하는 바로 그 표준이 되어 있다. 또한 오늘의 세계에 있어서 기독교회에 대한 신앙은 타당(妥當)적절할 뿐만 아니라 긴급하고 절대 필요한 것이다. 즉 인류의 문명이 아주 멸망하지 아니하고 이 땅 위에 살아 남으려고 하면 교회가 보여주는 진정한 공동체의 생활양식과 교제를 본받아 살지 않으면 안될 것이다.

오늘의 세계는 교제에 목말라 하고 있다. 따라서 공동체라는 것이 우리들의 시대의 모든 사상과 행동의 열쇠처럼 되어 있다. 하나님께서는 그 아들 예수 그리스도를 통하여 우리가 꿈꾸는 진정한 공동체를 교회로써 그 모범을 보여주셨다. 그것은 즉 예배하는 공동체이며 기도하는 공동체이고 하나님의 나라를 위해서 일하는 공동체이다.

이처럼 교회는 본질적으로 하나의 교제인 만치 그 회원들간의 연대성을 깨뜨리는 모든 파괴적인 분렬을 경계하고 언제나 어디에서나 모든 동신(同信)의 형제들이 하나가 되는 강력한 일치의 외부적인 표현을 가져야 한다. 그러나 동시에 교회는 그 안에 있는 개인이나 집단들로 하여금 그들의 충분한 영적인 발전을 이룩하며 자유롭게 그들의 영적인 은사(恩賜)를 활용할 수 있는 충분한 자유가 보장되어야 한다.

그러므로 참된 그리스도의 교회는 언제나 일치와 성령에 의한 자유를 아울러 유지해야 하는 문제가 항상 그 앞에 놓여 있는 것이다.

(차함 계속)

1964. 8. 1. "교리적선언 해설 21" 홍현설, 「기독교세계」

(제 3종 우편물 인가) The Methodist Life 340호 — 5 —

교리적 선언 해설(제 22회)

홍 현 설

> 제 6조 "우리는 살아계신 주 안에서 하나가 된 모든 사람들이 예배와 봉사를 목적하여 단결한 교회를 믿으며"

우리는 지난 회에서 교회는 초자연적인 기원(起源)을 가진 단체이며 동시에 교회는 가견적인 사회임을 지적하였다. 초자연적인 기원을 가졌다는 것은 교회가 하나님께서 그리스도를 통하여 인간들에게 주신 선물로서 인간을 그와 더불어 인격적인 사귐에 들어가게 하시며 하나님의 통치 아래서 살게 하시는 그의 은혜로우신 부르심의 결과로 생긴 단체라는 뜻에서이다. 또한 교회가 가견적인 사회란 것은 하나님 나라의 기관(Organ)이며 그의 왕권적인 통치의 대행자(代行者)인 교회는 공간과 시간의 구체적인 실체로서 존재해야 한다는 뜻에서이다. 하나님 나라는 물론 위에서부터 오는 것이지만 그러나 그것은 역사 중에서 나타나야 하며 그의 왕권적인 통치는 역사적인 사건들을 통해서 알려져야 하는 것이다. 그러므로 우리가 교회를 가견적인 사회라고 할 때에 우리는 교회가 특수한 생활방식과 부합되도록 그 생활이 질서지어진 사람들로써 구성되었음을 의미하는 것이다.

예수 그리스도가 의식적으로 조직된 교회를 창설하셨는가? 에 대해서는 학자들 중에 여러가지 의론이 있다. 성서학자 E. F. Scott과 같은 이는 예수의 사업의 불가피적인 결과로서 교회가 생기기는 하였으나 그가 의식적으로 이런 사회를 형성하신 일은 없다고 주장한다. 예수는 직접 교회를 창설하시지 않았다는 것이 비판적인 정통주의의 교회가 되어 왔었다. 만일에 우리가 교회를 현대적인 의미에서 예수가 친히 교회를 위한 헌법이라든가 또한 이 공동체를 다스릴 역원들의 등급적(等級的)인 성직자의 계급제도를 제정하셨다는 의미에서라면 그는 교회를 조직하셨다고 할 수가 없을 것이다. 이 점에 대해서는 누구나가 동의할 것이다.

그러나 만일에 교회라는 단체가 새로운 생활 방식과 신선하고도 놀랄 만한 멧세지를 가진 새로운 종교적 사회를 의미하며 하나님께서 옛날 이스라엘 백성들과 맺으신 거룩한 약속을 전례에 없는 의식적(意識的)인 신앙에서 상속하는 그런 성질의 단체라면 예수 그리스도는 가장 확실하게 그런 공동체를 창설하셨다고 말할 수 있을 것이다. 사실상 예수께서 그의 제자들을 택하시고 그들을 전도하러 내 보내실 때에 그는 이런 공동체를 조성하신 것이다.

교회가 이 시공(時空)의 세계에서 인간 역사에 대한 하나님의 최후 목적의 도구(道具)로서 씌어지기 위해 창조된 결사(結社)라면 예수는 분명히 그러한 단체를 조직하신 창설자라고 아니할 수 없다.

가톨릭 교회는 교회가 하나님의 은총의 도구 노릇하는 것을 세가지 면에서 설명하고 있다. 첫째는 교회는 신앙자체의 교사(教師)이며 수호자(守護者)라는 것이요 둘째는 교회는 신자들의 생활의 초자연적인 면에 있어서 그 모든 회원들의 목자요 지배자라는 것이며 셋째는(이 세가지 중에서 가장 중요한 부분) 교회는 영원한 대제사장이신 우리 주 예수 그리스도로 말미암아 위탁을 받은 성예전의 일반적인 집행자들의 그 제사권(祭司權—Priesthood)의 근원이라는 것이다. 그리하여 가톨릭 교회는 이 세가지의 중대한 직능과 책임이 전적으로(배타적으로)가톨릭 교회에게 부여되었음을 주장한다. 로마 가톨릭 교회가 그 사도계승권(使徒繼承權)을 주장하는 마태복음 16:18에 대해서는 신교의 학자들 사이에 여러가지 해석이 있다.

그러나 공통된 견해는 여기에 반석이란 말은 베드로의 신앙고백의 본질을 의미하는 것으로서 즉 예수를 메시야로 고백한 그 신앙고백을 의미하는 것이라고 해석한다. 따라서 16:19의 "천국 열쇠"란 말도 신자를 받아들이고 혹은 출교를 하는 그런 권력을 의미하는 말이 아니고 사람을 그리스도께로 인도하여 내면적인 마음의 문을 통해서 신앙으로 들어가게 하는 영적 통찰력을 의미하는 것으로 해석한다. 즉 한 마디로 말하면 베드로의 멧세지를 받아들이고 그가 믿는 주님을 구주로 믿는 자는 누구나 하나님 나라에 들어갈 수 있다는 말이다. 이것만이 그리스도께서 베드로에게 위임하신 권위이다.

전통적인 기독교 신학은 그리스도의 교회의 특색을 네가지로 표현하여 왔다. 그것은 즉 하나의 거룩한, 공동적인, 사도적 교회(One; Holy; Cathlic and Apostolic)라는 것이다. 이제 우리는 이 네가지의 특색에 대해서 간단 간단히 해설하려고 한다.

1. 기독교 사회(교해)는 하나이다. (one—unity)

교회가 하나 되어야 한다는 것은 주님의 마지막 기도 중에도 뚜렷하게 나타나 있다. 그런데 오늘날 현실의 교회는 그렇지가 못하고 불행하게도 여러 갈래로 분렬되어 있다. 즉 매우 사소한 일들과 인간적인 쟁론(爭論)과 차이가 그리스도의 몸된 교회의 외부적인 일치를 깨뜨리고 있다. 그러나 교회는 우리 주 되시는 예수 그리스도를 통하여 한 영원하신 실재자에 대한 믿음과 예배에 있어서 하나이다. 즉 모든 기독자는 동일한 신적(神的)인 생명을 분유(分有)하며 동일한 소망을 소유하고 있다. 물론 이 여러 교파와 교회들은 그 행정과 교직자 제도에 있어서 크다란 차이를 나타내고 있다. 그러나 큰 군도(群島)에 속한 작은 섬들이 바다 속에 감추어져 있는 능선(稜線)으로써 연결되어있는 것처럼 그리스도의 교회는 믿음과 소망과 사랑에 있어서 하나이다. 그리고 오늘에 활발히 진행되고 있는 에큐메니칼 운동의 전망으로 보아서 가까운 장래에 진실되게 구주 예수를 사랑하는 사람들이 아버지 하나님과 그리스도가 하나이신 것처럼 이 세계 앞에서 하나 될 때가 오고야 말 것이다.

교회의 일치란 것은 교리와 행정에 있어서 하나가 됨을 의미한다. 교회 중 어떤 단체가 그 교리에 있어서 전체 교회와 다르면 이를 이단(異端)이라고 부르고 혹은 그 교리는 받아들일지라도 그 권위를 배격하는 것은 종파분립적(宗派分立的—Schismatic)이라고 부른다. 가톨릭 교회의 입장에서는 우리 신교가 첫번 카테고리에 속하고 희랍 정교회가 후자의 카테고리에 속한다. 그러나 신교의 입장에서는 어느 교회가 다른 교회를 이단으로 정죄하거나 낙인(烙印)을 찍을 수도 없으며 성령의 빛이 비취진 양심에서 해석한 성서의 권위 외에는 다른 권위를 일체 배격한다.

교회는 싸움과 죄에도 불구하고 성도의 교제의 일치는 계속 강조되었다. 이러한 일치의 정신의 표현은 공동식사(성만찬)와 공동예배에서 나타난다. 바울에 의하면 교회의 일치는 그 조직에 있는 것이 아니라 그리스도적 사랑의 충동에 있다고 주장하였다.

제 13 권 277

1964. 9. 1. "교리적선언 해설 22" 홍현설, 「기독교세계」

(제 3종 우편물 인가) The Methodist Life 342호 — 5 —

교리적 선언 해설(제 23 회)

〈제 6 조 계속〉

2. 교회는 거룩하다(The Church is Holy)

여기에는 두가지의 의미가 있다. 우리가 이 "거룩하다"는 말을 처음으로 사용한 구약성서를 연구해 보면 알 수 있다.즉 히브리어의"거룩하다"란 글자는 세상으로부터 구별된하나님께 대한 도덕적 영적인 관계를 의미하는 글자이다. 첫째로 거룩하다는 의미는 기독자의 교제가 거룩하다는 말이다. 즉 교회는 이 세상(세상이란 말은 성서중에서 언제나 하나님을 떠나서 독립하기를 원하는 인간적인 사회를 의미한다)으로부터 부르심을 받은 단체라는 것이다. 그 부르심의 목적은 하나님의 사랑과 능력을 세상 사람들에게 가져오고 또한 그들에게 현세적인 쾌락이나 고통, 성공이나 실패는 인생에 있어서 지상(至上)의 것들이 아니라는 것을 가르쳐 줌으로써, 사람들에게 봉사함으로써 하나님께 봉사하기 위함이다. 성경에 "이 세상도 가고 그 정욕도 가되 오직 하나님의 뜻을 행하는 이는 세세토록 있나니라" (요한 1서 2 : 17)고 하였다. 교회는 사람들에게 이 사실을 확증하는 것이다. 둘째로 교회가 거룩하다는 것은 교회에 속한 모든 신도가 모두 다 성자요 성도라는 뜻에서가 아니다. 오히려 교회는 현실적으로 죄악된 인간들의 집단이지만 그러나 그들은 하나님의 구속의 은총으로서 하나님의 아들과 딸들이 되어가는 성화(聖化)의 과정 중에 있다는 의미서이다. 루뙤는 기독자를 "구원받은 죄인"이라고 하였다. 이런 성화의 과정을 성취한 자는 성자라고 부를 수 있을 것이다. 모든 크리스챤은 비록 현세에서 이런 상태를 완전히 실현하지는 못한다 하여도 누구나가 이런 높은 부르심을 받고 있다.

사도 바울은 그의 모든 서신 중에서 교회 안의 형제자매들을 성도라고 부르기를 주저하지 않았다.

교회는 사랑과 온유함과 겸손함으로 그 회원들 중에서 하나님의 거룩하심을 반사하고 재현(再現)함으로 교회는 이 세상에서 그리스도를 나타내어야 한다. 그리스도인의 교제는 단순한 인간적인 집합이거나 사교 클럽이 아니다. 교회는 하나님의 구속함을 받은 그리고 구속사업을 계속하고 있는 교제이다. 교회라는 누룩은 세상이라는 덩어리를 발효(醱酵)시켜야 한다.

교제(Fellowship)라는 말은 참여(參與)와 함께 함(being together)을 의미한다. 즉 형제주의를 의미함이다. "엑클레시아"(ecclesia)로서의 교회는 그리스도의 몸으로서 사물(事物)도 아니고 기관(機關)도 아니고 인격적인 공동체이다.

3. 교회는 공동적(公同的)이다. (The Church is Catholic).

여기에서 "공동적"이란 말은 모든 인종, 모든 민족 모든 계급을 망라한 모든 인간들을 위한 단체라는 뜻이다. 근일에 많이 쓰는 "에큐메니칼"(Ecumenical)이란 말도 근본은 사람들이 거주하는 세계"(the inhabited world)라는 뜻으로 쓰여지던 글자이다.

복음은 그 호소에 있어서 그 중요성과 범위에 있어서 우주적이며 인간을 영원하신 설계자와 연합시킴으로써 풍성한 생명을 얻게 하는데 필요한 모든 것을 다 포함하고 있다. 교회는 결코 하나의 분파(分派—sect)도 아니요 좁고 스스로 통제하는 그런 집단도 아니며 또한 그 멧세지는 하나님과 인간과의 관계에 또한 부분적이고 부적당한 설명도 아니다.

교회는 온 세계에 펴져 있으며 그 복음은 "모든 믿는 자를 구원하시는 하나님의 능력이다. 또한 교회의 공동성은 현재에만 국한된 것이 아니고 과거에 뿌리박고 있으며 미래에 대해서도 신앙의 전망으로 바라본다. 그러므로 우리가 모든 대륙과 모든 인종과 모든 타잎의 그리스도인들의 위대한 단체를 생각할 때 여기에 과연 독특하고도 중대한 사실이 내포되어 있는 것이다. 유대인이나 이방인이나 유롭인이나 아시아인이나 백인이나 흑인이나 지혜로운 자나 단순한 자나 부자나 가난한 자나 남녀 노유—교회와 복음은 이 모든 인간들을 위해서 있으며 그들의 온갖 요구는 그리스도 안에 있는 새 생명의 능력으로써 만족함을 얻었다는 증거가 지난 여러 세기를 내려오면서 풍성한 산 증거로서 확증되고 확인되었다.

또한 교회는 하나의 유기체(有機體 Organism)이다. 예수 그리스도를 머리로 삼고 그의 지체가 된 인간들은 신앙과 예배와 생활이 상호의존적으로 통합되어 있기 때문에 신도들은 마치 이 유기체의 세포(細胞)와 같다. 이 신적(神的)인 유기체는 이 모든 지체들을 포함하나 그러나 이것들을 초월한다. 하나님으로 인하여 높이 들리움을 받은 그리스도와 그의 성령이 하나님의 계시에 대한 신선한 발언(發言)을 영감시키면서 교회 안에 현존해 계시다.

우리는 이런 교회의 공동성을 생각할 때 우리가 인생을 내다보는 개인적인 들창의 전망이 얼마나 작고 좁다는 사실을 잠시도 잊지 말아야 하며 동시에 우리가 속한 교회(교파)의 교리와 전통의 전망도 얼마나 제한된 것이라는 것을 잊지 말아야 한다. 그러므로 우리는 우리 자신의 정통주의 울타리 안에 우리를 밀폐해서는 안된다. 교회는 그 자체를 위해서 아무것도 구하지 않고 권력을 배격하고 겸손히 진리에 대하여 증거하나 그러나 결코 자기가 진리의 소유자라는 주장을 하지 않고 그리고 계속적으로 살기 위하여 죽는 자세를 취할 때만이 교회는 그 본질에 가장 충실하게 되는 것이다.

4. 교회는 사도적이다(The Church is Apostolic)

교회가 사도적이라는 말은 교회는 실제적인 역사적 사실에서 발생되었다는 뜻이다. 즉 전능하신 하나님이 그 아들 예수 그리스도의 생활과 교훈과 죽으심과 부활의 사실들을 통해서 이루신 사실들에 기초했다는 말이다. 그리스도의 교회는 2,000년전에 예수를 따랐던 그의 제자들의 작은 대열(隊列)에까지 소급한다. 교회는 예수의 초기의 추종자들이었던 사도들의 역사적인 생활에 대한 지식에 의존한다. 또한 그들이 부활하신 그리스도께 대하여 가졌던 사랑과 존경과 흠모의 태도에 의존한다. 신약성서의 중심적인 확언(確言)은 그리스도의 죽으심과 부활과 영광화(榮光化)는 유일회적(唯一回的)이나 그러나 계속되는 하나님의 행위로서, 우주적인 중요성을 가지고 있는 것으로서 본질적으로는 보이지 않는 영적인 세계 안에서 발생했다는 사실이다.

다만 그 반향이라든가 그 뒤에 따라온 결과가 우리가 볼 수 있고 들을 수 있는 세계에서 나타났다는 것이다. 교회가 사도적이라는 또 하나의 의미는 교회는 보내심을 받았다는 뜻이다. 즉 그리스도의 이름으로 그의 사업을 하기 위하여 세상으로 보내심을 받은 것이다. "아버지께서 나를 세상에 보내신 것 같이 나도 저희를 세상에 보내었고" (요한복음 17 : 18) 모든 교회는 그 자체가 "하나의 선교"(Mission)이다. 신학자 부른너(E. Brunner)는 말하기를 "불은 불는 것으로 존재하는 것처럼 교회는 선교로써 존재한다"고 하였다. 이런 의미에서 교회는 "증거하는 공동체"(A Witnessing Community)이다.

(차항계속)

1964. 10. 1. "교리적선언 해설 23" 홍현설, 「기독교세계」

홍현설 박사의

교리적 선언 해설(제 24회)

> 제 6 조 "우리는 살아계신 주 안에서 하나가 된 모든 사람들이 예배와 봉사를 목적하여 단결한 교회를 믿으며"

제 6 조(계속)

전호까지는 교회의 본질에 대해서 말하였다. 오늘은 본 조항에 나타난 교회의 목적에 대해서 생각해 보기로 한다. "교회는 예배와 봉사를 목적하여 단결한 교회"라고 하였다. 모든 종교는 그 예배로써 정당하게 판단을 받게 된다. 즉 사람들은 기독교라는 종교를 우리 기독교회들이 지키는 예배로써 판단하려고 한다.

예배란 무엇인가? 예배라는 글자 "Worship"은 "Wo-rthship"이란 말의 줄어든 글자로서 무엇보다도 "가치성"(價値性)이라는 뜻이 있다. 그러나 세월이 흐르는 동안에 그 내용은 변하여 인간이 하나님께 드려야 할 그의 영광과 그에 대한 복종을 그에게 드리는 행동을 의미하는 방향으로 쓰여지게 되었다. 그러므로 예배의 근본적인 의미는 하나님께 대한 적당하고도 완전한, 겸손하고도 참회하는, 그리고 사랑하고 감사하는 마음으로 하나님을 인지(認知)하는 행동인 것이다.

그러므로 인간이 그 마음이 하나님의 선하심에 대한 사랑과 감은(感恩)의 마음으로 가득차고 그 자신의 도덕적인 실패와 무가치함에서 오는 겸손과 참회의 정신으로 옷입고 예배하지 않으면 그는 예배라는 전체 행동의 실마리 초차 잃어버리게 된다. 하나님의 영광을 사모하는 겸허함과 하나님의 공의를 선언하는 참회로써 인간은 그 앞에 와야 한다.

그런데 예배에는 두가지 근본적인 운동이 있다. 그 하나는 인간으로부터 하나님께로의 운동이요 다른 한나는 하나님께로부터 인간에로의 운동이다. 전자에 속한 것은 기도, 귀영, 자기 헌신의 상징으로서의 헌금(물) 등이다. 그리고 후자에 속한 것은 하나님의 말씀인데 성경 낭독과 설교를 통해서 인간에게 들려지는 것이다. 이 두가지가 언제나 균형이 잡혀야 하는데 때로는 그렇지가 못했다. 중세기의 교회는 의식과 예배식서(禮拜式書)와 사제직(司祭職)에만 치중하였고 설교는 비교적 중요하지 않은 지위에 있었다. 그러므로 종교개혁가들은 이 두가지 운동과 요소의 균형을 잡기 위해서 설교의 부흥에 크게 힘을 썼다. 오늘날 복음주의 교파들 중에서 예배가 무게가 없고 부적당하게 되어지는 경향이 있는 것은 이 두가지 운동의 적정(適正)한 관계와 비례를 잘 맞추지 못하는데 그 원인이 있다. 예배식저적(Liturgical)인 예배를 으 특색으로 하는 영국교회(The Anglican Church)는 예배에 있어서 일종의 금욕주의적인 요소를 강조한다. 그런데 이 금욕주의란 것은 궁극적으로 완전하신 절대자 하나님에게 인간 정신을 굴복케 하는 그런 의미에서가 아니고 인간의 취미의 억압과 생(生)의 생생한 구체성의 회피와 우리를 둘러 있는 세계의 가치와 풍부함을 얕잡아 보는 즉 세상에 대해 비교적 무관심함을 의미하는 것이다. 그러나 진정한 예배는 위에서도 잠깐 언급한 바와 같이 가치(價値)의 승인이다. 이것이 없을 때 우리의 예배는 극도로 억압되고 제한되어 거의 불모(不毛)의 형식만이 남게 된다. 우리는 예물 없이 예배하는 자가 되기 쉽고 제단 위에 올려놓을 아무것도 자져오지 않게 된다. 따라서 우리의 예배에는 광채가 없고 자발성(自發性)이 없게 된다. 단순히 제도화해 버리게 된다. 이것이 오늘의 신교 전체가 크게 반성해야 할 점이다.

예배는 사랑처럼 연합시키는 것이고 사색(思索)이나 논쟁은 분리시킨다. 즉 예배는 사람들을 끌어서 연합시키는 힘이 있다. **예배는 이적도 아니고 사색도 아니고 사고작용도 아니고 말하는 것도 아니다. 예배는 발견이며 찬미이며, 기쁨이며, 교통이며, 교제이다.** 인간의 생명의 뿌리는 우리들의 내면적인 존재의 깊은 지하토(地下土)에 있다. 우리는 이 깊은 지역에 파묻혀 있는 생명을 먹이고 열매 맺게 해야 한다. 그리고 그 에네루기를 풀어놓아야 한다. 이런 일을 하는 것이 순수한 예배이다. 즉 예배는 우리의 내적 생명의 통로(通路)를 열어서 저편으로부터 영적인 물의 흐름이 흘러 들어와서 우리의 존재의 뿌리에까지 순환케 하는 것이다.

기독교 예배의 한가지 특색은 우리의 예배는 개인적인 예배이기 전에 공중예배(Public Worship)이어야 하고 공동예배(Common Worship)이어야 하며 집단 예배(Corporate Worship)이어야 한다는 것이다. 퀘이커교의 신학자 Robert Barclay는 다음과 같이 말했다. "다수한 촛불을 켜서 한 장소에 둠으로써 빛이 크게 증대되고 더 밝게 빛을 발하는 것처럼 다수한 사람들이 동일한 생활에로 함께 모여들면 하나님의 영광을 더 드러낼 수 있고 또한 그의 능력이 각개인들을 소생케 하는 것은 각자가 자기자신 안에서 쳐들은 빛과 생명에만 참여하는 것이 아니라 따른 모든 사람들의 빛과 생명에도 분담자(分擔者)가 되기 때문이다."

초대 교회가 오순절에 성령의 강림을 경험하게 된 것도 그들이 "다 같이 한 곳에 모였던"(사도행전 2:1) 결과이다. 심리학적으로 보더라도 집단적인 침묵은 개인적인 침묵보다 더 효과 있다는 것이 하나의 건전한 원리가 되어 있다. 많은 사람들이 융합하여 무엇을 기대할 때에는 확실히 거기에 하나의 축적(蓄積)된 힘이 생긴다. 각자는 다른 사람을 도와주기 위하여 자기의 영혼을 쏟아놓으며 이런 집단적인 침묵은 각 개인으로 하여금 자기의 영혼의 통로를 열개해 준다. 다만 이런 단체적인 예배가 단순한 형식이나 메카니즘(機械論)에 흐르지 않도록 경계할 필요가 있다. 하나님께 대한 공중예배를 등한히 하는 일은 실로 지극히 중대한 일이다. "예배는 아무래도 관계 찮다"는 생각은 "하나님은 있어도 좋고 없어도 좋다"는 끔직스러운 결론에 도달케 하는 말이다. 우리는 예배의 역사적인 면과 동시에 실험적인 면도 아울러 중요시하지 않으면 안된다. 어떤 이가 예배를 오후에 해변에 밀려드는 조수(潮水)에 비교하였다. 조수가 빠져나간 해변은 수 많은 구멍들과 여러가지 파편들로써 가득차 있다. 그러나 조수가 올라와서 이 모든 불결한 것들을 바다로 끌어간다. 해변은 다시 한번 깨끗해진다. 이처럼 하나님은 그의 은총의 조수를 가지고 와서 인간들의 모든 허물과 죄를 그의 사랑의 대양으로 가져다 묻어버리신다. 그러므로 예배는 종교의 참 생명인 것이다.

<차항 계속>

제 13권 337

1964. 10. 15. "교리적선언 해설 24" 홍현설, 「기독교세계」

~ 홍현설 박사의 ~

교리적 선언 해설 (제 25회)

"교회의 목적은 봉사"

<제 6 조 계속>

오늘은 교회가 지닌 또 하나의 목적인 봉사에 대해서 생각해 보기로 한다. 신약성서에서는 봉사라는 관념을 철두철미 그리스도의 인격과 사업에 직접 관계된 것으로 그 본질을 삼았다. 그리하여 기독교의 성격의 근본적인 특색을 봉사로써 나타내었다. 그보다도 한걸음 더 나아가서 로마서 15:8에서는 그리스도를 "수종자"(Servânt)라고 하였다. 또한 주님자신이 자기의 사명에 대해서 말씀하실 때에 대개 인자가 온 것은 섬김을 받으려 함이 아니요 섬기려 하고 무리를 위하여 목숨을 버려 속죄하여 주려 함이니라(마가복음 10 : 45)고 확언하셨다. 우리가 여기서 한가지 주목할 만한 사실은 그리스도께서 "섬긴다"는 개념을 그의 3년간의 공생애에서 사람들을 가르치신 그의 교육적인 봉사만이 아니라 마침내 그가 십자가 위에서 우리를 위하여 그의 목숨까지 주신 그의 구속적인 죽으심까지를 포함해서 언급하신 것이다. 이처럼 그리스도는 그의 생명과 죽음에서 그 자신을 우리를 위해서 주시는 하나님의 "종"으로서 오시는 것으로서 우리에게 봉사의 양식(Pattern)을 모범으로 보여주신 것이다. 고전적인 희랍어에서"디아코니아" (Diakonia)란 글자는 상 심부름을 하는 것과 이와 동일한 행동을 의미하는 글자였었다. 누가복음 10장에 예수를 수종들던 마르다, 디모데 후서 1 : 18에 바울이 그를 섬기던 오네시보로에 대하여 말한 것과 같은 경우이다. 그런데 이 글자가 초대교회에 있어서 교회의 갖가지 활동에 적용될 때에는 여러가지 종류의 봉사를 형용하는 말로 쓰여졌다.

대체로 "디아코니아"란 말은 "궁핍한 자들에 대한 사랑의 봉사"를 의미하였다. 즉 병을 고쳐주는 것과 기적을 행하는 것과 금전을 서로 통용하는 것과 그 밖에 사람들에게 자비를 나타내는 다른 여러가지의 봉사를 뜻하였다. 그런데 모든 기독자는 성령으로 말미암아 그에게 주어진 은사(Charistmatic Gifts)를 통해서 교회에 봉사할 수 있는 것이다. (로마 12 : 6 이하) 또한 이 "은사"란 것은 분산(分散)된 것으로 성경에는 나타나 있다. 즉 모든 기독자는 누구나가 다 이 은사를 가지고 있으나 그러나 다 똑 같은 은사를 가진 것은 아니다. 고린도전서 12 : 4—6에"은사는 여러가지나 성령은 같고 직임은 여러가지나 주는 같으며 또 역사는 여러가지나 모든 것을 모든 사람 가운데서 역사하시는 하나님은 같으시다"고 하였다. 그러므로 하나님은 크리스챤 각자에게 그의 은사(카리스마)를 나눠주신 것이다. 주려서 말한다면"디아코니아"란 기독자가 다른 사람을 생각해주는 그의 성격과 활동에 대하여 지칭(指稱)하는 글자로서 교회를 위해서 행해진 모든 종류의 봉사를 총칭해서 하는 말이다.

현재 에큐메니칼 운동의 저명한 신학자 헨드릭 크래머(Hendrik Kraemer)씨는 말하기를 "초대교회에 있어서 기독교 공동체를 육성하는데 공헌하는 모든 종류의 활동과 기능은 디아코니아라는 범주(範疇)에 넣을 수 있었다" 고 하였다.

바울은 이 "디아코니아"를 특히 말씀에 대한 봉사에 있어서 특별한 중요성을 두려 하였다.

고린도후서 3 : 8—9 에서 말한 "의의 직분" 이라든가, 동서 5 : 18—19 에서 말한 "화목하게 하는 직책"등을 바울은 매우 중요하게 생각하였다. 자기자신은 "이방인의 사도"(로마 11 : 13)로, 또는 "하나님의 말씀을 이루려"(골로새 1:25) 또는 "새 언약의 일군" (고린도후서 3 : 6)으로서 부르심을 받아 사도가 된 것을 확언하였다

이런 사실을 종합해서 보면 신약성서에 나타난 "디아코니아"는 말씀과 행위에 있어서의 봉사를 의미하는 것이며 그리스도께서는 그를 따라오는 자들에게 이 봉사의 길을 제시하신 것이다.

요한 웨슬레는 이 "디아코니아" 란 신자 각자가 누구든지 행할 수 있는 일임을 역설하였다. 즉 교회원이 되는 것은 이 봉사(Ministry)에 동참(同參)하는 것이라고 하였다. 즉 교회의 신도가 되는 것은 그리스도와 연합하는 것으로 그의 왕자(王者)적이며 예언자적이며 제사적인 직무에 결합하게 되는 것을 의미한다.

그러므로 교회가 실천하는 이런 여러가지 종류의 봉사는 교회의 생명에 있어서 없어서는 안될 필요 불가결의 것들이요 결코 교회가 원하면 폐기해 버릴 성질의 것이 아니다.

원칙적으로 말하면 모든 기독자는 그가 있는 그곳에서 그가 하는 그 일로써 하나님을 섬길 수 있다. 기독자에게 있어서 모든 날들은 다 거룩하고 그의 하는 모든 일은 하나님께 대한 봉사가 될 수 있다. 기독자는 그의 기독자적 생활을 실천하기 위하여 지금과는 다른 환경이나 보다 더 유리한 환경을 기다릴 필요가 없다. 오히려 그가 익숙히 아는 그리고 자기가 속해 있는 가정, 상점, 공장, 시장, 교실 사무실 중에서 기독자로서의 생활을 살아야 할 것이다. 두 사람의 부르심이 꼭같은 경우는 없으며 두 사람의 기독자가 꼭같은 문제에 부디치거나 하나님께로부터 동일한 일이 주어지는 일은 없다. 하나님이 언제나 우리의 생활 중에 있게 하시고 역사하신다는 말은 그는 각 개인으로 하여금 자기의 부르심(직업)에서 각자 하나님을 섬기도록 계속적으로 새로운 기회를 창조하신다는 뜻이다. 바울은 "각사람이 부르심을 받은 그 부르심 그대로 지내라"(고린도전 7 : 20)고 하였다.

이처럼 살아계시고 임재하시는 하나님이 봉사를 위한 새 기회를 우리를 위해서 마련해주시니 그러므로 우리는 우리 각자의 부르심 중에서 자기의 일을 함으로써 하나님의 일을 성취할 수 있다.

인간은 하나님의 은혜로 주시는 구원에 대하여 그에게 돌릴 아무것도 없다. 또한 하나님이 인간에게 주신 구원으로부터 생기는 이자(利子)도 없다. 다만 인간으로서 할 수 있는 일은 그의 이 구속적인 사상을 인지(認知)하고 그에게 감사할 뿐이다. 이런 생활이야말로 기독자의 생활을 진실로 자유하게 하며 동시에 우리로 하여금 우리의 동료인간을 위해 봉사하도록 우리를 풀어놓아준다.

교회의 책임은 사람들에게 하나님의 사랑을 일러주고 인간(죄인)을 위해서 행하신 하나님의 구속의 업적을 선언함으로써 사람들을 불러 하나님과의 교제에 들어오도록 하는데 있다. 여기서 한가지 우리가 기억해야 할 것은 교회는 그 자체가 목적이 아니고 목적을 성취하기 위한 방편이라는 것이다.

교회는 하나님께서 인류구원이라는 그의 무한히 위대하시고 보다 포괄적인 목적을 실현하시는데 있어서 그에게 쓰여지는 도구(道具)인 것이다.

(차항완료)

제 13권 357

1964. 11. 1. "교리적선언 해설 25" 홍현설, 「기독교세계」

홍현설 박사의

교리적 선언 해설(제 26 회)

> 제 7 조
> "우리는 하나님의 뜻이 실현된 인류 사회가 천국임을 믿으며 하나님 아버지 앞에 모든 사람이 형제됨을 믿으며."

이 조항은 영문의 번역이 잘못되어서 우리에게 그릇된 인상을 주기 쉬운 조항이다. 영문에는 "인간사회안에서의 하나님의 통치"라는 말로 되어 있다. 어디까지나 하나님의 통치가 주격(主格)이 되어야 하고 인간 사회가 전면에 나서서는 안된다. 즉 하나님의 나라는 인간의 굴복된 의지, 복종하는 의지 중에 나타난다. 하나님의 나라는 우리의 의지가 하나님의 뜻을 행하기 위하여 향하여졌을 때 개인 중에 오신다. 또한 공동체의 회원들이 하나님의 뜻을 행하기 위하여 그 마음을 향하는데 비례하여 하나님의 나라는 공동체 중에 임한다.

그러므로 하나님의 나라는 두가지 사실에 의하여 방해를 받을 수 있으니 첫째는 인간의 모든 사고(事故)의 뿌리가 되는 악한 의지요, 둘째는 하나님의 뜻에 대한 무지 즉 그를 이해하지 못하며 그의 정신 속에 들어가지 못하며 그가 누구시며, 그가 인류에게 향한 뜻이 무엇인지를 모르는 것이다.

위에서 우리는 하나님의 나라는 하나님의 통치요 지배라고 하였다. 하나님의 통치인 이상 그것은 인간이 오게 할 수 있는 것이 아니고 하나님만이 오게 할 수 있는 것이다. 우리가 달성하는 것이 아니고 하나님이 선물로 우리에게 주시는 것이다.

이 지구상의 일체의 문화적인 발전이나 신앙적인 성장도 교회의 발전과 확장도 하나님의 나라가 되는 것은 아니다. 하나님 나라의 임하심과 그 실현은 전혀 하나님의 주권적인 능력에 속하는 것이다. 하나님의 나라는 우리의 실천의 대상이 아니고 우리의 대망(待望)과 기원(祈願)의 대상이다.

우리는 흔히 교회가 곧 하나님 나라를 만들어 내는 공장(工場)인양 생각하는때가 많다. 그러나 최근에, 교회지상주의를 주장하는 가톨릭교회에서도 그들의 지도자중의 한 사람을 통해서 말하기를 "제도적인 교회가 그 자체를 모든 것을 포괄한 목적으로 보느냐 그렇지 않으면 인류에게 봉사하기 위하여 그리스도의 손 안에 있는 그릇으로 보느냐?"하는 문제를 던지리만큼 재래의 교회 지상 주의의 태도를 완화하고 있는 현상이다.

우리는 하나님 나라의 건설을 위해서 일한다느니 보다는 하나님 나라를 믿고 대망하는 자로서 일한다는 말이 보다 겸손하고 적당한 표현이 될 수 있다. "그리스도의 교회는 그리스도적이냐?"하는 질문에 대한 우리의 대답은 "교회는 그리스도적이 되어가는 과정에 있다"고 대답할 수 있으나 이상적인 의미에서는 교회는 아직 완전히 그리스도적이 되었다고 할 수 없다.

그리스도의 진리는 교회 안에서 누룩으로서 천천히 덩어리를 발효시키고 있다. 교회 안에서 그리스도의 원리는 천천히 이해되고 적용되고 있으며 그리스도의 정신이 사람들을 천천히 빛 가운데로 인도하고 있다. 이런 점에서 하나님은 과연 오래 참으시는 인내의 하나님이시다.

이 세계도 하나님의 나라가 아니다. 그리스도교국(國)도 하나님의 나라가 아니다. 또한 이 세계의 어떤 한모퉁이에 있는 이상적인 집단도 하나님의 나라가 아니다. 인류역사상 몇번이나 우리가 지상 천국이라고 일컬어지던 것들이 나중에 어떤 운명에 떨어졌는가 하는 것은 역사가 증명하는 바이다.

교회도 하나님의 나라가 아니고 인간의 아름다운 심정도 믿는자의 마음도 하나님의 나라가 아니다. 예수께서 "하나님의 나라는 여기 있다 저기 있다고도 못하고, 하나님의 나라는 너희 안에 있나니라"(누가복음 17 : 21)고 하신 말씀의 참뜻은 무엇인가? 이것은 하나님의 나라가 우리 마음 속에 있다는 뜻으로 해석되기 쉬우나 실상은 그런 의미의 말씀이 아니다. "내가 하나님의 성령을 힘입어 귀신을 쫓아 내는 것이면 하나님의 나라가 이미 너희에게 임하였나니라"(마태복음 12 : 28)고 하신 말씀을 보면 그리스도의 능력 있는 역사가 현실적으로 활동하고 있는 곳에 거기에 하나님의 나라가 있다는 뜻이다.

우리들의 현상과 사회의 상태와 교회의 자태가 아무리 아름답게 보일지라도 그것이 직접 그대로 하나님의 나라가 될 수는 없다. 그리스도가 임재하시는 곳에 거기에 하나님의 나라가 있다. 그러므로 우리는 그리스도 안에 있어서 현재 이 순간 이미 하나님의 나라 안에 있는 것이다. 우리들의 선한 일도 그것이 결코 하나님의 나라를 건설하는 행위라기보다는 하나님 나라를 대망하는 자로서의 선행으로 보아야 할 것이고, 하나님 나라의 표적으로 보아야 할 것이다. 또한 하나님의 나라가 너희 안에 있다고 하신 말씀은 하나님 나라는 외부적인 구경거리(show)가 아니라 우리들의 사는 양식, 생각하는 방식에 관계된다는 뜻이다. 그러므로 하나님의 나라는 우리의 의지를 하나님의 의지에 종속(從屬)시키는 데서만 이루어지는 것이다. 이것은 하늘 위에서나(外宇宙) 땅 속에서 나타날 것이 아니다. 즉 우리의 감각(感覺)의 관찰로써는 절대로 그 도래하심을 알 수 없고, 우리의 신앙에서만 알려지게 될 것이다.

또한 예수 그리스도는 그의 전도 생애의 초기에 하신 말씀 중에 "하나님 나라가 가까왔다"(마가복음 1 : 15)고 하신 말씀이 있다. 이 말씀의 뜻은 지금은 죄와 혼탁 중에 숨겨져서 행해지는 하나님의 지배가 숨김 없이 드러나게 행해질 그의 완전한 지배의 날이 오겠다는 의미의 말씀일 것이다. 신학자 본회퍼의 말과 같이 "하나님의 나라는 우리가 이것을 볼 수 있고 인정하기만 한다면 언제든지 이 역사의 중심에 있다"는 말은 참말이다. 최근에 애굽의 어느 지방에서 발굴된 「도마복음서」라는 고대문서, (일종의 경외서) 제 113편에 다음과 같은 말이 기록되어 있다고 한다. "아버지의 나라는 이 땅 위에 펴져 있다. 그러나 사람들은 그것을 보지 못하고 있다"(김용옥 역)

하나님의 나라는 현재의 것인가 장래의 것인가? 하는 질문은 우리가 많이 듣는 질문이다. 여기 대하여 성경은 "예수를 너희가 보지 못하였으나 사랑하는도다. 이제도 보지 못하나 믿고 말할 수 없는 영광스러운 즐거움으로 기뻐하니"(베드로전 1 : 8)라는 말씀으로 대답한다. 즉 하나님의 나라는 종말적(終末的)인 것이다. 종말적인 의미에서만 현존한다. 즉 약속으로서 믿음으로 인한 그리스도의 임재에 있어서만 하나님의 나라는 (숨겨져서)현존하는 것이다. 즉 하나님의 나라는 현재에는 우리의 눈으로 볼 수 있는 모양으로는 나타나지 않는다는 사실을 기억해야 한다.

(계속)

1964. 11. 15. "교리적선언 해설 26" 홍현설, 「기독교세계」

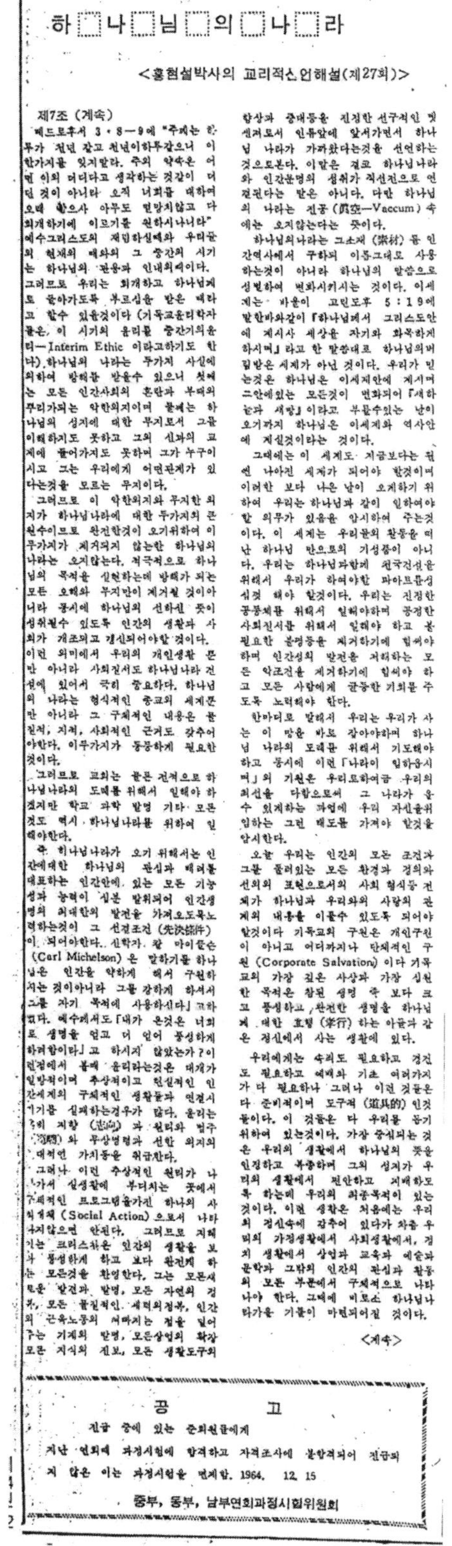

하 나 님 의 나 라

<홍현설박사의 교리적선언해설(제27회)>

제7조 (계속)

베드로후서 3·8—9에 "주께는 하루가 천년 같고 천년이하루같으니 이 한가지를 잊지말라. 주의 약속은 어떤 이의 더디다고 생각하는 것같이 더딘 것이 아니라 오직 너희를 대하여 오래 참으사 아무도 멸망치않고 다 회개하기에 이르기를 원하시나니라" 예수그리스도의 재림하실때와 우리들의 현재의 때와의 그 중간의 시기는 하나님의 관용과 인내의때이다. 그러므로 우리는 회개하고 하나님께로 돌아가도록 부르심을 받은 때라고 할수 있을것이다 (기독교윤리학자들은, 이 시기의 윤리를 중간기의윤리—Interim Ethic 이라고하기도 한다). 하나님의 나라는 두가지 사실에 의하여 방해를 받을수 있으니 첫째는 모든 인간사회의 혼란과 부패의 뿌리가되는 악한의지이며 둘째는 하나님의 성지에 대한 무지로서 그를 이해하지도 못하고 그의 신과의 교제에 들어가지도 못하며 그가 누구이시고 그는 우리에게 어떤관계가 있다는것을 모르는 무지이다.

그러므로 이 악한의지와 무지한 의지가 하나님나라에 대한 두가지의 큰 원수이므로 완전한것이 오기위하여 이 두가지가 제거되지 않는한 하나님의 나라는 오지않는다. 적극적으로 하나님의 목적을 실현하는데 방해가 되는 모든 오해와 무지만이 제거될 것이아니라 동시에 하나님의 선하신 뜻이 성취될수 있도록 인간의 생활과 사회가 개조되고 갱신되어야할 것이다. 이런 의미에서 우리의 개인생활 뿐만 아니라 사회질서도 하나님나라 건설에 있어서 극히 중요하다. 하나님의 나라는 형식적인 종교의 세계뿐만 아니라 그 구체적인 내용은 물질적, 지적, 사회적인 근거도 갖추어야한다. 이두가지가 동등하게 필요한 것이다.

그러므로 교회는 물론 전적으로 하나님나라의 도래를 위해서 일해야 하겠지만 학교 과학 발명 기타 모든 것도 역시 하나님나라를 위하여 일해야한다.

즉 하나님나라가 오기 위해서는 인간에대한 하나님의 관심과 배려를 대표하는 인간안에 있는 모든 기능성과 능력이 십분 발휘되어 인간생명의 최대한의 발전을 가져오도록노력하는것이 그 선결조건 (先決條件) 이 되어야한다. 신학자 칼 마이클슨 (Carl Michelson) 은 말하기를 하나님은 인간을 약하게 해서 구원하시는 것이아니라 그를 강하게 하셔서 그를 자기 목적에 사용하신다」고하였다. 예수께서도 「내가 온것은 너희로 생명을 얻고 더 얻어 풍성하게 하려함이라」고 하시지 않았는가? 이런점에서 볼때 윤리라는것은 대개가 일방적이며 추상적이고 현실적인 인간세계의 구체적인 생활들과 연결시키기를 실패하는경우가 많다. 윤리는 ?히 지향 (志向) 과 원리와 범주 (範疇) 와 무상명령과 선한 의지의 ?대적인 가치등을 취급한다.

그러나 이런 추상적인 원리가 나?가서 실생활에 부디치는 곳에서 구체적인 프로그램을가진 하나의 사회행제 (Social Action) 으로서 나타나지않으면 안된다. 그러므로 지혜가는 크리스차은 인간의 생활을 보다 풍성하게 하고 보다 완전케 하는 모든것을 환영한다. 그는 모든새로운 발견과 발명, 모든 자연의 정복, 모든 물질적인 세력의정복, 인간의 근육노동의 써마지는 짐을 덜어주는 기계의 발명, 모든상업의 확장 모든 지식의 진보, 모든 생활도구의 향상과 증대등을 진정한 선구적인 빛 세저로서 인류앞에 앞서가면서 하나님 나라가 가까왔다는것을 선언하는 것으로본다. 이말은 결코 하나님나라와 인간문명의 성취가 직선적으로 연결된다는 말은 아니다. 다만 하나님의 나라는 진공 (眞空—Vaccum) 속에는 오지않는다는 뜻이다.

하나님의나라는 그소재 (素材) 를 인간역사에서 구하되 이둘그대로 사용하는것이 아니라 하나님의 말씀으로 성별하여 변화시키시는 것이다. 이세계는 바울이 고린도후 5:19에 말한바와같이 『하나님께서 그리스도안에 계시사 세상을 자기와 화목하게 하시며』라고 한 말씀대로 하나님의버림받은 세계가 아닌 것이다. 우리가 믿는것은 하나님은 이세계안에 계시며 그안에있는 모든것이 변화되어 『새하늘과 새땅』이라고 부를수있는 날이 오기까지 하나님은 이세계와 역사안에 계실것이라는 것이다.

그때에는 이 세계도 지금보다는 훨씬 나아진 세계가 되어야 할것이며 이러한 보다 나은 날이 오게하기 위하여 우리는 하나님과 같이 일하여야 할 의무가 있음을 암시하여 주는것이다. 이 세계는 우리들의 활동을 떠난 하나님 만으로의 기성품이 아니다. 우리는 하나님과함께 천국건설을 위해서 우리가 하여야할 파아트를성심껏 해야 할것이다. 우리는 진정한 공동체를 위해서 일해야하며 공정한 사회질서를 위해서 일해야 하고 불필요한 분쟁등을 제거하기에 힘써야 하며 인간성의 발전을 저해하는 모든 악조건을 제거하기에 힘써야 하고 모든 사람에게 균등한 기회를 주도록 노력해야 한다.

한마디로 말해서 우리는 우리가 사는 이 땅을 바로 잡아야하며 하나님 나라의 도래를 위해서 기도해야 하고 동시에 이런 「나라이 임하옵시며」의 기원은 우리로하여금 우리의 최선을 다함으로써 그 나라가 올수 있게하는 과업에 우리 자신을위임하는 그런 태도를 가져야 할것을 암시한다.

오늘 우리는 인간의 모든 조건과 그를 둘러있는 모든 환경과 정의와 선의의 표현으로서의 사회 형식등 전체가 하나님과 우리와의 사랑의 관계의 내용을 이룰수 있도록 되어야 할것이다 기독교의 구원은 개인구원이 아니고 어디까지나 단체적인 구원 (Corporate Salvation) 이다 기독교의 가장 깊은 사상과 가장 심원한 목적은 참된 생명 즉 보다 크고 풍성하고, 완전한 생명을 하나님께 대한 효행 (孝行) 하는 아들과 같은 정신에서 사는 생활에 있다.

우리에게는 속죄도 필요하고 경건도 필요하고 예배와 기도 여러가지가 다 필요하나 그러나 이런 것들은 다 준비적이며 도구적 (道具的) 인것들이다. 이 것들은 다 우리를 돕기 위하여 있는것이다. 가장 중시되는 것은 우리의 생활에서 하나님의 뜻을 인정하고 복종하며 그의 섭리가 우리의 생활에서 편안하고 지배하도록 하는데 우리의 최종목적이 있는 것이다. 이런 생활은 처음에는 우리의 정신속에 감추어 있다가 차츰 우리의 가정생활에서 사회생활에서, 정치 생활에서 상업과 교육과 예술과 문학과 그밖의 인간의 관심과 활동의 모든 부분에서 구체적으로 나타나야 한다. 그때에 비로소 하나님나라가올 기틀이 마련되어질 것이다.

<계속>

1964. 22. 25. "교리적선언 해설 27" 홍현설, 「기독교세계」

■ 특집 I /한국 교회와 신앙 고백

기독교 대한 감리회의 교리적 선언과 한국 교회

洪 顯 卨
전 감리교 신학대학장

기독교 대한 감리회 교리적 선언은 1930년 12월 2일에 미국 감리교회에서 자립하여 조선 감리교회를 조직하던 때로 거슬러 올라간다.

이 때에 한·미 감리교회 양측에서 전권 위원을 내어 그들에게 새 헌장 제정과 기타 일체를 위임하였는데 실지로 누가 이 교리적 선언을 기초하였는지는 분명히 나와 있지 않다.

은퇴하신 이 환신 감독에 의하면 당시의 한·미 교회의 연락 감독이던 하버트 웰취(Herbert Welch) 감독이 이 교리적 선언의 기초자라고 주장한다. 이 웰취 감독은 오하이오 웨슬리안 대학의 총장직도 지낸 바 있는 미국의 감독 중에서도 우수한 감독이었다. 우리 나라 사람으로는 김 활란, 유 형기 씨 등이 이 대학의 출신이다.

이 교리적 선언은 지금부터 50년전에 만들어 졌으므로 지금에 와서는 신학적으로 문제되는 점도 더러 있으나 그 때에는 아주 잘 만들어진 신조라고 해서 미국 교회에서도 찬송가 뒤에 부록으로 붙여서 가끔 사용하였다. 뉴욕 시에 가까운 뉴로쉘이라는 작은 도시에 있는 감리교회에서는 그 예배당의 새 유리창에 이 교리적 선언을 한 들창에 한 조항씩 써 넣어서 영구히 기념하고 있다는 말도 들었다.

위에서 언급한 전권 위원들 중에서 한국 교회측 대표 중에서 신학자라고 할 수 있는 사람은 변 성옥 목사 한 사람뿐이 아니었던가 생각된다. 그러므로 실지로 이 교리적 선언을 기초한 분은 당시 협성신학교(현 감신대)조직신학 교수로 있던 정 경옥(鄭景玉) 씨가 아니었던가 추측된다.

정 교수는 시카고 교외에 있는 개러트신학교에서 당시 인본주의 신학자로 유명하던 프랭클린 룸(Fran-

— 2 0 —

홍현설, "기독교대한감리회 교리적선언과 한국교회" 「기독교사상」, 1981년 1월호

klin Rall) 박사 밑에서 조직신학을 전공한 분이었다. 그는 다재다능한 분으로 비록 그 수명은 짧았지만 한국 교회가 산출한 신학자다운 첫 신학자였다. 그가 수 삼 권의 저서도 남겼는데 거의가 지금은 절판되어 있다. 그가 예수의 생애를 가지고 평양 남산현 교회에서 부흥회를 인도한 것을 쓴 작은 저서는 읽는 자에게 큰 감명을 주는 책이었다. 후에 그는 그의 신학 사상에 극적인 변화가 있어서 바르트 신학을 처음으로 한국에 소개하는 기독교 신학 개론은 그 때로서는 드물게 보는 훌륭한 저서였다. 그 외에도 기독교 원리라는 작은 책자가 있었는데 이것이 아마 감리교회 교리적 선언을 토대로 쓴 것이 아니었던가 생각된다.

여기서 잠깐 정 경옥 교수와 그가 사사한 롤 박사의 신학적 경향을 간단히 약술하면 다음과 같다. 그 당시 미국 개신교의 조직신학자로서는 보스톤 대학의 브라이트맨(Edgar Brightman)과 개러트 신학교의 롤 박사 정도였다고 생각된다. 그의 사상은 한 마디로 인격주의(人格主義)라고 할 수 있다. 그는 모든 존재의 기반은 최상의 인격으로서 그는 역사의 주인이라고 하였다. 그는 예수 그리스도를 최상의 인격으로 보았으며 그의 선하심이 우리에게 영생을 주시고 구속의 근원이 된다고 하였다. 그는 기독교의 하나님은 가치(진, 선, 미)를 보존하시는 신이라고 하였다. 영생도 내적 가치의 승리라고 보았다.

그는 수많은 제자들에게 사상적으로 큰 영향을 끼쳤는데 롤 박사도 그 중의 하나가 아니었던가 생각된다.

교리적 선언 제 1 조에 "모든 선과 미와 진의 근원이 되시는 오직 하나이신 하나님을 믿는다"는 고백은 이 브라이트맨의 영향을 단적으로 말해 주고 있다.

정 경옥 교수는 예수를 하나의 이상주의자로 보았다. 교리적 선언 제 2 조에 "우리의 스승이 되시고 모범이 되시며"라는 귀절은 이 사실을 증명한다.

롤(Rall) 박사는 독일에서 미국으로 이민왔던 목사로서 그의 학력을 보면 거의 천재라고 할 만한 유능한 신학자였다. 동시에 목회 경험도 가진 분이었다. 그는 개러트신학교에서 1915년부터 1945년에 은퇴하기까지 30년 간을 이 신학교의 조직신학 교수로 있었다. 그가 30년 간 가르친 신학생의 수효가 무려 3,000명이나 된다고 한다. 그의 전체 신학의 흐름은 건전한 복음주의였으나 그는 개인주의적 복음뿐 아

홍현설, "기독교대한감리회 교리적선언과 한국교회" 「기독교사상」, 1981년 1월호

니라 사회복음에도 열렬한 제창자였다.

정 경옥 교수는 그의 미국 유학 기간 중 순전히 이 롤 교수 밑에서 신학을 전공했고 그를 한국에 소개하는데도 큰 역할을 하였다.

감리교 교리적 선언은 전부 8개 조항으로 되어 있는데 제 1 조는 신관, 제 2 조는 기독관, 제 3 조는 성령관, 제 4 조는 은총관, 제 5 조는 성서관, 제 6 조는 교회관, 제 7 조는 천국관, 제 8 조는 영생관 등으로 나뉘져 있다.

이만하면 기독교의 신앙 고백으로서는 들어가야 할 것이 거의 다 들어갔다고 할 수 있다. 삼위일체관이 정확히 표명되지는 않았으나 그런 대로 제 1, 2, 3조에서 관계적으로 나타나 있다.

구태어 약점을 들자면 죄악관과 속죄관과 성서관과 영생관이 약하다고 생각된다.

그러나 문제는 이런 개별적인 문제보다도 전체에 흐르는 신학적인 바탕이 문제이다.

어딘가 모르게 심각한 맛이 적고 안이한 낙관주의가 일관되어 있는 것같은 인상을 준다.

이런 점에서 사도신경은 매우 짧은 신앙 고백이지만, 다른 어떤 신앙 고백이 따를 수 없는 간결하고도 핵심적인 신앙을 잘 표현하고 있다. 언젠가는 세계의 모든 교파가 제각기의 신앙 고백을 뒤에 두고, 이 사도신경으로서 통일된 신앙고백을 할 수 있는 날이 오기를 필자는 염원한다.

이제 나는 이 8개조의 신앙 고백을 하나하나 검토하면서 그 개수 보완의 길을 제시해 보려고 한다.

우선 제 1 조의 신관에 대해서이다. 이 조항의 치명적인 결함은 하나님의 인격성이 나타나 있지 않다는 것이다. 현대 신학자들 중에도 하나님의 인격성을 부인하는 자들이 있으나(예 폴 틸리히) 그러나 하나님은 분명히 인격적인 신이시다. 비록 그 인격성(Personhood)이 우리 인간의 인격과 같은 것은 아니라고 할지라도 하나님은 분명히 우리 인간들에게 말씀하시고 인간은 그의 말씀에 응답하는 존재이다. 마르틴 부버가 이 사실을 분명히 지적해 주었다. 하나님과 인간 사이의 관계는 이 상호작용(Reciprocity)에 있다. 부버에 의하면 하나님은 당신(thou)이시다. 그는 분명히 자녀인 인간들의 신이시오, 인간의 말을 들으시는 신이시다. 우리가 이렇게 말하는 것은 결코 십계명의 제 2계명, "너를 위하여 우상을 만들지

— 2 2 —

홍현설, "기독교대한감리회 교리적선언과 한국교회" 「기독교사상」, 1981년 1월호

말지니"라는 계명을 범하는 것이 아니다. 오히려 우리는 하나님과의 특수한 관계를 말하는 것이며, 그와 우리와의 관계의 성격을 말하는 것이다. 이것은 결코 의인적(擬人的—Anthropomorphically)으로 말하는 것이 아니다. 의인적이란 것은 무엇인가? 신학적으로는 인간이 그 창조주 하나님을 인간적인 형식과 기준의 개념으로 생각하는 것, 즉 무한이 유한의 개념으로 격하되는 것을 의미한다. 틸리히는 하나님을 인격적으로 말하든가 유신론적으로 말하는 것은 모두가 상징적이라고 주장한다. 즉 하나님을 아버지라고 하든가, 주라고 하든가, 심판자라고 하든가, 구주라고 하는 경우에 모두가 상징을 사용한 말들이라는 것이다. 그는 하나님은 모든 인격적인 것의 근거라고 하였다. 어떤 때는 하나님을 초인격(Supra-person)이라고 할 수도 있다. 그러나 그것은 결코 반(反)인격은 아니다.

삼위일체의 교리는 신의 성육신의 교리와 함께 기독교의 가장 기본적인 교리이다. 물론 이 교리는 성서에 분명한 근거는 없다 할지라도 그리스도 안에서 자신을 계시하신 하나님이 우리 인간들을 만나시는 모양을 신학적으로 표현하려 한 교리이다. 그런데 이 삼위일체의 교리는 삼신(三神—Tritheism)의 이단사설 경계해야 하는 취약점이 있다. 하나님은 세 인격이 아니다. 하나의 인격이시다. 그는 제한된 개성이나 다른 의식에 의하여 제약된 의식을 가진 자가 아니다. 그는 아버지 신으로서, 창조주로서의 무조건적이며 무제약적인 요구를 가지고 우리에게 오시는 신이시다. 그는 또한 아들 예수에게서 그와 우리와의 동일시와 연대성을 통해서 우리에게 오시며, 그는 또한 성령으로서 우리를 만나신다. 그 말은 즉 성령이 내면적으로 우리를 영감하시며 우리를 자유케 하신다는 뜻이다.

이 삼위일체의 교리야말로 인격적인 하나님의 참된 신비를 보다 순수하게 말해 주는 것이다.

그리고 제1조에서 하나님을 "모든 선과 미와 애와 진의 근원이 되신다"고 한 대목에 약간 문제가 있다. 물론 하나님은 모든 가치의 근원이시지만 그러나 하나님은 이런 가치를 총합한 자는 아니시다. 이런 사상은 자칫 잘못하면 유신론이면서도 무신론이 될 위험성을 내포하고 있다. 죠시아 로이스(Josiah Royce)나 해롤드 회프딩(Harald Hoeffding)의 일원론적인 절대이상주의는 하나님이 마치 모든 도덕적, 사회적 가치가 곧 신이라는 결론에 빠지기 쉽다. 그런 신은 위에서 말

홍현설, "기독교대한감리회 교리적선언과 한국교회" 「기독교사상」, 1981년 1월호

한 인격적 신이 아닌 중성적(中性的) 내지 개념적인 신이 될 위험성이 많다.

제 1 조의 신관에 대한 고백을 신학적으로 정확히 서술한다면 "우리는 하나님은 신이시요 우주의 창조자이시며 모든 인격적인 존재의 근거가 되시고 인간 역사와 세계의 지배자가 되시는 오직 한 분이신 하나님을 믿으며"라고 할 수 있을 것이다.

다음은 제 2 조의 기독론에 관한 문제이다. 우선 지적해야 할 것은 이 조항에서는 나사렛 예수, 즉 역사적인 예수가 분명히 부각되어 있지 않다는 것이다. 우리는 나사렛 예수에게서 하나님의 인격을 만난다. 우리는 그의 얼굴에서 하나님을 보며 그의 음성에서 하나님의 음성을 듣는다. 그는 환상으로 나타났던 분이 아니고 십자가에서 죽으시고 사흘만에 부활하신 분이다. 불트만은 기독교 신앙은 역사적인 예수에 관한 지식과는 아무런 관계가 없다고 주장한다. 그에 의하면 그리스도의 부활도 모든 시간과 역사 안에 있는 모든 인간들에게 유효한 우주적 차원을 의미하는 것이라고 한다. 그러나 근년에 불트만의 제자들 중에서(예 옥멘, 판넨베르그) 역사적인 예수께 대한 새로운 관심을 가지기 시작하였다. 물론 그들이 말하는 역사적 예수는 역사적 인격으로서의 그의 성격이나 전기를 의미하는 것이 아니라 그가 무엇을 선언하셨는지, 즉 그의 메시지에 관한 것이다.

물론 여기서 역사적 예수라 함은 마틴 켈러(Martin Kähler)가 말하는 것처럼 역사적 예수의 모습을 재건하는 믿음성 적은 시도를 의미하는 것이 아니고, 보다 신빙성이 있는 예수 그리스도의 성서적 이미지, 즉 켈러가 말하는 "유효한 그리스도"(efficacious Christ), 즉 그가 그의 제자들에게 주신 인상을 말하는 것이다.

켈러는 "진정한 그리스도는 설교된 그리스도"라고 하였다. 복음서 기자들에 의해 우리에게 제공된 예수의 모습은 우리가 그 자세한 지식을 가질 수 있는 역사적인 인격이 아니다.

오히려 그들의 증거는 적확한 인격으로서 우리와 만나게 한다. 그가 이웃을 사랑하라든가 그가 말씀하신 산상수훈 등이 그리스도의 정신을 가진 공동체에 의하여 형성되었다는 사실은 결정적인 중요성이 없다.

어떤 추상적인 교리나 규범으로서 우리와 대면하시는 것이 아니라 우리의 실존에 대해서 분명하

— 2 4 —

홍현설, "기독교대한감리회 교리적선언과 한국교회" 「기독교사상」, 1981년 1월호

고 근본적인 말씀으로 우리와 대면하신다는 사실이 더 중요하다는 말이다. 역사적 예수는 우리에게 첫째는 하나님이 인간에게 가까이 계심을 선언하는 선언자(The Proclaimer)로서, 둘째는 죄인과 자기 자신을 동일시하시는 십자가에 죽으신 자로서, 셋째는 유한하고 덧없는 인간들에게 무한한 미래의 새로운 지평선을 열어 주시는 죽음에서 부활하신 자로서 그 자신을 우리에게 계시하셨다. 이런 의미에서의 역사적인 예수가 흐려지면 우리의 신앙도 애매해질 수 밖에 없다. 신학적으로 말한다면 하나님의 유일회적(唯一回的) 계시자이신 예수 또는 중보자이신 예수가 좀더 명확하게 표현되었어야 할 것이다.

다음은 제 4 조의 속죄관과 은총관이다.

“죄를 용서하심”이라는 귀절에 왜 십자가에 대한 언급이 없는지가 의문이다. 성경에는 분명히 “우리가 하나님을 사랑한 것이 아니오 오직 하나님이 우리를 사랑하사 우리 죄를 위하여 화목제로 그 아들을 보내셨음이니라”(요한 I 서 4 : 10)고하셨다. 또한 마태복음 18장의 악한 종의 비유 중에서 자기는 주인에게 막대한 빚의 탕감을 받고도 자기에게 적은 빚을 진 동관은 용서해 주지 않은 사람의 이야기의 결론에서 “너희가 각각 중심으로 형제를 용서하지 아니하면 내 천부께서도 너희께 이와 같이 하시리라”(마태 18 ; 25)고 하셔서 인간 상호간의 죄의 용서도 극히 중요함을 가르치셨다. “무엇이든지 너희가 땅에서 매면 하늘에서도 매일 것이오, 땅에서 풀면 하늘에서도 풀리리라”(마태 18 : 18)고 하셨다.

주기도문에도 “우리가 우리에게 죄지은 자를 사하여 준 것같이 우리 죄를 사하여 주옵소서”라고 주님은 가르쳐 주셨다. 기독교가 말하는 사죄에는 이 두 가지 면이 분명히 표시되어야 한다.

다음으로 “모든 요구에 넉넉하신 은혜를 믿으며”이다. 이것은 기독교의 은총관인데, 여기서는 하나님의 은총의 스케일이 너무 작은 듯한 인상을 준다. 성 아우구스티누스의 은총관에 의하면 하나님의 은총에는 불가항력적인 은총, 예방적 은총, 선행적 은총, 지속의 은총 등 여러 가지가 있다. 그런데 여기서는 하나님의 은총이 인간의 요구를 충족시키는 것(Need-filler)으로서 표현되었다. 이것은 신학자들이 말하는 임기응변의 신(Deus ex Machina)과 다를 바가 없다. 오늘 한국 교회에서 많이 볼 수 있는 기복(祈福) 신앙이 이런 데서 생겨나

홍현설, “기독교대한감리회 교리적선언과 한국교회” 「기독교사상」, 1981년 1월호

지 않았나 생각된다. "은총 무한"이라는 말이 있다. 시편 기자가 하나님의 은총을 형용할 때 "기름으로 내 머리에 부으시니 나의 잔이 넘치나이다"(시 23 : 5)라고 표현하였다.

또 은총에 대한 치명적인 오해 중의 하나는 은총을 너무 물질적인 것으로 생각하는 잘못된 경향이다. 은총이란 하나님의 인격적 감화를 의미하는 것이고, 그런 형이하(形而下)의 물량적인 내용을 가진 것이 아니다.

우리는 이런 점에 대해서도 신앙의 재검토가 필요하다.

다음으로 제 5 조는 성서관인데 다행히 보수 진영에서 고집하는 축자영감설 같은 것이 없는 것은 감리교답다고 하겠다. 그러나 여기에 나타난 고백은 성서의 권위에 대한 문제인데, 우리는 잘못하면 기계론적인 성서주의(Biblicism)에 빠질 위험이 있다. 우리는 성서의 어떤 부분을 선택해서 거기에 절대 무오적인 권위를 붙일 수는 없다. 그것은 너무도 외부적이고 율법주의적이다. 교회는 은혜받는 방법으로서, 성서만이 아니라 성례전(Sacraments)과 기도를 아울러 들고 있다.

로마 가톨릭 교회는 성례전이 유일한 은총의 방법은 아니지만 그러나 본질적인 것임을 주장한다. 오랜 복음주의 신학은 두 가지 중요한 방법을 제시하는데, 즉 하나님의 말씀인 성서와 성례전(세례와 성 만찬의 두 가지)을 제시한다. 개혁자 루터는 은총을 받는 방법을 네 가지로 제시했는데 (가) 설교된 말씀, (나) 세례, (다) 성례전, (라) 신자들 간의 상호 대화와 형제들 간의 위로 등이라고 하였다.

중세기의 교회는 성례전에 참여하는 일을 강조하여 하나님의 말씀으로서의 성서는 교리와 율법으로서만 그 중요성이 있다고 하였다.

성서는 종교(유대교와 기독교)의 역사적인 문서들의 집합이다. 그러나 이 종교적인 문서들 중에는 인간적인 요소와 우연적인 요소가 들어 있기 때문에 신앙은 그 중에서 하나님의 말씀인 거룩한 음성을 식별할 줄 알아야 한다.

우리는 20세기에서도 성서의 중심적 권위를 유지하려면 다음의 네 가지 사실을 구별할 줄 알아야 한다.

1. 우리의 전적인 접근은 하나님의 말씀과 성서의 말들을 구별하는데 근거해야 한다. 루터는 성서는 그리스도가 누워 있는 말 구유라고 하였다. 성서의 목적은 순전히 그리스도를 증거하기 위함이다.

— 2 6 —

홍현설, "기독교대한감리회 교리적선언과 한국교회" 「기독교사상」, 1981년 1월호

2. 성서 비평학은 파괴적인 목적을 가진 것이 아니고 창조적인 목적에 이바지하는 것임을 알아야 한다.

3. 성서의 해석은(근일의 성서해석학) 조심스러운 과학적인 연구에 의하여야 한다.

4. 우리는 성서를 읽을 때 방관자의 태도를 가져서는 안 되고 큰 기대를 가지고 참여자로서의 자세로서 읽어야 한다. 니이버에 의하면 성서는 자명적(Self-Authenticating)인 성격을 가지고 있다. 바르트가 말한 것처럼 우리는 이스라엘이 홍해를 건너는 일이나 그들이 금송아지의 우상을 섬긴 일이나 예수의 수세(受洗)와 베드로의 부인, 유다의 배역 등의 사건을 다 과거에서가 아니라 지금 여기서 일어난 사건으로 보아야 한다는 말에 유의하자.

성서는 오늘의 우리가 당면하는 모든 문제들에 대한 해답을 주지는 않는다. 성서는 우리의 신앙과 생활을 비춰 줄 원칙만을 제시하였다. 그러므로 현대인이 당면하는 문제들에 대해서도 그 정확한 해답을 얻으려는 의미에서 성서가 우리 신앙 생활에 표준이 된다고 생각하면 큰 오해이다.

전통적인 개신교는 성서의 권위가 예수 그리스도의 주장을 타당한 것으로 보장한다는 입장을 취했다. 동시에 교회의 권위가 이 예수 그리스도의 주장이 타당함을 보장한다고도 보았다. 그 이유는 우리가 우리들 자신의 불확실한 판단에 의뢰하든가 우리를 더욱 혼란에 빠뜨리는 성서에 대한 여러 가지 해석에 의뢰하는 것보다는 교회의 음성에 의뢰함이 낫다는 것이다. 교회는 언제나 분명하게, 갈아지지 않게, 권위적으로 말하기 때문이다. 여기다가 한 가지 더 개인적인 체험의 권위를 첨가한다. 개인적인 체험도 예수 그리스도 안에 있는 하나님의 놀라우신 역사에 대하여 증거할 수 있다.

그러므로 하나님의 말씀과 신앙 공동체인 교회와 개인적인 체험이 세 가지의 증거가 성서의 진정한 권위의 소재라고 할 수 있다.

다음은 제 6 조이다. 이 조항은 교회관인데 역사적으로 교회관에는 대개 두 가지가 있다. 그 하나는 교회의 신적(神的)인 기원을 주장하는 것으로서 교회는 그리스도가 설립하셨으며 하나님으로 인해 불러냄을 받은 자들의 공동체라는 사상이다. 신약성서에서 사용한 에클레시아(Ecclesia)가 여기에 해당된다.

다른 하나는 교회는 믿음을 같이 하는 신자들이 자발적으로 결합한

— 27 —

홍현설, "기독교대한감리회 교리적선언과 한국교회" 「기독교사상」, 1981년 1월호

일종의 자원적인 단체(Voluntary Association)라는 입장이다. 더우기 이 후자는 근년에 민주주의 사상이 발달하면서 더욱 그 중요성을 띠게 되었다. 현대에 와서 교회관은 크게 변하여 교회는 순례자라든가, 표적(Sign)이라든가 기타 여러 가지의 개념으로 표현한다.

물론 성서에 나타난 가장 주요한 교회의 개념은 교회는 그리스도의 몸이라는 데 있다.

그런데 이 조항에서는 교회의 신적 기원은 전혀 언급되어 있지 않고 "예배와 봉사를 목적하여 단결한 교회"라는 표현만 나와 있다. 근년에 세계 교회적으로 고조되고 있는 "교회는 곧 선교"라는 사상도 나와 있지 않다. 그러므로 이 조항은 특히 이 교리적 선언이 만들어지던 때의 시대적인 사상의 영향을 짙게 나타내는 조항이라고 본다. 오늘날 교회론은 신교에서보다 구교에서 놀라운 발전을 하고 있다. (특히 제 2 바티칸 공의회 이후……한스 큉, 카알라너 같은 신학자들에 의해서)

다음으로 제 7 조는 천국관이다.

이 조항이 전체 교리적 선언 중에서 가장 비평과 반대를 많이 받아온 조항이다. "하나님의 뜻이 실현된 인류 사회가 천국임을 믿으며"……어딘가 진보주의의 냄새가 풍기는 표현이다. 원래 하나님의 나라는 종말론적인 개념이다. 하나님의 나라가 진화론적이며 내적인 세계 과정을 통해서 실현된다는 것은 전혀 기독교 신앙과는 관계없는 사상이다. 예수는 "내 나라는 이 세상 속에 속한 것이 아니라"(요한 18 : 36)고 분명히 말씀하셨다. 따라서 하나님 나라는 지상적인 축복의 이상과는 관계가 없는 것이다. 즉 하나님의 나라는 세계사와는 관계가 없다. 다만 역사는 하나님 나라가 싸워서 승리를 거두는 싸움터이다. 하나님 나라는 그 완성을 향하여 올라가는 크레센도(Cresendo)로서 상승하는 것이 아니다. 하나님 나라는 계속적인 활동을 의미한다. 하나의 새로운 승리가 얻어지면, 또 하나의 새로운 투쟁이 시작된다. 그래서 하나님 나라는 매 세대마다 가까운 것같으면서도 먼 것이다. 루터가 말한 바와 같이 "언제 하나님의 뜻이 이뤄지는가?"가 문제이다.

하나님 나라를 실현키 위한 투쟁은 역사의 정황과 끊을 수 없는 관계로 연결되어 있지만 하나님의 완전한 지배(즉 하나님 나라)는 인간 역사의 영역에 있지 아니하다. 아무 것도 역사 안에서는 최종적으로나 결론적으로 이뤄지는 것이 없다. 신의 성지(聖志)와 그를 대항하

— 2 8 —

홍현설, "기독교대한감리회 교리적선언과 한국교회" 「기독교사상」, 1981년 1월호

는 권력 사이의 투쟁과 싸움은, 모든 개인에게서, 모든 세대에서 발생한다. 역사는 이런 의미에서 이 두 가지 의지의 싸움터이다.

이 조항은 차라리 "하나님의 뜻이 완전히 실현되고 그의 절대 주권이 확립될 때에 임한다"고 했어야 옳았을 것이다.

마지막으로 제8조는 기독교의 영생관인데 그리스도와 그를 따르는 자들의 부활이 빠져 있다. 또 그 부활도 단순한 영적 부활이 아니라 "몸이 다시 사는" 육체의 부활이다. (물론 지금 우리가 가지고 있는 육체와는 다른 확실히 몸이지만)

많은 신학자들이 예수의 생애를 쓸 때 고와 십자가의 죽으심까지만 쓰고 부활의 문제는 건드리지도 않는 자들이 많다. 부활은 기독교의 생명이다. 이 부활에 대한 언급이 없는 내세관은 너무 추상적이요 비(非)현실적이다.

의의 최후 승리를 믿는 것은 크리스천이 아니라도 믿을 수 있는 일이다. 그리고 여기서 말한 영생이란 대체 어떤 내용인지도 알 수 없는 막연한 철학적 개념에 불과하다. 하나님의 영원성은 시간 밖의 존재라는 생각을 포함한 것도 아니고 하나님에게는 시간이 중요하지 않다는 뜻도 아니다. 하나님은 물론 시간 위에 계신 분이지만 그는 시간 안에 현존하시며 시간 안에서 되어지는 모든 일에 있어서 그는 유효하게 역사하시는 것이다. 물론 영원한 안식과 축복이 기독교 신관에 속해 있지만 그러나 동시에 루터의 말대로 그는 결코 쉬시지 않으신다.

영원이란 것은 시간 전이나 시간 후에 올 그 무엇을 암시하는 것이 아니다. 영원은 시간에 비해 질적으로 다르다. 끝없는 시간의 연장은 영원이 아니다. 하나님의 영원은 시간에 관계된 그의 거룩하신 사랑의 절대 주권이다. "사랑은 언제까지든지 떨어지지 아니하나" ("Love never faileth"—고전13 : 8) 하나님의 사랑은 시간의 세계에 속한 모든 것처럼 덧없거나 변하지 아니한다. 이 하나님의 불변하는 사랑 안에서의 영원한 사귐의 즐거움, 그것이 곧 천국일 것이다.

이렇게 쓰고 보니 너무 망발이 많았던 것 같다. 더 하고 싶은 말이 있으나 지면이 다하였으므로 여기에서 그친다.

기독교 대한 감리회는 가까운 장래에 산하의 유력한 신학자들의 협력을 얻어서 이 신앙 고백의 대폭적인 개정이 있기를 기대한다.

— 29 —

홍현설, "기독교대한감리회 교리적선언과 한국교회" 「기독교사상」, 1981년 1월호

요한 웨슬레의 해석학적 신학

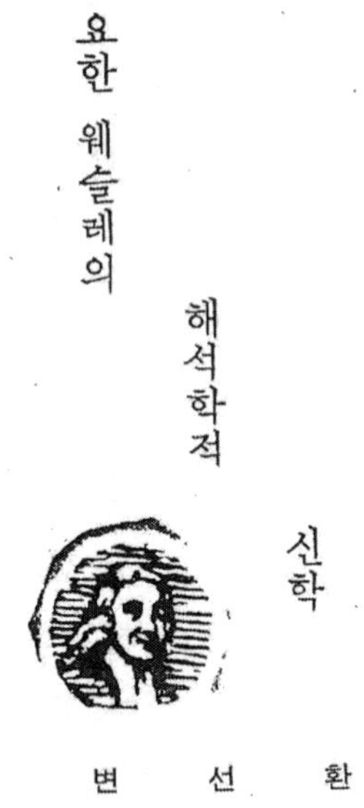

변　　선　　환

나로 하여금 단 한권의 책의 사람(homo unius libri)이 되게 하라…성서는 과거의 것인데 지금도 말씀하신다. — 요한 웨슬레 —

미국 감리교회가 자랑하던 불세출의 신학자 칼 마이켈슨(1915－1965)은 역사와 언어에 대한 새 이해 때문에 생긴 해석학이라는 새 학문이 전통적 신학을 뒤집고, 오늘날 신학의 혁명을 일으키고 있다고 갈파 했다. 훅스는 해석학을 정의하여 "신암의 언어에 대한 학"(Sprachlehre des Glaubens)이라고 했고, 에베링은 신학을 "선교의 언어학교"(Sprachschule der Verkueundligung)라고 했다. 그는 신학과 선교를 불가분리의 관계에서 보며 "선교 없는 신학은 공허하고 신학 없는 선교는 맹목이다"라고 말했다.

만일 신학을 선교라고 보는 것이 현대 신학의 동향이라면 "감리교는 조직은 좋지만 신학은 없다"는 말은 잘못 된 낡은 신학이 하는 비방이 겠다. 왜냐하면 감리교야말로 선교와 관계없는 신학의 상아탑에서 탈출하여 선교에서 시작되었기 때문이다. 웨슬레의 관심은 교리가 아니라 설교하는데 있었다. 기성교회가 강단을 주지 않기 때문에 그는 그에게 남아있는 유일의 선교의 길인 노방전도와 해외전도에 힘 썼다. 선교의 사명에 불태우며 피곤을 몰랐던 그는 영국 제일의 여행가로 자처했다. 매주 150마일 이상을 말 타고 전도한 그는 런던에서 110마일인 부리소틀 까지 175회 이상, 250마일 떨어진 뉴 캐슬 까지 50회 이상, 킹스우드 까지 100회 이상, 리이쯔, 만체스터, 버어밍갑 까지 75회 이상, 캔터베리, 볼톤, 체스터, 쉐필드 까지 40회에서 50회나 방문하고 있다. 매주 15회 이상 설교한 그는 이에 만족치 않고 성경 한권만을 들고 구라파에 전도여행을 떠나기 세번, 아일랜드 해협을 왕복하기를 42회에 이르고 있다. 감리교 운동이 설교라는 이 하나의 길을 통하여서만 생겼다는 것은 극히 기이한 일이다.

선교를 위하여 온 삶을 바친 웨슬레의 해석학적 원리는 "거룩"(Holiness)이었다. "거룩"이란 의인과 성화, 신앙과 사랑을 나누지 않고 포괄하는 범주다. 지난 63년 어느 여름날의 일이다. 내 잊을 수 없는 스승 마이켈슨은 내게 웨슬레의 헤석학에 대한 공헌을 말해 주었다. 웨슬레의 "거룩"의 해석학은 오늘의 해석학적 신학의 아포리아(난점)가 되어 있는 에베링의 신앙의 해석학과 훅스의 사랑의 해석학 사이의 거리를 초극하며 포괄하는 것으로 보았기 때문이다.

신학에서 말할 때는 해석학이란 성서 텍스트를 풀이하는 학문을 가리킨다. 그러나 해석학은 단순히 텍스트의 의미를 밝히는 것만 말하지 않고 해석자를 통해서 텍스트의 의미를 얻으려는 것이다. 만일 텍스트가 그것을 해석하는 인간과 관계되고 적용되지 않는다면 그것은 아무 의미도 없기 때문이다. 호레이스 붓슈넬이 말하 듯 "내가 희미할 때 성서도 내게 희미하다"고 보기 때문이다. 그러므로 이 적용(applicatio)은 텍스트를 해석한 뒤가 아니라 텍스트를 해석하는 가운데 생기며, 우리가 말씀을 들은 다음에 생기는 것이 아니라 듣는 가운데 생기는 것이다. 해석학이 이해과정과 뗄수 없는 것은 바로 이 까닭이다. 이해없이 듣는 것은 소화하지 못하고 먹기만 하는 것과 같기 때문이다. (일기. 1948. 4. 11). 성서해석의 원리로 성령을 말할 때 웨슬레는 초자연주의자 처럼 보이지만 사실은 그렇치 않다. 그는 하나님의 말씀이 인간의 이해와 떠날 수 없도록 깊이 관계되고 있다는 것을 너무나도 잘 알고 있었기 때문이다. 아메리칸 인디안과는 달리 스캇트랜드 사람들은 아주 "좋은 청중"이었기 때문에 설교하는데 힘이 들지 않는 것을 경험했기 때문이다. 그러기에 웨슬레는 종교의 근본은 신의 본질과 인간의 본질, 이 양자의 상호관계속에 있다…… 그것은 인간이 자기를 알고 자기의 거짓없는 모습을 아는데서 시작한다고 주장한다.

웨슬레가 쓴 말, "관심" "욕망" "슬픔"등은 하나님의 말씀을 향한 전이해(Vor-verstaendnis)로서 해석학적 원환을 이룬다. 인간의 전이해와 하나님의 말씀의 관계가 원환(Circle)과 같은 것은 인간의 이해과정이 원 처럼 끝이 없기 때문 이다. 웨슬레는 독일학자 외팅가(F.C. Oetinger)의 "예각"(豫覺, Vore-mptindungen)이란 개념을 통해서 오늘날 전이해라고 하는 것을 알았다. (일기 1759. 1. 27) 그는 젼이해를 두가지로 말했다. ① 바울이 실라에게 그리스도를 전한 것과는 달리 루스드라 설교나 훼릭스 앞에서의 증거에서 그리스도를 입 밖에 내지 않는 것 같은 "전달에 대한 센스"(sensus communis)와 ② 율법을 그리스도께로 인도하는 몽학선생으로 쓰고 있는 그의 "신학의 사용"(usus theologicus)이 바로 그것들 이다. 죄의식을 신앙에 선행해야 하는 것으로 본 것도 바로 이것을 말한다. (설교XVⅢ,3) 그러므로 그의 "양심"개념도 전이해를 뜻한다고 보겠다. Con-scientia란 곧 인간의 하나님 말씀에 대한 동의요, 말씀과의 관계에서 되는"공동지식"(Co-knowledge)이기 때문이다. 신앙에앞서 설교되는 율법은 양심을 정죄하고 죄를 폭로하지만, 신앙이 생긴 뒤에 설교되는 율법은 신앙생활의 법규가 된다. 그러나 그것은 두 율법을 말하지 않고 한 율법의 두가지 사용일 뿐이다 예수의 설교에서 하나님이 이 둘, 율법과 복음을 짝지어 주셨기 때문에 사람들이 나눌 수는 없다. 나눈다면 그는 온전한 복음을 전하지 않고 있다는 것이다. (일기, 1742. 6. 2)그러므로 "사랑으로 역사하는 신앙"으로 그가 강조하는 "거룩"의 삶은 해석학의 원환(圓環)을 순환(循環)으로 철저화하고 있는 듯 하다. 신의 은총에 붙잡힌 이는 완전에 이르기 위하여 계속 자기가 할일을 물어야 한다. 그러나 완전을 향하는 성화과정에서 말하는 "거룩 전이해"는 "신앙 이전의 전이해"와는 차원적으로 다르다. "율법 아래있는 실존"은 저주속에서 좌절 될 수 밖에 없지만 "은총 아래 있는 실존"은 기쁨 속에서 사랑으로 완전을 향하기 때문이다. 신앙 이전의 단계에서 죄를 밝히던 율법을 신앙 실존에게 거듭 설교할 수는 없기 때문이다. "사랑은 모든 동기 가운데서 가장 강한 것이고 우리를 몰고 가는 것이 아니라 끌고 가는 것" 으로 보기 때문이다. 웨슬레는 위대하다. "거룩의 해석학"에서 그는 의인과 성화, 복음과 율법, 신앙과 사랑이 결코 나눠지지 않기 때문이다. 신이 짝지어 주셨기에……

1970. 5. 10. (제 529호)

1970. 5. 10. "요한 웨슬레의 해석학적 신학" 변선환, 「기독교세계」

이것이 監理敎會다 ②

第11回 總會에 살펴보는

神學

邊鮮煥

◇변선환목사◇

回心에 根據한 웨슬레神學

悔改前提·聖潔을 결과로하는 信仰

사랑으로 役事하는 믿음·소망강조

〈필자·서울감신대교수〉

집필자

역사 …… 김용옥

신학 …… 변선환

비전 …… 남기철

1970. 10. 10. “이것이 감리교회다” 변선환, 「기독교세계」

자랑스러운 감리교도

변 선 환 박사

(감리교신학대학 교수)

"우리는 누구에 대하여서도 그 사람이 자기의 의견을 가지고, 자기의 예배형식을 사용 할 것을 용인한다. 다만 우리들이 바라는 것은 하나님과 이웃에 대한 사랑이 그의 마음속에서 지배적인 원리가 되고 그가 늘 정의와 긍휼과 진실을 실천하도록 생활속에 사랑을 표현하는 것이다. 따라서 그 사람의 의견이나 예배형식이 어떤것이 던지(거기에 대해서는 그가 하나님에게만 책임져야 하지 않으면 안되는 것이지만) 하나님과 인간을 사랑하는 자에게는 누구에게 대해서도 우리는 교제의 악수를 한다"――요한 웨슬레――

요한 웨슬레가 감리교도라고 불려지는 사람들에 관한 간략한 역사(Short History of the People Called Methodists)라는 논문 끝에서 한 말이다. 그는 신학적 의견이나 예배의식의 차이가 문제가 아니라, 하나님과 이웃을 사랑하는 것, 사랑이 그의 마음을 지배하고 사랑이 그의 삶속에 표현되는 것이야말로 가장 중요한 문제라고 본 것 같다. 웨슬레는 독일의 경건주의자 벤겔(Bengel)의 "신약성서주석"(Gnomon Novi Testamenti)에서 영향 받으면서 쓴 신약성서주해(Notes upon the New Testament, 1955)와 "표준설교" (Standard Sermons)를 감리교전도자를 위한 교리적 기준으로 제시하였다. 그는 교리에 관해서는 상당히 보수적인 태도를 취하였다. 그는 교리의 차이에 대하여서 결코 무관심하지 않았다. 그러나 "우리는 누구와도 신학적 의견(opinion)이 다르다고 하는 이유로 나누어지지 않는다. 우리들도 생각하고 또 저들도 생각하도록 하지 않으면 안된다"고 주장하는 웨슬레는 융통성과 관용성이 결여된 신조주의나 성서주의에서는 극히 먼 신학자였던 것 같다. 영국교회의 "39개조"의 신앙개조를 "24개조"로 신념을 가지고 축소시키고 삭제시키고 있는데 이런일은 신조주의자들이 잘 할 수 없는 일일 것이다. 칼빈주의 감리교도였던 죠지 윗트휠드와의 예정론을 중심한 논쟁에서 웨슬레는 양자의 예정론에 대한 견해의 차이가 결코 양자의 일치를 방해 할 수 없는 의견의 차이일 뿐이다고 보고 있는것은 이 까닭이다. 신학적 의견에 대한 그의 관용은 두개의 표준설교, "頑固에 대한 警告"(A Caution Against Bigotry)와 "카토릭 精神"(Catholic Spirit)에 잘 나타나 있다. "頑固에 대한 警告"는 마가 9장 38~39절을 테스트로 하고 있다. 예수의 이름으로 귀신을 내쫓고 있는 이들을 본 제자들은 저들이 그들을 쫓지 않자 곧 금지시켰다고 한다. 그러나 예수는 저들의 선행을 금하지 말라고 하고 있다. "카토릭 정신"에서 웨슬레는 종교개혁이 개인의 판단의 권리와 자유위에서 있다고 한다.

웨슬레가 완고한 신조주의나 성서주의에서 우리를 자유하게 하여 주었다는 것은 감리교의 영광스러운 유산이라고 생각한다. 우연히 나갔던 고향의 교회가 감리교회였지만, 나는 이와 같은 열려진 감리교회 목사가 되었다는 것을 자랑스럽게 생각한다. 감리교는 삼위일체론에 대한 의견의 차이 때문에 미카엘 셀베투스(Michael Servetus)를 화형에 처한 칼빈의 愚나 카톨릭교회의 종교재판과 같은 잘못을 모른다. 스위스 제네바에 가면, 칼빈의 후예들이 칼빈의 처사를 속량하는 뜻에서 샴펠형장에 세운 기념비를 볼 수 있다. 그때부터 350년이 지난 뒤의 일이었다. (1903년 10월27일) 이 비문에 새겨진 글은 다음과 같다.

"1511년 9월 29일 아라곤의 빌르누부에서 출생한 미셀-셀베드는 1553년 10월 27일 샴펠에서 화형되었다"(정면)

"우리들의 위대한 종교개혁자이면서 시대의 과실인, 한큰 과오를 범한 칼빈의 자손인 우리, 그에게 존경과 감사를 드리며 또 종교개혁과 복음의 참된 원리로서 양심의 자유를 위하여 노력하는 우리들은 1903년 10월27일 죄를 속하는 기념비를 세운다" (이면)

그러면 5,000교회 100만 신도 운동을 전개하고 있는 한국의 감리교회가 서로열려진 태도를 가지고 교회의 일치를 위하여서 생각하여야 할 것이 있다면 그것은 무엇일까?

첫째로 우리는 우리의 선교운동을 배타적이며 폐쇄적인 교회 선교라는 낡은 선교신학이 아니라 神의 宣敎(Missio Dei)라는 새로운 선교신학 위에 근거시키고 있다는데서 하나가 되어야 할 것이다. "당신들이 하여야 할 것은 꼭하나 뿐이다. 곧 영혼을 구한다는 것이다"고 하였던 웨슬레는 단순히 복음만을 말하면 된다고 생각한 폐쇄적인 전도자는 아니었다. 義認과 함께 聖化를 말한 웨슬레는 사회의 요구에 외면하지 않고 옥에 갇힌이와 가난한 이들을 위한 人間化의 과제에 깊은 관심을 표명하였다. 웨슬레에게는 그 시대의 제약 때문에 社會惡의 근원을 과학적으로 살피는 눈이 없었지만, 자선사업을 통하여 나타난 그의 사회적인 사랑의 실천은 우리 감리교회의 자랑스런 관심을 이어받은 우리는 결코 진리를 교회의 벽이나 영혼 안에 폐쇄시켜서는 안될 것이다. 교회의 벽 밖에서 세상 끝날때까지 계속될 신의 선교의 역사에 참여하는 것이야말로 우리 교회

— 7 —

1977. 10. 1. "자랑스런 감리교도", 변선환 「기독교세계」

의 지상과제일 것이다. 그런 의미에서 조직과 제도로서의 보이는 교회는 보이지 않는 교회, 영적인 교회로 확대되어야 할 것이다. 우리는 "세계는 나의 교구다"라기 보다는 오히려 "나의 교구는 세계다"라고 적극적으로 주장하여야 한다.

둘째로 우리는 예수 그리스도 속에 나타난 하나님의 계시의 배타적 절대성을 믿는다. 우리는 소위 基督敎統一文化世界(Corfius Christianum)가 무너진지 오랜 宗敎的 多元社會에 살고 있기 때문이다. 웨슬레는 루터와 바르트와는 달리 "理性과 他宗敎"를 인정하고 있었다. "理性과 宗敎를 존중하는 사람들에 대한 엄숙한 호소(An Earnest Appeal to Men of Reason and Religion)에서 웨슬레는 참으로 순수한 理性에서 떠나는 만큼 기독교에서 떠나는 것이라"고 하였다 "종교를 안다는 것은 우리의 생래적 능력을 아주 하나도 없이하는 것이 목적이 아니라는 것이다. 오히려 그것을 높이고 향상시키는 것이 목적이다. 특히 우리의 理性에 대하여 그렇게 말할 수 있다"고 한다. 토미스트들 처럼 "恩寵은 自然을 파괴하지 않고 완성한다"고 보고있는 것이다. 그러기에 그는 理性과 信仰, 他宗敎와 啓示를 二者擇一의 對立에서 이해하지 않고 포괄적 계단적으로 이해하였다. 타종교를 단순하게 惡魔라고 보던 시대에 한국 감리교회가 "西洋之天即 東洋之天""道釋이……吾道敎理에 無異호도다"고 한 貞洞교회 崔炳憲목사 "是無言"을 모토로한 李龍道목사, 그리고 타종교를 일반계시로 인정하였던 鄭景玉교수를 모실 수 있었다는 것은, 우리 교회의 자랑이라고 생각한다. 지난 60년대에 土着化神學 논쟁이 있었을 때 감리교신학자가 그 旗手 (尹聖範, 柳東植)였다는 것은 우연일 수 없다.

감리교회는 선교 100주년을 향하는 역사적 시점에서 어느 교파에 못지 않게 선교열이 불타고 있다. 그러나 우리 감리교회는 보수주의 교파의 맹목적인 교회확장과는 달리 교회확장을 마살정책으로 쓰지 않고 극히 포괄적인 다원선교를 지향하고 있다. 나는 열려진 교회, 한국의 감리교회를 자랑스럽게 생각한다.

본인은 끝없이 열려진 웨슬레의 선교 신학의 틀 속에서 그리스도의 계시는 오늘날 폐쇄적 절대주의 바르트 나 방관적인 상대주의(트뢸취) 라는 두 극단이 아니라 배타성이 없는 절대성, 곧 종교적 다원성의 원리가 된다고 보면서 이렇게 그리스도 신앙을 증거한 바 있다. "現存誌"(1977. 3. 79호)에 기고하였던 글, "宗敎의 歷史意識——佛敎와 基督敎를 견줘서"에서의 내 결론은 다음과 같았다.

"歷史가 全體的으로 救援받는 길! 그 길은 예수 그리스도의 十字架의 길 밖에는 없다. 예수 그리스도! 그분은 우리의 길이요, 眞理요, 生命이다. 그분은 眞理와 生命에 이르는 唯一의 排他的인 길이다. 예수 그리스도는 할일 많은 이 세상에서 우리의 이름과 우리의 얼굴을 가지고 責任的으로 살도록 부르시는 歷史參與에의 길이다. 바로 이분이 계시기 때문에 우리들은 現代作家들이 그리고 있는 絶望的인 孤獨의 時代 어두운 疎外의 時代를 산다고 하여도 不屈의 勇氣를 가지고 우리의 運命을 變革하려는 冒險의 길에 나 설수 있다. 예수 그리스도! 그 분은 歷史에 대한 無制約的인 責任意識에서 살도록 우리를 부르시는 超越의 暗號다. 非存在를 在在로 이기신 분, 죽음의 쏘는 가시를 꺾으신 永遠한 生命이신 분, 惡을 善으로써 궁극적으로 승리하시는 분! 그분이 바로 예수 그리스도이시기 때문이다."

20세기가 낳은 서구의 두 사상가 칼 융과 마르틴 하이데거의 佛敎理解를 다루었던 글 "東·西 宗敎의 對話" (高大文化, 1977년 17호)에서 본인은 두 사상가의 문제점이 바로 불교의 아포리아라고 보면서 이렇게 결론 맺었다.

"西歐의 두 知性, 융과 하이데거……는 歷史的 現實에서 떠나 審美的인 傍觀만을 일삼는 宗敎生活을 권하고 있다는 점, 歷史忘却이라는 原罪에 빠져버렸다는 점에서, 東洋의 神秘 宗敎와 같은 誤謬를 범하고 있다고 보겠다. 그것은 神秘主義者들과 함께 眞理에 대한 끝없는 渴症을 가지고 마음의 旅路에 나서되 存在의 神秘라는 終着驛 까지가지 않고 바로 앞 驛에서 내려서 神 없이 神 앞에서 歷史的 現實에 구체적으로 參與하여야 한다고 선포하는 基督敎信仰의 입장에서 본다면 하나의 아름다운 誘惑이 아닐 수 없다. 歷史에서의 神의 現存인 그리스도는 世上끝날까지 우리들이 세상에서 不安하고 苦難당하여야 한다고 잠들어서는 안된다고 하고 있기 때문이다. 예수 그리스도 속에서 歷史의 意味를 계시하신 하나님은 存在의 神秘에로 浸透하여 들어가서 合一에 이르고 靈魂의 安息을 얻게하려는 것이 아니라 할일 많은 歷史 속에서 責任的인 삶을 살기를 원하신다. 그러므로 그분은 歷史 저편(beyond)이나 歷史의 深淵(beneath)에서가 아니라 歷史 안(within)에서 스스로를 계시하신다. 非人格的인 匿名과의 관계에서 인간은 결국 匿名의 抽象體 밖에는 될수 없지만 人格으로서의 神은 우리를 歷史에서의 逃避나 歷史에 대한 無關心이라는 原罪에서 벗어나와 神과 이웃 앞에서 責任的인 參與의 삶을 살게 하신다.

그러므로 基督敎 西歐가 낳았던 또 하나의 知性 칼 야스퍼스는 佛敎 속에서 主客圖式을 넘은 "二元消失性"(Zweiheitlosigkeit)이라든지 "自己解消에 있어서의 眞理의 根原體驗(Grunderfahrung der Wahrheit in Erlöschen des Selbst)을 읽으며 佛敎의 無의 敎說의 包括者(das Ungreifende) 사상과 類似하다고 보았지만, 결국 푸로테스탄트 사상가 답게 다음과 같이 告白하였을 때 그는 知性의 誠實性과 公明性을 여지없이 나타내고 있다고 보겠다.

"佛陀와 佛敎에는 분명히 우리와 다른샘이 있다. 우리는 쉽게 佛敎에 접근하여서는 안된다. 佛陀의 眞理에 근원적으로 參與하기 위하여서는 우리의 存在樣式을 중지하지 않으면 안된다. 그 差異는 合理的인 立場의 문제가 아니라 生의 存在樣式, 思惟方法자체의 문제다 (Die Grossen Philosophen, S. 153)".

1977. 10. 1. "자랑스런 감리교도", 변선환, 「기독교세계」

감리교 100주년과 신학적 반성

변 선 환 목사
(감리교신학대학)

1884년 6월 24일 일본 동경에서 선교하던 감리교 선교사 맥클레박사 부부가 한국 선교를 위하여 인천에 상륙한지 곧 100주년을 바라보게 되었다. 한국정부 고관으로 있었던 김옥균씨와 친분이 가까웠던 맥클레박사는 한국정부로 부터 의료사업과 교육사업을 해도 좋다는 허락을 받았다. 초대 선교사 아펜젤러가 장로교 선교사 언더우드와 함께 인천에 상륙한 것은 다음해 1885년 4월 5일 부활절이었다. 정동에 자리잡은 감리교 선교사들에 의하여, 한국최초의 감리교병원과 최초의 부인병원(普救女館)이 세워졌고 한국 최초의 신 교육기관인 배재학당과 이화학당이 세워졌다. 1885년 상해로 망명하였던 윤치호는 1887년 부활절 예배에서 세례받음으로, 한국최초의 예배였던 그해 부활절예배에 아펜젤러에 의하여 세례받은 한 여인과 함께 한국 최초의 감리교인이 되었다. 1895년 10년만에 미국유학을 마치고 귀국한 윤치호는 정동을 중심한 감리교 선교에 큰 공헌을 하였다. 윤치호는 아펜젤러와 함께 한국을 망하게 한 것은 충효에 근거한 회고사상에 젖어있는 무력한 종교인 유교에 있다고 보면서 철저하게 전통적 종교를 배격하였다. 그는 유불선이 빨리 없어지는 것이 한국의 개화를 위해서 도움이 된다고 보았다. 너무나도 근대주의적 윤리의식에 가득차 있었던 그는 바로 예언자적 윤리종교라는 것 때문에 감리교인이 되었다고 고백했다. 그의 영혼속에는 깊은 죄의식과 구원의 현재성이 체험과 함께 강한 사랑의 휴머니즘(성화)이 불타고 있었다.

극히 서구적 지성이었던 윤치호와는 달리 아펜젤러의 뒤를 이어 정동의 강단을 계승하였던 최병헌은 유길준과 함께 "西洋之天即東洋之天"이라고 하며 기독교복음이 유불선에 의하여 결정된 토착문화에 어떻게 뿌리를 내릴수 있을가를 문제하였다. 최병헌의 종교사의 신학의 두 초점은 아펜젤러와 윤치호가 말하던 급진주의적인 변법개화파가 내세웠던 개화사상과 당대의 한학자였던 그의 영혼속에 있었던 동양사상이었다.

제22권 382

사실 개화기의 감리교선교의 특징은 ① 교회중심적인 선교에만 배타적으로 열중하였던 장로교 선교와는 달리, 포교사업과 함께 교육사업과 의료사업, 봉건적인 계급과 구습타파, 민신타파, 여권신장을 위한 여성교육, 부패한 관리와 정부에 대한 비판, 한글의 대중화, 반일투쟁등 포괄적인 문화선교를 하였으며, ② 최병헌의 補儒論的인 입장이 말하듯 그리스도의 복음을 한국의 전통과 관계시키며 토착화 선교를 하려고 하였다는데 있다. 오늘의 에큐메니칼신학이 문제하고 있는 타종교와 세속 이데올로기와의 대화의 과제에 일찍 착안할수 있었던 감리교 선교는 "나의 교구는 세계다"고 외쳤던 웨슬레 신학의 전통에 굳건히 서 있었던 것이다.

교회 확장의 선교를 넘어서 신의 선교의 노선을 따랐던 한국감리교회가 1934년 50주년을 기념하게 되었을 때 조선일보와 중앙일보와 같은 매스컴은 한결같이 감리교의 한국선교의 놀라운 성과에 대하여 대서특필하였다. 감리교선교는 배재학당과 이화학당을 비롯한 신교육보급과 의료사업과 같은 문화선교에서 자랑스러운 공적을 남겼다고 하였다. 이때 교회수는 800개이었다. 교회는 민족의 앞길을 이끌어 나갈 모세의 지팡이로서 공신력을 가지고 있었다.

양주삼 총리사가 중심이 되어서 한국감리교 50주년을 기념하던 때에는 감리교가 한국신학계를 지배할만한 유능한 신학자들을 배출하였던 때이기도 하였다. 1935년 한국최초의 신학서적 셋이 나타났다. 류형기편 「단권성경주석」과 박형룡의 「기독교 근대신학 난제선평」, 그리고 정경옥의 "교리적 선언"의 해설인 「기독교의 원리」가 그것인데 류형기의 「어빙돈 단권주석」은 한국교계에 큰 파문을 일으켰다. 성서축자영감설을 고집하며 알레고리칼한 해석이나 도그마틱한 해석에 일관하고 있었던 한국의 메이첸인 박형룡으로 대변되는 보수주의 신학에

1981. 12. 1. "감리교 100주년과 신학적 반성" 변선환, 「기독교세계」

대한 철저한 도전이었기 때문이었다. 단권주석 번역진에 참여했던 장로교의 채필근 한경직 김재준 송창근 교수등은 길선주목사의 제의에 의하여 심사에 붙혀졌다. 파괴적인 고등비판을 도입한 자유주의 성서관이라는 것이다. 이 문제는 드디어 1952년 제37회 장로회총회에서 김재준교수를 제명처분하는 것으로 장로교의 분열로 몰고 가게 되었다. 한국에 나타났던 최초의 조직신학자였던 정경옥의 「기독교의 원리」(1935)와 그 체계적 연구인 「조직신학개론」(1939)은 역사비판연구를 거쳐서 펴낸 조직신학이라는 점에서 높이 평가하여야 하지만 이 저서는 한국에서 처음으로 출판된 조직신학개론이라는 점에서 더 큰 의의를 가진다.

전경옥의 신학에 의하면 신은 초자연주의적인 자존자나 영원의 실체가 아니라 실천이성의 요청인 도덕적 인격이다. 신은 윤리왕국의 건설을 향하는 인간의 윤리적 활동안에 내재하며 구속의 사랑을 나타내신다. 그리스도의 계시는 우주와 역사의 목표가 정신적 도덕적인 인격의 완성과 신국의 도래를 향하고 있다는 것을 밝힌다. 일기(1934)에 정경옥은 "주를 사랑하랴면 소자중에 지극히 적은 자 하나를 대접할 것이다"고 쓰고 있다. 그의 교리적 선언을 맺은 말, "우리는 하나님의 뜻이 실현된 인류사회가 천국임을 믿으며, 하나님 아버지 앞에 모든 사람이 형제됨을 믿으며, 우리는 의의 최후 승리와 영생을 믿노라"는 선언을 그의 신국의 신학의 본질을 줄인 말이다.

정경옥의 신학이 윤치호와 최병헌 속에 있던 개화사상의 발전이었다고 본다면 이용도의 그리스도 신비주의는 최병헌 안에 있었던 동양사상이 피어난 꽃이라고 보겠다. 한국선교 도상에 서 계신 그리스도는 최병헌을 거쳐서 이용도에 이르러서 한국인의 신비적인 종교적 심성과 만났다. 이용도는 한국적인 신비적 심성과 만난 흰옷 입은 한국의 그리스도를 밝힌 "한국교회 최초의 신앙 실험자"(민경배)였다. 그리스도의 발자취를 따르며 극단적인 금욕주의의 길을 걸어간 이용도는 드디어 33세의 젊음으로 아름다운 저 본향을 향하여 갔다.

신비주의는 결코 미개사회의 문화적 잔재가 아니라 오히려 인간을 보다 성숙된 휴머니티가 되게 한다(룩크만). 서구의 근대산업사회의 정신적 원리였던 개신교의 예언자적 윤리종교가 젊은 세대에게 타당성을 상실하여 버린 오늘의 산업사회 이후의 시대에서 신비주의는 사적인 내면성의 영역에서 생의 의미를 찾으려는 젊은 세대들의 동경의 대상이 되고 있다. 그뿐이랴! 신비주의는 결코 예언자적 윤리성과 모순되지는 않는다. 함머숄드가 "우리의 시대에서 聖性에로의 길은 필연적으로 행동의 세계를 통과하여야 한다"고 증언할 때 그는 옳았다.

우리는 이상에서 해방전에 한국감리교회가 남긴 신학적 유산을 살펴 보았다. 급진주의 개화파의 길을 갔던 윤치호의 사상은 60년대 이후 산업선교나 인권운동의 싸움터에 투신한 감리교의 정치혁명의 신학으로 발전되어 나갔다. 최병헌의 온건한 개량적 개화파 사상은 정경옥의 신국신학의 신정통주의적 번역이었던 니이버사상을 따른 홍현설과 박봉배에 의하여 이어졌다. 최병헌의 종교변증의 신학은 이용도의 그리스도 신비주의를 거쳐서 60년대 한국신학계의 전위로 부각되었던 윤성범 유동식의 토착화신학으로 나타났다. 성령체험(義認)과 성화의 사랑을 두 촛점으로 가지고 있는 웨슬레신학은 한국교회에서 이처럼 아름다운 열매를 맺었다.

우리는 오늘의 정치적 종교적 상황에서 우리의 자랑스러운 신학적 유산을 새롭게 재해석함으로 백년이 된 성숙한 우리교회의 밝은미래를 밝혀야 한다는 신학적 과제를 가진다. 사회복음과 니이버의 신정통주의는 오늘의 혁명적 상황에서 재해석되며, 개인주의적 경건주의적 타개주의의 성격을 띤 웨슬레 부흥운동의 한계를 극복하여야 한다. 한국의 토착화신학의 과제는 60년대 후반기 이후의 타종교와의 대화의 새 이론을 받아드리면서 보다 열려진 포괄적 선교신학을 지향하여야 한다. "우리의 교구는 바로 이 세계이다"(웨슬레).

1981. 12. 1. "감리교 100주년과 신학적 반성" 변선환 「기독교세계」

한국감리교의 신학적유산

감리교 신학의 근본을 찾는다는 일은 힘든 작업이다. 웨슬레의 전통을 찾아야 하는것이기때문이다. 더구나 한국의 학문적 풍토는 학문적인비판을 개인감정으로 받아들이는자세가 만연해있기 때문이다. 정당한 학문적 비판이 상호의 사귐까지 해하고야 마는 것이다. 20년내의 최근 역사를 쓰는 사람이 소수인것은 그 역사의 주인공들이 모두 생존해있다는데서 연유한다. 비위를 마추어야 한다. 그렇지않으면 난리가벌어지는 모양이다

이제 감리교의 타종교와의 대화를 통한 한국신학의 토착화문제는 위와같은 문제로 대단히조심스럽게 우리의 신학을 점검해보는것을 보면서 아쉬우나마 먼저 간 선생님들의 신학을 다시한번 살펴본다. <편집자주>

송 길 섭

<감신 교회사 교수>

한 사람의 신학사상은 그의 생애와 신앙체험 그리고 그 사회의 문화적 시대적 배경속에서 잉태되고 성장되기 마련이다. 또한 한교단이나 한 나라의 신학발전도 그 민족성과 토양 및 그 시대 시대의 민족적 과제와 관계되면서 발전되어 왔다. 한국 감리교회의 신학형성과 그 발전도 우리의 시대적 상황과 밀접하게 연관되면서오늘에 이르고 있다. 한국감리교회의 신학형성의 여명기는 최병헌에 의하여 1890년대에 이미 시작된다. 1897년 2월에 최초의 한국교회신문인 감리교회 기관지「조선크리스도인 회보」가 간행되면서 이 때부터 초보적인 신학논문이 실려서목사 후보생들의 신학훈련용 교재로 쓰이게 되었다.

그러나 감리교회의 본격적인 신학활동은 1900년에「신학세계」의 전신인「신학월보」가 간행되면서 떠였다. 이 때부터 최병헌이 신학월보의 편집에 동참하면서 신학논문을 게재하기 시작한 것이다.

따라서 한국감리교회와 한국교회의 신학의 제1세대는 1900년대가 되고 이 때의 중심인물은 최병헌이다. 제2세대는 1930년대이고 정경옥이 이 시대를 주도한다. 제3세대는 토착논쟁이 시작되면 1960년대인데 이때는 윤성범박사가 신학활동을 주도하게 된다. 우리는여기서 3세대에 걸친 한국감리교회의 신학적 활동과 그 인물들의신학적 특징을 지면관계로 극히 간단하게 소개함으로서 감리교회의신학적 유산을 살펴보려고 한다.

①탁사 최병헌 (1858―1927) 의평생의 신학적 과제는 재래와 동양종교와 기독교의 만남의 문제였다. 즉 동과 서의 만남에서 오는 근본문제를 해결하는데 있었다. 그가 유학도로 있다가 기독교로 개종한 후 이런 주제를 그의 학문의 중심문제로 다루게 된데에는 한 두가지 이유가 있었다. 먼저 실존적인 문제로, 30여년간의 공자의 제자가 예수의 제자로 변신하는 과정이 그리 쉬운것은 아니었다. 그의 이런 변신에 대한 학문적 해명이 필요했다. 다음으로 당시의 선교적 상황이다. 기독교는 이 땅에 제일 늦게 들어온 외래종교인데 이미 굳게 자리잡고 있는 유, 불, 선과 기타 각종 전통적인 종교적 전통속에 살고있는 우리 민족에게 어떻게 그리스도의 복음을 전할수 있는가의 문제였다. 이 문제의 근본적 해결없이는 선교는 거의 불가능하다고 본 것이다.

이 큰 주제를 다룬 그의 대표작이「성산유람기」(후에 聖山明鏡으로 1912년에 단행본으로 출판)와「종교변증론 (후에 만종일련, 1922) 이다. 최병헌은 과거에 응시했을 정도로 동양사상에 통달한 분이었다. 따라서 동양사상에 대한그의 조예와 존경심은 깊고 컸다. 그러므로 그는 동양종교와 기독교와의 폭넓은 대화없이는 이 문제의 해결은 없다고 본것이다.

실제로「성산유람기」에는 성산(聖山) 이라는 곳에서 진도선비 (儒教代表) 와 단각대사 (丹覺大師, 仏教), 백설도사 (白雪道師, 仙教) 그리고 신천옹 (信天翁, 기독교대표) 네사람이 만나서 대화 함으로서 대화를 통하여 그의 논리를전개시킨다. 과연 그는 대화신학의제창자라고 할수있다. 그는 세계의모든 종교들이 전부 제각기 자기의 종교가 최고의 진리를 가진 절대적 종교라고 주장한다는 것이다. 이런 점에서 기독교도 세계종교의 하나로 본다. 그는 특히 교회의타락과 분열의 역사를 지적하면서기독교도 절대적이 아니라고 주장한다. 그러나 성서에 증언된 그리스도의 진리만이 절대적이라는 것이다. 역사적인 기독교는 상대적인데 성서의 그리스도만은 절대적이라고 본다.

그는 일단 동양의 하늘과 서양의 하늘은 같다고 인정 하면서도 그럼에도 불구하고 유교에서 경외의 상제는 기독교의 하느님과는 같지는 않다는 것을 밝힌다. 유교에서는 신(神)의 일면 밖에 못 본다는 것이다. 요컨대 유교의 상제는 유신론적으로는 이해할수 있으나 기독교에서 말하는 하느님은 아버지가 되시며 구세주가 되시는 사랑의 인격신은 아니라는 것이다 유교의 상제는 인간이 경외하고, 제사하는 신이요 성서의 하느님은 하느님쪽에서 인간을 사랑하시는존재이다.

그는「만종일련」에서 동양의 성현들이 구하던 진리가 궁극에 가서는 모두 그리스도 안에서 성숙되겠다고 결론을 내린다. 그는 정통적 선교신학과는 달리 즉 타종교에 대하여 배타적이거나 독선적 태도를 취하는 것이 아니고 이것들에 대하여 변증법적 긍정과 부정을 통하여 창조적으로 접근했던 것이다.

②정경옥 (1903―1945)

제2세대에 속하는 정경옥교수는 한국 신학계에 자유주의 전통을수립한 분이다. 1932년 부터 감리교 신학교 전임강사로 부임하면서 한국신학계에 혜성처럼 나타난 정교수는「신학세계」에 많은 논문을기고하였고 1939년에는 그의 대표작인「기독교신학개론」을 내어놓았다 최초의 조직신학서였던 것이다.

그는 이 저서에서 그 서문에그의 신학적 입장을 분명히 밝히고 있다『나는「신앙에 있어서 보수주의이요 신학에 있어서 자유주의」란 입장을 취한다. 신학은 구태여「자연신학」과「계시신학」의 두가지로 구분하고 나더러 그 중에서 꼭 한가지만 내 것으로 택하라고 하는 군색한 질문을 한다면 나는「쉴라이엘막헤」이나「으낫헨」이나「함트」가 주저한 것 없이 취하였으리라고 생각되는 바 복음주의적 입장에 있어서의 계시신학을택할것이다. 그러나 나는「계시」가 인간의 경험과 신체상으로나 본질상으로 구분된다고 생각할 수 없다』

정교수의 사상은 그가 언급하고 있는 바와 같이 칸트 (宗教의 道德性), 쉴라이엘 마허 (宗教의 経験性) 과 리츨 (道德的 宗教) 의 사상적 신학적 노선에 입각하여 그의 신학사상을 체계화하였는데 그의 신학은 직선적 인격주의를 근간으로 삼고 있는 것이다.

정교수의 이와같은 자유주의 신학전통은 그가 미국 Garrett 신학교와 노스웨스턴 (Northwestern) 대학에서 수학하고 있을 때 당시 조직신학교수로 미국신학계에서 크게 활동하고있던 프랭클린·롤(F.Roll) 박사의 그리스도중심적 자유주의신학에 기인한 것으로 본다. 현대주의라고 말하는 그의 자유주의의 목적에 대하여 정교수는『자유를 목표로 직선과 종교의 자율성이 실현되는데 있고 전체의 결합연대에서 개인의 해방을 요청함』에 있다고 말한다.

그리고 자유주의의 내용을 ①종교사실을 사실 그대로 관찰하며, 진리를 그대로 보기 위하여서는모든 편견을 버리고 현대가주는 가장 정당한 지식을 주저할 것 없이 적용할 것②기독교의 모든 교리를 상징적으로 해석하고 무비판적인 교회의 권위 성서의 권위, 신조의 권위를『이성의 비판하』에 두게 한다는 것이다.

이렇게 정 교수는 자유주의의방법과 내용을 규정하면서도 이 자유주의에 심취하지 않고 이에 대하여 자기 나름대로의 비판과 거리를 유지하는 것이 그의 독특한 신학적 입장이다. 즉 그는 이성적 신학방법론과 관용적이고 개방적태도 타종교에 대한 긍정적 태도종교적 독선에 대한 저항 등의 자유주의 신학적 입장을 고수하면서도 자유주의의 약점을 날카롭게비판하고 있다.

즉「현대주의가 인간의 이성과직각적인 양심을 너무 과대평가하는 일」이나「생의 전국면에 있어서표시되어있는 종교적 의의와 경험일반을 종교화하려는 환교생활을 혼동하는 점」그리고「역사적 기독교의 특수성을 망각하는 동시에 기독교의 절대성을 부인하는 일」그리고「기독교에서 구배적 요소를제거」하는 경향이 있다고 비판하고 있는것이다. 한마디로 정교수는 모든 진리와 경험의 통일, 관계, 일관성을 크게 강조하고있다. 기독교 사상은 자체안에서 뿐만아니라, 신학이외의 다른 분야의 지식일반과의 모순이 최소한도에까지 제거되도록 노력해야 한다는것이다. 그러나 그는 그의 예민성 자유정신을가지고 복음의 토착화문제에 대하여 관심하지 않는것이 섭섭할 따름이다.

③해천 윤성범 (1916―1980)

가장 창조적이고 끈질기며 다산적인 토착화 신학자가 제3세대에 나타났다. 그는 선비같은 곧은 성격의 소유자로서『멋의 신학자』널리 알려져 있다. 특히 1963년의 토착화논쟁이 전개되면서 그는 교회 내외의 큰 관심의 대상이 되었고『기독교와 한국사상』『한국적 신학』등 수많은 무게있는 저작을 내놓으므로 가장 부지런하고 다산적 신학자로 서의 면모를 과시하게 되었다. 윤박사와는 반대되는입장에서 이 논쟁에 가담했다. 박모교수도 그의 집념과 소탈한 평민적 성품에 큰 감명을 받았다고회상하고 있다 그는 어느 누구보다도 민족적 주체성이 강한 신학자였다. 이런 입장에서 그의 토착화 이론을 발전시켜 나갔다.

그는 토착화의 3단계를 제시하고 있다. 즉 1) 주체성, 2) 수용력, 3) 복음의 초월성의 내재화이다. 먼저 그는 1) 주체성을 무엇보다도 강조하면서『거룩한것을 개에게 주지말며 너희 진주를 돼지 앞에 던지지 말라 (마7:6)』여기서 말하는『거룩한 것』과『진주』는 복음이다. 이 귀한 복음을 아무에게나 던졌다가는 큰 일이 난다는 것이다. 그는 한국교회는 주체성이 약하다고 개탄하고 있는것이다. 자기를 사랑할줄 모르는 사람 자기 민족을 사랑할줄 모르는 사람이 어떻게 하느님의 사랑을 이해할수 있는가라고 반문 한다. 이 주체의식과 역량이 없는 한 하느님의 은혜를 제대로 받기 어렵다는 것이다.

2) 수용성의 문제『새 포도주는 낡은 가죽부대에 넣지 아니하나니 (마9:17)』여기서 새 포도주는 복음, 가죽부대는 그 민족의 복음수용능력으로 보는 것이다.

아무리 복음이 새 포도주와 같이 싱싱하다고 할지라도 이것을받는 인간쪽이 새 가죽부대와 같이 감당해 나가기 어렵게 되면 새복음도 쏟아져 나갈것이며 우리 인간은 분열되고 찢겨지게 되는데, 이 단계는 현재 자기가 가지고있는 비본래적인 낡은 주체의식에서 앞으로 있을 본래적인 새 주체의식으로의 전도를 말한다. 이것은한국의 민족정신과 관계되는데 예를들면 완고하고 형식에 빠진 유교사상의 사고양식이 대개 새 복음을 받아드려서는 않되며 반대로그 전통 중에서 제일 좋은 점, 제일 좋은 자세에서 복음을 받아드려야 한다는 것이다.

3) 복음의 참된 토착화 단계이다.『한알의 밀이 땅에 떨어져죽지 아니하면…』

(요:12:24) 복음의 초월성이 다시한번 내재함으로써만 그것이 우리의 생명이 되고 또 유기적으로 성장할 수 있다는 것이다. 복음은 복음대로 나는 나대로라면 아무열매도 맺을 수 없다는 것이다. 이리하여 참 토착화는 이법 내재화의 과정을 통해서 나타난 그 열매를 보고 알 수 있게 된다는것이다. 한마디로 감리교의 신학적유산은 대화, 자유, 토착화이다.

전통종교속에서의 토착화작업 계승
최병헌, 정경옥, 윤성범으로 맥락

1982. 9. 10. "한국 감리교의 신학적 유산" 송길섭, 출처 미확인.

◀ 발언대 ▶

교리적 선언의 초안자는?

한 준 석 목사
(본지 편집위원)

우리는 기독교대한감리교회에 소속된 그리스도인으로 한달에 한번 쯤은 "교리적 선언"을 교회의 공중예배에서 낭독하고 있다. 그래서 각자의 머리속에는 이 선언이 8개 항목으로 된 그리스도교 신앙의 요약임을 인상깊게 간직하고 있다. 이 "교리적 선언"이 1930년에 미국의 남북감리교회로 부터 "기독교조선 감리회"가 독립되던 12월 총회에서 선포된 것은 누구나 다 알고는 있지만 이 선언을 누가 기초하였는지 분명히 알려져 있지 않다. 풍문으로 떠도는 말에 의하면 1930~40년대에 감리교신학교의 조직 신학교수로 계셨던 정경옥씨가 초안자라고도 하고, 또 한편으로는 그 당시 미국감리교회(북감리교회)의 감독으로 "조선"에 나와 있던 "웰취" 감독이라고도 한다.

우리의 과거 경험이나 어떤 역사적인 사건을 전혀 모른다거나 그것이 잘못 알려져서 애매한 지식이나 기억으로 남겨 둔다면 그렇게 좋은 일은 못되며 그것 자체가 바로 역사의식의 결여라고 생각할 수 밖에 없다. 가능하면 오보(誤報)로 남겨진 것을 바로 잡는 것도 중요한 일이라고 생각한다.

지난 8월 중순경 미국 로스앤젤레스에 계신"류형기감독"을 만났었다. 이 분도 기독교대한감리회의 "교리적 선언"을 기초한 분에 대하여 언급하면서 "웰취" 감독인 것 같다고 말하였다. 정경옥 교수에 대하여도 언급 되었는데, 1928년 경에 "류감독"께서 "조선"으로 돌아오고 난 다음에 정경옥씨가 미국 깨렛신학교로 유학을 갔었기 때문에 1930년에는 정경옥씨가 미국에 있었을 뿐 아니라 "기독교조선감리회"의 "교리적선언"을 기초할만한 위치에도 있지 않았다고 말했다. 그리고는 필자 한테 1930년의 총회록을 살펴보는 것이 좋겠다고 . 하였다.

나는. 귀국하자마자 1930년의 총회록과 그 이전의 남북감리교회의 연회록들을 뒤지기 시작하였다. 내가 찾아낸 것은 1930년의 총회록에서 다음과 같은 회의 기록이 있었다.

1930년 12월 4일(목) 총회 제3일, 장소는 협성신학교 강당이었는데 그 회의록 중에 "第一部報告中 敎理的 宣言에 대하야 난 逐條討議하다가 時間이 다 함으로 停止되다"가 있었다.

1930년 12월 5일(金)의 회의록에는 또 이런 것이 있었다. "니콜손 監督이 昇席하야 사무를 처리할새 昨日 未決案인 敎理的宣言에 대하여 聖神의 孕胎와 十字架의 流血贖罪와 復活昇天과 最後審判이라난 一條件을 더 挿入하자고 長時間 討議가 有하였시나 否決되고 第八條에 모든 사람 以下난 附錄으로 할 것이라난 全勸委員 越就監督의 說明과 印刷上 責任이 自己의게 有하다난 柳瀅基氏의 說明이 있은 後 討議는 停止하고 原案대로 받자는 洪秉璇氏 動議에 可決되다".

이 회의록을 보아서 우선 "교리적 선언"이 정경옥씨에 의하여 기초되었다는 말은, 그것이 곧 풍문으로 끝나버려야 하겠다는 것을 알게 되었다. 그 분이 1935년에 "기독교의 원리"라는 책 이름으로 "교리적 선언"을 해설은 하였으나 기안자는 아니었다.

이 총회록에서도 그 초안자의 이름이 밝혀지지는 않았다. 당시 총회에는 여러 위원회가 있었는데 이 "교리적선언"과 어떤 관계가 있을지도 모르는 위원회의 명단이 있었다.

그것은 "敎會礼文及 章程編纂委員"이었고 그들의 이름은 奇怡富 河鯉泳 梁柱三, 金仁泳, 邊成玉 咎普乙 등이었다. 그렇다고 이들이 "교리적선언"의 초안자였었다고 단정할 수는 없다. 또 하나"朝鮮監理敎의 合同과 組織에 對한 聲明書"(1930. 11. 19)에는 이러한 조항이 있다. "三. 全勸委員 들이 朝鮮監理敎會憲章案과 立法案을 協定提出함" 이란 것으로 보아 이들이 (全勸委員들) "敎理的宣言" 도 초안한 것이 아니었을까? 하는 추측도 해 본다. 어쨌든 정확한 초안자는 밝혀지지 않았다. 그 당시 감리교회의 여러 사건들에는 웰취감독이라는훌륭한 지도자가 깊숙히 개입하였었다는 사실을 부정하지는 못할 것이다. 웰취에게 다시 이 숙제를 여쭈어 보기로 한다. 류형기 감독은 "교리적선언"의 초안자는 바로 웰취감독이었을 것이라고 말씀한다.

1982. 10. 1. "교리적 선언의 초안자는", 한준석, 「기독교세계」

◀ 발언대 ▶

"교리적 선언"의 초안자는 ? (2)

한 준 석 목사
(본지편집위원)

과거의 어떤 역사적인 사건을 그 원형대로 규명하기 위해서는 몇가지 노력이 필요하다. 첫째는 그 사건 당시의 그 사건에 관한 직접적인 기록문서 들이나 또는 같은 것을 찾아내는 일이고, 둘째는 해당 사건을 간접적으로 입증해 줄만한 주변의 기록들이다.

이러한 방법에는 추리를 요하기도 한다. 세째는 그 사건의 목격자나 관여자가 있을 경우에 그 목격자의 직접적인 증언을 듣는 일이다.

필자는 기독교세계 10월호에, 〈교리적 선언의 초안자는 ? 〉이란 제목으로 교리적선언의 초안자에 관하여 이상의 세가지 방법을 적용해 보았지만 아직도 그 초안자에 대하여 그 이상 기록문서로 입증을 하지 못했다.

그러나 이 공언이 발표될 1930년의 기독교조선감리회의 총회의 문서들을 손질하고, 또 그당시의 미국과 조선 교회간의 교류를 지켜보았던 류 형기 전 감독이 생존해 있어서 그분의 증언을 들을 수 있다는 것이 얼마나 다행한 일인지 모른다. 그분은 그 당시의 교리적선언이 작성되게 된 배경을 이렇게 말했다.(이것은 본인에게 글로 보낸 내용이다) 〈교리적 선언은 원래 동남아주재 감독들이(모두 미국인들) 동남아 교회에 맞을 교리를 만들자는 의견일치를 보고 그 초안을 웰치 감독에게 맡겼던 것이랍니다. 그 실현을 보지 못하고 있던차에 한국교회가 독립하여 한국교회에 맞는 교리를 만들자는 의견이 나서 웰치 감독의 초안이 나와 전권위원회에서 신중히 토의해서 총회에 통과시켰는데…〉라고. 여기 전권위원이란 그 당시의 미국남북감리교회가 협력하여 기독교 조선 감리회를 만들 때의 위원들을 말한다.

그 전권위원은 모두 22명으로 구성되었는데, 미국남북감리교회 총회에서 각각 5명씩의 대표를, 그리고 미국 감리교회 조선 주재 감독 1명, 남감리교회 조선연회 주재 감독 1명씩이었다. 류 감독은 다시 이렇게 부언했다.

〈그때 웰치가 위원장이요 기타 감독이 3인이었는데… 그들이 웰치 초안을 가지고 토의해 총회에 내놓고 토의했는데〉라고. 여기 웰치말고도 감독이 3인이라고 한 것은 필자의 생각으로는 켄 감독이 미국 남감리교회의 감독이자 한국주재 감독이어서 이 켄이 이중으로 기억된 것 같다.

이때의 켄 감독은 조직신학교수이기도 했다. 이들이 웰치의 초안을 놓고 마지막까지 토의를 했었던 것으로 짐작 된다. 〈웰취 감독이 어떤 교회지에 자기가 초안한 교리선언을 "사실 사도신경설명이다"라고〉했다는데, 우리는 미국 교회내의 어느 교회지에서 이 글을 찾을 수만 있다면, 교리적 선언의 초안자를 확실하게 입증할 수 있을 것 같다.

그러나 류 감독은 이 선언의 초안자는 웰취임이 틀림없다는 설명이다. 그리고 미국감리교회가 선교지의 교리선언을 찬송가에 기록하여 예배에서 낭독하는 일은 한국감리교회의 교리적 선언뿐이며, 〈감리교의 교리적 선언이 사도신경보다는 약간 길 것이라〉는 초안자의 말을 간접적으로 전달해 주고 있다. 사도신경 영문은 105자이고 교리적 선언 영문은 172자이기 때문이다.

다음으로 또 관심이 가는 것은, 이 영문으로 된 웰취의 초안을 누가 우리말로 옮겨놨는가이다. 〈그 번역을 아마 양 주삼 총리사가 했을 겁니다〉라는 류 감독의 간접증명을 들을 뿐이다.

우리는 양 주삼 총리사가 그 번역을 담당했었을 것으로 여길 수밖에 없다. 그 까닭은 전권위원들 중 미국교회 대표들은 한국어를 능숙하게 구사할 수 없었다는 점이다.

1930년대 후기까지도 회의 진행때마다 통역을 했어야만 했고, 서기도 조선어와 영어로 기록하는 서기들이 있었기 때문이다. 또 조선교회 대표들이 7명이 있었으나 평신도로 영어에 능숙한 사람은 혹 한 명이 있었을까 할 정도였고, 영어와 조선어에 능통한 사람은 목사로서는 양 주삼 총리사 뿐이었다는 사실에서 그러한 결론을 내리게 된다.

(12페이지로 계속)

1982. 11. 1. "교리적 선언의 초안자는 2", 한준석, 「기독교세계」

(5 페이지에서 계속)

우리는 교리적 선언을 낭송할 때마다 그 문장이 얼마나 조리있고 명쾌하고 격조 있는지를 실감하게 된다. 글은 바로 그 사람을 나타낸다고 한다.

우리가 교리적 선언의 초안자를 찾아내는 일이 중요한 일 중의 하나인 것은 분명하다. 그것은 과거의 사실들을 기억하고 보전된 사실을 바로 잡아야 하기 때문이다. 그러나 그러한 역사적 사실을 바로 잡는데 열중하는 것 보다 더 소중한 일이 있다. 그것은 신앙의 선배들이 후배들에게 물려준 것을 우리시대에 되살리는 일이다.

우리의 삶을 통해서 그 믿음이 몸으로 고백되어져야 할 것이다. 이것이 오늘을 사는 감리교인의 책임이 아니겠는가. 우리는 또다시 여러세계를 지향하면서 제 2 의 교리적 선언을 고백해야 할 것이다.

1982. 11. 1. "교리적 선언의 초안자는 2", 한준석, 「기독교세계」

감리교회 교리의 표준 자료와 그 역사성

홍정수 교수(감신대)

1. 교리의 표준

한국 감리교회는 다음의 다섯가지 자료를 그 교리의 기반과 표준으로 삼고 있다.

즉 3대 에큐메니칼 신조의 하나인 "사도신경", "종교강령" 25조, 웨슬리의 53(44) "표준설교", "웨슬리의 "신약주석", 그리고 한국의 "교리적 선언" 8조이다.

따라서 감리교인, 특히 감리교회 목회자는 이 다섯가지 자료에 대해서 정통하지 않으면 안된다. 그렇다면, 이렇게 주장할 만한 근거는 무엇인가? 사도신경은 우리에 찬송가에 첨부되어 있을 뿐 아니라, 미국 감리교회의 교리장정에도 수록되어 있는 초교파적 표준이다 나아가 The Symbol of Methodism에서 Horace M. Dubose감독도 "사도신경은 우리의 신조이다"고 못박고 있다.

"종교 강령"은 처음부터 미국 감리교회(Methodist Episcopal Church)의 기본 교리로서 등장하는데, 이것은 웨슬리가 영국 교회의 1662년판 예배규정에서 수록되어 있는 "39개 신조"(1563년에 선포)를 수정(주로 축약 내지 생략)하여 보낸 것이다. 우리의 교리장정에도 이것이 수록되어 있다. 다음으로, 웨슬리의 "표준설교"와 "신약주석"이 감리교 교리의 표준이 된 것은, 1763년에 웨슬리가 자기의 사역자들에게 선언한 "모범 행위"(Model Deed)라는 규약에 의거해서이다. 이 규약은 감리교회에서 설교하는 사람은 누구나 웨슬리의 "(처음) 4권의 설교집"과 "신약주석"을 표준으로 삼아야 한다고 규정하였다. 그리고 미국감리교회도 1773년과 1784년에 각각 이 원칙을 재확인 하였다. 그리고 여기서 말하는 "4권의 설교집"은 본래 44편(1편이 나중에 제3권에 추가됨)의 "표준설교"를 말했다. (현재의 설교집은 총53편의 설교를 싣고 있다). 우리「교리장정」은 이것을 "감리교회의 설교"라고만 했다. 그리고 우리 헌법은 "신약주석" 대신에 "찬송집"을 표준 교리라고 천명하고 있는데(헌법 제3조), 지금 우리의 찬송가는 "감리교회"의 것이 아니기에 이「헌법」조항은 조정되어야 할 것이다. 같은 헌법 조항은 "본 교회가 선언한 교리"라는 말로써 "교리적 선언"이 교리의 표준임을 또한 분명히 밝히고 있다. 이로써 총괄적으로 보면, 기독교 대한감리회의 표준 교리는 위의 다섯 자료에 수록되어 있다.

2. 교리와 역사성

위의 다섯가지 표준 자료들은 감리교의 교리로서는 절대성을 지니지만, 그 해석은 이들 자료의 역사성을 고려하지 않으면 안 된다. 성서와 기독교의 모든 신조들은 그 사회상, 역사성을 띠고 있으며, 바로 이것이 그 신조(또는 성서)의 특징이고, 생명이다. 역사에 충실함으로써 오히려 온 시대를 향하는, 영원한 진리를 드러낼 수 있기 때문이다. 예컨데 사도신경은 2세기에 작성되었으며, 예수 그리스도에 관한 조항이 크게 강조되어 있다. 이것은 사도신경이 영지주의와 정치적 압제라는 그 당시의 대내외의 적들을 향하여 신앙의 진수를 천명한 것이라는 사실을 암시 한다.

종교 강령도 마찬가지이다. 종교강령은 주로 반(反)로마 가톨리적, 반(反)장로교적, 반(反)침례교적 교리들로 주축을 이루고 있다. 이것은 종교강령이 그 당시의 신학적 시대상을 그대로 입증해 주고 있다는 좋은 예증이다(자세한 내용 검토는 뒤로 미룸). 뿐만 아니라, 현행 종교강령 제23조(한국에는 해당없는 조항)는 1930년의 감리교회의 부끄러운 실상을 드러내줌과 동시에, 미국 감리교회의 탄생은 미국의 독립 전쟁에 대한 상처와 기억이 아직도 생생한 시기에 있었음을 잘 실증하고 있다. 이에 반해 우리의 교리적 선언은 전혀 아무런 강조점이 없는, 무시대성이라는 특성 밖에는 없다. 왜 일제 치하의 우리의 아픔이 이 신조에 전혀 반영되어 있지 않겠는가?

1984. 12. 1. "감리교회 교리의 표준자료와 그 역사성" 홍정수, 「기독교세계」

감리교회의 독특한 교리(1)

홍정수 목사 (감신대)

1. 교리보다는 신앙 실천의 우위성

우리는 앞에서 한국 감리교회의 교리의 표준 자료들이 어떤 것인가를 열거했다. 이제부터는 그것들 중 가장 명료한 교리적 문헌이라 할 수 있는 「종교강령」과 「교리적 선언」및 사도신경을 연구하기로 한다. 그러나 교리적 문헌의 연구에 앞서서 감리교도가 알아야 할 사항은 감리교회의 교리적 문헌 자체가 "교리보다는 신앙 실천의 우위성"을 믿는다고 주장하고 있는 엄연한 사실이다. 예컨데, 1739년에 속회 지도자들에게 준 존 웨슬리의 「총칙」 27조는 매우"엄격한"감리교도의 생활 수칙인데, 이것이 우리의「교리와 장정」에서는 "3조"로 분류 수록되어 있다. 웨슬리는 이 「총칙」 끝에서 "누구든지 이 모든 것을 지키지 아니하면… 그 이를 우리 가운데 참여하지 못하게 할 것이다. 이러하게한 후에야 우리는 우리의 영혼상 직무를 다한 것이 된다"고 못박았다. 오늘날의 타락한 기독교인의 실천을 생각하면 우리는 도무지 감리교도가 아님을 알수 있다. 그러나 웨슬리의「총칙」은 문자적, 율법적 태도의 산물이 아니라는 것이 바로 그「총칙」 서문에 나타나 있다. 감리교인이 되는 단 한 가지 조건은"장래의 하나님의 진노를 피하고 자기들의 죄에서 구원받고자 하는 간절한 소망"뿐이다. 이 굳은 의지와 자각이 감리교인의 되는 자격의 전부이다. 웨슬리는 이것이면 성서의 가르침과 감리교회의 교리와 생활 수칙을 지키고도 남음이 있다고 믿었다. 오늘의 감리교 목회자들이 이 구체적 생활윤리를 얼마나 소충히(강단에서나 실생활에서) 여기는지 곰곰이 반성해볼 일이다. 뿐만 아니라, 한국 감리교회 창립 총회도 이 웨슬리의 정신—교리에 대한 신앙 실천의 우위성— 을 정확히 기술 하였다. 즉" 우리 교회의 회원이 되어 우리와 단합하고자 하는 사람들에게 아무 교리적 시험을 강요하지 않는다. 우리의 중요한 요구는 예수 그리스도께 충성함과 그를 따르려고 결심하는 것이다"고 단서를 붙이고 나서야"우리가 확실히 믿어오는 교리를 아래와 같이 선언한다"고 하며「교리적 선언」을 선포 하였다. 감리교회가 이 전통과 예지에 대해 자부심을 느끼지 못하고, 형식적인 교리주의를 연모한다면 그것은 웨슬리를 배신하는 행위이다.

2. 종교강령 24개조의 개괄

한국 감리교회는 미국의 것을 직수입, 「종교 강령」을 25개조로 만들어 놓았지만, 제23조는 하루 빨리 삭제되어야 할 종교적 식민지주의의 잔재이다. 따라서 본래 웨슬리가 전수해 준 24개 조항만을 검토의 대상으로 삼는다.

이 「강령」 24조는 하나님에 관해 4, 성령에 관해 2, 구원 문제에 관해 6, 교회(생활)에 관해 9, 기독자의 생활에 관해 3개 조항을 할애하고 있다. 이같은 비율은 웨슬리(또는 16세기의 영국교회) 당시는 교회(와그 생활)에 관한 교리가 가장 큰 문제였었다는 것을 말해 준다. 특히 성례전과 예배(미사)에 관해 4개 조항씩이나 할애한 것은 로마 카톨릭을 크게 의식하고 있었다는 사실을 암시해 준다. 먼저 (기독교의 일반적인 교리들은 뒤로 미루고) 감리교회의 특징적인 교리라 할 수 있는 것들부터 연구하기로 하자.

3. 감리교회의 성서관

트렌트 공의회(1545—63)는 개신교 종교개혁에 대해 대응 개혁을 취한 로마 가톨릭의(19차 에큐메니칼)회의인데, 이 회의의 제4회기(1546년 4월 8일)에서 "성서와 전통이 종교적 진리의 동등한 자료이며, 교회가 성서 해석의 유일한 권한을 갖는다"는 가톨릭의 대원칙을 확정했다. 이에 대해 모든 개신교회는 한결같이 "성서로만"(sola scriptura) 의 루터의 원리를 계승한다. 따라서 성서, 전통, 경험, 이성, 이 4가지를 감리교 신학의 4지표라고 확정한 미국 감리교회도 성서를" 으뜸 자료"로 간주한다. 다른 것들은 성서 해석과 이해에 보조적 역할 밖에 못한다. 이 사실을 「강령」5조는 "구원에 필요한 모든 것"이 성서에 들어 있다고 선포함으로써, 교회와 전통을 성서와 동등시하거나 사실상 우위에 놓으려는 가톨릭의 입장을 분명히 거부하고 있다. 또 이 조항은 성서에 없는 것을 "아무 사람에게도 신앙의 조건으

1985. 1. 1. "감리교회의 독특한 교리 (1)" 홍정수, 「기독교세계」

로 "강요할 수 없다고 했다. 그러나 이 조항이 " 진리의 유일한 보고가 성서이다"라는 뜻으로 해석되어서는 안된다. 다른 어디에 또 어떤 진리가 있든, 세속적 진리가 그 나름대로 유용하건 않건, 우리에게는 "구원에 필요한" 진리의 "전부"가 이 성서 속에 들어 있다는 말이다. 간혹 "뜨거운 체험을 했거나 "계시"를 받았다 하여, 그것을 설교의 자료로 삼는 목회자들을 발견하게 되는데, 이것은 감리교회의 "뜨거운 체험"이론을 오해한 처사이다. 감리교회가 사랑하는 "경험"은 새로운 계시의 경험이 아니라" 이미 성서에 주어져 있는" 객관적 진리를 "나 자신의 진리로 "체득하는 실존적 경험을 말한다. 그렇다고 "새로운 종교 경험"을 부정하는 것은 아니다. 다만 그런 것을 설교의 근거로 삼는 자를 향해 "당신은 감리교도가 아니다"라고 말하면 족하다.

한편 「교리적 선언」 제5항은 "구약과 신약(안에) 있는 하나님의 말씀"이 우리의 구원의 표준적진리라고 선언함으로써 성서와 하나님의 말씀의 관계를 간결하게, 함축적으로 표기했다. 이 표현에 대해 감리교 목회자들은 자신이 없는 것처럼 보인다. 왜 "하나님의 말씀이신 성서"가 표준이라고 하지 않았을까 해서이다.

여러가지 신학적 의미에서 성서와 하나님의 말씀은 동일하지 않다 「선언」이 그렇게 밝혔다). 그러나 이것은 "성서는 하나님의 말씀이 아니다"라는 뜻이 아니다. 그래서 "거짓말"이라는 뜻은 더구나 아니다. 성급한 양도 논법은 여기에 통하지 않는다. 이 표현을 옳게 이해하지 못하면, 목회에 많은 혼란을 초래할 수밖에 없다.

"하나님의 말(씀)"이라고 하는 표현 그 자체가 지극히 상징적 또는 유비적인 것임을 먼저 알아야겠다. 「강령」 제1조는 하나님은 "무형무상"(without body or parts)이라고 선언함으로써, 신인동형론이 문자적 사실이 아님을 명백히 하고 있다. 성서를 "하나님의 말(씀)"이라고 하는 것은 그 속에서 하나님의 "뜻"을 발견할 수 있기 때문이다. 그러나 다시금 생각해 볼 일은 어느 사람이 자기의 저술을(설사) 남겼다고 하여, 그의 사상이나 뜻이 그 저작에 "제한" 되었다고 보는 것은 상식 밖의 오해이다. 저자는 저작보다 크다. 그런 뜻에서도 성서 "안에" 하나님의 말(씀)이 들어 있기는 하나, 그것을 하나님의 살아있는 말씀과 동일시해서는 안된다. 우리의 것을 보면, 성서란 엄밀히 말해서 "백지 위에 그려진 여러 부호들의 집합체"에 불과하다. 그것 자체에 무슨 마술적 힘이 있는 것은 아니다. "문자"란 도대체 하나의 부호일 뿐이다. 그러나 예술작품이 된 흙덩이처럼 그 자체는 아무 것도 아니로되, 거기에 작가의 혼이 깃들어 있고, 특수한 모양을 통해서 그 혼이 구체화되어 있기에, 그것을 이해하는 사람들에게는 작품이 작가를 대변해 주는 것이다. 말하자면 성서는 본래 "하나님의 말(씀)"을 조각하듯 그려낸 (인간들의) 작품들이었다. 그 중에서 우수한 작품들을 골라서 교회가 그 자체의 표준으로 선정하였다("정경화하였다"). 즉 성서는 하나님의 말씀을 담고 있는 예술 작품이지, 말씀 그 자체가 아니다. 이 때문에 해석자(특히 설교자)가 창조적 "들음"의 기술을 발휘하지 않고는 그 "문자"가 사람을 죽이고 만다(고후3 : 6참조). 그러나 수 많은—이미 있었던 또는 앞으로 있을—말씀들 중에서 우리에게는 "성서에 있는 하나님의 말씀"이 다른 모든 표현들의 "표준"이 된다고 믿는다. 성서는 하나님의 말씀의 정의요 규범이지만, 그 자체는 아니다. "상징"이다. 아니라면 우리의 신은 "성서"이지 "살아계신" 하나님이 아닌 셈이다. 이 세상의 그 어떤 것도 하나님의 자유와 신비를 제한해서는 안된다. (성서에 대한 감리교회의 이해는 성서의 "문자주의"를 또한 거부한다. 이에 대해서는 다음호에 계속)

사회복지 및 의료선교 정책협의회 및 사회, 의료선교실무자 협의회 총회

다음과 같이 사회복지및 의료선교정책협의회및 사회, 의료선교실무자 협의회 총회를 갖고져 하오니 꼭 참석하시기를 바랍니다.

—다 음—

일 시 : 1985년 1월21일 오후4시—23일 오전9시
장 소 : 올림피아호텔(전화353—0151)
주 제 : 선교2세기를 향한 사회복지
참석대상자 : 실무자, 선교국 사회사업위원, 병원원장, 원목 서울연회 사회사업위원, 연회총무
회 비 : 10,000원
내 용 : ① 개회예배 : 김봉록 감독회장, ② 성서연구(1) : 김영운 목사(작은교회), ③ 강연(1) : 박종삼(숭전대 교수), ④ 성서연구(2) : 김영운 목사, ⑤ 강연(2) : 안경렬 신부, ⑥ 패널토의 : 1984년 평가 및 1985년 전망 : 사회관, 아동복지, 청소년, 의료선교, 노인복지, ⑦ 총회 : 사회—임의선 장로, ⑧ 폐회예배 : 김준영 총무.

선교국 총무 김준영
서울 연회 총무 서기산

1985. 1. 1. "감리교회의 독특한 교리 (1)" 홍정수, 「기독교세계」

감리교회의 독특한 교리(2)

홍정수 목사 (감신대 교수)

1. 성서의 "문자주의" 재고

성서(신구약 성경)가 "하나님의 말씀"이라는 표현 자체가 상징적이라는 말을했다. 그렇다고 감리교가 성서의 문자 하나하나를 "떠나서" 다른 어떤 신비한 뜻을 찾아내려 한다는 뜻은 아니다. 성서의 문자 하나하나와 "하나님의 말씀"의 관계를 일반화시키기란 곤란하다. 왜냐하면 성서의 어떤 부분은 산문이고, 어떤 부분은 시문이며, 어떤 부분은 단순한 역사의 나열인가 하면 어떤 부분은 미래에 관한 글도 있기 때문이다(그밖의 전문적 "양식" 연구는 차치하더라도). 그럼에도 불구하고 일반화시킨다면, 성서의 뜻을 (1) 문자에 근거해 있으나, (2) 그 문자의 일상적 의미를 넘어서 있다. (1) 의 뜻에서는 어떤 기독교 설교든지 성서의 "문자" 에 매여 있어야 한다는 논리가 성립된다. (2) 의 뜻에서는 어떤 설교자든지 "해석"의 책임과 모험을 감행해야 한다고 말할 수 있다. 소위 "문자적 해석"도 그같은 모험 중의 하나이지 가장 안전한, 가장 확실한 선택이라는 보장은 전혀 없다. 성서의 "뜻"이 "문자(의 일상적 용법)" 와 언제나 같다면, 기독교의 역사와 설교자의 역할은 전혀 무의미한 일이라고 단정할 수 있다.

다시 정리하면, 어떤 "영해"도 문자에 기초해 있어야 하나, 어떠한 해석도 문자 그대로의 되풀이는 아니며, 여기서부터 해석자들 간의 논쟁의 여지가 생긴다. 이것은 피할 수 없는 일이요, 다만 책임과 결단으로 임할 수 있을 뿐이다. 예수님의 일생은 어떻게 보면 같은 "책"을 둘러싼 서기관, 바리새인들과의 해석과 예수 자신의 해석 사이의 피 흘리는 투쟁이었다고 말할 수 있다.

2. 구약성경 재고

구약을 경전으로 인정하는 종교는 기독교 외에도 유대교와 이슬람이 있다. 그러나 구약과 신약이 기독교인들에게 같은 방식으로 적용되고 있지는 아니하는 것 같다. "한 책의 사람"이 되기를 갈구했고, "하나님께 이르는"유일한 길을 보여 주는 책이 신구약 성경 책이라고 말했던 존 웨슬리는 우리에게「강령」제6조를 남기었다. 즉 예수 그리스도를 통한 "영생"의 약속에서 신·구약은 통일성을 가지고 있다. 그러나 "예법과 의식에 관한 법률은 그리스도인을 속박하지 못하며," 또 "모세의 민법에 관한 교훈"도 당연성을 지니지 않으나, "도덕이라 일컫는 계명"은 보편 타당성을 지닌다고 보았다. 따라서 감리교는 구약을 폐기하려는 입장과 구약의 모든 계율을 고집하려는 입장 사이에 서 있다. 그러나 이 제6조를 오늘의 빛에서 재검토해 보면, 왜 "하나님의 말씀" 이었던 구약은 이런 운명을 당해야 했겠는가? 신약 성경은 모세가 아니라 독생자 예수를 통해서 주어졌으니 예외가 될 수 있지 않을까? 등등의 생각을 갖게 한다. 즉 성경 자체의 역사성과 인간성의 재발견이다. 그러나 역사성과 인간성이 유한성과 상대성을 뜻한다고 하여, 그것들을 매체로 이용하신 하나님의 행위자체가 시대 착오적이 되었다고 보아서는 안 된다. 즉「강령」6조는 오늘의 빛에서 보면 너무나 소박한(구약) 성서관을 제시하고 있다. "도덕법"이라 하여도 절대적이 아닌 경우는 허다 다(특히 남여의 윤리에 관한 구약성서의 사상들). 반면에 "의식법"과 "민법"이라 하여 그 속에있는 "하나님의 뜻"을 찾아낼 생각을 처음부터 포기해서도 안 된다. 나아가 신약성경 속에서도—성서를 문자주의적 수준에서 읽을때—"구속력"이 없는 대목을 발견할 수 있을지 모른다(지금은 아니더라도, 먼 미래의 인간들에게는). 여기서 설교자는 성서 연구와 그 해석(적용)에 얼마나 신중성을 가져야 하는 가를 직감할 수 있다.

3. 원죄와 자유의지

감리교는 펠라기우스주의적 원죄와 자유주의를 믿지 않는다. 그러나 감리교식 원죄와 자유의지를 믿는다. 그런데 불행하게도「강령」제7조는 무엇을 부정하고 무엇을 주장하는

1985. 2. 1. "감리교회의 독특한 교리 (2)" 홍정수, 「기독교세계」

지 애매하다. "아담을 따라 죄를 범하는 것"을 부정하고 있는데, 이것은 중세 기독교와 청교도들이 주장하던, "인간은 죄 속에서 잉태되어, 죄 속에서 태어난다"고 하는 혈통 유전설을 뜻한다고 해석하는 학자도 있으나, 이것은 펠라기우스의 사상이 아니다. 그는 오히려 혈통 유전설을 부인, 인간은 자신의 행위에 의해서만 죄인이 된다고 주장하였다. 따라서"아담을 따라"는 "아담과 같이" 또는 "아담이 남긴 본을 따라서"로 해석함이 옳다. 즉 인간은 모두 나면서 중립적 존재이나, 아담과 같이 하나님을 거역함으로써 죄인이 된다고 하는 펠라기우스 이론을 배격, 감리교는" 각(모든) 사람의 천연적 성품의 부패"를 믿는다. 즉 "어떻게" 이런 비극에 떨어졌는지에 대해서는 미스테리로 남아 있으나 인간의 "본성"은—현재의 경험으로는—"나면서 부터" 부패하여, "늘 악으로 치우친다"는 것이다. 행위가 아니라 본성의 문제의 초점이다. 죄를 지으면 죄인이 된다. 즉 죄는 원자론적 행위의 문제가 아니라, 전인적(全人的), 본성에 관한 것이요, "모든" 사람이 죄인임을 믿는다는 뜻이다. 이유에 관한 문제를 남겨둔 채, 우리는 예외 없이, 모든 사람들이, 슬프게도 죄인임을 확인하며 또 고백한다.

감리교는 루터의 "노예 의지"나 칼빈의 "예정론"이 아니라 인간의 "자유 의지"를 믿는다. 즉 인간에게는 하나님의 은총에 거역할 수도 있는 "아니요"의 자유도 지니고 있다(자유는 힘이다). 따라서 지옥의 형벌에 떨어지는 사람들은 결국 자기의 자유 의지 때문이지 하나님의 버리심 때문이 아니다. 그렇다면 영원한 축복에 이르는 자는 하나님의 사랑과 그리스도의 은총에 의한 것이 아니라 자신의 자유 의지(힘)에 의한 것이란 말인가? 즉 인간의 구원이 인간의 "자연적" 공적에 의한 것인가 하는 「엘라기우스 논쟁의 문제가 야기된다. 그런데 펠라기우스에 대한 자료는 많지않기 때문에 불확실하지만, 그 자신은 (1) 은총은 필요하지만 (2) 자연 그 자체가 하나님의 은총이라고 해석한 것으로 보인다. 즉 인간은 나면서부터 "예"와 "아니요"의 능력을 가지는데, 이것을 그 자체로서 하나님의 은총이라고 보았다. 그러나 감리교는 자유의지를 믿되, "자기의 천연적 능력"으로는 인간이 하나님께 "예" 할 수 없을 만큼 타락되어 있다고 믿음으로써, "자연적 능력"으로 하나님께로 나아갈 수 있다는 펠라기우스 사상을 거부한다. 그렇다면 감리교가 믿는 자유의지의 근원은 무엇인가? 펠라기우스는 그것이 "자연적"본성이라고 했으나, 감리교는 "선행(先行)은총"이라고 믿는다. 라아너의 용어를 빌면, 펠라기우스는 "피조된 은총(인간의 본성에 작용하는 은총)이라고 보았으나, 감리교는 자유의지의 근거가 "창조되지 아니한(unarented) 은총", 곧 하나님의 직접적인 작용이라고 믿는다. 이것은 개념상의 차이에 불과한 것이 아니라 인간과 하나님의 관계를 보는 근본적인 시각의 차이를 말해준다. 인간은 하나님의 도우심 없이는 자유의지는 물론 글자 그대로 "아무 것도 아니다". 왜냐하면 하나님께서 일단 인간을 창조하신 후로는 인간이 그 하나님께로부터 독립, 자존할 수 있다는 것을 감리교는 부정한다. 결국 인간이 우리의 자유의지로 선한 일을 행할 수 있고, 또 그 책임이 우리에게 있지만, 자유의지 자체가 "하나님의 계속적인, 그리고 한발 앞서가시는 은총"(선한 은총)에 의해서 가능한 것인 이상어떠한 감리교인도 하나님앞에서 자신의 공적을 주장할 수 없다. 이로써 감리교는 하나님의 은총의 지고성과 더불어 인간의 존엄한 책임성을 다같이 강조하는 길을 견지한다. 이것은 자랑스러운 감리교의 전통이다.

제 26권 81

1985. 2. 1. "감리교회의 독특한 교리 (2)" 홍정수, 「기독교세계」

감리교 교리 연구(5)

홍정수 목사
(감신대 교수)

1. 신앙과 행위

「강령」 제9, 10, 11조는 반(反) 로마 가톨릭적 교리로서, 특히 제9조는 "가장 유익하고 위로가 넘치는 교리"가 바로 신앙과 행위에 관한 이 "개신교의 원리" 라고 천명하고 있다. 어째서 이 교리 곧 "믿음으로만 의롭다 함을 얻는다"는 교리가 위로로 넘치는가?

1517년 종교개혁의 길을 걷기 시작한 루터는 엄격한 고행과 율법 준수로써 하나님의 심판에 대한 자신의 양심의 공포에서 벗어나고자 노력하였으나. 노력하면 할수록 완전에 도달하기는커녕 자신의 공로와 행위를 의지하고자 하는 깊은 교만이 더욱 뚜렷해졌기 때문에 마침내 헤어나올 수 없는 절망에 빠지게 되었고, 이 절망에서 벗어나올 수 있는 유일한 구원의 교리가 바로 바울 사도의 고백이었음을 체험하게 되었다. 이 아픔과 절망의 시간이 없이 "우리의 행한 것" (행위) 은 구원에 효험이 없다고 하는 "값싼 은총"으로 치닫는다면, 이 교리는 "유익" 보다는 "독" 이 될 것이다. "율법의 행위"를 규탄한 바울 사도가 인간의 행위를 송두리째 거부했다고 생각한다면 대단히 위험한 길로 접어든다. 적어도 분명한 것은, "위선"을 책망하셨지만 "신앙이냐 행위냐?" 하는 양자택일의 논법은 예수 자신에게는 전혀 낯선 것이었다는 사실이다. 루터 시대에는, 그의 경험에서는 신앙과 행위를 적절히 "구별" 하는 것이 위로와 유익이 되었겠지만, 오늘의 우리에게는 그 둘의 "올바른 관계"가 유익과 위로가 될 것이 분명하다. 제9조 자체가 이에 대해 암시하는 바 있으니, 바로 "우리의" 공로가 아니 "그리스도"의 공로로 인하여, 그리고 "믿음으로 말미암아 우리가 의인의 반열에 들어간다고 시사하고 있다. 즉 전혀 행위 없이가 아니라, 옳은 행위, 곧 순전한 인간 예수 그리스도의 행위, 하나님께 대한 전적인 복종의 행위가 인간의 구원을 열어주었다는 암시이다. 따라서 현대 신학은 "은총에 의해서, 믿음으로 말미암아" (엡 2 : 8~9 참조) 라고 표현한다. 예수의 공로(행위)란 다름 아니라(신기한 초자연적 기적으로서, 인간이 못할 것을 하였다고 믿는 것은 예수의 인간성을 손상시킨다) "하나님의 은총" 에 대해 전적으로 자신을 내어맡긴 역사적 사건이었다. 우리는 이 사건에 동참함으로써만 구원 받는다. 즉 예수에게서 보여 준 하나님의 사랑의 행위에 우리가 우리 자신을 전적으로 위탁하는 일, 즉 하나님으로부터 우리 자신을 새로이 선사받는 일(신앙) 을 통해서만 구원 받는다는 말이다. 따라서 "신앙은-이것은 "우리의" 신앙이 아니다. "우리의" 것은 이름이 무엇이든 교만과 이기심으로 얼룩진, 오염된 위선의 산물이다—행위를 폐기하는 것이 아니라 행위를 정화 시킨다. 신앙 안에서만, 즉 하나님께서 주시는 사랑과 용서의 기적에 의해서만 우리는 "새로운" 존재가 되며, 이 새로운 존재는 굳은 존재, 행동을 벗어난 존재가 아니라 참으로 행동할 수 있는 존재로 전환(중생) 된다. 이같은 신앙과 행위의 변증법은 예수의 생애와 사상 속에서 아주 확실하여, 바울의 말이 어떻게 오해되든 돌이킬 수 없는 기독교의 표준이라고 천명해야 한다. 이것 없이는 오늘날의 부도덕하고 무기력한 기독교회를 거듭나게 할 방법이 없다.

이같은 해석은 앞에서 논의한 "자유 의지" 와 "선행 은총" 에 대한 감리교 교리(이것은 개신교 공통이 아님) 와 잘 조화된다. 우리에게 능력이 있고 그래서 책임이 있지만(자유 의지), 그것은 우리의 것이 아니라 끊임없이 우리를 앞서가시는 하나님 자신의 자기 증여(선행은총) 에 의한, 그리고 그것에 대한 우리의 반응(책임) 일 뿐이다. 따라서 우리의 "선행" (선한 행위—10조) 이 우리 자신의 "공로" 를 주장할 만한 근거가 될 수 없으며, "의무 이상" 의 행위를 할 수 있다는 것은—존재론적으로—상상도 할 수 없는 부조리이다 (그럼에도 불구하고, 신앙인들이—불신앙인들이 아니라 여러 가지의 "자신들의 수고" 를 인정받고 싶어하는 모습을 교회에서 너무나 많이 본다. 이 「강령」은 이같은 신앙인들의 허영이 정화되기를 요청하고 있다).

2. 성도의 견인(堅忍) —믿지 않음

이것은 반(反) 장로교 교리이다. 옛 교부들 중 더러는 사람이 일단 구원받아 하나님의 자녀가 되면 "영원한" 자녀이

1985. 3. 1. "감리교 교리 연구 (5)" 홍정수, 「기독교세계」

며, 만일 죽음 죄(예컨대, "성령 모독"또는"배교")를 지으면"다시는"되돌아 와 구원받을 수 없다고 말했다. 이것은 하나님께서 "예정"하신 자들을 일단 부르시면, "끝까지" 죽을 죄를 짓지 아니하도록 "보호하시기" 때문이라고 했다. 어거스틴의 말기 사상과 칼빈주의 속에서 이같은"성도의 견인"교리를 발견할수 있는데 감리교는 이것을 분명히 거부하고 있는 셈이다. 감리교뿐만 아니라 대부분의 기독교교파들이 이것을 믿지 아니한다. 우선 성서적 근거도 없고, 경험적으로도 현실성이 없기 때문이다.

이것은 "은총으로부터의 타락"이라는 감리교회의 유명한 교리이다. 즉 인간은 하나님의 은총 안에서도—어쩌면 불행하게도—아직도, 또는 오히려 자유하다, 마치 아담처럼 완전한 지경에 있었던 자라도 하나님의 은총을 배신할 수 있으며, 어떠한 배신도—감리교회가 믿는바로는—다시 용서받을 수 있다. 왜냐하면"용서받지 못할 죄"가"인간에게"있을지 몰라도, "하나님께는"없기 때문이다. 그리스도의 공로와 하나님의 사랑은 죄인들을 용납하시되, 처음 한번만이 아니라 끝까지 하신다. 찬송가 작가 아이작 왓츠의 말대로, "등에 기름이 아직 남아 있는 한, 가장 극악한 죄인도 되돌아 올 수 있다."

오해가 없기를 바란다. 이 교리는 인간의 책임과 하나님의 사랑의 크심을 표현하고자 함이지, 결코 거듭난 자의 타락을 조장하고자 함이 아니다.

3. 연옥과 방언—믿지 않음

교회에 대해서는 뒤로 미루고, 감리교가 거부하고 있는 연옥과 방언이 과연 무엇을 뜻하는지 알아보자. 이 두 교리(제14, 15조) 역시 반(反)로마 카톨릭적 배경에서 이해되어야 한다. 14조에는 분명한 말로 "로마교의 도리"를 지적하고 있는데, 이것은 가톨릭 교리를 뜻하며, 연옥, 성인숭배, 사제의 사죄권을 부인하고 있다. 그런데 성인 숭배와 사제의 사죄권에 대해서는 가톨릭에서도 변명할 말이 많이 있을 것이다. 즉 성인 의 유물, 이름 "예배"가 아니라 경모의 의식일 뿐이며, 사죄의 특권이 사제에게 있지만 그것이 하나님의 사면권을 박탈하거나 제한시키는 것은 결코 아니라고. 한국감리교회의 입장에서 보면 별로 주의할 필요가없는 문제들이다. 그러나 연옥에 대해서는 관심을 쏟고 있는 신도들이 많은 것으로 보인다. 이 연옥에 현재의 대부분 교회가 암송하고 있는 「사도신경」에 나오는 "음부에 내리신지 3일만에"의 음부와 같은 곳이라면 성서적으로, 교회의 전통으로 보아 전혀 근거가 없다고 할 수 없다.

그러나 웨슬리는 평소에"연옥"이나「사도신경」의"음부"에 신앙상 의의를 부여하지 않은 것이 확실하며, 연옥 신앙이 중세 교회를 혼란시켰고, 이것이 루터의 종교 개혁의 동기 유발에 깊이 관계되었었다는 것, 그리고 사후의 세계의 신비를 신비 그대로 남겨두어야 한다는 것만은 우리 모두가 기억해야 될 것이다.

제15조가"방언"에 대해서 언급하는 것도 이미 지적했듯이 반가톨릭적 배경에서 이해되어야 한다. 즉 모든"공중" 예배에서는 "회중이 알아들을 수 있는 말을 써야 한다는 것이 골자이다. 즉 미사 집전 때에 교인들이 이해할 수 없는 공식 언어 라틴어를 써오던 습관을 겨냥한 것이다. 그러나 한국 교회가 관심을 쏟고 있는 은사로서의 신비한 언어(방언) 문제도 "공중 예배"에 관한한 같은 교리를 적용할 수 있을 것이다. 나아가 이 교리는, 감리교회의 모든 신학은 교회 회중이 알아들을 수 있는 말로 진술되어야 한다는 원리를 담고 있다.

1985. 3. 1. "감리교 교리 연구 (5)" 홍정수, 「기독교세계」

감리교 교리 연구 (6)

홍정수 목사 (감신대 교수)

감리교회가 독특한 교회관을 주장하고 있다고는 보지 않는다. 교회관을 설정하고 있는 공식 문서로는「강령」 13조, 「교리적 선언」제 6 조, 그리고 사도신경의 제 3 항, 그밖에 「설교집」에 나오는 간접적 언급이라 할 수 있다. 그런데 이 간단한 자료들 속에서 적어도 한 가지의 특징을 찾아볼 수 있다. 즉, "교회"를 일차적으로(?) "보이는 교회"(유형한 교회)로 전제하고 규정해 나가고 있다는 점이다. 옛부터 기독교인들은, 여러 다른 이유에서 "보이는 교회"와 "안 보이는 교회"를 구별해 왔다. 안 보이는 교회란 죽은 성도들(선한 싸움을 승리로 마친 이들)의 교회를 가리킨 적도 있고 살아있건 죽어있건 "하나님의 눈으로 본 모든 신성한 신앙인들의 모임"을 뜻하기도 했고, 때로는 그런 사람들중 오직 살아있는 이들의 모임("참"신자의 모임)이라고도 이해했다. 즉 보이는 교회에 속하였다 해서 "참으로"교회에 속한 것은 아니라는 것이다.

그러나 감리교회는 "보이는 교회"만을 언급하고 있다. 이 점에서 감리교회는 대부분의 기독교파들의 관심과 다르다. 그러면 보이는 교회를 "구성하는 요소들"은 무엇인가? 무엇이 교회라는 모임을 교회로 만드는가? 무엇이 계모임이나 골프 회원 모집과 교회를 구별짓는가? 「강령」은 3 가지로 규정하고 있는데, 이것은 감리교회의 독특한 교리가 아니라 적어도 개신교의 공통된 교리이다.

첫째. "신앙인들의 회중"(현 교리장정 : "참 믿는 이들의 모임 공회"는 결국 같은 뜻을 지니고 있다 하겠으나 다소 다른 시각을 가지고 있다)이다. 즉 교회가 교회되는 일차적 요건을 "신앙"(물론 예수그리스도를 믿는 특정한 신앙)의 사람들이 신앙 때문에 모인 공동체(모임 : 제도가 아님) 라고 보고 있다. 그리고 그 공동체의 (가시적) 특성은"하나님의 순전한 말씀의 선포(제 2 의 구성요소)와 그리스도의 명령에 의거한 "성례전들의 정당한 집행"(제 3 구성요소) 이다. 오늘날 교회가 후자에 집중하는 구교와 전자에 전념하는 개신교로 나뉘어 있다는 것은 불행한 일이다. 그 어느 하나를 등한히 한다는 것(또는 어느 하나에 집중한다는 것)은 "건강한 교회"의 자격을 상실한다. 또한 교회가 듣고 선포하는 말은 "하나님의"말씀이어야지 어느 특정인의 경험담이나 특정 계급의 이권운동이어서는 "교회"라고 할 수 없다. (이 문제는 심각한 문제이나 여기서 거론할 성질이 못된다). 하나님의 말씀이되 "순전(순수)한"말씀이어야 한다. 양적으로 전체적이어야 하며, 질적으로 잡 것이 섞이지 않아야 한다. 여기서 훈련을 거친 설교자의 예리한 판단력이 요구된다. 성서를 "올바로" 그리고 "포괄적으로"전파하기 위해서이다(오늘날 한국 강단의 메시지가 얼마나 편중되어 있는가 스스로 생각해 보라).

언어로 된 말씀이 설교라면, 상징적 행위로 연출되는"말씀"이 성례전이며, 이들은 "자기를 증여하시는 하나님의 사랑"의 연속이요, 그것에 접근하는 가장 확실한 두 가지 방편이다. 근본에 있어서는 하나이나 다른 양식으로 표현된다고 보아야 옳다. 이런 공식적 교리가 남을 정죄하는 도구로 악용 되어서는 안 되겠지만, 이런 각도에서 보면 기도원이나 사설 제단은 여러 의미에서 "아직"교회가 못 된다.

「강령」13조는 애매한 (영문자체가) 표현을 담고 있다. 우리 「교리와 장정」에는 "이 모든 필요한 일이 교회를 요구하는 것이다"라고 되어있는데, 이것은 지나친 의역이요 오역이다. 문맥상(우리말교리) "이 모든 필요한 일(들)"은 위에서 지적한 3 구성 요소들을 가리키는데, 이것이 "교회를 요구한다"는 식으로 되어 있다. 그렇다면 우리의 「교리」는 신앙인의 모임, 말씀, 성례전과는 또 다른 어떤 제도나 구조의 교회를 상징하고 있는 셈이 되기때문이다. 3구성 요소들 자체가 교회를 구성하는 것이지 그것이 별개로 교회를 요구하는 것은 아니다.

1985. 4. 1. "감리교 교리 연구 (6)" 홍정수, 「기독교세계」

한편, 우리 「강령」의 출처인 「영국 성공회 신조」를 번역하면서 이 장식씨는 "성례전이 여기에 대하여 필요한 모든 것을 그리스도가 말씀하신 대로…"라고 함으로써 비교적 정확하지만, 우리 말이 맞지 않는다. "성례전이…그리스도가…"하는 식이기 때문이다. 이 대목은 "성례전(그 성례전에 반드시 필요한 모든 면에서) 이 그리스도의 명령대로…" 라고 번역되는 것이 좋을 것이다. 즉 우리 말을 생각하여 이 고문(영문)을 번역하기 위해서는 괄호를 사용하는 것이 좋을 것으로 보인다. 이렇게 보면 그 요지는 확고한 성서적인 기반이 없는 성례전들의 관습을 배격하는 데 있다는 것을 알 수 있다.

위의 것이 교회의 본질론이라면, "하나이요, 거룩하고, 보편적이며, 사도적인 교회"라는 것은 그리스도의 교회의 성격론이라 할 수 있을 것이다. 이것이 소위 참 교회의 4가지 정표(定表)인데, 니케아신조(Necene Creed 또는 니케아-콘스탄티노플 신조: 381)에 나오는 교회의 규정이다. 하나의 "머리" 그리스도만 인정하기에 하나이며, "하나님의 뜻"에 근거해 있기에 거룩하며, 그 목표(=하나님의 뜻의 목표)에 있어서 온 세계 지향적이기에 보편적(Catholic: 우리말 사도 신경의 "공(회)에 해당)이며, 그 가르침의 근원과 표준에 있어서 사도들의 사상과 신앙을 계승하기에 사도적이다. 이같은 "4정표"가 역사상 한 때 타교파를 정죄하기 위한 표준으로 악용되었으나, 오늘날은 이것을 참되고도 "현실적인"교회의 성격이 아니라 교회의 "이상"이요 우리 모두가 실천해야 할 목표라고 생각하는 겸손한(?)자각이 깊어지고 있다. 그렇다면, 예를 들어 세계 선교에 동참하지 아니하는 폐쇄적인 또는 "가족적인"교회들은 아직 교회가 아니며, 개체교회들간의 유기적 연관성을 맺지 아니하고 특정 교파나 나아가 "내"교회, "우리"교회를 고집하는 것은 반(反)교회적 경향성이다. 교회는 어디에 있든, 누구가 담임자이든, 참 교회라면 같은 사명과 본질을 지니고있는 "하나의"교회이다. 오늘날 이 점을 특별히 강조하는 운동이 소위 WCC의 "에큐메니칼 운동"이다. 이것은 새로운 운동이 아니라, 본연의 모습을 회복하려는 몸부림일 뿐이다.

끝으로, 교회의 기능론을 살펴보자. 교회는 그 자체에 목적이 있는 것이 아니고 하나님에 "의해서"세상을 "향하여" 존재한다. 즉 "세상에 의해서"존재하는 욕심의 무더기나"교회를 위해서 존재하는 우상(교회숭배주의)의 제단은 교회 곧 하나님의 교회는 아니다. 하나님은 "세상"을 창조하셨고 재창조하시며, 보존하시고 완성하시며, 그 일에 동참할 일군들을 부르셨다. 이 일꾼들의 모임이 교회이다. 따라서 교회는 세상을 창조하시고, 보존하시고, 재창조, 완성시키는 삼위 하나님의 역사를 "찬양"하고 또 세상속에서 그것을 "증거"하는 사명을 맡았다. 따라서 이미 일어난 하나님의 역사를 찬미하는 일과 더불어 만물을 새롭게 하시고 완성시키시는 미래적 하나님의 약속을 세상에 선포함으로써, 세상도 함께 하나님을 찬양할 수 있도록 도와주는 사명을 지니고 있다. 이같은 포괄적인 교회의 기능을 이해하고 또 표현하기 위해서, 바울은 "머리와 여러지체"라는 은유를 썼으며, 교회를 그리스도의 3중적 즉 제사장, 예언자, 그리고 왕과 비교하기도 했고, 창조, 속죄, 화해라는 삼위일체적 접근도 시도했다. 또 어떤 신학자는 "영원한(할) 것"을 찬양하는 일과 세상을 변화시키는 일"의 두 모순되는 사명이 교회에 동시적으로 부여되었다고도 보았다. 의미의 도식은 다르지만 모두 같은 표현이다. 이 사명을 다하기 위해서 교회는 "지혜롭지"않으면 안 된다. 찬양해야 할 것과 혁신해야 할 것을 구별하기란 쉬운 일이 아니기 때문이다. 오늘날 교회의 문제는 교회의 사명이 지니고 있는 이같은역설을 인식하지 못하고 있다는 점과 한쪽으로만 치우치고 있다는 점 두가지이다.

그런데 이같은 교회관은 전체적으로 "아직 충분히" 또는 "충분히 명시적으로"선교 지향적이 아니라는 비판을 받고 있다. (설교, 교육, 친교, 봉사라고 하는 4대 활동과 더불어 선교 문제는 다음 호에 논하겠다.)

감리교 100주년 기념

감리교 미술인전

● 출품작가

동양화—김학수 장로 안동숙 장로

서양화—김수익 선생 김용기 선생 김정기 집사 유명애 권사 최덕휴 권사 최영순 사모 홍종명 장로.

서예—이철경 장로 김연수 집사(찬조) 고명균 목사 박용익 목사 조윤승 목사 오지섭 목사.

※ 수석—강치안 장로(찬조)

• 때: 1985. 4. 3—7.

• 곳: 인천 숭의교회
인천시 남구 숭의동 303—7
전화 884—1301—5

• 주최: 기독교대한감리회 100주년기념사업 후원회

• 주관: 선교국

• 후원: 서울, 중부, 동부, 남부, 삼남 연회, 교육국, 평신도국, 재단사무국, 기독교세계.

15

1985. 4. 1. "감리교 교리 연구 (6)" 홍정수, 「기독교세계」

■ 교리와 신학

감리교신학의 4대규범

홍정수 목사 (감신대 교수)

미국 감리교회(U.M.C.)는 여러가지 발전을 거듭하여 오늘에 이르렀다. 안종 문제로 인한 비극적 분열의 아픔을 극복해야했고, 1968년에는 E. U. B. (복음주의 연합형제교회)와의 통합을 실현, 에큐메니칼 운동을 실천하고 있다. 반면에 이 교단은 이 역사적 통합을 계기로 "웨슬리 전통"을 재검토하기 위한 대대적인 사업을 벌였다. 그것이 문서화되어 나온 것이 바로 1972년의 "장정"(우리의 "교리와 장정") 제2부, "교리와 교리적 성명서"이다. 이 문서는 30여명의 학자들의 4년간의 노력 끝에, 수많은 비판과 수정을 거쳐 총회에서 통과된 것이다.

미국 감리교회는 처음부터 내용적으로 영국인 "웨슬리의 유산"을 수용하면서도 "영국인"의 간섭을 배제하려고 일종의 민족 감정이 진하게 작용하고 있었다. 그 좋은 예가 웨슬리의 "강령" 24개조를 바꾼 사건이다. 이같은 자주 정신에 입각하여 지난 1968년 이래로 미국 연합감리교회는 "이 유산을 우리는 어떻게 이해하고 실천할 것인가?"하는 비판적 물음을 제기했었다. 감리교회는 언제나 "교리주의"(dogmatism)를 배격해 왔다. 따라서 교리의 획일화를 거부하고 있지만, 웨슬리의 전통을 올바로 계승하기 위한 "지침"을 마련하기에 이르렀다. 그것이 구체화되어 "미국 감리교회의 교리지침"으로 출현하였다. 이것은 우리가 익히 아는 대로의 성서, 전통, 경험, 이성이라고 하는 웨슬리 신학 방법론상의 4대규범 혹은 4대 "원천"(Sources라는 말이 norms보다 타당하다고 주장하는 신학자들이 많이 있다)이다. 이하에서 우리는 미국 연합감리교회가 1972년에 발표한 이 4대 규범이 무엇을 뜻하는지를 살펴본다.

우리의 우선적 관심은 왜 미국 감리교회가 새삼스레 이 4대 규범을 강조하게 되었는가 하는 이유이다. 이 문서는 "교리와 장정에 제시된 교리표준을 문자적으로 법률적으로 이해될 수는 없다"는 전제에서 출발, 그렇다면 각 목회자와 교단 신학자들은 어떠한 방법으로 교리적 반성(사고)과 구성(건설)을 시행하는 것이 마땅한가 하는실천적 질문을 제기하였다. 그리고 나서, "기독교 신학의 4대 원천이요 지침인 성서, 전통, 경험, 이성이라는 울타리 안에서의 자유로운 탐구"가 그 답변이라고 제시하였다. 어느 두 목회자도, 어느 두 신학자도 꼭 같은 사상을 가지고 있지는 않다. 우리의 교회는 개성이 다양한 설교자들로 구성되어 있다. 종교 간의 다원주의도 문제이거니와 종교 내의 다원주의도 사실상 심각한 문제로 등장하고 있다. 그러나 미국 감리교회는 신학적 정통주의 (획일주의) 보다는 신학적 다원주의(다양성)가 더 바람직하다고 천명하고 있다. 그러나 이 말을 교리적 무관심 또는 표준을 거부하는 상대주의로 이해해서는 안 된다. 왜냐하면 이 4대 지침과 규범이 우리의 다양성의 한계요 규범이기 때문이다. 우리의 자유는 이 울타리 안에서의 자유이다. "이 넷은 상호 연관성을 지니고 있다. 그러나 어느 것도 명료하게 정의할 수는 없다. 이것들은 허락한다. 아니 적극적으로 감리교 신학상의 다양성을 고무한다. 이것들은 함께, 우리의 신학적 반성과 표현을 위해 광범위한, 안정된 맥락을 제공한다."

그러면 이 4대규범 또는 원천을 좀더 자세히 살펴보자.

1. 성 서

우리는 흔히 웨슬리를 "한 책의 사람"이라고 부른다. 그러나 이 말이 그가 다른 책은 연구하지 않았다거나 무시했다는 배타적인 뜻으로 이해된다면 곤란하다. 때로 그는 "더 이상 다른 책을 연구하지 않기로 했다"고 말했지만, 이 말을 문자적으로 이해하면 오해이다. 그는 실제로 부단한 독서 가요 연구가였다. 그럼에도 불구하고 개신교의 한 원리, "오직 성서만"을 웨슬리와 감리교는 따른다. "성서는 교리의 으뜸가는 원천이요 지침이다. 성서는 하나님의 자기 계시에 대한 유일한 증언의 산물이다"고 선언하고 있다. 그러나 성서를 올바로 읽고 올바로 이해하기 위해서는 성서에 의해서 형성되고, 성서를 유전시킨 신앙공동체를 떠나서는 불가능하다.

2. 전 통

"성서의 계시에 대한 기독교의 해석은 복잡한 역사를 지니고 있다. 매 세대마다 기독교인들은 상호작용을 하고 있는 교리와 예배의식을 통해서 받아들인 바에 대한 자기들의 이해를 정식화하고, 그것을 또 다시 갱신하곤 해왔다." 이 해석의 역사, 교회활동의 역사가 전통인데, "모든 교회의 전통은 언제나 그 근원적 통찰이 성서 자체에 매여 있음을 공인하고 있다."

1985. 9. 1. "감리교신학의 4대 규범" 홍정수, 「기독교세계」

따라서 이 전통의 정당성은 "본질적으로 성서에 충실한지"를 물음으로써 판단될 수 있다. 그래서 감리교회는 전통을 성서와 동일한 수준으로 생각하고, 그것을 무비판적으로 받아들이려는 모든 "전통주의"를 배격한다. 한 마디로 "전통이란 초기 기독교 공동체들의 집합적 경험의 잔여물이다." 그러나 미국 감리교회는 에큐메니칼 운동의 입장을 수렴, 전통을 3가지로 세분하여 이해하고 있다. 첫째, "역사적 과정, 역사적 발전의 한 기능"으로서의 전통이 있다. 둘째, "사회학적 현상"의 하나로서의 전통(들)이 있다. 여러 교회들의 다양한 전통이다. 감리교 전통이 있고, 카톨릭 전통이 있고, 장로교 전통이 있다고 말할 경우의 전통이다. 이 전통은 각 교단에게 저들의 주체성을 확인하는 데 도움을 준다. 세째, 초월적 의미에서의 전통이 있다. "모든 기독교인들의 삶의 근거가 되는 은총의(환경의) 역사요, 시간과 공간을 초월하는 예수 그리스도 안에서 드러난 하나님의 자기 증여의 사랑의 지속성"을 뜻한다. 이 전통은 각 교단을 구분해주는 역사적 전통이 아니라, 인종과 지역과 교리의 장벽들 때문에 분열되어 있던 모든 기독교인들을 같은 하나님의 백성으로 확인해주는 "초월적" 전통이다. 감리교회는 이같은 동적이고 복합적인 전통들을 충실히 받아 들이면 나누어졌던 그리스도의 몸이 재결합될 수 있을 것이라는 희망을 또한 표명하고 있다. 이것이 감리교가 전통을 소중히 여기는 이유이다.

즉 배타적 전통이 아니라, 에큐메니칼적, 화해적 원초적 전통의 강조이다.

3. 경 험

"전통이 전체 교회에 대해 갖는 관계와 체험이 개개 기독교인에 대해 갖는 관계는 같다." 즉 경험이란 측량할 수 없는 하나님의 자비를 개인의 생활로써 체득함을 뜻한다. 이것은 감리교회가 신앙을 지적인 교리 체계의 승인이 아니라 하나님과 각자의 인격적 관계로 이해한다는 것을 뜻한다. 이 경험은 새로운 지식의 창구가 아니라 이미 예수 그리스도 안에서 주어진 하나님의 사랑에 대한 성서의 증언을 나 자신이 몸소 "재확인"하는 것을 뜻하며, 그 내용은 언제나 "그리스도 안에서 주어지는 새 생명"이라고 말할 수 있다. 이것은 성령의 역사의 열매요, 성서의 말씀이 살아있다는 것의 체험이다. 그런 의미에서 성령의 내적 확증이요, 따라서 "사사롭고, 내면적인" 것이라 할 수 있다. 그러나 이것이 오늘날 암암리에 번지고 있는 "신앙 체험주의"는 아니다. 즉 자기 자신이 겪은 "새로운 종교체험"을 신앙의 규범으로 삼으려는 그릇된 신비가들을 감리교회가 지지하고 있다고 생각하는 것은 커다란 오해이다. 이 "사사롭고 내면적인" 경험은, 첫째로 성서의 진리를 재경험하는 것이라는 뜻에서 객관적이며, 둘째로 나아가 그것은 "공동체적이며 능동적이다. 왜냐하면 "성서는 고독자의 종교 따위에 대해서는 아는 바 없기" 때문이다. 자유케하시는 하나님의 사랑은 언제나 이웃과 더불어 공유되는 활동으로서만 존속할 수 있다. 무인고도의 종교인은 기독교 표준 신앙에서 벗어난 것이다. 따라서 미국 감리교회는 "기독교 경험은 이 세계 안에서 이웃을 해방시키고 치료하는 사목 활동에의 참여를 적극적으로 명령하고 있다"고 천명하고 있다. 이것이 감리교회가 모라비안의 정숙주의(Quietism)와 개별하는 이유이다.

4. 이 성

감리교회는 18세기 영국의 합리주의의 배경에서 탄생하였다. 웨슬리는 영국의 자연신론자들의 주장을 배격하였지만, 기독교 신앙은 "이성에 모순되지 않는다"는 점만은 고수하였다. 감리교회는 "계시가 이성의 한계"를 초월한다는 것을 믿는다. 그러나 이성을 초월한다하여, 성서, 전통, 개인의 체험을 무비판적으로 수용해야 한다고는 믿지 않는다. 왜냐하면 신앙의 진리가 자가당착에 빠진 모순"이라고는 믿지 않기 때문이다. 한편 우리는 인간 이성이 펴내는 모든 지적, 과학적 활동을 존중한다. 이성은 근본적으로 하나님께로부터 온 선물이기에, 우리는 계시의 진리와 다른 학문의 진리를 연관시켜서 생각하는 비판적 작업을 적극 환영한다. "이성의 자율과 전능성"은 결코 감리교회의 입장이 아니다. 그러나 이성으로써 기독교 진리의 일관성과 신비성을 확인할 수가 있다고 믿는다. 따라서 우리에게 있어서 이성은 우리의 신앙전통을 보다 명료하게 하고 보다 잘 이해하기 위한 목적에서 출발한다. 이같은 태도는 그릇된 신비주의적 경향성을 띠고 있는 일부의 반이상적 신앙 운동과는 큰 대조를 이루고 있다.

그러나 무엇보다 중요한 단서는 이 4대 규범이 우리의 신학적 반성, 교리적 진술에 언제나 함께 작용해야 한다는 "상호작용"의 원리이다. 성서가 우리의 신앙의 으뜸 규범이지만, 성서 해석과 그 메시지의 실천에 있어서는 언제나 과거의 전통과 각자의 체험, 그리고 이성적 판단력의 연관작용을 통과해야 한다. 그러나 이같은 웨슬리의 전통, 미국감리교회의 결의가 그대로 한국 감리교회의 그것이 되어야 할지는 우리 모두의 연구와 결단에 달려있다.

제 26권 461

21

1985. 9. 1. "감리교신학의 4대 규범" 홍정수, 「기독교세계」

敎會聯合新報 1985年11月3日(日曜日) (8)

監神大 창립 80周 강연抄

○ 감리교 신학대학 창립 80주년기념 공개강좌 제4회 앞부분 학술강연이 지난 21일과 22일 종교 대강당에서 열렸다. 「감리교신학의 회고와 전망」이란 주제의 이강연에서는 첫날 유동식교수(연세대)의 「한국 감리교의 신학전통」이란 제목의 강연과 정의에 대한 주재용교수(한신대)의 응답, 둘째날 변선환교수(감신 대학원장)의 「웨슬리신학과 종교신학의 전망」이란 제목의 강연과 정의에 대해 박대인교수(감신 신학대학원장)의 응답이 있었다. 이중 두 교수의 강연을 요약해 본다. ○

웨슬리와 韓國監理敎 神學

信仰은 敎理아닌 체험 근거

변선환

웨슬리신학의 전망

변선환(감신大교수)

복음적 보편주의 강조하고

유동식

감리교의 신학전통

유동식(연세大교수)

◇유동식 교수

◇ 변선환 교수

1985. 11. 3. "웨슬리와 한국 감리교", 유동식, 변선환, 「교회연합신보」

특집
존 웨슬리
회심
250주년

웨슬리 해석의 최근 동향

홍정수 목사(감신대교수)

1. 전통과 신학

세계 감리교회들은 금년 존 웨슬리 "회심"의 250주년을 맞아 그의 신학적 유산을 재발견하려고 애쓰고 있다. 이 것은 웨슬리의 전통이 아직 우리들에게 살아 있음을 전제로 하고 있다. 미국 감리교회의 경우 이 문제에 관해 그렇게 심각한 논란은 없을 것이다. 즉 현재의 감리교회가 웨슬리의 신학적 유산에 기반을 두고 있고 있는가? 웨슬리의 전통은 미국의 오늘의 문화에 할 말이 있는가? 등의 문제에 관한 논란이다.

그러나 한국 감리교회의 경우 우리의 현실이 "감리교(회)"라는 그 이름에 걸맞는지, 신학적으로 깊이깊이 반성해 보아야 한다. 심각하게 반성해야 하는 이유는 다음과 같다. 첫째, 신학도 교회도 인간도 결국 역사적 현상이라는 제약을 벗어날 수 없다. 아직도 웨슬리를 말할 의미가 있는지, 단지 역사적 기원으로서만 우리가 감리교회인을 말하는 것으로 충분하지 못한지를 물어야 한다. 지금은 교회 내적으로 에큐메니칼시대이며, 교회 외적으로 종교적 다원주의 시대이다. 이같이 변화된 역사적 상황에서 신학을 한다는 것은 불가피하게 우리가 출발할 때 가지고 나온 근원, 그 유산을 끝까지 고집해야 하는 필연적 이유를 진지하게 물어야 한다. 둘째, 본래 기독교는 우주적 하나님, 인류를 위해 죽으시고 부활하신 예수 등 신의 보편적 사랑을 구체적으로 체험하고 그것을 전하는 종교이기에, 특정한 전통을 옹고집으로 지켜 나간다는 것은 기독교 자체의 내부적 논리에도 모순이 된다. 따라서 "감리교성"이 우리의 "기독교성"이나 "인간성"을 방해하는, 규제하는 장애물이 되지 않을지 심각하게 비판해야 한다. 세째, 그럼에도 불구하고, 아무도 허공에서 헤엄치지 못하듯, 자기의 역사, 과거의 유산을 무시하고는 오늘의 현실과 따라서 내일을 이해하거나 이야기할 수 없다. "나는 과거에서, 또는 어떠한 선입주견에서도 해방되어 있다" 고 말하는 사람들, 이들보다 더 중한 편견의 병을 앓고 있는 이들은 없다. 이들은 통상 "성경"이면 됐지, 신학적 전통을 고집하는 것은 불순한 것이요, 성경을 왜곡시키는 것이라고 말하면서 자기들의 무지를 순수성으로 위장선전한다.

다시 말해서, 우리의 전통은 우리의 신학 행위(이론과 실천)를 가능케 해주는 기반이요, 지침이다. 어느 시기에 가서는 결정적으로 이 기반과 지침을 버릴 수도 있겠지만, 그때 우리의 신분(교단적 아이덴티티)은 달라지는 것이다. 본래 인간에게 절대적인 것이 주어지지 않는다고 한다면, 언젠가는 웨슬리전통도 공개적으로, 공식적으로 거부 될 수 있다. 그러나 그때 우리의 행위에는 그럴 수밖에 없는 보다 높은 근거와 이유가 있어야 한다. 그러나 우리의 교회 현실은 단지 신학적 부주의와 태만 때문에 우리의 원조 존 웨슬리의 신학적 유산을 상실하고 말았다. 바라기는 한국 감리교회가 웨슬리 회심 250주년을 맞아 "회심"하여, 잃어버린 전통을 되찾게 되는 것이다(이에 대해서는 제도적 보완장치가 필요한데 이 문제는 거론하지 않기로 한다.

2. 웨슬리 해석의 동향

한국 감리교회는 신학에 분명한 흥미가 없으며, 웨슬리에 대해서는 대체로 말해서 흥미를 가질 만큼 알지도 못하는 것 같다. 이것은 어쩌면 미국 감리교회도 마찬가지였을 것이다. 웨슬리는 설교집과 주석서 외에 "조직신학"이라 할 만한 교의서를 남기지 않았으며, 단지 "열심 있는 전도자"였다는 인상을 남겼을 뿐이다. 그래서 감리교인들은 스스로 "우리에게는 신학이 없다"고 시인할 정도였다. 신학이 아니라 단지 복음 선교 사업에만 주력하자는 실용주의적 생각이었을지도 모른다.

한국에 소개된 웨슬리는 "존 웨슬리 총서"가 나오기 전까지는 캐논 감독의 웨슬리 신학과 존 웨슬리의 재발견(최근에 번역되어 나옴)을 쓴 저자 셀의 사상이 고작이었다. 그나마 이들의 사상이 충분히 소화되지도 못한 채 그저 "뜨거운 경험"의 사람으로만 통하고 있었다. 아마 지

1988. 5. 1. "웨슬리 해석의 최근 동향" 홍정수, 「기독교세계」

금도 그러할 것이다. 감리교단의 목회자들도 웨슬리 하면 그의 뜨거운 회심 경험과 "지구를 7바퀴 반" 돌 정도의 정열적인 순회 전도자 외에 별로 생각나는 것이 없을 것이다. 그러면 캐논과 셀은 어떤 사상가였던가?

셀(George C. Cell)은 랭포드(Thomas A. Langford)가 "신 웨슬리안" 운동이라고 부르는 신학자들 중의 하나이다. 랭포드에 의하면 신웨슬리안들은 1930년대 이후로 "신정통주의자"처럼 웨슬리를 현대문화의 도전에 맞서도록 "재발견"하려고 노력한 미국 감리교회의 신학자들이다. 여기에 셀과 캐논이 속한다. 그 대표적 주자는 역시 아우틀러(Albert C. Outler)이다. 이들은 웨슬리의 "자료"에 관심을 모으고, 지금도 계속되고 있는 웨슬리 전집 작업을 태동시킨 주역들이다. 그런데 셀의 사상은 역시 19세기 자유주의와 경건주의 틀을 벗어나지 못하였다. 그는 "개신교의 은총의 윤리와 가톨릭교의 성결의 윤리를 독창적으로 종합시킨 것이 웨슬리의 신학임을 간파했지만, "경험"이라는 좁은 개념으로써 웨슬리 신학 전체를 풀어나가는 위험을 초래했다. 게다가 그가 생각했던 "경험"이라는 것이 오늘날과 같은 정치적·사회적 시각이 결여되어 있었던 점을 고려한다면, 이같은 웨슬리 이해가 한국 교회의 부흥운동의 교과서 역할을 했을 것이라는 점은 쉽게 짐작할 수 있다.

캐논(William Ragsdale Cannon)은 1940년대 미국 감리교회를 이끈 신학자이다. 그는 그 시대의 관심 "인간 구원"의 입장에서 신학을 전개했으며, 그의 신학은 웨슬리의 "칭의론"에 초점을 맞추었다. 칭의론이 어떻게 하나님의 은총과 인간의 결단에 관계되는지, 이것이 루터와 어떻게 다른지, 이런 것이 그의 관심의 초점이었으며, 그는 웨슬리를 일종의 자유주의자로 해석하는 위험선까지 나아갔었다(그러나 이같은 점은 한국 교회에 알려져 있지 않는 것 같다).

그러면 1980년대의 감리교회 신학은 (미국의 경우) 어디로 가고 있는가?

우선 미국감리교회는 웨슬리의 원작을 재정리·발간하는 작업을 계속하고 있다. 불행하게도 200년이 지난 감리교회는 아직 그 원조 웨슬리의 원작 자료조차 정리해내지 못하고 있다. 34권으로 계획된 웨슬리 전집이 완간된 그 후에야 본격적인 신학 연구가 가능할 것이다. 그러나 주어진 범위내에서 웨슬리 신학은 새로이 연구되고 있는데, 주로 다음과 같은 방향에서이다. 첫째, 웨슬리의 "신학사적 자리"를 신중히 재검토하고 있다. 과거의 기독교 전통들과 18세기의 영국의 철학적 분위기와 웨슬리의 상관관계를 연구하는 일이다. 이것은 "경험"과 "회심"이라는 좁은 울타리 안에 있었던 과거의 웨슬리의 해석과 크게 다르다. 둘째, 해방 신학과의 만남을 시도하고 있다. 이것을 주도하고 있는 신학자는 런연(Runyon)이다. 그 자신의 말에 의하면, 부끄럽게도 이같은 자극은 남미의 가톨릭 신학자들이 먼저 시작한 것이었다고 한다. 즉 웨슬리를 단순한 부흥사로 보는 것이 아니라, 영국 사회를 변혁시킨 그의 실천 속에는 그만한 신학적 이유가 있을 것으로 생각, 웨슬리를 이 시대의 요청으로 다시 보게 된 것이다. 여기서는 웨슬리의 "사회적 성결", "노동" 등의 개념이 중요하게 취급된다. 세째, 철학적 신학의 재건을 위해 과정 신학과의 대화를 시도하고 있다. 특히 오그덴(Ogden)은 "순수하고 가없은 하나님의 사랑"(Pure and unbound love of God, 찬송가 55장)이라는 찰스 웨슬리의 사상으로써 과정 신학의 신 개념과의 대화를 모색하고 있다. 네째, 종교내·외의 대화를 모색하고 있다. 1972년 이래 미국 감리교회는 "교회 밖"의 계시의 가능성을 열어 놓았다. 이것은 그 이전부터 종교간의 대화를 모색하고 있던 콥(Cobb)의 공헌이라고 할 수 있다. 웨슬리 시대에는 이같은 문제가 구체화되지 않았었다. 따라서 그의 "보편정신(Catholic Spirit)은 오늘날의 교회일치운동 정도로 이해되어야 할 것이다. 그러나 오늘날의 미국 감리교회 신학자들은 이것을 발전시켜 타종교와의 대화에도(신학적으로) 앞장서고 있다.

우리의 "100주년 대회 선언문"은 이같은 새로 이해된 웨슬리를 공식적으로 천명했다. 그러나 이 선교문의 신학이 한국 감리교회의 실제적 신학으로 받아들여지는 데는 아직도 상당한 시간이 걸릴 것이다. 그러나 다양한 해석에도 불구하고 웨슬리의 전통은 면면히 계승되고 있는데, 하나님의 권능이 오히려 인간의 자유를 신장시킨다는 점, 하나님의 은총이 모든 것의 출발이나 그것은 결국 사회적으로, 구체적으로 꽃필 하나님 나라를 지향하고 있는 동적인 것이라는 점, 교리보다는 신앙 실천이 우위에 있다는 점 등이 그것이다.

1988. 5. 1. "웨슬리 해석의 최근 동향" 홍정수, 「기독교세계」

특 집 2,000년대를 향한 감리교단내 정책방향

• 편집자 주 : 본 특집의 내용들은 지난 5 월 23일~25일 서울 광림교회에서 개최된 2,000년대를 향한 감리교 선교대회시 감리교단 내 정책분과위원회에서 발제되고 토의된 것을 발췌 게재한 것임.
– 정리 : 정명기목사 –

제 1분과

감리교신학과 교리

발제 : 변선환 목사
(감신대 교수)

〈감리교신학과 교리〉를 논의하기 위하여 변선환 교수의 "21세기를 향한 웨슬리신학"이란 제목의 발제를 들었다. 발제자는 아시아 · 아프리카 · 남아메리카 즉 제3세계내에서 급속도로 성장하고 있는 교회의 모습을 언급하였다. 제3교회의 특징은 정복과 개종보다는 봉사와 상호변혁을 강조하는 다원주의적 대화의 신학을 지향하는데 있다. 오늘의 세계를 위협하고 있는 핵무기, 생태학적 위기, 절대빈곤의 위협, 인종과 성의 차별 등과 아울러 종교부흥현상 등은 제3교회가 동시에 겪고있는 변화들이다. 이러한 새로운 시대의 징조들은 우리로 하여금 새로운 신학의 파라다임을 만들어 가야할 필요성을 느끼도록 한다.

오늘날 제3세계의 상황속에 있는 교회들에게 있어서 웨슬리의 신학을 재발견토록 하는 작업이 요청된다. 웨슬리는 절대로 어느 특정한 종교와 종파의 신학적 의견에 사로잡히지 않고 하나님과 이웃을 사랑하는 일과 나와 너 사이에 성실성만 있다면 언제나 "나와 손을 잡자" (왕하10 : 15)고 말한 에큐메니칼 정신의 소유자였다. 시대상황과 신학사상의 변천에 따라서 웨슬리의 신학에 대한 해석도 다양하게 변하였다. 1977년 옥스포드 감리교신학연구회는 제3세계신학 특히 남미의 해방신학의 수용문제를 논의하였고, 그 후 계속하여 웨슬리 학자들은 성화개념을 해방개념과 만나게 하려고 노력하는 한편 회심의 체험도 재평가하려고 나서게 되었다. 웨슬리는 구원의 순서 특히 회심을 우주적인 폭넓은 틀 속에 넣고 해석하고 있다. 올더스게잇트의 회심은 신앞에서 인간의 상태가 주체적으로 변화된다는 인격적인 변화 곧 의인만을 뜻하는 것이 아니라, 사람들 사이에 정의와 사랑의 새 질서를 날마다 창조하여 나아가는 객체적 실제적 변화, 더 나아가서 완전을 지향하고 있다. 또한 웨슬리는 '선행은총'사상을 가지고 하나님의 영이 기독교의 영역뿐 아니라 세계 어디서나 구원의 역사를 하고 계시다고 확신하고 있었다. 위와같이 웨슬리의 신학의 현대적 의미에 관해서 언급하면서 발제자는 우리 감리교회가 요구하는 신학은 '정통교리'와 '정통실천'과 결부된 올바른 종교경험의 신학 곧 '종교해방신학'이라는 새로운 포괄적인 파라다임에 있음을 강조하였다. 발제가 끝난후 곧 이어서 질의와 응답의 시간을 가졌다.

질문 : 경상도지방등지에서는 감리교신학에 대한 무지로 인해서 감리교인들이 장로교로 이동하는 경향이 있는데 어떻게 생각하시는지요?

답변 : 웨슬리의 신학을 칼빈신학의 관점에서 해석하는 소극적 방법을 지양하고, 루터의 해석, 제3세계의 신학의 빛에서 웨슬리신학을 해석함으로써 장로교의 칼빈이즘을 극복해야 한다.

질문 : 감리교신학의 미래는 제1세계의 신학(서구, 유럽신학)에서 탈피하여 한국적인 신학을 건설하는데 달려있다고 생각합니다. 구체적 방법은 무엇인지요?

답변 : 첫째로 성서를 한국의 터전, 한국의 현실속에서 해석해야 한다(성서해석학의 한국적 방법론 연구도입 필요). 둘째로, 한국적이며 복음적 카리스마운동을 개발하여 교회를 진정으로 한국교회가 되게해야 한다 (한국교회부흥운동의 '한국화'시급히 요청됨).

질문 : 감리교는 장로교와 비교할 때 교리적인 특성이 약하다고 생각되는데 어떻게 하면 '감리교성'을 강하게 나타낼 수 있는지요?

답변 : 첫째로 사랑의 실천(orthopraxis) 운동과 하나님나라에 대한 분명한 교리 신학을 연구하여 교리장정의 규정에 넣도록 한다. 둘째로 교리적 선언과 사회신경을 새로운 상황변화와 현장에 적합하도록 해석해야 한다. 셋째로 타종교와의 대화를 적극적으로 수용하여 다원화된 종교와 사회속에서 가장 필요한 에큐메니칼 운동에 앞장서도록 한다.

시간이 부족한 관계로 더 길게 토의할 수 없었으나 시종 진지한 가운데 분과토의가 계속되었다.

1988. 9. 1. "감리교신학과 교리" 변선환, 「기독교세계」

감리교 교리와 신학

● 홍정수 저

박종욱 목사 (신광여고)

이 민족의 역사와 함께 꾸준히 성장해 온 한국감리교회는 이제 1990년이 되면 자치하는 교회로 선지 환갑을 맞이하게 된다. 이때 성장한 한국교회의 성경공부 열기와 함께 '한국감리교회의 신학이 무엇이며, 한국감리교회의 특색을 이루고 있는 교리는 어떤 것인가?' 하는 질문과 신학자와 목회자를 위한 것만이 아닌 평신도를 위한 신학의 필요성이 꾸준히 제기되어 왔음을 보게 된다. 그런 의미에서 이 책이 감리교의 교리와 신학에 대한 방향을 제시하고 감리교 신학의 논의의 기초를 마련하면서 시의적절한 때에 우리에게 주어졌다는 것에 감사한다.

이 책에서 저자는 감리교인이 자기 자신을 어떻게 이해하여야 할 것인가, 한국인으로서 그리스도인 됨이란 무엇을 뜻하는가에 촛점을 두고 "교리와 장정"에 나타나 있는 감리교 교리와 웨슬리 신학의 현대적 해석을 평이하게 설명하고 있으며, 누구나 알고 있는 것 같으나 사실 확실히 모르는 채 지녀왔던 감리교의 교리적 특색을 다각적인 신학적 통찰로서 풀이하고 있다.

본래 이 책은 「기독교세계」지에 연재하였던 감리교 교리의 해설과 저자가 신학대학에서 강의한 평신도반 신학강좌의 자료를 중심으로 다시 엮은 것이다. 따라서 전문적인 신학의 문제를 평신도 누구라 할지라도 쉽게 접근할 수 있도록 해설하는 입장에서 쓰여졌다. 나아가 이 책은 신학과 목회의 유리현상, 교회의 민주화, 통일론, 평화론, 민중·해방신학 등의 우리 시대의 절실한 과제들에 대해서도 그리스도인이 마땅히 생각하고 실천해야 할 방향을 제시하고 있다. 이를 위해 저자는 기독교 신학의 기준을 (1)성서와 전통에 대한 충실성 (2)언어와 세계관이 현대인(한국인)에게 이해될 수 있을 것, 그리고 (3)오늘 우리의 아픔을 치유하는 실천력으로 전제하면서, 기독교 신앙의 항목 하나씩을 풀어나가고 있다.

따라서 개인의 감정, 계급적 이해관계가 아니라 기독교 전통에 대한 실천적이고도 현대적 재해석을 목표로 하고 있는 이 글들은 누구나 쉽게 이해할 수 있을 것이라 확신하며, 나아가 기독교인으로서, 감리교인으로서, 그리고 역사에 참여하고 있는 책임적 한국인으로서의 방향을 잡는데 커다란 지침이 될 수 있을 것이다.

서평자의 느낌으로 저자가 자신의 신학적 사상을 펼치려 했다기 보다 기독교 공동체의 신앙을 재고백하려고 애쓴 것 같다는 점에서 더욱 이 책의 일독을 권하고 싶다.

모쪼록 교회안에서 평신도들에게 감리교의 교리와 신학을 가르치려는 목회자는 물론, 감리교 신학에 대한 넓은 이해를 구하려는 이들에게 권하고 싶은 책이다. 끝으로 저자의 끊임없는 감리교 신학 탐구의 노력이 '세계신학연구원'을 통하여 더욱 정진되기를 기도한다.

(세계신학연구원 간, 217쪽, 값 4,000원)

이 책은 전문적인 신학의 문제를 평신도 누구라 할지라도 쉽게 접근할 수 있도록 해설하는 입장에서 쓰여졌다.

1989. 7. 1. "감리교교리와 신학" 홍정수, 「기독교세계」

웨슬리의 후예들

특집

세계는 나의 교구

변선환 목사 (감신대 학장)

죤 웨슬리가 살았던 18세기 영국은 인류역사가 나타난 제2의 혁명의 파도가 다가오는 역사의 전환기였다. 알빈 토프러는 인류역사에 나타난 제1의 파도를 농업혁명, 제2의 파도를 산업혁명, 제3의 파도를 20세기 중반기에서부터 나타난 정보혁명이라고 보았기 때문이다. 영국의 18세기는 바로 산업혁명에 의해서 문화의 전영역에서 위대한 전환을 감행해야 하는 위기의 시대였다. 정치적으로는 윌리엄 3세의 명예혁명(1689)에 의해 영국왕실을 중심으로한 봉건주의 체제가 무너지고 민주주의를 상징하는 의회가 승리하는 것으로 정치 권력이 비종교화(세속화)되고 비신성화 되었다. 의회정치가 승리하였다는 것은 자유재산권이 인정되므로 경제활동이 자유로와졌다는 것을 말한다. 때마침 북미가 프랑스의 식민지주의에서 풀려나서 영국의 지배아래 들어가게 되었고 제임스 왓트의 증기기관이 발견되었다. 원산지(인도와 미국)에서 들어 오는 값산 목면이 만체스터와 버밍검에서 일어나기 시작한 방직상업을 활기있게 하는 요인이 되기도 하였다. 이 때 산업혁명에 의하여 자본주의 사회가 태동하기 시작하였다. 아담 스미스의 「국부론」은 자본주의 체제 아래에서의 자유방임 경제의 발전에서 나타나는 개인의 이익에 대한 무한한 추구가 사회전체의 발전을 돕고 국가의 부와 절대로 배치되지 않는다고 주장하였다. 하느님의 보이지 않는 손길이 개인의 이익추구와 국가의 이익(부) 사이의 알력을 해소시켜 준다고 믿으며 아담 스미스는 자본주의의 앞날에 대하여 낙관적인 견해를 표명하였다.

당시 정치 지도자와 함께 종교 지도자들도 농토를 버리고 대지주가 경영하는 농업노동자가 아니면 자본가가 경영하는 탄광과 공장지대의 산업 노동자로 전락한 새로운 계급인 프로레타리아 계급이 안고 있는 문제를 보지 못하고 있었다. 국교회 지도자들은 예배에 참석한 왕실과 귀족, 의회의 정치지도자들이 듣기 좋은 정치연설 비슷한 설교를 하며 상류계급 사람들의 호의를 얻으려고 급급하였을 뿐 청중들의 영혼에 호소하는 말씀의 능력을 잃고 있었다. 그들은 다만 국교도와 비국교도 사이에 있는 틈을 보았을 뿐이었다. 당시 영국의 명문인 옥스포드, 캠프릿지, 이이톤 대학에는 국교도가 아니면 가지 못하게 되어 있었다. 비국교도는 우리나라 전문대학과 같은 "비국교파 아카데미"(dissenting akademies)에 가는 길이 있을뿐 이었다.

죤 웨슬리가 산업혁명이 일어나던 위기의 시대에 만든 가장 결정적인 공헌은 당시 정계와 종교계의 지도자가 보지 못하였던 새로운 계급, 노동계급이 갖고 있는 문제를 직시하고 민중들속에 복음을 가지고 뛰어 들어간데 있다. 국교도와 비국교도 사이의 모순과 대립이 문제가 아니고 산업혁명에 의하여 만들어진 상류계급과 프로레타리아의 계급적 대립이 가장 심각한 문제였기 때문이다. 사실 비국교도도 국교도와 함께 인텔리겐쳐 계급에 속하고 있었다. 웨슬리는 탄광지대와 공장지대에서 일하고 있었던 노동자들을 무식하기 때문에 폭력과 폭동으로밖에는 자기의 의사를 표현하지 못하는 "폭도"이며 "곰" 또는 "우는 사자"라고 보았다.

웨슬리가 야외선교의 길에 나서게 된 것은 죠지 윗트필드 때문이었다. 올더스게이트 회심체험 이후 웨슬리는 오직 믿음으로만 의롭게 된다는 루터의 프로테스탄트 원리인 solafideism(신앙의인의 교리)을 강조하였기 때문에 국교회에서 설교할 기회를 잃고 있었다. 웨슬리와는 달리 미국 죠지아 선교에서 성공하고 귀국한 신성 클럽

1990. 4. 1. "세계는 나의 교구" 변선환, 「기독교세계」

의 멤버였던 윗트필드는 1839년 1월과 2월초에 걸쳐서 톨론루변 교회에서 30회의 설교할 수 있는 기회를 가졌다. 그러나 너무 주관적인 회심체험을 정열적으로 강조하는 윗트필드의 주일설교는 웨스트민스터의 성 마가렛트교회에서 문제가 되어서 웨슬리와 똑같이 설교금지를 당하게 된다. 윗트필드는 할 수 없이 탄광촌 브리스톨 가까운 곳에 있는 킹스우드에서 야외설교를 하기로 하였다. 200명의 광부들이 모인 첫번 집회에 이어 두번째 집회에는 2천명, 세번째 집회는 4천명으로 늘어났으며 네번째 집회에는 1만명이 모여 들었다. 그의 야외설교의 무대는 배스에서 카아디프로 확대되었다.

그러나 윗트필드는 미국 죠지아 선교의 길로 다시 떠나야 할 처지였기 때문에 영국에서 시작하였던 야외설교를 죤 웨슬리에게 맡아달라고 부탁하였다. 웨슬리 형제는 당황하였다. 아무리 인간의 영혼을 구원하는 귀중한 일이라고 하여도 장엄한 교회 안에서 진행되는 엄숙한 종교의식 없이 복음을 싸구려로 던질 수 있겠는가 하는 문제로 번민하다가 그 일을 맡기도 결심하였다. 그의 동생 촬스는 형의 결단에 반대하였다. 죤 웨슬리가 야외전도의 길에 나서려고 결심한 것은 그의 성서연구를 통하여서 였다. 예수님께서 갈릴리 호수가에서, 들에서, 산에서 설교하셨던 거룩한 모습을 연상한 것이다. 예수님의 산상설교는 야외설교의 좋은 모델이었다. 그는 서둘지 않고 하나님의 섭리에 모든 것을 맡기기로 결심한 것이다.

1739년 3월 31일 킹스우드에온 웨슬리가 1739년 4월 2일 브리스톨에서 야외설교 하였을 때 그곳에 모여든 광부들은 3천명이었다. 이 때 이래로 웨슬리의 야외설교는 1791년 3월2일 88세로 세상을 떠날 때까지 52년동안 22만 5천 마일을 달리면서 영국과 스코트랜드와 아일랜드에서 5만회 이상 설교하였다. 1739년 대학이나 교회에서 복음을 전하겠다고 나선 젊은 사제에게 죤 웨슬리는 다음과 같이 말하였다.

"나는 지금 대학에 어떤 직무도 없고 학생도 없으므로 대학과는 전혀 관계가 없습니다. 그리고 교회 사제직이 주어지면 나는 그것을 수락할 것인가를 충분히 시간을 들여서 생각하겠습니다. 성서에 근거해 놓고 생각하여도 나는 지금 행하고 있는 것이 옳다는 것이 어렵지 않은 것 같습니다. ...... 하나님 보다도 사람을 따르는 것이 옳은 것인지 아닌지 당신이 판단하면 좋겠습니다. 나는 온 세계를 나의 교구로 보고 있습니다." (Leen, Gerth, John Wesley Anglican, London,1964. P 42)

"세계는 나의 교구이다"고 감리교도에 의하여 흔히 인용되고 있는 슬로건의 근거를 밝혔다. 금년(1990년)은 웨슬리의 올더스게이트 회심 253주년을 기념하는 뜻깊은 해이다. 20세기가 남겨 놓은 마지막 10년대인 90년대 벽두에 서서 우리 웨슬리언들은 다 함께 21세기의 빛나는 한국 감리교 선교의 미래를 바라보면서 반성의 청진기를 대어 보자! 우리는 자랑스러운 웨슬리언들일까? 웨슬리는 "나는 감리교회가 이 땅에서 소멸될 것을 염려하지 않는다. 그보다도 감리교회의 본질인 사랑을 잃어버리고 냉각된 조직체만이 남을까 근심한다"고 경고하였다. 감리교 부흥운동의 본질은 무엇인가? 그것은 모라미안 경건주의자들에게서 이어 맏았던 뜨거운 회심체험으로 나타났던 신앙의 정열(Justification)이요, 그 선한 열매인 사랑(sanctification)이며, 만인 구원의 종말의 비젼(glorification)을 바라보는 소망, 즉 믿음과 사랑과 소망이 아니겠는가? 웨슬리는 섹스피어 만큼이나 위대한 사회(사랑)적 종교를 증거하였고 18세기 영국을 피의 혁명에서 구출한 위대한 사회변혁자였다(Elie Halevy)고 한다. 우리 한국 감리교회는 오늘과 내일의 한국역사를 위해 세계라는 일터에서 무었을 하고 있는가? 한국 감리교회! 너는 죽었는가 살았는가?

1. 한국감리교회는 미움이 아니고 사랑의 정열로, 분열이 아니라 화해와 일치의 정신으로 불타고 있는가?

2. 한국 감리교회의 일터는 세계를 선교의 무대로 보며 폐쇄적인 교회주의의 벽을 넘어서 하나님의 고난, 민중의 고난 앞에 서 있는가?

3. 한국 감리교회는 올더스게이트의 회심체험을 경시하거나 무시하면서 싸늘한 정치종교로만 굳어져 가고 있는것은 아닌가? 우리는 웨슬리의 종교적 영성을 잊고 있는 것은 아닐까?

4. 한국 감리교회는 뜨거운 신앙의 정열을 가지고 교회를 성장시키고 성숙시키며 아시아를 비롯한 제3세계의 선교를 위하여서 썩어지는 한알의 밀알이 되려는 십자가의 그리스도의 마음을 (crucified mind)을 가지고 있는가?

9

1990. 4. 1. "세계는 나의 교구" 변선환, 「기독교세계」

특집

자치교회 60주년을 맞는 감리교회의 위상정립

교회의 본질과 공 교회성

홍 정 수 목사 (감신대 교수)

1. 믿음으로 구원받는다?

그렇다면 믿음만 있으면 됐지, 교회는 꼭 나가야 할까? 어떤 사람들이 자꾸만 묻는다. "목사님, 집에서 TV나 라디오로 설교 듣고, 성경 공부하며, 십일조는 자선 사업에 쓰든가 아니면 온라인으로 헌금을 하지요. 교회는 나가기 싫거든요. 그러면 안될까요?" 어떻게 생각하는가? 우리 선조들이 산이나 바위나 나무 밑에서 신령님께 기도 드릴때, 그들은 무엇을 했던가? 알지 못하는 신들께 기도드렸던 것이다. 그들의 신이 틀렸다는 것은 우리 모두가 알지만, 그들에게 믿음이 없었다고 생각하는 사람들은 거의 없는 것 같다. 그래서 우리네 한국 사람들은, 믿음이란 신과 나의 은밀한 관계라고 생각하는데 익숙해 있다. 새벽 기도회는 이같은 한국의 정신(종교) 풍토 속에서 성공(?)적으로 정착했다. 그러나 지금 와서 우리들의 신앙 생활을 돌아 보면, 염려할만한 위험이 거기에 도사리고 있었음을 알게 된다.

한국의 무속 신앙에서는, 믿음은 있어도, 신은 있어도, 신도는 있어도, 사제는 있어도 "교회"는 없었다. 따라서 교회라는 집은 믿음의 생활을 하기 위해서 편의상 있는 장소쯤으로 생각하게 된 것 같다. 즉 우리들은 기독교라는 종교의 특성을 아직 제대로 파악하지 못하고 있는 것 같다.

교회는 절과도 다르다. 무속 신앙에서는 일정한 모임이나 집합 장소가 없지만, 불교에서는 절이 있고, 신도들이 그리로 모여든다. 그래서 형태적으로 보면, 교회에 나가는 것과 절에 나가는 것이 같다고 생각하기 쉽다. 그러나 불교 신앙과 기독교 신앙은 형태적으로도 크게 다르다. 불교 문헌들에서는 신도들간의 "친교"가 구원에 반드시 필요한 요소라고 지적한 것은 발견하지 못하였다. 산과 나무와 바위에 신이 있듯이, 절에 가면 부처님이 모셔져 있고, 신도들은 설법을 듣게 된다(그리고 한국 불교 신도들은 옆에 있는 산신각, 칠성당에 가서 기도를 올린다. 이것은 기독교의 유산이다). 그리고 내려와서 그대로 살게된다. 집합은 있고, 집합의 장소가 있고, 신의 대언자가 있으되, 절은 종교학적으로 "교회"와 같지 않다.

2. "교회"란 친교를 그 본질로 하는 기독교 신앙의 필연적 산물이다.

교회 없이도 믿음을 가질 수 있지 않을까 하는 생각은 처음부터 용납될 수 없다. 교회 없는 기독교 믿음은 존재하지 않기 때문이다. 하나님과의 사귐은 사람들과의 사귐의 근원이요, 또한 목표이다. 그러나 사람들과의 사귐이 없이는 신과도 사귈 수 없다는 것이 예수라는 예언자의 설교와 목회의 골자였다. 유태교에서 나온 인물이 예수이지만, 예수의 목회는 이 점에 있어서 독특했다. 교회는 (후대에 발전된 것이지만) 유태교의 신전이나 회당과 같지 않다. 교회는 신의 집이 아니다. 신과 인간들이 함께 어울어지는 만남, 친교 그 자체이다. 그것이 예수가 보여준 믿음의 생활이다. 이것을 잊어버린다면 기독교는 그 본질을 상실한다. 어쩌면 우리 한국 교회는 본질을 이제 상실했던가, 아니면 아직 한번도 제대로 교회 생활을 실천해보지 못했던 것이 아닐런지.

자치 교회 60년—한국 감리교회는 진정 "교회"인가?

제 31 권 310

1990. 6. 1. "교회의 본질과 공교회성, 홍정수, 「기독교세계」

도대체 교회가 무엇인지 그게 왜 구원에 필요한지 충분히 알고 있는지 모르겠다.

3. 교회에 속해 있지 않으면 아무도 구원받지 못한다.

"교회 밖에는 구원이 없다"—그런 말이 아니다. 이 세상에서 사람들과의 친교를 통해서 신을 만나고, 신께 봉사하고, 신께 찬양올리지 않는 사람들은 아직 구원에 이르지 못한 삶을 살고 있다는 말이다. 이것이 기독교 신앙의 핵심이다. 교회가 구원의 방주가 되며 또 하나님 나라의 표상이 되는 것은, 세상(거기는 술책과 지배욕이 판치는 곳)과 달리 거룩한 친교가 있기 때문이다. 친교—이것이 교회와 구원의 본질이다(우리는 설교와 성례전 중심의 교회 형태에서 친교 중심의 제3교회로의 형태 전환 요구를 받고 있다).

그러나 어느 특정 개교회에 속하는 것으로는 충분하지 못하다. 특히 교회에는 울타리(한계)가 있으되, 하나님 나라에는 울타리가 없어야 하기 때문이다. 특정 교회에 집착해 있는 오늘날의 목회자들과 신도들은 사실상 기독교 신앙의 핵심, 곧 교회와 구원의 관계를 간과하고 있는 것이다. 이들은 교회를 회사나 친목단체 쯤으로 생각한다. 자기들의 집단 이기심을 추구하든가, 자기네들끼리의 이름을 떨치고 친목을 도모하기에 급급하다(선교라는 이름의 사업도 때때로 그렇게 이용당하고 있다). 그것은 세속의 단체들의 형태이지 "거룩한 공교회"(사도신경)의 모습이 아니다. 교회는 원수까지 형제와 자매로 삼는 가없는 사랑의 표현이어야 한다. 지금의 교회들처럼 서로 경쟁하면서 교인 쟁탈전까지 벌이는 모습이라든가, 마땅히 거교회적으로 해야 할 사업까지 몇몇 개교회들이 자기들의 이름을 내걸고 하는 현상들을 보고 있노라면, 교회가 아니라는 생각을 금할 수가 없다.

4. 공교회성이란 무엇인가?

공교회란 말이 사용된 공식적 기록은 안디옥의 제2대 감독(베드로에 이어서)이었던 이그나티우스(AD 약37—103)가 처음이었다. 그는 개교회와 대비되는, "전체로서의 또는 온전한 교회"라는 뜻으로 사용했다. 즉 개교회가 교회인 것은 전 세계에 흩어져 있는 그리스도인들 사이의 친교에 동참하는 것을 전제해서이며, 전 세계의 그리스도인들의 친교를 가리켜서 "전체로서의 (또는 온전한)교회"라고 일컬었던 것이다. 이그나티우스가 그후의 교부들처럼 이 말을 제도적인 뜻으로 사용했는지는 불확실하나, 그러했던 것은 아닌 것 같다. 가톨릭 교회라는 말이 제도적으로 사용된 것은 어거스틴 시대에 와서였기 때문이다. 어거스틴에 있어서 가톨릭 교회란 "로마 제국의 유일한 합법적 종교"인 하나의 로마 가톨릭 교회를 가리켰다. 이 교회는 지상에서 유일한 구원의 기관이요, 교리적으로는 정통의 상징이며, 사명에 있어서는 전 세계의 사람들을 대상으로 삼고 있었다. 그래서 그들은 이 하나의 교회밖에는 구원이 없다고 확신할 수가 있었던 것이다.

가톨릭 교회란 제도적으로, 그리고 고유명사로 사용되기 이전부터 기독교 안에서 사용되어 왔으며, 교회는 그 자신에게 공교회성이 있음을 발견하고, 그것을 하나의 용어로 천명한 것이라 할 수 있다. 그리고 그 뜻은 교회의 제도가 아니라 자기 자신을 부단히 넘어서는 친교를 가리켰다고 이해해야 한다. 제도 또는 교단이라는 조직은 이같은 공교회성을 보호하기 위한 인간적 방편이다(그렇다고 이것을 소홀히 하자는 말은 아니다).

만일 그렇다고 한다면, 교회의 일치성(unity)과 거룩성(holiness)과 공교회성(catholicity)은 사실상 같은 것을 가리킨다고 말한 바르트의 말은 재해석되어야 한다. 일치성은 교회의 근원을 가리키며, 거룩성은 세상과 구별되는 교회의 존립 방식을 가리키며, 공교회성은 그리스도인 각자와 개개의 교회 안에서 구현되는 친교의 보편성을 가리킨다. 즉 3가지의 교회 속성은 같은 것을 가리킨다고 할 수 있지만, 같은 것은 3가지 다른 측면을 가리킨다고 보아야 한다. 그렇지 않으면 공교회성은 유일신 하나님을 믿는 신앙고백으로 이미 충분하다고 여겨지기가 쉽다.

5. 오늘날의 목회자들과 감리교인들에게 묻고 싶다.

사도신경으로 신앙을 고백하면서, "거룩된 공교회"를 믿는다는 말의 의미를 진지하게 생각해 본적이 한번이라도 있는가? 우리는 개교회에 속해 있을 뿐 아니라, 감리교회에 속해 있으며, 역사와 세계 속의 기독교 운동에 속해 있으며, 궁극적으로는 하나님과 피조물에 대한 우주적 연대성을 지니고 살아가고 있다. 이것을 자각하고, 실천함으로써 이 땅에 하나님의 나라를 회복시켜 나가는 것이 환갑을 맞은 감리교인들의 각오이어야 할 것이다.

1990. 6. 1. "교회의 본질과 공교회성, 홍정수, 「기독교세계」

한국 감리교회의 과거·현재·미래

한국 감리교회의 미래

변선환목사(감신대 학장)

Ⅰ. 1930년 자치교회 이후

지금부터 60년전 1930년 12월 2일(화) 오전 10시에 서울 서대문 냉천동에 있는 감리교신학대학(당시 협성신학교)에서 남북감리교회가 연합하여 한국 감리교회 제1회 총회로 모였다. 흑백인종 문제 때문에 남북 감리교회로 갈라졌던 미국 감리교회의 특수상황과는 전혀 달리 서로 나뉘어있을 이유를 찾지 못하였던 한국 감리교회는 「남북 감리교회 통합의 취지」라는 글에서 "두파의 합동문제는 벌써 토론시기가 아니라 실행시기에 들어갔다 할 것이다. 특히 우리 조선에 있어서는 분리할 이유가 추호도 없다"고 쓰고 있다. 한국에서 남북 감리교회가 하나가 되어서 한국 감리교회가 자치교회로 탄생하는 역사적인 날 합동전권위원회 회장 웰취는 에베소 2장14을 읽은 후 우리 사이를 가로막고 있는 담을 헐어버리자고 설교하였다. 웰취감독은 성명서를 읽고 교회장정의 기초작업과정과 배경을 설명한 후 감리교회는 "첫째, 진정한 기독교회가 되어야 한다. 둘째, 진정한 감리교회가 되어야 한다. 셋째, 진정한 조선교회가 되어야 한다"고 하였다.

감리교회에서는 교회분열의 이유로 신학이 작용한 일이 없다. 여기에 감리교회의 위대성과 그 영광이 있다. 웨슬리는 반성에 의하여 논리화되기 이전의 신앙체험인 종교(religion)를 그 신앙내용의 객관적 표현인 의견(opinion)과 구별하며 종교를 의견보다 소중하게 보았기 때문이다. 웨슬리는 설교 '완고함에 대한 경고'에서 "우리는 누구와도 의견이 다르다는 이유로 나누어지지 않는다. 우리도 생각하고 또 저들도 생각하지 않으면 안된다"고 주장했다.

미 연합감리교회가 장정에 신정통주의 신학 이후의 새로운 신학적 상황에 대처하기 위하여 1972년 신학적 다원주의 입장을 받아들일 수 있었던 것은 웨슬리안들의 자랑스러운 일이 아닐 수 없다. "다원주의는 하나의 원리로서 승인되어야 한다." 1984년에 다시 다원주의 입장을 확인하며 "우리는 우리의 교리의 표준과 지침의 인도 아래 신학적 다원주의의 현존을 인정한다"고 선언했다.

그러면 남북 감리교회 사이의 장벽을 넘어서서 하나가 되고 한국 감리교회로, 자치교회로 새롭게 출발하려고 다짐하였던 한국 감리교회는 경제적으로 신학적으로 자치하고 독립하였을까? 한국 감리교회는 웨슬리의 보편정신의 산물인 신학적 다원주의를 심각하게 받아들이면서 진정한 기독교회, 진정한 감리교회, 진정한 조선교회가 되었을까? 한국 감리교회는 자치교회 60주년을 맞이하였다.

Ⅱ. 한국 감리교회의 미래

한국 감리교회의 미래는 어느 누구도 알 수 없는 초경험적인 사실이다. 한국 감리교회의 미래는 급변하는 현대세계에 대하여 감리교회가 어떻게 대응하는가에 따라서 장미빛을 띨수도 있고 회색빛을 띨수도 있다. 오늘날 현대 세계는 세가지 중병에 시달리고 있다. 빈곤의 확대, 군사화의 확대, 자연환경 파괴의 확대가 그것이다. 중병에 시달리고 있는 현대 세계의 구원을 위하여 한국 감리교회는 세계를 당신의 교구로 삼았던 웨슬리의 선교정신을 계승하며 새로운 선교의 포괄적 지평을 재 확인할 필요가 있다. 그런 의미에서 필자는 진정한 기독교회, 진정한 감리교회, 진정한 조선교회가 되기 위하여 한국 감리교회는 아래 다섯가지 과제를 재확인하여야 할 것이라고 제안한다.

첫째로 한국 감리교회는 신학적 의견보다도 종교 곧 신앙체험을 소중하게 생각하는 것으로 메마른 교조주의적인 신학적 intellectualism에서 벗어나야 한다. 올바른 신학적 의견 곧 orthodoxy보다 더 소중한 것은 그리스도께 대한 절대적 신뢰(fedncia)의 감정 곧 ortho-patheia이며 올바른 실천 ortho praxis이기 때문이다. 웨슬리는 종교 감정을 지나치게 강조하는 모라비안들 속에 나타난 경건주의 신앙이 열광주의에 빠질 수 있다는 위험도 간과하

제 31 권 645

1990. 12. 1. "한국 감리교회의 미래", 변선환, 「기독교세계」

지 않았다. 그러나 오늘날 우리들은 현대문명을 지배하고 있는 intellectualism때문에 신학자와 목회자들에게서 마저 경건의 감정이 메말라 버리고 말았다는 현실을 보고 있다.

그리스도께 대한 무제약적인 신뢰와 구원의 확신과 신앙의 간증은 웨슬리의 올더스케이트 체험이 밝혀준 살아있는 증거이다. 감리교신앙의 특징은 바로 회심의 체험에 근거한 내적인 증거, 구원에 대한 확신과 전도열이다. 오늘날 웨슬리안들에게서 종교감정이 메말라 가고 있으며 사명감과 전도열이 사라져 가고 있다는 것은 감리교회의 위기가 아닐 수 없다. 오늘날 올더스케이트 체험은 교실과 연구실, 진료소와 신학자들에 의하여 분석되고 의식주의자들에 의하여 경시되었으며 광신주의자들에 의해서 왜곡되었고 세상사람들에 의하여 우롱당하게 되었다. 감리교회는 그 빛이 희박하게 되었으며 전도의 불길은 사라지게 되었다. 뜨거운 종교감정과 풍부한 지성이 아름답게 조화되었던 올더스케이트의 "불타는 영혼"이 산업사회에서 낙오되고 소외되었던 공장노동자와 탄광 광부, 고아와 과부들로 하여금 열등감과 좌절감을 극복하고 다시 일어나서 새로운 영적인 부흥운동을 일으키는 것으로 영국을 피의 혁명에서 구원하는 해방의 힘, 변혁의 능력이 되었다는 것을 우리는 잘 알고 있다. 올더스케이트는 개인영혼의 구원뿐만 아니라 사회변혁을 가져온 다이나마이트 같은 폭발력을 가지고 있다. 올더스케이트는 오늘날도 우리 모두를 위해서 있다.

둘째로 한국 감리교회는 "세계는 나의 교구이다"고 외치며 사자나 곰처럼 무지한 노동자들속에 뛰어들어가서 민중의 언어를 가지고 단순한 복음을 증거하였던 웨슬리의 민중선교를 잊어서는 안된다. 야외설교는 18세기초 영국교회 사제로서는 생각도 할 수 없었던 파격적인 전도방법이었다. 아무리 인간의 영혼을 구원하는 거룩한 일이라고 하여도 교회의 벽 밖에서 싸구려로 값비싼 복음을 내던진다는 것은 상상할 수도 없는 파격적인 일이었기 때문이다.

Sommel이 지적하였듯이 웨슬리의 부흥운동은 루터의 종교개혁 운동이 독일의 귀족과학자들, 엘리트를 중심하였던 운동이었던 것과는 달리 하층계급에 속하는 탄광노동자, 금속공, 방직공, 싸구려 농노, 소작농민 출신의 날품팔이, 1일 고용자들을 중심한 민중선교 운동이었다. 그는 가난한 사람들과의 연대의식을 가지고 자기 구제책을 마련하도록 권면하였으며 소주택건설사업, 문맹퇴치반, 신용조합을 열었고 243가지 병에 대한 725가지 치료법을 개발하였다. 런던의 선교본부 Foundary는 과부들이 가내적인 방직을 통하여서 자기 구제하는 자선의 집이었고 문맹소년들을 위한 야학교, 극빈병자를 위한 병원, 가내공장, 직업소개소, 신용대부금고, 도서관 그리고 교회로 사용되었다. 웨슬리는 금전사용에 대하여 세가지 원칙, "할수있는대로 이득을 얻어라. 할수있는대로 저축하라. 할수있는대로 주라."을 밝히기도 하였다.

오늘날 미국 연합감리교회는 사양길을 가고 있다고 한다. 왜일까? 감리교도들이 올더스케이트를 잊어버리고 안일한 중산층 컴플렉스에 빠져서 감리교 본래의 선교의 터였던 민중의 삶의 현장에서 떠났기 때문이 아닐까? 부자가 되어 중산층화한 감리교회는 큰 교회건물을 지어놓았지만 올더스케이트와 민중선교의 장을 잃고 전도하려는 의욕을 상실하게 된 것이다. 그 많은 돈과 그 많은 신학적 지식이 중요한 것은 결코 아니었다. 감리교회는 결코 교회벽 밖에 무관심속에 내던져 있는 가련한 나사로를 잊어서는 안된다.

셋째로 한국 감리교회는 기록자의 완전을 향하는 웨슬리의 성화사상을 신앙의 성숙과 건강한 사회의 회복을 위하여 작용하는 에너지로 사용하여야 한다. Bready가 최초의 감리교 찬송가(1739)서문에서 인용한 웨슬리의 말은 성화의 신학자 웨슬리의 살아있는 정신을 밝히고 있다고 보겠다.

> *"그리스도의 복음은 사회적인 것 말고는 다른 것을 알지 못하며 사회적 성결(Social holiness) 이외는 다른 성결이 없다. 그리스도에게서부터 받은 명령은 하나님을 사랑하는 자는 또한 그 형제를 사랑하라는 것이다."*

넷째로 한국 감리교회는 "만인을 위한 구원"(Salvation for All)을 주장하였던 웨슬리의 선행은총 사상과 구원의

1990. 12. 1. "한국 감리교회의 미래", 변선환, 「기독교세계」

보편성에 대한 교설을 위대한 신학적인 유산으로 받아들이며 알미니안주의 감리교를 주장하는 데서 열등감을 느껴서는 안 될 것이다. 그리스도 십자가의 속죄의 피는 만인을 구원하고도 남음이 있다. 그리스도의 은총은 모든 사람속에 값없이 주어졌고 만인을 위하여 값없이 주어진 것이다(Free in All and Free for All). 웨슬리는 한 사람의 영혼도 그리스도의 은총밖에 내던져진 이가 없다는 확신을 가진 것 때문에 아침 일찍 일어나서 밤 늦게까지 전도하는 단조로운 삶을 52년 동안 계속하여 22만 5천마일을 말타고 달렸고 5만회 이상 설교하였다. 선행은총(gratia preveniens)은 "크리스챤들의 마음속에 있을 뿐 아니라 모든 회교도들이나 이방사람들 속에도 있다. 그렇다. 야만인들 속에도 있다"고 믿었던 그의 보편주의적 catholic spirit은 웨슬리의 부흥운동의 동력이었다. 구원이냐 멸망이냐의 양자택일에서 하나를 선택하고 결단하는 자유의지가 선행은총으로 주어졌다고 믿었기 때문에 웨슬리는 구원과 멸망에 대하여서는 하나님의 책임이 아니라 각 사람이 책임져야 한다고 보았다. "네 스스로 네 구원을 성취하라"(빌립보서 2:12)는 말씀은 야코브스 알미니우스에게서 신학적 영감을 받으면서 설교제목으로 사용하였던 웨슬리의 명설교 가운데 하나이다. 웨슬리는 신념을 가지고 칼빈의 이중예정론이 말하는 무조건적 선택과 예정된 사람만 구원 받는다는 특수적 제한적 구속론을 반대하며 알미니안주의를 받아들였다. 한국감리교회는 웨슬리의 후예로서 우리의 믿음의 조상이 굳게 섰던 알미니안주의 감리교 신앙을 자랑스러운 신학적 유산으로 삼으며 그것을 뜨거운 선교의 정열로 삼으며 포괄적이고 다원적인 wider ecumenism의 정신으로 승화시켜 나아가야 하겠다.

다섯째로 한국감리교회는 자치 60년을 맞이하면서 다시 한번 우리 감리교회가 "진정한 한국교회", 한국의 종교적 정치적 상황에 토착화된 조선교회가 되었는지를 신학적으로 들어보아야 할 것이다. 한국 가톨릭교회는 한국선교 200주년을 맞이하면서 평신도가 주체가 되어서 3년 동안 연구한 끝에 "토착화를 위한 사목방향"을 내놓았다. 카알 라아너나 하인즈 슈레테의 종교신학이 말하는 포괄주의적인 "신 성취설"(新成就說)의 입장에 서 있기는 하지만, 아무 무리 없이 "토착화를 위한 사목방침"이 교회현장에서 대두하였다는 것은 한국 천주교의 성숙성을 나타내는 것이라고 보겠다.

선교 2세기를 향하는 한국 감리교회는 "진정한 한국교회"가 되기 위하여 종교 다원주의시대에 의미를 갖는 종교간의 대화를 열 수 있는 토착화의 의지를 보여 주었다. 자치교회, "진정한 한국교회"가 되기를 결심하였던 때, 1930년에서 60년이 지난 오늘, 그 해 그 날을 회상하기 위하여서 모인 이 감리교 신학자대회에서 우리는 적어도 hard-ware이건 soft-ware이건을 막론하고 어떤 형태의 배타주의 신학에서도 벗어나서, 다원주의형태의 열려진 선교를 지향하는 오늘 세계교회의 선교를 향하여 창문을 열어 놓으며 포괄주의 모델의 선교방법을 겸손하게 배워 나가야 할 것이다. 우리들 속에 무의식적으로 받아들여진 기독교 서구지향의 소용돌이에서부터 벗어나서 우리의 영혼에서 우러나오는 찬송가와 예배의식, 기도와 신학이 형성되어야 할 것이다. 21세기가 되면 전세계 기독교인의 3분의 2가 제3세계 기독교인들이 될 것이라고 말하고 있다. 그런데 우리는 서구 기독교의 바벨론 포수에서 해방되고 있는가? 한국 감리교회는 한국의 문화적 종교적 상황에 토착화된 열려진 한국교회, "진정한 조선교회"일까? 한국 감리교회는 한국의 정치적 사회적 상황의 요청에 응하는 살아있는 "진정한 조선교회"일까?

필자는 한국의 감리교회가 "진정한 기독교회, 진정한 감리교회, 진정한 조선교회"가 되기를 바라는 마음에서 성찬에 대한 찰스 웨슬리의 찬송가를 인용하는 것으로 웨슬리의 wider ecumenism정신(Catholic Spirit)을 다시 한번 상기하려고 한다.

"믿음에 의하여 우리는 지금도 본다.
고난의 하나님(suffering deity)을 인류 모두의 머리로서
보라! 그는 만인을 위하여 죽기 위하여 오신다.
버림받은 영혼은 하나도 없다.
그가 사랑하여 구속하지 않은 영혼은 하나도 없다"
(Hymns on the Lord's Supper).

1990. 12. 1. "한국감리교회의 미래", 변선환, 「기독교세계」

특집

한국 감리교회의 과거 · 현재 · 미래

한국감리교회의 어제

-한 신학적 조명-

유동식 교수(전 연세대 교수)

Ⅰ. 한국감리교회의 정체성

1930년에 한국의 남북감리교회가 합동하여 새로운 교회, 곧 '기독교대한감리교회'를 창설하였다. 이 합동작업을 위한 전권위원회 회장 웰치 감독은 그 보고에서 새 교회의 형성목적에 대해 위원들이 합의한 세 가지를 설명했다. 곧 진정한 '기독교회'가 되게 하는 것, 진정한 '감리교회'가 되게 하는 것, 그리고 '한국적 교회'가 되게 하는 것이 그것이다. 여기에 한국감리교회의 정체성이 표현되어 있다고 생각한다.

첫째, '기독교회'의 본질에 대한 전형적인 성서 본문은 마가복음 3 : 13-15이다. 예수께서 열두 사도를 불러 세우신 것은 ① 그들을 당신과 함께 있게 하시고, ② 말씀을 전하라고 파견하시며, ③ 마귀를 쫓아내는 권능을 주시기 위함이었다. 참된 교회란 그리스도와 함께 하는 사귐(코이노니아)를 기초로 하고, 복음의 말씀을 전해야 하며(케르세인), 인간을 파괴하는 마귀를 추방하는 신앙공동체(디아코니아)이다.

둘째, '감리교회'는 웨슬리의 신앙적 유산을 따라 ① 성령에 의한 뜨거운 신앙적 체험이 있어야 하며, ② 세계를 교구로 삼는 '오이쿠메네'의 꿈이 있어야 하며, ③ 사랑이 지배하는 사회적 성화의 열매를 맺어야 하는 특성이 있다.

셋째, '한국적 교회'란 한국적 영성을 터득한 교회이다. 한국인의 영성(얼)을 불러 최치원은 '풍류도'라 했다. '풍류'란 단적으로 '신령'을 뜻하는 말이다. 이것은 실로 유교, 불교, 도교의 본질을 다 포함하고 있어, 민중들에게 접해서는 그들로 하여금 사람되게 교화작용을 하는 영적 진리이다.

위의 세 항목에서 각각 세 가지 특성을 들어 그 내용을 설명했으나, 그 세 가지 특성이란 서로 작용하는 것이어서 실은 셋이면서 하나를 이루고 있다. 또한 세 항목은 하나의 '한국감리교회'안에서 상호 유기적인 관계를 맺음으로써 새로운 차원의 세계를 창출해 낸다. 여기에 한국 감리교회의 정체성이 있게 된다.

이제 이것을 도표로 그려보면 다음과 같이 될 것이다.

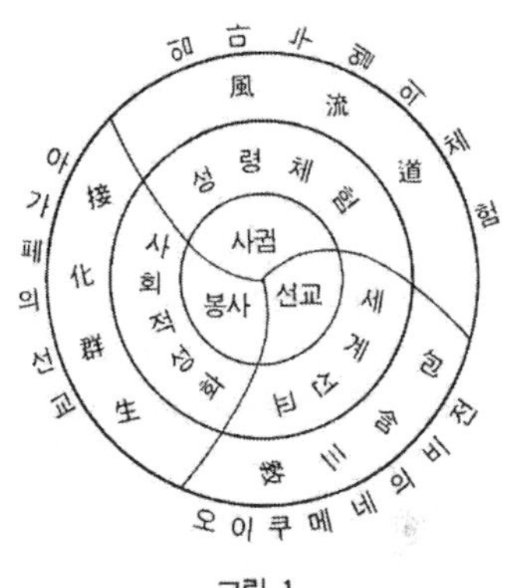

그림 1

Ⅱ. 신앙공동체로서의 임마누엘의 체험

그리스도와의 사귐(코이노니아)은 우리로 하여금 그리스도와 운명을 같이 하게 한다. 이 사귐은(복음에 동참하는) 믿음만으로 이루어지는 것이며, 믿음이란 곧 그리스도와 함께 나와 이 세상에 대하여는 죽고, 그리스도와 더불어 새로운 존재로 부활하는 것이다(로마서 6 : 3-5). 이때에 우리는 내가 사는 것이 아니라(무아) 내 안에 그리스도가 계셔서 사는 존재가 된다(갈라디아서 2 : 20). 그리스도는 곧 하나님이 그 안에 계신 임마누엘의 존재이다. 그러므로 그리스도의 십자가와 부활에 동참함으로써 그와 하나가 되는 사귐을 갖는 그 날에는 그리스도를 매개로 우리가 하나님과 하나가 되는 임마누엘의 실존이 될 것이다(요한복음 14 : 20).

이것을 그림으로 그린다면 다음과 같이 될 것이다.

1990. 12. 1. "한국 감리교회의 어제", 유동식, 「기독교세계」

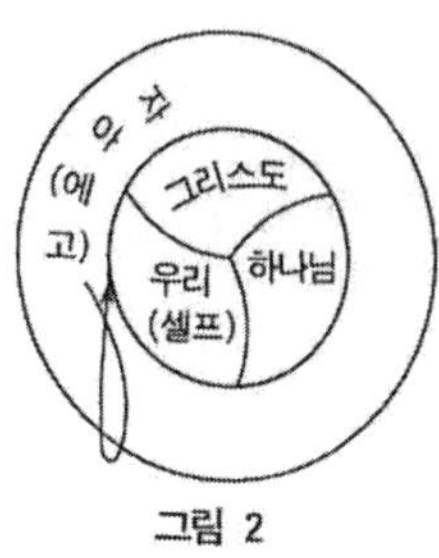

그림 2

그런데 우리가 신앙적 실존이 된다는 것은 단순한 인식이나 납득의 차원을 넘어선 현상이다. 곧 성령의 역사로 말미암아 뜨거운 실존적 체험을 통하여서만 가능한 것이다. 제2의 회심을 초래한 웨슬리의 올더스게이트의 체험이 그러했다.

풍류도(風流道)의 종교현상은 가무강신(歌舞降神)이다. 곧 몸의 율동을 통해 신령이 내게 내리는 실존적 체험이다. 이 점에서 한국인의 종교적 심성은 보다 감리교적이며, 복음신앙의 산 터전이 된다고 생각한다.

이와 같이 볼 때 '한국감리교회'의 기초가 되는 초석은 '임마누엘의 체험'에 있다. '나'는 간곳 없고 그리스도가 내 안에 계셔서 사는 이 인격적 변화의 체험없이 한국감리교회는 존재할 수 없다. 임마누엘의 체험은 기독교의 불변의 진리요, 교회의 구조적 초석이다. 한국교회 역사 안에 나타난 신앙체험운동의 두드러진 현상은 '부흥회'이다. 한국교회의 부흥회 현상은 1903년 감리교의 하리영 선교사의 사경회를 통해 나타나기 시작했다. 이것이 1907년 전국에 걸쳐 전교파적인 부흥운동을 불러일으켰고, 1930년대 초 이용도 목사의 부흥운동으로 이어졌다. 감리교적 부흥회의 특성은 사경회에 기초한 뜨거운 체험이라는 데 있다. 웨슬리가 믿음만으로 구원에 이른다는 로마서에 의한 신앙체험을 가진 데 비해 한국교회는 하나님의 무한한 사랑을 체험하게 하는 요한서신을 기본 텍스트로 한 데 그 특성이 있다(하리영, 이용도, 정경옥의 주석).

Ⅲ. 선교공동체로서의 오이쿠메네의 비전

우리가 체험한 '생명의 말씀' 곧 우리에게 자유와 평화와 사랑을 가져다 준 임마누엘의 체험을 세상에 전하도록 주께서 명령하신다. 그 까닭은 세상사람들로 하여금 '우리 아버지와 그리고 그의 아들 예수 그리스도와의 사귐'에 동참하여 자유와 사랑의 기쁨을 누리게 하기 위한 것이다(요한일서 1:3). 뜨거운 신앙체험을 통해 성령을 받으면 그의 능력에 힘입어 땅끝까지 이르러 복음의 말씀을 전하게 될 것이다(사도행전 1:8). 뜨거운 성령의 체험을 겪은 웨슬리에게는 세계 전체가 그의 교구였다. 32만km를 돌아다니며 4만회를 넘는 설교로써도 그의 선교적 사명을 다 감당할 수가 없었다.

인간이 사는 모든 세계, 곧 '오이쿠메네'는 평면적인 땅의 넓이만을 지칭하는 것이 아니다. '세계'란 인간이 삶을 영위하는 모든 영역을 또한 포함한 개념이다. 신령님이 우리 안에 강림하는 '풍류도'의 세계는 삼계(욕계, 색계, 무색계)를 넘어서 유교, 불교, 도교가 도달한 구원의 세계까지를 포함하고 있다(包含三敎). 우리가 복음을 전해야 할 세계는 단순히 평면적인 개념의 땅끝만이 아니라 이러한 삶의 전 영역이다. 여기에 한국감리교회가 지닌 오이쿠메네의 비전이 있다.

이에 응답하고 나선 첫 목회자가 최병헌목사였다. 그는 한국문화의 실체인 한국의 전통종교들을 분석하고 이것을 복음의 빛으로 제조명함으로써 한국문화의 심층세계에까지 말씀을 전하려고 했다. 유교에서 경외하는 하나님 역시 천지를 관할하시는 조화주라는 점에서 기독교에서 섬기는 창조주 여호와 하나님과 다를 바 없다고 본다. 그러나 유교의 신·인 관계는 경외하고 제사지내는 데 불과하고, 기독교에서 말하는 사랑과 구원, 그리고 영생의 은사를 베푸시는 약속관계가 없다. 동양의 종교들도 하나님을 제사하는 목적은 바로 이러한 구원과 영생을 얻고자 하는 데 있다. 그러므로 동양의 종교인들은 마땅히 그리스도의 도리를 신봉함으로써만이 그 참된 목적에 도달하리라는 것이 최병헌목사의 선교적 종교의 신학 사상이었다.

이러한 종교신학의 흐름은 한국감리교회의 한 특성을 이루어 왔다. 우리의 종교와 문화에 뿌리를 내린 이른바 토착화운동이 30년대에는 신흥우박사나 정경옥교수 등에 의해 주장되었고, 60년대는 윤성범교수 등에 의해 제창되었다. 감리교회가 시작한 산업선교운동 역시 우리의 오이쿠메네의 꿈이 낳은 하나의 열매이다.

Ⅳ. 봉사공동체로서의 아가페의 선교

복음의 말씀을 전하는 선교는 또한 인간을 파멸로 이끌어 가는 온갖 악의 세력, 곧 마귀를 추방하지 않으면 아니된다. 마귀는 인격을 파괴하고 사회를 파괴하며 나아가서는 민족과 세계를 파멸로 이끌어 가고 있다. 인간

9

1990. 12. 1. "한국 감리교회의 어제", 유동식, 「기독교세계」

을 사랑하신 하나님은 이러한 마귀들을 이 세상으로부터 몰아내시며, 교회가 이 일에 동참하기를 요청하신다. 그리고 그 축출의 능력을 우리들에게 부여해 주시는 것이다(마가복음 3 : 15).

결정적인 때의 회심은 지속적인 신앙으로 이어져야 하는 것이며, 영적인 신앙은 또한 삶의 행동으로 표현되어야 한다. 그리하여 사람은 점차 완전을 향해 가게 되는 것이며, 사랑이 지배하는 사회적 성화(聖化)를 달성하게 된다. 이러한 웨슬리의 신앙운동은 영국사회를 파멸로부터 건지게 했다. 무혈혁명을 이루었다고도 한다. 복음의 본질은 사람으로 하여금 사람되게 하는 '하나님의 사랑'의 행위에 있다. '아가페'의 사랑이란 바로 복음의 본질이며, 본래적인 인간으로 재창조하는 인간화의 능력이다. 한국의 민족적 '얼'인 풍류도의 작용 역시 인간화를 꿈꾸고 있다(接化群生). '얼'빠진 사람은 인간구실을 제대로 못하기 때문이다.

인간화의 근본은 임마누엘을 체험하고 사는 데 있다. 그와 동시에 역사적 존재인 인간은 인간을 파괴하는 역사적 악의 세력들로부터 해방되지 아니하면 아니된다. 이 악의 세력은 시대와 사회를 따라 변모하는 상대적 존재이다. 따라서 마귀를 몰아내는 교회의 선교적 사명은 시대를 따라 그 양상을 달리하게 된다.

계몽이 필요했을 때에 교육사업과 각종 사회사업 그리고 의료사업은 우리 교회의 선교적 봉사에 속한다. 일본 식민지 치하에서 인권을 잃고 있던 시대에 교회의 봉사적 과제는 제국주의의 마귀로부터 민족을 해방하는 일이었다. 민족독립운동에 적극 가담했던 감리교의 지도자들을 기억하게 된다(전덕기, 현순, 손정도, 이필주, 김창준, 신석구 등). 한편 민중구국운동을 이끌어 가던 평신도 지도자들을 또한 기억하게 된다(윤치호, 신흥우 등). 비록 분단상태이긴 하나 민족적 독립을 이룩하게 된 해방 후의 우리의 과제는 사회적 평등과 자유 그리고 인격의 존엄성이 보장되는 민주주의의 실현에 있다. 따라서 교회의 봉사적 선교 과제는 마땅히 사회적 불의와 싸워야 하는 것이며, 반 민주적인 독재체제를 개혁하지 않으면 아니되는 것이다. 불행했던 자유당 정권의 최고 책임자들이 감리교인들이었다는 사실을 우리는 통회하는 마음으로 기억하지 않으면 아니될 것이다.

V. 레비아탄과 바알이즘의 도전

교회에 정면으로 도전해 오는 두 사탄이 있다. 하나는 바다에서 올라온 짐승 '레비아탄'이요, 또 하나는 땅에서 올라온 거짓 예언자 '바알'이다(묵시 13장). 레비아탄은 우상화된 집단적 정치권력이며, 이것은 로마의 황제숭배로써 상징화된다. 우상 레비아탄에 절하도록 만드는 시종이 곧 이세벨이 끌고 들어온 바알이즘이다. 풍요로운 생산신 숭배는 물량주의의 우상을 낳게 한다.

적 그리스도인 마귀는 우선 외부로부터 도전해 온다. 일본 제국주의와 독재체제 그리고 황금만능주의 등이 그것이다. 교회는 이러한 우상들에 대항하여 선한 싸움을 싸워왔다. 그러나 사탄은 쉽게 패망하지 아니한다. 사탄은 교회 내부로부터 도전해 오는 것이다. 교회 안에서의 집단적인 정치세력운동과 교회성장이라는 이름의 물량주의가 그것이다. 이것들은 자칫하면 하나님의 영광을 앞세우며 실제로는 자신들의 인간적인 영광을 추구하게 하는 거짓 예언자로 전락하게 하는 것이다. 해방 후로부터 오늘에 이르기까지 감리교단이 겪은 몇차례의 분열의 위기를 초래한 것이 이러한 사탄의 도전이 아니었나 하고 반성해 볼 필요가 있다. 민주주의라는 이름의 세속주의의 물결을 타고 공공연히 공작정치를 방불케 하는 각종 선거운동들 속에는 짐승들이 도사리고 있지 않나 반성해 보아야 할 것이다. 교회의 성장은 바람직한 것이다. 그러나 세속적인 물량주의의 척도로써 교회의 성장을 재는 것은 사탄들에게 또 하나의 침투할 기회를 주는 것임을 반성해 보아야 할 것이다.

문제는 한국감리교회로서의 정체성을 잃지 아니하고, 그 본질에 입각해서 교단과 교회의 발전을 위해 우리의 본분을 다해야 한다는 데 있다. '나'는 없어지고 내 안에 그리스도가 계셔서 나의 삶을 지배하시는 임마누엘의 실존이 된 우리와 우리 교회 안에는 사탄이 활동할 공간은 있을 수 없을 것이다.

오이쿠메네의 비전은 반드시 물량적인 확대를 의미하지는 않는다. 총체적인 삶의 공간을 변화시키기 위해서는 한 줌의 누룩으로써도 족할 것이다. 우리의 선교의 목표는 한국인을 다 수용할 수 있는 교회당을 짓는 데 있는 것이 아니라, 우리가 누룩이 되어 한국사회와 세계가 하나님의 뜻을 따라 자유와 평화와 사랑의 공동체를 이루게 하는 데 있다. 인간으로서의 가치체계가 무너져 가고 있는 오늘날 한국에서의 우리의 선교와 봉사의 과제는 분명하다. 이때야말로 한국감리교회의 존재이유가 분명히 드러나지 않으면 아니되리라고 생각한다.

1990. 12. 1. "한국 감리교회의 어제", 유동식, 「기독교세계」

특집

한국 감리교회의 과거 · 현재 · 미래

한국감리교회의 현재

박봉배목사(목원대 학장)

Ⅰ. 서론

1) 세계 제2의 감리교회(120만성도와 3700교회, 900억예산).

2) 문제점도 많다.

• 지나친 물량주의와 이기적 기복사상 • 영적인 성장위주의 결과로 내실없는 물적 확장주의 • 목표없이 표류하는 거대한 배 • 타락한 물질문명과 퇴폐문화, 윤리, 도덕적 몰락과 교회의 무능 내지는 무관심 • 선교 2세기, 그리고 자립60주년을 맞는 감리교회의 교회를 교회되게 하는 일대 갱신과 혁신이 요청된다.

Ⅱ. 본론

1. 감리교회 선교신학의 현주소

1) 최병헌의 토착화 신학적 전통(토착적) 이용도의 금욕적 신비주의적 전통(부흥적) 정경옥의 자유주의(급진적)

2) 한국교회의 3대 신학적 조류

① 보수주의와 예장 ┐
② 급진주의와 기장 ┤감리교회의 포괄성
③ 부흥주의와 기성 ┘

• 웨슬리신학의 특색은 총체적이고 포괄적인 데 있다. 그리고 그 신학방법론은 고정적이거나 고착적이 아니요 발전적이고 형식적이다. 한국적 상황에서의 웨슬리적 전통의 토착화, 상황화가 요청된다. • 지금까지는 받는 교회→스스로 자라는 교회, 이제는→주는 교회, 봉사하고 선교하는 교회로

2. 감리교회의 선교 현장

1. 교회성장운동의 성과와 이에 대한 평가

• 1974년 총회에서의 5000교회 100만 신도운동 전개 교회성장의 요인들(사회적 요인, 교회구조 개편적 요인, 선교100주년 행사로서의 열매) • 개교회 중심, 거대교회 지향성, 물량주의의 문제점. 그러나 1985년 이후의 교회성장은 둔화. 새로운 형태의 성장운동이 요청된다.

2. 해외선교와 감리교회

• 국내 교회성장이 둔화되면서 해외선교에 대한 열정이 강력하게 대두 • 아시아선교회와 인도네시아 • 동남아선교와 중부연회 • 일본, 독일, 미주선교의 과제와 문제점 • 지역별 선교지방 형성과 선교연회의 가능성 • 선교방법에 대한 근본적 평가(서구의 재래식 선교방법 그대로 모방하는 데서 오는 문제점) • 선교정책과 실천방법의 일원화 내지는 교단적 통제의 문제(해외선교단체협의회 구성의 의미) • 북한선교회의 전망

3. 인권선언과 감리교회

• 감리교회의 두 갈래의 갈등, 보수파와 급진파 • 인권선교의 어려움과 U.M.C의 원조 • 인권운동의 교회적 근거와 교단적 관심 촉구의 문제점 • 특수선교에 대한 교단적 기구와 조직 문제

4. 평화통일선교와 감리교회

• 평화통일정책에 대한 감리교회의 입장이 밝혀져야 한다. • 남북교회 교류에 대한 감리교의 입장 • 평화통일 교육의 교단적 프로그램과 교육재료 편찬

5. 농어촌선교와 감리교회

• 도시교회 위주의 교회성장과 농어촌교회의 곤경 • 해외선교의 열풍과 농어촌교회에 대한 관심 저조현상(해외보다 농어촌교회 도우라고 외치는 농어촌교회의 목사들) • E.Z.E의 프로그램과 그 한계성 • 최저임금제의 확립과 농어촌교회 진흥책 • 선교적 교회상 정립과 선교적 과제의 우선순위 확정으로 감리교 선교의 방향이 뚜렷하게 정립되어야 한다.

3. 선교지향적 교회구조의 개혁문제

1. 교회제도의 세 가지 유형

① 감독제 ② 총회장제 ③ 개체교회제

감리교회 감독제의 전통은 1974년 총회장제와의 절충적 입장에서 오늘에 이르게 되었다. 따라서 감리교회적 전통과 한국적 상황에서의 토착화가 특색

2. 감리교회의 교회구조 변천과정

① 중앙집권제와 교권 쟁탈을 위한 해방 이후의 진통(제1차 분열) ② 1974년의 제2차 교단 분열과 다원화 감독제 채택

재통합 합의사항

• 완전 다원화 감독제 • 총회원 각국의 독립과 기능화 • 개체교회 중심의 선교체제 • 총대선출의 합리화

그 결과 교단 파벌간의 교권싸움이 상대화되고 개체교회의 급속한 성장이 나타났으며 교단에 서클, 파벌의식이 둔화된 것 같다. 그러나 문제점은 중앙집권제에서 개

1990. 12. 1. "한국 감리교회의 현재", 박봉배, 「기독교세계」

체교회 중심제로 변천하는 과정에서 여러 가지 혼란과 혼돈이 나타나기도 했다. 비판적 목소리가 크게 들려온다.

비판의 목소리

• 교단의 강력한 리더쉽이나 통제력이 약화되어 개교회주의에 빠질 위험성이 있다. 따라서 교단적 차원에서의 선교정책이나 프로그램이 불가능한 형편이다(연관제도의 회복). • 재정적 어려움과 각국의 자립성의 문제가 있어 본부 부담금이 책정되었으나 이로 인해 재정의 창구단일화가 요청되어 단일 총리원제로 복고하려는 기운이 농후하다. • 총회의 원로원화와 젊은 세대의 반발 • 지나친 개교회주의와 교단적 프로그램 약화(극단적으로 표현하는 사람은 아무것도 할 수 없는 거대한 감리교회가 되었다고 한다.)

3. 새로운 요청

① 총회감독제나 전임감독제에 대한 요청이 아니면 교단총무제의 채택, 2년제 겸임감독제가 결과하는 교단행정의 단속성과 단일감독제에 대한 복고적 향수의 문제 ② 지나친 개교회중심제의 문제점과 대형교회의 협력문제 ③ 총대선출의 민주화 ④ 농어촌교회의 교단적 지원책과 강력한 행정체제의 요청 ⑤ 교단의 재산관리를 둘러싼 문제점(감리회관의 완공과 그 수입금 문제 등) ⑥ 완전한 다원화 감독제와 연회 자립 제도

4. 선교지향적 교회구조에 대한 제언

1. 지금까지의 교회구조 개편은 제도유지체제에서→개교회중심제로→다시 중앙집권제로, 그러나 바람직한 교회구조 개편의 방향은 개체교회, 연회, 교단본부 모두 선교지향적 교회구조로 개편되어야 할 것이다.
2. 미국 U.M.C의 제도적 특색(선교적 프로그램과 사업중심적 교회구조이다.)

• 개체교회 : 구역회와 교인총회, 합동위원회(Administrative Conference), 사업협의회(Council on Ministries) (가정부장, 연합사업부장, 학원선교부장, 여성지위향상부장, 청지기부장 등)

• 총회 : · 세계선교국(국내선교부/해외선교부/보건복지선교실/선교교육홍보실/선교인력개발실/M.C.O.R) · 고등교육성직국(고등교육국/성직국/평신도사역국) · 제자훈련국(교육부/전도부/예배부/청지기부) · 사회국 · 은급국 · 출판국 · 교회역사보존위원회

3. 바람직한 교회구조

제 31 권 ① 총회

• 행정총회(입법총회)와 선거총회로 구분, 별도로 모

644 인다(미국의 경우 총회와 지역총회로 구분되어 있음). • 총회감독은 최소한 4년임기의 전임감독제로 택한다. 연회감독은 현재대로 겸임제도를 택하던지 7개 연회를 2개 내지 3개씩 합쳐 한 감독이 전임으로 담당하게 한다. • 전임감독제의 경우 각 연회를 자립시켜 행정적으로 자치하도록 한다(재단사무 등은 본부에서 관할하되 각 연회에 위탁하는 형식을 취한다). • 총회에서 본부실행위원회를 뽑아 교단의 중요한 사항을 다루게 하되, 기능별 대표를 반드시 포함하도록 한다. • 총대선출은 정회원 20년된 이들과 동수의 장로로 현행대로 택하고 나머지는 선거로 정한다. 그리고 기능별, 직능별 대표를 반드시 포함시킨다. • 본부는 총무국, 선교국, 교육국, 은급국, 출판국, 제자훈련국으로 가능한 한 확장시키고 평신도국을 제자훈련국으로 바꾼다.

—총무국(재단포함)에서는 교단 행정 일반을 관할한다. —각 국은 자립자치하는 기능직국으로 되돌아가야 한다. —선교국에서는 보다 효과적인 조직을 만들어 효과적인 선교를 하도록 하고 사회선교부를 보다 효율화시킨다. —평신도국은 제자훈련국으로 하고 남녀선교회는 선교국에 속한다. —은급국을 신설하여 은급사업과 의료보험 및 복지사업을 담당하게 한다. —출판부를 신설

② 연회 : 각 연회는 총회의 본부 구조에 준하여 자치할 수 있도록 체제를 정비한다.

③ 개체교회

• 국내선교, 해외선교, 선교사 양성, 사회선교, 가정부, 제자훈련부, 청지기부 등 선교지향적인 조직으로 한다. • 당회는 교인총회로 하여 모든 교인들의 민주적 참여를 도모하도록 한다. • 기획위원회는 기획만을 논의하고 의결기관이 되어서는 안된다. • 사업협의회를 두어 임원회는 정책결정을 하고 사업협의회는 실천방안을 협의하도록 한다. • 현대사회의 특수선교 분야를 감안하여 개체교회 실정에 맞게 융통성있는 교회구조를 만든다.

Ⅲ. 결론

날마다 새로워지는 교회, 자기 확장적이 아니고 자기 희생적이고 봉사적인 교회만이 시대적, 역사적 요청에 응할 수 있다. 그렇지 못할 때 비대해지는 성인처럼 병들어 쇠퇴할 수밖에 없을 것이다. 우리 감리교회는 성장하는 교회에서 선교하는 교회로 발전해야 한다.

12

1990. 12. 1. "한국 감리교회의 현재", 박봉배, 「기독교세계」

"전형적 감리교도" 홍현설목사

홍정수목사
(감신대교수 세계신학연구원)

1. 감리교회의 수많은 목회자들을 길러내신 신학교육자, 홍현설 목사님은 80회의 생신을 지낸지 사흘 후, 90년 11월 14일 낮 12시 30분, 가족들과 제자들이 부르는 찬송을 들으시면서 조용히 조용히 하나님 곁으로 옮겨가셨습니다. 이제 그분이 걸으셨던 길을 통해서 감리교인의 신학하는 길을 배우고자 합니다.

2. "전형적 감리교도"— 먼저 「오직 이 한 일만을」(기독교서회, 1978)이라는 목사님의 자서전적 저서 속에 나타나 있는 목사님의 어린 시절 배경을 한번 보겠습니다. "나는 원래 3대째 되는 기독교 가정에서 출생하여, 어려서부터 교회 안에서 자라고 잔뼈가 굵어졌기 때문에 무슨 드라마틱한 회심 경험이나 일화가 될만한 것은 별로 없다. 점진적인 회심에 치중하는 감리교회에 속한 사람으로서, 하나님의 전형적인 감리교도라고 부를 수 있을 것이다." 그렇다고 목사님이 어려서부터 감리교도였던 것은 아닙니다. 목사님은 "한국 기독교의 예루살렘이라고 하는 평양에서도 유명한 장대현(장로)교회에서 자라났기" 때문입니다. 스스로 "전형적인 감리교도"라고 말하고 있지만, 우리는 좀 더 포괄적인 의미에서도 그분이 "전형적인 감리교도"였다고 말하고 싶습니다. 그러면 이제 우리가 왜 그분을 가리켜 그렇게 말할 수 있는지 한번 살펴보겠습니다.

3. 和의 신학과 생— 우선 목사님 최후의 저작인 「기독교 後期에 산다」(본지에 소개된 바 있음)가 말하려는 사상부터 살펴보겠습니다. 이 제목은 우리가 사는 시대가 로마제국의 시대도 아니며 그렇다고 중세 이후의 기독교 시대도 아닌, 다원화되고 세속화된 시대임을 깊이 자각케 하기 때문입니다. 곧 기독교의 메시지는 우리가 처한 인간 상황에 응답해야 하며 또 할 수 있다는 것이 목사님의 신념이었습니다.

이같은 목사님의 사상 속에는 미국에서 직접 대면하여 수학하신 바 있는 윤리학자들과 조직신학자들과 간접적으로 영향을 받은 여러 신학자들이 있음을 상기시켜 줍니다(일본의 관서학원과 동지사대학 신학부에서도 수학하셨지만, 거기서의 영향은 저서들로서는 확인이 어렵습니다). 그런데 이들의 대체적인 사상 흐름은 한 마디로 말해서 성(聖)과 속(俗)의 날카로운 변증법(질서, 차이 강조)이었습니다. 그러나 목사님은 이들의 사상을 맹목적으로 추종한 것이 아니라, "감리교적으로" 변용시켰다고 보아야 합니다. 즉 서구의 신학자들의 "변증법"을 변증법이 아니라 "화해" "만남" "교차" 등의 "보편적" 지평으로 변형시키셨으며, 성과 속의 구별보다는 관계에 더 역점을 두셨습니다.

그분의 그러한 신학 방법론과 선교에 대한 열정을 고려하여 필자는 목사님의 신학을 감히 "和의 신학"이라고 정리해 봅니다. 변증법을 화해로 바꾼 것은 그분이 "보편 정신" (chatholic spirit : 타자를 포괄하는 넓은 마음)을 크게 강조함과 동시에 일생동안 순회 전도자의 역할을 계속했던 웨슬리의 후예이시기 때문이라고 말할 수 있습니다. 나아가 그분이 신학을 공부함에 있어서도 조직신학에서 윤리학으로, 그리고 윤리학에서도 선교신학으로 그 중심을 계속하여 실천 중심으로 이동해 갈 수밖에 없었던 것 또한 지극히 "감리교적인" 신학함의 길이었다 할 수 있습니다.

목사님의 사상에는 매우 일찍부터 이같은 和의 주지(motif)가 자주 등장합니다. 예컨대, 1959년에는 「기독교사상」지에 "화해의 원리와 실천"을 기고했는가 하면, 1960년에는 「청년과 신앙」이라는 소책자에서 기독교 신앙의 특성을 이렇게 정리하고 있습니다.

"우리는 우리가 하나님께 복종하는 생활을 하기 위하여 이 세계에서 물러나거나 혹은 거짓된 초월적인 꿈의 세계를 바랄 것이 아니라, 있는 그대로의 이 세계 안에서 그의 지으신 모든 만물을 사용하며, 인간으로서의 정상적인 생활을 영위하면서 하나님을 섬기도록 살게 마련된 것이다." 또한 1964년, 「생활속에 묻힌 보화」에서도 같은 말을 하고 있습니다. "이것은 즉 기독자가 그가 부름받은 이 세계속에서, 이 성숙한 세계와 대면하는 것을 의미합니다. 즉 이 세계의 일상생활에 참여하여 대면하

1991. 3. 1. "전형적 감리교도 홍현설 목사", 홍정수, 「기독교세계」

는 것으로 이 세계의 모든 종류의 다양성을 가장 심원한 의미에서 긍정하는 태도입니다. 이런 긍정의 이유는 하나님께서 이 세계를 긍정하셨고 또한 모든 것이 그리스도 안에서 하나님과 화해된 것이므로, 이제부터 모든 것은 하나님의 화해하시는 은혜로 인하여 진행됨을 알기 때문입니다." 1968년에 출간된 저서 「세속속의 크리스천」이나 1973년에 나온 「자연과 은총의 교차로」도 같은 주지를 담고 있습니다. 이와 같은 목사님의 신학 방법은 이미 1970년대에 등장한 해방신학의 방법론을 예견하게 했습니다.

목사님은 1972년에 이런 말을 남기셨습니다. "나는 이미 60이 지난 몸이지만 되도록이면 이 가슴 벅찬 세계의 고통을 듣고자 하는 열의만은 잃지 않았다. 신학을 본업으로 삼고 일생을 살아왔으나 우리의 환경을 더 잘 이해하려면 철학과 사회학의 도움이 필요한 것을 깨달았다." (「젊어지는 세계」)

이것은 그분이 이해하시고 있던 이 시대의 성직자상과도 정확히 일치합니다. 1978년, 선교 100년의 미래를 내다보면서 발표한 글, "새로운 목회자상"에서 이렇게 말씀하십니다. "목사는 일종의 중간인이다. 그는 하나님과 인간들의 중간에서, 신성한 것과 세속적인 것의 중간에서, 일상적인 것과 초월적인 것의 중간에서, 정상적인 것과 신비적인 것의 중간에서 그 사이에 다리를 놓는 중개자의 위치에 서 있다. 이러한 목사의 기본적인 성격은 아무리 목회의 방법이나 형식이 변할지라도 변치 않는다." "목사는 이 세계와 먼저 연대관계를 가져야 한다." 이같은 "중간인"으로서의 목회자상을 시로 표현한 것이 바로 평소 그분이 아끼시던 찬송가 272장 "인류는 하나 되게"입니다.

기독교의 혁명이 다른 종류의 혁명과 같지 않은 이유도 바로 이것입니다. "기독교가 제시하는 가장 효과적인 혁명의 공식은 신앙적인 움직임인데 즉 자아에게서부터 그리스도에게로, 그리스도에게서 다시 다른 사람에게로……이렇게 움직이며 나아가는 길입니다. 물질적인 혁명은 인간의 모든 소유를 파괴하든지 혹은 재분배하는 것을 일삼지만, 영적인 혁명은 그것들을 하나님께 돌려서 하나님의 선한 세계의 선한 물건의 한 부분으로서 다른 형제와 더불어 나누기를 원하는 것입니다." (1964) 이것이 많은 사람들에게 목사님을 정치적 보수주의자로 비치게 했을지도 모릅니다. 그러나 "나 자신–그리스도–이웃" 이라는 복음주의적 방향만은 결코 양보하고 싶지 않았던 목사님의 신념이었다고 말할 수 있을 것입이다.

이같은 和의 방법과 신학은 "爭의 신학들(해방/민중신학)"과는 크게 다르게 "선교"의 신학을 강력히 요청하게 됩니다. 목사님은 강의에 있어서 말년에 이를수록 점점 더 선교신학과 목회신학 쪽으로 기울어졌지만, 이것보다 훨씬 더 앞서서 이미 1960년대초반부터 에큐메니칼 사업과 선교 사업에 남다른 정열을 쏟으셨습니다. 그래서 이렇게 옛날을 회고하셨습니다. "얼마 전 내가 감신대 학장직을 25년간 봉직하고 정년 은퇴하는 찬하식 석상에서 C목사님은 나를 신학을 선교의 제일선으로 가지고 나가서, 일선 전도운동에 앞장섰던 사람이라고 평해 주셨다. 그 말씀은 나의 일생을 적절히 평가해 준 말씀이라고 생각한다."(1978) 즉 그분은 1960년대 초반부터 군대 전도, 교도소 전도, 다방 전도, 사업 전도, 어린이 선교 등에 큰 관심을 표하셨습니다. 이것은 아주 당연하게 보일지 모르나, 이런 일에 헌신한 그분이 일반 목회자가 아니라 (흔히 이론에만 그치기 쉬운) 신학자였다는 점에서 우리는 주목하게 됩니다. 이것은 오늘날의 해방/민중신학이 세상의 혁명을 부르짖으면서 "선교"에는 등한히 하는 것과 큰 대조를 이룹니다.

"(교회가 아니라) 세계가 나의 교구이다"라고 말한 웨슬리는 세상을 변혁시키는 신앙, 곧 "사회적 성결"의 신앙을 원했습니다. 사변적이기보다는 실제적이었다고 할 수 있는 목사님의 신학의 길도 바로 이런 것이었다고 보면 좋을 듯 합니다. 따라서 목사님이 결코 체계적인 조직신학 서적이나 윤리 교과서를 집필하시지는 않았지만, 수많은 논문, 설교, 강연, 저서들 속에서 복음의 실천을 향한 시종일관된 사상을 찾아보기란 그리 어려운 일이 아닙니다. 참고로 말씀드리면 목사님께서 쓰신 '작은 조직신학'은 1968년에 출간된 「우리가 고백하는 신앙」이라고 할 수 있습니다.

21

1991. 3. 1. "전형적 감리교도 홍현설 목사", 홍정수, 「기독교세계」

특집 특별총회를 앞두고/감리교 교리와 신앙고백

감리교교리의 개정수칙

홍정수목사(감신대 교수)

1. 무엇을 왜 바꾸어야 하나

나라의 법은 자주 바뀌면 제구실을 못한다. 사회의 질서가 흔들리기 때문이다. 그렇다면 하나님께 대한 우리의 고백이야 오죽하랴. 결정적인 이유가 없다면 '신앙고백'이나 '교리'가 자주 바뀌어서는 안된다. 단순히 세월이 많이 흘렀다고 하여 우리가 새로운 신조를 만들어야 한다면, 성경이나 '사도신경'도 폐기되어야 할 것이다. 따라서 한국 감리교가 '교리와 신앙고백'을 새로이 하려 함에는 그만한 절실한 이유가 있는지, 있다면 과연 무엇인지를 먼저 생각해 보아야 한다. 지난 날 우리가 개정에만 관심을 가졌을 뿐 왜 개정해야 하는지를 모르고 주요 법을 개폐함으로써 오늘날까지 곤란한 일들을 당하고 있음을 상기할 필요가 있다.

〔제1편〕 우리의 「교리와 장정」은 행정편 외에 "제1편 역사와 교리", "제2편 헌법과 관계"라는 두 편의 신학적, 역사적 진술을 수록하고 있다. 우리의 관심은 바로 여기에 있다. 이 두 편의 진술은 완전히 시대착오적이요, 굴욕적이기 때문이다. 〔제2편〕 제2조를 보면, "자치 교회를 조직하는 동시에 미국 감리교회와 밀접한 연락을 보전한다"고 했다. 이 규정이 단순히 역사적 사실을 기술하려는 것이라면 문제가 없을지 모르지만, 지금의 한국 감리교회의 성격을 규정하기도 한다고 하면 즉시 시정되어야 한다. 현재의 한국 감리교회가 밀접한 관계를 가져야 하는 교회가 유독 '미국' 감리교뿐일 수는 없다. '세계 감리교회들' 또는 '세계의 기독교회'들과 유기적 유대관계를 맺고 있지 않은가?

제3조는 삭제하고, 그 내용은 〔제1편〕 역사와 교리 부분에 편입되어야 한다. 일관성을 지키기 위해서이다. 혹 중복을 고집한다고 하더라도, 감리교회의 "믿음은 재래 감리교 설교와 찬송집과 본 교회가 선언한 교리에 설명되어 있다"는 말은 이제는 통하지 않는다. 여기서 말하는 "찬송집"은 교파별 특색을 갖추고 있는 것을 전제하고 있는 데 반하여 현재의 우리 것은 소위 "통일" 찬송가라서 교파적 특색을 포기한지 이미 오래이다. 이 법을 존속시킨다면, 우리는 교파적 특색을 전면 거부하는 교회라고 고백하는 셈이 된다(이것도 가능은 하다). 또 "재래 감리교 설교"라는 말은 보완되어야 한다. 그것이 가리키는 것은 분명 웨슬리의 "표준설교"를 가리키기 때문이다. 더 나아가 웨슬리의 "신약성서 주석"이 없다면 우리가 웨슬리의 신학을 논할 기본 자료를 찾을 수 없다. 시정을 요한다.

〔제1편〕이 부분에서 우리는 다시 한 번 부끄러울 만큼 무관심했던 우리의 신학적 태만을 대면한다. 우선 〔제1편〕의 구조를 보자. 그것은 제1장 (교회 합동) 전권위원회와 제2장 역사적 선언으로 되어 있다. 제2장 역사적 선언에는 먼저 영국에서 웨슬리가 일으켰던 감리교 운동과 그 "총칙"이 소개되어 있고, 그 후의 미국 감리교회의 역사와 "종교 강령"이 수록되어 있다. 그리고 나서야 비로소 한국 교회의 역사와 소위 말하는 "교리적 선언" 8조가 수록되어 있다. 이같은 역사기술의 순서는 한국 교회 중심이 결코 아니다. 한국 교회는 미국 교회의 부록에 불과하다. 따라서 한국 교회는 웨슬리의 "총칙"도 "종교강령"도 채택하지 않는다. "총칙"이 없으면, 웨슬리의 사회적 관심의 전통이 죽어버리며, 우리가 '사회신경'을 고백해야 할 전통적 근거를 상실하고 만다. "종교강령"이 고백되지 않으면, 우리의 교회가 기독교인지, 또 기독교라면 가톨릭인지 개신교인지 전혀 구별이 되지 않는다. 이것이 우리가 원하는 바인가? 1930년

1991. 5. 1. "감리교 교리의 개정수칙", 홍정수, 「기독교세계」

당시의 한국 교회와 오늘 우리의 상황은 다르다.

우리는 우리가 누구인지를 물어야 하고 또 물을 수 있을 만큼 성숙했다. 그러나 과거의 우리 교회는 영국이나 미국 교회의 부록으로서도 감지덕지했을지 모른다.(물론 "총칙"과 "강령"은 다시 번역되어야 한다) 결국 우리 교회는 사도신경조차 채택하지 않고 있는 실정이다. 한국 감리교회의 역사편도 엉망이다. 그 역사관은 민족주의도 아니며, 민중주의도 아니다. 그렇다고 하여 하나님–중심도 아니다. 오직 선교사–중심이다. 물론 윤치호와 남감리교의 관계가 다소 언급되기도 했지만, 기본적으로는 신학적 신민지 사관의 한 본보기에 불과하다. 하나님과 한국인의 주체성이 무시되어 있기 때문이다. 그것은 "자치" 교회의 역사가 되기에는 불충분하다. 우리의 역사는 하나님과 우리 민족의 주체성을 염두에 두면서 재진술되어야 마땅할 것이다.

2. 어떻게

(1) 신앙을 고백한다는 것은 "하나님의 세상" 앞에서 "우리가 누구인지를 밝히는 일"을 가리킨다. 따라서 제1편의 제1장에는 당연히 "기독교대한감리회"의 역사(영국이나 미국의 그것이 아니라)가 자리잡아야 한다. 제2장에서는 "기독교의 공통 유산"을 채택하여 밝힘으로써 우리가 기독교의 한 단체임을 분명히 해야 한다. 더 나아가 1885년에 탄생한 교회가 아니라 아브라함의 소명과 더불어 탄생된 하나님의 구원 공동체의 일부임을 자랑스럽게 밝혀야 한다. 그런 다음, 웨슬리의 "총칙"과 "종교강령"을 채택함으로써 우리의 교회가 분명히 감리교의 전통을 따르고 있음을 밝혀야 한다. 영국 교회나 미국 교회가 아니라 우리 교회가 그것들을 믿는다는 사실을 천명해야 한다는 말이다. 그러나 기독교는 좋지만 이제 더 이상 "감리교"라는 교파적 특색을 고집할 필요는 없다고 믿는다면 "총칙"과 "종교강령"을 고백할 필요는 없다. 이 점도 신중하게 검토할 가치가 있다.

(2) 또 필요에 의하여 우리가 신앙고백을 다시 한다고 할지라도, 그 목적과 형식에 다양성이 있음을 참작하여 선언해야 한다. 기독교가 공인종교가 되기 이전에 작성된 사도신경과 그 후에 나온 니케아신경은 그 목적에 있어서나 언어 형식에 있어서 크게 다름을 알아야 한다. 더 나아가 우리의 "교리적 선언"은 그 언어 형식에 있어서 완벽하게 교조적인데, 계속하여 이런 언어 형식으로 신앙을 고백할 것인지도 사전에 검토하여야 한다.

(3) 현재의 "교리적 선언"은 역사적 유산으로 남겨두고, (만일 해야 한다면) 우리는 다음과 같은 조건하에서 새로운 신경을 작성해야 한다. 먼저 현재의 "선언"의 문제점을 간단히 지적해 보자. 우선 이것은 미국인이 아무런 상황 인식도 없이 우리에게 "준"것이다. 만일 실제로 1930년의 한국인들이 신앙을 고백했더라면 그 고백은 분명히 "하나님의" 중심으로 작성되었을 것이기 때문이다. 한편, 거기에 깔려 있는 신학 사조는 사해동포적 자유주의일 뿐이다. 따라서 이 선언에는 한국성은 물론이요, 개신교성도 전혀 반영되어 있지 않다. 더 이상 우리가 한 달에 한 번 이상 예배 때에 이 선언을 "낭독"해야 할 이유는 없다. 차라리 사도신경이나 니케아신경을 사용함이 더 좋을 곳이다. 왜냐하면, 이 선언에는 예수의 고난과 죽음이 너무 희미하게 표현되어 있으며, 부활에 관하여는 아예 언급조차 없으며, 삼위일체 하나님에 대하여도 가히 이단적이라고 할 수준에 머물러 있기 때문이다. 그뿐인가? 현행선언의 제4조는 번역이 잘못되어 있기까지 하다. "죄 용서"가 "사랑과 기도의 생활" 앞에 고백되는 것이 신학적으로 당연한 순서이요, 원문(영문)은 그렇게 되어 있음에도 불구하고, 어떤 연고인지는 모르나 현재의 우리의 선언은 "죄 용서"가 다음에 놓여 있다. 이것은 어처구니 없는 오역일 뿐이다.

(4) 만일 우리가 신앙고백을 새로이 한다고 하면, 이런 모든 점을 고려하되 그것은 다음과 같은 신학적 조건을 충족시켜야 한다. 첫째, 감리교적이면서도 에큐메니칼적일 것 –우리의 고백이 분파적인 것이라면 차라리 하지 않는 것이 나을 것이다. 이런 조건은 우리가 웨슬리의 하나님 개념, 곧 "가없고 순수한 사랑의 하나님"을 고백함으로써 훌륭하게 해 낼수 있다고 믿는다. 둘째, 지금은 "교회의 미래는 평신도이다"라는 뒤늦은 자각을 심각하게 하고 있는 20세기 후반이다. 따라서 우리의 고백에는 이 점이 충분히 반영되어야 한다(미국 감리교는 이미 해냈음). 셋째, 우리 시대는 초자연주의 세계관에 얽매여 있던 중세기도 아니며, 과학만능의 근대시대도 아닌 "포스트모던 시대"이다. 그렇다면 지극히 성서적이면서도 포스트모던적인 세계관의 틀 안에서 신앙이 고백되어야 한다. 끝으로, 한국이라는 상황에서 한국인들이 신앙을 고백하고 있다는 주체성/상황성이 밝히 드러나야 한다. 우리의 고백이 간결한 신학 교과서가 되어서는 안된다. 교과서는 어디서나 통할 수 있는 보편적/추상적 신학을 말하고 있으나, 신앙고백은 우리가 누구인지를 밝히는 작업이기 때문이다. 우리는 "죄"를 무엇보다도 압제와 분열의 형태로 경험하고 있는 땅에서 살고 있다. 따라서 하나님의 구원 사업도 우리의 이같은 경험과 연관되어야 한다. 그렇지 않다면 굳이 "우리의" 선언을 작성할 필요가 없다. 끝으로, 어떤 경우든 우리의 언어는 간결하되 그 의미는 풍부한, 말하자면 "경제성"을 띄어야 한다.

1991. 5. 1. "감리교 교리의 개정수칙", 홍정수, 「기독교세계」

IV.

1992년 종교재판 이전 주요 논쟁들

資料② · 基督敎의 救援問題

3. 교회(敎會) 밖에도 구원(救援)이 있다.

邊 鮮 煥 (신학박사 · 감리교신학대학 교수)

"'교회 밖에는 구원이 없다'고 당신들이 오늘의 상황을 성실하게 보고, 지구인구 25億 가운데 불과 기독교인이 8億 4천 7백만일 뿐이라는 것을 고려할 때에도 당신들은 계속 이런 말을 주장할 수 있습니까? …… 오늘날 카톨릭 교회 밖에, 아니 기독교 밖에 살고 있는 이 무수한 사람들의 구원에 대하여 당신들은 무엇이라고 말할 수 있을 것입니까?

교회 밖에는 구원이 없다고 당신들이 過去를 편견 없이 보고 그리스도 이전의 人類生存의 年數가 성서가 암시하듯 5200년이 아니고 아마도 60만년쯤 된다고 생각할 때에도 당신들은 계속 이런 말을 주장할 수 있습니까? …… 과정에 살았던 이 數千萬年에 대하여 당신들은 무엇이라고 말할 수 있을 것입니까?

교회 밖에는 구원이 없다고 당신들이 未來를 합리적으로 보고, 아세아와 아프리카의 非基督敎民族이 西歐의 基督敎 民族을 數적으로 훨씬 앞질러 갈 수 있다는 것을 나타내는 統計를 생각할 때에도 당신들은 여전히 이런 말을 주장할 수 있습니까? …… 카톨릭 교회 밖에서 그리고 아주 基督敎밖에서 앞으로 살게 될 數千, 數百億의 民族들에 대하여 당신들은 도대체, 무엇이라고 말하려고 하고 있는 것입니까?"

- 한스 큉 -

최근에 교회론의 문제 때문에 세계적으로 물의를 일으킨 스위스 태생의 튜빙겐 대학교 카톨릭 신학자 한스 큉이 印度에 보냈던 글 가운데서 몇 구절을 인용하였다(Indian Ecclesiastical Studies, July-October, 1965, pp. 184 ff.) 오늘날 우리들은 바티칸 제2공會 이후의 카톨릭 교회의 更新運動을 보면서 흔히 舊敎가 新敎가 되었다는 말을 듣고 있다. 한스 큉의 이와 같은 대담한 주장 속에서 우리는 기독교의 良心 아니 세계의 良心을 보는 듯하다. 한스 큉은 急變한 오늘의 狀況을 바라보면서 이제는 기능이 마비된 硬直化하고 固定化한 카톨릭 敎會觀이라는 낡은 껍질을 깨치고 오늘의 상황 속에서 의미를 가질 수 있는 새로운 敎會를 부각시키려고 하고 있다. 그는 지성의 성실성을 가지고, 낡은 敎會制度와 組織을 지키고, 도그마를 수호하는 것만으로 能으로 삼고 있는 개가 되지 않으려고 선언하고 있다. 사실 世界 크리스챤 人口가 20%, 30%밖에 되지 않는데 非크리스챤의 運命은 어떻게 될 것이냐? 기독교 啓示밖에 神의 救援이 없다면, 교회 밖에는 구원이 없다면 人類의 大多數는 神의 咀呪를 받고 永遠한 地獄 刑罰을 받아야 한다. 한스 큉은 크리스챤만 구원받는다고 하는 전통적인 기독교의 대답을 무조건 받을 수 없었다. 基督敎는 전통적으로 世界史를 有史以前에서부터의 기나긴 歷史的인 콘텍스트에서 보지 않고 이스라엘과 기독교라는 近視眼的인 救贖史 科程으로만 보아 왔다. 世界創造는 敎會曆에 의하면 紀元前 3761년이다. 비잔틴 敎會曆에 의하면 그리스도 탄생은 5509년이다. 한스 큉이 世界史의 全體的 關係에서 孤立된 狹小한 救贖史에 근거한 排他的인 啓示神學이나 '교회 밖에는 구원이 없다'고 한 敎會論의 命題를 오늘날 그대로 받아들일 수 없다고 본 것은 너무나도 自明한 태도라고 할 수 있겠다. 基督敎 信仰의 排他的 絶對性을 비교적 쉽게 말할 수 있었던 西歐의 政治的, 文化的, 帝國主義가 무너진 오늘의 狀況, 소위 基督敎 以後, 구라파 以後의 時代에서는 더욱 그

1_19770710_교회밖에도 구원이 있다_변선환 교수_월간목회_2번_페이지_1

렇다. 時代의 徵兆를 모르고 외치는 盲目的인 教會擴張 運動이나 排他的인 啓示信仰의 주장은 宗教的 제국주의일 뿐이겠기 때문이다.

'교회 밖에는 구원이 없다'고 보면, 하나님 나라와 세상 나라를 구별하였던 어거스틴도 하나님 나라와 教會를 단순하게 同一視하지 않았다.

神의 選民 이스라엘은 神의 預言者를 괴롭히고, 神獨生子를 十字架에 못박은 백성이기 때문이었다. 보이는 교회에 속하는 이가 반드시 靈의 이스라엘에 속하지 않으며 거기에는 아직 가라지가 있고 羊의 옷을 입은 이리가 섞여 있기 때문이었다. 그런 의미에서 '교회 밖에 구원이 있다'고 보았다.

그러나 "恩寵은 自然을 파괴하지 않고 오히려 그것은 完成한다."(Gratia non tollit naturam, sed-perficit)고 보는 가톨릭교회의 生存論的인 階層秩序이해 때문에 가톨릭교회에서는 教會가 세상에 대하여 優越하였으며 自然의 腐敗(Corruption naturae)에서 자유하였다. 교회는 그런 超自然的 形式에서, 神과 世界 사이에서 救援을 위한 媒介的 역할을 담당하였다.

이와 같은 가톨릭 교회관에 의하여 규정되었던 소위 基督教世界(Corpus Christianum)가 무너지기 시작한 것은 文藝復興과 宗教改革 이후 소위 트뢸취가 分派型이라고 말한 教會와 國家의 分離와 獨立을 원칙으로 하는 自由派 教會가 생기면서부터였다. 더 중요한 것은 近代的 世界理解의 變化다. 自然科學的 合理主義는 自然을 그전처럼 形而上學的인 觀點에서 보지 않고 아주 神과 관계없이 獨立의 것으로 보기에 이르렀다. 이런 非宗教的인 世界理解는 教會와 世上과의 관계를 再檢討할 것을 요구한다.

다른 한편 칼 바르트는 基督教會의 存在根據인 예수 그리스도의 福音을 宗教에서 구별하고 西歐文化形態인 基督教에서 구별할 것을 요구하였다.

본회퍼는 非宗教化된 世界를 <成人의 世界>라고 하며 世俗世界를 적극적으로 평가하는 한편 오늘날 예수 그리스도의 福音을 어떻게 새로 非宗教的으로 해석할 수 있을까라는 해석학적 과제를 내세웠다. 그의 전기 사상의 주제는 교회였으나 그의 후기 사상의 주제는 이 세상이었다. 이 세상을 위한 교회에 대한 오늘의 신학적인 논의는 본회퍼의 未完成으로 끝난 神學的 斷想에 대한 계속이 아니면 그 새로운 전개를 중심하고 있다.

이 세상에서의 교회의 사명을 재검토하려는 뜻에서 教會觀의 革新을 구하려는 신학적인 주장은 제2차 대전 이후 활발하게 된 世界教會運動과 결부되었기 때문에 급속하게 광범한 영향을 던지게 되었다. 宣教를 海外宣教會에만 맡기고 미션을 자기의 사명으로 생각하지 않았던 구라파나 미국의 교회가 교회의 본래의 사명을 宣教라고 생각하기에 이르렀다. 미션은 이제는 基督教世界의 확장을 목적하였던 海外宣教도 아니고 교회확장도 아니며 國內에서의 사회사업을 통한 봉사로 한정할 수 없는 것을 깨닫게 된 것이다. 미션은 본래 世上에로의 派遣을 뜻하며 그 派遣은 이 세상에 대한 봉사를 위해서 있는 것이다. 그리고 이 세상은 罪때문에 神에게서 分離되고 斷絶되고 있지만 그럼에도 불구하고 神의 支配아래 있기에, 罪에

1_19770710_교회밖에도 구원이 있다_변선환 교수_월간목회_2번_페이지_2

先行하는 神의 支配를 따르는 것이야말로 교회의 사명이 되게 되었다. 교회는 자기를 세우고 형성하며 자기 유지하는 것으로 自己目的化할 것이 아니라 그리스도의 自己犧牲을 따라서 철저하게 세상을 위하여 봉사하여야 하게 된 것이다. 이로써 오늘날 현대신학은 세상에 대한 敎會의 存在論的인 自存性과 그 固有性뿐 아니라 교회의 優越性도 주장할 수 없게 되었다. **오늘의 宣敎는 <神-敎會-世界>라는 圖式을 <神-世界-敎會>라는 圖式으로 바꿔야 하게 된 것이다. 하나님의 말씀은 敎會를 매개로 하여서 세계에 傳達되는 것도 사실이겠으나 반드시 그런 것은 아니다. 교회가 말하지 않아도 이에 선행하여서 그리스도가 세상을 섬기고 있으며 기독교 선교사가 하나님 나라를 비기독교 세계에 가지고 오지 않아도 이미 하나님 나라는 거기에서 역사하고 있다.**

기독교의 선교를 통하지 않고도 他宗敎人이나 無神論者의 입을 통하여서 하나님은 사랑과 진리를 증거하고 계신다. 오늘날 교회는 겸손한 마음을 가지고 하나님의 말씀을 세상을 통하여 듣고 겸손하게 복종하여야 하게 되었다. 이제까지 교회는 너무 세상을 향하여 말을 많이 하였다. 그러나 이제는 겸손하게 세상에게서 들으며 교회가 세상을 향하여 悔改할 때가 왔다. 救援排他的인 媒介手段으로서의 교회에 대한 전통적인 이해에 대한 이와같은 否定的인 견해는 하나님의 말씀을 전하는 手段으로서의 說敎와 聖禮典의 獨自的인 位置에 대한 否定的인 懷疑이기도 하다. 예수 그리스도의 臨在는 說敎와 聖禮典에 의해서 이루어지지만 이에 先行하여서 또는 이와는 다른 길로 하나님의 宣敎의 행위가 또는 이와는 다른 길로 하나님의 宣敎의 행위가 생겨질 수 있지 않을까라고 묻고 있는 것이다. 이제까지 自明한 것이었던 예수 그리스도의 赦罪의 福音, 그 福音의 律法과 倫理에 대한, 優位에 대한 회의가 생겨나게 되었으며, 예수에 대한 神話論的 宗敎的 理解였던 古典的 基督論 자체가 疑問視되게 된 것이다. 基督敎가 갖고 있었던 宗敎的인 옷, 神話論的인 衣裳을 벗으려는 소위 基督敎의 非宗敎化나 非神話化의 課題를 극단적으로 世俗化의 方向으로 밀고 나가면 敎會의 소위 宗敎的 行爲, 禮拜, 祈禱, 說敎, 聖餐 등 그리고 宗敎的인 祭司, 豫言者, 王으로서의 목사의 존재까지 否定하게 된다. 이와같은 라디칼한 경향은 오늘날 극히 현저하게 나타난다. 여기에서 종래의 의미에서의 **救援의 方舟로서의 敎會가 존재하지 않는 것은 두 말할 것도 없다. 成人의 世界에서의 의미를 가질 수 있는 敎會란 하나의 社會的 行動의 同志的 集團, 他者를 위한 責任的 共同體일 뿐이다.** 거룩한 宗敎的 場所로서의 敎會는 무의미하게 된 것이다.

神과의 만남에 敎會가 必須不可缺한 것은 아니다. 하나님은 오히려 오늘의 成人의 世界에서는 우리의 社會的인 他者를 위한 行爲, 사랑에서 우리와 만난다고 보고 있는 것이다. 하나님은 사랑이시기 때문에 사랑이 있는 곳에서 우리는 그분과 만난다.

신학자 본회퍼는 어린 조카가 세례받는 날을 기억하면서 다음과 같이 편지를 썼을 때 옳았다(44년 5월).

> "네가 커질 때까지 이 낡은 市民階級의 집과 함께 낡은 시골 牧師館도 소멸하는 세계의 하나가 될 것이다.…… 우리의 敎會는 수년 동안 그것이 自己 目的인듯 생각하여서 다만 自己保存을 위해서만 싸워왔으나 그런 敎會는 人間과 世界를 위한 和解와 救援의 말을 짊어질 수는 없게 된다. 오늘날 우리가 크리스찬이라는 것은 다음 두 가지 존재양식에서만 성립한다. 곧 祈禱하는 것과 사람들 사이에 正義를 행하는 것이다.……네가 어른이 될 때까지 敎會의 모습은 크게 變化할 것이다. 改革은 아직 끝나지 않았다."

1_19770710_교회밖에도 구원이 있다_변선환 교수_월간목회_2번_페이지_3

"宗敎行爲가 크리스챤을 만드는 것이 아니라 이 세상 삶 속에서 神의 苦難에 참여하는 것이 크리스챤을 만든다."고 본 世俗神學者 본회퍼는 오늘날 크리스챤이 된다는 것은 <他者를 위한 存在>(Dasein-für-andere)였던 예수의 存在에의 參與에서 이루어지는 새로운 삶이라고 주장하였다. 基督敎라는 樂園에서 가장 귀중한 樂器는 사랑의 音樂을 연주하는 樂器라고 보고 있는 것 같다. 非宗敎的으로 해석된 基督敎는 사랑이며, 그리스도는 사랑에 차고 넘쳐서 한 自己 犧牲이었다. 모든 善 가운데 최대의 것은 苦難에서부터의 解放이 아니라 사랑이다. 사랑은 利己的으로 自我를 소멸시키는 것이 아니라 사랑을 가지고 他者를 위하여 봉사하기 위하여 자기를 희생하고 헌신하는 것이다. 基督敎가 말하는 人生의 참된 目的은 苦難을 없이하는 것이 아니라 예수의 사랑과 存在樣式에 參與하는 것이다.

基督敎의 本質을 사랑에서 본다면 人間化의 課題를 가지고 함께 일해야 할 精神的인 兄弟이며 같은 것을 추구하며 나가는 나그네 길 위에서 만나는 길동무인 佛敎 특히 大乘佛敎에서 예수의 역할을 하는 분은 누구겠는가? 우리는 타자를 위한 사랑에 산 푸로메티우스나 제2 이사야가 노래하여 마지 않았던 苦難받는 야훼의 종이나 그리스도에 상당하는 인도의 理想的인 人間像이 佛陀이고 佛陀의 모습과 비슷하게 만들어진 理想像이 菩薩인 것을 보게 된다. 예수를 菩薩과 결부시켜서 생각하려고 한 歷史家의 神學(theologia historici)의 주장자인 아놀드 토인비는 마지막 靈魂 하나가 구원받을 때까지 결코 涅槃에 들어가지 않겠다고 하며 輪廻의 世界에 머물러서 온 인류의 고난을 한 몸에 짊어지는 菩薩의 慈悲行과 利他行에 대하여 다음과 같이 말하고 있다.

"菩薩의 理想은 傳統的인 形態의 基督敎라는 誘惑의 避難處에 후퇴하여 버린 世代에서 西歐世界가 무시할 수 없는 模範이었다. 즉 菩薩의 美德은 영원히 저들 앞에 열려져 있던 忘却의 주름길을 취하는 것으로 苦難에 가득찬 세계에서 자기 자신에게 부과된 일터를 포기하려는 영원한 誘惑에 대항하는 不屈의 精神이었기 때문이다."

苦難에서부터 解放이라는 福音을 말하려고 하지 않고 苦難에의 參與를 보여준 大乘佛敎의 菩薩像은 佛敎傳統속에 나타난 本來的 人間, 責任的 自我라고 보겠다. 카톨릭 신학자 H. Waldenfels가 "佛敎의 觀點에서 본다면 예수 그리스도는 하나의 위대한 菩薩일는지도 모른다"고 한데는 충분한 이유가 있다고 보겠다. 基督敎는 오늘날 歷史科程 속에서 몸에 익히 非本質的인 添加物(교만)에서 스스로를 해방시키고 겸손히 세상을 섬기는 종의 길, 十字架의 길을 걸어가야 할 것이다. 극히 排他的인 西歐的인 악세사리를 떨치고 苦難의 종으로 나타나지 않는 한 基督敎는 휴매니티의 이름으로 심판받게 될 뿐 아니라 하나님께 버림받게 될는지 모른다. 하나님께서 열매 맺지 않는 基督敎를 버리고 다른 길을 통하여 당신의 진리를 계시하시게 될는지 누가 알랴! 예수는 "좋은 나무마다 아름다운 열매를 맺고 못된 나무가 나쁜 열매를 맺나니…… 아름다운 열매를 맺지 아니하는 나무마다 찍혀 불에 던지우니라."(마태 7:17, 19)고 경고하셨다.

- 54 -

1_19770710_교회밖에도 구원이 있다_변선환 교수_월간목회_2번_페이지_4

■종교다원주의를 반박한 글들과 이를 답하는 글들■

4. 敎會(基督敎) 밖에는 救援이 없다.

朴 雅 論(哲學博士 · 總神大學校)

변선환 교수의 월간목회지 7월호에 發表한 '교회 밖에도 구원이 있다'는 글을 읽고서 필자는 마음에 몇 가지 느낀바가 있었다.

이 몇 가지 느낀 바를 필자는 글로 표현해서 同誌에 발표함으로써 독자 제현의 올바른 판단을 기대해보고자 한다.

변선환 교수의 '교회 밖에도 구원이 있다'는 글을 읽어 보니까 그 제목을 '교회 밖'이라고 하기 보다는 '기독교 外에'라고 고쳐야 할 것 같은 느낌이 들었다.
변 교수는 그의 '교회 밖에도 구원이 있다'는 논문에서 교회와 기독교는 同一視하고 있고, 兩者를 同義語的으로 사용하고 있기 때문이다.

필자는 우리의 프로테스탄트적인 「救援敎理」에 立脚해서 인간이 구원을 얻는 것은 하나님의 은혜(Gratia)로 말미암아, 그리고 그리스도를 믿는 믿음(fide)을 통해서 가능하다고 생각하기 때문에 하나님의 可視的이며 有形的인 地上敎會 또는 現實敎會에 소속되지 않은 聖徒들에게도 구원이 있다는 것을 認定한다.

그러나 교회와 기독교를 또는 교회와 기독교 啓示를 똑같은 것으로 보고서 '교회 밖에도 구원이 있다'는 주장을 할 때 그것은 하나님께서 聖書에서 우리에게 말씀한 [救援의 敎理]와 全的으로 相背되는 것으로서 받아들이기가 不可能한 주장인 줄 안다. 그러므로 필자는 변 교수의 '교회 밖에도 구원이 있다'는 글을 읽었을 때 마음에 큰 충격을 받았음을 솔직히 고백하지 않을 수 없다.

물론 필자는 現代 20世紀 신학의 흐름과 특히 最近에 타나난 急進主義 神學思想에 精通한 立場에서 짜임새 있는 그리고 때로는 웅변적인 이론을 전개시키고 있는데 대해서는 「敬意」를 표하지 않을 수 없다.

하나 필자의 「敬意」는 「贊同」이나 「支持」를 뜻함은 결코 아니요, 차라리 「驚異」요 「警覺」으로 표현했으면 더 좋을 것 같다.

필자가 보건대 변 교수의 '교회 밖에도 구원이 있다.' 또는 더 정확히 말해서 '기독교 外에도 구원이 있다'는 理論은 急進主義 카톨릭 現代神學者 한스 킹(Hans King)의 脫 기독교적이며, 人類主義的인 敎會觀과 독일의 루터교회 牧師 디드릿히 본회퍼(Dietrich Bonhoeffe-r)의 「世俗人間」 또는「世俗敎會」 思想을 그 二大 支柱로 삼고 전개되는 이론인 듯하다. 그러면 필자는 먼저 변 교수의 '교회 밖에도 구원이 있다'는 論文 中에서 한스 킹의 脫 기독교적이며, 人類主義的인 敎會觀 및 救援論을 찬양하면서 말하기를 "한스 킹의 이와 같

2_19770810_교회밖에는 구원이 없다_박아론 교수_월간목회

은 대담한 주장 속에서 우리는 기독교의 良心, 아니 世界의 良心을 보는 듯하다."(7월호 p.73)고 했다.

그리고 "기독교 계시 밖에 神의 구원이 없다면, 敎會 밖에는 구원이 없다면, 敎會 밖에는 구원이 없다면, 人類의 大多數는 神의 저주를 받고 영원한 地獄의 형벌을 받아야 하낟."(p.73)고 지적하면서 한스 큉의 脫기독교적이며 人類主義的인 교회관 및 救援論을 全的으로 支持하고 나섰다.

물론 한스 큉이나 그를 지지하는 변 선환교수가 "地球人口 25억 가운데 불과 기독교인 8억 4千 7百萬 뿐"이라는 사실이라든가, "過去(그리스도 以前)에 살았던 數千萬年에 대해서" 또는 "기독교 밖에서 앞으로 살게 될 數千 數百億,의 民族들에 대하여" 우리가 도대체 무슨 말을 하려고 하고 있는가고 하면서 안타까와 하는 心情은 필자로서 充分히 이해할 수 있을 것 같다.

그러나 그러기 때문에 人類를 向한 하나님의 救援이 敎會 즉 기독교 밖에도 존재한다고 생각해야 한다는 주장은 너무나도 큰 「비약」이요, 聖書的 救援論과 전혀 相反되는 것이라고 말하지 않을 수 없다. 만일 우리가 聖書的 敎會觀 및 救援論에 忠實하기를 원한다면(또 그래야 할 것이고) 교회 즉 기독교 밖에 있는 數十億 乃至 數百, 數千억億의 人類에 대해서 '그리스도의 福音 宣敎事業을 더욱 적극성 있게 추진하는 길을 택해야 할 것'이라고 사료한다(과거에 살았던 救援 못받은 人類는 어쩔 수 없는 일이겠지만).

한스 큉과 변 교수는 "다른 이로서는(예수外에는) 구원을 얻을 수 없나니 천하 인간에 구원을 얻을만한 다른 이름을 우리에게 주심이 없음이니라" 성서의 한 구절(행4:12)에 대해서 어떻게 생각하는지 궁금하다.

우리는 변 교수가 교회 즉 기독교 밖에 존재하는 많은 人類에 대해서 統計表的 數字에 근거를 두는 平面主義的 思考를 버리기 바란다. 聖書의 이 문제에 대한 가르침은 매우 분명하다.

앞서 引用한 성서의 구절 外에도 聖書에는 敎會 즉 기독교 밖에는 구원이 없다는 사실을 그러니까 예수를 믿지 않는 자에게는 구원이 없다는 사실을 우리에게 公布하며 가르쳐 주는 수많은 구절이 있다(시 2:2, 18:50, 132:10, 17, 사 9:6~7, 53:4~10, 미5:2~5, 단9:25,26, 요3:16, 14:6, 막10:45, 롬3:24,25, 5:17~19, 고전 5:7, 엡 5:2 벧전 2:24, 히3:1, 4:14등).

그리고 구원을 얻는 자와 못 얻는 자 사이에 존재하는 多數少數의 긴장관계는 聖書에서 分明한 解決을 보고 있다. 즉 '救援얻는 자'는 少數에 不過하며 多數는 '救援을 얻지 못하는 자'들로 규정되어 있는 것이다.

그리고 그것은 하나님의 영광을 위해서이다. 舊約聖書에서는 '하나님의 選民' 思想과 그것을 뒷받침해 주는 '야곱의 남은 자'(사10:21)라든가, '상수리나무 그루터기'(사 6:13)와 같은 槪念이 救援을 얻는 인류가 少數임을 말해주고 있고, 新約聖書에서는 "좁은 門으로 들어

- 56 -

2_19770810_교회밖에는 구원이 없다_박아론 교수_월간목회

가라"'는 예수의 교훈(마 7:13,14)이라든가, "청함을 받은 자는 많되 택함을 입은 자는 적으니라"는 예수의 혼인잔치 비유에서 하신 말씀(마 22:2~4), 그리고 하나님께서 "創世前에 우리를 택했다."는 바울적 宣言(엡 1:4)등은 구원을 얻는 人類가 少數라는 진리를 우리에게 일깨워 주고 있는 것이다.

그리스도의 교회 基督敎 밖에 존재하는 수많은 人類에 대해서 우리의 思考가 人類主義的이며 歷史文化的인 平面性에 置重하는 考察로 그러니까 立體的이며 深層的인 神本主義的 考察로 移動하는 것은 매우 바람직스러운 일일 것이며, 그렇게 할 때 우리는 예수 그리스도를 믿지 않기 때문에 하나님이 救援으로부터 소외된 多數의 人類에 대한 우리의 '宣敎的 責任感'을 强烈히 意識하며 더욱 다짐하지 아니치 못하게 될 것이다.

변 교수가 지적한 대로 어거스틴은 '교회 밖에는 救援이 없다'는 유명한 말을 했다. 그리고 어거스틴의 그와 같은 말속에는 '기독교 外에는 救援이 없다'는 사상이 즉 '基督敎 唯一宗敎 思想이 de facta하게 內包되어 있었다는 것은 두말할 나위가 없는 것인 줄 안다.
그러므로 한스 큉의 脫기독교적이며 人類主義的인 교회관을 어거스틴의 敎會觀 및 救援論과 관련지으려는 試圖는 모순을 무릅쓰고 强行하는 '억지 作業'이 아니고 무엇이겠는가?

다음으로 필자는 '교회 밖에도 구원이 있다'는 변 교수의 論文 中에서 본회퍼의 「世俗人間」 및 「世俗敎會」 思想과 관련된 部分을 살펴보기로 하겠다.

변 교수는 '교회 밖에도 구원이 있다'는 그의 주장을 관철시키기 위해서 본 회퍼를 最大限으로 活用하고 있는 듯하다.

특히 본회퍼의 思想중 「成人의 世界」 槪念으로 肯定, 支持하면서 交會와 世上, 聖과 俗, 信仰과 不信仰등이 상호관계를 再檢討하며 再해석할 것을 부르짖는다. 그러면 「成人의 世界」란 무엇인가? 「成人의 世界」란 「世俗世界」를 意味하는 것으로서 非宗敎化된 世界요 그것은 기독교 世界의 확장이 아니라 「肯定的 消失」이라는 것이다. 즉 기독교 세계가 그 神話的이며 神學的인 衣裳을 벗어버리고 世俗的 참여를 斷行할 때 이루어지는 세계라는 것이다.

이와 같은 「成人의 世界」 속에서 존재하는 「世俗的 敎會」는 歷史的 기독교가 고집하던 「神成-敎會-世界」 라는 낡고 排他主義的인 思考를 버리고, 「神成-世界-敎會」 라는 새로운 肯定主義的 思考를 채택한다고 한다. 그러므로 「世俗的 敎會」는 자체를 '구원의 方舟'로 보지 않고 '하나님의 社會的 行動의 同志的集團, 他者를 위한 責任的 共同體에서 自體를 인식할 따름이라는 것이다.

成人의 世界에 존재하는 「世俗的 敎會」는 世上으로부터 宣敎를 받아야 한다는 것이다. "오늘날 교회는 겸손한 마음을 가지고 하나님의 말씀을 세상을 통하여 듣고 겸손하게 복종하여야 하게 되었다.

이제까지 교회는 너무 세상을 향하여 말을 많이 하였다. 그러나 이제는 겸손하게 세상에

2_19770810_교회밖에는 구원이 없다_박아론 교수_월간목회

서 들으며 교회가 세상을 향하여 회개할 때가 왔다"

그 이유는 하나님의 말씀은 "교회가 말하지 않아도 이에 先行하여서 그리스도가 세상을 섬기고 있으며 기독교 선교사가 하나님의 나라를 비기독교 세계에 가지고 오지 않아도 이미 거기에서 역사하고 있기" 때문이다.

그러면 「世俗的 人間」이란 누구인가? 그는 「成人의 世界」에서 「世俗的 敎會」의 行動者로 살면서 '협소한 기독교 世界意識'을 버리고 사랑으로써 세상을 봉사하며 世上의 苦難에 몸소 참여하는 인간, 예를 든다면 "마지막 영혼 하나가 구원받을 때까지 결코 열반에 들어가지 않겠다고 하며 輪廻의 世界에 머물러서 온 人類의 苦難을 한 몸에 짊어지는 자비로운 菩薩'과도 같은 인간이라는 것이다.

以上과 같은 본회퍼의 「世俗的 敎會」思想에 전적으로 찬동하며 본회퍼가 말한 바 無神論的이며 無敎會的인 「成人의 世界」를 「救援의 世界」로 보는 듯한 변 교수의 '교회 밖에도 구원이 있다'는 論文에서 필자는 변 교수의 주장대로 '기독교 세계의 상실'을 느끼게 됐고, 그것은 곧 「歷史的 基督敎의 상실」을 意味하는 것으로 생각되어 마음에 큰 「유감」을 품지 않을 수 없는 것이다.

변교수가 본회퍼와 呼吸을 같이 하면서 그 속에서 살기를 원하는 「成人의 世界」란 결국 「歷史的 基督敎」의 몰락을 前提로 하는 世界라고 봐야 하지 않겠는가 하는 생각을 필자는 한다.

그리고 변 교수가 로마 카톨릭 교회의 傳統的인 敎會觀이 存在論的인 「階層秩序」개념에 立脚한다고 보고서 그것을 교회의 世上에 대한 「우월」로 斷定하면서 그것과 正反對의 極端으로서 世上의 敎會에 대한 「우월」을 주장하기에 이르렀다는 것은 필자에게는 잘 납득이 안간다.

오늘날 현대신학의 흐름이 본 회퍼의 世俗主義的 思考를 쫓고 있는 것은 사실이고 그렇기 때문에 그와 같은 흐름의 소용돌이 속에서 敎會가 아니라 世上을 오히려 「救援의 場所」로 보며, 기독교의 意義를 超自然이 없는 自然主義的 地坪에서의 人間의 「人間化」로 여기고 예수와 석가를, 또는 기독교와 佛敎를 「他者를 위한 存在性」또는「사랑의 存在樣式」등 槪念으로 하나로 묶을 정도로 아득히 본 것이었다.

필자는 과연 '교회 밖에도 구원이 있다'는 論文의 집필자가 歷史的 기독교가 지금까지 실천해 온바 종교적 행위로서의 예배, 기도, 설교, 성찬, 전도 등을 즉각 폐지하고 '世上'으로 '뛰쳐 들어갈' 정도로 '라디칼' 한가가 궁금한 것이다.

그리고 그와 같은 '라디칼'한 行動을 주장한다면 그것은 기독교 2,000年史의 意義를 否定하는 것이요, 宣敎 100周年의 문턱에 선 韓國敎會의 存在를 '無'로 돌리는 일로 밖에 볼 수 없을 것이다.

- 58 -

2_19770810_교회밖에는 구원이 없다_박아론 교수_월간목회

오늘날 그 누구가 禮拜와 기도가 없고 말씀 증거와 성찬이 없는 「자선남비」와 「勞組活動」과 「假頭데모」뿐인 韓國敎會의 존재를 감히 상상조차 할 수 있단 말인가?
앞서 필자가 말했듯이 '교회 밖에도 구원이 있다'는 논문의 집필자가 한스 큉이나 본회퍼와 같은 사람들이 갖고 있는 世俗主義的이며, 平面主義的인 思考로부터 벗어나서 하나님의 啓示眞理의 冊인 聖書의 가르침이 무엇인가를 알고자 하는 垂直主義的인 관심의 轉向을 하나의 可能性으로 진지하게 생각해 봤으면 하는 희망을 필자는 말해 보고자 한다.

왜냐하면, 그렇게 할 때, '교회 밖에도 구원이 있다'는 주장이 얼마나 虛無하며 잘못된 것인가를 곧 깨달아 알게 될 것이라고 생각하기 때문이다.

거듭 말하거니와 우리 기독교인에게 있어서는 모든 문제를 討論하고 眞理를 決定하고자 할 때 sine qua non은 오직 하나님의 唯一眞正한 啓示眞理의 冊인 聖書인 것이다.

5. 基督敎 밖에도 救援이 있다.

-朴雅論 博士에게 보내는 便紙-

변 선 환 교수

朴雅論 교수님께서 본인이 牧會誌 7월호에 실렸던 글, '敎會 밖에도 救援이 있다'에 대하여 '驚異'와 '警覺'의 念을 가지고 성의있는 反駁의 글을 써주신데 대하여 고맙게 생각합니다. 본인이 '敎會와 基督敎 啓示를 같은 것'으로 보고 '교회 밖에도 구원이 있다'고 주장하고 있으므로 그것은 구원에 대한 啓示의 排他的 絶對性의 주장에 모순된다고 받아들이기가 不可能한 주장이라고, '마음에 큰 충격을 받았음을 솔직히 고백하지 않을 수 없다'고 하신 것으로 압니다.(8월호 p.47). 現代神學의 行方을 바라보면서 「새벽기도의 신학」을 주장하시는 朴 교수님께서 본인의 小論文 '교회 밖에도 구원이 있다'를 더 정확하게 이해하셔서 '기독교 外에도 구원이 있다'고 표현하였기에 아주 좋은 생각이라고 보아서 이 편지 서두에 '基督敎 밖에도 救援이 있다'고 제목을 써보았습니다. 朴 교수님의 글을 읽어 본 인상으로는 대개 세 가지가 큰 문제였다고 봅니다.

첫째로 朴교수님은 교회에 대한 세속적 이해를 '人類主義的이며, 歷史文化的인 平面性'에서의 고찰이라고 보시면서, '立體的이며 深層的인 神本主義的 考察'로 移動할 것을 주장했습니다. 아직도 新新學은 人本主義이고 正統主義는 '神本主義'라는 한국교회의 論理가 한국신학자에게 그대로 통하고 있다는 느낌을 주었습니다.

둘째로, 朴교수님은 본인의 글에서 '基督敎 世界의 상실'을 읽으면서 聖書的 救援論에 충실하라고 상세한 성구인용까지 제시하여 주었습니다. 박교수는 "다른 이로서는(예수 外에는) 구원을 얻을 수 없나니 천하 인간에 구원을 얻을 만한 다른 이름을 우리에게 주신 일이 없음이니라"는 성서의 한구절(행 4:12)에 대해서 어떻게 생각하는지 궁금하다'고 基督論의

2_19770810_교회밖에는 구원이 없다_박아론 교수_월간목회

오늘날 그 누구가 禮拜와 기도가 없고 말씀 증거와 성찬이 없는 「자선남비」와 「勞組運動」과 「假頭데모」뿐인 韓國敎會의 존재를 감히 상상조차 할 수 있단 말인가?
앞서 필자가 말했듯이 '교회 밖에도 구원이 있다'는 논문의 집필자가 한스 큉이나 본회퍼와 같은 사람들이 갖고 있는 世俗主義的이며, 平面主義的인 思考로부터 벗어나서 하나님의 啓示眞理의 冊인 聖書의 가르침이 무엇인가를 알고자 하는 垂直主義的인 관심의 轉向을 하나의 可能性으로 진지하게 생각해 봤으면 하는 희망을 필자는 말해 보고자 한다.

왜냐하면, 그렇게 할 때, '교회 밖에도 구원이 있다'는 주장이 얼마나 虛無하며 잘못된 것인가를 곧 깨달아 알게 될 것이라고 생각하기 때문이다.

거듭 말하거니와 우리 기독교인에게 있어서는 모든 문제를 討論하고 眞理를 決定하고자 할 때 sine qua non은 오직 하나님의 唯一眞正한 啓示眞理의 冊인 聖書인 것이다.

5. 基督敎 밖에도 救援이 있다.

-朴雅論 博士에게 보내는 便紙-

변 선 환 교수

朴雅論 교수님께서 본인이 牧會誌 7월호에 실렸던 글, '敎會 밖에도 救援이 있다'에 대하여 '驚異'와 '警覺'의 念을 가지고 성의있는 反駁의 글을 써주신데 대하여 고맙게 생각합니다. 본인이 '敎會와 基督敎 啓示를 같은 것'으로 보고 '교회 밖에도 구원이 있다'고 주장하고 있으므로 그것은 구원에 대한 啓示의 排他的 絶對性의 주장에 모순된다고 받아들이기가 不可能한 주장이라고, '마음에 큰 충격을 받았음을 솔직히 고백하지 않을 수 없다'고 하신 것으로 압니다.(8월호 p.47). 現代神學의 行方을 바라보면서 「새벽기도의 신학」을 주장하시는 朴 교수님께서 본인의 小論文 '교회 밖에도 구원이 있다'를 더 정확하게 이해하셔서 '기독교 外에도 구원이 있다'고 표현하였기에 아주 좋은 생각이라고 보아서 이 편지 서두에 '基督敎 밖에도 救援이 있다'고 제목을 써보았습니다. 朴 교수님의 글을 읽어 본 인상으로는 대개 세 가지가 큰 문제였다고 봅니다.

첫째로 朴교수님은 교회에 대한 세속적 이해를 '人類主義的이며, 歷史文化的인 平面性'에서의 고찰이라고 보시면서, '立體的이며 深層的인 神本主義的 考察'로 移動할 것을 주장했습니다. 아직도 新新學은 人本主義이고 正統主義는 '神本主義'라는 한국교회의 論理가 한국신학자에게 그대로 통하고 있다는 느낌을 주었습니다.

둘째로, 朴교수님은 본인의 글에서 '基督敎 世界의 상실'을 읽으면서 聖書的 救援論에 충실하라고 상세한 성구인용까지 제시하여 주었습니다. 박교수는 "다른 이로서는(예수 外에는) 구원을 얻을 수 없나니 천하 인간에 구원을 얻을 만한 다른 이름을 우리에게 주신 일이 없음이니라"는 성서의 한구절(행 4:12)에 대해서 어떻게 생각하는지 궁금하다'고 基督論의

3_19770910_교회 밖에도 구원이 있다_변선환 교수_월간목회_2번_페이지_1

문제를 제기하였습니다(p.48).

셋째로 朴교수님은 본인이 본회퍼의 世俗化 神學을 따르며 '교회가 아니라 世上을 오히려 「救援의 場所」로 보며 기독교의 意義를 超自然이 없는 自然主義的 地坪에서의 人間의 「人間化」'로 여길뿐 아니라 '예수와 석가를 또는 기독교와 佛教를 「他者를 위하 存在性」 또는 「사랑의 存在樣式」 등 概念으로 하나로 묶을 정도로 아득히 본 것이다'고 보며, 他宗教와의 對話를 철저하게 비판하였습니다. 宗教的 混合主義 또는 折衷主義라고 보고 있는 모양입니다.

教會論과 基督論 그리고 他宗教와의 對話를 둘러싼 救援論에 대한 본인의 急進主義的인 世俗的 解釋에 대하여 韓國의 保守主義 神學의 旗手, 새벽기도의 神學者이신 朴교수님께서 '마음에 큰 충격'을 받으면서 이상과 같이 문제점을 밝혀 주셨기에 본인은 다시 한번 본인의 신학적인 입장을 밝혀보려고 합니다. 모든 것이 합동하여 서로의 신학형성에 도움이 되고 하나님께 영광이 되기를 바랍니다.

1. 世俗化 神學

'기독교시대 이후'라는 말은 '콘스탄틴시대 이후라는 말보다 더 비참하다…" 기독교시대는 지났다는 것이다. 다른 宗教들과 부딪치게 된 基督教는 하나의 서구적인 종교패턴에 불과하다고 말한다. 基督教時代가 지나감으로써 그와 함께 西歐時代는 끝났다. 그보다 더 절망적인 말은 '宗教時代 이후'라는 말이다. 여기에서는 基督教가 他宗教를 만나는 것이 아니라 종교가 科學과 技術文明에 부딪치는 것이다. 종교시대는 지나가고 科學의 時代가 왔다는 말이다. 종교없는 시대 곧 世俗의 時代라는 말이다.'

(徐南同, 轉換時代의 神學)

徐南同 교수님은 최근의 신학의 동향을 世俗의 時代, 無宗教의 時代의 到來라고 보았습니다. 본회퍼의 영향이겠습니다. 徐 교수님은 본회퍼와의 만남에 대하여 "신학적인 충격적인 충격은 1964년에야 비로소 읽은 본회퍼의 옥중서신이다."(轉換時代의 神學, 머리말)고 고백하고 있습니다. 우리의 精神的 狀況속에 일어난 새로움은 어떤 하나의 특정종교의 해소에 의하여 일어난 것도 아니고, 하나의 옛 종교에서 새 종교에로의 移行에서 일어나고 있는 것이 아니라 宗教의 中心部에 있어서의 解體가 일어나고 있기 때문입니다. 하인쯔 짜아른트의 말대로 "한때 인간에 대하여 '教會 밖에는 救援이 없다'(Extra ecclesiam nulla salus)고 말하고 있다."고 보기 때문입니다.(Die Sachemit Gott' 1966, S. 162). 카톨릭의 世界의 新學者 요하네스 멧츠는 우리가 世俗世界에서 보는 것은 神의 痕迹(Vestigia Dei)이 아니라 人間의 痕迹(Vestigia hominis)일 뿐이라고 告白하였습니다.(Zur Theologie der Welt, 1968, S.34). 成人의 世界에서 神은 고대 희랍의 悲劇에 나타나는 '복덕방망이의 神'(Deus exmachina)처럼 간섭하여 오시지 않습니다. 그러기에 인간은 彼岸에 이르는 此岸의 限界에서가 아니라 此岸의 中心에서 神과 만나게 됩니다. 본 회퍼가 此岸을 彼岸과 대립시키고 中心을 限界에, 그리고 生을 宗教와 대립시키며 神의 超越性을 世界의 內在性과 此岸性에서만 경험하려고 하였던 것은 이 까닭에서이겠습니다. 基督教的인 것은 이 세상적인 것 밖에 존재하지 않습니다. 超自然的인 것은 다만 自然的인 것 가운데에만 있고 거룩한 것은 다만 世

3_19770910_교회 밖에도 구원이 있다_변선환 교수_월간 목회_2번_페이지_2

[illegible]인 것 안에만 있으며 啓示에 卽하는 것은 다만 理性的인 것 속에만 있습니다. 본회퍼의 世俗化 神學에서 일어나고 있는 신기한 사실, 마음에 큰 충격을 주는 사실은 하나의 現實을 此岸과 彼岸, 世俗史와 救贖史, 위와 아래, 世俗的인 것과 宗教的인 것, 거룩한 날, 主日과 세속의 날, 木曜日, 垂直的인 것과 水平的인 것으로 갈라놓게 하던 禍가 있을 分裂症的인 二領域的 思考가 극복되고 있다는 것입니다.

朴雅論은 교수님! 저는 솔직하게 말해서 교수님께서 다음과 같이 세속화 神學을 공박하고 비판하려고 하였을 때 朴교수님의 「새벽기도의 신학」이 聖守主日하는 교회신자만을 대상한 純福音 神學 아니, 하나의 時代錯誤의 神學이라고 느꼈습니다. 成人의 世界의 到來를 아예 무시하려고 하고 있기 때문입니다.

"본회퍼의 「世俗的 人間」 및 「世俗的 教誨」思想에 전적으로 찬동하며 본회퍼가 말한 바 無神論的이며 無教會的인 「成人의 世界」를 「救援의 世界」로 보는 듯한 변교수의 '교회 밖에도 구원이 있다'는 論文에서의 필자는 변교수의 주장대로 '기독교 世界의 상실'을 느끼게 됐고, 그것은 곧 「歷史的 기독교의 상실」을 의미한 것으로 생각되어 마음에 큰 「유감」을 품지 않을 수 없는 것이다"(p.50). 렐리반스

朴교수님! 교수님의 宣教神學은 결국 새벽기도의 소리는 들어도 세속세계와의 렐리반스를 잃은 것 때문에 설교를 듣지 않으려고 하는 성인이 된 현대인의 소리는 듣지 않으려는 教會의 壁에 閉鎖된 신학으로 전락된 것이나 아닌지요? 杞憂가 아니었으면 좋겠습니다. 오늘 우리들의 신학의 과제는 世俗性의 빛에서 볼 때 예배와 기도가 무엇을 의미하며 悔改, 信仰, 義認, 新生, 救援과 같은 개념이 어떻게 世俗的으로 재해석되어야 할까라는 것이 아니겠습니까? 朴교수님은 계속 본인에게 垂直主義的인 것에로의 「關心의 轉向」을 권하고 계신 것 같은데 그것은 정말 아름다운 誘惑입니다. 왜냐하면 朴교수님께서 마음 아프게 보고 있는 此岸性, 世俗性, 水平的인 것에로의 「關心의 轉向」은 고가르텐이나 칵스의 말대로 기독교 신앙의 中心 메시지라고 믿기 때문입니다. 世俗化는 創造主 神에 대한 信仰이 우리를 神들의 世界에서 자유케 하고 해방시킨 것에서 유래한 基督教信仰 以後의 現象이기 때문입니다. 루터가 말하였듯이 世俗化는 基督教信仰의 하나의 歸結이며 또 기독교 신앙에서 보여주고 있는 神을 향한 人間의 自由의 귀결입니다. 그러므로 世俗化 없이는 基督教信仰이 없다고 말할 수 있겠습니다. 더 나아가서 우리는 기독교신앙에 의하여 시작된 世俗化가 오늘날 기독교신앙 없이도 계속 진행될 수 있다고 포지티브하게 봐야 할 것 같습니다. 기독교 신앙은 그러기에 超人, 宗教的 人間을 만들지 않습니다. "크리스챤이 된다는 것은 인간이 된다."(루터)는 것일 겁니다. 짜아른트가 信仰과 世俗行爲를 구별하는데 반대한 고가르텐의 사상을 요약하여서 이렇게 말하였을 때 그는 옳았다고 봅니다.

"政治家는 秩序를 만들어야 하지 하나님의 나라를 세워서는 안된다. 醫師는 肉體를 고쳐야지 영혼을 고칠 필요는 없다. 裁判官은 判決을 내릴 것이지 最後의 審判을 할 필요는 없다. 歷史家는 事實이 어떠하였는가를 연구하여야지 神의 意志를 탐구할 필요는 없다. ……고가르텐은 人間의 行爲가 참으로 地上的, 이 세상적 행위로 계속되기 위하여, 그리고 인간의 行爲가 神에 대한 하나의 宗教的 要求가 되지 않고 또 世界에 대한 宗教的 要求가 되지 않기 위하여 인간의 행위를 그 올바른 規準에로 부르려고 한다."

3_19770910_교회 밖에도 구원이 있다_변선환 교수_월간 목회_2번_페이지_3

2. 基督教信仰의 絶對性

> "우리는 참된 구세주이신 예수 그리스도를 基督教의 壁속에 閉鎖시킬 수 없다. 참된 救援을 받는 것, 참으로 神이시며 참 人間이신 분을 인식하는 것은 基督教의 宣教를 듣지 않고서도 사실 충분히 일어날 수 있다. 그러므로 우리 크리스챤은 비록 그 사람이 他宗教에 속하고 있을 때에도 다른 사람 앞에서 神의 일의 認識에서는 우리 크리스챤처럼 분명하지 않다는 전제를 가지고 나타나서는 안된다"(칼 바르트)

朴교수님! 칼 바르트의 이 글은 에밀 부른너와의 自然神學을 둘러싼 논쟁에서 거세게 Nein!이라고 선언하던 점은 칼 바르트의 排他的인 소리와는 얼마나 거리가 있단 말입니까? 이 글은 일본의 佛教哲學者 다끼자와 가쯔미(瀧澤克己)에게 보낸 글, 「教會教義學」 第四部(S.115-153)에서 복사한 글의 한 구절입니다. 젊은 칼 바르트는 聖書原理에 근거하여서(?) 에밀 부른너에게 "唯一의 참 神에 대한 참된 信仰, 참된 認識은 우리 인간에게 基督教啓示 밖에도 분명히 原理的으로는 가능하지만 事實的으로는 불가능하다"고 주장하였습니다. 그러나 後期 바르트는 他宗教人들에게 基督教人만 神人識이 분명하다는 교만을 가지고 대해서는 안된다고 말하고 있습니다. 바르트의 비서였던 교회 사학자 막스 까이거는 동양에서 온 신학자들을 보자 바르트의 他宗教에 대한 태도의 전환을 말하여 주었습니다. 他宗教를 악마요, 神에 대한 人間의 反逆이라고 보던 바르트가 後期에 이르러서는 基督教는 唯一의 빛, das Licht가 아니라, 하나의 빛(ein Light)일 뿐이다라고 하였다고 합니다. 他宗教에 대한 咀呪의 시대가 끝나고 對話의 시대가 밝아오고 있는 새로운 징조라고 보겠습니다. 기독교를 가지고 一元的으로 文化를 削除(rednction)하며, 基督教文化라고 특징지을 수 있었던 中世紀의 基督教 統一世界(corpus christianum)가 무너진 多元社會에서 살아가는 우리들 크리스챤은 基督教啓示의 排他的 絶對性만을 주장할 수 없게 되었기 때문입니다.

基督教는 眞理와 生命에 이르는 唯一의 排他的인 길인 것이 아니라 오늘날 多元社會에서 그것은 하나의 길에 불과하게 되었기 때문입니다. W. H. Hocking은 이 진리를 밝혀서 이렇게 말하고 있습니다.

> "만일 唯一의 길(the Only Way)이라는 교리없이는 선교가 그 충분한 根據를 잃는다는 것이 진리라고 한다면 나는 그 결과로 받아야 할 것이다. 우리는 이 교리를 선교가 가야하는 固定된 原理로 삼을 수 없다."

우리는 매쿼리가 밝히 말하였듯이 生을 의미있게 살게 하는 여러 가지 다른 傳統과 다른 주장들이 多元的으로 공존하는 오늘의 세계에서 선교의 목적을 비기독교인들의 悔改에다가 둘 수는 없게 되었습니다. 선교의 목표는 教會擴張에 있지 않고 우리들 사이에 서로 사랑과 眞理를 확장하는 人間化의 課題에 있기 때문입니다('Christianity and Other Faiths,' Union Seminary Quarterly Review, Vol. 20, No.1 〔Nov., 1964〕, pp.39-48). 우리는 오늘날 아무리 基督教信仰을 相對化시켜도 모자라는 그런 새로운 時代에 살고 있습니다.

그렇다고 하여서 새로운 宣教神學의 움직임은 他宗教나 다른 精神傳統에 대하여서 普遍的 開放性만을 말하는 中立的인 相對主義나 包括的인 普遍主義를 말하려는 것이 아니라 어

3_19770910_교회 밖에도 구원이 있다_변선환 교수_월간 목회_2번_페이지_4

는 하나의 特殊한 信仰이 絶對的이며 排他的인 입장으로 固定化하고 硬直化하는 것을 지양해야하는 것입니다. 多元時代의 基督論의 再構成을 위해서 노력하고 있는 미국의 過程神學者 존 캅은 그러므로 이렇게 말하고 있습니다.

"우리는 한 時에 하나의 中心에서 살아야 한다.… (그러나) 우리는 세상에는 많은 中心이 있으며, 모든 中心이 하나의 中心에 종속되어야 한다는 것을 이상으로 삼을 수 없다는 것을 인정하여야 한다"(Christ in a Pluralistic Age, 1975. p.20).

지면 관계로 이만 글을 줄여야 이만 글을 줄여야 할 것 같습니다. 우리는 오늘날 기독교신앙의 排他的 絶對性의 주장없이 어떻게 이 多元社會를 기독교 전통속에서 살아갈 수 있을까라는 문제는 오늘의 多元社會가 우리 神學者들에게 부과한 가장 어려운 과제, 가장 초급한 과제인 것 같습니다.

朴雅論교수님, 두서없는 거친 글을 용서하시고 함께 이 문제를 생각하여 주시면 고맙겠습니다.

1978년의 새해가 밝았습니다. 지난 1년은 한국 신학계에 특별한 「이슈」가 적지 아니 있었는바, 그중에서도 "교회 밖에도 구원이 있는가"하는 박아론 교수와 변선환 교수의 논전(月刊 牧會 77年 7~10月號)은 한국교회에 비상한 관심을 불러 일으켰습니다. 그것은 이 문제가 기독교의 사활을 좌우하는 근본문제이기 때문이었습니다.
그러나 유감스럽게도 이 문제는 구체적인 결론에 도달하지 못한 채 한 해를 넘겼습니다. 본사에서는 이 문제의 중요성에 비해서는 그 전모가 제대로 알려지지 않았음에 비추어 다시금 두 분 교수의 글을 발췌하여 기재함과 동시에 박아론 교수의 글을 새로이 게재함으로써 이 문제에 대한 보수·자유 양측의 주장을 전체 한국교계에 두루 밝혀(본지 18,000부 발행으로 전체 교회에 우송배포) 앞으로 한국교회가 이 문제에 대하여 보다 분명한 해답을 얻는데 도움이 되고자 본 특집을 마련했습니다.<月刊牧會 編輯者>

3_19770910_교회 밖에도 구원이 있다_변선환 교수_월간 목회_2번_페이지_5

6. 基督敎 밖에는 救援이 없다

-邊鮮煥 博士에게 보내는 편지-

朴 雅 論 교수

邊鮮煥 교수님, 교수님께서 本人에게 보내는 편지형식으로 쓰신 '기독교 밖에도 구원이 있다'는 글을 잘 읽어 보았습니다.

本人은 今番 「月刊牧會」誌 9月號에서 公開되는 변교수님께 보내는 이 편지에서 교수님이 아직 本人의 물음에 대해서 답변 안하신 몇 가지 문제들을 먼저 말씀드리고 다음으로 변교수님이 본인의 神學에 대해서 말씀하신 바에 대하여 답변해 드리고자 합니다.

그러면 먼저 변교수님께서 아직까지 답변 안하신 몇 가지 문제들이 무엇인가를 말씀드릴까 합니다.

첫째로, 본인이 알고 싶었고, 지금도 알고 싶은 문제는 변교수님이 '교회 밖에도 구원이 있다'는 주장을 하실 때 그와 같은 주장을 뒷받침해 주는 理論이, 그러니까 가령 한스 큉이나 본회퍼의 脫基督敎的이며 人類主義的인 救援觀 및 敎會觀이 성서에 근거를 多少라도 두고 있는 理論이라고 생각하고 계신지, 그리고 만일 그렇게 생각하신다면 聖書의 어디서 우리가 그와 같은 근거를 찾을 수 있다고 생각하시는지 하는 것입니다.

변교수님은 본인이 "상세한 聖句引用을 제시했다"(月刊牧會 9月號 p.66)고 말씀하셨을 뿐 교수님 自身의 聖句引用은 없었고, 변교수님의 聖書觀도 本人에게는 알 길이 없었습니다.

본인은 「月刊牧會」 8月號 본인의 論文 끝에 가서 聖書를 "하나님의 唯一眞正한 啓示眞理의 冊"으로 본다는 것을 다시금 강조했고, 聖書야말로 우리 기독교인들에게는 "모든 문제를 토론하고 眞理를 決定하고자 할 때 Sine Qua non이 된다"는 것을 말한 바 있습니다.

둘째로 본인이 무척 알기를 원하며 궁금하게 여기는 문제는 본회퍼가 말한대로 그리고 변교수님이 주장하시는 대로 만일 敎會가 아니라 世上이 「救援의 場所」이며, 오늘의 宣敎는 「神-敎會-世界」라는 圖式대신에 「神-世界-敎會」라는 새로운 圖式을 가져야 하며, "교회는 겸손한 마음을 가지고 하나님의 말씀을 世上을 통하여 듣고", "교회가 세상을 향하여 회개할 때가 왔다."는 것이 사실이라면 敎會가 구태여 존재해야 할 意義는 무엇이며 또 우리는 왜 특별히 기독교를 믿어야 하는가 하는 것이며, 오늘의 교회는 世上으로부터 宣敎師를 받아들여야 한다는 「逆宣敎」의 理論마저 成立할 수 있지 않은가 하는 것 등입니다.

변교수님이 본회퍼牧師의 世俗主義神學의 精神을 좇아서 敎會의 世上을 向한 接近과 一致를 강조한 나머지 결국은 世上과 조금도 다를 것이 없는 敎會를 말할 수밖에 없는 놀라운 모순에 빠진 것같이 본인에게는 느껴지는 것입니다.

변교수님, 이것은 마치 갓난아기를 목욕시키다가 목욕통에 들어있는 물을 버리면서 갓난아기도 함께 버리는 일과 같다고 할 수 있지는 않을는지요.

- 64 -

4_19771010_교회밖에는 구원이 없다_박아론 교수_월간 목회_2번_페이지_1

그리고 셋째로, 본인이 변교수님으로부터 듣고 싶은 것은 만일 우리가 변교수님이 말씀한 바와 같은 '라디칼한 方向'을 따라간다면 禮拜, 기도, 설교, 성찬 등 '敎會의 소위 宗敎的 行爲가 無用한 것으로 되어 버릴 것이요' 따라서 敎會는 '救援의 方舟'로서가 아니라 '社會的 行動의 同志的 集團'으로서 存在할 뿐이라는 結論을 얻게 될 터인데 그와 같은 結論에 대해서 변교수님은 우리 韓國敎會의 現實속에서 과연 責任性있는 肯定을 하실 수 있는가에 관한 여부문제입니다. 禮拜와 기도와 傳道가 없는 敎會, 자선남비를 연보함처럼 소중히 들고 다니고 「勞組運動」과 「街頭캠페인」을 禮拜的 行爲로 간주하는 교회, 그와 같은 교회가 聖書的인 敎會觀에 立脚해서 볼 때 정말로 敎會라고 부를 수 있는 것인지 매우 의심스러운 바이며, 한걸음 더 나가서 본인에게는 千不當萬不當한 이야기로 들린다는 것을 말씀드리지 않을 수 없습니다.

以上은 본인이 여태껏 변교수님에게 묻고 싶었고 또 물었으나 시원스러운 대답을 듣지 못한바 몇 가지 문제들로써 이 문제들에 관한 변교수님의 대답이라고 할까, 解明같은 것을 한번 기대해 보고싶은 心情입니다.

다음으로, 본인은 변교수님께서 지난 9月號 「月刊牧會」에 실리신 '기독교 밖에도 구원이 있다'는 글가운데서 본인의 神學에 대해서 評價하신 말씀에 대하여 대답을 드리려고 합니다.

첫째로, 변교수님은 「世俗化 神學」이라는 小題下에 本人의 神學을 가리켜 '時代錯誤的 神學'이라는 말씀을 하셨습니다. 변교수님의 말씀을 그대로 인용한다면 아래와 같습니다. "朴敎授님의 새벽기도의 神學이 成守主日하는 교회신자만을 대상한 순복음신학 아니, 하나의 時代錯誤의 神學이라고 느꼈습니다. 成人의 世界의 到來를 아예 무시하려고 하고 있기 때문입니다."(同識 p.67). 그러나 본인은 변교수님의 以上과 같은 評價가 本人의 「새벽기도의 神學」에 대한 誤解로부터 起因했다는 점을 말씀드리고 싶습니다.

본인이 부르짖는바 「새벽기도의 神學」은 변교수님의 말씀하시는대로 "새벽기도의 소리는 들어도 거의 世俗世界와의 렐리반스를 잃은 것 때문에 … 교회의 벽에 폐쇄된 神學"(同識 p.68)은 결코 아니라는 것을 말씀드리고자 합니다.

本人이 「새벽기도의 神學」을 부르짖는 까닭은 「새벽기도의 神學」이야말로 「空」과 「無」로부터 韓國敎會를 일으킨 初代敎會의 종들이 가졌던 神學이기 때문에 21世紀를 向하여 걸어가는 한국교회의 보다 큰 成長과 發展의 기틀로써 그와 같은 神學이 꼭 必要하다고 확신하기 때문입니다. 물론 「새벽기도의 神學」은 聖書的인 原理에 立脚하는 保守主義 神學입니다.

따라서 「새벽기도의 神學」은 '成人의 世界의 到來'를 無視한 적도 없고(同識 p.67), "世俗世界와의 렐리반스를 잃었다"(p.68)고 보지도 않으며 "하나의 現實을 此岸과 彼岸, 世俗史와 구속사, 위와 아래, 世俗的인 것과 宗敎的인 것, 거룩한 날, 主日날과 世俗의 날, 목요일, 수직적인 것과 水平的인 것"으로 갈라놓게 하던 禍가 있을 '分裂症的인 二領域的 思考'(同識 p.67)를 가진 神學도 아닌 것입니다.

- 65 -

4_19771010_교회 밖에는 구원이 없다_박아론 교수_월간 목회_2번_페이지_2

「새벽기도의 神學」은 새벽에 하나님을 찾아 하나님과의 수직적인 信仰告白的 관계를 견고히 한 후 성령의 충만한 生氣와 活力을 받아 낮에는 일터로 또는 職場으로 나가서 하나님의 나라를 건설하기 위해서 땀흘려 일하는 神學이라는 것을 거듭 강조한 바 있습니다. 본인이 「새벽기도의 神學」을 「三千里半島 금수강산 神學」 또는 「근로와 봉사의 神學」으로 이름지은 까닭도 바로 여기에 있는 것입니다.(박아론저, 「새벽기도의 신학」, pp. 60-65참고).

그럼에도 오늘날 한국신학계에서는 本人의 神學을 보고서 「彼岸性的 安住의 神學」이니, 「며칠후, 며칠후 요단江 건너가 만나리 神學」이니 하면서 비평하는 일이 자주 있는 것 같습니다. 심지어는 本人을 가리켜 二元論者라고 하는 분도 있습니다. 그러나 본인은 변교수님에게 그와 같은 비평과 평가가 얼마나 사실과는 거리가 먼 것인가를 말씀드리지 않을 수 없습니다.

韓國의 保守主義神學과 특히 本人의 神學은 此岸과 彼岸, 倫理와 信仰, 世上과 敎會 등을 상호불가 접촉적인 것으로 갈라놓고 무조건 此岸과 倫理와 世上에 대해서 定罪하는 神學이 아니라는 말씀입니다.

다만, "너희는 먼저 그의 나라와 그의 義를 구하라. 그리하면 이 모든 것을 너희에게 더하시리라."(마 6:33)는 聖書의 말씀을 다라서 第一次的인 것, 즉 인간이 하나님과 갖는 수직적인 信仰告白的 관계를 第一次的으로 강조하고, 인간이 他人과 갖는 水平的 관계 즉, 倫理的이며 社會的인 諸關係를 第二次的으로 강조할 따름인 것입니다.

우리가 하나님과의 수직적인 信仰告白的 관계를 먼저 확립시켜 놓고 다음으로 그것의 水平的 適用으로써 우리가 갖는바 對人間的 이며 對社會的인 諸관계를 定立, 發展시켜야 하겠다는 것입니다.

이와 같은 본인의 생각이 어째서 '分裂症的인 二領域的 思考'라고 할 수 있으며 「二元論」이라는 비판을 감수해야만 한단 말씀입니까?

화란의 神學者 아브라함 카이퍼는 일찍이 「領域主權」이라는 思想을 강조하면서 기독교인은 社會와 人生의 모든 領域에 들어가서 적극적인 活動을 通해 絶對主管者이신 하나님께 영광을 돌려야한다고 말한바 있습니다.

또 한편 美國의 保守主義神學者 제이 그레샴 메천 박사는 아래와 같은 요지의 말을 한 적이 있습니다.

"오늘날 社會福音主義者들은 '기독교의 適用'을 부르짖는다. 그러나 문제는 그들이 適用할 기독교를 갖고 있는가 하는 것이다. 기독교의 사회참여는 좋은 말이다. 그러나 우리가 먼저 기독교를 확보해 놓고서 기독교의 사회참여를 말하는 것이 올바른 순서가 아니겠는가?"(J. Gresham Machen, Christianity and Liberation. See pp. 150-156) 변교수님! 교수님께서는 世俗化神學이라는 小題下에 本人의 神學에 대해서 '分裂症的인 二領域的 思考'

4_19771010_교회 밖에는 구원이 없다_박아론 교수_월간 목회_2번_페이지_3

을 가진 '時代錯誤의 神學'이라고 말씀하신데 대해서 답변을 드리다 보니 紙面을 많이 차지한 느낌이 듭니다. 進行을 서둘러야할 것 같습니다. 그러면 다음으로 同識 9月號에서 本人에게 보내는 便紙形式으로 公開된 '기독교 밖에도 구원이 있다'는 글 가운데서 변교수님이 「기독교信仰의 絶對性」이라는 두 번째 小題下의에 本人의 神學을 「기독교 유일종교信仰」을 고집하는 배타적이며 폐쇄적인 神學으로 말씀하신데 대해서 답변을 시도해 보기로 하겠습니다.

솔직히 말해서 본인에게는 변교수님께서 칼 바르트의 말을 引用하여 말씀하신바 "예수 그리스도를 기독교의 벽속에 폐쇄시킬 수 없다"는 句節이 무척 인상적이었습니다.

변교수님은 기독교 信仰의 絶對性을 주장한 初期 바르트와는 對照的으로 後期 바르트는 기독교를 볼 때 구원으로 우리를 이끄는 唯一의 빛(das Licht)으로 보지 않고 하나의 빛(ein Licht)으로 보았다는 것을 말씀하셨고(同識 p.69) 오늘의 "宣敎의 目標는 敎會 확장에 있지 않고 우리들 사이에 사랑과 진리를 확장하는 人間化의 과제에 있다."는 메쿼리교수의 말도 인용하셨고(同識 p.70), "世上에는 많은 中心이 있으며 모든 中心이 하나의 中心에 종속되어야 한다는 것을 이상으로 삼을 수 없다는 것을 인정해야 한다."는 존 캅의 이론을 결론적으로 말씀하기도 했습니다(同識 p.70).

그러나 本人에게는 '기독교 밖에는 구원이 있다'는 변교수님의 주장이 바르트, 핫킹, 메쿼리, 캅 등 저명한 現代神學者들의 支持에도 불구하고 전혀 납득이 가지 않는다는 것을 새삼스럽게 말씀드리지 않을 수 없습니다. 변교수님은 "우리는 오늘날 아무리 기독교신앙을 相對化시켜도 모자라는 그런 새로운 時代에 살고 있다(同識 p.70)고 말씀하셨지만 本人이 묻고 싶은 말은 그래샴 메첸박사가 말한대로 相對化될대로 相對化된 기독교가 그래도 기독교일 수 있는가 하는 것이며, 또 한걸음 양보해서 그렇다손 치더라도 우리가 반드시 기독교를 우리의 宗敎로 믿어야할 이유는 무엇인가 하는 것입니다.

排他的이 아니라 包容的인 인상을 주기 위해서 폐쇄적이라는 말보다는 개방적이고 관용적이라는 말을 듣기 위해서 만일 우리가 「기독교 唯一宗敎信仰」을 포기한다면 우리는 어느 한국 속담의 말과 같이 '구더기가 무서워서 장 못 담근다'는 格이 되지는 않을는지 염려스럽습니다.

특히 하나님의 正確無誤한 啓示眞理의 書冊인 聖書가 기독교 信仰의 絶對性을 가르치고 있음에도 불구하고 說敎기피증에 걸려있고, 世俗을 그 무엇보다도 愛好하며 眞理에 대한 相對主義的 思考로 머리가 굳어져 버린 現代人들이 많이 있다고 해서 우리가 기독교 信仰을 相對化시키고 '기독교 밖에도 구원이 있다'는 말을 거침없이 하게 된다면 우리는 "너희는 가서 모든 족속으로 제자를 삼아 아버지와 아들과 성령의 이름으로 세례를 주라"(마28:19)고 하신 그리스도의 宣敎의 戒名을 지키지 못하게 될 것이므로 하나님의 영광을 크게 가리우게 될 것이요, 여태껏 우리가 「구원의 종교」로서 믿어오던 기독교를 한낱 「社會事業」 또는 「敎養講座」의 宗敎로 전락케 하는, 責任所在가 전적으로 우리에게 있을 것으로 알아야 할 것입니다. "예수 그리스도를 기독교의 벽속에 폐쇄하지 말라"는 말은 참 재미있고 매력적인 말이라고 본인은 생각합니다.

4_19771010_교회 밖에는 구원이 없다_박아론 교수_월간 목회_2번_페이지_4

그러나 기독교(Christianity)가 그리스도를 믿는 宗敎, 그러니까 「그리스도(Christ)의 종교(religion)」라고 우리가 본다면 그리스도를 他宗敎에 대해서 개방해서 他宗敎와 더불어 그리스도를 共有하는 기독교란 마치 「首都없는 나라」와 같아서 語不成이요, 매우 不幸한 狀況에 놓여있는 것이라고 봐야 하지 않겠습니까?

변교수님은 본인이 교수님에 대해서 수직적인 것에로의 '관심의 轉向'을 권한데 대해서 그것은 '아름다운 유혹'이라고 말씀하셨습니다(同誌 p.68). 그러나 본인의 생각에는 '기독교 밖에도 구원이 있다'는 변교수님의 주장은 그 심각성이 너무나도 엄청난 것인 것 같습니다. 그러므로 변교수님의 지혜로운 再考를 요청하고 싶은 마음뿐입니다. 변교수님께서는 예수 그리스도라는 中心으로부터 아득히 멀어져 가기만 하는 現代 기독교 神學의 脫그리스도的이며 世俗化的인 方向을 無條件(또는 in tota로) 따라 가실 필요는 없다고 사료합니다.

7. 기독교 外에도 救援이 있다니 그럴 수가…

-이 問題에 대한 계속적인 討論을 希望합니다-

朴 雅 論(哲博 · 總神大敎授)

나는 지난 여름에 月刊「牧會」紙上에서 감신대교수인 변선환 博士와 「기독교 外에도 救援이 있는가?」하는 문제를 놓고서 論爭을 벌인 적이 있었다.

하나님의 救援이 기독교에 대해서만 局限되어 있는 것이 아니라는 것을 변교수는 주장했고 나는 그와 같은 변교수의 주장을 반박하는 글을 두어 번 發表했었다.

그런데 변교수와의 紙上論爭이 原來 계획된 대로 進行을 보지 못하고 도중에 갑작스럽게 中斷된데 대해서 나는 유감스럽게 생각하고 있다.

홍현설 박사는 「이 문제에 대해서는 더 많은 신학자들이 논전을 계속해야 할 것이었으나 그 변박사 자신은 그의 주장이 옳다는 것을 분명한 語調로 누누히 말했기 때문에 어떤 피차간에 수긍이 갈만한 結論에 도달하지 못하고 突然히 紙上論爭이 中斷된데 대해서는 말로 表現키 어려운 어떤 狀況이 존재하는 줄 안다.

그러나 문제가 문제인만큼 변선환교수가 이 문제에 대한 자신의 주장을 계속 紙上에 피력하기가 곤란해서 글쓰기를 中止했다하더라도 韓國神學界에서 이 문제가 계속 토론되어야 하리라고 나는 생각한다.「기독교 外에고 救援이 있다」는 변선환박사의 주장이 나에게는 매우 못마땅하게 들렸고 미치는 영향이 너무 컸던지 일단락이 되고 말았다.(1977년 12월 10일號 크리스찬신문에 게재된 홍현설 박사의 論說 "1977年을 회고하며-韓國神學界"를 참

4_19771010_교회 밖에는 구원이 없다_박아론 교수_월간목회_2번_페이지_5

그러나 기독교(Christianity)가 그리스도를 믿는 宗敎, 그러니까 「그리스도(Christ)의 종교(religion)」라고 우리가 본다면 그리스도를 他宗敎에 대해서 개방해서 他宗敎와 더불어 그리스도를 共有하는 기독교란 마치 「首都없는 나라」와 같아서 語不成이요, 매우 不幸한 狀況에 놓여있는 것이라고 봐야 하지 않겠습니까?

변교수님은 본인이 교수님에 대해서 수직적인 것에로의 '관심의 轉向'을 권한데 대해서 그것은 '아름다운 유혹'이라고 말씀하셨습니다(同誌 p.68). 그러나 본인의 생각에는 '기독교 밖에도 구원이 있다'는 변교수님의 주장은 그 심각성이 너무나도 엄청난 것인 것 같습니다. 그러므로 변교수님의 지혜로운 再考를 요청하고 싶은 마음뿐입니다. 변교수님께서는 예수 그리스도라는 中心으로부터 아득히 멀어져 가기만 하는 現代 기독교 神學의 脫그리스도的이며 世俗化的인 方向을 無條件(또는 in tota로) 따라 가실 필요는 없다고 사료합니다.

7. 기독교 外에도 救援이 있다니 그럴 수가…

-이 問題에 대한 계속적인 討論을 希望합니다-

朴 雅 論(哲博 · 總神大敎授)

나는 지난 여름에 月刊「牧會」紙上에서 감신대교수인 변선환 博士와 「기독교 外에도 救援이 있는가?」하는 문제를 놓고서 論爭을 벌인 적이 있었다.

하나님의 救援이 기독교에 대해서만 局限되어 있는 것이 아니라는 것을 변교수는 주장했고 나는 그와 같은 변교수의 주장을 반박하는 글을 두어 번 發表했었다.

그런데 변교수와의 紙上論爭이 原來 계획된 대로 進行을 보지 못하고 도중에 갑작스럽게 中斷된데 대해서 나는 유감스럽게 생각하고 있다.

홍현설 박사는 「이 문제에 대해서는 더 많은 신학자들이 논전을 계속해야 할 것이었으나 그 변박사 자신은 그의 주장이 옳다는 것을 분명한 語調로 누누히 말했기 때문에 어떤 피차간에 수긍이 갈만한 結論에 도달하지 못하고 突然히 紙上論爭이 中斷된데 대해서는 말로 表現키 어려운 어떤 狀況이 존재하는 줄 안다.

그러나 문제가 문제인만큼 변선환교수가 이 문제에 대한 자신의 주장을 계속 紙上에 피력하기가 곤란해서 글쓰기를 中止했다하더라도 韓國神學界에서 이 문제가 계속 토론되어야 하리라고 나는 생각한다. 「기독교 外에고 救援이 있다」는 변선환박사의 주장이 나에게는 매우 못마땅하게 들렸고 미치는 영향이 너무 컸던지 일단락이 되고 말았다.(1977년 12월 10일號 크리스찬신문에 게재된 홍현설 박사의 論說 "1977年을 회고하며-韓國神學界"를 참

5_20051226_기독교 외에도 구원이 있다니 그럴수가_
박아론 교수_교리사건 재판자료_2번_페이지_1

라고 말했으나, 나는 오히려 "그 미치는 영향이 너무나 크기" 때문에 이 문제에 대한 討論이 韓國神學界에서 계속되어야 한다고 생각하며 韓國神學界에 투신해서 종사하는 신학자들은 保守와 自由를 막론하고 이 문제에 대한 검토와 態度천명이 韓國敎會의 要請이라는 觀點에서라도 꼭 必要하다는 것을 인식해야만 할 줄 안다.

그러므로 금번에 「現代思潮」紙를 통해서 제기되었던 「기독교 外에도 구원이 있는가 없는가」하는 문제에 대한 神學的 討論이 韓國神學界에서 앞으로 계속될 수 있도록 하는 어떤 자극제를 줄 수 있었으면 하고 바라는 마음이 없지 않아 있는 것이다.

그리고 여기 실리는 나의 이 글에서 나는 「기독교 外에는 구원이 없다」는 나의 基督敎 唯一宗敎信仰的 立場을 재천명하겠으나 나의 立場에 대한 상세한 理論展開는 이미 月刊「牧會」誌面에 실린 나의 글들에서 했기 때문에 그것을 反復하는 일이 없도록 하고 다만 「기독교 外에도 구원이 있는가 없는가」하는 문제에 대한 신학적 討論과정에서 내가 느꼈고 갖게 된 所感 몇 가지를 말해 보고자 한다.

먼저 내가 나의 이 글의 제목을 「기독교 외에도 구원이 있다니 그럴수가……」라고 한 것은 여태껏 聖書的 信仰속에서 자랐고 또 성서적 信仰을 土臺로 해서 神學을 해 온 나와 같은 사람에게는 너무나 어처구니가 없는 이야기로 들렸기 때문이다.

우리가 하나님의 正確無誤한 말씀으로 믿고 있는 聖書의 어느 곳을 펴봐도 「기독교 外에도 구원이 있다」든가 「예수를 안 믿어도 救援을 얻을 수 있다」는 이론을 發見할 수가 없다.

오히려 聖書는 예수 그리스도를 믿어야 구원을 얻는다는 멧세지로 꽉 차 있고 기독교 유일종교 사상을 가르치는 교훈으로 넘쳐있다.

「다른 이로서는 구원을 얻을 수 없나니 천하 인간에 구원을 얻을만한 다른 이름을 우리에게 주신 일이 없음이니라」(행 4:12)는 베드로의 말씀이라든가 「선생들아 내가 어떻게 하여야 구원을 얻으리이까」하며 부르짖는 빌립보성의 옥간수에게 「주 예수를 믿으라 그리하면 너와 네 집이 구원을 얻으리라」(행 16:31)고 한 바울과 실라의 말씀을 우리는 한시라도 잊은 적이 없다. 그리고 우리 主 예수 그리스도 自身도 이에 대해서 친히 말씀하시기를 「나는 곧 길이요 진리요 생명이니 나로 말미암지 않고서는 아버지께로 올 자가 없느니라」(요 14:6)고 하지 않았는가.

정말 우리가 어렸을 때 "어머니의 무릎 위에 앉아서 재미있게 듣던" 聖經말씀을 하나님의 말씀으로 알고 아끼고 "심히 사랑한다면" 예수를 안믿어도 구원을 얻는다느니 기독교 外에도 구원이 있다느니 하는 말은 도저히 입을 열어 할 수가 없는 줄 안다.

「기독교 外에도 구원이 있는가 없는가」하는 문제로 月刊「牧會」紙에서 紙上論爭이 벌어진 以後로 나는 韓國敎會內의 여러분들로부터 격려와 지지의 편지도 받고 電話도 많이 받았다. 또 이곳저곳에서 강연과 說敎 및 집필에 대한 要請을 받기도 했다.

- 69 -

5_20051226_기독교 외에도 구원이 있다니 그럴수가_박아론 교수_
교리사건 재판자료_2번_페이지_2

내 주변에서 일어나고 있는 이런 일들을 통해서 나는 아직도 우리 한국敎會는 一部 自由主義界 神學者들의 맹活動에도 불구하고 保守信仰이 강하며 한국교회의 平信徒들의 대다수가 「기독교 外에도 구원이 있다니 그럴수가……」하는 心情으로 韓國神學界를 지켜보고 있는 것을 알고 마음이 무척 흐뭇했다.

다음으로 내가 지적하며 강조하고 싶은 것이 있다면 그것은 「기독교 外에도 구원이 있다」는 이론은 어떤 한, 두 사람의 神學者가 말하는 희귀한 이론이 아니고 오늘날 現代神學全體의 흐름이 뒷받침해 주고 있는, 神學者들간에 매우 보편화되어 가고 있는 이론이라는 것이다.

20世紀 現代神學의 巨星들 中에서 칼 바르트를 비롯해서 루돌프 불트만, 폴 틸리히 등 神學者들이 모두 「기독교 外에도 구원이 있다」는 것을 부르짖는 旗手들이었고, 지금은 「기독교 外에도 구원이 있다」는 이론이 新進 現代神學者들 中에서 더욱 인기를 얻고 있고 널리 받아들여 지고 있는 형편이다. 특히 往年에 有名했던 철학적 신학자 폴 틸리히의 「기독교의 위대성은 기독교만이 구원의 종교가 아니라는 것을 솔직히 인정하는데 있다」는 말은 너무나도 우리에게 잘 알려진 有名한 말이 아닌가.

約 일 개월 前에 나는 Y.M.C.A 市民논단에서 한신대의 김경재 교수와 「個人의 구원이냐 共同體의 구원이냐」하는 論題로 토론을 벌인 적이 있었다. 그때 거기서 共同體의 구원을 주장한 김경재교수의 立場을 우리가 살펴본다 하더라도 그것이 「기독교 外에도 구원이 있다」는 이론과 별로 다를 바가 없다고 결론짓지 않을 수 없을 것 같다.

김 교수는 人類라는 共同體의 구원이 없는 個人구원은 있을 수 없다고 주장하고 所謂 大乘기독교적 立場을 부르짖었다.

그리고 구원을 「치유」로 해석하고 人類共同體의 敵對 긴장 및 갈등관계로부터의 解放과 社會的 存在性의 確立을 聖書的 救援觀의 本質로 說明했다. 그러나 김교수는 예수 그리스도를 믿는 믿음이 또는 그리스도의 몸된 교회의 존재가 그가 말하는바 人類의 社會共同體的 救援에 절대적으로 必要한 것인지에 대해서는 言及이 없었다.

大乘佛敎로부터 「大乘」이라는 개념을 빌려다가 「대승기독교」라는 말까지 서슴치 않고 하는 立場이고 보면 人類共同體의 社會的 救援이 반드시 「大乘基督敎」에 依해 성취되어야 한다는 法은 없지 않겠는가 생각되는 것이다. 김교수의 理論 및 論法을 따른다면 기독교보다도 大乘的인 自覺이 빨랐던 佛敎가 오늘의 人類의 社會的 救援에 기여하는 바가 더 크다고 結論지어야 하지는 않을는지? 救援의 客觀性의 검토없이 現世主義的이며 文化·社會集約的으로 設定하는 立場에서는 반드시 기독교를 믿는 자에게만 구원이 있다는 聖書의 基督論的 메시지가 어리석고 무모하고 "별재미도 없는"이야기로 들릴 수밖에 없을 것이다.

끝으로 내가 이 글을 끝내면서 하고 싶은 말은 이것이다.

아무리 오늘날 20世紀 神學思潮가 「相對的 基督敎觀」으로 흐르고 있고 救援의 개념에 대한 문화· 社會學的인 해석이 각광을 받고 있다 하더라도 「기독교 外에도 구원이 있다」는 주장이 우리 韓國神學界에서 만큼은 받아들여지지 않기를 바라고 싶다.

- 70 -

5_20051226_기독교 외에도 구원이 있다니 그럴수가_박아론 교수_
교리사건 재판자료_2번_페이지_3

왜냐하면 한국의 신학자들이 「기독교 외에도 구원이 있다」는 말을 하게 될 때 非聖書的인 救援觀을 말함으로써 하나님의 영광을 크게 가리게 하는 것 外에 기독교 2000년의 歷史와 특히 宣敎 100주년의 문턱에 서 있는 한국교회의 존재를 「無」로 돌리는 結果를 가져오게 하겠기 때문이다.

「기독교 外에도 구원이 있다」는 주장은 그 심각성이 너무나 엄청난 것이기 때문에 "지혜로운 再考"를 요청한다고 하는 말을 나는 변선환박사에게 보내는 便紙에서 했었고 市民논단에서 김경재교수와 討論을 벌였을 때에도 共同體의 救援을 주장하는 것은 곧 기독교의 구원론적 메세지를 포기하는 것이기 때문에 "심사숙고"를 해달라고 부탁하고 싶은 心情이었다.

아무쪼록 나는 「기독교 外에도 구원이 있는가 없는가」하는 問題에 대한 神學的 討論이 1977년도 한국신학계에 있었던 하나의 이벤트로 끝나지 말고 계속해서 한국신학자들간에 진지하고 솔직한 토론과 意見교환이 있었으면 한다.

그 이유는 이 문제가 단순히 신학자들이 연구실에서 한가로운 마음으로 할 수 있는 理論神學的 課題는 아니기 때문이다. 이 문제는 기독교의 존망과 韓國敎會의 未來가 달려있는 매우 중요하고 심각한 문제이기 때문이다.

홍현설 박사의 말과 같이 이 문제를 놓고서 한국의 보수주의 신학자들이 일제히 "교전의 총포사격을 열었는데" 한국의 자유주의 신학 진영의 현재의 "소극적인 자세"를 탈피하고 應戰의 十字砲火를 쏘는 것이 옳지 않겠는가 묻고 싶다.

●출처: '神學正論' 제2권 2호, 合同神學院, 1984. 11.
<논자가 독일 튜빙겐대학 박사과정에 있을 때 투고한 것임>

8. 변선환 박사의 "토착화 신학"의 문제점

이 동 주

변 박사의 사상을 진술하려면 잠시 난관에 부딪친다. 그 이유는 자신의 생각을 다른 학자의 글을 인용하여 진술해 나가는 변박사의 논문 집필 형식 때문이다 . 그의 글은 보고나 평이 아닌 자신의 주장을 진술하는 글인고로 논문(Article)으로 보아진다.

변박사의 논문들은 기독교와 불교의 "대화"를 촉진하는 내용으로서 인도, 버마, 스리랑카 등의 힌두교 내지 불교국의 토착화 신학자들의 신학사상을 진술함으로써 자신의 "토착화 신학"을 대변하고 있다. 그러므로 변박사가 인용한 인도의 Raymond Panikka와 버마의 Khin Naung Din과 스리랑카의 Lyn de Silva의 신학사상을 명시하면서 그의 신학적 입장을 밝힐 수 있게 된

5_20051226_기독교 외에도 구원이 있다니 그럴수가_박아론 교수_
교리사건 재판자료_2번_페이지_4

예수 그리스도만이 있을 뿐이라는 신앙이 독선적이고 배타적이라고 해도 기독교는 끝날까지 지켜가지 않으면 안된다. 기독교의 구원에 있어서의 배타성은 예수에게서부터 받은 기독교의 진수요 생명이다.

이 신앙이 오늘까지 교회를 지켰고 복음으로써 전달되고 확장되었다. 하나님의 구원의 뜻은 하나님만이 아시는 신비스러운 방법으로 성령이 「예수」 그리스도의 구원에 모든 사람이 참여할 수 있는 가능성을 준 것이지 어떤 종교도 믿기만 하거나 종교를 몰라도 선량하게만 살면 구원이 있다고 증거하는 것이 아니다. 「교회 밖에도 구원이 있다」는, 이 학설에 대해서 교육자이건 신도들이건 깊이 경계하지 않으면 안될 것이다.

◈기독교연합신문 제162호, 1991년 6월 9일(일)

10. 하나님 이해의 문제

홍정수 교수<감신대 세계신학연구원>

신학쟁점

종교 다원주의

하나님 이해의 문제

타종교인·무신론자도 구원있다.

개신교, 1천5백년동안 '유일한 합법종교'로 군림
다원화된 세계가 종교간 대화문제 발생시켜
제도적 울타리에 하나님 활동 감금시켜선 안돼

최근 신학계는 종교다원주의· 타종교와의 대화가 논쟁의 주제로 떠오르고 있다.

70년대 토착화논쟁, 80년초 타종교와 대화를 통해 교계 파문을 일으킨 논쟁이 90년대 들어 새로운 형태로 등장한 것이다. 종교다원주의와 타종교와의 대화를 바라보는 신학계의 시각을 홍정수교수(감신대)와 이종성박사(기독교학술원)의 지상논쟁을 통해 알아본다. 〈편집자주〉

1. 문제의 성격과 발달

기독교라는 종교 집단은 처음에는 아주 작은 유태교의 한 분파처럼 출발했었다. 그러나 제2세대(예수의 목격자가 아니라는 의미에서)의 사도인 바울이 기독교의 지도자가 되면서, 기독교는 민족종교의 형태인 유태교와는 근본적으로 다른 성격을 띠게 되었다. 즉 유태인이 로 귀화하지 아니하고도 기독교인이 될 수 있는 길을 열어 놓았던 것이다. 그러나 세계의 중심지, 로마제국이 수도 로마에 상륙하면서부터 기독교라는 종교는 각종 박해에 부딪혀야 했다. 그리고 이 당시의 기독교는 "당신들도 옳지만, 우리는 더욱 옳다"는 식의 변증적(호교론적) 성격의 종교가 되었다. 그러다가 기독교는 이상한 섭리에 의하여(?) 로마제국의 "유일한 합법종교"가 되었다(4세기 말). 이름하여 "기독교 왕국"의 시대가 오게 된 것이다. 이제 제국의 유일한 합법 종교가 된 기독교는 다른 종교들을 용납하지 아니하는, 박해자의 종교로 변해 버렸다. 제국의 황제, 왕의 비호 아래 기독교라는 종교는 거의 1,500년 동안 지구

6_19910609 하나님 이해의 문제_홍정수_교리사건 재판자료_2번_페이지_1

상의 "유일한 합법 종교"라는 자의식을 지니고 살아 왔다. 11세기에 회교도들과 치열한 종교전쟁을 치르기는 했지만, 기독교인들은 다른 종교들의 진리성, 구원성을 절대로 인정하지 않았었다.

그러나 가톨릭에서 주최한 제2차 바티칸 공의회(1963~1965)의 선언이 발표되면서, "기독교 왕국"의 시대는 사실상 종말을 맞이하게 된 셈이다. 제2차 바티칸 공의회는 "타종교인들도 또 무신론자들도 구원을 받을 수 있다"는 놀라운 선언을 채택하였다. 그때까지만해도 교회분열자, 곧 이단자로 취급되던 개신교가 가톨릭 역사상 처음으로 공식적인 승인을 얻게 되었다. 물론 이같은 가톨릭의 사고 전환은 가톨릭만의 독자적 노력이 아니라 개신교 신학자들의 줄기찬 연구 노력의 결실에 힘입은 바 크다. 그러나 이 선언이 나오게 되자, 세계의 모든 기독교 지도자들은 충격을 받으면서도, 달라진 세계의 현실을 진지하게 받아들일 수밖에 없게 되었다.

달라진 세계의 현실이란 그러면 무엇을 말하는 것인가? 비유로 말하면 이런 것이다. 우리가 석유를 사용하지 않으면, 중동 전쟁과 직접적인 상관없이 살아갈 수 있다. 그러나 석유를 사용할 수밖에 없다면, 우리는 지구 저편 마을의 사태에 관심을 가질 수밖에 없다. 이렇듯 과거에는 여러 종교들이 서로 별도의 마을에서 살아 왔으나, 이제는 여러 가지 관계성들 때문에 "같은 마을"에 살게 된 것이다. 현대 문명이 지구의 생활공간을 엄청나게 축소시켰기 때문이다. 과거에는 "강 건너 불"이었던 사태가 이제는 우리의 이웃 집, 아니 우리 집안 일이 된 셈이다. 즉 과거에도 다른 종교들이 존재했었지만, 우리는 서로서로 무시하고 살아왔다. 그렇게 살 수 있었다. 상대방이 우리에게 영향을 주지 않는 거리에 있거나, 미약하여 무시할 수가 있었다. 그러나 이제는 말 그대로 날마다 다른 종교인들과 맞부닥치며 살 수밖에 없게 되었다. 좋든 싫든 우리는 이제 정직하게 이 현실을 인정해야 한다. 즉 우리가 살아가는 이 지구 마을에서는 기독교가 더 이상 "유일한 합법 종교"가 아님을 인정할 수밖에 없는 상황에 놓인 것이다. 아무리 슬프더라도 이 현실을 인정해야 한다. 즉 다른 종교들이 존재한다는 사실만으로는 "종교 다원주의"는 도전적 과제가 발생하지 않는다. 적어도 겉보기에 있어서라도 우리와 대등한 힘(사회적 또는 종교적)을 지니고 있는 다른 종교들이 우리와 같은 생활공간에서 맞부닥치고 있을 때에 비로소 "다원주의"라는 문제가 진지하게 발생한다는 말이다.

이렇게 본다면, 아직도 한국의 무수한 기독교인들은 바티칸 II이전 시대에서 살아가고 있다. 즉 중세의 "기독교 왕국"시대를 고집하면서, 지구상의 유일한 합법종교는 기독교라는 도그마를 고수하려 든다. 이것은 신앙의 문제 이전에, 변화된 지구 마을의 풍경에 대해서 애써 눈감아 버리려는 노인병이다. 노인들은 과거의 추억속에 살기를 좋아한다. 그러나 기독교 "노인들"이 알아야 할 것은 기독교도 한 때 타종교들로부터 심각한 박해를 받았었고 또 타종교인들을 심하게 박해했었다는 역사적 사실이다. 우리가 만일 타종교의 현실성을 인정하려 들지 않는다면, 지구의 마지막 전쟁은 분명히 기독교인들이 저지르는 "신들의 전쟁"이 되고 말 것이다.

2. 하나님의 이해의 문제

6_19910609 하나님 이해의 문제_홍정수_교리사건 재판자료_2번_페이지_2

국가간의 전쟁이 벌어지면, 우리는 어느 편이 정의인가를 묻게 될 것이다. 그러나 종교간의 전쟁이 발발하더라도 마찬가지이다. 우리는 어느 종교가 진리냐를 물을 수밖에 없다. 그러나 다행하게도 혹은 불행하게도 우리는 제3자의 중립지대에 서 있지 않고, 종교 전쟁당사자 위치에 있다. 따라서 남들이 우리를 향해 무어라고 비난하느냐를 생각하기 그 이전에, 우리가 섬기는 하나님이 누구냐를 스스로 물어야 종교의 진리성 문제에 대답할 수 있다. 남들이 우리를 향하여, 너희는 비진리이다, 너희는 부정의이다, 너희는 이단이다, 너희는 지구평화의 적이다라고 비난을 퍼붓는다고 할지라도, 우리 하나님께 대한 충성(종교적 진리성)에 확신이 있다면, 우리는 지구 최후의 전쟁을 감행할 수밖에 없다. 본디 신앙이란 그런 것이다. 즉 신앙이란 -제대로 된 것이라면- 언제나 우리의 모든 것을 걸고 충성하는 초점이 되게 마련이며, 그것에 대한 충성을 떠나서는 "진리"가 있을 수 없기 때문이다. 따라서 우리의 하나님이 요구하신다면, 우리는 지구를 포기할 수밖에 없다. 아니면 우리는 신앙을 배신하는 배교자가 되고 말 것이 분명하다. 따라서 바티칸II 이전 종교신학의 코페르니쿠스적 전환 이전 시대에 살고 있는 기독교인들이 몹시 불안한 마음으로 대화주의자들을 쳐다보는 심경, 충분히 이해할 수 있다.

그렇다면 우리의 문제는 결국 이것이다 : '다원주의 시대에서 다시 한번 생각해 본다면, 우리의 하나님은 어떤 분이신가?' 즉 우리의 신은 제자식만 사랑하는 편협한 인간의 마음을 가진 신인가? 아니면 악인에게도 비를 내려 주시는, 아니 죄인들에게 먼저 다가가시어 자비를 베푸시는 '가없는 은총'의 신이신가? 기독교인들은 사실상 오늘 이 문제에 정직하게 대답해야 한다. 다른 "종교"에 대해서 "우리"가 어떻게 다가설 것인가가 아니라 기독교인이 아닌 "사람들"에게 대한 우리 "하나님"의 태도는 무엇인가를 물어야 한다.

다시 말하면 우리는 용납하고 싶지 않더라도, 하나님께서 만일 무신론자나 이교도까지 사랑하신다고 하면 우리는 당연히 그들을 포용하고 사랑해야 한다. 기독교인이 되기 위해서이다. 그러나 하나님께서 이 땅에 예수라는 단 하나의 사람을 보내셨고, 그 단 한사람의 이름을 모르는 사람들을 사랑하지 않으신다고 굳게 믿는다면, 달리 무슨 수가 있겠는가? 기독교밖의 사람들을 향해서는 언제나 잔인한 십자군의 칼밖에 휘두를 것이 없다(개종하지 않는 한). 따라서 타종교에 대한 기독교의 자세는 지구 평화라는 정치적 문제이기 이전에 기독교인된 우리 자신의 정체성 문제이다. 곧 우리의 하나님 이해에 대한 문제이다.

그런데 기독교인의 하나님 이해의 근거는 어디에 있는가? 교회가 만들어낸 도그마인가? 아니면 성서 속에 나타나 있는 예수의 생애인가? 만일 교회의 도그마가 우리 하나님 이해의 최후의 근거라면, 계속하여 십자군적 태도를 견지해야 한다(가톨릭 교도가 아니라면). 이것은 너무나 당연하다. 그러나 성서속에 나타나 있는 예수의 생애가 우리의 하나님 이해의 최후의 근거라면, 상황은 달라진다. 크게 달라진다. 왜냐하면 예수께서는 인간이 자기들이 이름으로 만든 장벽뿐이 아니라 하나님 야훼의 이름으로 세워둔 철벽까지도 모조리 파괴하셨기 때문이다. 그리하여 그 준엄하던 모세의 십계명 중 안식일 계명까지도 공공연히 거부하셨다. 바리새인들이 민족의 자존심을 걸고 지켰던 정결예법도 공공연히 파괴하셨다. 그것이 병든 자들을 버려두는 구실이 되는 한, 그리하셨다. 그것이 불쌍한 동포들을 무시하는, 종교적 우월감을 정당화시키는 도구로 사용될 때 그리했었다. 민족감정이 만들어 낸 이데올로기적 장벽까지도 파괴했다. 로마인에게 빌붙어 먹는 반민족주의자 마태를 제자로 삼아 보임으

6_19910609 하나님 이해의 문제_홍정수_교리사건 재판자료_2번_페이지_3

로써 그리하셨다. 또 예수의 제자단에 가입하지는 않았지만 예수의 이름으로 귀신을 쫓아내는 이들의 사역을 금하지 아니했다.

그뿐인가! 선한 사마리아인 비유는 유태교(지금의 기독교) 지도자들의 허점을 폭로해 주고 있으며, 마태 25장에 나타나 있는 최후 심판의 기준은 전혀 비종교적이다. 즉 오늘날 우리가 기독교라는 제도적 울타리를 이용하여 하나님의 활동을 감금시키려 한다면, 그것은 우리의 하나님을 격노시키고 말 것이다. 그렇다고 하여 타종교를 무조건 인정해 주는 상대주의에 빠지자는 논리는 아니다. 단지 이 싸움에 걸려 있는 우리 자신들의 문제를 먼저 살펴야 함을 말하고자 할 따름이다.

6_19910609 하나님 이해의 문제_홍정수_교리사건 재판자료_2번_페이지_4

1982년 8월 7일 (토요일) 크리스챤신문

韓國宣敎와 他宗敎와의 對話

변선환 박사 특별기고

"他宗敎 對話는 非聖書的 아니다"

他宗敎人은 잠재적 기독교인

포괄적선교의공동전선향해나가야

◇최근 논란이 되고 있는 그의 강연에 대해 자신의 입장을 피력한 변선환교수

선교없는 대화는 공허와 고립 대화없는 선교는 맹목과 광신

他宗敎와의 對話는 새宣敎의 方向

광신적 배타주의에서 벗어나야

한복입은 그리스도를 증거하도록

7_19820807_한국선교와 타종교와의 대화_변선환_크리스챤신문

존경하는 감독회장님께 드리는 글

주님의 은총으로 삼가 문안올립니다.

한국 감리교회의 중흥을 위해 불철주야 애쓰시는 감독님의 노고에 대해 저희 학생 일동은 이런 기회를 빌어 존경과 감사의 뜻을 표합니다. 이제 선교 100주년을 목전에 바라보면서, 감리교단의 획기적인 발전과 도약을 위해서는 교단인 전체가 다원화된 시대의 새로운 선교적 과제에 대한 자각과 새로운 각오로 다함께 협력, 정진해야 할 때라 사료됩니다. 본 교단은 이러한 목표를 실현하는 데 밑거름이 될 자랑스런 전통과 신학적인 유산을 축적해 왔다고 믿습니다.

주지하는 대로, 1960년대 이래 감리교 신학대학은 교수와 학생들이 학문적인 열의와 정열을 다하여 주체적인 한국 감리교회의 선교적인 과제(토착화 신학 또는 타종교와의 대화)를 책임있게 수행하기 위해 한편으론 한국감리교회의 훌륭한 선배님들(이용도, 최병헌, 정경옥 등)의 업적과 유산을 발굴, 재평가해 왔으며, 다른 한편으론 급변하는 시대적 상황 속에서 한국 감리교 신학의 형성을 위해 진력해 왔읍니다. 이러한 과제를 계승, 발전시켜 오는 데는 감독님들의 배려와 전 교단적인 관심과 협력이 큰 힘이 되었다고 생각합니다.

그런데 이미 지상을 통해 공개된 바, 이러한 신학적인 과제의 수행을 위해 성실히 일해 오시던, 본 교단의 신학을 책임지고 있는 조직신학 교수 변선환 박사의 발언 내용이, 교단 전체의 의사라고 생각할 수 없는 교단 내 부흥단에 의해 심각히 문제되고 있는 데 대해, 저희 학생 일동은 깊은 유감의 뜻을 표하지 않을 수 없읍니다. 더구나 대학의 자율성과 학문의 자유스런 연구 풍토의 조성과 진작을 위해 교수와 학생, 그리고 교단 전체가 발분, 협력하여 보다 나은 감리교회 역사 창조의 미래를 위해 노력하여야 할 때임에도 불구하고, 금권과 교단 내 정치세력을 이용하여 신성한 학원의 자유와 자랑스런 감신의 연구 풍토를 위협하고 침해하는 부흥단의 태도에 대해 깊은 우려와 놀라움을 금할 길이 없읍니다.

그리하여 저희 학생 일동은 감리교단 전체의 책임과 지도를 맡고 계신 감독

8_19820809_존경하는 감독회장님께 드리는 글
감리교신학대학 학도호국단 학보사 대학원 원우회 일동

회장님께 저희들의 결의와 요청을 다음과 같이 간곡히 호소하는 바입니다.

첫째, 한국 감리교의 새로운 선교적 과제를 책임지고 있는 감리교 신학대학의 교단 신학자 변선환 교수의 신학적 발언이 교단 내 일부 세력인 부흥단의 금권과 정치권력에 의해 교수직의 해임이 논의 되는 것은 대학의 자율성과 학문의 자유를 기반으로하는 감리교 신학대학에 대한 명백한 침해요 위협이라 사료되는 바, 감독회장님께서는 한국 감리교의 모태인 감리교신학대학의 존망이 외부 세력에 의해 위협당하지 않도록 각별히 선처해 주시기를 간곡히 요청합니다.

둘째, 부흥단에 의해 이단으로 정죄되고 정회원직의 자격정지가 논의되고 있는 변선환 교수의 신학적 발언은 주체적인 한국 감리교 신학에 대한 책임있는 교단 신학자의 신학적 해석인 바, 이 문제는 일부 세력의 압력에 의해 처리될 수 있는 일개인에 대한 사사로운 문제가 아니라 한국 감리교 신학의 향방에 대한 중대한 문제라 사료됩니다. 그러므로 이 문제는 한국 감리교의 선교적 차원에서 감리교단 내의 책임있는 전문신학자들의 충분한 학문적인 논의와 검토 후에 처리될 수 있도록 신중하게 검토해 주시기를 간곡히 요청합니다.

세째, 본 사건은 일생을 감리교회에 몸을 담고 한국 감리교 신학 형성과 교단의 발전에 기여해 오신 교단 신학자 변선환 교수의 "정회원직 자격정지", "교수직 해임"을 다루는 중대한 문제이니 만큼 공개적이고 합법적인 절차로 진행되도록 진력해 주실 것을 간곡히 요청합니다.

네째, 이 사건의 중대성에 비추어, 감독님께서는 공정하고 중립적인 입장에서 선처하시어서 감리교 역사에 한 점의 부끄러운 오점도 남지 않도록 최선을 다해 주실 것을 간곡히 호소합니다.

이상과 같은 저희의 요청과 결의는 앞으로 저희가 몸 담고 일할 한국감리교회를 중심으로 사랑하고 아끼는 심정에서 비롯된 것입니다. 부디 저희 학생 일동의 요청을 신중히 검토해 주시어서, 이번 사건이 공정히 해결됨으로 말미암아 감리교 신학대학의 자유로운 학문적 풍토의 진작과 선교 100주년을 목전에 둔 감리교단의 성숙한 발전이 이루어지기를 앙망하나이다.

1982년 8월 9일

감리교 신학대학 학도호국단· 학보사· 대학원 원우회 일동 드림.

8_19820809_존경하는 감독회장님께 드리는 글
감리교신학대학 학도호국단 학보사 대학원 원우회 일동

존경하는 감리교 신학대학 교수님들께 드리는 글

선교 100주년을 눈 앞에 두고 한국 기독교 선교의 새로운 과제를 위해 불철주야 연구에 몰두하시는 교수님들께 삼가 깊은 존경의 뜻을 표하는 바입니다.

일찌기 타종교와의 대화를 통한 토착화의 문제를 한국 감리교 신학의 공동과제로 설정하시고 지난 1960년대 이래 감리교 신학대학의 여러 교수님들께서 토착화 논쟁에 직접 참여하시어 훌륭한 논문들을 발표하셨던 점과 또한 감신의 신학 전문학술지 '신학과 세계'를 통해 감리교의 이용도, 정경옥, 최병헌 목사와 같은 훌륭한 선배들을 발굴해 내시어 많은 교수님들께서 그 집필진으로 나섰던 점은 감리교 신학대학의 자랑이요 전통이며 그 살아있는 맥박이라고 생각되며, 이 점에서 저희 젊은 신학도는 감리교 신학대학과 교수님들을 자랑스럽게 여기고 있읍니다. 그러므로 오늘날 타종교와의 대화를 통한 토착화의 과제는 오늘 있다 내일 사라질 일시적인 과제이거나 어느 일개인의 과제가 아니라, 선교 100주년을 맞아 새로운 선교적 자세로 대처해야하는 감신인 전체가 책임지고 계승, 발전시켜 나아가야 할 감리교의 선교적 과제라는 점은 어느 누구도 부인할 수 없는 사실이 되었읍니다.

하지만 지난 6월 26일 현대사회 연구소 주최로 열린 기독교와 불교와의 대화의 자리에서 본 대학의 변선환 교수께서 공개강연을 하신 이래, 교단 내외 일부 세력의 일개 부흥단에 의해 한국 감리교의 선교적 과제를 책임지고 있는 감리교 신학대학 조직신학 교수의 강연내용이 일방적으로 이단시되고 그 정회원직과 교수직을 박탈하라는 성명서가 공공연하게 지상에 발표되었는데도 불구하고, 교수님들께서는 아무런 대책없이 관망만 하고 계신 사실을 볼 때, 교수님들을 믿고 기대하고 있는 저희 젊은 신학도 일동은 실망과 경악을 금할 수가 없게 되었읍니다.

저희들은 이 문제가 어느 개인과 일부 세력과의 개인적인 싸움이라고는 전혀 생각지 않으며, 한국 감리교와 감리교 신학대학의 신학적 현재와 미래에 관련된 중대한 문제라고 보아, 저희 젊은 신학도 일동은 더 이상 사태를 좌시하지 않기로 결의하고 교수님들께 삼가 다음과 같이 강력히 요구하는 바입니다.

8_19820809_존경하는 감독회장님께 드리는 글
감리교신학대학 학도호국단 학보사 대학원 원우회 일동

첫째, 대학의 자율성과 학문의 자유를 근본으로 하는 감리교 신학대학 조직신학 교수의 신학강연이 고단 내의 일부 세력인 일개 부흥단의 금권과 정치권력에 의해 교수직의 해임이 논의 되고 있는 것은 감리교 신학대학에 대한 외부의 부당한 간섭으로 사료되는 바, 교수님들께서는 감리교 신학대학의 교수직이 외부 세력의 부당한 강압에 의해 위해를 받는 일이 없도록 일치단합하시어 감리교 신학대학의 자율성과 학문의 자유가 보장되도록 해주시기를 간곡히 요청합니다.

둘째, 타종교와의 대화를 통한 토착화의 과제는 일찍부터 감리교 신학대학이 떠맡아온 과제요, 앞으로도 감신 전체가 계승, 발전시켜야 할 과제인 바, 이러한 과제가 일부 세력에 의해 이단시되어 감신교수의 정회원직의 자격정지가 문제시되고 있는 것은 결국 감신 전체가 이단시되는 결과가 되고 있으므로 교수님들께서는 더 이상 이 문제를 좌시하지 마시고 변선환 교수님과 운명을 같이하여 주시어 글과 행동으로서 적극적으로 대처해 주실 것을 간곡히 요청합니다.

세째, 사건 발발 이후 도미하신 박봉배 학장님은 이 문제가 감리교 신학이 문제가 되고, 감리교신학대학이 문제가 되고, 감리교 신학대학 교수의 정회원직과 교수직이 문제가 되는 중대한 문제인 만큼 즉각 귀국하시어 학교 당국의 책임자로서 이번 문제를 직접 선두에 나서 대처하여 주실 것을 간곡히 요청합니다.

네째, 한국 감리교 신학의 미래는 일개 부흥단의 세력에 의해 좌우될 수 있는 문제가 아닌 만큼, 교수님들은 책임있는 교단신학자로서 타종교와의 대화를 통한 토착화의 과제가 일부 부당한 세력에 의해 이단시되거나 정죄당하는 일이 없이 자유스럽게 토론될 수 있도록 한국 감리교 신학의 선봉에 서주실 것을 간곡히 요청합니다.

끝으로 저희 젊은 신학도 일동은 타종교와의 대화를 통한 토착화의 과제가 한국 감리교와 감리교 신학대학의 선교적 과제임을 자랑스럽게 여기며 교수님과 더불어 이의 실현을 위해 적극적으로 노력, 분투할 것임을 약속드리면서 교수님들의 책임있는 행동을 기대하는 바입니다.

1982년 8월 9일

감리교 신학대학 학도호국단. 학보사. 대학원 원우회 일동 드림.

8_19820809_존경하는 감독회장님께 드리는 글
감리교신학대학 학도호국단 학보사 대학원 원우회 일동

변선환 교수 발언에 대한 교수들의 입장

지난 6월 26일 교보빌딩에서 있었던 본 대학 변선환교수의 강연내용이 문제가 되어 그동안 교계에 물의가 일어난데 대해서 우리는 유감스럽게 생각하는 바이다. 본 교수단은 학문적으로 책임있는 발언을 하기 위해 그동안 변교수의 강연내용 전문을 신학적으로 검토한바 다음과 같은 합의에 이르렀기에 교수들의 입장을 다음과 같이 밝히는 바이다.

1. 기독교사상에 (1982년 9월호) 게재된 강연 내용을 면밀히 검토해본 결과 이것이 한 교수를 파면하거나 정회원권을 박탈할 만한 문제성이 있는 것은 아니라고 생각된다. 신문에 게재된 부분은 어느 신학자의 말을 인용한 것뿐 변박사 자신의 말이 아닌데도 변교수 개인의 말처럼 보도가 된 것은 오보였다고 생각된다. 분명히 변교수는 자신의 말을 통해 "바울은 기독교복음의 핵심이 그리스도 안에서 하나님나라 도래를 위해서 힙쓰는 새 휴매니티를 회복시키는 것이라고 하였다. 그러나 그것은 내 실존적 신앙고백이고 휴매니티의 회복은 기독교와는 다른 길을 통해서 불교에서도 가능하다고 본다." (P. 176)고 했을뿐이다. 더구나 변교수는 "나는 실존적 확신을 가지고 기독교 전통의 언어를 오늘의 종교적 정치적 상황 속에서 지구 촌락에 사는 인간 가족의 앞날을 위하여 새롭게 해석하며 그리스도의 복음을 힘있게 증거하고 싶다." (P. 176)는 신앙고백을 하고있다.

2. 불교나 타종교와의 대화문제는 변박사가 처음으로 말한 것이 아니고 다른 학자들이 오래전 부터 말해온 것을 변박사가 소개 인용한 것이라 생각할때 변박사에게만 이 문제를 집중시켜 규탄하는 것은 공평한 처사가 아니라고 생각한다.

3. 우리는 그런 뜻에서 감리교회의 교역자 양성기관으로서 교회에 대한 책임을 깊이 인식하면서 그러나 학문의 자유와 대학의 자율성은 책임있게 보존되어야 한다고 생각한다. 그런 방향에서 본 대학 이사회가 변교수의 신앙고백서를 받아 그동안의 오해를 일소하고 이 문제를 감독회장, 이사장, 학장에게 책임지고 해결하도록 한 결정이 옳은 것이라고 생각한다.

1982년 9월 7일

감리교신학대학 교수 일동

12_19820907_변선환 교수 발언에 대한 교수들의 입장_감리교신학대학 교수일동_2

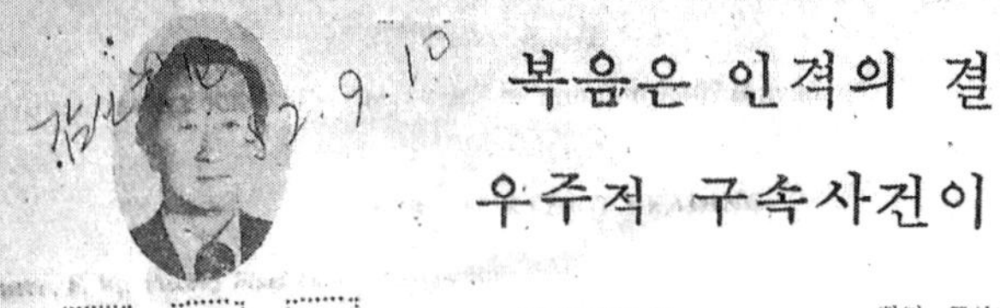

복음은 인격의 결단신앙

우주적 구속사건이 구원을

유 동 식

<연대 신과대 교수>

1. 세계적 상황

19세기의 서구 제국주의는 세계를 지배하려고 했다. 이러한 서구세력을 배경으로 선교활동에 나선 기독교는 다른 종교나 문화의 존재를 인정하려 하지 아니했다. 그러나 제2차 세계대전의 종식과함께 서구의 제국주의적 환상도 끝이 났다. 식민지로 있던 민족들이 해방이 되고 제각기 독립국가를 형성했다. 그들은 또한 문화적 주체성을 찾음으로써 이른바 제3세계의 문명을 형성하기 시작했다. 문화의 핵 또는 실체를 이루고 있는것이 종교이다. 따라서 제3세계는 제각기 전통적인 종교에 눈을 돌리기 시작했다. 세계는 이제 종교적 다원사회를 형성하게 되었고 기독교도들은 다른 종교의 존재를 인식하기 시작했다. 기독교가 세계를 독점하리라는 꿈이 오늘의 현실과는 거리가 있다는 것을 깨닫기 시작했다.

오늘의 세계 종교상황을 보건대 기독교도가 약10억, 이스람이 5억 인도교도가 6억, 불교도가 3억, 그리고 의사종교(擬似宗教)라 할 공산주의자가 약12억이나된다. 기독교도는 결코인류의 절대다수를 차지하고 있는 것이 아니다. 그리고 오늘의 증가추세를 보더라도 한국을 제외하고는 결코 인류를 지배할 형세가 아니다.

한편, 우리가 믿는 바에 의하면 하느님은 우주를 창조하시고 섭리하시는 아버지시오. 그의 아들 예수 그리스도는 인류 전체를 구원하시기 위해 오신 것이다. 이러한 하느님과 그리스도를 믿는것이 기독교이다 °그렇다면은 오늘의 세계의 종교적 상황은 과연무엇을 뜻하는 것이며, 예수의 이름 밖에는 구원을 얻을 길이 없다는 우리들의 신앙고백의 의미는 과연무엇일까? 여기에 오늘의 선교 전선에 선 교회의 문제가있고, 또한 종교간의 대화라는 신학적 과제가 제기되는 것이다.

이러한 선교신학적과제에 일찌기 눈을 뜬것이 카톨릭교회이다. 60년대 제2바티칸 회의를 계기로 카톨릭교회는 타종교의 세계를 향해 문을 열기시작해다. 한편 개신교의 세계교회협의회도 종교간의 대화문제를 전담하는 부서를 두고 점차 활발한 움직임을 보이기시작했다.

2, 한국적상황

천주교를 통해 2백년전에 우리나라에는 예수의 복음이전해졌다. 그러나 그 신도수가 늘어나기 시작한것은 백년전에 전래된 개신교를 통해서이다. 그리고 오늘날까지 증가일로의 길을 걸어 지금은 신도수가 천만에 육박하는 놀라운현상이 일어나고 있다. 기독교의 선교역사상 유례없는 일이라고한다.

특히 6·70년대에 그 대부분의 수가 늘어났다. 이대로 간다면 한 과 수십년 사이에 한국인 전체가 그리스도인이 되리라는 것은 그저 어려운 계산이 아니다. 그렇기 때문에 한국의 교회들은 자신을 가지고 선교활동을 전개할 뿐만 아니라 때로는 기독교만이 다수집단이라는 착각속에 교회밖의 사람들을 안중에 두려하지 않는다.

그러나 우리는 마땅히 우리의주변을 돌아보아야할 필요가 있다, 그 중에는 6·70년대에 기하 급수적으로 신도수가 늘어난것은 기독교만이 아니라는 것이다. 신흥종교도 역시 같은 기간에 백만대에서 천만대로 증가되어 지금은 그 신도수 1,200만이라고 한다. 급격한 산업화와 도시화속에 불안을느낀 민중들이 찾어간곳은 기독교뿐만 아니라 불교사찰이기도 했다는 것이다.

여하튼 오늘의 한국에서 두드러진 종교현상은 기독교와 불교가 나란히 성장하고 있다는 사실이다. 따라서 기독교가 한국을 독점하리라는 것을 객관적 현실로 이해하기는 어렵다. 요컨대 한국 역시 오늘의 세계와 마찬가지로 종교의 복합사회를 이루고 있다는 말이다. 그러므로 선교를 사명으로 하고있는 교회로서는 타종교와의 관계문제를 진지하게 생각하지 않을 수 없는 상황에 이르렀다.

둘째, 예수의 이름으로만 구원받을수 있다는 말의 해석의 문제이다. 문자의 표면에만 집착하게 된다면 다음과같은 질문들이 있을수 있을 것이다. 곧 기독교가 전래되기 이전에 살았던 우리의 조상들은 구원에 참여할수 없는것일까? 하느님께서는 선교사의 뒤를 따라 1백여년전에 비로서 한국에 오신 것일까? 우주를 창조하시고 인류의 문화와 역사를 섭리하시는 하느님이시다.

그렇다면 원효나 의상, 퇴계나율곡과 같은 스승을 주신것은 거기에 특별한 뜻이 있는것이아닐까? 도대체 예수이전의 책인 구약성서의 의미는 무엇이며 아브라함과모세의 구원의 문제는 어찌되는 것일까? 동양의 위대한 종교적 전통과 정신적유산이 과연 하느님과는 관계없는 무의미한것일까? 알파와오메가는 모든 인간을 구원하신다는 그리스도의 복음의 뜻은 과연 무엇일까? 이러한 무수한 질문이 일어날수있다. 그리고 우리는 마땅히 신앙이 신앙의 입장에 서서 이런 문제들에 대해 성실히 연구하고답변해야할 신학적 책임이 있는것이다. 한국교회는 이러한 문제에 대해 일반적으로는 성실히 연구하지 아니했다. 다만 감리교의 신학자들만이 타종교에 대해 관심을 가지고 연구하려고 했다. 초기 최병헌 목사로부터 시작하여 오늘에 이르기까지 기독교와 타종교와의 관계문제를 신학적으로 계속 연구하고 있다는데에 감리교의 신학적전통과 공헌이 있는것이다.

3, 선교와대화

선교는 복음을 증거하는 것이다 그런데 그독교의 복음의 진리란수학적 공식과 같이 객관화할수있는 지식이 아니다. 복음은 인격적인결단에 의한 신앙으로서만 이해되고 전달될 수 있는 진리이다. 따라서 이를 받아들이는 사람의 주체적참여가 없이는 선교가 이루어 지지 아니한다. 곧 선교란 인격과 인격사이의 그리고 복음과 인격 사이의 대화적 관계를 통해서만 이루어지는 활동이다.

모든 사람은 문화를 가지고 있고, 문화의 핵은 종교이다. 따라서 모든 사람은 일단 종교인으로 보아야 할 것이다. 우리가 복음을전하는 대상은 결코 백지와 같은인간이 아니라 그 나름대로의 종교적 심성을 가진 문화인이다.

그럼으로 복음을 전하는 선교적대화는 직접적이던 간접적이던 타종교와의 대화를 갖지 않을수 없다. 모든 그리스도인은 타종교와의 대화적 관계에 서 있다.

문제는 선교하는 그리스도인들이 타종교에 대해 어떠한 신앙적 자세를 취하느냐에 따라 각기 대화의 양상이 달라진것 뿐이다. 타종교에대한 그리스도인들의 태도에는 대체로 세유형이 있어왔다.

첫째는 기독교 외의 모든 종교를 의미한 것으로 보는 태도이다 예수의 이름밖에는 구원이 없다는 성구를 단순히 내세우고 모든 종교를 정복해야 한다고 믿고 주장한다.

둘째는 다른 종교에 문화적 가치와 의미를 부여하지만 구원의진리는 없다고 주장하는 태도이다. 기독교의 복음은 모든 종교적 추구의 완성이요, 다른종교들은 기독교의 진리를 향한 준비적인 위치에 있다. 타종교의 위치는 예수에 대한 세례요한의 위치와도 같다고 본다.

셋째 유형은 우주적 그리스도와 『하나님의 선교』라는 신학적 이해위에서서 다른 종교 안에 적극적인 의미를 부여하려는 태도이다. 하느님은 모든것 위에 계시고 모든것을 통해 계시며 또한 모든것 안에 계시다. 그럼으로 그의 구원의 섭리는 교회안에서는 물론 교회 밖에서도 역사하고 있다고 믿는다. 특히 위대한 성자들의 사상과 행위로 시작된 동양의 종교를 통해 하나님은 예수의 이름을 모르는 아시아 사람들에게 말씀하셨으리라고 생각한다. 이러한 하느님의 선교에 참여하는 사람들은 비록 예수의 이름을 몰랐을지라도 구원에 동참하게 되리라고 생각한다. 그러나 그 구원은 동양종교 때문이 아니라 우주적 그리스도의 구속사건 때문에 이루어지는 것으로 믿는다.

이상과 같은 유형의 선교적 태도에는 제각기 성서적 근거를 가지고 있다. 문제는 성서에 증거된 그리스도의 복음과 구원의 내용을 어떻게 이해하느냐에 있다. 성서에는 복음의 진리에 대해 폭넓고 다양하게 기록되어 있다.

그리스도에 의한 구원만을 주장하는가하면 선한 사마리아 사람의 비유가 있다. 죄와 죽음으로 부터의 해방이 구원인가하면 또한 병과 가난과 억압으로부터의 해방을 구원의 내용으로 선포하기도한다. 그러므로 우리는 어느 한면에만집착함으로써 온전한 복음을 왜곡할 것이 아니라 진리의 전체모습을보아야한다. 크고 넓으신 하느님의뜻을 받들어 믿고살며 또한 선교적 사명을 다하도록 하지않으면 아니될것이다.

13_19820910_복음은 인격의 결단신앙 우주적 구속사건이 구원을_유동식_감신학보_2

변선환 목사의 발언 문제에 대한 처리에 대하여

본 교단 서울연회 소속목사이며 현 감리교 신학대학 교수인 변선환 박사가 지난 6월26일 현대사회 연구소가 주최한 불교와 기독교의 대화를 주제로한 세미나에서 강연한 내용이 신문에 보도되자 교단 내부에서 큰 물의가 일어나서 드디어 7월 12일자로 감리교 부흥단의 성명서가 발표되기까지 하였다.

동 성명서의 요지는 변교수가 사도신경을 부인하고 기독교대한감리회의 교리적 선언도 부인하였다는 일종의 규탄문이었다.

그 후로 수개월간 한국의 매스콤(특히 교계 주간 신문들)은 이 문제를 특종 기사로 취급하여 감리교회가 이단정죄를 하려한다느니 어떤 영자신문에서는 종교재판이라는 말까지를 쓰기에 주저하지 않았다. 그러나 우리 교단은 신학자들의 연구의 자유를 존중하여, 이 문제를 보다 신중히 다루려는 태도를 견지해 왔다. 우리교단은 변 교수의 여러편의 논문을 속독 심사해 보았으나 그가 사도신경을 부인했다든가, 우리교단의 교리적 선언을 부인한 명백한 증거는 찾지를 못하였다. 그가 기독교와 타종교간의 대화의 필요를 역설하며 하나님의 구속의 은총이 그리스도를 모르는 비 기독교인들 중에서는 타종교 신앙중에서 예비적으로 역사한다는 설과 앞으로의 선교를 위해서는 이러한 폭넓은 대화 없이는 불가능하다는 점에 있어서 더우기 오늘 우리는 종교의 다원주의 시대에 살고 있다는 점에 대해서 이를 부인할 사람은 아무도 없을 것이다.

다만 그의 표현이 어떤때는 많은 사람들에게 오해를 유발할 수 있는 취약점은 우리 교단도 이를 인정하는 바이다. 그동안 일선 목회자들로부터 변 교수의 학설 때문에 전도의 길이 막히며, 선교의 큰 지장을 가져온다는 불평과 항의는 우리가 알고도 남음이 있었다. 그러나 우리는 조급한 판단을 내리는 일은 지혜롭지 못하다고 생각되어 지금까지 이 문제에 대한 직접 반응은 발표한 바없었다.

이제 되도록 이 문제를 평화리에 그리고 공정히 수습하기 위해 그동안 감리교 신학대학 이사회, 감독회의, 서울연회등 여러 기관에서 노력을 하고 본인과 수차 면담, 권고한 결과 지난 9월28일자로 변 선환 교수의 신앙고백을 받기에 이른 것이다. 이 신앙고백서가 그동안의 여러가지 오해와 왜곡된 억측들을 해명하기에 충분하다고 생각되어 여기에 그 전문을 전재하는 바이다.

바라기는 이 해명서가 지난 수 개월간의 고통스러웠던 문제에 일단 종지부를 찍고 우리는 이번의 경험을 창조적으로 되살려서 앞날의 우리교단 부흥 발전에 플러스가 되기를 기원하는 바이다.

1982. 10. 12

기독교대한감리회 감독회장 오 경 린

해 명 서

본인은 지난 6월 26일 현대사회연구소가 공개하였던 불교와 기독교의 대회 모임에서 한 주제강연이 교회의 선교현장에서 계속 논란이 되고 물의를 일으키고 있다고 듣고, 감독님들의 권면에 따라서 교계신문에 두번 해명서를 발표하였읍니다. 사회의 요청에 의하여 대화 모임에서 한 본인의 강연이 본의 아니게 교회의 선교(missio ecclesiae)에 큰 손상을 주고 있다고 들으며, 본인은 일선에서 목회하고 있는 동역자들에게 크게 미안하고 죄송하다는 마음을 가지고 있읍니다. 자격심사위원회의 요청에 따라서 본인은 다시 한번 본인의 신의 선교(missio Dei)의 입장을 밝히겠읍니다. 감리교신학대학에서 20년 가까이 현대신학, 종교철학, 조직신학, 감리교 신학을 강의하여 온 본인의 타종교와의 대화의 입장은

제 23 권 376

-28-

14_19820928_해명서1_변선환_기독교세계_2번

① 한국의 인간화를 위하여 기독교는 3·1 운동 당시처럼 타종교와 저의없이 대화하고 협력하여야 한다는 극히 실천적인 도의적 요청에 응하려는 것이었고,

② 오늘날 세계 신학자들 특히 제3 세계 신학자들이 씨름하고 있는 기독교의 탈서구화(토착화또는 상황화 Contextualization)의 과제를 유불선 세 종교가 다원적으로 기독교와 함께 공존하고 있는 한국의 종교적 사회적 상황에 적응시켜서 한국적 신학을 형성하려는 시도였으며,

③ 선행 은총과 속죄의 보편성을 종교개혁 원리와 함께 주장하는 웨슬레 신학에 근거시키려는것이었읍니다. 신학자는 언제나 자기 교파의 신학적 전통의 빛에서 급변하는 정치적 종교적 상황에 대하여 의미를 가질 수 있도록 복음을 새롭게 재해석하며 새로운 신학을 형성하여야 한다는 과제를 가지고 있읍니다. 이 경우 그 문제의 새 신학은 표현방식이 다소 달라질 수도 있겠으나, 그리스도 케리그마(宣敎) 자체를 부정하거나 포기하는 것은 결코 아닙니다. 대화없는 선교는 맹목이고 선교없는 대화는 공허합니다.

나는 천지를 창조하신 창조주 하나님과 그의 아들 우리 주 예수 그리스도를 믿습니다. Solus Christus (오직 그리스도로만 구원 받는다고) 믿습니다. 나는 성령과 하나의 거룩한 교회와 죄를 사하여 주시는 것과 영원한 생명을 믿습니다. 아멘.

1982년 9월 28일

변 선 환 (서명)

15_19820928_해명서2_변선환_기독교세계_2번

그리스도를 救世主로 믿습니다

변선환 교수 신앙고백서 요지

예수 이름으로만 구원이 可能 他宗教와의 對話도 추진돼야

16_19821003_그리스도를 구세주로 믿습니다_변선환_교회연합신보_2번

변선환 목사의 발언 문제에 대한 처리에 대하여

본 교단 서울연회 소속목사이며 현 감리교 신학대학 교수인 변선환 박사가 지난 6월 26일 현대사회 연구소가 주최한 불교와 기독교의 대화를 주제로한 세미나에서 강연한 내용이 신문에 보도되자 교단 내부에서 큰 물의가 일어나서 드디어 7월 12일자로 감리교 부흥단의 성명서가 발표되기까지 하였다.

동 성명서의 요지는 변교수가 사도신경을 부인하고 기독교대한감리회의 교리적 선언도 부인하였다는 일종의 규탄문이었다.

그 후로 수개월간 한국의 매스콤(특히 교계 주간 신문들)은 이 문제를 특종 기사로 취급하여 감리교회가 이단정죄를 하려한다느니 어떤 영자신문에서는 종교재판이라는 말까지를 쓰기에 주저하지 않았다. 그러나 우리 교단은 신학자들의 연구의 자유를 존중하여, 이 문제를 보다 신중히 다루려는 태도를 견지해 왔다. 우리교단은 변 교수의 여러편의 논문을 속독 심사해 보았으나 그가 사도신경을 부인했다든가, 우리교단의 교리적 선언을 부인한 명백한 증거는 찾지를 못하였다. 그가 기독교와 타종교간의 대화의 필요를 역설하며 하나님의 구속의 은총이 그리스도를 모르는 비 기독교인들 중에서는 타종교 신앙중에서 예비적으로 역사한다는 설과 앞으로의 선교를 위해서는 이러한 폭넓은 대화 없이는 불가능하다는 점에 있어서 더우기 오늘 우리는 종교의 다원주의 시대에 살고 있다는 점에 대해서 이를 부인할 사람은 아무도 없을 것이다.

다만 그의 표현이 어떤때는 많은 사람들에게 오해를 유발할 수 있는 취약점은 우리 교단도 이를 인정하는 바이다. 그동안 일선 목회자들로부터 변 교수의 학설 때문에 전도의 길이 막히며, 선교의 큰 지장을 가져온다는 불평과 항의는 우리가 알고도 남음이 있었다. 그러나 우리는 조급한 판단을 내리는 일은 지혜롭지 못하다고 생각되어 지금까지 이 문제에 대한 직접 반응은 발표한 바없었다.

이제 되도록 이 문제를 평화리에 그리고 공정히 수습하기 위해 그동안 감리교 신학대학 이사회, 감독회의, 서울연회등 여러 기관에서 노력을 하고 본인과 수차 면담, 권고한 결과 지난 9월 28일자로 변 선환 교수의 신앙고백을 받기에 이른 것이다. 이 신앙고백서가 그동안의 여러가지 오해와 왜곡된 억측들을 해명하기에 충분하다고 생각되어 여기에 그 전문을 전재하는 바이다.

바라기는 이 해명서가 지난 수 개월간의 고통스러웠던 문제에 일단 종지부를 찍고 우리는 이번의 경험을 창조적으로 되살려서 앞날의 우리교단 부흥 발전에 플러스가 되기를 기원하는 바이다.

1982. 10. 12

기독교대한감리회 감독회장 오 경 린

해 명 서

본인은 지난 6월 26일 현대사회연구소가 공개하였던 불교와 기독교의 대회 모임에서 한 주제강연이 교회의 선교현장에서 계속 논란이 되고 물의를 일으키고 있다고 듣고, 감독님들의 권면에 따라서 교계신문에 두번 해명서를 발표하였읍니다. 사회의 요청에 의하여 대화 모임에서 한 본인의 강연이 본의 아니게 교회의 선교(missio ecclesiae)에 큰 손상을 주고 있다고 들으며, 본인은 일선에서 목회하고 있는 동역자들에게 크게 미안하고 죄송하다는 마음을 가지고 있읍니다. 자격심사
제 23권 376 위원회의 요청에 따라서 본인은 다시 한번 본인의 신의 선교(missio Dei)의 입장을 밝히겠읍니다. 감리교신학대학에서 20년 가까이 현대신학, 종교철학, 조직신학, 감리교 신학을 강의하여 온 본인의 타종교와의 대화의 입장은

-28-

17_19821012_변선환 목사의 발언 문제에 대한 처리에 대하여_기독교세계_2

J-4-019

基督教思想

제 27 권 제 4 호-6호 통권 제 298 호 ~ 300호

1983 년 4 월호 ~ 6월호

18_19830400_아시아 교회의 신학적 과제_변선환교수_2번_페이지_1

아시아 敎會의 神學的 課題*

邊 鮮 煥(감신대 교수)

"과거에 우리는 折衷主義에 대한 우리의 공포 때문에 너무 금지만 당해 왔으며, 그런 모험을 감행하기에는 너무 계승된 전통적·개념적 信仰告白의 형식에 매어 있었다……살아 있는 신학은 살아 있는 교회와 그 세계와의 만남에서 생겨난다. 우리는 아시아의 부흥과 혁명과의 관계 속에 있는 신학의 특이한 과제를 알고 있다……이제까지 대체로 아시아 교회는 저들의 신학적 과제를 심각하게 다루지 않았다. 왜냐하면 아시아 교회는 서구신학이나 신앙고백이라는 기성품 대답을 받아들이는 것으로 거의 만족하여 왔기 때문이다. 그러나 우리는 오늘날 아시

* 이 論文은 "東洋神學과 非西歐化의 試圖"라는 題下에 本誌에 연재된 논문의 서론 부분이다. 앞으로 다음과 같은 내용으로 3회에 걸쳐 연재할 예정이다.

Ⅰ. 아시아敎會의 神學的 課題
Ⅱ. 東洋宗敎의 復興과 土着化 神學
1. 힌두교와 알 수 없는 그리스도(Raimondo Panikker)
2. 佛敎的 無와 東洋神學
1) 小乘佛敎와 神學(Khin Maung Din, De Silva)
2) 大乘佛敎와 場所的 그리스도(야기 세이이찌)
3) 評 價
Ⅲ. 아시아의 革命과 狀況化 神學
1. 近代化와 開發의 神學
1) 印度 르네상스와 승인된 그리스도(M. M. Thomas)
2) 隣人論으로서의 물소神學(Koyama Kosuke)
3) 世俗化와 New Philipino (Emerito Macpil)
2. 아시아의 革命과 解放神學
1) 제 3의 눈과 자비의 神(C. S. Song)
2) 民衆과 恨의 神學(徐南同)
3. 評 價
Ⅳ. 基督敎的 土着化 神學의 형성을 향하여

아에서의 본래적인 살아 있는 신학의 발전을 기대할 수 있다고 믿고 있다"[1]〔동아시아 기독교협의회(EACC)의 성명서(1965)에서〕

I. 아시아 敎會의 神學的 課題

"아시아 신학은 가능한가?"[2]라는 논문에서 베이취(James A. Veitch)는 뜻밖에도 칼 바르트의 소리에서 그 가능성을 찾았고, 반 루웬(A. Th. van Leeuwen)에게서 아시아 신학의 불가능성을 보았다. 반 루웬은 서구의 기술문명이라는 새로운 선교운동 때문에 무너져 가고 있는 비서구문명의 "존재론적"(ontocratic) 구조 속에서 형성되는 아시아 신학과 아프리카 신학, 그리고 남미의 신학 등은 서구신학이 오랜 동안 거부반응을 보여왔던 異端일 뿐이라고 단정한다.[3] 유대교 문화라는 특수성에서 벗어나서 희랍 로마 문화 속으로 복음이 전파되어 나가는 소위 "기독교의 헬라화"(하르나크)라는 초대 교회의 非東方化의 보편화 과정 속에서 나타났던 折衷主義, 노스티시즘, 네오 플라톤주의, 마니키아니즘과 같은 이단들이 오늘날 힌두교와 불교와 씨름하고 있는 아시아 교회에 다시 나타나고 있다고 보았기 때문이다.[4] 그러나 반루웬의 이같은 동양신학에 대한 거부반응과는 달리 칼 바르트는 아시아 신학자들이 "서구 사람"(European, Western men)이나 "바르트주의자"(Barthians)가 되려고 하지 말고 아시아의 상황에 뿌리를 내린 아시아 신학자들이 되라고 격려한다. 노년의 바르트는 아시아 신학자를 향하여서 "평생동안 나는 너무 많은 말을 했다. 그러나 지금은 저들이 말해야 한다. 지금은 당신들 차례가 됐다"[5]고 주장한다. 사실 啓示와 宗敎를 엄격하게 대립시켰던 젊은 시절의 칼 바르트의 종교비판은 종교 자체에 대한 비판은

1) "The Confessing Church in Asia and Its Theological Task" (C.C.A. Statement, December, 1965, at Kandy Sri Lanka), in : Douglas J. Elwood ed., *What Asian Christians Are Thinking*, Philippine : New Day Publishers of C.L.S., 1976, p.43—44.
2) James A. Veitch, "Is An Asian Theology Possible?", *Scottish Journal of Theology*, 28 : 1(1975), pp.27—43. Reprinted : Emerito P. Nakpil and Douglas J. Elwood ed., *The Human and the Holy : Asian Perspectives in Christian Theology*, New Day Publishers, Philippines, 1978, pp. 216—229.
3) Nakpil and Elwood ed., *ibid.*, p.218.
4) *Ibid.*, p.218.
5) *Southeast Asia Journal of Theology*, Vol. Ⅱ(Autumn 1969), p.4.

아니었다.[6] 이런 의미에서 토마스(M.M. Thomas)가 외쳤듯이, 아시아 신학자들은 절충주의나 이단이라고 정죄되는 데 대한 공포는 "서구 기독교의 절대화를 뜻하는 것뿐이며, 아시아의 종교부흥과 아시아 혁명이라는 현장에서 아시아 교회를 유리시키는 것밖에는 아무것도 아니라는 것을 알아야 한다." 나아가 그는 "신앙에 대한 최선의 신학적 정의까지도 필연적으로 단편적이며 일방적이고 상황적이며 예수 그리스도 속에 나타난 하나님의 풍요함을 표현하기에는 불충분한 것이다"[7]라고 말한다. 만일 이단이라는 것이 신앙에 대한 일방성과 불완전한 이해를 말하는 것이라면 모든 살아있는 신학은 예외 없이 이단이다. 이단이란 특수한 구체적 상황에서 신앙공동체를 유리시키려는 일방적인 서구신학의 우상화나 절대화를 말한다. 예수 그리스도에 대한 헌신은 결코 우리의 종교적·문화적 상황이나 정치적·사회적 상황에서부터의 철저한 유리를 강요하는 경직화된 교리나 원리를 뜻하지 않는다. 그런 의미에서 불경건한 白人神學에서부터의 해방이야 말로 흑인신학의 전제가 되어야 한다고 주장한 제임스 콘(James Cone)의 흑인해석학(Black hermeneutic)의 제안처럼,[8] 아시아 신학자들은 아시아적 상황 속에서 살아 있는 신학을 형성해야 한다는 과제를 위하여 기독교 신앙의 비정통적인 아시아적 해석학을 지향하려는 모험에 나서야 하게 되었다. 모방신학이나 이차적인(Second-hand) 신학에서부터 벗어나려는 이같은 동양신학의 움직임은 성서 속에 나타난 하나님의 말씀을 유폐하고 있는 서구의 역사적 문화적인 틀인 "튜톤적 捕虜"(Tewtonic captivity)에서부터의 탈출을

6) Karl Barth, *Kirchliche Dogmatik* I/2, S. 326.
"종교와 여러 종교는 그리스도의 인내에 의하여 알려진 관용을 가지고 대하여야 한다……은총에 의해서 하나님은 자신을 불경건한 이들과 종교와 화해하셨다."
Cf. Von Andriaan Geense, "Der Dialog der Religionen und das Bekenntnis der Kirche," *Kerygma und Dogma*, 26,4 (Okt./Dez. 1980), S. 264—302.

7) M.M. Thomas, *The Acknowledged Christ of the Indian Renaissance*, London : SCM, 1969, p. 103.

8) James Cone, *A Black Theology of Liberation*, Philadelphia : Lippincott 1970, pp. 111—117.
Cf. Henry H. Mitchell, *Black Preaching*, Philadelphia & New York : f. B. Lippincott Company, 1970 : James Cone, *God of the Oppressed*, New York : Seabury, 1975(玄永學譯, 눌린자들의 하느님, 이대출판부, 1981).

주장하는 宋泉盛의 소리나,[9] 일본 바르트주의나 일본 불트만주의로 자족하며 서구의 구제품 옷을 입은 일본교회를 향한 오오기 히데오(大木英夫)의 외침, "일본신학을 독일신학에서 구출하라"[10]는 거센 구호나, 한국신학이 "사상적인 식민지적 예속"에서 벗어나고 "신학적인 바벨론 捕虜"에서 해방될 것을 고대하였던 尹聖範의 주장 속에서[11] 잘 읽을 수 있다. 아시아 신학 형성이 한계에 직면한 서구신학의 舊殼을 깨치고 새로운 신학적 영감을 줄 수 있다고 보며, "비서구 신학은 成人이 되었다"[12]고 주장하고 있는 서구 신학자는 비단 포만(Charles W. Forman)만은 아니다. 크리스천 센츄리誌의 편집자인 게이어(Alan Geyer)는 제 3 세계 신학의 형성에 가장 큰 거침돌이 되고 있는 것은 "기독교 교회의 아리안적 편견"[13]이라고 경고하였다. "서구적 지역주의"를 넘어서 印度神學을 연구한 영국의 보이드(Robin H.S. Boyd)는 인도교회의 "라틴포수"를 嘆하면서 오늘날 인도신학이 복음(text)을 인도의 문화적 전통(context) 속에서 재상황화하고(re-contextualizing) 재해석할 수 있는 때가 도래하였다고 보았다.[14] 성인이 된 아시아 신학은 아시아의 세계 종교의 부흥과 아시아의 사회혁명 속에서 "복음에로의 준비"(*preparatio evangelica*)를 읽으면서, 동양 신학자들은 복음이 아테네와 로마, 빗텐베르크히로 옮겨가기 전에, 첫째 아담은 물론이지만 둘째 아담 그리스도도 아시아 사람이었으며, 성서는 아시아의 고전이었고, 기독교는 위대한 아시아의 세계 종교 가운데 하나였다는 것을 재발견하여야 할 것이다.

그러나 정히 동양신학은 성인의 시대를 맞이하고 있는 것일까? 이제까지 동양 신학자들이 창조적 신학자가 되는 길은 영어와 독일어를 빨리 읽

9) Choan-seng Song, "The New China and Salvation History-A Methodological Enquiry," *South East Asia Journal of Theology* XV, 2(1974), pp. 55—56.

10) 야기 세이찌(八木誠一)의 인용을 참조하라. Joseph Spae ed., *Christianity Encounter Japan*, Tokyo : Oriens Institute, 1968, p. 201.

11) 尹聖範, 韓國的 神學 : 誠의 解釋學, 서울 : 宣明文化社, 1972, p.5(序文).

12) Charles W. Forman ed., *Christianity in the Non-Western-World*, N.J : Prentice Hall, 1967, p. 140ff.

13) Alan Geyer, "Toward a Convivial Theology", *The Christian Century*, April 23, 1969. p. 542.

14) Robin H.S. Boyd, *An Introduction to Indian Christian Theology*, Madras : CLS, 1969. p. 255. Cf. R.H.S. Boyd, *India and the Latin Captivity of the Church. The Cultural Context of the Gospel*, London, Cambrige University Press, 1974.

어서 歐美의 최신 신학을 재빨리 소화해서 전달하여 주는 신학적 안테나와 같은 前衛가 되는 것이었다. 우리들은 너무 오랫동안 수입 신학으로 만족하여야만 하였다. 최근에 출판된 아시아 신학에 관한 저술들은[15] 창조적인 아시아 신학의 전위들을 알려주고 있다. 힌두 문화권에서 나타난 인도신학자 토마스(M.M. Thomas),[16] 사마르타(Stanley J. Samartha),[17] 파니카(Raimondo Panikkar)[18]와 소승불교 문화권에서 태어난 스리랑카의 실바(Lynn A. de Silva),[19] 버어마 신학자 킨 마웅 딘(Khin Maung Din),[20] 일본 출신의 태국선교사 고야마(Kosuke Koyama : 小山晃助)[21], 비율빈의 원시

15) Hans-Werner Genischen, Gerhard Rosenkranz, and Georg F. Vicedom eds., *Theologische Stimmen aus Asian, Afrika und Latinamerika*, 3 vols., München : Chr. Kaiser Verlag, 1965—68.
Douglas J. Elwood, *What Asian Christians Are Thinking*, Philippine : New Day Publishers, 1976 : Gerald H. Anderson ed., *Asian Voice in Christian Theology*, New York : Orbis Books, 1976 : Emerito P. Nakpil and Donglas J. Elwood eds., *The Human and the Holy, Asian Perspectives in Christian Theology*, Philippines : New Day Publishers, 1978 : Douglas J. Elwood ed., *Asian Christian Theology, Emerging Themes*, Philadelphia : Westminster Press, 1980 (Revised Edition of *What Asian Christians Are Thinking*) : Richard W. Rousseau, S.J. ed., *Christianity and the Religions of the East*, 2 vols. Scranton, 1982.
Cf. R.H.S. Boyd, *An Introduction to Indian Christian Theology*, Madras, 1969.
Charles H. Germany, *Protestant Theologies In Modern Japan*, Tokyo : International Institute for the study of Religions, 1965.
Carl Michalson, *Japanese Contributions to Christian Theology*, Philadelphia : The Westminster Press, 1960.
16) M.M. Thomas, *The Acknowledged Christ of the Indian Renaissance*, Madras, 2nd Ed., 1976.
17) Stanley J. Samartha, *The Hindu Response to the Unbound Christ*, Madras, 1974.
18) Raymondo Panikkar, *The Unknown Christ of Hinduism*, London, 19·64.
19) Lynn A. de Silva, *The Problem of the Self in Buddhism and Christianity*, Sri Lanka, 1975.
20) Khin Maung Din, "Some Problems and Possibilities of Burmese Christian Theology Today," in : D.J. Elwood ed., *What Asian Christians Are Thinking*, Philippines, 1976.
21) Kosuke Koyama. *Waterbuffalo Theology*, Marykngll, N.Y. : Orbis Books, 1974.

18_19830400_아시아 교회의 신학적 과제_변선환교수_2번_페이지_42

종교인 아니미즘 문화권에서 나타난 나시필(Emerito P. Nacpil),[22] 동북아시아의 대승불교 문화권이 낳은 대만신학자 宋泉盛[23]과 일본 신학자 기다모리 가조(北森嘉藏)[24]와 야기 세이이찌(八木誠一),[25] 그리고 한국의 민중신학의 거두 徐南同[26] 등이 바로 아시아 신학을 대변하는 신학자들이다. 儒佛仙에 의하여 결정되고 있는 동북아시아 문화권에서 우리는 유교를 신학의 출발점으로 보았던 중국의 여자 신학자 칭(Julia Ching)[27]과 한국의 토착화 신학의 선구자 尹聖範,[28] 周易과 씨름하였던 李正勇[29] 등의 신학적 공헌을 무시할 수 없을 것이다. 아시아 교회는 복음을 아시아 종교의 부흥과 아시아의 사회혁명 한가운데 受肉化시키고 토착화시키려는 이같은 자랑스러운 아시아 신학자들의 고통에 가득찬 위험스러운 신학적 모험을 통하여 생겨지는 살아 있는 東洋神學의 非西歐化의 과정 속에서, 세계교회를 향하여 열려 있는 아시아 교회의 성숙성을 느낄 수 있다. 그러나 아시아 신학의 이같이 여러 가지 형태들은 아직도 서구신학과 서구교회를 모방하고 맹종하는 것을 능으로 삼아왔던 신학적 식민지주의나 형태론적 근본주의에서 겨우 벗어나와서, 무제약적인 신학의 자유를 가지고 아시아 신학자들이 감행하고 있는 非西歐化의 시도의 초보단계에서 생겨난 열매에 불과할 뿐이다. 아직도 아시아 교회에서 흔들리지 않는 신학적 구조를 제시하는 바르트의 『敎會敎義學』이나 틸리히의 『組織神學』과 맞먹는 성숙한 조직신학이 나온다는 것은 요원한 일이다. 아시아 교회는 이제는 더 우리에게 의미를 부여할 수 없게 된 서구신학의 시대와 아직도 밝아오지 않고 태동하고 있는 아시아 신학의 시대 사이에 있는 신학의 二重不在라는 궁핍한 중간시대를 살고 있다. 형성 과정 속에 있는 아시아 신학은 거의 정확하게 문제를 제기하고 있기는 하나, 조직적이기라고 하기 보다는 단편적이고 다소 성급하며 오히려 혼돈을 느끼게까지 하고 있는 것이 오늘의 현실이다.

22) Emerito P. Nacpil, *Mission and Change*, Manila, 1968.
23) C.S. Song, *The Third-Eye Theology—Theology in Formation in Asian Settings*, Orbis, 1979,
24) 北森嘉藏, 神の痛みの神學, 新敎出版社, 1946.
25) 八木誠一, 佛敎とキリ敎の接點, 法藏館, 1965.
26) 徐南同, "한의 형상화와 그 신학적 성찰", in : NCC 神學硏究委員會編, 『民衆과 韓國神學』, 神學硏究所, 1982.
27) Julia Ching, *Confucianism and Christianity*, New York, 1977.
28) 尹聖範, 『韓國的 神學』, 宣明文化社, 1972.;
29) Jung Young Lee, *Cosmic Religion*, New York, 1973.

그러나 이 이유 때문에 아시아 교회는 아시아적인 신앙의 주체의식에 동요를 느끼거나 애급에 남겨놓은 서구 신학이라는 고기가마를 연상하며 退行하고 후퇴하려고 하여서는 안 된다.

서구 신학과 서구 교회에서 생겨난 에큐메니칼한 사고 속에서 서로 이해와 관심을 나누면 아시아 교회는 1961년 WCC와 IMC가 합동한 이후, 세일론의 D.T.나일스를 東아시아 기독교협의회(EACC)의 초대 총간사로 모시면서부터 비로소 동양이라는 이방 사회에서의 선교의 문제로서 복음의 독자성, 타종교와의 대화, 아시아 문화와 복음과의 관계 등을 중심하여 새로운 아시아 신학의 형성을 지향하며 아시아 사회에 대한 책임을 다하려고 과감하게 나서기 시작하였다.[30] 가톨릭 국가인 비율빈과 프로테스탄트 선교가 성공하고 있는 한국을 제외하고, 아시아의 다른 지역의 기독교인들이 아시아 종교의 부흥과 민족주의 봉기라는 변화의 소용돌이 속에서 서구의 기독교라는 외래종교의 소수집단에 속하고 있다는 것 때문에 생기는 문화적 고아로서의 소외와 단절의 문제를 어떻게 해결할 것인가라는 것은 선교의 현장에서 생긴 가장 초급한 과제가 되고 있다. 동남아시아와 인도의 교회는 신앙의 공동체이기 이전에 사회적 공동체이다. 교육을 통하여 중산지식층 속에 파고 들어가는 데 실패하자 이 지역의 선교사들은 소외된 不觸賤民들(四姓階級 밖에 있는 被抑壓階級인데 간디는 저들을 Harijan 곧 神의 아들이라고 불렀다. "접적한 것만으로 사람들에게 汚穢를 준다"는 것 때문에 不可觸賤民이라고 불려지고 있는데 untouchable이라는 영어에서 번역된 말이다)을 집단적으로 개종시켰기 때문에 자연히 교회는 선교적인 복합성 속에 사는 폐쇄된 공동체가 되었다.[31] 전통 종교와 문화에서 격리된 채 서구의 문화적 우위성과 정치권력에 의하여 보호되어온 이 內向的인 종교적 소수집단인 이 지역의 교회들은 자연히 우월감과 열등감이 묘하게 혼합된 복합적인 정신상태를 가지고 자기 동일성을 유지하여 나가기 위해서 자기들의 민족문화와 배타적으로 대결하여야 했으며, 이 목적을 달성하기 위해서는 서구 모교회의 문화적 · 재정적 · 인적 자원에 대한 의존이 결정적으로 필요한 것이 되었다.[32] 인도와 파키스탄과는 달리 세일론교회는 중산층 지식계급 속에 파고 들어가는 데 성공하

30) 鹽月賢太郎, "アジアの敎會", 佐藤敏夫外編, 講座 理代世界と敎會 Ⅲ, 日本基督敎團出版局, 1973, p.274.
31) *Ibid.*, pp.266—267.
32) *Ibid.*, p.270.

여 소위 영국형 신사숙녀인 기독교인을 만들어냈다. 서구의 식민지주의 시대가 끝나자 너무 오랫동안 영국과 밀착되어 서구화되었기 때문에 일반 민중에서 완전히 유리되었던 이들 기독교 지성인들은 영어를 거부하는 새로운 불교 지도자들이 인도하는 새로운 민족주의 집단에 의하여 강렬한 비판을 받게 되었고, 지성인으로서의 자신감과 생의 의미를 상실하기에 이르렀다.[33] 저들을 받아주고 저들이 의존할 수 있는 "기독교 서구사회"가 존재하고 있다는 것은 이 지역의 교회의 강점이라고 볼 수도 있겠지만 오히려 그것은 큰 약점이며 한계점이라고 보아야 한다. 민족주의 운동의 소용돌이 속에서 기독교인이 서구 교회에 대한 절대적인 의존 때문에 생긴 반민족적(anti-national)이라는 거센 비난을 받게 되었다는 것, 그리고 국민문화 곧 토착종교와 전통문화의 새로운 부흥 속에서 기독교인들이 거의 배타적인 대결의식만을 가지고 있다는 것 때문에 생긴 폐쇄적이라는 문제를 어떻게 극복할 수 있는가라는 선교현장에서 생긴 과제들은 정도의 차이가 있기는 하지만 비단 이 지역에만 국한된 문제는 아니다.

이같은 이유 때문에 아시아 교회가 취하여야 했던 새로운 선교정책인 土着化와 狀況化에 대한 과제는 지난 여름 한국에서 열렸던 보수주의 노선을 가고 있는 두 복음주의 신학자들의 선교회의에서도 새로운 관심사로 등장되게 되었다. 제3회 아시아 宣敎協議會(1982. 8.16~22)에서 洪順尙 박사의 개회강연 제목은 "아시아인이 보는 기독교 선교의 미래"였으며, 불교왕국인 태국의 선교사로 있다가 풀러신학교에서 가르치고 있는 金順逸 박사의 발제강연은 "제3세계 선교의 주체성 확립을 위한 아시아 기독교의 脫西歐化運動의 긴급성"이었다. 金順逸박사는 서구화 과정 속에서 서구의 "문화적 포수"가 된 아시아 교회의 脫西歐化의 과제에 대하여 서구 식민지주의와 결탁되었던 아시아 선교의 역사적 과오를 예거하면서 설득력있게 호소하였다. "나는 脫西歐化를 향하는 운동이 아시아 사회 속에 널리 퍼져나가서 서구에 대한 맹신자들이 깨어날 것을 강권하고 싶다. 나는 脫西歐化 없이는 아시아 사람들이 계속 서구문화의 포수로 남아있게 될 것이며 저들의 주체성을 회복할 수 없을 것이라고 믿는다."[34] 이 3년차 대회

33) *Ibid.*, p. 272.

34) Samuel (Soon-Il) Kim, "The Urgency of De-westernization of Asian Churches", *The Third Triennial Convention* (August 16—22, 1982), Seoul, Korea, p. 2.

에서 읽은 인도 신학자 필립(Abraham Philip)의 강연은 "종교적 고향으로서의 힌두교적 아시아와 서구 문화 및 종교에 대한 태도"[35]라는 제목의 긴 연구 논문이었다. 또 하나의 복음주의 신학자들의 모임이었던 "제 3 세계 신학자 대회와 제 6 차 Ata신학자대회"(1982. 8. 23—9. 5)는 두 주간 동안 힌두교와 불교의 에토스 속에서의 복음주의적인 아시아 신학의 형성의 문제, 아니미즘 풍토 속에서의 복음주의적 아프리카 신학 형성의 문제, 남미의 혁명적 상황 속에서의 복음주의적 라틴 아메리카 신학의 수립을 문제하였다. 우리 에큐메니칼 신학자들은 제 3 세계 신학자대회에서 발제한 무수한 논문들과 저들이 이 대회를 맺으면서 발표한 소위 "서울 선언"[36], "오늘의 아시아에서의 성서와 신학"[37]에서 脫西歐化의 과제가 종교와 문화의 영역에서, 그리고 급변하는 정치적 · 사회적 상황에서 얼마나 성실하게 다루어져 가고 있는가를 보며 신복음주의 신학의 새로운 대두를 환영하고 싶다. 낡은 근본주의에서부터 탈출하려는 하나의 케이스로서 위라싱하(Tissa Weerasingha)가 읽었던 논문 "불교문화에서부터의 신학의 비판"은 이채롭다. 비록 복음주의 신학의 형성을 목적하고 있기는 하지만 위라싱하는 논문의 첫 부분을 다음과 같은 말로 시작하며, 宋泉盛의 *Third-Eye Theology*와 고야마의 *Water Buffalo Theology*와 실바의 *The Problem of the Self in Buddhism and Christianity*의 경우를 들고 있다. "에큐메니칼 신학이 다양한 강도의 차원에서 아시아의 무대를 지배하여 왔는 데 반하여서, 불교문화 속에서 복음주의 신학은 불행하게도 아직 미성년기에 있다. 그러므로 이 회의는 역사적인 것이다."[38] 제 3 세계 신학자들 사이에서 이같은 급격한 변화가 일어나고 있는데도 불구하고, 반공전선의 전위로서 에큐메니칼 계통의 한국교회가 反西歐的 민족주의와 아시아적 사회주의와 정치적 중립을 처음부터 묵계처럼 삼아왔던 EACC 속에서 불협화음을 내

35) Abraham Philip, "Hinduistic Asia as Religious Homeland and Attitude toward Western Culture and Religion."

36) *The Seoul Declaration Toward An Evangelical Theology for the Third World*, p. 3 (unpublished).

37) *The Bible and Theology in Asia Today, Report of the Sixth Asia Theological Consultation* (August 23—31, 1982), p. 13 (unpublished).

38) Tissa Weerasingha, "A Critique of Theology from Buddhist Cultures", *Third World Theologians Consultation* (August 27—Sep. 5, 1982), Seoul, Korea, p. 1.

며 고독과 소외감을 느껴왔던 것처럼, 한국의 복음주의 신학자들도 제3세계 신학자들이 내걸었던 脫西歐化나 土着化, 그리고 복음의 정치적 해석학에 대하여 강한 거부반응을 보였다.[39] 그러나 선교 2세기를 향하는 한국 교회는 식민주의 이후의 시대를 살고 있는 아시아와 아프리카, 남미가 가지고 있는 신학적 통찰과 선교의 경험을 성실하게 받아들이면서 제3세계와 세계교회를 향하여 열려진 窓口를 마련하며 한국 교회의 성숙성을 보여주어야 한다.

엘우드(Douglas J. Elwood)는 비율빈 선교사로서의 자신의 경험을 토대로 하여서 아시아 신학의 주제로서 ① "거룩한 것"(the Holy), ② 자연, ③ 사회와 역사의 문제를 내세우고 있다.[40] 그는 臺灣과 같은 儒佛仙이라는 전통 종교와 근대화라는 서구의 충격이 교차되는 동북 아시아의 토착화 신학의 과제로서 ① 전통문화, ② 지방의 민족전통, ③ 성장하고 있는 기술문화, ④ 옛것과 새것 사이의 긴장의 결과로서 나타나는 문화현상이라는 네 가지 문제를 예거하면서 서구의 옷을 입고 있는(text) 복음을 아시아 문화 속에서 재상황화(re-contextualizing)하여야 한다고 주장하였다.[41] 그는 아시아인과의 복음의 만남을 위해서 세 가지 상관된 원리, ① "동적 조정" dynamic accommodation)의 원리, ② "비판적 대결"(critical confrontation)의 원리, ③ "적극적 변혁"(positive transformation)의 원리를 제시하기도

---

39) 김명혁, "脫西歐化", 크리스천신문, 1982년 8월 28일. "서울宣言" 요약기사, 크리스천신문, 1982년 9월 12일. 김명혁, "他宗敎와의 對話", 크리스천신문, 1982년 8월 7일. 敎會聯合新報(1982.8.29)의 기사, "脫西歐化論을 비판, 제3세계신학자회서 토론" 등을 참조하라. 조선일보(1982.8.27)의 기사는 "「韓國옷」 입은 宣敎神學을", 서울 국제회의 계기로 본 韓國기독교방향, 進步 保守의 극단적 대립은 세계 흐름에 逆行, 「輸入종교」 생각 벗어나야"라는 큰 활자로 제3세계신학자대회의 성격을 좋게 보도하여 주고 있다. 그러나 한국 복음주의 신학자들의 보수성과 경직성은 徐南同과 安炳茂와 金容福의 民衆神學에 대한 金明赫, 金英漢, 孫風鎬의 비판에 잘 나타나 있다(敎會聯合新報, 1982.7.11 ; 7.18 ; 7.25). 아시아 신학의 脫西歐化의 과제에 대한 한국복음주의 신학자들의 거부반응은 복음의 한국적 수용의 특수성에서 오는 것이라고도 보겠다.

40) Douglas J. Elwood, "Emerging Themes in Asian Theological Thinking" in : Nakpli and Elwood ed., *The Human and the Holy*, pp.231—266.

41) Douglas J. Elwood, "Christian Theology in an Asian Setting : The Gospel and Chinese Intellectual Culture", in : Richard W. Rousseau, S.J. ed., *Christianity and the Religions of the East*, Ridge Row Press, 1982, p.125.

한다.[42] 그러나 아시아 문화 속에 복음을 토착화하려는 신학적 적응(adaptation)과 조정(accommodation)과 정착(inculturation)과 受肉(Incarnation)의 시도를 TEF(Theological Education Fund)를 책임지고 있었던 대만 신학자 코에(Shoki-Coe)는 土着化(indigenization)와 구별되는 狀況化(contextualization)의 과제를 강조하는 것으로 아시아 신학의 올바른 實踐(orthopraxis)의 방향을 제시하려고 하였다. 코에에 의하면 "土着化는 전통문화를 통해서 복음에 응답한다는 뜻에서 사용되는 것을 뜻한다. 狀況化는 전통문화를 무시하는 것은 아니지만 제 3 세계에서 민족의 역사적 순간을 특징짓고 있는 세속화 과정과 테크노로지, 그리고 인간의 정의를 위한 투쟁을 고려에 넣는다"[43] 이때 宗敎的·文化的 解釋學을 통해서 형성되는 土着化 신학은 아시아의 종교부흥과 아시아의 혁명의 소용돌이 속에서 결코 정치적·사회적 해석학을 통해서 형성되는 狀況化 신학과 분리되지 않는다. 동양종교와 인권투쟁의 현장은 모두 복음에로의 준비라고 보아야 하기 때문이다. 엘우드가 인도의 토착화 신학자 데바난다(Paul Devanandar)의 신학과의 유비에서 중국에서의 토착화 신학의 과제를 다음과 같이 말하였을 때 그는 土着化의 과제의 正鵠을 찌른 것이라고 보겠다. "우리는 기독교를 유교화 하려는 것도 아니고 유교를 기독교화 하려는 것도 아니다. 우리의 목표는 유교에 대한 기독교적 표현에 있는 것이라기 보다는 기독교의 유교적 표현에 있다. 무비판적인 조정은 그리스도를 단지 문화를 변혁하는 그리스도(Christ-transforming-culture)라는 것 보다는 단순한 문화의 그리스도(Christ-of-culture)로 만드는 것 뿐이다."[44] 토착화가 "문화를 변혁하는 그리스도"를 지향하는 한 토착화는 아시아의 혁명적 상황을 성실하게 문제시 하려는 狀況化 신학을 향하여 열려 있는 出口가 될 수 있다고 보겠다. 토착화는 어느 면에서 상황화를 지향하는 출발점(*terminus aquo*)이

42) *Ibid.*, p. 125.

43) *Policy Statement of the TEF Committee.* "Theology in Context," *SEAJT*, XIV(1972), pp. 64—67. Cf. Shoki Coe, "Contextual Theology," in : Gerald H. Anderson & Thomas F. Stransky, C.S.P., *Mission Trends* No. 3, *Third World Theologies*, New York : Paulist Press, 1976, pp. 19—24.

44) Douglas J. Elwood, "Christian Theology in an Asian Setting : The Gospel and Chinese Intellectual Culture," in : *op. cit.*, p. 133. Cf. Visser Hooft, "Accommodation—True and False," *SEAJT*, Ⅷ, 3(1967), pp. 5—18.

고 상황화는 토착화의 종착점(*terminus ad quem*)이라고도 보겠다. 이 점에서 東洋宗敎와 文化와의 만남은 살아있는 아시아 신학의 출입구이다.

그러나 서구신학에 있어서 최근 政治神學과 宗敎史의 神學이 날카롭게 대립하고 대결하며 兩極化 현상을 조성하고 있는 것처럼, 아시아 신학에 있어서도 土着化신학과 狀況化신학은 그 신학적 방법론에서 兩極化 현상을 나타내고 있다. 그렇지만 "이것이나 저것이나"(entweder oder)의 배타주의적 논리보다는 "이것도 저것도"(sowohl als auch)(中國)나 "이것도 아니고 저것도 아니다"(*neti neti*, wedernoch)(印度)라는 포괄주의적 논리를 사유방법으로 삼고 있는 아시아 신학자들의 경우 대부분은 서구 신학자들 사이에서와 같은 격심한 兩極化 현상을 일으키지는 않고 있다. 이런 뜻에서 필자는 아시아 신학 형성을 위한 새로운 주제로 나타난 土着化와 狀況化라는 두 초점을 중심하여서 "東洋宗敎의 復興과 土着化神學"이라는 章과 "아시아의 革命과 狀況化神學"이라는 章을 마련하여서 아시아 신학을 개관하여 보려고 한다. 위의 두 문제의 전개를 쉽게 하기 위해서 필자는 위에 들었던 아시아 신학의 서구자들을 편의상 두 가지 類型으로 나누려고 한다. 東洋宗敎의 復興을 심각하게 문제시 하였던 신학자들 가운데서 힌두교의 부흥에 관심을 가졌던 파니카, 소승불교를 매개하여 버어마 기독교 신학을 형성하려고 했던 킨 마웅 던, 周易의 신학(theology of change)을 우주론적으로 전개하려고 했던 李正勇, 大乘佛敎를 배경으로 하면서 신의 場所(統合)의 신학을 형성하려는 야기 세이이찌(八木誠一) 등을 주로 소개하겠다. 아시아의 고난과 革命을 직시한 신학자로서 본인은 인도의 M.M. 토마스, 태국선교사 고야마(小山晃助), 새로운 비율빈사람(the New Filioino)를 꿈꾸는 나시팔, 대만의 제3의 눈의 신학자 宋泉盛, 그리고 한국의 民衆神學의 선구자 徐南同 등을 소개하고 싶다. 아시아의 狀況化신학을 형성하려는 이같은 선구자들은 近代化과정을 중시하는 개발의 신학을 추구하는 온건한 신학자와 제3세계의 문제를 의식하면서 새로운 民衆의 신학의 형성하려는 급진주의 신학자로 나누어진다. 啓示나 宗敎나, 政治나 宗敎나의 二者擇一의 기로에서 거의 하나를 선택하고 철저화시켜 나갔던 서구신학자들과는 달리, 위에서 들었던 아시아 신학자들은 모두 아시아의 종교부흥과 아시아의 혁명을 동시에 문제하고 있다. 그러나 편의상 나누었던 위의 두 類型의 신학자들과는 달리 그 중간을 걸어가고 있다고 느껴지는 신학자가 있다면 인도의 사마르타와 스리랑카의 실바, 일본의 기다모리 가

조(北森嘉藏)를 들 수 있겠다.

아시아 신학의 형성을 위해서 土着化와 狀況化의 시도를 감행하고 있는 자랑스러운 아시아 신학의 선구자들을 우리는 복음이라는 텍스트가 동양종교의 부흥이나 아시아의 고난과 혁명이라는 컨텍스트 속에 해소되고 매몰되는 "안일한 조정"(an easy accommodation)이나 "안일한 예언자주의"(an easy prophetism)라고 보아서는 안 된다. 물소신학자 고야마가 밝히려고 하였듯이, 그것은 오히려 심각한(a serious) 조정과 심각한 예언자주의를 지향하고 있다. 아시아 신학은 "조정적 예언자주의"(an accommodational prophetism)와 예언자적 조정(prophetic accommodation)을 겨냥하고 있다."[45) 아시아 신학의 주제가 아시아의 종교적·정치적 상황에서 그리스도 신앙을 새롭게 고백하며 재해석하려는 복음주의 신학이 그 신학적 동기가 되어 있다는 것은 인도 출신의 세계적 신학자 사마르타의 다음과 같은 말에서 밝히 찾아볼 수 있다.

"우리의 관심의 근거는 기독론이지 '비교종교'가 아니다. 우리의 최고의 관심은 '종교간의 협의회'(inter-religious conferences)를 만들려는 데 있지 않다. 우리의 최고의 관심은 온갖 다른 신앙들과 이데올로기를 가진 사람들 가운데서 계속 역사하시는 그리스도와 함께 있는 것이다. 그리스도는 우리를 우리의 고립상태에서 끌어내어 모든 사람과 밀접한 관계를 맺도록 하신다."[46)]

필자는 아시아 신학의 두 가지 類型을 소개하기에 앞서서 이 小論文 속에 숨겨진 신학적 질문 세 가지를 밝혀 놓겠다.

첫째로 아시아 신학에서 非西歐化의 과제는 어느 정도 철저하게 이루어지고 있는 것일까?라고 물어보고 싶다. 아시아 신학은 틸리히나 라아너의 세계종교에 대한 접근이나, 본회퍼 고가르텐의 세속화 과정에 대한 신학적 태도나, 몰트만과 남미의 정치신학과는 다른 길을 통하여서 거의

---

45) Kosuke Koyama, "Some Reflections on Contextualization"(Singapore : Mimeographed, 1973), p.2 : Cf. Kosuke Koyama, "Reflections on Association of Theological Schools in South East Asia," *South East Asia Journal of Theology* XV, 2(1974), pp.18—19.

46) S.J. Samartha, "Dialogue as a Continuing Christian Concern" in : Gerald H. Anderson and Thomas F. Stransky eds., *Mission Trends*, No.1, Paulist Fathers, Inc. and Eerdmans, 1974, p.259.(한국어역 : 서정운, 孫炳鎬 공역, 現代宣敎神學의 動向, 長老會神學大學宣敎問題硏究院, 1980, p.294.)

오늘의 현대 신학이 강조하고 있는 것과 비슷한 점들을 강조하고 있는 것 같이 보이기 때문이다. 정히 아시아 신학은 오늘의 "서구 신학의 단순한 再版"[47]이며 신학적으로 창조적 상상력을 결하고 있는 것일까?

둘째로 아시아의 고난과 혁명이라는 컨텍스트를 중요하게 생각하는 아시아의 정치신학자들 가운데서는 제3세계가 제시하고 있는 南北의 문제의 심각성 때문에 지나치게 근대화의 과제를 부정적으로 보며, 아시아라는 "魔術洞山"(Zaubergarten)(Max Weber)을 非魔力化(Entzauberung)하고 非神聖化시킬 수 있는 "그리스도 안에서의 새 휴매니티" 곧 책임적 공동체의 실현을 지향하는 "책임적 자아"의 탄생의 문제를 기독교 서구의 사고의 연장이라고만 보려고 하고 있는데, 이같은 급진주의 신학자들의 주장은 과연 <나>가 살고 있지 않는 것처럼 5천년동안, 그렇게 오랜동안 自由를 알지 못하고 살아온 아시아적인 에토스에서 어느 정도 타당성을 가지게 되는 것일까? 아시아의 혁명과 고난의 소용돌이 속에서 orthopraxis (correct practice)의 신학작업(doing theology)을 형성하려고 하는 신학적 전위들은 解放의 과제와 똑같이 開發의 과제와 아시아의 세계종교들과의 대화와 협력의 과제를 성실하게 생각하여야 하지 않을까? 흔히 급진주의적인 아시아 신학자들 가운데는 아시아 교회의 일반적 성격이 그러하였듯이 아시아 종교와 문화에 대한 지식과 흥미를 거의 가지고 있지 않다.

세째로 서구 식민지주의 이후의 시대에 살고 있는 오늘의 아시아 신학자들은 전형적인 서구문화의 산물인 "基督敎의 絶對性"(die Absolutheit des Christentums)(Ernst Trölrsch)이나 그리스도의 궁극성(tne finality of Christ)을 앵무새처럼 계속 십자군 의식(crusade mentality)을 가지고 일방적으로 주장하여야 할 것인가? 아시아의 세계종교가 거의 세계적으로 부흥하고 있는 오늘의 다원화된 종교적인 상황에서 非西歐化를 지향하고 있는 아시아 신학자들은 서구의 전통적 基督論을 과감하게 재평가하고 재고려하여야 한다는 지상명령을 받고 있는 것이 아닐까?[48]

---

47) Winburn T. Thomas, "Teaching Theology in Asia," *Theology Today* XIII, 2 (July, 1956), p. 201.

48) Choan-seng Song, "The Desiveness of Christ", *What Asian Christians Are Thinking*, ed. by Douglas J. Elwood, Philippines : New Day Publischers, 1976, p. 244—45. Cf. Ernst Trôltsch, Die Absolutheit des Christentums und die Roligions-geschichte, Mohr, 1902 : Ernst Trôltsch "Die Stellung des Christentums unter den Weltreligienen"(1924), *Der Historismus und Seine Ueberwindung*, Berlin, 1924.

신학정론, 1984. 11.
제 2권 2호 .

J-4-015

396

변 선환박사의 "토착화 신학"의 문제점

이 동 주
<독일 튜빙겐대학 박사과정>

<차 례>

변박사의 사상을 진술하려면 잠시 난관에 부딪친다. 그 이유는 자신의 생각을 다른 학자의 글을 인용하여 진술해 나가는 변박사의 논문 집필 형식 때문이다. 그의 글은 보고나 평이 아닌 자신의 주장을 진술하는 글인고로 논문(Article)으로 보아진다.

변박사의 논문들은 기독교와 불교의 "대화"를 촉진하는 내용으로서 인도, 버마, 스리랑카 등의 힌두교 내지 불교국의 토착화 신학자들의 신학사상을 진술함으로써 자신의 "토착화 신학"을 대변하고 있다. 그러므로 변박사가 인용한 인도의 Raymond Panikka와 버마의 Khin Naung Din과 스리랑카의 Lyn de Silva의 신학사상을 명시하면서 그의 신학적 입장을 밝힐 수 있게 된다.

그의 가장 큰 논제는 "타종교와의 대화"로서 기독교 토착화를 위한 기독교 신학의 "재해석"과 보충적 신개념, 보편적 그리스도, 성령의 개발, 보편적 구원, 보편적 교회론 등으로 볼 수 있다.

1. 변박사의 신관

그의 신관은 Khin과 Panikka의 논문을 인용한 곳에서 나타나고

19_19841100_변선환박사의 '토착화 신학'의 문제점_이동주_신학정론_2번_페이지_396

있다. Khin은 "절대자"를 인격적 존재와 비인격적 존재로 구별한 후, "아시아의 영성"은 신을 인격적인 동시에 비인격적인 존재로 보는고로 기독교와 불교의 대립이 무의미하다고 한다. Khin은 또한 불교와 기독교의 상호보충의 불가피성을, 상대적인 인간의 용어에 의해서 말해질 수 없는 공통적인 근원자에서 찾는데, 불교적 표현으로 "초월자"내지 "궁극적인 실재"가 현대신학적으로는 "존재, 생성" 또는 "과정"으로 일컬어지기 때문이라고 한다(기독교 사상 300호 p.135f).

변박사의 삼위일체론의 이해는 Panikka의 신론의 소개에 나타나는데 Panikka는 "성부"를 존재를 가지지 않는 존재의 근원자라 하고 "성부의 존재" 즉 존재하지 않은 근원자가 존재하게 되어짐을 "성자"라 하고, 성령은 "존재의 근원에로의 귀환"이라고 한다(기독교 사상 299 p.160f).

이러한 Khin이나 Panikka의 신관 내지 삼위일체론은 브라만교나 불교에서 가르치는 무신론적이고 추상적인 절대자(공, Suniata, das Leere)가 현상계로 나타남과 동일시한 것인데, 이러한 철학은 다른 범신론적 내지 진화론적 종교철학과 쉽게 융합될 수 있다.

예를 들면 도교의 절대자를 노자가 "도" 또는 "무명"(der Namm-enlose, 무개념자)이라 하고, 이러한 무로 부터 진화된 우주 생성론(유)을 발전시킨 신유교의 무극(무)과 태극(유)설이 공통적으로 무신론적인 절대자를 가르치고 있다. 이들에게 신개념이 있다면 비인격적이며 동시에 인격이 내재한 궁극자로부터 진화되어 나온 귀신의 일종을 말하고 있다. 그러므로 동양철학자들은 기독교의 하나님을 일종의 궁극자의 구체화 내지 궁극자의 진화로 여겨 그들의 궁극자 밑에 세워 놓음으로써 타종교와의 만남에서 교회적인 대립을 피하고 포괄적인 신개념을 가지려고 한다.

변박사가 소개한 삼위일체론은 세상 또는 인간을 궁극자의 변형으로 이해하는 동양철학 사상에다가 기독교적 용어만 입힌 일원론적이고 진화론적인 신론과 병행한다. 불교적, 힌두교적 사상에서 나타나는 인간 신격화 내지 절대화는 또한 "존재의 근원에로의 귀환"이라는 Panikka의 성경론에서도 볼 수 있다. 절대자와 인간과의 사이에 본질적인 구별이 없는 신인동질의 무신론적 철학은 창 3:5의 원리를 가르치는 성경적인 하나님과 정 반대되는 사상이다.

19_19841100_변선환박사의 '토착화 신학'의 문제점_이동주_신학정론_2번_페이지_397

기독교의 신관과 불교철학이 혼합할 수 없는 이유가 바로 여기에 있다.

2. 변박사의 그리스도론

변박사가 인용한 Panikka 나 Khin 이 주장하는 "보편적인 그리스도"론은 "토착화 신학"이라는 변박사의 논문에서 새로운 기독론으로서 등장된다. Khin 의 "보편적 그리스도"란 기독교 선교 이전에 타종교내에 이미 계시된 그리스도를 뜻한다. 그는 기독론의 다양성을 주장하며 아시아 신학자들의 사명은 바로 기독론을 "재형성" 해야 한다고 역설한다(기독교 사상 300호 p.736).

또한 Panikka 는 "보편적 그리스도"를 숨어계신 메시야, 알 수 없는 신, 또는 종교사 속에 살아있는 기독론이라고 정의하고, 종교신학자들이 바로 이 "알수 없는 그리스도"를 찾아내야 한다고 주장한다(기독교 사상 299 p.762).

그는 "보편적 그리스도"를 "우주적 그리스도" 또는 "우주적 구세주"라고도 한다. "우주적 그리스도"란 세계 종교속에 숨어계신 보편적인 구속자로서 타종교 속에 현존하고 타종교 속에 역사하고 있는 전인류를 위한 구세주라는 뜻인데 예수라는 이름과 동일시 할 수 없는 "알 수 없는 그리스도"를 말한다.

Panikka 는 마리아의 아들 예수님과 그리스도를 동일시하는 것은 "그리스도"를 역사적인 인격으로 제한시키는 것이고 "그리스도의 신성"을 부정하는 것이라고 설명한다. Panikka 가 말하는 "그리스도의 신성"이라는 것도 전통적 기독론과는 관계없는 예수님이 아닌 타종교들 속에 숨어 있는 알 수 없는 보편적인 그리스도의 신성을 말하며, 예수님은 우주적 그리스도가 아니기 때문에 예수를 주님이라고는 할 수 있으나 주님을 예수라고 할 수는 없다고 주장한다.

이러한 우주적 그리스도는 "절대자"인데 "초역사적인 내재적 삼위일체의 2격"이라고도 한다(기독교사상 299호 p.155~158). 그가 그리스도를 "삼위일체의 2격"이라고 한 술어는, 한 번도 계시된 적이 없는 추상적이고 비역사적인 알 수 없는 구속자의 관념에다가 기독교의 전통적 교리를 덧입힌 혼합주의적 술어이고 성경적인 역사적

19_19841100_변선환박사의 '토착화 신학'의 문제점_이동주_신학정론_2번_페이지_398

그리스도와는 전혀 다르다.

변박사는 기독교사상 291호에 토착화 신학자들이 "포괄적 기독론"을 형성할 것을 주장하는데, 그의 "포괄적 기독론"이란 동양종교들안에 "그리스도"가 편재한다는 의미다(p. 156).

변박사의 "그리스도"론은 하나님의 독생자이신 예수 그리스도를 가리킨 것이 아니고 Panikka와 Khin이 가리킨, 예수와 분리된 비역사적이고 초역사적인 추상적 그리스도로서 불교나 힌두교 등의 종교에서 찾아내려는 구세주이다. 이러한 "그리스도"는 성서가 가르치는 예수그리스도가 아니고 한 "다른 그리스도" 또는 "거짓 그리스도"이며 이러한 "다른 그리스도"를 성서는 종말적인 "적 그리스도"라고 가르치고 있다. 그리고 육체로 오신 예수가 아닌 다른 그리스도, 즉 예수를 믿지 아니하는 타종교에 "그리스도"가 존재함을 가르치는 자를 요 4 : 2—3에서 적 그리스도의 영이라고 가르치고 있다.

3. 변박사의 성령관

변박사는 성령의 개념을 "세상의 영" 또는 인간의 영과 구별하지 않은 단순한 "영"(spirit)으로 사용한 Silva의 "불교적 기독교 신학"을 통하여 나타내고 있다.

Silva는 성서적인 영(spirit)을 "본래적 자아"로 가르치고 있다. 그가 말하는 "본래적 자아"란 철저한 "자기 부정"을 통한 "자기 긍정"을 말하는데, "자기 부정"이란 "비본래적 자아"를 부정하는 것으로서 "무아" 또는 "비아"라고 하고 이것이 바로 마16 : 24 말씀을 뜻한다고 한다. 그는 "비본래적 자아"를 "관계성을 떠난 인간"이라고 말하고 있다. "자기 긍정"이란 바로 "관계성 속에서만 존재하는 자아"이고 이러한 자아는 "자아의 배타성이 완전히 소멸된 상태"이고 "생의 충만이 체험되는 상태"라고 설명한다. 이렇게 관계성 속에서 존재하는 자아를 Silva는 "열반"이라 하여 성서적으로는 "영"(spirit)이라는 것이다.

변박사는 이러한 Silva의 "본래적 자아"와 동일시 하는 "영"이해를 진술하면서, "인간은 관계 속에서만 실존"하고, "독립적 자존적 존재로서의 인격"을 부정하는 불교적 "무아" 개념이 성서적 이해에 가깝다고 한다. 그리고 "인격적 상호 관계성"으로서의 "영"개념을 "기독교의 무아의 교리"라 하며 이 개념은 "허무주의"와 "영원주의"의 두 오류에서 벗어나게 한다고 한다(기독교사상 300호 p. 139~144).

이렇게 변박사는 인간의 영과 절대자의 영에 구별을 두지 않는 Silva의 일원론적 불교사상을 도입함으로써 무신론적 불교와 존재론인 "본래적 자아"와 혼합된 "성령"관을 가지면서 신인동질의 사상을 기초로 하는 토착화 신학을 세우고자 한다.

변박사가 84년 2월 4일에 크리스챤 신문에 기재한 "전통문화와 기독교사상"이라는 글에서 미국의 감리교 신학자 Jehn B. Cabb의 말을 인용했는데, Cabb은 한국교회의 역동성의 근원을 유불선 한국 종교의 "영성"에 토착화한 성령의 역사라고 보며 한국적 신학은 "한국적인 전통에 적합한 성령의 힘을 개발시켜야"된다고 했다. 이렇게 Cabb이 말하는 "성령"은 사람이 개발해야 하는 이미 토착 종교들 속에 잠재해 있는 영 또는 힘이다. 이것은 하나님이 부활하신 예수 그리스도를 통하여 부어주신(filioque) 약속의 성령과는 전혀 다른 세상의 영이다. 변박사가 소개한 Cabb의 "성령"은 성서적 낱말이긴 하지만 성서에서 가르친 "영들" 즉 거룩한 영과 더러운 영, 참 영과 거짓 영, 예수 그리스도의 영과 세상의 영, 그리고 하나님의 영과 인간의 영 사이의 구별이 없는 불가지론적인 "영"이다.

성서적인 "성령"은 세상의 영도 아니고 인간의 영도 아니고 종교들의 영도 아닌, 예수 그리스도를 믿고 대속함을 받은 사람들에게 위로부터 하나님이 새로 부어주신 약속된 거룩한 영이고(행 1 : 8과 2 : 38), 인간을 절대자의 본질로 승격시키는 반 기독교적 토착종교에 내재한 인간이 개발해야하는 영이 아니다. 인간의 영과 세상의 영을 절대화내지 신격화하는 것은 인간의 원죄요(창 3 : 5) 악령(Satan)의 영감으로 얻는 지식이다.

4. 변박사의 구원관

변박사는 기독교사상 291호에 "인류구원"을 위한 "그리스도 속죄

19_19841100_변선환박사의 '토착화 신학'의 문제점_이동주_신학정론_2번_페이지_400

의 보편성"을 주장한다. 그의 만인 구원설은 예수 그리스도를 통한 만인구원에 대한 서구 신학자들의 토론의 연속이 아니고, 역사적 예수가 아닌 그리스도를 통한 만인구원설로서, 유불선 동양 종교에 "편재"해 있는 안 수 없는 그리스도를 통해 비교회 소속자(익명의 그리스도인)들이 "성령에 의해" "하나님의 영원한 생명과 그리스도의 부활의 신비에 참여"케 된다는 뜻이다. 변교수는 K. Rahner가 "선행은총"에 관하여, 즉 하나님이 "모든 인간"을 사죄하고 "신의 본성에 참여 시키는 것"으로서 기독교에 한정되지 않은 은총론을 수용하면서 동양종교를 하나님의 은총이라고 한다(기독교사상 291호 p.169~173).

그는 "구원"에 대하여 Khin의 주장을 들고 있는데, Khin은 구원의 성취를 "타계적 구원 주의자"들과 "현세적 구원 주의자"들 같은 "상대적 구원관을 벗어나서 아시아의 영성에 돌아감으로써" 성취된다고 한다. 이러한 구원은 불교신자가 "열반에 이르려는 욕망의 집착을 벗어나 해탈하여 구원받았다는 사실까지 의식하지 못한 상태"를 말한다(기독교사상 300호 p.138).

변박사는 또한 전인류를 구원하는 "신의 보편적인 구원"을 Panikka의 신학을 통해 설명하고 있는데, 이 전인류의 "보편적인 구속자"는 "세계 종교속에 숨어계신" "알 수 없는 그리스도"라고 하였다. Panikka는 인간의 구원을 "신과의 합일" 또는 "우리 존재의 신화"라고 하며, 기독교에 대하여 아무것도 모르는 힌두교의 구원 역시 "그리스도"에 의한다고 주장하고 있다(기독교사상 299 p.155~161).

변박사는 그리스도 복음의 핵심을 "하나님 나라의 도래"로 보고 있는데 이를 "새 인간성의 회복"이라 하고 성서적인 증거로서 고후 5:17(새로운 피조물)을 들면서, 이것은 "불교에서도 가능"하다고 한다(기독교사상 291호 p.176).

Silva는 사람의 인격완성을 "성화"라고 하였는데, 사람의 인격은 ① 만남과 교제에서 성장하며 ② 이 성장은 사람의 사후에도 계속되고 ③ 하나님 나라에서 완성된다고 주장한다(기독교사상 300 p.145).

이와 같이 변박사가 인용한 아시아 토착신학자들의 구원론은 인간의 인격 완성론이고, "그리스도의 은총"에 대하여 이야기 하고는 있지만 예수 그리스도가 아닌 다른 그리스도에 의한, 즉 "보편적 그리스도"라는 타종교들 속에 내재하고 있는 "알 수 없는 그리스도"에 의한 구원론이다.

이러한 추상적인 구원관은 인류를 구원하는 하나님의 선행은총(gracia praevenicus)론을 근거하고 있는데 인간 "스스로의 인격 완성"과 하나님의 구원을 동일시하고 있다.

하나님은 땅끝까지 구원의 소식을 전하게 하시며(마 24：14；행 1：8) 죽음의 나라에까지도 복음을 전파하시는(벧전 3：19, 4：6)분이시나, 예수 그리스도를 믿지 아니하고 죄의 용서하심을 받지 아니한 자들에게는 하나님이 각 사람의 행위대로 심판하실 계획을 성령을 통해 미리 말씀하셨다(롬 2：5—6). 하나님은 "불신자의 구원"을 약속한 일이 없다. 하나님은 구원을 "모든 인간"에게 주셨으나 "모든 인간"이 구원을 받은 것은 아니다. "주신 것"(Heilszueignung)과 "받은 것"(Heilsaneignung)은 구별해야 한다. 요 8：24하반절엔 우리가 예수 그리스도를 약속의 구세주로 믿지 아니하면 우리 자신의 죄로 인하여 죽으리라고 가르치고 있다.

불교나 다른 토착종교는 창조주 하나님과 각 사람의 행위대로 심판하시는 하나님과, 하나님의 아들 예수그리스도의 대속에 대해서 알지 못하고 있다. 한 알 수 없는 그리스도, 추상적인 하나님(deus absconditus)을 사람의 인격완성을 통하여 달해 보려는 아시아 토착 신학자들의 위험성은 바로 동양 종교철학의 특성인 인간신격화의 원리(창3：5)를 재범하는 결과를 빚어내는 것이다. 성서적인 구원은 예수 그리스도안에서 하나님이 주신 것이고 인간이 받은 것이다. 결코 인간이 스스로 완성한 인격이 구원이 아니다.

5. 변박사의 선교관

변박사는 토착화된 기독교가 여러 토착종교와 대화, 교환, 상호관련에 들어감으로써 "한국적 기독교"를 수립할 것을 주장한다. 그는 토착화 과정을 "융합"과 "적응"으로 나누는데 "융합"이란 혼합주의 형성을 말하고 "적응"이란 "예수는 그리스도"라는 신앙기조로 복음을 나라의 문화형태로 "융합"하는 것이라고 구별한다(크리스챤신문 84년 4월 2일). 동시에 그는 "적응"에 대하여 구체적으로 말하기를, 전통적인 것을 "재해석"하여 "근원적 변화"를 가져와야 할 목적으로 기독교와 불교의 "대화"를 통한 신학적 작업을 해야 한다고 주장하는데, 그는 모든 종교는 다 절대적이라는 전제에 근거하여 말하고 있다. 그는 동과 서, 철학과 신학의 통합체를 이루자는 것이다(기독교사상 291호 p.163~167).

변박사는 기독교의 회개운동은 선교사들의 십자군 의식과 정복의식이라고 비판하고, Panikka가 주장하는 "포괄적인 전체성" 즉 다양성과 이질성을 포용하는 문화종교의 통합체인 "보편적 교회"를 형성할 것을 주장하고 있다. Panikka는 "보편적 교회"를 힌두교인의 "잠재적인 기독교"(latent christianity)라고 하면서 행 4 : 12의 구원의 절대성을 "재해석"해야 한다고 한다. 이러한 Panikka의 토착신학에 병행하여 변박사는 비기독교인이나 비기독교 종교란 있을 수 없다고 주장하며(기독교사상 299호 p.148~155), Silva의 불교적 기독교 신학을 인용하면서 "기독교 신학은 재해석 되어야 한다"고 한다(기독교사상 300호 p.139).

위에서 고찰한바 변박사의 "적응"은 전통적인 기독교를 조건적으로 변화시켜서 동서의 통합체를 이루자는 "융합"과 조금도 다르지 않은 혼합 종교 내지 혼합 사상의 형성을 꾀하고 있다. 따라서 "적응"적 선교는 "예수는 그리스도"라는 신앙기조로 복음을 나라의 문화 형태로 융합하는 것이라고 했는데 이것은 그의 논문들에 나타난 보편적 기독론과는 전적으로 모순되는 하나의 삽입구에 지나지 않는다. 더우기 그의 회개운동 비판은 구원의 길을 막는 위험성을 띄고 있다.

한국교회의 회개운동은 그가 지적한 것같이 선교사들의 십자군의식과 정복의식의 결과가 아니라 하나님이 친히 우상숭배와 모든 범죄에서 돌이키게 하시고 자기의 백성으로 삼으신 구원의 역사이다. 행 11 : 18에 "하나님께서 이방인에게도 생명 얻는 회개를 주셨다"고 기록된 바와 같이 한국교회의 회개운동은 1903년 원산에서 감리교 7선교사들이 모여서 성경연구와 기도회를 하다가 선교사들 자신의 회개를 통하여 시작된 것이며 그때의 R.A. Hardie 목사가 자신의 사랑의 적음과 선교의 실패를 회개하고 성령에 충만함을 받았으며 이 일이 결국 1907년 평양의 대 회개 부흥회로 번졌다는 사실은 한국 그리스도인들이 밝히 아는 바이며, 1909년에도 역시 송도에서 감리교 선교사들이 자신들의 무능을 깨닫고 성경연구와 기도회로 모인중에 W.T. Reid 목사, N.B. Stokes 목사, F.K. Gamble 목사가 성령의 충만함을 받고 이 일이 결국 20만명 구령운동과 100만명 구령운동으로 번지게 된 사실을 우리는 알고 있다.

한국교회의 회개운동은 이와 같이 무수한 사람들이 구원을 얻는 길이 되었으며 결코 선교사들의 정복의식으로 이루어진 것이 아니다. 이제 변박사가 지향하는 "대화"란 무엇인지를 분명히 밝힐 필요가 있다. 그는 불교와 기독교가 대화하는 목적을 "인류의 일치" 또는 "하나의 세계를 밝힘"이라고 한다(크리스챤 신문 83년 2월 5일).

변박사가 사용하는 "대화"라는 개념은 인류의 일치와 종교들의 일치를 목적으로 하는 특수개념인데, 이 개념의 첫 시도는 1928년 예루살렘에서 있었던 제 2 차 세계 선교대회에서 K.T. Paul과 T.C. Chao가 타종교인들과의 대화에 대한 흥미를 발언했었으나 이 문제는 1938년 Tambaram 회의에서 H. Kraemer와의 충돌을 겪은 후 1952년 Willingen에서 열린 제 5 차 세계선교대회에서 타종교에 대한 기독교인들의 태도에 대한 문제가 다시 대두되어, 1954년 Evanston에서 열렸던 제 4 차 WCC 대회에서 타종교인들과의 대화의 요청으로 발전되었고, 이때에 크게 영향력을 끼친 사람은 Tambaram회의 때로부터 "우주적 교회의 세계공동체"(Weltgemeinschaft der Universalen Kirche) 의식을 강조했던 인도 신학자 P.D. Devanaudan이었다. Devanaudan은 Evanston 회의에서 타종교와의 대화를 요구하고, 1961년 제 3 차 WCC 대회에서 복음의 기초를 충실하게 새로 형성한 것(eine getreue Neuformulierung des Grundlagen des Evangeliums)과 대화 상대자가 주장하는 진리를 참작한 것을 역설했다. 뉴멜리에서는 이러한 "대화"를 유인한 선교의 형식이라고 지적했고, 1968년 Uppsala에서 열렸던 제 4 차 WCC 대회에서는 "대화"를 다원적 세계의 생활양식(Lebensstil)이라 했고, 공통적인 존재로서의 인간과(das gemeinsame Menschsein)과 동시에 "우주적인 그리스도론"을(kosmischen Christus) 강조했다. 1971년에는 WCC 내에 타종교와의 대화를 위한 분과가 생기게 되었고 이 분과를 인도 신학교수인 S.J. Samartha가 책임을 맡게 되었다. Samartha는 모든 인류가 "하나님의 가정(Haushalt Sottes)안에 있다는 근거를 하나님 아들의 성육에 두고, 하나님이 모든 시간과 모든 문화에 처한 모든 인간들과 화해하심으로써 기독교와 비기독교들을 "하나의 공동체"(eine Gemeinschaft)로 만들었는데, 교회란 바로 이러한 사실의 표기(Ausdruck)라고 했다. 이러한 "세계공동체"로서의 교회관은 Uppsala 대회에서 "확장시킨 의미로서의 Ökumenimsus"로 표현했으며, 이는 타종교와 세속이념들을 포함한 "인류연합"(Einheit der Menschheit)을 뜻한다.

"대화"라는 개념은 WCC에서 채택한 새로운 선교방법이고, 그리스도인이 진리의 독점론을 버리고 타종교인들에 대해 열리고 자유한 태도로서 함께 궁극적 진리를 파악해야 한다는 것이 그 전제이다(1973, 방콕, T. Sektion 4/7).

이와같이 WCC의 Dialog-Programm은 일부 WCC간부들이 범신론적인 종교철학적 선입견을 가지고, 기독교 복음을 잘못 이해한 신관과 구원관에서 출발하여 타종교에서 그리스도를 찾고 구세주를 찾으려고 시도하면서 종교들과 이념들을 혼합해 보려는 운동이다.

타종교들과의 "대화"를 시도하는 변박사의 선교관은 이러한 WCC의 Dialog-Programm과 병행하는 것으로서, 우리를 위해 고난당하시고 하나님과 화목케하신 우리 주 예수 그리스도를 무신론적 종교인 힌두교나 불교에 숨어 계시는 "알 수 없는 그리스도"라 하여 이를 찾아내 보자는 아시아 토착신학을 자신의 "토착화 신학"으로 삼음을 이상하게 생각한다.

토착화 신학을 통하여 사도들이 전파하지 아니한 "다른 예수", "다른 영", "다른 복음"을 전파하며(고후 11 : 4), 성서의 "재해석"이라는 전제로 이교 사상에 기독교 용어를 옷입히는 혼합주의를 빚게 되면 하나님의 심판을 자처하는 결과 밖에 남지 않게 된다.

아시아의 종교철학이 가르치는 신인동질의 존재론과 인간 신격화의 구원관은 결코 성서적인 복음과 혼합될 수 없다.

전체주의 이념(Einheitsideologie)의 전제인 불가지론(Agnostizis-mus)이나 절충주의(Eklektizismus)의 입장을 취하기 이전에 기독교인들은 성서를 자세히 살펴보고 거짓 그리스도, 거짓 영, 거짓 지도자들을 분별할 수 있어야 하겠다.

혼합주의의 특징과 발생 원인

이 동 주
<조교수 · 선교신학>

〈차 례〉

I. 혼합주의는 필연적인가?

혼합주의는 선교를 위해서 필연적인가? 아니면 선교는 혼합주의를 거치지 않고도 복음을 토착화 할 수 있는가?

H.W. Schomerus는 (1931)[1] 혼합주의를 선교에 필요한 과정이라고 하며, 전통적인 것의 일부를 버리고 기독교의 일부를 받아들임으로서 형성되며, 그 이후에 하나의 새로운 것이 형성되거나 개종하게 된다고 하였다.

그와는 반대로 K. Hartenstein[2]은(1933) 혼합주의를 성경적 기초

1) Schomerus, H.W., Der Synkretismns auf den Missionsfeldern unter besonderer Berücksichtigung Indiens, in NAMZ (Neue Allgemeine Missionszeitschrift) 8. Jq. 1931. pp. 13f.
2) Hartenstein, K., Die Mission als theologisches Problem, Berlin 1933. pp. 45—59, 63, 80.

가 파괴된 하나의 새로운 종교라고 함으로서 혼합주의의 부당성을 지적했다.

혼합주의의 선교적인 필연성 여부에 대해 알아보기 전에 먼저 혼합주의의 뜻과 형태에 대해서 밝혀야 하겠다.

Ⅱ. 혼합주의의 두가지 형태

1. 복음 전래 이전의 혼합주의

혼합종교에는 두 가지 형태가 있다. 하나는 기독교 복음이 전래되기 이전의 혼합주의이다. G. Vicedom 이[3] 모든 종교들은 하나의 동일한 산봉우리에 다다르는 길이라고 생각하는 아시아인들의 종교관을 지적한 것처럼, 한국에서와 마찬가지로 아시아의 원시 종교인 무교는 교리도 철학도 없으면서도 어느 종교 속으로든지 침투하며 그 중심부에 안착하여 그들의 원동력이 되어버리는 것이다. 이렇게 무교는 혼합주의를 형성해 나아간다.

이러한 강인한 영성과 연합하는 또 하나의 커다란 혼합주의적인 성격이 있다. 이것이 바로 아무 종교도 배척하지 않고 혼합되려는 아시아의 고등 종교들이다. 이들의 공통 분모는 원형적인 세계관과 범신론이다. 따라서 창조주와 피조물의 본질적인 구별이나, 시작과 종말에 대한 지식이나 인간의 죄악과 하나님의 심판에 대한 두려움이나, 죄의 용서와 하나님의 은혜에 대한 감격이 있을 수 없는 것이다. 이들은 인간을 범신론에 따라 신(절대자)의 구체화 또는 실제화 내지 물질화된 존재로 여기면, 신이나 귀신이나 자연이나 인간 사이에 아무런 본질적인 차이를 두지 않는다. 모든 초월적인 존재와 내재적인 존재가 다 그들의 신이 될 수 있는 것이다. 따라서 타력 구원이란 어리석은 것이고 비 윤리적인 기독교 신자들은 우스꽝스러운 신앙을 가진 것으로 보여진다. 아시아 종교들은 위와 같이

3) Vicedom, G., Mission im ökumenischen zeitalter, in: Evangelische Enzyklodädie, Gütersloh 1967, p. 169.

20_19881200_혼합주의의 특징과 발생원인_이동주신학정론88년 12월_2번_페이지_231

동일한 세계관과 구원관을 가지고 있기 때문에 서로 융합하고 서로 인정할 수 있는 것이다.

2. 복음 전래 이후의 혼합주의

또 다른 형태의 혼합종교로는 기독교 복음이 전파된 후에 형성되는 "기독교"적 혼합주의가 있다. "기독교"적 혼합주의란 타종교들의 자연스러운 혼합형태와는 달리 의도적으로 서로 모순되는 "진리"를 동일시킴으로써 형성된다. 이러한 혼합주의는 기독교 이단으로써 교회안에서 나타나거나 교회에서 나간 무리들에게서 나타나며 이때에 타종교의 신앙이나 이념이 교회에 흘러들어 오거나 기독교의 진리가 타종교나 이념 속으로 들어감으로써 형성되는 것이다.

"기독교" 이단들의 성격을 조사해 보면 이들이 재래 종교들 속에 뿌리 박고 있다는 사실을 발견하게 된다.

그러므로 이단을 파악하려면 먼저 재래 종교들에 대하여 알아야만 한다. 이때에 기독교는 이단을 예방할 수도 있고 또 치료할 수도 있는 것이다.

지금까지의 이단 연구는 대부분 그들의 현상만을 파악하는 데 주력하였고 그들의 뿌리가 어디에 박혀 있는지에 대해서는 관심을 갖지 못하였다.

한국에 현재하고 있는 이단 중에는 첫째로 위와 같이 동양적인 재래 종교의 철학과 영성에 뿌리를 두며 기독교의 개념을 사용하고 있는 통일교, 천부교(전-박태선 장로교), 용문산 애향숙, 세계 일가 공회와 같은 이단들이 있고, 둘째로는 기독교 복음을 왜곡 함으로써 나타난 교회안에서 자라난 거짓 그리스도 운동들이 있다. 그 중에는 한국적인 것과 외래적인 것이 있다. 이중에는 복음의 핵심을 완전히 파괴해 버린 것과 복음의 일부를 왜곡해 버린 이단들이 있다.

20_19881200_혼합주의의 특징과 발생원인_이동주신학정론88년 12월_2번_페이지_232

Ⅲ. 이단들의 특징

1. 최종계시와 교주숭배

사도적인 신앙고백을 완전히 또는 부분적으로 떠난 집단을 이단이라고 한다. 신앙의 본질을 떠나지 않고는 이단이 생길 수 없는 것이다. 이단들은 기독교적인 개념을 사용하면서 내용이 다른 고백을 하는 것이 그 특색이다. 예수 그리스도를 신봉 한다고 주장 하지만 또 다른 한 사람을 신적 권위자로 섬기며, 성경을 그들의 경전이라고 하면서도 또 다른 신적 계시 내지 "최종계시"를 최고 권위로 신봉하는 것이다.

"여호와의 증인"은 기존 교회의 성경을 오역이라 하여 성경 보다 더 큰 권위를 부여한 "새 세계 성경 번역"을 가지고 있다. 이들은 삼위일체의 하나님을 머리가 셋 달린 괴물이라 하여 부인하고 예수 그리스도를 피조물 중의 하나라고 주장하며, 십자가는 우상숭배로 보고 육체적인 부활도 부정한다. 또한 십자가의 대속으로 구원을 받는 것도 아니고, 예수 그리스도를 믿는 믿음으로 구원 받는 것도 아니며, 오직 여호와를 섬김으로써 구원을 받는다고 주장한다. 여호와의 왕국이 이미 1914년에 하늘에서 시작 되었고 1975년 이후에 여호와의 왕국이 지상에 세워진다고 믿고 있다.[4] 이와 같이 여호와의 증인은 복음이 완전히 파괴된 이단이다.

"크이스챤 싸이언스"는 창설자 Mary Baker Eddy가 쓴 "과학과 건강"을 성경보다 더 큰 권위로 신봉한다. Eddy는 모든 질병과 사망을 존재하지 않는 것으로 보고, 인간이 아픈 것은 아프다고 생각하기 때문에 아픈 것이고 인간이 죽는 것은 죽어야 한다고 생각하기 때문에 죽는 것이라고 주장한다. 그는 아프거나 죽는다는 "그릇된 생각"들을 최면술과 심리요법으로 치료해야 한다고 생각한다. Eddy는 모든 죄와 사망과 질병 뿐만 아니라 창조와 물질을 다 부정하고, 인간은 본래 선한 것이고 영원한 존재라고 주장한다. 그는 하나님

4) 박영관, 이단 종파 비판, 기독교 문서선교회 1979, pp. 312−323.

과 예수 그리스도는 다 영이고, 그러므로 예수 그리스도는 죽지 않았다고 말하고 있다.[5]

"말일 성도 예수 그리스도교"라고 하는 "몰몬교"에는 교주 Joseph Scnidt 2세가 받은 "신적 계시"라는 "몰몬경"이 있다. 이들은 육체를 가지고 자녀를 낳는 무수한 신들을 믿고, 예수는 피조물이며 장자라고 주장한다. 인간들은 하나님이 전세상에서 낳은 영원한 영적 자녀들이라 하고, 하나님도 역시 한 때는 우리와 같았다가 높아져서 왕이 되었다는 것이다. 오직 성령만은 육체가 없는 영이라고 한다.[6] 이들은 이와 같이 완전히 파괴된 복음만을 가지고 있는 것이다. "안식교"도 역시 Ellen G. White 부인의 문헌들을 성경보다 더 신봉한다. 이들은 예수 그리스도의 인성을 죄스런 성품이라 하고, 1884년(재림일)까지 지은 죄는 모두 용서 하셨으나 제해 버리시지는 않으셨고, 1884년 이후의 죄악은 대 제사장 직분을 가지신 예수 그리스도가 모든 죽은 성도들의 이름을 하나씩 하나씩 조사하고 심판함으로써 사함을 받게 된다고 주장한다.[7]

또한 국내 이단들 가운데도 "영약"(영원한 언약, 렘 32 : 52f)의 절대권위를 주장하는 양도천(1977년 이래 양종산)의 "세계 일가 공회"가 있다. 이들은 재림주라고 하는 양도천을 神人으로 숭배하고 유교 불교 동학 기독교를 혼합한 신으로써 "한님"을 숭배하고 "한님"이 다스리는 세계 일가인 신천신지를 건설하고자 한다.[8]

이뢰자(우뢰의 아들)로 개칭한 말세 마지막 종이라는 이유성은 "여호와 새일교"(사 42 : 9, 43 : 19 "새일")라는 이단종파를 세우고 신도들에게는 자기에게 내렸다는 신의 "새 계시" 내지 "최종계시"를 믿게 했다. 이유성은 이를 "다림줄"이라고 하고, 예수 그리스도는 이수도원으로 재림할 것이며, 신도안은 지상천국 새 예루살렘이 된다고 말하고 있다.[9]

박명호라고 하는 박광규의 "엘리야 복음 선교원" 역시 "대언의

5) Siehen Sekten, Ublag und Schriffmission Der Evangelischen Gesellshaft für Deutschland, Wuppatal 1977[4], pp. 20f.
6) 박영관, 상동, pp. 202f.
7) 박영관, 상동, pp. 245—257.
8) 박영관, 이단종파 비판 Ⅱ, 기독교 문서 선교회, 1986, pp. 103—116.
9) 박영관, 상동, Ⅱ. pp. 85—95.

영"(계 19 : 10)이라는 "제 3 성경"을 가지고 있다. 그는 눅 3 : 23—38의 족보에 대하여 설명하며 아담의 아버지는 하나님이라고 주장한다. "예수는 요셉"(마리아)이 낳았고 아담은 하나님이 낳으셨느니라"고 하며 하나님은 우리를 낳으신 친아버지라는 것이다. "하나님과 사람 양자가 다 하나님의 족속이기 때문"에 "하나님은 사람(아담)을 낳고 사람(마리아)은 하나님(예수님)을 낳을 수 있다"는 말이다.[10] 박명호의 시집 "너 사랑아" 속에는 "아빠의 품속"이라는 시가 있는데 "…이스라엘의 구원과 승리되신 친아버지…아빠는 과연 우리를 친히 낳으신 아빠이기에…"라고 읊고 있다. "사랑의 하늘 아버지"라는 시 속에도 역시 "…아빠의 생명은 사랑이로소이다. 사랑의 우리 친 아버지시여"[11]라고 고백하고 있는 것이다. 그뿐만 아니라 박명호는 또한 인간 신격화의 사상을 지니고 "…이 신들의 사랑은 오직 신이 된 이들만이 알 수 있고 신이 된 자들만이 할 수 있는 거룩한 사랑이다…하늘로 올라간 신들은 그곳에서 하나님과 천사들과 같이 그 사랑을 영원토록 하게 된다"[12]는 것이다. 그의 신도들은 해돋는 곳에서 마지막 기별자인 엘리야가 나타났다고 주장함[13]으로써 교주의 절대성을 암시하고 있다. 실로 그 추종자 최학선은 박명호에 대하여 "아빠"(하나님)을 만나게 한 중보자라 했고, 잃었던 남편(예수 그리스도)을 찾았다고 하면서 영생을 찾게한 박명호에게 "영원히 영광과 … 찬송를 돌렸다."[14]

통일교도 역시 신 구약 성서를 경전으로 받든다[15]고 하면서도 성경을 880번이나 이용하여[16] 작성한 "새 진리" 내지 "새 계시"[17]라고 하는 "원리강론"을 "성약"[18]이라고 하는 경전으로 삼고, 성경은

10) 여기에 불사의 길이 있다. 세계 엘리야 복음선교원 Pamplett.
11) 박명호, 너 사랑아, 1987′ 1988″ pp. 56f.
12) 박명호, 상동, pp. 26f.
13) 여기에 불사의 길이 있다.
14) 최학선, 선생님의 일생, 박명호의 시집 "너 사랑아" 중에서 p. 290—294.
15) 안내, 세계 기독교 통일신령협회, 1978, p. 7.
16) Moritzen, N.P., S.M. Muns Vereinigungskirche, Erlangen 1981. pp. 40f.
17) 원리강론, 성화사, 1966. 10—12.
18) 원리해설, 1957, pp. 94, 97. 원리강론, pp. 126f.

등잔불 내지 촛불에 비교 하며[19] 영적, 지식적으로 아주 낮은 사람들을 위한 책으로써, 오늘날 지식인들을 위해서 "새로운 진리"가 나타났다는 것이다.[20] 교주 문선명은 한 맺힌 하나님을 자기가 그의 진심에서 해방하고 또 하나님을 모든 영계에서 해방한 자로 자처한다.[21] 그뿐 아니라 문선명은 한 맺힌 예수님도[22] 그의 근심과 부서진 마음에서 해방한 자라 한다. 그는 하나님과 남자인 "예수"와 여자인 "성신"을 삼위일체라고 하며,[23] 하나님의 분립체인 성자와 성신이 낳은 자녀들을 원죄가 없고 구주도 필요없고 神化된 사람들이라고 한다.[24] 문선명은 자기의 "어린양의 혼인잔치" 예식(1960)과 신도들의 "합동 결혼예식"을 통해서 인류의 "참 부모" 노릇을 하며 자기와 자기처는 "제 3 아담"과 "제 3 하와"라 하는 메시아 역할을 하고 있다는 것이다. "제 3 아담"은 예수님과 가치가 동등하다는 것이다.[25] 또 문선명은 성령을 죽은 사람의 영혼이라고 생각하여("영인체") 산 사람의 육신에 "재림"하여 그 몸 속에서 완성되기까지 공생하고 자라난다고 함으로써[26] 성령을 무교적인 강신현상과 혼돈하고 있다.

위와 같이 "기독교" 이단들은 "기독교"로 자처하면서 새 해석 또는 최종계시를 주장하며 복음을 왜곡함으로써 하나의 "다른 복음" (갈 1 : 7)을 신봉하고, 그들의 교주는 예수 그리스도와 앞서는 세계 통치권을 주장하고 있는 것이다. 그들은 자기들의 주장을 반드시 성경 말씀으로 뒷받침하고 있다.

계시의 사도성만이 정경임을 부인하는 이단들의 특징은 이와 같이 계시의 점진성을 주장하고 비 사도적인 계시를 신봉하는 것이다. 또한 이단들에게는 그리스도 중심성이 정경의 척도가 되지 않고 교주

---

19) 상동, p. 5.
20) 원리강론, p. 190.
21) Sontag, F., Sun. Mynug Moon und die Ukelnlguuqskirche, Kiefeld 1981, pp. 108, 123.
22) Sontag, F. 상동, p. 124.
23) 원리강론, pp. 27f, 228.
24) 김영운, 통일신학, 성화사, pp. 18f. 원리강론, pp. 147f.
25) 원리강론, pp. 222f.
26) 원리해설, p. 59. 원리강론, pp. 123, 194f.

중심성이 진리의 척도가 되는 것이다. 또 성령의 감동으로 인해 성경이 밀어지고 또 성경이 성경을 해석함(Autopistie)으로써 말씀을 깨닫는 것이 아니라, 타경전이나 세속이념으로 성경을 풀이하기 때문에 새 해석이나 재 해석이라는 향방없는 자기중심적 왜곡현상이 나타나는 것이다.

2. 신비체험과 심리적 파멸

이단종파는 단순한 인간집단이 아니라 신비체험과 악령의 역사로 인해 형성된 집단이다. 교주는 단순한 사상가가 아니라, 귀신의 역사를 체험하고 숭배하며 악령에게 죄가 되고 속박되어 악령의 지시대로 행동하는 자이다. 교회가 세속화되고 인본주의적으로 흐르면서 영의 역사에 둔감해지고, 성령의 역사도 악령의 역사도 다 부정하고 무시하고 있을 때, 어두움 속에서 활개치는 악령이 교주들을 사로잡고 지배함으로써 이단종파들은 강인한 힘을 얻게 되는 것이다.

몰몬교의 교주는 깊은 산속에 들어가 기도하던 중 이와 같이 신적 계시를 받았다는 것이다. 그는 1820년에 환상중에 빛기둥과 두 사람의 영체를 보았는데 그 중의 한 사람이 자기 이름을 부르며 "이는 내 사랑하는 아들이니 그의 말을 들으라"고 하였다는 것이다. 그는 또 1823년에 세번이나 천사 "모로나이"의 방문을 받고, 그 지시대로 뉴욕주 온타리오군 안체스터 근처 바위 밑에 있는 돌상자 속에서 금판을 발견했다는 것이다(1827). 이 금판의 내용이 후에 "몰몬경"이 된 것이다.[27]

크리스챤 싸이언스의 창설자 M.B. Addy 부인은 신경질과 척후 쇠약의 신병으로 고생하던 끝에 Ph. Quimby 의 영향을 받고(1862)신비술과 심리요법을 배운 후 마 [illegible] 8을 읽다가 1866년에 치료를 받았다는 것이다. 그는 자기가 치료된 날을 계시일이라고 주장한다.[28]

---

27) 박영관, 상동 I. pp. 187—190. 이 금판의 내용은 인디안의 시조에 시집과 어벤 Solomon Spauling이 쓴 소설이다. 그 원본은 오하이오주 오버린대학에 보관되어 있다.

28) Sichen Sekten, 상동, pp. 29f. 박영관, 상동, I. pp. 273—275.

안식교의 교주 E.G. White 부인 역시 1844 년부터 환상을 보며 하나님의 도성으로 여행하는 재림교도(안식교도)들을 보았다고 하며 1845 년에는 예수 그리스도가 하늘 지성소에 들어가시는 것을 보았다고 한다. 그후 그는 200 회 이상이나 환상을 보았다는 것이다. 그뿐 아니라 1847 년에는 White 자신도 성소를 거쳐 지성소로 들어가서 법궤와 십계명판을 보았는 데 제 4 계명은 광채가 나타났다고 했다.[29)]

1930 년대에 나타난 "영체교환"(피가름 교리)을 자행하던 황국주는 100 일 기도 후에 예수 그리스도로 변장을 하고 자기의 목이 갈리우고 그 대신 예수의 목이 붙었다고 하며 자기의 마음과 몸이 다 예수의 마음과 몸으로 화했다고 하였다.[30)]

박태선 역시 주의 보혈을 받은 경험을 증거하며, 소변을 통해 피가 다 빠져나온 후, 예수의 피를 입에 넣어 주셔서 한 없이 마심으로써 그의 심장에 주의 보혈이 흘러 들어온 환상을 보았다고 한다. 그후로 자기의 사정과 "주님"의 사정이 똑같아졌다는 것이다.[31)]

문선명은 16 세가 되었을 때에 부활절 새벽에 예수를 만났다고 하며 "예수의 못다 이루신 일을 계승하여 이 땅에 하나님 나라를 건설할 사명을 받았다"고 주장하고 있다.[32)]

그밖에도 신전도학 연구소의 교주 백운선생이라는 신동수는 입신기도중에 꿈과 환상을 통하여 "계시"를 받고 금식기도 중에 휘황찬란한 천국을 구경하였다고 한다. 그는 하나님의 둘째 아들이며 말세 심판주로 임명 받았다는 것이다.[33)]

일월산 기도원의 교주 김성복은 정신분열증 환자였는데 1963 년 하나님의 계시에 의해 일월산에 말세심판의 피난처를 세웠다.[34)]

만교통화교의 재림주 또는 민석대왕이라고 자칭하는 교주 김운열은 300 일 기도 끝에 "민석"이란 이름을 받고 태양이 입안으로 밀

29) 박영관, 상동, I. pp. 241f.
30) 김광수, 한국기독교 수난사, 성광문화사, 1978, pp. 171f.
31) 김성여, 박태선 장로의 이적과 신비경험, 신천신지사, 1955, pp. 88—90.
32) 김영운, 통일신학, 성화사, 1981, pp. 25f.
33) 신흥종교 실태조사 보고서, 국제종교 문제연구소, 1980, pp. 129f.
34) 상동, p. 134.

려들어와 그것을 먹고보니 온몸이 불덩어리가 되어 뜨거워 몇 바퀴를 굴렀고 이 때에 무아경에 들어가서 순식간에 모든 진리를 깨달았다고 한다.[35]

한국 기독교 에덴성회의 교주 이영수는 전도판에 나간지 사흘만에 하늘이 열리고 땅이 진동하여 예수의 강림하심이 보였다고 하며 하늘의 신비와 악령의 세계를 보고, 계속 신의 계시를 받아서 일한다고 한다.[36]

그외에도 김준건의 중앙 예루살렘 십정교회, 이옥성의 여호와 새일교단, 김종국이라고 하는 김용국의 호생기도원[37] 등의 무수한 이단들이 신비체험에 의한 확신과 박력에 의해 형성되는 것이다. 이들을 좇는 신도들도 역시 신비체험을 하며 교주를 위하여 전인간을 투자하여 복종함으로써 자기 의지와 사고능력이 파괴되버리고 판단력도 상실된 채 마귀와 교주에게 속박되어 몰려다니다가 멸망당하고 마는 것이다.

3. 긴박한 종말관과 내재적 지상천국

이단들의 공통적 특징은 긴박한 종말을 선포함으로써 예수 그리스도의 재림시한을 명시하거나 이땅에 곧 이루어질 지상천국의 장소 또는 대기소를 명시함으로써 위기의식과 열심과 충성심을 조장한다. 이 천국은 대개 내재적이고 가시적인 현세의 사건이거나, 또는 구원을 보장하는 그 이단 집단에게만 허용되는 곳이다. 이러한 집단은 선인의식에 의해 기존교회와 세상을 다 마귀시하는 반면 천국 건설을 위해서나 또는 자력구원을 통해서 구원을 얻으려고 열심히 충성한다. 그들의 교주를 메시아처럼 사랑하는 그들은 천국건설에 대한 소망과 같은 목적과 같은 신앙에 의해 연대감을 가지고 기존교회의 비판과 피해의식을 참아낸다. 종적으로는 악령의 지배와, 횡적으로는 연대감과 혈연관계 내지 얽힌 불륜의 관계로 이들의 집단은 쉽게 해체되지 아니한다. 통일교의 "합동 결혼식"은 그 가장 뚜

35) 상동, pp. 153.
36) 상동, pp. 156f.
37) 상동, pp. 168—183.

멋한 예라 하겠다.

4. 이단종파의 발생원인

시대적인 공업화 산업화 도시화의 현상 속에서 이동과 변동으로 인한 주민들은 생활의 불안을 느끼고 때로는 삶의 무기력과, 무의미를 극복하지 못한 채 계속되는 긴장속에서 살아가야만 한다. 이들은 영원하고 절대적인 것에 대한 갈망을 가지게 되고 채워지지 않은 공허감을 안고 있는 것이다.

그러나 기존 교회의 진리관은 점점 상대화되고 다원화 하면서 무기력 해지고 절대 권위에 대한 신빙성을 상실해 간다. 사실 많은 교인들이 확실한 신앙을 가지지 못하고 있고 자신을 전폭 투자할만한 가치를 느끼지 못하고 있다. 이때에 한 박력있고 믿음직스러운 이단 영도자가 나타나면 그에게 마음을 열게 되는 것이다.

그러나 현대에 이단이 더욱 자유스러이 발생하는 원인은 이단들이 더 활발해지고 더 강인해졌기 때문은 아니다. 이단은 구약시대에나 신약시대에나 교회시대에도 언제나 활발했고 도전적이었다. 이단 발생 원인은 바로 교회 안에 있는 것이다.

교회에서 발전한 고등 문서비판은 성경의 권위를 상실케 하고 표준이 되고 얻을 만한 신앙의 기초를 허물어 뜨렸다. 또 교회는 세속 Ideologie 들과 타 종교들과의 연합 Program 으로 인해 유일한 중보자 예수 그리스도에 대한 신앙이나 구원의 감격이 사라져 가고 있다. 그러므로 수년 동안이나 교회에 출석한 사람이라 할지라도 아무런 변화를 받지 못하고 세속적인 모습 그대로 남아있는 경우가 허다하다. 그 이유는 본인에게도 있겠지만 교회에서 진리를 깊고 호소력있게 가르치지 못하기 때문이다. 영적으로 무방비 상태에 있는 교인들은 이단사설에 대한 저항력이 없다. 실제로 사상적으로나 윤리적인 회개도 없고 예수 그리스도를 구주로 확인하지 못하는 교인들이 교회안에 많이 있는 것이다. 오늘날 자유주의자들 뿐만 아니라 복음주의자들 까지도 윤리적으로 부패하여 가고 있다. 그러므로 교회는 신앙적인 힘을 잃고, 진리에 대한 권위와 기도의 능력을 상실하거나 능력없고 비판적인 율법주의에 빠지는 것이다. 사회윤

20_19881200_혼합주의의 특징과 발생원인_이동주신학정론88년 12월_2번_페이지_240

리적인 패배를 맛본 교회는 복음을 물질적으로 해석하고 정치 경제 사회적인 윤리로 해석하는 상황 신학적인 도전에 저항하지 못하고 진리의 참 뜻을 무참히 짓밟히도록 버려두는 것이다. 교회는 Ideologie의 참 모습이다. 타종교들의 가르침에 대하여 무지하다. 타종교나 이념에 마음을 활짝 열고 접근하는 신학자들 중에는 외부 사상을 교회로 끌어들여 교회내에서 이단 사상을 발육시키는 사람도 있다. 이러한 혼돈과 무지는 이단의 온상지이다. 새로운 계시와 분명하고 감각적인 "진리"를 제공하는 이단은 교회의 미약하고 감화력 없는 메시지를 여지없이 짓밟는 것이다. 이단들에게는 그들의 절대 권위가 있고 "신적 계시"가 있다. 이들은 성경을 인용하여 그들의 교주와 그 집단의 진실성을 증명하면서 성경을 부분적으로 밖에 알지 못하는 교인들을 유혹한다. 교인들은 그들의 성경풀이가 신기롭고 믿음직스럽게 보이는 것이다. 이제 교회는 말씀으로 유혹하던 사탄을 말씀으로 물리치시던 예수 그리스도를 상기하고 교회는 말씀으로 전신갑주는 입지 않으면 안될 것이다. 교인을 이단에게 빼앗기는 원인 중에는 교회가 사랑과 포용력을 상실했기 때문이기도 하다. 공동체안에서 소속감을 갖지 못한 채 소외되어 있는 사람들이 있다. 이들의 눈은 흔히 비판적이고 냉소적이 되기 쉽다. 그때에 교회와 비교될 수 없을 만큼 크고 뜨겁게 사랑하는 이단 집단을 만나게 되면 거기서 감정적인 충족을 얻게 된다. 사회에서 완전히 고립된 이단 집단은 비판에 대한 피해의식이나 선민의식으로 더욱 결합되고 옹고된다.

이단은 또한 복음을 그릇된 목적에 사용할 때에 발생 된다. 정의투쟁 운동을 정당화하기 위해서 복음을 사회정치적으로 해석하거나 사회적 평화를 위한 연합운동을 위해서 성경을 세속이념과 타종교와 혼합하는 것은 이단발생의 원인이 된다. 아하스왕은 정치적 안정을 위하여 앗수르 우상의 단을 예루살렘에 세웠었다(왕하 16장). 나라의 안정을 위하여 중앙집권제를 실시하기 위한 여로보암왕의 금송아지 숭배등은(왕상 12 : 25—33)[38] 여호와 하나님을 배척하지 않으면서도 다른 신을 그 곁에서 함께 숭배 하거나, 여호와를

38) 왕상 12 : 28 (두 금송아지를 가리켜 "이는 너희를 애굽땅에서 인도하여 올린 너희 신이라"고 함).

20_19881200_혼합주의의 특징과 발생원인_이동주신학정론88년 12월_2번_페이지_241

다른 신과 동일시한 것과 같다. 이러한 혼합주의가 바로 우상숭배이며 이단인 것이다. 이단들의 특징과 목적은 교주 우상화나 탐욕의 충족입으로 예수 그리스도를 영화롭게 하는 집단이 형성될 수 없고 오히려 반 기독교적이며 적 그리스도적인 입장을 취하는 것이다.

V. 이단에게 어떻게 전도할 것인가?

우리가 이단들의 신앙을 용납할 수 없기 때문에 이단을 비판과 무시함으로 대한다면 결코 그들을 전도할 수 없을 것이다. 그들의 인격을 존중하고 진실하고 간절한 사랑으로 대해 준다면 그들도 마침내는 피해의식과 경계심을 버리고 서서히 마음을 열게될 것이다. 그들도 의문이 있고 질문이 있을 것이다. 우리는 그들이 설교하게 하는 것이 아니라 스스로의 모순을 발견하고 질문하게 해야 한다. 이단들은 하나의 절대 신앙에 몰입되어 있기 때문에 우리가 그들의 고집스러운 신념을 흔들기는 아주 어렵다. 그러나 그들은 성경을 인용하여 그들의 교리를 정당화하려고 하기 때문에 우리는 성경에서 그들과의 접촉점을 찾을 수 있다. 성경을 올바로 가르쳐 줌으로써 그들의 신념을 교정시킬 수가 있다. 이것이 예수께서 마귀를 물리치신 방법이다.

우리는 또한 그들에게 본이 되어야 한다. 우리안에 예수 그리스도가 살아계심으로 나타나는 생기와 소망이 있는 모습, 죄악의 용서와 구원의 기쁨을 간증할 수 있는 은혜스러운 모습, 사람을 포용하고 허물을 용서할 수 있는 너그러움과 여유… 이러한 것들은 이단들이 자기의 신앙을 돌아보게 하는 조건들이다. 그들의 신앙이 얼마나 속박하는 것이며 헛된 것이라는 것을 스스로 발견 할 수 있도록 해야 한다.

우리는 이단에 대한 지식이 있어야 한다. 그들의 언어와 개념을 파악할 수 있어야 한다. 단순히 우리의 개념으로 그들의 용어를 이해하는 것은 혼돈과 논쟁만 더 할 것이다. 그렇게 된다면 오히려 다른 양떼까지 빼앗기게 될 것이다.

특별히 간과해서는 안될 일이 있다.

20_19881200_혼합주의의 특징과 발생원인_이동주 신학정론88년 12월_2번_페이지_242

이단은 악한 영에 사로잡혀 있음으로 스스로 자유할 수 없는 자들이다. 우리는 그들을 위해서 기도를 통해 선한 싸움을 싸워야 한다. 그들을 위해 기도하고 그들과 함께 기도해야 한다.

20_19881200_혼합주의의 특징과 발생원인_이동주신학정론88년 12월_2번_페이지_243

▣ 홍정수의 포스트모던신학 ▣

5. 육체의 부활에 대한 믿음은 성서해석의 오류에서 나온 것이다

홍 정 수 교수
(감리교신학대학 조직신학)

각종 현대의 '머던신학'은 '과학 흉내 내기' 오류를 범했다.

내가 '예수의 육체의 부활을 부정했다'고 하는데, 그것이 '생물학적 의미에서의 육체부활'을 뜻하는 것이라면 그렇다. **나는 단연코 육체의 부활을 부정한다.**

그러나 성서가 말하는 육체의 부활이란 생물학적인 시작에서 하는 육체의 개념과는 다르다. 그것은 '성서의 언어'가 가지는 특수성 위에서 이해되어야 하는 것이다.

구약성서에 보면 야곱이 천사와 씨름하다가 환도뼈가 부러졌다는 표현이 나온다. 필요하다면 천사도 몸이 있는 것으로 나타나며, 하나님에게도 눈·코·입이 있는 것으로 나타난다. 그러한 성경 언어의 특수성을 무시하고 문자 그대로 망우리 공동묘지에서 누군가 살아 나오는 것처럼 부활을 믿는다면, 그것은 용납될 수 없는 이론이며 성경에 대한 엄청난 폭행이라고 아니할 수가 없다.

성경을 성경의 언어로 읽고 이해해야 한다. 성경의 말씀을 과학자들의 연구보고서와 같은 언어로 읽어서는 곤란하다. 이는 시를 과학적으로 분석하여 좋은 시와 나쁜 시로 나누며, 또한 미술 작품을 과학의 척도에 따라 그 값을 매기려는 어리석음과도 같다.

이와 같은 나의 견해는 '포스트모던(근대후기) 신학'과 일맥상통한다. 포스트모던신학은 역사 과학의 눈으로 성경을 읽고 있는 진보주의 신학이나, 사회과학의 눈으로 읽고 있는 해방신학, 자연과학의 눈으로 읽는 보수파의 신학 등 각종 현대의 '모던(근대) 신학'을 모두 거부한다. 이들 신학은 성경 언어의 독특성을 망각하고, 신학을 과학과 혼동하거나 '과학의 흉내내기'를 한 공통의 죄를 범했기 때문이다.

- 106 -

21_20051226_육체 부활에 대한 믿음은 성서해석의 오류에서 나온 것이다_교리사건 재판자료_2번_페이지_1

이제 시인은 계속하여 시를 짓고 화가는 계속 그림을 그려야 한다. 시인의 말과 화가의 세계는 '사실'과 다를지 모르지만 거짓은 아니다. 그것은 보다 깊은 진리이며, 인간을 구원시키는 힘을 그속에 간직하고 있다. 한마디로 '기독교와 성경이 독특성을 회복하자는 신학적 반성'이 바로 포스트모던 신학인 것이다.

이런 포스트모던 신학에 대해 올바른 인식을 갖고 있는 못한 이들이, 정당한 대화의 자세 이전에 무조건 과격한 신학으로 보거나 교회를 파괴시키는 사이비 신학인 양 몰아붙이는 것은 부당한 처사이다. 이것은 마치 보지도 못한 적을 향해 마구 총을 쏘아댄 후 '내가 적을 죽였다'고 좋아하는 것과 무엇이 다르겠는가.

성서의 부활을 부정하는 것은 오히려 현대 한국의 많은 목회자들이 아닌가 한다. 잘못된 신학 때문에 성서를 제대로 읽지 못하는 그들은 진정한 성서적 부활의 의미를 깨닫지 못하고 이다.

한국의 기독교는 그 어느 종교도 하지 못했던 일, 기독교가 인간의 생물학적인 죽음을 정복했다는 것을 줄기차게 전해 왔다. 예수가 재림하면 이 세상에서 영원히 살 것이고 죽어서도 영원히 산다는 식으로 죽음과 죽음을 극복하는 것에 메시지의 초점을 맞춰 왔다.

불안하게 살아온 한국의 신자들에게 그것은 상당한 위안과 도피처가 될 수 있었지만, 그 때문에 성서에 있는 기독교와는 거리가 상당히 먼 것이 되고 말았다.

따라서 한국의 교회가 전하고 있는 핵심적인 메시지, 부활에 대한 메시지가 성서에 기반을 둔 올바른 메시지로 변화되지 않는 한 한국교회의 앞날은 어둡다고 본다. 과학적 사고의 훈련을 받은 후대들에게서 지금과 같이 예수의 죽음과 부활을 가르친다면 앞으로 교회에 남을 젊은이는 과연 몇 명이나 되겠는가.

갈릴레오에 의해 천동설이 부정되고 지동설이 확립된 것처럼, 새로운 시대가 오면 성경을 과학의 시각에서 읽던 사람들은 신앙적인 기반을 송두리째 잃어버릴 수밖에 없는 것이다. 동정녀 탄생이나 부활, 예수의 재림 등도 마찬가지다. 동정녀 탄생이란 신앙의 언어이며, 예수가 정말 남자없이 태어났다는 문자 그대로의 의미가 아니다.

- 중 략 -

문자 그대로 성서를 읽는 것은 성서를 제대로 읽는 것이 아니다.

동정녀 마리아를 믿는 것, 육체의 부활과 예수의 재림을 믿는 것이 지금 분단된 한국을 살아가는 이 시대 사람들에게 과연 어떤 의미가 있는지를 한국 교회는 스스로에게 물어보아야 한다.

부활은 하나님과 사람들로부터 버림받은 불의의 상징이던 십자가가 하나님의 정의임을 선언한 사건이다. 예수를 버렸던 제자들이 종교적 체험을 통해 예수를 만난 후 그에게 되돌아오고, 더 나아가 세상에 나가서 십자가에 못박혀 죽은 예수가 승리자요 하나님의 정의라고 선언하게 되는 복잡한 사건을 뭉뚱그려 부활사건, 부활체험이라고 하는 것이다.

- 107 -

21_20051226_육체부활에 대한 믿음은 성서해석의 오류에서 나온 것이다_교리사건 재판자료_2번_페이지_2

에 나타났던 사랑과 정의가 이 땅에 실현되는, 성서적인 의미에서 [illegible]다.

,서해주는 자는 그 자신도 하나님께 구원을 받는다는 인간관계의 [illegible]를 볼 수도 있겠지만 그렇게 살다 보면 새 역사가 도래하는 것이며, [illegible]성되는 것이 곧 예수의 재림이라는 믿음을 갖고 희망적으로 살아가는 것, [illegible] 위해 투쟁하고 헌신하면서 기뻐하는 것이 기독교인이다.

- 후 략 -

▣ 포스트모던 신학을 추천하는 글 ▣

6.『포스트모던신학』 한국에서 첫선 보여
감신대 홍정수교수 「포스트모던신학과 한국신학의 가능성」 발표

최문성 기자
(크리스챤 신문)

미국 신학계에서 활발히 논의되고 있는 「포스트모던신학」이 드디어 한국 신학계에도 소개돼 이에 대한 한국 신학자들의 높은 관심이 예상된다. 감신대 홍정수교수(조직신학)는 11월 13일 감신대에서 열린 세계신학연구원 창립 2주년 기념 학술토론잔치에서 「포스트모던신학과 한국신학의 가능성」을 발표, 포스트모던신학을 국내에 처음 소개했다.

이에 앞서 홍교수는 번햄, 밀러, 알렌, 린드벡, 슈나이더, 벨라, 윌리엄스 등의 글을 한데 묶은 <포스트모던신학>을 번역, 출간함으로써 국내에 포스트모던신학의 출발을 가져왔다. 본보는 이날 열린 홍교수의 강연내용을 중심으로 포스트모던신학을 소개한다<편집자 주>

◇ 포스트모더니즘이란?

예술과 문학에서 주로 사용되는 포스트모더니즘(근대후기주의 · postmodernism) 이란 용어는 60년대 후반 미국사회가 후기산업사회로 진입하면서 등장하기 시작했다. 이는 모더니즘(근대주의)에 대한 반동으로써, 모더니즘이 20세기 초 자유와 평등사상을 바탕으로 기성 도덕이나 전통적 권위에 반항하여 기계문명과 도시생활의 감각을 중시한 반면 포스트모더니즘은 모더니즘의 결과적인 폐해들을 벗어나 예술과 문학의 순수성을 지키려는 운동이다. 즉 후기산업사회의 지적이고 문화적인 운동이다.

이러한 서구의 포스트모더니즘은 70년대 후반 무용과 건축분야에서 먼저 국내에 소개됐고 80년대 중반 이후부터는 문학과 미술계에도 도입됐다. 특히 포스트모더니즘은 80년대 후반과 90년 한 해 동안 그 개념과 정체에 대한 논란으로 최근까지 국내를 떠들썩하게 만

21_20051226_육체부활에 대한 믿음은 성서해석의 오류에서 나온 것이다_교리사건 재판자료_2번_페이지_3

K-4-0114

머리말

"성경 신학 신조 교리"

5월 가정의 달을 맞이하여 온 성도들의 가정위에 하나님의 은혜가 넘치기를 기도드립니다.

이 달 머리말에 가정생활에 대하여 쓰려고 하였으나 보다 더 시급하게 느껴지는 내용이 있어 위의 제하에 다음과 같은 글을 쓰게 된 것을 이해하여 주시기 바랍니다.

필자가 쓰려는 내용은 단순히 우리 감리교회의 신조와 교리 사수를 위한 것이지 신학적 논쟁을 펴려는 것은 아닙니다. 지면도 부족하거니와 그럴만한 실력도 없습니다.

그러나 이 문제를 중요시 하지 않을 수 없습니다.

수년전부터 현금에 이르는 동안 일부 신학자들의 잘못된 신학적 표현으로 신앙의 혼선과 선교의 차질을 가져오게 된 것은 자타가 주지하는 사실입니다. 특별히 삼남연회 지역에서는 보수교단의 강단에서 공공연히 '감리교회는 이단' 이라 말하고 있어 선교에 크나큰 지장을 받고 있는 실정입니다.

그래서 성경 신학 신조 교리와의 관계에 대하여 필자의 믿음대로 고백함으로 우리는 감리교단의 신조가 정통적이고 복음적인 것이며 타 교단에게는 우리 교리가 잘못됨이 없음을 밝히는 데 조금이라도 도움이 될까하여 펠을 든 것입니다.

성경은 성령의 감동으로 쓰여진 하나님의 말씀이며 성경 66권은 직접 간접으로 예수 그리스도를 증거한 말씀입니다. 예수 친히 말씀하시기를 "…이 성경이 곧 내게 대하여 증거한 것이로다"(요 5:39) 하였으니 성경은 한마디로 예수 증거의 책이며 예수는 구원이니 곧 성경은 구원의 책이라는 말씀입니다.

신학을 일반적으로 정의하기를 종교적 사실과 현상을 학문적 방법에 따라 연구하는 종교과학이라 합니다.

이 학문과 성서와의 관계는 어떤 것인가? 한 마디로 표현하기는 어려우나 보편적 견해는 영감에 의하여 기록된 하나님, 세계, 인간에 관한 계시의 내용을 일관된 조직적 형식으로 제시해 주는 관계라 말합니다.

그러므로 특별히 조직신학은 방대한 성경을 이해하고 믿을 수 있도록 체계화하여 건전한 신앙의 교리를 적립해 주는데 이바지 해야 할 것입니다. 그러나 분명한 것은 성경에서 신학이 파생된 것이지 신학에서 성경이 파생된 것은 아니라는 것입니다. 그러므로 신학의 자유가 있다할지라도 성경을 정경으로 믿는 한 성경에 위배되는 학설을 주장해서는 안될 것입니다.

특별히 교단 교역자 양성을 목적하여 설립한 신학대학에서 성경을 왜곡한 해석은 용납될 수 없을 것입니다. 예컨대 동정녀 탄생, 부활사건 등을 부인하는 일이라든가 기타 기적들을 불신하는 가르침은 절대 안될 것입니

4

기독교세계 91.5

22_19910500_성경 신학 신조 교리_곽전태 감독_기독교세계_2번_페이지_1

다.

이런 주장을 하는 신학에 무식한 것들이라 몰아 붙일지 몰라도 성경은 성경내용대로 믿고 사수해야 할 것입니다.

글을 읽는 신학자 중에는 학문의 날개를 꺾으려는 망발이라 할지 몰라도 학문의 날개를 펴는 방법은 얼마든지 있을 것입니다. 그것은 교역자 양성을 목적하지 않는 학문의 광장으로 나가면 될 것입니다.

어떠하든 교단 교리에 위배되는 내용을 가르칠 수는 없을 것입니다.

신조란 공동의 신앙을 유지하기 위하여 최소한의 범위로 신앙을 고백한 요약서라 할 수 있습니다.

초대교회 때부터 침투하는 이단들을 막기 위하여 교회 지도자들이 노력해 오던 중 318명의 감독들이 모였던 니케아회의 (325년), 189명이 모였던 콘스탄틴노플회의 (381년) 등을 거쳐 마친내 451년에 세계 각처에서 모인 600명의 감독들이 칼케돈에서 모여 '사도신경' (일명 칼케돈신조) 을 탄생시킨 것입니다.

우리가 분명히 기억해야 할 것은 만국 성도들과 함께 고백하는 이 정통적인 신조를 불신하는 어떠한 주의 사상 신학도 용납할 수 없다는 것입니다.

이 신조야말로 우리의 신앙을 분명케 해주며 받은 구원을 사수하는 데 없어서는 안될 확실한 신조입니다.

그러면 요한 웨슬리가 형성한 교리는 무엇일까요? 그는 분명 이 사도신경을 바탕으로 교리를 형성한 것입니다. 그는 말하기를 "나는 모든 그리스도의 병사들과 더불어 한 가지로 연합하고 공격하며 방어하기를 원한다. 우리는 한 신앙, 한 소망, 유일하신 한 분 주님을 소유하였다…"라고 하였는데 이 표현은 정통적인 사도신경을 고백하는 모든 사람들과 같은 보조를 취한다는 말입니다.

환언하면 사도신경을 바탕한 교리가 감리교 교리라는 것입니다. 이 교리 위에 복음주의 경건주의의 집을 짓게 된 것입니다. 그가 말한 칭의 성화 영화의 교리도 오직 예수 그리스도를 믿음으로 시작된 것임을 알아야 할 것입니다.

감리교단은 성경 전체를 하나님의 말씀으로 믿으며 사도신경의 고백을 함께 고백하며 개인구원과 사회구원을 위하여 부단히 노력하고 있는 건전하고도 뜨거우며 은혜스러운 교단입니다.

천하에 다른 이름으로는 구원받을 수 없다는 말씀을 믿기 때문에 종교다원주의자들이 말하는 구주가 여럿이 있다는 학설을 분명히 배격하는 것입니다.

우리는 이 귀한 교리를 왜곡시킬 오해를 받을만한 표현은 삼가해야 할 것입니다. 선교에 지장되는 말은 하지 않아야 할 것입니다.

사도 바울은 고기 먹는 것이 죄는 아니로되 형제에게 거리끼는 것이 된다면 평생 고기를 먹지 않겠다 하였는데 그 의지를 본받아 우리도 그렇게 하여야 마땅할 것입니다.

감리교단의 신학이 성경과 신조와 교리를 지키는데 학문적으로 공헌하는 신학이 되기를 기도합니다. 또한 목회자는 더욱 신학을 연구하여 뚜렷한 골격을 형성한 목회가 되도록 노력해야 하리라 생각됩니다.

좋은 신조와 교리를 가진 자랑스러운 우리 교단이 잡음 없이 부흥 발전 되기를 기도하며 성구 한 절을 결론으로 소개하고 필을 놓으려 합니다.

"하나님은 한 분이시요 또 하나님과 사람 사이에 중보도 한 분이시니 곧 사람이신 그리스도 예수라" (디모데전서 2:5) 아멘.

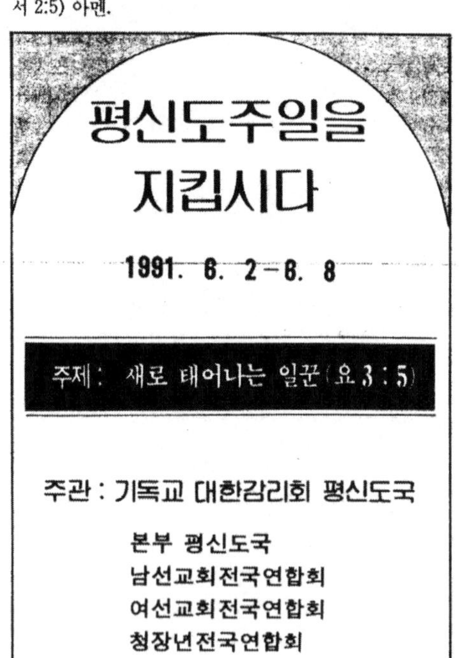

평신도주일을
지킵시다
1991. 6. 2-6. 8
주제 : 새로 태어나는 일꾼(요 3 : 5)
주관 : 기독교 대한감리회 평신도국
본부 평신도국
남선교회전국연합회
여선교회전국연합회
청장년전국연합회

22_19910500_성경 신학 신조 교리_곽전태 감독_기독교세계_2번_페이지_2

포스트모던 신학과 한국신학의 가능성

홍정수(감신대조직신학/세계신학연구원)

1. 개념 정리

「세계신학연구원」은 지난 2년 동안 '한국' 신학의 모색을 위해 일해 왔다(계간 「한 몸」을 통해). 그러나 한국의 신앙인들은 냉담하다. 그 이유는 우리들의 신앙 생활에 이상이 있다는 점을 잘 모르기 때문이다. 교회는 부흥 일로에 있는가 하면, 각자는 교회 생활에 충실한 셈이기 때문이다. 단지 반성이 있다면, 신앙의 '실천'이 모자란다는 정도가 고작이다. 그러나 지구 전역의 신학자들과 교회 지도자들은 생각이 다르다. 지금 교회가 알고, 가르치고 있는 신학은 근본적으로 잘못되어 있다는 반성을 저들은 심각하게 하고 있다. 저들은 19세기부터, 아니 18세기부터 자연과학을 흉내내면서 해 왔던 성서에 대한 "과학적"(처음에는 역사과학적으로, 지금은 사회과학적으로) 접근이라는 신학 자체가 크게 잘못되었고, 그 결과 오늘의 교회의 생활이 이 땅에서 제 구실을 못 하게 되었다고 판단하고 있다. 실천이 없어서가 아니라, 교회는 (그 신학과 더불어) 잘못된 실천을 해 오고 있다는 반성이다.

이같은 반성은 얼핏보기에 근본주의자들의 취향에 아부하는 복고주의로 들릴 것이 분명하고, 그래서 실천에 관심을 쏟던 기독교인들이 이들을 '보수 반동'이라는 말로 낙인찍을 것도 뻔하다. 그러나 조금만 생각해 보면, 우리의 신앙 생활, 우리의 현존 신학에 어딘가 심각한 병이 있다는 것쯤은 누구나 알 수 있는 일이다.

이같은 교회와 신학의 무기력에 대한 심각한 반성 중의 하나가 지금 '포스트모던' 신학이라는 하나의 운동으로 등장하고 있다. 포스트모던(근대후기) 신학이라는 말 자체는 70년대 말, 80년대 초에도 간혹 사용되어 왔다. 그러나 그 때에는 모던(근대)이라는 말과 뚜렷이 구별되지 않은 채 사용되어 왔다. 미국에서 포스트모던 신학 운동을 일으킨 산파라고 할 수 있는 예일 대학의 역사학부 교수 린드벡 자신도 그 획기적인 저서, 「교리의 본성」(1984)에서 포스트모던 대신에 '포스트리베랄'(자유주의 후기)이라는 말을 썼다. 따라서 린드벡의 사상을 수용·발전시킨 일단의 (사회학자를 포함하는) 신학자들이 심포지움을 열고, 그 결과를 하나의 책자 「포스트모던 신학」(번햄 편/세계신학연구원 역)으로 펴낸 1989년이 지구의 신학계에서는 '포스트모던 신학'이라는 개념이 정착(탄생은 아니다)된 시기라고 말해도 좋을 것이다(심포지움은 1987년에 열림). 따라서 한국의 예술, 문학계에서 일고 있는 '포스트모더니즘'과 맥을 같이 하겠지만, 신학으로서의 포스트모더니즘은 극히 최근의 일임을 유의해야 한다.

그러면 포스트모던 신학의 특징은 무엇인가? 우선 이 말은 단일 사상가의 단일 신학사상이 아니라, 서로 유사한(그러나 다른) 신학자들의 공통된 인식을 가리킨다는 사실에 주목해야겠다. '해방신학'이라는 말이 매우 다양한 신학자들의 사상을 포용하는 것과 마찬가지일 수 있다. 「포스트모던 신학」이라는 저서에 기고한 종교사회학자 벨라는 (자연)과학의 언어가 '상위언어'(metalanguage) 구실을 하던 시대를 '근대'라고 규정, '근대후기'는 "문화에 대한 과학의 지배"-과학의 헤게모니 시대-가 끝난 시대라고 규정했다. 따라서 포스트모던 신학이란 과학의 지배에서 벗어나 '종교언어'로서의 독자성을 회복하려는 일단의 신학 운동이다. 해방신학이 이데올로기로부터의 신학의 해방을 요청했다면 포스트모던 신학은 과학이라는 문화적·언어적 헤게모니로부터의 종교(신앙)의 해방을 역설하고 있다고 생각하면 되겠다.

2. 린드벡 : 포스트모던 신학의 산파

그는 종교의 본성을 연구하기 위하여, 종교가 자기를 표현하기 위해 내어놓는 공식화된 언어, '교리'의 본성을 연구하고, 다음과 같이 그 결과를 정리했다.

오늘날의 신학자와 기독교인들은, 첫째로, 종교의 언어(교리)를 객관적 사실을 진술하는 명제로 생각한다. 신앙의 눈이 때로 필요하기는 하지만(그래서 '초자연적인' 사실이라는 것도 있다), 알고 보면 교리는 하나하나의 사실을 가리킨다는 것이다. 반면에 좀더 근대화되고, 좀더 세련된 사람들은 종교 언어의 핵심은 인간의 '체험'(주관적 경험)을 기술해 주는 데 있다고 믿는다. 인간에게는 어떤 보편적인 종교성이 있으며, 기독교 언어의 위대한 점은 그 언어가 인간의 보편적인 종교 체험을 정확히 기술해 주는 데 있다고 생각한다. 이런 사람들은 종교적 체험,

감정을 매우 중요시 한다. 끝으로 린드벡은 이같은 생각은 종교 언어를 자연과학의 언어나 생학의 언어로 오해한 것이라고 본다. 종교 언어의 올바른 이해는 그것을 종교 언어 그 자체로 보는 것이요, 종교 언어의 독특성은 "세계(실재)를 해석하는 전통(틀)"의 하나라는 점에 있다. 우리가 (가)라는 종교인이라면, 우리는 (가)라는 언어로 세계를 해석하고, 그 세계 해석의 법칙 '안에서' 참과 거짓을 판가름하게 되고, 우리의 경험도 '이 법칙 안에서' 이루어진다는 것이다. 즉 탁구를 하는 동안에는 탁구의 세계 법칙 안에서 사고·행동하기에 우리의 경험이 탁구 경기 규칙에 의해서 제한되는 것과 같다. 축구의 경험을 하려면 탁구 경기를 통해서는 불가능하다. 다시 말해서, 기독교인이 되면 기독교식의 '경험'을 하게 되고, 불교인이 되어야 불교식의 경험을 하게 된다는 논리이다(이것은 언어철학자 비트겐쉬타인의 이론의 원용이다). 따라서 종교의 언어를 자연과학이나 심리학이나 사회과학의 언어로 '환원'시키려 했던 근대주의자들, 자유주의자들을 린드벡은 신랄하게· 비판한다.

3. 한국 신학의 새 가능성/과제

우선 린드벡 유형의 포스트모던 운동의 결정적인 위험성을 하나 지적하고자 한다. 그는 보수적인 바르트(Barth)의 계통을 밟고 있어서(비트겐쉬타인도 이점에서는 마찬가지이다), 기독교 언어의 진위성은 오직 성서라는 단일 문법 안에서만 판가름될 수 있다(intratextuality)고 주장하고 있다는 점이다. 이런 경우 선교(신앙 밖의 사람을 대상으로 함)는 물론 '한국적' 신학의 가능성은 원천 봉쇄된다.

그러나 포스트모던 시대의 신학 방법론자로서 새로운 주목을 받고 있는 하바드의 카프만은 '인간화'라는 최상의 범주 밑에서, 각 문화와 종교가 형성해 주는 삶의 형식을 서로 비교할 수 있는 가능성을 제안하고 있다. 이제 이같은 카프만의 인간화 원리와 린드벡 유의 신학자들의 통찰력을 원용한다면, 한국 신학의 새로운 가능성/과제는 다음과 같이 정리될 수 있을 것이다.

첫째, 1960년대의(제1세대) 한국 신학은 성서나 서구의 신학 개념을 한국의 개념으로 번역하려는, '단어중심적' 방법을 채택해 왔다고 할 수 있다. 그래서 삼위일체나 성육신이라는 단어들이 단군신화나 성(誠)으로 번역되기에 이르렀었다. 그러나 포스트모던 신학의 통찰을 받아들인다면, 종교 언어는 그 언어/문화의 틀(문법/규칙) 안에서 이해되어야 하며, 그 언어가 다른 언어로 번역될 경우에는 단어 중심이 아니라 그 언어의 구문론(syntax/구문규칙)을 충분히 검토한 후(인간화의 원칙에 의해서) 시행하여야 한다.

구체적인 예를 들어보자.

한국 교인들은 처녀 탄생이나, 예수 부활(또는 재림)을 '자연과학'의 언어로 이해, '사실'이라고 믿는다. 이것은 성서 언어의 문법을 18세기 과학의 언어 규칙으로 번역(환원)한 결과에서 비롯된 오류이다. 우리 나라에는 별로 알려져 있지 않으나, 가톨릭 신학자 라너의 경우, 부활은 인간의 보편적인 경험 곧 초월성의 완성을 가리키는 언어로 이해했다. 이것을 심하게 설명하자면, 부활은 진시황제가 찾던 그 불로장생의 약초라는 뜻이 된다. 인간 누구에게나 있는 보편적인 소망, 영원과의 합일을 기독교의 예수가 실현·완성시켰다는 것이다. 그러나 이것을 '포스트모던적으로' 또 '한국적'으로 읽으면 어떻게 되겠는가? 포스트모던적으로 읽는다는 것은, 성서의 언어를 성서 본고장의 문화/언어로 읽는 것을 의미하며, 그 경우 부활은 "하나님의 정의와 심판 시작"을 가리킨다. 나의 육체의 유한성의 초극이나 죽어도 또 사는 영생 따위와는 아무 상관이 없다. 그런데 "하나님의 정의"에 대한 한국인의 언어가 마땅하지 않기에 성서의 '부활'을 우리 말로 옮기기가 여간 어렵지 않다. 그러나 해야 한다면 한국인의 언어에 있어서 성서의 "부활"에 가장 근사한 언어는 "후천개벽"이 아닐까 생각한다. '후천개벽'에는 하나님의 정의라는 뜻이 포함되어 있지 않지만, 역사의 심판-구언 새 세상의 열림 등의 뜻이 담겨 있기에 성서의 부활을 한국적으로 옮겨 놓기에는 가장 적합하다고 생각된다. 물론 그렇게 하고서라도, 히브리인의 문법과 한국인의 문법 사이의 차이에 대한 주의는 계속 환기되어야 할 것이다. 또 이렇게 우리의 언어가 있음에도 불구하고 성서의 언어를 배우는 이유가 정당화되려면, "죽은 다음"에 가서 보자. 영생은 만인의 소망이다. 죽음이 두렵지 않느냐 등등 초자연적/자연적 '사실'이나 인간의 심리에 호소할 것이 아니라, 그 언어가 구성(허락)해 주는 우리의 현실적 삶이 보다 더 '인간적'이라는 점을 말할 수 있어야 한다.

그 동안 과학의 헤게모니에서 시달리던 우리의 신학을 해방시키고, 마침내 포스트모던적이고 한국적인 그러나 진정으로 성서적인 새로운 삶의 형식을 기대해 본다.

23_포스트모던신한과한국신학의가능성_홍정수_한국기독교연구소_2번_페이지_2

V.

1992년 종교재판 관련 주요 인물 프로필

종교재판 관련 주요 인물[1] 약력

〈출교 판정을 받은 인물 2명〉

변선환 교수
홍정수 교수

〈서울연회 재판위원회 위원 15명〉[2]

고재영 목사
홍형순 목사
박민수 목사
최덕관 목사
최홍석 목사
민선규 목사
금성호 목사
임흥빈 목사
심원보 목사

곽노흥 장로
박을희 장로
김재민 장로
이강모 장로
김재국 장로
박완혁 장로

1 총 31명.
2 박민수 목사, 최덕관 목사 외 13명 전원 교리수호대책위원회 임원.

〈교리수호대책위원회 인물 13명〉

김홍도 목사(대표)
유상열 장로(대표)
최홍석 목사(공동회장)
박을희 장로(부회장)
김재민 장로(사무국장)
곽노흥 장로(재정부장)
민선규 목사(상임위원)
홍형순 목사(상임위원)
임흥빈 목사(상임위원)
고재영 목사(상임위원)
금성호 목사(지도위원)
심원보 목사(중앙위원)
이강모 장로(중앙위원)
김재국 장로(실행위원)
박완혁 장로(실행위원)

〈변 · 홍 교수 신학에 대하여 교단 내에 최초 문제 제기한 인물〉

서울남연회 송파지방
박기창 목사
이성국 목사
김순태 목사
정동광 목사

〈변선환 교수 및 홍정수 교수와 신학적 논쟁을 주도한 인물〉[3]

이동주 교수

---

3 종교재판위원이며 교리수호대책위원이었던 최홍석 목사(오메가 선교회 회장)의 아내

〈변 · 홍 교수 신학 비판을 주도한 감독 회장 및 감독(1991~1992년 7개 연회)〉[4]

곽전태(서울남연회 감독 및 감독회장)

나원용(서울연회)

김수연(중부연회)

조명호(경기연회)

박성로(동부연회)[5]

김규태(남부연회)

김종수(삼남연회)

4 1988-1989: 5개 연회(이후 1990년 경기연회, 서울남연회 추가되었다. 1990년 추가된 연회 모두 목원 출신 목회자 감독 피선되었으며 최초 목원 출신 감독 회장 피선 - 곽전태 감독) 또한 이때부터 소위 교회를 성장시킨 부흥사 출신 목회자가 감독에 선출되기 시작하였다.

5 주문진교회(1977.12,2-1990.10.12.) 1990년 10월 31일 동부연회 감독피선, 1990년 12월 이전 주문진교회 담임 이임(주문진교회 역사) 2014년 3월 소천(원주동지방 태장교회 소속)

▌변선환 교수[6]

1927. 9. 23[7]	출생
1927. 2. 29[8]	평남 진남포 출생
1945	평양 상공학교 기계과 졸업
1948	평양 성화신학교 입학
1951	부산 감리교 신학교 입학
1952. 5.	예산지방 봉산감리교회 개척
1953. 11	감리교신학교 졸업. 육군 종군 목사(군번 226573)로 입대 "종말론의 관점에서 본 그리스도론의 재구성," 감리교신학대학교 졸업논문
1960. 2.	한국신학대학 대학원 졸업(M. Th.) 이화여고 교목 "웨슬레 신학에 나타난 ordo Salutis — 은총의 우위를 찾아서," 한국신학대학교 대학원 졸업논문
1964. 3.	감리교신학대학, 국제대학, 이화여자대학교에서 기독교학과에서 철학, 현대문학, 현대신학 강의
1965년	첫 아내가 암으로 소천
1967. 5.	미국 드류대학교 신학부 졸업(S.T.M). The Possiblities of Theological Correlation of Sören Kierkegaard and Karl Barth based on Der Römerbrief 2. Auflgage, STM Dissertation (Drew University, 1967).
1968년	이화여대 신옥희 교수와 재혼
1976. 2.	감리교신학대학 전임강사.조직신학 강의, 서울대학교 종교학과 대학원 출강
1976. 2.	스위스 바젤대학교 신학부 졸업(Dr. Theol.). "The problem of the Finally of Christ in the Perspective of Christian-Zen Encounter," Dr. Theol. Dissertion (Univ. Basel, 1975).
1987. 1.	미국 드류대학교 초빙 교수로 초대받아 아시아 신학과 아시아 기독론 강의
1987	감리교신학대학 대학원 원장 재임 시 한국기독교학회 조직신학회 회장, KNCC 신학위원, 크리스챤아카데미 신학위원장 역임
1988	감리교신학대학교 학장
1991~1992	한국기독교공동학회 회장
1988~1992	감리교신학대학 제6대 학장으로 4년 시무
1994	국제아시아 철학 종교학회 고문
1995년 8월 8일	소천

6 참조: 감리교신학대학교 홈페이지, 변선환전집, 선생님 그리운 변선환 선생님, 판결문.

7 변선환전집/서울연회자료집 421페이지 판결문.

8 판결문 서울연회 자료 427페이지.

1996. 3. 25. 변선환아키브 개관(서울시 종로구 홍파동 13-4 흔솔빌딩 4층)

1996. 8. 5. 『변선환 전집 1권: 종교간 대화와 아시아신학』, 『변선환 종교신학』(한국신학연구소) 출간

1988. 5. 23-25. "웨슬리와 민중."존 웨슬리 회심 250주년기념 감리교선교대회강연. 하나님의 나라.교회. 민중. 기독교대한감리회 본부.

1997. 8. 8. 『변선환 전집 2권: 불교와 기독교의 만남』. 『변선환 전집 3권: 한국적 신학의 모색』(한국신학연구소) 출간

1998. 9. 10. 『변선환 전집 4권: 요한 웨슬리 신학과 선교』. 『변선환 전집 5권: 그리스도론과 신론』(한국신학연구소) 출간

1998. 『윤성범 전집 1~7권』 (도서출판 감신) 출간

1999. 2. 22. 변선환아키브 내 "동서종교신학연구소" 설치 결의

1999. 3. 30. 동서종교신학연구소 정기 학술 모임 개최 시작

1999. 4. 20. 『변선환 전집 6권: 현대 신학과 문학』. 『변선환 전집 7권: 현대문명과 기독교 신앙』(한국신학연구소) 출간

1999. 4. 30. 『변선환 전집 1권: 종교간 대화와 아시아신학』 2판 출간

1999. 5. 3. "고 변선환학장 전집 완간 기념 예배 및 강연회 개최(감신대 100주년 기념관 중강당)

2002. 8. 15. 『변선환 박사 설교 모음집: 인생은 살만한가』 (한들출판사) 출간

2002. 9. 12. "고 일아 변선환학장 설교집 출판 기념 예배 및 아키브 후원의 밤" 개최(연세대학교 알렌관)

2005. 9. 5. 『변선환 신학 새로 보기』(대한기독교서회) 출간

논문 목록

"두 유형의 무신론자." 「기독교사상」 1965. 8.

"불트만의 종말론적 윤리." 「사상계」 1967. 12.

"현대 종말론의 초점." 「기독교사상」 1968. 5.

"기술 문명의 미래와 종말론적 신앙." 「기독교사상」 1969. 1.

"실존과의 랑데브-윌리엄 포크너의 「음향과 분노」 연구." 「현존」 2(1969. 8).

"사무엘 베케트와 실존주의 신학 1-3." 「현존」 14(1970. 9.); 15(1970. 11.); 16(1970. 12.).

"예수의 부활과 현대신학." 청암 홍현설 박사 회갑기념 논문집. 감리교신학대학, 1971.

"후기 틸리히의 종교사의 신학." 「신학과 세계」 창간호(1975).

"Raymond Panikkar und Hindu-Christen Dialogue." 「신학과 세계」 2(1976).

"동양적 예수의 문학적 개척(원숭주작론)." 「기독교사상」 1976. 8.

"Missio Dei 이후의 선교신학." 「신학사상」 14(1976 봄).

"한국 감리교의 선교신학." 기독교대한감리회, 1976. 10.

"5천교회 백만신도 선교운동을 위한 감리교 전국선교대회 연구 교재." 기독교대한감리회, 1976. 10.

"불트만의 신비화와 토착화의과제." 「신학과 세계」 3(1977).

"Buddihism and Christianity, Re-evalution of Yagi's Topos Theology: Centering on "The Point of Contact of Buddhism and Christianity(1975)." 「신학과 세계」 3(1977).
"팔목성일의 장소적 기독론." 「신학사상」 18(1977).
"경영의 근대화의 새로운 가치관." 「춘계경영이념 세미나」. 한국경영학회, 1977.
"동서종교의 대화." 「고대문화」 17(1977).
"교회밖에도 구원이 있다." 「월간목회」 1977. 7.
"기독교 밖에도 구원이 있다." 「월간목회」 1977. 9.
"이용도와 마이스터 에크하르트." 「신학과 세계」 4(1978).
"현대 과정신학에 나타난 기독론." 「신학과 세계」 4(1978).
"탁사 최병헌과 동양사상." 「신학과 세계」 9(1979).
"일단목회의 진리와 좁재신비주의." 「한국종교」 4, 5(1980).
"현대 마르크스주의에서의 생의 의미에 관한 탐구." 「산돌」 3(1980).
"웨슬레 신학과 선행 은총." 「신학과 세계」 7(1981).
"불교와 기독교의 대화." 「기독교사상」 1982. 9.
"교회 개척의 신학적 근거." 「산돌」 5(1982).
"시간 · 공간 · 창조." 「특수연구」 제2집(1983).
"해천 윤성범 학장님을 추모함." 「신학과 세계」 9(1983).
"하이데거와 불트만의 실존론적 신학." 대한기독교출판사, 1983.
"불트만의 실존론적 신학." 대한기독교출판사, 1983.
"아시아 교회의 신학적 과제." 「기독교사상」 27(1983. 4.).
"동양종교의 부흥과 토착화신학." 1, 2. 「기독교사상」 1983. 5/6.
"한국종교의 근대화 방향-기독교적 입장에서." 숭산 박길진 박사 고희 기념 한국근대종교사상사. 원광대학교 출판부, 1984.
"정치신학과 문화신학." 「사목」 93(1984).
"비서구화와 제3세계신학." (1984. 가을).
"신학적 입장에서 본 정신건강 — 특히 Frankl V. E.의 실존요법과 기독교 신학과의 대화를 중심하여서." 「정신건강연구」 제2집(1984. 2.).
"타종교와 신학." 한국기독교 백주념기념 신학자대회 강연. 「신학사상」 47(1984 봄).
"웨슬리신학과 종교신학의 전망." 「냉천」 2(1985).
"현대화냐 보수화냐?" 「사목」 100(1985. 9.).
"아세아 그리스도론의 여명." 「신학사상」 48(1985 가을).
"Other Religion and Theology." 「신학과 세계」 11(1985 가을).
"South East Asian Journal of Theology." Vol.3. No2.(1985).
"한국 문화 속의 기독교." 「인문과학연구」 6(1986).
"한국기독교와 한국문화." 「아카데미총서」 6. 호호출판사, 1986.
"현대 한국 사회와 기독교의역할." 제6회 원불교 사상 연구원 학술회의(1986. 5.).

“팔목성일의 성서해석학과 선불교 1.” 「신학과 세계」 13(1986 가을).
“팔목성일의 성서해석학과 선불교 2.” 「신학과 세계」 15(1987 가을).
“아래로부터의 그리스도론 — 그리스도의 인성을 중심으로.” 「성서와 함께」 118(1986. 1.).
“칼 라너의 익명의기독교.” 「여성과 신학」 백경숙학장 회갑기념 논문집. 1988.
“Buddhist-Christian Dialogue Toward the Liberation of Minjung.” 미국 뜨루대학교 Vosbough 강연(1987. 10). 「신학과 세계」 16(1988. 봄).

▌홍정수 교수

1948. 강원도 산 출생

1971, 1973, 감리교신학대학 학부 및 대학원 졸업

1977~78, 감리교신학대학-Emory대학, 목회학 박사과정 1년 필

1984, Ph.D. (Emory University), 논문: “다종교 상황에서의 기독론”

목사 안수 및 파문

1977년 3월, 감리교회 중부연회에서 안수 받음

1992년 5월 감리교회 중부연회에서 파문

교수

1981-1993, 감신대 윤리학 및 신학 교수

1995-2007, San Francisco Theological Seminary, Korean Language Program, 윤리학 및 신학 객원 교수

2004-현재, 갈릴리신학대학(Los Angles), 신학 교수

교회, 연구소 및 기관 설립

1986년 감리회 동녘교회 설립(“당신의 신학, 목회 현장에서는 안 통한다”라는 도전을 받고)

1988년 “예수 없는” 기독교 치유를 위한 작업으로, “한국기독교연구소” 설립

1994년 (Los Angeles에서) 신학공부의 결실로, 한아름교회가 자생적으로 탄생

2004년 새 신학교육의 대중화를 위하여, 갈릴리신학교(캘리포니아 주정부 승인 기관)를 설립

주요 관심사의 논문들(저술 몇 권은 제외함)

“교실 신학과 목회현장 사이에 다리 놓기.” 1984.

“한국 신학교육 속에 나타난 ‘신학’ 개념.” 1988.

“포스트모던 신학과 상생 신학.” 1990.

“동작동 기독교와 망월동 기독교.” 1991.

“KaeByuk as an Alternative Idea for the ‘Resurrection’.” March 22, 1993, at the Center for Process Studies.

“‘개벽의 빛’에서 본 기독교 부활 개념.” 1993.

“죽음의 죽음이란 기독교 부활 신화.” 1994.

<서울연회 재판위원회 위원 15명>

▌고재영 목사(서울연회 재판위원장)

중랑지방 신내제일교회 / 교리수호대책위원회 상임위원

〈생년월일〉

1933년 10월 21일

〈학력〉

1958년 감리교신학대학교 졸업
2002년 트리니티 신학대학 및 신학대학원 남침례교 성서학술연구원 명예철학박사

〈교회 경력〉

1958년	남부연회 제주지방 광양교회 담임
1959년	준회원 허입(남부연회). 제주지방 서귀제일교회 개척 담임 건축 및 봉헌
1961년	기독교대한감리회 목사 안수(남부연회)
1963년	정회원 허입(남부연회)
1963년	중부연회 강화지방 홍천교회 담임
1964년~74년	매향여자 중고등학교 교목 및 윤리교사
1974년	중부연회 수원동지방 안양교회 담임, 교회 건축, 목사관 건축 및 봉헌
1981년	서울연회 동대문지방 신내제일교회 담임, 교회 건축 및 봉헌
1990년	서울연회 중랑지방 감리사, 서울연회 재판위원회 위원장, 중국 및 케냐 선교회장
1994년	서울연회 노원지방 상계교회 담임, 교회와 교육관 선교관 건축 및 봉헌
1994년	기독교대한감리회 선교국위원
1996년	기독교대한감리회 총회실행위원
1996년	기독교대한감리회 입법의회 위원
1997년	기독교대한감리회 장정개정 위원
1998년	서울연회 교회 및 교역자 실태조사위원회 위원장, 서울연회 심사위원회 위원장
1998년	감리교본부 감사, 재단감사
1999년	노원지방 감리사
2000년	총회 감사위원회 위원장
2000년	재단 감사
2002년	미국 트리니티신학대학원 명예철학박사 학위 수여
2004년	제24회 서울연회에서 정년 은퇴

1990년~현재　　1. 중국선교회장 2. 케냐선교회장

2016년 7월 27일 소천

▌홍형순 목사(서울연회 재판위원)[9]

강북지방 삼양교회 / 교리수호대책위원회 상임위원

〈생년월일〉

1922년 9월 20일

〈학력〉

함남공립중학교 졸업
감리교신학대학교 졸업
감신대 선교대학원 졸업

〈목회 경력 / 교회 경력〉

1951년	중부연회 인천서지방 신도교회 담임
1952년	준회원 허입 및 목사안수(중부연회) 육군군목
1953년	정회원 허입(중부연회)
1955년	인천 성경고등학교 교감
1957년	남부연회 마산지방 신흥교회 담임
1959년	남부연회 부산지방 성일교회 담임
1963년	대전보육대학 교목실장
1972년	총리원 재단이사, 교육국 위원, 평신도국 위원
1973년	동부연회 서울동지방 삼양교회 담임
1983년	서울연회 도봉지방 감리사
1984년	엘림선교회 이사장
1995년	일본선교회장
1998년	제18회 서울연회에서 정년 은퇴

9 서울연회 재판위원회(1992년 3월 7일) 당시 재판위원장(부서기 이강모 장로)

▌박민수 목사(서울연회 재판위원)[10]

성동지방 화양교회

〈생년월일〉

1922년 6월 3일 / 본적: 평남 강서

〈학력〉

1951년 7월 감리교신학교 졸업 / 감신대학원 졸업 / 경희대 박사과정 졸업

〈목회 경력 / 교회 경력〉

1951년 9월~1954년 3월	수원지방 평촌교회 담임전도사
1954년 4월	목사 안수
1954년 4월~1972년 7월	육군 군목(1102 야공단, 18 육군병원, 병참학교, 11,15,38사단, 1군사령부, 군종교육대, 제2훈련소, 파월맹호부대, 주월사령부, 육군사관학교, 제2군사령부, 육군본부)
1972년 10월~1993년 3월	화양교회 담임 목사 성동지방 감리사, 감리교재단 이사, 감리회관 건축위원회, 미국 감리교총회 한국 대표 참석, 총회신학교 부교장 역임, 잠실벧엘교회 개척
2016년 11월 19일 별세	

〈종교재판 관련 활동, 성명서 및 글, 인터뷰〉

'감리교를 위한 기도모임'에서 '총회원에게 드리는 글' 서명자. 서울연회 재판위원회(1992년 3월) 구성 회의 중 '홍형순 목사'를 추천하여 재판위원장이 되도록 함.

10 재판위원 중 유일하게 최덕관 목사와 함께 교리수호대책위원회에 속하지 않은 인물

▌최덕관 목사(서울연회 재판위원)[11]

서대문지방 성도교회

〈생년월일〉

1927년 2월 10일 / 2011년 8월 14일 소천

〈학력〉

목원대학교 신학과 졸업

〈목회 경력 / 교회 경력〉

1957년	동부연회 제처지방 송학교회 담임
1961년	준회원 허입(동부연회), 동부연회 정선지방 정선교회 담임
1963년	목사안수(동부연회)
1965년	정회원 허입(동부연회)
1970년	중부연회 안양지방 안양교회 담임
1971년	중부연회 서울남지방 한성교회 담임
1978년	한국교통선교회 이사
1979년	중부연회 서울북지방 은현교회 담임
1980년	일본교통선교대회 한국 대표로 참석
1981년	서울연회 서대문지방 성도교회 담임
1988년	서울연회 재정분과위원장
1991년	한국교통선교회장, 서울연회 서대문지방 감리사, 서울연회 감리사협의회장
1992년	기독교대한감리회 기본재산관리위원
1997년	서울연회 서대문지방 자격심사위원장
1997년	제17회 서울연회에서 정년 은퇴

11 박민수 목사와 함께 재판위원 중 교리수호대책위원회에 속하지 않은 인물

▌최홍석 목사(서울연회 재판위원)

마포지방 대명교회 / 교리수호대책위원회 공동회장

〈생년월일〉

1935.11.29

〈학력〉

예산 농업고등학교
감리교신학대학교
미 노던에섹스대학, 필리핀 크리스챤대학교, 유니온신학대학원(목회학박사)에서 수학

〈목회 경력 / 교회 경력〉

금촌교회 담임

1965년 3월~1982년 4월	서울연회 북성교회(북아현동) 담임
1982년~	마포지방 대명교회[12] 담임
1973년	세계오메가부흥선교회[13] 창립, 대표
1973년~1990년	해외선교회와 선교사훈련원 설립, 세계 30여개국에 해외 선교사 파송, 중부연회 장정개정위원회
1991년	웨슬리 복음주의 협의회 임원(선교부장)
1991년	서울연회 자격심사위원회 상임위원
1998년	고 이강산 목사 기념사업회 추진
2003년 3월	고양시 목자들교회(은퇴 교역자들을 위한 교회) 설립
2004년	중부연회에서 은퇴

2020년 12월 10일 소천

〈수상경력 및 저서〉

2002년 "강산이 꿈꾸는 세상"(고 이강산 목사 전기) 출간

〈종교재판 관련 활동, 성명서 및 글, 인터뷰〉

1991년 기독교교리수호대책위원회 발족식 사회
서울연회 재판위원회 입장 발표(최홍석 목사의 이름으로)

---

12 연회 은퇴자 약력에는 '선교대명교회'로 표기. 은퇴 후 원목으로 있었던 일산 선교대명교회(아들이 담임 목사).

13 말레이반도 브루나이 임홍빈 선교사(교리수호대책위원회 상임위원, 서울연회 재판위원) 후원으로 관계, '오메가 선교회'와 변홍 교수 비판 세미나

▌민선규 목사(서울연회 재판위원)

동대문지방 장안원교회 / 교리수호대책위원회 상임위원

〈생년월일〉

1934년 1월 7일

〈학력〉

1963년 목원대학교 졸업

1971년 감리교 신학대학 선교대학원 졸업

1986년 필리핀 크리스찬대학 유니온신학대학 목회학박사과정

1988년 위 과정 이수 및 학위(D-Min) 취득

〈목회 경력 / 교회 경력〉

1963년	감리교 경기연회 안산지방 명성교회 담임
1964년	기독교대한감리회 중부연회 준회원 허입
1965년	감리교 경기연회 평택지방 자재리교회 담임
1966년	기독교대한감리회 목사 안수(중부연회)
1968년	기독교대한감리회 정회원 허입(동부연회)
	서울연회 동대문지방 신내제일교회 담임
1973년	감리교 서울연회 동대문지방 하늘교회 담임
1978년	서울연회 동대문지방 장안원교회 개척 설립 및 담임
1987년	감리교 한민족통일선교회 창립 총무 및 회장 역임
1988년	목원대학(대전신학원) 이사 취임
1991년	서울연회 동대문지방 감리사 취임
1992년	감리교 농도공동체선교회 회장 및 농도생협 추진 창업
1993년	사단법인 남북나눔운동 이사
	사단법인 한민족미래운동 수석 부총재 및 총재
	기독교환경운동연대 이사
2002년	감리교 환경선교위원회 위원장

▌금성호 목사(서울연회 재판위원)

도봉지방 창동교회[14] / 교리수호대책위원회 지도위원

〈생년월일〉

1938년 11월 15일

〈학력〉

1957년 경남 삼천포고등학교 졸업
1957년 서울감리교신학대학교 입학
1961년 서울감리교신학대학교 졸업
1977년 미국 Berea 신학대학원 입학
1979년 미국 Berea신학대학원 2년 졸업
1983년 필리핀 Union 신학대학원 신학연수수료
1983년 1-2 미국 Emory 대학교 캔들러신학대학원 신학연수
1980년~2007 연세대학교 연합신학대학원 목회자신학세미나 27회 개근수료. 감리교목회대학원 13년 수료 학위 목회학석사(논문:사도행전에 나타난 교회성장연구/지도 교수: 양명수 교수)

〈목회 경력 / 교회 경력〉

1961~1962년	삼천포감리교회 교육전도사 시무(남부연회 경남지방회)
1965~1967년	마산지방 삼천포동부교회 시무전도사
1965~1968년	삼천포시 시립합창단 지휘자 역임
1969~1976년	중부연회 수원서지방 사강교회 시무
1976~1982년	중부연회 인천서지방 중부교회 시무
1982~1987년	서울연회 은평지방 수색교회 시무
1987~1996년	서울연회 도봉지방 창동교회 시무
1984~1996년	도봉경찰서 경목위원 역임
1996~2009년	서울남연회 강남지방 평화의 교회
1996~2009년	강남경찰서 교경협의회 실행위원 및 부위원장

1965~1996년	남부연회 경남지방회 서기
1966~1968년	마산지방 교육부 총무
1970~1975년	수원서지방 실행부위원
1978~1980년	총회 교리장정개정위원회

14 1996년 이후 서울남연회 강남지방 평화의 교회 담임

1976~1977년	갱신경기연회 인천지방회 지방회장
1978~1979년	(갱신) 중앙연회 인천남지방 감리사
1983~1987년	서울연회 은평지방 실행부위원
1988년 10월 25~27일	감리교 제18회 총회 서기(광림교회)
1989년 2월 16-17일	감리교 제18회 총회 임시총회 서기(금란교회)
1989년 10월 30~11월 2일	감리교 제18회 특별총회 서기
1992년 3월~ 1994년 4월	서울연회 재판위원
2001년~2002년	제25회 총회 입법의회 헌법연구위원회 위원장
	제24회 총회 선교분과위원장, 제25회 총회 선교분과위원장
1995~ 1997년	강남지방 교육부 총무
1987~1994년	서울연회 심사위원 서기
1996~2004년	서울남연회 자격심사위원
1998~2000년	서울남연회 선교부협동총무
1992~1994년	서울연회 재판위원
1996~2004년	서울남연회 과정고시위원 및 서기
1999~2003년	서울남연회 장정규칙해석위원
2003~2005년	서울남연회 심사위원장
2005~2007년	서울남연회 재판위원 및 위원장
2001~2003년	강남지방 선교부 총무
2003~2005년	서울남연회 강남지방 감리사
2003~2005년	서울남연회 실행부위원
2006~2008년	제27회 총회 목사고시위원 및 교역자수급 위원 역임
2009년 4월 22일	제20회 서울남연회에서 은퇴

〈일반 경력〉

1962~1965년	육군 복무
1972~1975년	송산종합고등학교 교목
1978~1981년	인천간호보건전문대학 강사
1977~1982년	인천신학교 신학과 강사

〈수상 경력〉

1991년	대학표창패(김재숙 학장:인천간호보건전문대)
1995년	연세대학교 표창패(신학세미나 20년 개근:연세대 김우식 총장)
1996년	표창패 성역 30주년(배동윤 감독)
2004년	상장(학업성적우수)(정회원연수) 김진호 감독회장
2005년	표창패(정회원연수 13회 개근) 신경하 감독회장

▌임홍빈 목사(서울연회 재판위원)

서대문지방 갈멜교회 / 교리수호대책위원회 상임위원

〈생년월일〉

1939년 9월 9일

〈학력〉

1957년	배재고등학교 졸업
1961년	감리교신학교 졸업
1967년	국제 선교대학원 졸업
1983년	선교와 에큐메니칼(신학) 튀빙겐 신학박사 논문 필
1986년	신학박사 학위 취득(두벤개신교신학대학)

〈목회 경력 / 교회 경력〉

1963년	동산교회 담임
1965년	준회원 허입(홍남교회 담임)
1967년	목사 안수(홍도교회 담임)
1969년	성은교회 담임
1971년	서울연회 파송 부르나이 선교사
1972년	브르나이 한인연합교회 창립 및 담임
1978년	독일 튜빙겐 칼루스에 한인연합교회 담임
1981년	독일 전역 감리교 복음 전도대회 개최
1982년	갈멜교회 창립
1992년	지방치하위원 서기
2002년	갈멜교회 담임

〈일반 경력〉

감리교신학교 선교대학원 시무

감신, 장신, 서울신, 아시아연합신, 목원대 강사

협성신대 선교학 교수 및 학생처장 역임

윌리암 케리 인터내쇼날 유니벌시티 교수 역임

배재 동문 목사회 1대 회장 역임

74년 세계복음주의협의회 로잔대회 한국 대표로 참가

한국복음주의신학자협의회 회장 역임

▌심원보 목사(서울연회 재판위원)

노원지방 서울제일교회 / 교리수호대책위원회 중앙위원

〈생년월일〉

1943년 2월 16일

〈학력〉

1972년 목원대학교 신학대학 졸업
1975년 목원대학교 교역대학원 졸업
1986년 미국 클레어몬트신학대학원 연수
1992년 미국 월드호프신학대학원 명예 신학박사(D.D)
1998년 미국 리버티신학대학원 명예 교육학박사(D.C.E)

〈목회 경력 / 교회 경력〉

1969년 남부연회 논산지방 백석교회 담임
1973년 준회원 허입(남부연회)
1974년 남부연회 공주지방 양화교회 담임
1975년 목사안수(남부연회)
1976년 남부연회 공주지방 정산교회 담임
1977년 정회원 허입(중앙연회), 동부연회 서울동지방 서울제일교회 개척 및 담임목회
2013년 제33회 서울연회에서 정년은퇴

〈일반 경력〉

1992년 웨슬리 부흥단장 (사)한국기독교부흥협의회 대표회장
1994년 (사) 세계태권도선교협회 대표회장(현재)
1995년 서울연회 부흥전도단장, 노원구 교구협의회장, 도봉경찰서 경목실장, 서울연회 노원지방 감리사
1996년 월남복지선교회장, 웨슬리세계선교회장
1997년 한국월드비전 노원지회장, 노원경찰서 교경협의회장, 입법총회 규칙해석위원장, 세계복음선교협의회 총재
2003년 교통문화선교협의회장
2004년 감리교 전국부흥전도단장
2006년 리버티신학대학 사무처장
2012년 서울지방경찰처 경목대표회장, 서울시청과 교회협의회장, 감리교세계선교협의회 부회장, 인도선교회장, 실로암선교회장, 아프리카 대륙선교회 이사, 실로암기독대학 이사
2019년 12월 한국기독교부흥협의회(한기부) 증경대표회장

▌곽노홍 장로(서울연회 재판위원)

중랑지방 금란교회 / 교리수호대책위원회 재정부장

〈생년월일〉

1944년 12월 21일

〈학력〉

서울대학교 경영대학원 수료

〈목회 경력 / 교회 경력〉

감리교 서울연회 연회 실행부위원
감리교 총회 실행부위원
감리교 전국 장로회 연합회 제10대 회장 역임
기독교 CTS 방송국 재단이사
기독교 CBS 방송국 재단이사
국군 수도방위사령부 교회 건축하여 기증
1991년 당시 금란교회 장로
현 갈보리교회(성동지방)

〈일반 경력〉

신생상사 주식회사(종로 화신백화점) 대표이사 역임
염광건설 주식회사 대표이사 역임
서울지방법원 북부지원 조정위원
현) 르노건설 주식회사 회장

〈수상 경력〉

기독교대한감리회 제20회 총회에서 평신도봉사대상[15]

---

15 1991년 10월 30일, 감리회 총회평신도국 고제국 장로가 평신도봉사대상 시상제도에 관한 설명을 하고 곽전태 감독회장이 서울연회 중랑지방 금란교회 곽노홍 장로에게 봉사대상 상패와 부상을 수여하다.(총회록)

▌박을희 장로(서울연회 재판위원)

중구용산지방 정동제일교회 / 교리수호대책위원회 부회장

〈생년월일〉

1923년 3월 1일[16] / 별세: 2003년 8월 10일

〈학력〉

이화여자전문대학 졸업
일본상지대학원 졸업

〈교회 경력〉

1978년 장로 취임(중구용산지방)
한국교도선교연합회 부회장
여선교회 대표회장 역임
장로회전국연합회 부회장
1993년 중구용산지방에서 은퇴

〈일반 경력〉

서울연회 재판위원회(홍정수 교수) 부서기

16 <장로연감> 1994에는 1925년 6월 21일생으로 기록.

▍김재민 장로(서울연회 재판위원)

서울동지방 정릉교회 / 교리수호대책위원회 사무국장

〈생년월일〉

1936년 4월 2일

〈학력〉

장신대학원

〈목회 경력 / 교회 경력〉

1974년 서울동지방 정릉교회 장로 취임[17]
1980년 성북지방 평신도부 초대 총무
현재 정릉교회 원로 장로

남선교회 서울동지방 및 성북연합회 초대회장
서울연회 성북지방 평신도 총무 4년
영화유치원 설립
성북 장로회장, 장로 전국 및 남선교회 전국연합회 부회장, 장로 서울연합 총무
서울연회 실행위원, 서울연회 및 총회 재판위원 및 서기
은급재단설립이사
장정개정편찬위원
교리수호대책위원회 사무국장
법무부 관찰소 중앙위원
한국평신도협의회 부총무
감리교본부 선교국위원

〈일반 경력〉

고려화재(주) 근무

17 장로총감(2008)에는 1974년, 정릉교회 50년사에서는 1975년 1월로 표기.

▌이강모 장로(서울연회 재판위원)

성동지방 왕십리교회 / 교리수호대책위원회 중앙위원

〈생년월일〉

1935년 9월 30일

〈학력〉

1960년 국학대학 영문학과 졸업

〈교회 경력〉

1958~1965년 오류동교회 청년회장, 교사, 교사, 속장, 권사

1966~1976년 왕십리교회 고등-청년부교사, 청장년회장, 속회강사, 권사

1970~1973년 감리교청장년회 전국연합회 부회장

1977~2006년 왕십리교회 장로, 선교부장, 교육부장, 재무부장, 관리부장, 사회봉사부장, 문화부장, 꽃재평생교육원장, 한국기독교교회협의회 평신도위원회 부위원장(감리교대표) 성동지방 감사, 인사위원, 자격심사위원, 사회평신도부 총무, 서울연호 실행위원, 재판위원 재정위원 심사위원 총회대표, 감리교 총회 재판위원, 공천위원, 교육국위원, 선교국위원, 감리회 제25회 총회본부 인수위원, 입법의회 회원

〈일반 경력〉

한국 기독교문화원 사무국장

한국 과학기술단체총연합회 사무총장

동아출판사 편집부장("성서의 세계" 기획편집)

두산 세계대백과사전 편집팀장(백과사전 연구소장)

〈종교재판 관련 활동, 성명서 및 글, 인터뷰〉

서울연회 재판위원(변선환 교수) 부서기

19회 총회 재판위원회 서기

▌김재국 장로(서울연회 재판위원)

종로지방 자교교회 / 교리수호대책위원회 실행위원

〈생년월일〉

1922년 4월 14일
평남 대동군 청룡면 이천리 출생

〈학력〉

평양 숭실학교 졸업(1941)

〈교회 경력〉

1943년	평양 동광 장로교회에서 집사
1957년	종로지방 자교교회에서 권사
1963년 3월	자교교회에서 장로 취임
1978년	전국 장로 선교회 부회장, 중앙연회 실행위원, 총회규칙 해석위원
1979년	중앙연회 총회 신학이사
1980년	총회실행위원, 중앙연회 재판위원, 총회평신도국위원
1981년	평신도국 문서사업 출판위원회 재정분과 위원장
1991년~1993년	서울연회 재판위원
1993년	자교교회 100년사 편찬위원장
1993년	종로지방(자교교회) 지방회에서 은퇴, 원로 장로

〈일반 경력〉

서울 가구 공업 협동조합이사(1973년 4월)

▌박완혁 장로(서울연회 재판위원)

서대문지방 홍제교회 / 교리수호대책위원회 실행위원

〈생년월일〉

1936년 6월 16일생

〈학력〉

경희대학원 경영학과 수료

〈교회 경력〉

1978년 3월 장로 취임
남선교회 서울연합회 회장

〈일반 경력〉

동신주택(주) 대표, 태양건설(주) 대표
덕화공영(주) 이사(회장)

〈기타〉

기독교대한감리회 선교100주년기념 전국 장로 명감 출판위원(출판위원장 유상열)

<교리수호대책위원회 인물 13명>

▌김홍도 목사(교리수호대책위원회 공동대표)

중랑지방 금란교회

〈생년월일〉

1938년 2월 6일생

〈학력〉

1963년 감리교신학대학교 졸업
1980년 아세아연합신학대학원 졸업
1987년 미국 풀러신학대학원 졸업(목회박박사)
1994년 미국 Indiana Wesleyan University(명예 신학박사)
2007년 서울기독교대학교 명예철학박사

〈목회 경력〉

1963년 가평 삼천교회 담임
1967년 서울 광희문교회 부담임
1971년 서울연회 중랑지방 금란교회 담임
1989년 중랑지방 감리사[18]
1996년 기독교대한감리회 감독회장 겸 서울연회 감독
한국기독교교회협의회(K.C.C.K) 대표회장
2000년 세계기독교파워목회 대표회장
2003년 한미 기독교목회자협의회 대표회장
2006년 서울기독교총연합회 대표회장

〈일반 경력〉

1991년 초대 법무부 갱생보호전국기독교협의회 회장
1996년 (사) 세계교회, 갱보협회 이사장
1997년 아세아연합신학대학교 이사장
2002년 한, 정, 협 대표회장
2007년 한국미래포럼 총재

18 중랑지방회록: 1991,1992년 중랑지방 감리사, 1991년 지방 자격심사위원, 지방 재판위원회 위원장

〈수상 경력〉

2007년　　세계평화상 수상(세계평화봉사단 산하 세계평화상위원회)

2008년　　2008대한민국 종교 그랑프리 수상(한국일보 제정)

〈종교재판 관련 활동, 성명서 및 글, 인터뷰〉

1991년 11월　유상열 장로와 함께 변선환 홍정수 목사직 면직을 위한 고소

1992년 5월　"변선환, 홍정수 두 교수는 감리교에서 출교되었습니다" 교리수호대책위원회 이름으로 유상열 장로와 함께 조선일보에 광고

1992년 6월　"변선환 홍정수 교수가 출교된 이유와 결과보고" 교리수호대책위원회 이름으로 유상열 장로와 함께 동아일보에 광고 등(자료집)

▌유상열 장로(교리수호대책위원회 공동대표)

중구용산지방[19] 남산교회

〈생년월일〉

1929년 1월 9일
충남 서산시 대산읍 대축리에서 출생

〈학력〉

1949년　　홍익대학 법과 전문부 졸업
1951년　　중앙대학교 법정대학 3년 수료. 숭실대학교 대학원 고위 지도자과 수료

〈교회 경력〉

1974년　　감리교유지재단 이사
1977년　　감리교신학대학 이사
1979년　　감리교 남선교회 전국연합회장
1985~1987년　　장로회전국연합회 회장(4대)
1987~1989년　　장로회전국연합회 회장(5대)
1989~1991년　　장로회전국연합회 회장(6대)
1991~1993년　　장로회전국연합회 회장(7대)

〈일반 경력〉

1953년　　육군 군사정보 근무부대 행정과 복부
1964년　　재단법인 기독교 상조회 이사장
1973년　　크리스챤 라이프 발행인 겸 사장(1993년 현재), 회장
1974년　　재단법인 일산공원 이사장 / 한국 기독실업인회 부회장

〈수상 경력〉

1971년　　인간 상록수 대통령 표창 수상
1979년　　치안본부장 감사장 수여

〈종교재판 관련 활동, 성명서 및 글, 인터뷰〉

1991년　　기독교교리수호대책위원회 조직(김홍도 목사와 함께 공동대표)

19 1991년 당시, 현재 서초지방

최홍석 목사(공동회장), 박을희 장로(부회장), 김재민 장로(사무국장), 곽노홍 장로(재정부장) 민선규 목사(상임위원), 홍형순 목사(상임위원), 임흥빈 목사(상임위원), 고재영 목사(상임위원) 금성호 목사(지도위원), 심원보 목사(중앙위원), 이강모 장로(중앙위원), 김재국 장로(실행위원) 박완혁 장로(실행위원)

이상 13명 전원 서울연회 재판위원(이력 상동)

<변·홍 교수 신학에 대하여 감리교 총회에 최초 문제 제기한 인물>[20]

서울남연회 송파지방 4인

▌박기창 목사

〈생년월일〉

1953년 3월 13일 충남 논산 출생[21]

〈학력〉

1954년	황북초등학교(충남논산) 졸업
1957년	대건중학교(충남 논산) 졸업
1960년	대건고등학교(충남 논산) 졸업
1971년	대전감리교신학대학(충남 대전) 졸업
1977년	감리교신학대학 대학원졸업(기독교윤리)
1994년	필리핀 유니온신학교 졸업(D.Min)

〈목회 경력 / 교회 경력〉

1969~1971년	삼전교회(남부연회 논산)
1971~	공암교회(남부연회 공주)
	양의문교회(서울연회) 담임 목사

〈경력〉

1990년	감리교 자치 60주년 성회 준비위원장
1995년	한국기독교부흥선교협의회 상임회장
1996년	한국기독교부흥협의회 대표회장, 밝은사회운동본부 지도위원, 한국복음단체총연합 공동회장, 세계부흥선교협의회 부총재, World Hope 부총재, 화폐도안변경 국민운동협의회 상임회장
1997년	기독교 T.V 선교위원회 지도위원, 감리교단 선교사 선발위원, 송파지방 감리사
1998년	감리교부흥단 단장, 감리교 신학정책위원
1999년	세계성시화운동중앙협의회 중앙본부장, 한반도 통일 2000년 성회 지도위원, 목원대학 총동문 이사, 한국기독교부흥신학 대학원 교수

---

20 위 4명 모두 송파지방 목회자

21 1944년 2월 15일, 한국기독교지도자 인명편(목회자)

〈상훈〉

기감 감독회장 공훼, 박사학위 논문 우수상

〈저서〉

『책임적 인간과 공동체 의식』 외 다수

▌이성국 목사

〈생일〉

1945년 3월 3일

〈학력〉

1965년	공주 영명고등학교 졸업
1965년	목원대학교 신학과 입학
1974년	목원대학교 신학과 졸업
1980년	대한기독교 신학 선교대학원 졸업

〈목회 및 교회 경력〉

1974년 11월	경기연회(전 중부연회) 장전교회
1976년	경기연회(전 중부연회) 준회원 허입
1977년	경기연회(전 중부연회) 마도교회
1978년	경기연회(전 중부연회) 목사안수
1980년	경기연회(전 중부연회) 수촌교회
1981년	경기연회(전 중부연회) 정회원 허입
1982년	중부연회 군자제일교회
1983년	군자제일교회 건축 봉헌
1985년	서울남연회 관악지방 서울살렘교회 개척
1991년	경기연회 안산지방(현 안산서지방) 살렘교회 개척
1993년	경기연회 안산지방(현 안산서지방) 살렘교회 건축 봉헌
2013년	경기연회 안산서지방 하임교회로 개명[22]
2015년	경기연회에서 은퇴
2001년	경기연회 안산동지방 감리사, 경기연회 자격심사위원
2006년	경기연회 성역 30주년 표창, 경기연회 감사
2023년	현재 안산 하임교회 소속 원로 목사
1996년	안산경찰서 경목위원

〈가족 사항〉

자 이준형 목사(현재 UMC 로스엔젤레스교회)

---

22 2013년 살렘교회 면, 2013년 하임교회 임

▍김순태 목사

〈생년월일〉

1947년 7월 7일

본적: 충남 당진

〈학력〉

1964년	당진중학교 졸업
1967년	당진상업고등학교 졸업
1984년	감리교총회신학교 목회신학 졸업(협성신학대학교 신학과)
1986년	감리교신학대학교 선교대학원 졸업(목회학 석사)

〈목회 경력 / 교회 경력〉

1983년 5월 22일~2016년 4월	서울연회 강동지방 소명교회 창립, 담임목회(1985~ 서울연회 잠실지방)
1985년	서리파송(소명교회)
1986년 3월	서울연회 준회원 허입
1988년 3월 25일	서울연회 목사안수
1991년 3월	서울남연회 정회원 허입
2016년 4월 8일	제27회 서울남연회에서 은퇴

▎정동광 목사

1985년	한사랑교회(서울남연회 송파지방) 준회원허입
1989년	한사랑교회(서울남연회 송파지방) 준4
1993년	한사랑교회(서울남연회 송파지방) 정4
1994년	성천교회(성울남연회 송파지방) 정5
2003년	성천교회(서울남연회 송파지방) 폐쇄
현재	미서남부지방회 엘에지중앙교회 담임

<변선환 교수 및 홍정수 교수와 신학적 논쟁을 주도한 인물: 이동주 교수 >

▌이동주(李東珠) 교수

〈생일〉

1947년 1월 10일

〈학력〉

1962년 대전 호수돈여자중학교 졸업

1965년 대전 호수돈여자고등학교 졸업

1969년 이화여자대학교 음악대학 기악(피아노) 졸업(학사)

1979년 독일 Heidelberg대학교 신학 졸업(석사)

1979년 독일 Baden 주립교회 준 목사고시 합격

1986년 독일 Tubingen대학교 대학원 졸업(Th.D.) 박사

1986년 미국 (Deerfield) Trinity EV. Divinity School 신학(10학점) 1학기 연구

〈목회 경력 및 교회 기관 경력〉

1973~1976년 Heidelberg 한인교회(개척)

1981~1985년 Tubingen 성경공부반

1980.8 유럽 복음화 대회

1983.9~1986.8 한독 선교회 총무

1986.9~1988.9 (수원) 양무리 장로교회 매주일저녁 설교, 찬양대 지도

1989.2~1993.2 대명교회(서울연회 마포지방, 최홍석 목사 시무) 매주 수요설교, 청년부지도

1993.3~1994년 대명교회(서리 전도사) 중부연회 고양지방)

1994년 2월 17일 중부연회 준회원 허입

1994~1996년 대명교회(중부연회 고양지방) 담임전도사

1996년 목사안수(중부연회)

1998년 정회원허입(중부연회)

1996~2012년 선교대명교회(중부연회 고양지방) 소속 목사

2012~2016년 세계로금란교회 부담임(중부연회 파주지방) 부담임

2011년~현재 선교신학연구소 소장

2017년 중부연회에서 은퇴

현재 세계로금란교회(중부연회) 소속 원목

〈일반 경력〉

1983.4~1985.9 Tubingen대학교 학술조교(선교학과)

1986.9~1990.2 수원 합동신학교(장로교 합동개혁) 조 교수(선교학)

1988.3~1990.12 아세아연합신학대학원(서울) 강사(선교학)

1990.3~1992.2 서울신학대학대학원(부천) 강사(선교학)

1991.3~ 현재(1993.12) 협성신학대학교(감리회 교단신학교) 부 교수(선교학)

1992~1997년 협성대학교 선교신학부 교수

1997~2012년 아세아연합신학대학교 선교신학 교수

〈저서〉

Koreamischer Synkretismus unt die Vereinigungskirche, Bad-Liebenzell, 1991.

『아시아 종교와 기독교』, 기독교문서선교회, 1998.

『현대선교신학』, 기독교문서선교회, 1998.

The Gospel and Religious, Asian Center for Theological Studies adna Mission, 2006.

『WCC 선교신학연구』, 선교신학연구소, 2013

『WCC와 카톨릭의 종교연합운동연구』, 선교신학연구소, 2015.

<변·홍 교수 신학 비판을 주도한 감독 회장 및 감독>[23] (1991~1992년 7개 연회)

▎곽전태 목사

서울 남연회 감독 및 감독회장, 구로지방 베다니교회

〈생일〉

1932년 10월 16일, 경북 청송군 출생

〈학력〉

1957년 목원대 신학과 졸업
1986년 서울신학대 목회대학원 졸업

〈목회 경력 및 교회 기관 경력〉

1955~1956년 군남제일교회(경기도 연천, 동부연회 서울동지방)
1957~1958년 북내교회(경기도 여주, 중부연회 여주지방)
1958~1959년 여흥교회(경기도 여주, 중부연회 여주지방)
1959~1961년 춘천중앙교회 부담임(강원도 춘천, 동부연회 춘천지방)
1961~1963년 화천교회(강원도 화천, 동부연회 춘천지방)
1963~ 구로동제일교회(중부연회 한남지방)
1964년 준회원 허입
1965년 목사안수
1967년 정회원 허입
1964~2000년 구로중앙교회(구로중앙교회 개척, 서울남연회 구로지방)
1982~1984년 구로지방 감리사
1990~1992년 서울남연회 감독
1990~1992년 감독회장
연세대학교 이사, 감리교부흥전도단장, 서울남연회에서 은퇴(구로지방 베다니교회)

〈수상 경력〉

국가 유공자 6,25 참전 전상용상

---

23 1988-1989: 5개 연회(이후 1990년 경기연회, 서울남연회 추가되었다. 1990년 추가된 연회 모두 목원 출신 목회자 감독 피선되었으며 최초 목원 출신 감독 회장 피선 - 곽전태 감독) 또한 이때부터 소위 교회를 성장시킨 부흥사 출신 목회자가 감독에 선출되기 시작하였다.

▌나원용 목사

서울연회 감독. 종로지방 종교교회

〈생일〉

1932년 6월 30일
부 나국찬 권사, 모 이정숙 권사의 3남 3녀 중 장남으로 출생.
충청남도 논산군 은진면 성덕리 출생

〈학력〉

1945~1951년　충남 예산농업학교 졸업
1951~1952년　공주사범대학 수학과 1년 수료
1952~1956년　감리교신학대학 본과 4년 졸업
1962~1966년　원주대학 행정학과 졸업
1968~1970년　미국 Duke대학 신학대학원(기독교교육학 석사)
1978~1979년　미국 Emory신학대학원 (목회학 박사)

〈목회 경력 및 교회 기관 경력〉

1956~1963년　육군 군목
1963~1970년　원주제일교회 부담임
1970~1976년　원주제일교회 담임
1972~1974년　원주지방 감리사
1975~1985년　5천교회 100만신도운동본부 집행위원장(선교국위원)
1976~2003년　종교교회 담임
1977~2002년　감신대 등에서 설교학, 전도학, 교리와 장정 등 강의
1981~2001년　학교법인 인덕학원 이사 및 이사장
1984~1986년　감리교신학대학 이사, 감리교신학대학 동문회장 및 감사
1986~현재　한국외항선 선교회 이사
1990~1992년　서울연회 감독
1990~1993년　7천교회 200만 신도 운동 본부장(선교국위원장)
1991~1993년　학교법인 감리교신학원 이사장
1998~　기독교청소년선도회 이사장, 가나안 농군학교 이사, 생명의 전화 이사, 감리회 복지법인 이사
서울연회 은퇴(종로지방 종교교회)

▌김수연 목사

중부연회 감독, 인천제물포지방회[24] 학익교회

〈생일〉

1927년 2월 2일
황해도 벽성군 추야면 용호리 출생

〈학력〉

1963년 대전 목원대학교 신학과 졸업
1975년 서울 감리교신학대학 선교대학원 졸업
1985년 필리핀 크리스천대학교 인문학 박사학위 취득

〈목회 경력 및 교회 기관 경력〉

1953년 동부연회 춘천지방 후평동교회 담임 서리
1954년 동부연회 춘천지방 산천교회 담임 서리
1956년 중부연회 강화지방 교동교회 담임목회
1959년 중부연히 인천서지방 서포교회 담임목회
1961년 남부교회 아산지방 월랑교회 담임목회
1963년 남부연회 아산지방 선장교회 담임목회
1964년 남부연회에서 준회원 허입
1966년 남부연회에서 목사 안수
남부연회 천안지방 천안중앙교회 담임 목사
1968년 남부연회에서 정회원 허입
남부연회 대전지방 목동교회 담임 목사
1972~1977년 중부연회 서울동지방 반석교회 담임 목사
1980년 서울연회 종로지방 평동교회 담임 목사
1984~ 중부연회 제물포지방 학익교회 담임 목사

〈교단 및 일반 경력〉

1968~1972년 대전목자관 운영이사
1964~1973년 남부연회 대전청년관 운영이사
1974~1975년 서울 경찰국 북부경찰서 경목위원장

24 현재 인천남지방회

1975~1977년 한국 복음농촌선교회 이사장
1976~1978년 기독교대한감리회 총회 교육위원회 위원장
1977~1980년 기독교대한감리회 총회 총무
1977~1984년 서울 감리교회 총회 신학교 이사
1978~1981년 한국성서신학교 상임이사 및 교수
1978년 세계기독교지도자협의회 참석(스윗 취리히)
1979~1983년 서울 감리교총회신학교 교수
1980~1984년 기독교대한감리회 총회 평신도국위원
1983~1987년 대전 목원대학 총동문회 회장
1987~1989년 기독교대한감리회 북한선교회 회장
1980~ 필리핀 크리스천대학교 유니온신학대학 한국박사원 원장
1988년 목원대학 재단이사
1988년 이후 필리핀 선교회 창설(고문)
1990~1992년 중부연회 감독
1990년 재단법인 기독교대한감리회 유지재단 이사
1990~1992년 재단법인 기독교대한감리회 기본재산 관리 위원장
1991년 학교법인 대전신학원 이사장
1992~1993년 감리교신학대학재단 이사
1992년 기독교대한감리회재단이사
1992년 기독교대한감리회 총회 장정개정위원장
1993년 경인사모 합창단 단장, 기독교대한감리회 세계선교연회 창설 / 초대 연락감독, 사단법인 충효예 실천운동본부 상임고문, 대한예수교 장로회 총회신학대학 객원 교수, 대한예수교 장로회 총회신학대학 학술원장

〈저서〉

요나를 발견하자(설교집), 요한계시록에 나타난 기독교 종말사상(강의 교재), 사도행전과 초대교회 선교(강의 교재), 실망은 없다 희망이 있을 뿐이다(회고록), 한국교회와 민족통일(은퇴논문집) 나이 설교의 소고(강의교재), 이스라엘의 국가관 공동체 의식에 대한 의의(논문), 성서지지(聖書地誌)

▌조명호 목사

경기연회 감독, 평안지방 평택제일교회

〈생년월일〉

1934년 11월 29일
황해도 옹진군 서명 동오리 출생

〈학력〉

1957~1959년　대전감리교 신학교 전수과 졸업
1960~1962년　부산동아대학교 문리과 대학 사학과 3년 수료(야간부)
1962~1963년　감리교 대전신학대학 본과 졸업
1973~1974년　경희대학교 교육대학원 수료
1983~1987년　아세아연합신학대학원, 미국 풀러 신학대학원 공동 목회학 박사 취득

〈목회 경력 및 교단 경력〉

1963~1964년　남부연회 대전지방 갈마교회 담임
1964년　남부연회에서 준회원 허입
1966년　남부연회에서 목사 안수
1968년　남부연회에서 정회원 허입
1964~1971년　남부연회 대전지방 상성교회 담임
1971~1980년　대전 호수돈 여자 중,고등학교 교목실장
1980~2005년　경기연회 평안지방 평택제일교회 담임
2005년　경기연회에서 은퇴
2005년　조명호 감독 기념교회(평택 소사벌 교회) 원로
1981~1983년　중부연회 평안지방 감리사(3회 역임)

〈교단 경력〉

1980~1990년　중부연회 장정 규칙 해석위원
1982~1989년　총회 장정 규칙해석위원
1982~1984년　감리교본부 선교국 위원(3회 역임)
1986~1990년　감리교 본부 감사(4년)
1990~1992년　경기연회 총대 감독
1990~1992년　감리교본부 총회 실행부 위원회(3회 역임)
1990~1992년　감리교본부 교육국위원회 위원장
1992~1994년　제20회 총회 입법의회 장정개정위원회 위원

1994~1996년	감리회유지재단 이사(2회 역임)
2002~2004년	제25회 총회 입법의회 장정개정 위원회 위원장

〈일반 경력〉

1982~1989년	한국기독교 교회협의회 위원
1986~1987년	평택대학교 신학대학 강사
1988~1990년	기독교대한감리회 북한선교회 부회장
1987~2000년	기독교대한감리회 아랍선교회 부회장(창립회원)
1990~1992년	세계복음화운동 평택 협의회 회장
1991~1994년	경기연회 중국 선교회 회장
1989~1991년	감리교 여자신학원 교수
1991~1995년	감리교 대전신학원 재단이사(목원대학교)
1992~1993년	서울 감리교신학대학재단 이사
1992~2003년	학교법인 배재학당재단 이사(12년간)
1986~2005년	한국기독교 사회산업개발원 이사
2001~2004년	평화통일 자문위원
1992~	재단법인 대한기독교서회 이사
1998~	학교법인 호수돈학원 재단 이사장

〈상훈〉

1993	성역 30주년 기념패(경기연회)

▌박성로 목사

동부연회 감독, 주문진교회[25]

〈생년월일〉

1926년 8월 1일

황해도 송화군 장양면 효촌리 211번지 출생

2014년 소천

〈학력〉

옹진 소강초등학교 졸업

동양고등학교 졸업

중앙신학교 예과 2년 수료

1947년 서울 감리교신학교 본과 졸업

〈목회 경력 / 교회 경력〉

1950~1951년　옹진 삼봉교회(중부연회 옹진지방) 전도사

1951~1952년　인천 연희교회(중부연회 인천) 전도사

1953년　목사안수

1953년　육군 군목 입대, 수도사단, 7사단, 25사단, 군종참모 역임, 육군대학 군종감실 군종과장, 육군본부 중앙교회 담임 목사 역임

1974년　육군 중령으로 예편

1974년　서울 성은교회 개척-강남 대치동

1977. 12.~1990. 12. 주문진교회 시무

1990. 10.~1992. 10. 동부연회 감독피선

1990. 12.~1997. 4.[26] 동부연회에서 은퇴

1997~　원주 태장교회 원로 목사

〈상훈〉

1971년　대통령 보국훈장(삼일장)

---

25 주문진 교회 이임 후 약력 없음

26 원주 태장교회 목회한 듯(확인요)

❚ 김규태 목사

남부연회 감독, 대전둔산지방 대전제일교회

〈생년월일〉

1933년 1월 5일
충청남도 청양군 적곡면 미당리 출생
2011년 3월 소천

〈학력〉

1950년	청양중학교 졸업
1954년	청양 농업고등학교 졸업
1959년	감리교 대전신학교 졸업
1968년	상지대학교 행정학과 졸업
1976년	중앙대학교 사회개발대학원 졸업(석사)

〈목회 경력 / 교회 경력〉

1952~1954년	남부연회 충서지방 속장
1964년	준회원 허입
1955~1956년	삼산교회(남부연회 논산지방) 전도사
1967	목사안수
1967~1959년	부적교회(남부연회 논산지방)
1959~1971년	보문교회(남부연회 대전지방)
1969년	정회원 허입
1971~1976년	중앙대학 부속여고(서울 흑성동)
1976~1979년	목원대학 교목실장
1979~	대전제일교회(남부연회 대전지방) 대전신학총동문회 회장, 대전지방 감리사, 목원대학장 대리, 목원대학재단 이사장, KNCC 교사위원장, 배재대학교 재단 이사, 남부연회에서 은퇴(대전둔산지방 대전제일교회)

〈교단 경력〉

1968년	남부연회 서기
1970~1976년	중앙대학교 사대부고 교목
1981~1984년	감리교 남부신학교장
1990~1992년	남부연회 감독
1993~2003년	남부신학원장, 대전기독교연합회 회장

1982~1983년 한국기독교 시청각선교회 운영위원장
1983~2002년 기독교연합봉사회 이사
1983년 한국 장애자 재활협회이사
1985년 한국기독교 사회교육원 원장
1990년 새누리신문 실행이사
1995년 목양선교신문 발행인

〈상훈〉

1997년 "목원을 빛낸 동문패"
1982년 대전기독교연합회 중흥공로패, 배재 대학 진흥 공로패
2001년 대전제일교회 신축봉헌공로패

▌김종수 목사

삼남연회 감독, 울진 후포교회

〈생년월일〉

1935년 1월 14일
경상북도 김천 출생

〈학력〉

1962년　　목원대학교 신학과 졸업
1975년　　목원대학 교역대학원 졸업(신학석사)
1991년　　미국 트리니티 신학대학 졸업 박사(목회학)

〈목회 경력 / 교회 경력〉

1968년 4월　　목사안수
1970년　　정회원 허입
1961~1968년　홍해교회(남부연회 경북, 현재 성광교회)
1968~1971년　노은교회(남부연회 충서)
1971~1975년　장항교회(남부연회 충서)
1975~1980년　부일교회(삼남연회 부산, 현 부산서지방)
1980~1986년　현재 후포교회(삼남연회 울진)
1980~1983년　울진지방 감리사
1982~1984년　감리회 교육국 위원(감리회 본부)
1982~1984년　총회 실행위원(감리회 총회)
1983~1987년　기독교교육 위원(기독교교육협회)
1986~1988년　감리회 선교국 위원(감리회 본부)
1987~1988년　삼남연회 부흥단장
1988~1990년　감리회 평신도국 위원(감리회 본부)
1986~1990년　협성신학교 이사(협성신학교)
1990~1992년　삼남연회 감독
전국교회와 경찰 중앙협의회 회장
총회 재판위원장
감리회유지재단 이사 및 총회실행위원
기독교 봉사회 이사
기독교 교육협회 이사
실로암교회 은퇴

현재 소속교회: 삼남연회 여수지방 실로암교회

〈교단 및 일반 경력〉

1977년 부산동부경찰서 경목
1978년 부산동구청 자문위원
1978년 부산동구청 선거관리위원장
1979년 새진회 부산지부장
1979년 부산 기독교 연합회장
1980년 울진 경찰서 경목실장
1985년 울진 기독교연합회장
1991년 전국 교회와 경찰 중앙협의회장
1991년 목원대학 이사
1991년 태화사회관 운영이사
1992년 기독교봉사회 이사
1999년 호남신학원장

〈상훈〉

대통령 표창

〈공저, 역사, 저서〉

1980년 『호포교회 50년사』
1990년 『성서요약강해(구약)』
1992년 『성서요약강해(신약)』
1994년 『광치 김종수 감독 회갑 기념문집』
2005년 『광치 김종수 감독 고희 기념문집』

VI.

1992년 종교재판 관련 주요 사건 및 공판 심사 자료

"기독교, 배타적 사고서 벗어나야"

1990.12.8 크리스챤신문

가톨릭문화원주최 기독교·불교·천주교 대화모임서 **변선환교수 주제 발표**

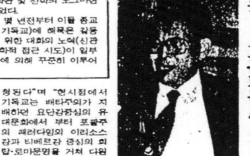

기독교인이든 불교인이든 타종교인이든 우리는 종교의 다원화된 사회에 살고 있다.

종교적 심성이 세계 어느 곳보다 가장 강하다는 한국사회에서 종교의 다원적 현상으로 인해 필연적으로 발생되고 있는 타종교와의 갈등문제는 종교상호간 타협할 수 없는 깊은 상처와 △이기적 가치관에 바탕을 둔 자기종교애에 대한 절대화 및 우월의식 △타종교에 대한 불신 △배타적 신학관 및 신미의 도그마현상 등을 빚게 되었다.

이런 상황에서 몇 년전부터 이들 종교간(특히 불교와 기독교)에 해묵은 갈등문제를 해소하기 위한 대화의 노력(신관·구원문제 등 신학적 접근 시도)이 일부 뜻있는 신학자들에 의해 꾸준히 이루어져 왔다.

기독교 혹은 불교만이 절대적이라거나 우월하다는 인식이, 불행하게도 시대역행적 문화식민주의의 산물로서 이해하는 사람들도 있어 이같은 자기중심적 시각이 청산되어져야 한다는 의견들이 조심스럽게 제기되기도.

특히 기독교계에서도 서구적 사상에 심하게 물들어 있는 한국기독교가 배타적 신학관에서 벗어나 이제는 새로운 가치체계 즉 포괄주의, 다원주의, 보편주의 입장으로 한국적, 동양적 시각의 신학적 전환이 시급하다는 지적 또한 강하다.

이런 타종교간 실마리 찾기작업의 일환으로 지난 11월 24일 서울 명동 가톨릭회관 3층에서 한국가톨릭문화연구원(이사장·박대봉)이 주최한 기독교·불교·천주교대화모임이 열려 관심을 모았다.

이모임에서 기독교계의 대표적인 신학자 변선환 교수(감신대 학장)가 「불타와 그리스도」를 주제발표했고 불교학자인 정병조교수(동국대)와 서울 가톨릭대 김광식교수가 토론자로 참석했다.

변교수는주제발표를 통해 "한국의 기독교는 기독교만이 역사적, 사회적이란 도그마적 요소에서 탈피하여 21세기를 향한 새로운 신학적 모색이 요청된다"며 "현시점에서 기독교는 배타주의가 지배하던 요단강중심의 유대문화에서 부터 포괄주의 패러다임의 이리소스강과 티베르강 중심의 희랍·로마문명을 거쳐 다원주의를 상징하는 태평양 한강중심의 신학적 패러다임을 만들어 내야할 때"라고 역설했다.

기독교 절대성, 서구문화서만 인정돼

현대역사서 하나의 보편적 종교 존재치 않아

"기독교밖에 구원없다"교리…신학적천동설불과

변교수는 "현 한국교회는△새로운 창조가 없는 전통고수 △새로운 해석(설교)이 없는 성서주의 견지 등의 소심하고 공격적인 정체성 때문에 오늘날 다원주의시대를 맞아 점점 설 땅을 상실해 가고 있다"며 "이런 한국교회의 소극적인 대응방법은 결과적으로 이땅에서 기독교의 존재가치를 더욱 사회적으로단절시키고 폐쇄화로 치닫게하는 요인으로 작용하고 있다"고 지적했다.

변교수는 "기독교의 절대성은 서구문화 안에서만 주장될 수 있는 것"이라고 주장한 종교적 다원주의를 밝힌 신학자 트뢸취의 말을 인용하면서 "역사적 문화속에 살고 있는 현대인에게 하나의 문화, 진리, 질서를 가진 보편적 종교, 문화란 존재할 수 없다"고 지적했다.

변교수는 또 "기독교밖에 구원이 없다는 교리는 신학적인 프톨레미의 천동설에 지나지 않는다"며 "종교의 우주는 기독교도 다른 종교도 아니고 신을 중심하여서 돌고있다는 것을 기독교는 인정해야 할 것"이라고 밝혔다. 즉 변교수에 따르면 신이 태양이고 모든 여러종교는 모두 그들 방식대로 태양을 반사하고 있는데 불과하다는 것.

변교수로 "종교간의 대화라는 것은 타종교를 통해서 서로 다른종교를 향하여 말씀하시는 하나님에게 보다 깊은 차원의 회개를 동반하는 것"이라며 "종교는 마르크스가 보았듯이 단순한 「인민의 아편」이 아니라 「변혁의누룩」이며 바르트가 보았듯이 「불신앙」「악마」가 아닌 「복음에로의 준비」이며 「익명의 기독교」"라고 밝혔다.

변교수는 신학자 사마르타의 말을 인용 "어떤 종교나 인물도 신의 전적 인신비 앞에서는 상대적"이라며 "예수를 절대화, 우상화시키며 다른 종교의 인물을 동가하는 일종의 제외인물로 보려는 기독교 도그마에서 벗어나 예수가 스스로 실천해 보였던 선교에 따라 신중심주의로 전환되어야 할 것"이라고 강조했다.

변교수는 오늘날 세계종교의 과제에 대해 "종교상호간에 열려진 대화와 협력"이라며 "모든 종교의 목표는 전 인류의 복지화, 구원을 이루어내는 것"이라고 밝혔다.

<한 대 식 기자>

19901208_기독교 배타적 사고서 벗어나야_크리스찬신문_4번

변선환 학장 강연과 관련 총회신학심의회 설치촉구

감리교 서울남연회

기독교대한감리회 제2회 서울남연회(감독 곽전태)가 3월 18일부터 20일까지 서울 임마누엘교회에서 열려 지난해 변선환 감신대 학장의 강연내용(본보 12월8일자 6면보도)과 관련 총회 실행부위원회로 하여금 이 문제를 해결하도록 하고 총회에 신학심의회 설치를 촉구했다.

7백여명의 연회원들이 참석한 가운데 곽전태 감독의 사회로 진행된 이번 연회는 24명의 서리전도사를 준회원으로 허입시키고 정은식목사(영도교회) 김우영목사(만나교회) 최명묵목사(남부중앙교회) 조묘희목사(신애교회) 이정화목사(광림교회) 등에게 성역30주년 근속공로자 표창을 수여했다. 또 1백35명을 전도한 한선희집사(임마누엘교회) 등 10명에게 개인다수 전도인상을 수여했다.

특히 금번 연회는 구로동지방회 관악서지방회 잠실지방회 등 3개 지방회를 새로 설립했다.

금번 연회에서 새로 선출된 지방회 감리사는 다음과 같다.

영등포=이종준 동작=김봉출 구로=정윤회 구로동=박교병 강서동=오세도 강서서=남천우 강동=전의남 강남=오봉근 서초=김원용 관악=
관악서=이상원 송파=
잠실=서정락

19910330_변선환 학장 강연과 관련 총회신학심의회 설치 촉구_크리스찬신문_4번

1991. 3. 30. K-4-008

제 1457호 (제3 종우편물 (가)급인가) THE CHRISTIAN PRESS

부활의 메시지를 다시 조명한다

부활절 특집

"부활은 하나님의 정의로운 심판의 시작"

'망월동' 원혼이 되살아나 '동작동'을 심판하는 사건
육체부활신앙은 무신론적 이교도적 신앙

홍 정 수
〈감신대·세계신학연구원교수〉

동작동 국립묘지

서울의 강북에서 한강을 건너가면 우리 나라 최고의 명당 자리에 이름하여 '국립묘지'가 있다. 독재자 박정희 장군의 묘지도 그 한가운데 있으며, 그 후예들의 묘지도 내정되어 있다고 한다. 그 뒷뜰으로는 이름을 알 수도 없는 크고작은 우리 시대의 영웅적 전사들이 '말없이' 누워 '눈을 감고' 있다. 아마 이것을 보고 누군가가 말했던 모양이다.

"죽은 자는 말이 없다."

참으로 고귀한 삶을 살다간 무명의 병사들도 머리는 거기에 누워, 잠들고 있다.

독일주재 한국 대사관 직원 하나가 얼마 전 갑자기 그 직을 사임하고 다른 나라로 이민갔다.

"저게 뭐요?"

"아, 제가 6·25 때 너무나 용감히 싸웠다고 하여 대한민국 정부가 달아준 훈장들이랍니다."

"그래요?"

"왜 놀라십니까?"

"우리 독일 사람들은 서로를 죽일 만큼 어리석지는 않기 때문이랍니다. 설사 그런 일을 저질렀다 하더라도 그것을 역사 앞에서 참회했을 겁니다. 그것 때문에 훈장을 달아주지는 않았을꺼예요."

독일이 통일되기 직전에 실제로 있었던 일이다. 이민만 가지 않았다면 그 직원도 아마 동작동에 묻힐 수 있었을텐데……

"육체부활은 이교적 신앙"

얼마 전에 한국교회들의 장례식 예문집을 들춰보았다. 아니나 다를까, 그것들은 이교도들의 장례식 예문과 다를 바 없었다. 세기적인 칼빈주의 신학자 칼 바르트는 우리가 만일 생물학적 죽음의 극복과 육체의 부활을 믿는다면, "그것은 이방인들이 구하는 것"이라고 단호하게 말했다. 따라서 바르트식으로 말하면, 한국 교회의 장례식 예문들 속에 나타나 있는 부활 신앙은 "이교도들"의 어리석은 욕망에 불과하다. 왜냐하면 그 예문집들은 하나같이 영혼불멸과 육체의 부활을 동시에 믿고 있기 때문이다. 즉 사람이 죽으면 그의 영혼이, '낙원'이나 '천국'에 들어감으로써 하나님과 더 친밀한 교제를 누린다. 이것은 바로 헬라적 신앙이다. 부활 없이도 인간의 영혼은 하나님과의 친밀한 교제라고 하는 구원의 종점에 이르게 되기 때문이다. 그러면서도 무엇이 모자라는지 하나님과 함께 있던 영혼은 공중이나 지상으로 되돌아와 낡은 옷과 같은 '육체'를 덧입게 되는 소위 '부활'을 또한 믿는다. 이 두 신앙은 엄연히 다른 두 세계의 신앙인데 우리들은 아무렇지도 않게 이 둘을 동시적으로 고백하고 있다.

인간이 죽어 그 영혼이 하나님과 보다 깊은 관계를 누리게 된다면, 그것으로서, 기독교적 구원은 완성된 것이다. 하나님과의 교제, 인간의 편에서 말하면, 임마누엘, 그것 외에 그 무엇이 더 있어야 인간의 구원이 완성된다고 믿는 것은 결코 용납할 수 없는 불신앙이다. 마치 선물을 들고 오는 아빠보다는 선물이 더 좋은 철부지 어린아이와도 같은 신앙이라고나 할까. 이들은 하나님이 아니라 '나의' 불로장생을 더 바라는 것이다. 바르트는 이런 신앙을 가리켜 이교도적이라고 했지만, 필자는 이런 신앙이야말로 무신론적 신앙이라고 말하고 싶다. 즉 한국 교회는 부활에 관한 한 무신론자들이다.

이같은 무신론적, 이교적 부활 신앙은 한국 교회만의 혼란은 물론 아니다. 가톨릭 신학자 발터 카스퍼는 이렇게 말하고 있다.

"전통적인 신학에서는 부활 증언에 대한 해석학적 토론(의미 규정)이 별로 진지하게 다루어지지 않았다. 사람들은 주로 신앙의 증언을 단순하게 반복해서 전해주는 것으로 '만족'하였다."

즉 기독교는 '그냥' 믿고 전해 주었을 뿐, 부활의 메시지를 알아들으려는 진지한 노력을 기울이지 않았었다. 이러한 신학적 태만은 교회의 설교자들과 일반 신도들로 하여금 부활의 메시지를 제멋대로 상상하게 만들었다. 이 얼마나 수치스러운 일인가! 무엇인지도 제대로 모르는 채, 우리는 부활의 메시지가 기독교 신앙의 핵심이라 믿어왔다. 용감하게도.

성서언의의 혼란

최근의 신학적 연구에 의하면, 기독교가 이렇게 큰 혼란에 빠져 있었던 사실의 배경에는 성서의 언어 세계에 대한 무지가 깔려 있었다. 성서의 언어 세계는 헬라 문화의 언어와 다를 뿐 아니라 17세기 이후의 지구인들을 지배해 왔던 과학적 사고 방식(모더니즘)과도 현저히 다르다. 이러한 반성을 신학의 초점으로 삼고 있는 신학을 소위 「포스트모던신학」이라고 한다. 포스트모던신학의 지적을 충분히 받아들인다면, 오히려 우리는 성서의 언어 세계가 뜻밖에도 한국인의 일상적 언어 세계와 매우 유사한 점을 발견하게 된다. 이제 그같은 전제에서 예수의 부활 신앙과 또 한국인들을 향한 그의 부활 사건의 메시지를 정리해 보자.

예수의 언어 세계의 골격이 유태민족사일 것은 거의 의심의 여지가 없을 것이다. 아무리 페르시아 문화와 헬라 문화에 의하여 오염된 세계에 그가 살았다고 할지라도 그는 여전히 유태인이었다. 아니 그는 그 민족을 의식하며 살고 또한 목회했다. 따라서 우리가 성서를 읽을 때, 페르시아적 껍데기와 헬라적 탈을 예수와 그 제자들의 진정한 메시지로 혼동하는 일을 피하도록 유의해야 한다. 그런 의미에서, 예수의 부활절 메시지를 오늘의 한국인들이 제대로 파악할 수 있는 가장 확실한 방법의 하나는 동작동과 망월동을 함께 생각하면서 그것을 읽는 것이라고 생각된다.

망월동에서 동작동으로

우리 시대의 의인들, 충신들은 지금 동작동에 묻혀 있다. 그리고 우리 시대의 죄인들, 역적들은 대부분 망월동에 묻혀 있다. 그런데 동작동 부근에 가면 "정숙"이라고 하는 대형 경고판이 붙어 있다. 어르신네들의 영원한 쉼을 혹시라도 방해할까 걱정을 해서이다. 그런데 망월동에도 그런 표지판이 하나 있었으면 좋겠다. "여기는 당신들이 말하는 곳이 아니라, 억울하게 죽었기에 아직도 눈감지 못하고 있는, 아직도 입을 다물지 못하고 있는 저들의 말에 귀기울여야 합니다"하는 뜻으로 말이다.

이 두 공동묘지를 나란히 두고 성서의 부활사건 이야기를 읽으면 그 의미는 이렇게 분명해진다. 부활사건은 망월동에 묻혀 있던 죄인, 역적 하나가 "하나님에 의하여 이 역사 속으로 되돌아 오게 된 사건"이요, 또한 천지개벽의 시작이었다. 즉 이미 영원한 쉼을 쉬고 있던 자들 중의 하나가 징그럽게도 무덤을 박차고 되살아난 사건이 아니라, "이 세상"의 임금이 역적과 죄인이라고 처형해 버린 불의한 자를 곧 망월동에 묻혀 있던 자들 중의 하나가 "하나님에 의해서 되살아난 사건"이다. 이것은 썩다가 만 한 인간의 부활이 아니라 이 세상에 대한 하나님의 준엄한 심판의 시작을 뜻한다. 이것을 어렵게 말해서 「종말적 사건」이라고 한다. 현존의 정치질서, 곧 각종 구조적 갈등과 민족적 분단의 세계를 정의로운 세상으로 알고 있는 모든 사람들에 대하여 저항하다가 그들에 의하여 고문당하고 죽이잖던 한 청년이 하나님에 의하여 되살아났고, 더 나아가 "하나님의 오른편에 앉아 있다"는 고백이다. "하나님의 오른 편에 앉아 있다"는 것은, 이 세상이 처형한 그 죄인이 이제는(하나님에 의해서) 이 세상을 심판할 새로운 정의로서 확정되었다는 것을 가르친다. 따라서 부활사건은 망월동에서 시작되어 동작동으로 나아가는 하나님의 심판 사건의 시작이다. 그러므로 우리는 지금 망월동에서 시작된 하나님의 심판 사건의 시작과 완성(재림)의 중간 시대에 살아가고 있다.

부활은 하나님의 심판

이렇게 놓고 볼 때, 우리는 부활사건을 그토록 두려워했던 예수의 제자들과 오늘의 기독교인들의 사명을 확실히 알아들을 수 있다. 성경에 의하면, 부활의 소식은 제자들에게 기쁨이 아니라 불안과 공포였다(눅24: 38, 막16: 11). 왜? 왜 자기들의 스승의 부활이 불안과 공포가 되었겠는가? 이 비밀을 이해하지 못한다면, 기독교의 부활절 메시지는 완전히 이교도적인 설교가 될 것이다. 부활이 인간의 무궁한 생명을 보장해 주는 것이라면, 모든 사람들, 특히 이 세상에서 행복을 누리고 있는 사람들, 동작동의 사람들, 다시 깨어나기를 기다리며 냉동실에 보관되어 있는 부자들에게 커다란 기쁨이 될 것이다. 그러나 부활이 하나님의 정의의 심판(정의의 회복)의 시작을 의미한다면, 하나님 앞에서 부끄러운 모든 사람들에게는 무서운 이야기가 될 수 밖에 없다. 특히 부활한 사람이 바로 우리 모두가 역적이요 반역자라고 죽여버린 그 사람이라고 한다면, 그가 되살아나 우리 세상을 심판하기 위해 "하나님의 오른편에 앉아"있다면, 우리는 영락 없이 죽은 목숨이다. 이 어찌 두렵지 않으리요. 당시의 예수의 제자들은(가롯 유다만이 아니라) 세상과 화해하여 도망치고 있었다. 즉 이 세상의 훈장을 받으려고 동작동으로 가고 있었다. 따라서 자기들이 역적이라고 하여 죽인 바로 그 사람이 하나님의 정의의 잣대가 되었다는 소식은, 조금이라도 양심이 남아 있는 모든 사람들에게는 공포의 소식이었다. 망월동에다 거짓 역적들을 묻어놓고 "죽은 자는 말이 없다"고 안심하며 살고 있는 사람들, 그리고 그러다가 동작동에 묻혀 이제는 다됐다고 생각하고 있는 사람들, 그들은 망월동 원혼이 되살아나고 그들에 의해서 세상이 새로와지며, 더 나아가 이미 죽은 자들도 되살아나 그들에 의하여 심판을 받게 된다고 한다면 공포에 떨지 않을 수 있으랴?

이 처럼, 기독교 신앙에 있어서 부활은 핵심이지만 그것의 의미는 하나님의 정의가 결코 죽지 않았다는 소망을 말하는 것이다. 그것은 결코 "삶을 탐하고 죽기를 서러워하는" 비겁하고 허황된 인간 욕망을 보증해 주는 것이 아니다.

◇부활사건은 망월동에 묻혀있던 죄인, 역적 하나가 하나님에 의해 이 역사 속으로 되돌아 오게 된 사건이요 천지개벽의 시작이었다.

19910330_부활의 메시지를 다시 조명한다
(부활은 하나님의 정의로운 심판의 시작)_홍정수교수_크리스챤신문_4번

1991.04.

기감 제 91053호

수신 : 서울연회 나원용 감독
참조 : 이현덕 총무
제목 : 홍정수 교수의 크리스챤 신문(91.3.30일자) 게재된 기사의 건

부활하신 우리 주 예수 그리스도의 이름으로 문안드립니다.
드릴 말씀은 별첨 첨부한 지난 3월 30일자 크리스챤 신문에 (제1457호) 발표된 홍교수의 기사가 교리에 위배되는 부분이 있습니다. 이것은 교회에 중대한 문제로 생각되어 홍교수가 소속된 서울연회에 이첩하오니 심사에 붙여 줄 것을 감독의 결의로 (1991.4.12. 오전 11시) 송부하오니 처리해 주시기 바랍니다.

감독회장 곽전태

19910400_홍정수 교수의 크리스찬 신문 게재된 기사의 건-감독회의 결의 송부_(타이핑)
_감독회장 곽전태_서울연회 나원용감독앞으로 보내는 서신_4번

오메가

세계선교

WORLD MISSION

J-4-032

제10호

특집
복음주의 선교신학의 진로
1 웨슬리의 영적체험과 전도 / 최홍석 목사
2 종교다원주의와 종교신학수립에 관한 고찰 / 이동주 교수

19910510_종교다원주의와 종교신학수립에 관한 고찰_이동주_4번_페이지_01

특 집 2

종교다원주의와 종교신학수립에 관한 고찰

■제11차 복음주의선교학회 논문발표(1991. 4. 13 이화여대 진관)

이 동 주교수
(협성신학대학 교수)

서 론

서 론

최근 한국에서 펴져가는 종교신학은 세계교회협의회(WCC)의 다원주의와 때를 같이한 신학으로서, 한국과 다른 나라에서도 여러가지 새로운 논문들이 발표되고 있다. 한국의 대표적인 연구논문은 1990년 10월 19일부터 20일 사이에 유성에서 개최되었던 제19차 공동학회 학술세미나에서 발표된 유동식 박사의 '한국 종교와 신학적 과제'라고 할 수 있다.

'종교 다원주의와 신학적 과제'라는 그 때의 세미나 주제가 암시한 바와 같이, "우리의 전통 종교를 우상숭배로 정죄하는 큰 과오를 범해 왔다'[1]고 고백하는 유동식 박사는 종교신학 수립을 위한 두 가지의 신학적 과제를 제시했다.

첫째는 타종교의 존재 의미와, 둘째는 하나님의 구원의 대상은 교회 안에만 있는가?[2]라는 타종교의 구원문제를 밝히는 것이다. 이러한 질문에 대한 답변은 세미나 개최일 서언에서 변선환 박사가 진술한 바와 같이, 한국종교는 그동안 선교의 '대상'으로서 토착화 신학을 연구했지만, 이제는 그들이 대화의 '주체'로서 등장하여 주체와 주체가 만나게 되었다는 것과, 오늘날 인류는 어느 특정종교 하나가 제시하는 신념체제에 의하여 구원받을 수 없도록 다원화된 세계에 살고 있으며, 하나님은 기독교인들의 기도만을 들으시는 하나님이 아니라고 주장함으로서[3] 종교 다원주의를 지지하였다.

이와 같이 종교 다원주의의 입장은 기독교가 타종교 보다 조금도 더 낫지 않다는 것과, 하나님의 계시나 구원이 타종교 속에도 기독교와 마찬가지로 나타났다고 피력하고 있다. 다원주의 신학자들이 던진 이와 같은 제시들은 구체적으로 어떠한 것이며, 이러한 새로운 질문들은 타당성 있는 신학적인 제시인가에 대해서도 면밀히 검토해 보고자 한다. 이를 위해서는 다원주의와 종교신학 수립을 위해 선두에 선 국내외 학자들의 논문에 나타난 세계관과 아울러 신관과 구원관을 분석해 보고 바른 신학을 토대로 한 선교관이 정립되기를 바란다

Ⅰ. 세계 다원주의 신화과 종교 혼합주의

1) WCC의 Dialogue-Program

세계교회 협의회 내의 다원주의적 동향은 1928년 예루살렘에서 개최한 제2차 세계선교 협의회(IMC)에서 이미 K. T. Paul과 T. C. Chao에 의해서 나타났다. 이들은 기독교가 힌두교 지역과 유교 지역의 (종교적인) 국민들과 함께 서구 세속주의에 저항해야 하는 공동적 사명을 위한 대화를 제시했었다[4]. 이러한 제시는 20세기 후반기에 와서 세속주의와 손을 잡은 WCC의 세속주의 운동과는 달리, 세속화를 저항하기 위한 종교연합운동을 시도했던 것이다.

그러나 이러한 종교 다원주의적 관심은 1938년 탐바람에서 개최한 제3차 IMC 대회에서 H. Kraemer와 충돌을 겪은 후 잠잠해졌다가, 1950년대에 타종교에 관한 연구가 활발해지면서 1961년에는 뉴델리에서 개최한 제3차 WCC 총회에서 종교다원주의는 다시 활기를 띄게 되었다. 이 총회에서 인도 신학자 P. Devanandan은 "증인으로 부르심을 받다"(zu zengen berufen)라는 제목으로 강연을 하면서, 하나님이 세상을 자기와 화목케 하신고로 하나님과 인간사이에는 평화가 수립되었고, 또 인간과 인간 사이에도 평화가 세워졌음으로 인류는 분열과 차별로부터 보호를 받을 수 있게 되었다는 것이다. 그는 비 기독교 종교들을 "성령의 창조적인 사역"[5]에 대한 응답이라고 주장하고, 복음을 비 기독교적인 기존 철학적 개념으로 해석해야 한다고 주장하였다[6].

이와 같이 Devananden은 (피조물의 영이 아닌) 창조주 하나님의 영과 타종교들의 다양한 종교체험을 혼돈함으로서 종교 다원주의를 수립하려고 한 것이다. 종교 다원주의의 영적 혼돈에 대해서는 후론하게 된다. 뉴델리 총회는 제1분과 토의 보고서에서 묘사된 바와 같이 "그리스도는 우리를 통해 말씀하시고 그들을 통해서 우리에게 말씀하신다"는 다원주의와, 또 다원세계에 필요한 삶의 형태라는 '대화'[7]를 추진하기 시작했다.

> ***힌두교적인 '범' 사상은 하나님의 제1위와 제2위와 제3위까지도 모두 범안에 용해시켜 버리는 것이다. 그들은 이렇게 기독교를 받아들이고 또 '범'밑에 종속시키는 것이다.***

이와 같은 다원주의적인 '대화'는 1967년 캔디(Ceylon)회의에서도 마찬가지로 추구되었고 아울러 막스주의자들과의 대화도 모색되었다[8]. 1970년 WCC안에 Dialogue-Program이 아직 공식적으로 작성되기 전에 Ajaltoun, Beirut에서 먼저 힌두교, 불교, 이슬람교 지도자들과 함께 대화와 예배 시간을 가졌다.

인도의 Osmania 대학의 H. Askari 박사는 그 때의 상황을 묘사하여, Dialogue은 우리를 하나의 '새로운 영성'(eine neue Spiritualität)으로 이끌었다고 하였다. 함께 모인 여러 다른 신앙인들 사이에서 느껴지는 새로운 영성은 공동기도 시간에 가장 강렬하게 느꼈다고 하였다. 기도시간에는 누가 기도했는지는 대수롭지 않았고, 또 무엇을 기도했는지도 중요하지 않았지만, 중요한 것은 다만 "하나님 앞에서 그리고 하나님 안에서 우리의 공동적 인간적 상황"이었다고 진술하고 있다[9].

이 종교 혼합공동체 속에 거하는 "새로운 영성"은, 뒤에 자세히 논하겠지만, 아시아의 모든 범신론자들의 영성이다. 우리는 WCC의 Dialogue-Program에서 아시아 범신론적 영성에 의해 기독교가 믿음이 용해되어 버리는 것을 보게 된다. 힌두교적인 '범' 사상은 하나님의 제1위와 제2위와 제3위까지도 모두 범(Brahman)안에 용해시켜 버리는 것이다. 그들은 이렇게 기독교를 받아들이고 또 '범' 밑에 종속시키는 것이다.

이러한 혼합주의적 대화는 그 다음 해 WCC대회 내에 "산 신앙인들과의 대화" 프로그램을 설치하고 인도 신학자 S. J. Samartha에게 책임을 맡겼다. 그에 의하여 타종교와 이데올로기와의 관계는 계속 추진되었다.

'대화'만이 다원주의 사회에서 유일한 희망이라고 보는 Samartha는 "경계선이 불안해진다"[10]는 제목의 논문에서 이제는 교회연합(Ökumene der kirche)에 대한 관심이 아니라 인류연합(Ökumene der Menschen)에 대한 목적을 가지고, 과거적인 교회들간의 대화를 넘어서 이제는 타종교와의 대화를 통해 세계공동체를 위한 목적으로 모든 종교인들의 협력을 요청했다.

기독교인들은 이제부터 "인간실존의 신비에 이르는" 다른 종교들의 '진리'를 거짓된 것이라고 하는 인상을 가지지 말것과, 성경적인 진리개념과 "존재"(Sein) 또는 "상태"(Zustand)로서 파악해야 하는 힌두교적인 진리의 개념을 서로 보충해야 한다고 주장하였다.

위와 같이 그는 세계공동체를 수립하기 위해서 힌두교와 같은 범신론 철학체제를 수용하여 기독교 진리의 유일성을 폐지하고 존재론을 중심으로 한 확장된 진리개념을 제시하고, 또한 기독론이나 성령론도 확장시켜야 한다는 것을 주장하게 되었다. 즉 대화의 문제는 타종교인들이 신과의 관계를 왜곡시킨 것으로 보는 "그리스도 일원론"(Christomonisums)을 통해서가 아니라 기독론을 확장시킴으로서 (die Chirstologie ausweitet), 그리고 이 세상 종교들과 세속이념들 속에서 역사하는 성령의 사역에 민감해짐으로서[12] "포괄적인 성령론"(umfassende Preumatologie)을 만들자고 제안한 것이다[13].

이렇게 우리 세대의 종교들과 세속이념들의 차이는 희미해져가고 그 경계선이 불안해진다는 내용이다. 또 Samartha는 "예수 그리스도의 주권과 종교적 다원사회"라는 논문에서 종교적 다원주의를 주장하며 타종교들을 기독교 보다 열등하지 않다고 하였다. 그는 역사적 교회가 예수 그리스도를 신격화 하고 개인숭배에 빠지는 위험에 처한 반면 만유의 주이신 하나님은 거의 강조하지 않았다고 비판한 것을[14] 발견하게 된다.

그가 이와 같이 예수 그리스도를 섬기는 것을 '개인숭배' 내지 인간 '신격화'로 해석하는 것과, 하나님을 강조하지 않았다고 비판한 것은 그의 힌두교적 배경에서 얻은 범(Brahman)사상 때문이다. 예수 그리스도만 특별하지 않다는 말과, 타종교들이 기독교 보다 열등하지 않다는 말은 그가 예수 그리스도의 신성을 부인하지 않으면서 다른 인간들의 신성을 주장하는 범사상 때문이다.

이러한 Samartha의 범신론은 예수 그리스도의 성육신을 다음과 같이 왜곡한다. "성육신을 통해 하나님은 스스로 인간이 되는 위험을 감내 했다.

예수 그리스도만 특별하지 않다는 말과, 타종교들이 기독교 보다 열등하지 않다는 말은 그가 예수 그리스도의 신성을 부인하지 않으면서 다른 인간들의 신성을 주장하는 범사상 때문이다.

예수 그리스도 안에서 절대자는 역사 속으로 상대화 되었다. 무엇때문에 그리스도인들은 종교적 다원성 가운데서 사는 것을 두려워 해야만 하는가?[15] S. J. Samartha의 다원주의는 타종교들 속에도 그리스도가 얼마든지 있을 수 있고, 그리스도만이 아니라 성령의 역사도 타종교들과 세속이념 속에서 발견할 수 있다는 말이다.

이러한 다원주의적 입장에서 1970년 Ajaltoun에도 참석했던 희랍정교의 리바논 주교 G. Khodre는 1971년 Addhis Abeba WCC 중앙위원들의 집회에서 타종교 속에 계신 그리스도와 성령에 대하여 강연하였다. 그는 타종교들의 부흥으로 인한 다원주의 문제를 다루면서, 비 기독교역사 속에서 신비에 감추어진 그리스도가 편재하심과 성령의 보편적인 성격을 주장하면서, 성령은 타종교들 속에서도 영감으로 역사하신다고 역설했다. 그러므로 우리의 사명은 타종교 속에서 그리스도의 가치(alle Werte Christi)를 발견하고, 타종교들의 경전들을 문자적으로 읽지말고 그리스도에 마추어 읽음으로서 기독교적인 체험을 더 풍부하게 하자는 것이었다.

선교사가 해야 할 사명은 다툼이 아니라 타종교들의 밤에 주무시는 그리스도를 깨우는 일이라는 것이다[16].

위와 같이 S. J. Samartha나 G. Khodre는 하나님의 제2위와 3위가 타종교 속에서 발견되야 한다는 '보편주의'적인 입장을 나타내고 있다. 그러나 성서가 우리에게 증거하는 보편주의는 유일하신 예수 그리스도(예수와 분리된 추상적 그리스도가 아님)가 세상을 통치할 수 있고 또한 그를 섬겨야 할 것을 의미하며(빌 2:9-11), 또한 이 세상에서 예수 그리스도를 영접한 모든 하나님의 자녀들

Samatha나 Khodre는 예수와 분리된 비역사적인 그리스도를 타종교에서 발견하려 하고, 세상이 능히 받지 못하는 하나님의 제3위이신 성령을 하나님과 화목하지 못한 타락한 피조물 속에서 발견하려고 한 것이다.

속에 임재한 하나님의 영(타락된 피조물의 영이 아님)을 의미한다(행 2:38-39). Samatha나 Khodre는 예수와 분리된 비역사적인 그리스도를 타종교에서 발견하려 하고, 세상이 능히 받지 못하는 하나님의 제3위이신 성령(요 14:17)을 하나님과 화목하지 못한 타락한 피조물 속에서 발견하려고 한 것이다. 삼위일체의 하나님이 타종교속에서 섬김을 받는지에 대해서는 후에 거론하게 된다.

Dialogue-Program의 다원주의가 종교혼합주의라는 것은 1973년 Bangkok에서 열린 제2차 세계선교와 복음화대회(CWME=제8차 IMC)에서 분명해진다. 이 대회의 개회연설에서 세계불교연합회 회장 Diskul Poon Prismai 여사는, 기독교와 타종교들은 겉모양은 다르나 다 같은 목표에 도달한다는 다원주의적 입장을 지지하며, 불경(Tripitaka)과 성경은 "같은 영"에 의해서 서로 다른 용어로 쓰여진 것이라고 주장하면서, 종교가 없는 사람은 동물과 같다고 하였다. 영혼이 건강하지 못한 사람들을 위해서는 불교나 기독교와 같은 약이 있는데 이 약을 먹으면 건강해지고 생명을 얻게 된다고 한 것이다. 이 건강을 그는 '열반' 또는 '영생' 내지 '신과의 일치'라고 칭하며, 이러한 같은 목표를 달해야 하는 세계의 종교들은 연합해야 한다[17]는 역설이었다.

타종교속에서 그리스도를 찾고, 타종교에서 역사하는 성령을 발견하고자 하는 이러한 다원주의는 1968년부터 1975년까지 WCC 중앙위원회 위원장이었던 인도 신학자 M. M. Thomas의 혼합주의에서 더욱 확고해졌다. 이미 1973년 Bangkok 대회에서, 힌두교인이 '대화'를 통해서 종교를 바꾸거나 새로운 종교공동체로 이동해 갈 것이 아니라, 그 자신의 문화 공동체에 그대로 속해 있으면서 "기독교적 힌두"(Christlicher Hindu)가 될것이라[18]고 주장하던 그는, 2년 후에 Nairobi 총회에서 "그리스도 중심적인 혼합주의"(Christozentrischen Syntretismus)를 촉구했다.

당시 총회 주제였던 "예수 그리스도는 해방하고 연합한다"는 내용으로 강연을 하면서 그는 Dialogue을 통한 "그리스도 중심적인 혼합주의"란 문화와 종교가 서로 침투하는 "거짓된 혼합주의"가 아니라, 비판적인 사고를 통해서 교리적인 차이를 초월하고 그리스도의 인간성을 기초로 한 그리스도 중심적인 공동체를 형성하는 것이라고 설명했다[19].

Thomas는 이러한 종교적인 차이를 초월한 "그리스도 중심적인 혼합주의"를 "그리스도와 관련된 혼합주의"(Christusbezogenen Synkretismus)라고도 부르며[20], 창조주이며 구원주이신 하나님이 타종교인들 가운데서도 역사하신다고도 발한다. 그 근거로는 골 1:17과 엡 1:10로서 하나님을 "이단적으로 거부하는 사람들도 마지막에는 모두 그리스도 안에 있게 되며, 십자가는 타종교들과 이데올로기의 담을 헐었음으로 그리스도인들은 모든 타종교인들과 불신자들과 하나의 인간적이고 세속적인 문화와 공동체를 위해 함께 일할 수 있어야 한다는 것이다[21].

이러한 혼합주의는 금년 2월 7일부터 호주 캔버라에서 열린 제7차 WCC 총회에서도 계속 추진되었다. 특히 이화여대의 정현경 박사가 발표한 이번 총회에서, 버림받은 애굽인 하갈의 영으로 시작하여 예수의 영과 더불어 18가지의 한 맺힌 영들을 초청하고, 초혼문을 적은 창호지를 불태워 하늘에 날려 보내면서 시작한 "성령이여 오소서 만물을 새롭게 하소서"라는 제목의 강연[22]은 성령과 사령을 구별하지 못한 무속신앙적 혼합주의를 여실히 들어내고 있다.

여기에 창조주 하나님의 영과 피조물의 영 내지 사령까지도 분별하지 못하는 영적혼돈의 큰 문제점이 있다. 과거의 Dialogue-Program이 타종교속에서 성령의 역사를 발견하려고 하며 범신론에서 어떤 영성을 발견해서 그것을 성령과 동일시 함으로서 한 포괄적인 성령론을 만들려고 했다면, 이제는 성령을 다신론적 샤머니즘 속에서 숭배를 받는 사령들과도 동일시 하게 된 것이다.

이렇게 '성령'은 WCC 신학에 의해 '보편성'이 강조되어 세계공동체 형성을 위해서 종교연합운동을 촉구하는 활발한 작업을 하게 된 것이다. 그러나 성령의 올바른 보편성이란 "모든 먼데 사람 곧 주 우리 하나님이 얼마든지 부르시는 자들에게" 주시기로 약속하산 것을 의미하며(행 2:39f) 또 하나님의 세계통치를 의미하지만, 그것은 범신이나 만신과 혼돈해서는 안된다.

그러나 이러한 WCC의 다원주의적 Dialogue-Program에 반하여 1974년 "세계복음화 국제대회"에서 발표한 '로잔 언약'은 위와 같은 형태의 혼합주의를 거부하여 "그리스도께서 어떤 종교나 어떤 이데올로기를 통해서도 동일한 말씀을 하신다는 식의 대화는 그리스도와 복음을 손상시킴으로서 이를 거부한다."[23]고 단호히 거절하고, 그 대신 상대방을 이해하고 복음에로 초대하기 위한 대화의 불가피함을 진술했다.

그 다음해에 서울에서 열린 '범아시아 선교협의회'에서 발표된 '서울 선언문'에서도 역시 대화를 "복음에로 인도하는 방편이 될 수 있다는 사실에 동의"하면서, 에큐메니칼 운동의 대화는 "세계 공동사회를 실현하기 위한 연합세력을 형성한다는 범 종교적 대화를 목적하는" 것이며 "전적인 혼합주의를 초래하지 않을 수 없을 것"이라는 우려를 표명했다[24].

위와 같이 혼합주의를 초래하는 WCC의 종교다원주의는 아시아의 범신론적 공통분모에 의하여 하나님이 보내주신 복음의 순수성을 파괴하고 여러형태의 "다른 복음"(갈 1:6-9)을 산출하게 된 것이다.

2. 힌두교적 혼합주의 신학의 확장

이미 고찰한 바와 같이, 힌두교 문화권에서는 H. Askari와 같은 사회학자나 S. J. Samartha, M. M. Thomas와 같은 신학자들이 일반적으로 다원주의 내지 혼합주의를 추구하고 있다는 것을 잘 알 수 있다. 이러한 입장은 M. Gandhi나 천주교 신학자 R. Panikkar에게서도 분명히 나타난다.

이들을 통해서 힌두교적인 혼합주의는 좀더 분명히 제시된다. 3억 3천의 힌두교 신들 가운데서 3대 신중에 하나인 Vishnu를 열렬히 섬기는 모친의 신앙을 따라 Gandhi(1869-1948)는 모든 종교들의 근본은 같고 진실하며 가치가 동등하다고 보았다. 그는 힌두교 경전인 Bhagavad-Gita(B.C. 2C-A.D. 2C)와 성경 사이에는 아무런 차이점이 없다고 하며, 오히려 성경에 있는 것은 Bhagavad-Gita에 다 들어있다고 하였다. 그러므로 그는 훌륭한 힌두교인이란 훌륭한 Christian이나 마찬가지라고 설명하게 된것이다.

Gandhi가 힌두교와 기독교를 동일시 하는 근거는 그의 기독론에 있다. 그는 예수 그리스도를 인류의 스승이며 하나님의 아들이라고는 보았지만 하나님의 독생자는 아니라고 하였다. 하나의 인간이었던 예수를 하나님의 독생자라고 하는 것은 신성모독이라는 것이다. 예수 그리스도가 하나님의 아들이라면 다른 사람들도 하나님의 아들이 될 능력이 있고 그들 속에 내재한 신성을 실현할 수 있다는 것이다. 그는 Mohammed, Krishna, Zarathustra 등도 이와 같이 예수와 동일시 할 수 있고 동일하게 경외할 수 있다고[25] 주장하였다.

마찬가지로 인도의 Kath. 신학자 Panikkar도 힌두교 안에 "무명의 그리스도"가 있다고 주장하였다. 그는 하나님과 Brahman은 같은 것이며, 만물이 그에게서 나오고, 그가 만물을 유지하며 또 만물은 그에게로 돌아간다[26]고 설명함으로서 범신론적인 Brahman과 창조주 하나님에 대해서 혼동하고 있다.

그는 Brahman이 Avatar(신의 현현)의 형상으로 강림하여 자기를 계시한다고 한다. 이렇게 강림한 신이 바로 Logos이며 그리스도라는 것이다. 그

힌두교에 의하면 그리스도란 범을 실현한 보통 사람이고, 따라서 많은 사람들이 다 그리스도가 될 수 있는 가능성을 보여줌으로써, 힌두교에 혼합된 기독교로 인해 무수한 '그리스도'들이 출현할 것을 암시하고 있다.

러므로 "그리스도"는 "이 세상의 나온 그것, 이 세상이 환귀하는 그것, 이 세상이 유지하는 그것"이며, 그것이 곧 Brahman이라는 것이다[27]. 이렇게 Panikkar는 인격적인 하나님과 비인격적인 존재의 원리인 Brahman을 구별하지 못하고, 제2위 하나님의 성육신과 비역사적인 신화적 Avatar를 혼동하고, 또 예수 그리스도와 하나님의 피조물인 인간들과의 본질적인 차이도 알지 못하고 있는 것이다.

말하자면 그는 예수 그리스도가 하나님이라는 말을 바로 예수 그리스도가 Brahman이라는 말과 같은 것으로 오해하고 있는 것이다. Panikkar는 그리스도가 Brahman안에 있는 것이지 Brahman 밖에 있는 것이 아니기 때문에 그리스도를 받아 들인다는 것이다. 그는 그리스도는 유일하지만 다른 여러 하나님의 아들들 가운데서 유일한 것은 아니라[28]고 역설하였다. 힌두교에 의하면 그리스도란 범(Brahman)을 실현한 보통 사람이고, 따라서 많은 사람들이 다 그리스도가 될 수 있는 가능성을 보여줌으로써, 힌두교에 혼합된 기독교로 인해 무수한 '그리스도'들이 출현할 것을 암시하고 있다.

힌두교적 사상으로 위와 같이 복음을 잘못 받아들이면 얼마든지 "다른 그리스도"가 나타나게 된다. 힌두교로서는 예수 그리스도를 수용하는 것이 간단한 일이다. 다만 그리스도를 다른 모든 신들처럼 그들의 절대자인 Brahman(범) 밑에 종속시킬 따름이다. Brahman은 최고 원리 또는 최고 신으로 숭배되기도 하는 일원론(Monism) 철학의 절대자이며, 범아일체(Brahman:대아=Atman:소아) 사상에 근거하여 예수 그리스도를 Brahman과 동일시 할 수 있게 된다.

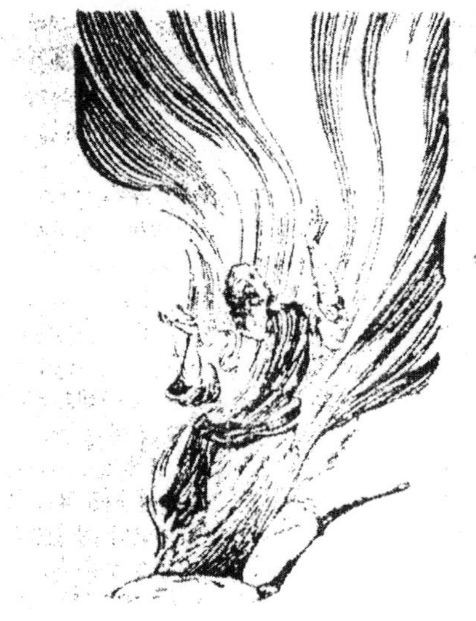

2000년 전에 소아시아 지역에 나타난 이단이란 예수 그리스도께서 육체로 오신 것을 시인하지 아니 하는 영을 말하였으나(1요 4:2f), 오늘의 이단은 한걸음 더 진보하여 예수 그리스도 뿐 아니라 여러 종교적인 영웅들도 모두 다 육체로 왔다는 것을 시인하는 것이다. 즉 예수 그리스도를 우리와 똑같은 육체적인 인간이지만 다만 그 내재한 신성(본성)을 실현한 인간으로서 이해하고 있는 것이다. Gandhi가 인간들과 그리스도를 동일시 할 수 이유는 Upanishad나 Vedanta 철학의 일원론(Monism)을 따라 인간을 신격화했기 때문이다.

하나님의 계시와 언약에 의한 구속사적 견지보다는 비역사적인 신비를 더 중요시 하는 힌두교는 과거의 영지주의가 신적 자아를 깨달아 자기 해방을 실현하려고 했던 것과 같은 방법으로 범아일체(Brahman=Atman)의 신비를 통해 자기해방(구원)을 실현하려는 것이다.

Ⅱ. 한국의 다원주의 신학과 종교 혼합주의

1. 유동식 박사의 종교 다원주의

"하나님이 인간 예수 그리스도 안에서 이 세상에 오심으로 말미암아 이제는 새로운 세계가 전개되었다. 그것은 인간생활을 세속이라 부르고 종교적 신성성이라는 것과 구별했던 옛 세계가 사라졌다는 것이다. 세속과 신성 사이의 담이 무너지고 이제는 성속이 일여화된 새로운 세계가 전개된 것이다. 이제 하나님은 인간과 멀리 떨어져서 종교라는 울타리 속에 홀로 거룩하게 계시는 것이 아니다. 그리스도 안에서 하나님은 이 세속세계 안에 계시는 것이며 항상 인간과 더불어 존재하시고 사귐을 가지시는 것이다. 여기 인간의 구원이 있다. 그러므로 인간은 구원을 얻기 위해 하늘로 올라갈 필요가 없다. 또 사후를 기다릴 필요도 없는 것이며 종교라는 울타리 속으로 들어가야만 할 필요도 없다. 하나님은 지금 여기서 우리와 함께 도처에 계시는 것이다"[29].

특 집 2

범신론적 만인구원관과 현대기독교적 보편주의의 공통점은 믿음에 의한 구원과 예수 그리스도의 재림과 종말적인 하나님의 심판을 부정 내지는 침묵한다.

전술한 S. J. Samrtha의 진술과 비슷하게 묘사된 위의 글은 유동식 박사의 여러 논문에서 반복적으로 언급되었기 때문에 우리의 눈에 익어 있다. 하나님과 인간의 사귐이 성취된 것이라고 주장하는 그의 "성속일여의 복음"[30]이란 무엇을 의미하는 것인가? 하나님과 인간과의 사귐을 불교적 개념인 "성속일여"의 실현으로 간주함으로서, 불교의 범신론적 자기실현의 신비주의를 통하여 제2위의 하나님의 성육신 사건을 범신론적으로 해석하게 된 것이다.

"우리가 그리스도 안에서 이미 구원된 자로 지금 살고 있는 것"이라고 하는 유박사는 성육신 사건으로 인해서, "그리스도의 복음은 현세와 내세의 울타리를 깨버린 것이며, 종교와 세속의 울타리는 치웠고 또한 기독교와 타종교 사이의 무의미한 장벽을 부순 것"이라고 하며, "하나님은 우리들을 종교적 차이에도 불구하고 우리를 다 같이 자녀로 불러주신다"고 하였다.

또 복음에 대한 신앙의 여부와는 관계없이 모든 인간이 이미 이곳에서 "하나님의 새로운 자녀로서 하나된 것"이라고 하며, "만약에 구원된 인간을 불러 크리스천이라고 한다면 이제 세상에는 크리스천 아닌 사람이 없다… 그리스도 계신 곳이 교회라고 한다면 세계는 온통 교회로 변한다"[31]. 라고 주장하였다.

이러한 오로지 현재적이고 자동적인 유박사의 '만인구원관'은 세계종교들이 모두 "보편적인 그리스도의 은총과 관계되어 있다"[32]는 성육신 신학을 기초로한 그리스도의 편재성을 주장한 것이며, 이를 체계화하여 그는 '범신론적 기독론'(Panchristism)을 세운 것이다.

범신론적 영향권에서 발생될 수 있는 보편주의는 '범신론적' 만인구원관과 '기독교적' 만인구원관으로 구분할 수 있다. 첫째로 범신론적 만인구원관이란 자력구원으로서, 인간 속에 내재한 신적 본질을 스스로 실현함으로서 자기 완성을 꾀하고, utopia를 세우고자 하는 종말론을 가지게 된다. 둘째로 '기독교적' 만인구원관은 J. Wesley의 입장과 같이 만인에게 구원의 기회가 주어졌으나 예수 그리스도를 믿는 사람만이 구원을 얻을 수 있다[33]는 의미가 아니라, 신자나 불신자나 다 같이 이미 구원을 받았다는 견해이다.

위에서 진술한 범신론적 만인구원관과 현대기독교적 보편주의의 공통점은 믿음에 의한 구원과 예수 그리스도의 재림과 종말적인 하나님의 심판을 부정 내지는 침묵한다. 그러나 "주 예수께서 저의 능력의 천사들과 함께 하늘로 부터 불꽃중에 나타나실 때에 하나님을 모르는 자들과 우리 주 예수의 복음을 복종치 않는 자들에게 형벌을 받으리로다"(살후 1:7하-9)라고 명시함으로서 성경은 위와 같은 낙관주의적 종교 다원주의를 경고하였다.

성경에서 제시하는 구원의 보편성이란 행 4:12절의 말씀과 같이 예수 그리스도를 통한 대속과 은혜가 어느 세대 누구에게나 제시되어야 하며, 예수 그리스도를 영접하고 그 은혜를 받아들인 사람은 누구든지 구원을 받는다는 말이다(요 3:16).

그러나 유동식 박사는 아시아적 범신론과 기독교 복음의 혼돈으로 말미암아 구원의 목표를 "새 휴머니티의 회복"이라고 보고, 이런 목표를 가진 세계종교들이 다 "그리스도와 함께 하나님 나라의 실현을 향하는 길 위에 서있는 도상존재이며 길벗"[34]이라고 한다. 그가 의미하는 "하나님 나라"란 자유와 평화와 사랑의 공동체인데 이 나라는 하나님이 실현하실 종말론적인 나라가 아니라, 시대가 지나가면서 점점 달성되어 가는 것이다.

그는 이 도달점을 "새하늘과 새땅"이라고 하는데, 이를 "하나님의 우주창조의 도달점"이라고도 한다. 이 도달점은 역사의 진화적 과정에서 "영체화" 함으로서 실현된다고 전제하고 그는 이것을 "영체의 실현"이라고 칭한다[35]. 이 말의 뜻은 그의 세계관에서 더욱 분명히 밝혀진다.

그는 창조와 진화의 개념을 혼돈하여 사용하며, 그는 "진화적 발전과정을 통한 하나님의 창조작업"이라는 혼합사상을 가지고 있다. 즉 하나님의 창조작업이 진화적 발전과정을 통해서 약 50억년 전부터 무기체로 존재한 지구가 20억년 전에 "혁명적인 돌연변이"에 의해서 생명화 현상이 일어나고, 200만년 전에는 인간이 출현하게 되었다고 하며, 인간의 출현으로 인해서 정신권이 창조되고, 이러한 진화적 발전과정에서 최근에는 "하나의 혁명적인 사건"이 일어나게 되는데 이것이 곧 "종교적 영성 세계"의 출현[36]이라는 것이다.

위에서 사용된 유박사의 개념들 중에 "일어나다", "출현하다", "창조하다"라는 동사들은 다윈의 진화론 보다는 최제우의 동학사상의 진화론과 병행된 개념들이라고 보인다. 동학의 세계관과 신관에 대해서는 후에 거론하게 된다.

유박사가 진화적 발전과정에 따라 종교적 영성세계가 출현했다고 하면서, 그는 '영성'에 대하여 "하나님의 성품을 나타내는 영이라는 개념과 중용에서 말하는 성(性)이라는 개념을 결합한 것"이라고 설명한다. 이 "영성의 성취"는 유대민족문화에서는 그리스도 사건에서 이루어졌고, 동양인에서는 노자나 석가여래를 통해 계시된 것이라고 한다. 그러므로 기독교와 상징체계를 통해 하나님을 호흡하고 제각기 제소리를 낸다고 한다[37].

유박사가 뜻하는 "인격적인 성령"과 중용의 성과의 결합에 대해서는 후론하겠으나, 이것은 아시아 고등종교들의 범신론과, 예수 그리스도 안에서 화해된 피조물에게 부어 주시는 하나님의 영과의 혼돈에서 나온 혼합주의 사상인 것이다. 유동식 박사가 "그리스도 중심주의"에서 벗어나 "신중심주의"로 종교의 우주가 회전함으로서 "코페르니쿠스적 전환"으로 "탈 기독주의"를 지지하고 "우리에게는 아시아의 타종교들이 이방적인 것이 아니라 오히려 기교가 이방적인 것"이기 때문에 참된 토착화는 복음이 "아시아 종교와 문화와 합류되고 편입"되는 것[38]이라고 주장한다.

유박사가 이러한 혼합주의적인 입장에서 간디나 파니카의 말과 같이 "그리스도는 예수에게 국한된다고는 할 수 없다고 하고, 타종교인도 초월자를 체험하며 동일한 신에 대한 서로 다른 경험"을 가지고 있다[39]는 견해는, 그가 창조론이 없는 아시아 종교들의 원형적 세계관과 범신론을 기독교와 유사하게 생각하는 큰 오류를 범하고 있는 것이다. 일직선적인 세계관을 가지고 있는 기독교는 그의 의견과 같이 아시아의 종교들과 연합될 수 있는 범신론이라는 공동분모가 없다. 그러므로 아시아 고등종교나 샤머니즘과 기독교와의 관계는 세계관의

이스라엘 고난의 역사를 통해서 나타난 교훈은, 그들의 멸망이 여호와의 이름을 버렸기 때문이 아니라, 여호와 하나님을 바알과 동일시 하는 혼합주의와, 하나님 곁에 다른 신을 두는 다원주의 때문이었다.

상이성 때문에 그의 말과 같이 위대한 교향악으로서 합주되지 않는다.

이스라엘 고난의 역사를 통해서 나타난 교훈은, 그들의 멸망이 여호와의 이름을 버렸기 때문이 아니라, 여호와 하나님을 바알과 동일시 하는 혼합주의와, 하나님 곁에 다른 신을 두는 다원주의 때문이었다는 것을 간과해서는 안된다.

2. 변선환 박사의 혼합주의 신학

종교 다원주의가 바로 혼합주의라는 것이 위의 고찰에서 분명해진 것처럼, 유동식 박사가 성육신론을 기초로 종교다원주의를 시도했다면, 변선환 박사는 "우주적 그리스도"론을 중심으로한 혼합주의를 제시하고 있다. 변학사의 "우주적 그리스도"론은 구세주가 우주적이고 전인류를 위한 것임으로 전인류를 구원하려는 "신의 보편적 구원의 경륜"으로서 "그리스도만이 보편적으로 유일한 구속자이신 것이 아니라 저들의 종교도 저들 스스로의 구속과 구원의 길들을 알고 있다"[40]고 하는 다원주의적 "보편주의"론을 펴고 있다.

그가 의미하는 "그리스도의 보편성" 내지 "구원의 보편성"은 예수 그리스도가 전인류를 위한 유일한 구세주가 된다는 말이 아니라, 세계의 많은 종교들 속에 있는 예수가 아닌 "그리스도"가 전인류의 구세주라는 말이다. 그러므로 그는 "기독교와 힌두교는 그리스도 안에서 만난다. 그리스도는 양자의 결합이다", "힌두교는 자기 안에서 그리스도를 찾기 때문에 기독교는 힌두교를 사랑한다", "그리스도는 힌두교 안에 계신다… 비록 무의식적이었다고 해도 자기자신의 종교를 살아가는 사람은 누구든지 그리스도에게 귀의하는 것"[41]이라는 힌

두교적 신학을 수립하고 있다.

즉 "우주적 그리스도"는 마리아의 아들 예수와 동일시 할때 거침돌이 되고[42], 오히려 "타종교 속에 숨어서 역사하고 계시는 알 수 없는 그리스도"를 "초자연적인 내재적 삼위일체의 제2격으로 이해될 때에만 밝혀질 수 있다"는 것이다[43].

변박사는 이와 같이 초자연적 하나님의 내재적 3위 1체론에 관한 현대신학적 신론을 범신론적으로 오용하여 예수와 그리스도를 분리하는 동시에 비역사적인 "그리스도"가 각 종교안에 있는 것으로서 상징화 한 것이다. 이런 방식으로 그리스도의 "보편성"을 설명하고 있는 그는 힌두교의 "이쉬바라"(Isvara:개인이 숭배하는 신)를 "주님"이라고 부르는 R. Panikkar의 이론[44]을 수용하고 있다.

Panikkar는 전술한 바와 같이 예수 그리스도를 브라만의 현현중에 하나(Avatar)로 이해함으로서 그리스도는 유일하지만 "다른 여러 하나님의 아들들 가운데서 유일한 것은 아니"며[45], 범(Brahman)을 실현한 보통사람이라는 범신론적 기독론 내지 범에서 파생되어 강림한 신이라는 다신론적인 기독론을 발전시킴으로서, S. J. Samartha의 말을 인용하여 "예수를 절대화, 우상화시키며 다른 종교적 인물을 능가하는 일종의 제의 인물로 보려는 기독교 도그마에서 벗어나 신중심주의로 전환되어야 할 것"[46] 이라고 주장함으로서 예수 그리스도를 통한 구원의 보편성을 부인하고 아시아 종교들과의 혼합을 꾀하며, 예수 그리스도를 그들이 절대자인 범 밑에 종속시키면서 피조물과의 본질적인 차이를 두지 않는 전제하에 예수 그리스도를 수용하는 것이다.

이렇게 함으로서 그들은 기독교와의 혼합주의를 추구하고 무수한 다른 그리스도가 현현할 수 있는 기반을 신학적으로 다져놓은 것이다. 파니카의 신학을 지지하며 혼합주의적인 기독론을 발전시킨 변박사는 같은 종교신학적인 맥락에서 "기독교 밖에 구원이 없다는 교회는 신학적인 토리미의 천동설에 지나지 않는다"고 하는 다원주의 입장을 펼쳐나간다. 구원은 복음을 믿음으로 말미암아 받게 되는 것이 아니라 "교회가 말하지 않아도 이미 선행하여 그리스도가 섬기고 있으며 기독교 선교사가 하나님 나라를 비기독교 세계에 가지고 오지 않아도 이미 하나님 나라는 거기서 역사하고 있다"고 하는 그는 타종교 속에서 야웨의 종, 이상적 인간상인 부다와 그와 비슷한 보살들이라고 주장하고

변박사는 초자연적 하나님의 내재적 3위 1체론에 관한 현대신학적 신론을 범신론적으로 오용하여 예수와 그리스도를 분리하는 동시에 비역사적인 "그리스도"가 각 종교안에 있는 것으로서 상징화한 것이다.

있다[47].

변선환 박사가 이와 같이 예수 그리스도의 대속에 의하지 않은 구원을 과감하게 주장할 수 있는 이유는 그의 범신론에 근거하고 있다. 이러한 사상은 그의 3위 일체론에서 나타난다.

그가 설명하는 3위 일체론은 다음과 같다. 즉 '성부'란 "존재를 가지지 않는다"고 하고, '성자'는 "성부의 존재"라고 한다. '성령'은 "존재의 근원에로의 귀환"(return to the source of being)이라고 한다. 다시 말하면 "존재의 근원은 존재하지 않는다". 이것이 성부다. 그러나 이것의 '존재'(being)가 성자라는 것이다[48].

변박사가 설명하는 '성부'란 불교적인 '공'(Sunjata)이나 힌두교적인 'Brahman'을 말하며, 이를 '순수무'(pure nothingness)[49]라고 한다. 그가 의미하는 "성부의 존재"라고 하는 "성자"는 창조자이신 제2위 하나님을 의미하는 것이 아니라, 추상적인 절대자가 현상계로 나타남을 의미하는 궁극자의 현현 내지 구체화를 말한다. 그가 "보편적 그리스도" 내지 "우주적 그리스도"라는 세계종교 속에 숨어 계신 그리스도를 신학화하여 "포괄적인 기독론"을 만들자[50]고 제시하고, 예수의 '절대화' 내지 '우상화'를 버리고, 기독교는 타종교들과 동일한 위치에서 해를 도는 위성들과 같이 "신중심적"이 되기 위하여[51] 역사적인 예수와는 분리된 비역사적인 그리스도를 근거로 한 다른 그리스도론을 만들자는 것이다. 그러나 이러한 기독론은 범신론적인 신인동격 사상의 영향을 받아 성경적으로는 종말적인 적그리스도 운동을 출현하게 하는 것이다.

기독론뿐 아니라 "존재의 근원에로 귀환"이라고 하는 변박사의 '성령'론도 역시 인간 신격화의 근

거가 되고 있다. 그가 말하는 '성령'은 창조주 하나님의 제3위도 아니고, 예수 그리스도의 영도 아닌 비인격적인 범이며, 동시에 신격화한 인간이다.

이 영(Spirit)에 대하여 그는 스리랑카의 불교적 기독교 신학자 Lyn de Silva는[53], 신학의 내용을 신에 둔 것이 아니라 실존문제에 두고, '무아'(Anatta) 내지 '무영성'이라는 인간론을 전개한다. 그는 불교적 인간관의 "절대적인 무아성"을, 창조자 앞에서의 인간의 허무성과, 무제약적인 실재에 대한 제약적인 인간을 비교하고, 신은 "나는 나이다"(출 3:14)이고 인간은 "나는 내가 아니다"(I am not)로 대조 함으로서, 초월자를 신이며 열반이라고 칭한다[54]. 그는 그 열반을 공허성을 깨닫는 것, 전적으로 자아를 비우는 것, 완전한 자아의 초월 또는 기쁨이라고 설명하고 있다[55].

"인간이 자신을 초월한다는 것은 바로 인간 본성안에 있다"고 역설하는 Lyn de Silva는 그것을 "한 궁극적 실재", "열반", 또는 "신에의 경향성"이라고도 한다[56]. "인간은 그 자신을 초월한다"는 말은 인간이 '영'의 유도로 그 유한성을 자각하고 풍성함을 찾는 것을 말하는데, 그것이 바로 '열반'이고 또 '하나님'이라고 한다. de Silva의 '영'(pneuma, ruach)은 주재용 박사에 의하여 '신령', '신령한 영'(the Divine Spirit), '신성한 영' 등으로 번역되었다. 이 개념들은 "제약자 안에 있는 무제약자"로 설명되고 있으며, 그의 역할은 자아를 넘어서게 하는 일, 즉 한 초월적 상태로 끌어올리는 역사를 한다는 것이다. 그의 주박사의 번역중에는 '성령'(the Spirit of God)에 관한 설명이 있긴하나, '영'개념에 비교할 때 '성령'은 다만 앞에 관사가 있다는 한마디로 일축해 버렸을뿐이다[57].

de Silva에게 있어서 성령과 '영'의 구별은 여하튼 중요하지 않다. 오히려 그는 이들을 불교의 범신적 범주 안에서 이해하여 구별없이 사용하고 있다는 것을 발견할 수 있게 된다. 그가 무신론적인 열반과 하나님을 동일시 하는 것도 동일한 사고의 구조에서 추론한 것이다.

변 박사가 불교를 통해서 기독교 사상을 더욱 풍성하게 한다는 Lyn de Silva의 불교적 인간관을 도입하여 창조자와 피조물과의 이질적 관계를 무시한 3위 1체론을 불교나 힌두교의 범신론에 접목시킨 것을 볼 수 있다.

de Silva의 경우와 같이 하나님의 영과 인간의 영은 힌두교의 인간관에서 동일하게 설명된다. 우리가 알아야 할 것은 바로 그들의 범신론으로는 결코 기독교의 삼위 일체론과 인간론을 파악할 수 없다는 점이다. 힌두교의 신인동격 사상은 Ramakrishna의 제자 Vivekananda의 인간론에 의해서 분명하게 설명되고 있다.

다원주의를 주장하면서 불교와 힌두교의 범신을 기독교에 도입함으로서, 기독교의 3위 1체론과 기독론, 성령론, 구원론이 모두 범신론적 신인동격 사상의 범주에 들게 한 것은 기독교의 핵심사상을 분쇄하게 되는 일밖에 아무것도 아니다.

Vivekananda는 "본래적 자아"라고 하는 'Atman'에 대하여 설명하면서, 자아가 개체(인격)로부터 해방되어 Brahman(大我)속으로 융해된 상태를 본래적 자아 내지 순수자아(purusha)라고 한다. 그는 영어의 소문자 self와 대문자 Self로서 개체적 자아와 본래적 자아를 구별하여 설명한다. self는 본래적 자아와 분리되어 있는 비본래적 자아이며 허상이다. 대양에서 일어난 파도와도 같은 것이다. 이와 반대로 참 자아(Atman)를 의미하는 Self는 비아(Selfloss)내지 神이라고 한다.

Vivekananda는 모든 종교의 목적이 이 Self가 되려는 것이라고 설명하면서 "너희는 Self이며 우주의 하나님이다", "참 창조자이며 세계 통치자는 바로 인간의 자아이다"라고 담대히 주장한다. 그는 우리가 신께 경배하는 동안에 우리는 언제나 우리속에 숨어져 있는 자아에게 경배했다", 나는 "모든 것을 포괄하고 영원하고 무한하다"[58]라고 거침없이 실토한다.

이와 같은 자기 신격화를 Friso Melzer는 "광적인 자기 확대"[59]라고 지적하고 있다. 변선환 박사가 다원주의를 주장하면서 불교와 힌두교의 범신을 기독교에 도입함으로서, 기독교의 3위 1체론과 기독론, 성령론, 구원론이 모두 범신론적 신인동격사상의 범주에 들게 한것은 기독교의 핵심사상을 분쇄하게 되는 일 밖에 아무것도 아니다. 현대 한국과 세계의 다원주의는 반신적이며 반기독적인 길로 질주하고 있는 것이다.

감추어진 무명자 도(道)는 기독교의 창조론과는 전혀 동떨어진 진화론과 유출설의 논리적 궁극자일 뿐이다. 도교의 세계관은 뚜렷한 범신론이다.

Ⅲ. 아시아 종교들의 범신론과 기독교

1) 세계관과 신관

범신론적 체계속에서 창조주와 피조물 사이의 본질적인 불연속성을 간과한 다원주의의 신학자들이 창조론을 진화의 개념과 혼합하여 사용하는 것을 볼 수 있다. 창조와 진화론에 관한 분명한 이해를 위하여, 유불선교의 세계관과 신관을 고찰하고 기독교의 세계관과 신관을 비교해 본다.

먼저 유교의 세계관은 유교 경전인 역경의 설명과 같이 음양합일의 원리에 기초하고 있다. 공자의 역경 주석에 의하면 만물은 태극에서 生했다고 한다[60]. 生이라는 개념은 R. Wilhelm이 Erzeugung이라고 번역한 것처럼 "생산한다"는 의미를 가지고 있다.

송대(960-1279)에 이르러 중국의 신 유교가 生을 "출산"(production)의 뜻으로 해석[61]한 바와 같이, 유가는 창조물을 절대자에게서 나온(生한) "자녀들"로 생각한다. 이 동사는 창조자와 피조물의 본질적인 구별이 없이 진화론을 전제로한 인간관을 형성한다. 理氣론 철학으로 만물의 생성 원인을 설명해 보고자 하는 성리학자들도 음양이 기에 속하여 기가 뭉치면 물체가 형성되고 다시 흩어지면 물체가 사라진다고 함으로서[62], 만물이 비인격적 근원자의 진화와 조화에 의해 생성된 것으로 설명하고 있다.

그러므로 주역적 세계관을 바탕으로 기독교 복음을 받아 들이게 되면 창조주 하나님이 음양조화에 의하여 생겨진 일종의 귀신 또는 비인간적인 자연원칙으로 받아들이게 된다. 오늘날 신유교학자들이 "상제"(신유교의 신명칭)를 "귀신"과 동일시하거나[63] "상제"를 음양 조화로 인해 발생된 존재[64]로 보게 되는 까닭은 바로 이 주역적인 세계관에 근거했기 때문이다. 이러한 진화론적인 세계관은 사람의 본성과 신과의 본질적인 차이를 두고 있지 않다.

도교의 세계관도 역시 역경의 유출설과 범신론적 사상의 범주에서 발전되었다. 노자에 의해 새롭게 발전된 궁극자의 개념인 道는 "무명"(無名)이라는 감추어진 근원자(deus absconditus)로서, 만물을 생성한 어머니로 묘사가 된다[65]. 신과 인간들이 모두 이 도의 생산물이다. 도덕경 40장은 천하만물은 有에서 生하고, 有는 無(무명)에서 生한다고 하며, 42장에서 道生一一生二 二生三 三生萬物이라고 한 것은 세계의 유출을 의미하는 것이며 그 본질이 만물에 유출된 것이며, 창조자와 피조물에서의 본질적인 차이는 상상할 수 없다. 또한 도덕경 21장에 道 안에는 衆 物 精 信이 있다고 한 바와 같이 우주는 non being에서가 아니고 道의 구체화이다.

이 구체화되는 과정에서 신이 발생한다. 도덕경 4장에서 道는 천제(天帝)보다 앞선 것같다고 말한 것같이 도교에 있어서는 도가 절대자고 신은 진화과정에서 유출된 도의 종속자이고 인간의 조상과 같은 위치에 있다. 이과 같은 감추어진 무명자 道는 기독교의 창조론과는 전혀 동떨어진 진화론과 유출설의 논리적 궁극자일 뿐이다. 도교의 세계관은 뚜렷한 범신론이다.

불교의 세계관도 유교와 도교와 같은 중국사상과 마찬가지로 일원론이다. 주체와 대상, 단수와 복수, 참과 거짓의 모든 대립을 극복한 "포괄자"(des Umgreifende)의 상태가 바로 열반이며 無二의 경지이다. 이 無二를 Nagarjuna는 空이라 하고[66], 원효[67]나 중국의 황벽은 一心이라고 한다. 일심이란 개인의 정신(心)과 절대정신의 일치상태이며, 모든 현상계를 착각으로 여기고 극복함으로서 실현한 佛性이다[68].

그러나 불교의 최종적인 달성의 목표가 되는 이 불성은 Nagarjuna의 설명과 같이 "공"이다[69]. 그러므로 불성은 "무소유"라고도 한다[70]. 원효는 이 무소유라고 하는 일심을 풀이하여 "마음이 생하거나 머물음이 없다"다고 설명하며, 머무는 마음이란 "일체의 곳에 머무름이 없고 떠남도 없다"는 것이라고 설명한다[71]. 그는 또 공을 근거로 生이 없다는 것을 증명하며 "空性은 生이 없기 때문에 마음도 항상 생이 없으며, 공성은 머물음이 없기 때문에 마음도 머물음이 없으며, 공성은 無爲이기 때문에 마음도 무위"라고 설명한다[72].

위의 원효의 사상에서도 절대자와 인간의 본성이 같다는 것이 증명되듯이, 중국 고승 황벽이 절대자와의 합일의 신비에 대하여 "나는 절대자안에 거하고, 절대자는 내안에 거한다", "나는 절대자다"라고 고백한 말은[73], 힌두교인 S. Radakrishnan이 "참자아"(Atman)를 神이라 한 것과 같고, S. Vivekananada가 "참 창조자이며 세계통치자는 바로 인간의 자아이다", "우리가 神께 경배하는 동안에 우리는 언제나 우리 속에 숨겨져 있는 자아에게 경배했다"고 고백하며, 나는 "모든 것을 포괄하고 영원하고 무한하다"는 고백[74]과도 병행되는 사상이다. 위에서 살펴본 바와 같이 동양의 유불선 3교와 아시아의 힌두교는 모두 범신론적이며 일원론적 사고 구조를 가지고 있음으로 기독교의 창조론과는 아무 관계가 없는 종교다.

동학에서처럼 창조라는 개념을 사용할 때도 그 개념은 범신론적으로 왜곡된 개념일 뿐이다. 이러한 사상은 최제우의 신관과 인간관에서 더욱 명백해진다. 그가 동학을 창건하였을 때(1860년)의 신비체험으로 얻었던 신관은 범신관이 아니라 동경대전에 기록된 바와 같이 오히려 무속 신앙과 병행되어었다.

그때에 주문을 외우고 부적을 사용하면서 섬기던 "상제" 숭배신앙은 점차로 변하여 범신론으로 발전하게 되었다. 그러므로 천도교 학자 이돈화는 최제우의 신관에 대하여 다신관, 일신관, 범신관, 인내천 신관의 시대를 따라 진화를 겪는 사상적 神이라고 설명하며, 그는 "인내천 신관"을 "신유신관"이라고도 한다. 이 신유신관이라는 말은 보편실재의 범신이 "사람性 무궁"을 통하여 존재하는 것[75]이라는 말이다. 사람을 신의 표현이라고 하는 개념을 최제우는 "인내천"이라고 한다[76].

그의 말에 의하면 인간의 性은 창조된 것이 아니라 "무궁 이전부터 끝이 없이 흘러나온 것"이며, 음양결합에 의해 사람보다 못한 하등동물로부터 고등동물로 점차 진화하여 사람에 이르렀다는 것이다. 이것이 그가 말하는 "사람性 무궁"이다[77]. 최제우가 "시천주"와 "인내천"을 주장한 바와 같이 그가 神 또는 귀신이라는 일컫는 "천주" 내지 "한울님"은 초월자가 아니고 오직 내재적이며 범신론적으로 이해해야 한다. 그의 본주문에 "천주"를 모신다는 말은 천주교적이거나 기독교적인 신앙고백이 아니고 사람이 출생하기 전에 "內有神

> **동양의 유불선 3교와 아시아의 힌두교는 모두 범신론적이며 일원론적 사고구조를 가지고 있음으로 기독교의 창조론과는 아무 관계가 없는 종교다.**

靈"으로 잠재하다가 출생후에 현재적으로 나타나는 것, 즉 신의 표현을 곧 인간이라고 보는 것이다.

이 신인동격 사상을 더욱 분명하게 나타내기 위해서 제2대 교주 최시형은 "천주"를 어떤 초월적인 원리가 아니라 곧 인간 자신이라고 하며 인간이 바로 "한울님"이고 "귀신"이기 때문에 초월적인 신을 섬기는 것은 어리석은 것이라고 한다[79].

2) 구원관과 종말관

다원주의자들의 공통적인 구원관은 인간성의 회복이다. 고후 5:17의 새로운 피조물은 구원의 목표라고 하며 변선환 박사는 이 "새 인간성" 회복은 불교에서도 가능한 것으로 보고 있다[80]. 전술한 바와 같이 모든 사람이 크리스챤이 되었으며 하나님의 자녀들이 되었다고 보는 유동식 박사도 역시 종교적인 목적을 "인간화" 내지 "인간성의 회복"이라 하고, 구원은 서로 외존하고 서로의 괴로움을 없이하며 기쁨을 나누는 인간 사회를 형성하는데 있는 것이라고 한다[81].

유동식 박사가 성육신의 의미를 "하나님이 그리스도 안에서 철저히 세속화 하신 것"이라고 설명하는 그는 "거룩한 것과 속된 것을 구별하던 옛 세계는 지나갔다", 우리들의 일상생활이 바로 하나님과 더불어 사는 생활이고 "거룩한 세속 생활로 변한 것"이라고[82] 한 것은 하나님께 대한 개인의 돌이킴과 거듭남의 측면을 배제한 추구이다. 오직 자동적이고 현재적인 구원을 추구한 것이다.

"인간화"를 구원의 목표로 하는 유동식 박사는 유불선 3교와 풍류도에서도 같은 목표를 발견한다고 주장한다. 그는 "과욕에 사로잡힌 자기를 극복하고 하늘이 내린 본성으로 돌아가 천성이 명하는 대로 따라 살때에 인간은 군자가 되는 것이며, 남에게 덕을 베풀게 된다는 것이 공자님의 가르침"이며, "이기심에 가득한 인간의 좁다란 지혜에 의지하지 말고, 대자연 법도를 따라 살때에 세상은 태평성세가 되리라는 것이 노자의 가르침"이라고 하면서, 유불선 종교는 다 같이 이기적 자아를 극복하고 천성으로 돌아가기를 가르치는 종교라고 한다.

그는 "천성"이란, "하나님이 주신 인간 본성이며 하나님의 마음"이라고 설명하면서[83], 이러한 것이 기독교와 같은 구원이라고 역설한다. 이러한 유박사의 구원관은 현대 다원주의 신학자들의 공통된 견해임으로 그 제시의 타당성 여부를 좀더 분명히 고찰해 보도록 한다.

먼저 유교의 구원관을 보면 사회윤리 내지 통치자의 윤리를 중심으로한 유교는, 개인윤리적인 자기 완성을 통해서 사회와 세계에까지 확대해 나가는 것이다. 공자의 본래적인 관심이 재래종교에 대한 수용이나 비판이 아니라 사회와 정치 윤리였던 이유는 그가 왕족이며 법무장관(Justizminister)[84]으로서 관직에 있으면서, 당대에 몹시 타락한 지도자들 밑에 기근과 홍수와 질병[85]까지 돌아 도탄에 빠지게 된 백성들을 지도해야 했던 것이다.

그러므로 그의 가르침은 인간 중심적이었고, 인간이 무엇인가에 관한 문제가 아니라 어떻게 하면 참인간이 되느냐는 문제에 관심을 기울였던 것이다. 즉 인간의 본질에 관한 사색이 아니라 인간의 윤리에 관한 관심이었다. 그러므로 그의 구원론이란 다른 재래 종교들처럼 신비적이거나 직관적인 깨달음에 의한 것이 아니고, "신"에 대한 전적인 헌신이나 또는 신의 은총으로 말미암은 것도 아니다.

다만 인간의 도덕적인 수양에 의해서 스스로 점차 완성해 나가는 인간완성론이다. 이러한 점진적인 자기 완성에 대하여 공자는 15세에 배움에 뜻을 두고, 60세에 귀가 화순하여 남의 말을 순순히 듣고, 70세에 마음이 하고자 하는 대로해도 법도에 넘지 않는다[86]고 하였듯이, 유교는 도교와는 달리 인간의 지식에 대한 긍정적인 입장을 취하면서 수신 제가 치국 평천하라는 점진적인 세계평화 실현을 도모하는 "사회 구원"관을 제시한다. 유교의 "사회 구원"이란 윤리적으로 이상적인 평화롭고 조화로운 세계공동체인 대동사회[87]를 실현하는 것이다. 이러한 이상사회를 실현하기 위한 5가지 윤리원칙은 한국에도 3강 5륜의 도로 잘 알려져 있다.

공자는 인간의 본성을 天生德[88]이라 하여 하늘로부터 받은 것이며 또 인간은 태어날 때부터 直하다 하였다[89]. 이러한 인간의 본성은 그러나 초월적인 신적 天에게서 유래한 것을 뜻하는 것이 아니다. 중용 1장에 天命之謂性 率性之謂道라고 기록하였듯이 천명은 초월적인 天의 명령이 아니다. 性대로 따르는 것이 道라고 한바와 같이 인간 본성에 의한 판단력으로서, 천명은 다른 데서 찾는 것이 아니라, 바로 자기 본성에서 찾는다는 말이다. 이러한 자율사상을 근거로 유교는 이상적인 통치자를 "天子"라고 하였고[90] 전설적인 최초의 임금 요를 역시 天子라고 칭했다[91].

위와 같은 구원관은 중용 1장에서 말하고 있듯이 범신론적 Antonomie의 기초위에 세워진 인본주의 철학이며, 자력구원관이다. 따라서 이상적인 통치자가 구세주이며, 이러한 "구세주"는 기독교의 메시아 사상을 정치, 사회적인 안목으로서 받아들이게 한다. 여기에서 토착화 신학은 범신론적인 자기완성을 위한 표본으로 삼고, 그의 신성은 성육신 과정에서 용해되어 버린 기독론을 형성한다.

신유교의 이기론 철학자들도 범신론과 유출설을 바탕으로 한 신인동격 사상을 지녔고, 인간의 자기 실현을 통해 이 세상을 구원하려는 목표를 가지고 있다. 그들의 절대자 개념인 태극 내지 道와 동격화한 理를[92] 세상의 운명을 좌우하는 신적 존재로

19910510_종교다원주의와 종교신학수립에 관한 고찰_이동주_4번_페이지_30

보았으나[93] "理" 또는 "道"의 속성이(도심) 인간에게 내재한 것으로 보았고 순수한 인성(인심)을 神性시 내지 道性시 했다[94].

이와 같이 한국과 중국의 도학자들이 인간을 궁극자와 동일시 한 것은 바로 그들의 진화론적 세계관 때문이며, 이러한 세계관은 고대 중국의 세계관과 조금도 다르지 않다. 이렇게 신유교 학자들도 역시 창조자와 피조물간의 본질적인 차이를 문제로 삼지 않고 범신론적 세계관을 중심으로 신인동질 사상을 기초로 한 사회윤리를 가르치게 된 것이다. 유동식 박사가 지적한 유교윤리는 바로 이러한 범신론적인 자기실현을 말하는 것이다.

유교의 점진적인 인격완성과 점진적인 세상 "구원"관과는 달리 도교는 자연과의 신비적 합일이나 불노장생의 개인적 "구원"을 추구한다. 도교의 구원관을 위한 철학적 전제는 그들의 궁극자의 명칭인 道가 만물 속에 내재한다는 범신론이다. 노자에 의하면 도와의 일치를 얻으려는 덕행 無爲는[95] 上德으로서 作爲가 없은 덕행이고, 有爲는 下德이라 하여 작위가 있는 덕행으로 구별되었다[96].

도덕경의 '德'의 개념은 오늘날 윤리적인 개념하고는 좀다른 의미로서, 빙우란은 영어로 "power"[97]라고 번역하였고, R. Wilhelm은 독일어 Leben(생명)[98]으로 번역하였다. 이 두 번역은 윤리적이기 보다는 도에서 발원한 '능력'이나 '존재'로서 파악해야 할 것이다. 이로 미루어 볼때 '무위'란 도덕경 10장과 77장의 진술과 같이 자랑하지 않고 나타내지 않는 성인의 겸손을 말하며, 또 사람의 무위에 이르면 모든 것을 성취한다는 도덕경 48장의 진술과 같이, 무위란 인간 속에 내재한 道의 발현을 말한다. 노자는 성인이 무위에 의해서 통치하는 것과 마찬가지로 또한 무지에 의해서 실시해야 한다고 한다.

노자 당시에 지식은 타락을 위해 악용되었기 때문에, 노자는 학문과 문화, 윤리가 도에 달하려는 목표에 방해가 된다고 본것이다. 그러므로 사람의 지식과 욕망에서 벗어나 허를 실현하면 도가 그안에서 활동한다고 한 것이다[99]. 이러한 노자의 무위와 무지설은 탐심을 저지하라는 도덕적인 측면에서 교훈이 되는 점도 있다. 그러나 하나님을 섬기기 위한 타율은 존재하지 않는다. 다만 범신론적 체제 속에서의 무위설이 암시한대로 자율에 따라 자기 완성과 자기 신격화만이 있을 수 있다.

위에서 고찰한 바와 같이 유교나 도교의 인간관에서 연역해낸 구원관이란 유동식 박사가 주장하듯이 천성을 따라 삶으로서 새인간이 되자는 것이다. 그러나 이 천성은 바로 인간의 본성을 말하는 것으로서, 기독교에서 가르치는 타락한 인간의 본성이 스스로 선을 행할 수 없다는 전제(롬 3:10-23)를 간과해 버린 범신론적 전제 위에서 추구하는 자력구원관이며 자기완성론이다.

유동식 박사가 보는 또 한가지 논리는 신인융합을 실현한 "풍류객 예수"론이다. 풍류객 예수란 유박사가 "우리 눈으로 본 예수"를 말하는 것으로, 제천의식의 핵이 되는 강무강신에 의한 "탈아입신"(율동을 통하여 신과 하나가 됨)을 설명하는 것이다. 무당이 이렇게 신입융합을 실현하듯이 풍류객 예수는 자아를 벗어나서 하나님과 하나가 됨으로서 "새인간"을 실현했다는 것이다. 이 새인간 예수는 자기부정을 매개로 실현되었고, 그 구체적인 방법은 그리스도의 세례와 산위의 "변질"사건과, "영체로의 부활"이라고 설명한다.

그는 또한 이 풍류객 예수가 뭇 사람들과 사귐을 갖고, 그들을 자유케 하며 본래적 인간으로 회복시켰다고 한다[100]. 이렇게 유박사는 강신무의 접신신앙을 신인융합의 경지로 설명하고 예수 그리스도나 "영으로 난 사람"들은 다 풍류객이라고 칭한다[101]. 여기서 성령과 무당의 영은 구별되지 않는다.

기독교 복음이 들어오기 전의 한국 재래 종교들

19910510_종교다원주의와 종교신학수립에 관한 고찰_이동주_4번_페이지_31

은 우상의 개념도 없었고, 영분별의 요청도 없었다. 또 우상을 숭배하게된 원인이 죄악과 인간의 타락에 있다는 지식도 없었다. 다만 범신론과 "성선설"을 근거로 한 낙관적인 인간관과, 그에 의한 자력구원론과 자기 절대화의 신비주의가 있었다. 이러한 범신론적 구원관 위에 복음이 잘못 토착되면, 예수 그리스도를 자기완성자로 생각하게 됨으로 종교철학자들과 신비주의자들은 자기를 그리스도와 동격화하려고 한다. 그러나 예수 그리스도의 신성을 피조물은 가질 수 없다는 사실을 범신론자들은 알지 못하고 있다.

그러므로 타종교에서 '그리스도'를 발견하려는 다원주의 신학은 예수 그리스도 유일성과, 그를 믿고 영접하는 모든 사람은 구원을 얻을 수 있다는 구원의 보편성과 유일성을 내버리고, 반기독적 운동을 일으키게 된다. 아시아 다원주의자들이 조심해야 할 일은 우리에게 보내주신 예수 그리스도와 그를 통한 구원의 복음이 왜곡되거나 파괴되지 않도록 보존하는 일이다. 구원론을 진술할 때는 멸망의 길도 알려 주어야 한다. 살후 1:8하의 "하나님을 모르는 자들"과 "우리 주 예수의 복음을 복종치 않는 자들"에 대한 영원한 형벌과, 우리가 체험하는 점점 타락해가는 이 세상은 하나님의 심판대를 향해 가고 있다는 성경적인 종말론을 알고 있어야 한다(벧후 3:10-13, 계 20:11-21:1)

Ⅳ. 종교 다원주의가 선교에 미친 영향과 결어

이러한 범신론적 보편주의와 다원주의적인 신학에 의한 선교관은 성경적인 선교관과 판이하게 달라진다. 다원주의적 선교의 목적은 인간화이며 세계 평화공동체의 형성임으로 우상숭배와 불신앙으로부터의 회개는 요청하지 않는다. 유동식 박사가 주장하는 반 개종주의 내지 새로운 개종론은 다음과 같다.

즉 개종은 서구인의 제국주의적인 것이기 때문에 종교적인 침략과 지배욕의 종교로부터 사랑과 봉사에의 종교에로 개종해야 된다는 것이다[102]. 그는 "타종교인에 대한 복음선교 문제"라는 논문에서 복음화의 의미를 타종교인의 개종을 요구하는 것이 아니라고 하였다. 그 이유는 우리가 복음의 절대성을 믿는 것과 같이 모든 종교가 제각기 자기 종교와 신앙의 절대성을 믿고 주장함으로 기독교만이 절대라는 우월감을 가지고 나갈 수 없다는 것이다[103]. 그의 이러한 "상대적 절대주의"가 바로 다원주의이다. 그러므로 개종을 목적으로 선교할 것이 아니라 "새로운 존재로의 변화"를 요구할 것[104]이라고 주장하게 되는 것이다.

이제 선교의 목적은 복음전도와 하나님께로의 회심이 아니라, 오히려 탈 기독교적, 탈 고백적, 탈 사도적, 탈 복음적인 입장에서 '대화'를 통해 평화 공존의 종교 혼합공동체를 실현하는데 있다. 이러한 목적을 달성하기 위하여 다원주의는 그리스도의 성육신을 범신론적으로 해석함으로서, 동양의 신인결합의 신비주의와 혼합을 꾀한 것이다. 즉 유교수가 "성육신"으로 "거룩한 것과 속된 것을 구별하던 시대는 지나갔다[105]"고 하면서 불교의 성속일여의 사상에 들어 맞도록 해석한 것과 같다.

그러나 성육신 사건은 하나님의 제2위만의 성육신이며, 성육신으로 그의 신성이 소멸되었거나, 범죄한 인성과 동일시 하거나 혼합되지 않았다는 점이 모든 피조물적 인간과 다르다는 것을 간과해서는 안된다. 아무도 예수 그리스도와 동격이 될 수 없고, 그의 역할을 할 수 없는 것이다. 그분만이 유일한 구주이며 하나님과 화해할 수 있는 길이다. 그 이유는 사람마다 지니고 있는 죄악으로 예수 그리스도의 화목제물에 의한 속죄함을 받지 않는 이상 스스로 자기를 구원할 수 있는 사람은 없기 때문이다.

또한 아시아의 범신론엔 속죄사상이 없다. 그러므로 예수 그리스도의 십자가의 의미보다는 신인융합의 신비를 구원으로 추구하고 있는 그들의 범신론적 "구원관"에 들어 맞을 수 있도록 그들은 성육신 사상에서 구원의 의미를 찾으려고 하는 것이다.

그러나 기독교는 스스로를 신격화하는 범신론적 종교가 아니다. 기독교의 복음은 성육신이 되신 예수 그리스도께서 대속의 십자가를 지시고 그가 사망에서 부활하신데 그 핵심이 있다. 이것이 사도들의 중심 메세지였고, 어거스틴, 루터 그리고 칼빈과 웨슬리의 신앙과 신학의 중심이었다.

범신론 사상과 혼합된 다원주의 신학이나 종교신학은 기독교의 기본적인 신앙 고백을 떠난 신학이므로 기독교신학이 아니다. 종교학 연구의 결과로 우리는 오히려 십자가의 속죄사건을 통해 나타난 하나님의 사랑을 더욱 증거하게 되었고 칭의의 신학을 더욱 발전시켜야 할 것임을 알게 되었다.

예수 그리스도는 유일하신 주님이며 구주이심이 증명되었기 때문이다. 과거의 제국주의는 속박을 가져 왔으나 복음은 죄에서 자유케 하며, 하나님의 자녀가 되게 한다. 우리는 이 복음을 전하며 회개를 촉구해야 한다.

그러나 혼합주의의 도전은 위에서 살펴본 바와 같이 범세계적이고 또한 이 혼합주의는 다른 복음, 다른 영, 다른 그리스도를 제시하여 예수 그리스도의 세계통치권에 투쟁한다. 그리고 이 도전과 투쟁은 예수 그리스도께서 재림하실 때까지 계속될 것이고, 그의 재림과 동시에 깨져버릴 것이다(살후 2:1-8)

1. 유동식, 한국 종교와 신학적 과제, (종교다원주의와 신학적 과제) 신앙과 신학 제7집, 대한기독교서회 1990. p 24.
2. Ibid., p 14.
3. 변선환, 신학의 과제로서의 한국종교, (종교다원주의와 신학적 과제) p 4f.
4. Hallencreutz, C.F.,Der Diglog in der Geschichte der ökumenischen Bewegung, in: Dialog mit anderen Religionen, Frankfurt 1972, S. 58.
5. das Schöpferwirken des Heiligen Geistes.
6. Devanandan, P.,Zu zengen berufen, In: Neu-Delhi 1961, h9, v. W.A.Visser't Hooft, Stuttgart 1962, S. 489-498.
7. Hallencreutz, C. F., p 58.
8. Ibid. p 61f.
9. Margull, H.J., Der von Ajaltoun/Beirut, in Dialog mit anderen Religionen, hg. H.J. margull u, S.J. Samatha, Frankfurt 1972. p 81.
10. Die Grenzen geraten in Unruhe
11. Bockmühl, K., Was heisst heute Mission?, Giessen1974, S. 131.
12. Sensibel zu werden für das Werk des Heiligen Geistes in der ganzen Welt.
13. Bockmühl, K., p. 132f.
14. Samartha, S.J., 예수 그리스도의 주권과 종교적 다원사회, 신학사상 39. 1982/4, pp. 679-689.
15. Ibid.
16. khodre, G., Das Christentum in einer pluralistischen Welt-das Wert des Heiligen Geistes, in:Dialog mit anderen Religionen, Frankfurt 1972, S 131-141.
17. Bayerhaus, P., Bangkok'73-Anfang order Ende der Welt-Mission?, Neuhausen-Stuttgart 1973, S. 153-155.
18. Bockmühl, K., Ibid, p. 142.
19. Bericht aus Nairobi '75, hg.v. H. Krüger u. W. Müller Römheld, Frankfurt 1976, p. 245.
20. Ibid., p. 223.
21. Ibid., p. 245f.
22. 국민일보 1991. 3. 15 9면.
23. Lausanne 자료모음, IVP 1989, p. 2f.
24. 기독교선교에 관한 서울선언, 「현대교회의 동향」 김명혁 지음, 성광문화사 1987, p. 442.
25. Samarta, S., Hindus vor dem universalen Christus, Stuttgart 1980, S. 88-99.
26. Panikkar, R., Christus, der Unbekannte im Hinduismus, Luzern 1965, pp. 71f, 87.
27. Ibid., pp. 128-145.
28. Ibid. P. 145.
29. 유동식, 한국종교와 기독교, 대한기독교서회 1961(1), 1979(2), p. 163.
30. Ibid., p. 162.
31. 유동식, 타종교에 대한 복음선교 문제, 「도와 로고스」 대한기독교출판사 1978, p. 96-102.
32. 유동식, 한국종교와 기독교 p. 23.
33. Wesley, J., 칼빈주의외의 논쟁 「존 웨슬리 총서9, 논문」 송홍국 역, 신교출판사 1979, p. 323, 329, 346.
34. 유동식, 한국종교와 신학적 과제, p. 23.
35. Ibid. p. 32.
36. 유동식, 종교다원주의와 신학적과제, p. 27.
37. 유동식, 한국종교와 신학적과제, p. 27-30.
38. Ibid. p. 21f.
39. Ibid. p. 23.
40. 변선환, 동양종교의 부흥과 토착화신학1, 기독교사상 299, 1983, 5. p. 155.
41. Ibid., p. 154.
42. Ibid., p. 156.
43. Ibid., p. 157.
44. Ibid., p. 156.
45. Panikkar, R., Ibid., S. 128-145.
46. 크리스찬 신문 1990. 12. 8 제6면.
47. 변선환, 교회밖에도 구원이 있다, 현대사조 2, 1978, p. 78-91.
48. 변선환, 동양종교의 부흥과 토착화신학1, 기독교사상299, 1983, 5, p. 161.
49. Ibid. p. 160.
50. 변선환, 불교와 기독교의 대화, 기독교사상 291, 1982. 9. p. 156.
51. 크리스찬 신문 1990. 12. 8.
52. 변선환, 동양종교의 부흥과 토착화신학2, 기독교사상 300, 1983, 6. p.139-144.
53. de Silva, L., 불교문화권에서의 신학 「아시아의 상황과 신학」 주재용 편역, 대한기독교출판사 1987. p. 141.
54. Ibid. p. 138.f
55. Ibid. p. 142.
56. Ibid. p. 152.
57. Ibid. p. 139-141.
58. Melzer, F., Christus und die indische Erlösungswege, Tübingen 1949, S. 27-31.
59. Ibid., p. 30f.
60. 繫辭上, 是故易有太極 是生兩儀 兩儀生四象 四象八卦.

61. Fung Yu-Lan:A history of Chinese Philosophy, Vol. 2. Princeton 1953, p. 382.
62. Forke, A., Geschichte der neuen chinesischen philosophie, in:Abhandlungen aus dem Gebiet der Auslandskunde, Bd. 46, Hamburg 1938, S. 184 Anm. 1.
63. 금장태, 동서교섭과 근대 한국사상의 추이에 관한 연구 (Diss.), 성균관대학교 대학원, 1978, p. 85.
64. 유승국, 한국의 유교, 「교양국사 총서」 이선근, 세종대왕 기념사업회 1976, pp. 272, 294 주 48.
65. 도덕경 40장, 52장.
66. v. Glasenapp, Buddhisus und Gottesidee, Abhandlungen der geistes und Sozialwissenschaftichen Klassen, Nr. 8, Wiesbaden 1954, S. 503-505. / Buddhistishe Mysterien, Stuttgart 1940, S. 15.
67. 이기영, 한국 불교연구 1982, pp. 135, 426, 558.
68. Gebser, I.,(Hg.), Die Zen-Lehre des chinesischen Meisfers Huangpo, Weilheim 1960. S.15-22.
69. Ibid., p. 58.
Suzuki, D. T., Leben aus Zen, München 1953, S. 200.
70. 이기영, Ibid. p. 130f. 422.
71. 금강삼매경 「원효전집 I」 김달진 역, 열음사 1986. p. 96.
72. Ibid., p. 239.
73. Gebser, I., Ibid., p. 20-25.
74. Melzer, F., Ibid., P. 27-31.
이동주, 아시아 종교의 구원관 연구, 「신학정론Ⅷ-1, 1990. 7」, p. 223.
75. 이돈화, 수운 심법강의, 경성 대동인쇄사, 소화 8년, p. 18.
76. Ibid., p. 82, 97-103.
77. Ibid., p. 96-100.
이동주, 동양종교와 기독교선교 Ⅳ「신학정론 Ⅶ-1, 1989. 7」 p. 112-114.
78. 이돈화, Ibid., p. 40-42.
79. 이돈화, 천도교 창건사(동학사상 자료집 Ⅱ, 1978) p. 126, 130, 168.
80. 변선환, 불교와 기독교와 대화, p. 176.
81. 유동식, 한국종교와 신학적과제, p. 24.
82. 유동식, 한국종교와 타종교, 기독교사상 1966. 8. 9 p. 56f.
83. 유동식, 한국종교와 신학적 과제, p. 29-31.
84. Forke, A., Geschichte der alten chinesischen Philosophie, in:Abhandlungen aus dem Gebiet der Auslandskunde, Bd. 25, Hamburg 1927, S. 99-103.
85. Wilhelm, R., Las-tse und der Taoismus, Stuttgart 1925, S. 12. 15.
86. 논어 2 / 11.
87. Wilhelm, R., Las-tse und der Taoismus, Stuttgart 1925, S. 12, 16. Stuttgart 1925, S. 78. 114.
88. 논어 7 / 22.
89. 논어 6 / 17.
90. 논어 3 / 2.
91. 맹자:만장 上: 9 / 127.
92. 국역율곡집Ⅱ, 「고전국역총서 23」, 민족문화추진회 1977, 부록 p. 555.
93. 국역율곡집Ⅰ, 「고전국역총서 22」, 민족문화추진회 1977, 부록 p. 693.
94. Ibid., 부록 p. 410.
95. 불노장생술, 신비술, 연금술은 후기통속도교에 속한 것으로 여기서 다루지 않음.
96. 도덕경 38장.
97. Fung, Yu-Lan, A History of Chinese Philosophy, vol. 1, Princeton 1952, p. 171.
98. Wilhelm, R., Laotse und der Taoismus, Stuttgart 1925, S. 120.
99. 기독교 대백과사전Ⅳ, 기독교문사 1989, p. 253.
100. 유동식, 풍류신학, 「신학사상 41, 1983. 6」 p. 433-436
101. Ibid., p. 440.
102. 유동식, 한국종교와 신학적 관제, p. 20.
103. 유동식, 타종교인에 대한 복음선교문제, 「도와 로고스」, 대한기독교 출판사 1978. p. 98ff.
104. 유동식, 한국종교와 타종교, 「기독교사상 1966」 p. 55.
105. 유동식, 타종인에 대한 복음선교 문제, p. 101.

세계선교기도회 소식

◎ 서울 오메가선교회 정기오찬 기도회
일 시 : 1991년 5월 20일(월) 11시
장 소 : 은평교회(한양회 목사 시무)

◎ 국제선교훈련원
• 매주 월요일 오후 2시~8시 10분
KEN. HEWETT 선교사의 "예수 제자훈련" 특강이 돋보이고 있습니다.
• 매주 목요일 오후 2시~5시
English Bible Study
Reading the Sermons of J. Wesley.
Free talking in English
Leader:Rev. Jack. T. King
(Union church)
참가비:월 2만원

◎ 충남서부지역 오메가 기도회모임
4월 18일 11시, 홍북감리교회(담임 나대복 목사)에서 모였고, 서당진지역 지회 확대 위해 기도하였음.
☎ (0451)32-2077 이남경 목사

'교회위한 신학' 새과제로

민중신학 대중화 모색… 토착화신학 재평가 작업 활발

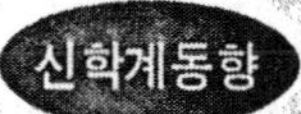

87년 6월 항쟁의 전야같은 긴장감이 감돌고 있는 가운데 교회의 현실인식에 대한 신학적 정립의 요구가 최근 강력하게 대두되고 있어 관심을 모으고 있다.

이같은 움직임의 배경은 그동안 신학계가 급격한 시대 상황변화에 능동적으로 대처하지 못했다는 자체 반성에서 비롯된 것으로 풀이되고 있다.

더구나 이러한 움직임속에는 그간의 신학이 적극적인 실천의 장으로서의 교회에 대해 지나치게 소홀했으며 개별적인 영역속에서 각자의 길을 걸어왔다는 문제의식을 함께 하고 있다. 최근 신학계는 시대상황에 대해 매우 피상적 접근에 그치거나 논의의 본질에도 접근하지도 못한채 감정싸움으로 마무리 되기도 했다.

지난 걸프전 당시에 종말론 시비가 나오긴 했으나 걸프전쟁이 종전됨과 거의 동시에 사라졌고, 얼마전 변선환 교수의 '기독교의 배타성을 극복하자' 는 종교신학적 발언이 목회자들의 비상한 염려속에서 불씨를 남긴채 꺼져버렸다. 또 지난 캔버라 총회에서의 정현경 교수의 주제강연이 인신공격적인 차원의 공박으로 물의를 일으키기도 했다.

이같은 일련의 상황속에서 소장 신학자들을 비롯한 신학계에서는 공개강좌나 출판물 등을 통해 사회상황전반에 대한 신학적 정립이 매우 시급하다고 판단하고 민중신학의 대중화, 토착화신학의 재평가 등을 통해 그 활로를 모색하고 있다. 민중신학의 대중화를 위한 시도들이 한국신학연구소의 '신학서당', 기사연의 '기사연무크' 3호, 최근 결성된 '민중신학회' 등에서 이뤄지고 있고, '기독교사상' 6월호와 홍정수, 박종천 교수가 발표한 '베짜는 하느님 이단자를 위한 한국신학' 과 '상생의 신학'' 이 토착화신학을 새롭게 해석하고 있다. 물론 이처럼 시대상황에 대한 신학적 정립시도들이 새로운 것은 아니다.

60년대에 등장한 토착화 신학이나 70년대에 등장한 민중신학은 신학의 '현장화' 라는 세계신학의 일반적 추세속에서 정립됐다는 게 학계의 공통된 의견이다.

교회에 관심갖고, 교회가 사회에 참여하도록 돕는 신학이 절실히 요구되고 있다. 사진은 생명수로 새힘을 얻어 사회속에서 갱신을 촉구하는 것을 상징하는 의식.

이에 대해 일찍이 고 김재준 목사는 "1960년은 신학적으로 중요한 해였다. 한 젊은이의 죽음으로 비화된 독재정권의 말로를 교회들이 보았고, 그 독재자가 기독교인이며 장로였다하여 그가 엮어가는 한국사회의 각종 억압에 맹목적으로 지시했던 지난날을 회개하면서 교회가 각성하기 시작했다"며 "교회가 병든 사회를 지나치고 만 '제사장과 레위인' 이었음을 자각하게 되었다"고 첨언한바 있다.

그후 5·16 군사독재정권에 대하여 교회들은 비교적 활발한 저항의 몸짓을 보였다. 이러한 신학적 각성이 기독인의 정치적 자각이라면, 이와 함께 다원종교 사회의 종교적 자각이 토착화신학이란 형태로 나타났다. 이 작업은 60년대 초반 윤성범, 유동식 교수 등을 중심으로 전개되었으며, 교계의 비상한 관심을 불러 일으켰다.

70년대에 들어서면서 한국의 사회양상은 더욱 심각해졌고 그에 대한 응답이 73년을 기점으로 태동한 민중신학이다. 이에 대해서 "토착화 신학이 한국의 문화전통을 통해서 신학적 주체성을 확립하려했던 것은 옳았지만 교회갱신 혹은 교회의 신학으로는 미흡했다"는 게 토착화 신학 2세대들의 자평이다.

또한 전태일씨의 죽음을 계기로 한국신학계는 더욱 깊은 반성을 하게 되었다. 이 반성은 이땅의 고통받는 민중그리스도인이라는 자각에 기초하고 있다. 이 반성의 토대위에서 사회의 민주화운동과 발맞추며 20년간의 한국신학계를 대표하는 신학으로 민중신학이 자리잡게 되었다. 토착화신학은 해외유학을 마치고 돌아온 토착화신학 2세대들이 '세계신학연구원' 을 발족하면서 박차가 가해지고 있다.

이 신학운동이 사회적 혼란 극복의 과제와 교회갱신이라는 교회적 요구에 응답하지 못함으로써 교회와 사회에서 동시에 외면당했던 운명을 반복하지 않을 수 있을지에 대해서는 아직 미지수이다.

이에 대해 박종천 교수는 "토착화 신학의 새로운 시도는 정치적 상황에 응답하려는 민중신학과 맥을 같이 하면서도 종교, 이데올로기, 문화의 다원화에 동시에 응답해야 할 과제를 안고 있다"고 조심스럽게 전망하면서 "최근 변선한 교수의 발언 파문도 이같은 맥락에서 이해되어야 한다"고 논평했다.

그간 두 한국신학이 젊은이의 죽음의 상황에서 출발했다면 이제 새로운 죽음에 대해서는 어떻게 응답해야 할 것인가? 이에대해 잇다른 분신자살에 대한 신학적 입장정리도 '현상에 대한 전통적 해석' 의 차원을 넘어서야 한다는 주장도 일고있고 최근 성공회에서는 천세용군을 '관면' 했다. 최근 대학생 타살과 잇단 분신에 대해서 한국신학은 어떻게 응답해야 할 것인가 하는 것이다.

시대상황에 부응하는 '신학' 정립 시급
'신학의 대중화·교회와의 결합' 강조돼

이 새로운 도전에 대해서 오늘의 교회들은 '사회' 를 외면함과 동시에 '신학' 까지 외면하고 있다는 현실적 문제점을 어떻게 극복해야 할 것인가 하는 문제가 토착화신학과 민중신학의 새로운 과제로 떠오르고 있는 것이다. 그러나 신학계의 절박한 시도와는 별개로 대부분의 '교회' 는 여전히 보수성을 견지하고 있으며 전통적 서구 신학의 틀을 조금이라도 벗어나는 경우 교권에 대한 도전으로 규정하고 감정적인 대응마저 서슴치 않고 있는 실정이다.

그러나 한편 한국신학계에 정치적, 감정적 비난을 퍼붓는 목소리와는 달리 "한국의 신학자들이 신학의 실천적 장으로서 교회에 대한 중요성을 부여하지 못했다"는 일반목회자들의 비판도 있어 그 정당성 여부에 관계없이 민중신학과 토착화신학자들이 주목해야 할 것이란 지적도 나오고 있다.

〈정찬성 부장〉

19910518_교회 위한 신학 새 과제로_새누리신문_5번

제 1466호 (제3종우편물 (가)급인가) THE CHRISTIAN PRESS

홍정수 교수의 부활신학에 대한 성서적 비판

"십자가와 부활통한 구원의길 막는 범죄"

성경적 인간관 벗어난 아시아적 범신론 사상
"예수의 부활은 시체가 없는 빈무덤의 사건"

이 동 주
(협성신학대 교수)

사실이 아니기를 바라지만 소문에 의하면 홍정수 교수는 금년에 입학한 감리교신학대학 신입생들에게 "부활을 믿는 사람이 우리 신학교엘 다 뽑혀 왔느냐?" 고 물었다고 한다.

홍 교수는 도대체 무엇 때문에 예수 그리스도의 부활을 부정하는 것일까? 그의 논문 「예수의 죽음과 부활의 역사적해석」과 (크리스찬 신문)에 실린 부활절 특집 메시지를 읽고서 좌시할 수 없는 신앙양심 때문에 그의 「죽음」이나 「부활」에 대한 개념에 관하여 다음과 같이 논박한다.

'죽음'에 대한 홍교수의 해석

그는 인간의 죽음을 성경에 기록된 바와 같은 인간의 죄악에 대한 하나님의 진노로 보는 것이 아니라 '생의 완결' 또는 '생의 완성' 으로 보고 있다.

그에 의하면 아브라함이 죽어 자기 열조에게 돌아가서 앞서간 가족들을 만나고, 소크라테스가 죽어 그의 영혼이 육체의 감옥살이에서 해방된 것이 바로 죽음이다. 이렇게 죽어 편안하고 해방된 이들에게는 부활이 필요없다고 한다. 홍 교수는 죽음을 정의하여 '자기의 존재의 근원으로 돌아감'이라고 하고 또 '비존재' 내지 '비실재'라고도 한다. 비존재가 된 사람이 적극적인 힘을 발휘할 수가 없다는 논리다. 여기에 성경적인 인간관을 벗어나서 그의 아시아 고등종교적인 범신론 사상이 엿보인다.

그런데 이러한 죽음 외에 또 하나의 죽음이 있다. 그는 그것을 '생의 미완결'로서의 죽음이라고 한다. 불의의 사고나 또는 전태일과 같이 분신자살을 한 사람들과 예수의 죽음도 여기에 해당된다. 홍정수 교수는 예수 그리스도의 죽음을 "구호를 외치며 투신 또는 분신해 쓰러져간 젊은이들의 죽음과 매우 유사하다"고 한다. 그는 전태일의 분신자살과 예수 십자가상의 죽음의 공통성을 "죽음을 면할 수도 있었으나 그 죽음을 흔쾌히 받아들임"으로 설명하고, 전태일의 자살은 동시에 '진정한 타살'이고, 예수의 타살은 동시에 '진정한 자살'이라고 주장한다.

이렇게 그는 십자가에 대한 속죄의 의미를 철저히 제거한 후, 예수의 죽음은 "신의 아들의 죽음이 아니라 특정한 메시지를 전하고 있던 한 설교자의 죽음"이라고 해석한다. 홍 교수는 생을 미완결한 망령들이 "한을 풀기까지… 그의 삶의 무대를 떠나지 못하고 떠돌아 다닌다. 역사의 무대를 서성대며, 관객들을 지켜본다"고 서술하고 있다.

여기에 그의 샤머니즘적 배경이 나타나고 있다. 성경적인 몸의 부활을 부정하면서 무교적인 영혼불멸과 귀신의 실재를 믿는 것이다. 이는 무당적 춤과 초혼제로 사령(死靈)들, 동식물의 영들, 땅, 공기, 물과 같은 자연 영들)과 함께 '예수의 영'을 불러들인 '캔버라의 스타' 정현경 교수나, 1985년 부활절 새벽에 예수(몸 없는)를 만났다고 하여 십자가에서 실패한 예수의 한을 풀어주려고 '제 3아담'으로 나선 통일교 문선명은 모두 무교적 인간관을 그대로 반영하고 있다. 문 교주는 몸이 낡아지면 옷같이 벗어버리는 것이라 하여 부활을 부정하고, 그 대신 '재림부활'이라는 복합어를 사용하며, 죽은 귀신들이 산 사람들에게 '재림'하여 서로 도와 함께 문 교주에 의하여 완성된다(신과 같이 된다)는 것이다. 또한 무교 문화권의 영향을 벗어나지 못한 베뢰아 신학 창시자 김기동 목사 역시 제명대로 살지못한 회개하지 않은 사람이 자연수명이 차기까지 산 사람의 육체에 들어가 귀신노릇한다고 주장하고, 그러므로 그는 늙어 죽은 귀신이나 예수 믿고 죽은 귀신은 없다고 한다. 이러한 그의 교리적 근거는 귀신들린 사람들의 발설에 의한 것이다. 그러나 귀신의 발설은 참된 지식의 근거가 될 수 없다.

기독교 선교의 출발점이 되었던, 세상에서 유일한 사건인 예수 그리스도의 몸의 부활은 무속문화권에서 이와 같은 몸 없는 영혼의 불멸 사상에 의한 일종의 귀신론으로 둔갑하게 된 것이다. 홍정수 교수가 성경적인 속죄자의 구원자로서의 메시아 예수의 죽음을 거부하고 분신자살한 전태일의 죽음과 동격화한 원인은 그의 아시아적 범신론 사상에 있다. 그에게 있어서 예수는 하나님의 아들도 그리스도는 아니다. 오직 우리와 동일한 하나의 인간이고 설교자였다. 그러므로 그의 피는 거룩한 피도 아니고 속죄의 피도 아니다. 예수(그의 논술 가운데는 예수를 그리스도라고 호칭하고 있지 않음)의 피가 구원의 능력이 된다는 것은 하나의 마술이고, 그의 죽음이 하나님 아들의 죽음이라는 것은 하나의 신화일 따름이라고 주장한다. 오히려 그는 예수의 생체조직은 신적인 것이 아니고 그의 피는 "동물들이 흘리는 피보다도 월등하게 효과가 있다는 얘기는 결코 아니다"고 함으로써 십자가를 통한 대속의 의미를 분쇄했을 뿐만 아니라, 예수 그리스도의 보혈을 동물의 피에 비교하는 엄청난 신성모독과 마귀적인 착상에 사로잡힌 것이다. 그러면서 홍 교수는 예수의 역할에 대하여 다만 용서의 도를 선포하다가 죽어간 예수의 죽음의 덕이 우리를 '해방' 시켰다고 할 뿐이고, 예수의 「죽음」이 우리를 속량하는 것이 아니라 그의 「삶」이 우리를 속량한다는 것이며, 예수의 죽음이나 부활이 일어나기 전에 우리는 "예수의 활동을 통하여 구원(해방)을 체험하였다"고 한다.

「부활」에 대한 홍교수의 해석

위의 죽음에 대해 사실을 기초로 홍 교수는 예수의 부활이 "편안한 죽음을 맞이하지 못했음을 뜻한다"고 설명한다. 즉 예수의 삶이 '미완결의 죽음'을 맞이하여 예수는 한을 안고 죽은 망령이 되었다는 말이다. 그런데 "우리가 고인의 소망을 생생하게 그리고 과감하게 밀고 나간다면 고인은 우리와 더불어 살아있게 된다"고 한다. 이것이 바로 예수 그리스도가 되살아 났다는 뜻이라는 것이다. 홍 교수는 "예수의 부활이 죽음의 정복이 아니라 하나님의 정의의 생존성을 확증하는 사건"이라고 하며, 또 부활을 '하나님의 정의'가 아직(여전히)살아있음을 가르킨다고 한다. 그는 한국의 광주 사태가 민주화항쟁으로 자리를 굳힘으로써 "광주는 영원하다. 광주는 살아있다." 광주의 영령들이 "되살아 났다"고 선포한다. 이것이 바로 한국에서 경험된 부활사건이라는 것이다. 이 되살아난 영령들을 홍 교수는 부활이 된 영령들이라고 하고, 이 "역사속으로 되살아 오는 영령들"이 심판을 한다는 것이다. 홍 교수는 '하나님의 역사적 심판'에 대해서도 주장하는데 이 심판이 바로 재림의 의미라고 한다. 이렇게 그는 부활과 정의와 심판을 하나의 사건이라고 한다. 그러므로 부활사건을 죽음—부활—영원한 내세가 아니라, 말씀—정의—희망(즉 하나님의 정의가 역사속에서 구체적으로 실현되리라는 약속과 희망)으로 해석한다. 그는 "세상의 혁명적 전환을 뜻한다"는 한국의 「후천개벽」사상에서 이러한 부활사건을 발견한다.

홍 교수는 왜 예수 그리스도의 부활을 부정하고 있는가?

홍 교수는 「부활」을 생물학적으로 다시 살아나는 것으로 생각하고 있다. 그러므로 부활 없이도 인간의 영혼은 하나님과 친밀한 교제를 하는 구원의 황홀경에 이르게 되는데 무엇 때문에 하나님과 함께 있던 영혼이(임마누엘) 공중이나 지상으로 되돌아와 낡은 옷과 같은 육체를 덧 입어야 하겠는가라고 그는 질문한다. 이렇게 낡은 옷과 같은 육체를 다시입고 다시 살아났다는 예수의 부활 소식이 제자들에게 무서움이 되었다는 것이다. 이러한 육체의 부활신앙이 바로 이교적 신앙이라는 것이다.

그러나 홍정수 교수는 성서적인 의미와는 전혀 부합되지 않는 논리를 전개한 것이다. 그리고 그는 예수 그리스도의 십자가와 부활에 대하여 큰 오해를 하고 있다. 죽음의 부활에 대한 성서적 의미를 밝히면 다음과 같다.

「죽음」의 성서적 의미

인간의 죽음과 예수 그리스도의 죽음에 대해서 명시하고 있는 성서적 증언은 다음과 같다. 먼저 인간의 죽음이란 홍정수 교수가 제시한 바와 같은 생물학적 삶의 끝이거나 떠돌이 귀신노릇의 시작이 아니다.

첫째로 인간의 죽음에 대한 성서적인 제시는 두 가지로 나타난다. 몸(복음서적 개념의 soma, 바울적 개념의 sarks)의 죽음과 영혼(psyche)의 죽음이다. 70인역 성서에서도 범죄하는 영혼(psyche)의 죽음(겔 18 : 20)에 대한 하나님의 말씀이 있다.

홍 교수가 가진 죽음에 대한 지식은 전자에 해당되는 것이며, 후자는 우리를 창조하신 하나님과의 영원한 분리이며, 범죄한 자들이 자기 행위대로 심판을 받고 불못에 던지우는 계시록(20: 14 이하와 21: 2)에 기록된 둘째 사망에 해당된다. 이러한 사망은 죄의 값이며(롬6 : 23), 이 사망에 해당된 자들이다(살후 1: 18). 또 이러한 사망은 죽은 영혼에게만 해당되는 것이 아니고 산 사람들에게도 해당된다. 현재 하나님을 떠나 있는 사람들과 (눅15: 24)하나님의 용서를 받아들이지 않은 죄인의 현재적 상태가 바로 성서가 가르치는 죽음의 상태이다(엡2: 1, 요5: 24). 홍 교수는 인간의 죽음을 범죄에 대한 형벌이 아니라 생의 완성으로 봄으로써도 죄의 악함과 하나님의 진노를 무시하는 반성경적 신화를 제창했다.

둘째로 다 이루었다 (요 19 : 30)고 말씀하신 후 운명하신 예수 그리스도의 죽음은 홍교수의 주장처럼 '진정한 타살'도 '생의 미완결'도 아니고 타살에 의해 사망에 굴복하여 동물적인 피를 흘린 것도 아니다. 홍 교수의 이러한 마귀적인 진술은 신학대학 교수로서 도저히 용납할 수 없는 일이다. 예수 그리스도의 죽음에 대한 성서적인 증언은 먼저 그가 오시기 6세기 전에 하나님께서 이사야 선지자를 통해서 미리 예언하신 바와 같이 속죄를 위한 죽음이고(53: 4—12), 그 예언대로 사망선고를 받고 멸망할 수 밖에 없는 모든 사람의 구원을 위한 대속물(lytron)로써 바쳐진 것이다(막10: 45). 그러므로 하나님의 아들 예수 그리스도의 피는 점과 흠이 없는 지극히 거룩한 보혈이며(히9: 12~14,22), 새 언약의 담보이다(히9: 14하, 고전11: 25). 성경은 이러한 언약의 피를 부정히 여기는 자에게 형벌을 선포하고 있다(히 10: 29).

영혼불멸 신앙과 죽음을 생의 완성으로 보는 홍 교수에게는 타락론도 없고 형벌이나 속죄론도 없다. 귀신들도 하나님과 하나님의 말씀을 두려워 한다는 것을 홍 교수는 알고 있어야 할 것이다(약 2: 19, 막 1: 23하).

부활의 성서적 의미

예수 그리스도의 부활이란 홍정수 교수의 주장과 같은 편안히 죽지 못하여 한을 품고 떠도는 망령도 아니고, 민주항쟁이 된 광주사태와 같은 하나의 이념적인 행동도 아니다. 예수 그리스도의 부활사건은 무덤을 지키던 파수꾼들이 형벌대신 뇌물을 받은 사건이고, 시체가 누어있지 않은 빈무덤의 사건이다. 제자들이 보고 무서워한 것은 홍 교수의 말과는 달리 예수 그리스도의 몸의 부활 때문이 아니라 그 보는 것을 영으로 알았을 때에는 오히려 너무 기뻐했다고 기록하고 있다(눅 24: 36~43).

몸의 부활이란 그리스도로 말미암아 용서받은 사람들이 하나님으로부터 받는 새로운 몸이다(고후5: 1~4). 이 몸은 이전 것과 달리 썩지 않는 몸이며(고전15: 53), 이몸을 바울은 '육의 몸'(soma psyhikos)에 대립된 '영적인 몸'(soma pneumatikos)이라고 한다(고전 15: 44). 육의 몸은 하나님 나라를 유업으로 받지 못하니(고전15: 50) 이 영적인 몸은 죽음에서의 부활체이며 마지막날에 순식간에 변화될 몸이다(고전15: 51하, 살후 4: 16~18). 변화산상의 체험이나 엘리아의 승천은 후자의 이해를 돕는다.

이러한 부활신앙은 성육신 신앙이나 창조신앙과 마찬가지로 인간의 가능성을 초월한 하나님의 영역에 속하는 것임으로 계시된 말씀 밖으로 넘어설 수 가 없는 것이다. 오직 성령을 받은 사람은 예수 그리스도의 부활을 성령강림의 논리적이고 시간적인 선행자로서 고백하지 않을 수 없게 되어있다(요16: 7). 예수 그리스도의 부활과 성령강림은 선교의 시작이고 메시지의 핵심이다(엡1 : 22, 엡2: 33). 홍정수 교수의 창작적이고 비복음적인 '영혼불멸론'은 십자가와 부활을 통한 유일한 구원의 길을 막아버리는 무서운 범죄행위이다. 신학생들에게 신학을 교수하기 전에 다시 진실된 세례문답이 그에게 요청되지 않는가?

19910601_십자가와 부활통한 구원의 길 막는 범죄
(홍정수 교수의 부활신학에 대한 성서적 비판)_크리스찬신문_이동주교수_4번

변선환, 홍정수, 이원규 교수에 대한 성명서 및 공개질의서

최근의 기독교 일각은 물론 교단내 일부 교수들에 의해서 심각한 물의를 일으키고 있는 다원주의와 예수의 육체적 부활부인으로 인하여 우리가 속한 교단이 더 이상 이단이라는 오해를 갖어와서는 안되겠다고 굳게 다짐하며 아래와 같이 우리의 입장을 밝히고 지상을 통해 공개질의를 하고자 합니다.

#1990년 12월 8일(토)자 크리스챤신문에 "기독교 배타적 사고에서 벗어나야"라는 제하의 보도에서 변선환 교수는 기독교 밖에 구원이 없다는 교리는 신학적인 토로미의 천동설에 지나지 않는다고 주장하고 종교의 우주는 기독교도 다른 종교도 아니고 신을 중심하여서 돌고 있다는 것을 기독교는 인정해야 한다고 논술하였고 또한 예수를 절대화 우상화 시키며 다른 종교적 인물을 능가하는 일종의 제의인물로 보려는 기독교 도그마에서 벗어나야 한다고 강조하므로 교회밖에 구원이 있음을 시사하였고,

#1991년 3월 3일(토)자 크리스챤신문에서 홍정수 교수는 "부활은 하나님의 정의로운 심판의 시작"이라는 제하의 특집에서 바르트의 말을 인용 "우리가 만일 생물학적 죽음의 극복과 육체의 부활을 믿는다면 그것이 이방인들이 하는 것"이라고 기술하면서 필자는 이런 신앙이야말로 무신론적 신앙이라고 말하고 싶다 즉 한국 교회는 부활에 관한한 무신론자들이다 라고 규정하였다. 이것은 예수의 육체적 부활을 철저히 배격하고 있음을 시사하였으며,

#1991년 5월 10일 감신대학보 머리기사로 이원규 교수는 "토착화 신학을 통해 종교갈등 극복"이라는 제하의 글이 보도된바 있다. 이글에서 이교수는 종교간의 경쟁상황에서 종교들에 대하여 취할 수 있는 태도는 세가지로 규정하고 있는데, 첫째는 교회밖의 구원이 없다는 식의 폐쇄적 입장의 배타주의, 둘째는 예수 그리스도에 나타난 구원 계시의 최종성, 독특성, 규범성을 주장하지만 다른 종교를 통한 은총과 구원의 행위를 인정하는 포괄주의, 세째는 만약 다른 종교에도 구원 또는 해방이 가능한 것이라면 궁극적인 신적 존재에 대한 인간의 구원적인 호응이 다양할 수 있다는 것을 인정하는 다원주의를 들면서 이교수는 배타주의와 한국 개신교에 대하여 논술하고 이에 대립양상을 설명하면서 이에 대한 대안으로는 토착화 신학의 정착이라고 주장함은 물론 토착화 신학은 다원주의 상황을 인정하는 것을 전제로 한다고 기술하고 토착화 신학의 종교 사회적 의미는 지대한 것이라고 결론을 맺어 역시 교회 밖의 구원이 있다는 것을 시사하였다.

위와 같은 주장들은 기독교 대한 감리회 교리와 장정에 나타난 역사와 교리에 전적으로 위배되는 것임을 아래와 같이 밝힌다.

1. 교리와 장정 제9단 1조에 영생하시고 진실하신 하나님 한분만 계시니. ……이 하나님의 성품의 일체안에는 동일한 본질과 권능과 영생으로 되신 삼위가 계시니 곧 성부와 성자와 성신이시다 라고 삼위일체를 분명히 하고 있다.

2. 교리와 장정 제11단 3조에서 그리스도께서 과연 죽은자 가운데서 다시 살아나사어 완전한 인성이 붙은 모든 것과 육체를 다시 가지시고 라고 규정하므로 성자의 부활을 분명히 하고있다.

3. 교리와 장정 제13단 5조에 성경은 구원에 필요한 모든 곳을 포함하였으므로 무엇이든지 성경에 볼 수 없는 것이나 그로 증험하지 못할 것은 아무 사람에게든지 신앙의 조건으로 믿으라고 하거나 구원받기에 필요한 것으로 여기지 못할것이다 라고 규정하고 있어 성경외에 어떠한 경전도 구원이 없음을 분명히 하고 있다.

4. 교리와 장정 제17단 9조에서 하나님 앞에서 우리가 의롭다 하심을 얻은 것은 오직 예수 그리스도의 공로로 인하여 믿음으로 말미암음이요 라고 규정하여 구원은 오직 예수 그리스도임을 분명히 하고 있다.

우리는 교회 밖에 구원이 있다는 다원주의 입장과 예수 부활을 부인하는 교수의 주장은 위의 교리와 장정에 나타난 교리에 따라 이단적 요소가 있으며 기독교 대한 감리회 교리에도 위배됨을 분명히 밝혀두고자 한다.

우리의 입장

1. 교단은 위와 같은 논제들이 지상공개되어 교단내에 심각한 물의를 일으키고 있음은 물론 타 교단으로부터 이단이라는 오해를 받고 있다는 사실을 직시하고 문제의 부분들에 대하여 교수들의 신앙고백이 지상에 공개되도록 하여야 하며, 만일 지상공개를 회피할 경우 교단은 이에 대한 분명한 태도와 단호한 조처가 있어야 할것이며, 우리는 이에 결과를 예의 주시 할 것이다.
2. 만일 이원규 교수의 주장이 교회 밖의 구원이 있다는 다원주의 입장에 서있음이 분명하다면 1991년 6월 24일(월)~7월 5일(금)까지 열리는 정회원 연수 교육 및 제10차 하기 대학원 시간표에 "지역사회와 제자직"이라는 교과 과목 담당이 이원규 교수로 확정되어 개교회로 하달되었음을 중시하면서 이에 대하여 교단과 주최측에 철저한 해명을 요구할 것이다.
3. 우리는 일부 교수들의 신학적인 논리로 부터 교리와 장정에 천명되어 있는 기독교 대한 감리회 교리를 사수하는데 모든 방법을 동원할 것이며 이에 우리의 결의를 다짐한다.

공개 질의

1. 변선환 교수님께 질의합니다.
   기독교 밖의 구원이 없다는 교리는 신학적인 토로미의 천동설에 지나지 않는다고 주장하고 종교의 우주는 기독교도 다른 종교도 아니고 신을 중심하여서 돌고 있다는 것을 기독교는 인정해야 할 것이라고 주장했다는 내용의 보도가 있었습니다. 이 이론은 곧 예수 그리스도 만의 구원이라는 감리교 교리와 성서적인 신앙고백을 부인하는 것입니까?

2. 홍정수 교수님께 질의합니다.
   교수님이 주장한 예수의 육체적 부활을 믿는 것은 무신론에 기안하는 것이라면 예수의 육체적 부활을 명시한 교리와 장정 제11단 3조를 부인하는 것입니까?

3. 이원규 교수님께 질의합니다.
   기독교 배타주의를 극복할 수 있는 길은 토착화 신학이 정착되어야 하며 다원주의 상황을 인정하는 것을 전제로 한다고 보도되었습니다. 교수님이 대안으로 제시한 다원주의 상황을 인정하는 것을 전제로 함은 교회 밖의 구원이 있음을 전제로 하는 것입니까? 또한 예수 그리스도 만의 구원을 부인하는 것입니까?

위와 같은 질의는 지상에 공개된 교수님들의 논제들이 교단내의 선교에 지대한 악영향을 미치고 있음을 물론 타교단으로 부터 이단이라는 오해를 불러 일으키고 있기 때문에 질의하는 것이며 이에 공개적인 답변을 요구하게 되었음을 이해하여 주시기 바랍니다. 아울러 6월 30일까지 지상을 통해 답변해 주실것을 당부드리며 이에 대한 답이 없을 경우 예수 부활부인과 오직 예수 그리스도로만 구원받음을 부인하는 것으로 확인하고 120만 감리교도를 상대로 기독교 대한 감리회에 속한 목사는 물론 교역자 양성기관인 교단 신학대학을 떠나도록 서명운동을 전개할것을 천명합니다.

1991년 6월 5일

기독교 대한 감리회 서울 남연회 송파지방 실행위원 일동

91. 6. 15. 크리스챤 6면

19910605_변선환 홍정수 이원규교수에 대한 성명서 및 공개질의서_서울남연회 송파지방 실행위원 일동_크리스챤 신문_4번

제1467호 (제3종우편물(가)급인가) THE CHRISTIAN PRESS

이동주 교수의 비판에 답함

"신학은 낱말 맞추기 놀이가 아니다"

홍 정 수
<감신대·세계신학연구원 교수>

지금 여기서 일하시는 살아계신 하나님 믿어
성서주의는 신앙좋은 것아닌 무책임하고 게으른 것
부활신앙은 후천개벽 역사의 심판 구원의 시작

요즘 한국 교계에는 심심치 않은 신학논쟁들이 오가고 있다. 이같은 현상은 매우 바람직한 일들로 생각된다. 기독교인들이 이제는 성장제일주의에서 벗어나 바른 신앙찾기에 관심을 보인 것으로 생각되기 때문이다. 그러나 그럼에도 불구하고 우리들의 논쟁이 신학적·논리적이기보다는 감정적·인신공격적일 수가 많아 가슴이 아프다. 어느 누가 자신의 입장을 감히 절대화할 수 있겠는가? 혹 누군가가 자신의 입장을 절대화하고 싶다면, 그같은 권리가 상대방에게도 얼마든지 부여될 수 있다는 것을 알아 주었으면 좋겠다. 그래야 '이론'이라 할 수 있지 않을까?

아이들은 그저 자기 것이라는 이유로 내 것이 남의 것보다 더 우월하다고 주장할 수 있지만, 어른들에게는 그런 논리가 단지 우습게 들릴 뿐이다. 그러므로 우리가 신학적 논쟁을 하고자 한다면 먼저 '규칙'을 정해야 할 것이다. 한 사람은 탁구를 하려 하는데 또 한 사람은 정구를 하고자 한다면, 그 둘은 같은 놀이를 할 수가 없기 때문이다. 따라서 우리가 누군가의 신학을 논박하고자 한다면 먼저 자기 자신의 신학적 기준을 밝혀야 한다고 생각된다. 그렇지 않다면 아이들의 감정싸움밖에 되지 않아서 교회에 덕이 되지 않을 것이다. 그러므로 필자는 자신이 서 있는 신학의 입장을 분명하게 천명함으로써 신학논쟁의 풍토를 일신하고자 한다.

1. 한국 감리교인이다.

불행하게도 혹은 다행하게도 한국 감리교회는 지구상의 모든 교회들 중에서 가장 적은 교리만을 고백하고 있는 교회이다. 그리고 그 최소한의 「교리의 선언」 서문에는 "아무에게도 교리의 시험을 강요하지 않는다"고 못박고 있다. 따라서 우리들에게는 지구상의 어느 교회보다도 신학적으로 큰 자유를 '교회법적으로' 보장받고 있다. 그러므로 필자를 자격심사위원회에 회부한 목사들은 사실상 감리교회의 법이 아니라 자기들의 생각을 기준으로 신학자를 재판하려는 우를 범하고 있다고 말하고 싶다.

2. 지금도 살아 계신 하나님을 믿는다

필자가 한국인들이 알아들을 수 있는 말로 기독교 신학 전체를 재해석(이것은 이미 단행본으로 출간됐음)하고 있는 이유는 성서 속의 하나님께서 지금도 살아 계셔서, 동일한 일을 하고 계시다고 믿는 믿음 때문이다. 따라서 필자에게 신학적 죄가 있다면 그것은 바로 이같은 믿음이다. 이동주 교수는 과거의 하나님, 그래서 지금 우리들은 체험적 근거도 없이 무조건 믿어야 하는 하나님을 신봉하고 있는 것으로 여겨지는데 그렇다면 그것은 필자와는 근본적으로 다른 신앙의 기반위에 서 있다. 왜냐하면 필자는 과거와 미래만의 하나님이 아니라 지금 여기서도 일하고 계시는, 살아계신 하나님을 믿으며, 그 하나님은 물론 빨간 피를 가지고 사셨던 진짜 사람 나사렛 예수(생체조직이 우리와 같은 사람)에게서 밝히드러났다고 믿는다.

다시 말하면, 우리의 하나님은 과거에는 흥해도 가르시고 각종 기적을 행사하셨으며 또 먼 미래에도 놀라운 기적을 다시 행하실 것이지만, 고통 속에 빠져 있는 현대인들을 위해서는 그저 "믿기만 해라"라고 말씀하시면서 구경만하고 계시는 죽은 신이 아니시다. 과거에 행사하셨던 하나님, 새로운 미래를 여시는 구원과 해방의 하나님은 지금도 같은 일을 하고 계시는데, 우리가 알지 못하고 믿지 못할 뿐이다. 성서의 소중성은 바로 여기에 있다.

즉 그것은 우리가 지금 여기서 일하고 계시는 하나님을 어떻게 식별할 수 있는지를 가르쳐 주는 책이다.

3. 설교와 신학의 본업

하나님의 활동이 과거와 미래에만 있다면, 우리는 그저 단순하게 성서를 반복해 읽어주면 될 것이다. 성서 속의 사람들은 하나님을 만났지만 우리들은 하나님을 만날 수 없기 때문이다. 그러나 하나님은 지금도 살아 계신다. 그리고 설교와 신학의 본업은 바로 성서 속의 하나님께서 지금 우리들에게 하시는 말씀을 선포하는 것이다. 그래서 목사와 신학자가 소중한 것이지. 그렇지 않다면 교회에서 그들의 존재 이유가 무어란 말인가? 우리 모두가 성서를 가지고 있고 또 그것을 읽을 줄 아는데 말이다. 설교자와 신학자의 직무는 '성서로 푸는 낱말맞추기놀이'를 즐기는 것이 아니다. 결코 아니다.

누군가가 기독교의 부활 메시지가 무어냐고 묻는다면, 성구 사전을 뒤져서 "여기에 그 해답이 있오"하고 줄줄이 성구를 인용해대는 것으로써 우리의 임무는 끝나지 않는다. 그런 설교자와 신학자는 성서를 읽을 시간이 없는 게으른 사람들 외에는 필요없을 것이다. 따라서 아무런 해석도 없이 성서귀절만 인용하는 이 교수의 신학적 태도를 필자는 이해할 수 없다. 그런 것이 만일 신학의 바른 자세라고 한다면, 성서를 인용하면 마귀까지도 인정해 주어야 할 것이다. 그러므로 우리의 설교와 신학, 곧 성서해석에는 일정한 기준이있어야만 혼란을 막을 수 있다.

이같은 혼란을 막기 위해 현대의 신학자들이 비교적 합의에 도달한 기준사항은 다음과 같으며, 필자도 이 기준을 따른다.

4. 신학의 세기준

다음 세 가지 조건을 모두 충족시켜야 제대로 된 기독교의 설교와 신학이라고 할 수 있다. 그 이유는 옛날과 다름없이 기독교의 하나님이 지금도 인간과 그 환경을 창조하시고 치료하시고 완성시켜 나가신다고 믿기 때문이다.

첫째 예수에게 근거해 있어야 한다. 즉 성서인용만으로는 부족하다. 그래서 루터에게는 그 기준이 이러했었다. 즉 「복음주의」라는 것이었다. 은총을 통한 구원을 인정하지 않는 것은, 비록 성경에 있는 말이라도 '하나님의 말씀'이 아니라는 것이었다. 루터에게 있어서는 이렇듯 성서에 들어 있다는 것만으로는 우리의 신앙의 근거가 충분히 기독교적이라고 할 수 없었다. 이단자들치고 성서를 인용하지 않은 자 있었던가? 그러나 루터와는 달리, 필자는 현대의 대부분의 신학자들의 의견을 좇아 기독교신앙의 근거는 "예수에 대한 처음 증언"에 있다고 본다. 즉 단순한 성서 인용이 아니라 성서 속의 예수에게 근거해 있을 때에 비로소 우리의 '신앙'이 기독교적인 것이 된다는 입장이다.

둘째, 성서 속의 하나님의 말씀(복음)이 '오늘 우리들'에게 와 닿아야 한다. 이것을 성서해석의 생명력이라 할 수 있을 것이다. 성서의 기록은 과거의 사람들에게 들려 주신 하나님의 말씀이므로 설교자와 신학자는 그 과거의 말씀이 오늘의 말씀이 되도록 해석해 주어야 하는 무거운 책무를 안고 있다. 우리는 신앙인들에 대한 과거의 이야기와 역사정보를 전달하는 기능공이 아니라 우리의 청중들에게 들려 주시는 오늘의 하나님의 말씀을 선포하는 사역자들이다. 이것이 옳다면 오늘날의 한국 교회의 많은 사람들, 특히 이 교수는 설교와 신학의 본업을 제대로 파악하고 있지 못하다고 할 수 있을 것이다. 성서주의나 근본주의는 사실상 신앙이 좋은 것이 아니라 게으르고 무책임하다고 말해야 옳을 것이다. 생명력 있는 설교라면, 그것은 모름지기 지금 그리고 여기와 관계되어야 한다. 그렇지 못하다면 우리가 선포하는 말은 성서의 레위기 문헌처럼 '지나간'(시대착오적)말이 되고 말 것이다(그렇다고 레위기가 신앙에 전혀 도움이 되지 않는다는 말은 아니다). 아무런 변혁의 힘도 발휘하지 못한다. 우리의 이야기 주제가 천지창조이든 성육신이든 부활이든 종말이든 그 원리는 마찬가지이다. 하나님 이야기는 과거의, 남들의 이야기가 아니라 우리의 이야기가 되지 않으면 안된다.

셋째, 해방성이 있어야 한다. 과거의 말씀이 혹 되살아나, 오늘의 사람들에게 사건으로서 체험된다고 할지라도, 그것만으로는 아직 "하나님의 말씀"이 아니다. 기독교의 전통에 의하면, 그리고 우리의 슬픈 경험에 의하면, 사람은 죄인이다. 따라서 현실의 인간의 경험 세계와 과거의 성서 말씀이 스파크를 일으켰다 하여 그것으로써 복음의 선포 사역이 완결되는 것은 결코 아니다. 종종 우리의 경험적 이야기가 단지 이데올로기였을 뿐임을 우리는 안다. 예컨대 요즘 진행중인 '생명' 논쟁은 인간을 소중히 여기라는 원론적 진실임에도 불구하고, 한국이라는 특수한 상황하에서는 "이 더러운 세상을 눈감아 주라"는 말이 되고 있지 않는가? 그러므로 아무리 현대적으로 재해석되었다 하더라도 그 말씀이 선포된 실제의 결과가 과연 해방적인지 또는 반(反)해방적인지를 스스로 비판해야 한다. 만일 우리의 선포 결과가(잘못 선포되었기 때문에)인간의 억제, 현체제를 정당화하는 쪽으로 나아가게 된다면, 우리의 설교와 신학은 심각한 모순에 빠지고 만다.

5. 부활 신앙의 핵심

이와 같은 전제와 원칙 밑에서, 그리고 한국인의 체험과 언어를 고려하여, 필자는 기독교가 간직해 온 부활 메시지를 다음과 같이 다시 한번 정리한다. 부활신앙은 예수의 생애가 바로 하나님 자신에 의하여 일어난 후천개벽, 하나님의 정의의 나라의 동텀, 역사의 심판과 구원의 시작이 있음을 우리가 믿는다는 뜻이다. 그것은 특정집단의 정의의 나라 수립이 아니며, 생물학적 미스테리(생물학적 죽음의 취소와 극복)도 아니다. 혹 그런 생물학적 신비가 역사 속에서 실제로 일어난다고 할지라도, 첫째로, 그것은 하나님의 사건이 아니며, 둘째로, 그래서 사람들에게 신앙은 발생하지 않을 것이다. 단지 호기심과 과학의 진보가 발생할 뿐일 것이다. 이런 맥락에서 보면, 부활 사건을 성령강림과 긴밀하게 연결시키고 있는 성서의 부활 사건 진술방식을 보다 잘 이해할 수 있다. 즉 성령(예수의 영)강림의 사건이 일어나지 않았더라면 기독교의 처음 신자들은 부활이라는 말조차 사용하지 않았을 것이다. 성령강림이라는 사건은 세상(의 신)의 역적으로 몰려 죽은 자의 '말씀과 영'(이것은 예수의 피와 살로써 이루어져 있다고 성서는 증언한다)이 '하나님 말씀과 영'이 되어, 이전보다 더욱 강하게 저들을 사로잡고 있음을 공동체적으로 체험한 사건이다. 즉 '빈 무덤'이 아니라 '예수의 말씀과 영의 계속적인 현존'을 믿는 것이 성서의 부활 신앙을 계승하는 오늘 우리들의 신앙이라고 필자는 믿는다.

세상에서의 역적예수를 들어 올리시사, 당신의 오른편에 앉히신 그 하나님께서 오늘도 여전히 우리들을 이 세상의 죽음의 권세들로부터 해방시키는 작업을 하고 계시며, 우리 기독교인들은 그 부르심의 열매요 또한 증인들이라고 믿는다. 이처럼 '부활' 사건이란 단편적 사건이 아니라 예수의 전생애, 하나님의 정의와 역사 심판, 성령강림에 의한 '중생'의 도래, 역사의 완성을 향한 궁극적 소망, 우리를 향한 하나님의 부르심과 파송 등의 보다 커다란 맥락(다만 생물학적 죽음과 기적적 되살아남이 아니라)에서야 비로소 제대로 이해될 수 있는 큰 사건이다.

※지난호 이동주 교수의 글 가운데 「부활의 성서적 의미」 부분에서 "…부활 때문이 아니라 그 보는 것을 영으로 읽었을 때…"를 "…부활 때문이 아니라 그 보는 것을 영으로 생각했기 때문이며 성경은 그들이 예수 그리스도의 몸의 부활을 믿었을 때…"로 바로잡습니다.

다음호에는 이동주 교수의 글이 계속됩니다.

19910608_이동주 교수의 비판에 답함
(신학은 낱말 맞추기 놀이가 아니다)_홍정수 교수_크리스챤신문_4번

1991. 6. 15　K-4-014

제1468호　〈제3종우편물〈가〉급인가〉　THE CHRISTIAN PRESS

홍정수 교수의 신학에 답함

홍정수 교수, 그는 감리교인인가?

몸의 부활 믿고 시인해야 한국 감리교회의 일원
예수 그리스도의 신앙은 성령에 의해서만 가능

홍 정 수 "1920년대 근본주의 신학자와 더 이상 논쟁할 수 없다"

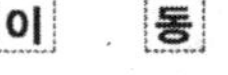

<협성신학대 교수>

지난주(6월8일)에 실린 홍정수 교수의 답변은 크게 세 가지로 나누어 진다. 하나는 자신의 신학적 입장이 한국 감리교회의 교리에 준한 것이라고 피력한 것이며, 다른 하나는 자신의 신학적 기준을 정립한 점이고, 마지막으로는 그가 이해한 부활의 뜻을 재천명한 것이다. 그의 이 세 가지 진술이 한국 감리교회를 대변할 수 있는 것인지에 대해서 검토해야 할 필요를 느꼈다.

1. 홍교수의 신학적 입장은 한국 감리교회의 신앙과 일치하는가?

먼저 그는 한국 감리교회가 지상에서 가장 적은 교리만을 고백하는 교회라고 하며 「교리적 선언」 서문은 "아무에게도 교리의 시험을 강요하지 않는다" 고 못박았다고 함으로써 감리교인이 되기 위해서는 신학적이거나 신앙적인 부담이 별로 없다는 것을 암시하고 있다. 그러나 그는 그 바로 앞에, 여러가지 형식으로 교회 역사적 신조에 표명된 그리스도의 근본적 원리가 "웨슬리선생의 '종교강령'과 '설교집'과 '신약주석'에 해석되었다. 이 복음적 신앙은 우리의 기업이요 영광스러운 소유이다"라고 표명한 한국 감리교회의 「교리적 선언」의 서문에 밝힌 정체성을 간과하고 있다.

한국 감리교회가 고백하는 '복음적 신앙'은 홍 교수가 명시한 바와 같이, 예수 그리스도의 죽음이 구호를 외치며 분신자살한 전태일의 죽음과도 유사한 "진정한 자살"이며, "신의 아들 의 죽음"이 아닌 "동물들이 흘리는 피"와 같이 별 효과 없는 한 설교자의 죽음이라고 주장하는 것과는 정반대로 진술하고 있다. 「교리적선언」은 "대속자가 되시고 구세주가 되시는 예수 그리스도를 믿으며"(교리적선언 2조)라고 고백함으로써 홍 교수와는 달리 예수를 그리스도로 고백할 뿐 아니라 구세주이시며 대속자임을 고백하고 있다.

우리 감리회의 「교리와 장정」은 예수를 하나님과 "동일한 본질"이며 하나님의 2위임을 고백한다(9단 1조). "성자는 곧 참되시고 영원하신 하나님 아버지의 말씀이요 성부와 동일하신 본질인데 복받은 동정녀의 태중에서 사람의 성품을 가지었음으로 순전한 두 성품 곧 하나님의 성품과 사람의 성품이 나누지 못하게 일위 안에 합하였다. 그러므로 그는 참으로 하나님이시요 참으로 사람이신 한 분 그리스도이신데 참으로 고난을 당하시고 십자가에 못박히어 죽으시고 매장되시어 우리로 하여금 그 아버지와 화목하게 하시고 또한 제물이 되시었다. 이는 사람의 원죄만 위할 뿐 아니라 범죄한 것까지 위함이시다"(10단 2조). "그리스도께서 한 번 제물로 드리신 것이 온 세계의 모든 죄 곧 원죄와 범죄를 위하여 완전한 구속과 화목과 보상이 되었은 즉 그 밖에 다른 속죄 법이 없다"(28단 20조)고 함으로써 「교리와장정」은 예수 그리스도의 양성과, 그의 속죄를 위한 죽으심과, 또 몸으로 부활하신 것을 고백한다. : "그리스도께서 과연 죽은 가운데서 다시 일어나시어 완전한 인성이 붙은 모든 것과 육체를 다시 가지시고 천당에 오르시어 마지막날에 만민을 심판하시려고 재림하실 때까지 거기 앉아계시다"(11단 3조).

그러므로 한국 감리교회의 교리적 기준에 비추어 볼때에 홍 교수는 이제부터라도 예수 그리스도의 양성과, 속죄의 죽음과, 몸의 부활을 믿고 시인해야 한국 감리교회의 일원으로 볼 수 있겠다.

2. 홍 교수의 하나님; 성서속의 하나님인가?

홍 교수는 성경말씀에 대한 필자의 믿음을 체험적 근거 없이 무조건 믿어야 하는 "과거의 하나님"에 대한 신봉자라고 비판한다. 그러나 그것은 큰 오해다.

필자도 음대를 졸업한 사람이 자기가 좋아하는 음악을 집어치고 독일에 유학을 가서 기초부터 시작하여 그 어려운 신학을 13년간이나 공부하여 청춘을 다 보내며 참아야 했던 까닭이 그 좋으신 하나님에 대한 체험이 없이 가능했겠는가고 묻고싶다. 홍 교수는 사변적이고 철학적인 하나님 말고 지금 여기서 나를 구원하시고 다시 살리신 하나님에 대한 체험이 있는가?

사실은 성경 말씀에 준한 이러한 체험을 가진 사람이 소명을 받아 신학교에 입학을 해야 한다. 그렇지 않고는 신학교를 들어가선 안된다. 신학교는 믿고 세례받으러 가는 곳이 아니다. 오직 믿고 거듭나고 소명받은 사람들이 신학교육을 통해 연단을 받고 세상에 나가 복음을 전하기 위해 들어 가는 곳이기 때문이다. 성서속의 하나님, 3위 1체의 하나님 앞에서 홍 교수는 예수를 "그리스도"라고도 고백할 수 없는가?

그러나 예수 그리스도에 대한 신앙은 오직 성령에 의해서만 가능하다. 성령은 예수 그리스도의 영이고(갈4:6) 하나님의 영이다(롬8:9하). 성령은 예수 그리스도를 증거하시고(요15:26) 예수 그리스도를 영화롭게 하시며(요16:14) 예수 그리스도를 구주로 시인하게 한다(고전12:3). 그러므로 하나님의 제2위와 제3위는 분리하여 생각할 수 없는 관계이다. 복음을 선포하시던 역사적 예수는 성령의 증거에 의해서 비로소 제자들이 전파한 주(그리스도)와 동일함을 말할 수 있게 되는 것이다.

에밀 브룬너가 성령께서 십자가에 못박히셨다가 살아나신 예수를 "하나님의 아들"로 증거하신다고 한 말이나, 에버하르트 융엘이 성령이 아니고는 우리가 예수 그리스도를 믿을 수도 없고 고백할 수도 없다는 말은 옳고도 성경적인 증언이다. 하나님의 제3위가 제2위를 증거하심으로써 예수 그리스도가 하나님의 아들이심을 알게될 때에 1위와 2위의 관계는 분명해진다. 성령은 예수 그리스도를 증거(계시)하셨고 예수 그리스도는 하나님 아버지를 증거하셨다.

마틴 루터 역시 예수 그리스도에 대한 신앙은 성령의 증거로 인함이라는 것을 그의 〈소요리문답〉에 명백히 하고있다. 나는 나의 이성으로나 나의 힘에 의해 예수 그리스도를 나의 구주로 믿거나 그에게 나아올 수가 없다. 내가 주를 믿는 것은 성령께서 복음을 통하여 나를 부르시고 그의 은사로써 깨닫게 하시며 올바른 신앙으로 거룩하게 하시고 또 지키시기 때문이다"

그러므로 홍 교수가 3위 1체의 하나님으로서 신적 본질과 그의 인성을 동시에 시인하며 그의 논문과 강의를 통해 예수를 그리스도라고 고백할 수 있을 때까지는 그가 성서속의 하나님을 믿는다고 생각되어지지 않는다.

3. 홍교수의 「후천개벽」론은 성서적인 부활인가?

홍 교수는 몸의 부활을 부정함으로써 '칭의'에 대한 근거를 파괴했고(롬4:2 5) 자신의 구원에 대한 하나님의 계시도 거부하는 입장을 취한 셈이다(롬10: 9). 그는 오히려 부활을 천도교사상에서 나타나는 「후천개벽」과 같은 의미로 설명한다. 필자는 홍 교수에게 요한 20;27절과 29절을 한번 펼쳐보기를 간곡하게 부탁하고 싶은 마음이다.

후천개벽이란 천도교 교주들에 의해서 설명되는 종말관으로서 창조론이 아니라 무신론과 진화론을 전제로 하고 있다. 최제우는 "우주의 본체는 무시무종"이라 하고 "대우주 대생명이 한 번 창조운동을 개시한 이래로는 쉬지않는 진화가 열리게 되었다. 그리하여 그 진화운동은 점차 불완전 표현으로 완전 표현에 나아가게 된 것"이라고 하며, 사람이 바로 그 '비교적 완전표현'이라는 것이다. 그는 천지를 음양이며 귀신이며 1동 1정의 조화라고 한다. 〈동경대전〉에 기록한 바와 같이 만물은 음과 양이 어울려서 화생된 것이라 하며 그 가운데서 가장 신묘한 존재가 사람이라고 그는 말한다.

최제우는 만물의 "세 근본 존재"를 천(天) 지(地) 인(人) 삼재(三才)라고 한다. 그뿐 아니라 자기를 "천황씨" 또는 "후천 천황씨"라고 함으로써 자기를 우주의 근원자와 동일시 하고 "후천개벽의 주인" 내지 "후천인류의 원조"라고도 주장한다. 최제우는 또 동양에서 인류의 원조를 말하는 천황씨는 서양의 "아담"과 같은 것이라고 한다. "아담"은 다만 "종교적 신화"에서 나왔고, "천황씨"는 "역사적 신화"에서 나온 것이 동서양간의 서로 다른 점이라는 것이다. 그가 "천황씨" 앞에 "후천"이라는 말을 붙여서 자기가 누구인가를 설명하는 이유는, 그가 "선천 인류의 원조"와 비교하여 새로 도래하는 지상천국 즉 "후천개벽 시대"의 원조임을 말하려는 것이다. 그는 " 천황씨"를 중국전설에 나오는 최초의 임금이라고 하며, 이를 또 "상제"라고 한다.

손병희도 "천황 지황 인황"이 본래 하나의 기(氣)에서 나왔기 때문에 자기의 기(氣)와 교조의 기(氣)가 같다고 하며 자기를 "후천 천황씨"라고 한 최제우와 동일시 하였다. 최제우는 또한 인간의 성(性)을 무궁하다고 한다. 인간은 창조된 것이 아니라 "무궁 이전부터 끝이 없이 흘러 나온 것"이라고 하고, 인간은 누구나 부모로부터 생겼다고도 한다. 그는 원시 부모를 "천황씨"라고 했는데 그 천황씨는 "무엇으로부터 화하여 되었는지 모르되(사람으로부터 사람된 것이 아니라)...사람만 못한 하등동물로부터 점차 진화에 진화를 가하야...사람이라는 고등동물에… 이르러 왔다"고 주장한다.

만물이 진화함으로 "영생"하는 것 처럼 부모는 나로, 나는 아이들로 진화하 면서 영생하게 되고 이 영생은 "국민의 무궁성"이나 다름이 없다는 것이다. 이렇게 최제우는 사람이 무엇으로부터 생겼는지는 모르되, 음양결합에 의해 생겼고, 코스모스가 "한울님"(天)의 창조적 표현이듯 사람도 "신의 표현"이라고 한다. 최제우가 사용한 개념들은 위에서 증명된 것처럼 혼합주의적 개념들이다. "창조"라는 말은 창조자와 피조자와 아무 관계가 없는 "진화"라는 개념과 똑같이 사용된 것을 볼 수 있다. 그가 "사람성 무궁"을 주장하며, 사람의 성(性)은 "과거에도 무한하고 미래에도 무한한 신성을 가지고 있는 것"이라고 하여, 사람을 신(神) 내지 "무궁자의 표현"이라고 한다. "오심즉여심"(吾心卽汝心)이라는 그의 심법이 설명하는 것 처럼 사람의 마음을 떠나서는 다른 신계와 천계가 없다는 것이다. 인간의 마음이 바로 신계이며, 천계이며, 신(神)이란 다름아닌 인간의 자기 성(性)을 표현케한 것이라고 한다.

"천국"이란 다름아니라 사람속에 있는 "천주"를 길러서 "사람성 무궁"을 완성하는 것이다. 불완전한 인간성을 길들려서 "양천주"한 것이 바로 "천국" 이고 "열반"이라고 한다. 천국은 이 세상에서 장생불사의 평안 세계를 이룩하는 것이다.

최제우는 도교의 신선사상을 도입하여 "용주가"를 짓고 "나도 신선이다"라고 노래했다. 그는 "동학의 지상신선"이 기독교의 "지상천국"을 의미한다고 한다. 서양의 "천국"은 동양의 "선경"(仙境)이고, 천국의 천사가 바로 선경의 신선이라는 것이다. 이 둘은 장생불사하고, 천국의 생활과 선경의 생활이 동일하다고 한다.

4면으로 이어짐

19910615_홍정수 교수의 신학에 답함(홍정수 교수 그는 감리교인인가)_
이동주 교수_크리스찬신문_4번

기독교대한감리회 감독님들께

<u>저는 "교리"가 아니라 "구약과 신약 에 있는 하나님의 말씀이 신앙과 실행에 충분한 표준이 됨을" 믿습니다</u>
(기독교대한감리회「교리적 선언」 제5조)

1. 본의 아니게 교단의 여러분들께 혼란을 끼쳐 드림에 대하여 깊은 책임을 느낍니다.

저는 기독교대한감리회 소속 목사임을 저의 생애에 있어서 가장 소중한 요소라고 생각합니다. 그리하여 단순한 교수직으로 머무를 수가 없어, 1986년 9월 28일 아주 미약하나마 교회 하나를 직접 개척하였으며, 그 교회에서 매주 예배 시간에「사도신경」과「교리적 선언」및「니케아신경」을 번갈아가며 하나님께 "고백"해 왔습니다. 이것은 기독교 신앙의 전통을 소중히 여기기 때문입니다.

2. 제가 쓴 문제의 기사, "동작동 기독교와 망월동 기독교"는 저의 부활 신앙 또는 신학의 전부가 결코 아닙니다. 그것은 단지 25 매짜리의 "설교" 한 편이었습니다. 그런데 여러 어른들께서 그것으로써 저의 기독교 신앙에 대해 의혹을 가지셨으면서도 지금까지도 저의 신앙에 대한 확인의 절차가 없었기에, 외람되나마 지면으로 저의 신앙과 신학을 밝히는 바입니다.

3. 그 기사의 주요 내용은 다음과 같이 요약됩니다.(「 」안의 말은 그 기사의 문자적 재인용)

「세계적인 칼빈주의 신학자 칼 바르트는 우리가 만일 "생물학적" 죽음의 극복과 육체의 부활을 믿는다면, "그것은 이방인들이 구하는 것"(『죽은 자들의 부활』)이라고 단호하게 말했는데」, 이것은 그가 기독교 부활 신앙의 핵심이 예수 그리스도 안에서 나타난「"임마누엘"」의 사건을 믿는 믿음이라고 보았기 때문입니다. 저는 바르트의 해석이 적어도 이 점에 있어서는 옳다고 믿습니다. 왜냐하면 '신앙의 사건'인 부활(신앙인들에게 외에는 부활하신 주님께서 "나타나시지" 않으셨습니다/요한 14: 22참조)을 '자연과학자가 확인할 수 있는 생물학적 사건'으로 전락시킨다는 것은 (1)기독교 신앙의 존재 기반을 포기함과 같으며(마태 22:31; 로마 8:11; 고전 15:39-40 등 참조), 나아가 (2)우리의 신앙과 희망의 대상이 하나님이 아니라 죄많은 인간들의 호기심과 이기심(마태 22:28 참조)이 될 수밖에 없을 것이기 때문입니다. 달리 표현하면, 부활 사건은「"이 세상"의 임금이 역적과 죄인이라고 처형해 버린 불의한 자」 예수가 「"하나님에 의해서 되살아난 사건"입니다. 이것을 어렵게 말해서 "종말적 사건"이라고」 말합니다.

여기서 보시다시피, 저는 예수 부활의 '실재성(reality)'을 부정한 것이 아닙니다. 단지 '부활'이란 어디까지나 "하나님께서" 일으키시는 '신앙의 사건'임을 강조함으로써 인간중심주의적 사고에 빠져 있는 잘못된 부활 이해를 바로잡으며, "성서"의 신앙을 재천명하고자 했을 뿐입니다. 이렇게 파악할 때에야 비로소 '승천'한지 적어도 5 년 후인 AD 35년 경에 사울이 "부활하신 주님의 현현"을 몸소 체험했다고 하는 주장을 현대인들도 올바로 이해할 수 있습니다.

4. 예수께서는「하나님에 의하여 되살아났고, 더 나아가 "하나님의 오른편에 앉아"」계시다가, "산 자들과 죽은 자들을 심판하러 오시리라"고 우리들은「고백」합니다. 이것은「이 세상이 처형한 그 죄인이 이제는 (하나님에 의해서) 이 세상을 심판할 새로운 정의로서 확정되었음을」 가리킵니다. 따라서 부활은「하나님의 심판 사건의 시작」이기도 합니다.「그러므로 우리는 지금 하나님의 심판 사건의 시작과 완성(재림)의 중간 시대에서 살아가고 있는 것」입니다. 그리고 믿음으로써 이미 "다가오는 세상"에 속해 있는 우리들(요한 5:24; 11:26; 에베 2:6)에게는 그 "심판" 사건이 곧 "구원"이 될 것입니다. 따라서 기독교의 부활 신앙은 과거의 사건으로서 신앙의 대상일 뿐 아니라, 인류 미래의 궁극적 "희망"의 근거가 되기도 합니다. 예수 그리스도의 '부활'은 예수 자신만의 부활이 아니라 우리 인간과 자연까지도 하나님에 의하여 마침내 '구원과 해방과 평화의 완성'에 참여케 되리라는 희망이요 또한 '약속'(로마 8:18-25)이기 때문입니다.

제가 여기서 강조하고 싶었던 것은 우리의 신앙은 철저히, 철저히 '성서'적/'하나님'중심적이어야 하며, 따라서 하나님의 '약속'을 우리의 속좁은 '계산'/'욕심'의 대상으로 삼아서는 결코 안 된다는 점이었습니다.

1991년 7월 3일 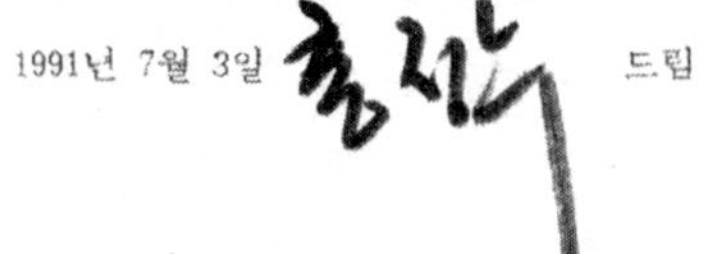 드림

19910703_기독교대한감리회 감독님들께_홍정수_4번

1

--한국의 1천만 기독교도들과 120만 감리교도들에게 드리는 호소문--

성서와 감리교 신학의 바른 이해

홍정수(감신대 교수/동녘교회 목사)

저는 1961년부터 기독교의 신앙 생활을 시작하였으며, 처음 1 년 간은 철암장로교회에서 기독교를 배웠습니다. 그 후 줄곧 감리교회에서 성장해 왔습니다. 그리고 1967년 감리교신학대학에 입학하여 신학수업을 시작하였으며, 그 후 동 대학원 및 미국의 SMU 대학, 그리고 EMORY 대학에서 신학의 공식적 수업을 마쳤습니다. 그 과정에서 특히 세계적인 감리교 신학자인 Albert Outler, Schubert Odgen, Theodore Runyon에게서 직접 감리교 신학을 배웠습니다. 그 후 1981년 가을부터 모교인 감리교신학대학에서 '조직신학'을 가르쳐 왔으며, 著書로는 『監理敎교리와 현대신학』, 『多宗敎와 基督論』 및 『베짜는 하나님』이 있습니다. 한편, 5 년 전에 동녘교회를 창립, 지금까지 거의 매주일 설교를 하고 있는 목회자입니다.

목차

19910703_성서와 감리교 신학의 바른 이해
(한국의 1천만 기독교도들과 120만 감리교도들에게 드리는 호소문)_홍정수_4번_페이지_01

2

1)저는 성경과 감리교 전통과 한국 감리교 교리를 면밀히 그리고 거듭 연구하여 보았으나, 기독교의 부활 메시지의 핵심이 "생물학적 죽음과 부활"이 아니라 "하나님의 심판이라는 종말적 사건"으로서의 "예수의 부활"에 있으며, 그 사건에 대한 우리의 체험은 "신앙"에 의하여서만 가능한 "임마누엘"이라는 (칼 바르트의) 해석에 아무런 잘못이 없음을 거듭 확인하였습니다.

2)지금까지 맨 처음의 "심사 회부인" 곽전태 감독님(91.7.4. 10:45--7월 3일자 "자료문서 2"를 보셨을 것임)과 자격심사 상임위원들(91.9.20. 11:00--이분들은 지난 4 개월여 동안 저를 심사하였으며, 이분들과의 합의, 심사를 거쳐 10월 12일자로 발표된 "자료문서 3"을 작성함), 그리고 사적으로 법집행에 나서고 있는 박기창 감리사와 송파지방 실행위원들(91.10.26. 7:30) 등 여러분들을 직접 만난 바 있으나, 아무도 그 자리에서는 저의 "이단성"을 지적하지 않으셨음을 먼저 밝히는 바입니다.

3)그러므로 조속히 "공개적이고도 공정한 토의"에 의하여 신학적 오류가 청산되어, 혼란에 빠져 있는 감리교회의 무수한 무고한 신도들에게 평화가 회복되기를 간절히 염원합니다.

4)그러나 공개적인 토의의 장을 마련할 의지가 없는 것으로 보이기에 부득불 이렇게 지면으로 저의 입장을 공개적으로 재천명함에 대하여 양해를 구합니다. 제가 했다는 말들을 전후 문맥을 완전히 무시한 채 아전인수격으로 인용함으로 저를 크게 오도하고 있는 "사소한 일들"에 대한 설명을 먼저 드리고 나서, 역시 크게 곡해되고 있는 "부활 메시지"와 "포스트모던 신학"에 대한 변론을 전개하려 합니다. 이 과정에서 저는 지금 벌이고 있는 "순교를 각오한 교리수호대책" 운동의 신학적 허구성을 드러낼 것입니다. 아울러, 이 모든 것에 앞서, 전후가 어찌 되었든 저로 인하여 감리교회 안에 커다란 혼란이 오게 된 것에 대하여 깊이 사죄합니다.

I. 사소한 일들에 대한 설명

(1)수업시간에 했다는 발언

교수가 수업 시간에 "너 아직도 예수의 부활 믿느냐? 너 아직도 처녀탄생 믿느냐?" 이렇게 망발을 했으며, 그래서 수많은 신학생들의 신앙을 떨어뜨렸다는 비난이 저를 가장 불쾌하게 만듭니다. 우선 그것은 학교 당국의 고유한 권한에 대한 도전입니다. 목회자가 설교를 어떤 "방식"으로 전달하느냐 하는 것은 전적으로 그 자신의 고유한 권한이며, 만일 문제가 생긴다고 하면 필시 그 공동체 내부에서 먼저 문제가 생길 것입니다. 예컨대, 예화를 너무 많이 사용하며, 그것도 외국의 이야기를 너무 많이 사용하여 듣는 이들에게 위화감을 조성하는 설교자가 있다고 합시다. 그러면 우리가 "밖에서부터" 그것을 문제 삼아도 좋으시겠습니까? 혹 그 교회의 신도들이 우리들에게 와서, "우리 목사님은 설교를 왜 그렇게 하시지?" 하는 말을 했다고 하면, 그것으로 그 교회의 목사님은 "이단"이 될 만큼 큰 죄를 짓는 것이 될까요? 전후 맥락을 모르면서 밖에서 함부로 남을 비난하는 것은 옳지 않은 줄로 압니다. 저는 학생들로 하여금 기독교의 신앙에서 떠나게 하기 위하여는 그런 망측한 말을 한 적이 결코 없습니다. 그러나 학생들을 훈련시키기 위하여서는 그것보다 더 과격한 질문도 합니다. 예컨대, "당신의 하나님은 누구냐? 어디 계시냐?" 그렇습니다. 경우에 따라서는 이런 질문이 신앙을 세우기 위함이 아니라 파괴하기 위함일 수도 있습니다. 그러나 저는 그런 의도로 학생들을 괴롭힌 적이 없습니다.

19910703_성서와 감리교 신학의 바른 이해
(한국의 1천만 기독교도들과 120만 감리교도들에게 드리는 호소문)_홍정수_4번_페이지_02

신학교라는 곳이 어떤 곳입니까? "신앙"을 넣어주는 곳인가요? 그렇다면 신학교가 교회의 기능을 대신하는 것이 될 겁니다. 예, 물론 신앙을 파괴해서는 안 되지요. 그러나 교회가 신앙의 공동체라면, 신학교는 그 공동체의 미래의, 적어도 20 년 후의 일꾼(지도자)을 육성하는 곳이라고 보아야 하지 않을까요? 저는 그렇게 믿습니다. 그렇다면 신학교 교수가 그들에게 강훈련을 시켜, 다음 세대를 위해 준비시키는 것은 매우 당연한 의무라고 저는 배웠습니다. 그리고 그 훈련하는 과정에서 학생들이 자기 자신들은 미처 원하거나 예상하지 못했던 당혹스런 질문을 받게 되는 수가 혹 있더라도 용납될 수 있을 겁니다. 예수께서 "시험"받으신 것이 하나님의 뜻의 일부이었든가요? 아니면 하나님의 不在 또는 버림의 결과였든가요? 저는 학생들을 가르칠 때, 적어도 20 년은 내다보고 합니다(아니 그러려고 애를 씁니다). 그리고 할 수만 있다면 저는 그들에게 더 가혹한 훈련을 시키고 싶습니다. 훌륭한 병사는 땀을 많이 흘리게 하는 못된 교관의 손을 거쳐야 하듯, 훌륭한 목회자는 역시 자기 자신의 신앙을 재점검하기 위하여 피나는, 그리고 고독한 몸부림의 "광야"를 통과해야하기 때문입니다.

그리고 한두 학생은 혹 저 때문에(?) 신학을 포기하기까지 했는지도 모르겠습니다. 정말 그런 일이 있었다면, 저는 커다란 잘못을 저지른 셈이지요. 그러나 가룟 유다의 배신이 예수님의 본뜻은 아니었듯이, 그것은 결코 제 본뜻이 아닙니다. 적어도 3-4학년이 되면 제가 가르친 학생들은 이 점을 아주 잘 알게 됩니다. 그렇지 않았더라면 제가 이 학교에서 10 년씩이나 견디지 못했을 게 아니겠습니까? 하오니 제발 "당신, 수업 시간에 '........... .....' 말 했어? 안했어?"하는 식의 어린아이 같은 질문은 하지 마시기 바랍니다.

또 "신학은 공부하기 어렵다"는 말이 아주 오랜 옛날부터 나온 것(나지안저스의 그레고리, 329--89)만 보아도, 신학 공부는 어려운 일인가 봅니다. 그러나 저는 이제 이렇게 덧붙여 말하고 싶습니다: "신학은 가르치기도 어렵다"고.

(2)"예수의 피, 개 피"라고 말했다는 허위 주장

이렇게 말해도 되는 겁니까? 아무리 힘없는 교수라고 하여, 이렇게 엉터리같은 말을 "뒤에서" 마구 해대도 되는 건가요? 무서운 일입니다. 제가 언제 어디서 이런 말을 했다는 것인가요? 감독회장님은 말을 "창조"하는 특권을 가지셨습니까? 이렇게 흉칙한 말을 해대는 목사가 정말 있다면, 그는 반드시 그리고 속히 교회를 떠나야 마땅하다고 저도 믿습니다. 그리고 그런 목사를 처리하는 데는 그리 많은 절차가 필요하지도 않을 겁니다. 많은 사람들 앞에 불러 세워, "당신, 언제 어디서 이런 말을 했지?"하고 한 마디만 심문해 보면 간단하게 문제가 끝날 것입니다.

저 자신보다도 저를 더 잘 알고 계시는 것같은 김홍도 목사의 말을 직접 인용하겠습니다:

> "예수의 죽음이 우리를 속량하는 것이 아니라 그의 삶이 우리를 속량하는 것이다......그의 피가 동물들이 흘리는 피보다 월등하게 효과가 있다는 얘기가 결코 아니다"고 했습니다. 즉 개, 돼지의 피나 예수의 피나 같다는 것입니다. 기독교는 구속의 종교인데, 이를 부인하는 것보다 더 큰 이단과 적그리스도가 어디 있습니까?(「불기둥」, 766호)

그리고 총회석상에서 감독회장님은 이같은 김 목사의 발언을 이어받아, "예수의 피가 개 피라고 했습니다"라고 발언하심으로써, 총대들을 흥분시켰음을 우리가 다 잘 알고

19910703_성서와 감리교 신학의 바른 이해
(한국의 1천만 기독교도들과 120만 감리교도들에게 드리는 호소문)_홍정수_4번_페이지_03

있습니다. 이제 저희 연구원에서 발행하는 季刊誌 『세계의 신학』 전신인 舊 『한몸』 제 7호(17-18쪽. 그리고 『베짜는 하나님』 192-194쪽에 다시 실린)를 직접 인용하겠습니다. 그러나 여기서 유의하셔야 할 것은 이 대목은 한 권의 '책'의 일부이기 때문에 그 전체를 읽지 않고는 제대로 평할 수 없다고 하는 점입니다.

> 오히려 그의 죽음의 특징은 처형의 방식이 아니라 그를 죽음으로 몰아간 그의 생애(삶) 자체에 있다. 따라서 "피"가 우리를 속량한다는 성서의 증언은 피로써 말한 예수라는 설교자의 "말씀"(그것은 이미 그의 생애 속에서 시작되었다)이 인간 우리를 해방시키는 위력을 지니고 있다는 고백이다. 좌편 십자가가 하는 말과 우편 십자가가 하는 말은 다같이 인간을 속박할지 모르나, 가운데 있는 제3의 십자가, 하나님의 대권인 용서의 도를 선포하고 실천하다가 죽어간 예수의 죽음의 말(행위)은 우리를 해방시킨다는 말이다. 피-- 그것은 예수라는 설교자의 구체적인 삶을 가리킬 뿐이다. 따라서 바로 말하면, 예수의 죽음이 우리를 속량하는 것이 아니라 그의 삶이 우리를 속량하는 것이다. 죽음은 비존재요, 비실체이다. 비존재와 비실체가 적극적인 힘을 발휘한다는 것은 현대인들에게 용납될 수 없는 신화적인 잔재일 뿐이다. 우리는 (부활 사건에서 역으로 해석된 자료라고 할지라도) 예수의 목회 활동 중에서 이미 인간의 구원(치유와 회심)과 하나님 나라의 도래(귀신 추방, 새로운 친교의 구현)가 시작되었다고 하는 성서의 증언을 이제야 비로소 이해할 수 있게 된 것이다. 죽음이 있기 이전에, 부활의 사건이 발생하기 이전에(부분적이고 불확실하게나마) 인간은 예수의 활동을 통하여 구원(해방)을 체험하였다. 우리는 이 사실을 결단코 과소평가해서는 안 된다. 이 사실을 무로 돌리는 행위가 바로 예수의 피를 부인하는 배교 행위이다. 그러나 사람들은 치유의 기적, 용서의 행위, 귀신추방의 사역 등이 하는 말뜻과 죽음이 하는 말뜻 사이에는 엄청난 차이가 있다고 생각하였고, 그래서 깊고 깊은 좌절과 혼란에 빠졌었다. 그렇다면, 그가 우리의 구원자, 우리를 구원하는 하나님의 능력이라고 말하는 것은 예수라는 인간의 생체 조직이 신적인 성분으로 구성되어 있다거나 그의 피가 동물들이 흘리는 피보다는 월등하게 효과가 있다는 얘기가 결코 아니다. 그가 "하나님의 말씀"을 증언했다는 뜻이요, 나아가 그가 전한 하나님의 말씀은 그의 삶의 구체적인 발자취와 "하나"였다는 고백의 말이다. 대부분의 인간은 자기 자신의 삶보다 고차적인 것, 위대한 것, 더 깨끗한 것을 말한다. 그러나 예수는 자신의 삶으로써 말했고, 그의 삶이 그의 말보다 더욱 진하고, 더욱 고차적이고, 더욱 신성했던 것이다. 그래서 우리는 그의 생애(삶)가 하는 말을 듣는 것이지, 그가 입으로 전하는 말을 듣는 것이 아니다. 그는 오히려, 훗날(성령이 임하면) 제자들이 자기 자신을 더 잘 이해하게 되리라는 의미심장한 유언을 남기고 죽었다(요한 16:1-15). 이렇게 생각하면 기독교 신앙에는 아무것도 신화적이거나 마술적인 것이 없다. 예수라는 한 인간이 삶으로써 말했고, 그의 말을 "듣는"(복종하는, 계승하는) 자는 구원(해방)을 받게 된다는 이야기일 뿐이다. 그런데 그가 한 말이 한 인간의 말이 아니라 "하나님의 말씀"이라고 고백되고 있다는 사실을 소홀히 하고 넘어가면 안 된다. 왜 그는 하나님의 말씀인 성육신(成肉神)인가? 그것은 "하나님께서 그를 살려내셨다"는 또 다른 고백이 답해 준다.

좀 길게 인용하여 죄송하지만, 제가 여기서 하고자 했던 것은 소위 "神話的 옷"을 입고 있는 성서의 "속량의 피"를 재해석한 것이지 부정한 것이 결코 아닙니다. 어디 그뿐입니까? "예수의 피는 개 피, 돼지 피"라는 모독적 표현은 여기 어디서도 나오지 않습니다. 오히려 그 반대입니다. 그리고 우리가 (성서를 문자적, 신화적으로) 잘못 이해하게 되면, 예수의 "피"(피흘려 죽으시기까지 복종하신 예수의 삶)를 구약 시대의 동물 희생제사의 代置에 불과한 것으로 처리하게 되는데, 이래서는 결코 안 된다고 말했을 뿐입니다. 문자적으로 이해하면, 구약 시대에는 소나 양이나 비둘기의 피에 의하여 인간의 죄가 속량되었습니다. 그렇다면 (성서 이야기를 문자적으로 이해할 때)

19910703_성서와 감리교 신학의 바른 이해
(한국의 1천만 기독교도들과 120만 감리교도들에게 드리는 호소문)_홍정수_4번_페이지_04

결국 예수의 "피"가 한 일은 무엇입니까? 사람들이 어짜피 "동물들의 피"에 의하여 속량을 받을 것인데, 이제 예수의 피흘림이 있음으로 하여 달라진 것이 과연 무엇이란 말입니까? 인간이 죄지을 때마다 동물을 잡아 죽이는 수고와 그 때마다 대신 희생되어야 하는 동물들의 죽음이 필요 없어진 것이 아닐까요? 이렇게 성서를 문자적으로 또 신화적으로 이해하는 것은 성서의 본뜻도 아니거니와 오늘의 사람들이 이해할 수가 없습니다. 따라서 저는 이렇게 생각합니다: 구약성서도 미흡하기는 했지만 하나님의 "은총"에 의한 속량을 말해 왔는데, 이제 우리는 예수의 "피" 속에서 확실하고 단정적인 하나님의 은총의 말씀을 재발견한다. 이렇게 말함이 어찌 "예수의 피는 개 피다"라고 말하는 것이 된다는 말입니까? 아무리 생각해봐도 이해되지 않는 억지일 뿐입니다. 성서의 언어를 문자적, 신화적으로 읽으려고 고집한다면 그것이야말로 예수의 피를 "동물의 피"로 전락시키고 마는 일입니다. 성도 여러분, 그래도 성서의 언어를 문자적으로, 신화적으로 이해하시기를 원하십니까? 저는 예수의 "피" 속에서 "살아 계신 하나님의 구체적 말씀"(成肉身)을 듣습니다. 이것이 이단이라고요? 왜 그런가요?

(3)<u>통일교 거물급 간부 육성 및 자금수수설의 허위성</u>

91년 11월 30일자 "고소장"에 의하면, 김홍도 목사와 유상열 장로는 변선환 학장님과 제가 "통일교와 연루되어 통일교의 거물급 인사를 5 년 동안이나 비호하며 감리교신학대학원을 졸업시켰다(증거물 제시하였음)"고 했으며, 또 김홍도 목사는 홍정수의 『세계신학연구원』이 필시 통일교와 연관이 있을터이니, 회계 장부를 조사해 보라는 발언을 했는가 하면, 김국도 목사는 91년 12월 1일 주일 설교강단을 통해서 공공연히 "통일교의 돈을 받아먹었다"고 발언을 했습니다.

여기서 말하는 "증거"란 무엇입니까? 정말 그런 일이 있다면, 그거야 재론의 여지가 없지 않겠습니까? 그런 이들이 어찌 신학대학의 교수로 남아 있을 수 있겠습니까? 그러나 이런 엄청난 고발 내용이 사실이 아님이 밝혀질 때가 올 것이라고 저는 굳게 믿고 있습니다. 그 때가 되면, 김홍도, 김국도 목사, 그리고 유상열 장로 등은 감리교신학대학의 명예실추에 대하여 어떻게 보상하여야 할지 저로서는 난감하기만 합니다. 특히 김홍도 목사는 91년 12월 7일자 『크리스챤신문』에서 감리교신학대학과 감리교회의 "보수화"를 노골적으로 피하면서, 문제의 그 학생이 "통일교를 변호하는 논문까지 쓰게 했다"는 허위 사실을 유포시키고 있습니다.

사정은 이러합니다. 감리교단은 시시때때로 "통일교 관련 인사들" 문제로 시끄러워 왔습니다. 그런데 통일교 집단은 우리를 미혹하는 일을 계속해 오다가 급기야는 신학생들까지 포섭하기에 이르렀다고 합니다. 김홍도 목사에게 "정보"를 제공함으로써 고소장을 내게 만든 그 학생의 이름은 필경 이*철일 것입니다. 그는 여기서 밝힐 수 없는 형사적 전과를 가지고 있으나, 과거를 청산하고 목회자가 되기로 결심, 우리 학교에 입학하게 되었습니다. 그런데 그 학생이 어느날 저를 찾아와, "대학원에 재학중인 양** 학생이 통일교 간부활동의 전적이 있습니다"고 알려 주었습니다. 이에 저는 대학원 당국에 그 사실을 알렸으며, 대학원 당국은 자체 조사를 시행하였습니다. 그러나 우리는 아무런 혐의도 발견하지 못하였기에, 결국 그는 그 다음 해 예정대로 논문을 쓰고, 졸업을 하기에 이르렀습니다. 만일 그 학생에게서 어떤 혐의사실이 드러났다면, 어느 교수도 이 사실을 묵과하지는 않았을 것이 확실합니다. 그리고 그가 쓴 논문은 「선교과제로서의 민족분단과 통일전망」(89년, 가을)인데, 그 논문는 저와 아무런 상관이 없습니다.

어디 그뿐입니까? 저는 학교를 대표하는 것은 아니지만, 그 해 가을, 곧 89년

19910703_성서와 감리교 신학의 바른 이해
(한국의 1천만 기독교도들과 120만 감리교도들에게 드리는 호소문)_홍정수_4번_페이지_05

6

9월 18일 온양에서 선교국 주최로 열린 "전국감리사·총무협의회"에서 "통일교의 신학적 도전"에 대하여 특강을 하였으며, 그 때의 자료는 이미 저희 「세계신학연구원」에서 발행한 바 있는 『좌우분열과 치유신앙』이었습니다. 이 자료는 기존의 통일교 비판 논문과는 달리, 통일교의 "신학"을 다룬 것이었습니다(그 요지는 "통일교는 사이비-기독교가 아니라 사이비-유교 집단이라" 것임). 그리고 그 자리에서 당시 우리 학교가 겪고 있던 무성한 소문, 곧 통일교의 신학교 침투 소문에 대하여 보고를 드리고, 이에 대한 교회와 교단 차원의 관심을 부탁드렸습니다. 그러나 그 당시 어느 누구도 이에 대하여 관심을 표하지 않았었습니다.

요약하면, 이*철 학생의 정보제공은 분명히 그 역할을 다했습니다. 그 정보에 의하여 학교당국은 조사를 하였으며, 혐의사실이 발견되지 않았기에 학교 규칙에 의하여 양**이라는 대학원 학생은 졸업을 하게 되었습니다. 그럼에도 불구하고 저는 이런 위험한 분위기를 교단의 중진들에게 충분히 보고드렸습니다. 그리고 통일교의 신학적 오류를 지적하는 연구 논문을 발표하기도 했으며, 강연을 열기도 하였습니다. 미흡하나마 저는 일개 교수로서 할 일을 다 했다고 생각합니다.

그리고 저희 연구원 이름에 "세계"라는 단어가 들어 있어서 "오해"의 여지가 있다는 지적은 많이 받고 있습니다. 그러나 이 세계에서 "세계"라는 이름을 사용하는 모든 단체들이 다 "통일교 집단"이라는 어리석은 논리를 고집하시지는 않으시겠지요? 혹시라도 자금수수가 궁금하시면 언제라도 저희 연구원을 방문해 주십시오. 기꺼히 (김홍도 목사가 보고 싶어하는 그) 장부를 보여드리겠습니다.

II. 한국 감리교회의 신학적 노선과 "종교재판"의 불가능성

여기서는 저의 "부활절 메시지"에 대한 각종 오해를 불식시킴과 동시에, 그것을 빌미로 "종교재판"을 수행하고 있는 감독회장님 및 「교리수호대책위원회」의 신학적 허구성을 밝히고자 합니다.

(1)"예수의 육체 부활을 부정한다"는 허위 주장

글쎄요. 여기서 우리가 어떤 의미로 예수의 "육체"를 말하고 있는지 한번 생각해 보셨습니까? 성서의 언어에는 "육체"에도 종류가 많다는 것을 먼저 기억하셔야 합니다. 그렇습니다. 바울 사도에 의하면, 고린도 교회의 교우들 중에는, (1)"죽은 사람이 어떻게 다시 살아나며, (2)어떤 몸으로 살아나느냐?"하는 질문을 하는 이들이 있었습니다(고전15:35). 그리고 우리의 질문은 (1)의 질문이 아니라 (2)의 질문, 곧 "어떤 몸"으로 다시 살아나느냐 하는 것입니다. 따라서 제가 모든 의미에서, 무조건 "부활을 부정했다"고 하는 말은 처음부터 재고의 여지조차 없는 거짓말입니다. 그러면 바울은 과연 어떤 몸으로 부활한다고 했습니까? "자연과학자들이 생각하고 있는" 그런 의미에서의 "육체"로 그리스도가 부활하셨으며, 또 우리도 그런 몸으로 부활하리라고 했습니까? 절대로 아닙니다. 바울은 이 문제에 대하여 누구보다 잘 알고 있었으며, 누구보다 분명하게 말했습니다. 그의 답변은 이런 것이었습니다. 첫째, 우리는 "육체"로 부활합니다. 둘째, 그런데 "모든 육체가 다 같은 것은 아닙니다." 왜냐하면, 육체에는 여러 종류가 있는데, "사람의 육체," "동물의 육체," "새의 육체," "물고기의 육체"가 다 다르기 때문입니다(우리는 이것들이 정확하게 어떻게 다르다는 것인지 알 수가 없

19910703_성서와 감리교 신학의 바른 이해
(한국의 1천만 기독교도들과 120만 감리교도들에게 드리는 호소문)_홍정수_4번_페이지_06

습니다). 그리고 더 중요한 것은 "하늘에 속한" 육체가 있으며, "땅에 속한" 육체도 있다는 것입니다(39-40절). 그래서 이렇게도 말할 수 있습니다: "육체적인 몸도 있으며 영적인 몸도 있다"(44절). 셋째, 우리가 부활할 "몸"은 "땅에 속한" 것, "썩을 몸," 곧 "살과 피"(40, 42, 50절)가 아니라 "하늘에 속한" "불멸의" 몸, 곧 "신령한 몸"입니다. 예수께서 하신 표현을 따르면, 부활한 몸은 "천사와 같은"(눅20:36 참조) 몸입니다. 결국 이것은 신앙을 전제로 하여서만 이해할 수 있는 "신비"에 속합니다. 구약성서는 "천사"가 인간의 육체로 나타나는 경우를 매우 여러 번 , 그리고 매우 진지하게 언급하고 있습니다.

따라서 A.D. 178년에 철학자 켈수스가 제기한 질문, "왜 부활하신 예수께서는 그를 죽인 적대자들에게는 나타나지 않으시고 하필 신자들에게만 나타나셨느냐?"하는 것은 쉽게 해답이 됩니다. 하나님께서 그 아들을 공공연히 보내셨지만, 그를 영접하지 않는 사람들에게는 모든 것이 감추어져 있을 뿐이기 때문입니다. 즉 "부활 사건"은 하나님 자신의 행위이기 때문에 인간의 "욕정"으로는 깨달아 알 수 없는 신비입니다. 이렇게 이해할 때에만 다음과 같은 수수께끼가 풀립니다. 즉 다메섹 도상에서 출현하신 부활의 그리스도를 "수행원들"은 목격하지 못하였으나 나중에 (이 사건에 근거하여) "사도"가 된 바울만은 알아보았던 것입니다. 그리고 이 사건이 그리스도께서 "승천"하신 지 이미 5 년쯤 지난 뒤에 일어났다는 사실도 이상할 것이 전혀 없습니다. 하나님께서 당신의 "계시"를 행하시고자 하시면 지금도 시행하실 수 있을 것이기 때문입니다 (그러나 학자들의 연구 결과에 의하면, 초대 교회들은 그같은 특별 계시 사건은 더 이상 필요 없고, 단지 세상 끝이 되면 그런 일이 모두에게 일어나리라고 희망하고 있었습니다).

[부활에 관한 더 상세한 연구를 알고 싶으신 분은, 윌켄스, 『부활』, 박창건 譯(성광문화사)을 참조하시기 바랍니다.]

(2)「'부활' 해석이 교리위배」라는 주장의 허구성

최근에 낸 고소장에 의하면, 저의 부활 메시지 해석이 "성서"와 교리에 다같이 위배되었다고 하고 있지만, 91년 11월 30일 이전에만 해도 줄기차게 단지 "교리"에 위배되었다 하여 저를 비난해 왔었습니다. 그러나 그것은 전혀 근거 없는 거짓말입니다. 위의 해석에는 물론 철저한 성서적 근거가 있습니다만, (1)감리교회는 신학적 시비를 "교리"로 가리는 이른바 "고백원리"의 교회가 아닙니다. 따라서 신학의 문제로 "종교재판"을 벌이겠다는 그 자체가 反감리교적 처사임을 우리 모두 명백히 알아야 합니다. 그뿐입니까? (2)웨슬리 자신이 부활에 관한 한 "육체"라는 표현을 「제거하여」 가르쳐 왔는데, "교리수호" 운동을 펴고 있는 이들은 감리교 역사를 잘 모르는 탓으로 '誤譯된' "종교강령의 제3조"를 가지고, "육체부활 부정은 교리위배다"하고 큰 소리로 말함으로써 무구한 수많은 신도들에게 거짓된 감리교 신학을 파급시키고 있습니다. 이제 이하에서 잠시 이 부분을 말씀드리겠습니다. 다 아시는 얘기이겠지만, 다시 한번 유의하여 읽어 주시기 바랍니다.

(가)감리교회의 "의회원리"와 "종교강령"

지금 "교리수호대책위원회"라는 反감리교 집단이 벌이고 있는 것과 같은 종교재판(敎權으로 신학적 시비를 다스리는 방식)을 하려면, 우선 그것의 기준이 될 수 있

19910703_성서와 감리교 신학의 바른 이해
(한국의 1천만 기독교도들과 120만 감리교도들에게 드리는 호소문)_홍정수_4번_페이지_07

는 (성서에 버금가는) 절대성을 지니고 있는 "공식적 가르침"이라는 의미에서 "교리"(사실은 교의)가 교회법적으로 확립되어 있어야 합니다. 그렇다면 한국 감리교회에서는 그 재판(만일 가능하다면)의 종국적 기준은 불가피하게 소위 "종교강령"이라고 하는 "25개조"의 신조와 "8개조"로 구성되어 있는 "교리적 선언"이 될 것입니다. 그렇다면 지금까지 우리 모두가 소홀히 해왔던 그 신앙의 문서들의 기본 성격을 세밀하게 검토해 보는 것이 필요하리라 생각됩니다.

<<「종교강령」의 성격과 그 권위의 문제>>

「종교강령」이라는 문서를 사도신경처럼 "신앙고백"의 대상이라고 생각하시는 분들이 많은 듯합니다. 그러나 실상은 전혀 그렇지 않습니다. 이 문서는 1536년부터 여러차례 발전/변형되어 온 영국교회의 신앙개조의 하나에 그 연원이 있습니다. 좀 더 자세히 말하면, 감리교회가 말하는 "종교강령"이라는 문서는 1563년판 영국교회의 신앙개조, 통칭 "39개조"라고 하는 문서를 웨슬리 자신이 발췌하여, 미국 감리교회의 창립총회가 열리던 1784년 볼티모어 연회에 보낸 것이 그 시작입니다. 그런데 역사적으로 다양하게 변형되어 온 "종교강령"이라는 문서는 본디 --3대 에큐메니칼 신조들처럼--"신앙고백"의 대상이 아니라, 그 당시의 신앙적, 신학적 문제점들에 대한 교회의 입장을 요약적으로 정리한 것에 불과하답니다(*The Oxford Dictionary of the Christian Chruch*, 1974년판, 1368쪽). 그렇다고 하여 "신앙의 규칙"으로서 이 문서의 가치를 부정해야 한다는 말은 결코 아닙니다. 단지 그 字句的 표현에 얽매이지 말아야 함을 뜻할 뿐입니다.

한편, 우리는 웨슬리가 영국교회의 1563년판 "종교강령"(이것은 더 거슬러 올라가 루터란의 멜란흐톤이 기초한 1530년판 "아우그스부르그 고백"에 근거해 있습니다. Thomas C. Oden, *Doctrinal Standards in the Wesleyan Tradition*, 100 쪽)에 엄연히 존재하던 "제8조, 3(대 에큐메니칼) 신조에 관한" 조항을 삭제해 버렸다고 하는 사실을 반드시 주목하여야 합니다. 이것은 신생 감리교회가 앞으로 "종교강령"을 어떻게 다루어 주기를 웨슬리가 바라고 있었는지를 간접적으로 증언해 주기 때문입니다.

> 3 신조들--니케아 신조, 아타나시우스 신조, 그리고 흔히 사도신경으로 불리우는 신조--은 철저하게 받아들이고 믿어야 한다: 이것들은 성서의 가장 확실한 뒷받침에 의하여 입증될 수 있기 때문이다

웨슬리가 이 조항을 삭제함으로써 형식적으로 보면, 감리교회는 사도신경조차 "신앙고백"으로는 채택하지 않고 있음을 인정해야 할 판입니다. 이로써 우리는 『옥스포드 교회사 사전』이 이해하고 있는 "종교강령 39개조"의 성격이 웨슬리 자신의 "종교강령" 및 "신조들" 이해와 어울린다고 확신할 수가 있습니다.

이런 사실을 뒷받침해 주는 보다 확실한 자료는, 웨슬리가 만들어 준 그 "종교강령"을 교회의 신앙 규칙으로 채택하고 있는 미국 연합감리교회 자체의 헌법입니다. 창립 200주년을 기하여, 신학적 자각을 다짐하는 미국 연합감리교회는 *The Book of Discipline*(이것은 1972년부터의 이름이고, 그 이전에는 *Doctrine and Discipline*이라 했는데, 우리는 이 옛 방식으로 『교리와 장정』이라 부르고 있습니다)의 제2부 67단, "종교강령"에 대한 긴 서설에서 모든 감리교도들에게 이렇게 주의를 환기시키고 있습니다:

9

기독교의 뿌리를 상하지 않는 모든 견해들에 관하여는, 우리가 (자유로이) 생각하고, 또 (남들도) 생각하게 하자(이것은 1765년에 처음으로 작성된 웨슬리의 설교문, "성서적 구원론"의 인용임). 그러나 그들(미국 연합감리교회의 여러 창립자들)은 비록 종교적 관용과 교리적 다원주의를 전적으로 따랐지만, 확인하고 보존해야 할 기독교의 "진수"가 있음에 대하여도 꼭같이 확신하고 있었다. (기독교의 진수로서) 이 살아 있는 핵심은 ...성서 속에 나타나 있고, 전통에 의하여 조명되며, 각자의 경험 속에서 활성화되며, 이성에 의하여 확인된다. 물론 그들은 하나님의 영원한 말씀이 어떤 단일 형태의 언어(신조) 속에 결코 송두리째 표현된 적이 없으며, 또 앞으로도 그렇게 될 수 없음을 매우 잘 알고 있었다. 아주 당연하게도 그들은 또한 옛 신조들과 고백들이 기독교 신앙의 타당한 요약임을 재확인하는 데 주저하지 않았다. 그러나 그들은 그것들에 대하여 종국적 권위를 부여하거나 그것들을 그 자체로서 교리의 진위를 가리는 절대표준으로 삼는 부주의를 범하지 않았다. 바로 이같은 정신에 입각하여, 그들은 어떤 형태의 고전적 "고백 원리"도 채택하기를 거부하였다--"고백 원리"란 기독교는 그 진리의 본질을 정확하게 규정된 명제로 진술할 수 있으며 또 해야 하며, 이것의 준수를 교회법상의 권위에 의하여 강제 시행해야 한다는 주장을 말한다. 그들은 그 대신 오히려 옛 "공의회 원리"의 독특한 형태를 취하였다. 이 원리에서는 목사, 교사(신학자), 평신도 들의 살아 있는 기독교 신자들의 집합적 지혜에 의하여 그들의 공동체 생활이 영위된다[웨슬리의 경우 그런 기관이 각급 "(의)회"(conference)이다(200주년 기념판, 40-41쪽].

그러므로 감리교회는 웨슬리가 남기고 간 유산, "종교강령"이라는 교리 문서에 대한 우리의 태도, 또는 신학적 문제가 발생하였을 때 우리가 취해야 할 방향이 교권주의적인 "고백원리"의 방식이 아니라 교회의 구성원들의 대표들로 구성된 "의회에서의 토의"를 통과해야 함을 역력히 알 수 있습니다. "종교강령" 그 자체는 매우 귀중한 신앙의 "요약적" 진술이기는 하지만, 그것을 성서와 같은 위치에 두고 절대화하는 것은 불가능한 것입니다.

(나)"자유주의"를 선택한 바 있는 "진보적" 한국 감리교회

(1)한국 감리교회는 "종교강령"을 그나마 채택하지 않았습니다

왜냐하면 우리의 『교리와 장정』에 의하면 그것은 어디까지나 "미국" 교회의 것이지 "한국" 교회의 것은 결코 아닙니다(필자는 1982년부터 이 점을 시정하자고, 곧 "종교강령"을 채택하자고 관계기관에 건의하였지만 듣는 이가 아무도 없었습니다). 그리고 "종교강령"을 채택하는 과정에서 나타난 웨슬리의 정신은 우리의 『교리와 장정』에도 충분히 나타나 있습니다.

(2)한국 감리교회의 창립 선언문에 나타나 있는 신학적 노선

1930년에 탄생한 「기독교대한감리회」는 총회석상에서 발표한 "통합의 전권위원장" 웰치 감독의 입을 통해 이렇게 그 신학적 노선을 분명하게 말하고 있습니다:

> 진정한 감리교회는 진보적이므로 생명이 있는 이의 특색을 가졌으니 곧 그 시대와 지방을 따라 자라기도 하며 변하기도 할 것입니다
> (90년판,『교리와 장정』 16쪽).

(3)교리적 선언에 나타나 있는 신학 노선--"부활" 不在의 자유주의

모든 감리교회는 1739년에 웨슬리 자신이 발표한 "연합신도회 총칙"을 중요한

/0

신학 지침으로 간주합니다. 이것이 우리의 『장정』에는 제4단에 수록되어 있는가 하면, 제36단의 "교리적 선언"에서 다시 한 번 확인되고 있습니다:

> 웨슬리 선생이 연합속회 총칙에 요구한 바와 같이 우리의 입회조건은 신학적 보다는 도덕적이요, 신령적이다. 누구든지 그의 품격과 행위가 참된 경건과 부합되기만 하면 개인 신자의 충분한 신앙자유를 옳게 인정한다.

이같은 신학적 원리를 잘 알고 있던 당시의 교회는 "교리적 선언"을 발표하면서, 이같은 序言도 못 미더웠든지 "우리 교회의 회원이 되어 우리와 단합하고자 하는 사람들에게 아무 교리적 시험을 강요하지 않는다"고 못박고 있습니다. 그 후에야 비로소 소위 "교리적 선언"을 발표하고 있습니다. 이것은 위에서 이미 살펴 본 바와 같이 감리교도의 신앙에 충분한 "규칙"이 있는 것도 사실이지만 그에 못지 않게 또한 "충분한 신앙자유" 도 있음을 명백히 알 수 있는 것입니다.

어디 그뿐입니까? 1930년에 발표된 이 "선언"은 창립 총회의 회의록에 의하면, "진보적인" 교회인 감리교회가 아주 명백히 (곧 부주의에서 나온 것이 아니라) "자유주의" 노선을 채택했음을 밝히 말해 주고 있습니다. 따라서 법과 역사를 무시하고 함부로 교단의 "보수화"를 꾀하는 이들이야말로 反감리교 집단일 수밖에 없습니다. 이제는 그 자유주의적 노선을 살펴 보기로 하겠습니다.

자유주의를 이해하는 하나의 방법으로서 우리는 당시의 적대적 노선인 "근본주의"를 함께 살피고자 합니다. "근본주의"란 19세기 자유주의(독일의 쉴라이에르마허, 리츨, 하르낙, 그리고 미국의 라우쉔부쉬의 신학 운동)에 대한 미국측 반발로서 1912-14년에 시작하여 1920년대에 정착한 "보수파" 신학인데, 그 내용은 다음과 같습니다: (1)성서의 문자영감 및 문자적 무오, (2)삼위일체, (3)그리스도의 처녀탄생 및 신성, (4)대속설 , 그리고 (5)신체적 부활, 승천, 재림 등 5 원칙을 고수하는 것이 기독교 신앙의 "근본"이라고 믿는 신학입니다. 이것은 당시의 미국과 한국 교회들 사이에서 적지 않은 관심과 인정을 받고 있던 신학 노선입니다. 이런 사정을 잘 알고 있으면서도 한국 감리교회는 과감하게 "자유주의"(이것이 지금 절대적이라는 뜻은 결코 아닙니다. 단지 우리의 신학적 사고의 방향을 지적하기 위함임)를 "선언"하였던 것 입니다.

그 선언문은 전문 8 개조로 되어 있는데, 오늘날의 "보수파(고신파 장로교회?)"가 보기에도 충분히 "이단적" 요소가 많이 들어 있습니다. 즉 삼위일체가 양태론적으로 표현되어 있어서 사실상 "삼위"를 위협하리만큼 혼동하고 있으며, 성서"가" 하나님의 말씀이 아니라 그 "안에" 하나님의 말씀이 들어 있다고 표현하고 있어서 성서 영감론과 문자무오설을 정면으로 부정했으며, <u>"부활"에 관한 고백은 아예 일언반구도 없으며</u>, 나아가 "지상천국"을 믿고 있습니다. 이에 따라서 이 "선언"이 발표되었을 때 한국 장로교회들은 이구동성으로 "감리교회는 이단이다"라고 해댔습니다.

한편, "종교강령"만을 고집하고 있는 미국 감리교회(1808년 5월, 그들은 "총회가 '종교강령'을 수정, 보완, 거부하지 못하며, 그 외의 어떠한 새 교리 표준도 설정할 수없다"는 제한 조치를 확정하였음)에 비하면, 한국 감리교회는 신학적으로 "진정으로 감리교적"인 교회라고 할 수 있습니다. 왜냐하면, 한국 감리교회는 웨슬리 신학의 "4 지침" 곧 "성서, 전통, 경험과 이성" 사이의 "일치"를 모색하기 위하여 신앙의 유산들에 대하여 과감한 새 해석을 시도했었기 때문입니다.

19910703_성서와 감리교 신학의 바른 이해
(한국의 1천만 기독교도들과 120만 감리교도들에게 드리는 호소문)_홍정수_4번_페이지_10

11

(다)「종교강령」 제3조는 완전한 誤譯

이제 분명해진 것은 "한국 감리교회의 법"으로는 "부활"에 관한 한 종교재판이 불가능하다는 점입니다. "법"이 없기 때문이지요. 그러나 그래도 "종교강령"이 있지 않습니까? 이제 그것을 함께 살펴 보기로 하겠습니다.

91년 4월 12일 오전 11시에 열렸다고 기록되어 있는 "감독회의 결의"에 의하면, "홍 교수의 기사가 교리에 위배되는 부분이 있다"고 했으며, 이 결의를 받들어 감독회장께서는 "자격심사 처리"를 진행하게 되었습니다. 한편, 박기창 감리사가 개인 자격으로 저를 비방하면서 만든 문서를 보면, "위배된 그 교리"는 바로 "『교리와 장정』 제11단 [종교강령의] 제3조"임이 확실합니다(10월 8일자 서한에서 인용). 우리는 위에서 이미 그 문서의 신학적 성격과 아울러 그것은 도무지 우리의 법이 아님을 밝혔습니다. 그러나 만에 하나, 그것을 사도신경과 같은 성격의 문서로 고집한다고 할지라도 "종교재판"이 여전히 불가능하니, 그 이유는 감독회장님과 박 감리사가 읽은 "종교강령" 제3조는 크게 오역된 것이기 때문입니다.

<< 현행 제3조>>

그리스도께서 과연 죽은 (자?) 가운데서 다시 일어나시어 완전하게 인성이 붙은 모든 것과 육체를 다시 가지시고 천당에 오르시며 마지막에 날에 만민을 심판하시려고 재림하실 때까지 거기 앉아 계시다.

<< 이제는 이 조항의 탄생 배경과 바른 번역을 알아 보겠습니다>>

우리의 "종교강령"의 조상은 위에서도 언급했듯이 1530년판의 아우그스부르그 고백인데, 거기에는 "부활"에 관한 별도의 신조가 없습니다. 그리고 웨슬리는 영국교회의 "39개조" 종교강령의 본래 제4조였던 "부활"에 관한 조항을 그대로 채택한 것이 아니라 "수정"하여 채택한 것입니다. 또 수정 내용은 원문에 있던 "죽음으로부터"의 부활을 "죽은 자들부터"의 부활로 바꾸고, 다시 "육체와 뼈"(가 있는 몸)를 생략, 그냥 "몸"으로의 부활로 표현하였습니다. 따라서 그리스도께서 과연 죽은 (자?) 가운데서 다시 일어나시어 "완전하게 인성이 붙은 모든 것과 육체를" 다시 가지시고....는 完全한 誤譯임을 알 수 있습니다. 즉 감리교회의 종교강령은 다음과 같이 번역되어야 합니다:

......인간 본성의 완전을 이루는 데 관계되는 모든 것을 지닌, 몸으로 다시 살아나시고......

결국, "인성이 붙은 모든 것과 육체를 다시 가지시고"라는 오역에 근거하여, 또 본래의 "종교강령"과의 비교연구가 없었던 탓에 필자의 글에 나타나 있는 바, 기독교 신앙은 "생물학적 죽음과 부활"을 믿는 것이 아니라 "하나님의 심판 행위로서의 예수의 부활"이요 그것에 대한 우리의 체험은 (나 개인의 생물학적 죽음의 극복이 아니라) "임마누엘"에 있다는 해석을 "이단"/"사탄" 운운하는 오류를 범하게 된 것입니다.

19910703_성서와 감리교 신학의 바른 이해
(한국의 1천만 기독교도들과 120만 감리교도들에게 드리는 호소문)_홍성수_4번_페이지_11

/2

(라) "감리교회는 이단이다"라는 말의 역사와 그 허구성

세계 감리교회 200 년 역사 속에서 신학적 문제로 "종교재판"이 진행되기는 이번이 처음 있는 일입니다. 곽전태 감독님께서 "교리사수" 운동을 전개하면서 하신 다음과 같은 말씀은 심히 송구스러우나 "감리교"의 역사와 그 신학을 잘 모르는 데서 빚어진 오류라고 저는 생각합니다.

> 특별히 삼남 연회 지역에서는 보수(고신)교단에서 공공연히 '감리교는 이단'이라 말하고 있어 선교에 크나큰 지장을 받고 있는 실정입니다..........타교단에게는 우리 교리가 잘못됨이 없음을 밝히는 데 조금이라도 도움이 될까하여 펜을 든 것입니다(『기독교세계』 91년 5월호, 4쪽)

위에서 이미 보아왔듯이, 한국 감리교회는 처음부터 장로교회의 "근본주의"를 노골적으로 거부하였으며, 그 때부터 우리는 "선교에 크나큰 지장"을 겪었을지 모릅니다. 그러나 아무도 그것을 이유로 우리의 신학을 수정하려 들지는 않았습니다. 따지고 보면, 이같은 현장 사역자들의 고충은 감리교회가 탄생하기도 전, 1619년에 이미 배태하고 있었다고 볼 수 있겠지요. 곧 화란의 도르트(Dort)에서 열렸던 종교 회의에서부터였습니다. "강경파 칼빈주의"(High Calvinism)를 고수하던 사람들이 소위 "알미니안주의자들(Arminianists/ Remonstrants)"을 척결하기 위하여 속칭 TULIP의 강령으로 불리우는 "5 개조"를 동년 4월 23일에 통과시켰습니다. 그리고 그후 약 200 여명의 알미니안주의 성직자들이 국외로 추방을 당해야 했습니다. 이러한 역사적 배경을 너무도 잘 알고 있음에도 불구하고, 그의 어머니부터 가르침을 받아 이미 18세에 "이중예정론"의 오류를 비판한 적 있었던 웨슬리 선생은 운명론에 빠져 있는 칼빈주의의 이중예정론을 감리교 운동에서 깔끔하게 청산하기 위하여 75세의 노령에도 불구하고 *The Arminian Magazine*(「알미니안」--이것은 당시로서는 汚名이었음)을 창간하였습니다. 이를 통해서 보건대, 모든 감리교도들은 운명적으로 강경파 장로교도들과의 피할 수 없는 신학적 논쟁을 벌이게 되어 있으며, 그것을 부끄럽게 여기기보다는 오히려 자랑스럽게 생각하였음이 분명합니다. 우리는 하나님의 은총의 무제약성을 믿음과 동시에, 그 은총은 인간의 자유를 폐기하는 것이 아니라 오히려 완성시킨다고 믿습니다. 따라서 우리는 웨슬리를 따라서 "알미니안주의자들"이라는 이름을 汚名이 아니라 "자랑"으로 여기고 있습니다. 이 점에는 아직 변함이 없습니다. 그러면서도 역사적으로 감리교도들은 한 번도 대적자들을 가리켜 "당신들은 이단이다, 당신들에게는 구원이 없다"는 정죄를 하지 않았습니다. 교리적 방임주의는 물론이요 교리적 광신주의(자기가 옳다고 생각하는 그 이외에는 아무런 근거가 없는 입장)도 거부한 웨슬리는 기독교 신앙의 "근본"이 교리와 그것의 "사수"에 있는 것이 아니라 "신앙의 실천"(그는 이것을 "practical divinity"라 불렀습니다)에 있다고 믿었기 때문입니다. 우리가 잘 아는 대로, 그리하여 감리교회에 속하고 싶은 자들에게 묻는 웨슬리의 "한 가지" 조건은 "당신에게 다가오고 있는 하나님의 심판에서 구원받고자 하는 간절한 염원이 있느냐?"하는 것이었습니다.

요약하여 말하면, 1619년부터 시작된 장로교 보수주의자들의 논리에 무비판적으로 끌려가는 것은 부끄러운 일이며, 나아가 "자유주의"를 과감하게 선택하였던 "진

19910703_성서와 감리교 신학의 바른 이해
(한국의 1천만 기독교도들과 120만 감리교도들에게 드리는 호소문)_홍정수_4번_페이지_12

/3

보적"인 교회인 한국 감리교회의 "교리적 선언"과 그 법에는 나오지도 않는 "미국" 교회의 종교강령, 그것도 "誤譯된" 제3조를, 또 그것의 역사적 배경을 무시한 채 임의로 해석하여 '부활'에 관한 "종교재판"을 진행하고 있는 것은 신학적으로 그리고 교회법적으로 심히 수치스러운 일입니다.

III. 신학의 포스트모더니즘은 결단코 이단이 아니다

(1)"포스트모던 신학은 이단 사상이다"라는 말의 허구성

위에서도 밝혔듯이 다음 세대의 교회 일꾼을 길러내려는 신학자가 새로운 신학 사상을 소개한 것, 그것에는 아무도 이의를 제기하지 않으리라 고 믿습니다. 그렇다면 어디에 문제가 있을까요? 왜 1991년 10월 30일 밤, 감리교회 임시 총회는 "포스트모던 신학은 수용할 수 없다"는 아리송한 결정을 내려야 했습니까? 아마도 목회자 여러분들이 평소에 지니고 있던 소위 "新신학"에 대한 알레르기성 반응에 그 원인이 있었지 않나 생각됩니다. 1963-4년 미국에서 등장했던 신학의 신사조 "신 죽음의 신학"이 주었던 커다란 충격을 기억해내셨기 때문이 아닌가 생각해 봅니다. 그렇지 않고서는 도저히 설명이 안 됩니다. 왜냐하며 신학의 포스트모더니즘이란 아직 "생성" 중에 있는 여러 신학 운동들을 총칭적으로 가리키는 매우 막연한 말이며, 따라서 미국 안에서도 "아직 평가하기 이르다"는 여론이 있는 실정입니다. 그러나 아직 부족하기는 하지만 저의 신학 사상 전체에 "포스트모던 신학"이라는 영광스러운 "이름"을 붙여주심에 대하여 오히려 고맙게 생각합니다. 알고 보면 그 이름은 결코 수치스런 것이 아니기 때문입니다. 한편, 미국에서는 어떻게 이해되고 있든지 간에, 저에게는 '포스트모더니즘'이라는 신학적인 말뜻이 아주 명백합니다. 그리고 어떤 이들이 비난하듯이, 제가 갑작스레 사람들을 놀라게 한 것도 아닙니다. 여러 차례 글을 썼지만 아무도 읽어 주시지 아니했을 뿐입니다. 어디 그뿐입니까? "포스트모던 신학"을 정죄한 그 총대들 300 명 중 어느 누구도 이 시각까지 홍정수의 "포스트모던 신학론"을 자신 있게 말하지 못할 것이 분명합니다. 세월이 조금만 지나면, 누가 보더라도 이번 총회는 감리교회 역사상 가장 수치스러운 한 페이지를 기록한 것이 될 것입니다. 말 잘하는 누군가가 정체도 모르고, 보이지 않는 상대방을 가리켜 우리의 "적"이라고 고함을 쳐댔고, 감리교회의 "총대님들"께서는 영문도 모르고 "옳소"를 외치며 박수를 쳤기 때문입니다. 이것은 그 총회가 유감스럽게도 "감정의 포로"였음을 단적으로 입증해 주기에 충분합니다. 이제 문제의 그 "포스트모던 신학"의 방향을 함께 알아 보겠습니다.

(2)당신도 포스트모던 신학자!

만일 여러분들이 (1)지금의 신학에는 어딘가 문제가 있다; (2)1616년에 과학자 갈릴레오가 "종교적으로 범죄"하였다고 하여 교황청에서 그를 정죄하였는데, 이것은 성서와 과학에 대하여 다같이 공정하지 못한 일이었었다고 생각한다면, 아주 중요한 의미에서 성도 여러분들도 이미 "포스트모던" 사유 방식을 지니고 있다는 증거입니다. 그러면 이제는 제가 생각하고 있는 "포스트모던 신학"의 특색을 함께 살펴 보겠습니다.

제가 전개하고 있는 "포스트모던 신학"은 영미계의 두 사조, "과정철학"과 후기의 "언어철학"의 통찰력에 힘입고 있습니다. 그러나 이 두 철학적 사조에 다같이 충

19910703_성서와 감리교 신학의 바른 이해
(한국의 1천만 기독교도들과 120만 감리교도들에게 드리는 호소문)_홍정수_4번_페이지_13

실하려는 서양의 신학자는 아직 나타나지 않았으며, 따라서 제가 무비판적으로 추종하고 있는 모형적 서양 신학자는 아직 존재하지 않는다는 사실을 먼저 유의해 주시기 바랍니다. 더 나아가 저는 굳이 밝히지는 않지만, 언제나 제가 자라온 "한국"이라는 살아 있는 "전통"을 의식하면서 기독교 신학을 전개하고 있다는 사실 또한 염두에 두시기를 바랍니다(물론 이같은 '신학하기'는 한국 감리교회의 창립 정신에도 나타나 있는 바, 교회가 "한국적"이기 위하여는 피할 수 없이 수행해야 할 하나의 과제입니다). 이제 저의 "포스트모던 신학"의 '하나의' 구성 요소인 언어철학의 통찰력에 대하여서만 말씀드리겠습니다. 지금으로서는 그것이 가장 중요하기 때문입니다.

언어철학의 통찰에 의하면, 인간들의 언어는 경험을 표현해 주는 도구 역할만 하는 것이 아니라, 우리의 생각과 행동 방식, 더 나아가 우리의 세계(reality)를 구성(결정)하는 매우 창조적인 기능을 지니고 있습니다. 예컨대, 사람에게 '명령'을 내리는 말을 생각해 보시기 바랍니다. 그것은 단순히 '정보'를 전달하는 데서 그치지 않고 어떤 진짜 세계를 창출해 냅니다. 그러면서도 언어의 문법은 그 언어를 공유하고 있는 특정 공동체의 산물로서 제각기 문화적 제약을 받습니다. 예컨대, 동일한 물건이 (식인종이 보기에는) "도시락"과 (문명인이 보기에는)"여객기"라는 아주 다른 언어로 표현될 수 있다고 하는 아이들의 장난을 생각해 보시기 바랍니다. 이렇게 본다면, 문화에 따라 우리의 언어, 그리고 그것에 의하여 표현되는 그 세계가 아주 크게 달라질 수도 있다는 것을 쉽게 알 수 있습니다. 또 같은 언어를 사용하더라도 그것을 사용하는 공동체가 다르면, 겉보기 언어의 동일성과는 달리 실제로 전혀 다른 문법과 의미로 사용됩니다. 이런 사례는 비일비재하지요. 예컨대, "죽인다"라는 말이 연애하는 청년들이 사용할 때와 전쟁을 하고 있는 군인들이 사용할 때 그 의미가 각각 얼마나 크게 달라집니까! 그렇다면 인류의 역사는 서로 다른 매우 다양한 언어 공동체들의 역사 기록이라고 보아도 과언이 아닐 것입니다.

신앙인들이 이같은 통찰을 받아들인다면, 그것은 매우 커다란 의미를 지니게 됩니다. 과학의 언어("사실만이 진리이다"라는 문법의 언어)는 과학자들 공동체의 독특한 언어이지 결코 절대 언어(유일한/모든 경우에 통용되는 언어)가 아님을 알 수 있게 됩니다. 따라서 갈릴레오(1616년에 정죄됨)의 언어와 성서의 언어는 "전혀 다른 문법(세계)"을 지니고 있어서, 둘은 서로 다르지만 모두가 진실일 수가 있습니다. 만일 그렇다면, 신앙인들은 성서가 진리임을 입증하기 위하여 '성서의 언어'를 '과학자들의 언어'로 억지로 번역할 필요가 없어졌으며, 오히려 그렇게 하는 것이야말로 신앙인들의 독특한 경험/사유 방식을 저해하는 것이 되겠지요. 따라서 오늘날의 신앙인들의 언어가 창조적 기능을 제대로 발휘하지 못하는 것(그 하나의 이유)은 어쩌면 우리가 성서 언어를 잘못 파악하고 있기 때문일지도 모른다는 것이 포스트모던 신학자들의 공통된 견해입니다.

오늘날 고개를 다시 쳐들고 있는 소위 보수파의 "근본주의" 신학이란 자유주의 신학이 성서의 대부분을 "신화"(神話)로 처리하는 과정을 지켜 보고 있다가 그것에 대한 강한 반동으로 성서의 모든 진술들이 역사적으로, 과학적으로 "사실"임을 논증하려고 무던히 애쓰던 신학입니다. 따라서 포스트모던 시각에서 본다면, 1920년대와 오늘날의 보수파 신학은 성서의 말씀을 각종 과학자들의 연구 보고서와 동일한 언어로 읽으려 했던 오류를 범한 것입니다. 이것은 마치 시(詩)를 과학적으로 분석하여 좋은 시와 나쁜 시로 나누며, 미술 작품 또한 과학의 척도로 그 미적 가치를 규정하려고 하는 어리석음과도 같습니다. "사진"을 찍을 수 있는데 왜 그림을 그리느냐? 정확한 과

19910703_성서와 감리교 신학의 바른 이해
(한국의 1천만 기독교도들과 120만 감리교도들에게 드리는 호소문)_홍정수_4번_페이지_14

/5

학의 언어가 있는데 왜 시라는 애매한 의사 전달 방법을 사용하느냐? 이렇게 묻는 자연과학, 역사과학, 경제학의 도전에 응수한답시고, 시에도 "과학"이 있다, 미술에도 "과학"이 있다, 우리는 이 점을 보여 주겠다, 이렇게 나섰던 것이 지금 우리가 시행하고 있는 여러 "모던" 신학들이었습니다. 그리고 그 "모던" 신학들이 "파산"되었음을 시인하는 신학이 바로 "포스트모던" 신학입니다. 비유컨대, 이제 시인은 계속하여 시를 짓고, 화가는 계속하여 그림을 그리려는 겁니다. 시인의 말과 화가의 색채는 '과학자'의 사실과 다를지 모르나, 그것 때문에 거짓이 되어야 할 필연적 이유는 이제 없어졌습니다. 미술가 고호가 자기의 한 쪽 귀를 더 크게 그렸다 하여 그것 때문에 그의 그림의 진가가 떨어지는 것은 아닙니다. 뿐더러, 기존의 사실과 다르기 때문에 오히려 그 그림은 "보는 눈을 가진 이들에게는 새로운 세계를 여는" 보다 깊은 진리일 수 있음을 우리가 이미 잘 알고 있지 않습니까?

또, 예컨대, "그대를 보는 내 가슴, 100 미터 전방에서도 뛰노라!" 했다고 합시다. 어떤 사람이 이 싯귀를 보고, "그 녀석은 과장이 심해! 거짓말을 하고 있는 거야"라고 말했다면, 그는 진보파 신학자라고 할 수 있습니다. 그러나 "실험해 보자. 누구나 연인을 보게 되면 정말로 심장의 박동이 빨라진다. 우리는 그 박동의 수로 애정을 측정할 수도 있다"라고 말했다면, 그는 보수파 신학자입니다. 한 사람은 그 말을 "믿고," 다른 한 사람은 그 말을 믿지 않았습니다. 그러나 둘 다 시의 독특성을 오해하고 있다는 점에서는 마찬가지라는 점을 우리 모두 알고 있습니다. 이렇듯 오늘날의 기독교는 대체로 진보,보수를 막론하고 17세기에 등장하여 인간의 사고와 생활을 속속들이 지배하기 시작한 "근대(모던)의 과학 정신에 사로잡힌 포로"라는 말입니다. 아주 짧은 시간에 무수히 많은 신학자들이 포스트모던 운동에 가담하게 된 것은, 바로 이같은 반성이 지금의 기독교 안에 그만큼 절실하기 때문이 아닐까 생각해 봅니다. 이들은 하나같이 지금의 신학이 그 모형(패라다임)을 과감히 변형시키지 않으면 조만간 기독교를 몰락시키고 말 것이라는 책임감을 깊이 느끼고 있습니다. 저 역시 마찬가지입니다. 이들은 어떻게 해서든지, 신앙 공동체의 독특한 언어인 성서의 언어를 (자연과학이든 사회과학이든 역사과학이든) 과학자 공동체의 언어와 혼동하지는 말아야 한다는 기본 목표를 설정하고 있습니다. 그리고 이같은 목표에는 성서 언어의 독특한 어법(語法)을 제대로 이해하기만 하면 그 언어가 오늘날에도 "세계를 창조하는" 힘을 발휘할 것이라는 원초적 신앙을 간직하고 있습니다. 따라서 포스트모던 신학자들은 "신 죽음의 신학"을 주창했던 과거의 신신학자들과는 전혀 다른 전제와 목표를 간직하고 있음을 확실하게 알 수 있습니다.

부록:

자료문서 1--91년 3월 30일자 『크리스챤신문』에 기고되었던 문제의 글

『동작동 기독교와 망월동 기독교』

1. 서울의 강북에서 한강을 건너가면, 우리 나라 최고의 명당 자리에 이름하여 '국립묘지'가 있다. 독재자 박정희 장군의 묘지도 그 한가운데 있으며, 그 후예들의 묘지도 내정되어 있다고 한다. 그 발밑으로는 이름을 알 수도 없는 크고 작은 우리 시대의 영웅적 전사들이 '말없이' 누워 '눈을 감고' 있다. 아마 이것을 보고 누군가가 말했던 모양이다: "죽은 자는 말이 없다." 참으로 고귀한 삶을 살다간 무명의 병사들도 더러는 거기에 누워, 잠들고 있다.

19910703_성서와 감리교 신학의 바른 이해
(한국의 1천만 기독교도들과 120만 감리교도들에게 드리는 호소문)_홍정수_4번_페이지_15

독일주재 한국 대사관 직원 하나가 얼마 전 갑자기 그 직을 사임하고 다른 나라로 이민갔다. "저게 뭐요?" "아, 제가 6.25 때 너무나 용감히 싸웠다고 하여 대한민국 정부가 달아준 훈장들이랍니다." "그래요?" "왜 놀라십니까?" "우리 독일 사람들은 서로를 죽일 만큼 어리석지는 않기 때문이랍니다. 설사 그런 일을 저질렀다 하더라도 그것을 역사 앞에서 참회했을 겁니다. 그것 때문에 훈장을 달아주지는 않았을꺼예요." 독일이 통일되기 직전에 실제로 있었던 일이다. 이민만 가지 않았다면 그 직원도 아마 동작동에 묻힐 수 있었을텐데.......

2. 얼마 전에 한국 교회들의 장례식 예문집을 들춰보았다(『세계의 신학』 7호). 아니나 다를까, 그것들은 이교도들의 장례식 예문과 다를 바 없었다. 세계적인 칼빈주의 신학자 칼 바르트는 우리가 만일 생물학적 죽음의 극복과 육체의 부활을 믿는다면, "그것은 이방인들이 구하는 것"(『죽은 자들의 부활』)이라고 단호하게 말했다. 따라서 바르트식으로 말하면, 한국 교회의 장례식 예문들 속에 나타나 있는 부활 신앙은 "이교도들"의 어리석은 욕망에 불과하다. 왜냐하면 그 예문집들은 하나같이 영혼불멸과 육체의 부활을 동시에 믿고 있기 때문이다(『세계의 신학』 10호 참조). 즉 사람이 죽으면 그의 영혼이 '낙원'이나 '천국'에 들어감으로써 하나님과 더 친밀한 교제를 누린다. 이것은 바로 헬라적 신앙이다. 부활 없이도 인간의 영혼은 하나님과의 친밀한 교제라고 하는 구원의 종점에 이르게 되기 때문이다. 그러면서도 무엇이 모자라는지 하나님과 함께 있던 영혼은 공중이나 지상으로 되돌아와 낡은 옷과 같은 '육체'를 덧입게 되는, 소위 '부활'을 또한 믿는다. 이 두 신앙은 엄연히 서로 다른 두 체계의 신앙인데, 우리들은 아무렇지도 않게 이 둘을 동시적으로 고백하고 있다.

인간이 죽어 그 영혼이 하나님과 보다 깊은 관계를 누리게 된다면, 그것으로서 기독교적 구원은 완성된 것이다. 하나님과의 교제,-인간의 편에서 말하면, 임마누엘- 그것 외에 그 무엇이 더 있어야 인간의 구원이 완성된다고 믿는 것은 결코 용납할 수 없는 불신앙이다. 마치 선물을 들고 오는 아빠보다는 선물이 더 좋은 철부지 어린아이와도 같은 신앙이라고나 할까. 이들은 하나님이 아니라 '나의' 불로장생을 더 바라는 것이다. 바르트는 이런 신앙을 가리켜 이교도적이라고 했지만, 필자는 이런 신앙이야말로 무신론적 신앙이라고 말하고 싶다. 즉 한국 교회는 부활에 관한 한 무신론자들이다.

이같은 무신론적, 이교적 부활 신앙은 한국 교회만의 혼란은 물론 아니다. 가톨릭 신학자 발터 카스퍼는 이렇게 말하고 있다: "전통적인 신학에서는 부활 증언에 대한 해석학적 토론(의미 규정)이 별로 진지하게 다루어지지 않았다. 사람들은 주로 신앙의 증언을 단순하게 반복해서 전해 주는 것으로 만족하였다"(『예수 그리스도』). 즉 기독교는 '그냥' 믿고 전해 주었을 뿐, 부활의 메시지를 알아들으려는 진지한 노력을 기울이지 않았다는 것이다. 이러한 신학적 태만은 교회의 설교자들과 일반 신도들로 하여금 부활의 메시지를 제멋대로 상상하게 만들었다. 이 얼마나 수치스러운 일인가! 무엇인지도 제대로 모르는 채, 우리는 부활의 메세지가 기독교 신앙의 핵심이라 믿어왔다. 용감하게도....

3. 최근의 신학적 연구에 의하면, 기독교가 이렇게 큰 혼란에 빠져 있었던 사실의 배경에는 성서의 언어 세계에 대한 무지가 깃들어 있다. 성서의 언어 세계는 헬라문화의 언어와 다를 뿐 아니라, 17세기 이후의 지구인들을 지배해 왔던 과학적 사고방식(모더니즘)과도 현저히 다르다. 이러한 반성을 신학의 초점으로 삼고 있는 신학을 소위 '포스트모던 신학'이라고 한다. 포스트모던 신학의 지적을 충분히 받아들인다면, 오히려 우리는 성서의 언어 세계가 뜻밖에도 한국인의 일상적 언어 세계와 매우 유사한 점을 발견하게 된다. 이제 그같은 전제에서 예수의 부활 신앙과 또 한국인들을 향

19910703_성서와 감리교 신학의 바른 이해
(한국의 1천만 기독교도들과 120만 감리교도들에게 드리는 호소문)_홍정수_4번_페이지_16

한 그의 부활 사건의 메시지를 정리해 보자.

4. 예수의 언어 세계의 골격이 유태민족적일 것은 거의 의심의 여지가 없을 것이다. 아무리 페르샤 문화와 헬라 문화에 의하여 오염된 세계에 살았다고 할지라도 그는 여전히 유태인이었다. 아니 그는 그 민족을 의식하며 살았고, 또한 복회했다. 따라서 우리가 성서를 읽을 때, 페르샤적 껍데기와 헬라적 탈을 예수와 그 제자들의 진정한 메시지로 혼동하는 일을 피하도록 유의해야 한다. 그런 의미에서, 예수의 부활절 메시지를 오늘의 한국인들이 제대로 파악할 수 있는 가장 확실한 방법의 하나는 동작동과 망월동을 함께 생각하면서 그것을 읽는 것이라고 생각된다.

5. 우리 시대의 의인들, 충신들은 지금 동작동에 묻혀 있다. 그리고 우리 시대의 죄인들, 역적들은 대부분 망월동에 묻혀 있다. 그런데 동작동 부근에 가면 "정숙"이라고 하는 대형 경고판이 붙어 있다. 어르신네들의 영원한 쉼을 혹시라도 방해할까 걱정을 해서이다. 그런데 망월동에도 그런 표지판이 하나 있었으면 좋겠다. "여기는 당신들이 말하는 곳이 아니라, 억울하게 죽었기에 아직도 눈감지 못하고 있는, 아직도 입을 다물지 못하고 있는 저들의 말에 귀기울여야 합니다" 하는 뜻으로 말이다.

이 두 공동묘지를 나란히 두고 성서의 부활 사건 이야기를 읽으면 그 의미는 이렇게 분명해진다. 부활 사건은 망월동에 묻혀 있던 죄인, 역적 하나가 "하나님에 의하여 이 역사 속으로 되돌아 오게 된 사건"이요, 또한 천지개벽의 시작이었다. 즉 이미 영원한 쉼을 쉬고 있던 자들 중의 하나가 징그럽게도 무덤을 박차고 되살아난 사건이 아니라, "이 세상"의 임금이 역적과 죄인이라고 처형해 버린 불의한 자들, 곧 망월동에 묻혀 있던 자들 중의 하나가 "하나님에 의해서 되살아난 사건"이다. 이것은 썩다가 만 한 인간의 부활이 아니라, 이 세상에 대한 하나님의 준엄한 심판의 시작을 뜻한다. 이것을 어렵게 말해서 "종말적 사건"이라고 한다. 현존의 정치 질서, 곧 각종 구조적 갈등과 민족적 분단의 세계를 정의로운 세상으로 알고 있는 모든 사람들에 대하여 몸으로, 삶으로 저항하다가 그들에 의하여 고문당하고 죽어갔던 한 청년이 하나님에 의하여 되살아났고, 더 나아가 "하나님의 오른편에 앉아 있다"는 고백이다. "하나님의 오른 편에 앉아 있다"는 것은, 이 세상이 처형한 그 죄인이 이제는 (하나님에 의해서) 이 세상을 심판할 새로운 정의로서 확정되었음을 가리킨다. 따라서 부활 사건은 망월동에서 시작되어 동작동으로 나아가는 하나님의 심판 사건의 시작이다. 그러므로 우리는 지금 망월동에서 시작된 하나님의 심판 사건의 시작과 완성(재림)의 중간 시대에서 살아가고 있는 것이다.

6. 이렇게 놓고 볼 때, 우리는 부활 사건을 그토록 두려워했던 예수의 제자들과 오늘의 기독교인들의 사명을 확실히 알아들을 수 있다. 성경에 의하면, 부활의 소식은 제자들에게 기쁨이 아니라 불안과 공포였다(눅 24:38, 막 16:11). 왜? 왜 자기들의 스승의 부활이 불안과 공포가 되었겠는가? 이 비밀을 이해하지 못한다면, 기독교의 부활절 메시지는 완전히 이교도적인 설교가 될 것이다. 부활이 인간의 무궁한 생명을 보장해 주는 것이라면, 모든 사람들, 특히 이 세상에서 행복을 누리고 있는 사람들, 동작동의 사람들, 다시 깨어나기를 기다리며 냉동실에 보관되어 있는 부자들에게 커다란 기쁨이 될 것이다. 그러나 부활이 하나님의 정의의 심판(정의의 회복)의 시작을 의미한다면, 하나님 앞에서 부끄러운 모든 사람들에게는 무서운 이야기가 될 수밖에 없다. 특히 부활한 사람이 바로 우리 모두가 역적이요 반역자라고 죽여버린 그 사람이라고 한다면, 그가 되살아나 우리 세상을 심판하기 위해 "하나님의 오른편에 앉아" 있다면, 우리는 영락 없이 죽은 목숨이다. 이 어찌 두렵지 않으리요! 당시의 예수의 제자들은 (가룟 유다 만이 아니라) 세상과 짝하여 도망치고 있었다. 즉 이 세상의 훈장을 받으

19910703_성서와 감리교 신학의 바른 이해
(한국의 1천만 기독교도들과 120만 감리교도들에게 드리는 호소문)_홍정수_4번_페이지_17

/8

려고 동작동으로 가고 있었다. 따라서 자기들이 역적이라고 하여 죽인 바로 그 사람이 하나님의 정의의 잣대가 되었다는 소식은, 조금이라도양심이 남아 있는 모든 사람들에게는 공포의 소식이었다. 망월동에다 거짓 역적들을 묻어놓고 "죽은 자는 말이 없다"고 안심하며 살고 있는 사람들, 그리고 그러다가 동작동에 묻혀 이제는 다 됐다고 생각하고 있는 사람들, 그들은 망월동 원혼이 되살아나고 그들에 의해서 세상이 새로와지며, 더 나아가 이미 죽은 자들도 되살아나 그들에 의하여 심판을 받게 된다고 한다면 이 어찌 공포에 떨지 않을 수 있으랴?

이처럼, 기독교 신앙에 있어서 부활은 핵심이지만, 그것의 의미는 하나님의 정의가 결코 죽지 않았다는 소망을 말하는 것이다. 그것은 결코 "삶을 탐하고 죽기를 서러워하는," 비겁하고 허황된 인간 욕망을 보중해 주는 것이 아니다.

자료문서 2--91년 7월 3일자로 발송

「기독교대한감리회 감독님들께」

저는 "교리"가 아니라 "구약과 신약 에 있는 하나님의 말씀이 신앙과 실행에 충분한 표준이 됨을" 믿습니다(기독교대한감리회 「교리적 선언」 제5조)

1. 본의 아니게 교단의 여러분들께 혼란을 끼쳐 드림에 대하여 깊은 책임을 느낍니다. 저는 기독교대한감리회 소속 목사임을 저의 생애에 있어서 가장 소중한 요소라고 생각합니다. 그리하여 단순한 교수직으로 머무를 수가 없어, 1986년 9월 28일 아주 미약하나마 교회 하나를 직접 개척하였으며, 그 교회에서 매주 예배 시간에 「사도신경」과 「교리적 선언」 및 「니케아신경」을 번갈아가며 하나님께 "고백"해 왔습니다. 이것은 기독교 신앙의 전통을 소중히 여기기 때문입니다.

2. 제가 쓴 문제의 기사, "동작동 기독교와 망월동 기독교"는 저의 부활 신앙 또는 신학의 전부가 결코 아닙니다. 그것은 단지 25 매짜리의 "설교" 한 편이었습니다. 그런데 여러 어른들께서 그것으로써 저의 기독교 신앙에 대해 의혹을 가지셨으면서도 지금까지도 저의 신앙에 대한 확인의 절차가 없었기에, 외람되나마 지면으로 저의 신앙과 신학을 밝히는 바입니다.

3. 그 기사의 주요 내용은 다음과 같이 요약됩니다. (「 」안의 말은 그 기사의 문자적 재인용)

「세계적인 칼빈주의 신학자 칼 바르트는 우리가 만일 "생물학적" 죽음의 극복과 육체의 부활을 믿는다면, "그것은 이방인들이 구하는 것"(『죽은 자들의 부활』)이라고 단호하게 말했는데」, 이것은 그가 기독교 부활 신앙의 핵심이 예수 그리스도 안에서 나타난 「"임마누엘"」의 사건을 믿는 믿음이라고 보았기 때문입니다. 저는 바르트의 해석이 적어도 이 점에 있어서는 옳다고 믿습니다. 왜냐하면 '신앙의 사건'인 부활(신앙인들에게 외에는 부활하신 주님께서 "나타나시지" 않으셨습니다/요한 14: 22참조)을 '자연과학자가 확인할 수 있는 생물학적 사건'으로 전락시킨다는 것은 (1)기독교 신앙의 존재 기반을 포기함과 같으며(마태 22:31; 로마 8:11; 고전 15:39-40 등 참조), 나아가 (2)우리의 신앙과 희망의 대상이 하나님이 아니라 죄많은 인간들의 호기심과 이기심(마태 22:28 참조)이 될 수밖에 없을 것이기 때문입니다. 달리 표현하면, 부활 사건은 「"이 세상"의 임금이 역적과 죄인이라고 처형해 버린 불의한 자」 예수가 「"하나님에 의해서 되살아난 사건"입니다. 이것을 어렵게 말해서 "종말적 사건"이라고」 말합니다.

19910703_성서와 감리교 신학의 바른 이해
(한국의 1천만 기독교도들과 120만 감리교도들에게 드리는 호소문)_홍정수_4번_페이지_18

19

여기서 보시다시피, 저는 예수 부활의 '실재성(reality)'을 부정한 것이 아닙니다. 단지 '부활'이란 어디까지나 "하나님께서" 일으키시는 '신앙의 사건'임을 강조함으로써 인간중심주의적 사고에 빠져 있는 잘못된 부활 이해를 바로잡으며, "성서"의 신앙을 재천명하고자 했을 뿐입니다. 이렇게 파악할 때에야 비로소 '승천'한지 적어도 5 년 후인 AD 35년 경에 사울이 "부활하신 주님의 현현"을 몸소 체험했다고 하는 주장을 현대인들도 올바로 이해할 수 있습니다.

4. 예수께서는「하나님에 의하여 되살아났고, 더 나아가 "하나님의 오른편에 앉아"」계시다가, "산 자들과 죽은 자들을 심판하러 오시리라"고 우리들은「고백」합니다. 이것은「이 세상이 처형한 그 죄인이 이제는 (하나님에 의해서) 이 세상을 심판할 새로운 정의로서 확정되었음을」가리킵니다. 따라서 부활은「하나님의 심판 사건의 시작」이기도 합니다.「그러므로 우리는 지금 하나님의 심판 사건의 시작과 완성(재림)의 중간 시대에서 살아가고 있는 것」입니다. 그리고 믿음으로써 이미 "다가오는 세상"에 속해 있는 우리들(요한 5:24; 11:26; 에베 2:6)에게는 그 "심판" 사건이 곧 "구원"이 될 것입니다. 따라서 기독교의 부활 신앙은 과거의 사건으로서 신앙의 대상일 뿐 아니라, 인류 미래의 궁극적 "희망"의 근거가 되기도 합니다. 예수 그리스도의 '부활'은 예수 자신만의 부활이 아니라 우리 인간과 자연까지도 하나님에 의하여 마침내 '구원과 해방과 평화의 완성'에 참여케 되리라는 희망이요 또한 '약속'(로마 8:18-25)이기 때문입니다.

제가 여기서 강조하고 싶었던 것은 우리의 신앙은 철저히, 철저히 '성서'적/'하나님'중심적이어야 하며, 따라서 하나님의 '약속'을 우리의 속좁은 '계산'/'욕심'의 대상으로 삼아서는 결코 안 된다는 점이었습니다.

1991년 7월 3일 홍정수 드림

자료문서 3-- 10.12일자 교계신문에 기고(자격심사 상임위원들과의 합의에 의한 문서)

「기독교 부활 신앙을 재천명한다」

나는 1991년 3월 31일자『크리스챤신문』에 기고한 글,『동작동 기독교와 망월동 기독교』를 통하여 "한국인들을 향한" 기독교 "부활 사건의 메시지"를 재해석(부정이 아니라) 하고자 했었다. 그러나 심히 유감스럽게도 이 글은 나의 의도와는 정반대로 읽혀졌으며, 그리하여 교계에 큰 물의를 빚게 된 것에 대하여 크게 송구스럽게 생각한다. 신학자의 본디 사명이 다음 세대의 목회자를 양성하는 것이기 때문에, 나는 아직 교회 안에 있는 사람들보다는 이미 교회 밖으로 나갔거나 나가려 하는 사람들, 또는 앞으로 교회로 들어올 가능성이 있는 한국인들을 염두에 두고 그 글을 썼다. 그럼에도 불구하고 "부활이 없다"고 말하는 신학자가 있는 감리교단을 떠나고 만 장로님까지 생겨났다는 소식을 접하면서, 이에 깊은 책임을 느끼는 바이다. 그리하여 이렇게 다시 글을 쓴다. 그러나 이 글은 교회 밖의 사람들, 다음 세대의 기독자들에 대하여는 전혀 특별한 고려를 하지 않으면서, 단지 교회 안에 있기에 이미 기독교의 언어 세계에 익숙해 있는, 따라서 여기에 대하여 아무런 불편을 느끼지 않는 대다수의 신도들만을 염두에 두고 씀을 밝혀 둔다.

나는 감리교회의 목사로서 매주일 사도신경, 니케아 신경, 또는『교리적 선언』으로써 신앙을 고백한다(이 중『교리적 선언』은 '부활' 사건에 대한 언급이 전혀 없다). 이것은 누구의 강요에 의한 것이 아니라 전적으로 자발적인 신앙의 행위이다. 이 말은, 사도신경에 나타나 있는 대로, 예수께서 "성령으로 잉태하사 동정녀 마리아에게서 나시고, ... 죽으시고, 장사한지 사흘 만에 죽은 자 가운데서 다시 살아나시어, 하늘에 오르사, 전능하신 하나님의 우편에 앉아 계시다가, 살아 있는 자들과 이미 죽은 자들 모두를 심판하러 오실" 것을 내가 믿고 고백한다는 뜻이다. 뿐만 아

19910703_성서와 감리교 신학의 바른 이해
(한국의 1천만 기독교도들과 120만 감리교도들에게 드리는 호소문)_홍정수_4번_페이지_19

니라 "성령"을 믿기 때문에, 우리가 성령에 의하여, 교회를 통하여, "죄 용서 받고, 몸이 다시 살게 되고, 영원히 살게 될 것"을 또한 믿는다.

'기독자'란 예수가 자신의 그리스도 곧 구원자라고 믿는 사람들이다. 그렇다면 진실로 '기독교' 신학자이기를 자부하는 신학자들 중 어느 누구도 위의 신앙고백을 의도적으로 부정하지는 않을 것이다. 나 역시 그럴 생각이 전혀 없다. 단지 1-2 세기의 원시 기독교 언어를 오늘 우리가 어떻게 이해하느냐에 대해서는 사람마다 다소간의 차이가 있을 수 있다. 현대 성서학자나 조직신학자의 해석을 보면, 어느 두 사람도 정확히 일치하지 않음을 알 수 있으며, 지구 위의 기독교인들의 공동 노작에 의해 편찬된 가장 최근의 신학 사전(WCC 간행)에 의하면, "부활 신앙이 초대 기독교 공의회들의 기독론과 삼위일체 신조에 있어서 결정적으로 중요했다는 것은 확실하지만, 부활 그 자체에 대해서는 지금까지 한번도 명쾌하게 정의된 바 없다"고 밝혀져 있다. 더 나아가 성서 자체도 기독교의 부활 신앙을 고백하고 표현함에 있어서 매우 다양한 언어를 사용하고 있다는 사실을 우리는 주목해야 한다.

성서 속에 나오는 최초의 부활 논쟁(마 22:23-33, 막 12:18-27, 눅 20:27-40)에서 예수께서는 모세도 '부활' 신앙을 가지고 있었는데, 그것은 모세의 하나님이 "살아 있는 자의 하나님"임과 동시에 "아브라함의 하나님, 이삭의 하나님, 야곱의 하나님"이시기 때문이라고 논증하셨다. 그리하여 "하나님 앞에 있는 사람들은 (이미) 모두 살아 있다"(누가 20:38)는 놀라운 선언을 하신 것이다. 한편, 에베소서 2:5-6, 골로새서 2:11-13, 3:1 이나 요한복음 11:17-27, 로마서 6:21-23 등에 의하면, 신앙에 의하여 예수 그리스도와 연합된 자는 "이미" 부활하였다. 그렇다고 이런 성서 귀절들이 우리로 장차 있을 종말의 큰 부활 사건 대망을 소홀히 하라는 것은 결코 아니다. 우리는 "믿음으로 구원"(롬 1:17, 엡 2:8)받을 뿐 아니라 또한 "희망으로 구원"(롬 8:24) 받는다고 성서는 말하고 있기 때문이다.

더 나아가 부활하신 예수의 몸의 성격에 대해서도 다양하게 표현하고 있다는 것을 우리 모두 너무도 잘 알고 있다. 부활하신 예수의 몸은 실재였기 때문에, 식사도 하실 수 있었고 "뼈와 살"도 있었다고 했다(눅 24:30-31, 38-43, 요 21:8-13). 한편, 바로 그런 예수를 보고도 제자들은 예수를 "알아보지" 못하였다고 했다(눅 24:16). 그리고 "문이 잠겨 있었는데도" 제자들 가운데 들어오셨다고 했다(요 20:26). 더 나아가 부활하신 예수의 목격자들은 하나같이 이미 신앙인들이었다(바울을 제외한다면). 바울에 의하면, 그 목격자들은 "베드로, 열두 사도, 500 명의 교우들, 야고보, 모든 사도들", 그리고 바울 자신이다(고전 15:5-8, 바울은 여인들을 목격자에서 제외시키고 있다). 그런데 바울은 최소한, 예수 승천 후 5 년이 지난 다음, 다메섹 도상에서 "부활"하신 예수를 목격했다. 따라서 그는 부활을 열광적으로 주장하면서도, "육체"는 신비스럽다는 것을 또한 밝혔다: "형제 여러분, 정말 잘 들어두십시오. 살과 피는 하나님의 나라를 이어받을 수 없고, 썩어 없어질 것은 영원한 것을 이어받을 수 없습니다"(고전 15:50). 종합적으로 보면, 성서에 나타난 예수 부활 사건은 (1) 실제로 일어난 사건이며, 그 몸은 "신령한 몸"이요, (2) 죽은 시체 스스로의 소생이 아니라 "하나님께서"(행 2:24) 죽음에서 되살려 내신 종말적 사건이며, (3) 따라서 신앙인들만이 부활하신 예수를 "알아볼"(경험할) 수 있었으며, (4) 그 부활하신 그리스도께서 선물하신 "영생"은 신앙인들이 현재도 경험하는 바이나, 새 하늘과 새 땅이 열리는 날 완성될 것이라는 큰 희망을 우리에게 준다.

나는 이와 같은 부활 신앙의 이해가 확고한 성서적 기반 위에 있으며, 이 기반 위에서 모든 시대의 기독자가 부활 신앙을 고백해 왔다고 확신한다.

19910703_성서와 감리교 신학의 바른 이해
(한국의 1천만 기독교도들과 120만 감리교도들에게 드리는 호소문)_홍정수_4번_페이지_20

J-2-021

교리 사수 서명운동

하나님의 은혜와 축복이 섬기시는 교회와 가정위에 충만하시기를 기원하나이다. 전국 감리교 교역자들님과 평신도들께 서명을 요청하는 걱정스러운 말씀을 지면을 통해 드리게 된것을 송구스럽게 생각하면서 이 글월을 올립니다.

변선환 교수, 홍정수 교수, 이원규 교수가 발표한 글과 저희 서울 남연회 송파지방 실행위원회에서 세 교수에 대하여 성명서 및 공개 질의서를 지상 공개한 내용을 유첨으로 보내드리기 때문에 내용에 대한 말씀은 드리지 않겠습니다. 세 교수의 글을 보시면, 왜 유첨물과 같은 성명서와 공개 질의서가 나오게 되었는지를 이해하여 주시리라 사료됩니다.

본 지방에서는 유첨물대로 6월 30일까지 공개 질의에 대한 답을 요구하고 아무런 답이 없을 경우 예수부활부인과 교회밖에도 구원이 있다는 것을 확인하고 120만 감리교도를 상대로 감리회에 속한 목사직은 물론, 기독교 대한 감리회 교역자 양성기관인 신학대학을 떠나도록 서명운동을 전개하겠다고 한 바 있습니다.

서명을 간청하기에 앞서 분명히 밝혀두고 싶은 말씀은 본 지방에서 공개 질의가 지상으로 나가자 일부에서 학문성 침해라는 반응이 나왔습니다. 우리는 학문성을 침해한 일이 없습니다. 신학교에서는 어떤 학문도 강의할 수 있고 소개할 수도 있습니다. 그러나, 교회 밖에 구원이 있다는 다원주의 사상을 소개로 끝나지 않고 이 사상을 믿을뿐 아니라 주장하는 입장에선 변선환 교수와 그와 맥을 같이 하는 이원규 교수, 그리고 <처녀탄생, 부활, 재림 등을 자연과학의 언어로 이해 "사실"이라고 믿는다면서 이것은 성서언어의 문법을 18세기 과학의 언어규칙으로 번역한 결과에서 비롯된 "오류">라고 주장하는 (1990년 11월 17일자 크리스챤신문에 보도된 내용) 입장 즉 포스트 모던 신학을 중심한 처녀탄생, 부활, 재림사상을 사실로 믿지 않는 홍정수 교수는 교단의 목사직과 교단에 속한 신학대학에서 물러나야 한다는 것입니다.

본 지방에서는 질의에 답변하는 날자가 2개월이 지났는데도 세 교수의 공식답변이 없는 것으로 보아 그들의 신학사상이 유첨물처럼 확고한 것으로 확인하고 공개질의서에 나타난 대로 감리교 교리에 위배되는 것임은 물론 기존의 기독교에 반동하는 이단적인 사상이 확인되었으므로 감리교 목사는 물론 신학대학교 교수의 자리에 연연하지 말고 신앙양심으로 돌아가 하루빨리 스스로 물러나야 할것입니다. 만일 세 교수가 그들의 사상을 고집하려면 그들의 사상에 바탕을 둔 새로운 교단을 설립하여 그들의 신학사상과 교리를 주장해 나감이 학자적인 양심일 것입니다. 이럼에도 계속 자리에 연연한다면 이것이야

19910910_교리사수서명운동_박기창감리사_4번_페이지_1

말로 비합리적인 처사임은 모두가 잘 알것입니다. 그들의 사상을 가지고 어떻게 감리교에 몸을 담으며 감리교에 속한 신학대학에 머물러 있겠다는 것인지 어이가 없는 일입니다. 그들의 주장으로 인한 "7000교회 200만 신도운동"은 물론 특별히 삼남연회에 속한 지역에서 감리교 교세확장에 얼마나 치명적인 피해를 주고 있음을 그들은 너무도 잘 알것입니다. 그러므로 교단에서 하루빨리 물러나는 것이 학자적 양심이며 더 이상 교단에 머물면 머물수록 엄청난 피해는 더욱 클것이라는 사실을 세 교수는 부인해서는 않될것입니다

또한 교단에서는 이에 대하여 교리적인 차원에서 상응한 조처가 하루빨리 이루어져야 할것이며 이에 대한 대응미비로 야기되는 모든 문제는 현 교단에 책임자들에게 있음을 기억해야 할것입니다.

본 지방에서는 세 교수와 세 교수가 속한 학교, 당국에 대해서 아무런 사심이 없으며 오직 교리사수를 위하여 120만 감리교도들로 하여금 서명운동을 하는 것이 교단발전은 물론 "7000교회 200만 신도운동"을 달성하는 것이라고 굳게 믿습니다. 전국 교역자님들과 교단에 속한 감리교도들께서도 보내드리는 서명양식에 따라 서명애 주셔서 본 지방 앞으로 보내주실 것을 송구스러운 마음으로 간청드립니다. 서명명단은 교단본부로 보내질것입니다.

끝으로 세 교수에 대하여 교단으로부터 이에 대한 상응한 조치가 취해져야 함에도 불구하고 아무런 조처가 없음을 심히 유감으로 생각하며 본 지방에서 이에 대처를 위한 서명운동을 실시하게 된것을 송구스럽게 생각하면서 교단을 사랑하는 충정으로 받아주시고 교단에 속한 교역자님들과 성도들의 하해와 같은 너그러움이 있으시면 감사하겠습니다.

기 독 교
대한감리회 서울 남연회 송파지방 실행위원회

위원장 박 기 창 감리사

#서명양식이 모자라는 교회는 수고스럽지만 복사해서 사용해주시면 더욱 감사하겠습니다. 경제적인 문제로 인하여 서명명단반송우편을 보내드리지 못함을 송구스럽게 생각합니다. 또 성도들의 서명이 어려우실때에는 교역자님들만이라도 서명을 부탁드립니다.

19910910_교리사수서명운동_박기창감리사_4번_페이지_2

2. 서울연회의 결의

당시 교리재판 난제를 담당했던 나원용 감독, 연회 사회모습

1) 서울연회 자격심사 위원회

1991년 9월 20일 서울연회 자격심사 위원회 상임 위원회가 모였다. 위원장 김기동 목사는 위원들의 소견을 따라 아래와 같은 심사문안을 만들어서 홍정수 목사를 불러서 질의를 했다.

- 서울연회 자격심사위원회 질문서 -

홍정수 교수에게 묻는다.

1. 당신은 기독교대한감리회 목사인가?
2. 감리교 교리장정과 교리적 선언 및 사도신경을 믿고 고백하는가?
3. 그동안 자신이 공개한 책들, 신문들, 그리고 인쇄물 등에 대하여 수정할 부분이 없는가?
4. 그동안 자신이 공대한 책들, 신문들, 인쇄물 등에 대하여 교계와 교단에 물의를 일으켰다고 생각지 않는가?
5. <크리스챤신문>에 (91. 3. 30일자에) 기재된 「육체부활 신앙은 무신론적 이교도적 신앙」에 대하여 감리교 교리에 위배된다고 생각지 않는가?
6. 예수 그리스도의 육체부활을 믿는가?
7. 예수의 빈 무덤을 인정하는가?
8. 예수가 본인의 구세주이심을 믿는가?
9. 교수가 말하는 '후천 개벽'은 천도교 교주들에 의해서 설명되는 무신론과 진화론을

19910920_서울연회 자격심사위원회 질문서-홍정수 교수에게 묻는다_
서울연회자격심사위원회_교리사건재판자료_4번_페이지_1

전개로 한 종말관을 말하는 것인가?
10. 예수의 보혈은 대속을 위한 피인가?
11. 예수의 동정녀 탄생을 믿는가?
12. 오직 예수 그리스도만이 심판주 이심을 믿는가?
13. 예수의 부활은 의미풀이인가 사건인가?
14. 「기독교대한감리회 감독님들께」 라는 글(91.7.3)에서 칼바르트가 말한 것을 인용했는데 그 인용구절이 어디에 근거하고 있으며 바르트의 사상과 맞는다고 생각하는가?
15. 예수 부활을 오순절 이후 사건이라 했는가? 그렇다면 지금도 그렇게 알고 있는가?
16. "타종교인, 무신론자도 구원이 있다"고 했는데 이는 예수 그리스도의 대속성을 인정하지 않는 말인가?
17. 성삼위 일체 하나님을 믿는가?

2) 서울연회 심사위원회에 제출한 증언문

▣ 변선환 목사와 홍정수 목사의 학술에 나타난 이단성들 ▣

위의 두 목사들은 학문의 자유를 빙자하며, 기독교 대한감리회의 교리와 장정과 우리가 하나님의 말씀으로 믿고 있는 성경에 비추어 용납할 수 없는 이단적 이론들을 공개적으로 논술하고 있음을 밝힌다.

▣ 변선환 목사의 경우

교리와 장정 제 35단 중에 교리적 선언의 서문으로 선언된 "복음적 신앙은 우리의 기업이요, 영광스러운 소유이다"라는 우리의 고백을 근본적으로 거부하고 있다.

1. 탈 기독적 이단성:
그는 "신중심주의"를 주장하면서 오직 예수 그리스도로 말미암는 구원을 무시 내지는 거부하고 있다(현대사조 2, 1978., 크리스챤신문 1990. 12. 8). 이는 속죄를 통한 하나님의 구원계시를 부정하는 것이다(요 14: 6절 위배).

2. 기독론적 이단성:
그는 "우주적 기독론"을 주장하기 위하여 "그리스도를 마리아의 아들 예수와 동일시 할 때 거침돌이 된다"(기독교사상 299, p. 156)고 함으로서 예수께서 하나님의 독생자되심을 부정한다. 이는 우리의 교리적 선언 제2항에 선언한 바와 같이 예수 그리스도는 "하나님이 육신으로 나타나사"라는 고백에 따른 예수님을 참 사람이시오 참 하나님으로 믿는 우리의 신앙에 위배된다(마 1:23절, 28:19).

그는 또 "예수를 제의의 인물"(예배의 대상)로 보는 것을 반대하며, 예수를 절대화하는 것을 우상화하는 것으로 보고, 그리스도만이 보편적으로 유일한 구속자이신 것이 아니라고 함으로서

19910920_서울연회 자격심사위원회 질문서-홍정수 교수에게 묻는다_
서울연회자격심사위원회_교리사건재판자료_4번_페이지_2

K-2-083

홍정수교수님귀하

받는사람주소 은평구 갈현동 523-75 203호

주님의 은혜가 함께 하시기를 기원하나이다.

1991년 6월 5일 크리스챤신문을 통해 기독교대한감리회 서울남연회 송파지방 실행위원회 일동으로 교수님께 대하여 성명서 및 공개적으로 질의한바 있습니다. 이에 대한 아무런 답변이 없으므로 내용증명으로 질의하게 된 것을 송구스럽게 생각하면서 답을 기다리겠습니다.

지난 1991년 3월 3일자 크리스챤신문에 예수의 육체적 부활을 믿는 것은 무신론에 기인하는 것이라고 보도된바 있는데 이런 이론은 곧 감리교 교리와 장정 제11단 제3조 "그리스도께서 과연 죽은자 가운데서 다시 일어나시어 완전한 인성이 붙은 모든 것과 육체를 다시 가지시고 천당에 오르시며 마지막날에 만민을 심판하시려고 재림하실 때까지 거기 앉아 계시다"라는 조항을 부인하는 것입니까? 다시 질의한다면 예수의 인성이 붙은 생물학적 육체적인 부활은 부인하는 것입니까?

이에 대한 답을 1991년 10월 20일까지 기독교대한감리회 서울남연회 송파지방 실행위원장 박기창감리사 앞으로 보내 주시면 감사하겠습니다.

답이 없을 경우 교리와 장정 제11단 제3조를 부인하는 것으로 인정하고 본 지방에서는 이에 대한 대책을 강구하겠습니다.

이런 서신을 드리게 된 것을 다시한번 송구스럽게 생각하면서 답을 기다리겠습니다.

1991년 10월 8일

기 독 교

대한감리회 서 울 남 연 회 송 파 지 방

실행위원회 위원장 박 기창 감리사

보내실곳 : 송파구 방이동 204-3

송파지방실행위원장 박 기창 감리사

19911008_홍정수 교수님 귀하_송파지방실행위원장 박기창 감리사_4번

J-2-060

[4] 1991년 10월 12일(토) 크 리 스 찬 신

기독교 부활신앙을 재천명한다

본보에 「부활신학」을 새롭게 조명하는 글을 발표, 감리교 서울연회 자격심사상임위원회로부터 목사자격을 심사받고 있는 감신대 홍정수 교수가 최근 이 위원회의 서면 질문서에 대해 자신의 입장을 밝히는 답변서를 제출했다.

「기독교 부활신앙을 재천명한다」는 제목으로 답변한 홍 교수는 "한국인들을 향해 기독교부활사건을 재해석하고자 했으나 유감스럽게 의도와는 달리 정반대로 읽혀져 교계에 큰 물의를 빚게됐다"고 밝혔다. 또 홍 교수는 "성서에 나타난 예수 부활사건은 실제로 일어난 사건이며 그 몸은 신령한 몸이요 죽은 시체 스스로의 소생이 아니라 하나님께서 죽음에서 되살려 내신 종말적 사건"이라고 밝혔다.

다음은 자격심사상임위의 질문서와 홍 교수의 답변서의 전문을 게재한 것이다.

"성서의 부활은 신앙인들만 경험한 실제사건"

부활사건 메시지 재해석이 의도와 달리 정반대로 읽혀져

부활신앙 고백하고 표현한 성서도 다양한 언어 사용

홍 정 수
〈감신대교수·조직신학〉

나는 1991년 3월 31일자 〈크리스찬 신문〉에 기고한 글 「동작동 기독교와 망월동 기독교」를 통하여 '한국인들을 향한' 기독교 '부활사건의 메시지'를 재해석(부정이 아니라) 하고자 했었다. 그러나 심히 유감스럽게도 이 글은 나의 의도와는 정반대로 읽혀졌으며, 그리하여 교계에 큰 물의를 빚게 된 것에 대하여 크게 송구스럽게 생각한다.

신학자의 본디 사명이 다음 세대의 목회자를 양성하는 것이기 때문에, 나는 아직 교회 안에 있는 사람들 보다는 이미 교회 밖으로 나갔거나 나가려 하는 사람들, 또는 앞으로 교회로 들어올 가능성이 있는 한국인들을 염두에 두고 그 글을 썼다. 그럼에도 불구하고 "부활이 없다"고 말하는 신학자가 있는 감리교단을 떠나고만 장로님까지 생겨났다는 소식을 접하면서, 이에 깊은 책임을 느끼는 바이다.

그러면서 이 글은 교회 밖의 사람들, 다음 세대의 기독자들에 대하여는 전혀 특별한 고려를 하지 않으면서, 단지 교회 안에 있기에 이미 기독교의 언어 세계에 익숙해 있는, 따라서 거기에 대하여 아무런 불편을 느끼지 않는 대다수의 신도들만을 염두에 두고 씀을 먼저 밝혀 둔다.

나는 감리교회의 목사로서 매주일 사도신경, 니케아 신경, 또는 〈교리적 선언〉으로써 신앙을 고백한다(이중 교리적 선언은 '부활' 사건에 대한 언급이 전혀 없다). 이것은 누구의 강요에 의한 것이 아니라 전적으로 자발적인 신앙의 행위이다. 따라서 사도신경에 나타나 있는대로, 예수께서 "장사한 지 사흘만에 죽은 자 가운데서 다시 살아나시어 하늘에 오르사 전능하신 하나님의 우편에 앉아 계시다가 살아있는 자들과 이미 죽은 자들 모두를 심판하러 오실" 것을 믿는다. 뿐만 아니라 「성령」을 믿기 때문에 성령에 의하여, 교회를 통하여, 우리가 "죄용서 받고, 몸이 다시 살게 되고, 영원히 살게 되는 것"을 믿는다.

내가 알기로는, 아직 「기독교」의 신학자이기를 자부하는 신학자들 중에 어느 누구도 위의 신앙고백을 의도적으로 부정하지는 않는다.

나 역시 그럴 생각이 전혀 없다. 단지 1-2 세기의 원시 기독교 언어를 오늘 우리가 어떻게 이해하느냐에 따라서는 다소간의 견해 차이가 날 수 있을 뿐이다.

현대 성서학자나 조직신학자의 해석을 보면, 어느 두 사람도 정확히 일치하지 않음을 알 수 있다. 지구 위의 기독교인들의 공동의 노작에 의해 편찬된 가장 최근의 신학사전(WCC 간행)에 의하면, "부활 신앙이 초대 기독교 공의회들의 기독론과 삼위일체 신조에 있어서 결정적으로 중요했다는 것은 확실하지만, 부활 그 자체에 대해서는 지금까지 한번도 명쾌하게 정의된 바 없다"고 밝히고 있다. 더 나아가 성서 자체도 기독교의 부활 신앙을 고백하고 표현함에 있어서 매우 다양한 언어를 사용하고 있다는 사실을 우리는 주목해야 한다.

성서 속에 나오는 최초의 부활 논쟁(마 22:23-33, 막 12:18-27, 눅 20:27-40)에서 예수께서는 모세도 '부활' 신앙을 가지고 있었는데, 그것은 모세의 하나님이 "살아있는 자의 하나님"임과 동시에 "아브라함의 하나님, 이삭의 하나님, 야곱의 하나님"이시기 때문이라고 논증했다. 그리하여 "하나님 앞에 있는 사람들은 이미 모두 살아있다"(눅 20:38)는 놀라운 선언이 나왔다.

한편, 엡 2:5-6, 골 2:11-13, 3:1 이나 요 11:17-27, 롬 6:21-23 등에 의하면, 신앙에 의하여 예수 그리스도와 연합한 자는 '이미' 부활하였다고 기록되어 있다. 그렇다고 우리가 장차 있을 종말의 큰 부활 사건 대망을 소홀히 하자는 것은 결코 아니다. 우리는 '믿음으로 구원'(롬 1:17, 엡 2:8)받을 뿐 아니라 또한 '희망으로도 구원'(롬 8:24)받기 때문이다.

더 나아가 부활하신 예수의 몸의 성격에 대해서도 다양하게 표현하고 있다는 것을 우리 모두 너무도 잘 안다. 부활하신 예수의 몸은 실재였기 때문에, 식사도 하실 수 있었고, '뼈와 살'도 있었다고 했다(눅 24:30-31, 38-43, 요 21:8-13). 그러나 바로 그런 예수를 보고도 제자들은 예수를 '알아보지' 못하였다고 했다(눅 24:16).

그리고 '문이 잠겨 있었는데도' 제자들 가운데 들어오셨다고 했다(요한 20:26). 더 나아가 부활하신 예수의 목격자들은 하나같이 신앙인들이었다(바울을 제외한다면).

바울에 의하면, 그 목격자들은 "베드로, 열두 사도, 5백 명의 교우들, 야고보, 모든 사도들" 그리고 바울 자신이다(고전 15:5-8, 바울은 여인들을 목격자에서 제외시키고 있다).

그런데 바울은 최소한, 예수 승천후 5년이 지난 다음, 다메섹 도상에서 '부활'하신 예수를 목격했다. 따라서 그는 부활을 열광적으로 주장하면서도, '육체'는 다양하다는 것을 또한 밝혔다.

"형제 여러분, 정말 잘 들어두십시오. 살과 피는 하나님의 나라를 이어받을 수 없고, 썩어 없어질 것은 영원한 것을 이어 받을 수 없습니다"(고전 15:50).

종합적으로 보면, 성서에 나타난 예수 부활 사건은 (1) 실제로 일어난 사건이며, 그 몸은 '신령한 몸'이요, (2) 죽은 시체 스스로의 소생이 아니라 '하나님께서' 죽음에서 되살려 내신 종말적 사건이며, (3) 따라서 신앙인들만이 부활하신 예수를 '알아볼'(경험할)수 있었으며, (4) 그 부활하신 그리스도께서 선물하신 영생은 신앙인들이 현재도 경험하는 바이나, 새 하늘과 새 땅이 열리는 날 완성될 것이라는 큰 희망을 우리에게 준다.

나는 이와 같은 부활신앙의 이해가 확고한 성서적 기반 위에 있으며, 그 기반 위에서 어느 시대의 기독자나 부활신앙을 고백해 왔다고 확신하는 바이다.

홍정수 교수에게 묻는다

1. 당신은 기독교대한감리회 목사인가?
2. 감리교 교리장정과 교리적 선언 및 사도신경을 믿고 고백하는가?
3. 그동안 자신이 공개한 책들, 신문들, 그리고 인쇄물 등에 대하여 수정할 부분이 없는가?
4. 그동안 자신이 공개한 책들, 신문들, 인쇄물 등에 대하여 교계와 교단에 물의를 일으켰다고 생각지 않는가?
5. 〈크리스찬신문〉에(91. 3. 30 일자에) 기재된 「육체부활 신앙은 무신론적 이교도적 신앙」에 대하여 감리교 교리에 위배된다고 생각지 않는가?
6. 예수 그리스도의 육체부활을 믿는가?
7. 예수의 빈 무덤을 인정하는가?
8. 예수가 본인의 구세주이심을 믿는가?
9. 교수가 말하는 '후천 개벽'은 천도교 교주들에 의해서 설명되는 무신론과 진화론을 전제로한 종말관을 말하는 것인가?
10. 예수의 보혈은 대속을 위한 피인가?
11. 예수의 동정녀 탄생을 믿는가?
12. 오직 예수 그리스도만이 심판주이심을 믿는가?
13. 예수의 부활은 의미풀이인가 사건인가?
14. 「기독교대한감리회 감독님들께」라는 글(91. 7. 3)에서 칼 바르트가 말한 것을 인용 했는데 그 인용구절이 어디에 근거하고 있으며 바르트의 사상과 맞는다고 생각하는 가?
15. 예수 부활을 오순절 이후 사건이라 했는가? 그렇다면 지금도 그렇게 알고 있는가?
16. "타종교인, 무신론자도 구원이 있다"고 했는데 이는 예수 그리스도의 대속성을 인정하지 않는 말인가?
17. 성삼위 일체 하나님을 믿는가?

〈자격심사상임위 질문서〉

19911012_기독교 부활신앙을 재천명한다
-성서의 부활은 신앙인들만 경험한 실제사건_홍정수교수_4번

제 91-3호

서 울 연 회 자 격 심 사 상 임 위 원 회

수 신 : 나원용 감독 귀하

제 목 : 홍정수 목사에 대한 심의 결과 보고

서울연회 자격심사 상임 위원회에서는 그동안 제 7차 모임을 갖고 홍정수 목사에 대하여 심의한 결과가 다음과 같기에 이에 보고 드리나이다 .

- 다 음 -

제 1차에서 5차까지 홍정수 목사의 제반 문제들에 대하여 재료를 수집하고 문제점을 파악하여 심의한 후에 제 6차 홍정수 목사를 송환하여 그동안 무리를 일으켰던 제반 문제에 대하여 (별지 1)과 같이 질의 하였읍니다

홍정수 목사는 그동안교단내외적으로 홍정수 목사의 부활신앙에 대하여 신문지상에 발표할것을 권하였으며 이에 (별지 2) 와 같이 신앙고백서를 기록해 왔으므로 10월중에 홍정수 목사가 기독교 신문지상에 발표할것을 확인 받았기에 본 서울연회 자격 상임 위원회 에서는 일단 홍정수 목사가 신문지상에 본인의 신앙고백서를 발표한 후에 나타나는 반응을 보아 다루기로 하고 일단 마무리를 하였기에 이에 보고드립니다

1991년 10월 15 일

서울연회 자격심사 상임위원회

위 원 장 : 김 기 동

서 기 : 홍 영 표

19911015_공판기록물-(공문)홍정수 목사에 대한 심의 결과보고_서울연회 자격심사 상임위원회_4번_페이지_1

홍정수 목사 에게 묻는다

김기동 : 홍정수 목사는 먼저 자기 소속을 분명히 밝혀 주십시오

홍정수 : 기독교 대한 감리회 서울연회 은평지방 동력구역 동력교회
담임목사 홍정수 입니다

김기동 : 당신은 기독교 대한 감리회 목사라는 것을 확실히 인정하십니까 ?

홍정수 : 예 그렀읍니다

한상섭 : 감리교 교리 장정과 교리적 선언 및 사도신경을 믿고 고백하는가 ?

홍정수 : 예,내주합니다

한상섭 : 우리 감리교 총회가 인정하는 신학교 교수로 자부하고 있읍니까 ?

홍정수 : 예,그렀읍니다

홍영표 : 그동안 자신이 공개한 책들 ,신문들 ,그리고 인쇄물 등에 대하여
수정할 부분이 없는가 ?

홍정수 : 아무도 자기가 쓴것을 완벽하게 생각할 사람은 없고 저도 그렇게
생각하고 사람들이 오해를 한다면 그것을 풀어 주기 위하여 수정
할 수있고 또 제자신이 신학적으로 잘못된 부분이 있다면 언제든지
수정할 것입니다

박성원 : 그동안 자신이 공개한 책들 ,신문들 ,인쇄물 등에 대하여 교계와
교단에 물의를 일으켰다고 생각하지 않는가 ?

홍정수 : 많은 무리를 일으켜서 대단히 죄송스럽게 생각합니다

김기동 : 크리스챤 신문 (91.3.30) 에 기재된 " 육체 부활 신앙은
무신론적 이교도적 신앙 " 에대하여 감리교 교리에 위배 된다고
생각하지 않읍니까 ?

19911015_공판기록물- (공문)홍정수 목사에 대한 심의 결과보고_
서울연회 자격심사 상임위원회_4번_페이지_2

홍정수 : 위배된다고 생각지 않습니다 저는 그렇게 말한적이 없기 때문입니다

김기동 : 보는 사람이 잘못 봤다고 하는 이야기죠 ?

홍정수 : 그렇지요

홍영표 : 신문에 잘못된 것입니까 ?

홍정수 : 아니죠 신문에 잘못낸것이 아니라 읽는 사람들이 잘못 읽은것입니다

김기동 : "읽는 사람들이 잘못 읽었다" 거기가 모든 교계에 문제의 핵심이 되서 불씨가 된것입니다

홍정수 : 저는 그점에 대하여 대단히 송구 스럽게 생각합니다

한상섭 : 예수 그리스도의 육체 부활을 믿는가 ?

홍정수 : 성경에 있는 대로 믿읍니다

한상섭 : 영적인 부활 즉 새로 변화된다는 것을 믿읍니까 ?

홍정수 : 예 바로 그렀읍니다 고린도전서에 . 있는 그대로 믿읍니다

홍영표 : 예수의 빈 무덤을 인정 하시나요 ?

홍정수 : 물론 인정합니다

박성원 : 예수가 본인의 구세주 되심을 믿읍니까 ?

홍정수 : 믿을뿐만 아니라 자랑스럽게 생각합니다

김기동 : 홍정수 목사가 말하는 " 후천개벽 " 은 천도교 교주들에 의해서 설명되는 진화론을 전제로한 종말관을 말하는 것인가 ?

홍정수 : 그런 오해의 여지가 있겠으나 저는 그런 의미로 쓴것은 아닙니다 그것은 전혀 아닙니다 설명을 좀하겠읍니다 개벽은 우리나라 말입니다 '창조와 '종말, 두가지를 다 간직하고 있는 아주 독특한 말입니다 (제가 연구해 보니) 그런데 예수 부활 이라는게 그런 성격이 있읍니다 그래서 옛 세대에 대한 종말을 의미하고 새하늘과 새땅을 말하는 새로운 천지창조라는 의미가 있다

2.

19911015_공판기록물- (공문)홍정수 목사에 대한 심의 결과보고_
서울연회 자격심사 상임위원회_4번_페이지_3

이런 두가지 '창조 ' '종말 ' 을 한꺼번에 말할 수 있는 한국말이 없을까 해서 19세기 한국민족 종교를 연구 하면서 한국 천도교나 증산교나 그들이 쓰는 단어만 빌여온것이지 그들의 신앙을 받아 들인것은 결코 아닙니다

한상섭 : 예수의 보혈은 대속을 위한 피인가 ?
예 , 그것은 어떻게 이해 하느냐에 따라 다른데 성서에 있는대로 믿으 믿읍니다

홍영표 : 예수의 동정녀 탄생을 믿는가 ?

홍정수 : 그것도 마찬 가지다 성서에 있는대로 믿읍니다

박성원: 오직 예수 그리스도만이 심판주 이심을 믿는가 ?

홍정수 : 예 ,믿읍니다

김기동 : 예수의 부활은 의미 풀이인가 사건인가 ?

홍정수 : 당연히 사건이죠

한상섭 : " 기독교 대한 감리회 감독님들께 " 라는글 (91.7.3) 에서 칼빨트가 말한것을 인용했는데 그인용 구절이 어디에 근거하고 있으며 빨트의 사상과 맞는다고 생각하는가 ?

홍정수 : 예 ,그것은 제가 참고서를 안가져 왔는데 책 이름은 "죽은자의 부활 " 이란 책에 나왔읍니다

한상섭 : 정반대 드라 저는 부활을 인정한다 빈무덤도 인정한다

홍정수 : 질문을 그렇게 하시면 얼마든지 대답합니다

홍영표 : 예수 부활을 오순절 이후 사건이라 했는가 ? 그렇다면 지금도 그렇게 알고 있는가 ?

홍정수 : 오순절 이후의 사건이라고 말한적이 없다 있다면 제가 잘못 말한 것입니다 저의 의도는 부활과 오순절을 연결시켜서 생각해야 한다는 것입니다 오순절 이후의 사건 일수는 없읍니다

19911015_공판기록물- (공문)홍정수 목사에 대한 심의 결과보고_
서울연회 자격심사 상임위원회_4번_페이지_4

박성원 : " 타종교인 , 무신론자도 구원이 있다 "
(기독교 연합신문 91.6.19) 했는데 이는 예수 그리스도의 대속성을 인정하지 않는다는 말인가 ?

홍정수 : 전혀 아닙니다 " 타종교나 무신론자도 구원이 있다 " 라고 카토릭 교회가 말한것을 인용했지 제가 그렇게 말한것은 아니다 그리고 그들이 그렇게 말한것은 예수 그리스도의 대속성을 부정한것은 결코 아닙니다

김기동 : 성삼위 일체 하나님을 믿는가 ?

홍정수 : 물론 믿읍니다

김기동 : 지금까지 홍정수 목사에게 좋은 신앙고백을 해주셔서 대단히 감사합니다.
헌데 우리 위원들이 바라는 것은 녹음을 했으니 테이프를 드릴테니 잘들어 보시고 본인도 잘생각해서 감리교나 타교단에서도 그 동안에 오해를 가졌던 모든 사람들의 오해가 풀어질수 있도록 정리하여 좋은 논문을 써서 신문에 계재해서 조만간에 이행을 할 수 있으면 좋겠는데 어떠하신지 ?

홍정수 : 최선을 다해서 그렇게 하겠읍니다 기회를 주셔서 정말 감사합니다

이상의 질의 문답은 1991년 9월 20일 11시 10분 부터 12시 5분 까지 경기연회 감독실 에서 한것입니다

19911015_공판기록물- (공문)홍정수 목사에 대한 심의 결과보고_
서울연회 자격심사 상임위원회_4번_페이지_5

감리교신학대학
METHODIST THEOLOGICAL SEMINARY

Founded in 1905
President: Sun Hwan Pyun

31 Naing-Chun Dong
Seoul, Korea
(P.O.Box 45, CHUNGJONGNO 120-701)

Tel. 392-4090
363-4941~5
363-4011~2
Fax. 362-7392

송파지방

박기창 감리사님:

회답이 늦어져서 미안합니다. 송파지방 실행위원회가 질문한 두가지 물음에 대답하겠읍니다.

첫째로 "기독교 밖에 구원이 없다"는 전통적 교리 명제는 오늘의 종교다원시대에서 재해석 되어야 한다는 본인의 주장은 오직 예수 그리스도를 통해서만 구원 받는다는 교리와 장정 제17단 제9조와 모순되지 않읍니다. 웨슬리는 信仰義認과 함께 先行恩寵을 주장하였기 때문입니다. "万人을 위한 구원"의 멧시지를 외친 웨슬리는 Luther와 Calvin의 Protestant 原理보다 더 넓은 신학의 틀을 가지고 있었읍니다. 그러기에 웨슬리안들은 오늘날 배타주의가 아니라 포괄주의와 다원주의 시대에서 의미를 가지는 새로운 그리스도론의 형성을 지향하며 많은 신학적인 열매를 맺고 있읍니다 (John Cobb Jr., Christ in a Pluralistic Age, 1975).

이 방면에 관한 감리교 계통의 저서로 영국 감리교회가 다년간 연구한 결과를 거쳐서 Kenneth Cracknell이 출판한 저서 Towards a New Relationship, Christians and People of Other Faiths (Epworth Press, 1986)

19911020_송파지방 박기창 감리사님(서신)_변선환_4번_페이지_1

감 리 교 신 학 대 학
METHODIST THEOLOGICAL SEMINARY

Founded in 1905
President: Sun Hwan Pyun

31 Naing-Chun Dong
Seoul, Korea
(P.O.Box 45, CHUNGJONGNO 120-701)

Tel. 392-4090
363-4941~5
363-4011~2
Fax. 362-7392

-2-

을 참조하시기 바랍니다

참고: 다그라스 미이크스, 변선환역 「감리교신학의 미래」 총리원 교육국, 1987)
이 책 부록논문으로 실려있는 Michael Hurley의 논문 "Salvation Today and Wesley Today"에 보면 Beyerhaus가 주동이 되어서 로잔느 복음주의파 계열이 발표한 Frankfurt 宣言과, 웨슬리신학과 함께 에큐메니칼 신학이 어떻게 다른가를 밝히고 있읍니다. 웨슬리는 예수 그리스도에 대하여 명시적으로(explicit) 신앙의 결단을 단행한 기독교인들뿐 아니라 암묵적으로 (implicit) 응답하고 있는 선의의 타종교인과 세속이데올로기 신봉자들도 온 인류를 구원하시려는 하나님의 보편적 구원의 경륜 안에 있다고 보았읍니다(퀘이커교도 Thomas Whitehead에게 보낸 웨슬리의 서간 1948.2.10, Letters, II. pp. 117-118 / 웨슬리 설교 On Living without God; Free Grace: On Faith: On Divine Providence 등

"우리의 구원이 오게 되는 하나님의 은총은 万人속에 값없이 주어졌고 万人을 위하여 값없이 주어졌다(FREE IN ALL, and FREE FOR ALL)."

"참된 종교는 거룩한 완고성과는 멀다. 따라서 어떤 이름을 지니고 있던지 이방인이건 이스람교인이건 유대교인이건 또는 기독교인이건 모든 偏宗教人들은 ..... 허무 보다는 밝다."

"万人을 위한 은총은 웨슬리의 칼빈주의에 대한 대답이다"
(Robert E. Chiles, "Methodist Apostasy: From Free Grace to Free Will).

19911020_송파지방 박기창 감리사님(서신)_변선환_4번_페이지_2

감 리 교 신 학 대 학
METHODIST THEOLOGICAL SEMINARY

Founded in 1905
President: Sun Hwan Pyun

31 Naing-Chun Dong
Seoul, Korea
(P.O.Box 45, CHUNGJONGNO 120-701)

Tel. 392-4090
363-4941～5
363-4011～2
Fax. 362-7392

-3-

둘째로 '교회 밖에 구원이 있다'는 명제가 타종교에도 구원이 내재하고 있다는 주장인가를 물었습니다. 로마 가톨릭 교회는 Florence 교회회의(1438-45)가 만들었던 명제, "교회 밖에 구원이 없다"(extra ecclesia nulla salus)를 신학적으로 수정하고 나선지 오래되었습니다(Vatican II, 1965). W.C.C.는 1951년 윌링전회의에서 "神의 宣敎"(missio Dei)를 주장하였을 때 이미 배타주의 파라다임의 "교회선교"(missio ecclesiae)를 넘어섰습니다. 1968년 스웨덴 웁살라 회의에서 히브리 13:12.13을 본문으로 삼고 "교회 벽 밖에 계신 그리스도"(christus extra muros ecclesiae)라는 주제 아래에서, 신학자들은 實體論에서 해석하였던 교회론을 세속성(secularity: Geschichte)에서 해석하려는 새로운 길에 나섰습니다. 세속화 기독론과 함께 세속화 교회론은 하나님과 그리스도의 구원의 역사를 절대로 기독교와 교회속에만 폐쇄시켜서는 안된다는 보다 넓은 복음선교의 지평을 열어 보이고 있습니다. 웨슬리는 교회(聖 Sacred)와 세속세계(俗 secular), 그리스도의 왕국(오른쪽 나라)과 세상나라(왼쪽 나라), 기독교(예수의 종교)와 타종교(아담의 종교) 사이의 質적 차이를 주장하지 않습니다. 세계는 우리의 일터 입니다.

19911020_송파지방 박기창 감리사님(서신)_변선환_4번_페이지_3

감리교신학대학
METHODIST THEOLOGICAL SEMINARY

Founded in 1905
President: Sun Hwan Pyun

31 Naing-Chun Dong
Seoul, Korea
(P.O.Box 45, CHUNGJONGNO 120-701)

Tel. 392-4090
363-4941~5
363-4011~2
Fax. 362-7392

한국감리교회는 1988년 웨슬리회심 250주년을 기념하면서 광림교회에서 갖게 되었던 선교대회에서 "하나님 나라·교회·민중"이라는 주제를 가지고 하였던 세 주제강연을 들었읍니다. 은준관박사님이 읽었던 "교회"는 한국교회가 교회자체의 권위를 지키거나 그 현상유지만을 위해서 몰두하지 말고 타자를 위한 교회, 세상을 위한 교회, 가난한 사람들의 교회가 되라고 명령하시는 "교회 밖의 밖에 계신 그리스도"의 보다 열려진 선교명령에 복종하라고 권고하고 있읍니다.

참조: 하나님나라 교회 민중(총괴 원): 콜린 윌리엄스, 款文: 혹켄다이크, 흩어지는 교회

감리교회의 위대성은 신학적 의견과 정치적 의견의 차이 때문에 나누어 질수 없다는 보편정신(Catholic Spirit)에 있읍니다. 우리도 생각하여야 하겠지만 저들도 생각하도록 하여야 합니다(We think and let them think). 이 점에서 다원주의 신학은 포괄주의자는 물론이고 배타주의자의 입장도 이해하려고 합니다.

한국선교 백년을 넘어서 선교 제2세기를 향하는 한국감리교회가 미국과 영국에 있는 감리교회와 세계교회 특히 제3세계교회를 향하여 넓게 창문을 열고 21세기를 향하여 나아갈수 있기를 소원하면서 새로운 토착화신학,

19911020_송파지방 박기창 감리사님(서신)_변선환_4번_페이지_4

감리교신학대학
METHODIST THEOLOGICAL SEMINARY

nded in 1905
sident: Sun Hwan Pyun

31 Naing-Chun Dong
Seoul, Korea
(P.O.Box 45, CHUNGJONGNO 120-701)

Tel. 392-4090
363-4941~5
363-4011~2
Fax. 362-7392

-5-

다원주의 파라다임의 "한국적 신학"(尹聖範)을 형성하려고 노력하고 있는 감리교신학대학을 계속 사랑의 시선을 가지고 지켜 보아 주시기 바랍니다. 토착화신학과 한국 종교신학 형성의 과제는 濯斯 崔炳憲과 海天 尹聖範에게서 부터 이어 받은 한국 감리교신학의 위대한 신학적 유산 입니다. 물론 신학작업을 수행하는 과정에서 인간이기에 신학자들이 때때로 시행착오를 범하게 되는 때도 있을 것 입니다.

본인은 감리교신학대학 학장으로서 본대학 교수들과 함께 교단과 교회에 본의 아닌 폐를 주지 않도록 조심할 것입니다. 송파지방 실행위원회에 하나님의 은총이 함께 하시기 바랍니다.

1991년 10월 20일

감리교신학대학

학장 변 선 환

19911020_송파지방 박기창 감리사님(서신)_변선환_4번_페이지_5

K-2-123

감리교신학대학
METHODIST THEOLOGICAL SEMINARY

Founded in 1905
President: Sun Hwan Pyun

31 Naing-Chun Dong
Seoul, Korea
(P.O.Box 45, CHUNGJONGNO 120-701)

Tel. 392-4090
363-4941~5
363-4011~2
Fax. 362-7392

대학원 위원: 한영교 구덕관, 선한용, 김득중, 염필형, 박창건, 이기춘, 장재순, 방석종

1991. 10. 30 —

3가지 안건:

1. 이규철의 행적 추적
   a. 종합교회 교적부 1987년도
   b. 성신교회(1978) 송창흥(추천자) 확인 (1987년도 추천한 목사)
   c. 불신소환 「양창식」의 출입 손수 모제 규명; 출석사와 이규철의 대질심문

2. 양창식의 행적 추적
   a. 입학 당시 전위 문제
   b. 양창식의 추천서 내용: 소속 대한예수교장로회(통합) 신촌장로교회 ~~서울 서대문구~~ 대현동 60-61 5F; 성명 직위: 당회장 ... 목사 (본인 직접 출석시켜 조사할 것) (~~1984. 12. 25~~)
   c.

※ 송창흥 목사는 이규철에게 세례를 주었는가? (1978. 12. 25 수세)
입학 당시 이규철에게 추천서를 써주었는가?
이규철의 모종 관계: 日本의 東京大學 大學院) 박사과정
수료시절 어느 교회에서 신앙을 받았는가? (신앙내력 추적)

19911030_감리교신학대학 대학원위원 보고서_4번

속기록

현 사태를 폭발적으로 왜곡시킨 제19회 총회(광림교회)의 실황녹음이다. 이 속기록은 비디오 재생을 통해 현장감을 재확인하였으며 문제가 되는 발언에 주(註)를 달아 진실을 발굴하고자 노력하였다. 특히, 총회 의장인 곽전태 감독회장의 파행적 진행과 소수의 전횡들을 그들의 육성으로 확인할 수 있다.

제4차 회집 분과위원 보고
1991년 10월 30일 오후 8시경

건의안 심사위원 서기(임용화 장로) : 다음으로 건의안 2호입니다.

제 목 : 변선환 교수의 종교다원주의와 홍정수 교수의 포스트모던 신학에 대한 기독교대한감리회의 입장 정리건입니다.

건의자 : 서울 남연회 송파지방 감리사 박기창 목사님 외 4명입니다. 요지는 "변선환 교수님의 종교다원주의 입장과 홍정수 교수님의 포스트모던 신학 입장을 받아들일 것인지, 받아들이지 않을 것인지에 대한 여부를 이번 총회에서 결의할 수 있도록 하여 주시기 건의합니다"입니다. 이에 대한 처리는 본건에 대하여는 감독회와 서울연회 자격심사위원회에서 다루었다고 함으로, 그 보고를 총회에서 들은 후에 상정하기로 함[1]이라고 심의했습니다.

곽전태 감독 : 이 보고를 받은 다음에 논의를 하는 것입니까? 안건이 나왔으니까 일단 보고를 받고 그러고서 약간 의논을 해야 할 것입니까(작은 소리)?

예.

이 보고를 받기로 동의해 주십시오. 다른 의견 없으면 일단 보고를 받습니다. '가'하면

1) 분명히 "건의안 심사위원회"는 본건을, 총회에 직접 상정한 것이 아니라 우선 서울연회 자격심사위원회로부터 경과를 청취해 본 후 상정하기로 했었다(이것이 점차 무시되어 간다).

19911030_기독교대한감리회제19회총회속기록_
감리교신학대화모임준비위원회_4번_페이지_01

'예' 하십시오. 예. 감사합니다. 일단 보고를 접수하고 그리고서 이 건도 역시 그 건의한 자의 약간의 무슨 보충설명이 필요할까요?(작은 소리—절차에 대해 의논) 지금 곧 문맥을요. 잠깐만요, 윤장로님…….

지금 건의안 보고를 받는 중에 있으니까 조금만 참아 주세요. 여기 네 건이 있다는데 한 건 받고, 계속 진행 중에 또 다른 걸 받으면 자꾸 복잡해지니까 조금 참아 주시길 바랍니다.

임용화 장로 : 건의안 심사위원회에서의 처리는 이 본건에 대해서는 본 총회에 상정하는 걸로 처리하는 것으로 하였습니다.

곽감독 : 동의·재청해서 일단 받았습니다.

김동희 : 가급적이면 발언을 안하고 가만둘라고 했는데요. 가만히 보니까 지금 주제 파악을 못하고 있어요. 왜냐하면, 어저께 이 분과위원회 제가 다하고자 하는 걸 하지 말자고 하던 사람 중에 한 사람입니다.

동의집에서 받으려고 하니까요, 받는다고 하면서 나가서 얘기했어요. 근데 그러되 장정개정, 법개정에 필요한 불가결한 사항이 있을 때에만 그 분과만 분과위원 하나 있는데 법개정에 하등에 상관도 없는 걸 해 가지고, 이게 행정총회인 줄 알아요?[2] 법을 개정하기 위한 특별 총회입니다. 그런데 엉뚱한 걸 해 가지고 이게 지금 뭐하는 거예요. 장난하는 거예요? 꿈을 꾸는 거예요?

곽 감독 : 회원의 발언이 맞습니까? 맞아요.

김동희 : 건의안은 발이죠. 어저께 얘기하기를 분명히 장정개정을 법개정을 하는 데 필요한 분과 건의안만 조회하라고 했지. 누가 이런 거 조회하라고 했어. 정신없는 소리하고…….

곽감독 : 건의안 심사위원회의 건의를 받아서 건의심사위원회에서 보고 듣는 것도 못봤습니까?[3](김동희 발언에 대한 회중석의 논란이 산발적으로 있었음) 아, 근데 이게 말이요. 다시 말하면 어저께 분명히 얘기했어요. 법을 개정하는 데 필요불가결한 분과만 하기로 어저께 얘기했는데[4] 그걸 받아 들여 놓고서 자꾸 엉뚱한 것만 하고 있으니까 얘기하는 것예요.

---

2) 전날의 순서 중 분과위원회 회집전에 있었던 이같은 논의의 사실여부를 확인할 필요가 있다. 일반적으로 임시총회는 사전 통보된 안건만을 다루는 것이 상례이며 지난 정기총회시 장정개정을 위한 특별총회회집을 결의했을 것임.

3) 총회(또는 연회)의 일반관행을 빙자하여 그냥 밀고 가려 한다(그러나 그보다 "임시총회"의 일반적인 제한성을 무시하고…….

4) 맞다! 법개정에 필요불가결한 것만 해야 한다.

19911030_기독교대한감리회제19회총회속기록_
감리교신학대화모임준비위원회_4번_페이지_02

곽 감독 : 잠깐만요. 어제 필요한 분과위원회는 모여서 하도록 그렇게 문이 열려져 있어요. 그러니까 장학설립 건의안으로 처리를 한 건 하지 않았습니까? 그때 회원이 그때 그 자리에 안계셨습니까? 진행하세요.

임용화 장로 : 그럼 이 건의안에 대해서 총회에 상정하는 것으로 처리했습니까?[5] 총회에서 결정해 주시기 바랍니다. 동의·재청하셨다고 하는데요.

김홍도 목사 : (보충 설명을) 저는 생전에 총회나 연회에 처음 나와서 말을 지금하고 있습니다. 서툰 점이 있어도 용서해 주시기 바랍니다. 지금 이 건의안은 너무너무 중요하기 때문에 제가 가만 있을 수 없어서 평생 처음으로 나와서 말씀을 드립니다.

제가 뉴욕에서 온 목사님께 오늘 아침에도 말씀드렸는데 감리교 신학대학 학장이 뉴욕에 가서 법당에 가서 법회를 인도하고 왔기 때문에 감리교 목사들이 얼굴을 못들었다고 합니다. 무슨 책 몇 페이지 내가 댈 수 있어요. 분명히 마리아가 낳은 예수는 그리스도가 아니다.

알겠습니까? 홍정수 교수는, 기독교는 구속의 종교 아니겠습니까? 예수의 피나 짐승의 피나 똑같다. 책에 분명히 씌어 있고 나중에 원하시는 분께 드리겠어요. 그리고 삼위일체도 부인합니다. 모슬람교, 회교와 같이 그런 식의 신관이어야지 안된다. 지금 남부연회 교역자 세미나 때에는 "지금도 부활을 믿고 동정녀 잉태설을 믿는 얼빠진 목사가 있느냐?" 그래가지고 쇼크를 먹고 그것으로 인해 가지고 죽었습니다. 이러한 일들이, 소련에서요 한쪽에서는 공산주의, 레닌 공산주의 혁명을 일으켜 나라를 뒤집어 엎으려 하는데 성직자들은 모여서 가운의 길이를 몇 센티 하느냐, 이것 가지고 일 주일씩 싸웠다고 합니다. 감독이 몇 년째 되든 그것보다도요. 이 근본적으로 기독교의 기본 사실을 무너뜨리고, 할라고 하는데 이걸 그냥 넘어가면 되겠습니까? 미국의 연합감리교회가 25년 동안에 400만 명이 줄어 들었습니다. 400만 명. 왜 그런지 아세요? 이제 그들이 영생을 안믿어요. 부활을 안믿어요, 부활이 없고, 영생이 없다면 뭐하러 예수 믿습니까? 난 목사 안합니다. 사회참여나 그런 것은 기독교 아니기도 합니다. 이런 사람들이 기독교, 감리교 신학대학에서 가르치고 있는데 무조건 덮어 주고 좋게만 하고 있는데 그냥 넘어갈 수 없는 문제입니다. 더 중요하지요. 그까짓것 감독연한이 4년이 되건 2년이 되건 뭐 그렇게 중요합니까? 이건 그냥 얼버무려 넘어갈 일이 아닙니다. 저는 생전 처음으로 내가 기가 막혀서 눈물을 흘리고 안타까

5) ××에서 최초로 언급할 때와는 내용이 달라지고 있다(건의한 위원회에 대한 서기의 월권은 아닌지……)

19911030_기독교대한감리회제19회총회속기록_
감리교신학대화모임준비위원회_4번_페이지_03

워서 견딜 수가 없어서 오늘도 3시 반에 새벽에 일어나서 1시간 이상 기도하고 그리고 안타까워서 본교회에도 가고 이 안이 나오기 기다리고 있었어요.

예수의 피나 짐승의 피나 다를 게 무엇이 어디 있느냐? 지금도 부활을 믿는 얼빠진 목사가 있느냐? 기독교는 부활의 종교요, 케리그마의 핵심이 무엇인데, 십자가와 부활입니다. 이것들을 부인하는 사람들이 신학교서 무엇을 가르치고 있습니까? 덮어둘 것도 그것도요 덮어둘 것을 덮어주어야지요.

이것은 타 신학교 사람들이 감신을 잡으려는 말 때문에 이로 카바를 하려고 하기 때문에 난 감리교 신학대학 출신으로 나온 것입니다. 조금전에 김선도 목사님의 설교에도 기독교는 구속의 종교입니다. 어토운먼트입니다. 이게 하나의 희생의 샘플을 보인다면 강제구소령 같은 사람, 비슷한 것은 얼마든지 많이 있어요. 구속을 안믿으면 무엇을 믿을 것입니까? 왜 미국의 감리교회가 25년 동안 400만 명을 까먹었습니까? 그들이 부활을 안믿어요. 영생을 안믿기 때문입니다.[6] 그리고 교단 본부에서 나는 미국에서 살다 온 목사님 이야기를 들었습니다. 개종시키는 데 돈쓰지 말라, 영혼구원을 위해서 쓰지 말라, 사회참여를 위해서 쓰라! 700만 불인가 그렇게 해서 게릴라를 위해서 쓰라! 결국 게릴라들이 무엇을 하는 사람인지 아세요? 선교사들 쏴 죽인 사람들입니다. 이렇게 중요한 문제를 다루지 않고 얼버무려 넘어가고, 나는 감리교 너무 관대하다고 보아요. 절대로 요한 웨슬리는 그러한 사람이 아닙니다. 이것은 그렇다면 감리교도 아니고 기독교도 아니예요. 구속을 안믿고 부활을 안믿으면 무슨 감리교입니까? 무슨 기독교입니까? 술, 담배 먹는 것은 그건 문제도 아닙니다. 간음죄 백 번 지었어도 이것보다 중요합니까? 그렇지 않습니다. 반드시 이것은 이 교수들에 대해서 그중에 제일 아주 래디칼한 사람 홍정수 교수라는 사람은 한 사람만이라도 처리를 하고 넘어가야지. 그냥 넘어가면 안됩니다. 나는 생전 처음으로 너무너무 안타까워서 여기와서 발언하고 들어갑니다.(박수)

곽 감독 : 잠깐만요. 저 심각한 이야기들인데…… 회의 진행에 대해서 따지지 마세요. 가만히 계세요.[7] 서울남연회 기간에 이러한 문제가 일어나서 한 40여 분 토론이 진행되었습니다. 어떠한 사람이 저한테 와서 '곽 감독 연회에서 왜 그런 문제를 논의하느냐?' 내가 대답을 무엇이라고 했느냐? 2천 년 기독교 역사 속에 순교자들이 많이 나왔는데 어떤 제도개혁이라든지 물질문제 때문에 순교한 사람들이 있느냐? 교리와 신앙 사수를 위해서 죽은

6) UMC에 대한 지나친 편견과 무지. 미국에서 살다 온 한 목사의 얘기의 신빙성은?

7) 회의 진행의 기본 원칙을 무시하려는 의도가 드러나고 있음.

19911030_기독교대한감리회제19회총회속기록_감리교신학대화모임준비위원회_4번_페이지_04

사람들이다. 그렇다고 한다면 당회나 구역회나, 연회나, 총회나 어느 회의든지간에 우리가 믿는 신조와 교리가 문제가 위배되는 문제가 생겼을 때는 감리교도라면 어느 회의 석상을 막론하고 먼저 신앙사수 교리사수를 위해서 발언하고, 교리를 사수하려고 하는 일을 할 수 있다. 물론 다른 회의를 하지 말자는 것은 아니다. 그날 그 시간에도 꼭 연회가 감리사 뽑고 부담금 많이 바치라 하는 내용보다도 근본적으로 신앙의 바탕이 흔들려서 다 없어지고 넘어지고 열정이 없어져서 부담금 바쳐질 것이며, 감리사 뽑아서 무엇하겠느냐?

그런 논란이 상당히 전개된 적이 있습니다. 그렇기 때문에 나는 지금 김 목사님 발언한 내용을 어렇게 저렇게 듣기는 했습니다만 난 그런 것은 처음 들었어요. 그래서 김 목사님이 상당히 근거를 가지고 하신 말씀을 하신 것 같은데 정말로 예수 피가 개피와 같다고 한다고 하면 그거 그냥 지나가면 난 감독회장 사표냅니다. 그것 참 이상하지요. 그것이 확인이 되가지고,[8] 그것이 그렇지 않다고 한다면은 어떤 증거를 받든지 어떻게 기사가 오보가 됐든지 난 그렇게 되기를 바랍니다. 난 너무 이상해서 사회할 마음도 없고 그러네요.

김홍도 목사 : 그런데 더욱 괘씸한 것이요. 학자라면 자기가 믿는 소신이 끝까지 옳다 이렇게 밀고 나가야 하는데 감독님이나 목사님들이 물어 보면은요 아, 난 이렇지 않습니다. 이것은 일곱 개 얼굴도 더 가졌어요.[9] 거짓말을 합니다. 그러니까 이 총회에서 사도신경과 감리교 교리에 어긋나는 것을 가르치거나 주장하는 사람이 있으면 교수직을 박탈하고 목회하는 목사직도 박탈해야 앞으로 우리 감리교회가 계속 성장하지 무어 교인들이 안나오구 교회가 부흥이 되지 않는데 무슨 부담금이 나오며 무슨 헌금이 나옵니까? 예, 이것은 꼭 다루고 지나가야 합니다. 총회차원에서 다루어 주지 않으면 감리교도 미국감리교회처럼 25년 동안 400만 명 까먹었어요. 400만 명. 예수의 피나 짐승의 피가 똑같다고 예? 지금도 얼빠진 동정녀 부활을 믿느냐? 이것 안됩니다. 불교나 기독교나 유교가 다 똑같이 구원있지 기독교만 구원있다고 하면 이것 안된 것이다. 덮어둘 것이 따로 있지요. 그러고선 감독님이 물어보면 아 믿습니다. 이건 거짓말 살살하는 것이 더 나쁘단 말입니다. 이것보다 다른 법이 더 중요합니까?

다른 법이 중요합니까? 기독교 근본이 흔들리는데, 이거요 그대로 두면 보수파 감리교 갈라져서 또 하나의 감리교가 생기는 것 틀림없어요. 왜 같이 있다가 같이 죽어 없어지는

---

8) 맞는다. 확인이 절실히 요청되는 사항이며 이런 절차없이 논하는 것은 불필요한 것이다.

9) 건의안(비록 무리는 있지만)의 내용과는 거리가 먼 채 회의석상에서 인신공격을 일삼아서 선동하고 있다.

19911030_기독교대한감리회제19회총회속기록_
감리교신학대화모임준비위원회_4번_페이지_05

것보다는 생명을 가진 사람이 뛰쳐나가서 사는 길밖에 더 있어요? 나는 갈라지자는 얘기는 아닙니다. 이것을 막기 위해서 하는 이야기지. 막기 위해서 하는 이야기지.

곽 감독 : 아니 가만히 있어 봅시다. 그 문제는 문제대로 하고 회의는 회의대로 진행을 하여야 됩니다.[10)]

그러니까 지금 건의안이 홍 교수가 이런 변 학장과 이러이러한 내용이 있으니까, 처벌해 달라 하는 조항으로 건의한 것이 아니고 일단 본회의에 그것을 받아들여 가지고 그리고서 여러분들이 자유롭게 의견 나누어서 그야 용서를 하든지 김 목사님 말씀대로 하든지 총회 회원들이 의논하는 대로 저는 사회만 할 것입니다.[11)]

순서가요, 잠깐만 말씀드릴 기회를 드리겠습니다. 이 건의안 내용대로 자세히 말씀을 드리고 요대로 처리한 다음에 그 다음에 말씀을 나누도록 하세요. 변선환 교수님의 종교다원주의의 입장과 홍정수 교수님의 포스트모던 신학 입장을 받아들일 것인지, 이 총회가 그 신학 좋다 받아 들이든지, 받아들이지 않을 것인지에 대한 여부를 이 입법 총회에서 이제 결의할 수 있도록 본회의에 상정하여 주시기 바랍니다. 그렇게 해서 상정했다. 상정한 것은 받았죠. 아까 동의·재청받았지요. 우선은 이게 하나 있습니다. 지금 두 분들의 신학을 우리 교단에서 좋다 할 사람이 어디에 있습니까?[12)]

내가 간접적으로 들은 이야기가 있어요. 어느, 조금 희망 적인 이야기이기도 합니다. 이 말씀 드리면서 이왕 나온김에 말씀을 드리겠어요. 죄송합니다. 어느 지방에서 아무때까지 회답을 하지 않으면은 고발하고 서명운동하겠다. 그렇게 내용의 편지를 보냈어요.

그렇게 운동을 벌였던 사람들과 변 학장님과 홍 교수님이 같이 만났어요. 만나 가지고 조금은 이상합니다. 그리고 총회에서 우리 다원주의라든지 포스트모던 신학에 대해서 우리 감리교에서 받아들일 수 없다고 결의를 해 주면 우리는 총회 결의에 따라서 그러한 주장을 이제부터 안하겠다. 그래서 진실이든 거짓말이든, 그래 여기 온 조금 박기창, 박기창 어디 있소? 아니 박기창 감리사지. 내가 부르는데 왜 화내. 나와요. 나와, 보고니까 나와서 이야기 하세요.[13)] 부드러운 얼굴로.

박기창 목사 : 우선 먼저 교리적인 문제로 인해서 종대이신 분들에게 걱정을 끼쳐드린 것

10) 맞다. 문제고 회의는 회의대로 해야 한다. 회의는 자유로운 의견 개진이 전제 조건이다.

11) 분명 사회만 하겠다고 공언.

12) 사회자는 어느 안건을 다루든지 찬반에 영향을 주는 발언을 해서는 안되는 것이 상식이지만 배격을 기정 사실화하고 있다.

13) 세상에 발언권 요청하지도 않은 사람을 지목하여 말하게 하는 경우도 있다.

19911030_기독교대한감리회제19회총회속기록_
감리교신학대화모임준비위원회_4번_페이지_06

에 대해서 죄송스럽게 생각하고 마음속에 무거운 마음을 가지고 이 자리에 나왔습니다. 또 교수님들이 몸담고 있는 학교당국과 학생들에 대해서 또 그 학교에서 배출된 선배 목사님이나, 동료 목사님들에 대해서 죄송스럽고 무거운 마음을 금할 수가 없습니다. 우선 먼저 제가 배경설명을 해드리고 싶은데, 그 이유는 목사님들은 이렇게 되게 된 내용과 신학적 사상을 아시리라고 생각하지만[14] 평신도들은 무슨 말인지 모르시리라 생각합니다. 왜냐하면 이것이 신문으로만 보도가 되고 개교회로 무슨 내용이 나가고 있지 않았기 때문에 적어도 배경설명이 되어야 한다고 생각되고 송파지방 감리사로서 이 자리에 나왔습니다.

먼저 1990년 11월 17일날 『크리스챤 신문』에 '포스트모던 신학 한국에 첫 선보여'라는 제하의 내용이 보도가 되었습니다. 여기서 문제의 홍정수 교수님은 종교 언어의 독자성 회복운동이라는 것을 주장하면서 이렇게 이야기 했습니다. 처녀탄생, 부활, 재림 등을 자연과학의 언어로 이해한다고 하는 사실[15]은 이해할 수 없는 것이고, 이것은 성서를 잘못 믿고 하는 것이다. 그러면서 처녀탄생과 부활과 재림에 대한 사건을 그는 믿지 않습니다. 그 다음에 1990년 12월 8일날 '기독교 배타적 사고에서 벗어나야'라는 내용의 『크리스챤 신문』의 기사가 있는데 이것은 변선환 학장님께서 다원주의 입장을 밝힌 내용입니다.

거기서 보면, 기독교의 절대성을 주장하는 것은 모순이다. 그리고 예수를 우상화, 절대화 예배 대상으로 삼는 것은 잘못된 것이다. 이것은 '사마르타'라는 학자가 이야기한 것인데, 이것을 인용하면서 그것을 믿어서는 안된다고 하고 '교회 밖에 구원이 있다'라고 이야기를 했습니다. 그 다음에 1991년 3월 31일날 '부활은 하나님의 정의로운 심판의 시작'이라는 제하의 『크리스챤 신문』에 홍정수 교수가 발표한 글이 나왔는데 부활사건을 실제로 믿는 것은 무신론적인 신앙이다. 바르트는 부활신앙을 믿는 것은 이방인이 하는 것이라고 했는데 나는 부활신앙을 믿는 것은 무신론적인 신앙이라고 말하고 싶다.

이렇게 보도된 내용이 나와 있습니다. 그 다음에 1991년 5월 10일에 학보에 토착화 신학을 통해 종교의 갈등해소라는 제하의 내용의 보도가 있었습니다. 거기 보면, 지금 다원주의 상황에서 종교가 갈등을 일으키는 데 있었습니다.

이 종교적 갈등을 해결할 수 있는 방법은 토착된 신학밖에 없다. 그런데 토착화 신학이

---

14) 목사들도 모른다!!(마치 이번의 경위설명으로 모두가 다 두 사조를 충분히 이해하게 된 것처럼 편리하게 되었다)

15) 종교(특히 이런 부분들)가 자연 과학의 언어로 설명가능한 진리를 믿는 것이 아님은 사실 아닌가?

19911030_기독교대한감리회제19회총회속기록_
감리교신학대화모임준비위원회_4번_페이지_07

정착하기 위해서 전제해야 될 것이 하나가 있는데 그것이 다원주의 상황이다. 이렇게 이원규 교수님의 내용을 물밀듯이 한 달, 두 달, 석 달 계속해서 다원주의와 포스트모던 신학적인 문제가 계속 나오는데도 우리 교단에서 문서화된 것으로 방향을 제시해 주거나 이것은 감리교 뭐가 잘못된 것이라는 것을 저희가 보지를 못했습니다. 물론, 진행하는 과정에서 자격 심의가 이루어지고 있는 것을 저희가 들었습니다. 계속해서 삼남연회나 다른 연회에서 감리교는 이단이라고 정죄라고 하고, 저는 부흥운동하고 있습니다만, 초교파적인 목사를 만나면 "아, 감리교 이게 임마 그게 기독교냐." 죄송한 말씀입니다.[16]

무수히 그 이야기를 듣고 있습니다. 그럼에도 불구하고 아무런 대책이나 방안이 없어요. 그래서 아무래도 어느 지방에 서나 어느 단체에서 나오더라도 성명서가 나와야 되겠다 그렇게 생각하고 감리사로서 실행위원회를 모였습니다. 모여서 이 모든 자료를 다 놓고 말씀을 드렸을 적에 우리 실행위원회는 만장일치로 성명서 발표하고 공개질의하자, 그렇게 결의가 되어서 성명서가 『크리스챤 신문』에 1991년 6월 5일날 발표가 됐습니다. 성명서 내용의 중요점은 교리장정 제9장 1조에 '삼위일체의 교리를 인정하고', 교리장정 제11단 3조에 '인성이 붙은 예수님의 부활이 분명히 시인되어 있습니다.' 교리장정 제13단 5조에 '성경이 아닌 것을 믿으라고 하지 말아라', '성경에 기록되지 않은 것은 믿으라고 하지말아야' 라고 하는 것이 분명히 기록이 되어 있습니다.

교리장정 제 17단 9조에는 '오직 예수 그리스도의 이름으로 구원받는다'라는 것이 분명히 못박아 있어요. 이것은 교리입니다. 제1편 역사와 교리편에 이 모든 내용이 기록이 되어 있습니다. 전 먼저 홍정수 교수와 대화할 때 그건 교리가 아닙니다라고 이야기해서 '이건 교리다' 제1편 역사와 교리에 분명히 이 내용이 있다, 제가 이렇게 밝혀 주었습니다. 그래서 우리가 질의를 했는데 홍정수 교수님은 답변이 없었고, 이원규 교수님의 답변이 왔습니다. 우리가 이질문을 던지면서 이원규 교수님한테 답변이 왔는데 그 내용은 목사님께서 다원주의 상황이라는 것에 대해서 유념을 해주십시오. 저는 변선환 학장님께서 말씀하신 그 다원주의에는 입장이 다릅니다. 그렇게 해명이 됐기 때문에 더 이상 우리 실행위원들은 그 문제에 대해서는 토론하지 않는 게 좋겠다는 의견이 나왔습니다.

16) 이런 식의 편협한 장로교인들은 이같은 학설이 있기 전에도 있었다. 그같은 조롱(?)에 확신있게 대처해 오지 못한 삼남연회 지역의 목회자들은 누구이며, 얼마나 되는가? 실제로 그곳의 교회성장 둔화가 장로교 때문만일까? 또한 현재 늘어나는 교회 수, 교인 수는 귀머거리들로 채워지고 있는 것일까?

19911030_기독교대한감리회제19회총회속기록_
감리교신학대화모임준비위원회_4번_페이지_08

그리고 변선환 학장님에게서 20일날 저희들한테 답변에 대해 서류가 왔습니다. 왔는데, 학장님의 이론은 하나도 변함이 없습니다. '교회 밖에 구원이 있다'고 하는 사실을 인정해야 한다는 것입니다. 이것이 학장님의 글인데 그 내용은 여기 전부 다 유첨이 돼 있습니다. 학장님이 써서 보낸 글을 제가 여기다 유첨물로 해 놓았으니까 아마 다 보실줄 압니다.

이렇게 해서 우리가 이 문제를 어떻게 처리할거야, 그렇게 생각을 하다가 다시 한 번 확인을 하자, 그래서 10월 8일날 홍정수 교수, 변선환 교수님께 내용 증명을 띄웠는데, 내용증명의 답이 똑 같은 것으로 나왔습니다. 그래서 변함이 없네. 이분들이 주장하는 사상은 변함이 없는데 이걸 어떻게 할거냐. 그렇게 마지막 생각하다가 마지막 한 번 시도를 더하자, 이제는 그분들을 초청해 가지고 한 번 만나자, 그렇게 결의가 됐습니다.

그래서 10월 25일, 지난 금요일날 입니다. 아침 7시 30분에 올림피아 호텔에서 변선환 학장님과 홍정수 교수님을 모시고 대화가 있었습니다. 그때에 변선환 학장님 말씀은 변함이 없습니다. 역시 '감리교회도 앞으로 이 다원주의 사상을 받아들여야 합니다.' 이렇게 똑같은 변함없는 말씀을 하셨습니다.

그 다음에 홍정수 교수님께서도 제가 그렇게 물었습니다. 교수님께 "장정에 인성이 붙은 예수님의 부활을 분명히 못박고 있는데, 육체, 우리의 생물학적인 상징을 가진 육체로 부활했다는 사실을 믿습니까?" 그렇게 얘기할 때 홍정수 교수님께서 대답하길 "성경에 보면 예수께서 부활하셔 가지고 방문을 걸어 잠그고 있는데 방문에 들어 오셨다. 그걸 우리가 어떻게 해석할거냐, 이렇게 논리를 전개하면서 예수님의 어떤 영적인 부활에 대해서는 그 분이 시인을 하지만은 인성이 붙은 육체적인 부활에 대해서는 그는 퀘스천을 가지고 부정을 하는 것으로 그렇게 말씀이 있었습니다.

그래서 그럼 좋습니다. 마지막으로 질문을 던지고 말겠습니다. 그건 뭐냐 하면 변선환 학장님도 그렇게 주장하고, 홍정수 교수님도 그런 식으로 주장해 나가고 있는데, 이번에 입법총회에서 다원주의와 포스트모던 신학을 우리 감리교로서는 도저히 받을 수 없다. 그렇게 만약에 결정이 된다면, 어떻게 하시겠습니까? 그 주장하시는 것을, 그러고 제가 마지막 질문을 던졌습니다. 그때, 변선환 학장님 말씀이 "만약에 입법총회에서 다원주의 입장을 받아들일 수 없다면 할 수가 없지, 주장하지 않겠다. 그러나 그렇게 되지 않기를 바란다"[17] 그리고 8시 20분 비행기로 출국하셨습니다.

---

17) 총회는 그런 학설을 논하기에 충분한 곳이 아니니 당연하지 않은가?(평소에도 총대들이 신학적 소양이 있기는 했나, 총회가 합리적 대화가 가능하기나 했나?)

19911030_기독교대한감리회제19회총회속기록_
감리교신학대화모임준비위원회_4번_페이지_09

홍정수 교수님은 "만약에 입법총회에서 그런 결론이 나와서 도저히 받아들일 수가 없다고 한다면 자기는 침묵을 지키든지, 교단을 떠나든지 자기가 스스로 결정하겠다." 이렇게 본인이 이야기 해서 대화가 끝났습니다. 이런 근거를 가지고 저희들이 건의를 낸 겁니다. 입법총회에서 다원주의와 포스트모던 신학을 받아들일 것인지 우리는 분명히 짚고 넘어가야 된다.

교단적으로 이미 다 보도가 되었기 때문에 그래서 이것이 받아들이겠다, 안받아 들이겠다는 가부가 결정이 되면 그분들에 대한 처리는 또 어떻게 할 것인가에 대해서는 여기서 논의가 되어야 하리라 생각합니다. 이상입니다.

곽 감독 : 저쪽에 삼남연회 총무님께서 아까부터 발언 신청했는데 보고 사항이 있기 때문에 처리했습니다.

삼남연회 총무 : 우리 총회의, 특별총회가 우리 감리교단에서 이루고 있는 참 오랫동안 여러 측면에서 문제가 되고 있는 이 중요한 하나의 이슈로 등장하게 된 것에 대해서 우리 삼남연회 쪽에서 이 사실은 이 신학자들의 절제없는 발언으로 인해서 가장 선교적으로 피해를 많이 보게 되는 곳이 우리 삼남연회쪽입니다.[18] 왜냐하면, 우리 삼남연회는 6.25 이후에 피난민들 중심으로 세워진 교회들이 대부분이고, 장로교회 선교지역이기 때문에 장로교 역사는 90년, 100년입니다. 그러나 감리교 선교역사는 6.25 이후기 때문에 상당히 짧습니다.

그렇기 때문에 신학자들의 신학이해 혹은 그분들의 이야기가 잘못, 오도되었을 때, 신학학술을 소개하는 것이 그 신학자의 자기 신념으로 소개될 경우에 우리 삼남연회 지역에서는 당장 선교의 어려움이 많습니다. 그렇잖아도 감리교 이단, 이단하는데 그런 이유 때문에 제일 피해가 많은 지역이 우리 삼남연회 지역이기 때문에 우리 삼남연회에서는 감리사님들이나, 교역자들이 모일 때마다, 이런 문제에 대해서 굉장히 마음이 상하고, 또 신경이 날카롭게 됩니다.

오늘 이 자리에서 종교다원주의나 포스트 모더니즘, 이런 현대 신학사조에 대해서 논란을 한다고 하면은 끝없을 겁니다. 사실은 이 자리가 신학 논쟁의 자리는 아니라고 봅니다. 그리고 신학자들은 신학을 공부함에 있어서 근대신학을 얼마든지 학설을 받아들일 수도

18) 왜 한 번도 연회시 총무보고에서나 그밖에 교단회의에서 과학적, 논리적 증거러 보고해 오지 않았는가? 삼남연회의 어떤 기구에서도 체계있는 교세확장 전략이나 장애요인을(경제적 이유말고) 조사해 보았는가?

19911030_기독교대한감리회제19회총회속기록_
감리교신학대화모임준비위원회_4번_페이지_10

있고, 소개할 수도 있다고 봅니다.[19] 그러나 가장 중요한 것은 우리 감리교회의 근본적인 신앙과 교리가 있는데 이 교리에 위배되는 사항을 글로 쓰거나 말을 해서, 우리 감리교도들의 신앙에 혼란을 주거나, 우리 감리교 선교에 막대한 지장을 준다고 하면은 이건 굉장하게 우리 감리교회를 파괴하는 일로 저는 생각합니다. 그렇기 때문에 이 문제를 가지고 너무 오랫동안 이야기하는 것보다는 우리 이번 특별총회에서 이것을 좀더 조사할 수 있는, 왜냐하면 어떤 분은 글로 써도 보고 들은 부분이 있으니까, 남의 말만 들어서는 안되는 거고[20] 글로써 입증할 수 있는 모든 자료를 가지고 우리 감리교 신앙과 교리에 위배되는 사항이 역력히 나타났다고 하면은 우리 감리교단에서 가르치거나 설교하지 못하게 하는 철저한 각오가 있어야 만이 우리 감리교회가 앞으로 선교하는 데 큰 도움을 준다고 봅니다. 이것 없이는 앞으로 끝없이 논쟁이 될 것이며, 끝없이 문제가 발생되리라고 봅니다. 오늘 저녁에 우리 총회의 이름으로 여기에 대한 조사위원을 몇 분 내어 가지고(이 대목에서 회원들 웅성웅성) 확실히 될 때는 재판하면 되겠습니다.[21]

곽 감독 : 잠깐만요, 회의 진행합니다. 잠깐만요, 아니 임 장로님 발언권 안줬습니다. 들어가세요. 아, 회의입니다. 제가 진행하거든 보세요. 조사 이전에 지금 지적한 우리 교리 부분 17단 제 9조 "사람을 의롭게 하신 속죄 은총에 대한 오직 예수 그리스도만 나의 구주"라고 하는 신앙의 고백이 나와 있습니다.

그럴 때에 여러분이 이미 지상으로 다 아시는 대로 우리 이 신조와 길게 조사할 거 없어요.[22] 이 신조와 다원주의 입장과는 전혀 다르고, 이건 뭐 조사 여지가 없어요. 그건 분명한 사실이고, 또 여기에 오직 예수가 육체 부활을 인정한 장정에 규정한 우리가 믿는 교리, 그 교리에 포스트모던 신학은 전연 입장이 다른 건 이 총대원 모두가 아십니다. 그러니까 회의는 회의대로 진행해야 되는데, 이 두 가지 뭐 믿음을 우리가 받아들인다, 그러면은 여기에 정해진 이 교리사항을 우리가 이렇게 한다고 고쳐 넣어야 할 것입니다. 그러니까 그것을 여기에 받을 것이나, 두 학설을 그걸 우리 신앙 교리로 용납하고 좋다라고, 받을 것이냐, 안된다 할 것이냐 이거부터 먼저 결의를 해야 됩니다.[23] 그렇게 해 놓고 그러고

19) 맞다. 총회는 신학을 토론하는 장이 아니다. 학설은 그것이 정설을 인정되기까지 무사히 표현되고 토론되어져야 한다.

20) 총회에서의 몇 마디 발어로 결정하기에는 너무도 큰 문제임을 이 사람만 의식하고 있었을까?

21) 이것이 정당한 법절차이다. 과거에 통일교 관련자 처벌도 특별법 제정조사위구성 등의 절차를 거쳤다.

22) 정말 다원주의와 포스트 모더니즘을 다 알기 때문일까?

19911030_기독교대한감리회제19회총회속기록_
감리교신학대화모임준비위원회_4번_페이지_11

서 이제 다른 이야기하자 이 말입니다. 이거 이 관계입니까? 이거 가부 물어야 되지 않아요?

삼남연회 총무 : 감리교회가 창피당하는 겁니다. 이런 다원주의나 이건 하나의 신학의 이론을 우리가 받는다, 안받는다 하는 것을 우리가 논의할 수 있어요?[24]

곽 감독 : 아, 아닙니다. 분명히 내가 말씀드립니다. 이 얘기 잘 나왔네요. 저도 얘기 좀 합시다. 내 안할려고 있는데,[25] 신학자들 이 신학을 강의하고, 소개하고 난 심지어는 공산주의 가르쳐도 좋다고 했습니다. 너무 비약했지요? 그러나 잘못된 신학을 자기 신앙과 교리고 받아들여서는 안된다 이거예요.

신학과 어떻게 교리를 혼동합니까? 여기에 명문화되어 있는데…… 그러니까 신학의 자유는 있어도 교리의 자유는 없어요. 그러니까 우리 교단만이 아니예요. 어느 교단이든지 그 교단이 내놓은 교리가 있어요. 그러면 그 교리를 믿는 자만이 그 교단에 소속되서 믿고 일할 것입니다.

한 가지 예를 들까요? 장로교 신학교에서 예정론을 부인하고, 은총론만 믿는다, 그럴 때 장로교 신학대학에서 그 교수가 교수할꺼 같습니까? 그러니까 신학논쟁은 우리 무식한 그 분들이 말의 언필칭 우리가 무식해서 그런다는 데 제 이 말이……

(테이프 바뀌면서 중간 생략)

지식 가지고 신학자들이 학문을 타도하지는 않아요. 이미 여기에 성경도 성경이거니와 우리 장정의 교리에 못을 박아 놓은 이 교리와 그들이 주장하는 내용이 전혀 다르니까 그게 문제가 생기는 거지 우리가 여기에 신학 논쟁하자는 게 아닙니다.[26] 저도 하나의 회원의 입장에서 발언했다고 받아 주십시오.(박수) 한 분만 말씀해 주십시오.

장태산 목사 : 경기연회 장태산 목사입니다(교수들이 총회의 결의에 따르겠다고 한 것은…… 일방적으로 결의해서는 안됨을 주장하려 함) (아량이 있어야 한다)

〈녹음 안됨〉

……소란한 소리……[27]

---

23) 조사할 것 없다면서 결의는 왜 필요합니까?

24) 옳소. 재석자의 4/5 이상이 신학교 문턱에도 못가본 사람들인데…….

25) 안해야 공정한 사회자이다!

26) 주장하는 내용이 어떻게 다른지가 김홍도와 박기창의 발언으로 충분히 발언될 수 있는가?

27) 이렇게 비논리적이고 아량이나 예절이 없는 분위기만 보아도 학설을 판단하기에는 불합격 의회이다.

19911030_기독교대한감리회제19회총회속기록_
감리교신학대화모임준비위원회_4번_페이지_12

곽 감독 : 보세요. 지금 이렇게 하면 돼요.

변교수의 무엇무엇, 사람의 누구를 사람을 의식하지 마시고. 우리 감리교의 교리가 다원주의하고 맞느냐, 안맞다 그러면 안맞는 것으로 끝을 내고 포스트모던 신학이 우리 감리교 교리와 맞느냐 맞지 않느냐 그것만 결의하세요. 사람 의식 안맞느냐만. 그것은 하지 마시고 그리고 사람 의식하지 마세요.

아니 포스트모던 신학, 다원주의 신학 주장하는 신학자들이 그분 두 분뿐입니까? 사람 의식하지 마세요. 사람 간섭하지 말고 그 사상과 주장들이 그 주장이 우리 기본 교리와 맞느냐, 안맞느냐만 정해 주세요. 그래가지고서 토론 붙이겠습니다. 가부입니다. 저 나오십시오. 투표인 나오시기 바랍니다. 하세요. 저기 가서 하세요. 아니 발언은…… 죄송합니다. 저기에서 뭐 하라고 해서……(발언은 공정하게 주세요)

김지길 감독 : 발언은 공정하게 하시고 제가 말씀드릴려고 하는 것은 제가 뭐 누구를 보호하려는 것은 아니고,(가부요 가부요 하며 소란) 가만히 있어요. 가만 있어요.

제가 할려고 하는 이 의미에서 하는 것은 아니고 잘못된 이야기가 아니고 저 잠깐 잠깐만 아니, 조금만 진정해 주세요.

곽 감독 : 감독님이 말씀하는 데 좀 경청하시고 그 여러분들 얼마든지 의사표현할 수 있습니다. (좀 예의를 지키시고……)

김지길 감독 : 선입견을 가지고 말씀하시지 마시고 제가 사실 저로서 신앙 고백도 있고 하니까 말씀드리는 건데 저는 어느 신학자 개인을 보호하자고 하는 이야기가 아닙니다.

우리가 다 성서는 하나님의 말씀으로 믿고 또 기독교는 자기 이성이나 경험으로 해석하면 비기독교가 되니까 우리는 성경의 말씀을 그래도 순수, 경청하고 믿는 것입니다. 그러기 때문에 마리아의 동정녀 탄생도 그래서 믿어야 되고 예수의 부활도 그대로 믿어야 합니다.

그 믿지 않는다면 이단으로 취급한다는 것은 조금도 변동이 없습니다. 다만 우리 감리교회가 신학적으로 홍현설 학장이나 윤성범 학장이나 이런 이들이 상황신학을, 다원주의 신학을 가지고 왔습니다.

왔는데, 변학장이 교회 밖에도 구원이 있다는 그런 말 표현 때문에 한동안 소란이 있는 건 사실로 압니다. 그건 본인이 그렇지 않고서 사과를 한걸로 끝나고 말은 과거가 있는 줄로 압니다.

제가 이야기 하는 것은 우리가 변학장이나 한 두 사람이 다원주의 신학을 주장한 걸 우리가 그런 게 아니다. 잘못 됐다는 걸로 규정하는 것, 과거의 홍현설, 윤성범 학장이나 수

19911030_기독교대한감리회제19회총회속기록_
감리교신학대화모임준비위원회_4번_페이지_13

많은 우리 감리교 지도급 신학자들이 신학사상이 그러라고 말이예요. 표현에 있어 변 박사나 홍정수 교수, 그런 분들이 과격한 말이 사실이라면 나도 여러분과 같이 합니다. 신앙은 우리 감리교 신학은 자유라도 신앙은 보수적인 신앙을 가져야 하니까 저도 그 신앙에는 조금도 변동이 없어요.

동정녀 탄생을 믿어야 되고 예수의 부활을 믿는 거 성경의 진리인데 그걸 누가 부인을 합니까? 그걸 부인한다면 안됩니다. 그런데 부인했다 하는 이야기하고, 또 박기창 감리사님이 조목조목 기록해서 말씀을 했는데 그러한 사실들을 우리가 어느 신학자래도 신학자가 있으면은 신학적인 우리 감리교 과거의 신학의 배경도 듣고 옳고 그른 판정을 우리가 신학적인 처리는 우리가 단순히 성경에 동정녀 탄생이나, 부활을 부인했으니까 그건 안된다 그런 원칙은 다 같아요. 제가 김홍도 목사님과 제 신앙이 같아요. 나도 그렇게 믿어요. 그걸 누가 안믿습니까? 우리 감리교 누가 안믿겠습니까?

만일 그런 사실이 신학적이로나 교리적으로 문제가 있다. 본인의 이야기도 좀 우리가 듣고 신학자의 신학 배경 설명도 듣고 신학자의 신학 배경 설명도 듣고 그리고 처리를 해야지. 여기서 우리 총회가 어느 한 신학자 그 문제를 처리하는 하는 걸로 끝나서는 안된다. 그런 얘기입니다.[28]

곽 감독 : 잠깐만요. 서감독님도 묘안이 있으니까 저하고 말씀 나눈 묘안이 있으신데 말씀 좀 들어 보시기 바랍니다.

서병주 감독 : 지금 우리가 신학이나 교리 문제를 다루라고 하면서 건의안 속에 지금 누구누구의 뭐다 누구 누구의 뭐다 하는 자연인의 이름이 들어 갔기 때문에 문제라고 생각합니다. 또 우리가 여기서 결의를 한다 하더라도 어느 개인의 신학을 가지고 결의하는 것 같은 그런게 있고 만약에 글쎄 결의가 될런지 부결이 될런지 모르겠습니만, 결의가 된다고 하면은 회의록 안에 어느 교수의 종교다원주의, 그러면 다른 교수의 종교다원주의는 괜찮느냐 이런 이야기가 됩니다. 그러니까 문제는 우리들이 종교다원주의를 배격하고 포스트모던 신학을 배격한다고 하면은 그 조항만 다루고서 여기서 해야지 자연인의 이름을 들으니까 누구엔 괜찮고 누구에겐 안되느냐 하는 얘기가 됩니다.[29]

---

28) 맞다. 간음현장에서 잡힌 여자도 '즉각처벌'이 무모한 것임이 예수 앞에서 드러났거늘, 학자들의 얘기도 들어보지 않고 돌맹이부터 드는 이 사람들은 어느 성경을 믿는 이들인가.

29) 얼핏 합리적인 듯하나 이 사람도 불분명하고 단편적인 주장에 보탬이 되는 쪽으로 부드럽게 길을 이끌고 있다.

19911030_기독교대한감리회제19회총회속기록_
감리교신학대화모임준비위원회_4번_페이지_14

그래서 제가 생각하기에는 건의만을 내시는 분이 조금 사람의 이름을 빼든지 혹 여기서 받자고 하시는 분이 사람의 이름을 빼고 그리고 신학이나 교리 문제를 결정하고 그리고 그 다음의 문제는 자연인의 문제는 그 다음에 이 사람이 이러이러한 것을 위배했다 그렇게 다루어야 이것이 회의 처리에 맞지 않겠느냐 이렇게 생각합니다.

강병훈 목사 : 총회원이 건의안을 내서 건의안 심사위원회에서 본회의에 올라 왔기 때문에 이 문제를 다루되 우리 교리장정에, 교리에 우리의 신앙고백이 명시되어 있기 때문에 이것을 받아들여야 할 것이냐, 받아들이지 않아야 될 것이냐 그런 문제를 결정할 수 없습니다.

우리 교리에 어긋나기 때문에 이를 용납할 수 없다는 것이다. 그렇게 결정해야 합법적인 것입니다.[30] 그러니까 감독님께서 그렇게 처리해 주십시오. 받아들어야 될 것이냐 않을 것이냐 그렇게 의논할 수 없습니다. 우리에게 교리가 있기 때문에 교리에 위배되는 것이다. 그렇게 결정하면 되는 겁니까.(박수)

곽 감독 : 그러면 거기는 아직 서감독님은 말씀하고 가이 다 연관된다. 연관된 내용이네요. 그렇지요, 그러니까 자연인이다. 뭐 다 빼고 지금 아주 성안을 해 주십시오. 그 건의안을 약간 수정을 해야 하니까 지금 말씀하신 것을…… 거기에 대해선…….

김수연 감독 : 죄송합니다. 사실은 이 문제가 감독회의에서도 나왔고요, 또 그 다음에 감독협의회에서도 이 문제가 나와서 제가 격론을 해서 좀 실례를 했습니다만은 이제 강병훈 목사님 말씀대로요, 이미 기독교 대한감리회의 교리에 아주 못이 박아 있어요. 그러니까 그 교리에 어긋났다 하면 이 총회에서 어긋난 사람에 대한 문제를 어떻게 다루어야 되겠느냐 그게 문젭니다.[31] 그러니까 그 사람에 대해서 어떻게 다루어야 하는 문제에 대해서 여기에서 위원을 한 5명쯤 내가지고 그렇지 않으면 어떤 무슨 다룰 수 있는 어떤 기관에 위촉을 하던지 그렇게 해서 그분들이 다루어서 그렇게 해서 나중에 지상에 보고하던지 그렇게 해서 이 문제가 다루어지도록 넘겨요. 이거 오랜 시간 가지고 이것 가지고 하지 마시고…….

곽 감독 : 시간이 아무리 급해도 이거 딱한번 정죄하고 넘어가야 될 것만은 확실히 하고 지나가야 합니다. 그렇니까 어떻게 하는고 하니, 어느 개인을 심판대에 올려서 당장 심판

30) 교리에 어긋나는가 여부를 논하는 것이 받아들일 것인가 아닌가의 문제와 다름이 없는데, 총무라는 자가 일처리를 위해 제시하는 법적 절차의 수준이 이정도밖에 안된다니…….

31) 점차로 시선이 다시 '사람'에게로 옮겨가고 있다.

19911030_기독교대한감리회제19회총회속기록_
감리교신학대화모임준비위원회_4번_페이지_15

하자는 것이 아니고, 항간에 그저 자연인 아무개는 빼십시다. 이 지금 신학 흐르는 사조속에 아까 말한 그 신학사조가, 명백하게 우리 교리에 기록된 대로, 이 교리에 위배되기 때문에, 다원주의신학, 포스트모던 신학을 받아들일 수 없다라고 하는 그것만을 결의하고 넘어가야 합니다. 그리고 사람의 문제는 나중에 사람의 문제대로 취급해야 합니다. 그렇지 않아요?

김수연 감독 : 그걸 뭐 받아 들이고 안받아 들이고가 어디가 있어요? 그러면 장정 바꾸라는 얘기예요? 그 무슨 말씀을…….

곽 감독 : 재천명하자는 것이요…….

김수연 감독 : 아니예요. 이건 우리 교리 장정에 돼 있는 교리에 어긋나기 때문이 문제를 어긋났기 때문에 여기서 이 선을 처리하겠냐 안하겠냐 하는 거예요 그러니까.

한석준 장로 : 지금,(발언권 주세요. 발언권……) 그 얘기가 그 얘기이기 때문에.

김수연 감독 : 그러니까 지금 얘기는 뭐냐 하면은.

곽 감독 : 가만 있어요. 쪼금쪼금 장로님 들어가세요. 지금 마이크가 쌍나팔 불어서 전혀 못듣겠습니다. 조금 들어가시고 그 감독님 다시 조금만 정리해 주십시오.(마이크 누가 꼈어요?——한석준 장로)

곽 감독 : 발언을 안줬으니까 어서 조금 앉아주세요.(발언권 주세요——한석준 장로)

김수연 감독 : 한 장로님 제가 얘기 할께요.

곽 감독 : 장로님 발언을 계속하는데 더블로 하면은 안들려요.

김수연 감독 : 저 제가 보기엔 그래요. 우리가 지금 강병훈 총무님이 말씀하신대로 우리가 지금 교리에 장정에 교리란에 우리의 믿는 신앙의 교리가 서 있어요. 그러니까 여기에서 모더니즘, 포스트 모더니즘과 다원주의에 대한 거를 가부를 묻는다는 것이 모순이[32] 되기 때문에 그걸 물을 게 아니라 여기에 대한 이러한 문제에 대한 것을 어떻게 처리하겠느냐 하는 것만을 여기서 처리하겠느냐 하는 것만 여기에서 해서 제 얘기는 처리하는 걸로 해서 이 문제를 우리 전체가 다룰 수 없지 않아요? 전체 회원들이 어떻게 다룹니까? 그러니까 여기서 몇 명을 뽑던지, 의사진행을 말하는 것이예요. 그렇지 않으면 어떤 기관에다가, 이 문제 다룰 수 있는 단체가 있으며 위촉을 해서 이 문제를 다루자 얘기하는 겁니다. 그러니까 지금 감독님께서 말씀하시는 것은 포스트 모더니즘과 다원주의를 받느냐 안받느냐 하는 걸 하게 되면…….

32) 사상을 검토없이 가부로 결정하는 것이 어리석은 것임은 이런 수준의 사람도 알고 있거늘…….

19911030_기독교대한감리회제19회총회속기록_
감리교신학대화모임준비위원회_4번_페이지_16

곽 감독 : 아니, 그 말이 아니고…….

김 감독 : 그걸 지금 받느냐 안받느냐 얘기 하는 게 아닙니까?

곽 감독 : 우리 교리에 위배된다고 하는 것을 천명해야 된다. 재천명을, 예 그겁니다. 그래 놓고 사람의 문제는 분간해서 말씀을 나누어야 하는 겁니다. 그러니까 그걸 한 번 지금 ……(회장)……앉으세요. 가부를 물어야 겠습니다. 이건 한 번 가부를 묻고 매듭짓고 지나가야 합니다.[33] 자 투표인 나오시기 바랍니다. 이 두 신학사조가 우리 교리에 위배되기 때문에 받아들일 수 없다라는 것에 찬성하시는 분 거수하시기 바랍니다. 말씀하지 마시고 손만 드세요. 안드신 분은 안드시고, ……이건 뭐 만장일치라고 해야 되지 않겠어요? 예 만장일치로 가결되었습니다.(박수) 이것도 방맹이 한 번 쳐야지. 땅땅땅!(회장) 그다음 말씀하세요.(회장 발언권 좀 주세요——조병호 감독)

곽 감독 : 아, 잠깐 계세요. 지금 이런 중대한 교리문제를 가부 결정했는데 그러면 만장일치가 아니라, 난 뭐하다 보니까 쫙 다 들었길래, 만장일치라고 그랬더니……예, 그러면은 뭐 난 내가 눈이 좀 흐려서 그랬는데, '부' 한번 손 드세요, 아! 들면 되잖아요?…….

좋습니다. 발표하세요. 몇 명 중에가 확정됐는데……부표의 의사를 분명이 물어서 자신의 표현을 하게 했으니까 부가 1표고 나머진 다 찬성입니다. 됐습니까? 방망이 쳤어요.

김만복 감독 : 발언해도 되겠습니까? 다원주의 신학이다, 다원주의 또 기타 신학을 주장하는 건 좋지만 우리 감리교 교리에 명시된 데 위배된다면 결의가 되었으니까 이제 이차적으로 그 문제를 다루어야 되지 않겠나 생각해서 발언을 합니까.[34]

변선환 학장하고 홍 교수 두 분의 글이, 우리 감리교 교리에 위배되는지 위배되지 않는지는 신학적으로 분석을 해서 명확하게 규정을 해서 만일에 감리교의 교리에 위반된다면 엄중한 감리교법에 따라서 처리되어야 될 줄로 압니다.[35]

또 부가해서 제가 말씀드린 것은 뭐 과거부터 우리 이천 년 동안 여러 가지 이단사상이 많이 있지만 하나님께서는 우리 기독교를 복음주의로 지켜와서 뭐 그런 몇 사람들이 그런 주장했다고, 감리교회가 무너질리 없고 문단을 일도 없고, 교회가 변질될 일도 없고, 그건 뭐 지나가는 개소리 하고 들으면…… 잡음소리 들으면 되고, 또 한 가지는 사실은 인간적

33) 내용도 모르는 '사상'을 배척하는 이 돈키호테적인 용기를 치하해야 할까?

34) 건의안 처리는 그것이 잘됐건 안됐건 통상 절차대로라면 앞에서 끝났는데 또 꼬리를 문다.

35) 기껏 앞에서 결의를 했어도 실은 교리에 위배된다는 확실한 증거나 이해없이 손들을 들었음을 극명하게 보여주고 있다.

19911030_기독교대한감리회제19회총회속기록_
감리교신학대화모임준비위원회_4번_페이지_17

으로 볼 때, 감리교 목사의 신분으로서 공부를 얼마나 해서 학자가 되었는지는 모르지만, 불쌍하게 봅니다. 감히 그런 사상을 가졌다면, 감리교 목사로서, 정회원으로서, 그런 사상을 가졌다면, 미운 생각보담도 불쌍한 존재가 아니겠나?

뭣 때문에 감리교 목사 신분을 가지고 그러겠느냐? 감리교 교리에 안맞으면 나가면 되지, 자기에 맞지 않는 걸 가지고 엉뚱한 걸 가지고 이걸 맞다, 안맞다. 우리에게 안맞으면 자기는 나가면 되는 거예요.

감리교회를 비난하고 교단을 혼란시킨다는 것은 응분한 책임을 져야 합니다. 그래서 이번 회의에 그 두 분에 대한 문제가 지상으로 보도된 것이 문제가 되고 또 신학생들에 그렇게 가르쳤답니다. 부활에 대해서 물어보고 동정녀 탄생에 대해 물어보고.

"너 촌놈이, 너 지금도 그렇게 믿느냐?" 물론 선생으로서 학생들은 시골서 왔다고 해서 촌놈이라고 하지만 아까도 자꾸 시골서 왔다. 시골서 왔다고 우대받을 거 없고요, 멸시받을 거 없구요.

촌놈이 너가 그렇게 믿느냐? 우리교회 학생들 가운데 직접 들었어요. 그런 소리까지 하는 그런 망발입니다.

아까 말마따나 개인적인 인격이 뭐 할지 모르지만, 감독님 앞 책임적인 말을 할 때에는 그렇게 안믿는데 어쩌고 저쩌고 변명하고 자기 학생들에게는 공갈 때리다시피 "촌놈이 그렇게 믿느냐" 그렇게까지 발언했다니 한 가지 말씀을 드릴 것을 그것까지 진상을 조사해서, 그건 교수의 자격도 없어요. 그게 사실이라면, 그것까지 조사를 해서 교리적인 문제, 감리교 교수의 품격적인 문제, 심지어 감독회의에서 거기에 대해서 말하니까, 목원 출신들이 감신을 잡아 먹어야(아니, 그만……) 이리 가만 말해야 돼요. 우리가 그런 것까지 했다니, 그건 교수의 인격적인 문제입니다. 그런 것까지 조사해서 사실로 드러나면은 교회법에 규정된 대로 엄격하게 처리해야 될 줄로 압니다. 그래서 조사위원을 우리가 일일이 여기서 갑론을박할 수도 없는 거고, 조사위원회를 내되, 이 잠깐 누구누구 내라고 할 수도 없고 현직 감독님들에게 조사위원을 임명하는 것을 위임을 해서 조사위원을 할 때는 학적인 문제는 학자들을 동원해서 학적 문제를 규명하고 교리적 문제는 교리적인 전문가를 그래도 알아서 임명을 해서,[36] 또 학교문제 학생 가르치는 문제, 그게 문제가 되었다면은 또 그런 것도 우리가 참 감리사님이 와서 분개해서 그랬는데 그런 분들과 조사 위원 내가지고 철저하게 규명해서 대외적으로 우리가 천명할 건 천명하고 처벌할 건 처벌해야 할 줄로 압

36) 백 번 지당한 말씀!

19911030_기독교대한감리회제19회총회속기록_
감리교신학대화모임준비위원회_4번_페이지_18

니다. 그래서 모든 이번 두 교수님에 관한 것은 조사위원을 내되, 현직 감독님들에게 위임을 해서 후에 조사위원들을 내가지고 접촉 처리해 주기를 제안합니다.

서형선 목사 : 서형선 목삽니다.

저는 신학자가 아니기 때문에 신학에 대하여서 제가 어떻게 논의한다는 건 좀 안됐지만은 부활이 없다고 하는 것은 예수를 부인하는 거다. 저는 그렇게 믿고 있습니다. 왜냐하면 예수님은 나는 부활이요. 생명이라고 했기 때문에 제 신앙은 부활이 없다고 했다고 하면은 나는 예수를 부인하는 거야, 예수를 부인하는 사람을 감리교 교역자 양성기관에 둔다고 하는 것이 문제다, 신학적으로 그의 논설이나 학설에 대해서는 얼마든지 할 수 있지만은 더군다나 감리교단에 소속된 목사가 감리교 선교에 막대한 지장을 가져왔다고[37] 하는 그런 것은 도저히 있을 수 없다, 인격으로도 말도 안되는 거고 있을 수 없다, 신학적인 얘기는 모르지만은 감리교의 교역자가 감리교단의 이러한 손해를 끼치는 데도 그것은 하나도 뉘우치지도 아니하고…….

"나는 신앙고백을 믿습니다" 해놓고 가서는 촌놈이니 뭐니 하고 했다고 하는 것은 정말로 이건 인격적으로 문제가 되지 않는가, 그래 저는 신학적인 문제는 말못하겠고, 적어도 감리교에 소속된 목사라고 하면은 감리교의 부흥과 발전에 같이 동참해야 하는데 그 사람이 감리교의 발전에 막대한 지장을 주었다 하면은 그런 사람은 누구든지간에 감리교 교역자 양성기관에 있어선 아니된다, 여기에서 조사위원 내고 할 게 아니라 적어도 감리교 신학교 학장이라 할 거 있으면은 적어도 감리교단을 생각하고, 무시하지 말아야지 다 교역자를 촌놈 취급하면 되겠느냐 이거예요. 아무리 신학을 연구 안했대도. 그렇기 때문에 제가 느끼는 것은 그분들 너무 교단을 무시하고 지금껏 나온 게 아닌가? 그런 면에서 참 섭섭합니다. 그래서 이것은 지금 신학적으로 과거 어느 교수가 어쨌다 저쨌다 하는 얘기가 있지만 이런 논쟁은 과거부터 많이 내려오고 있고, 우리가 신학의 기조는 뭐냐 하면 하나님의 말씀입니다. 하나님 말씀을 부인했다고 하면은 뭐 어떻게 그런 사람들이 우리 감리교 교역자 양성기관에 있을 수 있겠습니까? 그 사람이 다른 학교에 가서 그런 말을 했다면 모르지만 감리교 소속 목사로서 그러한 손해를 기치는 사람들이 있어서는 아니되고 그래서 저는 적어도 감리교 소속 신학 학장은 우리 총회의 인준을 받도록 해야 합니다.[38] 그래

37) 이 증거를 대지도 못하면서 이것이 '얼마든지 할 수 있는' 학문행위를 정죄할까? 신학적인 것은 이 사람도 모른다고 실토하고 있다.

38) 논제와 무관한 얘기가 야망으로 떠오른다.

19911030_기독교대한감리회제19회총회속기록_
감리교신학대화모임준비위원회_4번_페이지_19

서 총회가 임명하고 그렇게 해야지.

이사들이 어떻게 해 가지고, 그건 못하고 있으니 말이죠. 적어도 우리가 아무리 말을 해도 너까짓 것들 아무리 떠들어도 상관없이 말한다고 하면은 우리가 어떻게 하느냔 말이예요?

그래서 적어도 학장쯤 됐으면 감리교 교역자 양성기관의 학장이면은 적어도 총회에서 말이죠 인준을 받아서 '너 잘못 했으니 책임지고 물러나라' 우리가 말할 수 있어야 하는데, 백날 얘기해도 할 수 없다면 말이 안돼죠. 그래서 그러한 법적 조치를 하여야 앞으로 교수들이 신문에 함부로 말을 해서 교단에 폐를 끼치는 일을 하지 않을 것이 아닌가 저는 그렇게 생각합니다.

곽 감독 : 거기에 대해서 제가 아마도 답변을 해야 하겠습니다. 답변 한 다음에 발언권을 드리겠습니다. 답변한 다음에…… 네. 죄송합니다. 여러분들이 이 문제가 논의될 때에 "교단의 책임을 진 감독들은 뭘 했느냐? 그것 가지고 재산 사수보다 더 신앙교리 사수가 더 중한데 너희들 이렇게 되어 가지고 있는데 뭘 했냐" 여러분들이 말씀을 안하지만은 저가 시선이 따갑게 지금 느껴집니다. 그래서 그 문제가 발생했을 때 와와 하는 걸로 되지 않겠습니까? 그러면서도 차분히 사무적인 정리를 해 나가야 되거든요. 그래서 우리 감독회의 소집도 하고 의논했습니다. 그때 감독님이 모여서 변학장을 모셨습니다. 모셔서 여러 말씀을 들었어요. 또 홍정수는 우리가 감독회의 전체에서 부르지 아니하고, 변학장 말씀을 좀 미루어 놓고 홍 교수에 대한 문제를 우리 감독회에서 자격심사위원회에 붙이던지 특별위원회를 만들던지간에 서울연회 자격심사위원회 붙이던지 특별위원회를 만들던지간에 서울연회 감독에게 정식으로 공문을 냈어요. 거기서 이 회원의 자격을 다루도록 하자라고 결의를 해서 서울연회의 감독님에게 공문을 소집하고 여러 차례 신학자로 부르고, 본인의 말씀도 듣고 이래 가지고 처리를 해서 본 감독회장 앞으로 보고서가 왔습니다. 보고서가 왔는데, 그 내용을 보면은 당신 어디서 뭐,

일문일답 형식으로 세밀하게 기록을 해왔습니다. 그걸 내가 다 외울순 없습니다. 이만큼 두꺼우니까. 어떻게 해석해야 될지 모르지만, 무슨 질문을 했을 때 성경대로 믿습니다. 지금 내가 기억이 나는 두드러진 대답이 "성경대로 믿습니다." 이거 이거 믿습니까? 부활을 믿습니까? 성경대로 믿습니다.

어떻게요? 성경대로 믿습니다. 그래서 우리가 감독회에서 그거 내놓고 감독회의 했습니다. 보니까 서로 얼굴만 쳐다보는거요. 이 성경대로 믿습니다. 이러니까 어떤 분들은 여호와의 증인도 성경가지고 다니고, 통일교도 성경가지고 다니니까 그 내가 이해하는 것은 성경해석을 예수 중심으로 해석을 하면 정통신학이 되고, 성경해석을 교주나 다른 어떤 초점

19911030_기독교대한감리회제19회총회속기록_
감리교신학대화모임준비위원회_4번_페이지_20

을 맞추어서 해석을 해 버리면 이단들이 되는거요. 이단들이 어떤 다른 이상한 책 가지고 다닙니까? 전부 성경가지고 다니거든요. 그러니 우리가 혼미해져서 이게 뭐 어떻게 되는 건지 모르겠단 말입니다. 그래 그냥 그걸 받아 놓고 있어요. 받아 놓고 있습니다. 그리고 또 하나는 이제 손 목사님의 말씀에 제가 답변을 해야 하기 때문에 그렇습니다. 우리도 그런 조치를 했어요. 오늘 여기에 대한예수교 장로회 총회 김홍식 총회장님이 다녀 갔습니다. 오늘도 점심식사 같이 하면서 제가 여쭈어 봤습니다.

귀 교단에서는 신학대학 학장을 총회에서 인준을? "아 그럼요 인준합니다."그래서 우리는 누구를 인준을 해 가지고 구속만 하자는 것이 아니라, 총회가 신학대학을 인준해서 파송하는 형식으로 했다면 신앙의 책임만 지는 게 아니죠, 정책적인 책임도 져 줘야죠.

얼마 전에 신학대학에서 1억 원을 총회실행위원회에 요청해 왔어요. 지금 대학 몇백 개 중에 제일 바닥에 경제사정이 나쁜 것이 감리교 신학대학이니까. 좀 도와주시오. 그래 제가 그 어른을 여러 차례 만났습니다. 이런 말씀을 드렸어요.

우리 교회에 우리 교회들이 옛날보다 다릅니다. 피차 유대 관계를 잘해서 서로 애정관계를 잘하면 우리 돈 있습니다. 교단관의 유대관계를 잘되게 해 주시면 우리 사랑하겠습니다. 그런 말씀 나눴어요. 그래서 제가 그 어른에게도 3개 신학대학 학장은 총회의 인준을 받는 것은 뭐 꼭 규제를 하자는 것만이 아니고 이렇게 좋은 면도 있습니다. 그래서 우리 감독회의 특별연구위원회[39]에서 그런 거 다 자료를 장정 개정 위원회에 넘겼어요. 그런데 무슨 장정이다. 좋게 지나갔는데 공유하려 한 게 아니고 서 목사님이 질문하니까 내가 말씀드리는 거요. 그래서 우리가 제안을 했던 것인데 어떻게 된건지 여기에 올라오질 않았어요. 그러니까 이건 취급하지 못하고 지나가는 겁니다. 이거 우리가 부족해서 못했습니다만 그런 조치 저런 조치를 우리가 전연 하지 않고 가만있는 것은 아니었습니다. 그만치 이해하시고, 그래서 이제 지금 여러분들이 종합대…… 그분들이 주장하자는 내용이 하나의 학설소개로 끝난 건지 잘못된 학설을 자기신앙으로 받아들여 가지고 가르쳤는지 이 이런 게 문제가 되고 또 저 어른의 말씀은 그 무슨 교리신학의 여부를 불문하고, 그들의 말씀으로 인하여 수많은 그 삼남같은 데는 '7천 교회 2백만 신도 운동하지 말자' 왜 교회 밖에 뭐 등등 함부로 나가게 되면 고신파 교회가 늘어나게 되고 우린 줄어들다. 그런 얘기 많이 듣고 있어요.[40] 내 교단을 섬기고 있는 입장에서 가슴이 아파요. 한 사람을 추적하여 전도하

39) 감독들의 모임이 무슨 전환으로 특별위원회를 구성한 재정을 낭비하는가? 또 연구할 만큼의 신학적 소양이나 합리적 논리성을 지니고 있는 분들입니까?

19911030_기독교대한감리회제19회총회속기록_
감리교신학대화모임준비위원회_4번_페이지_21

기 위해서 얼마나 땀을 흘리는 입장에서 그래서 그 어른을 만나가지고 바울은 고기 먹는 것이 죄가 아니라도 거리낀다면 평생 고기도 안먹는다고 하는데 그 학설이 좋다고 해도, 우리 교단의 선교에 지장받을 그런말 말아주십시요. 사정을 한 적도 있습니다. 그래서 증인의 답변이 되는지는 모르겠지만은 지금…… 발언 달라고? 아니 가만 계세요. 말씀을 안 드리겠습니다. 사회자가 말이 많다고 하는데 회원의 자격에서 이 중대한 교리문제에 지난날의 과거의 일들을 보고[41]안할 수 있습니까? 회의 진행하겠습니다. 그동안 이 경과 보고를 제가 안하고 누가 합니까? 경과보고한 것뿐이니까 이해하시기 바랍니다.

박영재 목사 : 아까 말씀 중에 말이죠, 어떠한 이번 이런 문제는 목원출신이라든가, 협신출신 이라든가, 우리 감리교 신학대 출신이라든가 이런 어떤 학교의 출신여부라든가 그런 관계에서 이 문제를 논의해서는 안됩니다. 우리 감리교의 교리적 선언에 있어서 어긋나니까요. 나도 감리교 신학출신으로서 가장 그래도 떳떳이 말할 수 있는 입장인데 내가 감리교 신학출신이지만 감리교신학 학생들을 어려서부터라도 교육을 데려다 시키면서 장학금도 대주고 싶은 그런 우리교회입니다. 그러나 지금 감리교신학 가장 가까운 교통거리에 있다 하더라도 감리교신학 학생들을 꺼리게 된다 이거예요.

이건 뭐냐고 하면 학장이 자기만 아는 것이 아니라, 그런 것을 앞으로의 우리 후계자로 올라와야 할 학생들에게 가르치는 데 얼마의 아니 백 마디 중에서도 하나 가르치면 학생들은 그걸 선생님의 말씀을 교수의 말씀을 제일로 알거든요.

아무리 목회자라 하더라도 부모말보다 더 우리 교수, 우리 학장을 최고로 알아요. 그러니 문제는 여기에 있습니다. 그러니까 저는 이런 문제는 교리에서 어긋나면 그까짓 교리에 어긋난 하나의 목회자로서, 우리 교단에서 어긋나면 어긋난 사람으로 처리해 버리지, 이거 뭐 조사위원회나, 뭐니 뭐가 필요해요? 우리 총대면 총대들이 처리하면 할 수 있는 거지 이상입니다.(박수)

곽 감독 : 저 아까 김 감독님께서 조사위원 몇 명을 선출해서 이 일을 구체적으로 조사하자 하는 그런 의사진행에 그렇게 했으면 좋겠다라는 발언을 하셨는데 그렇게 그걸 동의를 하시겠습니까?(동의하겠습니다)[42] 그럼 구체적으로 위원을 몇 명을 어떻게 낸다든지 일단

40) 삼남연회에서 성장하지 않는 교회는 어디며 이유가 이것 때문인가? 그렇다면 해마다 개척되는 교회는 무엇 때문인가?

41) 무슨 보고를?

42) 동의를 일단 받아들였다.

19911030_기독교대한감리회제19회총회속기록_
감리교신학대화모임준비위원회_4번_페이지_22

성안을 해보세요.

김만복 감독 : 조사위원을 여기서 누구누구 지명할 수는 없고요. 어떤 분이 철저하게 잘 조사할지 우리가 알 수도 없고, 그 모든 문제를 현직 감독들로 하여금 조사처리할 수 있는 모든 집권을 위임하는 것을 교리적인 문제나, 교역자의 신분 문제라든가 교수의 자격문제라든가 모든 문제를 다양적으로 조사해서 모든 것을 처리할 수 있는 전권까지 조사위원회에게 위임하는 것으로 제가 동의하겠다.

곽 감독 : 몇 명을요?

김만복 감독 : 인원수는 제가 여기서 말하지 않고, 인원수나 모든 것도 현직 감독들로 하여금 세 명이 필요하든가 열(필요없다고 야유) 명이 필요하던가 적절하게 조사하게 필요한 인원들을 그것도 감독들이 정해서 처리해 주시길 바랍니다.

곽 감독 : 그 동의하십니까?(동의합니다)

곽 감독 : 예. 재청없습니까?

김홍도 목사 : 감독님들이 그분들을 만나서 얘기도 해 보고 했는데 학자들이라는 건 말장난하는 사람들입니다.[43] 교묘하게 빠져나가요. 이건 제일 큰 교리에 어긋나는 일을 했는데, 감독님들이 높은 자리에 계시면서 신랄하게 그것을 처리하기 어렵습니다. 그리고…….

김만복 감독 : 아, 미안합니다. 감독님들이 직접 조사하는 게 아니라, 조사인을 구성할 수 있는 권한을 감독님들에게…….

곽 감독 : 감독님 동의, 동의를 하셨는데 재청을 내귀에 못들었어요. 좀 가만히 좀 계시고 발언 계속하세요.

김 목사 : 마저 얘기해야 겠어요. 이자 내 다른 면에서 다 존경합니다. 감독님 그러나 감독님들에게 두둔하는 사람들이 있는데, 그건 그 사람들 편드는 사람들 전권위원회 내면요 시시부지 없어지고 맙니다. 그 안됩니다.

곽 감독 : 조용하십시요. 한경수 감독님이 아까부터…… 저 3번 마이크……

한경수 감독 : 뭐 사람을 가지고 얘기해서 안되겠습니다만, 변 학장의 문제는 지금 처음 나오는 게 아닙니다. 전에 임록제 장로님이 파면동의를 해 가지고 사실은 그 이제 우리가 그때 심판을 한 번 했더랬습니다. 그때 들은 얘기는 저도 이렇게 손을 들어보니까 그 사람을 아예 감리교에서 내쫓아버리라는 표가 훨씬 많았는데 그걸 어떻게 내쫓느냐 그래서 표

43) 목사는 말장난하는 사람들 아닌가. 하긴 장난이 아니라 지금 발 폭력을 행사하고 있는 중이니 다르긴 다르다.

19911030_기독교대한감리회제19회총회속기록_
감리교신학대화모임준비위원회_4번_페이지_23

가 한 표가 적은 거로 해서 처리했던 적도 있습니다.

그리고, 김창희 감독 시절에 그때 우리, 저도 어떻게 내쫓느냐 그래서 표가 한 표가 적은 거로 해서 처리했던 적도 있습니다.

그리고, 김창희 감독시절에 그때 우리, 저도 서울 중부 연회시절인데 거기에서 몇 분 가운데 부연회 실행부 위원이 윤성범 학장님 시절에 그를 소환을 했었습니다.

그때 책을 이만한 보따리에 하나를 가져왔어요. 그래서 무슨 보따리가 그렇게 많으냐 그러니까, "내가 쓴 글을 실은 책이다" 그러니까 김창희 감독이 첫마디를 뭐라고 얘기했느냐면 "당신, 저 변 목사 똑똑하게 신앙고백해, 그리고 이 이야기 잘듣고 윤 학장은 이따가 변호사 노릇 잘해." 그래서 그때 우리가 그 실행부위원회에서 결의하기를 그러면 당신의 신앙고백을 『기독교 세계』에다 실으라고 그랬어요.

그래 냈습니다. 그런데 그게 벌써 몇 년입니까? 작년에 우리 5개 연회 감독이 한미선교협의회 하기 위해서 미국에 갔는데 5개 도시에서 회의를 했습니다만, 거기서 만나는 목사님마다,[44] 뭐 그 사람이 와서 불교에 대한 교리를 얘기 했느니 뭐나 해서 도대체 왜 이 사람을 왜 감리교에서 내쫓지 않느냐, 그 이야기를 5개 도시에서 공히 목사 장로들이 우리들에게 요청을 했던 그런 일도 있었습니다.

그런데 최근에, 지난 6월에 감신대의 이사회가 있어서 제가 참석을 했어요. 그래서 감독회장님이, 이사장님이 그러면 "학장보고를 해라" 그러니까 "우리 신학에 젊은 교수들이 아주 똑똑하고 좋은 사람들이 있다" 그랬습니다. 여기에 참석하신 이사님들도 알고 계실 거예요. 그래 내가 일어나서 뭐라고 이야기했냐면 "당신 학장이 말야, 흐릿하게 그런 신학을 가지고 있고, 홍 교수가 『기독교 세계』에 쓴 것을 다 이렇게 메모를 해서 스크랩을 했는데, 지금 꼭 같은 얘깁니다. 부활신앙, 동정녀탄생 부인하는데, 그러면 근본적으로 감리교의 기강이 흔들리는 얘긴데 그 무슨 소리냐?" 제가 그래 학장을 좀 나무랐어요. 그랬더니, 장기천 감독님이 "그 당신 쓸데없이 학교 보고하라는데 신학 교수 자랑해가지고 한 감독에게 그렇게 욕을 먹느냐?"

그런 얘길했는데 제가 볼 때에는 이 변 학장님에 대해서는 처음 이 사건이 이루어지는 게 아닙니다. 벌써 오래전부터 이루어지기 때문에 이왕 우리가 할려면 '경각심을 주기 위해서라도 총회에서 어떠한 결의를 표명해야 하리라 봅니다.[45]

44) 도대체 어떤 목사들이며 얼마나 만났는가?

45) 맞다. 경각심을 주는 정도의 문제를 '칼'로 목을 치는 식으로 해결하려고 하고 있다.

19911030_기독교대한감리회제19회총회속기록_
감리교신학대화모임준비위원회_4번_페이지_24

조명호 감독 : 발언 주세요, 발언권 주세요.

곽 감독 : 누굽니까? 어디 안보이는데, 발언 안했었나요?

조 감독 : 네 안했습니다. 이 문제에 대해서 한 번도…….(예)

먼저 첫번째 발언은 10시까지 정회를 해야 되니까, 지금 5분밖에 안남은 것 같은데, 이 문제가 끝날 때까지 회기연장하는 걸 제가 동의하겠습니다.

곽 감독 : 재청하겠습니다. 다른 이들에게 가부 묻습니다. '가'하면 '예' 하십시요.(예) 감사합니다.

조 감독 : 그러고 발언하겠습니다. 저는 목원대학 출신 감독이기 때문에 될 수 있는대로 이 발언을 안할려고 자제를 했습니다. 그런데 회의가 너무 길어져서 법적인 발언을 하겠습니다. 우리 재판법에 보면은 제2절 고소에 199단 제8조에 보면 고소가 없어도 범과의 혐의가 있다고 사례가 되는 때나, 이단 종파의 찬동·협조·참가 등 혐의가 있는 자는 이 각급 의회장의 심사에 붙입니다. 지금은 총회입니다.

더군다나 총회의장인 감독의장께서 이 문제는 지금 뭐 다들 알지 않습니까? 그러니까 심사에 붙여야 될 뿐입니다. 뭐 여기가 없습니다. 그러니까 김만복 감독님께서 이건 뭐 법적인 거니까 처리하고 뭐할 것도 없는데 나는 이 법에 의해서 여기서 심사위원회를 구성해서 심사해서 기소거리가 되면 기소하고 재판받아서 우리가 하면 될거 아닙니까? 법이 있는데 왜들 자꾸 이러세요?[46)]

그러니까 의장이 심사위원 위촉할 수 있기 때문에 심사위원 위촉하는 걸로 하고 이 문제를 매듭짓기로 저는 이 법적인 조항을 말씀드립니다.[46-1)]

곽 감독 : 서 장로님 아까부터 무슨 말을, 간단하게 해 보세요.

서 장로 : 심사를 한다는 것은요, 교리에 위배되느냐, 안되느냐 할 때에 심사를 하는 거고 아까 교리에 위배된다고 여기서 결의를 했기 때문에 심사할 여지가 없습니다.

제가 말씀드리는 거는 오늘 여기서 우리가 결의할 수 있는 것은 감리교 신학대학 학장님이나 교수를 총회에서 면직시키거나, 파면을 시킬 수 없기 때문에 제가 구체적으로 동의를 하는 것은 총회에서 감리교 신학대학 이사회에다가 앞으로 열흘 이내에 일간지에 4단 이상으로 사과문을 게재를 하고[47)] 앞으로 이 문제에 대해서는 절대로 발언하지 않겠다는

---

46) 법 좀 안다는 사람이 심사위에 부치기 전에 몇 시간씩 무작위로 매도하고 있는 현실에 대해서는 왜 법적으로 비판하지 못하는가?

46-1) 어쨌거나 이렇게 하는 길이 순조로운 것임을 알고 있음이 증명되었다.

19911030_기독교대한감리회제19회총회속기록_
감리교신학대화모임준비위원회_4번_페이지_25

그런 사과문을 게재할 때는 그것을 놔두지, 만일 그렇지 않을 때에는 이사회에서 즉각 파면하도록 그렇게 총회에서 재단, 감리교 신학대학 이사회로 이 문제를 지시를 해야만 됩니다.

곽 감독 : 저 이 목사님 한 번도 발언 안하시고 처음 나가시는데…… 2번 입니다.

이승수 목사 : 경기연회 이승수 목사입니다. 음식에다 독소를 넣어도, 식품을 식품에다 우유에다 만일 뭘 넣으면 법에 걸립니다. 국가에서도 만약 미국같은 데 가서 잘못을 하면 그 나라에서 출국을 당합니다. 그러면 우리 감리교에서는 죄를 받습니다. 세례문답을 받습니다. 세례를 줍니다. 해마다 입교인 정리를 합니다. 직원들 다시 합니다.

그런데 특별히 감리교 최고 기관에서 독소 중에 독소를 먹이는데 그건 반드시 파면을 건의해야 하고 출교해야 될 줄로 압니다. 동의하겠습니다.(옳소)

곽 감독 : 조금 자제를 하십시요. 급한 광고하나 좀. 서기석은 항상 서기석의 마이크는 항상 살려주세요. 이거 굉장히 참 마이크 컨추럴이…….(서기가 주차관계 광고)

○○○ : 발언하나 하고 싶어서 자리에 섰습니다. 조금 반대입장에서 말씀을 드리고자 합니다. 지금 이번에 감리교 신학의 두 교수님의 우리에게 굉장히 불안한 발언을 해서 우리가 지금 굉장히 흥분해 있고 김홍도 목사님의 신앙고백에 저는 전적으로 동감하는 사람 중의 한 사람입니다. 아까 회장님께서 말씀하신 대로 어느 자연인에다가 매여서 하지 말고 가장 중요한 것은 사상 자체이기 때문에 이 두 가지에 대해서 그것은 아까 강병훈 목사님 말씀하신대로 교리에 위배된다 결정하면 그것은 기정 사실이기 때문에 더 이상 뭘 할 수 없는 기예요. 문제는 그 두 분에 내해서 심사문제를 다룬다 할 때에는 우리가 사회에서도 어떠한 혐의사실이 있어서 처리할 때 이렇게 어떠한…… 미안합니다. 판데는 비유하면 안되지만 그래도 여기서 즉흥적으로 해석, 그렇게 해서 처리하고 그런 것을 굉장히 법절차상, 상식상 굉장히 우리에게 있어서 처리하는 과정이 매우 좀 모든 교단에 대해 우리 감리교의 위상을 조금 뭐 하지 않게…….[48]

곽 감독 : 가만히 계시고, 그렇기 때문에 이렇게 시간 연장하고 있습니다. 그분들의 소속연회 감독님께서 발언을 신청했습니다. 말씀을 좀. 이건 보고입니다. 보고니까 이리 나와서 그 당사자들 감독의 보고로 생각하시고.

47) 사과문만 내면 덮어둘 정도의 문제를 여태 떠들고 있지 않는가?

48) 학설에 동조하지 않더라도 진정으로 감리교를 생각하는 사람이라면 이 정도의 염려는 당연하지 않는가?

19911030_기독교대한감리회제19회총회속기록_감리교신학대화모임준비위원회_4번_페이지_26

나원용 감독 : 난 그 얘기 오늘 저녁에 여러분들이 우리 교단의 교리로 받아 들일 수 없다고 그랬는데, 다원론과 모더니즘을 우리 교단의 교리로 받아들일 수 없다고 총회가 결의를 지어 주셨으니까[49] 서 감독님 말씀처럼 그 다음에는 여기서 그냥 즉흥적으로 여러분이 정해 주시면은 저기 뒤에 앉아서 '아휴 서울연회 감독은 발빼게 됐구나.' 그렇게 생각했는데 조금 시간이 지나서 생각해 보니까 '그러면은 나머지는 법절차에 따라서 다시 해야 할 거 아니냐?' 아까 감독 회장님에게 제가 보고서 드리기를 '성경대로 믿습니다. 성경대로 믿습니다'라고 그렇게 했는데 나도 거기에 대해서는 어떻게 할 도리가 없더라구요. 그래서 성경대로 믿는다는데, 뭐 그렇게 하고, 부활도 아주 안믿는 게 아니라 믿는다는데 제 식으로 믿는다더군요. 그러니까, 그래서 이제 표준이 생겼으니까 다원주의와 모더니즘은 우리 교리로서는 받아들일 수 없다고 표준을 총회서 정해 주셨으니까 그걸 가지고 점잖아지지 않겠느냐? 그래서 그런 생각이 들어서 내가 맡아 간다는 게 미련한 짓 같고 어리석은 짓 같은데 그래도 후에 점잖게 처리가 됐다드라 그럴 수 있는 흔적을 남기기 위해서 한번 이런 말씀 드려 봅니다. 그래서 주시면 받아가고, 여기서 하시면 하시고 그러세요.[50]

곽 감독 : 잠깐만요, 한번 잠깐만 불 켜주시고, 서 감독님 내려가 계시기 바랍니다. 서 감독님 말씀하시는데, 내려가서 하시면 더 간단하게

김완균 목사 : 회장님께 한 가지 부탁이 있습니다. 명사회하시느라 수고 많으신데 이런 말씀을 드려 죄송합니다. 회의를 회의법대로 진행해 주시기를 요청합니다.[51] 아까 분명히 조명호 감독께서 나오셔서 장정 몇단 몇조에 이러한 이단자는 처벌하기로 되어 있다. 그러니 이제 누구 조사위원 낼 것도 없고 여기에서 즉결할 수 있다 말씀드렸죠? 왜 묵살합니까? (박수) 뭐 목사회원이 나와서 이런 사람은 추방하고 이런 이런 즉결해야 한다 할 때 동의·재청이 들어갔습니다. 왜 진행대로 가부 안물으셔요, 가부 물으세요. 이제는 다른 변론이 없습니다. 토론을 종결하시고 가부를 물으세요.

곽 감독 : 제가 그거 모르는…….

조 감독 : 회장님 제안자로서 한 마디 더 말씀드리겠습니다.

김완균 목사 : 한 가지 사실은 뭔고 하니 범과가 모호하다 할 때 조사위원이 필요합니다.[52]

---

49) 이 사람 미국가서 공부하고 박사까지 됐다는 사람이 좋다는 식으로 생각한다.

50) 자기 연회 소속 정회원의 신분을 이렇게 내 팽개쳐도 감독인가?

51) 회의법이 매우 편리하게 아전인수격으로 해석된다. 이 사람 평생 장정개정위원 도맡아가며 악법 졸법 만드는 장본인이었는데…….

19911030_기독교대한감리회제19회총회속기록_
감리교신학대화모임준비위원회_4번_페이지_27

감리교의 교리를 위배하는 이단사설을 가지고 신학생을 가르치는 그런 사람들에게 무슨 조사가 있습니까? 그동안 감독회에서 많이 여러 사람을 모아서 조사했잖아요? 이제 감독님 나와서 하는 말씀이 뭡니까? 이제는 이만큼 토론이 되었으니, 종결하고 회의법대로 진행해 주세요. 여기에 제안이 들고 재청이 들었습니다. 가부를 물으세요.(옳소)

곽 감독 : 저 조금만 진정해 주세요. 앉아 주세요. 제가 한 마디 말씀드리는데 김 감독님, 그것을 감독회의 위임하는 건 받을 수 없습니다. 왜냐하면 우리도 한 일이 있기 때문에 …….

김 감독 : 감독회의에서 조사하는 게 아니라 조사위원들을…….

곽 감독 : 아 우리한테 위임한다는데 우리 못하겠습니다. 그건 못하겠으니, 앉으시고 말씀해 주세요.[53]

조병호 감독 : 그러면 제가 발언을 다시하겠습니까.(아 가만이 있어요. 아 말씀하세요.)

서병주 감독 : 제가 발언하라고 지명을 받았습니다. 아까 조 감독님 말씀하신 199단 '고소가 없어도 범과에 혐의가 있다고 사려가 되는 때나 이단 종파의 찬동, 협조, 참가 등 혐의가 있는 자는 각 급 의장이 심사에 회부한다.' 옳습니다. 그런데 그 다음에 22단 31조를 보면은 피고소인의 신분과 직분입을 따라 아래와 같이 재판 관할한다. 그 가운데 4항 '연회 정회원 준회원과 감리사의 재판은 1심은 연회 재판위원회가 복심을 총회재판 위원회가 관할한다' 이렇게 되어 있습니다. 그러니까 지금 총회장으로서 이 일을 총회 심사위원에 회부할 수 없습니다. 그래서 만약에 이분을 다룬다고 한다면, 총회가 결의한다고 하면 지금, 서울연회 소속입니까? 회원이 서울연회 소속이랍니다. 서울연회 감독에게 이 사람을 심사에 회부해 주기를 결의해서 거기에다 넘겨서 거기서 심사 재판해서 인사처리해야 합법적인 것입니다. 우리가 법적인 절차를 받아가지고 해야지, 우리가 여기서 즉흥적으로 하여 우리 총대가 법을 어길 수는 없습니다.[54] 그러니까 합법적인 처리는 여기에서 우리가 결의해서 서울연회 감독에게 '이 회원을 심사에 회부해 주시요' 하면 아마 서울연회 감독은 총회 결의한 것 묵살하고 심사에 회부하지 못할 수 없을 것입니다. 그런 절차를 밟는 것이 합법적인 줄 압니다. 제가 지명을 받아서 발언했습니다.

---

52) 그래요 어떻게 범과가 확실하다고 할 수 있는가 설혹 사실이라 해도 '동기'를 보시는 하나님을 믿는다는 사람들이 동기조사를 위해서도 심살 해야하지 않는가.

53) 확실히 빌라도 재판을 재현하려고 있다.

54) 앞서도 계속 어겨왔다. 건의안 상정자체도 그렇고……내용도 모르고 표결하고…….

19911030_기독교대한감리회제19회총회속기록_감리교신학대화모임준비위원회_4번_페이지_28

곽 감독 : 저 지금 말입니다. 김완균 감리사님이 저에게 말씀을 하셨는데 감사합니다. 감사합니다. 그런데 지금 서 감독님께서 '법대로 처리하자, 법이요' 하고 말씀을 하셨기 때문에 제가 어떻게 처리할까? 동의·재청이 성립이 되어 있지만 이제 법조항을 읽으시고 그대로 심사위에 붙여서 처리하라라고 유권적인 해석을 하셨는데 그래서 제가 여기에 고심하고 기도중에 있는 것이지. 다른 뭐 안건 같았으면 벌써, 아까도 어떤 분은 나보고 날치기 처리했다고 하는데 그렇게 할 수 있어요. 지금 법적인 문제로 처리를 해야 합니다. 하긴 해야 되는데, 여기서 그냥 동의·재청으로 이렇게 하지 않고 법적으로 이런 순서를 할 수 있게 장정주문이 명시되어 있으니까 그렇게 하자 이런 말씀이에요.

김산복 목사 : 의장님 발언권 좀 주세요. 구로동지방 김산복 목삽니다. 법대로 다하시는 것은 좋지만 서울 남연회에서 자격심사를 하셔서 그 보고를 제출하겠다고 하시는데.

곽 감독 : 서울연회.

김 목사 : 서울연회, 아 죄송합니다. 그러면 홍교수가 대답한 것이 '성서대로 믿습니다' 그렇게 대답했을 때, 그러면 그 심사하는 데서 '그래 성서대로 믿는다고 했으니 그대로 기록하자' 그렇게 기록해 가지고서는 올린 것이 다시 문제가 되지 않습니까? 그게 문제가 안되나요? 문제가 되는데 그건 앞으로 또 조사하시는 분들이 조사를 하시면서 당신 그러면 믿소, 믿소 해가지고 교리부분은 안믿고 성서대로 믿습니다. 믿습니다. 대답하고 그러면 '우린 할 수 없다' 하고 나중에 보고하면, 우리는 어떻게 됩니까?

곽 감독 : 처벌했는데 쪼끔, 그 부분은 다릅니다. 왜냐하면은 자격심사 위원회에서 다룬 것하고 직접 심사에 붙여서 재판과정으로 들어가는 것하고는 약간 의미가 다릅니다. 그래서…….

김산복 목사 : 묻는 것도 교리를 물어서 가부간에 답변을 들어야지, '성서대로 믿습니다' 하는 얘기를 그대로 보고를 올리면 그게 문제가 안된다면 상관이 없는데 그게 여전히 문제가 되고 있지 않느냐 그런 말입니다. 그럼 앞으로 조사할 때, 그런 식으로 답변해서 또 그렇게 올라와서 더 이상 우리는 다룰 수 없다고 할 때 어떻게 되겠습니까?

김완균 목사 : 이제 서 감독님 나와서 장정을 말씀하신 것은 옳습니다. 그 장정대로 하는 것은 거기에 대한 범과 사실이 모호하거나 다른 우리 모든 감리교의 교역자는 법을 통하지 아니하고는 처벌을 받지 않도록 되어 있습니다. 그런 이단 종파를 가르치게 되어 있지 않습니까? 아까 조명호 감독이 말씀한 그 조문에 그렇게 되어 있습니다. 그리고 서 감독님 나와서 말씀하신 것은 본 회원의 견해로는 그 범과가 모호하고 조사가 아직까지 돼있지 아니한 한에서는 그렇게 할 수 있을 것입니다. 그러나 이것은 만천하에 공개된 사실입니

19911030_기독교대한감리회제19회총회속기록_
감리교신학대화모임준비위원회_4번_페이지_29

다. 한두 번이 아닙니다. 변 학장의 말씀이 나왔으니 말씀이죠 4~5년 전에 그 양반이 취소하고 사과까지 했습니다. 그러던 분이 그대로 하는 겁니다. 그러니 범과가 드러난 겁니다.

발언권 주십시오.

김광원 목사 : 교수의 직위해제에 준하는 제재를 진할 수 있는 기관이 어디인가?

곽 감독 : 이사회입니다.

김광원 목사 : 감신 이사회는 총회의 지시를 받아야 하는가요? 그랬을 때 그거를 받아야 됩니까? 안받아도 됩니까?

감독회장 : 저 여러분 좀 도움이 필요하네요. 다시 말하면, 다른 말로 바꾸면 감리교 신학대학의 이사회는 감리교 총회의 지시를 결의에 순종해야 됩니까? 안해도 되는 겁니까?

감독회장 : 해제 문제를?

김광원 목사[55] : 아니 뭐든지, 감리교회의 총회를 결의를 신학대학에 관계되는 거라고 할 때 준해야 됩니까? 반해도 됩니까?

곽 감독 : 교회법은 받아야 하고 실정법은 받지 않아도 된다는 그런 말씀이네요. 예 어디 좀 대답 좀 해 보세요. 법에 밝으신 분 그 대답을 하시면서 대신 좀 내가 부족해서 대신 좀 대답해 주세요.

김수연 감독 : 예, 그 답은 이 기독교 대한감리회 최고 의회기관인 총회에서 결의해서 보면 이사회에서 받아야 합니다. 받아 가지고 이사회에서 그 사람이 이러 이러한 교단의 교리문제가 굳게 신학적인 문제가 붙었기 때문에 그것을 징계위원회에 회부를 하게 됩니다. 그 징계위원회 회부가 되어서 징계위원회에서 이 사람을 면직을 시켜야겠다, 그러면 면직이 되는 거고 만약에 면직을 하게 했는데도 그가 재심을 요구하게 되면 재심위원회가 열려서 재심위원회에서 그 범과가 드러날 적에는 면직이 되는 겁니다.

김광원 목사 : 예, 감사합니다. 그런데 면직을 시키라고 하는 명령을 이쪽에서 얘기했을 때 지시를 했을 때 면직을 시키라고 하는 지시를 총회가 결의해서 했을 때, 그것을 비토할 수 있느냐 그 말 입니다(이 대목에서 김수연이 몇 마디 조언). 할 수 없지요. 예, 할 수가 없지요. 예 본인도 그렇게 알고 있습니다. 그래서 지금 심사위원회를 연회에서 내서 심사를 해가지고 기소를 할 수 있다든가 없다든가 할 수 있다고 합시다. 재판위원회를 또 열겁니

55) 이 사람은 모 계파에서 꽤나 합리적인 사람이라는 평을 듣는데 실상[사상]을 대할 때는 빈머리인가 보다. 사상을 논하다가 왜 안건도 아닌 사람치는 일을 장황하게 늘어놓는가?

19911030_기독교대한감리회제19회총회속기록_
감리교신학대화모임준비위원회_4번_페이지_30

다. 그러면 그분이 또 총회에다가 다시 재심을 청구할 수 있습니다. 몇 년이 걸릴지도 모르는 일입니다. 그리고 우리 지금 총회원들은 당장 해임을 시켜야 되겠다라고 하는 이야기인데, 자격 문제를 다루는 상황이 아니고 그 직위 해제라든가 면직을 시키는 그런 일이 우선이고 그 다음에 자격문제는 연회에서 다뤄도 좋고 총회에서 다뤄도 좋고 그거는 법에 따라서 하면 되리라고 봅니다. 그래서 본 회원은 본 총회가 신학교 이사회에 직위 해제에 어떤 명칭을 붙여도 좋습니다. 그것을 하라고 지시를 하고 그거에 의해서 직위 해제 결의를 하고 그분이 재심청구해 가지고 면직 위원회에서 두 번하든 세 번하든 거기서 되는 것은 총회의 명령에 따라야 되는 것이니까 그렇게 해서 그 문제는 처리하고 난 다음에 목사의 자격문제는 그거는 연회에서 할 일은 해야 되지 않겠느냐 그렇게 저는 생각을 합니다.[56] 그래서 본회에서 직위 해제 결의를 하고 그것을 이사회에 통보를 해서 그대로 따르도록 시행하는 것이 합법이라고 생각합니다. 그렇게 하기로 동의합니다.

곽 감독 : 자 아까 동의문제를 어떡하나, 아까 동의문제는.

회장, 발언권 좀 주십시요. 잠깐 주세요. 글쎄 가만 계세요.

곽 감독 : 아니 가만 저어. 동의문제 지금 김 감독님 잠깐만…….

김광원 목사 : 아까 그 동의가 동의를 하면 저는 개의하겠습니다.

김만복 : 동의자로서 한 번 발언하겠습니다. 아 여기서 처벌하는 것을 결의한다는 거는 아무리 살인죄를 졌다 할지라도 총회에서 처벌 결의는 처벌 결의를 있는 법은 없습니다.[57] 한 가지 이러 이러한 범과가 있다는 것을 아직까지 연회 차원에서 조사했고 감안했습니다. 우리는 연회 차원에서 조사를 처리했으면 여기까지 안올라왔지요. 지방회에서 조사해서 처리했으면 여기까지 안올라 왔습니다. 해당 소속에서 못했기 때문에 총회까지 올라왔기 때문에.

곽 감독 : (아 내말 아까 말씀 못들었네요.) 여기까지 올라왔기 때문에 차원에서 조사를 해서. (마이크가 안나오네……)

김만복 목사 : 총회 차원에서 조사를 해서 처벌은 이사회에서 필요하면 이사 회에서 그 요청을 보내고 해당 신분을 연회에다 보내면 될 줄 압니다. 총회 차원에서 조사도 안하고 어떻게 처벌합니까.

56) 학자로서는 그런 학설을 말할 수 있으나 목사이며 또한 목사를 길러 내는 신학교가 문제라더니 이제는 [학자의 신분]을 먼저 정죄하잔다.

57) 옳다! 그렇지 않으면 재판법이고 재판위원회고 필요없는 것 아닌가.

19911030_기독교대한감리회제19회총회속기록_
감리교신학대화모임준비위원회_4번_페이지_31

곽 감독 : 가만히 계세요. 저어 김광원 목사님, 김 목사님 그 아까 동의하고 뭐 좀 정리를 할 수 없습니까.

김광원 목사 : 개의를 성안하겠습니다. 이 동의집에서 동의가 성립됐다고 말씀하시는데 그것이 사실입니까.

감독회장 : 성립되어 있죠.

김광원 목사 : 개의를 됐으면 개의를 하겠습니다.

감독회장 : 하도 오래 이야기해서 아까 그 동의도 누가 동의를 해서……. 잠깐 잠깐만 정리하고, 이제 김 목사님 만약에 개의를 하신다면 확실히 알고 지나가야겠어요.

김홍도 목사 : 이게요, 세상법에도 지방법원에서 안되면 고등법원, 대법원 자꾸 올라가서 하거든요. 이 말장난하는 사람들이기 때문에 교묘하게 빠지고 지금까지 우리가 많은 농락을 당했습니다.[58] 이 최고 의결 기구로서 우리가 결정하는 그 이상 권위있는 가결이 어디 있습니까, 예 연회실행위원회에서 해봐도 교묘하게 성경대로 믿습니다 하고 빠져 나왔는데 또 어떻게 또 풀어 놓습니까.

감독회장 : 아 그러니까 그거 다시 묻는 게 아니고 동의의 알맹이를 이야기해 주세요. 그러는 최 감독님한테

최용환 감독 : 저어 동의하신 건 동의하는데요. 이게 학교에 관계되는 문제는 학교에서 처리한다고 합니다 만은, 학교 교수는 학장 이전에 감리교인입니다. 그걸 염두에 두어야 합니다. 그렇기 때문에 이제 김광원 목사님 말씀은 뭐라고 말씀하셨죠. 직위…….

김광원 목사 : 직위 해제란 말을 썼는데요. 그런 말이 약하며는 더 강하게…….

최용환 감독 : 안됩니다. 직위 해제는 다시 붙일 가능성이 얼마든지 있습니다. 때문에 이 본회의에서 이게 너무 명백하게 드러나는 사실이기 때문에 제가 그저께 밤 감독회의 석상에서 말 안했으면 편했을 걸, 제가 뚜껑을 여는 바람에 논쟁이 벌어졌는데 감리교회 대표하는 감독님들이 모여서 여러 가지 의논을 하기는 했지만, 가장 중대한 이 문제는 얘기 없어서 시골에서 온 사람이지만 하는 수 없이 제가 이 이야기를 했습니다. 이제 직위 해제는 얼마든지 또 붙일 수 있습니다. 이 총회에서는 파면이면 파면을 결의하고, 면직이면 면직을 결의를 해서 이것을 바탕으로 해서 법적으로 맞춰서 그 사람을 면직시켜야지 왜 그렇게 어물어물해요.[59] 안돼요. 뭔가 동의를 해서 그거를 받아 주세요.

---

58) 장난하는 학자와 폭력을 쓰는 목사의 모습을 비교할 수 있는 사례이다.

59) 재판이나 심사절차를 통해서는 목적달성이 안될 테니 군중심리를 이용해서 처리한다는 교묘한

19911030_기독교대한감리회제19회총회속기록_
감리교신학대화모임준비위원회_4번_페이지_32

김광원 목사 : 예, 직위 해제가 나쁘면 면직도 좋습니다. 면직도 좋아요. 파면도 좋은데 파면이라 하는 거는 재판법에서 해당되지 여기서는 못해요. 그러니깐 면직이라고 하는 건 좋습니다. 예 그건 받아들일 수 있습니다. 그러며는 의장님, 제가 동의를 해야 합니까, 개의를 해야 됩니까?

곽 감독 : 동의를 하세요.

김광원 목사 : 동의요?

곽 감독 : 예.

김광원 목사 : 예, 동의를 하겠습니다. 그러면

곽 감독 : 가만 가만 가만 있어요. 아까 누가 동의했어요. 거기 정리해 보세요.

곽 감독 : 1번 마이크 가만 있어요.

김광원 목사 : 제가 알기로는 김홍도 목사님이 동의를 한 걸로 알고 있는데요.

곽 감독 : 2번, 가만 있어요.

김산복 목사 : 제가 동의했습니다. 제가 동의자입니다. 면직하는 걸로 동의하면 좋겠구요.

곽 감독 : 조금만 계세요. 가만 있어 보세요. 하도 분분하니깐 성안을 해 놓고서 그걸 누를 수 있는 법이 있다면 말씀해 보세요. 도대체 뭡니까.

김산복 목사 : 교통사고를 내도요.

(감독회장 : 예 간단하게.)

일반법에도 불구속이 있고 구속이 있는데 이거는 구속사건입니다. 그러기 때문에 면직을 동의합니다.

곽 감독 : 면직 동의? 재청은 누구입니까? 재청 어 재청 있죠? 분명히 한 번 예, 자, 그 다음에 동의안 동의안 하시죠. 개의하실려면 개의하세요. 4번 마이크.

김광원 목사 : 아아, 서기부에서 지금 동의에 대한 내용을 읽어 주시기 바랍니다

서기 : 직위 해제하는 것을 동의했습니다.

곽 감독 : 그대로는 면직 동의입니다.

서기 : 서기 면직, 면직 동의했습니다.

곽 감독 : 알겠습니다. 그렇게 말이 많아…… 말씀하세요.

김광원 목사 : 아아, 면직 동의를 하고 만약에 동의 가결이 된다면 저도 면직시키고자 하는 이야기인데 그 면직을 시킬 수 있는 기관이 이사회가 아니겠습니까.

심리가 당시 회의장의 분위기였음을 잘 말해 주고 있다.

19911030_기독교대한감리회제19회총회속기록_
감리교신학대화모임준비위원회_4번_페이지_33

(곽 감독 : 이사회에 넘겨가지고 하자는 말이죠?)

그러니까 이사회에 면직을 시키도록 지시하자 그말이예요. 결의를 보내자 그 말이예요. 그것을 동의집에서 받아주시면 저는 개의하지 않겠습니다만 받습니까?

곽 감독 : 규칙 발언하세요.

김광원 목사 : 아, 그리고 무작정 두어 둘 수는 없습니다. 아까 날짜를 박았습니까? 날짜를 박는 걸로 해서 해야 되겠는데 여러분, 얼마쯤 시간을 드리면 될까요? 열흘에? 한달에?

곽 감독 : 네, 규칙 발언.

김광원 목사 : 그러니까 그 동의를 말이죠 동의집에서 한 달 안에 처리하라고 하는 것을 넣어서 동의해서 받아 주시겠습니까? 좋습니다. 그럼.

곽 감독 : 예, 말씀하세요. 1번.

서병주 감독 : 예, 교리를 위반한다, 이단 사상을 두둔한다, 그런 일이 있을 수 없습니다. 그러나 총회는 법 아래에 있는 총회입니다. 우리가 감리교 신학에다가 파면하라 그런 명령 할 수 없습니다. 파면 권고안 밖에 안되는 겁니다. 어떻게 그것이 권고안 밖에 안되거든요. 그러니가 내 이야기는 뭐냐 하면은 시시하게 하면 어떻게 하냐 그런 이야기인데, 분명히 여기저기 고소가 없어도 심사에 회부하게 되어 있습니다. 그러니까 고소 여부가 없습니다. 여기에서 심사에 회부하도록 서울연회 감독이 맡는다고 그랬는데, 맡겨서 만약에 말이예요. 합법적으로 해야 합니다. 만약에 서울연회가 가장해서 이 사람을 무죄 판결했다. 그러면 그 다음에 항고할 수 있습니다. 그 다음에 총회재판에서 하는 겁니다. 우리가 법절차를 밟아야죠. 할 수 있는 길이 있는데 왜 법을 어기고 할려고 그래요.[60] 그러니까 1심이, 1심이 연회입니다. 그리고 복심이 총회입니다. 만약에 연회에서 우리가 한 데 대해서 불만할 것 같으면 우리가 항고할 수 있습니다. 그 다음에 총회 재판에 오는 겁니다. 이런 절차를 밟아서 하세요. 왜 그러냐고 하면 이러한 전례를 남기고자 하면은 앞으로도 인사 문제에 있어서 이렇게 정회원이 그냥 그전에도 그런 일이 있었습니다. 왜 그러냐고 하면 연회에서 심사도 하지 않고 파면했습니다. 그랬다가 한 이태 후에 다시 허입됐습니다. 재허입 이런 거 하지 말자 이거예요. 그리고 아까 우리가 드린 이야기는 나 감독님 하신 말씀은 그것은 심사위원회에 회부해서 재판여부를 결정한 게 아니고 자격심사위원이 모여서 다뤘다고 하는 겁니다. 이건 저어 다른 겁니다. 심사해서 기소하는 것과 자격심사위원회에서 자격이 있느냐 없느냐 심사는 전혀 다른 겁니다. 그러니까 우리들이 법 절차를 밟아야 되고, 감리

60) 옳다!

19911030_기독교대한감리회제19회총회속기록_
감리교신학대화모임준비위원회_4번_페이지_34

교 신학에 우리가 이거 아무리 총회를 하더라도 파면하죠. 그런데 파면 거기서 안하면 어떡할 겁니까? 그러니까 그것도 합법적으로 파면한다면 권고안밖에 없습니다. 그걸 우리들이 알고 해야죠.

곽 감독 : 저어, 서 감독님에게 하나 여쭙니다. 그 여기에 199단의 조항대로 고소 없어도 이런 이단종파 이렇게 해서 저어 심사에 회부가 되면 즉시 이 직임정지가 됩니까?

서 감독 : 심사해서 기소하면 직임정지됩니다.

곽 감독 : 심사해서 기소가 되면 직임정지가 되지 않습니까. 그렇죠 그거면 가만히 계세요. 이거 중대한 문제니까 시간 넉넉합니다. 하세요. 3번

임덕순 장로 : 마이크가 안나오네요. 변학장 문제는 정회원 이전에 감리교를 대표하는 학장입니다. 그렇다고 볼 때에 총회에서 얼마든지 다룰 수가 있다고 봅니다. 지금 감독(서 감독)님께서 하신 말씀은 정회원에 대한 자격문제이지 학장에 대한 자격문제가 아니라고 생각합니다. 그러기 때문에 그렇다고 보면 아까 감독회장님께서 감리교회에서 인준한 학장을 어떻게 총회에서 인준합니까? 그렇다고 그러면 반드시 이 총회에서 변 학장 문제를 반드시 다뤄야 된다고 생각해서 그거는 합법적이라고 생각합니다. 그리고 만약 이것이 안다루어진다고 한다면 저는 평신도의 한 사람입니다. 여기에 계신 평신도를 규합해서라도 우리 감리교의 졸업생을 내년부터 절대로 안받겠어요.[61] 절대 안받습니다. 결의 안해 주면.

감독회장 : 뭐를 안받으세요?

임 장로 : 감리교의 졸업생은 우리 교회에서, 개체교회에서 안받기로 결의하겠어요.

의장!

곽 감독 : 아아, 감리……? 됐어요. 그거는 뭐 저어 하실 일이고. 자, 이 법문제를 말씀을 하시니까.

의장, 의장, 제가 얻은 겁니다.

곽 감독 : 예 잠깐만요. 아까부터 서 계시는데.

안회선 목사 : 아, 동부연회 주문진교회 안회선 목사입니다. 서병주 감독님께서 규칙해석을 하셨습니다. 규칙해석하신 법대로 진행하는 것이 이것이 우리 총회의 품위와 결의를 지키고 이것이 감리교회를 수호하는 가장 귀한 일이라고 생각합니다. 감독회장께서 양해하시기 바랍니다.

곽 감독 : 예.

---

61) 이 사람 교회엔 똑똑한 사람 누구도 원래 가지도 않는다.

19911030_기독교대한감리회제19회총회속기록_
감리교신학대화모임준비위원회_4번_페이지_35

김광원 목사 : 아아, 서 감독님께서 말씀하신 법조항은 옳은 해석이라고 저는 생각합니다. 그러나 이 문제와 이 파문문제는 별개의 문제입니다. 그러니까 정 그렇게 하기를 원하신다면 파문은 파문대로 이사회에 통고 결의하고 그리고 연회에서 자격문제를 다루는 것은 심사를 하든 재판을 하든 즉시 그 연회, 해당 연회에서 하도록 그렇게 두 가지를 전부 수용해서 결의하면 어떨까 하는 그런 의견이 있습니다.

곽 감독 : 이 안건에 이 장로님 처음 말씀입니까? 간단하게 해 주십시오. 저기 가만, 잠깐 실례합니다. 지금 내가 이것 때문에 신경 많이 썼기 때문에 마이크 조정실에서 마이크 1, 2, 3, 4전부 ON을 해 주십시오. 그리고 다 지금 마이크 불 켰으니까 그렇다고 마이크 막 잡으시면 안됩니다. 제가 이것저것 지시하기 어려워서 그렇습니다. 전부 ON으로 해 주기 바랍니다. 예.

이필용 장로 : 말씀하겠습니다. 저는 평신도로 신학적인 깊은 이론은 모르지만 여기 총회원 여러분들이 가지고 계신 그 느낌에는 전적으로 동감입니다. 그러나 이것을 처리하는 데 있어서는 불가불 법적인 절차를 밟을 수밖에 없습니다.[62] 우리가 문세광이가 우리나라 국모를 사살했는데 우리 감정으로서는 그 현장에서 총살을 시킬 수 있습니다. 또 존속 살해범이 요즘 나오지만은 그 사람들도 다 재판절차를 밟습니다. 그러니까 우리 감리교단에서 만들어 놓은 이 헌법이 있는데 목사님의 신분이 연회에 소속되어 있다고 하기 때문에 자격심사와 아울러서 여기에 고소가 없어도 심사의 대상이 되고 또 그걸 철저하게 신속하게 하겠다 하는 관할 연회 감독님께 증언을 하셨으니 그 절차를 해야 됩니다. 그런데 또 그러한 말씀을 하나 드리고요. 또 그 다음에는 지금 감리교 신학대학에 대해서 즉시 직권정지 또는 파면 또는 직위 해제 등등의 인사 조치를 취하라 하는 문제는 우리 종교법인과 학교법인은 엄연히 법인체가 다릅니다. 우리가 여기서 하는 것을 요청하는 권고안을 냈을 적에 감리교 신학대학의 이사회가 어떻게 처리할 수 있느냐 하는 것은, 지금 마침 이 자리에 감리교 신학대학의 대학원장님이 와 계십니다. 그래서 그 절차를 잘 아니까 그 분의 설명을 한 번 들어 보시고, 우리 총회가 취할 수 있는 가장 적절한 방법의 강력한 방법을 취해야지 여기서 하고 거기하고 전혀 동떨어진 거를 한다면 조금도 맞지도 않는 것 같습니다. 그래서 그거는 한 번 설명을 들어 보고 어떻게 우리가 제지하는 것이 가장 바람직 하느냐 하는 것을 거기에 알맞게 하는 것이 효과적이다 해서 말했습니다.

제 발언권 좀 주세요. 저 한 번도 안했는데.

62) 법적인 절차는 처음부터 무시된 채 진행되어 왔는데…… 이제 와서 그럴 필요를 느끼나.

19911030_기독교대한감리회제19회총회속기록_
감리교신학대화모임준비위원회_4번_페이지_36

곽 감독 : 아까 하셨는데.

저 한 번도 안했어요. 저 처음 하는 거예요.

곽 감독 : 예.

안병창 목사 : 제가 말씀드리는 것은 간단히 말씀드릴려고 그러는데 연회에서 다루려는 것은 연회에서 다룰 수 있는 그 범위가 있습니다. 그러나 지금 감리교 신학대학은 서울연회 신학대학이 아닙니다. 우리 교단의 신학대학이니까[63] 우리 총회에서 얼마든지 학장문제를 다룰 수 있으니까, 여기서 결정해서 여기서 다룰 거 다루고 연회로 넘길 건 넘겨야 되는데 제가 볼 때는 두 가지로 해야 되지 않나 그래서 동의 말씀하신 데에 첨가하는 겁니다.

박춘화 목사 : 예, 지금 대충 말씀들이 많이 오고 갔습니다. 제일 먼저 김홍도 목사님이 말씀하신 그 말씀은 다 공감되는 사실이고 그래서 그러한 우리 마음들을 가지고 어떻게 이 일을 처리하느냐 하는 것은 그래서 우리들이 위상도 생각하고 그러나 지금까지 된 것처럼 그렇게 되서는 아니되겠고 그래서 제가 규칙을 하나 읽어 드리고 여기에 따라서 제안을 하겠습니다. 장정 105단에 제21조 보면 '어느 회원이든지 휴직이나 정직이나 면직은 법 절차로 처리한다' 이렇게 되있으니깐 지금 감독님께서 자꾸 말씀하신 것은 그 말씀이니깐 이 일은 법 절차로 연회에서 처리하도록 하시고 김광원 목사님 말씀하신 것은 이제 이 교수님들은 일반 우리 정회원이기는 하지만 또 우리 교단 교역자 양성기관에 계신 분들이니깐 거기는 그것 대로 권고안을 낼 수 있다. 그러니깐 거긴 거기대로 권고안을 내고 이렇게 해서 처리를 하면 좋지 않겠습니까? 합법적으로 되고 그래서 총회는 총회 위상대로 해서 그쪽은 그쪽대로 권고안을 내고 여기는 우리 서울연회 감독님께서 책임있는 말씀도 하시니깐 그렇게 해서 법절차대로 하면 어떻습니까?

김광원 목사 : 제가 아까 말한 게 그겁니다.

곽 감독 : 예, 좋습니다. 그러면 가부 묻겠습니다. 나오십시요. 더이상 아주 지루하고 골머리 아픕니다. 가부 묻겠습니다. 부표인 나오시기 바랍니다. 이 동의안에 가하시면 거수하십시오. 세세요, 분명히 세세요.

……됐습니까. 이 동의안 부하시면 이 동의안 부하신 분 거수하시기 바랍니다. 저기 한

63) 교단의 신학대학이라는 근거가 장정 어디에 있는가.
1987년 이후 처음으로 (그것도 학생들의 데모가 있은 후) 이사나 파송하는 정도인데(이사파송은 연대 이대에도 하고 있다)

19911030_기독교대한감리회제19회총회속기록_
감리교신학대화모임준비위원회_4번_페이지_37

분 계시잖아요. 예 발표합니다.

〈가〉: 299, 〈부〉: 2

이 동의안 가결됐습니다. 딱.딱.딱!(박수)

조명호 감독 : 회장, 한 가지 더 짚고 넘어가야 될 것이 있어서 나왔습니다. 장정 150단 제 42조 총회의 직무 16에 '총회는 총회가 설립한 법인이나 기관, 기구 및 관계된 기관에 선임파송한 이사와 위원 또는 대표로서 장정 규칙이나 총회의사에 반하는 행위를 했을 때는 당해 이사와 위원 또는 대표를 소환한다' 이런 법조항이 있습니다.

곽 감독 : 예, 법조항이 있으니깐 시행안되면 그대로 하면 됩니다.

조명호 : 아닙니다. 결의하고 가야 됩니다. 여기서 소환할 수 있다고 그랬는데 소환한다는 결의를 해야 됩니다. 이것을 가지고 누가 결의 안해 주면 누구 마음대로 소환합니까.

감독회장 : 아, 또 결의를 해야 합니까?

조명호 목사 : 그렇기 때문에 지금 결의를 해서 감리교 신학대학에 보내지 않습니까. 직위해제시키라고 그 법대로 시행하지 않을 때에는 우리가 파송한 이사를 소환하는 걸 소환하도록 동의하겠습니다.

감독회장 : 동의, 재청하십니까? 예.

김수연 감독 : 법입니다. 법에 대해 얘기하겠습니다. 아 그게 어떻게 되어 있나 하면요, 그 학교와 같은 경우에는 학교에 우리 감리교에서 보낸 이사들이 있습니다. 이사들로서 이제 어떤 그 학교의 교수들이 문제가 있었을 적엔 징계위원회에 회부를 하는데 징계위원 구성이 어떻게 되어 있느냐 하면 징계위원들이 이사 절반, 교수절반입니다. 그렇게 이사 절반, 교수 절반인데(이사) 만약 징계위원들이(저어 이) 교수들이 다 거부해 버리게 되면 우리 기독교 대한감리회에서 보낸 이사들은 어떻게 한다는 얘기에요. 그러니까 이게 문제는 결의가 됐으니까요 그거 문제될 거 없어요. 문제될 게 없는 게 왜냐하면 기독교 대한감리회 법 절차대로 한다고 그랬으니까 지금 연회에다 넘겼다 말이예요. 그러니까 연회에 넘겼으니까 자격심사위원회에 아닙니다. 그것의 중부연회 감독이 심사위원이니 심사위원에게 맡기는 거예요. 심사위원회에 맡겨서 심사위원회에 그사람 다루어서 정회원 문제가 이제 박탈되면 학교에 파송이 안되는 겁니다. 학교에 파송이 안되고 이 사람 징계받고 파면되고 출교된 사람이 어떻게 대학, 신학대학의 교수가 되는 겁니까. 그러니까 잘 됐어요. 그러니까 이 거로 결정나면 더이상 얘기하지 말아요.

감독회장 : 그러니까 이 안 아까 시간 연장했을 때에 이 토의 결의 종결하고 정회한다고 결의해 놓은 게 있습니다. 그대로 요거까지만 하기로 했으니까. 네 어떻게 저 아까 우리

19911030_기독교대한감리회제19회총회속기록_
감리교신학대화모임준비위원회_4번_페이지_38

결의할 때에 요 안건만 다하고 정회한다 그랬으니깐 건의 심사위원 두 건 남겨두고 내일 하도록 들어가시기 바랍니다. 죄송합니다. 정회하겠습니다. 정회 동의해 주시기 바랍니다. 아까 다해 놓았지요. 네 모두 일어나시기 바랍니다. 김회도 감독님 잠깐 올라오시기 바랍니다. 잠깐 기도해 주시기 바랍니다.먹빛보다 더 검은 죄로 물든 이마음……. (찬송부르고 기도하다.)

감독회장 : 5차회집을 마치고 정회를 선언합니다. 딱딱딱.

19911030_기독교대한감리회제19회총회속기록_
감리교신학대화모임준비위원회_4번_페이지_39

5-5-025

사건의 현장 －제19회 교단특별 총회

건의안 심사, 자극적인 발언으로 인민재판되어버려

교수들의 「총회결정 재고」청원, 한마디로 묵살

▲곽전태 감독이 총회 폐회직전 우리대학 교수들이 올린 청원서를 들고 논의여부를 묻고 있다

『알맹이 빠진 심심한 총회될 듯』

기독교대한감리회 특별총회를 앞두고 교계신문에서는 장정개정위원회에서 중요한 사안을 거론않기로 결정했다하여 무의미한(?) 총회를 예견하는데 입을 모았다.

그것을 반영이라도 하듯 총회 첫날인 29일, 광림교회의 총회장에서는 곳곳의 빈의자가 눈길을 끌었다. 개회성찬식에 이어 시작된 회집에서 4년 전임감독제 등 중요 의안이 빠진 장정개정위원회 보고는 총회원들의 거센 반발을 불러일으켰으며, 결국 4년 전임감독제를 반영하는 것을 전제로 새로운 개정안을 다음날 회집시 내어오도록 결의하고 첫날을 마감했다.

둘째날 역시 많은 총회원 불참으로 인한 헌법개정정족수 문제로 회집이 늦어지는 등 난항끝에 감독의 연령을 66세로 낮추는 것과 총회에서 헌법개정의결에 관한 조항만을 통과시켰다.

이날 저녁 4차회집에서는 헌법개정정족수 미달로 「분과위원회 보고」 시간을 통해 20개 분과 중 건의안심사위원회에서 올라온 건의안에 대한 논의를 하기 시작했다. NCC모금협조요청건의안에 이어 박기창 목사외 4명의 명의로 된 「변선환 학장의 종교다원주의와 홍정수 교수의 포스트모더니즘신학을 교단이 받아들일지 여부를 결의해 달라」라는 건의안이 상정돼 2시간가량의 난상토론이 전개됐다.

건의안이 올라오자 삼남연회 김동희 장로가 『지금은 특별총회로 모였기에 법안에 관계된 것 이외에는 다룰 수 없지 않느냐』라고 발언을 했으나 『그것은 중요한 문제로 여기서 꼭 다뤄야 한다』는 여론에 밀리게 되고 사회자인 곽전태 감독이 동의하기에 이른다.

『변선환 학장이 미국에서 불교법당에서 법회를 인도했다고 한다. 또한 홍교수는 예수의 피와 짐승의 피가 같다고 하는데 이것이 말이 되느냐, 이런 것이 용납된다면 나는 이런 교단에 남아있을수 없다』

이러한 김홍도 목사의 원색적인 발언은 당시 총회원들을 술렁거리고 고조되도록 하기에 충분한 것이었다.

『여기서는 사람이름은 빼고 논의하자』라는 서병주 감독의 의견과 「이것은 신학문제이므로 신학자와 함께 논의해야 되지 않느냐」라는 의견이 개진되기도 했으나, 이때의 총회장 분위기에 대해 한 목사는 『종교다원주의와 포스트모던신학에 대한 교단의 입장을 묻는 건의안은 처음부터 변학장과 홍교수에 대한 일종의 인민재판이 되어 버렸다』라고 밝히고 있다.

『이 문제는 아주 중요하니 박기창 감리사가 나와서 이야기해 달라』라는 곽전태 감독의 요청에 의해 나온 박기창 목사는 교계신문 등에 게재된 두교수의 글을 구절구절 이야기하면서 『공개질의서를 보냈으나 이원규 교수이외에는 답변이 없었다』라고 밝히고 건의안을 올리게 된 배경을 설명했다.

결국 사회자 곽전태 감독의 『포스트모던신학과 종교다원주의를 받아들일지 다수결로 결정하자』라는 의견에 의해 실시된 투표에서 360여 명이 받아들일 수 없다는데 동의하였으며, 총회들의 『만장일치』라는 소리에 따라 곽감독은 『만장일치로 통과되었다』라고 발표하자 몇몇 목회자들이 『이것은 날치기다. 신중한 논의없이 결정하는 것이 어디 있느냐』라고 문제제기를 하였으나 여기저기서 『반대하는 사람 손 들라고 하자』라는 등 야유의 소리를 보냈다.

이러한 분위기에 압도되어 종교다원주의와 포스트모던신학은 교리에 위배되므로 받아들일 수 없다는 의결을 하게 되었다.

일차 결정이후 두신학자의 신상에 대한 토의로 넘어가게 되었는데 삼남연회 김만복 목사는 『이 문제는 감독들에게 역임하여 두사람을 처벌해야될지 조사해서 처리하도록 하자』라는 의견을 발표했으며 김홍도 목사는 『글을 통해 다 들어났는데 더 이상 무엇이 필요하냐, 여기서 결정하자』라고 주장했다.

『서울연회재판위원회에서 다루게 하자』, 『조사위원을 두어 처리하게끔 하자』라는 의견에 맞서 『서울연회에서 다루어 왔지만 아무런 성과가 없지 않느냐』라며 이번 기회에 본때(?)를 보여줘야 한다는 즉결처분식의 주장들이 앞뒤 다투며 나왔다.

김광운 목사가 신학교 교수직에서 면직시키자는데 동의를 하자 『면직이 뭐냐, 파면이지』라는 이야기까지 거론됐다.

『우리가 아무리 결의해도 이사회에서 받아들이지 않으면 소용없다. 파면을 권고하는 안을 결의하자』

목원대학 이사로 선출된 김수연 감독이 발언한 내용이다. 곧이어 이사회가 안 받아들이면 어떻하느냐는 걱정으로 『감신대는 교단신학교이니 교단의 최고 의결기구인 총회에서 파면이라면 파면이지 별수 있겠느냐』라는 주장도 나왔다.

결국 나원용 감독이 나와 『서울연회에서 불러 이야기 들었으나 별다른 하자가 없는 것 같았다. 그러나 두사람이 교단회원으로서 신분관계는 서울연회에 맡겨주면 재판절차에 따라 처리하겠다』라는 요지의 내용을 밝힘에 따라 두교수의 목사직 문제는 서울연회 심사위원회에 넘기고 교수직에 관해서는 이사회에 면직을 권고하기로 결의하고(찬성 299, 반대 2) 둘째날 일정을 마쳤다.

마지막날 우리대학 학생 400여 명이 총회장 밖에서 항의시위를 벌이고 있는 도중 총회장에서는 폐회 직전 우리대학 교수들의 「총회결정 재고」 청원서가 감독회장에게 제출되었으나 총회원의 『결정된 사항이라 재고할 필요 없다』라는 말에 한마디의 논의도 없이 3일간의 난상토론 총회는 막을 내렸다.

총회특별취재반

19911110_왜곡된 주장, 일방적 종교재판 낳아_
총회특별취재반_감신대학보_5번_페이지_1-02

제 1 절 서울연회 심사위원회

1. 감독회장의 심사의뢰 공문 하달

기독교대한감리회 본부

THE KOREAN METHODIST CHURCH
K. P. O. BOX 285 SEOUL, KOREA
Tel. (02) 780-8501
Fax. (02) 780-7795

서울특별시 영등포구 여의도동13-25정우Bldg 1114호
(광화문 우체국 사서함 285호) Tel. (02) 780-8501
Fax. (02) 780-7795

Bishop Jun Tae Kwak President

감독회장 곽 전 태

기감제91162호 1991. 11. 19.

수 신 서울연회 나원용 감독

참 조 서울연회 총무

제 목 빈선환, 홍정수 목사에 대한 심사의 건

부활하신 주님의 은혜가 섬기시는 귀 연회위에 함께 하시길 기원합니다.

지난 제19회 특별총회(1991.10.29.-31.광림교회)에서 종교다원주의와 포스트모던신학과 관련하여 위 두 목사에 대해, 장정199단 제8조에 의거하여 귀 연회 심사위원회에 회부토록 결의하였으므로 이에 연락드리오니 처리해 주시기 바랍니다.

"고소가 없어도 범과의 혐의가 있다고 사료가 되는 때나, 이단 종파에 찬동, 협조, 참가등 혐의가 있는 자는 각급 의회장이 심사에 부친다."

감독회장 곽 전

- 191 -

19911119_감독회장의 심사의뢰 공문 하달_감독회장_교리사건 재판자료_4번

91.11.21 K-2-059

개 회 예 배

사 회 ……………………………………………… 한종석목사
기 도 ……………………………………………… 은평교회 한양원목사
찬 송 ………………… 265장 ………………… 다 같 이

1. 옳은길 따르라 의의길을 세계만민이 의의길 이길따라서
 살길을 온세계에 전하세 만백성이 나갈길

후렴) 어둠밭지나서 동튼다 환한빛 보아라 저빛
 주예수의 나라이땅에 곧오겠네 오겠네.

2. 주예수 따르라 승리의주 세계만민이 좇아갈 길과진리요
 참생명 네창검을 부수고 다따르라 화평왕

3. 놀라운 이소식 알리어라 세계만민을 구하려 내주예수를
 보내신 참사랑의 하나님 만백성이 따를길

4. 고난길 헤치고 찾아온길 많은백성을 구한길 모두나와서
 일어라 온세상이 마침내 이진리에 살겠네

성 경 봉 독 ……………………………………………… 장전연부회장 박율희장로
특 송 ……………………………………………… 순예자선교단
설 교 ……………………………………………… 감독회장 곽전태감독
축 도 ……………………………………………… 원로목사 이봉구목사

만 찬

만 찬 기 도 ……………………………………………… 부흥단총무 최기창목사

강 연 회

사 회 ……………………………………………… 장전연부회장 조입술장로
강 의 ……………………………… 원로목사(전교육국총무) 라사행목사
특 송 ……………………………………………… 어학재전도사
강 의 ……………………………………………… 금란교회담임 김홍도목사

회 의

사 회 ……………………………………………… 장전연회장 윤상렬장로
취 지 설 명 ……………………………………………… 사 회 자
기 타 토 의 ……………………………………………… 이동주교수
조 직 ……………………………………………… 사 회 자
결 의 문 채 택 ……………………………………………… 장전연부회장 김찬인장로
폐 회 축 도 ……………………………………………… 목사

19911121_교리수호대책위원회 결의문(예배순서지포함)_교리수호대책위원회_4번_페이지_1

K-2-059

결 의 문

조국 근대화의 횃불이 되어 고난 받는 겨레의 지팡이로서 선교 제1세기에 근대 민족사를 찬란하게 장식할 전통을 이어 받아 탈 이념의 조류에서 세계선교로 새로운 세계질서 창출에 참여하는 세계적 기독교대한감리회에 요즈음 유감스럽게도 사도 바울이 지적한 "허탄한 신화"를 주장하여 기독교 신앙과 감리교회 교리를 더렵히고 하나님의 선교에 크나큰 장해물이 되는 신학대학 교수들이 나타난 사실을 우리는 통탄한다.

이들의 주장은 감리교회의 신앙과 교리상 도저히 인정할 수 없으므로 단호히 배격하며 감리교 신앙과 교리를 굳게 지키기 위하여 마음과 뜻을 모은 성도들과 지도자들은 1991년 11월 21일 힐튼호텔에서 회합하여 기독교대한감리회 교리수호대책위원회를 결성하고 아래와 같이 우리들의 의사와 결의를 표명한다.

1. 종교다원주의와 포스트 모던 신학의 입장은 감리교회 신앙과 교리에 위배되는 것임을 확실하게 판정한 제19회 특별총회 결의를 전폭적으로 지지 찬동한다.
2. 종교다원주의와 포스트 모던 신학을 주장하는 변선환목사와 홍정수목사가 소속하여 있는 서울연회 감독은 법에 따라 두목사를 즉시 심사위원회에 회부할 것을 촉구한다.
3. 변선환목사, 홍정수목사가 재직하고 있는 감리교신학대학 재단 이사회는 특별총회의 결의를 존중하여 두교수에 대하여 지체없이 면직처리 하도록 촉구한다.
4. 우리는 감리교 신앙과 교리에 모순되는 학문을 교역자 양성기관에서 가르치는 것을 배격하며 교역자양성의 정통성을 유지하기 위하여 교단산하 교역자 양성기관의 장은 총회인준을 받아서 취임하는 제도를 제 20회 총회시에 입법하도록 교단본부에 강력하게 청원한다.
5. 우리는 감리교회를 사랑하고 염려하는 우리의 기도를 하나님이 열납하여 주실 때 까지 순교의 각오로 투쟁할 것을 굳게 서약한다.

1991년 11월 21일

기독교대한감리회 교리수호대책위원회

위 원 일 동

19911121_교리수호대책위원회 결의문(예배순서지포함)_교리수호대책위원회_4번_페이지_2

감리교 신학대학 변선환 · 홍정수교수 사건

-교역자와 평신도들에게 보고-

급변하는 사회변혁 속에서 하나님의 크신 은총이 "여러 교역자와 평신도들" 위에 함께 하시기를 기도 합니다.

기독교 대한감리회가 1884년에 요한 웨슬레의 복음주의 감리교회가 100년 동안 성장하고 또 성장하는 도중에 있는것을 하나님께 감사드립니다.

지금 급변하는 세계속의 한국감리교회의 복음전도의 길을 차단하는 이단사상이 교역자를 교육하는 감리교 신학대학에서 부터 "부활신앙부정"등의 사건이 발생하고 학생들은 "학문의 자유"를 외치고 데모까지 하고 지난 3월 남서울연회에서부터 문제가 야기되어서 종파지방 실행위원 일동이 공개질의서를 내고 지난 6·7월의 원로 목사회에서 재연되어서 8월 23일에 원로목사와 원로장로회의 특별위원회 이름으로 성명서를 내고 또 8월 27일에 건의서를 전체감독들에게 제출했읍니다. 그러나 아무 회신이 없어서 100년동안 감리교회를 지켜온 우리는 크게 염려되어서 10월 특별총회전에 이 사건이 해결되기를 기원하면서 다시 10월 15일에 해결을 촉구하는 건의서를 전체 감독들에게 제출했으나 아무 응신이 없는 것을 유감으로 생각하고 있던 중에 총회에서 두 교수를 징계하기로 결의되고 각 주간신문에 발표된 것은 감리교회의 신도들에게 주는 영향이 크다고 생각하여서 간단한 요점만 들어서 보고 합니다.

가) 홍정수교수 부활 부인사건(1991. 3. 30 크리스찬신문 특집)

1. "육체적 부활은 이교적 신앙 곧 무신론적 신앙이다"고 주장
2. "부활은 망월동 원혼이 되살아나 [illegible] 심판하는 사건"
3. 감리교회 교리 개정은 포스트모던적인 세계관의 틀 안에서 신앙이 고백되어야 한다.

나) 변선환 학장

1. 기독교는 절대적 종교가 아니고 상대적 종교임을 자각해야 한다.
2. 기독교는 예수를 우상화시키는 예수중심을 벗어나 신중심주의가 되어야한다.
3. 타종교에도 구원이 있다.
4. 10년전에도 목회잡지에 두번 기고한 적이 있다.

다) 원로목사와 원로장로들의 견해

1. 타종교와의 대화하기 위하여 그리스도의 신도까지 부인하는 것은 배신행위이다.
2. 성경에서 신학이 발생하고, 그러므로 신학설보다 성경을 믿고 있다.
3. 요한 웨슬레는 누구든지 예수그리스도를 믿으면 구원과 영생을 얻는다는 것을 믿고 있다.

라) 성경과 역사에 나타난 공통된 교리

1. 십계명 : 나외에 다른 신들을 네게 있게 말라(출 20:1~17)
2. 예수 그리스도의 첫째 계명 : 네 마음을 다하고 목숨을 다하고 뜻을 다하여 "주 너의 하나님을

19911121_교리수호대책위원회 결의문(예배순서지포함)_교리수호대책위원회_4번_페이지_3

사랑하라"(마 22 : 37-40)

• 예수의 부활 : 예수께서 "나는 부활이요 생명이니 나를 믿는 사람은 죽어도 살겠고"(요 11 : 25)

3. 사도신경 : 전능하사 천지를 만드신 하나님 아버지를 내가 믿사오며 장사한지 3일 만에 죽은자 가운데서 다시 살아나시며
4. 바울부활관 : 그리스도께서 성경에 기록된대로 우리의 죄 때문에 죽으셨다는 것과 무덤에 묻히셨다는 것과 성경에 기록된 대로 사흘만에 다시 살아나셨다는 것과 그후 여러사람에게 나타나셨다는 사실입니다.(고전 15 : 3-5)
5. 감리교회 신조인 종교강령 및 신조
   제3조—그리스도의 부활을 믿으며
   제5조—성경이 구원에 족함을 믿으며
6. 감리회는 영국성공회의 39조 종교강령을 받고 있다가 1930년 기독교 대한 감리회의 창립과 동시에 6개조의 신조를 만들었다.
7. 미연합 감리회의 신조

1975년에 채용한 교리적선언을 "웨슬레 사상의 현대적 선언"에 듀크대학교의 사커 박사는"성경중심의 기독교인"이라는 주제 아래 교리적 요소를 허심탄회한 입장에서 성경의 영감력 예수의 역사성, 곧 예수의 출생, 죽음, 부활, 승천, 그리고 재림들을 논술하고 웨슬레가 주장한 "그리스도의 완전"을 재조명했다.

마) 엡윗의 1889년 웨슬레의 탄생기념 예배당의 선언문

1888년에 웨슬레 탄생기념 예배당을 건축하기로 결의하고 1889년 9월 5일에 봉헌예배를 드릴 때 : 가장 귀중한 웨슬레 형제의 유훈을 남겨 놓은 것을 웨슬레 형제들에게 재조명한다.

웨슬레 기념예배당 강단위의 유리창에 "예수 그리스도의 부활"을 상징하는 그리스도의 상과 "복음전도자"를 상징하는 제자들의 상을 조각하고 그 아래에 요한 웨슬레의 세계에 복음 선포를 지칭하고 "THE WORLD IS MY PARISH"라고 조각하고, 또, "GO YE INTO ALL THE WORLD AND PREACH THE GOSPEL"감리교인은 모두 복음선교에 헌신할 것을 조각했다. 마지막으로 웨슬레형제의 원형동판에는 "BEST OF ALL IS GOD IS WITH US"라고 조각했다. 엡윗의 웨슬레 기념예배당은 우리에게 웨슬레신앙의 뿌리를 재조명하여 주고 있다.

마지막으로 교역자 양성을 교육하고 있는 학장과 교수로서 부활을 부인하고 또 감리회 기관지에 포스트 모던이즘의 세계에 관하여 신조개정을 발표했다.

이렇게 신학교육의 책임자로서 웨슬레의 신학과 성경에 위배되는 타종교에 구원이 있다고 선전하고 있는 두 교수를 징계하기로 결의한 것을 우리는 동의합니다. 시급히 목사의 자격문제는 서울연회의 자격심사위원회를 경유하여 재판위원회에 회부하고 교수직은 신학대학 이사회의 징계위원회에서 처리하여 감리교 신학대학이 정상화로 회복시키는 절차를 감독회장과 해당연회 감독에게 촉구합니다.

예수 그리스도는 어제나 오늘이나
영원토록 동일하시니라(히 13 : 8)

1991년 11월 21일

기독교 대한감리회
원로목사회 및 원로장로회　　특별위원 [illegible]

19911121_교리수호대책위원회 결의문(예배순서지포함)_교리수호대책위원회_4번_페이지_4

감리교 신학대학 두 교수에 관한 사건의 참고문헌

가) 변선환 학장의 주제 강연 사건 :

1. 1990.12. 8—크리스찬신문 주제 : "기독교 배타적 사고에서 벗어나야"(차도리 주최 : 기독교, 불교, 천주교 대화)
2. 1991.10. 1—"한국기독교학회 개최 강연 : "토착화 논쟁 30년"
3. 1991. 6. 5—기독교 대한 감리회 서울남연회 송파지방 실행위원 일동 "성명서 및 공개질의서"
4. 1991. 8.23—기독교 대한 감리회 원로목사회와 원로장로회 [illegible] "성명서 1991. 8.27—건의서"
5. 1991.10.15—10월 특별총회 [illegible] 촉구 건의서

나) 홍정수 교수에 관한 참고문헌

1. 1991. 3.30—크리스찬 부활특집에 기고사건
   "육체적 부활 신앙은 무신론자 이교도적 신앙"
2. 1991.10. 6 복음신문 "다수종교 상황에서의 예수의 유일성 재해석"
3. 1990.11.17—크리스찬신문 "포스트 모던 신학소개"
4. 1991. 6.29—중앙일보 "예수는 과연 육체 부활했는가?"
5. 1991년 기독교 세계 3월호—감리교 교리의 개정수정 필요 "포스트 모던적인 세계관 안에서 신앙 고백되어야 한다"
6. 1991.10.12—크리스찬 신문 "기독교 부활신앙을 재무장한다"
7. 이동주 교수의 비판에 답함(1991. 제11호 "세계신학")

다) 협성신학대학 이동주 교수의 반박논문(크리스찬 신문)

1. 1991. 6. 8—홍정수 교수의 부활에 대한 성서적 비판(크리스찬 신문)
2. 홍정수 교수 그는 감리교인가?(1991. 6.15 크리스찬)
3. 홍정수 교수 부활론의 문제점

라) 기타 참고문헌.

1. 1991. 8.4 동아일보—"병든 사회가 사이비 종교 키운다"(전국 200여개)
2. 1991.11.16일 중앙일보—감리교회 [illegible] 보도 기사
3. 이상의 문헌외에도 있으나 그만함.

19911121_교리수호대책위원회 결의문(예배순서지포함)_교리수호대책위원회_4번_페이지_5

Y-4-005

크리스찬신문 '91.11.23

CH 문 (제3종우편물〈가〉급인가) 제1490호

"성서적으로 믿자는 것이 죄가 되는가"

120만 감리교도들에게 드리는 공개탄원서

홍 정 수
〈감신대 교수〉

감리교는 교리문제로 재판할 수 없어

설교하는 성직자 누구와도 공개적 토의할 용의

지난 10월 30일 저녁 감리교회 입시총회 석상에서 감독회장 곽전태 감독께서는 "이런 신학자가 있는 감리교회에서는 감독하고 싶지 않다. 나는 감독직을 걸고 이 문제를 해결하겠다"고 발언하심으로써 (1천8백명의 총대중) 3백여명의 총대들에게 사실상 교권적 압력을 가하셨다. 이것은 아무리 감독께서 하신 일이라고 하지만 신학적으로 심히 유감스런 일이다.

첫째로, 7월 4일 오전 10시 45분, 감독직 직무 수행상 나를 면담한 곽 감독님은 성경책을 한 손에 드시고 "고린도전서 15장, 이거 믿지?" 하셨고, 나는 "물론입니다. 믿지요" 하였으며, 그 자리에서 "아무 문제도 없구만" 하셨다. 그러면서도 공식|비공식적으로 사람들에게 "이단자도 성경대로 믿는다.

그것으로는 불충분하다. 말로는 안되니, 그냥 처단하자"는 식의 말씀을 하신다니……? 「이단자」의 신앙이 비성서적임을 입증할 수 없다면, 그런 사람들은 적어도 「신학적 문제」를 가지고는 「종교재판」을 휘두를 자격이 없는 「교권주의자들」일 뿐이다.

둘째, 지금 곽 감독님과 일부 목회자들이 「교리사수」 운동을 하고 있는데, 이런 일은 「정통 칼빈주의」 신학을 숭상하는 일부 장로교회나 시대착오적인 1920년대의 「근본주의」신학자들이나 할 수 있다. 감리교, 특히 1930년에 탄생한 「기독교대한감리회」에서는 「교리」를 가지고서는 사람을 죽일 수 없게끔 「법」으로 규정되어 있다. 따라서 지금 감리교회 안에서 「교리」사수 운동을 펴고 있는 사람들은 감리교 신학은 물론이요 「한국」감리교회에 대하여 너무도 무지한 형편에 있음을 안타깝게 생각한다 셋째, 나는 「육체부활」을 부정한 적이 없다. 단지 신앙의 책인 성서를 「자연과학자」의 눈으로 보려는 잘못된 해석을 거부했을 뿐이다.

신학자가 잘못된 성서 해석을 바로 잡으려 하는데, 그에게 충분한 발언의 기회조차 주지 않고 일방적으로 교권적 처단을 감행하는 것은 과연 옳은 일인지 공개적으로 묻고 싶다.

성서의 「고유한 음성」을 들으려는 나의 시도가 비성서적이라면(그것이 입증되면), 나는 언제든 감리교회를 떠날 것이다.

그런 종교는 이미 「기독교」가 아니기 때문이다. 성서는 「천사」에게도 「몸」이 있다고 말하고 있으며(야곱은 천사와 씨름하여 환도뼈가 부러진 경험을 했다고 성서는 증언하고 있다) 「육체」는 「다양하다」고 분명하게 말하고 있다.

따라서 한 가지 종류의 「육체」를 부정하였다 하여 마치 기독교의 부활 신앙을 송두리째 부인한 것처럼 매도하는 것은 그 저의가 다른 데 있는 행동이거나 아니면 신학적 무지에서 나온 무모한 「광신」인데, 이것은 바로 웨슬리가 단호히 거부했던 신앙태도라는 것을 진짜 감리교도라면 누구나 다 안다.

넷째, 따라서 매주 「설교」를 직무상 해야 하는 개신교 성직자라면 나는 그 누구와도 「공개적 토의」를 할 용의가 있다.

단 그가 「성경」을 충분히 존중하되, 그 후에 나온 「교리」보다도 그것을 더 중요하게 여긴다면, 또한 지금까지 여러번의 대화의 기회가 있었으나, 그것은 언제나 비공개적인 성격의 것이었고 그래서 대화의 결과는 언제나 일방적인 매도로 끝나고 말았다. 나로서는 이것을 극심한 유감으로 생각한다. 왜냐하면 그 결과로 내가 평소에 존경하던 그들의 성직자로서의 양식을 의심케 되기 때문이다. 따라서 반드시 객관적인 증인들(보도진?)이 있는 가운데서 「공개적으로」 신학적·종교적 재판이 진행되기를 나는 간절히 바란다. 그리고 거기서도 내가 「이단」으로 낙인찍힌다면 나는 아무 주저 없이 감리교회를 떠날 것이다. 하나님의 영광을 위하여!

19911123_성서적으로 믿자는 것이 죄가 되는가
120만 감리교도들에게 드리는 공개 탄원서_홍정수, 크리스찬신문

감신대생 공개질의서 전달

"변·홍교수 징계는 불법" 주장

감리교신학대학 총학생회(회장 : 황홍진)'는 지난 15일 '총회와 관련한 공개질의서'를 감독회장앞으로 전달했다.

학생회측은 지난 6일 총회의 ▲감리교신학대학의 변선환학장과 홍정수교수의 교수직 및 목사직 면직을 학교 이사회와 서울 연회에 권고한 사항 ▲다원주의 신학과 포스트모던 신학은 감리교 교리에 위배되므로 받아들일 수 없다는 결정에 대해 문제점이 있음을 직시한다고 전제했다.

학생회는 ▲1천8백여명의 총대중 6분의 1인 3백여명 총대의 결의가 법적 결정력을 가질 수 있는가라고 묻고 ▲교리에 관한 문제가 전문 연구위원의 충분한 연구와 논의없이 즉흥적으로 거수 결의한 것이 타당한가 ▲홍교수 문제는 서울연회 자격 심사 상임위원회의 심사결과 '무오하다'고 결정한 문제를 총회의 즉흥적인 문제제기로 번복시키는 것은 서울연회의 권위를 무시하는 처사가 아닌가 ▲교리로 신학자를 논죄함은 교리적 선언 서문에 위배되지 않는가 ▲감리교 4대규범중 전통(교리)만을 강요하는 것이 타당한가 ▲감리교 1백주년 기념대회 선언문에 '아세아의 종교적 다원사회에 있어서 예수 그리스도의 구원의 보편성을 견지하면서 타종교와의 대화를 통해 협력할 것을 다짐한다'고 한 것은 감리교가 다원주의 신학을 택한 것이 아닌가 ▲교단 차원에서 공개적인 신학자-목회자 학술 심포지움등 개최할 생각은 없는가 등의 7개항의 질의내용을 전달했다.

한편, 질의안을 전달한 50여명의 학생들은 교단본부 복도에서 '웨슬리전통 계승하여 교단보수화 막아내자', '감리교전통 바로세워 교단민주화 앞당기자'는 등의 구호를 외치며 연좌농성을 벌였다.

기감도목 성명서발표

전국감리교도시목회자협의회(회장 : 정명기목사)는 지난 11일 '변선환, 홍정수 교수와 관련한 총회결의에 대한 우리의 입장'이란 성명서를 발표했다.

동 협의회는 감리교회가 편협한 교파주의나 교리 지상주의에 그 전통적 기반이 있지 않다는 것을 자랑스럽게 생각한다고 전제한 뒤, 성명서를 통해 이번 총회의 결의는 ▲이를 주도한 일부 총대들이 자신들의 근본주의 신학을 감리교회의 신학으로 규정하여 자신들의 기득권을 확대하고 교단내 입지를 강화하려는 불순한 동기 ▲절차를 무시한 중세기적 현대판 종교재판 ▲감리교회의 법(교리장정)을 위반하면서 이루어진 것이라고 밝히고 전면 무효를 주장했다.

月刊 크리스챤라이프

19911123_변홍교수 징계는 불법 주장, 한국교회신문

감리교사태설전

○…"큰 이단아래서 공부하는 것을 더 이상 볼 수 없으며, 총회결의안을 감독회장이 좌지우지 할 수 없다"

지난 15일 감리교 감독실에서 변·홍교수문제에 항의서한을 전달하러 갔던 학생대표들에게 평신도라며 한 장로가 내뱉은 말이다.

이에 흥분한 학생회대표들은 "감리교 신학을 배우지도 못하신 분이 어떻게 그런 말씀을 하실 수 있습니까"며 옹수하며 한동안 실랑이.

교수·학생신경전

○…최근 감리교 특별총회의 변·홍교수문제와 관련 학생들과 젊은 동문목회자들은 교수들의 소극적 대처 자세에 실망을 토로.

감신 82학번은 최근 사태와 관련 "교수들이 선도에 나서서 해결해 줄 것"을 촉구.

이에 대해 한 교수는 "교수측에서는 신중을 기하기 위해 사태의 추이를 지켜보고 있다"고 배경 설명.

↑

한국교회신문

'91. 11. 24

19911123_감리교사태 설전, 교수학생 신경전, 한국교회신문

2) 서울연회 심사위원회에 제출한 증언문

▣ 변선환 목사와 홍정수 목사의 학술에 나타난 이단성들 ▣

위의 두 목사들은 학문의 자유를 빙자하며, 기독교 대한감리회의 교리와 장정과 우리가 하나님의 말씀으로 믿고 있는 성경에 비추어 용납할 수 없는 이단적 이론들을 공개적으로 논술하고 있음을 밝힌다.

▣ 변선환 목사의 경우

교리와 장정 제 35단 중에 교리적 선언의 서문으로 선언된 "복음적 신앙은 우리의 기업이요, 영광스러운 소유이다"라는 우리의 고백을 근본적으로 거부하고 있다.

1. 탈 기독적 이단성:
그는 "신중심주의"를 주장하면서 오직 예수 그리스도로 말미암는 구원을 무시 내지는 거부하고 있다(현대사조 2, 1978., 크리스챤신문 1990. 12. 8). 이는 속죄를 통한 하나님의 구원계시를 부정하는 것이다(요 14: 6절 위배).

2. 기독론적 이단성:
그는 "우주적 기독론"을 주장하기 위하여 "그리스도를 마리아의 아들 예수와 동일시 할 때 거침돌이 된다"(기독교사상 299, p. 156)고 함으로서 예수께서 하나님의 독생자되심을 부정한다. 이는 우리의 교리적 선언 제2항에 선언한 바와 같이 예수 그리스도는 "하나님이 육신으로 나타나사"라는 고백에 따른 예수님을 참 사람이시오 참 하나님으로 믿는 우리의 신앙에 위배된다(마 1:23절, 28:19).

그는 또 "예수를 제의의 인물"(예배의 대상)로 보는 것을 반대하며, 예수를 절대화하는 것을 우상화하는 것으로 보고, 그리스도만이 보편적으로 유일한 구속자이신 것이 아니라고 함으로서

19911129_서울연회 심사위원회에 제출한 증언문(변선환 목사와 홍정수 목사의 학술에 나타난 이단성들)_최홍석_교리사건 재판자료_4번_페이지_1

하나님의 계시의 유일성과 독특성을 파괴한다(기독교사상 299, p. 155).

3. 반 선교적 이단성:
그는 개종을 위한 선교를 배척하고, "교회 밖에도 구원이 있다", "교회가 말하지 않아도 이미 선행하여 그리스도가 섬기고 있으며 기독교 선교사가 하나님 나라를 비기독교 세계에 가지고 오지 않아도 이미 하나님 나라는 거기서 역사하고 있다"고 하며, 선교를 "제국주의적 발상"으로 보고 거부함으로서, 아직도 복음을 듣지 못한 20억이 넘는 영혼이 받아야 하는 구원의 기회를 박탈하고 있다(현대사조 2, p. 78-91).

4. 혼합주의적 이단성:
타종교와의 대화를 통한 종교합일(신중심주의)을 제창하고, 종교다원주의 신학을 통한 코페르니쿠스적 전환 주장함으로서 부처와 그리스도는 다를 것이 없다는 이론으로 귀착케 함으로서 기독교의 틀을 벗어나고 있다(크리스챤신문 1990. 12. 8).
※ 1975. 7. 20일 미연합감리회 총회는 노쓰 캐롤라이나 쥬나루스카에서 종교 다원주의(pluralism)를 반대하고 성서적 기독교로서의 전통적 감리회 신앙을 오늘에 재확인하는 교리적 선언(Junaluska Affirmation)을 하였다(웨슬레 사상의 현대적 선언, 보이스사, 1987). 그것은 "연합감리회가 복합적인(pluralism-다원주의) 신학의 요소를 용납하며 고백하는 교회가 아니라"(p.23)는 확인(p.33)이었고, 혼란한 "신학적 동향에 책임을 지고 반응하려는 모든 회원들이 교리적 선언을 채택하였다"는 것이다. 미연합감리교회는 성서중심의 기독교인이 되려는 교회라고 하는 것은 신학적으로 재확인한 것이다.

▣ 홍정수 목사의 경우

홍목사는 우리의 교리적 선언 제 2항 중에 예수님을 "하나님이 육신으로 나타나사"라고 고백하는 성육신 되심과 하나님의 아들되심을 부정하며, 그의 학설은 교리적 선언 제 2항 중, "구세주가 되시는 예수 그리스도를 믿으며"라는 고백과, 제 4항 중에 "죄를 용서하심"에 대한 우리의 신앙을 정면으로 거부한 이단적 논술과 강론을 하였음을 아래와 같이 밝힌다.

1. 구원론적 이단성:
그는 예수의 죽음을 신의 아들의 죽음으로 보지 않고 예수의 십자가를 "구원의 능력"으로 믿지 않고(한몸 7권, p.16), "예수의 죽음이 우리를 속량하는 것이 아니라, 그의 사람이 우리를 속량한다"(상동, p. 17)고 말하며, 피의 속죄를 정면 부정하여 이르기를, "그(예수)의 피가 동물들이 흘리는 피보다는 월등하게 효과가 있다는 얘기가 결코 아니다"(상동 p.18)라고 함으로서 대속의 복음에 대한 모독적이고 배교적인 입장을 취한다.

2. 반 기독론적 이단성:
그는 예수의 동정녀 탄생을 부정한다(증거 별첨).
(참고: Junaluska Affirmation에서 미연합감리회는 동정녀 탄생을 증거함 --웨슬레 사상의 현대적 선언 p. 108-110)
그는 부활 사건의 성서적 증거를 거부하여 "빈 무덤이 아니다"(크리스챤신문, '91. 6. 8)라고 선전하고, "육체의 부활은 무신론적이고 이교적 신앙이다"(기독교연합신문 '91. 6. 16)라고 함

19911129_서울연회 심사위원회에 제출한 증언문(변선환 목사와 홍정수 목사의 학술에 나타난 이단성들)_최홍석_교리사건 재판자료_4번_페이지_2

으로서 예수 그리스도의 몸의 부활을 부정한다. 그는 반면에 부활은 "하나님의 심판"을 의미하고, "하나님의 정의가 죽지 않았다"(크리스챤신문, '91. 3. 30)라는 의미 풀이로 하여 이를 대치시킨다.(참고: 미연합감리교회 교리적 선언에는 몸의 부활을 믿음. 웨슬레 사상의 현대적 선언 p.235-238).

3. 반 교단적 망언:

그는 성서적 부활 신앙을 근거로 한 우리의 장례식 예문을 비방하여(크리스챤신문, '91. 3. 30), 예문 속에 있는 부활 신앙을 이교도들의 어리석은 욕망에 불과하다고 한다(장정 192단 제1조 1항을 범과).

4. 부활 케리그마의 왜곡:

그는 종교다원주의를 표방하고 포스트모더니즘의 탈규범성을 기독교에 수용케 하여 본래적인 교리를 왜곡함으로서 성서적 신앙의 파괴를 기도한다. 그 예로서 그는 부활신앙을 "후천개벽", 즉 "세상의 혁명적 전환이다"(크리스챤신문, '91. 11. 16)라고 하여 혁명운동과 연계한다.

위와 같이 변선환 목사는 이른바 신중심주의를 제창하고, 종교 다원주의를 주장함으로서 성서적인 신론, 기독론, 구원론을 파기하고, 기독교로 개종하도록 하는 복음선교를 제국주의적 행태로 비난하는 등, 언필층 종교다원주의로 탈바꿈하는 것이 시대에 맞는 바른 선교라 하며, 반기독적이며 이단적인 신학을 주장하고 있다.

홍정수 목사는 기독교 복음의 핵심인 십자가에서 피흘리신 보혈을 통한 대속신앙과 무덤에서 부활하신 그리스도 예수를 신앙하는 감리회 교리를 배척하고, 성경의 가르침을 근본적으로 뒤집는 이단적 신학 내지는 적그리스도적 논리를 주장하고 있다.

※위의 사실을 입증하기 위하여 그의 공개 논술한 자료들을 별첨함.

설명 : 1975. 7. 20. 미연합감리회 총회는 노쓰 캐롤라이나 주나루스카(Junaluska, NC)에서 **종교 다원주의(pluralism)를 반대하고 성서적 기독교로서의 전통적 감리회 신앙을 오늘에 재확인하는 교리적 선언(Junaluska Affirmation)을 하였다**(웨슬레 사상의 현대적 선언, 보이스사, 1987).

그 선언은 "연합감리회가 복합적인(pluralism-다원주의) 신학의 요소를 용납하며 고백하는 교회가 아니라"(p.23)는 확인(p.33)이었고, 혼란한 "신학적 동향에 책임을 지고 반응하려는 모든 회원들이 교리적 선언을 채택하였다"는 것이다. 일반적으로 자유주의 성향으로 인식하고 있는 미연합감리교회는 오히려 성서중심의 기독교인이 되려는 교회라고 하는 것을 신학적으로 재확인한 것이다.

1991. 11. 29.

서울연회 심사위원회의 부름을 받고 이상과 같이 증언함.

마포지방 대명교회 최 홍 석 목사

- 188 -

19911129_서울연회 심사위원회에 제출한 증언문(변선환 목사와 홍정수 목사의 학술에 나타난 이단성들)_최홍석_교리사건 재판자료_4번_페이지_3

H-2-057

고 소 장

기독교 대한감리회 서울연회 나원용감독 귀하.

(심사위원 : 김광덕, 박시원, 이택선, 홍사본, 신경하, 김성익, 이 천, 김남철, 지익표) 귀하

고 소 인 : 기독교 대한감리회 기독교 교리 수호 대책 위원회
목 사 대 표 : 김 홍 도
평신도 대 표 : 유 상 열

피 고 소 인 : 변선환목사, 홍정수목사

위 피의자들은 지난 제 19 회 특별 총회 (1991.10.29 - 31, 광림교회)에서 결의한대로 위 두피의자의 목사직 면직에 대하여, 장정 199단, 제 8조에 의거하여 귀 연회 심사위원회에 회부하여 속히 처리해 주실것을 아래와 같이 고소를 제기 합니다.

고 소 사 실

1. 변선환목사, 홍정수목사는 성경과 감리교 교리에 완전히 위배되는 이단사상을 가르침. (증거자료 제시 하였음.)
2. 위의 두목사들은 통일교와 연류되어 통일교의 거물급 인사를 5년 동안이나 비호하며 감리교 신학 대학원을 졸업 시켰음. (증거물 제시 하였음.)

1991년 11월 30일

위 고 소 인 김 홍 도 (인)
유 상 열 (인)

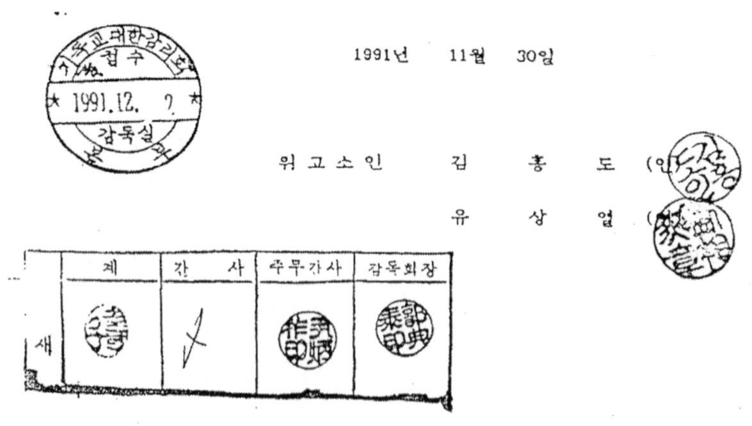

	계	간 사	주무간사	감독회장
새				

19911130_공판기록물-고소장_김홍도,유상열_4번

1

감리교 안에서 일어나고 있는 "부활" 문제와 "포스트모더니즘"에 관한 나의 입장

--종로지방 12-2

홍정수

"부활 신앙이 초대 기독교 공의회들의 기독론과 삼위일체 신조에 있어서 결정적으로 중요했다는 것은 확실하지만, 부활 그 자체에 대해서는 지금까지 한번도 명쾌하게 정의된 바 없다"(*Dictionary of the Ecumenical Movement*, WCC, 1991, 867 쪽).

"전통적인 신학에서는 부활 증언에 대한 해석학적 토론이 별로 진지하게 다루어지지 않았다. 사람들은 주로 신앙의 증언을 단순하게 반복해서 전해 주는 것으로 만족하였다. 신앙의 증언은 한번도 근본적으로 문제시되지 않았기 때문에 예를 들면 육화(肉化)의 경우처럼, 반성해 볼 기회도 사실상 없었다"(발터 카스퍼,『예수 그리스도』,박상래 역, 229쪽).

가)"교리적" 측면에서 본 부활

序言:이와 같은 상황 즉 기독교가 여러가지 많은 "교리"를 확정하기는 했지만, 부활에 관한 한 아직 "공식적 가르침"(교리)이 없는 상황임에도 불구하고 필자의 기독교 부활 메시지의 재해석 시도를 "교리 위배"/"이단,사탄" 운운하면서 신학적 토의에 의하여서가 아니라 교회의 법으로 다스리려 하는 처사는 유감스러운 일이다. 그것은 다음과 같은 신학적 이유 때문이다.

(1)한국 감리교회는 "고백원리"(가톨릭/장로교회)가 아니라 "의회원리"를 따르는 교회이며, (2)부활에 관한 한 아무러한 공식적 입장을 천명한 적이 (교회법상) 없으며, (3)필자의 부활 메시지 해석은 현대 신학자들의 성서 연구 결과에 입각한 지극히 "성서적인" 기반을 지니고 있으며, (4)지금까지 4 차례에 걸쳐서 목회자들을 대면(7월 4일 곽전태 감독님, 9월 20일 자격심사 상임위원들, 10월 22일 인천지역 교역자들, 10월 26일 송파지방 실행위원들)하였으나, 어느 누구도 필자의 부활 메시지 해석이 비성서적이거나 반성서적이라는 점을 논증하지 못하였으며 오히려 충분히 성서적임을 시인하고 돌아갔다. 이하에서 필자는 (1), (2), (3)을 차례로 논증하고자 한다. 그 가운데서 부활에 관한 감리교회의 신학, 필자의 신학, 현대의 포스트모던 신학 사이의 공존가능성과 그 성서적 기반이 밝혀지기를 간절히 희망하는 바이다(그외 사실무근한 비난에 대하여도 언제든 답변할 준비가 되어 있다).

I.감리교회의 "의회원리"

신학적인 문제로 종교재판(교권으로 신학적 시비를 다스리는 방식)을 하려면, 우선 그것의 기준이 될 수 있는 (성서에 버금가는) 절대성을 지니고 있는 "공식적 가르침"이라는 의미에서 "교리"(사실은 교의)가 교회법적으로 확립되어 있어야 한다. 그렇다면 한국 감리교회에서는 그 재판(만일 가능하다면)의 종국적 기준은 불가피하게 소위 "종교강령"이라고 하는 "25개조"의 신조와 "8개조"로 구성되어 있는 "교리적 선언"이 될 것이다. 그렇다면 지금까지 우리 모두가 소홀히 해왔던 그 신앙의 문서들이 기본 성격을 세밀하게 검토해 보는 작업이 선행되어야 할 것이 분명하다.

(1)「종교강령」은 어떤 문서이며, 그것의 권위는 무엇인가

이것은 사도신경처럼 "신앙고백"의 대상이 되어야 하는 문서인가? 전혀 아니다. 이 문서는 1536년부터 여러차례 발전/변형되어 온 영국교회의 신앙개조의 하나에 그 연원이 있다. 좀 더 자세히 말하면, 감리교회가 말하는 "종교강령"이라는 문서는 1563년판 영국교회의 신앙개조, 통칭 "39개조"라고 하는 문서를 웨슬리 자신이 발췌하여, 미국 감리교회의 창립총회가 열리던 1784년 볼티모어 연회에 보낸 것이다. 그런데, 역사적으로 다양하게 변형되어 온 "종교강령"이라는 문서는 본디 --3대 에큐메니

19911202_감리교 안에서 일어나고 있는 부활문제와 포스트모더니즘에 관한 나의 입장_홍정수_4번_페이지_1

칼 신조들처럼—"신앙고백"의 대상이 아니라, 그 당시의 신앙적, 신학적 문제접들에 대한 교회의 입장을 요약적으로 정리한 것이다(*The Oxford Dictionary of the Christian Chruch*, 1974년판, 1368쪽). 그렇다고 하여 "신앙의 규칙"으로서 이 문서의 가치를 부정해야 한다는 말은 결코 아니다. 단지 그 字句的 표현에 얽매이지 말아야 함을 뜻할 뿐이다.

한편, 우리는 웨슬리가 영국교회의 1563년판 "종교강령"(이것은 더 거슬러 올라가 루터란의 멜란흐톤이 기초한 1530년판 "아우그스부르그 고백"에 근거해 있다. Thomas C. Oden, *Doctrinal Standards in the Weslyan Tradition*, 100 쪽)에 엄연히 존재하던 "제8조, 3(대 에큐메니칼) 신조에 관한" 조항을 삭제해 버렸다고 하는 사실을 주목하여야 한다. 이것은 신생 감리교회가 앞으로 "종교강령"을 어떻게 다루어 주기를 웨슬리가 바라고 있었는지를 간접적으로 증언해 주기 때문이다.

> 3 신조들—니케아 신조, 아타나시우스 신조, 그리고 흔히 사도신경으로 불리우는 신조—은 철저하게 받아들이고 믿어야 한다; 이것들은 성서의 가장 확실한 뒷받침에 의하여 입증될 수 있기 때문이다

웨슬리가 이 조항을 삭제함으로써 형식적으로 보면, 감리교회는 사도신경조차 "신앙고백"으로는 채택하지 않고 있음을 인정해야 한다. 이로써 우리는 『옥스포드 교회사 사전』이 이해하고 있는 "종교강령 39개조"의 성격이 웨슬리 자신의 "종교강령" 및 "신조들" 이해와 어울린다고 확신할 수가 있다.

이런 사실을 뒷받침해 주는 보다 확실한 자료는, 웨슬리가 만들어 준 그 "종교강령"을 교회의 신앙 규칙으로 채택하고 있는 미국 연합감리교회 자체의 헌법이다. 창립 200주년을 기하여, 신학적 자각을 다짐하는 미국 연합감리교회는 *The Book of Discpline*(이것은 1972년부터의 이름이고, 그 이전에는 *Doctrine and Discipline*이라 했는데, 우리는 이 옛 방식으로 『교리와 장정』이라 부르고 있다)의 제2부 67단, "종교강령"에 대한 긴 서설에서 모든 감리교도들에게 이렇게 주의를 환기시키고 있다:

> 기독교의 뿌리를 상하지 않는 모든 견해들에 관하여는, 우리가 (자유로이) 생각하고, 또 (남들도) 생각하게 하자(이것은 1765년에 처음으로 작성된 웨슬리의 설교문, "성서적 구원론"의 인용임). 그러나 그들(미국 연합감리교회의 여러 창립자들)은 비록 종교적 관용과 교리적 다원주의를 전적으로 따랐지만, 확인하고 보존해야 할 기독교의 "진수"가 있음에 대하여도 꼭같이 확신하고 있었다. (기독교의 진수로서) 이 살아 있는 핵심은 ...성서 속에 나타나 있고, 전통에 의하여 조명되며, 각자의 경험 속에서 활성화되며, 이성에 의하여 확인된다. 물론 그들은 하나님의 영원한 말씀이 어떤 단일 형태의 언어(신조) 속에 결코 송두리째 표현된 적이 없으며, 또 앞으로도 그렇게 될 수 없음을 매우 잘 알고 있었다. 아주 당연하게도 그들은 또한 옛 신조들과 고백들이 기독교 신앙의 타당한 요약임을 재확인하는 데 주저하지 않았다. 그러나 그들은 그것들에 대하여 종국적 권위를 부여하거나 그것들을 그 자체로서 교리의 진위를 가리는 절대표준으로 삼는 부주의를 범하지 않았다. 바로 이같은 정신에 입각하여, 그들은 어떤 형태의 고전적 "고백 원리"도 채택하기를 거부하였다—"고백 원리"란 기독교는 그 진리의 본질을 정확하게 규정된 명제로 진술할 수 있으며 또 해야 하며, 이것의 준수를 교회법상의 권위에 의하여 강제 시행해야 한다는 주장을 말한다. 그들은 그 대신 오히려 옛 "공의회 원리"의 독특한 형태를 취하였다. 이 원리에서는 목사, 교사(신학자), 평신도 들의 살아 있는 기독교 신자들의 집합적 지혜에 의하여 그들의 공동체 생활이 영위된다[웨슬리의 경우 그런 기관이 각급 "(의)회"(conference)이다(200주년 기념판, 40-41쪽].

그러므로 감리교회는 웨슬리가 남기고 간 유산, "종교강령"이라는 교리 문서에 대한 우리의 태도, 또는 신학적 문제가 발생하였을 때 우리가 취해야 할 방향이 교권주의적인 "고백원리"의 방식이 아니라 교회의 구성원들의 대표들로 구성된 "의회에서의 토의"를 통과해야 함을 역력히 알 수 있다. "종교강령" 그 자체는 매우 귀중한 신앙의 "요약적" 진술이기는 하지만, 그것을 성서와 같은 위치에 두고 절대화하는 것은 불가

19911202_감리교 안에서 일어나고 있는 부활문제와 포스트모더니즘에 관한 나의 입장_홍정수_4번_페이지_2

(2)한국 감리교회는 "종교강령"을 그나마 채택하지 않았다

왜냐하면 우리의 『교리와 장정』에 의하면 그것은 어디까지나 "미국" 교회의 것이지 "한국" 교회의 것은 결코 아니다(필자는 1982년부터 이 점을 시정하자고, 곧 "종교강령"을 채택하자고 관계기관에 건의하였지만 듣는 이가 아무도 없었다).

그리고 "종교강령"을 채택하는 과정에서 나타난 웨슬리의 정신은 우리의 『교리와 장정』에도 충분히 나타나 있다.

II. 한국 감리교회는 "자유주의"를 선택한 바 있는 "진보적" 교회이다

(1)한국 감리교회의 창립선언문에 나타나 있는 신학적 노선

1930년에 탄생한 「기독교대한감리회」는 총회석상에서 발표한 "통합의 전권위원장" 웰치 감독의 입을 통해 이렇게 그 신학적 노선을 분명하게 말하고 있다:

> 진정한 감리교회는 진보적이므로 생명이 있는 이의 특색을 가졌으니 곧 그 시대와 지방을 따라 자라기도 하며 변하기도 할 것입니다 (90년판,『교리와 장정』 16쪽).

(2)"교리적 선언"에 나타나 있는 신학 노선—"부활" 不在의 자유주의

모든 감리교회는 1739년에 웨슬리 자신이 발표한 "연합신도회 총칙"을 중요한 신학 지침으로 간주한다. 이것이 우리의 『장정』에는 제4단에 수록되어 있는가 하면, 제36단의 "교리적 선언"에서 다시 한 번 확인되고 있다:

> 웨슬리 선생이 연합속회 총칙에 요구한 바와 같이 우리의 입회조건은 신학적보다는 도덕적이요, 신령적이다. 누구든지 그의 품격과 행위가 참된 경건과 부합되기만 하면 개인 신자의 충분한 신앙자유를 옳게 인정한다.

이같은 신학적 원리를 잘 알고 있던 당시의 교회는 "교리적 선언"을 발표하면서, 이같은 序言도 못 미더웠든지 "우리 교회의 회원이 되어 우리와 단합하고자 하는 사람들에게 아무 교리적 시험을 강요하지 않는다"고 못박고 있다. 그 후에야 비로소 소위 "교리적 선언"을 발표하고 있다. 이것은 위에서 이미 살펴 본 바와 같이 감리교도의 신앙에 충분한 "규칙"이 있는 것도 사실이지만 그에 못지 않게 또한 "충분한 신앙자유" 도 있음을 명백히 알 수 있다.

어디 그뿐인가? 1930년에 발표된 이 "선언"은 창립 총회의 회의록에 의하면, "진보적인" 교회인 감리교회는 아주 명백히 (곧 부주의에서 나온 것이 아니라) "자유주의" 노선을 채택한 결과이다. 이제는 그 자유주의적 노선을 살펴 보자.

자유주의를 이해하는 하나의 방법으로서 우리는 당시의 적대적 노선인 "근본주의"를 함께 살피고자 한다. "근본주의"란 19세기 자유주의(독일의 쉴라이에르마허, 리츨, 하르낙, 그리고 미국의 라우쉔부쉬의 신학 운동)에 대한 미국측 반발로서 1912-14년에 시작하여 1920년대에 정착한 "보수파" 신학인데, 그 내용은 다음과 같다: (1)성서의 문자영감 및 문자적 무오, (2)삼위일체, (3)그리스도의 처녀탄생 및 신성, (4)대속설 , 그리고 (5)신체적 부활, 승천, 재림 등 5 원칙을 고수하는 것이 기독교 신앙의 "근본"이라고 믿는 신학이다. 이것은 당시의 미국과 한국 교회들 사이에서 적지 않은 관심과 인정을 받고 있던 신학 노선이다. 이런 사정을 잘 알고 있으면서도 한국 감리교회는 과감하게 "자유주의"(이것이 지금 절대적이라는 뜻은 결코 아니다. 단지 우리의 신학적 사고의 방향을 지적하기 위함임)를 "선언"하였다.

그 선언문은 전문 8 개조로 되어 있는데, 오늘날의 "보수파(고신파 장로교회)"가 보기에도 충분히 "이단적" 요소가 많이 들어 있다. 즉 삼위일체가 양태론적으로 표현되어 있어서 사실상 "삼위"를 위협하리만큼 혼동하고 있으며, 성서"가" 하나님의 말씀이 아니라 그 "안에" 하나님의 말씀이 들어 있다고 표현하고 있어서 성서 영감론과 문자무오설을 정면 부정했으며, "부활"에 관한 고백은 아예 일언반구도 없으며,

19911202_감리교 안에서 일어나고 있는 부활문제와 포스트모더니즘에 관한 나의 입장_홍정수_4번_페이지_3

나아가 "지상천국"을 믿고 있다. 이에 따라서 이 "선언"이 발표되었을 때 한국 장로교회들은 이구동성으로 "감리교회는 이단이다"라고 해댔다.

"종교강령"만을 고집하고 있는 미국 감리교회에 비하면, 한국 감리교회는 신학적으로 "진정으로 감리교적"인 교회라고 할 수 있다. 왜냐하면, 웨슬리 신학의 "4지침" 곧 "성서, 전통, 경험과 이성" 사이의 "일치"를 모색하기 위하여 신앙의 유산들에 대하여 과감한 새 해석을 시도했었기 때문이다.

III.「종교강령」 제3조는 誤譯

이제 분명해진 것은 "한국 감리교회의 법"으로는 "부활"에 관한 한 종교재판이 불가능하다는 점이다. "법"이 없기 때문이다. 그러나 그래도 "종교강령"이 있지 않은가? 함께 살펴 보자.

91년 4월 12일 오전 11시에 열렸다고 기록되어 있는 "감독회의 결의"에 의하면, "홍 교수의 기사가 교리에 위배되는 부분이 있다"고 했으며, 이 결의를 받들어 감독회장께서는 "자격심사 처리"를 진행하게 되었다. 한편, 박기창 감리사가 개인 자격으로 필자를 비방하면서 만든 문서를 보면, "위배된 그 교리"는 바로 "『교리와 장정』 제11단 [종교강령의] 제3조"임이 확실하다(10월 8일자 서한에서 인용). 우리는 위에서 이미 그 문서의 신학적 성격과 아울러 그것은 도무지 우리의 법이 아님을 밝혔다. 그러나 만의 하나, 그것을 사도신경과 같은 성격의 문서로 고집한다고 할지라도 "종교재판"이 여전히 불가능하니, 그 이유는 감독회장님과 박 감리사가 읽은 "종교강령" 제3조는 크게 오역된 것이기 때문이다.

현행 제3조:

> 그리스도께서 과연 죽은 (자?) 가운데서 다시 일어나시어 완전하게 인성이 붙은 모든 것과 육체를 다시 가지시고 천당에 오르시며 마지막에 날에 만민을 심판하시려고 재림하실 때까지 거기 앉아 계시다.

<< 이제는 이 조항의 탄생 배경과 바른 번역을 알아 보자>>

우리의 "종교강령"의 조상은 위에서도 언급했듯이 1530년판의 아우그스부르그 고백인데, 거기에는 "부활"에 관한 별도의 신조가 없다. 그리고 웨슬리는 영국교회의 "39개조" 종교강령의 본래 제4조였던 "부활"에 관한 조항을 그대로 채택한 것이 아니라 "수정"하여 채택하였다. 그리고 수정 내용은 원문에 있던 "죽음으로부터"의 부활을 "죽은 자들부터"의 부활로 바꾸고,, 다시 "육체와 뼈"(가 있는 몸)를 생략, 그냥 "몸"으로의 부활로 표현하였다. 따라서 그리스도께서 과연 죽은 (자?) 가운데서 다시 일어나시어 완전하게 인성이 붙은 모든 것과 육체를 다시 가지시고....는 완전한 오역임을 알 수 있다. 즉 감리교회의 종교강령은 다음과 같이 번역되어야 한다:

> ......인간 본성의 완전을 이루는 데 관계되는 모든 것을 지닌, 몸으로 다시 살아나시고......

결국, "인성이 붙은 모든 것과 육체를 다시 가지시고"라는 오역에 근거하여, 또 본래의 "종교강령"과의 비교연구가 없었던 탓에 필자의 글에 나타나 있는 바, 기독교 신앙은 "생물학적 죽음과 부활"을 믿는 것이 아니라 "하나님의 심판 행위로서의 예수의 부활"이요 그것에 대한 우리의 체험은 (나 개인의 생물학적 죽음의 극복이 아니라) "임마누엘"에 있다는 해석을 "이단"/"사탄" 운운하는 오류를 범하게 된 것이다.

IV. "감리교회는 이단이다"라는 말의 역사

세계 감리교회 200년 역사 속에서 신학적 문제로 "종교재판"이 진행되기는 이번이 처음이다. 곽전태 감독께서 "교리사수" 운동을 전개하면서 하신 다음과 같은 말

19911202_감리교 안에서 일어나고 있는 부활문제와 포스트모더니즘에 관한 나의 입장_홍정수_4번_페이지_4

씀은 심히 송구스러우나 "감리교"의 역사와 그 신학을 잘 모르는 데서 빚어진 오류라고 필자는 생각한다.

> 특별히 삼남 연회 지역에서는 보수(고신)교단에서 공공연히 '감리교는 이단'이라 말하고 있어 선교에 크나큰 지장을 받고 있는 실정입니다..........타교단에게는 우리 교리가 잘못됨이 없음을 밝히는 데 조금이라도 도움이 될까하여 필을 든 것입니다(『기독교세계』 91년 5월호, 4쪽)

위에서 이미 보아왔듯이, 한국 감리교회는 처음부터 장로교회의 "근본주의"를 노골적으로 거부하였으며, 그 때부터 우리는 "선교에 크나큰 지장"을 겪었을지 모른다. 그러나 아무도 그것을 이유로 우리의 신학을 수정하려 들지는 않았었다. 따지고 보면, 이 같은 현장 사역자들의 고충은 감리교회가 탄생하기도 전, 1619년에 이미 배태하고 있었다. 곧 화란의 도르트(Dort)에서 열렸던 종교 회의에서부터였다. "강경파 칼빈주의"(High Calvinism)를 고수하던 사람들이 소위 "알미니안주의자들(Arminianists/Remonstrants)"을 척결하기 위하여 속칭 TULIP의 강령으로 불리우는 "5개조"를 동년 4월 23일에 통과시켰다. 그리고 그후 약 200 여명의 알미니안주의 성직자들이 국외로 추방을 당해야 했다. 이러한 역사적 배경을 너무도 잘 알고 있음에도 불구하고, 그의 어머니부터 가르침을 받아 이미 18세에 "이중예정론"의 오류를 비판한 적 있었던 웨슬리는 운명론에 빠져 있는 칼비주의의 이중예정론을 감리교 운동에서 깔끔하게 청산하기 위하여 75세의 노령에도 불구하고 *The Arminian Magazine*(「알미니안」--이것은 당시로서는 汚名이었음)을 창간하였다. 이를 통해서 보건대, 모든 감리교도들은 운명적으로 강경파 장로교도들과의 피할 수 없는 신학적 논쟁을 벌이게 되어 있으며, 그것을 부끄럽게 여기기보다는 오히려 자랑스럽게 생각하였음이 분명하다. 그러나 감리교도들은 한 번도 대적자들을 가리켜 "당신들은 이단이다, 당신들에게는 구원이 없다"는 정죄를 하지 않았다. 교리적 방임주의는 물론이요 교리적 광신주의(자기가 옳다고 생각하는 그 이외에는 아무런 근거가 없는 입장)도 거부한 웨슬리는 기독교 신앙의 "근본"이 교리와 그것의 "사수"에 있는 것이 아니라 "신앙의 실천"(그는 이것을 "practical divinity"라 불렀다)에 있다고 믿었기 때문이다. 우리가 잘 아는 대로, 그리하여 감리교회에 속하고 싶은 자들에게 묻는 웨슬리의 "한 가지" 조건은 "당신에게 다가오고 있는 하나님의 심판에서 구원받고자 하는 간절한 염원이 있느냐?"하는 것이었다.

그렇다고 신학자가 학문의 "자유" 또는 "신앙자유"라는 이름으로 교회의 사명수행에 지장이 되는 일을 자행해도 좋다는 말은 전혀 아니다. 단지 한국의 "보수"파가 우리를 비난하는 그것 때문이라면 우리는 그 자랑스런 오명을 견디어야 한다는 말이다. 그러나 어느 누구든 그가 "성서"에 기반을 두고 있지 아니한 신앙이나 신학을 가르치면서 "기독교" 또는 "감리교" 이름을 더럽힌다면 그것은 응당 정죄를 받아 마땅할 것이다(그러나 이 때에도 그가 비성서적임을 밝히는 과정은 감리교적이라야 할 것이다).

結論的으로 말해, 1619년부터 시작된 장로교 보수주의자들의 논리에 무비판적으로 끌려가는 것은 부끄러운 일이며, 나아가 "자유주의"를 과감하게 선택하였던 "진보적"인 교회인 한국 감리교회의 "선언"과 법에는 나오지도 않는 "미국" 교회의 종교강령, 그것도 "誤譯된" 제3조를, 또 그것의 역사적 배경을 무시한 채 임의로 해석하여 종교재판을 서두르고 있는 것은 신학적으로 그리고 교회 법상 부당하다.

19911202_감리교 안에서 일어나고 있는 부활문제와 포스트모더니즘에 관한 나의 입장_홍정수_4번_페이지_5

나)포스트모더니즘에서 본 부활

교회법과 신학이 어떠하든, 어떤 신학자가 성서에 분명하게 기록되어 있는 "신앙"을 훼손하고 있다면, 그것은 즉각 시정되어야 마땅하다고 필자도 믿는다. 따라서 교회법상의 "종교재판"의 차원이 아니라, 필자가 말하고자 하는 부활이나 속죄 신앙이 성서적인지 아닌지를 밝혀야 할 책임은 당연히 있다고 믿는다.

필자가 쓴 문제의 글, 「크리스찬신문」의 기고는 소위 말하는 "육체의 부활" 부정의 차원에 관한 것이 아니다. "육체"라는 말은 매우 애매하며, 또 웨슬리가 삭제했을 뿐더러, 성서의 언어에 의하면 "천사"에게도 "육체"가 있다. 따라서 나중에 옮게 명명되었지만 필자의 의도는 "포스트모던" 시각에서 성서의 메시지를 재해석하자는 것이었으며, 그러하기 위하여 "과학적" 언어가 말하는 "육체"를 부정한 것이었다. 이것은 기독교의 부활 메시지의 부정을 위함이 아니라 오히려 오늘의 사람들 누구나 알아들을 수 있도록 하기 위함이었다. 그리고 그같은 재해석은 "우리 멋대로의 임의적 해석"이 아니라 "성서의 고유한 문법"에 입각해서 해야 한다고 말했다. 이것은 지금도 변함 없는 필자의 신념이다. 성서의 언어는 "과학자들 공동체의 언어"와는 그 문법이 다르다는 것이 최근의 신학적 연구에 의하여 밝혀졌으며, 그같은 입장에서 전개하는 신학을 가리켜 "포스트모던 신학"이라고 이름한다. 그러면 포스트모던 신학이란 무엇인가?

(1)포스트모던 신학

언어철학의 통찰에 의하면, 인간들의 언어는 경험을 표현해 주는 도구 역할만 하는 것이 아니라, 우리의 생각과 행동 방식, 더 나아가 우리의 세계(reality)를 구성(결정)하는 매우 창조적인 기능을 지니고 있다. 그러면서도 그 언어의 문법은 그 언어를 공유하고 있는 특정 공동체의 산물로서 문화적 제약을 받는다. 이렇게 본다면, 문화가 다르면 언어도 다르다. 또 같은 언어를 사용하더라도 그것을 사용하는 공동체가 다르면, 겉보기의 언어의 동일성과는 달리 실제로 전혀 다른 문법으로 사용되기 때문에 그 의미/기능이 매우 크게 달라진다. 그렇다면 인류의 역사는 매우 다양한 언어 공동체의 역사 기록이라고 보아도 과언이 아니다.

신앙인들이 이같은 통찰을 받아들인다면, 그것은 매우 커다란 의미를 지닌다. 과학의 언어("사실만이 진리이다"라는 문법의 언어)는 과학자들 공동체의 독특한 언어이지 결코 절대 언어(유일한/모든 경우에 통용되는 언어)가 아니다. 따라서 갈릴레오(1616년에 정죄됨)의 언어와 성서의 언어는 전혀 다른 문법을 지니고 있으되, 모두가 진실일 수가 있다. 성서의 언어를 과학자들의 언어로 억지로 번역할 필요가 전혀 없으며, 그렇게 하는 것은 오히려 신앙인들의 독특한 경험/사유 방식을 저해하는 것이요, 따라서 그 신앙인들의 언어가 창조적 기능을 제대로 발휘하지 못하도록 막는 어리석음을 범하게 된다.

오늘날 고개를 다시 쳐들고 있는 소위 보수파의 "근본주의" 신학이란 자유주의 신학이 성서의 대부분을 "신화"로 처리하는 과정을 지켜보고 있다가 그것에 대한 강한 반동으로 성서의 모든 진술들이 역사적으로, 과학적으로 "사실"임을 논증하려고 무던히 애쓴 신학이다. 따라서 포스트모던 시각에서 본다면, 1920년와 오늘날의 보수파 신학은 성서의 말씀을 각종 과학자들의 연구 보고서와 동일한 언어로 읽으려 했던 오류를 범했다. 이것은 마치 시(詩)를 과학적으로 분석하여 좋은 시와 나쁜 시로 나누며, 미술 작품 또한 과학의 척도로 그 미적 가치를 규정하려고 하는 어리석음과도 같았다. "사진"을 찍을 수 있는 데 왜 그림을 그리느냐? 정확한 과학의 언어가 있는데 왜 시라는 애매한 의사 전달 방법을 사용하느냐? 이렇게 묻는 자연과학, 역사과학, 경제학의 도전에 응수한답시고, 시에도 "과학"이 있다, 미술에도 "과학"이 있다, 우리는 이 점을 보여 주겠다, 이렇게 나섰던 것이 지금 우리가 시행하고 있는 여러 "모던" 신학들이었다.

그리고 그 "모던" 신학들이 "파산"되었음을 시인하는 신학이 바로 "포스트모던" 신학이다. 비유컨대, 이제 시인은 계속하여 시를 짓고, 화가는 계속하여 그림을

19911202_감리교 안에서 일어나고 있는 부활문제와 포스트모더니즘에 관한 나의 입장_홍정수_4번_페이지_6

그려야 한다. 시인의 말과 화가의 색채는 "사실"과 다를지 모르나, 그것은 거짓이 아닐 수가 있다. 거짓이 아닐 뿐더러, 기존의 사실과 다르기 때문에 오히려 "새로운 세계를 여는" 보다 깊은 뜻에서 진리이며 그래서 인간의 삶을 구원시키는 힘을 간직하고 있을 수 있다.

예컨대, "그대를 보는 내 가슴, 100미터 전방에서도 뛰노라!" 했다고 하자. 어떤 사람이 이 싯귀를 보고, "그 녀석은 과장이 심해!"라고 말했다면, 그는 진보파 신학자이다. 그러나 "실험해 보자. 누구나 연인을 보게 되면 정말로 심장의 박동이 빨라진다. 우리는 그 박동의 수로 애정을 측정할 수도 있다"라고 말했다면, 그는 보수파 신학자이다. 그러나 둘 다 시의 독특성을 오해하고 있다는 점에서 마찬가지이다. 즉 오늘날의 기독교는 17세기에 등장하여 인간의 사고와 생활을 속속들이 지배하기 시작한 근대(모던)의 과학 정신에 사로잡힌 포로라는 말이다. 아주 짧은 시간에 무수히 많은 신학자들이 이 운동에 가담하게 된 것은, 바로 이같은 반성이 지금의 기독교 안에 그만큼 절실하기 때문이다. 이들은 하나같이 지금의 신학이 그 모형(패라다임)을 과감히 변형시키지 않으면 조만간 기독교를 몰락시키고 말 것이라는 책임감을 깊이 느끼고 있다. 이들은 어떻게 해서든지, 신앙 동동체의 독특한 언어인 성서의 언어를 (자연과학이든 사회과학이든 역사과학이든) 과학자 공동체의 언어와 혼동하지는 말아야 한다는 기본 목표를 설정하고 있다. 그리고 이같은 목표에는 성서 언어의 독특한 어법(語法)을 제대로 이해하기만 하면 그 언어가 오늘날에도 "세계를 창조하는" 힘을 발휘할 것이라는 원초적 신앙을 간직하고 있다. 따라서 포스트모던 신학자들은 "신죽음의 신학"을 주창했던 과거의 신신학자들과는 전혀 다른 전제와 목표를 간직하고 있음을 결코 잊지 말아야 할 것이다.

(2) 포스트모던 해석의 한 사례로서의 "부활"

그렇다면 부활 메시지의 "모던" 해석과 "포스트모던" 신학의 구체적 사례를 살펴 보자.

신약성서에 나오는 부활 이야기는 3 구성 요소를 갖추고 있다. 첫째, 천사가 전해 주었다고 하는 "설교":그는 살아나셨다. 둘째, 무덤이 비어 있었다는 보도. 셋째, 주님께서 나타나셨었다고 하는 보도.

모던 신학 1—"사실"을 찾으려 했던 진보파 신학자들은 여기서 아무것도 발견하지 못했다. 그래서 결국 부활 사건은 예수에게서 일어난 객관적 사건이 아니라 "제자들에게" 일어난 주관적 현상일 뿐이라고 보았다.

모던 신학 2—역시 "사실"을 찾으려 했던 보수파 신학자들은 오늘날의 기독교의 설교/신앙의 객관적 근거는 확실이 있는데, 무덤이 실제로 비어 있었다는 역사적 사실과 또 부활한 예수와 제자들의 실제적인 만남의 사건에 대한 보도가 그것이라고 굳게 믿는다.

포스트모던 신학—포스트모던 신학은 위의 두 가지 해석을 다같이 거부한다. 첫째로, '사실', '주관'과 '객관'의 절대적인 대립 등의 언어와 문법은 성서와는 낯선 17세기 이후의 것이기 때문에, 이런 범주로 성서를 읽는다는 것은 시를 과학적 보고서로 읽는 것과 꼭같은 오류를 범한다고 믿는다. 도대체 "하나님의 행위"를 어떻게 과학적으로 검증할 수 있다는 것인가? 모던 신학은 과학적으로 보아도 부활 사건은 "사실"이라고 주장하는데, 그것을 믿고 싶은 사람들은 다음과 같은 질문에 스스로 답하기를 바란다:

(1)178년에 이미 희랍의 철학자 켈수스는 이렇게 질문했다: "그렇다면 왜 부활한 예수는 굳이 신자들에게만 나타났었는가? 왜 그를 죽인 사람들에게는 나타나지 않았던가?"

(2)왜 마가복음서 16장은 3 번이나 계속하여 "그들은 믿지 않았다"고 밝히고 있다가, 불신의 제자들을 향하신 예수의 '위임 설교'(16:15 이하)와 제자들의 '사명 수행' 이야기로 끝맺고 있는가? 왜 다메섹 도상에서 일행들은 부활하신 예수를 보지 못하였는데 사울만이 부활한 주님을 ("승천"이 있은 지 적어도 5 년 후) 만나게 되고, 또 그것이 계기가 되어 "사도"로 인정받게까지 되었을까?

19911202_감리교 안에서 일어나고 있는 부활문제와 포스트모더니즘에 관한 나의 입장_홍정수_4번_페이지_7

그러나 가장 중요한 질문은 다음과 같은 두 가지이다.

첫째, 성서 언어가 말하려고 하는 부활 사건은 언어학적/문화사적으로 무엇을 가리키고 있는가? 성서학자들의 면밀한 연구에 의하면, 그것은 현대인들이 생각하는 "나 개인의 죽음의 정복" 이야기가 아니라 "하나님의 정의에 관한 질문"에 대한 처음 기독교인들의 답변이다[울리히 빌켄스, 『부활』(박창건 역)(성광문화사), pp 106—119.]. 이것은 신약성서의 부활 언어를 유태인 공동체의 언어 문법으로 읽은 결과이다. 그런데 우리가 아는 대로, 우리의 문제는 구약성서의 부활 이야기가 아니라 신양성서의 공동체 곧 예수의 부활을 믿는 신앙 공동체의 부활 이야기이다. 따라서 우리는 신약성서의 독특한 어법이 있을 것을 기대할 수 있으며, 학자들의 연구에 의하면 그것은 다음과 같다.

신약성서의 어법에 의하면, 부활이 예수에게는 하나님 자신에 의하여 그의 "아들"로 인정받는(즉위하는) 사건이다(롬1:4). 그런데 이것은 소위 말하는 객관적 사실이 아니라(그렇다고 만들어낸, 주관적 환각이라는 말도 아니다) 신앙에 의하여서만 이해될 수 있는 "계시"의 사건이다. 따라서 신약성서는 예수의 부활 소식을 처음에는 "천사"를 통하여 전하게 하고, 나중에는 "회심"(쉴레벡스, *Jesus*, pp.379f.)하고 "보냄을 받은"(따라서 교회 안에서 특별한 "권위를 인정받게 된", 빌켄스, 『부활』,pp. 68, 148) 사도들을 통하여 전하게 한다. 그리고 이같은 회심과 소명 사건의 "원인"이 되는 객관적 사건은 분명히 전제되어 있으나, 그것은 어디까지나 "하나님의 능하신 행위"로서의 "계시" 사건이었다. 그래서 바울은 "신령한 몸"이라고 하지 않았던가? 한편, 하나님의 계시 사건에 대하여 실재성 여부를 직접 논하는 것은 성서 어디에도 허용되어 있지 않다. 성서의 사람들, 이미 하나님을 믿고 있었던 그들은 "사도"들의 일/활동을 통하여 그들이 받은 계시의 진정성이 시험되는 간접적 방법을 알고 있었을 뿐이다(위 책, PP.154f.).

둘째, 오늘날 우리가 어떻게 부활의 메시지를 선포하면, 사람들이 "십자가에 달려 죽으신 예수"를 "하나님의 정의," 따라서 "미래 세계의 심판자"로 알아듣고 "회심"("너희"가 죽인 예수를 하나님께서 살리셨다고 초대 교회는 설교했다. 행2: 23)할 뿐 아니라 그 예수를 "주님"(새 세계의 통치자)으로 선포하는 일(막16:19)에 나서게 되며, 더 나아가 어떤 상황에서도 "하나님의 정의이신 예수는 결코 죽지 않는다"는 신앙을 지킬 수 있을까? 이것이 설교자로서의 우리가 늘 마음에 두어야 할 질문이다. 우리가 前근대적으로 천사의 실재를 믿고 있으며, 또 근대적으로 어떤 시체의 소생을 목격했다고 하자. 그러면 단지 그 이유 때문에 우리에게 "하나님"을 향한 신앙이 발생할까? 조용히 상상해 보라. 우리가 어느날 한 무덤을 밤새 지켜보다가 그런 희한한 일이 실제로 일어나는 것을 목격했다고 하자. 그러면 우리가 목격한 것 바로 그것 때문에 우리에게 "회심"과 "소명", 그리고 무엇보다고 "하나님의 정의"에 대한 흔들림 없는 신앙이 생길까? 문법이 다른 언어가 여기에 있는 것 아닐까?

결국, 진보주의든 보수주의든 부활에 대한 "모던" 신학들은 우리들에게 신앙의 포기(진보주의)(신비를 이해하지 못하여 제거해 버림) 또는 지성의 포기(맹목적 고백)(신비를 오해하여 과학적 수수께끼와 혼동함)를 강요한다. 그러나 "포스트모던" 신학은 성서 언어의 문법의 고유성을 인정하며, 이것의 바른 이해를 위하여 한국인들의 언어와 문화에 대한 깊은 연구를 우리에게 숙제로 남긴다. 우리가 이 숙제를 잘 풀어야 비로소 부활을 알리는 "살아 있는 하나님의 말씀"이 우리를 통하여 선포될 것이다. 그리고 이것은 아무도 빼앗을 수 없는 오늘의 "사도"(보냄받은 자)들의 특권이다. 필자는 이렇게 믿는다.

19911202_감리교 안에서 일어나고 있는 부활문제와 포스트모더니즘에 관한 나의 입장_홍정수_4번_페이지_8

K-2-005

기독교 대한감리회 서울 연회

서울특별시 영등포구 여의도동 13-25 11층 8호 (☎ 784-5768·783-0496)

THE KOREAN METHODIST CHURCH
SEOUL ANNUAL CONFERENCE
Room 1108, 13-25, Yeoido-Dong, Yeongdeungpo-Gu, Seoul, Korea

감독 나 원 용
Bishop Won Yong Na

총무 이 현 덕
Rev. Hyoun Deck Lee
General Secretary

기감서제91-181호 1991년 12월 9일

수 신: 변선환, 홍정수목사

제 목: 심사위원회 참석

주안에서 평안하시기를 기원합니다.

김홍도목사, 유상열장로께서 귀하를 상대로 고소장을 연회본부에 제출하였기에 고소사건을 심사하기 위해 심사위원회를 소집하니 아래를 참조하여 참석하시기 바랍니다.

-- 아 래 --

일 시: 1991년 12월 11일(수) 오전10시

장 소: 서울연회본부 끝.

제1반 심사위원회

위 원 장 김 광

12시반까지 (07기선30) O.K

19911209_공판기록물- (공문)심사위원회 참석 1차공문_서울연회재판위원회 심사위원장_4번

K-1-006

기독교 대한감리회 서울 연회

서울특별시 영등포구 여의도동 13-25 11층 8 호(☎784-5768·783-0496)

THE KOREAN METHODIST CHURCH
SEOUL ANNUAL CONFERENCE
Room 1108, 13-25, Yeoido-Dong, Yeongdeungpo-Gu, Seoul, Korea

감 독 나 원 용
Bishop Won Yong Na

총 무 이 현 덕
Rev. Hyoun Deck Lee
General Secretary

기감서제91-184호　　　　1991년 12월 11일

수　신: 변선환, 홍정수목사

제　목: 심사위원회 참석

주안에서 귀하의 평안을 기원합니다.

1991년 12월 11일 10시 심사위원회 심사요청에 대한 귀하의 연기신청에 상당한 이유가 있다고 인정되지만 법정시일상 아래와같이 심사일자를 재조정 하였사오니 참석하기 바랍니다. 단 참석하지 않으면 이에 따르는 불이익은 귀하의 책임임을 알려드립니다.

-- 아　래 --

일　시: 1991년 12월 20일(금) 오후 3시

장　소: 서울연회본부　끝.

기독교대한감리회 서울연회

제1반 심사위원회 위 원 장　김　광　덕

19911211_공판기록물- (공문)심사위원회 참석 2차공문_서울연회재판위원회 심사위원장_4번

~~대학원위원회 보고서~~ H-2-0972

감리교신학대학

METHODIST THEOLOGICAL SEMINARY

Founded in 1905
President: Sun Hwan Pyun

31 Naing-Chun Dong
Seoul, Korea
(P.O.Box 45, CHUNGJONGNO 120-701)

Tel. 392-4090
363-4941~5
363-4011~2
Fax. 362-7392

1991.12. 오후 3시30-4시. 김득중, 방석종, 김홍도, 이규철 [illegible] (금란교회) 參席하고

감신대 측: 이규철 형제는 통일교인이 맞는가?

이규철: 조암감리교회 출신으로서 中3학년까지는 수원 침례교회에 다니다가
그후 고3학년에서 군입대전까지는 성일감리교회에 다녔고
1979년 [illegible] 입학후 1년은 상동감리교회에 다녔고
1981년 10. 8일 2796 특수지대 군입대 [illegible] 보냈다
1982년 청주 예술대 장학생입학 성악전공 [illegible]
이[illegible]·허유 교수가 지도교수. 김수명총장이 학교장이었고
그후 C.C.C 와 U.B.F 가입. 그다음은 ICSF
(International christian Student Fedration)
연회 平会員으로 加入하여 6개月후 기독교지도자 등이 보였[illegible]
유성호텔에 문선명 통일교 창설 목격
1983년도 統一敎会를 탈퇴 하였고 탈퇴전 本人은
日本 동경대의 [illegible] 친구를 통해 양창식은 알게되었고
1983년 [illegible] 하면서 통일교 관계는 [illegible]
수시로 감독에 [illegible] 하면서 도성의 [illegible] 것 을
말했고; 그후 1987년도 감신대에 입학 기숙사에서
양창식은 출신을 모임이 [illegible] 이쪽 [illegible] 나갔
보고 감리교신대의 위기를 느끼고 그당시 대학원 [illegible]
홍정수교수님을 찾아가 이사실을 폭로하였으나
洪丁洙교수는 「그것 문제 삼을 것 없다 [illegible]
보내가 없다」 — 이번은 이규철이가 양창식을 [illegible]
[illegible] 가지고 [illegible] 것은 홍교수에게 [illegible]
그당시 양창식은 [illegible] 사무장(?) 이었고
그후 홍교수는 양창식보다는 이규철이가 통일교의 대변
(큰놈)이라고 생각하여 [illegible]
다는 [illegible] 이규철(本人)은 양창식이가 변교수와 홍정수교수

[좌측 여백: 이규철 주소: [illegible] 3?5-13 / 전화: 439-3136]

19911219_대학원위원회 보고서_감리교신학대학_4번_페이지_1

그당시 양창식은 원리강론 사무장 (?) 이었다. 그후 홍교수는 양창식보다는 이규철이가 통일교의 대뺑 (큰놈) 이라고 선전하여 개인적인 피해를 입었다.

다른한변 이규철 (본인) 은 양창식이가 변교수와 홍정수교수방에 자주 드나드는 것을 보고 이를 염려하여 홍교수에게 양창식의 통일교 문제를 고하였다.

2

19911219_대학원위원회 보고서_감리교신학대학_4번_페이지_2

대 학 원 위 원 회 보 고 서

1991. 12. 19 오후 2:00

홍정수 교수와 교수들 (구덕관, 선한용, 김득중, 박창건, 염필형, 이기춘, 방석종, 장종철, 박익수, 이정배, 박종천, 김영민, 김외식, 왕대일 (도중 자리를 떠남))

염필형 : 이규철씨가 양창식이가 통일교라는 것을 알렸는가?

홍정수 : 그런 보고 받았다. 양창식이가 통일교인이라는 것 알았다. 이 사실을 송길섭학장에게 이야기 하였고 또 김정림씨도 알았다. 이런 사실을 알고 그의 논문심사를 거부했다.

염필형 : 양창식의 허위추천서를 왜 깊이 캐지 않았는가?

홍정수 : 동회에 알아보았으나 그런 사람에 대해서 불명이라는 정도의 정보만 들었고 또 윗분들이 더이상 관심을 갖지 않는것 같아 그냥 두었다. 그에 대해 책임이 없다.

구덕관 : 학장, 원장보다 과장이 실제로 그런일들을 처리할 의무가 있는 것으로 알고 있는데 . . .

방석종 : 양창식 문제가 있을 당시 선한용교수가 그를 퇴학시켜야 한다고 했고 본인도 통일교에 속한 학생을 철저하게 조사해서 조치를 취해야 한다고 했을때 홍교수는 그에 대해 문제심을 증거가 없었다고만 한것 기억하나?

홍교수 : 그렇다.

방석종 : 문교부 학측과 교내 감신대 학측에 따르면 통일교인에 대한 것은 양면적이나, 학측에 따르면 사이비종단에 속한 학생이 적발되면 무기정학을 줄 수 있다는 것 대학원 과장으로서 알 수 있었을 텐데. . .

3

19911219_대학원위원회 보고서_감리교신학대학_4번_페이지_3

홍교수 : 윗분들이 아무런 이야기가 없어서 그냥 두었다.

구덕관 : 학장, 원장보다 과장이 그런일을 실제로 통괄하여 보고를 하고 처리할 수 있는 일이라고 본다.

염필형 : 홍정수교수 양창식이를 만날 가능성은 없겠는가?

홍정수 : 소문으로만 알고 있을뿐, 물증을 잡지 못하고 있기 때문에 . . .

방석종 : 114로 전화 통일교회 서울본부 716-9001-5 종로교구 745-5814에 양창식씨가 있고 교회 안에서 주무신다는 여 사무원 (?)의 답을 들었다. 0 9 : 3 0 종로교구장 양창식과 전화통화가 되었다. 그 통화내용은 정오 1 2시 코리아나호텔 커피숍에서 만나기로 약속이 되었다.

4

19911219_대학원위원회 보고서_감리교신학대학_4번_페이지_4

93년 7월 1일 작성

<홍교수/이규철의 확인서>

No.

홍) 1. "통일교" 재판 당시, 양창식 학생이
송박사님 밑에서 논문을 쓰고 있었다는 사실을
알고 있었는가?

이) 알았습니다. "대학원 과장이 홍교수라 말을 내가 [illegible]

~~2. 이규철 군이 "??학년때" "재판하였는가?~~

이) 대학원 과장이라고 한적은 없습니다.

홍) 3. 양창식 학생이 홍교수 방을 자주 드나드는 것
목격했는가?

이) 그런 기억이 없습니다.

홍) 4. 홍교수가 오히려 이규철을 향해
통일교 대변인이라고 악선전을 했다고
했는데, 그런 말을 직접 들었는가!

이) 졸업 [illegible]로서 상대편 되는 운동권 학생들이
악의적으로 소문 퍼뜨린 것입니다.

홍) 5. 91. 12. 17. 코리아나호텔의 증언은
진실인가? 그 외적인 부르었는가?
당일날 찾아 오셨는가?

이) 감정적인 대립 국면에서 약간 와전 되었습니다.

1993. 7. 1. 이규철

이 문서는 이규철의 [illegible] 작성된 것임을 증명함. [illegible]

E-HWA

19911219_대학원위원회 보고서_감리교신학대학_4번_페이지_5

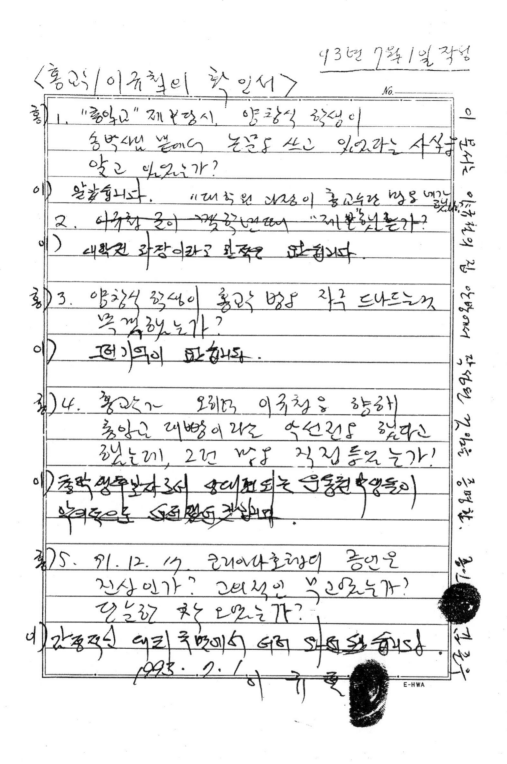

J-2-033

변선환목사, 홍정수목사 심사내용

일 시: 1991년 12월 20일 15시30분
장 소: 경기연회 감독실

질문(김광덕목사): 신학적 논쟁을 하지 않겠습니다. 우리교단의 신학교가 해야할 사명은 교단이 요구하는 교역자를 양성에 주력해야 한다고 보는데 어떻습니까?

답변(변선환목사): 교단의 요구에 합당해야 하나 세계적인 신학의 흐름에도 적응할 수 있는 목회자를 양성하는 신학교가 되어야한다고본다.

질문(박시원목사): 교회밖에도 구원이 있다고 하는 주장에 대한 지금의 소신은?

답변(변선환목사): 아래와같이 감리교신학의 미래라는 책자 345면으로 답변을 대신한다.
「그리스도가 죽음으로 말미암아 그의 죽음과 고난을 분명히 하는 자들에게 뿐만아니라 이 소식을 불가피하게 듣지 못한 자라도 다 한가지로 은혜를 입게되었다. 그의 죽음과 고난에 대해 알지 못하는 자들 조차도 그의 죽음의 은혜를 나누어 받은자들이다.」
이런 신념(선재은혜설)에는 변함이 없다고 답변하다.
오직 예수로만 구원 받는다는 기독교신앙에 관해서는 조금도 흔들림이 없으나 보다 폭넓은 신학적 이해 차원에서 학문적으로 종교다원주의에 관해서 강의하였으나 이런문제로 교단앞에 큰 물의를 일으키고 있어 여러가지 각도로 자제하고 있습니다.

질문(박시원목사): 양창식의 문제와 종교대학설립의 통일교 관련설에 관하여 말씀해 주세요

답변(변선환목사): 종교대학설립에 관한 얘기가 좀 있었으나 통일교와는 전혀 무관한 것이었음.
양창식문제는 학교당국 차원에서 조사위원회가 조직되어 조사된 바가 있어 그 결과를 서면으로 보고 하겠음
그러나 양창식이가 통일교 관련자라는 사실을 전혀 안바가 없었다.
어찌되었든 교단에 물의를 일으킨데 관해서는 대단히 송구스럽게 생각하면서 양창식의 졸업취조치를 생각하고 있습니다.

변선환목사가 나가고 홍정수목사가 들어오다.

질문(김광덕목사): 예수님의 동정녀 탄생, 예수님의 육체부활, 예수님의 죄와 동물의 피문제 양창식과 통일교문제에 관해서 대답하시오

답변(홍정수목사): 목사의 자격에 관해서는 이미 자격심사위원회에서 심사를 받은바가 있음.
거기에서 예수님의 피에 관한 얘기만 답변이 안되었는데 그 얘기가 교회와 장정 어디에 저촉되었는지 묻고 싶다.
곽전태목사, 김홍도목사의 신앙은 외곡된신앙이다.
예수님의 피에 관해서는 조작된 것이다.

19911220_공판기록물- (심사 보고서)변선환 목사 홍정수목사 심사내용_서울연회 제2반 심사위원회_4번_페이지_1

예수님의 생물학적 부활에 관해서는 믿을수 없다. 양창식 문제에 관해서는 통일교 관련 제보를 받고 대학원 당국에 보고를 했고 나는 대학원과는 무관한 위치였기 때문에 이 문제에는 전혀 관여할 수 없는 사건이었다.
예수님의 동정녀 탄생에 관해서는 성서대로 믿으며 성서적 재해석이 필요하다고 본다.

질문(박시원목사): 교역자 연수교육시 동정녀 탄생에 관한 강의중에 어느 교역자가 쇼크로 인해 사망했다는데 어떻게 생각하는지?

답변(홍정수목사): 가족들의 증언에 의해 그의 사망원인은 당뇨와 고혈압으로 인한 사망이었기 때문에 나와는 전혀 무관한 사건이었다. 만일 나의 강의로 인한 쇼크사였다면 나는 살인자 입장이 되었을 터인데 살인자인 나를 처벌하지 않이들까? 지도문책 대상이 되었어야 할 것입니다.

결의: 1991년 12월 28일 오전7시에 내자호텔에 모여 결론을 내리기로 하니 18시 30분이더라

서울연회 심사위원 제1반

위원장 김 광 덕

서 기 이 택 선

19911220_공판기록물- (심사 보고서)변선환 목사 홍정수목사 심사내용_
서울연회 제2반 심사위원회_4번_페이지_2

H-2-001

一. 심사경위 보고서 및 사퇴서

1. 1991년 11월 19일 접수한 1991년 10월 기독교대한감리회 임시총회 결의에 따른 변선환, 홍정수교수의 종교다원주의와 포스트모든이즘에 관한 심사 및 1991년 12월 2일 접수한 김홍도목사와 유상열장로의 고소사건에 대한 심사경위를 보고합니다.

서울연회 나원용감독님으로부터 심사위촉을 받고 즉시 심사에 착수하여 수차에 걸쳐 원고와 피고에 대한 심사자료를 수집하고 직접심사를 하였습니다.

또한 교계 원로들을 초청 조언을 경청 하였을 뿐 아니라 감리교단과 타교단의 신학자들로 부터 신학적인 조언을 받아 이 문제를 명예롭고도 정직하게 해결 하도록 최선을 다 하였습니다.

그동안 원고나 피고가 성실하게 심사위원들의 자료제출과 심사에 응하여 주셨음을 다행스럽게 생각합니다.

2. 또한 교계 원로목사님들과 본교단과 타교단의 교수및 신학자들의 명백한 견해와 신학을 피력해 주신데 대하여 감사를 드립니다.

지난 한달간 성실하게 심사한 결과를 말씀드리면서 법정시한(1개월)에 즈음하여 부득이 사의를 표명할 수 밖에 없게 되었습니다.

二. 심사결과와조치는아래와같습니다.

1) 변교수와 홍교수를 이단으로 규정하는 사람들의 주장에 대해 조사 하였는바 신학적으로 쉽게 단정 지을 수 없는 사실을 발견했습니다.

신학자의 주장도 찬반 양론이고 원로교계 지도자 목사님들의 의견도 찬반 양론입니다.

본심사위원으로는 이문제를 심사할만한 신학적 소양이 부족함을 말씀드리며 교단적인 차원의 신학연구 위원회가 이문제를 처리하든지 감독회에서 이 문제를 해결함이 합당하다 사료됩니다. (이에 대한 심사자료는 법지에 충분히 보완 되었으며 미국연합감리교회와 여러 신학자의 견해를 충분히 보완 하였습니다.) 1991년 10월 임시총회 결의에 대한 일반회원의 이해와 본위원회에 접수된 내용에 차의가 있어 이 문제를 해결 할 수 없었습니다.

2) 교단의 여론에 따라 변교수에게 사의를 종용하였으나(사의종용내용 법지)사의를 표명해 오지 않았습니다.

3) 이 심사를 하면서 원고쪽과 피고쪽이 공히 대책위원회를 결성(법적절차가 없는 또 교단이 인정하지 않은) 이를 통해 압력이 있었음을 말씀드리며 우리는 이에 의연히 대처 하였음을 말씀드립니다.

4) 교단의 감독과 공직에 있는 이들이 심사의 공정한 협력은 커녕 공공연히 규탄대회등 불법적 행위를 통해 품위를 손상하고 교단을 실추시켰음을 유감으로 생각합니다.

5) 홍교수의 통일교 관련설은 충분히 조사 하였으며 전 송길섭학장에게 그 책임이 있음을 확인 하였고 감리교신학대학 자체조사 보고서가 첨부 되었습니다. 변학장은 통일교 관련 학생의 졸업을 취소할 용의가 있음을 약속했습니다.

6) 불법적 유인물과 막대한 금력에 의한 신문광고 음식초대로 물량공세를 통해 교단안에 일을 오히려 사회로 끌고 간데 대해서 유감의 뜻을 표하는 바입니다.

19911228_공판기록물- 심사경위 보고서 및 사퇴서_
서울연회 제1반 심사위원회_4번_페이지_1

이상과같이 사의를 표하며 심사결과를 드립니다. 본위원들의 사의는 법적 시한에 의한 것임을 말씀드립니다.

1991년 12월 28일

심재심사는 91. 12. 20일

서울연회 제1반 심사위원회

위원장 김 광 덕

서 기 이 택 선

위 원 박 시 원

19911228_공판기록물- 심사경위 보고서 및 사퇴서_
서울연회 제1반 심사위원회_4번_페이지_2

변선환목사, 홍정수목사 심사내용

일　시: 1991년 12월 20일 15시30분
장　소: 경기연회 감독실

질문(김광덕목사): 신학적 논쟁을 하지 않겠습니다. 우리교단의 신학교가 해야할 사명은 교단이 요구하는 교역자를 양성에 주력해야 한다고 보는데 어떻습니까?

답변(변선환목사): 교단의 요구에 합당해야 하나 세계적인 신학의 흐름에도 적응할 수 있는 목회자를 양성하는 신학교가 되어야한다고본다.

질문(박시원목사): 교회밖에도 구원이 있다고 하는 주장에 대한 지금의 소신은?

답변(변선환목사): 아래와같이 감리교신학의 미래라는 책자 345면으로 답변을 대신한다.
「그리스도가 죽음으로 말미암아 그의 죽음과 고난을 분명히 하는 자들에게 뿐만아니라 이 소식을 불가피하게 듣지 못한·자라도 다 한가지로 은혜를 입게되었다. 그의 죽음과 고난에 대해 알지 못하는 자들 조차도 그의 죽음의 은혜를 나누어 받은자들이다.」
이런 신념(선재은혜설)에는 변함이 없다고 답변하다.
오직 예수로만 구원 받는다는 기독교신앙에 관해서는 조금도 흔들림이 없으나 보다 폭넓은 신학적 이해 차원에서 학문적으로 종교다원주의에 관해서 강의하였으나 이런문제로 교단앞에 큰 물의를 일으키고 있어 여러가지 각도로 자제하고 있습니다.

질문(박시원목사): 양창식의 문제와 종교대학설립의 통일교 관련설에 관하여 말씀해 주세요

답변(변선환목사): 종교대학설립에 관한 얘기가 좀 있었으나 통일교와는 전혀 무관한 것이었음.
양창식문제는 학교당국 차원에서 조사위원회가 조직되어 조사된 바가 있어 그 결과를 서면으로 보고 하겠음
그러나 양창식이가 통일교 관련자라는 사실을 전혀 안바가 없었다.
어찌되었든 교단에 물의를 일으킨데 관해서는 대단히 송구스럽게 생각하면서 양창식의 졸업취조치를 생각하고 있습니다.

변선환목사가 나가고 홍정수목사가 들어오다.

질문(김광덕목사): 예수님의 동정녀 탄생, 예수님의 육체부활, 예수님의 죄와 동물의 피문제 양창식과 통일교문제에 관해서 대답하시오

답변(홍정수목사): 목사의 자격에 관해서는 이미 자격심사위원회에서 심사를 받은바가 있음.
거기에서 예수님의 피에 관한 얘기만 답변이 안되었는데 그 얘기가 교회와 장정 어디에 저촉되었는지 묻고 싶다.
곽전태목사, 김홍도목사의 신앙은 왜곡된신앙이다.
예수님의 피에 관해서는 조작된 것이다.

19911228_공판기록물- 심사경위 보고서 및 사퇴서_
서울연회 제1반 심사위원회_4번_페이지_3

예수님의 생물학적 부활에 관해서는 믿을수 없다. 양창식 문제에 관해서는 동일교 관련 제보를 받고 대학원 당국에 보고를 했고 나는 대학원과는 무관한 위치였기 때문에 이 문제에는 전혀 관여할 수 없는 사건이었다.
예수님의 동정녀 탄생에 관해서는 성서대로 믿으며 성서적 재해석이 필요하다고 본다.

질문(박시원목사): 교역자 연수교육시 동정녀 탄생에 관한 강의중에 어느 교역자가 쇼크로 인해 사망했다는데 어떻게 생각하는지?

답변(홍정수목사): 가족들의 증언에 의해 그의 사망원인은 당뇨와 고혈압으로 인한 사망이었기 때문에 나와는 전혀 무관한 사건이었다. 만일 나의 강의로 인한 쇼크사였다면 나는 살인자 입장이 되었을 터인데 살인자인 나를 처벌하지 않이 둘까? 지도문책 대상이 되었어야 할 것입니다.

결의: 1991년 12월 28일 오전7시에 내자호텔에 모여 결론을 내리기로 하니 18시 30분이더라

서울연회 심사위원 제1반

위원장 김 광 덕

서 기 이 택 선

19911228_공판기록물- 심사경위 보고서 및 사퇴서_
서울연회 제1반 심사위원회_4번_페이지_4

서울연회 심사2반

심사 경위보고서및 심사위원 사퇴서

1991년 10월 기독교대한감리회 임시 총회 결의에 따른 변선환, 홍정수교수의 종교다원주의와 포스트 모든 이름에 관한 심사및 1991년 12월 2일에 접수한 김홍도목사와 유상열장로의 고소사건에 대한 심사1반의 사퇴로 심사2반에서 1992년 12월 31일에 접수하여 심사한 경위를 보고합니다.

지난 12월 31일에 서울연회 나원용 감독님으로부터 심사위촉을 받고 심사에 착수하였습니다. 심사1반에서 그동안 수집한바 있는 자료들을 참고하면서 원고와 피고에 대한 심사를 하였습니다.

관계자들을 공적 또는 사적으로 만나 이문제가 명예롭게 그리고 교단의 화합적 차원에서 해결되도록 노력하였습니다.

그러나 신학적으로 쉽게 단정지을 수 없는 사실을 발견하였습니다. 그러므로 본 심사위원으로서는 이 어려운 문제를 심사할만한 해박한 신학적 이해가 부족함을 통감하면서 부득히 심사위원직을 사퇴하는바 입니다.

1 9 9 2 년 1 월 2 4 일

서 울 연 회 제 2 반 심 사 위 원 회

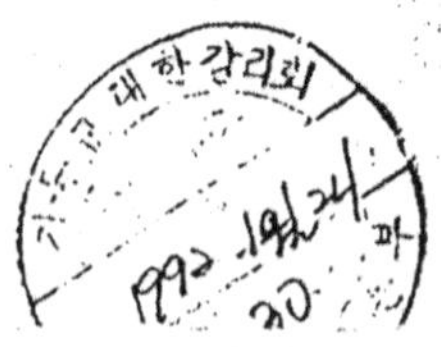

위 원 장	홍 사 본
서 기	신 경 하
위 원	임 성 익

19920124_공판기록물- (심사경위보고서 및 심사위원 사퇴서)_ 서울연회 제2반 심사위원회_4번

기독교 대한감리회 서울연회

서울특별시 중구 태평로1가 64-8 광화문빌딩 13층 (☎ 399-2047~9 FAX : 399-2050)

SEOUL ANNUAL CONFERENCE
THE KOREAN METHODIST CHURCH

64-8, 1-Ga TaePyong-Ro, Jung-Gu
Seoul, Korea

감독 나 원 용
Bishop Won Yong Na

총무 이 현 덕
Rev. Hyun Duk Lee
General Secretary

기감서제92-23호　　　　　　　　1992년 2월 6일

수　신: 홍정수목사

제　목: 심사위원회 참석 요청

주안에서 승리하시기를 기원합니다.

귀하를 상대로 고소한 사건을 심사하기 위하여 아래와같이 심사코저 하오니 참석하여 주시기 바랍니다.

-- 아　래 --

일　시: 1992년 2월 14일(금) 오전10시

장　소: 서울연회본부　끝.

제3반 심사위원회

위　원　장 이

(ㄷ래면) 거게
(3차 소환)

19920206_공판기록물- (공문) 심사위원회 참석 3차공문_
서울연회재판위원회 심사위원장_4번

한국 감리교회에 드리는 글

크리스챤신문 1992.2.15

19920211_한국 감리교회에 드리는 글_변선환 홍정수_4번

K-2-013

제4차 회의록

때: 1992년 2월 14일

곳: 서울연회 감독실

위원장 이천목사의 기도후 회의에 임하다.

1) 감독님이 홍정수교수의 3반 심사위원중 이천목사, 고재영목사에 대한 기피신청을 하였다는 사실과 그 결과에 대하여 의논하다.

2) 장정202단 제11조에 의하여 기피신청을 받아드리고 ~~제1반으로 심사하기로 결정하~~다. 심사를 종결하다

3) 고재영목사의 기도후 폐회하다.

1992년 2월 14일

위원장 이 천

서 기 고 재 영

위 원 지 익 표

19920214_회의록-제4차 회의록_서울연회 제3반심사위원회_4번

기독교 대한감리회 서울 연회

서울특별시 영등포구 여의도동 13-25 11층 8호 (☎ 784-5768·783-0496)

THE KOREAN METHODIST CHURCH
SEOUL ANNUAL CONFERENCE
Room 1108, 13-25, Yeoldo-Dong, Yeongdeungpo-Gu, Seoul, Korea

감독 나 원 용
Bishop Won Yong Na

총무 이 현 덕
Rev. Hyoun Deck Lee
General Secretary

기감서제92-41호 1992년 2월 17일

수 신: 홍정수목사

제 목: 심사위원회 참석요청

주안에서 승리하시기를 기원합니다.

귀하를 상대로 고소한 사건을 심사하기 위하여 아래와같이 모이오니 참석하여 주시기 바랍니다.

단, 참석하지 않을경우 이에 따르는 불이익은 귀하의 책임임을 알려드립니다.

-- 아 래 --

일 시: 1992년 2월 21일(금) 오전10시

장 소: 서울연회본부 끝.

4차 / 연기신청 (변호인 추후)

제1반 심사위원회

위 원 장 나 정

19920217_공판기록물- (공문)심사위원회 참석 4차공문_서울연회재판위원회 심사위원장_4번

기독교 대한감리회 서울연회

서울특별시 중구 태평로1가 64-8 광화문빌딩 13층 (☎ 399-2047~9 FAX : 399-2050)

SEOUL ANNUAL CONFERENCE
THE KOREAN METHODIST CHURCH
64-8, 1-Ga TaePyong-Ro, Jung-Gu
Seoul, Korea

감독 나 원 용
Bishop Won Yong Na

총무 이 현 덕
Rev. Hyun Duk Lee
General Secretary

기감서제92-44호　　1992년 2월 21일

수　신: 홍정수목사

제　목: 기피신청서 기각

주안에서 평안하시기를 기원합니다.

귀하가 1992년 2월 18일 제출한 제2차 기피신청서는 장정 202단 제11조에 의거 기각함.

감 독 나 원 [seal]

19920221_공판기록물- (기피신청 기각 결정서)_서울연회재판위원회 심사위원장_4번_페이지_1

기피 신청서

1992년 2월 18일

기독교대한감리회 서울연회 나원용 감독 귀하

주소: 서울 서대문구 냉천동 31번지
신청인: 홍정수

본인은 91년 12월 7일자로 서울연회에 접수된 고소 사건의 피의자로서, 92년 2월 14일(?)자로 임명된 현재의 "제1반 심사위원들" 중 나정희 위원장 및 조창식 두 위원들은 소위 "교리수호대책위원회" 사람들로서, 본 사건에 대한 편견적 결론을 지니고 있음이 확인되었으므로, 장정 202단 제 11조에 의하여, 심사 기피를 신청합니다.

———

"단 1차 이상 기피하지 못한다"는 단서조항은 동일 심사반에 대한 규제조항이지 현재와 같이 '전혀 다른' 심사반에는 해당되지 않는 줄로 사료됩니다. 만일 그렇하지 않다면, 장정 203단 제 12조 2항<심사위원은 임명받은 날로부터 1 개월 이내에 심사를 끝내야 한다>는 조항도 그런 방식으로 적용되어야 마땅할 것입니다.

심사위원 임명권자님께 선처를 앙망하나이다.

기피신청 근거———

1. 조창식 목사님은 91년 11월 21일 "힐튼 호텔"에서 열린 바 있는 피의자 규탄집회에 참가하여, 사건의 두 교수에 대하여 일방적인 비난의 발언을 한 사실이 있으며, 92년 1월 은평지방 교역자회의에서도 본인에 대하여 일방적인 비난의 발언을 한 사실이 있음.

2. 조선일보 전5단/ 2면 광고물(92년 1월 26일자 참조)에 의하면, 나정희 위원장과 조창식 위원은 공히 본 사건의 고발자 그룹인 「교리수호대책위원회」의 "지도위원"임.

1992년 2월 18일

위신청인 홍 정 수 

19920221_공판기록물- (기피신청 기각 결정서)_서울연회재판위원회 심사위원장_4번_페이지_2

<변선환 피고 심의문: 별지 1호>

별지 1호

문): 변학장(선환)은 지난 제19회 특별총회에서 종교 다원주의에 관련하여 장정 199단 제8조에 의거하여 서울 연회 심사위원회에 회부 된것을 압니까?

답): 압니다.

문): 변선환 학장에 대한 기독교 대한 감리회 기독교 교리수호 공동대표 김홍도 목사, 유상열 장로의 고소 사실을 압니까?

답): 그렇습니다

문): 피고소인의 구원에 관한 사상에서 기독교 밖에 구원이 없다는 교리는 신학적인 토미미의 천동설에 지나지 않는다. (90.12.8 크리스찬 신문)

답): 그렇했다. 학설을 이해하고 가르침

문): 교회 밖에도 구원이 있다. (현대사조 2.1987)

답): 내가 소화해서 가르친다

문): 교회가 말하지 않아도 이미 선행하며 그리스도가 섬기고 있으며 기독교 선교사가 하나님 나라를 비 기독교 세계에 가지고 오지 않아도 이미 하나님 나라는 거기서 역사하고 있다. (현대사조 2.1987)

답): 내가 이해하고 가르친다

문): 그리스도만이 보편적으로 유일한 구속자이신 것이 아니라 저들의 종교도 그들 스스로의 구원의 길들을 알고 있다. (기독교사상 299호.155) 그렇습니다.

그리스도는 힌두교안에 계시다.(상동)

비록 무의식적이었다고 해도 자기자신의 종교로 살아가는 사람은 누구든지 그리스도에게 귀의하는 것이다. (상동)

우주적 그리스도는 마리아의 아들 예수와 동일시 할때 거침돌이 된다.(상동)

답): 인도신학자 상의 것을 모두 사실로 인정하나 파니카의 학자는 남의것을 소개할수 있다 말을 인용한다

- 1-

- 207 -

19920221_변선환 피고 심의문_서울연회 심사위원회_교리사건 재판자료_4번_페이지_1

문): 개종을 목적으로 하는 개신교의 선교는 보편적이고 다원적인 선교로 하루 빨리 탈바꿈해야 한다. (90.12.8 크리스찬신문) 그대로 썼다

기독교의 절대성은 서구문화 안에서만 주장될 수 있는 것이다. (상동)

세계 종교로 태어나기 위하여서는 기독교 절대적인 종교가 아니고 상대적인 종교임을 자각해야 한다. (신학자 사마르타의 말 인용) (90.11.24. 카톨릭문화원)

기독교는 예수를 우상화 시키는 예수 중심의를 벗어나 신중심주의로 되어야 한다. 다원화 종교사회에 살고 있는 우리는 다른 종교도 다른 성격의 구원을 받을 수 있다는데까지 나가야 한다. (상동)

답): 그대로 남의 말을 인용했지만 소화해서 말함

문): 자기 중심적이던 존재가 생사를 초월한 우주적 생명체로 변화하고 이기적이던 작은 생명이 사랑, 자비등과 같은 이타적인 생명으로 변하는 것이 구원 경험이라면 다른 종교안에도 그 나름대로의 구원의 길이 있음을 인정하는 입장인 것이다. (91. 우먼센스 송년호)

답): 김지용이 자기 임의로 썼다 내 신학적인 입장은 아니다

문): 종교 다원주의의 도전을 하나님의 깊은 경륜으로 보며, 창조적으로 응답하는 새로운 모형을 찾아나서라는 세계교회 협의회의, 바아르 선언은 우리 신학자들에게 감당하기 어려운 시련이지만, 동시에 놀라운 축복이기도 하다. (상동)

구원이 기독교 신앙인들에게만 있는 것인지 그 밖의 상식인을 포함한 모든 신앙인들에게는 없는 것인지, 그것은 인간이 함부로 판단할 영역이 아니다.(상동)

"일본에 선교사 보낼 필요가 없어 저들은 다 자기들의 종교로 구원받아" (아니라)

(일본 에서 권유순 목사에게 한 말) 없다

답): 논의선언문을 내가 뽑이라

문): 양창식은 통일교인으로 감신에 입학했고 그의 논문지도 교수가 송길섭 전학장과 부심은 변교수 였음이 사실인가요?

답): 사실이다

-2-

- 208 -

19920221_변선환 피고 심의문_서울연회 심사위원회_교리사건 재판자료_4번_페이지_2

문):기독교에 어긋나는 교리를 주창해도 괜찮은가?
답):
안된다 안된다

문):양창식은 감신 입학전에도 통일교 교인이었고 현재도 통일교에서 활동하고 있는데 입학허가 절차상의 위조된 서류가 발견되면 즉시 퇴학처분해야 되지 않는가요? 교수회의에서
답):22
객관적인 증거가 없기때문에 못했다.

문):양창식은 통일교인이란 것을 자체 조사에서 발견되었고 이기춘교수,방석종교수,김득중교수도 위조임을 시인했는데 논문지도교수로서, 감신학장으로서 어떤 조치를 취하여야 당연하지 않나요?
답):
법적인 조사에 의해서 처리한다

문):양창식은 현재까지 다음과같이 활동하고 있는자 입니다.
1982년 - 1986년:통일교 산하 위장 기독학생단체인 국제기독학생연합회전국연합회회장 역임 및 실무책임자
1987년 - 1988년:통일교 원리연구회 사무처장
1988년 - 1990년:통일교 경남교구장
1991년 - 현 재:통일교 종로교구장 및 통일교차세대 교주 문효진의 특별보좌관
피고소인으로 양창식은 어떻게 처리되어야 하겠습니까?
답):
법적인 조사에 의해서 처리한다

문):감리사의 추천서 없이 양창식을 입학 시킨 일이 있는가?
답):~~[illegible]~~ (김정님교목주임) 대학원의 경우는 예외다
문):~~그의적인 부정입학을 시킨것은 몰랐는~~가?
답):

문 다원화주의 신학을 계속 소개 ~~하~~겠는가
답. 계속 가르칩니다

피고소인 변 선 환

1992. 2. 21. 오후 12시

심문질의에 대하여 답변해 주셔서 감사합니다.

위원장 [illegible]
서기 조 창 식
위원 이 동 우

-3-

- 209 -

19920221_변선환 피고 심의문_서울연회 심사위원회_교리사건 재판자료_4번_페이지_3

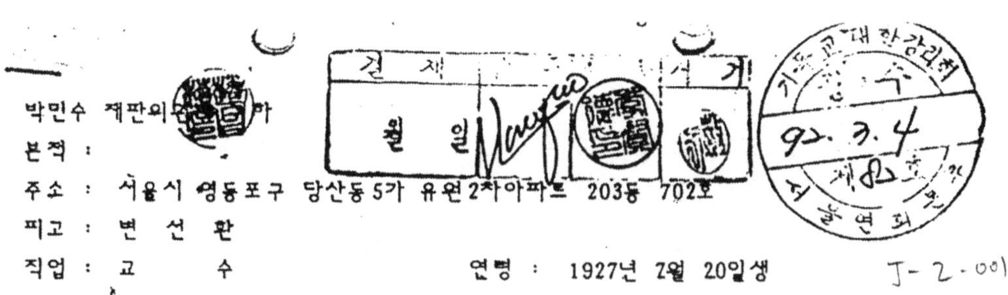

박민수 재판위원장 귀하

본적 :

주소 : 서울시 영등포구 당산동5가 유원2차아파트 203동 702호

피고 : 변 선 환

직업 : 교 수 연령 : 1927년 7월 20일생 J-2-001

지난 19회 특별총회(1991년10월29일-31일, 광림교회)에서 목사직 면직을 결의한 바 있는 위자에 대한 성경과 감리교 교리에 완전히 위배되는 이단사상을 가르친 것과, 통일교와 연루되어 통일교의 거물급 인사를 5년 동안이나 비호하며 감리교 신학 대학원을 졸업시킨 것에 관한 고소 사건에 관하여 아래와 같이 기소합니다.

기 소 · 사 실

1. 위자는 "하나님의 구원의 역사가 기독교 교회의 벽속에만 폐쇄되어 있지 않다고 본다. 하나님은 오직 기독교인들의 기도만 들으시는 기독교 인만의 하나님이 아니다. (변선환, 신학과 과제로서의 한국종교, 신앙과 신학제7집, 5페이지)", "그리스도가 역사적 구속자 이기만 하였다면 그 분은 타종교 속에 숨어 계셔서 역사하는 기동력(the motive-power)으로서 보편적 구속자가 될수 없다. (변선환, 동양종교의 부흥과 토착화 신학 1, 기독교사상 299,1983,5, 157페이지)" 라고 주장함으로서 종교 다원주의를 지지하여 기독교가 타종교보다 조금도 낫지 않다는 것과, 하나님의 계시나 구원이 타종교 속에도 기독교와 마찬가지로 나타나고 있다고 피력하여, 지난19회 특별총회(1991.10.29-31, 광림교회)에서 종교다원주의와 포스트모던 신학의 입장은 감리교신앙과 교리에 위배되는 것임을 결의하고 동시에 이와 같은 신학을 주장하여 교회확장사업에 장애물이 되는 이에 대하여 위법조치하자는 결의사항에의거하여 명백히 감리교회 신앙과 교리(교리와 장정 제17단 9조, 교리와 장정 제13단 5조)에 위배 되는 중대한 범과를 자행하였다.
이러한 이단적 다원주의 신학의 유포 및 출판물게재를 통한 파급효과로 말미암은 구체적 피해사례로는 강남지방 강남중앙교회(담임목사:이종호, 82년개척)에서 180여명의 교인들이 모이는 가운데 베델성서 강의를 하던중에 이 교회에서 장로후보(치과의사)로 시무하던 분의 부인이 감리교신학대학의 변선환 교수의 말을 인용하면서 "감리교회는 교회 밖에도 구원이 있다고 가르치는 이단교회라면서요?"라고 공박하는 것을 이종호 담임목사가 이 사실에 대하여 변론하자, 장로후보자인 치과의사와 그의 부인이 주축이 되어 교인수의 "삼분의 일" 이상이 교회를 떠쳐 나가는 피해사례가 돌발되었고, 삼남연회에 속한 남부지방에서는 아예 감리교단 전체가 공공연히 이단으로 매도되어 있어 감리교회의 존립자체에 엄청난 위기상황을 맞이하고 있는 실정이다.

19920224_공판기록물- 기소장(변선환)_서울연회심사위원회_4번_페이지_1

결국엔 변선환 교수의 다원주의 신학을 이미 접하고 이 이단적 자유주의 신학사상의 탈복음적 위험사항에 관한 향후 피해 사례를 현장목회에서 절실하게 피부로 느끼고 있는 감리교단내의 뜻있는 수많은젊은 교역자들은, 만일 이번기회에 19회 총회결의 사항대로 목사직 면직에 이루어지지 않을 경우, "변교수가 스스로 물러날때까지 학장실에 누어서 진을 치고 있겠다"고 까지 할 정도의 중차 대한 국면에 놓여있는 실정이고, 연이어서 계속적으로 해외거주이민교회 교역자 및 평신도들과 전국적인 단위의 교역자 및 평시도들 서명의 규탄성명서가 발표되는 등의 격렬한 항의시위가 봇물처럼 터져나오고 있는 작금의 사태를 맞이하고 있는바, 위자는 총회 결의 사항대로 이행하여 속히 척결하여야 할 것이다.

2. 위자는 파니까의 신학을 지지하며 혼합주의적인 기독론을 발전시켜 "기독교 밖에 구원이 없다는 교리는 신학적인 토리마의 천동설에 지나지 않는다.(크리스챤신문 90.12.8)"고 하는 다원주의 입장을 지지 및 찬동하면서 말했으며 또한 구원은 복음을 믿음으로 말미암아 받게 되는 것이 아니라 "교회가 말하지 않아도 이미 선행하여 그리스도가 섬기고 있으며, 기독교 선교사가 하나님 나라를 비 기독교 세계에 가지고 오지 않아도 이미 하나님 나라는 거기서 역사하고 있다.(변선환, 교회 밖에도 구원이 있다. 현대사조2,1978)"라고 말했으며, "일본에 선교사 보낼 필요가 없어, 저들은 다 자기들의 종교로 구원받아(일본 호텔에서 권유순 목사에게 한말)"라고 주장하여, 예수 그리스도의 유일성과 그를 믿고 영접하는 모든 사람은 구원을 얻을 수 있다는 구원의 보편성과 유일성을 내버리고 반 기독교 사상을 고취시켜 탈기독교적, 탈고백적,탈사도적, 탈복음적 입장을 지향하고 있을 뿐만 아니라, 뉴욕의 한 법당에서는 불교의 부흥 발전을 위한 강연회에서 강의를 하는 (최원택 목사 증언 1608 Labunam Ave. Flushing N.Y.11358. U.S.A.)"등의 반기독교적 배교행위를 자행함으로써, 구라파의 교회들을 죽이고 미국의 교회들을 죽이고 온세계 교회를 죽이려드는 자유주의 신학 사상의 다원 주의의 위험성과 허구성을 극렬하게 보여 주었고, 작금에 있어서도 자유주의 신학의 이단사상에 편승하여 Satan 마귀의 가장 큰 도구로서 그 일익을 담당하여 온 천하보다 귀한 수많은 영혼들을 멸망으로 떨어 드리고 있고, 급기야는 지각있는 모든 정통 기독인들로 하여금 사이비, 이단시비에 관한 우려와 염려를 금치 못하는 가운데, 감리교단의 당면 선교과제인 7천교회 200백신도운동에 가장 큰 장애요인과 올무가 되고 있는 것이 명백한 사실이다. 그러므로 (교회와 장정 제17단 9조, 교리와 장정 제13단 5조)에 위배가 되고 있는 이런 엄청난 반신론자, 반기독자인 위자를 속히 철결하여 감리교회가 이단교단이 아니라는 명명백백한 사실을 널리 알려야 할 것이다.

3. 위자는 "우주적 그리스도는 마리아의 아들 예수와 동일시할때 거침돌이 된다.(기독교사상 299, 155)"라고 인용하여 말함으로써 교리와 장정 10단 제2조 "말씀 곧 하나님의 아들이 참 사람이 되심"에 관한 사항에 위배되고 있다.

19920224_공판기록물- 기소장(변선환)_서울연회심사위원회_4번_페이지_2

요한일서4장1절이하에 분명히 "사랑하는 자들아 영을 다 믿지 말고 영들이 하나님께 속하였나 시험하라 많은 거짓 선지자가 세상에 나왔음이니라. 하나님의 영은 이것으로 알지니 곧 예수 그리스도께서 육체로 오신것을 시인하는 영마다 하나님께 속한 것이요 예수를 시인하지 아니하는 영마다 하나님께 속한 것이 아니니 이것이 곧 적그리스도의 영이니라"고 성경에 말씀하신대로 피자는 적그리스도의 종이요, 사탄의 종인것이다.

4. 피자는 통일교의 거물급 인사인 양창식(1982-1986:통일교산하외장기독학생단체인 국제기독학생연합회(I.C.S.A)전국연합회 회장 역임 및 실무책임자, 1987-1988:통일교 원리 연구회 사무처장, 1989-1990:통일교 경남교구장, 1991-현재:통일교 종로교구장 및 통일교 차세대 교주 문효진의 특별보좌관)씨가 과거의 통일교 인물이 아니라 입학할 당시에나 현재에나 통일교의 중요한 인물로 활약하고 있으며, 이러한 구체적 사실은 이미 양창식씨가 재학 당시에 이규철 전도사에 의하여 폭로되어 학교 당국에 보고되어 양창식씨가 공히 통일교인 이라는 사실이, 대학원 위원회 보고서에 기록된 내용을 통해서도 알수 있듯이 확실하게 인지되었었고, 또한 양창식의 허위 추천서 상에 나타난 채성관 목사라는 인물이 84년 당시에 만22세로써 도저히 목사로써(인정할수 없음은 물론이요, 양창식이 재적하고 있다는 신촌 작은 교회(서울 서대문구 대현동 60-60호)가 2년6개월 동안 실제 예배를 단 한번도 드린적이 없는 유령교회 였음이 이규철 전도사가 폭로할 당시와 지금에도 명백한 사실로 드러났었든바, 도저히 양창식씨가 감리교신학대학원 재적 학생으로 자격요건을 갖추지 못했는데도 불구하고 그의 내방을 수시로 용인하였고(92.2.22. 크리스챤신문) 또한 송길섭 전학장의 후임 학장으로써 이문제가 학내에서 가장 첨예화 되어 감신내 거의 모든 학생들이 알고 있었을때 당연히 양창식씨를 제적시켰어야 함에도 불구하고 이를 시행치 않아 이 사건을 폭로함으로써 순교적 사명을 갖고 학교 당국과 싸워왔던 이규철 전도사의 순수한 애교심과 진리수호의 열정은 단호히 묵살하여 버린채 오히려 이규철 전도사가 감리교 신학대학 내의 통일교 총책임자라고 거꾸로 매도되게한 반면(82년 이후에는 이규철 전도사가 통일교 관련 그 어떤 단체에도 가담하거나 협조하지도 않고 완전히 탈퇴하여, 순수한 복음주의적 신앙생활을 견지하며 충실한 기독교인으로 살아 왔음이 감리교 신학 대학 조사 위원회에 의해 밝혀졌음) 사실상의 통일교 거물 인사인 양창식씨는 약5년이라는 세월동안 감리교 감신대 내에 암약하며 계속적인 포섭활동을 할수 있도록 비호방조하여 양창식씨의 석사논문(제목:선교과제로서의 민족분단과 통일전망.88 (석) 9886)이 실지로 상당한 부분에 통일교의 원리강론이 변중된 사실이 나타나고 있음에도 불구하고 위 논문의 부심을 맡아 통과시켜 줌으로써 통일교의 거물급 인사인 양창식씨를 비호방조하여 통일교와 연루된 사실이 명백히 입증되고 있음으로 위와같은 모든 사실이 교리와 장정 199단 제8조 사항에 적용됨을 인정하는 바이다.

5. 피자의 기타 다원주의적 사상에 입각한 찬동 발언에 대하여는 별지와 같이 첨부하는 바이다.

19920224_공판기록물- 기소장(변선환)_서울연회심사위원회_4번_페이지_3

· 이상의 말들은 남의 사상을 인용하여 엄청난 이단 사상을 나타냈으나 변교수는 남의 말을 인용한 것 뿐이라고 책임을 회피하고 있다. 그러나 전후 문맥을 살펴보면 그 사상을 지지 내지는 강조하기 위해 한 말이지 결코 비판하기 위해 한 말이 아니다. 한번도 비판하는 말을 한적이 없기 때문이다.

그리고 글을 쓰는 것은 자기를 위해 쓰는 것이 아니라 남을 위해 쓰는 것이므로 남의 말을 인용했을 지라도 추호도 의심없이 그의 사상으로 믿으면 그가 책임을 자기가 져야한다. 그리고 변교수가 반기독교적 이단자라는 사실은 성경진리를 믿는 사람이면 다 알고 있는 사실이며 이로 인하여 한국 감리교회가 이단교파라는 말을 들으며 지금까지 받은 피해는 실로 엄청난 것이다.

인정상, 일년도 않남은 재임기간을 너그럽게 참아 주고 싶은 마음도 없지 않으나, 그렇게 되면 감리교회가 이단이란 오명은 영원히 씻지 못하며 이로인한 피해는 회복할 길이 전혀없다. 그런고로 변학장은 하루가 남았어도, 반드시 파면 시키고 온 한국 교계에 공포해야만, 감리교회가 이단이 아니요, 생명있는 교회임을 입증하는 것이다.

학문의 자유를 침해한다는 변명은 결코 용납 될수 없다. 왜냐하면 감리교신학대학은 감리교회가 교역자를 양성하라고 세운 신학교인데, 성경 진리에도 위배되고, 감리교교회에도 어긋나는 이단사상을 가르치게 내버려 둘수는 없는 것이다. 만일 그렇다면 다윈의 무신론적 진화론을 가르쳐도 된다는 말인가? 가당치도 않은 궤변과 변명은 결코 용납 될수 없다.

1992년 2월 24일

위 원 장 羅延 ○

서 기 조창식

위 원 이동우

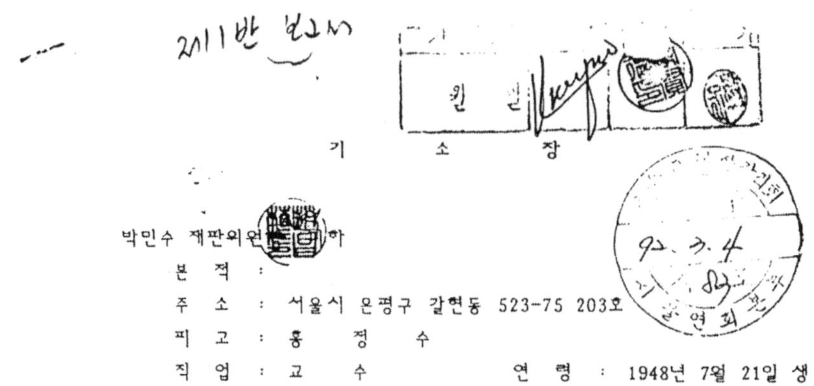

기 소 장

박민수 재판위원장 하

본 적 :
주 소 : 서울시 은평구 갈현동 523-75 203호
피 고 : 홍 정 수
직 업 : 교 수 연 령 : 1948년 7월 21일 생

지난 19회 특별총회(1991.10.29-31. 광림교회)에서 목사직 면직을 결의한 바 있는 외자에 대한 성경과 감리교 교리에 완전히 위배되는 이단사상을 가르친 것과, 통일교와 연루되어 통일교의 거물급 인사를 5년 동안이나 비호하며 감리교 신학대학원을 졸업시킨 것에 관한 고소사건에 관하여 아래와 같이 기소 합니다.

기 소 사 실

1. 외자는 "따라서 신 없는 종교를 알고 있는 우리들로서는 그리고 무신시대를 살아가고 있는 우리들로서는 종교까지는 몰라도 꼭 신을, 하나님을 믿어야 하는지 자문하지 않을 수 없게 되었마.(베짜는 하나님 52페이지)"라고 말하면서 거듭 거듭 반복적으로 신 존재에 관한 부정을 강조하다가 결국엔 "만일 신은 계신가 하고 누군가가 우리에게 묻는다면 신은 없다 고 잘라 말할 수 있다.(베짜는 하나님 56페이지)"라고 말함으로서 신 즉, 하나님의 존재 자체에 관한 부정을 단적으로 피력함으로써 감리교 교리와 장정상의 종교의 강령에 관한 부분의 9단 제1조에 나타난 하나님 실존에 관한 명백한 사실을 전격적으로 부인하는 외법사항을 초래하고 있다.
2. 외자는 "우리가 이해할 수 없다고 할지라도 어떤 형태의 "몸"(바울처럼 영체라고 할지언정)은 있어야 실재하는 존재이며, 그렇지 못할 경우 그 존재는 참으로 존재한다고 말할 수 없다.(베짜는하나님 59페이지)", "기독교의 부활메세지가 아무 소용 없을 수도 있음을 극명하게 말해준다.(베짜는하나님 185페이지)", "부활신앙은 이고도들의 어리석은 욕망에 불과하다.(크리스챤신문 91.3.30)" "나는 단연코 육체의 부활을 부정한다.(우먼센스 91.12)라고"말함으로서 교리와 장정 제11단 3조에 나타난 그리스도의 부활에 관한 사실을 부인하였다.

19920224_공판기록물_기소장(홍정수)_서울연회심사위원회_4번_페이지_1

예수그리스도께서 모든 인류의 죄를 대속하시고 구원하시기 위해 십자가에 달려 죽으시고, 장사한지 3일만에 하나님의 능력으로 영, 육 간에 신령한 몸으로 다시 부활하시고 40일만에 승천하신 일들이 명백한 역사적 사실이었고, 예수그리스도의 십자가 죽음 이후에 실망과 탄식으로 흩어졌던 제자들이 신령한 몸으로 부활하신 예수그리스도를 보고 만지면서 그의 말씀을 들었던, 예수그리스도의 역사적인 몸의 부활 사건이 사도들의 메시지의 핵심이었는데도 불구하고, 홍정수교수는 예수의 분명한 부활사건을 역사적, 생물학적, 사실적, 육체 부활사건으로 믿지 않고 다만 종교적 언어의 상징, 의미상의 부활이론으로 왜곡 주장함으로써, 예수그리스도의 부활의 역사성과 객관성을 부인하고 있다.

3. 외자는 " 죽 하나님의 아들의 죽음이 아니라 특정한 메시지를 전하고 있던 한 설교자의 죽음을 증언하고 있을 뿐이다.(베짜는하나님 190페이지)"
" 예수라는 설교자의 죽음을... 구호를 외치며 투신 또는 분신해 쓰러져간 젊은이들의 죽음과 매우 유사하다.(베짜는하나님191페이지) " 라고 말함으로써 교리와 장정 10단 제2조 말씀 곧 하나님의 아들이 참사람이 되심에 관한 사항에 위배되고 있다.
천하만민 모든 인간의 구원을 위해서 십자가의 죽음은 반듯이 필요하고 그리스도의 죽음만이 우리의 속죄의 유일한 길임을 믿는 바이다.
이처럼 예수그리스도의 십자가의 죽음의 의미는 그로 말미암아 구원을 얻는 우리에게 하나님의 능력으로 인정될 수 있는 것이다.
외자는 더불어 " 그의 피가 동물들이 흘리는 피보다 월등하게 효과가 있다는 얘기는 결코 아니다.(베짜는하나님 193페이지)", " 예수가 죽음으로서 다시는 불쌍한 동물들이 죽지 않아도 되게 되었으니, 그는 사람들이 아니라 동물들을 위해 죽은 것이다." (베짜는하나님 147페이지)라고 말함으로서 예수그리스도의 보혈의 숭고한 가치와 그의미를 송두리채 무너뜨려 버리고 있는 것이다. 이것은 달리 말해서 개, 돼지의 피나 예수의 피나 갈다는 것인데 이처럼 천인공노할 만행이 어디있단 말인가?
기독교는 예수그리스도의 고난과 죽음을 통한 구속의 종교(Atonement)이고, 피의 종교인데 그에 관한 의미가 성경 요한복음 3장 16절에 " 하나님이 세상을 이처럼 사랑하사 독생자를 주셨으니 이는 저를 믿는자마다 멸망치 않고 영생을 얻게하려 하심이라"와 히브리서 9장 14절 " 하물며 영원하신 성령으로 말미암아 흠없는 자기를 하나님께 드린 그리스도의 피가 어찌 너희 양심으로 죽은 행실에서 깨끗하게 하고 살아계신 하나님을 섬기게 못하겠느뇨 "에 잘 나타나고 있다.
이와 같이 기독교 복음의 핵심인 " 구속 " 과 " 피 " 의 숭고한 의미를 정면으로 부인하며 왜곡시키고 있는 이단적 적그리스도인은 추호도 용납할 수 없는 바이다.

19920224_공판기록물_기소장(홍정수)_서울연회심사위원회_4번_페이지_2

4. 외자는 "성서는 어디서도 예수의 탄생사건과 부활사건은 하나님의 현현의 객관적 (과학적?) 증명자료로 제시하고 있지 않다 (베짜는하나님 127페이지)" "동정녀 탄생이란 신앙의 언어이지 예수가 정말 남자없이 태어났다는 문자 그대로의 의미가 아니다." (우먼센스 '91 송년호) 라고 말함으로서 교리와 장정 10단 제2조" "말씀 곧 하나님의 아들이 참 사람이 되심"에 관한 사항에 위배되고 있다. 아담의 후손인 모든 인간들은 아담의 죄과로 말미암아 누구든지 원죄의 올무에 잡혀 있기 때문에 절대로 온전한 속죄제물이 되어 타인의 죄과를 도말하여 사해 줄 수도 없을 뿐만 아니라 자기 스스로의 죄도 결단코 씻을 수 없는 존재인 것이다. 그렇기 때문에 모든 인류의 죄를 대속하시고 구원하시기 위해서 육신의 몸으로 탄생하신 예수그리스도께서는 창세 이전 부터 하나님과 동행하시는 성령. 즉 아무런 흠도 허물도 없으신 하나님의 거룩한 영으로 탄생하실수밖에 없음이 명백한 성서적 진리이다. 그런데도 불구하고 외자는 88년 정회원 연수기간에 교육도중 "아직도 동정녀 탄생과 부활을 믿는 얼빠진 목사가 있느냐"라고 말함으로써 그 강의실에서 이러한 이단적 사상을 갑작스럽게 접하고, 엄청난 충격을 받고 쓰러졌던 당진지방 영광교회 염영옥목사가 적십자 병원에 옮겨지던 중 사망하였던 비극적 사태가 돌발되기도 하였다.

이처럼 멀쩡한 사람의 생명을 그 자리에서 빼앗기도 하고, 보이지 않게는 순수하게 오로지 복음의 말씀 하나만을 사모하며 고대하는 수많은 사람들의 영혼을 무참히 살육하여 송두리째 멸망에 빠뜨릴 수 있는, 믿음안에서의 금세기 최후의 적인 자유주의 신학의 사탄적 이단사상을 반듯이 궤멸시켜야 할 것이다.

5. 외자는 통일교의 거물급 인사인 양창식 (1982-1986: 통일교산하 외장 기독학생 단체인 국제 기독학생 연합회(I.C.S.A) 전국연합회 회장 역임 및 실무책임자, 1987-1988: 통일교 원리 연구회 사무처장, 1989-1990: 통일교 경남교구장, 1991-현재: 통일교 종로교구장 및 통일교 차세대 교주 문효진의 특별보좌관)씨가 과거의 통일교 인물이 아니라 입학할 당시에나 현재에나 통일교의 중요한 인물로 활약하고 있으며, 이러한 구체적 사실은 이미 양창식씨가 재학당시에 이규철전도사에 의하여 폭로되어 학교당국에 보고되어 양창식씨가 골히 통일교인 이라는 사실이, 대학원 위원회 보고서에 기록된 내용을 통해서도 알 수 있듯이 확실하게 인지 되었었고, 또한 양창식의 허위 추천서 상에 나타난 채성관 목사라는 인물이 84년 당시에 만 22세로서 도저히 목사로써 인정할 수 없음은 물론이요, 양창식이 재적하고 있다는 신촌 작은교회 (서울 서대문구 대현동 60-60호)가 2년6개월 동안 실제 예배를 단한번도 드린적이 없는 유령교회 였음이 이규철전도사가 폭로할 당시와 지금에도 명백한 사실로 드러 났었던바, 도저히 양창식씨가 감리교 신학대학원 재적 학생으로 자격요건을 갖추지 못했는데도 불구하고 그의 내방을 수시로 용인하였고 (감리교 신학대학 대학원조사위원회 조사 참조)

19920224_공판기록물_기소장(홍정수)_서울연회심사위원회_4번_페이지_3

또한 그 당시 대학원 학과장으로서 당연히 양창식씨를 적적시켰어야 함에도 불구하고.
게다가 양창식씨에 대한 문제가 있을 당시 감신대 선한용 교수가 그를 퇴학시켜야 한다고 했고, 방석종 교수도 통일교에 속한 학생을 철저하게 조사해서 조치를 취해야 한다고 했을 때 피자는 양창식씨가 이미 통일교인임을 인지하였음에도(감리교 신학대학 대학원보고서 참조) 불구하고 "그에 대해 문제삼을 증거가 없다고만" 하였고, 또한 "윗분들(?)이 아무런 이야기가 없어서 그냥 두었다."라고 말하면서 그당시 대학원 학과장으로서의 명백한 책임을 회피하여 양창식씨를 곧바로 제적시키지 않았고, 이사건을 폭로함으로서 순교적 사명을 갖고 학교 당국과 싸워왔던 이규철전도사의 순수한 애교심과 진리수호의 열정을 단호히 묵살하여 버린채 오히려 이규철전도사가 감리교 신학대학내의 통일교 총책임자로 거꾸로 매도되게 하였으며, 게다가 피자는 이규철전도사가 이사건을 직접 본인에게 폭로하며 확실한 대책을 촉구할 당시 "통일교가 왔든 불교도가 왔든지 일단 들어온 이상 상관할 바가 못된다"라고 별로 놀라지도 않는 무표정한 어투로 냉정히 말하면서, 양창식씨보다는 오히려 이규철전도사가 감신대 통일교 대빵(큰놈)이라고 유포하여(82년 이후에는 이규철전도사가 통일교 관련 그 어떤 단체에도 가담하거나 협조하지도 않고 완전히 탈퇴하여, 순수한 복음주의적 신앙생활을 견지하며 충실한 기독교인으로 살아왔음이 감리교 신학대학 조사위원회에 의해 밝혀졌음) 개인적인 명예에 엄청난 피해를 입혔으며 결국엔 사실상의 통일교 거물인사였던 양창식씨가 약 5년이라는 세월동안 감리교 신학대학내에 암약하며 계속적인 포섭활동을 할 수 있도록 비호 방조 하였으며 급기야는 양창식씨가 석사논문(제목 : 선교과제로서의 민족분단과 통일전망 88 (석)9886)의 상당한 부분에 통일교 원리강론이 변중된 사실이 나타나고 있음에도 불구하고 무사히 졸업하게 함으로써 통일교의 거물급인사인 양창식씨를 비호방조하여 통일교와 연루된 사실이 명백히 입증되고 있음으로 위와 같은 모든 사실이 교리와 장정 199단 제8조 사항에 적용됨을 인정하는 바이다.

6. 피자의 기타 포스트 모던 주의사상에 입각한 찬동발언에 대하여는 별지와 같이 첨부하는 바이다.

1992년 2월 24일

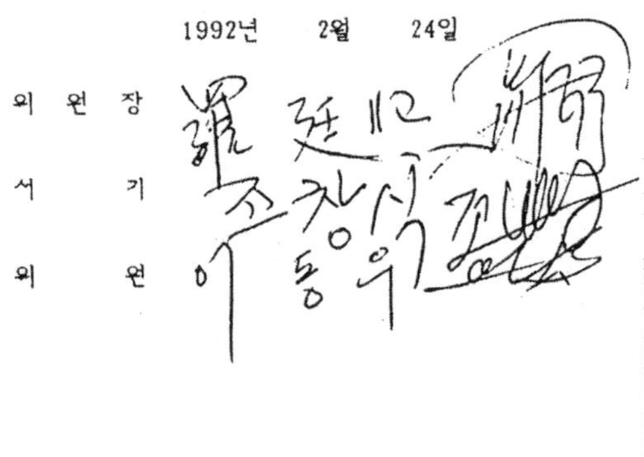

위 원 장

서 기

위 원

19920224_공판기록물_기소장(홍정수)_서울연회심사위원회_4번_페이지_4

K-2-314

감리교 신학대학

신학지침

감신대 신학교육 지침을 발표하면서

학장 변선환

92학년도가 시작되는 벽두에 저는 감리교신학대학 「신학지침」이 나와서 금년부터 감리교신학대학 요람에 들어가게 된 것을 교수들과 학생 여러분들과 함께 기뻐합니다.

작년(91년) 봄학기가 끝나려는 무렵에 총학생회는 우리 교수단을 향하여 감신대 학문의 정체성을 밝히라고 요구하며 학기말 시험을 일주일 이상 연기하면서 데모하였습니다. 학생들은 감신대 백 년의 역사상 처음으로 맞게 되는 보수주의 신학의 도전을 받으며, 우리 신학대학의 지반이 흔들리는 것을 느꼈기 때문입니다.

우리 신학생들의 요청과 다급한 상황의 요청에 의하여 우리 교수단은 작년 여름 온양에서 열렸던 퇴수회에서 어떤 특수한 경우나 특수한 사람을 고려하지 않고 언제 어느 곳에서나 말할 수 있고, 감신대 요람에도 넣을 수 있는 신학 지침, 교단의 물음에 책임적으로 응답할 수 있는 신학 백서를 만들어 보자고 결의하였습니다. 두 처장님인 염필형 교수와 장종철 교수를 중심으로 이원규 교수, 이정배 교수, 박종천 교수, 왕대일 교수가 신학지침을 만드는 위원으로 선정되었습니다. 지난 정월초 경주에서 열렸던 겨울 퇴수회에서 「신학지침」 초안은 교수님들의 토의에 붙혀졌습니다. 이 「신학지침」이 만들어지게 될 때 고려되었던 것은 다음 네 가지였습니다.

첫째, 웨슬리 신학을 배경으로 한 미연합감리교회(UMC)의 장정 앞부분에 있는 신학교육 지침을 참고한다.

둘째, 에큐메니칼 신학을 향하여 나가는 세계 교회의 전위신학 사조를 향하여서도 창문을 열고 있는 한국의 에큐메니칼 신학대학들과 공동 보조를 취한다.

셋째, 교단 교역자 양성을 위하여, 「참된 기독교 참된 감리교회, 참된 조선교회」(1930년 자치교회 선언)를 형성시켜 나아가며, 이 교회를 충실하게 섬겨 나가기 위하여 감리교신학대학 백 년의 역사 속에 맥맥히 흐르고 있는 토착화 신학(탁사 최병헌을 중심한 정동파)과 사랑의 실천을 통한 복음적 변혁, 사회변혁의 신학(전덕기를 중심한 상동파)과 함께 오늘의 역사의 요청에 응답하려는 살림 문화의 신학을 계승하여 나간다.

네째, 「경전, 학문, 실천」이라는 감신대 학훈을 생각하면서 경건주의 풍토의 조성을 위하여 영성 훈련을 더욱 강화하여야 한다.

장신대와 한신대는 1980년대에 들어서면서 교단 안의 보수주의자들의 도전과 신학대학 학생들이 캠퍼스 안에서 던지는 학문의 정체성 물음에 대답하기 위하여서 신학교육 지침서를 내놓았습니다. 두 신학대학의 신학교육 지침서가 귀중한 역할을 담당하였던 것처럼, 우리 감리교신학대학이 발표하는 「신학지침」이 오늘날 도전받는 감리교신학대학이 직면한 많은 거침

-19-

19920305_감리교신학대학 신학지침_변선환_무지는 죄가 아니다 자료집_4번_페이지_1

돌들을 제거하고, 험한 가시밭을 헤쳐 나가는데 도움이 되기를 바랍니다. 이 「신학지침」이 감신대 사람들, 우리들 모두에게 자부심과 영예를 느끼게 하고 신념과 용기를 북돋아 주는 살아있는 글이 되기를 바랍니다. 한국 최초의 신학교육의 전당, 감리교신학대학에 영광과 발전이 있기를 기원합니다.

(1992년 3월 5일(목) 예배 시간에 「신학지침」을 발표하기에 앞서 하신 말씀입니다.)

감리교신학대학은 1895년 이래 민족적 영욕의 역사속에서 신학교육을 통하여 시대적 사명과 선교적 책임을 성실하게 수행하여 왔다. 우리 감리교신학대학은 복음이 이 시대 속에서 변혁의 능력임을 다시 확인하면서 오늘의 교회와 사회가 필요로하는 복음적 변혁을 추구할 지도자를 양성해야 할 책임을 절감하고 있다. 이런 의미에서 이제 복음의 시대적 요청에 대한 부응이라는 신학적 특성을 전제하면서, 성서와 체험, 전통과 이성, 교회와전도, 선교와 하나님나라 그리고 성령과 실천이라는 명제에 기초하여 우리의 신학지침을 표명하고자 한다. 본 신학지침은 우리 감리교신학대학의 신학적 입장과 신학교육의 방향이며 교회와 사회에 대한 우리 대학의 태도와 행동을 결정짓는 원칙이 될 것이다.

1. 성서와 체험

우리의 신학은 성서와 존 웨슬리의 체험적 신앙에 입각한 하나님의 창조와 구속에 대한 찬양과 감사에서 출발한다.

성서는 우리 신학의 출발점이다. 우리는 성서가 기록된 하나님의 말씀이라는 개신교회의 전통을 따라 성서에 담긴 하나님의 계시와 그리고 그 계시의 촛점인 예수 그리스도에 대한 역사적 증언들을 해석하는 데에 여러가지 유익한 비평방법들을 수용한다. 성서의 권위는 단순히 성서가 어떻게 기록되었는가에 있는 것이 아니라, 성서가 성령의 내적인 도움으로 성서해석자와 성서 본문사이에 있는 시간적, 공간적 간격을 뛰어 넘어 오늘 우리에게 하나님의 창조와 구속에 관한 계속적인 메시지로 전달되는 데에 있다. 그러므로 우리 신학의 과제는 성서본문의 문자적 반복이 아닌, 오늘 우리에게 말씀하시는 하나님의 선포로 성서 본문을 재해석하는 데에 있다.

우리 신학의 또다른 출발점은 존 웨슬리의 체험적 신앙, 즉 믿음의 확실성을 강조하는 신앙체험이다. 이것은 우리의 신학이 성서에 근거하지 않은 체험주의가 아닌, 웨슬리의 체험신앙이 보여준 경건에 근거하였음을 말한다. 하나님이 인간을 찾아 오시고 인간에게 말씀하심을 증언하는 성서의 진리는 인간의 지성과 이성만으로 파악되지 않는다. 계시는 논리를 초월하는 신앙과 인간의 전적 헌신에 의해서 깨닫게 되기 때문이다. 성서의 진리는 하나님의 창조하심과 구속하심을 믿는 확실한 신앙고백에서 수용될 수 있다. 우리의 신학은 이 신앙고백이 전달하는 하나님의 창조와 구속에 대한 찬양과 감사에서 출발한다.

2. 전통과 이성

우리의 신학은 신앙공동체가 고백하는 믿음에 대한 공적인 규칙을 수립하기 위하여 에큐메니칼 전통과 비판적 이성의 바른 사용을 지지한다.

전통은 기독교 신앙공동체들의 모범적 유산이다. 이 전통은 역사적 발전과정을 겪어 사회적으로 다양한 형태를 옷입고 있지만 그 안에 간직되어 있는 하나님의 자기 포기적 사랑은 시간과 공간을 넘어 모든 기독교인들이 공유하는 은총의 역사이다.

우리의 신학은 근대신학이 경시했던 성서 언어의 고유성을 주목하며, 그것의 올바른 계승을 위하여 사도신경은 물론이요 니케아, 칼케돈, 아타나시우스 신조 등을 비롯한 에큐메니칼 신조들을 우리의 교정적 지침으로 삼는 다. 따라서 우리의 신학은 절대적 신앙 진리를 포기하는 상대주의나 신학적 무관심주의와 경직되고 융통성 없는 배타적 교조주의나 열광주의를 모두 넘어서서, 기독교 신앙의 영속적 진정성과 그것의 사회적, 시대적 상관성 사이의 균형잡힌 이해를 추구한다. 따라서 전통의 비판적 수용은 우리의 신앙의 정체성을 위태롭게 하기 보다는 하나님의 사랑에 대한 우리의 신앙을 심화시키고 이웃에 대한 우리의 사랑의 비전을 확대시켜 줄 것이다.

우리의 신학은 삼위일체 하나님과 예수 그리스도의 구주되심에 대한 우리의 신앙고백에 근거하여 보편적 구속을 위한 하나님의 자유로운 은총, 곧 만인을 위해 피 흘리신 예수 그리스도 안에 나타난 무제한한 개방성을 확실하게 제시할 책임을 안고 있다.

성서, 전통, 체험으로부터 발전된 기독교 교리는 비판적 이성에 의하여 그것의 일관성과 명료성을 획득해야 한다. 그러므로 계시와 이성, 신앙과 과학, 은총과 자연 사이의 연관성을 식별하려는 신학적 노력은 신앙 공동체를 파괴하는 것이 아니라 오히려 우리 시대의 사람들이 믿을 만하고 통화 가능한 교리를 발전시킴으로써 교회의 선교적 사명을 감당하는데 없어서는 안될 중요한 작업이다.

3. 교회와 전도

우리의 신학은 하나님과 그가 보내신 예수 그리스도의 복음의 보편성을 견지하는 주의 몸된 교회의 사역을 감당함에 있어서 신앙 공동체안에서의 예배, 교육, 친교, 봉사등을 통한 성도의 훈련을 중시하며, 나아가서 복음의 토착화를 위한 노력과 현대의 제반 학문과의 만남과 그리고 다른 이념과 종교를 신봉하는 이웃들과 대화를 할 책임을 갖는다.

창조주 하나님은 예수 그리스도 안에서 나타내 보이신 그의 구원의 뜻을 인류의 문화와 역사 속에서 구체적으로 펴 오셨다. 구원을 위한 하나님의 활동의 장은 온 세계 역사요, 대상은 이 역사 속에 살고 있는 인류 전체이다. 이 구원의 복음은 이 땅위에 살고 있는 어느 누구에게나 주어진 하나님의 약속이다. 복음은 특정한 역사나 문화 속에 성육해야 하지만 그것의 국지적 현상에로 축소되어서는 않된다.

교회는 이 약속된 보편적 진리를 증언하고 실현할 책임을 하나

-20-

19920305_감리교신학대학 신학지침_변선환_무지는 죄가 아니다 자료집_4번_페이지_2

님께로부터 위임 받았다. 그러므로 교회는 이 진리를 현실 속에서 구체화하기 위하여 시대적 변화와 요청에 부응하는 해석적 역할을 감당해야한다. 이러한 복음의 진리를 실천하는 교회는 종의 모습을 띤 봉사자이어야 하며, 미래를 향한 책임에서 현실을 비판하고 도전하며 변혁해야 할 책임을 지닌다. 신앙공동체로서의 교회는 교회가 지닌 목회적 특성 곧 봉사, 교육, 친교와 예배등의 모든 기능을 총동원하여 그리스도의 복음을 전파하며 이 역사속에 복음의 우주적 특성을 실현해야 할 사명을 지닌다.

이를 위하여 우리의 신학은 한편으로 예수 그리스도의 몸된 교회의 본문과 전통, 다른 한편으로는 토착문화의 종교적 언어와 체험을 비판적이고 창조적인 방식으로 상호 관련 짓는다.

또한 우리의 신학은 급변하는 과학문명의 시대 속에서 살아가는 인간들이 지닌 요청과 물음에 대하여 바른 대답을 타당하고 효과적으로 제시하기 위하여 인접 학문과의 긴밀한 대화와 유대를 가짐으로 보다 적극적이고 성실한 방법으로 구원의 길을 모색한다. 더우기 신학은 이념적으로, 종교적으로 다원화된 상황하에서 고립주의적 배타성을 탈피하고 이념이 지닌 정당한 가치와 종교의 고유한 경험을 존중하고 이해 하기 위하여 상호 대화를 할 책임을 지닌다.

4. 선교와 하나님 나라

우리의 신학은 하나님나라의 성취를 위한 선교에 봉사하기 위하여 인격의 변화와 동시에 역사의 개혁을 목적하는 복음적 변혁을 추구한다.

복음은 인류 역사속에서 변혁의 능력으로 역사해 왔다. 그러므로 우리의 신학은 복음의 구체적 실현으로서 하나님나라의 성취를 위한 선교에 매진해야 한다.

하나님나라는 화해와 온총에 기초를 둔 인간과 하나님과의 인격적 회복과 이에 근거한 인간의 사회적인, 역사적인 변혁을 통하여 성취된다. 인간의 역사속에 사랑으로 다가오시는 하나님은 하나님나라의 성취를 희망으로 약속하시며 이 희망이 바로 교회의 선교적 기초가 된다.

하나님나라의완성을 위한 선교의 과제는 죄로 인해 상실된 인간의 본래적 모습을 회복하는 중생의 체험 곧 영혼의 변혁과 인격의 변혁을 우선으로 하며 동시에 인간의 기본권익을 짓밟으며 파괴하는 제반 사회적 비리와 부조리와 구조악에 대한 투쟁을 포괄하는 사회적 성결을 지향한다.

그러므로 선교는 복음주의적 내적 증거와 함께, 피안으로의 도피가 아닌, 지금 여기에 평화와 그리스도의 사랑과 정의를 실현하는 일이며, 이를 가로막는 모든 악의 도전에 대한 신앙적 응전을 의미한다.

그러므로 선교 공동체로서의 교회는 그리스도의 십자가와 부활에의 동참을 통하여 개인 구원과 교회성장은 물론 이를 훨씬 넘어선 문화적이고 역사적인 변혁을 추구하며 갈등과 소외가 극복되고 화해와 평화속에 번영하는 민족, 형제의 사랑에 기초한 세계 공동체 건설을 추구해야 한다.

5. 성령과 실천

우리의 신학은 모든 피조물들의 고통속에 현존하시는 성령의 인도하심으로 한반도와 아시아 그리고 전세계가 당면한 과학기술시대의 온갖위기와 핵전쟁의 위험에 대항하는 사람들의 종파, 인종, 계급, 성의 차이를 초월한 정의와 평화와 생명의 운동과 연대한다.

우리는 하나님의 창조를 파괴하려는 핵시대의 위협 속에 살고 있다. 이는 성서시대나 근대 이전의 기독교시대의 신학이 감히 상상하지도 못했던 대재난과 결부되어 있다. 그러므로 이러한 상황은 기존의 신학적 모형만으로는 해결할 수 없는 새로운 신학적, 세계관적 문제를 제기한다. 따라서 우리의 신학 작업은 기술의 발전속에 잠재해 있던 인간 파괴력의 무서운 성장을 예상하지 못했던 과거의 신학적 유산에 무비판적으로 의존해서는 안된다. 특히 군주적 신관, 기계적 자연관, 그리고 인간 중심주의에 의해 조장된 구원론의 협소성을 시급히 탈피하고, 다양하고 복합적인 상호 의존의 관계 속에 있는 생명의 광범위한 해방을 가져오는 성령중심적 창조 신학을 새로 수립해야 할 과제를 안고 있으며, 이것을 위하여 우리는 오늘의 상황에 대한 위기의식을 공유하고 있는 과학자들, 생태학자들, 철학자들과의 열려진 대화를 절실히 요청한다.

성령은 종파, 인종, 계급, 성의 차이를 초월하여 정의와 평화와 생명을 위해 일하는 모든 사람들의 고통과 소망 속에 함께하고 계시며, 이 성령에 이끌리어 우리의 신학은 하나님과 피조물, 그리고 피조물과 피조물 사이의 심오하고 폭넓은 친교와 상호협력의 구현을 지향할 것이다.

우리의 신학은 생명의 위기에 직면한 오늘의 세계 속에서 고통하는 모든 피조물들의 구원과 건강과 치유와 평화를 위해 우리와 함께 역사하시는 성령의 부르심에 새롭게 응답한다.

우리의 신학은 성령의 도우심으로 한반도와 아시아 그리고 전세계가 당면한 반생명적 상황을 극복하려고 실천하는 신앙 인격의 양육과 신앙 공동체의 형성을 위해 일한다.

감리교신학대학은, 체험적 신앙에 기초한 경건성과 실천성을, 경직된 교리와 조직에 매이지 않고 인간의 책임성을 강조하며 온 인류를 향하신 하나님의 보편적 사랑을 말하는 개방성과 포괄성을 그리고 전통 종교와 문화의 다양성 속에서 복음과 전통 문화와의 비판적이고 창조적인 대화를 통하여 상호 관련성을 찾는 토착화를 신학적 전통으로 간직하면서, 100년에 가까운 긴 학문의 길을 지켜왔다. 또한 학계와 교회와 사회속에 지도적인 역할을 감당해 왔던 자랑스런 많은 선배들의 삶과 사상을 긍지와 정신적 지주로 삼으며 교회와 사회의 새로운 변혁을 위한 일에 매진해 왔다.

위에 명시된 신학지침은 우리 대학의 교육의 방향과 내용 설정의 기준이며 출발점이다. 우리대학 안에 있는 각 학과들 즉 신학과와 기독교교육학과와 종교철학과는 신학지침에 표명된 신학적 입장을 근거로하여 각 학과의 특징을 따라 학문적 영역과 기능을 넓히고 발전시키며, 감리교 신학대학의학훈 곧 경건, 학문, 실천에 기초하여 교회와 사회가 요구하는 능력있고 바른 지도자를 양성하는 일에 최선을 다할 것이다.

우리 감리교신학대학이 지금까지 지켜왔고 앞으로도 펴나갈 원대한 교육의 꿈을 학문성의 자유라는 전통 속에서 키워 갈 것이며, 시대적 요구에 응답하는 진리의 제시를 목적하여 하나님의 선교역사에 참여하는 우리 본래의 사명 수행에 최선을 다할 것이다.

19920305_감리교신학대학 신학지침_변선환_무지는 죄가 아니다 자료집_4번_페이지_3

K-2-019

기 소 장

변선환학장 귀하

본 적

주 소 서울 서대문구 냉천동 31(감리교신학대학)

피 고 변 선 환

직 업 목사및학장

위자에 대한 19회 특별총회(1991. 10. 29 - 31 광림교회)에서 목사직 면직을 결의한 바 있는 위자에 대한 성경과 감리교 교리에 완전히 위배되는 이단사상을 가르친 것과 통일교 인물과 관련된 사실의 사건을 기소한다.

기 소 사 실

1. 고소장 192단 제1조 1항과 6항과 199단 8조에 의하여. 끝.

1992년 3월 5일

심사위원장 나 정 희

서 기 조 창 식

위 원 이 동 우

19920305_공판기록물- 변선환학장 기소장_서울연회재판위원회_4번

K-2-018

기 소 장 A

홍정수교수 귀하

본 적

주 소 서울 서대문구 냉천동 31(감리교신학대학)

피 고 홍 정 수

직 업 목사및교수

위자에 대한 19회 특별총회(1991. 10. 29 - 31 광림교회)에서 목사직 면직을 결의한 바 있는 위자에 대한 성경과 감리교 교리에 완전히 위배되는 이단사상을 가르친 것과 통일교 인물과 관련된 사실의 사건을 기소한다.

기 소 사 실

1. 고소장 192단 제1조 1항과 6항과 199단 8조에 의하여. 끝.

1992년 3월 5일

심사위원장 나 정 희

서 기 조 창 식

위 원 이 동 우

19920305_공판기록물- 홍정수교수 기소장_서울연회재판위원회_4번

기독교 대한감리회 서울연회

서울특별시 중구 태평로1가 64-8 광화문빌딩 13층 (☎ 399-2047~9 FAX : 399-2050)

SEOUL ANNUAL CONFERENCE
THE KOREAN METHODIST CHURCH

64-8, 1-Ga TaePyong-Ro, Jung-Gu
Seoul, Korea

감 독 나 원 용
Bishop Won Yong Na

총 무 이 현 덕
Rev. Hyun Duk Lee
General Secretary

기감서제92-53호 1992년 3월 6일

수 신: 홍정수목사

제 목: 직임정지 통보

주안에서 평안하시기를 기원합니다.

귀하는 김홍도목사, 유상열장로의 명의로 고소당하여 서울연회 제1반 심사위원회에서 심사한 결과 장정 192단 제1조 1항과 6항, 199단 8조에 의거 1992년 3월 5일부로 기소되었습니다.

따라서 귀하는 장정 204단 제13조에 의거 재판에서 판결될때까지 목사의 직임이 정지됨을 통보합니다. 끝.

감 독 나 원

19920306_공판기록물- 직임정지 통보 (홍정수)_서울연회 감독 나원용_4번_페이지_1

교단: 기소=직무 [정지] 통보 92-3.5

기독교 대한감리회 서울연회

서울특별시 중구 태평로1가 64-8 광화문빌딩 13층 (☎ 399-2047~9 FAX: 399-2050)

SEOUL ANNUAL CONFERENCE
THE KOREAN METHODIST CHURCH

64-8, 1-Ga TaePyong-Ro, Jung-Gu
Seoul, Korea

감독 나 원 용
Bishop Won Yong Na

총무 이 현 덕
Rev. Hyun Duk Lee
General Secretary

기감서 제92-53호 1992년 3월 6일

수 신: 홍정수목사

제 목: 직임정지 통보

주안에서 평안하시기를 기원합니다.

귀하는 김홍도목사, 유상열장로의 명의로 고소당하여 서울연회 제1반 심사위원회에서 심사한 결과 장정 192단 제1조 1항과 6항, 199단 8조에 의거 1992년 3월 5일부로 기소되었습니다.

따라서 귀하는 장정 204단 제13조에 의거 재판에서 판결될때까지 목사의 직임이 정지됨을 통보합니다. 끝.

감 독 나 원

19920306_공판기록물- 직임정지 통보 (홍정수)_서울연회 감독 나원용_4번_페이지_2

기독교 대한감리회 서울연회

서울특별시 중구 태평로1가 64-8 광화문빌딩 13층 (☎ 399-2047~9 FAX : 399-2050)

SEOUL ANNUAL CONFERENCE
THE KOREAN METHODIST CHURCH

64-8, 1-Ga TaePyong-Ro, Jung-Gu
Seoul, Korea

감독 나 원 용
Bishop Won Yong Na

총무 이 현 덕
Rev. Hyun Duk Lee
General Secretary

기감서제92-53호 1992년 3월 6일

수 신: 변선환목사

제 목: 직임정지 통보

주안에서 평안하시기를 기원합니다.

귀하는 김홍도목사, 유상열장로의 명의로 고소당하여 서울연회 제1반 심사위원회에서 심사한 결과 장정 192단 제1조 1항과 6항, 199단 8조에 의거 1992년 3월 5일부로 기소되었습니다.

따라서 귀하는 장정 204단 제13조에 의거 재판에서 판결될때까지 목사의 직임이 정지됨을 통보합니다. 끝.

감 독 나 원 용

- 211 -

19920306_공판기록물- 직임정지 통보(변선환목사)_서울연회감독_4번

K-2-021

기독교 대한감리회 서울연회
서울특별시 중구 태평로1가 64-8 광화문빌딩 13층 (☎ 399-2047~9 FAX : 399-2050)

SEOUL ANNUAL CONFERENCE
THE KOREAN METHODIST CHURCH
64-8, 1-Ga TaePyong-Ro, Jung-Gu
Seoul, Korea

감독 나 원 용
Bishop Won Yong Na

총무 이 현 덕
Rev. Hyun Duk Lee
General Secretary

기감서제92-58호 1992년 3월 7일

수 신: 변선환목사, 홍정수목사, 김홍도목사
유상열장로, 나정희목사(제1반심사위원장)

제 목: 재판위원회 소집

주안에서 평안하시기를 기원합니다.

재판위원회를 소집하고 고소인과 피고소인, 제1반심사위원장에게 출석하기를 요청하니 아래를 참고하시고 출석하기 바랍니다.

-- 아 래 --

일 시: 1992년 3월 23일(월) 오후3시

장 소: 본부회의실(20층) 끝.

재판위원회
위 원 장 홍 형

19920307_공판기록물- 재판위원회 소집공문_서울연회_4번

제 1 절 재판과정에서 일어난 일들

1. 제1차 서울연회 재판위원회

일 시 : 1992년 3월 7일 오전 10시
장 소 : 서울연회본부

참석자 : 홍형순 박민수 정해유 서성옥 한양희 김문희 최애도 이강모 오춘동 도건일
위 임 : 조승혁 성기백 조중행

1. 개회 : 홍형순 목사의 기도로 개회하다.
2. 조직: 나원용 감독의 사회로 재판위원회를 조직하다.
   1) 위원장 선택: 박민수 목사의 구두호천으로 홍형순 목사가 피택되다.
   2) 정,부서기 선택: 홍형순 목사의 구두호천으로
      정서기에 김문회 목사, 부서기에 이강모 장로가 피택되다.

3. 경과보고: 서울연회 총무 이현덕 목사가 아래와 같이 경과보고하다.
   1. 1991. 11. 19. 총회결의안 접수
   2. 1991. 11. 20. 심사 제1반 운영
   3. 1991. 12. 2. 김홍도목사, 유상열 장로 고소장 접수
   4. 1991. 12. 26. 제1반 심사위원직 사퇴
   5. 1991. 12. 31. 제2반 심사위원 임명
   6. 1992. 1. 23. 제2반 심사위원직 사퇴
   7. 1992. 1. 25. 제3반 심사위원 임명
   8. 1992. 1. 30. 연회실행위원회에서 심사위 재조직 및 보선
   9. 1992. 2. 11. 홍정수 목사 기피신청
   10. 1992. 2. 15. 제1반 심사위원 임명
   11. 1992. 3. 5. 두 교수 기소

4. 안건심사
   1) 홍형순 목사가 관련서류(고소장 기소내용)를 예의 검토하여 문제의 내용을 정확히 파악할 필요가 있음을 주지시키다.
   2) 서성옥 장로가 총회에서 목사직 면직 결의가 된 것으로 연회에 통보한 것은 잘못임을 지적하고 심사위원장을 불러서 심사경위에 관한 것을 설명들을 필요가 있음을 제안하다.

5. 결의사항
   1) 재판위원 모임 : 3월 16일 오후5시에 연회본무에 모여서 위원들의 뜻을 충분히 개진토록 하다.

– 353 –

19920307_제1차 서울연회 재판위원회_교리사건 재판자료_4번_페이지_1

각 위원들에게 통보하고 오늘 불참한 위원들에게 자료를 발송할 것.

2) 재판 개정일자 : 오늘부터 2주일후인 3월 23일 오후 3시에 원고, 피고, 심사위원장을 소환하여 감리교본부 회의실에서 재판을 개정키로 하다.
금일 중으로 해당자 되는 이들에게 통지토록 하다.

6. 폐회 : 박민수 목사의 기도로 오전 11시 30분에 폐회하다.

1992년 3월 7일

위원장 홍 형 순 서기 김 문 희

서울연회 재판위원회(1회)

일 시: 1992년 3월 7일 오전10시
장 소: 서울연회본부
참석자: 홍형순 박민수 정혜유 서성옥 한양희 김문희 최애도 이강모 오춘동 도건일
위 임: 조승혁 성기백 조종행

1. 개회: 홍형순목사의 기도로 개회하다.
2. 조직: 나원용감독의 사회로 재판위원회를 조직하다.
1) 위원장선택: 박민수목사의 구두호천으로 홍형순목사가 피택되다.
2) 정.부서기선택: 홍형순목사의 구두호천으로 정서기에 김문희목사, 부서기에 이강모장로가 피택되다.
3. 경과보고: 서울연회 총무 이헌내목사가 아래와같이 경과보고하다.
1. 1991. 11. 19 총회결의안 접수
2. 1991. 11. 20 심사 제1반 임명
3. 1991. 12. 2 김홍도목사, 유상열장로 고소장 접수
4. 1991. 12. 28 제1반 심사위원직 사퇴
5. 1991. 12. 31 제2반 심사위원 임명
6. 1992. 1. 23 제2반 심사위원직 사퇴
7. 1992. 1. 25 제3반 심사위원 임명
8. 1992. 1. 30 연회실행위원회에서 심사위 재조직 및 보선
9. 1992. 2. 11 홍정수목사 기피신청
10. 1992. 2. 15 제1반 심사위원 임명
11. 1992. 3. 5 두교수 기소
4. 안건심사
1) 홍형순목사가 관번서류(고소장 기소내용)를 예의 검토하여 문제의 내용을 정확히 파악할 필요가 있음을 주지시키다.
2) 서성옥장로가 총회에서 목사직 면직 결의가 된것으로 연회에 통보한것은 잘못임을 지적하고 심사위원장을 불러서 심사경위에 관한 것을 설명 듣을 필요가 있음을 제안하다.
5. 결의사항
1) 재판위원모임: 3월16일 오후5시에 연회본부에 모여서 위원들의 뜻을 충분히 개진토록 하다.
각위원들에게 통보하고 오늘 불참한 위원들에게 자료를 발송할 것.
2) 재판개정일자: 오늘부터 2주일후인 3월23일 오후3시에 원고, 피고, 심사위원장을 소환하여 감리교본부 회의실에서 재판을 개정키로 하다.
금일중으로 해당자 되는 이들에게 통지토록 하다.
6. 폐회: 박민수목사의 기도로 오전11시30분에 폐회하다.

1992년 3월 7일

위원장 홍 형 순
서 기 김 문 희

\- 354 -

19920307_제1차 서울연회 재판위원회_교리사건 재판자료_4번_페이지_2

2. 제2차 서울연회 재판위원회

일　시 : 1992년 3월 16일　오후 5시 15분
장　소 : 서울연회 감독실
기　도 : 정해유 목사
참석자 : 홍형순 박민수 정해유 오춘동 도건일 한양희 조승혁 성기백 김문희 이강모
최애도 조중행 이창재

안건토의 및 결의안

1. 위원장 홍형순 목사께서 오늘 모임을 소집케 된 경위를 설명하다.
2. 조승혁 목사가 기소장을 비롯한 일건 서류에 하자가 있으니 심사위원회로 하여금 보완토록 하자고 제안함.
3. 피고 홍정수 목사가 재판위원 중 김문희 목사를 개인적인 사정으로 기피함으로 홍정수 목사에 관계된 사항만 불참하기로 하고 본인에게 통보하기로 하다.
(별지참조)
4. 23일 재판개정을 위해 아래와 같이 결의한다.
    1) 소위원회로 정해유 성기백 조승혁 홍형순 김문희 이강모로 선정하다.
    2) 재판장소는 소위원회에 일임한다.
    3) 재판형태는 부분공개로 하되 원고 및 피고 측에 10명씩 통고하여 방청케 한다.
    4) 제 1차 재판은 인정심문으로 마친다.
    5) 소위원회로 3월 19일(목) 오후 5시 30분에 엠버서더호텔에서 모인다.
5. 폐회 : 최애도 장로의 기도로 7시 30분에 폐회하다.

위원장　홍 형 순
서　기　김 문 희

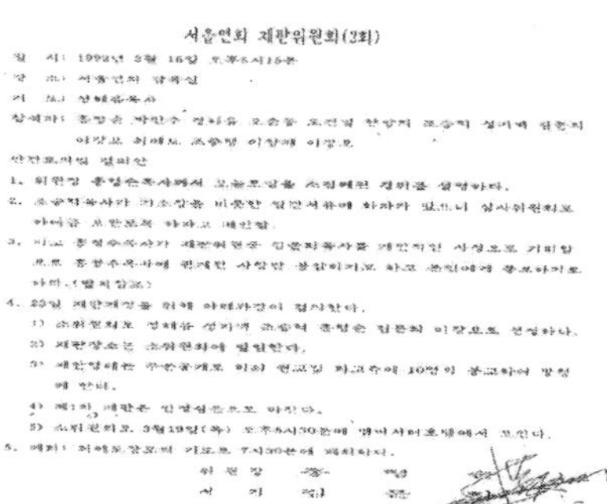

서울연회 재판위원회(2회)

19920316_제2차 서울연회 재판위원회_교리사건 재판자료_4번

K-2-06

92/3/26
7205호

재 판 위 원 기 피 신 청

신청인(피고) 홍 정 수

"기독교대한감리회 기독교 교리 수호 대책 위원회" 목사 대표 김홍도, 평신도 대표 유상열에 의하여 고소된 사건에 관하여 다음과 같이 법관기피신청을 합니다.

신 청 취 지

재판위원 고재영, 홍형순, 최홍석, 민선규, 임흥빈, 금성호, 심원보, 김재국, 이강모, 곽노흥, 김재민, 박을희, 박완혁에 대한 기피는 이유 있다.
라는 재판을 구합니다.

신 청 원 인

신청인은 이 사건의 피고소인으로서, 이 사건의 심리 중에 있는 위 재판위원들이 위 고소인들의 동일 단체, "기독교대한감리회 기독교 교리 수호 대책 위원회"의 중요 임원들로서 이 사건에 대한 확실한 결론을 공공연하게 일간 신문에 발표한 바 있기에 공정한 재판을 할 수 없다고 사료되어 기독교대한감리회 재판법 제39조에 의거하여 이 기피 신청에 이른 것입니다.

증거: (자료 첨부)

고재영 기독교대한감리회 기독교 교리 수호 대책 위원회 상임위원
홍형순 기독교대한감리회 기독교 교리 수호 대책 위원회 지도위원
최홍석 기독교대한감리회 기독교 교리 수호 대책 위원회 공동회장
민선규 기독교대한감리회 기독교 교리 수호 대책 위원회 상임위원
임흥빈 기독교대한감리회 기독교 교리 수호 대책 위원회 지도위원
금성호 기독교대한감리회 기독교 교리 수호 대책 위원회 지도위원
심원보 기독교대한감리회 기독교 교리 수호 대책 위원회 중앙위원
김재국 기독교대한감리회 기독교 교리 수호 대책 위원회 실행위원
이강모 기독교대한감리회 기독교 교리 수호 대책 위원회 중앙위원
곽노흥 기독교대한감리회 기독교 교리 수호 대책 위원회 재정부장
김재민 기독교대한감리회 기독교 교리 수호 대책 위원회 사무국장
박을희 기독교대한감리회 기독교 교리 수호 대책 위원회 부 회장
박완혁 기독교대한감리회 기독교 교리 수호 대책 위원회 실행위원

배달증명

특수 우편물수령증

접수번호 종별 중량 요금: 1P54. 5번 1,470 1.4원

종	배증	내증	민원	특급
별	통화	물품	유가증권	대금교환
금액				원

우체국

92. 3. 26

3402-341-04311일 1988. 1. 11승인 62mm×95mm (신문용지 54g/m²)

1992. 3. 26.

위 신청인 홍 정 수 (인)

기독교대한감리회 서울연회 재판위원장 귀중

19920326_공판기록물- 재판위원기피신청_홍정수_4번

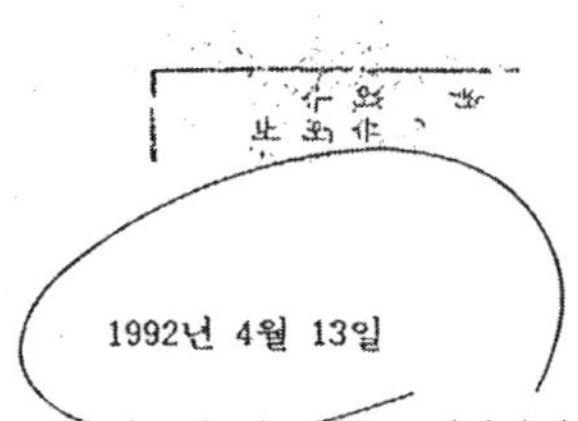

재판위원 기피신청

1992년 4월 13일

받으실 이: 기독교대한감리회 서울연회 재판위원장 귀하
참 조: 기독교대한감리회 서울연회 나원용 감독

신청인: 피고인 홍정수
주 소: 서울특별시 은평구 갈현2동 523-75 연립 203호

본인은 92년 3월 5일자로 서울연회에 기소된 사건의 피고소인으로서 (1)신학적으로 '무자격'한 위원들, (2)확실한 선입견을 지니고 있는 '불공정'한 위원들, 그리고 (3)총회 재판위원들이기에 연회 재판에는 관여할 수 없는 '불법'적인 위원들에 대하여

기독교 대한감리회의 재판법 제39조에 의거, 법관 기피를 신청합니다.

기피신청의 根據:

(1)본 사건은 1991년 10월 15일자 "목사자격 심사위원회"의 보고, 제1차 심사위원들의 1991년 12월 28일자 보고, 그리고 제2차 심사위원들의 1992년 1월 24일자 보고에 나타나 있는 대로, 신학적 문제임에도 불구하고, "준회원 과정고시 위원"의 자격(신학대학원 졸업)을 갖추지도 못한 상당수의 재판위원들(평신도들 포함)이 있습니다. 이들은 "통일교" 문제에 관하여는 상관 없지만, 주안건인 "교리 위배"에 대하여는 재판관의 자격을 지니고 있지 못합니다. 이에 이들 자격미비 위원들에 대하여 기피를 신청합니다.

(2) 1992년 3월 26일자로 이미 13 명의 "교리수호대책위" 소속 재판위원들에 대하여 기피를 신청하였으나, 아무런 결정이 없기에 제2차로 동일 근거에 의하여 동일 13 명에 대하여 기피를 재신청합니다.
(자료는 이미 송달하였음)

고재영 기독교대한감리회 기독교 교리 수호 대책 위원회 상임위원
홍형순 기독교대한감리회 기독교 교리 수호 대책 위원회 지도위원
최홍석 기독교대한감리회 기독교 교리 수호 대책 위원회 공동회장
민선규 기독교대한감리회 기독교 교리 수호 대책 위원회 상임위원
임홍빈 기독교대한감리회 기독교 교리 수호 대책 위원회 지도위원
금성호 기독교대한감리회 기독교 교리 수호 대책 위원회 지도위원
심원보 기독교대한감리회 기독교 교리 수호 대책 위원회 중앙위원
김재국 기독교대한감리회 기독교 교리 수호 대책 위원회 실행위원
이강모 기독교대한감리회 기독교 교리 수호 대책 위원회 중앙위원
곽노흥 기독교대한감리회 기독교 교리 수호 대책 위원회 재정부장
김재민 기독교대한감리회 기독교 교리 수호 대책 위원회 사무국장

(1차=3/26일자)

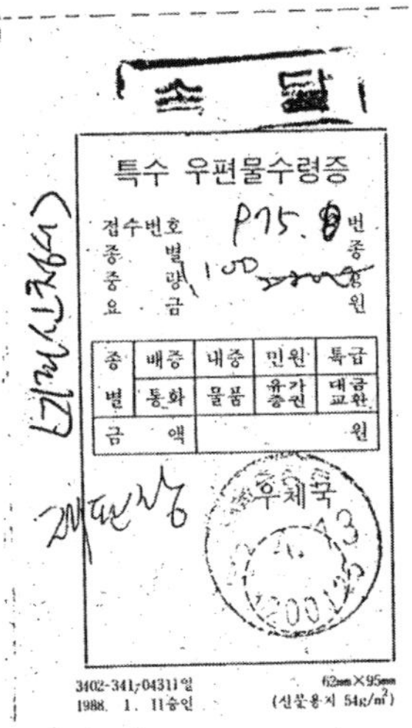
송달
특수 우편물수령증
접수번호 P75.8 번
종 별 종
중 량 100 g
요 금 원

종별	배증	내증	민원	특급
	통화	물품	유가증권	대금교환
금 액				원

3402-341-04311일 1988. 1. 11승인 62mm×95mm (신문용지 54g/m²)

19920413_공판기록물- 재판위원 기피신청_홍정수_4번_페이지_1

박을희 기독교대한감리회 기독교 교리 수호 대책 위원회 부 회 장
박완혁 기독교대한감리회 기독교 교리 수호 대책 위원회 실행위원

. 특히 고재영 위원은 이미 "심사" 위원으로 위촉되었었으나, 중립적 견지에 있지 않음이 인정되어, "기피"된 적이 있으며(증거 자료 첨부), 일반 형사소송법에 의하면 심사(수사)에 관여한 바 있는 법관은 재판을 맡을 수 없다고 명시되어 있음.

. 특히 최홍석 위원은 주지하는 바와 같이 "오메가 선교회"의 회보를 통하여, 피고인을 비방하는 유인물(증거 자료: 91년 7월 15일자 발행, 『세계선교』 참조)을 전국적으로 배포한 사실이 있으며, 고발자의 집단인 "교리수호대책위" 구성(91년 11월 21일, 당일의 순서 참조) 당시, 그리고 그 후 "성토" 집회(92년 3월 9일) 당시, 기타 공공연한 집회 때마다 본 피고인을 비난하는 발언을 서슴치 않고 있는 이른바 "교리수호대책위원회"의 "공동회장"이라는 중책을 맡고 있음.

(3) 연회 재판위원이 그 상급 법원인 총회 재판위원이 될 수 없다고 하는 것은 상식에 속합니다. 그럼에도 불구하고 고재영, 임홍빈, 이강모 위원은 총회 재판위원들입니다(증거 자료: 92 「연회 보고서」 15쪽). 따라서 이 위원들에 대하여 기피를 신청합니다.

1992. 4. 13.

위 신청인 홍 정 수 (인)

19920413_공판기록물- 재판위원 기피신청_홍정수_4번_페이지_2

J-2-002

기소장에 대한 해명의 글

1 9 8 6년 문교부 학술연구과제 (학술2550-350)로 승인 받은 연구논문 " 그리스도론의 비서구화― 특히 佛陀論과의 관련에서 본 한국적 그리스도론의 시도" 의 일부분 (미완성의 논문) 을 한국 가톨릭 문화연구원 제 9 차 심포지움 (1990.11.24) 에서 「불타와 그리스도」 라는 주제로 발표한 것이 교계신문 (크리스챤신문 '90.12.8과 종교신문 '90.12.5)을 통하여 알려지게 되자 여론의 파도가 일어나며 제 1 9 회 특별총회 ('91.10.29-31 광림교회) 에서 종교다원주의를 정죄하기에 이르렀고, 교리수호대책위원회 대표인 김홍도목사님과 유상렬장로님에 의하여 고소되었으며 ('91.11.30) 네번째로 소환한 심사위원회 위원장 나정희목사님과 서기 조창식목사님과 그 위원인 이동우장로님에 의하여 기소당하여 지난달 재판위원 앞에 서기에 이르렀습니다 (1992. 3.5 ; 1992. 3.10).

본인은 지난달 재판 ('92.2.23, 본부 2 0 층) 에 이어서 새로 구성된 재판위원회 앞에 다시 서게 되었습니다. ('92. 4.22). 그동안 신문보도가 계기가 되어서 꼬리를 물고 일어난 여론의 파도를 '타고 종교다원주에 대하여 우려와 분노를 표출시키며 성서와 교리를 수호하려고 하셨던 선의의 감리교인들 특히 심사와 재판을 맡았던 어른들에게 송구한 마음 금할 길이 없습니다. 본인은 오늘의 재판이 공정하게 치뤄지기 위하여 본인의 입장을 밝히고 기소장에 대하여 간략하게 대답을 하겠읍니다.

1. 웨슬리처럼 알매니안주의 감리교 위에 서서 신정통주의 신학, 세속화신학등을 거쳐서 제 3 세계 신학 (특히 아시아신학) 의 영역에 들어온 본인의 신학은 " 종교 해방 신학" (Liberation Theology of Religions)을 지향하고 있습니다.

2. 7 2년 미 연합감리교회가 다원주의를 선교의 원리로 표명하며 신학적 다원주의 입장에 서서 W.C.C.의 종교다원주의 신학을 수용하였던 것 처럼, 한국의 에큐메니칼 신학자들과 함께 본인도 종교다원주의를 신학의 과제로 삼고 있습니다 (한국기독교신학 논총 7 ; 종교다원주의와 신학적 과제, 1990 /논총 8 ; 복음과 문화, 기독교서회 1991). 종교다원주의 신학을 소개하는 Paul Knitter의 저서인 No other Name? (오직 예수 이름으로만?) 은 국내외에서 교과서로 사용되고 있습니다.

3. 자치교회 6 0주년 (1990)을 맞으면서 " 진정한 기독교, 진정한 감리교, 진정한 조선교회" 가 되려고 다시금 다짐하였던 그때 (1930)를 상기하며, 본인은 보수근본주의 신학의 다섯가지 교리를 부결하고 교리적선언을 낳은 진보적 자유주의 신학에 섰던 에큐메니칼 신학과 노병선, 최병헌에서 비롯하여 6 0년대에 꽃핀 토착화신학 (윤성범, 유동식) 과 생각의 맥을 함께하고 있습니다.

1

19920422_기소장에 대한 해명의 글(3차 재판시 제출한 해명서)_변선환_4번_페이지_1

4. 기소장에서 인용되고 있는 본인의 글들은 세가지 다른 신학적 입장을 나타내고 있습니다. ① "교회 밖에도 구원이 있다" (월간목회 ; 현대사조 1978)는 신의 선교 (missio Dei) (윌링겐 1951)와 세속화 교회론 (웁살라, 1968) 을 배경하고 있으며, ② 80년대초에 아시아신학을 소개한 세가지 글, "동양종교의 부흥과 토착화신학" (기독교사상, 1983,4,5,6)은 포괄주의 신학에 서 있는 글이있고, ③ '80년대 후반기부터 쓴 글들은 다원주의 신학을 배경하고 있습니다.

위에서 밝인 신학적인 전제 밑에서 기소장에서 제기한 물음에 대하여 대답하겠습니다.

I. 기소인들은 신앙과 신학 제7집 서두에 한국기독교학회 회장의 자격으로 쓴 머릿말 ("신학의 과제로서의 한국종교" 7집 P.5)과 기독교사상 (1983. 5. 157)를 들어서 하나님의 구원의 역사를 기독교 교회의 벽속에 폐쇄 시킬 수 없다고 타종교에도 구원의 빛이 있다는 글에 대하여, 기소장은 커다란 의문을 표명하며 감리교회 신앙과 교리 (장정 제17단 9조, 제13단 5조) 에 위배된다고 하였습니다. 이 주장을 근거 짓기 위하여 기소장은 본인이 파니카의 혼합주의 기독론에서 출발하여 기독교중심주의는 신학적인 토레미의 천동설에 불과하다는 다원주의 신학으로 발전되어 나갔으며, (크리스챤신문 90.12.8), 선교사가 기독교선교를 하기 이전에도 하나님의 구원의 역사가 의미 역사하고 있었다 (교회 밖에도 구원이 있다. 현대사조, 1978)는 글을 썼다고 하면서 본인의 "신학이 그리스도의 유일성을 부정한 "탈기독교적, 탈고백적, 탈사도적, 탈복음적 입장" 이라고 정리하였습니다. 이런 성서와 교리에 위배되는 신학은 7천교회 200만 신도 운동에 지장이 되는 "반기독교적 배교행위" 라고 결론 짓기도 하였습니다. 기소장은 계속해서 여러가지 사례를 들고 있기도 합니다. (강남중앙교회 이종호목사님 : 최완택목사님의 증언 : 권유순목사님의 증언 : 삼남연회. 선교장해)

본인의 여러글들이 본의 아닌 오해와 곡해를 이르키고 있기에 본인은 몇 가지로 신학적 문제를 밝히겠습니다.

(1) 우리는 해와 달과 별들이 천국 열쇠를 독점하고 있는 법황청을 중심으로 돌고 있다고 보며 가톨릭 "교회 밖에는 구원이 없다" (프로렌스회의 1438-45)고 선언할 수 있었던 중세기에 살고 있지 않습니다. 오늘날 가톨릭교회는 바티칸 제2공의회 이후 (1965) 그리스도 안에 있는 다른 교파를 형제라고 인정하는 것을 넘어서 타종교의 실체를 인정하며 하나님의 백성이라고 보고있습니다. 에큐메니칼 신학자들이 교회중심주의나 기독교 중심주의에서 벗어난 것은 윌링겐 회의 (1952) 이후였습니다. 웨슬리는 18세기 계몽주의 철학자 존 록크에게서 신 인식과 관용의 길을 배웠습니다 (존 록크 인간오성론 Essey Concerning Human Understanding, 1690 : 관용서간 Epistolae de tolerantia, 1686).

19920422_기소장에 대한 해명의 글(3차 재판시 제출한 해명서)_변선환_4번_페이지_2

(2) 그리스도의 복음과 역사적인 기독교는 구별하여야 한다는 것은 신정통주의 신학자들의 공통된 주장이었습니다. 기독교는 역사속에서 다른 종교와 꼭 같이 허물 많은 죄스러운 존재입니다. 이점에서 기독교 절대 무오설이란 주장은 설 수 없습니다. 그러나 교회의 존재근거는 그리스도의 복음을 증거하는 말씀의 공동체라는데 있습니다.

(3) 교회의 안과 밖을 聖과 俗의 두 영역으로 엄격하게 구별하기 위하여 성서주의나 교회지상주의와 같은 근본주의 신학을 주장한다는 것은 세속화 과정속에 있는 현대세계를 위한 바람직한 선교정책은 아닙니다. 에큐메니칼 신학자들은 교회중심 선교(missio ecclesiae)를 넘어서 신 중심의 선교 (신의 선교 missio dei)를 주장하였으며 (Willingen, 1952) 1968년 스웨덴 웁사라회의에서 " 교회 벽 밖에 계신 그리스도" (Christus extra muros ecclesiae)라는 주제를 가지고 히13;12,13 (성경) 의 현대적 의미를 함께 생각했습니다. 중세기의 실체론적 교회론을 넘어서 " 실체" (ovsia)의 범주가 아니라 " 역사" (Geschichte)의 범주에 의하여 새롭게 해석된 세속화 교회론이 태어난 것 입니다. " 하나님⟶ 교회⟶ 세계" 도식 (모이는 교회) 이 " 하나님⟶ 세계⟶ 교회" 도식으로 (흩어지는 교회) 선교모델이 바뀌어진 것 입니다. 이제는 더 교회의 안과 밖을 구별하고 구속사와 세계사를 聖俗 이원론을 가지고 나누며 그 사이에 높은 장벽을 쌓을 수 없게 되었습니다. 이무렵 복음주의 신학자들도 Christianity Today 의 편집자인 독일출신 신학자 카알 헨리가 주동이 되어서 그 잡지 창간 10주년을 기념하며 베를린대회(1966)를 열어 놓고 " 정복자의 종교" 로 군림하였던 서구 기독교 특히 복음주의자들의 " 절대적 승리주의" 선교의 시대 착오적인 맹점을 예리하게 찔렀습니다. 성서주의와 교리주의를 내 세워서 " 인간이 만든 장벽들" 을 인류의 포괄적인 구원을 위해서 헐어 버리자고도 제안했습니다. 서구 기독교의 선교의 최대 장애물은 크리스챤 스스로 세상과 구별하고 교회 안과 밖을 갈라 놓는 " 추잡한 장벽들" 이라고 정죄하며 개종주의 선교의 장래는 암담하기만 하다고 경고하였습니다. " 베를린성명서" 는 모든 인류는 한 조상의 후손인 곧 하나님의 백성인 것을 인식하는데 실패한 서구 기독교의 죄를 고백하고 있기도 합니다.

(4) " 세계는 나의 교구" 라고 한 웨슬리는 문화적 역사적으로 제약되어 있기 때문에 예수 그리스도를 알지 못한 비기독교인들의 구원에 대하여 " 선행은총" (gratia preveniens) 사상을 가지고 힘있게 설교하였습니다 (Free Grace: On Living without God : On Divine providence: On Warking Out Our Own salvation: On Faith: Cause of the Inefficacy of Christianity: catholic Spirit: Caution against Bigotry 등) . 웨슬리는 " 익명의 그리스도인" 에 대하여 말한 카알 라아너나 " 알수없는 우주적 그리스도" 를 말한 레이몬드

3

19920422_기소장에 대한 해명의 글(3차 재판시 제출한 해명서)_변선환_4번_페이지_3

파니카처럼 타종교인들의 구원을 분명히 말하였습니다 (Thmas Whitehead 에게 보낸 편지 1748.2.10: Letters. II, PP.117-118)(Michael Hurley, "Salvation Today and Wesley Today" 감리교 신학의 미래, 총리원 교육국, 1987, PP.342-55: Kenneth Cracknell, Towards a New Relationship, Christians and People of Other Faith, Epworth Press, 1986, PP.1-25).

예수 그리스도에 대한 명시적 (explicit) 실존적 신앙고백과 함께 전 인류에 대한 하나님의 보편적 구속의 경륜을 동시에 주장하였던 현대 가톨릭 신학자와 信仰義認 (solafideism)과 함께 만인을 구원으로 초대하는 선행은총을 주장하는 웨슬리 신학은 결코 먼 것은 아닙니다.

웨슬리는 어머니 수산나에게서 예수의 종교 (계시종교) 와 아담의 종교 (자연종교) 사이에 본질적인 차이가 있는 것은 아니라는 것을 배웠습니다. 일찌기 카알 바르트도 말년에 이렇게 쓰고 있습니다.

" 우리는 참된 구세주 예수 그리스도를 그리스도 교회의 벽 속에 폐쇄시킬 수 없다. 참된 구원을 받는 것, 참 하나님과 참 인간 (神人) 을 그뿐이라고 인식하는 것은 기독교 선교를 듣지 않고서도 사실상 충분히 일어날 수 있다. 그러므로 우리 기독교인은 비록 그 사람이 타종교에 속하고 있는 경우에도 타인들 앞에서 신 인식에 관하는 한 우리 기독교인 처럼 분명치는 않다는 전제를 가지고 나타나서는 않된다" (교회 교의학 제4권 제3부. Karl Barth, KD IV/3 S.115-153)

구속의 특수성과 함께 그 보편성을 주장한 웨슬리 신학을 오늘에 살리려는 스리랑카 신학자 아리아라자는 W.C.C.대화국 책임자로 있으면서 종교다원주의를 우리시대의 절망만인 것은 아니고 우리들의 희망의 징조라고 보면서 성령론적 종교다원주의 신학을 발표하였습니다 (" 바아르 선언문" 1990.2, 성서와 종교간의 대화 감신대출판부, 1992, PP.166이하) . 이 선언문에 의하면 " 우리는 구원을 예수 그리스도를 향한 명시적 인격적 위임 (the explicit personal commitment)으로만 국한 시키는 신학을 넘어서야 할 필요를 느낀다. 우리는 말씀이 육신이 되신 예수 그리스도 속에서 전체 인간가족은 결정적인 결속과 계약안에서 하나님과 결합되어 있다는 것을 긍정한다. 모든 피조물과 인류역사 가운데 현존하시는 하나님의 구속의 활동의 현존은 그리스도 사건에서 그 촛점에 이르고 있다" (위의글, PP.170-71).

II, 기소장에 의하면 (3항) 본인이 세계적인 인도 신학자 레이몬드 파니카를 따라서 " 우주적 그리스도는 마리아의 아들 예수와 동일 시 할 때 거침돌이 된다" (기독교사상 299, 155)라고 말함으로써 교리와 장정 10단 제2조 " 말씀 곧 하나님의 아들이 참 사람이 되심" 에 관한사항에 위배되고 있다고 합니다.

4

19920422_기소장에 대한 해명의 글(3차 재판시 제출한 해명서)_변선환_4번_페이지_4

하나님의 아들 성육신을 부정하였다고 이해한 고소인과 기소인은 요한일서 4장 1절 (사랑하는 자들아 영을 다 믿지 말고 영들이 하나님께 속하였나 시험하라. 많은 거짓 선지자가 세상에 나왔음이니라 하나님의 영은 이것으로 알지니 곧 예수 그리스도께서 육체로 오신 것을 시인하는 영마다 하나님께 속한 것이요 예수를 시인하지 아니하는 영마다 하나님께 속한 것이 아니니 이것이 곧 적그리스도의 영이니라) 을 인용하며 본인이 " 적그리스도의 종, 사탄의 종" 이라고 정죄합니다.

그러나 그것은 진실입니까? (1) 여기 파니카의 말의 인용은 이동주교수의 논문 " 종교다원주의와 종교신학 수립에 관한 고찰" (제11차 복음주의 선교학회 논문발표 1991.4.13 이화여대 진관) 에서의 인용에 불과합니다 (오메가 세계선교 제10호, P.26). 이 기소문은 누구가 작성하였는지 (?) 는 몰라도 이 말과 비슷한 말은 기독교사상 299 P.155가 아니고 P.156에 있습니다. 여기에 실려있는 파니카의 말은 " 거침돌은 기독교가 한걸음 더 나가서 그리스도를 마리아의 아들 예수와 동일시 할 때 나타난다" (The UnKnown Christ of Hinduism, P.24)입니다. 독자는 그 다음말에 주의하였어야 합니다. 인도판 로고스 그리스도론 곧 알수없는 우주적 그리스도론을 전개하면서 파니카는 역사의 예수 보다는 초역사적인 신앙 (우주적) 의 그리스도가 중요하다고 말하면서도 우주적 그리스도론의 출발점은 역사적 예수라고 합니다.

「파니카도 그리스도가 시공의 제약속에서 사시며, 역사하신 마리아의 아들 나사렛 예수이기 때문에 한분의 역사적 구속자 (an historical redeemer)라는 데서 기독론적 사유를 출발한다. " 온전한 기독교신앙은 이 동일성을 받아 들일 것을 요청한다" 그러나 동시에 그리스도를 역사적인 인격으로 제한시키는 것은 그의 신성을 부정하는 것이기 때문에 그리스도의 인격은 역사적 인격일뿐 아니라 신적 인격으로 신의 특이한 아들, " 모든 창조자 보다 먼저 나신 자" (골 1:15-17), 만물의 알파와 오메가이신 분 (묵 1:18 21:16) 태초에 죽임을 당한 자 (묵5:6), 피조물과 신 사이의 유일의 중보자 (딤전 2:5)이다. 그리스도가 역사적 구속자이기만 하였다면 그분은 타종교 속에 숨어 계셔서 역사하는 기동력 (the motive-power)으로서 보편적 구속자가 될 수는 없다」 (기독교사상, 299, 155).

역사적 예수와 신앙의 그리스도를 나누어서 생각하는 사유는 육과 영, 유한과 무한, Historie(세계사) 와 Geschichte (실존사를 이원적으로 구별하여서 생각하는 인도 게르마니카 문명권의 특유한 사유방식입니다.) " 유한은 무한을 받아 들일수 없다" (tiniti non capax intiniti).

5

19920422_기소장에 대한 해명의 글(3차 재판시 제출한 해명서)_변선환_4번_페이지_5

(2) 혹자는 인도 신학자 M.M.Thomas, Stanly Samartha, Raymond Panikkar의 신학을 힌두교적 혼합주의라고 비판하며 정죄합니다. 그러나 희랍철학이나 독일철학을 사용하여서 만든 서구신학은 혼합주의가 아니고 유교 힌두교나 불교나 유교와 같은 동양철학의 범주를 가지고 복음을 재해석한 모든 아시아신학은 아시아적 혼합주의라고 비판하는 이유를 본인은 아무리 생각하여도 이해 할 길이 없습니다. 혼합주의는 한국에서 통일교회의 혼혈주의와도 관계가 되어서 오해되기도 하지만 역사적으로 많은 오해를 가져오게 하는 오염된 용어가 되었습니다. 그러므로 파니카는 Syncreticism 이라는 말 대신에 Prolepticism 이라는 말을 씁니다. M.M.Thomas가 암시하였듯이 (M.M.Thomas, The Christian Response to the Asian Revolution, 1966) 복음을 아시아인의 심성에 울림하는 아시아종교나 아시아혁명의 새 언어를 가지고 설명하는 우리 아시아의 신학을 개발할 때, 그때 비로소 아시아 교회는 독일신학의 바벨론포수에서 벗어나서 비서구화된 아시아 기독교인의 주체성을 찾게 됩니다. 복음주의 신학자 김순일목사도 조동진목사와 함께 아시아교회의 비서구화의 과제를 이미 10년전에 밝힌바 있습니다. " 비서구화 없이는 아시아인은 계속 서구의 문화적 노예로 남을 것이며 자신의 同一性 (Self-hood)을 회복하지 못할 것이라고 나는 믿고 있다..... 비서구화 없이는 우리들은 제3세계를 위한 효과적인 선교정책을 세울수 없을 것이다" (Samuel(Soon-Il)Kim, "The Urgancy of Dewesternization of Asian Churches", 1982).

동아시아 교회협의회 (EACC)의 성명서 (1965)는 아시아 신학자들의 토착화의 과제에 대하여 다음과 같이 주장하였습니다.

" 과거에 우리는 혼합주의에 대한 우리의 공포 때문에 너무 금지만 당해왔으며, 그런 모험을 감행하기에는 너무 계승된 전통적 개념적 신앙고백의 형식에 매어 있었다 ..... 살아있는 신학은 살아있는 교회와 그 세계와의 만남에서 생겨난다. 우리는 아시아의 부흥과 혁명과의 관계속에 있는 신학의 특이한 과제를 알고 있다" (CCA Statement, 1965).

오늘날 아시아신학자들은 서구 기독교 2천년의 역사의 특정한 상황속에서 산출된 신앙고백이나 신조나 교리를 절대적인 규범으로 삼고 그 문자들과 표현들을 우상화하는 반지성적인 신조주의자나 교조주의자들을 두려워하지 않는다. 우리는 예수를 어떻게 그때 그곳 (서구 제일세계) 과 다른 이때 이곳 (제3세계), 아시아의 민족주의의 부흥과 아시아 토착종교의 부흥과 함께 일어나고 있는 아시아혁명의 상황속에서 우리의 주님이 그리스도라고 새롭게 신앙고백하며, 교리전통을 아시아인의 체험속에서 재해석 할 수 있을까라는 신학적인 과제를 갖고 있습니다. 이 점에서 감신대의 신학적 유산인 토착화의 과제는 감리교가 아시아교회와의 연대속에서 " 참된 조선교회" 로 태어나도록 하는데 크게 공헌한다고 믿습니다.

6

19920422_기소장에 대한 해명의 글(3차 재판시 제출한 해명서)_변선환_4번_페이지_6

(3) 본인은 심사위원들에게 현대신학과 아시아신학등을 잘 이해하시도록 소개하였다고 믿습니다. 본래 1985년 봄부터 「기독교사상」에 연재한 아시아신학자 순례는 28명의 아시아신학자를 다루려고 하였던 큰 작업이었습니다. 본인의 글을 읽고 나름대로 체계화까지한 이동주교수의 Tübingen 학창시절의 글 「변선환박사의 "토착화신학"의 문제점」 (신학정론, 1984.11 제2권 2호, PP.396이하) 는 이런 글로 시작하고 있다는 것이 그것을 잘 말하여 주고 있습니다.

" 변박사의 사상을 진술하려면 잠시 난관에 부딪친다. 그 이유는 사신의 생각을 다른 학자의 글을 인용하여 진술해 나가는 변박사의 논문 집필 형식 때문이다" (이동주, 위의글 P.396).

이글 끝에 이런 글을 잇고 있습니다. "그의 글은 보고나 평이 아닌 자신의 주장을 진술하는 글 인고로 논문(Article)으로 보아진다" (같은글, P.396). 그러나 그것은 아주 착각입니다. 본인이 취급하는 토착화계열에 속하는 스리랑카, 인도, 버어마 신학자들은 모두 다른 입장에 서 있으며 꼭 같은 신학자는 한사람도 없습니다. 물론 본인이 아시아신학자들과의 만남에서 배우는 점이 어찌 없겠습니까? 그러나 절대로 변선환은 변선환 자신의 신학세계가 있다는 점을 간과하시지 말아 주었으면 좋겠습니다 본인이 귀국하자 「신학과 세계」 제2호 (1976)에 기고한 글 " Reymond Panikker und Hindu-Christen Dialog" 에는 결론에서 Panikkar를 구름위에 솟은 높은 산 위에서 형이상학적인 사변을 논하는 Advaita(不二) 신비주의 신학자라고 비판하였습니다. 본인은 파니카가 아직도 인도 게르마니카적인 형이상학에서 해방되지 못하였다는 그 이유 때문에 철저하게 아시아의 역사적 현실에서 유리된 형이상학적 신학자라고 보고 있습니다.

III. 본인과 홍정수교수가 통일교와 관련되었다는 것으로 교리와 장정199단 제8조 (인용)를 적용하고 있습니다. 이규철이가 대학원에 통일교인이 있다고 학생처장 홍교수에게 알려서 자체조사에 나섰을 때 1987년 5월 6일에 본인은 미국 뜨류대학교 초빙교수로 "아시아신학"을 강의하고 "불교 맥락속의 그리스도론"이라는 세미나 과정을 지도하고 있었습니다. 당시 학장은 송길섭박사님이고 대학원장은 박대인박사와 구덕관박사입니다. 저는 전혀 몰랐던 일입니다. 금년초에 다시 조사위원회를 구성하였으나 두 교수는 혐의가 없다는 것이 분명히 들어났습니다.

본인은 급히 기소장에 대한 거친 해명을 하였습니다. 본인은 살아있는 아시아신학이나 감신대의 토착화신학이 근본주의 신학자들이나 카리스마운동에 종사하고 있는 교계 목회자나 신학이전의 단계에서 교회 봉사하고 있는 평신도들에게 잘 전달이 되지 않아서 오해되고 곡해되며 선교와 전도에 지장이 되고 있다는 것을 듣고 마음 아파하고 있습니다.

7

19920422_기소장에 대한 해명의 글(3차 재판시 제출한 해명서)_변선환_4번_페이지_7

지난 입법총회에서 한 두 목사님의 발언이 오해와 곡해의 좋은 예입니다.

김홍도목사 : 저는 생전에 총회나 연회에 처음 나와서 말을 지금하고 있습니다. 서툰 점이 있어도 용서해 주시기 바랍니다. 지금 이 건의안은 너무 너무 중요하기 때문에 제가 가만 있을 수 없어서 평생 처음으로 나와서 말씀을 드립니다.

제가 뉴욕에서 온 목사님 오늘 아침에도 말씀드렸는데 감리교신학대학 학장이 뉴욕에 가서 법당에 가서 법회를 인도하고 왔기 때문에 감리교 목사들이 얼굴을 못들었다고 합니다. 무슨 책 몇 페이지 내가 댈 수 있어요. 분명히 마리아가 낳은 예수는 그리스도가 아니다. 알겠습니까?

박기창목사 : 1990년 12월 8일날 "기독교 배타적 사고에서 벗어나야" 라는 내용의 크리스챤 신문의 기사가 있는데 이것은 변선환학장님께서 다원주의 입장을 밝힌 내용입니다.

거기에 보면 기독교의 절대성을 주장하는 것은 모순이다. 그리고 예수를 우상화 절대화 예배대상으로 삼는 것은 잘못된 것이다. 이것은 '사마르타' 라는 학자가 이야기 한 것인데 이것을 인용하면서 그것 (예수) 을 믿어서는 안된다고 하고 '교회밖에 구원이 있다' 라고 이야기를 했습니다.

김홍도목사님이 입법총회에서 "법당에 가서 법회를 인도하고 ....." 라는 말은 6개월 지나서 쓴 기소장에서는 "불교의 부흥발전을 위한 강연회에서 강의를 하는등" (최완택 목사 증언) 으로 변경되고 있습니다. 박기창목사님은 이동주교수의 글이나 신문의 글을 자기나름대로 해석하여서 "예수를 우상화 절대화 예배대상으로 삼는 것은 잘못된 것이다. 이것은 '사마르타' 라는 학자가 이야기한 것인데 이것을 인용하면서 그것 (예수) 를 믿어서는 안된다고 하고 '교회 밖에 구원이 있다' 라고 이야기를 했습니다" 라고 증언하고 있습니다. 그러나 이것은 진실입니까?

작년 10월 24일 올림피아호텔 조찬석에서 박기창감리사님은 그 지방 실행위원들과 동석한 자리에서 배타주의 개종주의를 반대한다면 감신대에서 떠나서 다른데 가서 가르치시오라고 저에게 강권하였습니다. 본인은 교회현장에서 들리는 이런 강한 소리를 충분히 이해하고도 남음이 있습니다.

한국 개신교에서 가장 자랑스러운 열려진 교단이 최근에 와서 반지성적인 보수주의 신학의 도전을 받으면서 혼란 가운데 빠진 것에 대하여 본인은 아픈 마음을 가지고 다음과 같이 제안하고자 합니다.

"진정한 기독교, 진정한 감리교, 진정한 조선교회" 가 되기 위하여 세계교회와

8

19920422_기소장에 대한 해명의 글(3차 재판시 제출한 해명서)_변선환_4번_페이지_8

아시아교회, 미연합감리교회의 에큐메니칼 신학과 선교노선과 맥을 함께 하면서 복음주의와 카리스마운동이 갖고 있는 좋은 점을 배워 나가는 새로운 공존의 논리는 없고 에큐메니칼 신학을 정죄하는 흑백논리만 있는 것입니까? 교단 안의 평화없이 교단의 선교와 전도의 길은 없습니다. 우리들 기독교인들 사이의 평화없이 기독교 선교나 민족의 통일은 있을 수 없으며, 세계의 평화는 있을 수 없습니다.

우리 감리교인들은 (1) 장정 13 제5조(聖書)와 17 제9조 (信仰義認)과 함께 영혼의 구원을 원하는 것 밖에 "아무 교리적 시험을 강요하지 않는다"는 장정 35를 읽으며 신학적 정치적 의견의 차이 때문에 서로 나누어지지 않는 관용과 사랑의 덕을 배워 나가야 할 것입니다. 여기에 감리교인들만이 갖는 영광과 영예가 있습니다. 교리는 우리들 사이를 조각 조각 나누지만 올더스게이트(신앙체험)와 사회적 성결(성화)은 우리를 하나되게 합니다.

본인은 이 사건을 계기로 하여서 우리들의 단순한 공존만이 아니라 우리들이 서로 배우는 것을 통하여 상호보충하고 상호보완하는 대화의 에토스를 만들어 나가려는 "가톨릭(보편)정신", 에큐메니칼 정신을 강화할 수 있게 되기를 빕니다. 웨슬리는 귀신을 내쫓는 일(사회적 성결)을 위하여 교파와 종교의 장벽을 넘어서 가톨릭교도나 아리우스파나 소시누스파를 가리지 않으며 유대인이나 이신론자나 모슬렘교도까지 포괄하여서 에큐메니칼 공동(협력) 전선을 형성하라고 외쳤습니다(Wesley, 편협한 신앙에 대한 경고 A Caution againt Bigotry)

"만인을 위한 은총은 웨슬리의 칼빈주의에 대한 대답이다. 그리스도의 사업은 대부분의 인류가 불가피하게 파멸하고 있는데 그 공로를 입은 특수한 소수에 제한 될 수 없다. 하나님은 만인을 당신께 오도록 초대하였다". (Robert E. Chiles, "Methodist Apostasy : From Free Grace to Free Will ", Religion in Life, XXVII (1957-58), P.439).

1992년 4월 22일

감 리 교 신 학 대 학 장

피고인 변 선 환

9

19920422_기소장에 대한 해명의 글(3차 재판시 제출한 해명서)_변선환_4번_페이지_9

이 때 잠시 침묵 후에 **그는 같다고 답하였다. 그래서 200여명 방청석에서 한심스런 탄성과 비웃음 소리가 재판석까지 들렸었다.**필자가 행한 질문이었다

---

9. 양창식은 통일교도로서 감리교신학대학 대학원에 입학하였고, 그의 논문 지도 교수가 송길섭 전 학장이었고, 부심은 변선환 피고인이었다는데 사실인가?(박을희)

10. 그동안 신문, 잡지 혹은 책으로 출판한 당신의 논문들 가운데 사상을 수정이나 교정하여 출판한 일이 있는가?(고재영)

11. 지금까지 피고의 논문이나 강연이 기독교 대한감리교회의 건덕에 도움이 되었다고 생각하는가? '그리스도의 몸의 확장'에 기여하였다고 보는가?(민선규)

2) 기소장에 대한 해명의 글

▣ 변선환 피고가 4월 22일 제3회 재판시에 제출한 해명서 ▣

1986년 문교부 학술과제(학술 2550-350)로 승인받은 연구논문 "그리스도론의 비서구화- 특히 佛陀論과의 관련에서 본 한국적 그리스도론의 시도"의 일부분(미완성의 논문)을 한국 가톨릭 문화연구원 제9차 심포지움 (1990. 11. 24)에서「불타와 그리스도」라는 주제로 발표한 것이 교계신문(크리스챤신문, '90. 12. 8)과 종교신문 90. 12. 5.)을 통하여 알려지게 되자 여론의 파도가 일어나며 제19회 특별총회('91. 10. 29-31. 광림교회)에서 종교다원주의를 정죄하기에 이르렀고, 교리수호대책위원회 대표인 김홍도 목사님과 유상렬 장로님에 의하여 고소되었으며('91. 11. 30.) 네 번째로 소환한 심사위원회 위원장 나정회 목사님과 서기 조창식 목사님과 그 위원인 이동우 장로님에 의하여 기소당하여 지난 달 재판위원앞에 서기에 이르렀습니다(1992. 3. 5. 1992. 3. 10.).

본인은 지난달 재판('92. 2. 23. 본부 20층)에 이어서 새로 구성된 재판위원회 앞에 다시 서게 되었습니다('92. 4. 22.). 그동안 신문보도가 계기가 되어서 꼬리를 물고 일어난 여론의 파도를 타고 종교다원주의에 대하여 우려와 분노를 표출시키며 성서와 교리를 수호하려고 하셨던 선의의 감리교인들 특히 심사와 재판을 맡았던 어른들에게 송구한 마음 금할 길이 없습니다. 본인은 오늘의 재판이 공정하게 치러지기 위하여 본인의 입장을 밝히고 기소장에 대하여 간략하게 대답을 하겠습니다.

1. 웨슬리처럼 알메니안주의 감리교 위에 서서 신정통주의 신학, 세속화신학 등을 거쳐서 제3세계 신학(특히 아시아신학)의 영역에 들어온 본인의 신학은 "종교해방신학" (Liberation Theology of Religions)을 지향하고 있습니다.

2. 72년 미연합감리교회가 다원주의를 선교의 원리로 표명하며 신학적 다원주의 입장에서서 W.C.C.의 종교다원주의 신학을 수용하였던 것처럼, 한국의 에큐메니칼 신학자들과 합

19920422_변선환 피고가 4월 22일 제 3회 재판시에 제출한 해명서_변선환_교리사건 재판자료_4번_페이지_1

께 본인도 종교다원주의를 신학의 과제로 삼고 있습니다(한국기독교신학 논총7 : 종교다원주의와 신학적 과제, 1990/ 논총 8 : 복음과 문화, 기독교서회, 1991). 종교다원주의 신학을 소개하는 Paul Knitter의 저서인 No other Name?(오직 예수 이름으로만?)은 국내외에서 교과서로 사용되고 있습니다.

♧설명* 미 연합감리회는 다원주의를 결단코 수용하지 않았다. 변 교수는 거짓말을 하였다. <웨슬레 사상의 현대적 선언-폴 A. 미키 지음 허선규 옮김>(Esentials of Wesleyan Theology-A contemporary Affirmation) 23p에 미감리회 소속 선교신학자 Tuttle은 "사람들은 연합감리회가 체험만을 소중히 여기며 신학이 부족한 교회라고 비난한다. 그 이유는 연합감리교회가 복합적인(=다원주의- Pluralism) 신학의 용납하며 고백하는 교회가 아니라는 데 있다"고 하였고, 쥬나루스카의 교리적 선언은 "성서중심의 기독교인이 되려고 하는 연합감리교회를 위한 교리적선인"이라고 명시하고 있다(33p). "동정녀 마리아에게 태어나시고... 그의 사신 생애 와 고난 그리고 죽음, 부활, 승천의 사건을 통하여 **오직 하나 밖에 없는 구원의 길을 열어 주셨다**고 <아들로서의 하나님>에서 **선언하고 있다** (36p).

---

3. 자치교회 60주년(1990)을 맞으면서 "진정한 기독교, 진정한 감리교, 진정한 조선교회"가 되려고 다시금 다짐하였던 그때(1930)를 상기하며, 본인은 보수 근본주의 신학의 다섯가지 교리를 부결하고 교리적 선언을 낳은 진보적 자유주의 신학에 섰던 에큐메니칼 신학과 노병선, 최병헌에서 비롯하여 60년대에 꽃핀 토착화신학(윤성범, 유동식)과 생각의 맥을 함께 하고 있습니다.

4. 기소장에서 인용되고 있는 본인의 글들은 세 가지 다른 신학적 입장을 나타내고 있습니다. "교회 밖에도 구원이 있다"(월간목회: 현대사조 1978)는 신의 선교(missio Dei)(윌링겐 1951)와 세속화 교회론(웁살라, 1968)을 배경하고 있으며, '80년대 후반부터 쓴 글들은 다원주의 신학을 배경하고 있습니다.

위에서 밝힌 신학적인 전제 밑에서 기소장에서 제기한 물음에 대하여 대답하겠습니다.

Ⅰ. 기소인들은 신앙과 신학 제7집 서두에 한국기독교학회 회장의 자격으로 쓴 머리말("신학의 과제로서의 한국종교" 7집, p. 5)과 기독교사상(1983. 5. 157)를 들어서 하나님의 구원의 역사를 기독교 교회의 벽속에 폐쇄시킬 수 없다고 타종교에도 구원이 빛이 있다는 글에 대하여, 기소장은 커다란 의문을 표명하며 감리교회 신앙과 교리(장정 제17단, 9조, 제13단 5조)에 위배된다고 하였습니다. 이 주장을 근거 짓기 위하여 기소장은 본인이 파티카의 혼합주의 기독론에서 출발하여 기독교중심주의는 신학적인 토fp미의 천동설에 불과하다는 다원주의 신학으로 발전되어 나갔으며(크리스챤신문 '90. 12. 8.), 선교사가 기독교선교를 하기 이전에도 하나님의 구원의 역사가 이미 역사하고 있었다(교회 밖에도 구원이 있다. 현대사조, 1978)는 글을 썼다고 하면서 본인의 신학이 그리스도의 유일성을 부정한 "탈기독교적, 탈고백적, 탈사도적, 탈복음적 입장"이라고 정리하였습니다. 이런 성서와 교리에 위배되는 신학은 7천교회 200만 신도 운동에 지장이 되는 "반기독교적 배교행위"라고 결론짓기도 하였습니다. 기소장은 계속해서 여러 가지 사례를 들고 있기도 합니다(강남중앙교회 이종호 목사님: 최완택 목사님의 증언: 권유순 목사님의 증언: 삼남연회, 선교장해)

- 377 -

19920422_변선환 피고가 4월 22일 제 3회 재판시에 제출한 해명서_변선환_교리사건 재판자료_4번_페이지_2

본인의 여러 글들이 본의 아닌 오해와 곡해를 일으키고 있기에 본인은 몇 가지로 신학적 문제를 밝히겠습니다.

(1) 우리는 해와 달과 별들이 천국 열쇠를 독점하고 있는 법황청을 중심으로 돌고 있다고 보며 가톨릭 "교회 밖에도 구원이 없다"(프로렌스회의 1438-45)고 선언할 수 있었던 중세기에 살고 있지 않습니다. 오늘날 가톨릭교회는 바티칸 제3공의회이후(1965) 그리스도 안에 있는 다른 교파를 형제라고 인정하는 것을 넘어서 타종교의 실체를 인정하며 하나님의 백성이라고 보고 있습니다. 에큐메니칼 신학자들이 교회중심주의나 기독교 중심주의에서 벗어난 것은 윌링겐 회의(1952) 이후였습니다. 웨슬리는 18세기 계몽주의 철학자 죤 록크에게서 신 인식과 관용의 길을 배웠습니다. (죤 록크 인간오성론 Essey Concerning Human Understanding, 1690 : 관용서간 Epistolae de poleranita, 1686).

(2) 그리스도의 복음과 역사적인 기독교는 구별하여야 한다는 것은 신정통주의 신학자들의 공통된 주장이었습니다. 기독교는 역사 속에서 다른 종교와 꼭 같이 허물 많은 죄스러운 존재입니다. 이점에서 기독교 절대 무오설이란 주장은 설 수 없습니다. 그러나 교회의 존재근거는 그리스도의 복음을 증거하는 말씀이 공동체라는데 있습니다.

(3) 교회의 안과 밖을 聖과 俗의 두 영역으로 엄격하게 구별하기 위하여 성서주의나 교회지상주의와 같은 근본주의 신학을 주장한다는 것은 세속화 과정 속에 있는 현대세계를 위한 바람직한 선교정책은 아닙니다. 에큐메니칼 신학자들은 교회중심 선교(missio ecclesiae)을 넘어서 신 중심의 선교(신의 선교 missio dei)를 주장하였으며(Willingen, 1952) 1968년 스웨덴 웁살라회의에서 "교회 벽 밖에 계신 그리스도"(Christ extra muros ecclesiae)라는 주제를 가지고 히 13:12,13(성경)의 현대적 의미를 함께 생각했습니다. 중세기의 실체론적 교회론을 넘어서 "실체"(ovsia)의 범주가 아니라 "역사"(Geschichte)의 범주에 의하여 새롭게 해석된 교회론이 태어난 것입니다. "하나님→교회→세계" 도식(모이는 교회)이 "하나님→세계→교회" 도식으로(흩어지는 교회) 선교모델이 바뀌어진 것입니다. 이제는 더 교회의 안과 밖을 구별하고 구속사와 세계사를 聖俗 이원론을 가지고 나누며 그 사상에 높은 장벽을 쌓을 수 없게 되었습니다. 이 무렵 복음주의 신학자들도 Christianity Today의 편집장인 독일출신 신학자 카알 헨리가 주동이 되어서 그 잡지 창간 10주년을 기념하며 백림대회(1966)를 열어 놓고 "정복자의 종교"로 군림하였던 서구 기독교 특히 복음주의자들의 "절대적 승리주의"선교의 시대착오적인 맹점을 예리하게 찔렀습니다.

성서주의와 교리주의를 내세워서 "인간이 만든 장벽들"을 인류의 포괄적인 구원을 위해서 헐어 버리자고도 제안했습니다. 서구 기독교의 선교의 최대의 장애물은 크리스챤 스스로 세상과 구별하고 교회 안과 밖을 갈라놓는 "추잡한 장벽들"이라고 정죄하며 개종주의 선교의 장래는 암담하기만 하다고 경고하였습니다. "백림성명서"는 모든 인류는 한 조상의 후손인 곧 하나님의 백성인 것을 인식하는데 실패한 서구 기독교의 죄를 고백하고 있기도 합니다.

(4) "세계는 나의 교구"라고 한 웨슬리는 문화적 역사적으로 제약되어 있기 때문에 예수

- 378 -

19920422_변선환 피고가 4월 22일 제 3회 재판시에 제출한 해명서_변선환_교리사건 재판자료_4번_페이지_3

그리스도를 알지 못한 비기독교인들의 구원에 대하여 "선행은총"(gratia preveniens) 사상을 가지고 힘있게 설교하였습니다(Free Grace: On Living without God: On Divine providence: On Working Out Our Own salvation: On Faith: Cause of the Inefficacy of Christianity: catholic Spirit: Caution against Gigotry 등). 웨슬리는 "익명의 그리스도인"에 대하여 말한 카알 나아너나 "알 수 없는 우주적 그리스도"를 말한 레이몬드 파니카처럼 타종교인들의 구원을 분명히 말하였습니다(Thomas Whtiehead에게 보낸 편지 1748. 2. 10.: Letters, II, pp. 117-118)(Michael Hurley, "Salvation Today and Wesley Today" 감리교 신학의 미래, 총리원 교육국, 1987, pp.342-55: Kenneth Cracknell, Towards a New Relationship, Christians and People of Other Faith, Epworth Press, 1986, pp. 1-25).

예수 그리스도에 대한 명시적(explicit) 실존적 신앙고백과 함께 전 인류에 대한 하나님의 보편적 구속의 경륜을 동시에 주장하였던 현대 가톨릭 신학자와 信仰主義(solafideism)과 함께 만인을 구원으로 초대하는 선행은총을 주장하는 웨슬리 신학은 결코 먼 것은 아닙니다.

웨슬리는 어머니 수산나에게서 예수의 종교(계시종교)와 아담의 종교(자연종교) 사이에 본질적인 차이가 있는 것은 아니라는 것을 배웠습니다. 일찍이 카알 바르트도 말년에 이렇게 쓰고 있습니다.

"우리는 참된 구세주 예수 그리스도를 그리스도 교회의 벽 속에 폐쇄시킬 수 없다. 참된 구원을 받는 것, 참 하나님과 참 인간(神人)을 그뿐이라고 인식하는 것은 기독교 선교를 듣지 않고서도 사실상 충분히 일어날 수 있다. 그러므로 우리 기독교인은 비록 그 사람이 타종교에 속하고 있는 경우에도 타인들 앞에서 신 인식에 관하는 한 우리 기독교인처럼 분명치는 않다는 전제를 가지고 나타나서는 안 된다"(교회 교의학 제4권 제3부, Karl Barth, KD IV/3 S. 115-153)

구속의 특수성과 함께 그 보편성을 주장한 웨슬리 신학을 오늘에 살리려는 스리랑카 신학자 아리아라자는 W.C.C.대화국 책임자로 있으면서 종교다원주의를 우리 시대의 절망만인 것은 아니고 우리들의 희망의 징조라고 보면서 성령론적 종교다원주의 신학을 발표하였습니다.("바아르 선언문" 1990. 2., 성서와 종교간의 대화 감신대출판부, 1992, pp.166이하). 이 선언문에 의하면 "우리는 구원을 예수 그리스도를 향한 명시적 인격적 위업(the explicit personal commitment)으로만 국한시키는 신학을 넘어서야 할 필요를 느낀다. 우리는 말씀이 육신이 되신 예수 그리스도 속에서 전체 인간가족은 결정적인 결속과 계약 안에서 하나님과 결합되어 있다는 것을 긍정한다. 모든 피조물과 인류역사 가운데 현존하시는 하나님의 구속의 활동의 현존은 그리스도 사건에서 그 초점에 이르고 있다"(위의 글 pp.170-71).

II. 기소장에 의하면(3항) 본인이 세계적인 인도 신학자 레이몬드 파니카를 따라서 "우주적 그리스도는 마리아의 아들 예수와 동일시 할 때 거침돌이 된다"(기독교사상 299, p. 155)라고 말함으로써 교리와 장정 10단 제2조 "말씀 곧 하나님의 아들 참 사람이 되심"에

19920422_변선환 피고가 4월 22일 제 3회 재판시에 제출한 해명서_변선환_교리사건 재판자료_4번_페이지_4

관한 사항에 위배되고 있다고 합니다.

하나님의 아들 성육신을 부정하였다고 이해한 고소인과 기소인은 요한일서 4장 1절(사랑하는 자들아 영을 다 믿지 말고 영들이 하나님께 속하였나 시험하라. 많은 거짓 선지자가 세상에 나왔음이니라 하나님의 영은 이것으로 알지니 곧 예수 그리스도께서 육체로 오신 것을 시인하는 영마다 하나님께 속한 것이요 예수를 시인하지 아니하는 영마다 하나님께 속한 것이 아니니 이것이 곧 적그리스도의 영이니라)을 인용하며 본인이 "적그리스도의 종, 사탄의 종"이라고 정죄하였습니다.

그러나 그것은 진실입니까? (1) 여기 파니카의 말의 인용은 이동주 교수의 논문 "종교다원주의와 종교신학 수립에 관한 고찰"(제11차 복음주의 선교학회 논문발표 1991. 4. 13. 이화여대 전관)에서의 인용에 불과합니다(오메가 세계선교 제10호 p. 26). 이 기소문은 누구가 작성하였는지(?)는 몰라도 이 말과 비슷한 말은 기독교사상 299 p. 155가 아니고 p.156에 있습니다. 여기에 실려있는 파니카의 말은 "거침돌은 기독교가 한걸음 더 나가서 그리스도를 마리아의 아들 예수와 동일시 할 때 나타난다"(The Unknown Christ of Hinduism, p.24)입니다. 독자는 그 다음 말에 주의하였어야 합니다. 인도판 로고스 그리스도론 곧 알수 없는 우주적 그리스도론을 전개하면서 파니카는 역사의 예수보다는 초역사적인 신앙(우주적)의 그리스도가 중요하다고 말하면서도 우주적 그리스도론의 출발점은 역사적 예수라고 합니다.

「파니카도 그리스도가 시공의 제약속에서 사시며, 역사하신 마리아의 아들 나사렛 예수이기 때문에 한분의 역사적 구속자(무 historical redeemer)라는 데서 기독론적 사고를 출발한다. "온전한 기독교신앙은 이 동일성을 받아들일 것을 요청ㅎ나다" 그러나 동시에 그리스도를 역사적인 인격으로 제한시키는 것은 그의 신성을 부정하는 것이기 때문에 그리스도의 인격은 역사적 인격일뿐 아니라 신적 인격으로 신의 특이한 아들, "모든 창조자보다 먼저 나신 자"(골1:15-17), 만물의 알파와 오메가이신 분(묵 1:18, 21:16) 태초에 죽임을 당한 자 (묵5:6), 피조물과 신 사이의 유일의 중보자(딤전 2:5)이다. 그리스도가 역사적 구속자이기만 하였다면 그분은 타종교 속에 숨어 계셔서 역사하는 기동력(the motive-power)으로서 보편적 구속자가 될 수는 없다.」(기독교사상, 299, 155)>

역사적 예수와 신앙의 그리스도를 나누어서 생각하는 사유는 육과 영, 유한과 무한, Historie(세계사)와 Geschichte(실존사)를 이원적으로 구별하여서 생각하는 인도 게르마니카 문명권의 특유한 사유방식입니다. "유한은 무한을 받아들일 수 없다"(tiniti non capax intiniti).

(2) 혹자는 인도 신학자 M.M.Thomas, Stanly Samartha, Raymond Panikkar의 신학을 힌두교적 혼합주의라고 비판하며 정죄합니다. 그러나 희랍철학이나 독일철학을 사용하여서 만든 서구신학은 혼합주의자가 아니고 유단 힌두교가 불교나 유교와 같은 동양철학의 범부를 가지고 복음을 재해석한 모든 아시아신학을 아시아적 혼합주의라고 비판하는 이유를 본인은 아무리 생각하여도 이해할 길이 없습니다. 혼합주의는 한국에서 통일교회의 혼혈주의와도 관계가 되어서 오해되기도 하지만 역사적으로 많은 오해를 가져오게 하는 오염된 용어

19920422_변선환 피고가 4월 22일 제 3회 재판시에 제출한 해명서_변선환_교리사건 재판자료_4번_페이지_5

가 되었습니다. 그러므로 파니카는 Syncreticism이라는 말 대신에 Prolepticism이라는 말을 씁니다. M.M.Thomas가 암시하였듯이 (M.M.Thomas, The Christian Response to the Asian Revolution, 1966) 복음을 아시아인의 심성에 울림하는 아시아종교나 아시아혁명의 새 언어를 가지고 설명하는 아시아의 신학을 개발할 때, 그때 비로소 아시아 교회는 독일신학의 바벨론포수에서 벗어나서 비서구화된 아시아 기독교인의 주체성을 찾게 됩니다. 복음주의 신학자 김순일 목사도 조동진 목사와 함께 아시아교회의 비서구화의 과제를 이미 10년 전에 밝힌바 있습니다. "비서구화 없이는 아시아인은 계속 서구의 문화적 노예로 남을 것이며 자신의 同一視(Self-hood)을 회복하지 못할 것이라고 나는 믿고 있다.... 비서구화 없이는 우리들은 제3세계를 위한 효과적인 선교정책을 세울 수 없을 것이다"(Samuel (Soon-Il) Kim, "The Urgancy of Dewesternivation of Asian Churches", 1982) 동아시아, 교회협의회(EACC)의 성명서(1965)는 아시아 신학자들의 토착화의 과제에 대하여 다음과 같이 주장하였습니다.

"과거에 우리는 혼합주의에 대한 우리의 공포 때문에 너무 금지만 당해왔으며, 그런 모험을 감행하기에는 너무 계승된 전통적 개념적 신앙고백의 형식에 매어 있었다...... 살아있는 신학은 살아있는 교회와 그 세계와의 만남에서 생겨난다. 우리는 아시아의 부흥과 혁명과의 관계 속에 있는 신학의 특이한 과제를 알고 있다"(CCA Statement, 1965).

오늘날 아시아신학자들은 서구 기독교 2천년의 역사의 특정한 상황 속에서 산출된 신앙고백이나 신조나 교리를 절대적인 규범으로 삼고 그 문자들과 표현들을 우상화하는 반지성적인 신조주의자나 교조주의자들을 두려워하지 않는다. 우리는 예수를 어떻게 그때 그곳(서구 제일세계)과 다른 이때 이곳(제3세계), 아시아의 민족주의의 부흥과 아시아 토착종교의 부흥과 함께 일어나고 있는 아시아혁명의 상황 속에서 우리의 주님 그리스도라고 새롭게 신앙고백하며, 교리전통을 아시아인의 체험 속에서 재해석할 수 있을까라는 신학적인 과제를 갖고 있습니다. 이 점에서 감신대의 신학적 유산인 토착화의 과제는 감리교가 아시아교회와의 연대 속에서 "참된 조선교회"로 태어나도록 하는데 크게 공헌한다고 믿습니다.

(3) 본인은 심사위원들에게 현대신학과 아시아신학 등을 잘 이해하시도록 소개하였다고 믿습니다. 본래 1893년 봄부터 「기독교사상」이 연재한 아시아신학자 순례는 28명의 아시아신학자를 다루려고 하였던 큰 작업이었습니다. 본인의 글을 읽고 나름대로 체계화까지 한 이동주 교수의 Tübingen 학창시절의 글 변선환 박사의 "토착화신학의 문제점"(신학정론, 1984, 11. 제2권 2호, pp. 396이하)는 이런 글로 시작하고 있다는 것이 그것을 잘 말하여 주고 있습니다.

"변 박사의 사상을 진술하려면 잠시 난관에 부딪친다. 그 이유는 자신의 생각을 다른 학자의 글을 인용하여 진술해 나가는 변 박사의 논문 집필형식 때문이다"(이동주, 위의 글 p.396).

이글 끝에 이런 글을 잇고 있습니다. "그의 글은 보고나 평이 아닌 자신의 주장을 진술하는 글 인고로 논문(Article)으로 보아진다"(같은글, p. 396). 그러나 그것은 아주 착각입니다. 본인이 취급하는 토착화계열에 속하는 스리랑카, 인도, 버어마 신학자들은 모두 다른 입장에 서 있으며 꼭 같은 신학자는 한사람도 없습니다. 물론 본인이 아시아신학자들과의 만

19920422_변선환 피고가 4월 22일 제 3회 재판시에 제출한 해명서_변선환_교리사건 재판자료_4번_페이지_6

남에서 배우는 점이 어찌 없겠습니까? 그러나 실제로 변선환은 변선환 자신의 신학세계가 있다는 점을 간과하시지 말아 주었으면 좋겠습니다. 본인이 귀국하자 「시학과 세계」 제1호 (1976) 에 기고한 글 "Reymond Panikkae und Hindu-Christen Dialog"에는 결론에서 "anikkar를 구름위에 솟은 높은 산 위에서 형이상학적인 사변을 논하는 Advaita(不二) 신비주의 신학자라고 비판하였습니다. 본인은 파니카가 아직도 인도 게르마니카적인 형이상학에서 해방되지 못하였다는 그 이유 때문에 철저하게 아시아의 역사적 현실에서 유리된 형이상학적 신학자라고 보고 있습니다.

III. 본인과 홍정수교수가 통일교와 관련되었다는 것으로 교리와 장정 199단 제8조(인용)를 적용하고 있습니다. 이규철이가 대학원에 통일교인이 있다고 학생처장 홍교수에게 알려서 자체조사에 나섰을 때, 1987년 5월 6일에 본인은 미국 뜨류대학교 초빙교수로 "아시아신학"을 강의하고 "불교 맥락속의 그리스도인"이라는 세미나 과정을 지도하고 있었습니다. 당싱 학장은 송길섭박사님이고 대학원장은 박대인박사와 구덕관박사입니다. 저는 전혀 몰랐던 일입니다. 금년초에 다시 조사위원회를 구성하였으나 두 교수는 혐의가 없다는 것이 분명히 들어났습니다.

본인은 급히 기소장에 대한 거친 해명을 하였습니다. 본인은 살아있는 아시아신학이나 감신대의 토착화신학이 근본주의 신학자들이나 카리스마운동에 종사하고 있는 교계 목회자나 신학이전의 단계에서 교회봉사하고 있는 평신도들에게 잘 전달이 되지 않아서 오해되고 곡해되며 선교와 전도에 지장이 되고 있다는 것을 듣고 마음 아파하고 있습니다.
지난 입법총회에서 한 두 목사님의 발언이 오해와 곡해의 좋은 예입니다.

김홍도목사: 저는 생전에 총회나 연회에 처음 나와서 말을 지금하고 있습니다. 서툰 점이 있어도 용서해 주시기 바랍니다. 지금 이 건의안은 너무 너무 중요하기 때문에 제가 가만 있을 수가 없어서 평생 처음으로 나와서 말씀을 드립니다.
제가 뉴욕에서 온 목사님 오늘 아침에는 말씀드렸는데 감리교신학대학 학장이 뉴욕에 가서 법당에 가서 법회를 인도하고 왔기 때문에 감리교 목사들이 얼굴을 못 들었다고 합니다. 무슨 책 몇 페이지 내가 댈 수 있어요. 분명히 마리아가 낳은 예수는 그리스도가 아니다. 알겠습니까?

박기창목사: 1990년 12월 8일날 "기독교 배타적 사고에서 벗어나야"라는 내용의 크리스챤 신문의 기사가 있는데 이것은 변선환 학장님께서 다원주의 입장을 밝힌 내용입니다. 거기에 보면 기독교의 절대성을 주장하는 것은 모순이다. 그리고 예수를 우상화와 절대 예배대상으로 삼는 것은 잘못된 것이다. 이것은 "사마르타"라는 학자가 이야기한 것인데 이것을 인용하면서 그것(예수)을 믿어서는 안된다고 하고 "교회밖에 구원이 있다"라고 이야기를 했습니다.

김홍도목사님이 입법총회에서 "법당에 가서 법회를 인도하고...."라는 말은 6개월 지나서 쓴 기소장에서는 "불교의 부흥발전을 위한 강연회에서 강의를 하는 등"(최완택목사 증언)으로 변경되고 있습니다. 박기창목사님은 이동주교수의 글이나 신문의 글을 자기나름대로 해석하여서 "예수를 우상화 절대와 예배대상으로 삼는 것은 잘못된 것이다. 이것은 '사마르타'

- 382 -

19920422_변선환 피고가 4월 22일 제 3회 재판시에 제출한 해명서_변선환_교리사건 재판자료_4번_페이지_7

라는 학자가 이야기한 것인데 이것은 인용하면서 그것(예수)를 믿어서는 안된다고 하고 '교회밖에 구원이 있다.'라고 이야기를 했습니다"라고 증언하고 있습니다. 그러나 이것은 진실입니까?

작년 10월 24일 올림피아호텔 조찬석에서 박기창감리사님은 그 지방 실행위원들과 동석한 자리에서 '배타주의 개종주의를 반대한다면 감신대에서 떠나서 다른데 가서 가르치시오'라고 저에게 강권하였습니다. 본인은 교회현장에서 들리는 이런 강한 소리를 충분히 이해하고도 남음이 있습니다.

한국 개신교에서 가장 자랑스러운 열려진 교단이 최근에 와서 반지성적인 보수주의 신학의 도전을 받으면서 혼란 가운데 빠진 것에 대하여 본인은 아픈 마음을 가지고 다음과 같이 제안하고자 합니다.

"진정한 기독교, 진정한 감리교, 진정한 조선교회"가 되기 위하여 세계교회와 아시아교회, 미연합감리교회의 에큐메니칼 신학과 선교노선과 맥을 함께 하면서 복음주의의 카리스마운동이 갖고 있는 좋은 점을 배워 나가는 새로운 공존의 논리는 없고 에큐메니칼 신학을 정죄하는 흑백논리만 있는 것입니까? 교단 안의 평화없이 교단의 선교와 전도의 길은 없습니다. 우리들 기독교인들 사이의 평화없이 기독교 선교나 민족의 통일은 있을 수 없으며 세계의 평화는 있을 수 없습니다.

우리 감리교인들은 (1) 장정 13 제5조(聖書)와 17 제9조 (信仰義認)과 함께 영혼의 구원을 원하는 것 밖에 "아무 교리적 시험을 강요하지 않는다"는 장정 35을 읽으며 신학적 정치적 의견의 차이 때문에 서로 나누어지지 않는 관용과 사랑의 덕을 세워 나가야 할 것입니다. 여기에 가리교인들만이 갖는 영광과 영예가 있습니다. 교리는 우리들 사이를 조각 조각 나누지만 올더스게이트(신앙체험)와 사회적 성결(성화)은 우리를 하나되게 합니다.

본인은 이 사건을 계기로 하여서 우리들의 단순한 공존만이 아니라 우리들이 서로 배우는 것을 통하여 상호보충하고 상호 보완하는 대화의 에토스를 만들어 나가려는 "가톨릭(보편) 정신", 에큐메니칼 정신을 강화할 수 있게 되기를 빕니다. 웨슬리는 귀신을 내쫓는 인(사회적 성결)을 위하여 교파와 종교의 장벽을 넘어서 가톨릭교도나 아리우스파나 소시누스파를 가리지 않으면 유대인이나 이신론자나 모슬렘교도까지 포괄하여서 에큐메니칼 공동(협력) 전선을 형성하라고 외쳤습니다(Wesley, 편협한 신앙에 대한 경고 A Caution against Bigotry).

"만일을 위한 은총은 웨슬리의 칼빈주의에 대한 대답이다. 그리스도의 사업은 대부분의 인류가 불가피하게 파멸하고 있는데 그 공로를 입은 특수한 소수에 제한될 수 없다. 하나님은 만인을 당신께 오도록 초대하였다"(Robert E. Chiles, "Methodist Apostasy : From Free Grace to Free Will", Religionin life, XXVII(1957-58), p. 439)

1992년 4월 22일
감 리 교 신 학 대 학 장
피고인 변 선 환

19920422_변선환 피고가 4월 22일 제 3회 재판시에 제출한 해명서_변선환_교리사건 재판자료_4번_페이지_8

독교. **부활 메시지가 아무 소용도 없을 수도 있음을 극명 준다**"(베짜는 하나님, p. 185)고 하는 등 홍 목사는 사도시대 이후 오늘까지 전하여 부활신앙을 부정하였다.

그는 또 **예수의 십자가는 "신의 아들의 죽음이 아니다"**(한봄 7권, p. 16) "예수의 죽음이 우리를 속량하는 것이 아니라, **그의 삶이 우리를 속량하는 것이다"**(상동, p. 17). "그의 피가 동물들이 흘리는 피보다는 월등하게 효과가 있다는 이야기가 아니다"(상동, p. 18)라고 함으로써 **예수 그리스도의 피의 대속을 부인하였다.**

또 위의 두 목사는 통일교의 차세대 지도자로 보상한 거물, 양창식이라는 자를 감신대에서 수학케 하고 졸업하도록 비호한 점을 부인할 수 없다.

또한 이를 동조한 감신대 교수 일동이 광고성명(크리스챤신문 5. 2.)에서 표명하기를 감리회의 정체성이 "분명히 에큐메니칼 신학노선"이라고 주장한 점은 오도이다. 감리교단이 교회연합운동에 참여한 것은 사실이다. 그러나 오늘과 같은 에큐메니칼 신학을 감리회 정체성으로 주장하는 것은 감신대 교수들이지 130만 전 감리교 목사와 신도들은 아니다. 에큐메니칼 신학은 교회연합운동에서 인류연합운동으로 변화하며, 종교(구원)다원주의와 신중심적인 혼합주의로 이탈하고 있다. 개종을 위한 선교를 반대하는 급진 에큐메니칼 신학이 감리교의 정체성이란 말인가? 이는 오도일뿐이요, 서울감신 교수들의 정체성일 뿐이다. 감리회 교단의 뿌리인 웨슬레는 예수를 믿지 않으면 구원을 받을 수 없다는 대속의 도리를 전하고자 "세계는 나의 교구"라고 했다. 그는 분명히 믿음으로 구원의 여부가 결정됨을 천명했다. 타종교에도 기독교의 구원과 동일시되는 구원이 있다면 감리회 구호는 허구가 된다. 19명의 교수들이 동료를 위한 동정을 지나쳐서 교단신학 노선을 왜곡되게 표명한 것은 월권이라고 생각한다.

4. 제3차 서울연회 재판위원회 공판

1992년 4월 22일 제3차 공판이 본부 회의실에서 진행되었다

감리회 목사 안수식에서 집례하는 감독 과 안수받는 목사간의 문답하는 내용

(문) 감독 : 당신은 **성경에 위배되는 이단을 막고** 하나님의 말씀과 반대되는 모든 교리에 대해 교회를 보호하는 일에 힘쓰겠습니까?
(답) 목사 : 예, 주의 도우심으로 힘쓰겠습니다.

- 373 -

19920422_제3차 서울연회 재판위원회 공판_서울연회 재판위원회_
교리사건 재판자료_4번_페이지_1

1). 재판 심의문

홍정수 피고인에게!

1. 그동안 신문, 잡지 혹은 책으로 출판한 당신의 논문들 가운데 사상을 수정이나 교정하여 출판한 일이 있는가? <베짜는 하나님>이란 책을 피고가 썼는가? (고재영)

2. 동물의 피와 예수의 피가 생물학적으로 같은가? 성서를 생물학 교본으로 보는가? 인간 예수의 피가 동물의 피보다 월등하게 효과가 있다'고도 보지 않는가? (베짜는 하나님 193쪽) (심원보)

3. 구약에서 속죄양을 잡아 죽여 속죄 제물로 삼았기 때문에 신약에서 예수의 십자가의 죽음이 계속 죽을 동물(짐승)을 대신하기 위한 죽음이었나? 십자가 위에서 흘리신 보혈의 능력은 애꿎은 동물의 피를 더 흘리지 않게 하기 위한 보혈의 능력인가?(본서 147쪽 참조) (임홍빈)

4. 1988년 정회원 연수 기간 교육 중에 '아직도 동정녀 탄생과 부활을 믿는 얼빠진 목사가 있는가?'라고 말한 적이 있는가? 그때 그 자리에서 쓰러지지는 않았으나, 당신이 강연을 듣고 엄청난 충격을 받고 쓸어진 당진지방 영광교회 염영욱 목사가 적십자 병원으로 옮기다 사망하였다는 사실을 아는가? 왜 죽었는지 알아 보려고는 했는가?

   '검사 논고의 허위성'을 감리교 신학대학에 유포한 일이 있는가? 홍정수 피고의 <법을 빙자한 폭력! 정통신앙을 빙자한 지식과 신앙의 혼동>이란 홍정수 피고의 해명서 7쪽에서 '그 목사는 기숙사에서 저녁식사를 마치고 라운지에서 동료들과 환담하던 중 "머리가 아프다"면서 걸어가다 저녁 10시경에 (가족들에 의하면) 지병인 당뇨병으로 돌아가셨다'고 하였는데, 이 염목사는 육체적 병고에 시달리는데 신앙적 충격까지 주어 말 못할 한을 품고 죽었다면 '하나님의 의'가 나타나는 부활시에 피고는 심판을 받게 된다고 믿는가?(베짜는 하나님 195쪽 참조) (홍형순)

5. '부활신앙은 이교도들의 어리석은 욕망에 불과하다'고 1991년 3월 30일자 <크리스찬 신문>에 기술한 일이 있는가? 사도들의 부활 신앙이 이교도들의 어리석은 욕망으로 간주함은 기독교의 부활을 희랍 철학의 영혼불멸과 동일시하는 것은 아닌가? (최홍석)

6. 하나님은 살아 계시는가? '만일 신은 계신가?하고 누군가가 우리에게 묻는다면 신은 없다고 잘라 말할 수 있다.'(베짜는 하나님 56쪽)고 썼는가? (최덕관)

7. '나는 단연코 육체의 부활을 부정한다'고 1991년 12월호 <우먼센스>에 쓴 줄로 아는데 사도신경에 '몸'은 '신령한 몸'을 말하고 있다고 보는가? 만일 그렇다면 육체의 부활을 단호히 부정할 이유가 어디 있는가? 부활하신 예수는 엠마오로 가던 제자들과 대화를 하셨고, 떡을 떼어 축사하시고 잡수셨으며, 도마에게 못자국과 창자국을 만져 보게 하셨는데 이 사실을 부정하는가? 죽음 그 자체가 <죄의 삯이요 불순종의 열매>인데 죽음 그 자체 극복을 설명하는 기독교 부활 메시지가 아무 소용이 없다는 말인가? 이는 사도들의 부활 메시지를 부정하는 것이 아닌가? (금성호)

8. '기독교이 부활 메시지가 아무 소용없을 수도 있음을 극명하게 말해준다'는 말을 <베짜는 하나님 185쪽>에서 말하고 있는데 이는 사도들의 부활 메시지를 부정하는 내용으로 전달된다고 보는데 과연 그런가? 기독교에서 예수의 죽음과 부활을 뺀다면 기독교의 핵심을 드러내는 것이 아닌가? (박민수)

- 374 -

19920422_제3차 서울연회 재판위원회 공판_서울연회 재판위원회_교리사건 재판자료_4번_페이지_2

9. 감리교 신학대학 대학원의 교수로 재직하고 있을 때, '양창식'이가 통일교에 관계되어 있었다는 사실을 알고 있었는가? '그에 대해 문제삼을 증거가 없다'는 말은 누가 했는가? 왜 했는가? '윗분들이 아무런 이야기가 없어서 그냥 두었다.'고 홍정수 피고가 말했는데 그러면 통일교와 관련되어 있었다는 사실을 알고도 '양창식'을 윗분들이 아무런 이야기가 없어서 그냥 두었단 말인가? (이강모)

10. 몇몇 교수들은 철저히 조사해야 한다고 하였고 또 어떤 교수는 퇴학도 권유했었다고 하는데 직무유기까지 해가면서 졸업시키기까지 한 이유는 무엇인가? 윗분들은 누구누구를 말하는가? (박완혁)

11. 지금까지 피고의 강연이나 논문이 기독교 대한감리회에 건덕상 도움이 되었다고 생각되는가? '그리스도의 몸의 확장'에 도움이 되었다고 생각하는가? (민선규)

변선환 피고에게!

1. 1987년 2월호 <현대사조>에 교회 밖에도 구원이 있다'고 썼었는가?
   이 글은 '예수 그리스도의 몸된 교회 밖에도 구원이 있다'는 말이 아닌가?(홍형순)

2. '하나님의 나라를 비기독교 세계에 가지고 오지 않아도 이미 하나님의 나라는 거기서 역사하고 있다'고 상기서에 집필하였는가? 예수 그리스도의 십자가 앞에서 회개의 선포 없이도 하나님의 나라가 임한다고 보는가? 변선환 피고가 표현한 하나님의 나라는 기독교와 비기독교 안에서 이야기하는 '천국'과 같은가? 예수는 어째서 임박한 하나님의 나라 도래를 선포하면서 회개를 촉구했는가? (임흥빈)

3. <기독교 사상> 299호에 기고한 일이 있는가? 거기에 '그리스도만이 보편적이고 유일한 구속자이신 것이 아니라 저들의 종교도 그들 스스로의 구원의 길을 알고 있다'고 썼는가? '예수 그리스도만이 인류를 위한 유일하신 구세주가 아니란 말인가? 그러므로 불교들에게는 석가모니가, 통일교도들에게는 문선명이가 구세주가 된다는 말인가?(금성호)

4. 그래서 '그리스도는 힌두교 안에도 계신다'고 썼는 줄 아는데 그렇다면 <절대 계시>인 예수 그리스도는 힌두교 에도 계시는가?(금성호)

5. 같은 잡지 <기독교 사상>에 '우주적 그리스도는 마리아의 아들 예수와 동일시 할 때 거침돌이 된다'고 썼는가? 예!하면 그렇다면 '마리아의 아들 예수가 우주적 그리스도라고 서술한 성서는 걸림돌인가? (최덕관)

6. 1990년 12월 8일자 <크리스챤 신문>에 '다른 종교에도 구원이 있다'고 썼는가? 그래서 '기독교 밖에 구원이 없다는 교리는 신학적인 토레미의 천동설에 불과하다.'고 썼는 줄 안다.(박민수)

7. 상기 신문에서 '개신교의 선교는 보편적이고 다원적인 선교로 하루 빨리 탈바꿈해야 하겠다'고 하면서 선교에서 '개종'을 선교의 목적으로 삼아선 안된다고 하였는데 '예수를 그리스도로 믿어 죄를 회개하고 구원을 얻도록 하는 회심'을 선교의 목적으로 삼아선 안된다는 말인가? '개종과 회심'은 같지 않은 줄 아는데 어째서 혼돈하여 사용하는가?(임흥빈)

8. '구원 경험이라면 다른 종교 안에도 그 나름대로의 구원의 길이 있음을 인정하는 입장인 것이다'라고 1991년 송년호 <우먼센스>에 서술했는데 **'그 나름대로의 구원의 길'이 있다면 성서가 계시한 '예수로만의 구원의 길'과 그들의 구원이 같다는 말인가?** (최홍석)

19920422_제3차 서울연회 재판위원회 공판_서울연회 재판위원회_교리사건 재판자료_4번_페이지_3

이 때 잠시 침묵 후에 **그는 같다고 답하였다. 그래서 200여명 방청석에서 한심스런 탄성과 비웃음 소리가 재판석까지 들렸었다.**필자가 행한 질문이었다

---

9. 양창식은 통일교도로서 감리교신학대학 대학원에 입학하였고, 그의 논문 지도 교수가 송길섭 전 학장이었고, 부심은 변선환 피고인이었다는데 사실인가?(박을희)

10. 그동안 신문, 잡지 혹은 책으로 출판한 당신의 논문들 가운데 사상을 수정이나 교정하여 출판한 일이 있는가?(고재영)

11. 지금까지 피고의 논문이나 강연이 기독교 대한감리교회의 건덕에 도움이 되었다고 생각하는가? '그리스도의 몸의 확장'에 기여하였다고 보는가?(민선규)

2) 기소장에 대한 해명의 글

▣ 변선환 피고가 4월 22일 제3회 재판시에 제출한 해명서 ▣

1986년 문교부 학술과제(학술 2550-350)로 승인받은 연구논문 "그리스도론의 비서구화- 특히 佛陀論과의 관련에서 본 한국적 그리스도론의 시도"의 일부분(미완성의 논문)을 한국 가톨릭 문화연구원 제9차 심포지움 (1990. 11. 24)에서 「불타와 그리스도」라는 주제로 발표한 것이 교계신문(크리스챤신문, '90. 12. 8)과 종교신문 90. 12. 5.)을 통하여 알려지게 되자 여론의 파도가 일어나며 제19회 특별총회('91. 10. 29-31. 광림교회)에서 종교다원주의를 정죄하기에 이르렀고, 교리수호대책위원회 대표인 김홍도 목사님과 유상렬 장로님에 의하여 고소되었으며('91. 11. 30.) 네 번째로 소환한 심사위원회 위원장 나정희 목사님과 서기 조창식 목사님과 그 위원인 이동우 장로님에 의하여 기소당하여 지난 달 재판위원 앞에 서기에 이르렀습니다(1992. 3. 5. 1992. 3. 10.).

본인은 지난달 재판('92. 2. 23. 본부 20층)에 이어서 새로 구성된 재판위원회 앞에 다시 서게 되었습니다('92. 4. 22.). 그동안 신문보도가 계기가 되어서 꼬리를 물고 일어난 여론의 파도를 타고 종교다원주의에 대하여 우려와 분노를 표출시키며 성서와 교리를 수호하려고 하셨던 선의의 감리교인들 특히 심사와 재판을 맡았던 어른들에게 송구한 마음 금할 길이 없습니다. 본인은 오늘의 재판이 공정하게 치러지기 위하여 본인의 입장을 밝히고 기소장에 대하여 간략하게 대답을 하겠습니다.

1. 웨슬리처럼 알메니안주의 감리교 위에 서서 신정통주의 신학, 세속화신학 등을 거쳐서 제3세계 신학(특히 아시아신학)의 영역에 들어온 본인의 신학은 "종교해방신학" (Liberation Theology of Religions)을 지향하고 있습니다.

2. <u>72년 미연합감리교회가 다원주의를 선교의 원리로 표명하며 신학적 다원주의 입장에서서 W.C.C.의 종교다원주의 신학을 수용하였던 것처럼</u>, 한국의 에큐메니칼 신학자들과 함

19920422_제3차 서울연회 재판위원회 공판_서울연회 재판위원회_
교리사건 재판자료_4번_페이지_4

제 2 절 선고공판

1. 제4차 서울연회 재판위원회 공판

제4차 공판은 1992년 4월 29일 본부 회의실에서 공개리에 선고공판을 하기로 되어있었다. 그러나 감신 데모대의 농성데모로 무산되었다.

본부 건물 과장과 회의실 복도 등 데모대에게 점거당하여 재판위원들은 감독실에 모여 대책을 숙의할 때 일이다. 맹렬 데모대원 5, 6명이 아예 재판위원이 모인 회의 장소에 침투하여 책걸상 등에 올라서서 구호를 외쳤다. ' 불법재판 물러가라! 물러가라!, 밀실재판 물러가라! 물러가라!' 하는 고함소리를 들으며, 우리 재판위원 15명은 족히 1시간 이상 감금되어 있는 상태이어서 회의를 진행할 수 없었다. 위원들이 혹 밖을 나가려면 그들의 출입허락을 받아야 했다. 필자도 사정을 하여 화장실에 가려고 나가보니 복도에 가득히 앉아있는 학생들이 노래를 부르며 구호를 외치는 데 아래와 같은 해괴한 노래를 불렀다. 이것이 감신 학생들의 찬송인지? 혁명가인지? 한심스러운 노래가 본부 광장과 복도에서 울려 퍼졌다....

노랫말이 희한하다. 하나님이 민중의 아버지란다. 무례한 언어를 마구 구사하며 노래하였다. 이 희한한 소리를 들으며 다시 자리에 이르니 한심하기 짝이 없는 생각이 들었다. 무례하게 떠드는 그들이 모습에선 깽패들인지? 데모대인지? 도무지 신학생들이라는 생각이 전혀 들지 않았다. 그들은 계속하여 외치기를 '감신을 깨부수는 무리들은 물러가라! 물러가라!' ... 도대체 누가 감신을 깨부순단 말인가? 그것은 재판위원들을 보고 하는 소리였다. 그래서 필자는 분통이 터지고 북받치는 맘으로 벌떡 일어서서 한 학생을 지목하고 자네 감신에 허락 받고 들어갔나? 스스로 맘대로 들어갔나? 입학 허가받고 정식으로 들어갔죠. 이 사람아! 그러면 나하고 같은 처지 같은 신분이구먼, 그러면 허락 받고 들어간 사람이 주인처럼 누구 보고 외치는 거요. 나는 감신을 오래 전에 졸업한 사람이요. 누가 감신을 어쩐다는 거요. 당신네 학교여, 그러면 나도 내 학교란 말이야... 우리도 당신들처럼 감신을 사랑해요 그래서 우리도 모인거요. 우린 당신들과는 생각이 달라... 그렇게 닥 달군 후에 그 학생은 슬슬 나가 버렸다. 그러나 나머지 5명 정도는 계속하여 불법재판 물러 가라를 외친다. 듣다 듣다 못하여 필자가 다시 또 일어났다. 그리고는 그 중에서 나이가 많아 보이는 학생을 향하여 당신 법을 좀 아는 것 같은데?...그러니까 그가 답하기를 자기가 법과 대학을 다녔다고 한다. 그래서 필자가 정색을 하고 큰 소리로 당신 우리보고 불법재판이라 했지? 그러면 육하원칙에 의해서 어디서 언제 무슨 일로 불법했는지 말해, 말해, 말해 이 사람아! 소리치니 그도 나간다. 그리고는 이어서 모두 다 나갔다. 그 때 우리는 의논을 했다. 그리고는 밖에 있는 데모대에게 '다음 재판은 감신 대강당에서 공판한다'하고 날자와 시간을 공포했다. 그랬더니 잠시 후에 교수 한 사람하고 학생 대표 두 서너 사람이 들어와서 제발 감신에서는 하지 말라는 것이다. '아니 당신들이 이제까지 밀실 재판 물러가라 외치며 데모했는데 학교 대강당 얼마나 좋은 장소야? 학생 전원이 다 참석한 자리에서 공개적으로 하자' 하니 그들은 오히려 협상하잔다. 감신 이외의 다른 장소는 어디 에서도 좋으니 감신에서는 하지 말아 달라는 것이다. 그래서 당시 서울연회 감독님이 시무하시는 종교교회, 정동제일교회, 그리고, 금란교회를 차례로 교섭했으나 모두 재판장소로 교회를 빌려줄 수 없다는 것이다. 그

19920429_제4차 서울연회 재판위원회_서울연회 재판위원회_교리사건 재판자료_4번_페이지_1

교회들이 한결같이 하는 소리는 감신 학생들이 몰려오면 교회가 냐는 것이다. 그래서 난감해진 위원회에서는 숙의 끝에 사전 양해를 구하지 말고 금란교회로 소집 통보를 해 놓고 사정하는 길 밖에 없다하고 생각하고 그렇게 결행하기도 하였다. 그래서 그 후 선고공판이 금란교회에서 열리게 된 것이다. 그러나 후에 장소 문제에 대하여 재판위원회와 금란교회가 책략을 가지고 정한 것이라 하며 피고들을 추종하는 세력들이 모략적인 비난을 쏟아 부었다.

제4차 서울연회 재판위원회 공판사진

19920429_제4차 서울연회 재판위원회_서울연회 재판위원회_교리사건 재판자료_4번_페이지_2

서울연회 재판위원회

사　건: 第19회 특별총회 결의 및 김홍도 목사 및 유상열장로의 이단사상과 통일교 인물과 관련된 고소사건

피고인: 주 소: 서울특별시 영등포구 당산동 5가 유원2차 아파트 203호 702호

성 명: 변 선 환(1927년 9월 3일생)

직 임: 목사, 교수

이　유: 1) 第17단 9조, 13단 5조, 10단 2조, 199단 8조, 第231단 40조 1항 다 (심사위원회 구형조항)

2) 판결문

第35단 서문 1항 2항, 第39단 第3조, 第192단 第1조 8항, 第195단 第4조 1항, 第199단 第8조, 第231단 第40조 1항 다

------------재판위원회 위원----------

위원장: 고 재 영

서　기: 김 재 민

부서기: 박 윤 희

위　원 : 홍형순, 김재국, 박민수, 박완혁, 최덕관, 이강모, 최홍석, 곽노흥, 민선규, 금성호, 임홍빈, 심원보

- 426 -

19920429_판결과 판결문(변선환)_서울연회재판위원회_
교리사건 재판자료_4번_페이지_1

판 결 문

피 고 : 변 선 환
1927년 2월 29일생

주 소 : 서울특별시 영등포구 당산동5가 유원2차 아파트 203동 702호

피고는 기독교 대한 감리회의 교리와 장정에 정한 법에 의하여 동부연회(1955년)에서 목사로 안수를 받고, 본 교단의 대표적인 교역자 양성기관인 감리교신학대학의 운영을 총책임진 학장으로 재임하면서 기독교의 근본 교의와 감리교 교리와 상치되는 주장을 자행함으로써 1991년 10월 29일~31일에 모인 총회에서 "목사직 면직을 결의"하게 되는 상황에 이르게 하였으며, 통일교 인사를 입학시켜 그의 수학을 비호하였고, 본 교단 신학대학의 이름으로 그를 졸업시키기까지 한 일로 고소되었다. 이에 따라 피고의 소속연회인 서울연회 심사위원회가 그 일을 심사하였다. 이에 동 심사위원회는 피고를 1992년 2월 24일자로 기소함으로써 적법한 절차를 따라 본 재판위원회는 이를 접수하고, 그간 5차에 걸친 소위원회의 모임과 2차 시행한 재판의 결과에 따라 아래와 같이 판결한다.

1. 피고는 기독교 신앙의 주제가 되는 예수 그리스도에 대하여 우주적 그리스도는 마리아의 아들 예수와 동일시할 때 거침돌이 된다고 함으로써 마리아의 아들 예수를 우주적 그리스도로 믿는 전통적 기독교 신앙을 거부하였고, 그리스도만이 보편적으로 유일한 구속자이신 것이 아니라고 함으로써 기독교적인 신앙고백을 떠나서, 기독교 신앙의 특성인 유일한 구속주이신 예수 그리스도를 부정하는 비기독교적 주장을 자행하였다.

2. 피고는 예수 그리스도의 십자가로 말미암아 구속되는 유일한 구원의 길을 부정하여, 구원의 다원주의를 주장하여 저들의 종교들, 그들 스스로의 구원의 길을 알고 있다고 함으로써, 기독교 신앙의 본질을 무시 내지는 타종교의 것과 동일시하는 주장을 했고, 예수 그리스도의 십자가의 사건을 믿음으로 말미암아 얻는 구원을 간과하는 과오를 범하고 있다. 이는 기독교 신앙의 코페루니쿠스적 전환을 주장하면서 종교의 우주적인 기독교도 다른 종교도 아니고 신을 중심하여서 돌고 있다는 것을 기독교는 인정해야 할 것과 예수를 절대화, 우상화시키며, 다른 종교적 인물을 능가하는 일종의 제의의 인물로 보려는 기독교 도그마에서 벗어나 신중심주의로 전환되어야 할 것이라 하므로써 삼위일체 하나님을 부정하고, 모든 종교의 신을 동격시하며, 예수 그리스도의 인성과 신성을 동시에 믿는 기독교 신앙을 떠나 버렸다. 피고는 이와 같이 한때 바알과 하나님을 동일시한 옛 유대인들의 죄와도 비교되는 우를 범하였다.

4. 피고는 기독교 선교를 목적으로 감리회 교역자들을 양성하는 대표적 기관의 장으로 있으면서, 교회가 말하지 않아도 이미 선행하여서 그리스도를 섬기고 있으며, 기독교 선교사가 하나님 나라를 비기독교 세계에 가지고 오지 않아도 이미 하나님 나라는 거기 역사하고 있다고 주장하였고, 교회 밖에도 구원이 있다고 함으로서, 기독교 복음을 포교하는 교역자를 양성하는 일과, 예수를 믿고 구원받는 개종사역을 거부함으로써, 피고는 그 본직을 배반

- 427 -

19920429_판결과 판결문(변선환)_서울연회재판위원회_
교리사건 재판자료_4번_페이지_2

하였다.

5. 피고는 통일교 차세대 지도자로 부상한 양창식의 입학과정에서 입학원서의 구비서류에 신앙배경을 입증하는 교회의 추천서에 하자가 있고, 또한 그가 통일교내의 당시 직책이 경상남도 교구 책임자이며, 통일교의 지도훈련을 담당하는 원리연구회 사무처장이라는 것이, 당시 감신 재학생 이규철에 의하여 폭로되었음에도 불구하고 이를 도외시했고 척결은커녕, 그의 포섭활동과 수학을 동조내지는 방관하여 1989년 가을에 그를 졸업시켰다. 이와 같이 피고는 본 교단의 가장 전통 깊고 대표적인 신학대학을 책임진 학장으로서 교단의 체모와 교의를 넘어선 월권 및 직무유기를 자행한 과오가 인정된다.

6. 피고는 공공 출판물에 논문들의 기고와 강연들, 강의실과 사석에서 기독교 대한감리회가 교리적 선언 서두에 명시한 요한 선생의 "복음적 신앙은 우리의 기업이요, 영광스러운 소유"로 천명한 복음을 파괴하는 일을 계속하여 왔다. 이는 기독교 대한감리회의 발전에 크나큰 저해요인이 되어 개 교회와 범 교단적으로 끼친 타격은 통계적 숫자로 입증되지 않더라도 너무도 컸음은 주지의 사실로, 본 교단의 교인뿐 아니라 타교단에서도 익히 잘 아는 바이다. 바로 이 같은 사실이 복음 선교의 역행임은 물론이다. 그럼에도 불구하고 피고는 도의적, 신앙적 반성 없이 이 일을 자행하여 왔으며 개정의 정이 없었다. 그러므로 이 후 계속 피고와 이 같은 주장에 동조, 지지, 옹호 및 선전하려는 자는 기독교 대한 감리회 내에서 동일한 범법자로 간주되어야 한다.

피고는 이 상에 열거한 내용과 같이 반 기독적이고 이단적인 주장을 하고 있음으로 본 기독교 대한 감리회의 일원으로 있어서는 안 될 것이 자명하여졌다. 그러므로 본 재판위원회는 본 교단이 하나님의 말씀으로 믿는 신·구약 성경과 사도신경의 고백, 그리고 본 교단의 '교리와 장정' 제35단 서문, 1항, 2항, 제39단 제3조, 제192단 제1조 8항, 제195단 4조 1항, 제199단 제8조에 의거하고, 장정 제231단 제40조 1항 다를 적용하여 피고 변선환에게 기독교 대한 감리회에서 출교를 선고한다.

1992년 4월 29일

재판위원회 위원장 고 재 영
서 기 김 재 민
부서기 이 강 모

재판위원 홍 형 순
박 민 수
최 덕 관
최 홍 석
임 흥 빈
금 성 호
민 선 규
심 원 보
김 재 국
박 완 혁
박 을 희
곽 노 흥

19920429_판결과 판결문(변선환)_서울연회재판위원회_교리사건 재판자료_4번_페이지_3

에서 출교를 선고한다. 땅땅땅! (아멘, 박수소리……)

서울연회 재판위원회

사 건 : 제 19회 특별총회 결의 및 김홍도 목사 및 유상렬 장로의 이단사상과 통일교 인물과 관련된 고소사건

피고인 : 주 소 : 서울시 은평구 갈현2동 523-75 연립 203호
성 명 : 홍 정 수
직 업 : 목사, 교수

주 문 : 출 교

이 유 : 1) 제 17단 9조, 13단 5조, 10단 2조, 199단 8조 231단 40조 1항 다.

2) 판 결 문
제10단 제2조, 제11단 제3조, 제35단 2항, 제199단 제1조 1, 7, 8항, 제195단 제4조 1항, 제199단 제8조, 제231단 제40조 1항 다.

- 재판위원회 위원 -

위원장 : 고 재 영

서 기 : 김 재 민
부서기 : 박 을 희

위 원 : 홍 현 순
박 민 수
최 덕 관
최 홍 석
민 선 규
금 성 호
임 흥 빈
심 원 보
김 재 국
박 완 혁
이 강 모
곽 노 흥

- 423 -

19920429_판결과 판결문(홍정수)_서울연회 재판위원회_교리사건 재판자료_4번_페이지_1

판 결 문

피 고 : 홍 정 수
1948년 7월 21일생

주 소 : 서울특별시 은평구 갈현동 523-75 연립 203호

피고는 1977년 기독교 대한 감리회 중부연회에서 교리와 장정이 정한 법에 따라 목사로서 안수를 받고, 본 교단의 대표적인 교역자 양성기관인 감리교신학대학의 교수로 재임하면서 기독교의 근본교리와 감리교 교리장정에 상치되는 주장을 자행함으로 1991년 10월 총회에서 목사직 면직을, 면직을 결의하게 되는 상황에 이르게 하였으며, 통일교 이단집단의 요직 인사를 본 교단 신학대학에서 5년 동안 수학하고 졸업하도록 비호하였음으로 서울연회 심사위원회가 피고를 1992년 2월 24일자로 기소함으로써 적법한 절차에 따라 본 재판위원회는 이를 접수하고, 그간 5차에 걸친 소위원회 모임과 2차에 시행한 재판의 결과에 따라 아래와 같이 판결한다.

1. 피고는 기독교 신앙의 근본이 되는 살아계신 하나님의 존재를 부인하여 말하기를 만일 신은 계신가하고 누군가 묻는다면 신은 없다고 잘라 말할 수 있다고 하는 등 무신론적 의사표현을 단언하여 말함으로써, 본 교단의 하나님에 대한 신앙적 입장을 정면으로 거부하였다.

2. 피고는 기독교 신앙의 핵심이 되는 예수의 부활사건을 부정하여 나는 단연코 육체의 부활을 부정한다고 하였고, 부활신앙은 이교도들의 어리석은 욕망에 불과하다라고 하고, 예수의 부활사건을 빈 무덤이 아니다라고 주장하여 기독교 본래의 부활신앙을 부정하였다. 또한 기독교의 부활 메시지가 아무 소용도 없을 수도 있음을 극명하게 말해준다고 말함으로써 사도시대 이후 오늘에 이르기까지 전하여 내려온 선교 메시지를 거부하였다.

3. 피고는 골고다 산상에서 예수 십자가의 대속의 죽음과 광주망월동민주항쟁으로 죽은 많은 민주인사들의 죽음을 동일시하였다. 또한 피고가 예수 그리스도의 부활사건을 믿는 자를 위한 부활의 첫 열매로 보지 않고 정의를 외치다 한을 품고 죽은 이들의 정신적 공헌과 같이 간주하려는 것은 예수 그리스도의 육체의 부활을 부인하는 반성서적인 주장이다.

4. 피고는 기독교신앙의 중심이 되는 예수 그리스도의 대속의 사건을 부정하여 예수의 십자가는 신의 아들의 죽음이 아니다라고 하였고 예수의 죽음이 우리를 속량한 것이 아니라 그의 삶이 우리를 속량하는 것이라고 주장했다. 그리고 피고는 예수의 십자가의 피흘림에 대하여 이르기를 그의 피가 동물들이 흘리는 피보다는 월등하게 효과가 있다는 이야기가 아니다라고 말함으로써 예수 그리스도의 피의 대속을 불신하는 주장을 하였다. 이같은 피고의 주장은 기독교 신앙의 교의와 본 교단의 신앙을 적대하는 반그리스도적 이단사상이다.

5. 피고는 본 교단의 감리교 신학대학에 재직하면서 통일교의 요직 현직 인사인 양창식이

19920429_판결과 판결문(홍정수)_서울연회 재판위원회_
교리사건 재판자료_4번_페이지_2

감신에 재학중에 있을 때 동 대학의 재학생인 이규철의 제보로 양창식의 본색이 드러났음에도 불구하고 그를 척결하는 일을 주선하기 보다는 오히려 비호한 점을 부정할 수 없다. 피고는 본 교단 신학대학의 체모를 손상시켰고, 기독교 교의를 바르게 가르쳐야 하는 본직을 거절, 내지는 유기한 점이 인정된다.

6. 피고는 공공 출판물에 기도한 논문들과 강연, 강의들의 내용에 기독교 신앙의 본질을 위와 같이 파기하였고, 웨슬리 목사의 복음적 신앙을 유산으로 받은 기독교 대한감리회의 교리와 장정에 위배되는 사상을 주장해 왔다. 이는 기독교 대한 감리회의 발전에 크나 큰 저해 요인이 되어 개교회와 범교단적으로 끼친 타격은 통계적 숫자로 입증되지 않더라도 너무도 컸음은 주지의 사실로, 특히 본 교단의 교인뿐 아니라 타교단에서도 익히 잘 아는 바이다. 바로 이와 같은 사실이 복음 선교의 역행임은 물론이다. 그럼에도 불구하고 피고는 도의적, 신앙적 반성 없이 이 일을 자행하여 왔으며 개정의 정이 없다. 그러므로 이 후에 계속 피고와 이 같은 주장에 동조, 지지, 옹호 및 선전하는 자는 기독교 대한 감리회 내에서 동일한 범법자로 간주되어야 한다.

본 재판위원회는 이상에 열거한 내용과 같이 피고의 이단적 주장을 묵과할 수 없으므로 본 교단이 하나님의 말씀으로 믿는 성경과 교리와 장정 제10단 제2조, 제11단 제3조, 제35단 2항, 제192단 제1조, 1항, 7항, 8항, 제195단 제4조 1항, 제199단 제8조에 의거하고, 장정 제231단 제40조 1항 다를 적용하여 피고 홍정수에게 기독교 대한 감리회에서 출교를 선고한다.

1992. 4. 29.

재판위원회 위원장 고 재 영
서 기 김 재 민
부서기 이 강 모

재판위원 홍 형 순
박 민 수
최 덕 관
최 홍 석
임 홍 빈
금 성 호
민 선 규
심 원 보
김 재 국
박 완 혁
박 을 희
곽 노 흥

19920429_판결과 판결문(홍정수)_서울연회 재판위원회_
교리사건 재판자료_4번_페이지_3

K-2-094

변론의 요지 /92.5.7. 오후 3시/금란교회

* 소송 과정의 위법성은 기회가 있을 때/변호사에게 일임하고 제가 저질렀다는 범죄 행위에 대한 해명만 드리겠습니다.

---

* 저는 「심사위원들의 기소장」에 의하면, 다음의 7가지 정도의 범죄를 저질렀습니다.

(1) 하나님의 존재를 부정한다.
(2) "예수의 피는 개피와 같다"고 말했는데, 이것은 "천인공노할 만행"이다.
(3) 예수의 육체 부활을 부정한다.
(4) 예수의 동정녀 탄생을 부정한다.
(5) 동정녀 탄생을 부정하는 충격적인 발언을 함으로써 목회자 한 사람을 죽였다.
(6) "통일교의 거물급 인사인 양창식 씨를 비호·방조하였다."

이제 이에 대한 간략한 설명을 드리겠습니다.

1. 저는 예수님을 믿고 사랑합니다. 따라서 우리의 신앙과 신학의 최종적 표준은 이 세상의 어떤 개인 또는 집단의 힘이 아니라 바로 성서 속에 있는 예수 자신의 생애와 사상이어야 한다고 굳게 주장하는 바입니다. 먼저 이 점이 확인되지 않는다면 우리가 여기에 함께 모여 있을 이유가 도무지 없다고 믿습니다. 그럴 경우 우리는 그리스도의 사람들이 아니기 때문입니다. 제가 지금부터 말씀드리는 모든 것은 이같은 대전제 밑에서 하는 것입니다. 이 점을 명심해 주시기를 모두에게 부탁드립니다.

2. 저는 또한 교회를 사랑합니다. 86년 9월 28일 가족들과 더불어 "동녘교회"를 개척하고, 그 후 거의 6 년 동안 매월 적어도 2 회 이상 하나님의 말씀을 사람들에게 직접/계속 전하여 왔으며, 나아가 매주 「사도신경/니케아신경/감리교 교리적 선언」으로 신앙을 고백해 왔습니다. 여기에 그 증거 자료도 있습니다. 따라서 저의 기독교 신앙을 의심한다는 것은 유감스럽게도 서로간의 오해에서 비롯된 것입니다.

3. 제가 말했다고 하는 모든 인용구들은 거의 대부분이 전후문맥을 자르고 인용함으로써 아전인수격으로 곡해된 것들입니다. 따라서 여러분들이 알고 계신 그런 이단적인 홍정수가 정말로 제 자신이라면, 여러분들이 비난하기 전에 먼저 제 자신이 저를 정죄하고자 했을 것입니다. 이 말은 교회를 향한 여러분들의 순수한 열정을 제가 인정하고 또 높이 사듯이, 제가 지니고 있는 교회에 대한 충정 또한 일단 인정해 달라는 것입니다. 부디 제게 대한 온갖 선입견을 잠시만이라도 저버리고 진지하게 제 말씀을 들어주신다면 더 없이 고맙겠습니다.

* 다소 복잡한 신앙/신학의 이야기를 하기 전에 먼저 저를 고발한, 위에 열거된 두 가지 사건에 대한 해명을 드리겠습니다.

4. 먼저 심사위원들이 낸 "기소장"의 일부를 소개해 드리겠습니다:

「그런데도 불구하고 위 자는 88년 정허원 연수 기간에 교육 도중 "아직도 동정녀 탄생과 부활을 믿는 얼빠진 목사가 있느냐고?" 말함으로써 그 강의실에서 이러한 이단적 사상을 갑작스럽게 접하고, 엄청난 충격을 받고 쓰러진 당진 지방 영광교회 연영옥 목사가 적십자 병원에 옮기던 중 사망하였던 비극적 사태가 돌발되기도 하였다. 이러한 멀쩡한 사람의 생명을 그 자리에서 빼앗기도 하고, 보이지 않게도 순수하게 오로지 복음의 말씀을, 하나님만을 사모하며 고대하는 수많은 사람들의 영혼들을 무참히 살육하여 송두리째 멸망에 빠뜨릴 수 있는, 믿음 안에서의 금세기 최후의 적인 자유주의 신학의 사탄적 이단 사상을 반드시 괴멸시켜야 할 것이다」

<u>답변합니다</u>: (1) 우선 88년 여름의 사건은 그 내용이 무엇이든 교회법으로는 (3

1

19920507_변론의 요지_홍정수_4번_페이지_1

넌이 지났으므로) "재판거리"가 못 됩니다. 그러나 그 사건이 진실이라면, 교회법과 상관없이 저는 문책을 면하지 못할 것입니다. 그러므로 성실하게 이에 대답하고자 합니다. (2) "아직도 동정녀 탄생과 부활을 믿는 얼빠진 목사가 있느냐?"는 식의 고약한 말씀을 목사님들께 드렸다는 것은 전적으로 모함입니다. 동정녀 탄생 문제로 논쟁이 있었던 것은 인정합니다(이와 관련된 신학적 문제는 나중에 설명드리겠습니다). (3) 이유여하를 막론하고 한 목회자께서 갑작스럽게 세상을 떠나게 되었다는 것은 심히 가슴아픈 일입니다. 그러나 제가 그 죽음에 책임을 져야 한다는 말은 또 하나의 목사를 무고히 죽이는 일이 될지도 모르기 때문에 조심스럽게 말해야 할 것이라고 사료됩니다. 그 목사님은 가족들의 당시 증언에 의하면, 지병인 당뇨병으로 고생해 오셨습니다. *제 강의와 그분의 죽음 사이에는 아무런 연관이 없음을 증언해 줄 자료, 증인들은 얼마든지 있습니다. 그분은 낮에 제 강의를 들으시고, 오후 내내 무사히 지내셨으며, 저녁 식사를 마치시고, 휴게실에서 환담을 나누시다가 쓰러지셨으며, 저녁 10시경에 운명하셨습니다. 제가 그분의 죽음에 만의 하나 관련이 있다면 제는 어떤 형사처벌이라도 달게 받겠습니다.

5. 다시 기소장의 일부를 소개합니다:

「위 자는 통일교의 거물급 인사 양창식.. 씨가 과거의 통일교 인물이 아니라 입학 당시에나 현재나 통일교의 중요한 인물로 활약하고 있으며 ... 감리교신학대학에 재적 학생으로 자격 요건을 갖추지 못했는데도 불구하고, 그의 내방을 수시로 용인하였고, 그 당시 대학원 학과장으로서 당연히 양식 씨를 제적시켰어야 함에도 불구하고 게다가 양창식 씨에 대한 문제가 있을 당시 ... 위 자는 양창식 씨가 이미 통일교인임을 인지하였음에도 불구하고 "그에 대한 문제삼을 증거가 없다"고만 하였고, 또한 "윗분들(?)이 아무런 이야기가 없어서 그냥 두었다"라고 말하면서, 그 당시 대학원 학과장으로서의 명백한 책임을 회피하여 양창식 씨를 곧바로 제적시키지 않았고, 이 사건을 폭로함으로써 순교적 사명을 갖고 학교 당국과 싸웠던 이규철 전도사의 순수한 애교심과 진리 수호의 열정을 단호히 묵살하여 버린 채 오히려 이규철 전도사가 감리교신학대학 내의 통일교 총책임자로 거꾸로 매도되게 하였으며....」

답변합니다: 이규철 군의 구두 제보 사실 이외에는 전적으로 모함이요, 위증입니다. 이미 처음의 "제1반 심사위원회"의 보고서에는 통일교 부분에 관하여는 다음과 같이 명백하게 기록되어 있다: "두 교수의 통일교 관련설은 충분히 조사하였으며, 전 송길섭 학장에게 그 책임이 있음을 확인하였고, 감리교신학대학 자체 조사 보고서가 첨부되었습니다"/심사 보고서, 1·45-48/. 여기에 보면, 과거의 심사원들이 "감리교신학대학 자체보고서"를 증거자료로 제출하였습니다. 그런데 오늘의 심사위원들은 "대학원위원회 보고서"라는 다른 자료를 증거로 사용하고 있는 듯합니다. 그렇다면 그 다른 자료, 곧 "대학원위원회 보고서"는 역시 모함입니다. 그 증거로 당시에 제가 대학원 행정직을 맡고 있지 않았음을 입증하는 공식 문서가 여기에 있습니다.

다시 말씀드리거니와 이규철 군의 제보를 직접 받은 사실 이외에는 감신대의 다른 교수님들과 저 사이에 전혀 아무런 차이가 없습니다. 저는 양창식의 얼굴도 기억하지 못하며, 그의 입학과 학위논문 및 졸업은 저와는 추호도 연관이 없습니다.

*물론 이 사건도 3 년이 경과하였습니다. 졸업 연도가 89년이라고 하는데, 그 학생의 졸업이 왜 제 책임입니까? 저는 그런 무거운 위치에 있은 적이 없습니다.

이제 신학적인 이야기하고자 합니다.

* 신학의 기준은 어느 누구 또는 집단의 힘이나 주장이 아니라 바로 성서 속의 예수님이라고 말씀드렸습니다. 이 중요한 점을 다시 한 번 상기해 주시기 바랍니다. 그런데 성서 속에는 얼핏 보면 서로 다른 여러 모습의 예수님이 계시기에 학자들을 매우 당혹스럽게 하고 있습니다. 그래서 학자들은 기도하며 연구하여, 서로 다른 예수님의 모습 속에서 참으로 우리를 (구원)하시는 하나님의 아들 예수 그리스도를 발견하려고 애쓰고 있습니다. 그러던 중 많은 학자들은 성서가 기록된 당시의 상황과 특히 인간의 언어법칙에 대하여 깊이 연구하기 시작하였습니다. 얼핏보면 두 사람이 다른 언어를 사용

2

19920507_변론의 요지_홍정수_4번_페이지_2

하고 있지만 알고 보면 그 내용이 같은 수도 있는 경우가 「인간의 언어 세계」라고 하는 기본적인 통찰 때문입니다. 예를 들면, 우리들은 "아 멋지다, 재미 있다"고 표현하는 말을 요즘의 어떤 젊은이들은 "끝내 준다, 죽이네"라고 표현합니다.

성서적인 예를 하나만 더 들면, 모세는 "눈은 눈으로, 이는 이로 갚으라"고 말했지만, 예수께서는 "앙갚음하지 말라"(마6:38-39)고 하셨고, 이런 말씀이 화근이 되어 결국 예수께서는 "신-모독자"라는 누명을 쓰고 돌아가시게 되었습니다. 그러면 정당한 복수를 가르쳤던 모세의 법칙과 원수-사랑을 가르쳤던 예수님의 법칙은 정말로 다른 것입니까? 그렇다면 (1) 예수님은 분명히 원수들의 주장대로 '모세의 하나님을 모독'하였으며, (2) "율법은 일점일획도 없어지지 않는다"고 가르친 예수님은 거짓말을 하신 것이거나 억지를 부린 것이 됩니다. 왜냐하면 문자 그대로 보면, 사실 예수께서는 모세의 율법을 일점일획도 어김 없이 다 실천하신 것이 분명 아니기 때문입니다. 이럴 경우 학자들의 작은 노력이 우리들에게 커다란 빛을 던져 줍니다. 여러분들은 예수님과 당시의 유태인들 중 어느편이 옳다고 생각하십니까? 그 근거는 무엇입니까?

그러므로 저도 제가 사용하는 "표면적 언어"가 아니라 그 언어가 말하려고 하는 "속뜻"을 생각해 주시기 바랍니다. 그렇지 않으면 다음과 같이 경고하셨던 감리교회의 시조 웨슬리의 후예들이 아닐 것이기 때문입니다: "우리 자신이 지닌 악마적 성질을 그럴 듯이 꾸미기 위하여 우리는 우리의 형제들을 악마의 자식이라고 말한다"(평생의 논적 「휫필드 목사의 서거에 즈음하여」).

6.「하나님의 존재를 부정하였다」는데?

물론 누군가가 하나님의 존재를 부정할 수 있습니다. 그러나 그 때 우리가 그를 향하여 확실하게 말할 수 있는 것은, 그가 누구이든 그 사람은 이미 기독교 신자가 아니라는 것입니다. 바로 이 점에서 저의 생각은 여러분들과 전적으로 같습니다. 그러면 이제 심사위원의 기소장을 직접 인용하겠습니다.

「위 자는.. '만일 신은 계신가?' 하고 누가 우리에게 묻는다면 '신은 없다'라고 잘라 말할 수 있다"(「베짜는 하나님」 56페이지)라고 말함으로써 신 즉 하나님 존재 자체에 관한 부정을 단적으로 피력함으로써, 감리교 「교리와 장정」 상의 종교의 강령에 관한 부분의 9단 제1조에 나타난 하나님 실존에 관한 명백한 사실을 전격적으로 부인하는 위법 사항을 초래하고 있다」

<u>답변합니다.</u> 부족한 저의 책에 그렇게 큰 관심을 보여 주신 데 대하여 다시 한번 감사의 마음을 전합니다. 오늘의, 기독교회 안의 신자들이 아니라 지금은 교회 밖에 있는, 미래의 기독교인들을 위하여 특별히 씌어진 책, 『베짜는 하나님』은 그 제목이 말해 주듯 "하나님"을 말하려고 하는 책입니다. 정말로 제가 그 책에서 "신 즉 하나님 존재 자체를 부정"하고 있을까요? 터무니 없는 말입니다.

문제의 그 인용구 다음을 읽어보겠습니다. 「그렇게 일반적으로 규정될 수 있는 신 혹은 일반적으로 상정하는 신은 '역사'(사건)를 이야기해 오던 기독교인들의 하나님 이야기 방식이 아니기 때문이다. 우리에게 신은 없지만, 우리가 '하나님'이란 언어를 사용하게 된 연유를 설명해 줄 수 있는 사건, 단서가 되는 뿌리 경험은 있다. ... 출애굽과 ... 예수 경험이다.」 여기서 저는 사람들이 함부로 생각하는 "신"이라는 단어와 기독교의 "하나님"이라는 단어를 엄격하게 구별하여 말함으로써, 기독교의 하나님의 특수성을 강조하고자 했던 것입니다. "예, 신은 없을지 모르나 '하나님'은 분명히 살아 계십니다"는 말을 하려 했습니다. 여기서, 위에서 예로 들었던 그 말의 방식의 차이를 다시 한번 기억해 주시기 바랍니다.

7. 「"예수의 피는 개피와 같다"고 말했고, 이것은 "천인공노할 만행"」이라는데?

물론입니다. 그렇게 말했다면, 그것은 정말로 천인공노할 만행입니다. 그러나 그것과 정반대의 이야기를 하려 했었던 것이 사실이라면 어떻게 되겠습니까?

너무나 근거 없는 모함이기에 변명조차 하지 않겠습니다. 저는 일찌기 그 어

3

19920507_변론의 요지_홍정수_4번_페이지_3

떤 극악한 이단자도 이렇게 모독적인 말을 했다는 것을 들어본 적이 없습니다. 한 마디도 숨은 의도를 가지고 제 글을 거꾸로 해석한 것입니다. 마치 한때의 공산주의자들이 "빵이 아니라 말씀으로 산다"는 예수님의 말씀을 억지로 곡해하여, "인간이 빵없이 어떻게 살아갈 수 있느냐?"하면서 예수님을 거짓말장이로 몰아붙였던 것과 꼭같은 논리입니다. 이것은 정말로 "천인공노할" 거짓말입니다.

8. 「예수의 육체 부활을 부정한다」는데?

저는 이 부분에 관하여는 제 생각이 여러분들과 다소 다를지도 모른다는 것을 시인합니다. 그러나 저는 제 자신의 생각이 아니라 성서의 신앙이나 감리교회의 전통 또는 「교리」가 중요하기에, 사람들이 원하는 종류의 부활 신앙이 아니라 성서가 가르치는 부활 신앙을 회복하고자 했을 따름입니다. 이런 것은 누구에게도 죄가 되지 않는다고 저는 믿습니다.

먼저 심사위원의 논고를 들어봅니다:

「위 자는 ... "기독교의 부활 메시지가 아무 소용없을 수도 있음을 극명하게 말해 준다"(「베짜는 하나님」, 158페이지)... 교리와 장정 제11단 3조에 나타난 그리스도 부활에 관한 사실을 부인하였다. ... 홍정수 교수는 예수의 분명한 부활 사건을 역사적, 생물학적, 사실적, 육체 부활 사건으로 믿지 않고, 다만 종교적 언어의 상징적, 의미상의 부활 이론으로 왜곡 주장함으로써, 예수 그리스도의 부활의 역사성과 객관성을 부인하고 있다」

---

* 답변 *

내용에 답하기 전에 먼저 꼭 지적하고 싶은 것 두 가지는, 첫째로, 현재의 심사위원들이 저의 책을 단 한 번도 직접 읽지 아니했음이 이 부분에서 확연히 드러나고 있다는 점, 그리고, 둘째로, 한국교회의 법과 미국교회의 법을 구별하지도 못할 뿐 아니라 문제의 「종교강령」 제3조가 완전한 오역임을 전혀 알지 못하면서 저를 기소하였다는 사실입니다. 그들은 기소장에서 " (...)기독교의 부활 메시지가 아무 소용없을 수도 있음을 극명하게 말해 준다"(「베짜는 하나님」, 158페이지)라고 했는데, 『베짜는 하나님』 158 페이지에는 그런 내용이 결코 나오지 않고 있습니다. 그런 내용이 저의 책 158페이지에 나온다는 잘못된 정보는 김홍도 목사님과 유상열 장로님 명의로 전국에 배포된 "비난 문서"에만 나타납니다. 따라서 우리는 심사위원들의 공정성을 의심할 수밖에 없습니다. 그러나 어디서든 그런 말을 하지는 않았느냐고 물을 것이 분명하기에 저의 부활 신앙과 신학을 간단히 설명드리겠습니다.

저는 예수의 부활을 부정한 것이 아니라, 단지 오늘의 사람들이 성서에 나오는 예수 부활의 이야기를 자기 욕심대로 오해하고 있고, 따라서 성서 속에 나오는 그대로의 부활 이야기를 다시 전해야 한다고 주장하고 있을 뿐입니다. 여러분들이 저와 같은 상황, 즉 성서의 신앙과 오늘날의 사람들의 일반적인 생각과의 심각한 차이를 발견하게 된 상황에 서신다면, 저와 꼭같이 하지 하시거나, 데살로니가전서(2:4)에 나타난 바울의 질문을 던지실 것입니다. 곧 "내가 사람의 환심을 사랴 하나님을 기쁘시게 하랴?"

저는 "성서 속에 나오는 죽음/부활"의 이야기가— 저는 그 신앙이 지금도 옳다고 분명하게 믿고 또 주장합니다 — 우리들이 오늘날 흔히 생각하는 그런 방식의 "생물학적" 곧 과학적·객관적 사실은 아니라고 믿습니다. 즉 저는 성서의 신앙을 회복하는 데, 곧 과거의 유산을 재해석하여 그 힘을 되살리는 데 그 목적이 있었던 것이지 기독교의 부활 신앙 자체를 부정하려는 것이 결코 아니었습니다. 그리하였더라면, 1991년 9월 20일의 목사자격 심사를 통하과하지 못하였을 것이며, 91년 12월 28일의 1반 심사위원들, 그리고 92년 1월 24일 제2반 심사위원들이 "신학적 소양 부족"이라는 이유로 사퇴하지는 않았을 것입니다.

그러면, 왜 그렇게 말해야 했는지 성서의 부활 이야기를 직접 들려 드리겠습

4

19920507_변론의 요지_홍정수_4번_페이지_4

니다.
자료 1: 예수 자신의 부활 신앙
<사두개인들과의 부활 논쟁> — 핵심:<하나님 신앙>
누가 20:27—40/마가 12:18—27/마태 22:23—33
「아브라함/이삭/야곱은 부활하였다」. 왜냐하면 "하나님 앞에 있는 사람들은 모두 살아 있기" 때문이다(눅 20:38).

* 예수 자신이 말려 들었던 이 "부활"논쟁을 자세히 분석해 보면, (1)예수는 확실하게 부활을 믿고 있었으며, (2) '부활한 다음'은 사람이 '하늘에 있는 천사'처럼변화되며, (3) 아브라함, 이삭, 야곱은 "하나님 앞에 있는 사람들"이기에 이미 부활하여, 영원히 살아 있다고 믿었으며, (4) 당시의 교회 신학자들 곧 사두개파 사람들에게는 이것이 너무도 엉뚱한 해석이었으며, 그래서 사람들을 크게 당혹하게 만들었음을 알 수 있습니다. 이로써 우리는 예수님께서 가르치신 '부활' 신앙/소망이 그 당시 사람들이 생각하고/기대하고 있던 성질의 사건도 아니며, 또 오늘 우리가 일반적으로 생각하고 있는 그런 종류의 사건도 아님을 알 수 있습니다. 여기서 예수님은 '부활'이라는 주제 아래 "하나님 앞에 있는 사람들의 영생"에 대하여 가르치시고 계십니다.
* 그렇다면 사두개파사람들은 왜 부활을 믿지 안으려 했던가요? 그것은 한 마디로, 저들의 성서, 구약성서 속에는 본래 부활 신앙이 없었는데 뒤늦게 기원전 2 세기경에 생겨난, 이방인들의 가르침이라는 사실을 알고 있었기 때문입니다. 그들의 주장은 분명히 일리가 있습니다. 그러나 예수님의 생각은 달랐습니다. 아주 달랐습니다. 아브라함, 이삭, 야곱이 이미 부활하였다는 주장을 했습니다. 저는 여기서 사두개파가 아니라 예수님을 따릅니다. 우리의 육안으로는 아무도 그 조상들의 부활을 보지 못하였지만 그들은 하나님 안에서 영원히 살아 있습니다.

자료 2: 에녹의 묵시록 22: 1-2(천사가 인도하는
4 개 의 空洞/ 1동 - 明/ 2, 3, 4 — 黑) ***
///// 부활= 제2,3동의 잠자는 주민들 ////
이것는 소위 중간기 문학/외경의 자료입니다. 부활이 "하나님의 정의의 심판"을 뜻한다는 것을 가장 극명하게 보여주는 귀중한 자료입니다. 우리는 위에서 예수님께서 부활에 대하여 "하나님 중심으로" 생각하도록 가르쳤음을 말했습니다. 이제는 에녹서가 우리들에게 말해 줍니다. 부활을 "하나님의 정의"의 생사에 관한 문제라고요.
** 제2동-억울한 의인/순교자. ** 제3동—운좋은 악인들/심판받지 않은 살해자들.

자료 3:** 현재의 부활
요한 11:17—27(나사로 계기)
에베 2:5—6
골로 2:11—13;3:1

자료 4: ·바·울·의 부활 체험
리스트 — 고전 15:5—9.
육체의 다양성 — 39- 41 절.
신령한 몸 — 44, 50 절.
·사·건· 보·도
행전 9:3—9/행자들은 음성만 들음.
행전 22:6—10/행자들은 빛만 봄.
갈라 1:16/하나님께서 그 아들을 나에게 "나타내 주셨다."
에베 3:8/하나님께서 나에게 이 은총을 베푸셨다.
바울/결론/ — 적어도 승천 5 년 후에 일어난 바울의 부활 체험은 "회심/계시/은총의 체험"이었음이 확실합니다.-즉 그것은 신비에 속하는 신앙체험이지, 신앙이 없는 과학자가 검증할 수 있는, 그런 의미에서 "객관적인" 성격의 사건은 결단코 아닙니다.

5

19920507_변론의 요지_홍정수_4번_페이지_5

＊ 결국 신학자는 고민하게 됩니다. 성서는 긴 세월 동안 서로 조금씩 다르게 신앙생활을 해 왔으며, 그래서 성서 속에도 여러가지 서로 다른 표현들이 공존하고 있으며, 그들의 사고방식과 언어가 우리와는 다르기 때문입니다. 특히 구약성서 처음부터가 아니라 순교자의 시대인 기원전 2세기경부터 등장하는 부활 신앙, 예수님과 사도 바울 또는 복음서 기자들이 말한 부활 신앙의 진정한 "속뜻"을 오늘의 한국인들이 어떻게 올바로 이해할 수 있을까를 저는 고민합니다. 저는 결코 기독교의 부활 신앙을 부정하지 않았습니다. 단지 "끝내준다, 죽이네" 등의 새 언어로 말하는 현대인들도 성서의 말씀을 알아들을 수 없을까 고민하고 노력하고 있을 뿐입니다.

———————— 여기서 주의할 것은 이렇듯 성서가 서로 다른 것을 말하고 있는 것으로 보일 경우, 우리들은 곧잘 마음에 드는 성서 귀절을 하나씩 선택하여 믿는다는 것입니다. 그러면서도 나와 다른 성서 귀절을 선택한 사람들의 신앙에 대하여는 서로 인정해 주기를 꺼리고 있습니다. 저는 이런 편견은 옳지 않다고 믿습니다. 예를 들어, 예수님의 승천 장소는 예루살렘인지 아니면 갈릴리인지 어떻게 알 수 있을까요? 두 복음서(마가/누가)는 예루살렘, 두 복음서는 갈릴리입니다. 아무거나 선택하면 됩니까? 우리와 다른 것을 선택한 사람들은 이단자들입니까? 왜 그렇습니까? 성서의 귀절 중에서 선택하였다는 데에는 꼭같은데 말입니다.

＊ 이런 경우 저는 이렇게 결정합니다.———— 여러가지 신앙의 언어들/기록들/역사적 상황들을 종합적으로 연구하여, 그 곳에서 서로 일치하는 속뜻을 찾는 것입니다..

저의 신학하는 방식이 옳다면, 동정녀 탄생에 대하여서는 설명이 필요 없습니다. 예수 탄생/기원에 관하여는 성서가 매우 다양하게 말하고 있기 때문입니다. 즉 같은 복음서, 예컨대, 마태와 누가복음서는 예수님의 동정녀 탄생(물론, 누가복음서는 예외입니다)과 정상적 탄생을 함께 기록해 주고 있습니다. 또 마가복음서 침묵: 요한복음서(1:13 참조, 7:26-28), 로마서(1:3-4), 갈라디아서(4:4-6) 등은 정상 탄생을 암시 또는 명백히 하고 있습니다. 그런 경우 우리는 어떻게 해야 합니까?

9. 「동정녀 탄생을 부정한다」는 비난에 대하여는,

따라서 "부정하는 것이 아니라 성서가 예수님의 탄생/기원에 관하여 말하려고 하는 이야기를 종합적으로 새겨, 동정녀 탄생의 진정한 "말뜻"을 되찾아내려 하였음을 명백히 밝힙니다.

6

19920507_변론의 요지_홍정수_4번_페이지_6

교리사건 판결문

피고 : 홍 정 수(1948년 7월 21일생)

피고는 1977년 기독교 대한 감리회 중부연회에서 교리와 장정이 정한 법에 따라 목사로서 안수를 받고, 본 교단의 대표적인 교역자 양성기관인 감리교신학대학의 교수로 재임하면서 기독교의 근본교의와 감리교 교리장정에 상치되는 주장을 자행함으로써 1991년 10월 총회에서 "목사직 면직을 결의"하게 되는 상황에 이르게 하였으며, 통일교 이단집단의 거물급 인사를 본 교단 신학대학에서 5년 동안 수학하고 졸업하도록 비호하였음으로 서울연회 심사위원회가 피고를 1992년 2월 24일자로 기소함으로써 적법한 절차에 따라 본 재판위원회는 이를 접수하고, 그간 5차에 걸친 소위원회의 모임과 2차에 시행한 재판의 결과에 따라 아래와 같이 판결한다.

1. 피고는 기독교 신앙의 근본이 되는 살아계신 하나님의 존재를 부인하여 말하기를 "만일 신은 계신가하고 누군가 묻는다면 신은 없다고 잘라 말할 수 있다"(베짜는 하나님, p.56)고 하는 등 무신론적 의사 표현을 단언하여 말함으로써, 본 교단의 하나님에 대한 신앙적 입장을 정면으로 거부하였다.

2. 피고는 기독교 신앙의 핵심이 되는 예수의 부활사건을 부정하여 "나는 단연코 육체의 부활을 부정한다"(우먼센스, 1991, 12)고 하였고, "부활신앙은 이교도들의 어리석은 욕망에 불과하다"(크리스챤 신문, 1991, 3. 30)라고 하고, "예수의 부활사건을 빈 무덤이 아니다"라고 주장하여 기독교 본래의 부활신앙을 부정하였다. 또한 "기독교의 부활 메시지가 아무 소용도 없을 수도 있음을 극명하게 말해준다"(베짜는 하나님, p.185)고 말함으로써 사도시대 이후 오늘에 이르기까지 전하여 내려온 선교 메시지를 거부하였다.

3. 피고는 골고다 산상에서 예수 십자가의 대속의 죽음과 광주 망월동 민주항쟁으로 죽은 많은 민주인사들의 죽음을 동일시하였다. 또한 피고가 예수 그리스도의 부활사건을 믿는 자를 위한 "부활의 첫 열매"로 보지 않고 정의를 외치다 한을 품고 죽은 이들의 정신적 공헌과 같이 간주하려는 것은 예수 그리스도의 육체의 부활을 부인하는 반성서적인 주장이다.

4. 피고는 기독교신앙의 중심이 되는 예수 그리스도의 대속의 사건을 부정하여 예수의 십자가는 "신의 아들의 죽음이 아니다"라고 하였고 예수의 죽음이 우리를 속량한 것이 아니라 "그의 삶이 우리를 속량하는 것"(상동, p.17)이라고 주장했다. 그리고 피고는 예수의 십자가의 피흘림에 대하여 이르기를 "그의 피가 동물들이 흘리는 피보다는 월등하게 효과가 있다는 이야기가 아니다"(상동, p.18)라고 말함으로써 예수 그리스도의 피의 대속을 불신하는 주장을 하였다. 이같은 피고의 주장은 기독교 신앙의 교의와 본 교단의 신앙을 적대하는 반그리스도적 이단사상이다.

5. 피고는 본 교단의 감리교 신학대학에 재직하면서 통일교의 요직 현직 인사인 양창식이 감신에 재학 중에 있을 때(1986.3.~1989.8.), 동 대학의 재학생인 이규철의 제보로 양창식

- 8 -

19920507_변선환 홍정수 판결문_교리사건 재판자료_페이지_1

의 본색이 드러났음에도 불구하고 그를 척결하는 일을 주선하기 보다는 오히려 비호한 점을 부정할 수 없다. 피고는 본 교단 신학대학의 체모를 손상시켰고, 기독교 교의를 바르게 가르쳐야 하는 본직을 거절, 내지는 유기한 점이 인정된다.

6. 피고는 공공 출판물에 기도한 논문들과 강연, 강의들의 내용에 기독교 신앙의 본질을 위와 같이 파기하였고, 웨슬리 목사의 "복음적 신앙"을 유산으로 받은 기독교 대한감리회의 교리와 장정에 위배되는 사상을 주장해 왔다.

피고는 기독교 대한 감리회의 발전에 크나 큰 저해 요인이 되어 개 교회와 범 교단적으로 끼친 타격은 통계적 숫자로 입증되지 않더라도 너무도 컸음은 주지의 사실로, 특히 본 교단의 교인뿐 아니라 타교단에서도 익히 잘 아는 바이다. 바로 이와 같은 사실이 복음 선교의 역행임은 물론이다. 그럼에도 불구하고 피고는 도의적, 신앙적 반성없이 이 일을 자행하여 왔으며 개정의 정이 없다.

그러므로 이 후에 계속 피고와 이 같은 주장에 동조, 지지, 옹호 및 선전하는 자는 기독교 대한 감리회 내에서 동일한 범법자로 간주되어야 한다.

본 재판위원회는 이상에 열거한 내용과 같이 피고의 이단적 주장을 묵과할 수 없으므로 본 교단이 하나님의 말씀으로 믿는 성경과 교리와 장정 제10단 제2조, 제11단 제3조, 제35단 2항, 제192단 제1조, 1항, 7항, 8항, 제195단 제4조 1항, 제199단 제8조에 의거하고, 장정 제231단 제40조 1항 다를 적용하여 피고 홍정수에게 기독교 대한 감리회에서 출교를 선고한다.

1992. 5. 7

피고 : 변 선 환(1927년 2월 29일생)

피고는 기독교 대한 감리회의 교리와 장정에 정한 법에 의하여 동부연회(1955년)에서 목사로 안수를 받고, 본 교단의 대표적인 교역자 양성기관인 감리교신학대학의 운영을 총책임진 학장으로 재임하면서 기독교의 근본 교의와 감리교 교리와 상치되는 주장을 자행함으로써 1991년 10월 29일~31일에 모인 총회에서 "목사직 면직을 결의"하게 되는 상황에 이르게 하였으며, 통일교 인사를 입학시켜 그의 수학을 비호하였고, 본 교단 신학대학의 이름으로 그를 졸업시키기까지 한 일로 고소되었다. 이에 따라 피고의 소속연회인 서울연회 심사위원회가 그 일을 심사하였다. 이에 동 심사위원회는 피고를 1992년 2월 24일자로 기소함으로써 적법한 절차를 따라 본 재판위원회는 이를 접수하고, 그간 5차에 걸친 소위원회의 모임과 2차 시행한 재판의 결과에 따라 아래와 같이 판결한다.

- 9 -

19920507_변선환 홍정수 판결문_교리사건 재판자료_페이지_2

1. 피고는 기독교 신앙의 주제가 되는 예수 그리스도에 대하여 "우주적 그리스도는 마리아의 아들 예수와 동일시할 때 거침돌이 된다"(기독교사상 299호, p.156)고 함으로써 마리아의 아들 예수를 우주적 그리스도로 믿는 전통적 기독교 신앙을 거부하였고, "그리스도만이 보편적으로 유일한 구속자이신 것이 아니라"(상동 p.155)고 함으로써 기독교적인 신앙고백을 떠나서, 기독교 신앙의 특성인 유일한 구속주이신 예수 그리스도를 부정하는 비기독교적 주장을 자행하였다.

2. 피고는 예수 그리스도의 십자가로 말미암아 구속되는 유일한 구원의 길을 부정하여, 구원의 다원주의를 주장하여 "저들의 종교들, 그들 스스로의 구원의 길을 알고 있다"(상동, p.155)고 함으로써, 기독교 신앙의 본질을 무시 내지는 타종교의 것과 동일시하는 주장을 했고, 예수 그리스도의 십자가의 사건을 믿음으로 말미암아 얻는 '구원'을 간과하는 과오를 범하고 있다.

3. 피고는 기독교 신앙의 코페르니쿠스적 전환을 주장하면서, "종교의 우주적인 기독교도 다른 종교도 아니고 신을 중심하여서 돌고 있다는 것을 기독교는 인정해야 할 것"과 "예수를 절대화, 우상화시키며, 다른 종교적 인물을 능가하는 일종의 제의의 인물로 보려는 기독교 도그마에서 벗어나 신중심주의로 전환되어야 할 것"(크리스챤 신문, 1990년 12월 8일자 6면)이라 함으로써 삼위일체 하나님을 부정하고, 모든 종교의 신을 동격시하며, 예수 그리스도의 인성과 신성을 동시에 믿는 기독교 신앙을 떠나 버렸다. 피고는 이와 같이 한때 바알과 하나님을 동일시한 옛 유대인들의 죄와도 비교되는 우를 범하였다.

4. 피고는 기독교 선교를 목적으로 감리회 교역자들을 양성하는 대표적 기관의 장으로 있으면서, "교회가 말하지 않아도 이미 선행하여서 그리스도를 섬기고 있으며, 기독교 선교사가 하나님 나라를 비기독교 세계에 가지고 오지 않아도 이미 하나님 나라는 거기 역사하고 있다"고 주장하였고, "교회 밖에도 구원이 있다"(현대사조 2, 1978, pp.78~91)고 함으로서, 기독교 복음을 포교하는 교역자를 양성하는 일과, 예수를 믿고 구원받는 개종사역을 거부함으로써, 피고는 그 본직을 배반하였다.

5. 피고는 통일교 차세대 지도자로 부상한 양창식의 입학과정에서 입학원서의 구비서류에 신앙배경을 입증하는 교회의 추천서에 하자가 있고, 또한 그가 통일교내의 당시 직책이 경상남도 교구 책임자이며, 통일교의 지도훈련을 담당하는 원리연구회 사무처장이라는 것이, 당시 감신 재학생 이규철에 의하여 폭로되었음에도 불구하고 이를 도외시했고 척결은 커녕, 그의 포섭활동과 수학을 동조내지는 방관하여 1989년 가을에 그를 졸업시켰다. 이와 같이 피고는 본 교단의 가장 전통 깊고 대표적인 신학대학을 책임진 학장으로서 교단의 체모와 교의를 넘어선 월권 및 직무유기를 자행한 과오가 인정된다.

6. 피고는 공공 출판물에 논문들의 기고와 강연들, 강의실과 사석에서 기독교 대한감리회가 교리적 선언 서두에 명시한 요한 선생의 "복음적 신앙은 우리의 기업이요, 영광스러운 소유"로 천명한 복음을 파괴하는 일을 계속하여 왔다. 이는 기독교 대한감리회의 발전에 크나큰 저해요인이 되어 개 교회와 범교단적으로 끼친 타격은 통계적 숫자로 입증되지 않더라도 너무도 컸음은 주지의 사실로, 본 교단의 교인뿐 아니라 타교단에서도 익히 잘 아는 바

이다. 바로 이 같은 사실이 복음 선교의 역행임은 물론이다. 그럼에도 불구하고 피고는 도의적, 신앙적 반성없이 이 일을 자행하여 왔으며 개정의 징이 없었다.

그러므로 이 후 계속 피고와 이 같은 주장에 동조, 지지, 옹호 및 선전하려는 자는 기독교 대한 감리회 내에서 동일한 범법자로 간주되어야 한다.

피고는 이 상에 열거한 내용과 같이 반 기독적이고 이단적인 주장을 하고 있음으로 본 기독교 대한 감리회의 일원으로 있어서는 안 될 것이 자명하여졌다. 그러므로 본 재판위원회는 본 교단이 하나님의 말씀으로 믿는 신·구약 성경과 사도신경의 고백, 그리고 본 교단의 '교리와 장정' 제35단 서문, 1항, 2항, 제39단 제3조, 제192단 제1조 8항, 제195단 4조 1항, 제199단 제8조에 의거하고, 장정 제231단 제40조 1항 다를 적용하여 피고 변선환에게 기독교 대한 감리회에서 출교를 선고한다.

1992년 5월 7일

- 11 -

19920507_변선환 홍정수 판결문_교리사건 재판자료_페이지_4

2. 제 5차 선고 공판

선고공판 녹취록[307]

땡땡땡!(종소리)

재판장: 먼저 여러분에게 알려 드리겠습니다. 이 자리는 기독교대한감리교단의 명예를 가지고 이루어지는 재판과정입니다. 여러분들이 방청으로 여기에 참석했지, 금란교회 교인으

307) 1992년 5월 7일 금란교회에서 있었던 변선환·홍정수 목사에 대한 서울연회 재판위원회 선고공판과정을 비디오테잎을 시청하며 녹취한 것이다. 본 글에 게재된 사진은 비디오테잎을 PC에서 캡처하여 올린 것이다.

- 385 -

19920507_제5차 선고공판 선고공판 녹취록_서울연회재판위원회_교리사건 재판자료_4번_페이지_01

로 참석한 것도 아니고 여기에 참석한 모든 분들은 오늘의 이 재판과정을 방청하는 입장에서 여러분들이 방청을 하시되 만일 여기에서 소란을 끼치거나 그렇지 않으면 또 재판의 지장을 줄 수 있는 어떠한 언동을 용납하지 아니하고 퇴장을 명하겠습니다. 그러니까 여기에 들어오신 분은 누구를 막론하고 이 재판에 대한 진행상의 어려움이 없도록 이렇게 좀 협조를 해주시도록 부탁을 드립니다. 에, 이제 이 재판개정하기 전에 그 동안에 재판연기 된 그 상황을 우리 재판위원회 서기가 여러분에게 알려드리도록 그렇게 하겠습니다.

서 기: "변,홍 두목사의 재판을 종결하며 교계 여러분께 알려 드립니다. 기독교대한감리회 서울연회 소속된 본 재판위원회는 작금 교계에 비상한 관심이 집중된 변,홍 두목사의 재판을 종결하여 아래와 같이 알려 드립니다. 본 재판사건은 감리회 교리와 장정이 정한 법에 따라 하자 없이 신중히 진행되었음을 천명합니다. 항간에 근거없는 여론들은 본 재판위원회가 편중하여 비공개, 밀실재판, 불법재판 등 재판 절차에 하자가 있는 것 같이 매도하고 있으나 이는 전혀 사실무관 보도임을 밝힙니다. 본 재판위원회는 감신대 교수와 학생 400여명의 물리적 저항을 받으며 상기와 같은 구호 등을 들었습니다. 그들이 재판정을 점거하기에 우리 본 재판위원회는 그들의 주장을 참작하야 다음 재판을 감신대 강단에서 공개적으로 하기로 선포하였습니다. 그러나 오히려 교수와 학생들이 신학교 강단을 재판장으로 사용하는 것을 허락할 수 없다고 반대하였습니다. 그래서 차선책을 논의하니 감신이외의 어느 장소도 가하다고 하였습니다. 본 재판위원회는 서울연회 감독이 시무하는 종교교회, 감리회 모교회인 정동교회 그리고 금란교회 등을 접촉하였으나, 모두 거절당하였으므로 부득이 본 재판위원회는 일방적으로 금란교회로 정하고 통보하였습니다. 그러나 금란교회는 원고측 교회임으로 오해의 여지가 있음을 감안하야 서울연회 감독이 이에 대하여 해명하도록 하였습니다. 본 재판사건으로 감리교단이 추진하는 7,000교회 200만 신도운동에 치명적인 악영향을 받게 되고, 교계여론의 시시비 및 혼란이 계속 야기될 것이므로, 장소문제로 본 재판을 또 연기할 수 없어서 장소를 변경하야 본 재판을 실시하게 되었습니다. 이에 억측과 오해가 없기를 바라면서 재판 장소 사유 변경사유를 알려 드립니다. 재판위원회 일동"

서기 김재민 장로

재판장: 이제 우리 개정하기 전에 홍형순 목사님께서 먼저 기도해 주시겠습니다. 다 같이 기도하십시다.

홍형순 목사: 감리교를 백년 전에 이 땅에 복음의 순교의 피를 통해 시작하신 하늘에 계신 전능하신 하나님, 하나님께서 감리교를 사랑하셔서 오늘 많은 아버지의 십자가를 신앙고백하는 하나님의 사랑하는, 위다한 위대한 하나님의 뜻을 따르는 감리교회, 오늘까지 키워주신, 축복해주신, 붙들어 주신 하나님 앞에 먼저 진심으로 감사와 찬양과 영광을 돌리옵나이다. 하나님의 그 손길이 지금 희미해진 것이 아니고 지금도 강하게 붙들어 주시고, 미래도 붙들어 주시고 영원토록 함으로 인해서 우리 감리교단을 통해서 남북이 복음화되고 세계가 복음화되는 이런 하나님의 큰 경륜이 진행이 되고 있는 줄로 믿습니다.(아멘) 이 모든 일을 하기 위해서 우리가 시정해야하고 우리가 바로 잡아야 할 등등의 문제가 있었기에 하나님께서 이와 같은 일이 진행되는 줄을 믿사옵나니, 이번 일을 통해서 우리 감리교회가 희미했던 신앙고백을 철저하게 성서와 십자가 중심의 신앙으로 모든 사람이 정신을 바짝 차리고 일어

19920507_제5차 선고공판 선고공판 녹취록_서울연회재판위원회_
교리사건 재판자료_4번_페이지_02

설 수 있도록 섭리하시는 하나님의 영원하신 섭리가 계시는 줄로 믿습니다.(아멘) 이 모든 재판과정을 하나님께서 주관해 주시고 진행하여 주시어서, 하나님의 영광이 드러나고 감리교도가 이 땅에서 아버지, 시대적인 사명을 다 감당할 수 있어서 이번 일을 통해서 모든 감리교회가 벌떼와 같이 일어나서 교회 교회마다 30배 60배 100배의 양적 질적 부흥의 위대한 역사가 그대로 충족하고 이루어 주실 줄로 믿습니다.(아멘) 감사하옵고 예수 그리스도의 거룩하신 이름을 받들어 기도하옵나이다. 아멘"

재판장: 다시 한번 여러분에게 말씀드리는 것은 재판이 개정된 다음에는 이 재판에 영향을 끼칠 수 있는 어떠한 언동이나, 모든 면에 정숙하게 진행될 수 있도록 협조해 주시기를 것을 부탁을 드립니다. 만일 이 재판에 어려움을 끼치는 분은 즉석에서 퇴장을 명하겠습니다. 이제부터 **피고인 홍정수 변선환에 대한 선고공판**을 **개정**합니다. 땅땅땅!

홍정수 피고 선고공판

…… 먼저 홍정수, (데모구호소리) 피고인 나와주세요. ……(데모구호소리)…… 저 소란하는 사람들 다 퇴장시키시기 바랍니다. …… 소란하는 사람, 퇴장하시기 바랍니다.

이제 재판위원이며 서기인 김재민위원께 인정심문을 허락합니다. 홍정수 피고에 대한 인정심문을 해주시기 바랍니다.

서 기: 홍정수피고는 제19회 특별총회에서 장정 199단 제8조에 의거 서울연회 심사위원회에 회부되고, 김홍도목사와 유상열장로 두 사람이 고소한 사실에 대하여 고소장을 받으시고 고소된 사실을 알고 있습니까?
홍정수: 지금 말씀하신 건 부분적으로 맞고 부분적으로 틀립니다.

서 기: 둘째, 성명이 홍정수가 맞습니까?
홍정수: 맞습니다.

데모하는 감신대생들

서 기: 주소는 서울시 은평구 갈현2동 523-75 연립 203호입니까?
홍정수: 예, 그렇습니다.

서 기: 생년월일은 1945년 10월 21일이 맞습니까?
홍정수: 예, 맞습니다.

서 기: 직업은 무엇입니까?
홍정수: 목사입니다.

서 기: 이상과 같이 심문을

19920507_제5차 선고공판 선고공판 녹취록_서울연회재판위원회_
교리사건 재판자료_4번_페이지_03

마쳤습니다. 재판장님.
……(데모구호 소리)…

재판장: 오늘은 사실 이 선고공판인데, 피고인의 변호사인 강대승씨 나오셨어요?
홍정수: 예, 나왔습니다.

재판장: 심리재개 신청을 요청을 했는데, 제가 변호사 강대승씨의 변호사 선임은 내가 받아들이겠습니다. 그리고 심리재개 신청에 있어서 사실 선고하기 전에 유리한 그러한 증거 혹은 진술할 수 있는 기회를 드릴테니까, 유리한 증거는 서면으로 얼마든지 낼 수 있고, 또 진술할 수 있는 기회를 한 10분, 그리고 가급적이면 우리 이 재판과 관계되는 피고의 유리한 점을 진술하고, 진술을 일단 허락을 합니다. 진술하십시오.

피 고: 저는 10분간 제가 할 말을 다하지 못하기 때문에 변호사님에게 법적인 문제만 먼저 말씀드리도록 하겠습니다.
…데모소리…(김홍도, 김홍도 구호)
재판장: 땅! 소란하는 학생 다 퇴장시키세요.(박수소리) 조용하세요. 조용하세요.
… 학생들 데모소리…
변호인: 먼저 재판위원장님께서 진술의 기회를 주셔서 대단히 감사합니다. 지금 오른쪽에서 떠들고 있는 학생들뿐만 아니라 재판위원장님의 그 말씀에 따라서 박수를 치는 교인들도 정상적인 재판에 방해가 되니까 조용히 시켜 주시기 바랍니다.

재판장: 예 맞습니다. 교인들 반응을 일이키지 말도록. 똑같은 사람이 되니까 조용하시기 바랍니다.
변호인: 먼저 그, 재판, 여기 계신 재판위원장을 비롯한 재판위원회 위원님들과 심사위원님, 그리고 두 피고인 모두 다 신앙적인 연조나 신학적인, 신학적인 지식에 있어서 모두 전문가이시기 때문에 가급적 신학적인 견해에 대해서는 언급을 하지 않겠습니다. 제가 홍정수 피고인의 변호인으로서 약간 언급을 하고자 하는 것은 두가지 언급을 하고자 하는 두 가지에 대해서 말씀드리도록 하겠습니다. 먼저 재판절차상의 문제와 본 사건 재판에 있어서 재판에 임하는 재판위원님들의 그 자세라고 할까 거기에 대해서 두 가지만 언급을 하도록 하겠습니다. 지금 현재 이 사건절차 진행중에 피고인으로부터 기피신청이 있습니다. 그 기피신청에 대해서 기피재판이 있었다는 흔적이 없는 점이 유감으로 생각이 됩니다. 현재 그 재판위원 15명중에서 13명의 재판위원은 피고인 홍정수에 대한 고소를 제기한 기독교대한감리회 교리수호대책위원회 위원들입니다. 따라서 재판위원과 재판위원이 고소인을 겸하고 있다는 것은 명백한 기피사유에 해당한다고 할 수 있습니다. 물론 여기에 대해서 판단은 재판위원회에서 해주시기 바랍니다만은 어, 제가 참고로 언급을 할 것은 마, 결국은 이 교단재판이 끝나고 나면, 그, 사회에서 이 재판자체의 결의, 재판의 유효·,무효에 대해서 다툴 것인데, 지금 현재 상태와 같이 재판위원이 고소인을 겸하고 있는 이런 형편하에서는 거 일반

강대승 변호사

19920507_제5차 선고공판 선고공판 녹취록_서울연회재판위원회_
교리사건 재판자료_4번_페이지_04

사회재판에서는 명백히 무효사유에 해당한다고 할 것입니다. 따라서, 제가 변호인으로서 하나의 소견을 말씀드린다면은 가장 정상적이라고 생각이 되는 것은 재판위원 13명 전원이 다른 분으로, 기독교대한감리회 교리수호대책위원회 위원이 아닌 분들로 교체가 되어야 할 것이지마는, 형편상 그렇지가 그렇게 하기 곤란하다고 하면, 최소한 13명의 재판위원 여러분들은 교리수호대책위원회 위원으로, 교리수호대책위원회 회원으로서는 사임을 해야 하는 것이 아닌가 그렇게 생각이 됩니다. 만약에 교리수호대책위원회 위원으로서도 자격을 가지고 있고 재판위원으로서도 가지고 있다면 이 재판은 결과에 관계없이 어느 모로 보나 정당성을 부여받기가 어렵다고 생각이 됩니다. 마, 그리고 두 번째 이번 제가 외람됩니다만, 이번 재판에 있어서 재판에 임하는 재판위원 여러분들의 자세에 대해서 언급을 하겠습니다. 이 건에서 문제가 된 것은 가장 핵심적인 것은 교리해석에 관한 부분입니다. 그러나 제 소견에도 교리해석이라는 것은 어떤 시대상황이나 그, 시대성이 반영된 것이라 할 것인데, 지금 이 시점에서 아무리 성실하게 재판을 한다 하더라도 후대에 가서는 그 정당성이 반드시 유지된다고 하기 어렵다고 할 것입니다. 그런 점들을 감안하셔서 이번 재판을 좀 더 문제의식을 가지고 성실하게 재판해 주시기를 바라겠습니다. 제가 신앙적 연조가 깊으신 재판위원님들 앞에 말씀드리기가 송구스럽습니다마는, 한 가지 예를 든다면 본디오 빌라도에 대해서 말씀드리겠습니다만, 어떤 기록을 살펴보아도 본디오 빌라도가 인간적으로 나쁜 사람이었다는 흔적은 없습니다. 오히려 맨 처음에 예수에 대해서 호의를 가지고 재판에 임했음에도 불구하고, 그 세력을 가지고 있는 군중들의 위세에 밀려서 그 대중적인 인기에 영합하다보니 예수를 사형에 처하게 되었습니다. 그리고 그 인간적으로 괜찮았던 그 한 사람이 예수에게 사형을 선고한 것, 자기의 자의가 아니었지만 그 결과 때문에 지금까지 2000년이 넘어 오는 세월동안 사도신경에서 사탄의 대명사격으로 계속 불리고 있습니다. 이 점을 명심해 주시고. 나머지 재판의 실질적인 내용부분에 대해서는 제가 언급을 하지 않겠습니다. 감사합니다.

재판장: 어 서류를, 변호인이 말이죠. 변호인의 그것을 서류로 제출해 주세요. 현지에서.
변호인: 제가 지금 말씀드렸던 진술의 요지는 따로 서면으로 제출해서 제출하겠습니다.

재판장: 제출해요. 아, 그러면은 홍피고인에게 진술의 기회를 한 10분 내가 드릴테니까, 10분 동안에 진술할 수 있도록 하기 바랍니다. 그리고 그 동안에 홍피고인은 궐석재판으로 결심했었어요. 그런데 오늘 이렇게 참석했으니까 그러한 걸 주는 겁니다. 기회를 주는 겁니다.
피 고: 저에게 이 귀중한 기회가 주어진 것에 대해서 여러 모로 감사를 먼저 드립니다.

재판장: 저, 학생들 말이죠. 들어보세요. 당신네 교수가 지금 진술할 수 있는 기횐데, 조용하지 못해요?
피 고: 심사위원들의 기소장에 의하면 다음의 일곱가지 정도의 범죄를 제가 저질렀다고 되어 있습니다. 첫째로 하나님의 존재를 부정한다, 둘째, 예수의 피는 개피와 같다고 말했는데 이것은 천인공노할 만행이다. 셋째, 예수의 육체부활을 부정한다. 넷째, 예수의 동정녀 탄생을 부정한다. 다섯째, 동정녀 탄생을 부정하는 충격적인 발언을 함으로써 목회자 한 사람을 죽였다. 여섯째, 통일교의 거물급 인사인 양창식씨를 비호방조하였다. 이와 같은 기소장에 내 일곱가지 범죄는 여섯가지 범죄는 전부 다 사실이 아니며 근거가 전혀 없습니다. 여기에 그 반증자료 두 가지만 제시하고 저는 물러가겠습니다.

- 389 -

19920507_제5차 선고공판 선고공판 녹취록_서울연회재판위원회_
교리사건 재판자료_4번_페이지_05

홍정수 목사

(……자료제출, 통일교 당시에 저는 학생처장이었습니다. 알았어요. 대학원하고는 전혀 상관이 없습니다. 저는 매주 사도신경을 고백하고 있습니다 .…….)

재판장: 변호인의 변론 또 피고의 진술을 들었습니다. 우리 잠깐 열기를 식히겠습니다. 우리 정회를 하고 그 다음에 곧 우리가 속회를 하도록 그렇게 하겠습니다. (재판위원들 좀 정회하는 동안만……땅!…) 저, 학생들 조용히 하세요. 그리고 여- 금란교회 교인들 혹은 다른 교회 교인들 여러분들도 절대 이 진행상의 어려움을 주지 않도록, 절대 여긴 조용해야 합니다. 그게 우리 적어도 교인들이 가질 수 있는 자질인데 여러분이 그렇게 협조해주시면 고맙겠습니다. 지금 22분쯤 됐는데 한 15분만 우리가 정회를 하겠습니다.
(딸깍!……박수소리)

무명(사회)1: 후-(마이크소리) 그냥 그대로 앉아 계세요. 그냥 그대로 앉아 계세요.
무명2: 아, 박수, 박수를 삼가 주시기를 바라고요. 박수치시지 마시랍니다. 우리 성도들은 박수치지 마세요. 이.

재판장: 자중해주시기 바랍니다. 학생들도 그렇고, 금란교회 교인들, 혹은 다른 교인들, 관심많은줄 아는데 절대 반응을 일으키지 마세요. 좀 조용하면 되잖아요. 여러분이 박수치는 것도 원치 않고 아멘도 원치 않아요. 여기 재판석이예요. 그러니까 여러분이 그렇게 질서를 좀 유지해 주도록.

재판장: 속회하겠습니다. 땅! 아, 우리가 이 피고와 변호인을 위해서 어, 답변하는 것이 아니고 아까 피고인과 변호인의 그러한 변론에서 지적된 것을 우리 재판위원을 대표해서 대변인격인 우리 최홍석목사님께서 잠깐 말씀을 드리겠습니다. 잘 들으세요. 이거는 여러분들이 관심을 가기고 있는 처음으로 들은 것에 대한 답변입니다. 그렇게 들어 주시기 바랍니다.

최홍석목사: 아, 홍정수 피고인의 변호인측에서 재판위원 자격에 대한 말을 하는 가운데 원고와 동조한 교리수호위원은 재판위원을 하는 것이 합당하지 않다 하는 것은 감리교 행정과 상황을 전연 모르는데서 나온 잘못된 지적입니다. 이 사건의 원천적 원고는 총회원 전원이 되는 것입니다. 그러므로 총회원 전원을 빼놓고 재판위원을 뽑는다고 주장하는 그런 이론과 제안은 잘못된 생각이고 요굽니다. 그 다음에 피고가 일곱 가지 지적 상황에 대한 심사위원의 지적은 사실무근이라고 지적했지만, 또 그를 증빙한다는 주보 등 자료 몇 가지를 제출한 상황을 참작해 볼 때, 본 재판은 피고가 공공출판물에 의해서 명백하게 제출된 그런 사실들을 근거로 해서 한 것이기 때문에 피고가 사근, 사실무근이라고 한 말은 합당치 않은 것으로 사료됐습니다.

재판장: 조용히 해주시기 바랍니다. 판결서에 의해서 재판을 선고하고 피고와 변호인을 잘들으시기 바랍니다. 장정 제227단 제36조, 제228단 제38조를 적용, 제233단 제42조에 의

- 390 -

19920507_제5차 선고공판 선고공판 녹취록_서울연회재판위원회_
교리사건 재판자료_4번_페이지_06

해서 상고할 수 있습니다. 제224단 제33조, 제225단 제34조를 적용해서 유죄판결을 받은 후 60일 안으로 새로 유리한 증거가 드러날 때는 처음 재판위원장에게 저에게 증거를 첨부해서 재심청구를 제출하시고, 그 증거가 사건의 중요한 자료가 될 만한 것으로 인정될 때에는 다시 재판위원을 열어서 판결할 겁니다.

재판장: 판결문!(조용히)

피고, 홍정수, 천구백팔십팔년 칠월 이십일일생, 주소, 서울특별시 은평구 갈현동 523의 75, 연립 203호.

피고는 1977년 기독교 대한 감리회 중부연회에서 교리와 장정이 정한 법에 따라 목사로서 안수를 받고, 본 교단의 대표적인 교역자 양성기관인 감리교신학대학의 교수로 재임하면서 기독교의 근본교리와 감리교 교리장정에 상치되는 주장을 자행함으로 1991년 10월 총회에서 목사직 면직을, 면직을 결의하게 되는 상황에 이르게 하였으며, 통일교 이단집단의 요직 인사를 본 교단 신학대학에서 5년 동안 수학하고 졸업하도록 비호하였음으로 서울연회 심사위원회가 피고를 1992년 2월 24일자로 기소함으로써 적법한 절차에 따라 본 재판위원회는 이를 접수하고, 그간 5차에 걸친 소위원회 모임과 2차에 시행한 재판의 결과에 따라 아래와 같이 판결한다.

1. 피고는 기독교 신앙의 근본이 되는 살아계신 하나님의 존재를 부인하여 말하기를 만일 신은 계신가하고 누군가 묻는다면 신은 없다고 잘라 말할 수 있다고 하는 등 무신론적 의사표현을 단언하여 말함으로써, 본 교단의 하나님에 대한 신앙적 입장을 정면으로 거부하였다.

2. 피고는 기독교 신앙의 핵심이 되는 예수의 부활사건을 부정하여 나는 단연코 육체의 부활을 부정한다고 하였고, 부활신앙은 이교도들의 어리석은 욕망에 불과하다라고 하고, 예수의 부활사건을 빈 무덤이 아니다라고 주장하여 기독교 본래의 부활신앙을 부정하였다. 또한 기독교의 부활 메시지가 아무 소용도 없을 수도 있음을 극명하게 말해준다고 말함으로써 사도시대 이후 오늘에 이르기까지 전하여 내려온 선교 메시지를 거부하였다.

3. 피고는 골고다 산상에서 예수 십자가의 대속의 죽음과 광주망월동민주항쟁으로 죽은 많은 민주인사들의 죽음을 동일시하였다. 또한 피고가 예수 그리스도의 부활사건을 믿는 자를 위한 부활의 첫 열매로 보지 않고 정의를 외치다 한을 품고 죽은 이들의 정신적 공헌과 같이 간주하려는 것은 예수 그리스도의 육체의 부활을 부인하는 반성서적인 주장이다.

4. 피고는 기독교신앙의 중심이 되는 예수 그리스도의 대속의 사건을 부정하여 예수의 십자가는 신의 아들의 죽음이 아니다라고 하였고 예수의 죽음이 우리를 속량한 것이 아니라 그의 삶이 우리를 속량하는 것이라고 주장했다. 그리고 피고는 예수의 십자가의 피흘림에 대하여 이르기를 그의 피가 동물들이 흘리는 피보다는 월등하게 효과가 있다는 이야기가 아니다라고 말함으로써 예수 그리스도의 피의 대속을 불신하는 주장을 하였다. 이같은 피고의 주장은 기독교 신앙의 교의와 본 교단의 신앙을 적대하는 반그리스도적 이단사상이다.

19920507_제5차 선고공판 선고공판 녹취록_서울연회재판위원회_
교리사건 재판자료_4번_페이지_07

5. 피고는 본 교단의 감리교 신학대학에 재직하면서 통일교의 요직 현직 인사인 양창식이 감신에 재학중에 있을 때 동 대학의 재학생인 이규철의 제보로 양창식의 본색이 드러났음에도 불구하고 그를 척결하는 일을 주선하기 보다는 오히려 비호한 점을 부정할 수 없다. 피고는 본 교단 신학대학의 체모를 손상시켰고, 기독교 교의를 바르게 가르쳐야 하는 본직을 거절, 내지는 유기한 점이 인정된다.

6. 피고는 공공 출판물에 기도한 논문들과 강연, 강의들의 내용에 기독교 신앙의 본질을 위와 같이 파기하였고, 웨슬리 목사의 복음적 신앙을 유산으로 받은 기독교 대한감리회의 교리와 장정에 위배되는 사상을 주장해 왔다. 이는 기독교 대한 감리회의 발전에 크나 큰 저해 요인이 되어 개교회와 범교단적으로 끼친 타격은 통계적 숫자로 입증되지 않더라도 너무도 컸음은 주지의 사실로, 특히 본 교단의 교인뿐 아니라 타교단에서도 익히 잘 아는 바이다. 바로 이와 같은 사실이 복음 선교의 역행임은 물론이다. 그럼에도 불구하고 피고는 도의적, 신앙적 반성 없이 이 일을 자행하여 왔으며 개정의 정이 없다. 그러므로 이 후에 계속 피고와 이 같은 주장에 동조, 지지, 옹호 및 선전하는 자는 기독교 대한 감리회 내에서 동일한 범법자로 간주되어야 한다.

본 재판위원회는 이상에 열거한 내용과 같이 피고의 이단적 주장을 묵과할 수 없으므로 본 교단이 하나님의 말씀으로 믿는 성경과 교리와 장정 제10단 제2조, 제11단 제3조, 제35단 2항, 제19단, 제192단 제1조, 1항, 7항, 8항, 제195단 제4조 1항, 제199단 제8조에 의거하고, 장정 제231단 제40조 1항 다를 적용하여 피고 홍정수에게 기독교 대한 감리회에서 출교를 선고한다. 땅땅땅! (박수소리)

2. 홍정수 피고에 대한 판결

사　건 : 제 19회 특별총회 결의 및 김홍도 목사 및 유상렬 장로의 이단사상과 통일교 인물과 관련된 고소사건

피고인 : 주 소 : 서울시 은평구 갈현2동 523-75 연립 203호
성 명 : 홍 정 수
직 업 : 목사, 교수

주　문 : 출 교

이 유 : 1) 제 17단 9조, 13단 5조, 10단 2조, 199단 8조
231단 40조 1항 다.
2) 판결문항
제10단 제2조, 제11단 제3조, 제35단 2항, 제199단 제1조 1, 7, 8항,
제195단 제4조 1항, 제199단 제8조, 제231단 제40조 1항 다.

- 392 -

19920507_제5차 선고공판 선고공판 녹취록_서울연회재판위원회_
교리사건 재판자료_4번_페이지_08

1992년 5월 7일

- 재판위원회 위원회 -

위원장 : 고 재 영
서 기 : 김 재 민
부서기 : 박 올 희

위 원 : 홍 현 순 김 재 국 박 민 수 박 완 혁 최 덕 관 이 강 모
최 홍 석 곽 노 흥 민 선 규 금 성 호 임 홍 빈 심 원 보

재판장: 박수치지 마세요!
잠깐 정회하겠습니다. 정회 후에 변선환 피고에 대한 재판이 재개되겠습니다. (한 10분만) 높은 관심을 가지는 것은 알 수 있지만 가급적이면 반응을 좀 자제해 주시면 고맙겠습니다.

변선환 피고 선고공판

재판장: 이제부터 피고 변선환 피고에 대한 선고공판 시작하겠습니다. 땅!
먼저 인정심문을 하겠습니다. 주소가 서울특별시 영등포구 당산동5가 유원2차 아파트 203동 702호 맞습니까?
피 고: 맞습니다.

재판장: 성명 변선환 맞습니까?
피 고: 예.

재판장: 직업은?
피 고: 교수입니다.

재판장: 예. 아, 변선환피고가 재판위원장앞으로 요청한 선고연기 그 요청에 대한 답변을 해 드립니다. 첫 번째 재판진행상의 필요에 따라서 정회를 선포했다가 속회를 선포하지 않다 하더라도, 재판위원장이 재판을 속회할 때는 그것이 바로 속회가 이루어지는 것이 재판상의 전렙니다. 그래서 피고가 말한 속회선언이 없었다고 하는데 대해서는 재판장 재판상 하자가

- 393 -

19920507_제5차 선고공판 선고공판 녹취록_서울연회재판위원회_
교리사건 재판자료_4번_페이지_09

없어서, 그대로 재판속회 진행이 속회선포라는 것을 알려 드리구요. 피고가 낸 해명의 글은 각 위원들에게 배포가 됐고, 서면 서류로도 제출이 됐습니다. 종결할 때에 최후진술로 우리가 해당한다는 사실을 알려 드립니다. 그러나 재판위원장으로서 피고에 대해서 선고전에 진술할 기회를 줄라고 합니다. 그리고 통일교 문제에 대해서는 그것은 이유가 없습니다. 그리고 방청객들이 때로는 피고인이나 혹은 재판위원들에게 영향을 줄 수 있는 그러한 모든 일에 대해서는 서로 삼가해 주시면 고맙겠습니다. 그래서 변선환 피고는 변호사를 선정하지를 않았습니다. 그래서 본인에게 피고에 유리한 그리고 진술할 수 있는 기회를 드립니다.

변선환: 고맙습니다. 에, 저, 저 뒤에 우리 학생들 조용해 진 것 같은데 에, 그, 제가 여기 도착했을 때 문밖에 학생들이 많이 서 있었습니다. 그래서 절대로 어, 재판방해하면 안된다고, 에, 학생으로서의 에, 그, 에, 품위를 살려야 된다고 그렇게 얘기했는데 에, 재판진행상, 에, 우리 학생들이 아직 어리기 때문에 에, 소리를 낸 데 대해서 난 미안하게 생각합니다.
그리고 어, 사실 서류로 대신하는 거로 지난 재판 때 마지막에 그렇게 말씀하셨는데 그런데 또 그, 서류 제출했던 거 내가 빨리 읽을 수 있는 기회를 준데 대해서 재판장님께 감사드립니다. 에, 여기 저, 평신도들에게는 따분한 시간이 될 겁니다. 내가 빨리 읽겠어요. 그런데 왜냐하면 우리 신학자들의 술어가 그게 전문용어이기 때문에 일반 교인들에게는 대단한 대단히 죄송하지만 이 문제가 시끌 신학적인 문제이기 때문에 신학자는 신학자의 언어를 쓸 수밖에 없다고 하는 에, 그 사정을 이해해 주시면 감사하겠습니다.

재판장: 잠깐! 이 진술은 원래는 10분으로 이렇게 했는데 에, 아무래도 보니까 10분 안에는 안 될 거 같고 그래서, 여러분들이 해명에 대한 변 학장님의 그 이야기를 들을 때, 좀 조용하게 듣도록 그렇게 우리 하십시다.
피 고: 감사합니다. 고맙습니다. 제가 빨리 읽도록 하겠습니다. 재미나지 않은 글이기 때문에 일반교인들한테는 미안하게 생각합니다.

기소장에 대한 해명의 글(서면제출한 것을 공판장에서 낭독함)

1986년 문교부 학술연구과제로 승인받은 연구논문 「그리스도론의 비서구화」 - 특히 불타론과의 관련에서 본 한국적 그리스도론의 시도의 일부분(이 미완성의 논문입니다. 100페이지를) 한국 가톨릭 문화연구원 9차 심포지움에서 「불타와 그리스도」라는 주제로 발표한 것이 교계신문 크리스찬신문하고 종교신문 두 곳을 통해서 알려지게 되자 여론의 파도가 일어나며 제19회 특별총회에서 종교다원주의를 정죄하기에 이르렀고, 교리수호대책위원회 대표인 김홍도목사님과 유상렬 장로님에 의해서 고소되었으며 네 번째로 소환한 심사위원회 위원장 나정희 목사님과 서기 조창식 목사님과 그 위원인 이동우 장로님에 의해서 기소당하여서 지난 달 재판위원 앞에 서기에 이르렀습니다.

에, 본인은 아마 여덟 번째 심사위원회하고 재판위원회 앞에 섰을 겁니다. 본인은 지난 달 재판에 이어서 새로 구성된 재판위원회 앞에 다시 두 번째로 서게 되었습니다. 그동안 신문보도가 근거가 되어서 꼬리를 물고 일어난 여론의 파도를 타고 종교다원주의에 대해서 우려와 분노를 표출시키며 성서와 교리를 수호하려고 하셨던 선의의 감리교인들 특히 심사와 재판을 맡으셨던 어른들에게 송구한 마음 금할 길이 없습니다. 본인은 오늘의 재판이 공

19920507_제5차 선고공판 선고공판 녹취록_서울연회재판위원회_
교리사건 재판자료_4번_페이지_10

정하게 처리되도록 나의 입장을 밝히고 기소장에 대하여 간략하게 대답을 하겠습니다.

첫째, 웨슬레처럼 칼빈주의 감리교가 아니고 알미니안 감리교 위에 서서 신정통주의 신학, 세속화신학 등을 거쳐서 제3세계 신학, 특히 아시아신학의 영역에 들어온 본인의 신학은 종교해방신학을 지향하고 있습니다.

둘째, **72년 미연합감리교회가 다원주의를 선교의 원리로 표명하며 신학적 다원주의 입장에 서서 W.C.C.의 종교다원주의 신학을 수용하였던 것**처럼, 한국의 에큐메니칼 신학자들과 함께 본인도 종교다원주의를 신학의 과제로 삼고 있습니다. 아, 여기에 대해서는 에, 이제 두 번 200명 되는 신학대학 교수들이 모여서 에, 네 번에 걸쳐서 2년 동안 학술회의를 했는데 "종교다원주의와 신학적 과제" 기독교서회에서 1990년에 나왔고, "복음과 문화" 기독교서회에서 91년에 나왔습니다.

에, 종교다원주의 신학을 소개하는 폴 니터의 저서인 노오 아더 네임(오직 예수 이름으로만)은 국내외에서 교과서로 사용되고 있습니다. (책을 보여주며) 여기 이 책입니다. 이것은 제 번역으로 되어 있고, 저자인 폴 니터는 내 가까운 독일시대부터 내 가까운 친굽니다.

셋째, 자치교회 60주년을 맞으면서 "진정한 기독교, 진정한 감리교회, 진정한 조선교회"가 되려고 다시금 다짐하였던 그때, 1930년을 상기하며, 본인은 **보수 근본주의 신학의 다섯 가지, 화이브 포인트 교리를 부결하고 교리적 선언을 낳았던 진보적인 자유주의 신학에 섰던** 에큐메니칼 신학가 노병선, 최병헌에서 비롯해서 60년대에 꽃피웠던 토착화신학자 윤성범, 유동식과 신학의 맥을 함께 하고 있습니다.

넷째, 기소장에서 인용되고 있는 본인의 글들은 세 가지 다른 신학적인 입장을 나타내고 있습니다. 월간목회, 현대사조, 1978년에, 에, 그 잡지사에서 이런 제목으로 써 달라고 그랬던 글 교회 밖에도 구원이 있다라고 하는 이 글은 신의 선교, 윌링겐회의와 세속화 교회론, 웁살라대회, 1968년을 배경으로 하고 있으며, 80년대 초에 소개했던 아시아신학을 소개했던 세 가지 글, 동양종교의 부흥과 토착화 신학, 기독교사상 1983년 4월, 5월, 6월입니다. 특별히 5월에 인도신학자 레리몬드 파니카의 글이 늘 여기에서 문제가 되고 그랬습니다. 아, 이 글은 다원주의가 아니고 포괄주의 신학에 서있는 글이었고, 80년대 후반에 쓰였던 글들은 다원주의 신학을 배경으로 하고 있습니다. 아, 여기, 에, 레이몬드 파니카의 책, 더 언노운 크라이스트 오브 힌두이즘, 힌두교의 알 수 없는 그리스도라고 하는 이 책, 이 책이 대번이 되어 있는데 이 책은 1968년에 출판이 되어 있습니다. 아, 신학자들이 다원주의를 논하기 시작하게 된 것은 75년 이후입니다.

그리고, 에, 대학에서 교과서로 사용되기 시작한 것은 80년대에 들어가서입니다. 아 그 사실들을 감안해 주시면 좋겠습니다.(도서제출)

위에서 밝힌 신학적인 전제 밑에서 기소장에서 제기한 물음에 대해서 대답하겠습니다.

19920507_제5차 선고공판 선고공판 녹취록_서울연회재판위원회_
교리사건 재판자료_4번_페이지_11

첫째, 기소인들은 신앙과 신학 제7집 서두에 한국기독교학회 회장의 자격으로 썼던 머리말"신학의 과제로서의 한국종교" 7집, 페이지 5. 5페이지와 기독교사상 83년 5월호 157페이지를 들어서 하나님의 구원의 역사를 기독교 교회의 벽속에 폐쇄시킬 수 없다고 타종교에도 구원이 빛이 있다는 글에 대해서, 기소장은 커다란 의문을 표명하며 감리교회 신앙과 교리장정 17단 9조, 13단 5조에 위배된다고 하였습니다. 이 주장을 근거 짓기 위해서 기소장은 본인이 파니카의 혼합주의 그리스도론에서 출발하여서 기독교중심주의는 신학적인 토레미의 천동설에 불과하다는 다원주의 신학으로 발전되어 나갔으며 크리스찬신문 90년도 12월 8일, 요 하나의 신문이 문제의 씨가 됐습니다. **선교사가 기독교 선교를 하기 이전에도 하나님의 구원의 역사가 이미 역사하고 있었다. 교회 밖에도 구원이 있다.** 현대사조, 78년 이라고 하는 글을 썼다고 하면서 본인의 신학이 그리스도의 유일성을 부정했던 탈기독교적, 탈고백적, 탈사도적, 탈복음적 입장이라고 정리하였습니다. 이런 성서와 교리에 위배되는 신학은 7천교회 이백만 신도 운동에 지장이 되는 반기독교적 배교행위라고 결론짓기도 하였습니다. 기소장은 계속하여서 여러 가지 사례를 들고 있기도 합니다. 강남, 강남중앙교회 이종호 목사님, 최원택 목사의 증언, 권유순목사의 증언, 삼남연회, 선교장해 뭐 이런 등등입니다.

본인의 여러 글들이 본의 아닌 오해와 곡해를 일으키고 있기 때문에 본인은 몇 가지로 신학적 문제를 밝히겠습니다.

첫째, 우리는 해와 달과 별들이 천국 열쇠를 독점하고 있는 법황청을 중심으로 돌고 있다고 보며 가톨릭교회 밖에는 구원이 없다. 이것은 프르렌스교회회의에서 결정된 명제입니다. 이렇게 가톨릭교회가 선언할 수 있었던 중세기에 살고 있지 않습니다. 오늘날 가톨릭교회는 바티칸 제2공의회 이후, 1965년 이후, 그리스도 안에 있는 다른 교파를 그리스도안에서 형제라고 인정하는 것을 넘어서 타종교의 실체를 인정하면서 하나님의 백성이라고 다른 종교인들을 보고 있습니다. 에큐메니칼 신학자들이 교회중심주의나 기독교 중심주의에서 벗어난 것은 윌링겐회의 이후였습니다. 웨슬리는 18세기 계몽주의 철학자 잔 랔에게서 신인식과 관용의 길을 배웠습니다. 잔 랔의 인간오성론, 또 관용서간, 이것은 웨슬레에게 깊은 영향을 주었던 글입니다.

두 번째, 그리스도의 복음과 역사적인 기독교는 구별하여야 한다는 것은 신정통주의 신학자들의 공통된 주장이었습니다. **기독교는 역사 속에서 다른 종교와 꼭 같이 허물 많은 죄스러운 종교입니다.** 이런 점에서 기독교 절대 무오설이라고 하는 주장은 설 수 없습니다. 교황절대무오설도 설 수 없 구요. 그러나 교회의 존재근거는 다만 그리스도의 복음을 증거하라고 하는 말씀의 공동체라고 하는데서 교회는 존재이유를 갖습니다.

세 번째, 교회의 안과 밖을 거룩 과 성의 속의, 성속의 두 영역으로 엄격하게 구별하게 하기 위해서 **성서주의나 교회지상주의와 같은 근본주의 신학을 주장한다고 하는 것은 세속화 과정 속에 있는 현대세계를 위한 바람직한 선교정책은 아닙니다.** 에큐메니칼 신학자들은 교회중심 선교, 미시오 에클레시아애를 넘어서 신 중심의 선교, 미시오 데이, 신의 선교를 주장하게 되었으며 윌링겐회의입니다. 위트비회의는 48년이고 윌링겐회의는 52년입니다. 그리고 68년에 스웨덴 웁살라회의에서 모였던 다블유시시대회에서 교회 벽 밖에 계시는 그

19920507_제5차 선고공판 선고공판 녹취록_서울연회재판위원회_
교리사건 재판자료_4번_페이지_12

리스도 크리스토스 엑스트라 뮤로스 에클레시아애라고 하는 주제를 가지고서 히브리서 13장 12절, 13절, 예수 그리스도께서 성문 밖에서 고난을 당하신 즉 우리들도 그분이 짊어지셨던 능욕을 짊어지고 영문 밖으로, 예루살렘 성문 밖으로 나아가자라고 하는 이 성경의 성경구절의 현대적인 의미를 함께 생각했습니다. 중세기의 실체론적인 교회론을 넘어서 우시아 실체의 범주가 아니라 게쉬히테 역사의 범주에 의해서 새롭게 해석된 세속화 교회론이 태어난 것입니다. 하나님-교회-세계라고 하는 도식, 모이는 교회중심으로 선교했던 도식이 바꾸어져서, 하나님-세계-교회라고 하는 도식으로, 흩어지는 교회, 세상을 위한 교회, 세상에 파견되는 교회, 이것을 중점적으로 얘기하는 새로운 선교모델이 바꾸어진 것입니다. **이제는 더 교회의 안과 밖을 구별하고 구속사와 세계사를 성속 이원론을 가지고 나누며 그 사이에 높은 장벽을 쌓을 수 없게 됐습니다**. 이 무렵 이런 에큐메니칼 운동이 신학이 일어나고 있는 무렵에 복음주의 신학자들도 크리스챠니티 투데이라고 하는 이 유명한 잡지의 편집자인 독일출신 신학자 카알 헨리가 주동이 되어서 그 잡지 창간 10주년을 기념하면서 백림대회, 일천구백육십육년입니다. 그 전해에는 위튼컨퍼런스라고 열려졌는데 신학적으로 잘된 회의는 아니고, 백림대회는 아주 좋은 그와 같은 회의입니다. 이 복음주의 회의를 열고서, 정복자의 종교로 군림하였던 서구 기독교 특히 복음주의자들의 절대적인 승리주의 선교의 시대착오적인 맹점을 예리하게 찔렀습니다.

성서주의와 교리주의를 내세워서 인간이 만든 장벽들을 인류의 포괄적인 구원을 위해서 헐어 버리자고도 제안하였습니다. 서구 기독교 선교의 최대의 장애물은 크리스챤 스스로 세상과 구별하고 교회 안과 밖을 갈라놓는 추잡한 장벽들이라고 정죄하며 개종주의 선교의 장래는 암담하기만 하다고 경고했습니다. 백림성밍, 성명서는 모든 인류는 한 조상의 후손인 곧 하나님의 백성인 것을 인식하는데 실패하였던 서구 기독교의 죄를 고발하고 있기도 합니다.

변선환 목사

네 번째, 세계는 나의 교구라고 한 웨슬레는 문화적이, 문화적 역사적으로 제약되어 있기 때문에 할 수 없이 예수 그리스도를 알지 못한 비기독교인들의 구원의 가능성에 의해서 선행은총, 그라찌아, 프레브니언스 사상을 가지고서 힘있게 설교하였습니다. 웨슬레 설교집에 있는 그 설교제목들입니다. 값없이 주신 은총, 온 리빙 위다웃 갇, 신 없이 사는 사람들의 구원은 어떻게 되냐 하는 거, 뭐 죽해서 웨슬레의 설교들입니다. 웨슬레는 익명의 그리스도인에 대해서 말했던 카알 나아나나, 알 수 없는 우주적인 그리스도를 말한 레이몬드 파니카처럼 타종교인들의 구원을 분명히 말하였습니다. 웨슬레가 토마스 와이트헤드에게 보냈던 편지, 1748년 2월 10일의 편지에 나타나 있습니다. 그리고 이런 자료들은 여기 「감리교 신학의 미래」라고 하는 책인데, 이 책의 마지막에 "오늘이 구원과 오늘의 웨슬레"라는 제목의 논문이 있는데 여기에 자상하게 실려져 있고, 여기에는 아시아 사람의 글 하나가 여기에 들어가 있는데 웨슬레 아리아라아자 스리랑카의 웨슬레안, 감리교신학자의 글이 들어가 있습니다. 이 책은 우리 감리교의 준회원으로 들어가게 될 때에 시험치는 책으로 되어 있습니다.(도서제출)

- 397 -

19920507_제5차 선고공판 선고공판 녹취록_서울연회재판위원회_
교리사건 재판자료_4번_페이지_13

예수 그리스도에 대한 명시적인 실존적인 신앙고백과 함께 전 인류에 대한 하나님의 보편적인 구속의 경륜을 동시에 주장하였던 현대 가톨릭 신학자와 아, 레이몬드 파니카나 지금 이 단에서 늘 인용되는 기독교사상 299호라고 하는데, 1983년에 쓴 글입니다. 레이몬드 파니카, 타라아나 이런 사람들의 사상과 쏠라피데이즘 오직 믿음을 통하여서만 그리스도를 통하여서만, 오직 의롭게 된다, 의인이 된다는 이 사상과 함께 만민을 구원으로 초대하는 선행은총을 주장했던 웨슬리 신학은 결코 먼 것은 아닙니다. 그 책에 페이지가 실려져 있습니다. 342페이지에서 55페이지 보시기 바랍니다.

웨슬리는 어머니 수산나에게서 예수의 종교, 계시종교와 아담의 종교, 자연종교 사이에 본질적인 차이가 있는 것은 아니라고 양적인 차이가 있는 것이라고 하는 것을 배웠습니다. 일찍이 카알 바르트도 말년에 이렇게 쓰고 있습니다.

"우리는 참된 구세주 예수 그리스도를 그리스도 교회의 벽 속에 폐쇄시킬 수는 없다. 참된 구원을 받는 것, 참 하나님과 참 인간을 그분이라고 인식하는 것은 기독교 선교를 듣지 않고서도 사실상 충분히 일어날 수 있다. 그러므로 우리 기독교인은 비록 그 사람이 타종교에 속하고 있는 경우에도 타인들 앞에서 신 인식에 관, 관한 한 우리 기독교인처럼 분명치 않다는 핑계를 가지고서 교만하게 나타나서는 안 된다. 기독교 교의학 4부 3권에 있는 글입니다.

내 선생, 윤성범 선생은 기독교 선교가 한국에서 이렇게 빨리 성공한 것은 한국 사람들이 옛날부터 오천년 전부터 하나님을 믿었기 때문이라고 얘기했습니다. 아, 우리의 하나님 신앙이 기독교 전도의 접촉점이 됐다고 했습니다.

구속의 특수성과 함께 구속의 보편성을 주장한 웨슬레신학을 오늘에 살리려고 하는 스리랑카 신학자 아리아라아자는 W.C.C. 대화국 책임자로 있으면서 종교다원주의를 우리 시대의 절망만인 것은 아니고, 우리 기독교인들에게도 희망의 징조라고 보면서 성령론적인 다원주의신학을 종교다원주의신학을 발표했습니다. 이 책은 우리 감리교신학대학 출판부에서 최근에 나왔습니다. "성서와 종교간의 대화" 감리교신학대학출판부, 웨슬레 아리아라아자, 김덕순 목사역, 변선환 감수, 이 책은 신학을 몰라도 성경만 아는 사람이면 다 읽을 수 있는 책입니다.(도서제출)

여기 바아르 선언문에 의하면 이것은 WCC 에큐메니칼 신학의 공식적인 문서가 됐습니다. 이 선언문에 의하면 우리는 구원을 예수 그리스도를 향한 명시적인 인격적인 위임 '액스플리시트 퍼스널 커미트먼트'로만 국한시키는 좁은 신학을 넘어서야 할 필요를 느낀다. 우리는 말씀이 육신이 되신 예수 그리스도 속에서 전체 인간가족은 결정적인 결속과 계약안에서 하나님과 결합되어 있다고 하는 것을 긍정한다. 모든 피조물과 인류역사 가운데 현존하시는 하나님의 구속의 활동의 현존은 그리스도 사건에서 그 초점에 아주 정점에 이르고 있다.

두 번째, 기소장에 의하면 3항, 3항입니다. 기소장 3항입니다. 3항, 본인이 세계적인 인도 신학자 레이몬드 파니카를 따라서 우주적인 그리스도는 마리아의 아들 예수와 동일시할 때 거침돌이 된다. 기독교사상 299호 155페이지라고 말함으로써 교리와 장정 10단 제2조 말씀 곧 하나님의 아들이 참 사람이 되심에 관한 사항에 위배된다고 하였습니다.

하나님의 아들 성육신을 부정한다고 이해한 고소인과 기소인은 요한일서 4장 1절의 말씀"사랑하는 자들아 영을 다 믿지 말고 영들이 하나님께 속 하였나 시험하라. 많은 거짓 선지자가 세상에 나왔음이니라 하나님의 영은 이것으로 알 것이니 곧 예수 그리스도께서 육체로 오신 것을 시인하는 영마다 하나님께 속한 것이요 예수를 시인하지 아니하는 영마다 하나님께 속한 것이 아니니 이것이 곧 적그리스도의 영이니라" 이 말씀을 인용하면서 본인이 적그리스도의 종, 사탄의 종이라고 정죄합니다.

그러나 그것은 진실입니까? 첫째로, 여기 파니카의 말의 인용은 이동주 교수가 학생시절에 썼던 논문, 종교다원주의와 종교신학 수립에 대한 고찰 - 아, 이것은 그 논문을 바꾸어서 쉽게, 이렇게 나하고 유동식 교수하고 정현경 교수하고 세 교수를 겨누어서 쓴 글인데 이화대학 진관에서 작년 4월 13일에 보고했습니다. 읽었습니다. 여기에서의 인용을 많이 참고하고 있는 것 같습니다. 오메가 세계선교 제10호 26페이지, 이 기소문은 누가 작성하였는지는 몰라도 이 말과 비슷한 말은 기독교사상 299, 83년에 쓴 십년 전에 쓴 글입니다. 페이지 155페이지가 아니고 156페이지에 비슷한 말은 있습니다. 여기에 실려 있는 파니카의 말은 거침, 거침돌은 기독교가 한걸음 더 나가서 그리스도를 마리아의 아들 예수와 동일시할 때 나타난다. 아, 제 영문원서로는 페이지 24페이지입니다. 독자는 그 다음 말을 주의해야 됩니다. 요 말만 떼어놓고 해서는 안 됩니다. 그 다음 계속된 말을 봐야 되는데, 인도판로, **로고스 그리스도론 곧 알 수 없는 우주적인 그리스도론을 전개하면서 파니카는 역사의 예수보다는 초역사적인 신앙의 그리스도로 우주적인 그리스도가 중요하다**고 말하면서도 우주적인 그리스도론의 출발점은 역사적 예수라고 분명히 얘기합니다.

아, 여기……(자료 제출). 한마디로 얘기해서 역사적 예수를 부정한 적이 없습니다. 파니카도 그리스도가 시공의 제약 속에서 사시며, 역사하신 마리아의 아들 나사렛 예수이기 때문에 한분의 역사적인 구속자, 역사적인 구속사, 아, 안 히스토리컬 리디머라는 사고에서 기독론적인 사고를 출발한다. 온전한 기독교신앙은 이 동일성을 받아들일 것을 요청한다. 역사적 그리스도에서 출발해서 신앙의 그리스도, 우주적인 그리스도, 로고스 그리스도론을 전개했습니다. 그러나 동시에 그리스도를 역사적인 인격으로 제한시킨다고 한 것은 그의 신성을 부정하는 것이기 때문에 그리스도의 인격은 역사적인 인격일 뿐만 아니라 신적인 인격으로 신의 특이한 아들, 모든 창조자 보다 먼저 나신 자, 만물의 알파와 오메가이신 분, 태초에 죽임을 당한 자, 피조물과 신 사이의 유일의 중보자이다. 그리스도의 역사적 구속자이기, 이기만 하였다면 그분은 타종교 속에 숨어 계셔서 역사하는 기동력으로서 보편적인 구속자가 될 수 없다. 예수 그리스도는 역사 속에 폐쇄될 수 없습니다.

역사적 예수와 신앙의 그리스도를 나누어서 생각하는 사유는 육과 영, 유한과 무한, 히스토리-세계사와 게쉬스테-실존사를 이원적으로 구별하여서 생각하는 인도 게르마니카 문명권의 특유한 이원론적인 사유방식입니다. 유한은 무한을 받아들일 수 없습니다. '티니티 논 카팍스 인티니티'.

19920507_제5차 선고공판 선고공판 녹취록_서울연회재판위원회_교리사건 재판자료_4번_페이지_15

셋째, 혹자는 인도 신학자 앰앰토마스 스탠리 레이몬드 파니카의 신학을 힌두교적인 혼합주의라고 비판하면서 정죄합니다. 그러나 희랍철학이나 독일철학을 사용하여서 만들었던 서구신학은 혼합주의자가 아니고 유단. 힌두교, 불교, 유교와 같은 동양철학의 범주를 가지고서 복음을 재해석한 모든 아시아신학은 아시아적인 혼합주의, 범신론이라고 비판하는 이유를 본인은 아무리 생각하여도 이해할 길이 없습니다. 혼합주의는 한국에서 통일교회의 혼혈주의와도 관계가 되어서 오해되고 있기도 하지만, 요새 그 통일교가지고 박사논문 쓴 사람 많이 있어요. 그래서 통일교하고 아시아신학하고를 혼돈해서 비판하는 분들이 있는데에, 그거는 잘못된 겁니다. 역사적으로 많은 오해를 가져오기도 하는 오염된 용어가 혼합주의라고 하는 말이 되었습니다. 그러므로 인도신학자 파니카는 씽크레티시즘이라는 말 대신에 프로렙티시즘이라는 말을 씁니다. 앰앰 토마스가 암시하였듯이 복음을 아시아 사람들의 심성에 울림하는 아시아종교나 아시아혁명의 새로운 언어를 가지고서 설명하는 우리 아시아의 신학을 개발하게 될 때, 그때 비로소 아시아 교회는 독일신학의 바벨론포수에서 벗어나서 비서구화된 아시아 기독교의 주체성을 찾게 됩니다. 이건 에큐메니칼 신학자들뿐만 아니고 보수적인 복음주의 신학자들도 얘기합니다. 태국에 선교사로 오래 가 있었던 김순일 목사도 조동진 목사와 함께 아시아교회의 비서구화의 과제를 이미 10년 전에 밝힌바 있습니다. 비서구화 없이는 아시아 사람은 계속 서구의 문화적인 노예로 남을 것이며, 자기 자신의 민족적인 문화적인 동일성을 회복하지 못할 것이라고 나는 믿고 있다. 비서구화 없이는 우리 기독교인들은 제3세계를 위한 효과적인 선교정책을 세울 수 없을 것이다. 이것은 액츠, 아시아연합신학대학에서 아시아 신학, 일주일 동안에 그 세미나 있을 때 발표했던 겁니다. 동아시아, 교회협의회의 성명서는 아시아 신학자들의 토착화의 과제에 대해서 다음과 같이 주장하였습니다.

과거에 우리 아시아 사람들은 혼합주의에 대한 우리들의 공포 때문에, 이건 서양 사람들이 자꾸 공포를 주었던 거죠. 그것 때문에 너무 금지만 당해왔으며, 그런 모험을 감행하기에는 너무 계승된 전통적인 개념적인 신앙고백의 형식에 매여 있었다. 살아있는 신학은 살아있는 교회와 그 세계와의 만남에서 생겨난다. 우리는 아시아의 부흥과 혁명과의 관련 속에 있는 신학의 투고한 특이한 과제를 알고 있다. 1965년의 성명입니다.

오늘날 **아시아신학자들은 서구 기독교 2천년의 역사의 특정한 상황 속에서 산출된 신앙고백이나 신조나 교리를 절대적인 규범으로 삼고 그 문자들과 표현들을 우상화하는 비지성적인 신조주의나 교리지상주의자들을 두려워하지 않습니다.** 우리는 예수를 어떻게 그때 그곳 서구 제일 세계와 다른 이때 이곳 제 3세계, 아시아의 민족주의의 부흥과 아시아 토착종교의 부흥과 함께 일어나고 있는 아시아혁명의 상황 속에서 우리의 주님 그리스도라고 새롭게 신앙고백하며, 교리전통을 아시아 사람들의 체험 속에서 재해석할 수 있을까라고 하는 신학적인 과제를 갖고 있습니다. 이 점에서 감신대의 신학적인 유산인 토착화의 과제는 감리교회가 아시아교회와의 연대 속에서 참된 조선교회로 태어나도록 하는데 크게 공헌한다고 믿습니다.

세 번째, 본인은 심사위원들에게 현대신학과 아시아신학을 잘 이해하시도록 소개하였다고 할 수 있습니다. 본래 1985년 봄, 기독교사상에 연재한 83, 85년이 아니고 83년입니

19920507_제5차 선고공판 선고공판 녹취록_서울연회재판위원회_
교리사건 재판자료_4번_페이지_16

다. 거기에 연재한 아시아신학자 순례는 28명의 아시아신학자를 다루려고 하였던 큰 작업이었습니다. 본인의 글을 읽고서 나름대로 재 체계화까지 하였던 이동주 교수의 튜빙겐 학창시절의 글을 변선환 박사의 토착화신학의 문제점, 신학정론, 개혁신학교 학술지입니다. 84년 11월 2권 2호, 396페이지 이하. 이 글로, 이 논문은 이런 글로 시작되고 있는 것이 내가 소개하고 있다 하는 것을 잘 말해 주고 있습니다.

첫 번째 나온 글입니다. '변박사의 사상을 진술하려면 잠시 난관에 부딪친다. 그 이유는 자신의 생각을 다른 학자의 글을 인용하여서 진술해 나가는 변박사의 논문 집필형식 때문이다.'

이글 끝에 이런 글을 잇고 있습니다. 이어가고 있습니다. 그의 글은 보고나 평이 아닌 자신의 주장을 진술하는 글인 고로 논문으로 보아진다. 그러나 그것은 아주 착각입니다. 본인이 취급하는 토착화계열에 속하고 있는 스리랑카, 인도, 버어마 신학자들은 모두 다른 입장에 서 있으며 꼭 같은 신학자는 한사람도 없습니다. 나는 이 아시아신학을 우리 대학에서 강의하고 있고, 또 미국에서 와서 강의하라고 해서 뜨류대학에서 1년 강의하기도 했습니다. 그러나 이게 에, 여기, 에, 물론 본인이 아시아신학자들과의 만남에서 배우는 점이 어찌 없겠습니까? **그러나 절대로 변선환은 변선환 자신의 신학세계가 있다고 하는 점을 간과하시지 말아 주었으면 좋겠습니다.** 본인이 구라파에서 귀국하자 신학과 세계, 제2호에 기고했던 글, 레이몬드 파니카 운트 힌두 크리스토 디알로그. 이 논문에서 결론 부분에서 저는 파니카를 구름위에 솟은 높은 산 위에서 형이상학적인 사변을 논하는 불이, 아드바이타 신비주의의 신학자라고 비판하였습니다. 본인은 파니카가 아직도 인도 게르마니카적인 형이상학에서 해방되지 못하였다고 하는 그 이유 때문에 철저하게 아시아의 역사적 현실에서는 유리된 형이상학적인 추상적 신학자라고 보고 있습니다.

크게 세 번째입니다. 본인과 홍정수 교수가 통일교와 관련되었다고 하는 것으로 교리와 장정 199단 제8조를 에, 적용하고 있습니다. 이규철이가 대학원에 통일교인이 있다고 학생처장 홍정수 교사, 교수에게 일러서 자체조사에 나섰을 때, 1987년 5월, 6월, 그때 본인은 미국 뜨류대학교 초빙교수로 "아시아신학"을 강의하고 있었고, "불교 맥락속의 그리스도론"이라고 하는 박사과정을 위한 세미나 과정을 지도하고 있었습니다. 당시 학장은 송길섭 박사님이고, 대학원장은 박대인 박사, 그리고 구덕관 박사입니다. 저는 전혀 몰랐던 일입니다. 금년 초에 다시 조사위원회를 구성하였으나 두 교수는 혐의가 없다는 것이 그 위원회에서 분명히 그 결론이 나 있습니다.

본인은 급히 기소장에 대한 거친 해명을 하였습니다. 본인은 살아있는 아시아신학이나 감신대의 토착화신학이 근본주의 신학자들이나 카리스마운동에 종사하고 있는 교계 목회자나 신학이전의 단계에서 교회에 성실하게 봉사하고 있는 평신도들에게 잘 전달이 되지 않아서 오해되고 곡해되며 선교와 전도에 지장이 되고 있다고 하는 것을 듣고 마음 아파하고 있습니다.

지난 입법총회에서 한 두 목사님의 발언이 그 오해와 곡해의 좋은 예입니다.

김홍도 목사: 저는 생전에 총회나 연회에 처음 나와서 말을 지금하고 있습니다. 서툰 점이

- 401 -

19920507_제5차 선고공판 선고공판 녹취록_서울연회재판위원회_
교리사건 재판자료_4번_페이지_17

있어도 용서해 주시기 바랍니다. 지금 이 건의안은 너무 너무 중요하기 때문에 제가 가만있을 수 없어서 평생 처음으로 나와서 말씀을 드립니다.
제가 뉴욕에서 온 목사님. 최원택 목사입니다. 뉴욕에서 온 목사님 오늘 아침에는 말씀드렸는데 감리교신학대학 학장이 뉴욕에 가서 법당에 가서 법회를 인도하고 왔기 때문에 기독교 목사들이 얼굴을 못 들었다고 합니다. 무슨 책 몇 페이지 내가 댈 수 있어요. 분명히 마리아가 낳은 예수는 그리스도가 아니다. 알겠습니까?

박기창 목사: 1990년 12월 8일날 "기독교 배타적 사고에서 벗어나야"라고 하는 내용의 크리스챤 신문의 기사가 있는데 이것은 변선환 학장께서 다원주의 입장을 밝힌 내용입니다. 거기에 보면 기독교의 절대성을 주장하는 것은 모순이다. 그리고 예수를 우상화 절대화 예배대상으로 삼는 것은 잘못된 것이다. 이것은 사마르타라는 학자가 얘기한 것인데 이것을 인용하면서 예수를 믿어서는 안 된다고 하고 교회밖에 구원이 있다고 얘기를 했습니다.

김홍도 목사님이 입법총회에서 "법당에 가서 법회를 인도하고...."라고 하는 말은 6개월 뒤, 지나서 쓴 기소장에는 "불교의 부흥발전을 위한 강연회에서 강의를 하는 등"(최원택 목사 증언), 이렇게 변경되어 있습니다. 저는 법회를 인도할 자격이 없습니다. 박기창 목사님은 이동주교수의 글이나 신문의 글을 자기 나름대로 해석하여서 "예수를 우상화, 절대화, 예배대상으로 삼는 것은 잘못된 것이다. 이것은 사마르타라는 학자가 이야기한 것인데 이것은 인용하면서 예수를 믿어서는 안 된다고 하고, 교회밖에 구원이 있다라고 얘기를 했습니다라고 증언하고 있습니다.

그러나 이것은 사실입니까? 거기 사마르타의 책이 거기 재판장님께 제출됐을 줄 압니다. '언나운드 크라이스트 오브 힌두이즘' 작년 10월 24일 올림피아호텔 조찬석에서 박기창 감리사님은 그 지방 실행위원들과 동석한 자리에서 "배타주의, 개종주의를 반대한다면 감신대에서 떠나서 다른데 가서 가르치시오"라고 저에게 강권하였습니다. 본인은 교회현장에서 들리는 이런 강한 소리를 충분히 이해하고도 남음이 있습니다. 내 마음은 아픕니다.

한국 개신교에서 가장 자랑스러운 열려진 교단이 초근에, **최근에 와서 반지성적인 보수주의 신학의 도전을 받으면서 혼란 가운데 빠진 것에 대해서 본인은 아픈 마음을 가지고** 다음과 같이 제언하고자 합니다.

진정한 기독교, 진정한 감리교회, 진정한 조선교회가 되기 위하여 세계교회와 아시아교회, 미연합감리교회의 에큐메니칼 신학과 선교노선과 맥을 함께 하면서 복음주의와 카리스마운동이 갖고 있는 그 좋은 점들, 아름다운 점들을 배워 나가는 새로운 공존의 논리는 없고 에큐메니칼 신학을 정죄하는 흑백논리만 있는 것은 슬픈 일입니다. 교단 안의 평화 없이 교단의 선교와 전도의 길은 없습니다. 우리들 기독교인들 사이의 평화 없이 기독교 선교나 민족의 통일은 있을 수 없습니다. 세계의 평화는 있을 수 없습니다.

우리 감리교인들은 장정 13 제5조, 성서에 대한 거. 그리고 17조 제9조 그리스도 신

19920507_제5차 선고공판 선고공판 녹취록_서울연회재판위원회_
교리사건 재판자료_4번_페이지_18

앙을 통하여서만 구원받는 다고 하는 거, 이것은 이것 이 두 조항과 함께 영혼을 구원하는 것 밖에 아무 교리적 시험을 강요하지 않는다는 장정 35을 함께 읽으면서 신학적 정치적 의견의 차이 때문에 서로 나누어지지 않는 관용과 사랑의 덕을 배워 나가야 할 것입니다. 여기에 감리교인들만이 갖는 영광과 영예가 있습니다. 교리는 우리들 사이를 조각조각 나누지만 올더스게일의 신앙체험과 사회적 성결, 성화는 우리를 하나 되게 합니다.

본인은 이 사건을 계기로 하여서 우리들의 단순한 공존만이 아니라 우리들이 서로 배우는 것을 통하여서 상호보충하고 상호보완하는 대화의 풍토를 만들어 나가려는 가톨릭 보편정신, 에큐메니칼 정신을 강화할 수 있게 되기를 빕니다. 웨슬리는 귀신을 내쫓는 일, 사회적인 성결, 좋은 일을 하는 것, 이것을 위해서 교파와 종교의 장벽을 넘어서 가톨릭교도나 아리우스파나 소시우스파나 가리지 않으며, 유대인이나 이신론자나 마슬렘, 모슬렘교도까지 또 야만인까지를 포함하여서 에큐메니칼적인 공동적인 협력전선을 형성하라고 외쳤습니다. 요한 웨슬레가 썼던 편협한 신앙에 대한 경고, '어 코션 어겐스트 바이고츠리'. 에, 거기에서 얘기하고 있는 말입니다. 아, 라버트 찰스가 쓴 논문가운데 웨슬레 사상을 이렇게 요약했습니다. '만민을 위한 은총은 웨슬리의 칼빈주의 장로교에 대한 대답이다. 장로교인만 예정론믿는 사람만 구원받는 거 아니예요. 만민을 위한 은총은 웨슬레의 칼빈주의에 대한 대답이다. 그리스도의 사업은 대부분의 인류가 불가피하게 멸망하고 있는데 그 공로를 입은 특수한 소수에게만 될 수는 없다. 하나님은 만민을 당신들에게 오도록 초대하였다. 세계는 우리의 교구입니다.

재판장님, 용서하시면 여섯 가지 포인트만 하나하나 해서, 하나 둘 해서 여섯 개 얘기할 수 있도록 기회주시면 좋겠습니다.

첫 번째로 통일교의 문제는, 내가 이거 변호사 대지 않은 거는 나도 좀 알아야 변호사를 쓰겠는데 내가 법을 잘 알지 못하기 때문에 법하고는 관계없는 사람입니다. 통일교 문제는 3년 시효 지난 걸로 압니다. 양창식 문제가 난데에 대해서 나는 마음 아파합니다. 아, 근데, 6.25사변 때 학교 다니셨던 형님 두 분이 여기 앉아 계신데, 그 당시 윤성범 박사가 아, 그 피난가지 못했는데 그 당시 빨갱이 두 명이 있었어. 그 빨갱이 두 학생이 윤박사 집에 와 가지고서 윤박사 데리고 나갔습니다. 아, 그런데 에, 이런 사건이 신학교에 지금도 제일 좋게 숨어버릴 수 있는 장소가 신학대학입니다. 한국신학대학의 케이스가 그런 케이스입니다. 하니까 이런 것을 참작해 주시면 고맙겠고, 우리 학교에 이 문제 재량권 맡겨 주셨으면 좋겠습니다.

두 번째, 교회밖에도 구원이 있다라고 하는 1978년에 쓴 글, 그리고 파니카에 대해서 소개했던 글, 1983년의 글입니다. 이것은 에, 포괄주의에 속하고 있는 글이고, 어, 종교다원주의에 속하고 있는 글은 아닙니다. 종교다원주의에 대한 글은 대개 내 글로는 80년 후반기에 있는 글 거기에 나오게 되고, 제가 기독교공동학회 회장으로 있으면서 200여 명의 그 신학자들을 에, 시켜가지고서 에, 그 에, 그 8개 관련학과가 있는데 구약학회, 신약학회 해서 8개 학회가 있는데, 에, 거기 회장들하고 의논해가지고서 했던 것이 종교다원주의입니다. 아 그것은, 에 그 개신교가 다른 공식적인 입장, 바아르선언문이 발표되었기 때문에 했던 건데, 그것은 봄가을, 봄가을 네 번에 걸쳐서 종교다원주의를 주제로 해서 발표를 했습니다.

- 403 -

19920507_제5차 선고공판 선고공판 녹취록_서울연회재판위원회_
교리사건 재판자료_4번_페이지_19

여기 처음 거는 종교다원주의와 신학적 과제. 여기에는 유동식 교수, 김학태 교수를 비롯해서 감리교 신학자들이 장기기 때문에 굉장히 많이 공헌했습니다. 에, 그 다음에 작년 가을에 한 것은 복음과 문화라고 하는 것입니다. 이것은 기독교서회에서 나와 있고, **여기에 공헌한 것은 토착화신학, 종교다원주의신학의 맥을 가지고 있는 감리교신학자들이 대부분 공헌했습니다.**(도서제출)

제 후임으로 기독교공동학회 후임이 된 박근원 박사님이 에, 그 에, 글을 올렸을 것으로 압니다. 감독회장님, 곽전태 감독, 서울연회 나원용 감독, 재판위원장 고재영 목사님에게 보낸 것으로 압니다. 읽겠습니다.

"200명 가까운 한국 개신교 신학 교수님들과 신학자로 구성되어 있는 기독교공동학회는 감신대 변선환 학장의 종교다원주의와 홍정수 교수의 포스트모니즘이 기독교대한감리회 제13차 입법총회에서 정죄되었고, 서울연회의 재판위원회가 지난 4월 22일 재판법상 최고형에 해당하는 출교구형을 내린 데 대해서 심히 유감의 뜻을 전합니다. 변선환 학장의 종교다원주의는 WCC가 1990년 1월 바아르선언문을 발표한 것을 계기로 하여서 기독교학회의 여덟 분과 회장들이 모여서 학술회의의 주제로 종교다원주의를 다루기 위해서 에, 에, 다루기로 했습니다.

1980년도 전후하여서, 1980년도 전후하여서, 세계 신학계에 세계 신학계의 경향이었던 다원주의를 다루기 위해서 1990년 가을에는 종교다원주의와 신학적인 주제로 삼았으며, 91년 3월에는 연동교회에서 같은 주제로 공동, 공개강연을 했습니다. 91년 가을에는 170명 교수들이 유성에 모여서 토착화논쟁 30주년을 기념하면서 "복음과 문화", 기독교서회에서 출판되었습니다. 아, 이 주제를 가지고서 모여서 학술모임을 가졌습니다.

그리고 이달 중순에는 한국신학 과 탈자유주의 신학, 포스트모더니즘과 신학을 주제로 하여서 프린스톤에 있는 클라인 교수를 초청해서 공개강연을 할 예정입니다. 한국기독교공동학회 전 회장이었던 변선환 학장과 총무 장신대 고용수교수를 비롯한 여덟 개 학회 회장들이 현 회장인 본인과 함께 감신대 신학사건이 교단이 위에서 출교구형을 받은 데 대해서 함께 아파하며 기독교 지도자이신 곽전태 감독회장과 나원용 감독님을 비롯해서 중책을 맡고 계시는 재판위원장님에게 이 사건의 심각성을 한국 신학계의 발전과 관계 속에서 특별한 고려가 있기를 빕니다. 종교신학은 에큐메니칼 여러 신학계통의 여러 신학대학에서 협성, 목원에서도 가르치고 있는 과목이기도 합니다. 기독교학회는 이 사건이 선처되기를 바라는 뜻에서 교계지도자들과 재판위원회에 삼가 간청서를 제출합니다."
기독교학회 회장 박근원 총무 백천기(서신 제출)

에, 에, 그러면 세 번째로 NCC가맹교단입니다. 우리 감리교가, NCC 가맹교단, 에큐메니칼 신학을 말하고 있는 신학자를 정죄한다고 하는데 대해서도 다시 한번 재고해 주시기 바랍니다.

네 번째 감신대 백년의 역사는 그것은 정은수 선교사가 1대 교장인데 코리아 리파지토리 한국 전통종교와 문화를 소개하는 길로 시작한 그분. 탁사 최병헌. 노병선 목사가, 이

- 404 -

19920507_제5차 선고공판 선고공판 녹취록_서울연회재판위원회_
교리사건 재판자료_4번_페이지_20

런 사람으로 시작해서 나가고 있는 그 감리교 신학대학 100년의 역사, 또 이제 금, **감리교 100년이 선교가 얘기하고 있는 것은 그것은 토착화신학이요, 종교신학이요, 에큐메니칼신학이요, 아, 이런 새로운 신학인데 그런데, 극단적인 근본주의 신학을 가지고서 우리의 전통을 100년의 역사를, 100년의 역사를 이렇게 흔들어 놓는다고 하는 데 대해서 나는 가슴아파하면서**, 감리교신학의 아픔을 내 마음으로 느끼면서, 이 문제를 다시 한번 재고해 주시기를 바랍니다. 여기 서류를 제출하겠습니다. 그것은 가까운 때부터 얘기하겠습니다. 90년도 1930년도 우리가 자치교회를 선언하면서 교리적 선언을 냈습니다. 그 당시에 에 복 ……(잘들리지 않음)…그 당시에 파이브 포인트를 내걸었는데 그거 받아들여지지 않았습니다. 에, 그리고서 교리적 선언을 했는데 근데 그것을 60주년을 기념하면서, 자치 60주년 기념대회 및 성회에서 나왔는데, 여기에서 우리가 결의한 것이 있습니다. 일곱 개 조항을 결의했습니다. 기독교 대한감리회 자치 60주년 선언문! 여기 네 번째로 보게 되면 그러면 이것은 종교간의 대화입니다.

두 번째입니다. 두 번째, 둘째, 감리교의 아름다운 전통 중에 하나는 보편주의와 일치성의 추구이다. 하나님 앞에서 모든 사람이 형제임을 믿는 우리는 주님의 은혜가 모든 사람 안에 그리고 모든 사람을 위해서 후리 인 올, 후리 훠 올. 그것을 명심하면서 세계는 나의 교구라고 외친 요한 웨슬레의 교훈을 간직해 왔다. 우리는 교단안에서의 일치를 유지해 왔을 뿐만 아니라, 교파주의를 일치하는 운동에도 앞싸 앞서왔다. 에큐메니칼 운동에도 앞장서 왔다. 이러한 전통은 계속 유지 발전되어 나갈 것이다. 뿐만 아니라 시대적인 민족적인 대과제 앞에서 모든 종교가 한마음으로 그 목표를 추구해 나아가는 과정에 있어서의 종교간의 대화와 협력에도 앞장설 것이다.

우리 감리교신학대학 대학원 현관에는 감리교신학대학이 낳았던 3.1운동의 대표, 민족대표 일곱 명이 걸려 있습니다. 그 사람들은 교파와 종교의 차이를 초월해서 동학과 협력하고 불교와 협력했습니다. 아 여기, 우리 대한감리회가 100주년대회를 기념하면서 국제대회를 제물포에서 열었습니다. 거기에도 분명 에, 여기 조항에 들어가 있습니다. 일곱 개 조항을 얘기했는데 여섯 번째입니다. 우리는 그리스도의 복음이 개인이나 사회적 또는 민족적인 차원에서 참된 구원의 유일한 도리임을 확신한다. 그러나 아시아의 종교적인 다원사회, 종교적 다원사회입니다. 에 있어서 예수 그리스도의 구원의 보편성을 견지하면서 다른 한편 타종교와의 대화를 통해서 협력할 것을 다짐합니다. 우리는 어떠한 형태의 지나친 독선주의도 배격하며 모든 종교들이 진정한 하나님 나라를 이 땅에 실현하기 위해서 다 같이 협력할 것을 촉구한다. 그 전해에 84년에 쓴 것에도 분명히 나와 있습니다. 10개 조항을 얘기했는데 여덟 번째, 우리 감리교회는 다원적 종교상황에서 기독교신앙의 독특성을 올바로 견지하면서 타종교와의 대화를 통해서 이 역사 속에서의 하나님의 나라의 도래를 위한 노력을 계속한다. 이 두 문서를 생각하시면서, 에, 감리교가 결정했고, **여기 내가 미국 감리교회의 장정을 가지고 왔는데 거기에서 명시한 대로, 여기에서 72년에 다원주의를 선교의 원리로 삼는다**고 이렇게 선언했던 여기 이 장정, 신학교육 지침에 있는 이 방법대로 감리교신학대학에서 강의를 했고, 감리교 신학대학이 그것으로 나아가야 된다고 얘기했던 본인의 입장을 이렇게 충분히 이해해 주시고 양해해 주시면 감사하겠습니다.(자료제출)

재판장: 이제…….

- 405 -

19920507_제5차 선고공판 선고공판 녹취록_서울연회재판위원회_교리사건 재판자료_4번_페이지_21

피 고: 두, 둘 남았습니다. 그러면 다섯 번째…
재판장: 조용하세요. 우리 들을 때까지 들읍시다. 예.
피 고: 두 가지만 얘기하겠습니다. 근본주의신학이나 펜타코스탈리즘을 가지고서 웨슬레 사상을 너무 많이 왜곡하는 일은 없으면 좋겠습니다. 여섯 번째, 지금 다 지루해 하는 것처럼 대단히 미안합니다. 여러분들. 대단히 미안한데. 이거이 신학자의 버릇이기도 하구, 예, 신학자의 여러분들하고 통해지지 않는 언어이기도 합니다. 아, 이 문제가 신학적인 문제이기 때문에 대단히 미안하지만, 재판장님을 비롯해서 재판위원 여러분들, 그리고 저를 기소한 심사위원 여러분들, 고소인, 검사님, 이 신학적인 문제의 심각성을 생각해서 아, 신학위원회같은 전문위원회가 있으면 그쪽으로 돌려주실 수 있는 길이 없을까 재청하면서 제 긴 얘기 참아 들어주신데 대해서 여러분들에게 특별히 평신도들에게 미안하게 생각합니다.
제 증언을 마치겠습니다.

재판장: 어, 우리가 이 변 피고인에 대해서 아끼는 마음으로 제가 장장 한 시간을 진술할 수 있는 기회를 주었습니다. 여러분들이 조용하게 경청해 주심을 감사하고 우리 잠깐 정회를 합니다. 한, 15분에서 한 20분 정회하고 속회하도록, 정회하시고 재판이 다 끝날 때까지 꼭 그 질서 지켜주도록, 소란하지 않도록 꼭 그렇게 해주시면 고맙겠습니다.

…… **정 회** ……

재판장: 아까 여러분들이 진술하신 한 시간 십분 동안에 거기에 대해서 우리 재판위원을 대변해서 우리 최홍석 목사님이 말씀해주시겠습니다. 그런 다음에 진행합니다. 땅!

최홍석 목사: 피고가 오늘 기소장에 대한 해명의 글을 가지고 낭독함으로 해명한 본 글은 4월 22일 재판 때에 제출된 내용과 동등한 것으로서 다른 일체의 어떤 변화가 없는 것을 발견했습니다. 이 제출한 내용은 지난 15일 동안 우리 재판위원들이 심사숙고하며 그 동안에 발표된 모든 글들과 대조한 결과, 전연 그런 이론을 번복하는 내용이 없이 오히려 보충설명 해명하는 것으로 되어 있는 것을 발견했습니다. 지난 4월 22일 피고가 증빙서적에 대해서 보여주기만 했고, 재판석에서 제출하라고 할 때 절대로 이거는 줄 수 없다고 하였는데, 오늘은 피고가 그 책들을 제출했으나, 그 책들은 피고의 글보다는 대략 다른 사람들의 글을, 책들을 소개한 것이고 전혀 어떤 의견의 변경을 가져오는 내용들은 아니었습니다. 피고가 **미국연합감리교회가 1972년 총회에서 다원주의를 수용했다고** 증언했으나, 이는 경솔한 증언입니다. 미국연합감리교회는 다원주의의 문제가 생겨서 연구원들을 통해서 연구한 후, 1975년 7월 20일, 노스 카롤라이나 쥬나르카스(Sic)에서 감리교 교리의 현대적 선언을 한 쥬나르카스 어포메이션에 대한 것을 다시 사서 살펴보고 **잘못된 증언**을 시정해야 옳습니다.

또한 피고는 지금부터 **12년 전 총회에서도** 동 사안과 같은 문제로 무리가 빚어졌을 때에, **그간에 주장했던 학설들을 번복하여 시정하도록 약속**을 한 후 총회원 투표에서 한 표차로 용서를 받았습니다. 그러나 계속 본인의 신학주장을 해왔고 오늘 현장 여기서도 본 진술 내용은 피고의 신학을 설득하는 진술을 하였을 뿐 하등의 변경 진술한 내용이 없습니다.

- 406 -

19920507_제5차 선고공판 선고공판 녹취록_서울연회재판위원회_교리사건 재판자료_4번_페이지_22

"그래도 지구는 돈다" 이로써 갈릴레오 갈릴레이는 중세 교황청의 교권주의와 교황청의 사냥개 역할을 했던 신학에 도전, 굽히지 않는 학문적 양심의 사도가 되었습니다. 그러나 그의 학문적 양심이 교권으로부터 인정되기 위해서는 350 년이 더 걸린 것을 우리가 기억합니다.

사랑하는 감리교인 여러분 !! 어둠이 결코 진리의 빛을 이겨보지 못했으며 불의가 정의를 억누를 수 없음을 예수 그리스도의 삶과 역사가 증언하고 있습니다. 때문에 우리 모두는 이 고난의 아픈 현실 가운데서 자기 십자가를 용기있게 짊어지고 척박하고 거친 대지를 희망과 생산의 땅으로 변화시킬 수 있어야 할 것입니다.

마지막으로 "드레퓌스" 사건의 진실을 규명하기 위해 일생 동안 싸웠던 에밀 졸라의 말이 우리 모두에게 각오와 결의가 되길 빌어봅니다. "나는 궁극적 승리에 대해 조금도 절망하지 않습니다. 더욱 강력한 신념으로 거듭 말합니다. 진실이 행군하고 있고 아무도 그 길을 막을 수 없음을! 진실이 지하에 묻히면 자라납니다. 그리고 무서운 폭발력을 축적합니다. 이것이 폭발하는 날에는 세상 모든 것을 휩쓸어버릴 것입니다. 우리는 이내 알게 될 것입니다."

1992년 5월 7일
89년 이규철 재학 당시 활동했던 감리교 신학대학 제7대 총학생회 임원 일동

재판장: 피고의 진술을 우리가 다 들었었습니다. 이제 판결서에 의하여 판결을 선고를 하고 피고는 제277단 36조, 제228단 제 38조를 적용하여 제233단 제42조에 의하여서 상소할 수가 있습니다. 또, 제224단 제33조, 제225단 제34조를 적용하여 유죄판결 후 60일 안으로 새로 유리한 증거가 드러날 때는 처음 재판위원장이, 저에게 입니다. 증거를 첨부하여 재심청구를 제출하고, 그 증거가 사건의 중요한 재료가 될 만한 것으로 인정될 때에는 다시 재판위원회를 열어 판결할 것입니다.

4. 선고 판결

판 결

사 건: 제19회 특별총회 결의 및 김홍도 목사 및 유상열 장로의 이단사상과 통일교 인물과 관련된 고소사건

피고인 주소: 서울특별시 영등포구 당산동 5가 유원2차 아파트 203호 702호
성 명: 변 선 환(1927년 9월 3일생)
직 임: 목사, 교수

재판위원장 고재영 목사 판결

- 420 -

19920507_판결문(변선환 홍정수)_서울연회 재판위원회_4번_페이지_1

이 유: 1) 제17단 9조, 13단 5조, 10단 2조, 199단 8조, 제231단 40조 1항 다
(심사위원회 구형조항)

2) 판결문항
제35단 서문 1항 2항, 제39단 제3조, 제192단 제1조 8항, 제195단
제4조 1항, 제199단 제8조, 제231단 제40조 1항 다

1992년 5월 7일

서울연회 재판위원회

위원장 고 재 영
서 기 김 재 민
부서기 이 강 모

위 원 : 홍 현 순 김 재 국 박 민 수 박 완 혁 최 덕 관 이 강 모
최 홍 석 곽 노 흥 민 선 규 금 성 호 임 흥 빈 심 원 보

판 결 문

피 고, 변 선 환, 1927년 9월 3일생
주 소, 서울특별시 영등포구 당산동5가 유원2차 아파트 203동 702호

피고는 기독교 대한 감리회의 교리와 장정에 정한 법에 의하여 동부연회(1955년)에서 목사로 안수를 받고, 본 교단의 대표적인 교역자 양성기관인 감리교신학대학의 운영을 총책임진 학장으로 재임하면서 기독교의 근본 교의와 감리교 교리와 상치되는 주장을 자행함으로써 1991년 10월 29일~31일에 모인 총회에서 "목사직 면직을 결의"하게 되는 상황에 이르게 하였으며, 통일교 인사를 입학시켜 그의 수학을 비호하였고, 본 교단 신학대학의 이름으로 그를 졸업시키기까지 한 일로 고소되었다. 이에 따라 피고의 소속연회인 서울연회 심사위원회가 그 일을 심사하였다. 이에 동 심사위원회는 피고를 1992년 2월 24일자로 기소함으로써 적법한 절차를 따라 본 재판위원회는 이를 접수하고, 그간 5차에 걸친 소위원회의 모임과 2차 시행한 재판의 결과에 따라 아래와 같이 판결한다.

1. 피고는 기독교 신앙의 주제가 되는 예수 그리스도에 대하여 우주적 그리스도는 마리아의 아들 예수와 동일시할 때 거침돌이 된다(기독교사상 299호, p.156)고 함으로써 마리아의 아들 예수를 우주적 그리스도로 믿는 전통적 기독교 신앙을 거부하였고, 그리스도만이 보편적으로 유일한 구속자이신 것이 아니라(상동 p.155)고 함으로써 기독교적인 신앙고백을 떠나서, 기독교 신앙의 특성인 유일한 구속주이신 예수 그리스도를 부정하는 비기독교적 주장을 자행하였다.

- 421 -

19920507_판결문(변선환 홍정수)_서울연회 재판위원회_4번_페이지_2

2. 피고는 예수 그리스도의 십자가로 말미암아 구속되는 유일한 구원의 길을 부정하여, 구원의 다원주의를 주장하여 저들의 종교들, 그들 스스로의 구원의 길을 알고 있다(상동 p.155)고 함으로써, 기독교 신앙의 본질을 무시 내지는 타종교의 것과 동일시하는 주장을 했고, 예수 그리스도의 십자가의 사건을 믿음으로 말미암아 얻는 구원을 간과하는 과오를 범하고 있다.

3.피고는 기독교 신앙의 코페루니쿠스적 전환을 주장하면서 "종교의 우주는 기독교도 다른 종교도 아니고 신을 중심하여서 돌고 있다는 것을 기독교는 인정해야 할 것"과 "예수를 절대화, 우상화시키며, 다른 종교적 인물을 능가하는 일종의 제의의 인물로 보려는 기독교 도그마에서 벗어나 신중심주의로 전환되어야 할 것"(크리스챤신문 1990. 12. 8일자 6면)이라 함으로써, 3위1체의 하나님을 부정하고, 모든 종교의 신을 동격시 하며, 예수 그리스도의 인성과 신성을 공히 믿고 하나님 되심을 믿는 기독교 신앙을 떠나 버렸다. 피고는 이와 같이 한때 바알과 하나님을 동일시한 옛 유대인들의 죄와도 비교되는 우를 범하였다.

4. 피고는 기독교 선교를 목적으로 감리회 교역자들을 양성하는 대표적 기관의 장으로 있으면서, "교회가 말하지 않아도 이미 선행하여서 그리스도를 섬기고 있으며, 기독교 선교사가 하나님 나라를 비기독교 세계에 가지고 오지 않아도 이미 하나님 나라는 거기 역사하고 있다"고 주장하였고, "교회 밖에도 구원이 있다"(현대사조 2, 1978, pp78~91)고 함으로서, 기독교 복음을 포교하는 교역자를 양성하는 일과, 예수를 믿고 구원받는 개종사역을 거부함으로써, 피고는 그 본직을 배반하였다.

5. 피고는 통일교 차세대 지도자로 부상한 양창식의 입학과정에서 입학원서의 구비서류에 신앙배경을 입증하는 교회의 추천서에 하자가 있고, 또한 그가 통일교내의 당시 직책이 경상남도 교구 책임자이며, 통일교의 지도훈련을 담당하는 원리연구회 사무처장이라는 것이, 당시 감신 재학생 이규철에 의하여 폭로되었음에도 불구하고 이를 도외시했고 척결은 커녕, 그의 포섭활동과 수학을 방조 내지는 방관하였다. 또 피고는 그의 졸업논문이 통일교원리에 따른 표현들을 사용한 점을 능히 파악했어야 함에도 불구하고 그 논문을 좋은 논문으로 평가하여 A학점으로 통과시켰고, 1989년 가을에 그를 졸업시켰다. 이와 같이 피고는 본 교단의 대표적인 신학대학을 책임진 학장으로서 교단의 체모와 교의를 넘어선 월권 및 직무유기를 자행한 과오가 인정된다.

6. 피고는 공공 출판물에 논문들의 기고와 강연들, 강의실과 사석에서 기독교 대한감리회가 교리적 선언 서두에 명시한 요한 웨슬레 선생의 "복음적 신앙은 우리의 기업이요, 영광스러운 소유"로 천명한 복음을 파괴하는 일을 계속하여 왔다.

피고는 이상에 열거한 내용과 같이 반 기독교적이고 이단적인 주장을 하고 있음으로 본 기독교 대한감리회의 일원으로 있어서는 않될 것이 자명해졌다. 그러므로 본 재판위원회는 본 교단이 믿는 신. 구약 성경과 사도신경의 고백, 그리고 본 교단의 '교리와 장정' 제35단 서문, 1항, 2항, 제39단 제3조, 제192단 제1조 8항, 제195단 4조 1항, 제199단 제8조에 의거하고, 장정 제231단 제40조 1항 다.를 적용하여 피고 변선환에게 기독교 대한 감리회

- 422 -

19920507_판결문(변선환 홍정수)_서울연회 재판위원회_4번_페이지_3

에서 출교를 선고한다. 땅땅땅! (아멘, 박수소리……)

서울연회 재판위원회

사 건 : 제 19회 특별총회 결의 및 김홍도 목사 및 유상렬 장로의 이단사상과 통일교 인물과 관련된 고소사건

피고인 : 주 소 : 서울시 은평구 갈현2동 523-75 연립 203호
성 명 : 홍 정 수
직 업 : 목사, 교수

주 문 : 출 교

이 유 : 1) 제 17단 9조, 13단 5조, 10단 2조, 199단 8조
231단 40조 1항 다.

2) 판 결 문
제10단 제2조, 제11단 제3조, 제35단 2항, 제199단 제1조 1, 7, 8항,
제195단 제4조 1항, 제199단 제8조, 제231단 제40조 1항 다.

- 재판위원회 위원 -

위원장 : 고 재 영
서 기 : 김 재 민
부서기 : 박 을 희

위 원 : 홍 현 순
박 민 수
최 덕 관
최 홍 석
민 선 규
금 성 호
임 홍 빈
심 원 보
김 재 국
박 완 혁
이 강 모
곽 노 홍

- 423 -

19920507_판결문(변선환 홍정수)_서울연회 재판위원회_4번_페이지_4

上告狀

서울연회 재판위원장 귀중

被 告 人: 홍 정 수
죄 명 : 교리위배, 괘씸죄, 직권남용 및 이단동조
상신 연월일 : 1992년 5월 27일
판결 주 문 : 黜敎

위 被告사건에 대한 판결은 不服이므로 상고를 제기합니다.

상고 이유

1. 처음의 제1반 심사위원들이 "審査 時限"(30일/ 20일 연장 가능)을 이유로 사퇴하였음에도 불구하고, 법정 시한을 44 일이나 초과한, 92년 3월 5일자로 본 피고인이 起訴되었습니다. 이같은 기소는 재판법 12조를 위반한 것입니다.

2. 피고인에게 송달된 "기소장"과 공판정에서 실제로 낭독된 "기소장"은 그 내용에 있어서 서로 전혀 다릅니다. 이것은 심사위원들이 피고인의 자기-방어권을 중대하게 침해한 위법 사항이었습니다. 나아가 공판정에서 "낭독된 기소장"은 첫 공판(3월 23일)이 열리기 전, 이미 2월 24일자로 「재판위원들」에게 전달되었는데, 이것은 "公訴狀(기소장)一本主義"의 원칙을 위배한 중대한 불법 처사였습니다. 문제의 그 기소장은 피고인의 진술이 담긴 것도 아니었으며, 피고인에게 송달된 기소장도 아니었습니다. 그것은 단지 일방적으로 심사위원들이 작성한 '의견서'에 불과한 것으로서, 이런 문서는 재판위원들의 豫斷을 불러일으키기 때문에 법으로 금지되어 있습니다. 더 나아가, 그 기소장은 그것의 법률적 구성요건인 "범죄사실의 特定" 조건을 구비하지 못하였기에, 법률적 효력이 없는 문서였습니다.

즉 起訴 자체가 成立될 수 없었습니다.

3. 1심 재판위원들은 그 구성에 있어서 15 명 중 13 명이 "고발자" 집단인 "교리수호대책위" 사람들이었으며, 특히 재판위원장 고재영 목사는 (1) 이미 본 소송사건의 「심사」위원으로서 활동한 적이 있기 때문에, "수사에 관여한 법관은 재판관이 될 수 없다"는 일반형사소송법의 법규에 근거하여 재판위원장은 물론이요 그 위원도 될 수 없었으며, (2)이미 심사위원의 자격을 기피당한 적이 있는, 비중립적 위원이었기에, 「재판관 기피신청」을 2차(3.26, 4.13)에 걸쳐 제출하였으나, 이에 대한 적법한 심사(재판)를 하지 않았습니다. 물론 형식적으로 보면, 다른 재판위원들에 대한 기피신청은 고재영 위원장 자신이 법에 따라 "이의 없다"는 재판(결정)을 할 수 있었다손 치더라도, 재판위원장 자신에 대한 기피신청은 일반형사소송법에 따라 상급 법원, 즉 총회 재판위원장이 처리하든가, 교회 法理를 따라 연회 실행위원회가 처리했어야 했는데도 불구하고, 위원장 자신이 스스로에 대하여 "이의 없다"는 결정을 내렸습니다. 이것은 명명백백한 위법입니다. 즉 기피당한 법관은 자신의 기피 신청에 대한 심사를 할 수 없습니다.

4. 5월 7일, 「선고공판정」에서 낭독된 판결문은 事前에, 누군가 제3의 인물, 곧 실제의 재판 과정을 전혀 주목하지 않은, 어쩌면 전적인 제3자에 의하여 작성된 것이라고 말할 수밖에 없습니다. 본래 재판관은 "기소"된 내용을 근거로, 그리고 그 법위내에서 판결을 내리는 법입니다. 그런데 5·7 재판 위원들은 새롭게 "자료 수집/수사"를 하여, 심사위원들이 기소하지도 않은 죄에까지 형을 내리고 있습니다. 이것

- 1 -

19920527_공판기록물- 상고장_홍정수 교수_4번_페이지_1

은 위법입니다. 재판위들의 위법적 처사는 또한 판결문에서 「공소취지」「기소 날짜」조차 도 잘못 기재하고 있음에서도 드러납니다.

5. 적용법조의 위법적 측면

판결문은 고소·기소 사실이 전혀 아닌, 소위 "괘씸죄", "직권남용의 죄"까지 만들어냈습니다. 그러함에도 불구하고 각 조항에 저촉되는 범죄 사실이 구체적으로 무엇인지 전혀 適示되어 있지 않습니다. 이런 판결은 그 자체가 법률적으로 불법적인 판결입니다.

要點은, "재판"이란 "사실확인" + "법조항 적용"으로 이루어지며, 판결이란 기소된 사안에 대한 판결이어야 하는데, 본 재판은 전혀 그렇지 못하다는 것입니다. 소위 「심사위원들」은 저의 著作 原文을 단 한 번도 직접 읽어 아니했음을 입증할 수 있습니다. 결국 "5·7 재판"은 "事實審理"를 한번도 거치지 않았습니다. 그리고 그 주요 적용법조 「종교강령」은 미국 감리교회의 법이지 한국 교회의 법이 아닙니다. 만일 한국 교회가 「종교강령」을 채택하였다면, 「종교강령」 제23조가 삽입될 수 있었을까요? 그 조항은 미국의 독립을 인정한다는 것입니다. 그러나 불행하게도 심사위원들(공판정에서 고백)이나 고재영 재판위원장(5·16일자 「새누리 신문」 인터뷰 기사)이 이 같은 단순한 신학적 사실을 전혀 모르고 있다는 점입니다. 또 심사위가 한 번도 거론하지 않은 「敎理的 宣言」을 재판위는 법조항으로 인용하였습니다. 우리들이 누구나 알듯이 「교리적 선언」은 아주 명백하게 "종교재판용"이 아닌데 말입니다. 모든 사실이 다 범죄가 되지는 않습니다. 우리들의 활동, 예컨대, 지금 여기에 있음 그 자체는 사실이지만, 범죄가 아닙니다. 왜냐고요? 적용법조가 없기 때문입니다. 즉 "법률적 범죄"—재판의 대상—란 선행 "법조항"이 있을 경우에만 발생합니다. 따라서 어떤 행위가 「교리수호위」나 재판위의 기분을 상하였다 하여 그것이 「기독교대한감리회」의 범법 행위는 되지 않습니다. 결코.

6. 「기소장」에 나타나 있는 인용문들이나 「판결문」에 등장하는 인용문들은 그 내용에 있어서 전적으로 巨頭切尾 및 我田引水격 인용으로서, 전혀 事實이 아닙니다.

즉 1심 판결은 위법입니다.

7. 소위 "통일교"에 관한 사항은 (1)형식적으로 보면, 공소시효(3년)가 지난 사안 — 본 피고인은 "제보"를 받는 죄(?)밖에 없습니다 —이요, 내용적으로 보면 철저한 誣告行爲입니다. 그리하여 본 피고인은 당시 대학원 행정직에 있지 아니하였음을 증명하는 자료를 이미 제출하였으나, 재판위들은 이 자료를 전혀 참고하지 않았습니다.

8. 감리교회의 법과 신학적 전통은 "교리"에 관한 한 도무지 "재판" 자체를 열 수가 없습니다. 따라서 본 사건은 源泉的으로 不法的 處事요 反監理敎會的 처사입니다.

본디 法律的 有罪 判決은 適法한 節次, 客觀的 證據, 그리고 有效한 法條項 適用이라는 3 구성요소로써 이루어진다고 합니다. 그러나 사실 지금 있었던 감리교회의 종교재판 제1심은 이 3 중 어느 하나의 소건도 충족시키지 못한 불법재판이므로 不服일 수밖에 없습니다.

1992년 5월 27일

위 上告人 홍정수 (인)

발신: 홍정수(감신대 교수), 서울...

수신: 서울연회 재판위원회 ...

...우편물 ... 제출하였음을 증명 ...

서울충정로우체국장

-2-

19920527_공판기록물- 상고장_홍정수 교수_4번_페이지_2

기독교대한감리회 본부

THE KOREAN METHODIST CHURCH
Methodist Building 64-8 Taepyung-Ro 1 Ka, Jung-Ku, Seoul, Korea. 100-101
TEL : (02) 399-2001~4 FAX: (02) 399-2005

100-101
서울특별시 중구 태평로 1가 64-8 (감리회관20층)
(광화문 우체국 사서함 285호) (K.P.O BOX 285, Seoul, Korea.)
TEL : (02) 399-2001~4 FAX: (02) 399-2005

Bishop Jun Tae Kwak, President

감독회장 곽 전 태

기갑제92064호 1992. 6. 19.

수 신 홍정수

제 목 상소비용 예치의 건

귀하가 상소한 문건이 서울연회를 경유하여 총회 재판위원회에 이첩되었기에 재판비용으로 150만원을 (제1차) 우선 1992년 7월 2일 낮12시까지 감리회 본부 (회계)온라인 (국민은행 ; 816-01-0007-305 감리회 본부) 예치하기를 통지합니다.

총회재판위원장 이 춘 직

19920619_공판기록물- (공문)상소비용 예치의 건(홍정수)_총회재판위원장 이춘직_4번

기독교대한감리회 본부

THE KOREAN METHODIST CHURCH
Methodist Building 64-8 Taepyung-Ro 1 Ka, Jung-Ku, Seoul, Korea. 100-101
TEL: (02) 399-2001～4 FAX: (02) 399-2005

Bishop Jun Tae Kwak, President

감독회장 곽 전 대

기감제92064호 1992. 6. 19.

수 신 변선환

제 목 상소비용 예치의 건

귀하가 상소한 문건이 서울연회장 경유하여 총회 재판위원회에 이첩되었기에 재판비용으로 150만원을 (제1심) 우선 1992년 7월 2일 낮12시까지 감리회 본부 (회계)온라인 (국민은행 ; 816-01-0007-305 감리회 본부) 예치하기를 통지합니다.

총회재판위원장 이 순 희

전결	계	과 장	총무간사	감독회장

19920619_상소비용 예치의 건(변선환)_총회재판위원장_교리사건 재판자료_4번

서울연회재판위원회 재판장면

5월 7일 변.홍교수 선고 재판이 열린 금란교회.

5. 판결 이후 행정절차

1) 총회 재판위원회에 이송

본 사건은 서울연회 재판위원회 서기 김재민 장로가 서울연회 교리사건 재판기록 일체를 총회 재판위원회 위원장이신 이춘직 목사께 직접 제출하였다.

총회 재판위원회는 이를 접수하고 검토한 후 판결 사실을 그대로 인정하고 서울연회 재판서류를 서울연회에 환송하여 서울연회가 이를 접수하였다(김재민)

2) 제19회 총회 재판위원회

▣ 재판위원장: 이춘직 감독,
▣ 서 기: 이강모 장로)

▣ 재 판 위 원

서 울 연 회 고재영 임홍빈 도건일 김종건 이강모
서울남연회 김광원 안걸모 김시웅 황만오 한중진
중 부 연 회 이복희 이춘직 최기석 전의철 오재의
경 기 연 회 최용환 이철상 조만형 송영섭 김종훈
동 부 연 회 김희도 임순목 이석희 장재성 김영호
남 부 연 회 이종주 안상렬 유중경 황규상 박인우
삼 남 연 회 최종정 강원재 박내수 위제하 김형조

19920619_총회 재판위원회 이송(판결이후 행정절차)_교리사건 재판자료_4번

異議申請書

受信: 기독교대한감리회 총회 재판위원장 이춘직 감독 귀하
제목: 「기감제92064호」 공문의 위법성에 대한 이의신청

異議申請人: 기독교대한감리회 서울연회 소속 목사 홍 정 수
住　　所: 서울특별시 서대문구 냉천동 31 감리교신학대학

본인은 김홍도 목사와 유상열 장로로 대표되는 「기독교대한감리회 교리수호위원회」에 의하여 1991년 12월 2일자로 고소(고발)되어, 1992년 3월 5일자로 서울연회재판위원회에 기소되었으며, 동년 5월 7일자로 출교형을 선고받은 被告人으로서, 제1심의 판결에 불복하므로, 동년 5월 29일자로, 재판법 제36조에 의거, 기독교대한감리회 총회재판위원회에 「상고장」을 접수시키었습니다. 그리고 기독교대한감리회의 재판법 제47조는 다음과 같습니다: "사건에 소요되는 모든 경비는 고소인이 예치하여야 한다."

따라서 被告에게 소송비용을 예치하도록 명령한 「기감제92064호」 공문은 명백하고도 중대한 위법 사항이므로, 이를 신속히 정정하시어 교회의 법질서를 바로잡아 주시기를 앙망합니다.

異議 申請 根據

一般 根據: (1) 모든 판결은 다음과 같은 우선순위에 의하여 진행되는 것이 法理입니다. 즉 첫째, 明文化된 조항; 둘째, 관행; 셋째, 事理.

(2) 따라서 혹 慣例가 「상고심」의 경우에 고소인과 피고소인이 갑자기 뒤바뀌어 피고소인이 "소송비용"을 예치하여 왔다고 할지라도, 우리 교회의 「명문화된 법규」가 이같은 「관례」에 대하여 우선적으로 준수되어야 하므로, 피고소인에 불과한 본인이 소송비용을 예치해야 한다는 결정은 위법입니다.

特殊 根據: (1) 현재 상고심에 계속 중인 사건은 교회법 제37조가 아니라 제36조에 의한 것입니다. 즉 교회법 제37조는 "고소인"의 상소를 규정하고 있으며, 교회법 제36조는 "피고소인"의 상소를 규정하고 있습니다. 따라서 제1심의 피고소인이었던 본인은 — 형사소송의 구조상— 상고심에서도 엽연히/여전히 "피고소인"에 불과합니다. 형사소송에 있어서는, 피고인과 고소인의 위치가 어떤 경우에도 바뀌지 않는 것이 法理입니다. 만일 뒤바뀐다면, 제2심인 총회 재판의 구조는 다음과 같아져야 하며, 이는 모순입니다.

告訴人: 홍정수(재판의 대상이 아니므로, 법정에 서거나 심사를 받을 이유가 없음).

被告人: 누구? 제1심 재판위원장 또는 서울연회 감독

審査委員會: 지금까지 고소인을 대신하여, 기독교대한감리회의 행정당국을 대표하여, 소위 검사의 입장에서, 피고소인을 審理하였던 심사위원장 나정희 목사께서 갑자기 그 역할을 바꾸셔야 합니다. 그리하여 나 목사님께서는 이제 상고심의 告訴人인 홍정수와 행정당국을 대신/대표하여 누군가 재판을 받아야 하는 "피고소인"을 준엄하게 審理하게 됩니다.

즉 형사소송에 있어서는 고소인을 대신하여 나서는 심사위원회(검사)가 언제나(제1,2,3심) 원고측에 서며, 고소를 당한 피고소인이 언제나 『피고』가 됩니다. 감리교회 안에 혹 잘못된 관례가 있었다면, 그것은 이 지금이라도 시정되어야 마땅합니다.

1992년 6월 25일
위신청인 홍 정 

발신: 서대문구 냉천동 31번지/ 감신대/ 홍정수
수신: 중구 태평로 1가 64-8/ 기독교대한감리회 총회재판위원회장

이 우편물은 년 월 일등기제 07763
의하여 내용증명 우편물로 발송하였음을 증명
서울중앙우체국장

19920625_공판기록물- 이의신청서_홍정수_4번

내 용 증 명 서

수 신 : 윤 병 상 목사

주 소 : 서울 서대문구 신촌동 134

제 목 : 서울연회 재판위원회에 대한 무고적 행위에 대하여증명원

귀하는 변선환 홍정수 사건에 대한 총회의 결의를 파행적 작태로 비난 할 뿐만 아니라 서울연회 재판위원회의 재판을 범법적인 실추로 보고 이로 인하여 재판위원들이 감리교회의 전통을 파기하고 분열을 야기시킨 잘못을 저지른 것으로 인지하고 "감리교회의 화해의 모임", "감리교신학 대화의 모임". "감리교단을 염려하는 기도의 모임", "감리교단을 바르세우는 정책협의회"이란 미명하에 재판위원회의 선고를 하나의 범과로 간주하고 이를 뒤집기 위하여 거 교단적인 조직을 해나가며 엄청난 홍보물을 배포하고있는 '출교선고 파기운동'에 총책임을 지고 활약하고 있는 회장의 직을 수임한 사실을 부정하지 못할 것이다.

귀하는 서울연회 재판위원회에 대하여 ;

1). 재판위원회가 감리회전통을 무시한 상식적으로 납득하기 어려운 파행적인 재판을 했다.
2). 재판위원회가 근본주의 신학을 무기로 독선에 불과한 만용으로 현대신학을 단죄하는 과오를 범했다
3). 재판위원회가 역사적 기독교의 진리를 빙자하여 다른사람들을 죽였다.
4). 재판위원중 13명의 결격자들의 재판은 용납할 수 없다.

등으로 요약할 수있는 비난 내지는 고발적 내용을 여러 종류의 유인물로 하여 배포하였고, 감리회를 염려하는 대화의 모임, 기도회라는 미명하에 위의 지적한 사실들을 성토하는 집회를 전국적으로 실시하였고, 또한 계속적인 모임의 광고를 홍보하고 있다. 부연하면 잘못된 재판으로 교단이 삐뚤어 가고있으니 이를 염려하고 뜻을 동조하는 감리회에 속한 교수들, 신학생들, 교역자및 평신도들을 규합하여 "감리교단을 바르세우는 정책협의회"까지 형성하고 있는 사실을 부정하지 않을 것이다.

또한 1992년 6월 17일 공동대표; 박대선, 김지길, 장기천, 김규태, 유동식의 이름으로 "서울연회 재판위원회 재판은 잘못된 것입니다"라는 "공정재판에 대한 의견서"와 강연내용들을 귀 단체 이름으로 책자를 만들어 유포한 사실과 "감리회수호를 위한 대학원 비상대책회의" 이름으로 제작한 유인물을 끼워서 배포한 사실도 부정하지 못할 것이다. 이 모든 일이 귀하가 회장으로 있는 임의단체가 주선한 모임에서 홍보되고 있다는 것도 부인하지 못할 것이다. 그 중에는 네번 밖에 않모인 서울연회 재판위원회가 1인당 백만원 이상 받아간 것으로 계산 된다는 주장도 나온다. 이에 따른 글들중에 동 재판위원회가 물질적으로 매수되어 오판하게 된 양으로 유도하는 논술을 하였다. 이는 김홍도 목사가 물질로 유인공세를 했다는 비난의 글과 함께 기재함으로써 그 의도하는 바를 충분히 인지할 수 있게 했다.

위의 사실들에 대하여 귀하는 기독교계 주간 신문 3곳 이상에 그 왜곡된 사실을 충분히 바로잡는 사과문을 계재하기 바란다. 1992년 7월 20일까지 이에 불응할 시는 교단 및 사회법정에 고소하겠다.

1992년 7월 4일

위 원 장

서울연회 재판위원회 서기 김 재 민

100-070 서울 종로구 내수동 145. 고려 별관 103호

19920704_내용증명서(서울연회 재판위원회에 대한 무고적 행위에 대하여 증명원)_서울연회 재판위원회_4번

K-3-045

고 소 장

92.7.6.

기독교대한감리회 서울남연회 서초지방 감리사 귀하

고소인 : 기독교대한감리회 서울연회 소속 목사 및 감리교신학대학 교수 홍정수
서울특별시 은평구 갈현2동 523-75, 연립 203호

피고소인: 유상열
기독교대한감리회 서울남연회 서초지방 소속 장로

위 피의자는 여러 차례 출판물에 의하여, 고의로 고소인의 명예를 훼손하였을 뿐 아니라, 장로로서 교회의 질서을 크게 문란케 하였기에 기독교대한감리회 『장정』
192단 제1조 6항(교회 질서 문란),
193단 제2조 2항(명예 훼손) 및 동 5항(고의로 교회의 일을 악선전)
에 의거하여 아래와 같이 고소를 제기합니다.

告訴事實

1. 신학 전문가도 아닌 장로가 함부로 교역자와 신학자를 "교리" 상의 이유로 고발한 것(1991년 12월 2일자, 서울연회에) 자체가, "교회의 질서"를 크게 훼손한 것임에 불구하고, 이에서 더 나아가

2. 여러 차례 국내 일간지 및 교계 신문에 허위 광고를 냄으로써, 본 고소인의 명예는 물론이요 감리교회의 명예를 크게 훼손하여 오다가, 1992년 5월 10일자 『조선일보』에 허위 광고〈증거자료 제출〉를 냄으로써, 교단의 법질서 손상은 물론이요, 본 고소인의 명예를 치명적으로 훼손하였음.

(1) "홍정수 .. 교수는 감리교회에서 출교되었습니다"라는 광고의 머릿말은 사실무근임. 1심에서 "출교"의 형을 받는 것과 법적으로 그 형이 "확정"되어/행정적으로 "집행"되는 것은 엄연히/전혀 다른 일임에도 불구하고, 마치 본 고소인이 이미 감리교회에서 출교된 것처럼 허위로 광고를 냄.

(2) 비록 자료(광고)의 내용이 모두 사실이라 할지라도, 교회의 일을 세상에 악선전하는 행위는 교회법 위반이며, 또 사사로이 그런 광고를 내는 행위는 질서 문란임.

立證 方法

증거 자료 이미 제출함.

1992년 7월 6일

위 고소인 홍 정 

* 첨부 : 증거자료 1점
: 심사비용 30만원

19920706_공판기록물- 고소장_홍정수_4번

5-2-081

기독교대한감리회 서울연회 재판위원회

기감서재 제92— 4호 1992. 7. 7

수 신 복음신문사 귀중

참 고 업무부 편집국장

제 목 서울연회 재판위원회 해명서 기사협조건

할렐루야!

귀사의 발행신문에서 최근 감리교 변. 홍교수에 대한 재판 건에 대하여 여러가지 기사를 잘 읽었습니다.

그러나 기사를 읽는 중 몇가지 해명되어야 할 것이 있어서 기독교대한감리회 서울연회 재판위원회를 대표했던 위원장으로서 첨부된 해명서를 보내오니 내용을 기사화 해 주시면 감사하겠습니다

—첨 부 : 해명서 사본

기 독 교 대 한 감 리 회 서 울 연 회 재 판 위 원 회

위원장 고재영 목사 (서울연회 중랑지방 감리사)

19920707_서울연회 재판위원회 해명서 기사협조건(복음신문사)_서울연회 재판위원회_4번

해 명 서

요즈음 기독교 대한 감리회의 변선환,홍정수 두 목사들에 대한 재판에 대하여 피고된 홍목사는 물론, 동조하는 교수들과 감신 학생들, 그리고 일부 교역자들과 교계 언론들이 본 재판에 대한 시시비비를 고조시킴에 대하여 매우 유감스럽게 생각하며 서울연회 재판위원회는 아래와 같이 그 전말을 천명한다.

본 사건은 기독교 대한 감리회 '91년 총회가 재석 총회원중 절대다수의 의결 (한명 거부)로, 1)변선환 목사가 주장하는 종교다원주의와 홍정수 목사가 주장하는 포스트모던이즘은 감리교 교리에 위배되므로 받아들일 수 없다. 2)변,홍 두 목사의 감리회 목사직과 감리교신학대학에서의 교수직을 면직시킬 것에 대하여 서울 연회와 감신대 이사회에 회부하기로 결의하였다. 그 후 서울연회 감독이 이를 심사에 부쳤고, 양창식이라는 통일교 현직요인과 연루된 사건을 첨가하여 김홍도 목사와 유상열 장로가 고소함으로써 구체적으로 사건화하게 되었다. 서울연회 심사위원회는 심사후 범과를 인정하여 기소하였고 이를 재판위원회가 재판한 사건이다 .따라서 근원적 원고는 감리회 19회 총회가 교리수호의 의지를 가지고 否한명의 절대다수로 의결한 19회 총회원 전체이다. 그러나 이를 행정적으로 수임한 서울연회 감독이 이를 심사에 부쳤으므로 실제상 원고가 되었고 김홍도 유상열 두 분도 원고가 되어 제소한 사건이다.

그러나 변선환 목사의 경우,이 사건은 12년전 총회때부터 문제된 사건이었다. 당시에도 같은 문제로 논란이 되어 총회에 상정된 것을 당시 감신대학장이었던 윤성범 목사의 로비활동으로 변목사의 자과와 주장한 학설의 시정을 약속받고 투표하여 한표차의 표차로 위기를 모면했다. 그 후에 그는 하등의 개정의 정이 없었을 뿐만이 아니라 도가 지나쳐서 계속하여 종교다원주의, 종교해방의 신학을 주장하며 감리교 목사로서는 도저히 용납할 수 없는 주장을 자행하였다. 그러던 차에 홍정수 목사의 부활론으로 교계의 여론이 비등하였고 이에 따라서 서울연회 자격조사위원회가 모이는 등 1년 2개월 이상 힘겨운 우여곡절 끝에 "출교"라는 판결에 이른 것이다.

그런데 이 재판이 파행으로 진행된 졸속재판 내지는 불법재판이라고 매도하고 여론으로 무효화하며 재심을 주장하는 이들의 시비내용을 종합해보면 1) 재판절차상 적법하지 않게 진행되었다. 2) 재판위원들이 자격이 없다. 3) 감리회 전통상 재판사안이 될 수 없다. 4. 신학자의 신학문제를 토론 또는 공청회도 없이 재판하느냐? 라는 것으로 압축할 수 있다.

1. 재판 절차상 문제를 말한다면 최선을 다하여 하자없이 적법하게 진행되었다. 오히려 감리회 "교리와 장정"이 정한 법에 따라 적법하게 신중히 처리하느라고 시일이 많이 경과하였기 때문에 한편으로는 조급한 재촉을 받은 실정이다. 총회의 의결도 총회

19920707_해명서(변홍교수 재판에 관하여)_서울연회 재판위원회_4번_페이지_1

의 현장에 전•현직 감독들과 총회 규칙해석위원이 재석한 가운데 회의 진행상 아무 하자가 없이 결정한 것이다. 총회의 결의를 비난하는 사람가운데는 감리회의 법과 의사진행의 관행을 모르고 불법 운운하며 당시 참석 회원수등을 거론하면서 비난하는 이들도 있음은 우스운 일이다. 감리회의 모법은 [교리와 장정]으로써, 253개의 단들과 이에 따르는 조와 항들로 구성된 133페이지에 달하는 책으로 되어있다. 그 중에 재판법은 38개의 단과 47개조, 이에따른 45개항으로 구성된 10페이지의 법문과 일반 형사소송법을 참고하도록 되어있다. 이에 따라 감독이 위촉한 심사원들이 법에 따라 기피,연기등을 적법한 관행을 따라 허가해주며 진행한 끝에 기소가 되었다. 불법 운운하는 피고측의 장황한 글들과 말만듣고 이에 동조하여 비난하며 집단적인 행태를 갖는 것은 도저히 묵과할수없는 작태이다.

2. 서울연회 재판위원들이 자격이 없다는 피고의 글과 동조자들의 주장에 대하여 말한다면, 피고측은 큰 착각에 빠진 것이다. "신학도 모르는 사람들이" "대학원도 못난 온 사람들이 어떻게 박사를 재판하느냐" 는등, 상식이하의 오만한 푸념 공박을 읽으면 어이가 없게된다. 현 재판위원들은 감리교 목사 9명과 장로 6명으로 감리회에서 20년 이상의 목회경력자들과 장로들로 구성되어 있다. 이들은 서울연회가 열리면서 개회벽두에 공천위원의 보고를 받는 자리에서 본 재판의 중요성을 감안하여 공평하게 재판위원들을 구성해야 한다는 의견을 받아들여, 연회는 변,홍 두목사를 옹호하는 입장에 서서 발언하는 분들을 포함한 공천위원들이 심사숙고하여 재조정하도록 하였다. 이에 따라 재조정하여 발표한 것을 본회의에서 만장일치로 받은 것이다. 이것으로 재판위원자격은 공적으로 적법하게 부여된 것이다.

재판은 기소된 사안을 다루는 것이다. 기소된 내용들은 신학이라는 명분으로 기독교의 근본적인 교리를 부정하는 내용이므로 기소가 된것이다. 고소된 내용은 세례문답에서 수세예정자들에게 질문하는 기독교의 기본적인 신앙문제이기 때문에 세례문답을 할 수 있는 목사와 장로라면 능히 판단하여 할 수 있는 내용들이다. 예를 들면 "예수께서 장사지낸지 3일만에 부활하셨느냐? 빈무덤사건이냐 아니냐?", 예수 십자가의 피로 죄사함 받고 그를 믿음으로 구원 받느냐? 예수의 삶으로 구원받느냐?", "오직 예수 그리스도를 믿음으로만 구원받느냐? 다른 이름으로도 구원받느냐?", "마리아의 아들 예수를 유일한 구세주, 또는 하나님이라고 하면 잘못이냐?" 이러한 문제들이 꼭 신학박사만 질문하고 이해하며, 평생 강단을 지키며 복음을 증거한 목사들은 못한단 말인가? 생각해 보라! 물론 재판위원들 중에도 박사도 있고 석사도 있다. 학위, 그것이 재판위원의 자격요건이 아니라 전통적인 감리교 신앙을 가진 목사냐 아니냐가 오히려 조건이 되어야 한다.

재판위원중에 교리수호위원 13명은 재판위원이 될 수 없다라는 주장에 대하여 답한다. 교리수호위원은 감리교내의 자생적인 임의 단체이다. 19회 총회원은 찬반여부에 불문하고 교리수호의지를 표명한 결의에 동참한 결과가 되었다. 반대의견이 있어도 결의된 사안을 우리의 의견으로 승복하는 것이 의회 민주주의의 기본이다. 더 나아가서

2

19920707_해명서(변홍교수 재판에 관하여)_서울연회 재판위원회_4번_페이지_2

감리회 회원 전체는 총회의 결의를 법으로 따라야 한다. 이 사건은 총회에서 결의 된 후에 연회로 하달된 사건이므로 총회 석상에서나 다른 어떤 모임에서 교리수호적인 태도를 취한자라 하여 재판위원이 될 수 없다는 것은 합리적 주장이 못된다. 이 재판의 원고는 근원적으로 하면 총회라는 것을 알아야 한다. 연회에서 재판위원을 선택할 때에 총회원을 빼놓고 한다면 오히려 법의 평형을 잃게된다. 또 재판위원들중 교리수호의지를 표명한 13명은 될 수 없고, 2명만이 피고측의 자격조건에 해당된다면 어떤 사람들로 구성해야만 만족하겠는가? 그리고 판결은 만장일치(1명결석)로 이루어 졌는데 피고측의 주장대로라면 2명은 찬성서명을 하지 않았어야 하지 않았는가?

3. 감리회 전통상 재판할 수 없는 사안이라는 주장은 억지이다. 변.홍 두 목사의 동료교수들인 감신대 교수 19명은 5월2일 (4월23일자) 크리스찬 신문 2면에 광고 성명을 통해서 감리회의 정체성은 "분명히 에큐메니칼 신학노선"이라고 표명하면서 이에 반해 재판위원이나 일부계층의 감리회 교인들이 "근본주의로 퇴행하고 있는 신학적 흐름"에 가담하고 있어 이를 개탄한다고 하였다. 피고들을 위시한 감신대의 교수들은 감리회의 정체성을 어디에 두는가? 급진 에큐메니칼 신학이 감리회의 정통신학이란 말인가? 감리회의 정통성은 웨슬레의 성서적 기독교운동에서 찾는 것이 옳다. 더 나아가서는 사도들의 증거에, 곧 성경에 기초를 두는 것이 정석이다. 1930년대 이후 자유주의 신학에 따른 에큐메니칼 신학을 감리회 신학이라함은 언어도단이다. 한국감리교회가 교회연합운동을 찬성하여 WCC나 KNCC에 가입해 활동한 것은 사실이다 그러나 WCC운동이 창설초기에 비하여 엄청난 변질을 가져온 것을 부정하진 못할 것이다.

자유주의적 신학은 현재 감신교수들의 정체성은 될지언정 한국감리회의 정체성은 될 수 없다. 동정녀 탄생을 부인하고, 예수 몸의 부활을 부인하며, 십자가의 피로 구속되는 구원을 부인하고, 예수 그리스도만이 유일한구주가 아니며, 마리아의 아들이 우주적 그리스도가 될 수 없다는 신학이 감리회의 정체성이라는 말인가? 오도해도 지나친 오도이다. 이것이 감리교 신앙이 아니라는 재판을 왜 못한단 말인가? 이 기본적인 교리에 무슨 토론 공청회가 요청되는가? 성경에 계시된 진리를 공청해서 결정하려는가? 감리회는 감독도 재판하여 출교한 교단이다. 감리회 목사로서 이단적 신앙을 주장하면 재판을 받아 마땅하다. "만일 누구든지 우리가 너희에게 전한 복음 외에 다른 복음을 전하면 저주를 받을지어다"라고 성경은 엄하게 경계했다. 그리고 현 감리교회가 근본주의로 퇴행을 한다고 탄식하였는데 이는 엄청난 착각이다. 신앙의 본질은 변해선 안 된다. 사도적 고백, 개혁자들의 신앙, 웨슬리의 신앙을 따르는 것이 퇴행인가? 아니면 바른 추구인가? 근본주의 5개조항 즉 성서무오성, 동정녀 탄생, 십자가의 대속, 몸의 부활, 기적들을 믿는 신앙을 한국 감리교회가 버렸단 말인가? 축자영감설과 같은 근본주의자들의 주장을 차치하고 그외의 네 조항들이 기독교의 근본적인 신앙임을 당신들은 거부하는 것인가,아니면 회피하는가? 우리는 감리교인이기에 앞서 예수를 그리스도로 믿는 기독교인임을 잊지 말아야 한다.

4. 감리회 신학자와 그 신학을 재판함이 부당하다는 것은 월권적 망상이다. 감신대는 교단 신학교이고 두 피고는 감리교의 현직교수이다. 어느 사역에 종사하던지 감리

3

19920707_해명서(변홍교수 재판에 관하여)_서울연회 재판위원회_4번_페이지_3

회 목사는 연회에 소속하여 매년 그 성품을 통과하여야 한다. 어느 목사도 [교리와 장정]에 위반되거나 기독교 교리에 위배되는 주장을 한다면 재판을 받을 것이다. 재판위원들도 그들이 신학자라는 것을 알고 있다. 서울연회 재판은 어떤 학자나 신학을 재판한 것이 아니다. 그들이 감리교 목사가 아니었다면 재판을 받지 않았을 것이다. 한가지 묻겠다. 기독교 신학이 기독교 신앙고백을 떠나서 존재할 수 있는가? 기독교 근본신앙을 파괴하는 것도 기독교 신학인가?

"신학은 법으로 규정할 수 없다." "신학을 죽이려는가?"신학은 상대적일 수 밖에 없다." 라고 주장하는 당신들은, 감리교신학을 성경에 계시된 말씀이나 기독교 신학에서 계시성을 버리고 이성적인 차원에서만 신학을 연구한단 말이 아닌가? 그러므로 당신들은 신학에서 기독교의 특성인 계시성을 모두 버리는가? 당신들은 재판위원들이 근본주의로 퇴행한다고 탄식했는데 이는 당신들의 신앙고백이 근본적으로 변질된 것을 스스로 입증한 것이다. 그러므로 당신들은 계시적 사건을 의미추구나 하는 궤변에 동조하면서 교회의 거북한 시선을 의식하여 엉뚱한 쪽으로 화살을 돌려 재판이 파행적으로 되었다고 주장하는 것이 아닌가? 당신들의 솔직한 진실을 말해보라?

5. 홍정수 피고와 그의 변호사 강대성씨는 서울연회의 재판은 적법성을 결여하고 있기 때문에 법원에 의해 무효화 될 것이 확실하다고 했다. (기독교 연합신문 92년6월28일자 제213호 4면) 그동안 홍정수 피고는 서울연회재판을 기피했고 인정하지 않으면서 한때 출석을 거부하여 궐석재판까지 하였으나,**선고공판때는 홍정수 피고와 변호인이 참석하여 변호도 하고 진술도 해서 선고의 판결을 직접 받았다.** 강변호사 주장대로 사회법으로는 서울연회의 재판은 무효화 될 것이 확실하다고 한다면, 법을 아는 변호사가 사회법에 제소하던지 했어야지 총회 재판 위원회에 상고는 왜 하는가? 양식있는 분들이 되기를 바라고 책임있는 답변을 바란다.

1 9 9 2. 7. 7.

기 독 교 대한감리회 서 울 연 회 재 판 위 원 회
재 판 위 원 일 동

4

19920707_해명서(변홍교수 재판에 관하여)_서울연회 재판위원회_4번_페이지_4

J-2-030

건 의 안

수 신 : 기독교대한감리회 제20회 총회회장
참 조 : 총회건의안 심사위원회 위원장
제 목 : 기독교대한감리회 교리수호를 위한
특별조치법 제정 건의안

하나님의 크신 은총이 우리 교단위에 항상 함께 하시기를 기원합니다.

요즈음 유감스럽게도 기독교대한감리회 교역자 양성기관인 감리교신학대학안에 감리교회신앙과 교리상 도저히 인정할 수 없는 이단적 사상을 주장한 변선환, 홍정수 두교수를 지난 제19회 특별총회 결의로 서울연회가 감리교법에 따라 의법처리했습니다.

그후 작금에 이르기까지 총회와 연회가 적법시행처리 한 것을 부정하며 변선환, 홍정수 두교수의 행위 등을 비호, 찬동, 지지하는 운동을 하는 지도층 교직자들이 있다는 사실은 우리 120만 성도들은 통탄을 금할 길 없습니다. 금번 제20회 총회에서 감리교 교리수호에 대한 특별조치법을 제정하여 앞으로 감리교회는 구원이 없는 이단이라는 왜곡선전이 확산되지 않도록 대책을 강구해 주시기를 건의하면서 교리수호에 관한 특별조치법 제정방법은 특별조치법제정위원을 각연회별로 목사, 평신도 각 1명씩 합14명을 총회가 선출하고 선출된 위원들이 법안을 제정하여 총회실행위원회의 인준을 받어 즉시 시행토록 건의합니다.

1992년 7월 15일

건의자 : 기독교대한감리회 제20회 총회
평신도 대표 유상열외 1200명
(명단 별첨)

19920715_건의안(기독교대한감리회 교리수호를 위한 특별조치법 제정 건의안)_유상열_4번

수신 : 서울연회재판위원장 고재영 목사
참조 : 서울연회 나원용 감독
제목 : 1992년7월4일자로 보낸 내용증명서에 대한 회신

ㄱ-2-037

1. 서울연회재판위원회 위원장과 서기 명의로 보낸 〈내용증명서〉에 대한 회신입니다.
2. 먼저 귀하께서 요구하신 사과문 게재의 건에 대해서는 귀하의 주장을 수긍할 수 없고 본 사태와 관련하여 사과해야 할 만한 행위가 있었다고 생각되지 않기 때문에 받아들일 수 없음을 밝혀 둡니다. 다만 귀하의 〈내용증명서〉와 본인의 회신을 보도자료로 언론에 제공하여 언론의 판단에 따라 보도할 수 있도록 협력하겠습니다.
3. "이에 불응할 시 교단 및 사회법정에 고소하겠다"는 위협적 경고는 유감스러운 일입니다. 특정한 재판의 과정과 결과에 대하여 반대의견을 표명하였다고 해서 당 사건의 재판부가 이를 사법처리하겠다고 위협하는 것은 일반적으로나 교회 안에서나 전례가 없는 일이라 하지 않을 수 없습니다. 특히 귀하들은 서울연회 재판위원회의 임원으로서 서울연회 회원(본인도 서울연회 소속입니다)의 재판을 전담하고 있는데, 이는 귀하들 스스로 재판을 하여 본인을 견책하겠다는 것인지를 분명히 해야 할 것입니다. 이와 같이 서울연회 재판위원회의 양식과 중립성에 대해 또 한번 의혹을 갖게 하는 이러한 위협적인 경고가 위원장과 서기의 독단적인 견해인지 아니면 재판위원회 전원의 견해이며 감독권자인 서울연회 나원용 감독의 승인을 받은 것인지를 분명히 밝혀야 할 것입니다.
4. 귀하가 〈내용증명서〉에 적시한 내용들은 사실을 혼동하거나 근거없는 것들이기에 오해를 바로 잡고자 합니다.
   ①「감리교단을 염려하는 기도모임」은 두 교수의 출교사태로 야기된 감리교의 상처와 분열을 치유하고 화해와 일치를 이루기 위하여 자발적으로 형성된 모임으로 이미 발표된 임원들을 대표로 취지에 찬성하여 서명한 목회자, 평신도로 구성되었습니다. 따라서 「신학대화모임」, 「감리회 수호를 위한 대학원 비상대책회의」 등등은 본 모임과 관계가 없습니다. 또한 이들 모임에서 배포한 유인물들은 본 모임과 관련이 없습니다.
   ②"비난 내지 고발적 내용"이라고 요약한 네 가지 사실은 유인물로 배포한 사실이 없으며 그러한 용어를 사용하고 있지도 않습니다.
   ③또한 교수, 신학생, 교역자 및 평신도를 규합하여 「감리교단을 바로 세우는 정책협의회」라는 조직을 형성하였다는 것은 근거없는 주장입니다..
   ④귀하께서 〈내용증명서〉에서 언급하고 있는 "공정재판에 대한 의견서"는 본 모임에서 감독회장과 총회재판위원장 앞으로 보낸 공문입니다.
   ⑤"네 번밖에 안 모인 서울연회재판위원회가 1인당 백만원씩 받아간 것으로 계산된다" "재판위원회가 물질적으로 매수되어 오판하게 된 양으로 유도하는 논술을 하였다"는 것은 본 모임에서 제작 배포한 바가 없습니다.

주후 1992 년 7월 20 일

감리교단을 염려하는 기도모임 회장 윤 병 상 목사

19920720_1992년 7월 4일자 내용증명서에 대한 회신_윤병상_4번

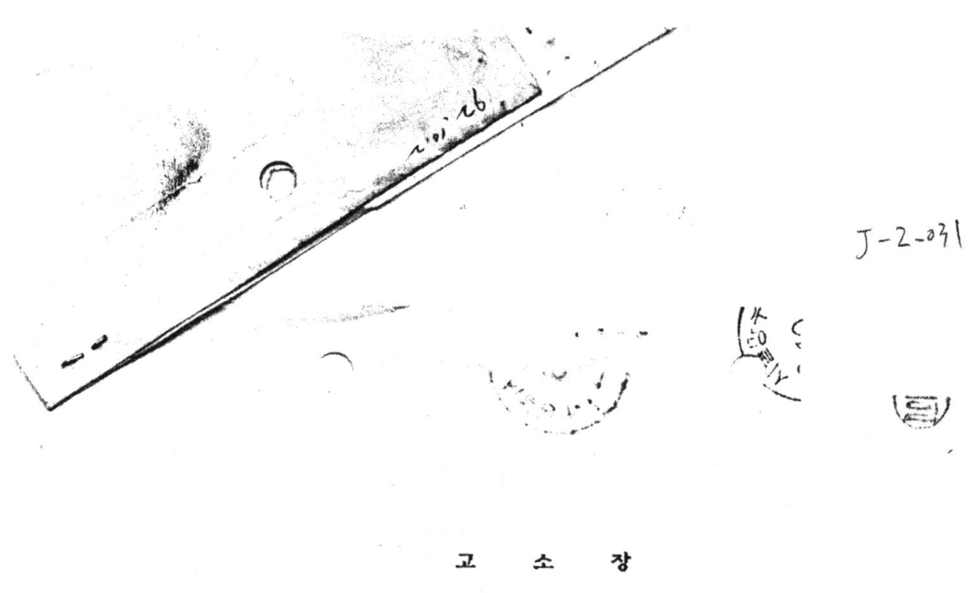

고 소 장

서울시 중구 태평로 1가 64-8
감리회관 13층 서울연회
기독교 대한감리회 서울연회 감독(나원용)귀하

고소인:기독교대한감리회 기독교교리수호대책위원회

상임간사: 이 규 철 전도사

서울특별시 중랑구 망우1동 352-23

피고소인:기독교신학대화모임 준비위원회 위원장

기독교대한감리회 서울연회 서대문지방
아현중앙교회
윤 병 상 목사

서울특별시 서대문구 신촌동 134

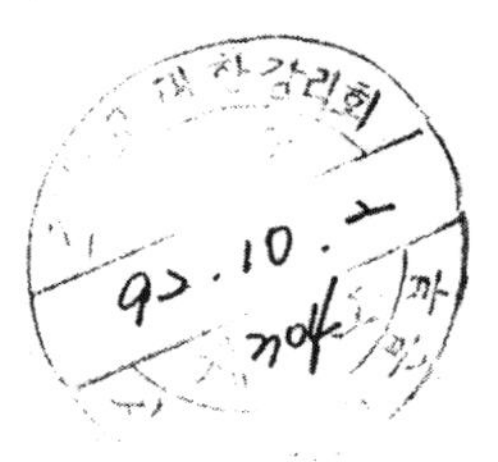

19920930_고소장 사본(교리수호대책위 상임간사 이규철이 기독교신학대화모임 준비위원장 윤병상 목사를 고소)_교리수호대책위 상임간사 이규철_4번_페이지_1

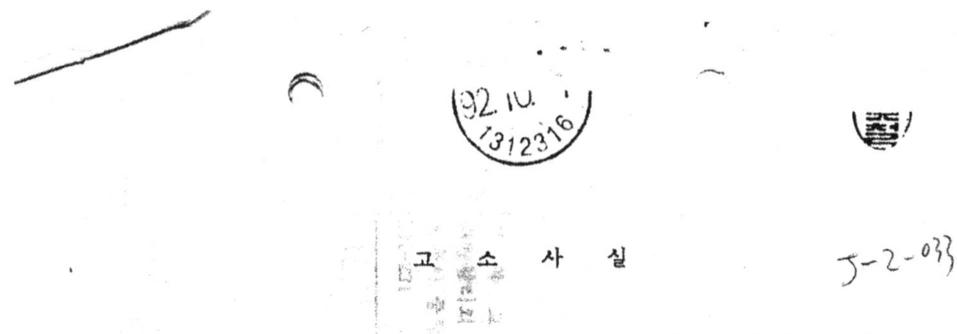

고 소 사 실

J-2-033

1. 피고소인은 서울특별시 서대문구 북아현2동 217-34번지 소재 기독교대한감리회 서울연회 서대문지방 아현중앙교회 특별파송 목사이며 감리교 신학대화모임 준비위원회 위원장으로서 감리교 신학 대화모임 준비자료집 "감리교의 오늘과 내일, 그 신학적 조명"이라는 책자에 고소인이 1988년 봄학기에 감리교 신학대학 내에 "일본 선교회"를 동아리로 공식등록하여 회원을 모집하는 과정에서 일본 유학 보장등과 같은 유혹의 미끼를 던져 통일교의 학내침투를 시도하였고, 통일교의 의혹을 짙게 내포했던 "바람"이라는 익명의 유인물을 수차례 직접제작하여 배포하였다고 하였을 뿐만 아니라, 고소인이 "감리교회에 칼을 갈아 왔다"고 학교의 모 직원에게 찾아와 고백했다고 허위 사실을 날조유포하여 개인 신상과 명예에 엄청난 피해를 끼쳐 장정 192단 1조와 193단 2조에 해당되는 범과를 자행하였다.

2. 피고소인은 감리교신학 대화모임 준비자료집 "감리교의 오늘과 내일, 그 신학적 조명"이라는 책자에서 현재 통일교 종로대교구장을 맡고 있는 통일교의 거물급인사 양창식씨의 글 "손바닥으로 하늘을 가릴 수는 없습니다"라는 제목의 글을 통해

고소인이 "은혜를 원수로 갚는 배은 망덕한 인간이고 스승를 배역하는 반문명적, 반지성적 언동을 한 파탄된 인격의 소유자"라는 등의 원색적인 어투로 시종일관 한 글을 기고케하여 개인신상과 명예를 훼손시켜 장정 192단 1조와 193단 2조에 해당되는 범과를 자행하였을 뿐만 아니라, 양창식씨의 논문에 "원리강론을 직접적으로 변증한 내용은 어디서도 찾아 볼수 없다고"한 허위사실을 기고케하여 이단 종파의 거물급인사인 양창식씨를 두둔하거나 협조하여 장정 192단 제1조에 해당되는 범과를 자행하였기에 고소하오니 조사하여 의법처리하여 주시기 바랍니다.

입 증 방 법

구두 변론시 수시 제출코자 함.

1992. 9. 30.

서울시 중랑구 망우1동 340-1

위 고소인 기독교대한감리회 기독교교리수호대책위원회

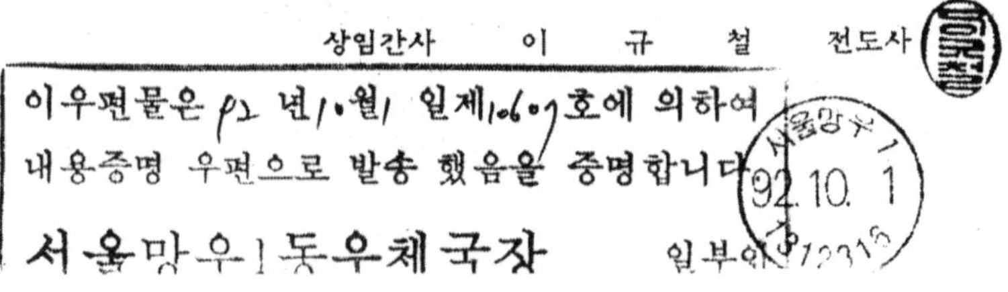
상임간사 이 규 철 전도사

이우편물은 92년 10월 1일 제1067호에 의하여
내용증명 우편으로 발송 했음을 증명합니다
서울망우1동우체국장 일부인

19920930_고소장 사본(교리수호대책위 상임간사 이규철이 기독교신학대화모임 준비위원장 윤병상 목사를 고소)_교리수호대책위 상임간사 이규철_4번_페이지_2

〈상고 "기각"으로 표시된 "반송" 서류〉

기독교대한감리회 본부

THE KOREAN METHODIST CHURCH
Methodist Building 64-8 Taepyung-Ro 1 Ka, Jung-Ku, Seoul, Korea. 1 0 0 - 1 0 1
TEL : (02) 399-2001 ~ 4 FAX : (02) 399-2005

100-101
서울특별시 중구 태평로1가 64-8 (감리회관20층)
(광화문 우체국 사서함 285호) (K.P.O BOX 285. Seoul, Korea.)
TEL : (02) 399-2001~4 FAX : (02) 399-2005

Bishop Jun Tae Kwak, President

감독회장 곽 전 태

기감총재92-1호 1992. 10. 19.

수 신 서울연회 재판위원회 위원장
참 조 상소인
제 목 상소장 송부에 대한 처리

1992년 10월 19일 하오2시 본부 회의실에서 총회재판위원회를 소집 결의한 바 아래와 같은 사유에서 일건서류를 반송한다.

— 아 래 —

1. 반송사유 : 귀 위원회가 송부한 상소장 기감서제92-110호 및 기감서제92-111호 건에 관하여는 교리와 장정 제3편, 제11장, 제19절, 제47조에 의거 재판에 소요되는 경비와 함께 일건서류가 접수되어야 함으로 반송함.
2. 별첨 참고서류 : 1) 기감제92064호 공문서

기독교대한감리회 총회재판위원회 위원장 이 춘 직
서 기 김 종 훈

직인생략

19921019_공판기록물- 상소장 송부에 대한 처리_총회재판위원회_4번_페이지_1

[illegible]

기감총재 제92-1호　　　　　　　　1992. 10. 19.

수　신　서울연회 재판위원회 위원장

참　조　상소인

제　목　상소장 송부에 대한 처리

1992년 10월 19일 하오 2시 본부 회의실에서 총회재판위원회를 소집 결의한 바 아래와 같은 사유에서 일건서류를 반송한다.

아래

1. 반송사유 : 귀 위원회가 송부한 상소장 기감서제92-110호 및 기감서제92-111호건에 관하여는 교리와 장정 제3편, 제11장, 제10절, 제49조에 의거 재판에 소요되는 경비와 함께 일건서류가 접수되어야 함으로 반송함.

2. 별첨 참고서류 :
   1) 기감제92-2064호 공문서

기독교대한감리회 총회재판위원장 이 춘 직

서기 김 종 훈

19921019_공판기록물- 상소장 송부에 대한 처리_총회재판위원회_4번_페이지_2

감리교신학대학
Methodist Theological Seminary
서울특별시 서대문구 냉천동 31
서울충정로우체국 사서함 45호
전 화:364-5941~7
FAX:364-5 9 4 8
120-701

서울시 은평구 갈현동 523-75 연립203호
홍 정 수 교수 귀하
122-050

감리교신학대학
Methodist Theological Seminary
서울특별시 서대문구 냉천동 31
서울충정로우체국 사서함 45호
전 화:364-5941~7
FAX:364-5 9 4 8
120-701

서울시 은평구 갈현동 523-75 연립203호
홍 정 수 교수 귀하
122-050

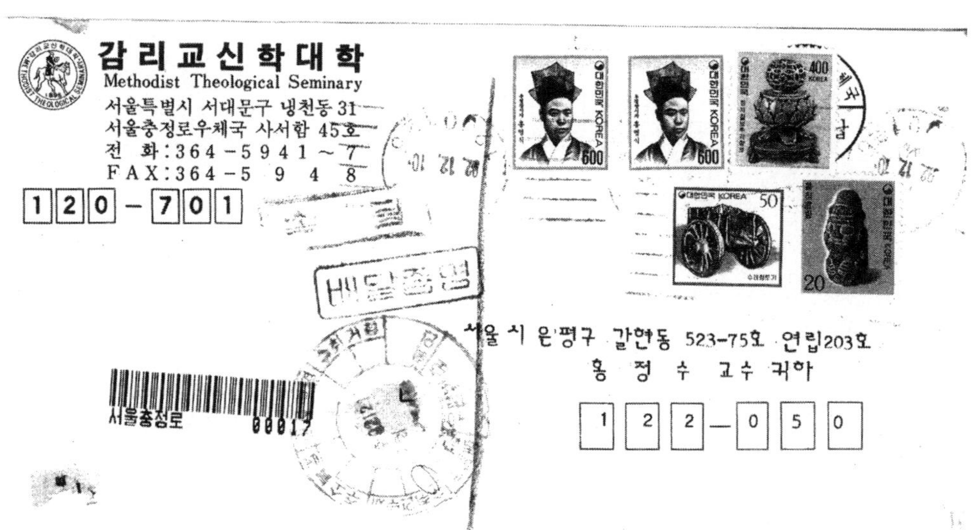
감리교신학대학
Methodist Theological Seminary
서울특별시 서대문구 냉천동 31
서울충정로우체국 사서함 45호
전 화:364-5941~7
FAX:364-5 9 4 8
120-701

배달증명

서울시 은평구 갈현동 523-75호 연립203호
홍 정 수 교수 귀하
122-050

서울충정로
00017

19921019_공판기록물- 상소장 송부에 대한 처리_총회재판위원회_4번_페이지_3

기독교 대한감리회 서울 연회

서울특별시 중구 태평로1가 64-8 감리회관 13층(☎ 399-2047~9 FAX: 399-2050)

THE KOREAN METHODIST CHURCH
SEOUL ANNUAL CONFERENCE
64-8, 1-Ga TaePyong-Ro, Jung-Gu
Seoul, Korea

J-2-034

감독 나 원 용
Bishop Won Yong Na

총무 이 현 덕
Rev Hyun Duck Lee
General Secretary

기감서제92-144호 1992년 10월 19일

수 신: 윤병상 목사

제 목: 심사위원회 참석요청

주님의 평강을 기원합니다.

이규철전도사가 귀하를 상대로 고소장을 제출하였습니다. 아래와같이 고소사건을 심사하기 위하여 귀하의 참석을 요청하니 참석하시기 바랍니다.

-- 아 래 --

일 시: 1992년 10월 23일(금) 오후3시

장 소: 서울연회본부 끝.

제1반 심사위원회

위 원 장 나 정 희

19921019_윤병상 목사 심사위원회 참석 요청서_서울연회 1반 심사위원회 나정희_4번

기독교 대한감리회 서울 연회

서울특별시 중구 태평로1가 64-8 감리회관 13층(☎ 399-2047~9 FAX : 399-2050)

THE KOREAN METHODIST CHURCH
SEOUL ANNUAL CONFERENCE
64-8, 1-Ga TaePyong-Ro, Jung-Gu
Seoul, Korea

J-2-035

감 독 나 원 용
Bishop Won Yong Na

총 무 이 현 덕
Rev Hyun Duck Lee
General Secretary

기감서제92-150호　　　　1992년 10월 23일

수 신: 윤병상목사

제 목: 심사결과 통보

주안에서 평안하시기를 기원합니다.

귀하를 상대로 고소한 사건에 대하여 제1반 심사위원회에서 불기소 처리 하였음을 알려 드립니다. 끝.

감 독 나 원

19921023_윤병상 목사 심사결과 통보서_서울연회 감독 나원용_4번

197

지 40서울 682 1720

목 6 동 신시가지 (아)103-408

윤 병상목 사

230

J-2-038

1992. . 22

고 소 인의고 소 가기각되었으므로 23일참석하지않기를

바랍니다서울 여뢰심사위원할아정희

위원장나정희

10월 23일
오후 1시 전각 받음

19921023_윤병상 목사에 대한 고소 기각에 따른 참석 취소통보서_재판위원회 나정희_4번

2. 서울연회 재판위원회 기감종제 92-1호에 대한 처리결과

기독교대한감리회 서울연회 재판위원회

수 신 : 감 독 회 장　　　　1992. 10. 24

참 조 : 감독실주무감사

제 목 : 기감종제 92-1호에 대한 처리결과

1992년 10월19일 접수된 기감종제 제92-1호에 대한 공문을 접수하고 서울연회 재판위원회는 다음과 같이 결정하였음을 보고합니다.

-아　　래-

1. 기감종제 제92-1호 공문에 대하여 서울연회 재판위원회는 접수하고 재판법정서류를 서울연회 본부에 보관합니다.
2. 기감종제 제92-1호에 있어 반송이라함은 원심판결을 확정한 것임으로 서울연회 재판위원회 선고판결은 확정된 것입니다. (법률용어로 기각, 각하, 반송이란 동일한 뜻을 가지고 원심을 확정함을 뜻함)
3. 서울연회 재판위원회에서 판결한 소송비용은 변선환, 홍정수는 서울연회본부 회계부에 납부해야 합니다.
4. 감독회장과 총회재판위원장은 변선환, 홍정수는 기독교대한감리회에서 출교된 것을 기독교세계에 공고하여 주시기 바랍니다.
5. 참 조 : 1) 기감 제88-23호
   2) 기감서 제88-150호
   3) 기감 제92-64호
   4) 기감종제제92-1호

이상과 같이 변선환, 홍정수에 대한 사건이 종결되었음을 보고합니다.

1992. 10. 24

기독교대한감리회 서울연회 재판위원회

위원장 [illegible]

서 기 [illegible]

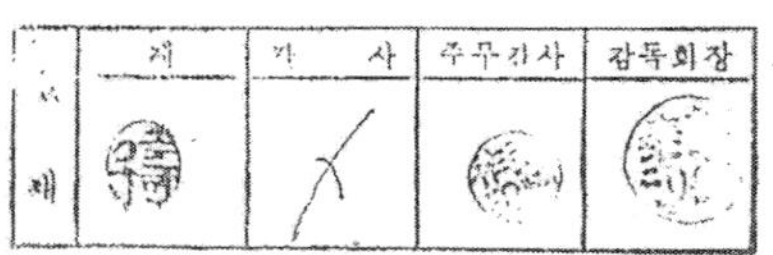

결재	[illegible]	간사	주무감사	감독회장

- 438 -

19921024_서울연회 재판위원회 기감종제 92-1호에 대한 처리결과_서울연회 재판위원회_교리사건 재판자료_4번

판 결 공 고

성 명: 변 선 환

소 속: 서울연회 중구용산지방 시온교회

성 명: 홍 정 수

소 속: 서울연회 은평지방 동녘교회

판결내용

변 선 환: 출 교

홍 정 수: 출 교

위의 두 사람은 1992년 10월 24일부로 기독교대한감리회에서 위의 내용과 같이 판결되었음을 공고함.

1992년 10월 26일

서울연회 감독 나 원 용

서울연회재판위원회

위 원 장 고 재 영

* 92. 11. 14 일 이후 작성
92. 11. 16 일자로 발송 (악부인 근거)

19921026_판결공고(변선환 홍정수)_서울연회 감독 나원용_4번

H-2-096

기독교 대한감리회 서울 연회

서울특별시 중구 태평로1가 64-8 감리회관 13층(☎ 399-2047~9 FAX: 399-2050)

THE KOREAN METHODIST CHURCH
SEOUL ANNUAL CONFERENCE
64-8, 1-Ga TaePyong-Ro, Jung-Gu
Seoul, Korea

감독 나 원 용
Bishop Won Yong Na

총무 이 현 덕
Rev Hyun Duck Lee
General Secretary

기감서제92-152호 1992년 10월 27일

수 신: 서울연회 규칙해석위원장
참 조: 서울연회 규칙해석 위원
제 목: 총회재판 처리에 대하여

규칙해석위원장님과 여러위원들위에 주님의 은혜가 충만하시기를 기원합니다.

총회재판위원회는 1992년 10월 19일에 변선환,홍정수교수의 상소에 대하여 별첨과같이 결의하여 본 서울연회 재판위원장 앞으로 반송하였기에 아래와같이 질의 하오니 해석하여 주시기를 바랍니다.

-- 아 래 --

1. "반송"이란 "기각"과 같다는 해석이 옳은지요?
2. "반송"이란 구비조건이 갖추어지지 않아 반송된 것이라고 했는데 이제라도 조건을 갖추어 다시 보낼수 있다는 뜻인지요?

서울연회 감독 나 원 용

별첨: 상소장 송부에 대한 처리 1부.

19921027_공판기록물- 총회재판처리에대하여_서울연회감독 나원용_4번

3. 건의안 3호

건의안 3호

건　의　안

수　신 : 기독교대한감리회 제 20회 총회 회장
참　조 : 총회건의안 심사위원회 위원장
제　목 : 기독교대한감리회 교리수호를 위한 특별조치법 제정 건의안

하나님의 크신 은총이 우리 교단위에 항상 함께 하시기를 기원합니다. 요즈음 유감스럽게도 기독교대한감리회 교역자 양성기관인 감리교 신학대학 안에 기독교 신앙과 감리교 교리의 배치되는 신학사상을 주장하여 교단과 교계의 큰 물의를 이르키고 선교와 7000교회 200만 성도 확장운동에 막대한 장해요인이 되고 있는 현 상황을 직시할 때 이 엄청난 불신앙과 배신을 좌시할 수 없을뿐 아니라 감리교단의 기강을 확립하고 명예회복과 교단적 피해를 방지하기 위해 이단종파의 관련자는 물론 이에 동조, 비호, 찬동, 지지하는 운동자 등으로 인한 교단적 교리수호를 위하여 금번 제 20회 총회에서 감리교 교리수호에 대한 특별조치법을 제정하여 확고한 감리교회의 웨슬레 복음주의 신앙의 뿌리를 찾고 교리와 신조를 만천하의 공포하여 감리교회의 그릇된 개념과 오해를 불식하여 건전한 감리교회의 위상을 적립하는 대책을 강구해 주시기를 건의하면서 감리회 교리수호에 관한 특별조치법 제정방법은 특별조치법 제정위원을 각 연회별로 목사, 평신도 각 1명씩 합 14명을 총회가 선출하고 선출된 위원들이 법안을 제정하여 총회 실행부위원의 인준을 받어 즉시 시행토록 건의합니다.

1992년　10월　28일

건 의 자 : 기독교대한감리회 제 20회 총회

유상열	김재민	장두수	남기범	이정인	조임술	이성구
백남원	박진만	고병수	박재억	박종석	이배근	안봉외
김낙권	이기종	윤은영	장진욱	황영주	이광우	김동희
김용규	권영재	최동수	이호근	이덕수	이우정	육재흥
임덕순	지장봉	이종원	김영신	백구현	김찬인	심민택
김종건	김종훈	강경오	김홍택	오창화	송기선	서광식
안명구	윤명실	이호용	김규홍	구본영	채종석	이용재
진세영	심하섭	김용제	이두병	오영근	신현욱	김윤구
안학식	박강희	송배준	김병갑	최영진	김용겸	김완규
박승백	노재찬	장남식	김주상	김이두	김병혁	김형조
김형제	임병입	이덕근	이윤석	김기수	이윤봉	이찬용
이영재	유복준	김성규	이춘전	이창영	표광욱	양희길
[illegible]	[illegible]	[illegible]	[illegible]	[illegible]	[illegible]	[illegible]

- 439 -

19921028_기독교대한감리회 교리수호를 위한 특별조치법 제정 건의안_감리교총회록_교리사건 재판자료_4번

J-2-015

성명서

제20회 총회 선언문

107년의 역사와 4,100교회 130만 성도의 기독교 대한감리회는 1992년 10월 28일부터 30일까지 서울 금란교회에서 제20회 총회로 모여 감독회장을 비롯한 7명의 새로운 감독들을 선출하고 하나님과 민족 앞에 새로운 마음으로 우리에게 주어진 시대적, 역사적 상황 속에서 교회의 선교적 사명을 새롭게 하면서 우리의 책임을 다짐하는 바이다. 하나님의 넘치는 사랑, 그리스도의 한정없는 은혜, 성령의 끊임없는 역사를 믿는 우리 감리교인은 웨슬리의 복음주의적 전통위에 굳게 서서 개인변화, 사회구원, 하나님나라 실현을 위해 말보다는 행동으로, 이론보다는 실천으로 최선을 다 해왔다. 우리는 신학적인 면에서, 건전한 개신교 복음주의 핵심을 벗어나지 않는한, 개방적이고 포괄적인 입장을 취해왔다. 이러한 감리교회의 분명한 신학적 주장과 입장이 역사적으로 확립되어 왔다. 그러나 우리의 신앙적 뿌리마저 거부하는 입장은, 아무리 개방적인 감리교회라 하여도 이를 받아들일 수가 없다. 감리교회의 입장은 급진적 자유주의나 폐쇄적 근본주의 양극단을 피하여 건전한 복음주의적 입장을 견지할 것이다. 우리는 근래의 신학적 문제로 교계에 물의를 일으킨 데 대해서는 유감스럽게 생각하는 바이다.

이제 오늘의 현실 속에서, 새로운 마음과 일치된 모습으로 교회와 민족앞에 우리의 사명을 다음과 같이 밝히는 바이다.

1. 우리는 오늘날 격변하고 있는 사회 속에서 세대간, 지역간, 도시와 농촌간, 노사간, 그리고 남북과의 갈등이 심각함을 마음아파하면서 그리스도의 화해의 복음을 통해 조화와 협력 속에 정의와, 평화가 실현되는 사회가 되도록 최선을 다할 것이다.

2. 우리는 오늘의 국민경제가 당면하고 있는 국내경기의 침체와 국제 경쟁력의 약화, 그리고 국제적 압력 등에 능동적으로 대처하여 경제의 발전을 위한 전국민적 각성과 협력을 통하여 국내적으로는 경제적 정의의 실현, 대외적으로는 민족경제의 자립과 자주를 위하여 노력할 것이다.

3. 우리는 국내외적 전환점에서 대선을 통해 참된 민주정부를 실현할 수 있는 역사적 시점에 와 있다. 따라서 대선에 적극적으로 참여할 것은 물론 관권, 금권 등을 이용한 부정, 타락선거를 배격하고 공명선거를 통한 문민정치 실현에 앞장설 것이다.

4. 우리는 이러한 일들이 우리를 모든 죄와 속박에서 구원하시는 그리스도의 복음을 통해, 가능하다고 생각하여 민족의 복음화를 위해 매진할 것이다. 7천교회 2백만신도 운동을 계속 추진할 것이며 해외선교에도 총력을 기울일 것이다. 총체적 복음운동을 기초로 하여 교회의 질적 향상과 제자화훈련을 통해 온 교인이 하나님의 선교에 동참하는 선교적 체제 확립과 그 실천에 진력할 것이다.

5. 우리는 예수 그리스도 안에서 온 인류가 한 형제자매임을 믿고 국내외에서 교회 일치와 연합사업에 계속적으로 적극 참여할 것을 밝힌다. 오늘날 심각하게 대두되고 있는 환경공해문제, 인권문제, 성차별과 여권문제, 식량난과 세계적 기아문제, 국제적 분쟁과 전쟁억제, 군비축소와 핵무기 철폐 등을 위해 세계교회 형제자매들과 협력하여 평화로운 세상을 실현하기 위해 노력할 것이다.

6. 지금까지의 비약적 경제발전으로 한국은 선진국 대열에 진입하는 문턱에 서있으면서도 사회에 만연된 물질지상주의, 과소비, 향락퇴폐문화의 범람으로 인해 사회적 위기에 처해있다. 오늘의 이 위기를 극복하기 위해 우리는 전통적인 근검 절약과 절제운동을 통한 새생활 실천운동에 앞장 설 것이다.

7. 자주적이고 평화적인 민족통일은 우리의 긴급한 민족적 과제이다. 이를 위해 한국교회가 앞장서 노력해온 업적을 높이 평가하면서 불신과 편견을 물리치고 남북간에 진정한 대화와 협력을 통해 다가오는 희년(1995년)까지 통일이 반드시 성취되도록 최선을 다할 것이다. 특히 천만 이산가족의 오랜 고통을 덜어주기 위해 그들의 재회가 인도주의적 차원에서 속히 실현되도록, 온갖 노력을 아끼지 않을 것을 다짐하는 바이다.

1992년 10월 30일

기독교대한감리회 제20회 총회 총대 일동

17

19921030_제20회 총회 선언문_기독교대한감리회 제20회 총회 총대 일동_기독교대한감리회 제20회 총회_4번

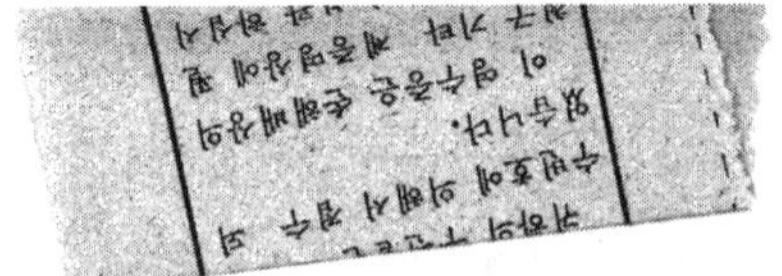

陳 情 書

기독교대한감리회 감독회장 표용은 감독님께
被告　홍 정 수

감리교회와 한국 사회의 생리를 그 누구보다도 잘 간파하고 계신 목사님께서 기독교대한감리회의 감독회장으로 피택케 하신 하나님의 크신 은총에 감사와 찬양을 올립니다. 저의 부덕으로 말미암아 감리교회가 안팎으로 커다란 상처를 입게 됨에 대하여 송구스런 마음 이루 헤아릴 수 없습니다. 하오나 저는 지금 도저히 이해할 수 없는 부당한 처사로 인하여 큰 피해를 입고 있습니다. 이것은 저 하나만의 문제가 아니라 한국 감리교회의 장래와도 연관된 중요한 문제라고 사료되기에 감히 진정을 올리옵니다.

1. 저는 91년 4월 12일자로 곽 감독님에 의하여 "목사자격심사"에 회부되어, **동년 10월 15일까지 심사를 받았으나, 무혐의로 풀려난 바 있으며**, 특히 곽 감독님께서는 동년 7월 4일 11시 40분, 감독회장실에서 고린도전서 15장을 손가락으로 짚으시면서, 직접 읽어 보이셨습니다. 그런 연후 그것에 대하여 전적으로 동감하고 있는 저를 확인하신 후, 오른손에 성경책을 드시고 이렇게 말씀하셨습니다: "그렇다면 됐어. 아무 문제도 없구만." 그렇습니다. 그런데 왜 이 지경에 이르렀는지 모르겠습니다.

2. 처음의 제1반 심사위원들이 "審査 時限"(30일/ 20일 연장 가능)을 이유로 사퇴하였음에도 불구하고, 법정 時限을 44 일이나 초과한, 92년 3월 5일자로 본 피고인이 起訴되었습니다. 이같은 기소는 재판법 12조를 違反한 것입니다.

3. 피고인에게 송달된 "起訴狀"과 공판정에서 실제로 낭독된 "起訴狀"은 그 내용에 있어서 서로 전혀 다릅니다. 이것은 심사위원들이 **피고인의 "自己-防禦權"을 중대하게 침해한 違法 사항이었습니다.**

4. 형법학상 유죄판결은 반드시 (1)適法한 節次, (2) 客觀的인 證據, (3) 有效한 法條 適用의 3 요소로써 구성됩니다. 그런데 제1심 재판은 위와 같이 適法한 節次를 밟지 않았을 뿐 아니라, **사실과 증거를 확인하는 「審理過程」이 전혀 없었습니다.**

19921103_공판기록물- 진정서(기독교대한감리회 감독회장 표용은 감독님께)_
홍정수 교수

5. 또한 적용법조들 중 더러는 한국 감리교회의 법이 아니라 "미국" 교회의 것입니다. **우리 교회는 미국 교회의 子교회가 아니므로 이는 부당합니다.**

6. 특히 "통일교"에 관한 사항은 (1)형식적으로 보면, 공소시효(3년)가 지난 사안이며, 내용적으로 보면 철저한 誣告行爲입니다. **이는 전혀 사실 무근인데도 불구하고, 이를 검증하는 절차가 전혀 없었습니다.**

7. 끝으로 상고장과 상고비용에 관하여 말씀드립니다. 92년 5월 29일자로 "총회재판위원회"로 넘어간 **「상고장」은 '서울연회' 재판위원회 위원장, 서기, 연회 감독께서 승인하여 접수, 이첩한 서류입니다.** 이제 와서 그 서류가 "미비"하다고 하여 재판을 종결짓는다면,, 그것은 '서울연회'의 중대한 행정 착오입니다.

게다가 언제나 「재판에 있어서의 기준」은 名文화된 조항이 1차, 관례가 2차, 그리고 事理가 3차라고 합니다. 그렇다면, 과거 감리교회 총회재판에서 설혹 '피고'가 상고비용을 예치한 경우가 있었다고 할지라도, 명문화된 규칙(47조)에 따라 모든 심사/재판 비용은 "告訴人"이 예치함이 옳은 줄 압니다. 하여 이에 대한 유권해석을 제20회 총회 규칙해석위원장 및 서기(참조: 감독회장 과 서울연회 감독)께 드렸으며, 이 4 통의 서류가 지난 10월 23일 본부에 분명히 접수되었으나, 그 서류들은 하나같이 정식으로 접수되지 못하고 어디론가 사라진 것으로 보입니다. 때문에 저는 이 진정서도 「본부」로 송부하지 못합니다.

깊은 통찰로써 교단의 일치와 평화를 회복해 주시기를 간곡히 바라옵니다. 그 동안 비판해 주신 모든 분들께 진심으로 감사드립니다. 저의 신학적 사고의 성숙에 더없이 커다란 보탬이 되었기 때문이옵니다.

1992년 11월 3일

위 진정인 홍 정 수

19921103_공판기록물- 진정서(기독교대한감리회 감독회장 표용은 감독님께)_홍정수 교수_4번_페이지_3

제 3 절 출교판결 비판에 대한 답변

1. 변선환, 홍정수의 재판에 대한 의도적 오도에 대하여 천명한다.

서울연회 재판위원회

"복음진리 앞에서 정직하기 위하여 감리교 신학 대화의 모임 준비위원회"를 구성하고 거금을 드려서 179페이지에 달하는 변, 홍 두 사람의 재판에 관한 자료와 신학적 물음을 담은 자료집을 전국 감리교회에 우송한 귀하들은 누구인가? 전 교단적으로 부끄러움과 아픔 속에서 적법 하에 진행한 재판을 파행적 재판이라고 비판하면서 대화하자는 귀하들은 누구인가? 귀하들이 만든 자료집을 살펴보면, 그동안 귀하들이 활동해온 운동과 추구해온 신학적 입장을 감리교회의 정체성으로 조작해 보려는 의도가 분명하게 나타나 있다. 구구한 변명으로 둔갑했으나, 결국 변선환, 홍정수의 신학적 입장을 비호하고 동조하는 입장인 것을 드러내고 있다. 이에 대하여 자료집에 천명된 몇 가지 내용을 중심으로 질문을 하겠다.

1. 귀하들은 "감리교단을 사랑하며 책임 있게 염려하는 목회자와 신학자들"이고 심사위원 9명과 재판위원 15명, 그리고 제19회 총회에서 동 사안에 투표한 전 총회원과 교리수호위원회에 속한 감리교도들은 "교권쟁탈"과 "교단 정치싸움"으로써 "밀실에서 세력 확장전략"을 위하여 아무 근거 없이 변·홍 두 사람을 출교했다고 주장하는가? 그래서 귀하들은 상기에 열거한 사람들의 "권모술수의 오염과 채색"을 벗겨버리려고 대화의 모임을 계획했는가? 이런 것을 두고 적반하장이라고 하는 것이다. 적법한 교단의 관행으로 한 것은 잘못이고 귀하들의 언필 층 "대화의 모임"은 "진지한 물음의 장"이란 말인가? 누구를 보고 교권쟁탈하는 자들이라 하는가? 자신들은 스스로 정의의 투사고 여타의 사람들은 모두 질책의 대상인가? 예수 그리스도의 대속을 부인하고, 부활을 부인하며, 구원의 다원주의를 반대한 것이 잘못되었으니 회개하란 말인가?

2. 귀하들은 "복음진리 앞에서 정직하기 위하여" 파행재판으로 야기된 감리회를 바로잡는 "대화모임"을 제창했는데 무엇이 복음이며, 어떤 길이 한국 감리교회에 덕을 세우는 길인가? 복음의 핵심이며 내용인 예수 그리스도의 대속과 부활, 유일한 구주되심을 부인하여 복음을 파괴하는 자들이 복음운동자들이란 말인가? 파괴 분자들인가? 복음진리와 싸우자는 말인가? 복음진리 앞에서 무릎을 꿇고 회개하자는 말인가? 귀하들은 누구를 보고 하는 소리인가?

3. "파행재판", "졸속재판"을 운운하는 귀하들은 누구들인가? 재판을 바르게 하도록 협조한 자들인가?, 앞뒤에서 방해한 자들인가?, 재판위원 구성이 잘못이라 하여 적법하게 의사진행이 되어 만장일치로 결의된 사안을 잘못이라 우겨대는 것을 옳은 일로 생각하는가? 억지를 써보는 것인가? 최종의결기관인 총회가 적법하게 절대다수로 결정한 것은 최종 결정이어야 하는 것이 상식이다. 그러나 본 건은 목사의 인사관리 책임이 하급의회 기관인 연회가 가지고 있기 때문에 이를 연회로 하달해서 연회재판위원이 재판을 한 것이다. 이는 한국 감리회의 특수한 관행이어서 일반적 상식으로는 이해하기 어려울 것이다. 그리고 총회가 결의한 것은 부표를 던진 회원도 결의한 대로 따르는 것이 민주주의의 상식이다. 총회가 결의하

20051226_변선환 홍정수의 재판에 대한 의도적 오도에 대하여 천명한다_서울연회재판위원회_4번_페이지_1

여 연회심사에 부친 것은 원천적으로 총회원 전체가 원고가 된 셈이다. 연회에서는 경륜이 많은 회원에게 심사위원, 재판위원을 맞기는 것이 상례로 되고 있다. 그러므로 연회의 심사위원 및 재판위원은 거의 총회원으로 되는 것이 한국 감리교회의 의회 상식이다. 총회가 결의한 본 사안이 내용은 총회원이 교리수호의 의지를 가지고 결의한 것으로써, 정신으로 말한다면 총회가 교리수호위원회가 된 셈이다. 생각해보라. 총회원이나, 교리수호위원은 재판위원자격이 없다, 불법이다. 교권쟁탈이다, 교단 정치싸움이다 라고 외치는 귀하들은 스스로 냉철하게 생각해보고 데몬스트레이트를 하라. 그래도 판단이 안되면 겸손히 배우는 자세로 연회와 총회의 규칙해석 위원회에 질의를 하라.

4. 재판장소를 원고 측 교회로 한 사실을 의도적 파행으로 보는 귀하들은 경솔하다. 정상적인 재판을 기피하고, 방해하고 신문들에 오보를 유도한 사람들이 재판위원들이란 말인가? 거개의 신문들은 피고 측 억지소리를 근거로 하여 사실을 왜곡한 편파적인 보도를 한 것이 자명해졌다. 사실은, 재판위원회로서는 밀실재판이라고 소란피우는 감신학생들이 다 참석하도록 재판장소를 감신대로 정하고 발표를 했는데, 감신대의 교수 및 학생대표가 이를 극구 사양하고 감신대 이외의 어느 장소도 좋다하여 종교교회, 정동교회, 금란교회를 차례로 교섭하였으나, 모두 극구사양하여 재판위원회에서 일방적으로 금란교회로 정한 것이다. 이에 대한 오해의 소지가 있음으로 연회감독은 이에 대한 해명을 하도록 한 것이다. 재판 당일 금란교회에서 소란피운 것이 누구들인가? 전국에서 모인 방청하는 교인들이 소리쳤단 말인가? 언어도단이다. 교회 밖에서부터 구호를 외치며 노래를 부르며, 교회 안에 들어와서 재판을 방해하고 소란피운 자들이 누구들인가? 내용을 알아보려고도 하지 않고 일방적으로 짐작으로 문서화해서 오도하는 사람들이 누구들인가?

5. 귀하들은 화해를 위해 중간에 있는 것이 아님이 명백해졌나. 통일교 현재요직에 있는 문제의 인물, 양창식이의 욕설을 담은 변명과 감신 총학생회 임원들의 비호 동조하는 자료들은 자료집의 8%에 해당되는 총 13페이지에 수록하고, 문제된 통일교 연루사건의 고발내용과 이에 대한 확실한 증인의 여러 증거물들은 일체 기재하지 않았다. 이는 귀하들이 통일교를 비호하는 모습을 스스로 입증한 것이다. 참으로 한심한 소치이며, 숨기지 못하는 귀하들의 심사이다.

6. "수억을 드린 홍보"등 금란교회가 귀한 교회재정을 낭비한다는 귀하들의 비난은 변, 홍 두 사람의 이단사상이 끼치는 폐해를 전혀 계산하지 아니하는 귀하들의 심사를 토로한 것이 분명해졌다. 그들의 이단사상은 교계지도자들을 오염시켰고, 장래교회의 교역자가 될 수많은 신학생을 오염시켰으며, 이제 평신도들까지도 무분별하게 이에 동조하는 사람들이 생겼으며, 타교단에서는 그들이 출판물에 의한 홍보로 십 수년 동안 오도되어 우리 감리회가 이단으로 오해되는 경지에 이르렀으므로 일간 신문 등 최선의 홍보로 우리의 바른 입장을 알리지 않을 수 없게 되었다. 우리의 치부가 보인 것이나 수술을 위해 당하는 부끄러움이다. 이단적 문서는 도서관 학교에 서가에 널리 보급되어 있는데 사실을 은폐하면 어떻게 되겠는가? 그러므로 수많은 교회가 입을 피해를 줄이기 위한 홍보는 그만한 희생과 아픔을 지불하게 된 것이다. 오히려 감리회가 교단적으로 감사할 일이다.

- 507 -

20051226_변선환 홍정수의 재판에 대한 의도적 오도에 대하여 천명한다_서울연회재판위원회_4번_페이지_2

재 이번 사태의 해결과정에서 그 누구도 해결 주체로 나서고 있지 못한 것에서 알 수 있다. 그러므로 두 교수에 대한 파행적 재판 진행을 막기 위해 감리교 각 부분의 단결과 구체적인 노력이 요청되고 있으며 그리고 나아가 이 계기를 통해 우리는 감리교 제도와 주체들의 문제의 인식을 통해 감리교가 안고 있는 고질적인 교권을 둘러싼 계보정치, 교회의 물량중심적 성장제일주의, 개인주의 심화, 교단의 권력구조의 비민주적 운영, 그리고 신학의 교회현장과의 분리, 신학교육 정책의 무재를 극복하는 '감리교회와 신학의 새로운 태동'을 준비하는 계기로 자리매김 되어야 할 것이다.

성숙한 시대가 성숙한 사람들을 요청하는 것이 아니다. 성숙한 시대는 성숙한 사람들에 의해 시작되고 빛을 발한다. 성숙한 사람은 서로 다른 이질적인 사람들끼리도 싸움으로가 아니라 이해와 권면과 사랑으로 일을 풀어간다. 그리고 죽더라도 후회하지 않으며 복수와 오기를 부리지 않는다.

끝으로 이 한마디를 상기해 주기를 바란다. "종교의 영감은 그 교리에 있는 것이 아니라 그 역사에 있다" (A. 화잇트헤드). 그래서 '믿음과 소망과 사랑 이 세 가지는 항상 있을 것인데 그 중의 제일은 사랑"(고린도전서 13:13)이라고 했다.

2) 재판위원회의 반박의 글

변·홍 두 목사의 고소사건에 대한 재판위원의 입장을 천명함.

최홍석 목사(대명교회)

감신대 교수인 두 목사의 고소사건은 감리회 제20회 총회(1991년 10월)가 그 진원이다. 당시 총회원은 원천적으로 원고가 된다. 그러나 행정상 서울연회 감동이 심사(고소)에 부친 것이고, 또한 김홍도 목사, 유상열 장로가 통일교 연루사건을 겸하여 동 사건을 고소함으로 본 사건이 감리회 재판법(교리와 장정 제192-238단)에 의하여 적법한 절차를 따라 피고들이 심사를 받고 기소가 됨으로서 재판위원회에 송부되어 재판이 진행되고 있다. 5차의 소위원회모임과 2차의 재판을 개정하여 결심공판까지 하였다. 지난 4월 29일 선고공판은 감신대 400여 명의 물리적 저지로 개정하지 못하고 5월 7일에 열기로 공고된 중에 있다.

두 목사의 재판에 대하여 피고 및 동조자들이 재판 절차상 하자가 있다는 주장들을 하고 있으나, 본건은 감리회 "교리와 장정"이 정한 법에 위배됨이 없이 진행되고 있다.

홍정수 목사가 2차에 걸쳐 제출한 재판위원 기피신청은 이유가 적합이 않음으로 기각이 되었다. 그러나 감신대 교수일동이 5월 2일(4월 23일자) 크리스찬신문 2면에 게재한 광고

- 371 -

20051226_변홍 두 목사의 고소사건에 대한 재판위원의 입장을 천명함_
최홍석_교리사건 재판자료_4번_페이지_1

성명과 교회연합신문사의 기고의뢰에 대하여 재판위원으로서가 아닌 자연인의 신분으로써 본인의 소견을 말하고자 한다.

"교리와 장정"에 명시된 것은, 감리회 교인으로서 "교리와 성례를 비방할 때"는 고소를 받고, 사안에 따라서 형을 받게 되어 있다. 목사로 안수 받을 때에는 예문에 따라서 "성경에 위반되는 이단을 막고 모든 사람에게 전도할 것"을 서약한다. 연회에 정회원으로 허입될 때에도, 감리회의 교리가 "성경에 부합 된다"고 고백해야 하고, "이 교리를 그대로 지키고 전하겠습니다"라고, 감독 앞에서 선언하고 입회한다. 두 목사는 이러한 법에 위반이 되어 고소되었다.

필자는 두 목사가 출판한 책과 기고한 글 그리고 강연한 내용들을 모두 면밀하게 반복하여 읽었다. 그의 사상과 주장들은 여실히 **감리회 전통적 신앙과 교리에 위반됨이** 아래와 같이 뚜렷하게 드러나 있었다.

변선환 목사의 경우 : "우주적 그리스도는 마리아의 아들 예수와 동일시 할 때 거침돌이 된다"(기독교사상 299호)고 함으로써 그 예수를 그리스도로 믿는 전통적 신앙을 거부했고, "그리스도만이 보편적으로 유일한 구속자이신 것이 아니라"(상동)고 함으로써 다른 길로도 구속이 된다는 주장을 하게 되어 성경이 명시한 유일한 구주 예수를 부정했다. 이에 따라 구원의 다원주의를 주장하여 "다른 종교들도 그들 스스로 구원의 길을 알고 있다"(상동)고 함으로써 기독교와 타종교를 동일시하여 **오직 예수 그리스도를 믿음으로만 얻는 대속의 구원을 부인했다.**

변 목사는 기독교 신앙의 코페루니쿠스적 전환을 주장하면서 "종교의 우주는 기독교도 아니요 다른 종교도 아니고 신을 중심하여서 돌고 있다는 것을 기독교는 인정해야 할 것"과 **"예수를 절대화, 우상화시키며 다른 종교적 인물을 능가하는 일종의 제의의 인물로 보려는 기독교의 도그마에서 벗어나---신중심주의로 전환되어야 할 것"**(크리스챤신문 '90. 12. 8.)이라 함으로써, 3위 1체 하나님을 부인했고, 예수 그리스도의 유일한 신성을 부인한 것이다.

그래서 **그는 개종을 위한 선교를 반대하여 "교회가 말하지 않아도 이미 선행하여 그리스도가 섬기고 있으며, 기독교 선교사가 하나님 나라를 비기독교 세계에 가지고 오지 않아도 이미 하나님 나라는 거기 역사하고 있다"**고 하였다. 그러므로 **"교회 밖에도 구원이 있다"**(현대사조 2. 1978)고도 한 것이다.

홍정수 목사의 경우: 기독교 신앙의 근본이 되는 살아 계신 하나님을 부인하여 이르기를 **"만일 신은 계신가하고 누군가가 우리에게 묻는다면 신은 없다고 잘라 말할 수 있다"**(베짜는 하나님, p, 56)고 하여 무신론적 입장을 분명히 하였다.

기독교신앙의 중심이 되는 예수 그리스도의 부활을 부정하여 **"나는 단연코 육체의 부활을 부정한다"**(우먼센스 1991. 12.) **"부활신앙은 이교도의 어리석은 욕망에 불과하다"**(크리스챤신문 '91. 3. 30). **예수의 부활 사건은 "빈 무덤 사건이 아니다"**(상동 '91. 6. 8.). "기

20051226_변홍 두 목사의 고소사건에 대한 재판위원의 입장을 천명함_ 최홍석_교리사건 재판자료_4번_페이지_2

독교. **부활 메시지가 아무 소용도 없을 수도 있음을 극명**　　　　**준다**"(베짜는 하나님, p. 185)고 하는 등 홍 목사는 사도시대 이후 오늘까지 전하여　　　　부활신앙을 부정하였다.

그는 또 **예수의 십자가는 "신의 아들의 죽음이 아니다"**(한몸 7권, p. 16) "예수의 죽음이 우리를 속량하는 것이 아니라, **그의 삶이 우리를 속량하는 것이다"**(상동, p. 17). "그의 피가 동물들이 흘리는 피보다는 월등하게 효과가 있다는 이야기가 아니다"(상동, p. 18)라고 함으로써 **예수 그리스도의 피의 대속을 부인하였다**.

또 위의 두 목사는 통일교의 차세대 지도자로 보상한 거물, 양창식이라는 자를 감신대에서 수학케 하고 졸업하도록 비호한 점을 부인할 수 없다.

또한 이를 동조한 감신대 교수 일동이 광고성명(크리스챤신문 5. 2.)에서 표명하기를 감리회의 정체성이 "분명히 에큐메니칼 신학노선"이라고 주장한 점은 오도이다. 감리교단이 교회연합운동에 참여한 것은 사실이다. 그러나 오늘과 같은 에큐메니칼 신학을 감리회 정체성으로 주장하는 것은 감신대 교수들이지 130만 전 감리교 목사와 신도들은 아니다. 에큐메니칼 신학은 교회연합운동에서 인류연합운동으로 변화하며, 종교(구원)다원주의와 신중심적인 혼합주의로 이탈하고 있다. 개종을 위한 선교를 반대하는 급진 에큐메니칼 신학이 감리교의 정체성이란 말인가? 이는 오도일뿐이요, 서울감신 교수들의 정체성일 뿐이다. 감리회 교단의 뿌리인 웨슬레는 예수를 믿지 않으면 구원을 받을 수 없다는 대속의 도리를 전하고자 "세계는 나의 교구"라고 했다. 그는 분명히 믿음으로 구원의 여부가 결정됨을 천명했다. 타종교에도 기독교의 구원과 동일시되는 구원이 있다면 감리회 구호는 허구가 된다. 19명의 교수들이 동료를 위한 동정을 지나쳐서 교단신학 노선을 왜곡되게 표명한 것은 월권이라고 생각한다.

4. 제3차 서울연회 재판위원회 공판

1992년 4월 22일 제3차 공판이 본부 회의실에서 진행되었다

감리회 목사 안수식에서 집례하는 감독 과 안수받는 목사간의 문답하는 내용

(문) 감독 : 당신은 **성경에 위배되는 이단을 막고** 하나님의 말씀과 반대되는 모든 교리에 대해 교회를 보호하는 일에 힘쓰겠습니까?
(답) 목사 : 예, 주의 도우심으로 힘쓰겠습니다.

20051226_변홍 두 목사의 고소사건에 대한 재판위원의 입장을 천명함_
최홍석_교리사건 재판자료_4번_페이지_3